Skoda Octavia
Gör-det-själv handbok

A K Legg LAE MIMI

Modeller som behandlas *(4387 - 400/4285)*
Kombikupé & kombi, inklusive vRS och specialmodeller
Bensinmotorer: 1,4 liter 16-ventils (1390cc), 1,6 liter (1595cc & 1598cc), 1,8 liter (1781cc) & 2,0 liter (1984cc), inkl. turbo
Dieselmotorer: 1,9 liter (1896cc) SDi & TDi

Behandlar INTE FSi eller fyrhjulsdrivna modeller, eller modeller med 1,4 liters 8-ventils bensinmotor eller 'Tiptronic' växellåda. Behandlar INTE den nya serien introducerad i maj 2004.

En bok i **Haynes serie Gör-det-själv handböcker**

ISBN: **978 0 85733 945 4**

J H Haynes & Co. Ltd.
Haynes North America, Inc

www.haynes.com

Innehåll

DIN SKODA OCTAVIA

Att arbeta på din bil kan vara farligt. Den här sidan visar potentiella risker och faror och har som mål att göra dig uppmärksam på och medveten om vikten av säkerhet i ditt arbete.

Allmänna faror

Skållning

• Ta aldrig av kylarens eller expansionskärlets lock när motorn är het.

• Motorolja, automatväxellådsolja och styrservovätska kan också vara farligt varma om motorn just varit igång.

Brännskador

• Var försiktig så att du inte bränner dig på avgassystem och motor. Bromsskivor och -trummor kan också vara heta efter körning.

Lyftning av fordon

• Vid arbete nära eller under ett lyft fordon, använd alltid extra stöd i form av pallbockar eller använd ramper. ***Arbeta aldrig under en bil som endast stöds av en domkraft.***

• När muttrar eller skruvar med högt åtdragningsmoment skall lossas eller dras, bör man lossa dem något innan bilen lyfts och göra den slutliga åtdragningen när bilens hjul åter står på marken.

Brand och brännskador

• Bränsle är mycket brandfarligt och bränsleångor är explosiva.

• Spill inte bränsle på en het motor.

• Rök inte och använd inte öppen låga i närheten av en bil under arbete. Undvik också gnistbildning (elektrisk eller från verktyg).

• Bensinångor är tyngre än luft och man bör därför inte arbeta med bränslesystemet med fordonet över en smörjgrop.

• En vanlig brandorsak är kortslutning i eller överbelastning av det elektriska systemet. Var försiktig vid reparationer eller ändringar.

• Ha alltid en brandsläckare till hands, av den typ som är lämplig för bränder i bränsle- och elsystem.

Elektriska stötar

• Högspänningen i tändsystemet kan vara farlig, i synnerhet för personer med hjärtbesvär eller pacemaker. Arbeta inte med eller i närheten av tändsystemet när motorn går, eller när tändningen är på.

• Nätspänning är också farlig. Se till att all nätansluten utrustning är jordad. Man bör skydda sig genom att använda jordfelsbrytare.

Giftiga gaser och ångor

• Avgaser är giftiga. De innehåller koloxid vilket kan vara ytterst farligt vid inandning. Låt aldrig motorn vara igång i ett trångt utrymme, t ex i ett garage, med stängda dörrar.

• Även bensin och vissa lösnings- och rengöringsmedel avger giftiga ångor.

Giftiga och irriterande ämnen

• Undvik hudkontakt med batterisyra, bränsle, smörjmedel och vätskor, speciellt frostskyddsvätska och bromsvätska. Sug aldrig upp dem med munnen. Om någon av dessa ämnen sväljs eller kommer in i ögonen, kontakta läkare.

• Långvarig kontakt med använd motorolja kan orsaka hudcancer. Bär alltid handskar eller använd en skyddande kräm. Byt oljeindränkta kläder och förvara inte oljiga trasor i fickorna.

• Luftkonditioneringens kylmedel omvandlas till giftig gas om den exponeras för öppen låga (inklusive cigaretter). Det kan också orsaka brännskador vid hudkontakt.

Asbest

• Asbestdamm kan ge upphov till cancer vid inandning, eller om man sväljer det. Asbest kan finnas i packningar och i kopplings- och bromsbelägg. Vid hantering av sådana detaljer är det säkrast att alltid behandla dem som om de innehöll asbest.

Speciella faror

Flourvätesyra

• Denna extremt frätande syra bildas när vissa typer av syntetiskt gummi i t ex O-ringar, tätningar och bränsleslangar utsätts för temperaturer över 400 °C. Gummit omvandlas till en sotig eller kladdig substans som innehåller syran. *När syran väl bildats är den farlig i flera år. Om den kommer i kontakt med huden kan det vara tvunget att amputera den utsatta kroppsdelen.*

• Vid arbete med ett fordon, eller delar från ett fordon, som varit utsatt för brand, bär alltid skyddshandskar och kassera dem på ett säkert sätt efteråt.

Batteriet

• Batterier innehåller svavelsyra som angriper kläder, ögon och hud. Var försiktig vid påfyllning eller transport av batteriet.

• Den vätgas som batteriet avger är mycket explosiv. Se till att inte orsaka gnistor eller använda öppen låga i närheten av batteriet. Var försiktig vid anslutning av batteriladdare eller startkablar.

Airbag/krockkudde

• Airbags kan orsaka skada om de utlöses av misstag. Var försiktig vid demontering av ratt och/eller instrumentbräda. Det kan finnas särskilda föreskrifter för förvaring av airbags.

Dieselinsprutning

• Insprutningspumpar för dieselmotorer arbetar med mycket högt tryck. Var försiktig vid arbeten på insprutningsmunstycken och bränsleledningar.

Varning: Exponera aldrig händer eller annan del av kroppen för insprutarstråle; bränslet kan tränga igenom huden med ödesdigra följder

Kom ihåg...

ATT

• Använda skyddsglasögon vid arbete med borrmaskiner, slipmaskiner etc, samt vid arbete under bilen.

• Använda handskar eller skyddskräm för att skydda händerna.

• Om du arbetar ensam med bilen, se till att någon regelbundet kontrollerar att allt står väl till.

• Se till att inte löst sittande kläder eller långt hår kommer i vägen för rörliga delar.

• Ta av ringar, armbandsur etc innan du börjar arbeta på ett fordon - speciellt med elsystemet.

• Försäkra dig om att lyftanordningar och domkraft klarar av den tyngd de utsätts för.

ATT INTE

• Ensam försöka lyfta för tunga delar - ta hjälp av någon.

• Ha för bråttom eller ta osäkra genvägar.

• Använda dåliga verktyg eller verktyg som inte passar. De kan slinta och orsaka skador.

• Låta verktyg och delar ligga så att någon riskerar att snava över dem. Torka upp olje- och bränslespill omgående.

• Låta barn eller husdjur leka nära en bil under arbetets gång.

Innehåll

REPARATIONER OCH RENOVERING

Skoda Octavia Elegance kombikupé TDi PD 1,9 liter diesel

De Skoda Octavia modeller som behandlas i den här handboken är av årsmodell maj 1998 till april 2004.

Det finns modeller med 1,6 och 2,0 liters 8-ventils bensinmotorer, 1,4 och 1,8 liters 16-ventils bensinmotorer och 1,8 liters 20-ventils bensinmotor, samt en 1,9 liters 8-ventils dieselmotor. 1,8 liters bensinmotorerna och 1,9 liters dieselmotorn finns med eller utan turbo. Alla bensinmotorer har bränsleinsprutning och de finns med en rad olika avgasreningssystem. Alla motorer är av en väl beprövad design och, förutsatt att regelbundet underhåll utförs, är det inte troligt att man får några problem med motorn.

Skoda Octavia finns som 3- eller 5-dörrars kombikupé och 5-dörrars kombi. Den främre fjädringen är helt individuell, där komponenterna är fästa i framvagnsramen; den bakre fjädringen är semi-individuell, med torsionaxel och länkarmar.

Modellerna finns med en fem- eller sex-växlad manuell växellåda, med en fyrväxlad automatväxllåda som alternativ på vissa bensin- och dieselmodeller.

Inom serien finns en mängd standard- och tillvalsutrustning som passar de flesta smaker, inklusive ABS, antispinn, luftkonditionering och Climatronic.

För hemmamekanikern är Skoda Oktavia modellerna enkla att underhålla, och de flesta av de delar som behöver regelbunden tillsyn är lättåtkomliga.

Din handbok till Skoda Octavia

Målsättningen med den här boken är att den ska hjälpa dig att få ut mesta möjliga av din bil och den kan göra det på flera sätt. Boken kan hjälpa dig att avgöra vilka arbeten som måste utföras (även om du väljer att låta en verkstad utföra dem). Den ger också information om rutinunderhåll och service, och visar hur man logiskt ställer diagnos och åtgärdar problem när slumpartade fel uppstår. Vi hoppas dock att du kommer att använda boken till att utföra arbetet själv. När det gäller enklare jobb kan det gå fortare än att boka in bilen på en verkstad och sedan åka dit två gånger för att lämna och hämta den. Och kanske det viktigaste av allt – en hel del pengar kan sparas då man undviker att betala för verkstadens kostnader för arbetskraft och drift.

I boken finns illustrationer och beskrivningar som visar olika komponenters funktion och utformning. Åtgärderna beskrivs steg för steg och de åtföljs av fotografier.

Hänvisningar till "vänster" och "höger" på bilen utgår från en person som sitter i förarsätet och tittar framåt.

Tack till

Vi vill tacka Draper Tools Limited som försett oss med en hel del verktyg, samt alla i Sparkford som bidragit till produktionen av den här handboken.

Den här handboken är inte en direkt återgivning av biltillverkarens data, och utgivningen av boken ska inte förstås som att biltillverkare eller importörer har gett något tekniskt godkännande av innehållet.

Vi gör allt för att informationen i den här boken ska vara så noggrann och exakt som möjligt. Biltillverkare gör dock ibland ändringar på olika modeller om vilka vi inte informeras. Varken författaren eller förlaget tar på sig något ansvar för förluster, materiella skador eller personskador som uppstår till följd av felaktigheter eller brister i den givna informationen.

Skoda Octavia kombi TDi 1,9 liter diesel

Följande sidor är avsedda som hjälp till att lösa vanligen förekommande problem. Mer detaljerad felsökningsinformation finns i slutet av handboken och beskrivningar för reparationer finns i de olika huvudkapitlen.

Om bilen inte startar och startmotorn inte går runt

- ☐ Öppna motorhuven och kontrollera att batterianslutningarna är rena och sitter fast ordentligt.
- ☐ Slå på strålkastarna och försök att starta motorn. Om strålkastarna försvagas mycket vid startförsöket är batteriet förmodligen urladdat. Starta med startkablar och någon annans bil (se nästa sida)

Om bilen inte startar trots att startmotorn går runt som vanligt

- ☐ Finns det bränsle i tanken?
- ☐ Finns det fukt på elektriska komponenter under motorhuven? Slå av tändningen och torka av synlig fukt med en torr trasa. Spraya vattenavvisande medel (WD-40 eller liknande) på tänd- och bränslesystemens elektriska kontakter.

A Undersök batteripolernas skick och kontrollera att de sitter fast ordentligt (ta bort kåpan först).

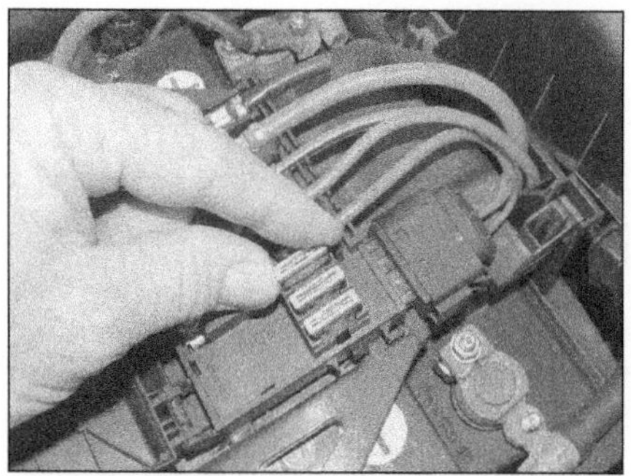

B Undersök säkringarna och smältsäkringarna i säkringsdosan som sitter ovanpå batteriet.

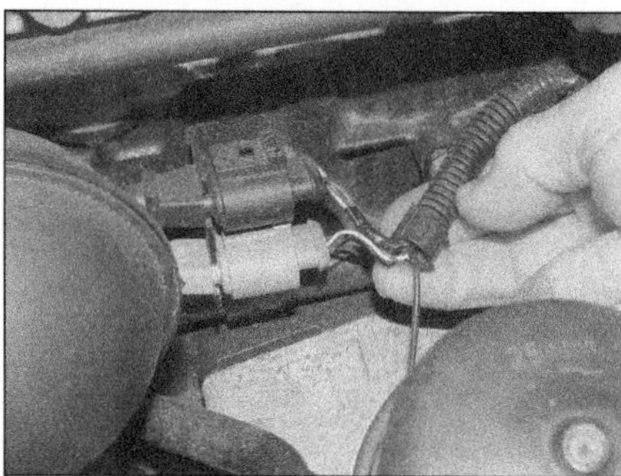

C Ta bort motorns täckkåpa och undersök alla kontaktdon på motorn.

Kontrollera att alla elektriska kontakter sitter fast (med tändningen avslagen) och spraya dem med ett vattenavvisande medel, som WD-40, om du misstänker att problemet beror på fukt.

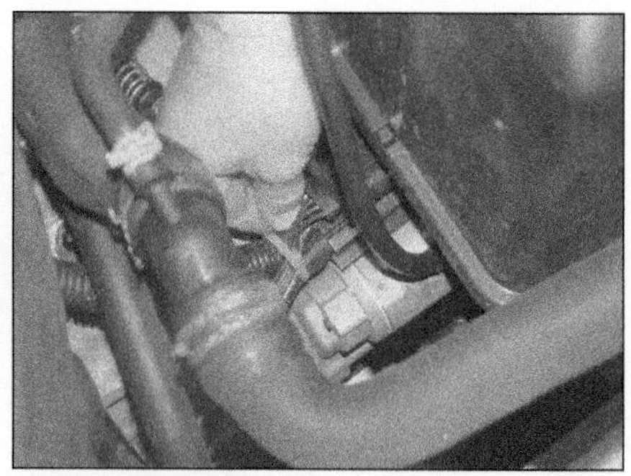

D Undersök startmotorns kablage och se till att det sitter fast ordentligt.

Starthjälp

HAYNES TIPS ***Start med startkablar löser ditt problem för stunden, men det är viktigt att ta reda på vad som orsakar batteriets urladdning. Det finns tre möjligheter:***

1** **Batteriet har laddats ur efter ett flertal startförsök, eller för att lysen har lämnats på.

2** **Laddningssystemet fungerar inte tillfredsställande (generatorns drivrem är slak eller av, generatorns länkage eller generatorn själv defekt).

3** **Batteriet defekt (utslitet eller låg elektrolytnivå).

När en bil startas med hjälp av ett laddningsbatteri, observera följande:

- ✔ Innan det fulladdade batteriet ansluts, kontrollera att tändningen är avslagen.
- ✔ Se till att all elektrisk utrustning (lysen, värme, vindrutetorkare etc.) är avslagen.
- ✔ Observera eventuella speciella föreskrifter som är tryckta på batteriet.
- ✔ Kontrollera att laddningsbatteriet har samma späning som det urladdade batteriet i bilen.
- ✔ Om batteriet startas med startkablar från batteriet i en annan bil, får bilarna INTE VIDRÖRA varandra.
- ✔ Kontrollera att växellådan står i neutralläge (manuell växellåda) eller PARK (automatväxellåda).

1 Anslut den ena änden av den röda startkabeln till den positiva polen på det urladdade batteriet.

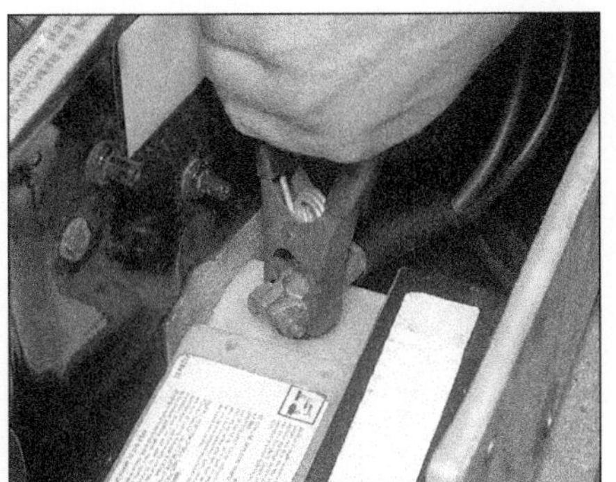

2 Anslut den andra änden av den röda kabeln till den positiva polen på det fulladdade batteriet.

3 Anslut den end änden av den svarta startkabeln till den negativa polen på det fulladdade batteriet.

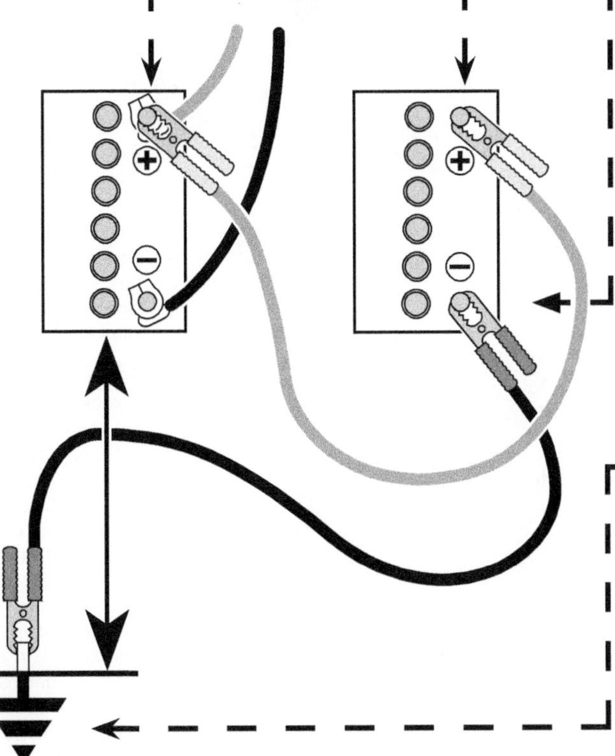

4 Anslut den andra änden av den svarta startkabeln till en lämplig metalldel på motorn på den bil som ska startas.

5 Kontrollera att startkablarna inte kan komma i kontakt med fläkten, drivremmarna eller några andra rörliga delar av motorn.

6 Starta motorn med laddningsbatteriet och låt den gå på tomgång. Slå på lysen, bakrutans värme och värmefläktsmotorn, koppla sedan loss kablarna i omvänd ordning. Slå sedan av lysena etc.

Hjulbyte

Vissa av detaljerna som visas här varierar beroende på modell.

⚠ ***Varning: Byt inte hjul i ett läge där du riskerer att bli påkörd av annan trafik. På högtrafikerade vägar är det klokt att uppsöka en parkeringsficka eller mindre avtagsväg. Det är lätt att glömma bort omgivande trafik när man koncentrerar sig på det jobb som ska utföras.***

Förberedelser

- ☐ När en punktering inträffar, stanna så snart säkerheten medger det.
- ☐ Parkera om möjligt på plan, fast mark på avstånd från annan trafik.
- ☐ Använd vid behov varningsblinkers.
- ☐ Använd en varningstriangel (obligatorisk utrustning) till att varna andra trafikanter.
- ☐ Dra åt handbromsen och lägg i 1:an eller backen, eller P på automatväxellåda.
- ☐ Om marken är mjuk, lägg en plankbit eller liknande under domkraften för att sprida belastningen.

Hjulbyte

1 Reservhjulet och verktygen förvaras i bagageutrymmet. Lossa fästbandet och lyft ut domkraften och verktygen från mitten av hjulet.

2 Skruva loss fästet och ta ut reservhjulet.

3 Av säkerhetsskäl, klossa det hjul som sitter diagonalt mitt emot det som ska bytas – ett par stora stenar duger

4 Använd vajerkroken och fälgkorset för att ta bort hjulsidan. Där så är tillämpligt, använd plastavdragaren från verktygsuppsättningen till att ta bort kåpan från låsbulten.

5 Lossa varje hjulbult ett halvt varv (med den splinesade adaptern för låsbulten).

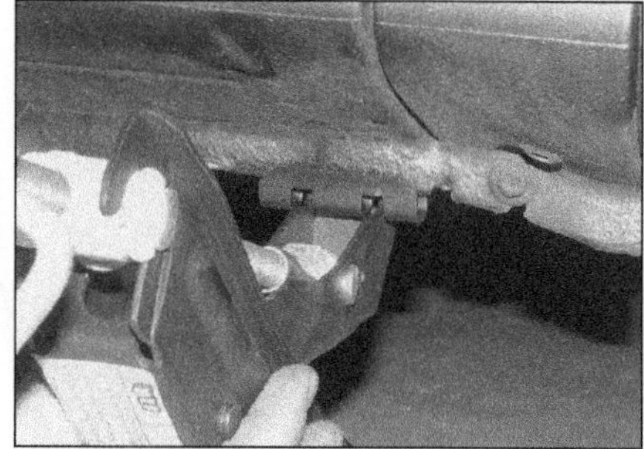

6 Placera domkraften under den förstärkta punkten på tröskeln (lyft aldrig upp bilen med domkraften på någon annan punkt på tröskeln) och på fast mark, vrid sedan handtaget medurs tills hjulet lyfts från marken

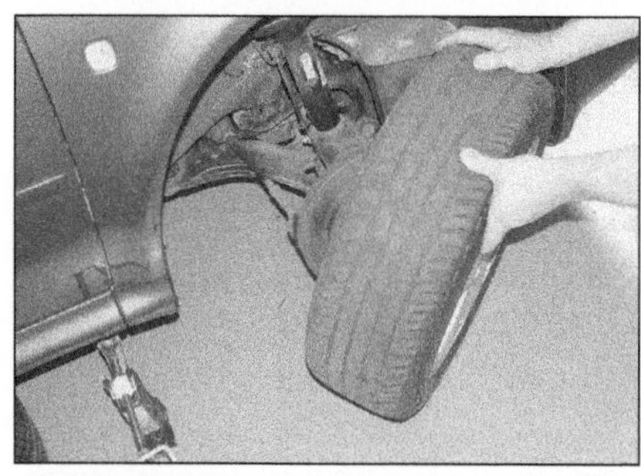

7 Skruva loss hjulbultarna (använd den splinesade adaptern för låsbulten) och ta bort hjulet. Sätt på reservhjulet och skruva in bultarna. Dra åt bultarna lätt med fälgkorset och sänk ner bilen på marken.

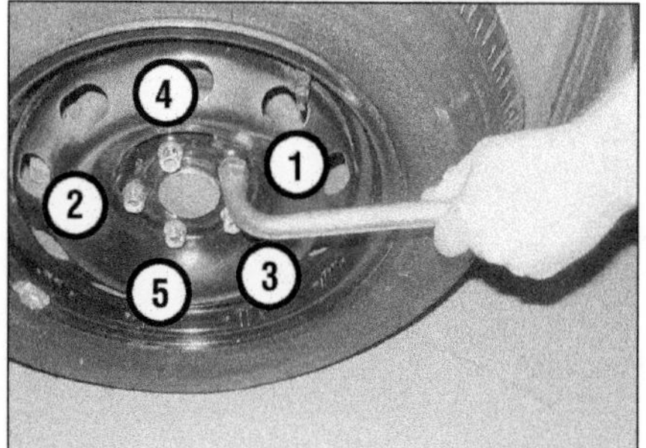

8 Dra åt hjulbultarna ordentligt i den ordning som visas och sätt sedan tillbaka hjulsidan/navkapseln. Lägg det punkterade hjulet i reservhjulsbrunnen. Hjulbultarna bör dras åt till angivet åtdragningsmoment vid första möjliga tillfälle.

Och till sist . . .

- ☐ Ta bort hjulblockeringen.
- ☐ Lägg tillbaka verktygen och domkraften.
- ☐ Kontrollera däcktrycket på det hjul som har monterats. Om det är lågt, eller om du inte har tillgång till en lufttrycksmätare, kör sakta till närmaste bensinstation och pumpa upp däcket till rätt tryck.

Observera: *Om du har monterat ett "utrymmesbesparande" reservdäck gäller särskilda förhållanden. Ett sådant reservhjul ska bara användas i en nödsituation och det ska bara sitta kvar på bilen tills det punkterade däcket har reparerats/bytts ut. Medan det här hjulet sitter på bilen, se till att det har korrekt lufttryck, kör inte fortare än 80 km/tim och undvik hård acceleration, tvära inbromsningar och hård kurvtagning.*

Att hitta läckor

Pölar på garagegolvet (eller där bilen parkeras) eller våta fläckar i motorrummet tyder på läckor som man måste försöka hitta. Det är inte alltid så lätt att se var läckan är, särskilt inte om motorrummet är mycket smutsigt. Olja eller andra vätskor kan spridas av fartvinden under bilen och göra det svårt att avgöra var läckan egentligen finns.

Varning: De flesta oljor och andra vätskor i en bil är giftiga. Vid spill bör man tvätta huden och byta indränkta kläder så snart som möjligt

Lukten kan vara till hjälp när det gäller att avgöra varifrån ett läckage kommer och vissa vätskor har en färg som är lätt att känna igen. Det är en bra idé att tvätta bilen ordentligt och ställa den över rent papper över natten för att lättare se var läckan finns. Tänk på att motorn ibland bara läcker när den är igång.

Olja från sumpen

Motorolja kan läcka från avtappningspluggen . . .

Olja från oljefiltret

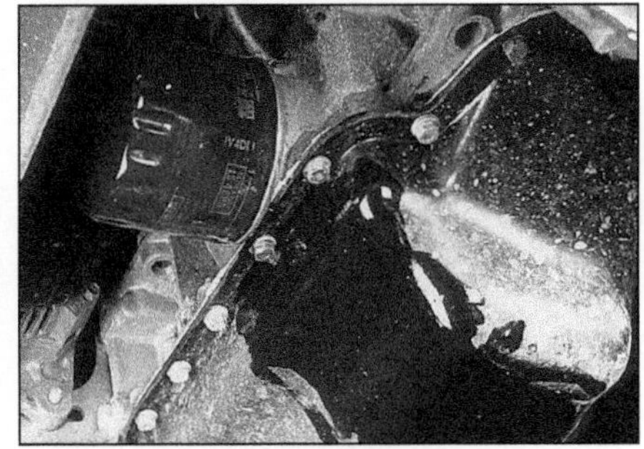

. . . eller från oljefiltrets packning.

Växellådsolja

Växellådsolja kan läcka från tätningarna i ändarna på drivaxlarna.

Frostskydd

Läckande frostskyddsvätska lämnar ofta kristallina avlagringar liknande dessa.

Bromsvätska

Läckage vid ett hjul är nästan alltid bromsvätska.

Servostyrningsvätska

Servostyrningsvätska kan läcka från styrväxeln eller dess anslutningar.

Bogsering

När allt annat misslyckas kan du komma att behöva en bogsering hem – eller det kan förstås hända att du bogserar någon annan. Bogsering längre sträckor bör överlämnas till en bärgningsfirma. Bogsering kortare sträckor är dock relativt enkelt, men tänk på följande:

- ☐ Använd en ordentlig bogserlina – de är inte dyra. Bind gärna fast en flagga på bogserlinan.
- ☐ Vrid alltid startnyckeln till läge "on" när bilen bogseras, så att rattlåset lossas och så att blinkers och bromsljus fungerar. Ha alltid parkeringsljus eller varningsblinkers på vid bogseringen.
- ☐ Innan bogseringen påbörjas, lossa handbromsen och ställ växellådan i neutralläge (manuell växellåda) eller läge "N" (automatväxellåda). Om du är tveksam, bogsera inte en modell med automatlåda – skador kan uppstå på växellådan. Max hastighet vid bogsering är 30 km/tim.
- ☐ Notera att det krävs högre tryck på bromspedalen än vanligt, eftersom vakuumservon bara är aktiv när motorn är igång.
- ☐ Eftersom servostyrningen inte är aktiv kommer det också att krävas större kraft för att vrida ratten.
- ☐ Föraren i den bogserade bilen måste hålla bogserlinan sträckt hela tiden för att undvika ryck.
- ☐ Kontrollera att båda förarna känner till den planerade färdvägen.
- ☐ Kör inte för fort och håll sträckan till ett minimum. Kör mjukt och sakta ner långsamt vid korsningar.
- ☐ Bind fast bogserlinan endast i de därför avsedda öglorna. Den främre bogseröglan sitter bakom ventilen/kåpan på höger sida av den främre stötfångaren. Den bakre bogseröglan sitter under den bakre stötfångaren, på höger sida.

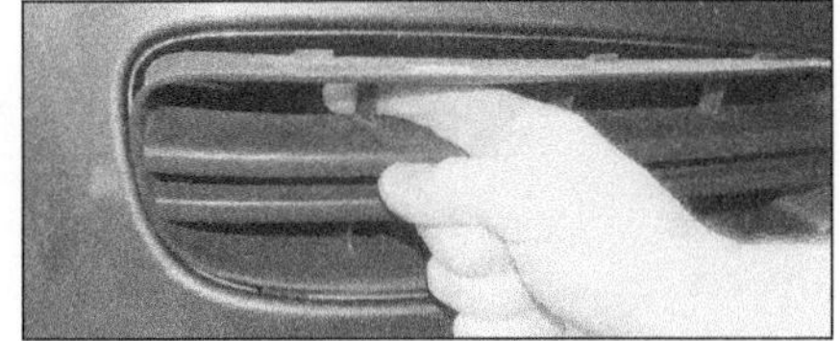

Inledning

Det finns några mycket enkla kontroller som bara behöver ta några minuter att utföra, men som kan bespara dig mycket besvär och pengar.

Dessa *Veckokontroller* kräver inga större kunskaper eller speciella verktyg, och den lilla tid de tar i anspråk kan visa sig mycket väl använd, till exempel:

☐ Håll ett öga på däckens skick och lufttryck. Det inte bara hjälper till att förhindra att de slits ut i förtid, det kan även rädda ditt liv.

☐ Många haverier orsakas av elektriska problem. Batterirelaterade fel är speciellt vanliga och en snabb kontroll med regelbundna mellanrum förebygger oftast de flesta av dessa problem.

☐ Om bilen har en läcka i bromssystemet kan det hända att du märker det först när bromsarna inte fungerar ordentligt. Regelbunden kontroll av vätskenivån varnar i god tid för sådana problem.

☐ Om olje- eller kylvätskenivån blir för låg är det mycket billigare att åtgärda läckaget än att reparera det motorhaveri som annars kan inträffa.

Kontrollpunkter i motorrummet

◀ 1,4 liter bensin

A *Motorns oljemätsticka*
B *Motorns oljepåfyllningslock*
C *Kylvätskans expansionskärl*
D *Bromsvätskebehållare*
E *Servostyrningsvätskans behållare*
F *Spolarvätskans behållare*
G *Batteri*

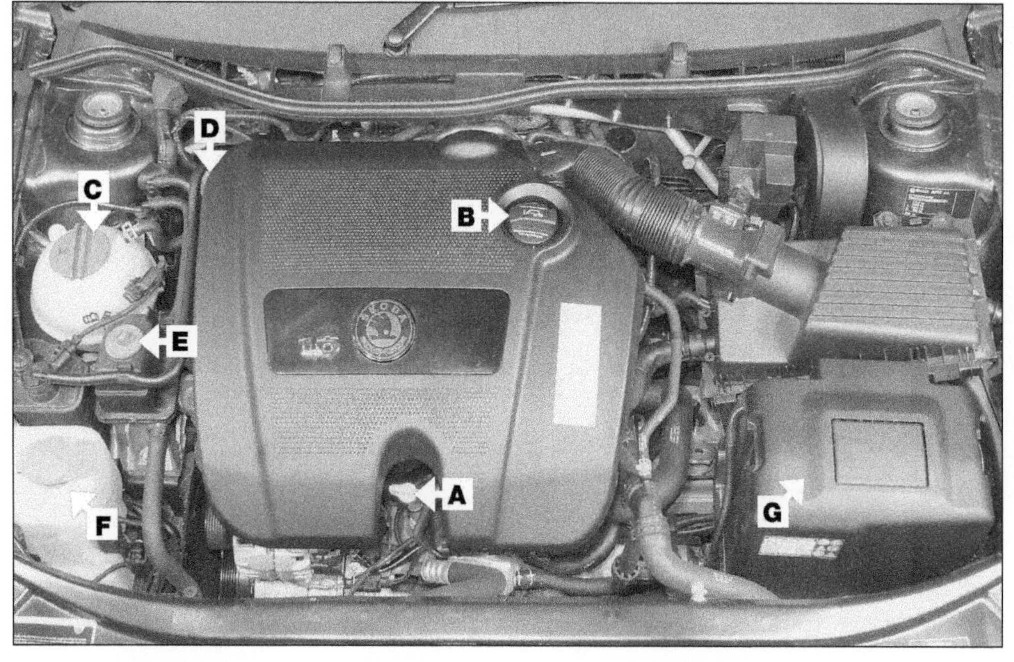

◀ 1,6 liter bensin

A *Motorns oljemätsticka*
B *Motorns oljepåfyllningslock*
C *Kylvätskans expansionskärl*
D *Bromsvätskebehållare*
E *Servostyrningsvätskans behållare*
F *Spolarvätskans behållare*
G *Batteri*

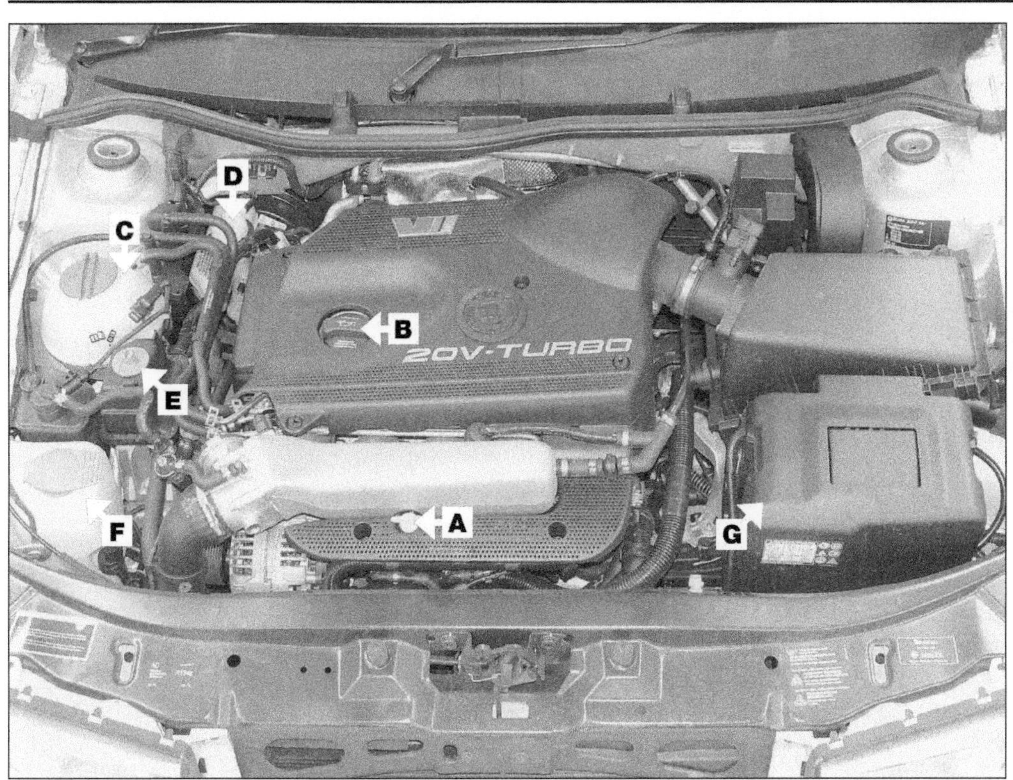

◀ 1,8 liter bensin

A *Motorns oljemätsticka*
B *Motorns oljepåfyllningslock*
C *Kylvätskans expansionskärl*
D *Bromsvätskebehållare*
E *Servostyrningsvätskans behållare*
F *Spolarvätskans behållare*
G *Batteri*

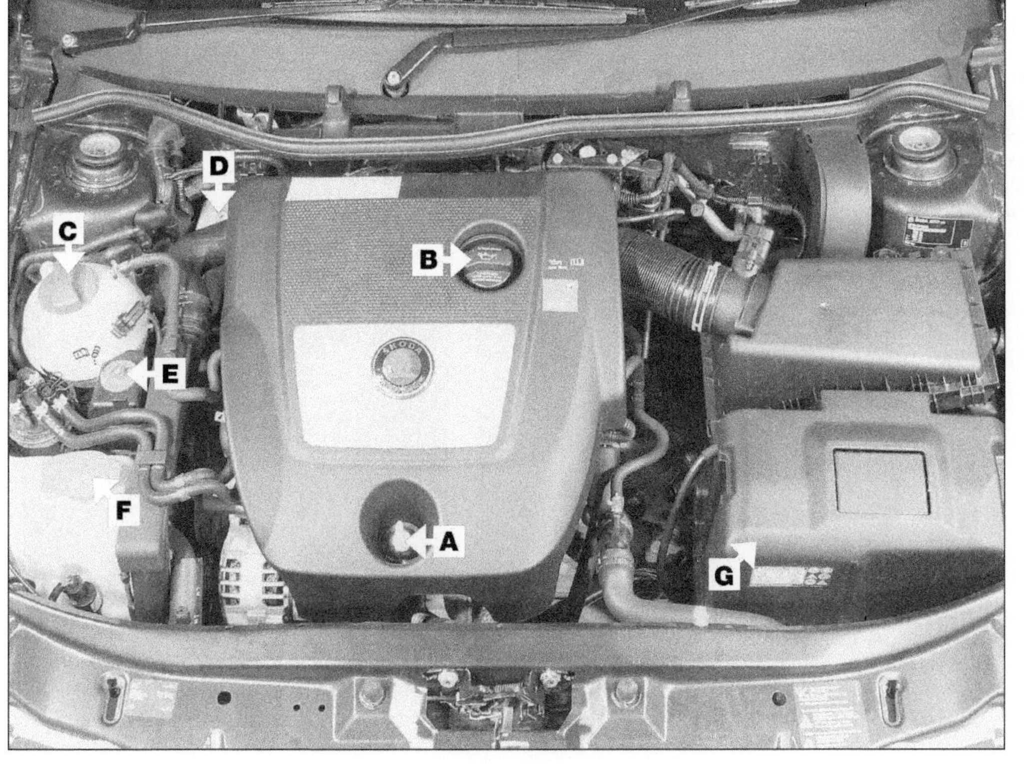

◀ 1,9 liter diesel

A *Motorns oljemätsticka*
B *Motorns oljepåfyllningslock*
C *Kylvätskans expansionskärl*
D *Bromsvätskebehållare*
E *Servostyrningsvätskans behållare*
F *Spolarvätskans behållare*
G *Batteri*

Motoroljenivå

Innan du börjar

✔ Se till att bilen står på plan mark.
✔ Kontrollera oljenivån innan bilen körs, eller minst fem minuter efter det att motorn har slagits av.

Om oljan kontrolleras direkt efter körning kommer en del av oljan fortfarande att vara kvar i motorns övre komponenter, vilket gör att man får en felaktig avläsning på mätstickan.

Rätt olja

Moderna motorer ställer höga krav på smörjoljan. Det är mycket viktigt att korrekt olja för just din bil används (se *Smörjmedel och vätskor*).

Bilvård

● Om du behöver fylla på olja ofta, kontrollera om oljeläckage förekommer. Lägg rent papper under bilen över natten och se efter om det är fläckar på det på morgonen. Om inget läckage förekommer kan det vara så att motorn bränner olja.

● Håll alltid oljenivån mellan det övre och det nedre märket på mätstickan (se bild 3). Om nivån är för låg kan allvarliga motorskador uppstå. Oljetätningar kan sprängas om motorn överfylls med olja.

1 Mätstickan har ofta ljus eller klar färg för att den lätt ska hittas (se *Kontrollpunkter i motorrummet* för exakt placering). Dra upp mätstickan och torka bort oljan från den med en ren trasa eller pappershandduk.

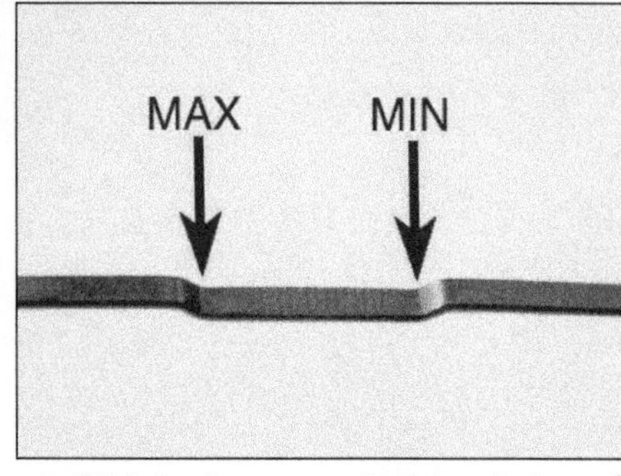

2 Stick in den rena mätstickan i röret så långt det går och dra sedan ut den igen. Notera nivån på änden av mätstickan – den ska ligga mellan det övre (MAX) och det nedre (MIN) märket.

3 Olja fylls på genom påfyllningslockets öppning. Skruva loss locket, placera några trasor runt hålet och fyll på olja.

4 En tratt reducerar risken för spill. Häll i oljan sakta och kontrollera nivån på mätstickan då och då. Fyll inte på för mycket (se *Bilvård*).

Kylvätskenivå

Varning: Försök inte att skruva loss expansionskärlets lock medan motorn är varm – du riskerar att skålla dig. Låt inte behållare med kylvätska stå öppna, eftersom vätskan är giftig.

Bilvård

● Med ett slutet kylsystem ska man inte behöva fylla på kylvätska regelbundet. Om du behöver fylla på ofta tyder det på en läcka. Kontrollera kylaren, alla slangar och fogytor och leta efter våta fläckar och fukt. Åtgärda efter behov.

● Det är viktigt att använda frostskydd i kylsystemet året runt, inte bara på vintern. Fyll inte på med bara vatten, eftersom det späder ut frostskyddet för mycket.

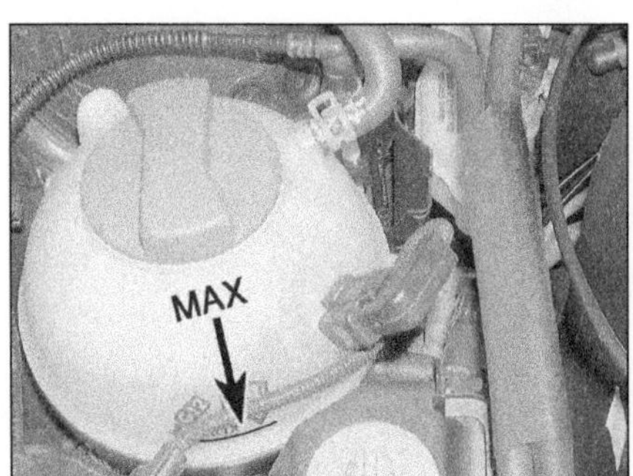

1 Kylvätskenivån varierar med motorns temperatur. När motorn är kall ska kylvätskenivån vara mellan MIN- och MAX-markeringarna.

2 Om påfyllning behövs, vänta tills motorn är kall. Skruva sakta loss locket för att släppa ut eventuellt tryck i kylsystemet, och ta bort locket.

3 Häll i en blandning av vatten och specificerat frostskydd (se *Smörjmedel och vätskor*) i expansionskärlet tills nivån ligger mitt emellan de två markeringarna. Sätt tillbaka locket och dra åt det ordentligt.

Broms- och kopplingsvätskenivå

Observera: *På modeller med manuell växellåda förser vätskebehållaren även kopplingens huvudcylinder med vätska*

Innan du börjar

✔ Se till att bilen står på plan mark.

✔ Renlighet är ytterst viktigt vid arbete på bromssystemet, så var noga med att torka av ytan runt behållarens lock innan påfyllningen görs. Använd endast ren bromsvätska.

Säkerheten främst!

● Om det krävs regelbunden påfyllning av bromsvätska tyder detta på en läcka någonstans i systemet, vilket i så fall omedelbart måste undersökas.

● Om läckage misstänks ska bilen inte köras förrän bromssystemet har undersökts och åtgärdats. Ta aldrig några risker när det gäller bromsarna.

Varning: Bromsvätska kan skada dina ögon och också lackerade ytor, så var ytterst försiktig vid hantering av vätskan. Använd inte vätska som har stått i ett öppet kärl under en längre tid. Vätskan absorberar fukt från luften, vilket kan orsaka farlig förlust av bromsverkan.

1 MAX- och MIN-markeringarna finns på sidan av behållaren. Vätskenivån måste hållas mellan de två märkena hela tiden. Notera att nivån kommer att sjunka allteftersom bromsklossarna slits, men den får aldrig gå ner under MIN-markeringen.

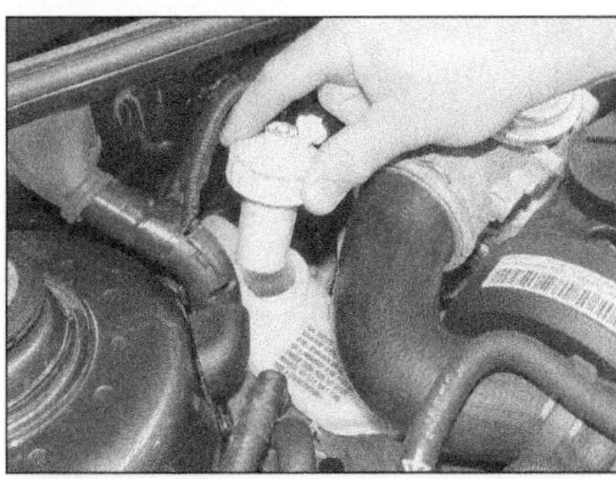

2 Om påfyllning behövs, torka först av området runt påfyllningslocket för att förhindra att smuts kommer in i hydraulsystemet Skruva loss behållarens lock.

3 Häll försiktigt i ny vätska och var noga med att inte spilla på omgivande komponenter. Använd endast specificerad vätska (se *Smörjmedel och vätskor*); att blanda olika typer av vätska kan orsaka skador på systemet. Avslutningsvis, sätt tillbaka locket och torka bort eventuellt spilld vätska.

Spolarvätskans nivå

● Tillsatser i spolarvätskan håller inte bara vindrutan ren i dåligt väder, de förhindrar också att spolarsystemet fryser när det är kallt - och ofta är det verkligen då du behöver det. Fyll inte bara på med vanligt vatten, eftersom vätskan då blir utspädd och kan frysa om det blir kallt.

Varning: Använd under inga omständigheter motorkylvätska i spolarsystemet - det kan skada lacken.

1 Spolarvätskans behållare sitter på höger sida i motorrummet, bakom strålkastaren. Dra upp påfyllningslocket för att lossa det från behållaren.

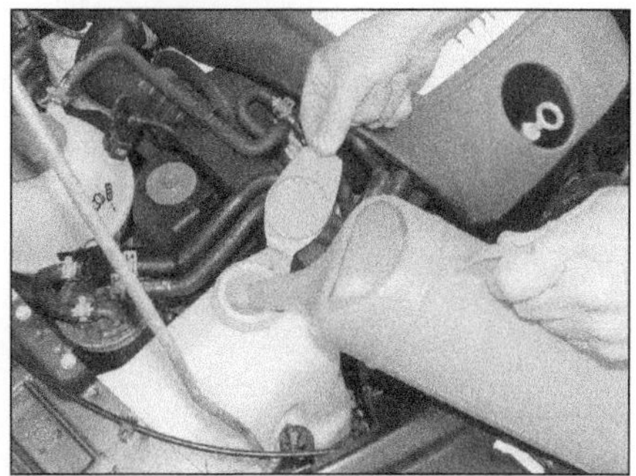

2 Vid påfyllning, häll i en spolarvätsketillsats enligt rekommendationerna på flaskan.

Däckens skick och lufttryck

Det är mycket viktigt att däcken är i bra skick och har korrekt lufttryck – däckhaverier är farliga i alla hastigheter.

Däckslitage påverkas av körstil – hårda inbromsningar och accelerationer eller snabb kurvtagning, samverkar till högt slitage. Generellt sett slits framdäcken ut snabbare än bakdäcken. Axelvis byte mellan fram och bak kan jämna ut slitaget, men om detta är för effektivt kan du komma att behöva byta alla fyra däcken samtidigt.

Ta bort spikar och stenar som bäddats in i mönstret innan dessa går igenom och orsakar punktering. Om borttagandet av en spik avslöjar en punktering, stick tillbaka spiken i hålet som markering, byt omedelbart hjul och låt reparera däcket (eller köp ett nytt).

Kontrollera regelbundet att däcken är fria från sprickor och blåsor, speciellt i sidoväggarna. Ta av hjulen med regelbundna mellanrum och rensa bort all smuts och lera från inte och yttre ytor. Kontrollera att inte fälgarna visar spår av rost, korrosion eller andra skador. Lättmetallfälgar skadas lätt av kontakt med trottoarkanter vid parkering, stålfälgar kan bucklas. En ny fälg är ofta det enda sättet att korrigera allvarliga skador.

Nya däck måste alltid balanseras vid monteringen, men det kan vara nödvändigt att balansera om dem i takt med slitage eller om balansvikterna på fälgkanten lossnar.

Obalanserade däck slits snabbare och de ökar även slitaget på fjädring och styrning. Obalans i hjulen märks normalt av vibrationer, speciellt vid vissa hastigheter, i regel kring 80 km/tim. Om dessa vibrationer bara känns i styrningen är det troligt att enbart framhjulen behöver balanseras. Om istället vibrationerna känns i hela bilen kan bakhjulen vara obalanserade. Hjulbalansering ska utföras av däckverkstad eller annan verkstad med lämplig utrustning.

1 *Mönsterdjup - visuell kontroll*

Originaldäcken har slitageklackar (B) som uppträder när mönsterdjupet slitits ned till ca 1,6 mm. Bandens lägen anges av trianglar på däcksidorna (A).

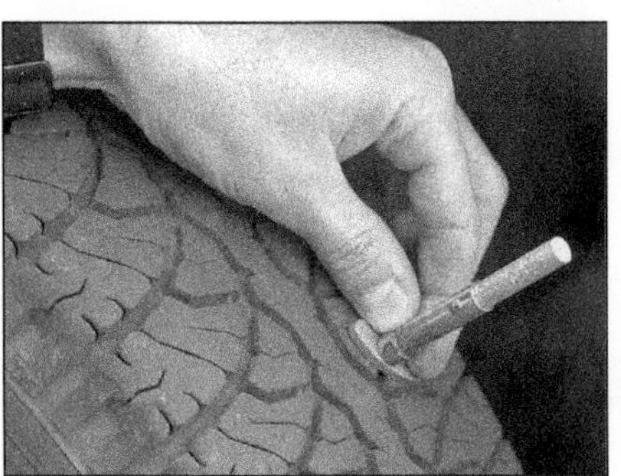

2 *Mönsterdjup - manuell kontroll*

Mönsterdjupet kan även avläsas med ett billigt verktyg kallat mönsterdjupsmätare.

3 *Lufttryckskontroll*

Kontrollera regelbundet lufttrycket i däcken när dessa är kalla. Justera inte lufttrycket omedelbart efter det att bilen har körts, eftersom detta leder till felaktiga värden.

Däckslitage

Slitage på sidorna

Lågt däcktryck (slitage på båda sidorna)
Lågt däcktryck orsakar överhettning i däcket eftersom det ger efter för mycket, och slitbanan ligger inte rätt mot underlaget. Detta orsakar förlust av väggrepp och ökat slitage.
Kontrollera och justera däcktrycket
Felaktig cambervinkel (slitage på en sida)
Reparera eller byt ut fjädringsdetaljer
Hård kurvtagning
Sänk hastigheten!

Slitage i mitten

För högt däcktryck
För högt däcktryck orsakar snabbt slitage i mitten av däckmönstret, samt minskat väggrepp, stötigare gång och fara för skador i korden.
Kontrollera och justera däcktrycket

Om du ibland måste ändra däcktrycket till högre tryck specificerade för max lastvikt eller ihållande hög hastighet, glöm inte att minska trycket efteråt.

Ojämnt slitage

Framdäcken kan slitas ojämnt som följd av felaktig hjulinställning. De flesta biläterförsäljare och verkstäder kan kontrollera och justera hjulinställningen för en rimlig summa.
Felaktig camber- eller castervinkel
Reparera eller byt ut fjädringsdetaljer
Defekt fjädring
Reparera eller byt ut fjädringsdetaljer
Obalanserade hjul
Balansera hjulen
Felaktig toe-inställning
Justera framhjulsinställningen
Notera: *Den fransiga ytan i mönstret, ett typiskt tecken på toe-förslitning, kontrolleras bäst genom att man känner med handen över däcket.*

Batteri

Försiktighet: Innan något arbete med batteriet påbörjas, läs föreskrifterna i avsnittet "Säkerheten främst!" i början av boken.

✔ Kontrollera att batterihyllan är i gott skick och att klämman sitter åt hårt. Korrosion på hyllan, klämman och själva batteriet kan tas bort med en lösning av vatten och natriumbikarbonat. Skölj sedan alla delar noggrant med vatten. Metalldelar som har skadats av korrosion bör täckas med en zinkbaserad primer och sedan målas.

✔ Kontrollera regelbundet (ungefär var tredje månad) batteriets laddning enligt beskrivning i kapitel 5A. En laddningsindikator finns på standardbatteriet - om indikatorn är grön är batteriet fulladdat, men om den är färglös måste batteriet laddas. Om indikatorn är gul måste batteriet bytas ut.

✔ Om batteriet är urladdat och du behöver starthjälp, se *Reparationer vid vägkanten*.

1 Batteriet sitter i det främre vänstra hörnet i motorrummet. För att komma åt batteripolerna, tryck in knapparna på sidorna och ta bort värmeskyddskåpan.

2 Undersök skicket på batteri- och säkringsanslutningarna och kontrollera att de sitter fast ordentligt. Undersök batteriets utsida med jämna mellanrum för att se om det finns sprickor i lådan eller kåpan.

3 Om korrosion (vita, porösa avlagringar) upptäcks, ta loss kablarna från batteripolerna (se *Frånkoppling av batteriet* i Referenskapitlet i slutet av boken), rengör dem med en liten stålborste och sätt tillbaka dem. Biltillbehörsbutiker säljer ett bra verktyg för rengöring av batteripoler. . .

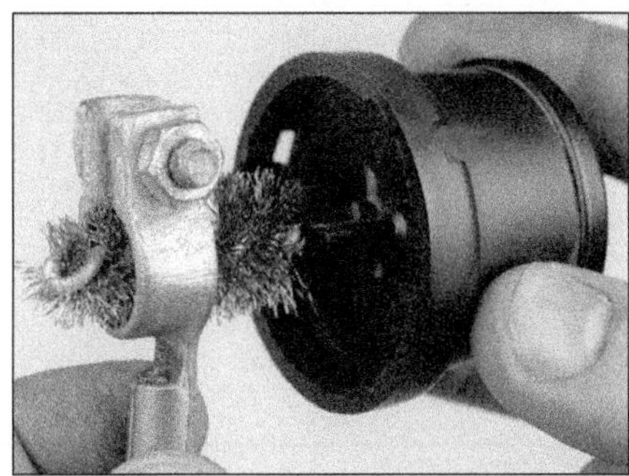

4 . . . och polskor.
Observera: *Skoda anger särskilt att man INTE ska använda något fett på polskorna.*

Torkarblad

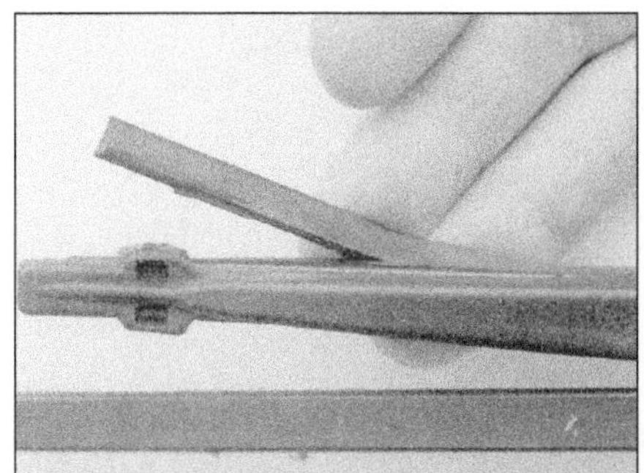

1 Undersök torkarbladen; om de är spruckna eller visar andra tecken på slitage, eller om rutan blir smetig när torkarna sveper över den - byt ut bladen. För att garantera bästa möjliga sikt bör torkarbladen bytas ut en gång per år, som en rutinåtgärd.

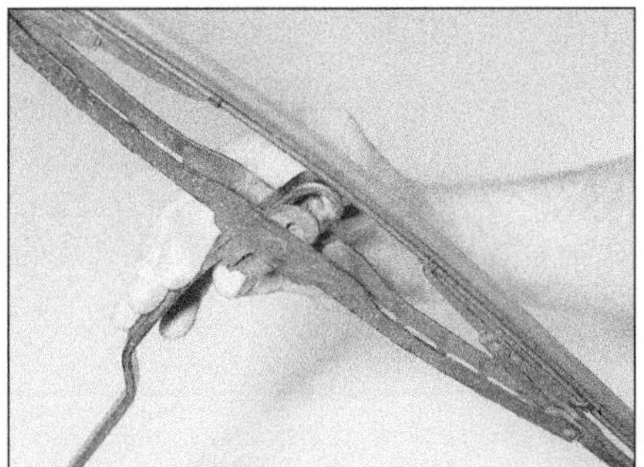

2 För att ta bort ett vindrutetorkarblad, dra ut armen så långt det går från rutan, tills den låser. Vrid 90°, tryck på låstungan med fingrarna och dra ut bladet ur den krokförsedda änden av armen

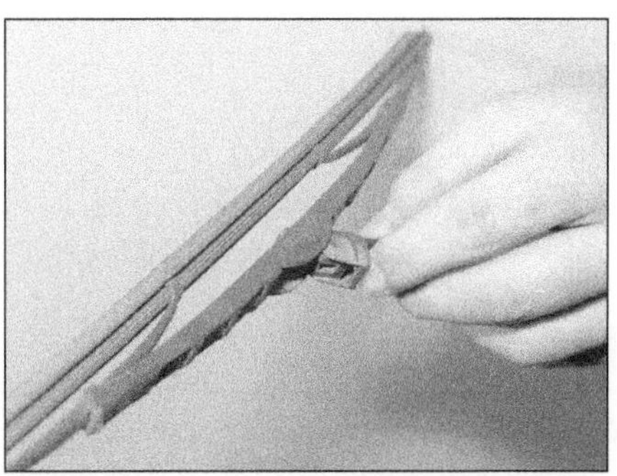

3 Där så är tillämpligt, glöm inte bakrutetorkarens blad. För att ta bort det här bladet, tryck in fästtungan och dra ut bladet ur den krokförsedda änden av armen.

Elsystem

✔ Kontrollera alla yttre lampor och signalhornet. Se relevanta sektioner av kapitel 12 för information om någon krets inte fungerar.

✔ Undersök alla kontakter, kabelhärvor och klämmor. De ska ha goda anslutningar och får inte visa tecken på skador eller skavning.

Om du ensam ska kontrollera bromsljus och bakre blinkers, backa upp mot en vägg eller garageport och slå på lamporna. Återskenet visar om de fungerar korrekt.

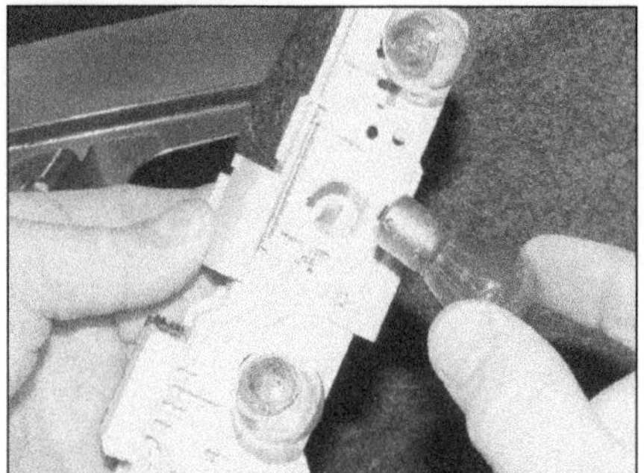

1 Om en enstaka blinkers, bromsljus eller strålkastare inte fungerar är det troligt att glödlampan är trasig och måste bytas. Se kapitel 12 för detaljer. Om båda bromsljusen är ur funktion kan det vara problem med bromsljuskontakten (se kapitel 9).

2 Om mer än en blinkers eller baklykta inte fungerar är det troligen en fråga om en bränd säkring eller ett fel i kretsen (se *Elektrisk felsökning* i kapitel 12). Huvudsäkringarna sitter i säkringsdosan under en kåpa i änden av instrumentbrädan. Bänd loss kåpan med en liten skruvmejsel. På insidan av kåpan finns en förteckning över vilka kretsar de olika säkringarna skyddar. Ytterligare, kraftiga säkringar samt smältsäkringar finns i säkringsdosan ovanpå batteriet

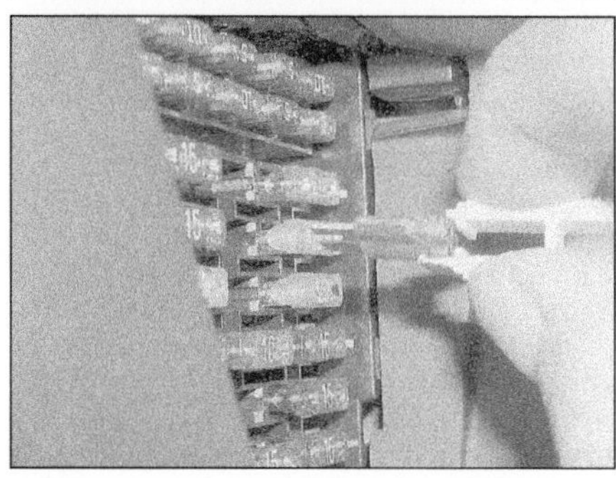

3 För att byta ut en trasig säkring, dra helt enkelt ut den ur säkringsdosan med medföljande plastpincett. Sätt i en ny säkring av samma klassning - dessa finns att köpa i biltillbehörsbutiker. Det är viktigt att man letar reda på orsaken till att säkringen gick (se *Elektrisk felsökning* i kapitel 12).

Smörjmedel och vätskor

Motor (bensin)

Standard (sträcka/tid) serviceintervall	Multigrade motorolja, viskositet SAE 5W/40 till 20W/50, till API SG/CD
LongLife (variabelt) serviceintervall	Skoda LongLife motorolja del nummer Skoda 503 00*
Motor (diesel)	
Standard (sträcka/tid) serviceintervall	Multigrade motorolja, viskositet SAE 5W/40 till 20W/50, till API SG/CD
LongLife (variabelt) serviceintervall	Skoda LongLife motorolja del nummer Skoda 506 00**
Kylsystem	Endast Skoda tillsats G12 (frost- och korrosionsskydd)
Manuell växellåda	Skoda G50 växelolja, viskositet SAE 75W/90 (syntetisk)
Automatväxellåda	
Växellåda	Skoda ATF
Slutväxel	Skoda G50 växelolja, viskositet SAE 75W/90 (syntetisk)
Bromssystem	Bromsvätska till SAE J1703F eller DOT 4
Servostyrning	Skoda hydraulolja G 002 000

** Max 0,5 liter standard Skoda 502 00 olja kan användas för påfyllning om LongLife inte finns tillgängligt.*

*** Max 0,5 liter standard Skoda 505 00 olja kan användas för påfyllning om LongLife inte finns tillgängligt.*

Däcktryck

Observera: *Rekommenderade däcktryck för varje bil finns på en etikett på insidan av tankluckan. De tryck som anges gäller originaldäcken – andra tryck kan gälla om annan typ av däck har monterats. Kontrollera då senaste rekommendationer från tillverkaren eller återförsäljaren av de däck som används. Följande däcktryck är typexempel.*

	Fram	**Bak**
Normal last	2,0 bar (29 psi)	2,2 bar (32 psi)
Full last	2,2 bar (32 psi)	2,8 bar (41 psi)

Observera: *Om ett utrymmesbesparande däck är monterat måste dess tryck vara 4,2 bar (61 psi).*

Kapitel 1 Del A: Rutinunderhåll och service – modeller med bensinmotor

Innehåll

Svårighetsgrader

Enkelt, passar novisen med lite erfarenhet

Ganska enkelt, passar nybörjaren med viss erfarenhet

Ganska svårt, passar kompetent hemmamekaniker

Svårt, passar hemmamekaniker med erfarenhet

Mycket svårt, för professionell mekaniker

Specifikationer – modeller med bensinmotor

Smörjmedel och vätskor

Se slutet av *Veckokontroller* på sidan 0•16

Volymer

Motorolja – inklusive oljefilter (ungefär)	
1,4 liters motorer	3,2 liter
1,6 liters motorer:	
Kod AEE	3,5 liter
Kod AEH, AKL, AVU och BFQ	4,7 liter
1,8 liters motorer	4,5 liter
2,0 liters motorer	4,0 liter
Kylsystem (ungefär)	
1,4 liters motorer	5,5 liter
1,6 liters motorer	7,0 liter
1,8 liters motorer	6,8 liter
2,0 liters motorer	6,9 liter
Växellåda	
Manuell växellåda:	
Typ 02K	1,6 liter
Typ 02J	1,9 liter
Automatväxellåda (Typ 01M):	
Växellåda	5,3 liter
Slutväxel	0,75 liter
Servostyrning	
Alla modeller	0,7 till 0,9 liter
Bränsletank (ungefär)	
Alla modeller	55 liter
Spolarbehållare	
Modeller med strålkastarspolare	5,5 liter
Modeller utan strålkastarspolare	3,0 liter

Kylsystem

Frostskyddsblandning:	
40 % frostskydd	Skydd ner till -25°C
50 % frostskydd	Skydd ner till -35°C

Observera: *Se rekommendationer från frostskyddstillverkaren för aktuella uppgifter.*

Tändsystem

Tändstift:	Typ	Elektrodgap
1,4 liters motor	NGK BKUR6ET-10	1,0 mm
1,6 liters motor:		
Kod AEE	NGK BUR6ET	0,8 mm
	Bosch W7LTCR	1,0 mm
	BERU 14GH-7DTUR	0,8 mm
Kod AEH och AKL	NGK BKUR6ET-10	1,0 mm
Kod AVU och BFQ	NGK BKUR6ET-10	1,0 mm
1,8 liters motor:		
Kod AGN	NGK BKUR6ET-10	1,0 mm
Kod AGU, ARX, ARZ och AUM	NGK PFR6Q	0,7 mm
	Bosch F7LTCR	1,0 mm
Kod AUQ	NGK PFR6Q	0,7 mm
2,0 liters motor:		
Kod AEG, APK, AQY och AZH	NGK BKUR6ET-10	1,0 mm
Kod AZJ	NGK PZFR5D-11	1,0 mm

Bromsar

Bromsklossarnas tjocklek:	
Fram	minst 7,0 mm (inkl. fästplatta) minst 2,0 mm (endast friktionsmaterial)
Bak	minst 2,0 mm (endast friktionsmaterial)
Bakre bromsbackar, friktionsmaterialets tjocklek	minst 2,5 mm

Åtdragningsmoment	**Nm**
Automatväxellådans nivåplugg	15
Hjulbultar	120
Manuell växellådas nivå-/påfyllningsplugg	25
Oljesumpens avtappningsplugg:	
1,4 liters motor	30
1,6 liter, motorkod AEE	20
1,6 liter, motorkod AEH, AKL, AVU och BFQ	30
1,8 liters motor	40
2,0 liters motor	30
Tändstift:	
Motorkod AEE	25
Alla utom motorkod AEE	30

Underhållsschema

Underhållsintervallen i den här handboken ges med antagandet att du själv, inte återförsäljaren, kommer att utföra arbetet. Dessa intervall är det minimum vi rekommenderar för en bil som körs dagligen. Om du vill hålla din bil i ständigt toppskick, bör du kanske utföra vissa av momenten oftare. Vi uppmuntrar tätt och regelbundet underhåll, eftersom det höjer bilens effektivitet, prestanda och andrahandsvärde.

När bilen är ny ska all service utföras av en auktoriserad verkstad, så att inte garantin förverkas.

Alla Skoda modeller har en serviceintervalldisplay i instrumentpanelen. Varje gång motorn startas lyser displayen upp i ungefär 20 sekunder med serviceinformation. Med standarddisplayen för fasta intervall anges serviceintervallen i enlighet med specificerade körsträckor och tidsperioder. Med en LongLife display varierar serviceintervallen. När ett intervall nås på en fast display, blinkar displayen "Oil" för en oljeservice eller "Insp" för en inspektions-service. På modeller med varierande (LongLife) serviceintervall, blinkar displayen "Service", "Service Now" eller "Service due in avstånd/tid".

När displayen visar "Service" beror på hur bilen används (antal starter, färdsträckor, hastigheter, bromsklosslitage, hur ofta motorhuven öppnats, bränsleförbrukning, oljenivå och oljetemperatur). Till exempel, om en bil används under extrema körförhållanden, kan service indikeras vid 15 000 km, och om bilen körs lugnare och under mindre extrema förhållanden kanske displayen visar service vid 30 000 km. Det är viktigt att inse att systemet är helt variabelt i enlighet med hur bilen körs, och att service därför måste utföras när detta indikeras på displayen. **Observera:** *Modeller med varierande serviceintervall är utrustade med en oljenivågivare, indikator för bromsklosslitage, batteri med "magic eye" laddningsindikator och en variabel serviceindikator.*

LongLife varierande serviceintervall gäller endast modeller med PR-numret QG1 eller QG2 (anges i bilens servicebok, eller eventuellt på en etikett i bagageutrymmet eller på förarsidans dörrstolpe) **(se bild)**. För QG1 bilar sker motoroljebyte och alla andra underhållsmoment vid variabla intervall, men på QG2 bilar utförs oljebyte och bromsklosskontroll vid fasta intervall, medan alla andra underhållsmoment utförs vid variabla intervall.

Med variabla (LongLife) serviceintervall på modeller med PR-numret QG1 får motorn **endast** fyllas med den rekommenderade **LongLife** motoroljan (se *Smörjmedel och vätskor*); på modeller med PR-numret QG2 kan standard motorolja användas.

När en service har utförts, använder Skodas tekniker ett särskilt instrument för att återställa serviceintervalldisplayen inför nästa intervall, och en utskrift erhålls för bilens serviceноteringar. Displayen kan återställas av ägaren enligt beskrivning i avsnitt 5, men notera att för modeller med LongLife intervall QG1, kommer den proceduren automatiskt att återställa schemat till ett ändrat LongLife intervall (QG2) där oljebyte och bromsklosskontroll baseras på körsträcka/tid, medan övriga system förblir LongLife. För att displayen ska återställas till fullständigt LongLife schema (QG1), måste bilen tas till en Skodaverkstad som har det speciella instrumentet med vilket man kan koda bilens dator.

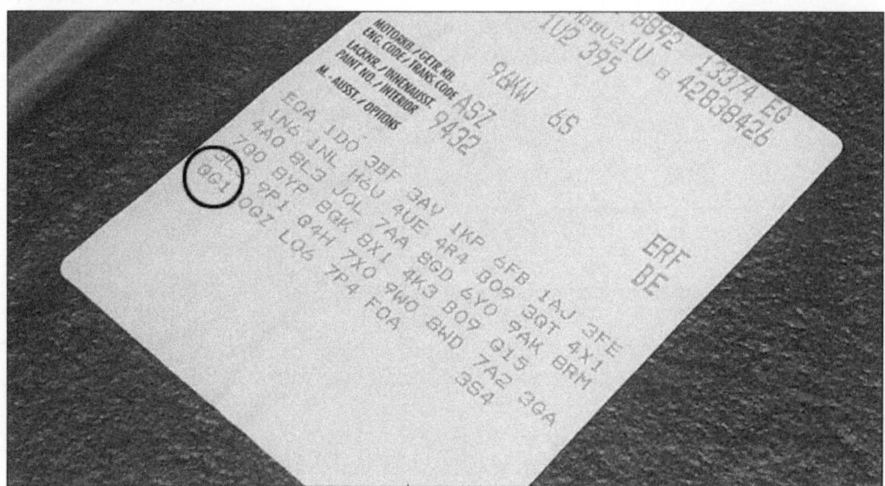

PR-nummer på bilens dataetikett

Modeller med intervall efter körsträcka och tid

Observera: *Följande serviceintervall gäller bara modeller med PR-numret QG0.*

Var 400:e km eller varje vecka

- [ ] Se *Veckokontroller*

Var 7500:e km eller var 6:e månad

- [ ] Byt motorolja och filter (avsnitt 3)

Observera: *Täta olje- och filterbyten är bra för motorn. Vi rekommenderar oljebyte enligt den körsträcka som anges här, eller minst två gånger per år om körsträckan är kortare.*

Var 15 000:e km eller varje år, det som kommer först – ”Oil” på displayen

Utöver de åtgärder som anges ovan, utför följande:

- [ ] Kontrollera tjockleken på främre och bakre bromsklossar (avsnitt 4)
- [ ] Återställ serviceintervalldisplayen (avsnitt 5)

Var 30 000:e km eller vartannat år, det som kommer först – ”Insp” på displayen

Utöver de åtgärder som anges ovan, utför följande:

- [ ] Undersök avgassystemet och dess fästen (avsnitt 6)
- [ ] Undersök alla komponenter under motorhuven, undersök slangarna och leta efter vätske- och oljeläckage (avsnitt 7)
- [ ] Undersök drivremmen (avsnitt 8)
- [ ] Kontrollera kylvätskans frostskyddskoncentration (avsnitt 9)
- [ ] Undersök bromssystemets hydraulkretsar och leta efter läckor och skador (avsnitt 10)
- [ ] Kontrollera strålkastarnas inställning (avsnitt 11)
- [ ] Byt pollenfilter (avsnitt 12)
- [ ] Kontrollera den manuella växellådans oljenivå (avsnitt 13)
- [ ] Leta efter skador i underredsskyddet (avsnitt 14)
- [ ] Undersök drivaxeldamaskerna (avsnitt 15)
- [ ] Undersök styrningens och fjädringens komponenter, deras skick och hur väl de sitter fast (avsnitt 16)
- [ ] Undersök batteriets skick, kontrollera elektrolytnivån och att batteriet sitter fast ordentligt (avsnitt 17)

Var 30 000:e km eller vartannat år, det som kommer först – ”Insp” på displayen (forts.)

- [ ] Smörj alla gångjärn och lås (avsnitt 18)
- [ ] Undersök krockkuddens (-kuddarnas) skick (avsnitt 19)
- [ ] Kontrollera funktionen hos vindrute-/bakrute-/strålkastarspolarna (efter tillämplighet) (avsnitt 20)
- [ ] Kontrollera om det finns några felkoder lagrade i motorstyrningens självdiagnosminne (avsnitt 21)
- [ ] Kontrollera soltakets funktion och smörj styrskenorna (avsnitt 22)
- [ ] Utför ett landsvägsprov och kontrollera avgasutsläppet (avsnitt 23)

Var 60 000:e km eller vart fjärde år, det som kommer först

Utöver de åtgärder som anges ovan, utför följande:

- [ ] Byt luftfilter (avsnitt 24)
- [ ] Byt tändstift (avsnitt 25)
- [ ] Undersök drivremmens skick (avsnitt 26)
- [ ] Kontrollera servostyrningsvätskans nivå (avsnitt 27)
- [ ] Kontrollera automatväxellådans oljenivå (avsnitt 28)
- [ ] Kontrollera oljenivån i automatväxellådans slutväxel (avsnitt 29)

Var 90 000:e km

- [ ] Byt kamrem (avsnitt 30)

Observera: *Skoda rekommenderar kontroll av kamremmen efter de första 90 000 km och därefter var 30 000:e km fram till bytesintervallet 180 000 km. Om bilen används huvudsakligen för kortare resor, rekommenderar vi dock att detta kortare bytesintervall används. När kamremsbytet sker är upp till ägaren, men med tanke på de allvarliga skador som kan bli resultatet om remmen går av under drift, rekommenderar vi det kortare intervallet.*

Vartannat år

- [ ] Byt broms- (och kopplings-) vätska (avsnitt 31)
- [ ] Byt kylvätska (avsnitt 32)*

* **Observera:** *Den här åtgärden inkluderas inte i Skodas schema och bör inte behövas om det rekommenderade Skoda G12 LongLife frostskyddet används.*

Modeller med QG1 LongLife intervall

Observera: *Följande serviceintervall gäller endast modeller med PR-numret QG1 (står i bilens servicebok, eller eventuellt på en etikett i bagageutrymmet eller på förarsidans dörrstolpe).*

Observera: *Om QG1 LongLife servicedisplay återställs utan det särskilda instrumentet, kommer vissa åtgärder att övergå till serviceschemat för QG2 modeller.*

Var 400:e km eller varje vecka

☐ Se *Veckokontroller*

Var 15 000:e km eller varje år

☐ Byt motorolja och filter (avsnitt 3)

Observera: *Täta olje- och filterbyten är bra för motorn. Vi rekommenderar att man byter olja minst en gång per år.*

”Service” på displayen

☐ Kontrollera tjockleken på främre och bakre bromsklossar (avsnitt 4)
☐ Återställ serviceintervalldisplayen (avsnitt 5)
☐ Undersök avgassystemet och dess fästen (avsnitt 6)
☐ Undersök alla komponenter under motorhuven, undersök slangarna och leta efter vätske- och oljeläckage (avsnitt 7)
☐ Undersök drivremmen (avsnitt 8)
☐ Kontrollera kylvätskans frostskyddskoncentration (avsnitt 9)
☐ Undersök bromssystemets hydraulkretsar och leta efter läckor och skador (avsnitt 10)
☐ Kontrollera strålkastarnas inställning (avsnitt 11)
☐ Byt pollenfilter (avsnitt 12)
☐ Kontrollera den manuella växellådans oljenivå (avsnitt 13)
☐ Leta efter skador i underredsskyddet (avsnitt 14)
☐ Undersök drivaxeldamaskerna (avsnitt 15)
☐ Undersök styrningens och fjädringens komponenter, deras skick och hur väl de sitter fast (avsnitt 16)
☐ Undersök batteriets skick, kontrollera elektrolytnivån och att batteriet sitter fast ordentligt (avsnitt 17)
☐ Smörj alla gångjärn och lås (avsnitt 18)
☐ Undersök krockkuddens (-kuddarnas) skick (avsnitt 19)
☐ Kontrollera funktionen hos vindrute-/bakrute-/strålkastarspolarna (efter tillämplighet) (avsnitt 20)
☐ Kontrollera om det finns några felkoder lagrade i motorstyrningens självdiagnosminne (avsnitt 21)
☐ Kontrollera soltakets funktion och smörj styrskenorna (avsnitt 22)
☐ Utför ett landsvägsprov och kontrollera avgasutsläppet (avsnitt 23)

Var 60 000:e km eller vart fjärde år, det som kommer först

Observera: *Många återförsäljare utför följande åtgärder vid varannan huvudservice.*

☐ Byt luftfilter (avsnitt 24)
☐ Byt tändstift (avsnitt 25)
☐ Undersök drivremmens skick (avsnitt 26)
☐ Kontrollera servostyrningsvätskans nivå (avsnitt 27)
☐ Kontrollera automatväxellådans oljenivå (avsnitt 28)
☐ Kontrollera oljenivån i automatväxellådans slutväxel (avsnitt 29)

Var 90 000:e km

☐ Byt kamrem (avsnitt 30)

Observera: *Skoda rekommenderar kontroll av kamremmen efter de första 90 000 km och därefter var 30 000:e km fram till bytesintervallet 180 000 km. Om bilen används huvudsakligen för kortare resor, rekommenderar vi dock att detta kortare bytesintervall används. När kamremsbytet sker är upp till ägaren, men med tanke på de allvarliga skador som kan bli resultatet om remmen går av under drift, rekommenderar vi det kortare intervallet.*

Vartannat år

☐ Byt broms- (och kopplings-) vätska (avsnitt 31)
☐ Byt kylvätska (avsnitt 32)*

* **Observera:** *Den här åtgärden inkluderas inte i Skodas schema och bör inte behövas om det rekommenderade Skoda G12 LongLife frostskyddet används.*

Modeller med QG2 LongLife intervall

Observera: *Följande serviceintervall gäller endast modeller med PR-numret QG2 (står i bilens servicebok, eller eventuellt på en etikett i bagageutrymmet eller på förarsidans dörrstolpe).*

Observera: *Om QG1 LongLife servicedisplay återställs utan det särskilda instrumentet, kommer vissa åtgärder att övergå till de intervall för körsträcka/tid som listas här.*

Var 400:e km eller varje vecka

☐ Se *Veckokontroller*

Var 7500:e km eller var sjätte månad

☐ Byt motorolja och filter (avsnitt 3)

Observera: *Täta olje- och filterbyten är bra för motorn. Vi rekommenderar oljebyte vid den körsträcka som anges här, eller minst två gånger per år om körsträckan är kortare.*

Var 15 000:e km eller varje år, det som kommer först

Utöver de åtgärder som beskrivs ovan, gör följande:

☐ Kontrollera tjockleken på främre och bakre bromsklossar (avsnitt 4)
☐ Återställ serviceintervalldisplayen (avsnitt 5)

”Service” på displayen

☐ Undersök avgassystemet och dess fästen (avsnitt 6)
☐ Undersök alla komponenter under motorhuven, undersök slangarna och leta efter vätske- och oljeläckage (avsnitt 7)
☐ Undersök drivremmen (avsnitt 8)
☐ Kontrollera kylvätskans frostskyddskoncentration (avsnitt 9)
☐ Undersök bromssystemets hydraulkretsar och leta efter läckor och skador (avsnitt 10)
☐ Kontrollera strålkastarnas inställning (avsnitt 11)
☐ Byt pollenfilter (avsnitt 12)
☐ Kontrollera den manuella växellådans oljenivå (avsnitt 13)
☐ Leta efter skador i underredsskyddet (avsnitt 14)
☐ Undersök drivaxeldamaskerna (avsnitt 15)
☐ Undersök styrningens och fjädringens komponenter, deras skick och hur väl de sitter fast (avsnitt 16)
☐ Undersök batteriets skick, kontrollera elektrolytnivån och att batteriet sitter fast ordentligt (avsnitt 17)
☐ Smörj alla gångjärn och lås (avsnitt 18)
☐ Undersök krockkuddens (-kuddarnas) skick (avsnitt 19)

”Service” på displayen (forts.)

☐ Kontrollera funktionen hos vindrute-/bakrute-/strålkastarspolarna (efter tillämplighet) (avsnitt 20)
☐ Kontrollera om det finns några felkoder lagrade i motorstyrningens självdiagnosminne (avsnitt 21)
☐ Kontrollera soltakets funktion och smörj styrskenorna (avsnitt 22)
☐ Utför ett landsvägsprov och kontrollera avgasutsläppet (avsnitt 23)

Var 60 000:e km eller vart fjärde år, det som kommer först

Observera: *Många återförsäljare utför följande åtgärder vid varannan huvudservice.*

☐ Byt luftfilter (avsnitt 24)
☐ Byt tändstift (avsnitt 25)
☐ Undersök drivremmens skick (avsnitt 26)
☐ Kontrollera servostyrningsvätskans nivå (avsnitt 27)
☐ Kontrollera automatväxellådans oljenivå (avsnitt 28)
☐ Kontrollera oljenivån i automatväxellådans slutväxel (avsnitt 29)

Var 90 000:e km

☐ Byt kamrem (avsnitt 30)

Observera: *Skoda rekommenderar kontroll av kamremmen efter de första 90 000 km och därefter var 30 000:e km fram till bytesintervallet 180 000 km. Om bilen används huvudsakligen för kortare resor, rekommenderar vi dock att detta kortare bytesintervall används. När kamremsbytet sker är upp till ägaren, men med tanke på de allvarliga skador som kan bli resultatet om remmen går av under drift, rekommenderar vi det kortare intervallet.*

Vartannat år

☐ Byt broms- (och kopplings-) vätska (avsnitt 31)
☐ Byt kylvätska (avsnitt 32)*

* **Observera:** *Den här åtgärden inkluderas inte i Skodas schema och bör inte behövas om det rekommenderade Skoda G12 LongLife frostskyddet används.*

Motorrummet på en modell med 1,6 liters bensinmotor

1 *Motorns oljepåfyllningslock*
2 *Oljemätsticka*
3 *Kylvätskans expansionskärl*
4 *Vindrutans/strålkastarnas spolarvätskebehållare*
5 *Servostyrningens vätskebehållare*
6 *Tändspolar och tändstift (under insugsgrenröret)*
7 *Luftrenare*
8 *Bromshuvudcylinderns vätskebehållare*
9 *Främre fjäderbenens övre fästen*
10 *Batteri*
11 *Generator*
12 *Bränsleavdunstningens kolkanister*

Framvagnens undersida på en modell med 1,6 liters bensinmotor

1 *Oljesumpens avtappningsplugg*
2 *Manuell växellåda*
3 *Oljefilter*
4 *Kylare och elektrisk kylfläkt*
5 *Servostyrningspump*
6 *Drivrem*
7 *Krängningshämmarlänk*
8 *Startmotor*
9 *Motoroljans temperatur- och nivågivare*
10 *Drivaxlar*
11 *Bakre motorfäste*
12 *Nedre länkarmar*
13 *Styrarmar*
14 *Tvärbalk*
15 *Bromsok*

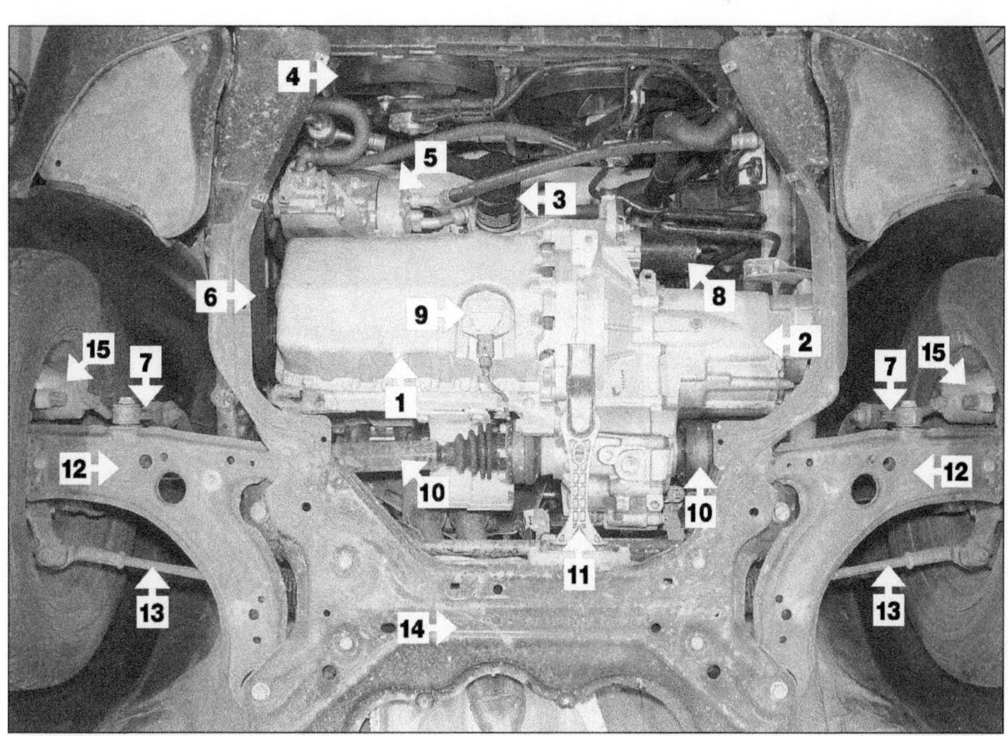

Bakvagnens undersida på en modell med 1,6 liters bensinmotor

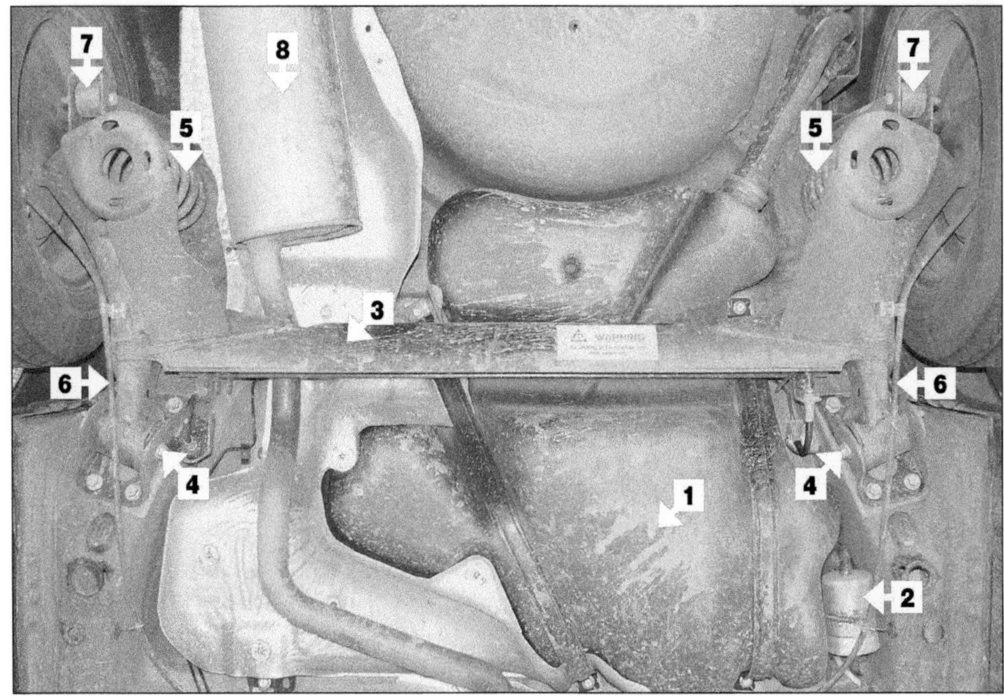

1 *Bränsletank*
2 *Bränslefilter*
3 *Bakaxel*
4 *Bakaxelns främre fästen*
5 *Bakre spiralfjädrar*
6 *Handbromsvajrar*
7 *Bakre stötdämpare*
8 *Bakre ljuddämpare och ändrör*

Motorrummet på en modell med 1,8 liters motor

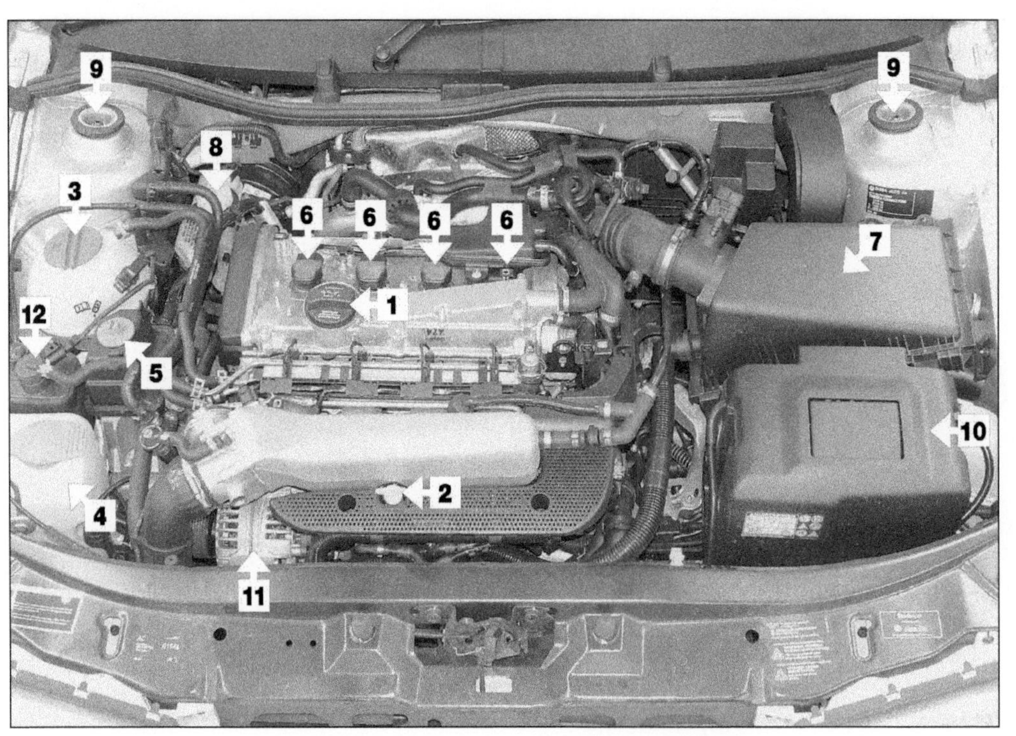

1 *Motorns oljepåfyllningslock*
2 *Oljemätsticka*
3 *Kylvätskans expansionskärl*
4 *Vindrutans/strålkastarnas spolarvätskebehållare*
5 *Servostyrningens vätskebehållare*
6 *Tändspolar och tändstift*
7 *Luftrenare*
8 *Bromshuvudcylinderns vätskebehållare*
9 *Främre fjäderbenens övre fästen*
10 *Batteri*
11 *Generator*
12 *Bränsleavdunstningens kolkanister*

Motorrummet på en modell med 2,0 liters motor

1 *Motorns oljepåfyllningslock*
2 *Oljemätsticka*
3 *Kylvätskans expansionskärl*
4 *Vindrutans/strålkastarnas spolarvätskebehållare*
5 *Bränsleavdunstningens kolkanister*
6 *Tändstift och bränslespridare (under det övre insugsgrenröret)*
7 *Luftrenare*
8 *Bromshuvudcylinderns vätskebehållare*
9 *Främre fjäderbenens övre fästen*
10 *Batteri*
11 *Generator*
12 *Servostyrningens vätskebehållare*

Underhållsarbeten

1 Inledning

Detta kapitel är utformat för att hjälpa hemmamekanikern att underhålla sin bil på bästa sätt. Målet är att få ut hög säkerhet, god driftsekonomi, topprestanda och lång tjänstgöring.

Kapitlet innehåller ett underhållsschema följt av sektioner som behandlar de olika åtgärderna i schemat. Kontroller, justeringar, komponentbyten och andra användbara moment finns med. Se också de tillhörande bilderna av motorrummet och undersidan av bilen för de olika delarnas placering.

Underhåll av bilen enligt servicedisplayen och följande avsnitt ger ett planerat underhållsprogram, som bör resultera i en pålitlig bil med lång tjänstgöring. Detta är en heltäckande plan, så om bara vissa delar underhålls vid angivna intervall, erhåller man inte samma goda resultat.

När du underhåller din bil kommer du att upptäcka att många av åtgärderna kan - och bör - utföras samtidigt, på grund av åtgärdens art eller för att två annars orelaterade delar sitter nära varandra. Om bilen t.ex. av någon anledning lyfts upp, kan avgassystemet undersökas samtidigt som fjädringens och styrningens komponenter.

Det första steget i underhållsprogrammet är att förbereda sig innan själva arbetet påbörjas. Läs igenom alla relevanta avsnitt, gör därefter en lista och samla ihop alla verktyg och delar som behövs. Om du stöter på problem, kontakta en reservdelsspecialist eller en återförsäljare.

2 Regelbundet underhåll

1 Om schemat för rutinunderhåll följs noggrant från det att bilen är ny, och täta kontroller görs av vätskenivåer och slitdelar, så som rekommenderas i den här boken, kommer motorn att hållas i gott skick och behovet av extra arbeten hålls till ett minimum.

2 Om regelbundet underhåll inte har utförts kan det hända att motorn går dåligt. Detta är förstås vanligare om det handlar om en begagnad bil, som inte har fått regelbundna och täta kontroller. I sådana fall måste extra arbeten utföras, utöver det regelbundna underhållet.

3 Om motorn misstänks vara sliten kan ett kompressionsprov (se kapitel 2A) ge värdefull information om de inre komponenternas skick. Resultatet av ett sådant prov kan sedan användas som beslutsgrund för att avgöra omfattningen på det kommande arbetet. Om ett kompressionsprov t.ex. indikerar allvarligt inre motorslitage, kommer inte det vanliga underhåll som beskrivs i det här kapitlet att förbättra motorns prestanda nämnvärt, utan kan visa sig vara ett slöseri med tid och pengar om inte en omfattande renovering utförs först.

4 Följande åtgärder är de som oftast behövs

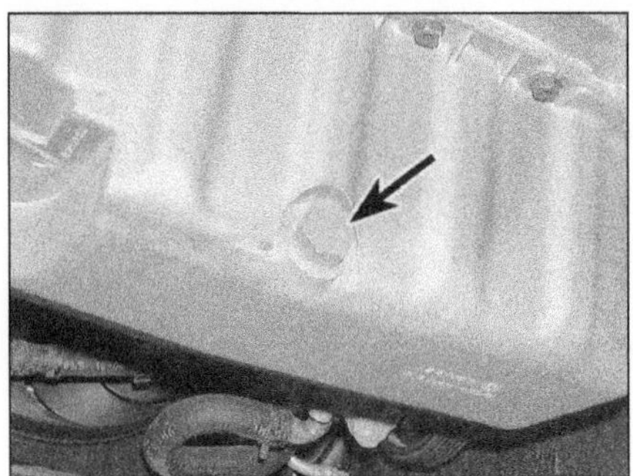

3.3 Motoroljans avtappningsplugg på oljesumpen

för att förbättra prestanda hos en motor som går allmänt dåligt:

Primära åtgärder

a) Rengör, undersök och testa batteriet (se "Veckokontroller").
b) Kontrollera alla motorrelaterade vätskor (se "Veckokontroller").
c) Kontrollera drivremmens skick och spänning (avsnitt 8).
d) Byt tändstift (avsnitt 25).
e) Undersök luftfiltret och byt det om så behövs (avsnitt 24).
f) Undersök alla slangar och leta efter vätskeläckage (avsnitt 7).

5 Om åtgärderna ovan inte verkar hjälpa, utför följande:

Sekundära åtgärder

Alla moment under *Primära åtgärder*, samt följande:

a) Kontrollera laddningssystemet (se kapitel 5A).
b) Kontrollera tändsystemet (se kapitel 5B).
c) Kontrollera bränslesystemet (se kapitel 4A).
d) Byt tändkablarna (om tillämpligt).

3 Motorolja och filter - byte

QG0 och QG2 schema - var 7500:e km eller var sjätte månad

QG1 schema - var 15 000:e km eller varje år

1 Täta olje- och filterbyten är det viktigaste underhållet en hemmamekaniker kan utföra på bilen. När motorolja blir gammal blir den utspädd och förorenad, vilket leder till förtida motorslitage.

2 Innan arbetet påbörjas, samla ihop alla verktyg och material som behövs. Se också till att ha rena trasor och tidningspapper till hands, för att kunna torka upp eventuellt spilld olja. Helst bör motoroljan vara varm, eftersom den då rinner ut lättare och då också tar med sig mer avlagringar ut. Var dock försiktig så att du inte kommer i kontakt med avgassystemet eller några andra varma delar på motorn vid arbete under bilen. Använd skyddshandskar för att undvika skållning och för att skydda dig mot skadliga eller irriterande ämnen i den gamla oljan. Det går lättare att komma åt bilens undersida om bilen kan lyftas upp, köras upp på ramper eller ställas på pallbockar (se *Lyftning och stödpunkter*). Vilken metod du än använder, se till att bilen står plant, eller om den lutar att avtappningspluggen är längst ner. Skruva loss fästskruvarna och ta bort kåpan/kåporna under motorn, och ta också bort motorns toppkåpa om så är tillämpligt.

3 Med hjälp av en hylsa och nyckel, eller en ringnyckel, lossa avtappningspluggen ungefär ett halvt varv **(se bild)**. Placera avtappningskärlet under avtappningspluggen och ta bort pluggen **(se Haynes Tips)**. Ta vara på tätningsringen från pluggen.

4 Ge oljan tid att rinna ut, och kom ihåg att man kanske måste flytta kärlet när oljeflödet övergår i ett droppande.

5 När oljan har runnit ut, torka av avtappningspluggen med en ren trasa och sätt på en ny tätningsbricka. Rengör området runt pluggens öppning och sätt tillbaka pluggen. Dra åt pluggen till angivet åtdragningsmoment.

6 Om oljefiltret också ska bytas ut, placera kärlet under filtret. Detta sitter på motorblockets vänstra sida.

7 Lossa filtret, med ett oljefilterverktyg om så behövs, och skruva sedan loss det för hand resten av vägen. Häll ut oljan i filtret i uppsamlingskärlet.

8 Torka av filtrets tätningsyta på motorn med en ren trasa. Kontrollera om gummitätningsringen har fastnat på motorn och ta bort den om så är fallet.

9 Lägg på ett tunt lager ren motorolja på tätningsringen på det nya filtret och skruva fast det på motorn. Dra åt filtret hårt för hand - använd **inte** några verktyg.

10 Ta bort den gamla oljan och alla verktyg från under bilen. Sätt tillbaka kåporna under motorn, dra åt fästskruvarna ordentligt och sänk sedan ner bilen på marken. Sätt också tillbaka den övre kåpan om så är tillämpligt.

11 Ta ut oljemätstickan, skruva sedan loss oljepåfyllningslocket från ventilkåpan. Fyll på med olja av rätt grad och typ (se *Smörjmedel och vätskor*). En oljekanna eller en tratt underlättar arbetet och minskar spillet. Häll i hälften av den specificerade mängden olja först, vänta sedan några minuter så att oljan får rinna ner i sumpen. Fortsätt att hälla i lite i taget tills nivån är vid maxmärket på mätstickan. Sätt tillbaka påfyllningslocket.

12 Starta motorn och låt den gå i några minuter; leta efter läckor runt oljefiltertätningen och oljesumpens avtappningsplugg. Det kan ta några sekunder extra innan oljetryckslampan slocknar när motorn startas, eftersom oljan måste få cirkulera genom oljekanalerna och det nya filtret innan trycket byggs upp.

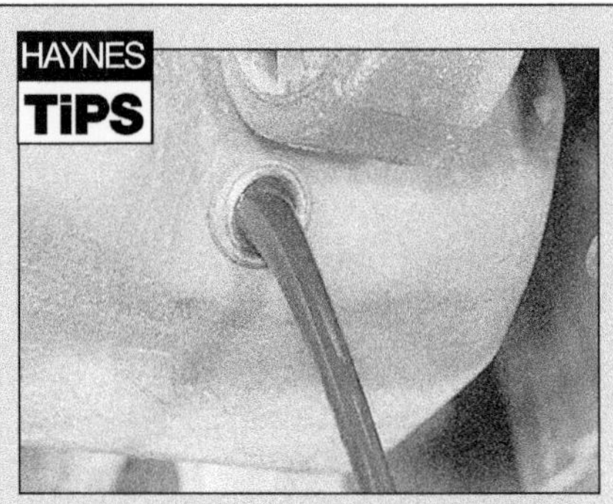

Håll avtappningspluggen intryckt i oljesumpen medan den skruvas loss för hand de sista varven. När pluggen släpper, dra snabbt undan den så att oljan rinner ner i uppsamlingskärlet, inte i din ärm.

Varning: På turbomotorer, låt inte motorhastigheten gå över tomgång medan oljetryckslampan är tänd, eftersom detta kan orsaka skador på turboladdaren.

13 Slå av motorn och vänta några minuter så att oljan får rinna ner i oljesumpen igen. När oljan nu har fått cirkulera och filtret är fullt, kontrollera nivån på oljemätstickan en gång till och fyll på mer olja om så behövs.

14 Gör dig av med den använda oljan på ett säkert sätt. Se *Allmänna reparationsanvisningar* i Referenskapitlet i den här handboken.

4 Bromsklossar - kontroll

QG0 schema - var 15 000:e km eller varje år ("Oil" på displayen)

QG1 schema - "Service" på displayen

QG2 schema - var 15 000:e km eller varje år

1 De yttre bromsklossarna kan kontrolleras utan att hjulet tas bort, om man undersöker dem genom hålen i hjulen **(se bild)**. Om så

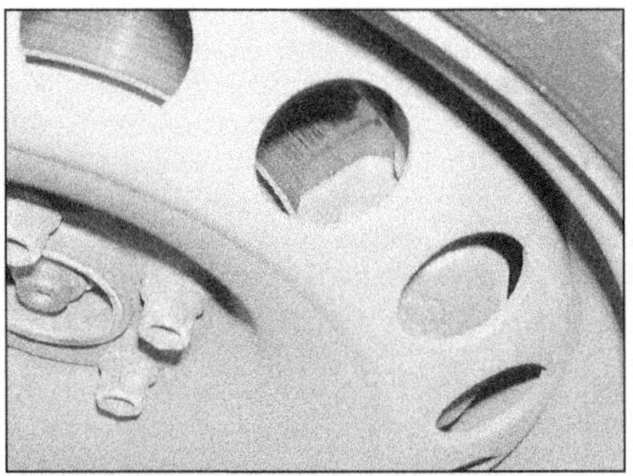

4.1 De yttre bromsklossarna kan kontrolleras genom hålen i hjulen

behövs, ta bort hjulsidan. Tjockleken på friktionsbelägget får inte underskrida det mått som anges i specifikationerna.

2 Om de yttre klossarna är slitna ner till gränsvärdet, är det värt att också kontrollera de inre klossarna. Dra åt handbromsen, lyft upp bilen och ställ den på pallbockar (se *Lyftning och stödpunkter*). Ta bort hjulen.

3 Använd en stållinjal för att mäta tjockleken på bromsklossarna och jämför resultatet med de minimimått som anges i specifikationerna **(se bild)**.

4 För en omfattande kontroll ska bromsklossarna demonteras och rengöras. Då kan också bromsokets funktion kontrolleras, och bromsskivorna kan undersökas på båda sidor. Se kapitel 9.

5 Om någon bromskloss är sliten ner till gränsen eller under, måste ALLA fyra bromsklossar, fram eller bak, bytas ut.

6 När kontrollen är slutförd, sätt tillbaka hjulen och sänk ner bilen på marken.

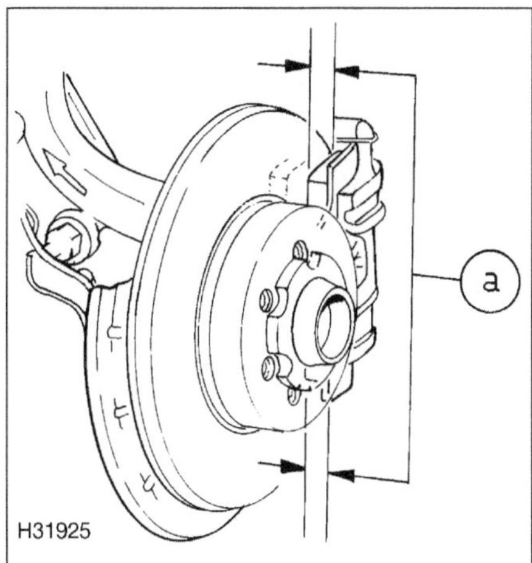

4.3 Tjockleken (a) på bromsklossarna får inte vara mindre än specificerat

5 Återställning av serviceintervalldisplay

QG0 schema – var 15 000:e km eller varje år ("Oil" på displayen)

QG1 schema – "Service" på displayen

QG2 schema – var 15 000:e km eller varje år

1 När alla nödvändiga serviceåtgärder har utförts, måste servicedisplayen återställas. Skodas tekniker använder ett särskilt instrument för att göra detta, och en utskrift erhålls sedan för förvaring i bilens servicebok. Det är möjligt för ägaren själv att återställa displayen enligt beskrivning i följande punkter, men notera att på modeller med "LongLife" serviceintervall, görs då ingen skillnad på PR-koderna QG1 och QG2. Om det råder någon tvekan, låt återställa displayen hos en Skodahandlare som har den nödvändiga utrustningen

2 För att återställa standarddisplayen manuellt, slå av tändningen, tryck sedan in och håll kvar trippmätarknappen under hastighetsmätaren. Slå på tändningen och notera serviceintervallet, håll sedan in knappen i tio sekunder tills '- - -' visas, följt av trippmätningen. Om intervallen "Oil" och "Insp" nåddes samtidigt, tryck in knappen igen i tio sekunder för att återställa kvarvarande intervall.

3 För att återställa LongLife displayen manuellt, slå av tändningen, tryck in och håll kvar trippmätarens återställningsknapp under hastighetsmätaren. Slå på tändningen och släpp återställningsknappen, och notera att relevant service kommer att visas på displayen. Vrid återställningsknappen medurs, så ska displayen återgå till normalläge. Slå av tändningen för att fullfölja återställningsmomentet. Nollställ inte displayen, då kommer fel avläsning att visas.

4 På modeller med LongLife intervall QG1, kommer den här proceduren automatiskt att återställa schemat till ett ändrat LongLife intervall (QG2), där oljebyte och kontroll av bromsklossar baseras på körsträcka/tid, medan alla andra system förblir LongLife. För att displayen ska återställas till det fullständiga LongLife schemat (QG1), måste bilen tas till en Skodaverkstad som kan koda bilens dator med hjälp av ett särskilt instrument.

6 Avgassystem – kontroll

QG0 schema – var 30 000:e km eller vartannat år ("Insp" på displayen)

QG1 schema – "Service" på displayen

QG2 schema – "Service" på displayen

1 Med kall motor (minst en timme efter det att bilen har körts), undersök hela avgassystemet från motorn till änden av slutröret. Det är naturligtvis lättare att kontrollera avgassystemet om bilen lyfts upp eller ställs på pallbockar, så att alla delar blir mer lättåtkomliga (se *Lyftning och stödpunkter*).

2 Undersök alla avgasrör och fogar, leta efter tecken på läckor, kraftig korrosion och andra skador. Se till att alla fästbyglar och fästen är i gott skick, och att alla relevanta muttrar och bultar är hårt åtdragna. Läckage i en fog eller någon annanstans i systemet visar sig vanligtvis som en svart, sotig fläck i närheten av läckan.

3 Skaller och andra ljud kan ofta spåras till avgassystemet, särskilt fästbyglar och fästen. Försök att rubba rören och ljuddämparna. Om delarna kan komma i kontakt med karossen eller fjädringskomponenterna, sätt fast systemet med nya fästen. I annat fall, ta isär skarvarna (om möjligt) och vrid rören så mycket som behövs för att skapa tillräckligt med utrymme.

7 Slangar och vätskeläckage – kontroll

QG0 schema – var 30 000:e km eller vartannat år ("Insp" på displayen)

QG1 schema – "Service" på displayen

QG2 schema – "Service" på displayen

1 Undersök motorns fogytor, packningar och tätningar, leta efter tecken på vatten- eller oljeläckor. Var särkilt uppmärksam på områdena kring kamaxelkåpans, topplockets, oljefiltrets och oljesumpens fogytor. Kom ihåg att man med tiden kan förvänta sig ett lätt sipprande från de här områdena – det du letar efter är tecken på allvarliga läckor. Om en läcka hittas, byt ut den felande packningen eller oljetätningen med hjälp av instruktionerna i relevant kapitel i den här handboken.

2 Undersök också skicket på alla motorrelaterade rör och slangar, samt kontrollera att de sitter fast ordentligt. Se till att alla buntband eller fästclips sitter på plats och är i bra skick. Clips som är trasiga eller saknas kan leda till skavning på slangarna, rören eller kablaget, vilket kan leda till allvarligare problem i framtiden.

3 Undersök noggrant kylarslangarna och värmeslangarna (hela slangarna). Byt ut slangar som är spruckna, svullna eller på annat sätt försämrade. Sprickor syns bättre om man klämmer ihop slangen. Kontrollera noggrant slangklämmorna som håller slangarna till kylsystemets komponenter. Slangklämmor kan klämma och punktera slangar och på så sätt ge upphov till läckor.

4 Undersök kylsystemets alla komponenter (slangar, fogytor etc.) och leta efter läckor **(se Haynes Tips)**. Om problem av denna typ upptäcks, byt ut relevant komponent eller packning med hjälp av instruktionerna i kapitel 3.

En läcka i kylsystemet visar sig vanligtvis som vita eller rostfärgade avlagringen i närheten av läckan.

5 Där så är tillämpligt, undersök om slangarna till automatväxellådans oljekylare är försämrade eller läcker.

6 Med bilen upplyft, undersök bränsletanken och påfyllningshalsen och leta efter hål, sprickor eller andra skador. Anslutningen mellan påfyllningshalsen och tanken är särskilt viktig. Ibland läcker en påfyllningshals av gummi eller en anslutande slang på grund av lösa fästklämmor eller försämrat gummi.

7 Undersök noga alla gummislangar och metallrör som leder bort från bränsletanken. Leta efter lösa anslutningar, försämrade slangar, klämda ledningar och andra skador. Var särskilt uppmärksam på ventilationsrören och slangarna, som ofta slingrar sig upp runt påfyllningshalsen och kan bli blockerade eller veckade. Följ ledningarna till bilens främre del och undersök dem hela vägen. Byt ut skadade delar efter behov.

8 I motorrummet, kontrollera att alla bränsleslang- och röranslutningar sitter fast ordentligt, och undersök bränsleslangarna och vakuumslangarna för att se om de är veckade, skavda eller på annat sätt försämrade.

9 Där så är tillämpligt, undersök servostyrningens slangar och rör.

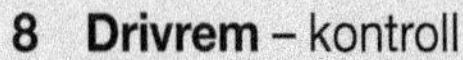

8 Drivrem - kontroll

QG0 schema - var 30 000:e km eller vartannat år ("Insp" på displayen)

QG1 schema - "Service" på displayen

QG2 schema - "Service" på displayen

1 Dra åt handbromsen, lyft sedan upp framvagnen och ställ den på pallbockar (se *Lyftning och stödpunkter*).

2 Med en hylsa placerad på vevaxelremskivans bult, dra sakta runt motorn medurs så att hela drivremmen kan undersökas. Leta efter sprickor, delning och slitage på remmens yta; leta också efter blanka fläckar och separation i lagren. Använd en spegel för att undersöka remmens undersida **(se bild)**. Om skador eller slitage upptäcks, eller om det är spår av olja eller fett på remmen, måste remmen bytas ut (se avsnitt 26).

12.2a Dra upp gummitätningen . . .

8.2 Kontrollera undersidan av drivremmen med en spegel

9 Frostskydd - kontroll

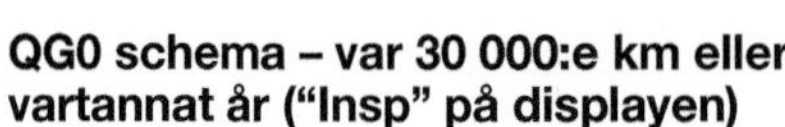

QG0 schema - var 30 000:e km eller vartannat år ("Insp" på displayen)

QG1 schema - "Service" på displayen

QG2 schema - "Service" på displayen

1 Kylsystemet bör fyllas med den rekommenderade G12 frost- och korrosionsskyddsvätskan – **blanda inte** den här kylvätskan med någon annan typ. Med tiden kan vätskans koncentration bli svag på grund av påfyllningar (men detta kan alltså undvikas om man alltid fyller på med rätt frostskyddsblandning – se Specifikationer) eller vätskeförlust. Om det är uppenbart att vätska läcker ut någonstans, är det viktigt att reparera skadan innan man fyller på med ny vätska.

2 Med **kall** motor, ta försiktigt bort locket från expansionskärlet. Om motorn inte är helt kall, lägg en trasa över locket och skruva sedan sakta loss det, för att släppa ut trycket.

3 Så kallade glykolprovare finns att köpa hos biltillbehörsbutiker. Sug upp lite kylvätska från expansionskärlet och notera hur många plastkulor som flyter i provaren. Vanligtvis måste två eller tre kulor flyta för att koncentrationen ska vara rätt, men följ alltid tillverkarens instruktioner.

4 Om kylvätskans koncentration är för svag, måste man antingen suga upp lite kylvätska och lägga till frostskydd, eller alternativt tappa av kylvätskan och hälla i ny kylvätska med rätt koncentration (se avsnitt 32).

12.2b . . . och ta upp plenumets kåpa

10 Bromsarnas hydraulkrets - kontroll

QG0 schema - var 30 000:e km eller vartannat år ("Insp" på displayen)

QG1 schema - "Service" på displayen

QG2 schema - "Service" på displayen

1 Undersök hela bromskretsen och leta efter läckor och skador. Börja med huvudcylindern i motorrummet. Kontrollera samtidigt om vakuumservoenheten och ABS-enheterna visar några tecken på vätskeläckage.

2 Lyft upp både fram- och bakvagn och ställ bilen på pallbockar (se *Lyftning och stödpunkter*). Undersök bromsledningarna och leta efter korrosion och skador. Kontrollera också bromstrycksregulatorn på samma sätt.

3 Under framvagnen, kontrollera att bromsslangarna till bromsoken inte är vridna eller skaver mot någon av de omgivande fjädringskomponenterna. Vrid ratten till fullt utslag för att göra denna kontroll. Kontrollera också att inte slangarna är sköra eller spruckna.

4 Sänk ner bilen på marken när kontrollerna är slutförda.

11 Strålkastare - inställning

QG0 schema - Var 30 000:e km eller vartannat år ("Insp" på displayen)

QG1 schema - "Service" på displayen

QG2 schema - "Service" på displayen

1 Korrekt justering av strålkastarna kan bara utföras med särskild optisk utrustning, varför detta bör överlåtas till en Skodaverkstad eller annan rätt utrustad verkstad.

2 Grundläggande justering kan utföras i nödfall, och ytterligare information om detta finns i kapitel 12.

12 Pollenfilter - byte

QG0 schema - Var 30 000:e km eller vartannat år ("Insp" på displayen)

QG1 schema - "Service" på displayen

QG2 schema - "Service" på displayen

1 Pollenfiltret sitter på torpeden, framför vindrutan – på vänsterstyrda modeller sitter

12.3a Lossa fästclipsen och lyft pollenfiltret och ramen . . .

12.3b . . . och ta sedan loss filtret från ramen

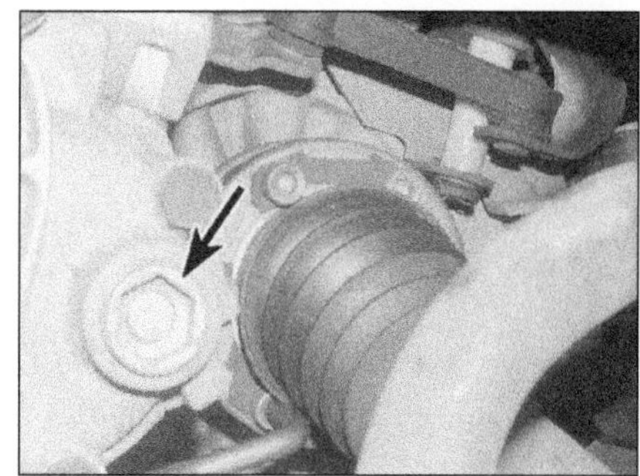

13.2a Påfyllnings-/nivåplugg på 02K manuell växellåda

den på höger sida, på högerstyrda modeller på vänster sida.

2 Demontera höger torkararm (vänsterstyrd modell) enligt beskrivning i kapitel 12, ta sedan loss gummitätningen och snäpp loss plenumkåpan (fäst med skruvar på vissa modeller) **(se bilder)**.

3 Lossa clipsen och ta bort filterramen, ta sedan loss filtret från ramen **(se bilder)**.

4 Placera ramen i ändlamellerna på det nya filtret, sätt sedan in det i huset. Se till att klackarna går in i urtagen.

5 Sätt tillbaka kåpan och tryck ner gummitätningen, sätt sedan tillbaka torkararmen.

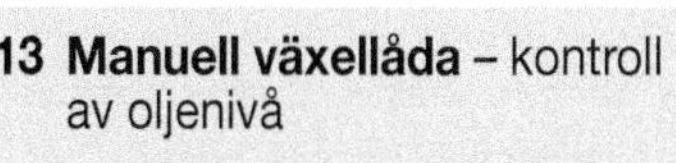

13 Manuell växellåda - kontroll av oljenivå

QG0 schema – Var 30 000:e km eller vartannat år ("Insp" på displayen)

QG1 schema – "Service" på displayen

QG2 schema – "Service" på displayen

1 Parkera bilen på plan mark. För att bättre komma åt påfyllnings-/nivåpluggen, dra åt handbromsen, lyft upp framvagnen och ställ den på pallbockar (se *Lyftning och stödpunkter*), men kom ihåg att om kontrollen ska bli exakt, måste bakvagnen också lyftas upp. Oljenivån måste kontrolleras innan bilen körs, eller minst fem minuter efter det att motorn har slagits av. Om oljan kontrolleras direkt efter att bilen har körts, kommer en del olja att vara kvar i växellådskomponenterna, vilket leder till en felaktig nivåavläsning.

2 Skruva loss fästskruvarna och ta bort kåporna under motorn. Torka av området runt växellådans påfyllnings-/nivåplugg som sitter enligt följande:

a) 1,4 och 1,6 liters motorer (02K växellåda) – påfyllnings-/nivåpluggen sitter på vänster sida av växellådshuset ***(se bild).***

b) 1,8 och 2,0 liters motorer (02J växellåda) – påfyllnings-/nivåpluggen sitter på framsidan av växellådshuset ***(se bild).***

3 Oljenivån ska nå upp till den nedre kanten av påfyllnings-/nivåhålet. En liten mängd olja samlas bakom pluggen och kommer att

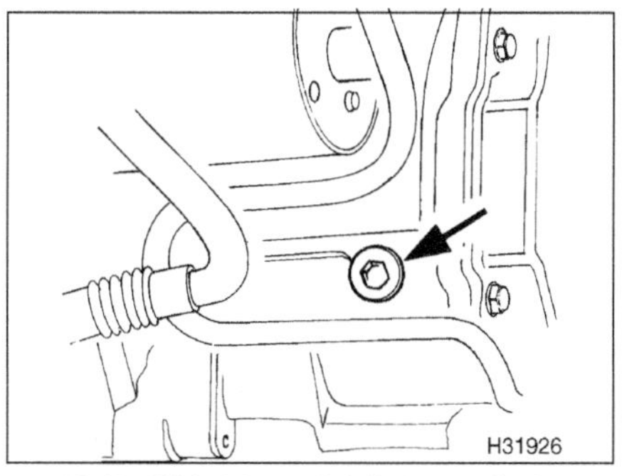

13.2b Påfyllnings-/nivåplugg på 02J manuell växellåda

rinna ut när den tas bort; detta betyder **inte** nödvändigtvis att nivån är korrekt. För att försäkra att nivån blir korrekt, vänta tills det första droppandet upphör, häll sedan i olja tills det börjar rinna ut ur hålet igen. Nivån är korrekt när detta rinnande upphör; använd endast olja av god kvalitet och av specificerad typ.

4 Om växellådan har överfyllts så att olja flödar ut när påfyllnings-/nivåpluggen tas bort, kontrollera att bilen står helt plant (framåt-bakåt och sida-till-sida), och låt överflödet rinna ut i en lämplig behållare.

5 När oljenivån är korrekt, sätt tillbaka pluggen och dra åt den till specificerat moment. Torka bort spilld olja och sätt tillbaka kåporna under motorn, dra åt skruvarna ordentligt och sänk ner bilen på marken.

14 Underredsskydd - kontroll

QG0 schema – Var 30 000:e km eller vartannat år ("Insp" på displayen)

QG1 schema – "Service" på displayen

QG2 schema – "Service" på displayen

Lyft upp bilen och stötta den på pallbockar (se *Lyftning och stödpunkter*). Använd en ficklampa eller en sladdlampa, undersök bilens hela undersida och var särskilt uppmärksam på hjulhusen. Leta efter skador i underredsskyddet, som kan spricka och börja flagna med tiden vilket kan leda till korrosion. Kontrollera också att innerskärmarna i hjulhusen sitter fast ordentligt med clipsen – om dessa lossnar kan smuts komma in bakom skärmarna och tillintetgöra syftet med dem. Om du hittar skador i underredstätningen, eller korrosion, måste detta åtgärdas innan skadorna blir alltför allvarliga.

15 Drivaxeldamasker - kontroll

QG0 schema – Var 30 000:e km eller vartannat år ("Insp" på displayen)

QG1 schema – "Service" på displayen

QG2 schema – "Service" på displayen

1 Med bilen upplyft och säkert stöttad på pallbockar, vrid sakta på hjulet. Undersök de yttre drivknutarnas gummidamasker, tryck ihop damaskerna så att vecken öppnas upp. Leta efter sprickor eller försämring av gummit, som kan göra att fett läcker ut och att smuts och vatten kommer in i knuten. Undersök också fästklämmornas skick och kontrollera att de sitter fast ordentligt. Upprepa kontrollen på de inre knutarna **(se bild)**. Om skador eller försämring upptäcks måste damaskerna bytas ut (kapitel 8).

2 På samma gång, kontrollera drivknutarnas allmänna skick genom att först hålla fast drivaxeln och försöka att rotera hjulet. Håll

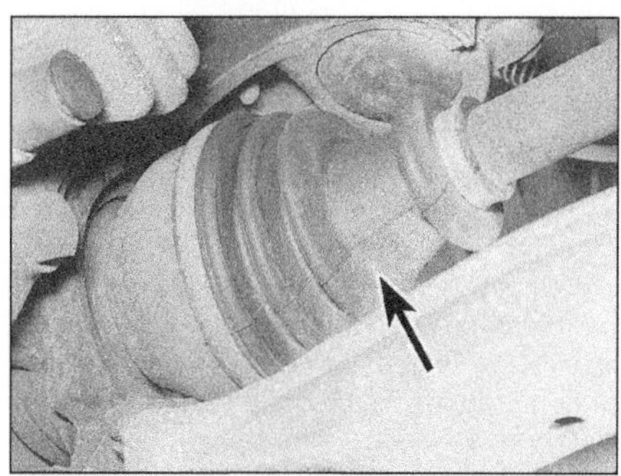

15.1 Undersök drivaxeldamaskernas skick

16.4 Kontrollera om navlagren är slitna genom att ta tag i hjulet och försöka vicka på det

därefter fast den inre knuten och försök att rotera drivaxeln. Märkbar rörelse tyder på slitage i drivknutarna eller i drivaxelsplinesen, eller en lös drivaxelmutter.

16 Styrning och fjädring - kontroll

QG0 schema – Var 30 000:e km eller vartannat år ("Insp" på displayen)

QG1 schema – "Service" på displayen

QG2 schema – "Service" på displayen

1 Lyft upp både fram- och bakvagn och stötta bilen säkert på pallbockar (se *Lyftning och stödpunkter*).

2 Undersök styrledernas dammskydd, de nedre spindelledernas dammskydd och styrväxelns damasker, leta efter sprickor, skavning eller försämring av gummit. Slitage/skador på de här komponenterna leder till förlust av smörjmedel och intrång av smuts och vatten, vilket i sin tur leder till snabbt slitage av lederna eller styrväxeln.

3 Undersök servostyrningens vätskeslangar för att se om de är skavda eller försämrade, och leta efter vätskeläckage runt rör- och slanganslutningarna. Kontrollera också om det förekommer läckage under tryck från styrväxelns gummidamasker, vilket i så fall tyder på trasiga vätsketätningar i styrväxeln.

4 Ta tag i hjulet upptill och nedtill och försök att vicka på det **(se bild)**. Ett väldigt litet fritt spel kan kännas, men om rörelsen är betydande måste saken undersökas ytterligare och orsaken fastställas. Fortsätt att vicka på hjulet medan en medhjälpare trampar ner bromspedalen. Om rörelsen nu upphör eller minskar märkbart, är det troligt att det är navlagren som är problemet. Om spelet förblir oförändrat när bromspedalen trampas ner, tyder det på slitage i fjädringens leder eller fästen.

5 Ta nu tag i hjulet på sidorna och försök att vicka på det som tidigare. Om man nu kan känna rörelse kan även det bero på slitage i navlagren eller styrväxelns spindelleder. Om den inre eller yttre leden är sliten, är den synliga rörelsen uppenbar.

6 Använd en stor skruvmejsel eller liknande, leta efter slitage i fjädringens fästbussningar genom att bända mellan relevant fjädringskomponent och dess fästpunkt. En viss rörelse kan förväntas eftersom fästena är gjorda av gummi, men kraftigt slitage bör vara uppenbart. Undersök också skicket på de synliga gummibussningarna, leta efter sprickor och föroreningar av gummit.

7 Med bilen stående på hjulen, låt en medhjälpare vrida ratten fram och tillbaka ungefär en åttondels varv åt båda hållen. Det får bara finnas ett ytterst litet spel, om något alls, mellan ratten och hjulen. Om det är mer än så, undersök noga lederna och fästena enligt tidigare beskrivning, och kontrollera dessutom om rattstångens universalknutar är slitna och undersök även själva styrväxeln.

8 Leta efter tecken på vätskeläckage runt de främre fjäderbenen och de bakre stötdämparna. Om vätskeläckage upptäcks tyder det på ett internt fel i fjäderbenet/stötdämparen, som då måste bytas ut. **Observera:** *Fjäderben/stötdämpare ska alltid bytas ut i par på samma axel.*

9 Fjäderbenets/stötdämparens effektivitet kan testas genom att man trycker ner bilen i hörnen. Generellt sett ska karossen återgå till normal position och stanna efter nedtryckningen. Om den gungar upp och sedan ner igen är det förmodligen något fel på fjäderbenet/stötdämparen. Undersök också fjäderbenets/stötdämparens övre och nedre fästen för att se om de är slitna.

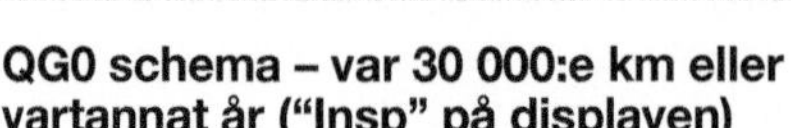

17 Batteri - kontroll

QG0 schema – var 30 000:e km eller vartannat år ("Insp" på displayen)

QG1 schema – "Service" på displayen

QG2 schema – "Service" på displayen

1 Batteriet sitter i det främre, vänstra hörnet i motorrummet. Om en värmeskyddskåpa är monterad, lossa klämmorna och lyft upp kåpan för att komma åt batteriet **(se bild)**.

2 Där så behövs, öppna säkringshållarens plastkåpa (tryck ihop låsklackarna för att lossa kåpan) för att komma åt batteriets positiva (+) pol och säkringshållarens anslutningar.

3 Kontrollera att båda batteripolerna och alla säkringshållarens anslutningar sitter fast ordentligt och att de inte är korroderade. **Observera:** *Innan du kopplar bort polerna från batteriet, se 'Frånkoppling av batteriet' i referenskapitlet i slutet av den här handboken.*

4 Undersök om batterikåpan har sprickor eller andra skador och kontrollera att bulten till fästbygeln är hårt åtdragen. Om batterikåpan är skadad på något sätt måste batteriet bytas ut (se kapitel 5A).

5 Om bilen inte har ett livstidsförseglat, underhållsfritt batteri, kontrollera att elektrolytnivån är mellan nivåmarkeringarna MAX och MIN på batterikåpan. Om påfyllning behövs, ta bort batteriet från bilen (se kapitel 5A) och ta bort cellernas lock/kåpa (efter tillämplighet). Fyll på varje cell med destillerat vatten tills nivån når MAX-markeringen och sätt sedan tillbaka locket/kåpan ordentligt. Försäkra dig om att batteriet inte har överfyllts, sätt sedan tillbaka batteriet i bilen (se kapitel 5A).

6 När kontrollen är avslutad, sätt tillbaka säkringshållarens kåpa och stäng eventuell värmeskyddskåpa.

18 Gångjärn och lås - smörjning

QG0 schema – var 30 000:e km eller vartannat år ("Insp" på displayen)

QG1 schema – "Service" på displayen

QG2 schema – "Service" på displayen

1 Smörj gångjärnen på motorhuven, dörrarna och bakluckan med en lätt universalolja. Smörj också alla spärrar och låskolvar. Kontrollera samtidigt funktionen och säkerheten hos alla lås och justera efter behov (se kapitel 11).

2 Smörj motorhuvens öppningsmekanism och vajer måttligt med ett lämpligt fett.

19 Krockkudde - kontroll

QG0 schema – var 30 000:e km eller vartannat år ("Insp" på displayen)

QG1 schema – "Service" på displayen

QG2 schema – "Service" på displayen

Undersök krockkuddens/-kuddarnas skick på utsidan, leta efter tecken på skador eller försämring. Om en krockkudde är skadad måste den bytas ut (se kapitel 12). Observera

17.1 Ta bort batterikåpan

att det inte är tillåtet att sätta några klistermärken/etiketter på krockkudden, eftersom detta kan påverka hur kudden vecklar ut sig.

20 Vindrute-, bakrute- och strålkastarspolare - kontroll

QG0 schema - var 30 000:e km eller vartannat år ("Insp" på displayen)

QG1 schema - "Service" på displayen

QG2 schema - "Service" på displayen

1 Kontrollera att alla spolarmunstycken är öppna och att varje munstycke ger en stark stråle spolarvätska.

2 Bakrutans munstycke ska riktas mot mitten av rutan, detta kan göras med hjälp av en nål.

3 Vindrutans spolarmunstycken ska riktas mot en punkt något ovanför mitten av rutan. Använd en liten skruvmejsel till att vrida munstyckets excenter.

4 Strålkastarens inre munstycke ska riktas mot en punkt lite ovanför den horisontella mittlinjen, och det yttre munstycket mot en punkt lite nedanför mittlinjen. Skodas tekniker använder ett särskilt verktyg för att justera strålkastarmunstyckena, efter det att munstyckena dras ut till stoppet.

5 Se alltid till att spolarvätskan har tillräcklig frostskyddskoncentration, det är särskilt viktigt på vintern.

21 Motorstyrning - kontroll av felkoder i självdiagnosminnet

QG0 schema - var 30 000:e km eller vartannat år ("Insp" på displayen)

QG1 schema - "Service" på displayen

QG2 schema - "Service" på displayen

Denna åtgärd måste utföras av en Skodaverkstad eller annan specialist med tillgång till den särskilda utrustningen. Diagnosuttaget sitter bakom en kåpa nedanför mitten av instrumentbrädan. Kåpan sitter fast med clips.

22 Soltak - kontroll och smörjning

QG0 schema - var 30 000:e km eller vartannat år ("Insp" på displayen)

QG1 schema - "Service" på displayen

QG2 schema - "Service" på displayen

1 Kontrollera soltakets funktion och lämna den sedan i helt öppet läge.

2 Torka av styrskenorna på sidorna av öppningen och smörj dem sedan. Skoda rekommenderar smörjspray G 052 778.

23 Landsvägsprov och kontroll av avgasutsläpp

QG0 schema - var 30 000:e km eller vartannat år ("Insp" på displayen)

QG1 schema - "Service" på displayen

QG2 schema - "Service" på displayen

Instrument och elektrisk utrustning

1 Kontrollera funktionen hos alla instrument och all elektrisk utrustning, inklusive luftkonditioneringssystemet.

2 Kontrollera att alla instrument ger korrekt avläsningar och slå på all elektrisk utrustning i turordning för att se att allt fungerar som det ska.

Styrning och fjädring

3 Kör bilen och kontrollera om något känns onormalt i styrningen, fjädringen eller "vägkänslan".

4 Kontrollera också att det inte förekommer några ovanliga vibrationer eller ljud som kan tyda på slitage i drivaxlarna, hjullagren etc.

5 Kontrollera att styrningen känns positiv, utan överdrivet "glapp" eller kärvhet, och lyssna efter ljud från fjädringen vid kurvtagning och körning över gupp.

Drivlina

6 Kontrollera prestanda hos motorn, kopplingen (om tillämpligt), växellådan och drivaxlarna.

7 Lyssna efter ovanliga ljud från motorn, kopplingen och växellådan.

8 Kontrollera att motorn går mjukt på tomgång och att det inte förekommer någon tvekan vid acceleration.

9 Kontrollera att, där så är tillämpligt, kopplingens funktion är mjuk och progressiv, att drivning tas upp mjukt och att pedalen inte går för långt ner i golvet. Lyssna också efter ljud när pedalen trampas ner.

10 På modeller med manuell växellåda, kontrollera att alla växlar kan läggas i mjukt utan oljud, och att växelspaken kan flyttas mjukt utan att vara onormalt vag eller "ryckig".

11 På modeller med automatväxellåda, kontrollera att alla växlingar sker mjukt, utan ryck, och utan att motorhastigheten ökar mellan växlingarna. Kontrollera att alla växellägen kan väljas när bilen står stilla. Om några problem upptäcks, kontakta en Skodaverkstad.

12 Kör bilen sakta i en cirkel med fullt rattutslag och lyssna efter ett metalliskt klickande ljud från bilens framvagn. Gör den här kontrollen åt båda hållen. Om ett klickande kan höras tyder det på slitage i en drivaxelknut och denna måste då bytas ut.

Bromssystem

13 Kontrollera att inte bilen drar åt något håll vid inbromsning, och att inte hjulen låser vid hård inbromsning.

14 Kontrollera att inga vibrationer känns genom styrningen vid inbromsning.

15 Kontrollera att handbromsen fungerar korrekt utan överdriven rörelse i spaken, och att den håller bilen stilla vid parkering i en backe.

16 Testa nu bromsservons funktion enligt följande. Med motorn av, tryck ner fotbromsen fyra eller fem gånger för att bli av med vakuumet. Håll bromspedalen nedtryckt och starta motorn. När motorn startar ska bromspedalen "ge efter" märkbart när vakuum byggs upp. Låt motorn gå i minst två minuter och stäng sedan av den. Om pedalen nu trycks ner ska man kunna höra ett väsande från servon. Efter fyra eller fem nedtryckningar ska väsandet upphöra och pedalrörelsen ska kännas betydligt fastare.

17 Under kontrollerad tvärinbromsning ska ABS-enhetens pulserande kännas genom bromspedalen.

Kontroll av avgaserna

18 Även om detta inte är en post på tillverkarens underhållsschema, så utförs en sådan här kontroll regelbundet vid en besiktning, enligt reglerna i det aktuella landet. I Sverige besiktigas en ny personbil första gången efter tre år, andra gången när bilen är fem år gammal och därefter varje år.

24 Luftfilter - byte

Alla scheman - var 60 000:e km eller vart fjärde år

1 Skruva loss skruvarna och ta bort kåpan från luftfilterhuset; koppla loss kablaget från luftmängdsmätaren för att undvika att belasta kabeln **(se bilder)**. Om så önskas kan kåpan tas bort från insugskanalen.

24.1a Skruva loss skruvarna . . .

24.1b . . . koppla loss kablaget . . .

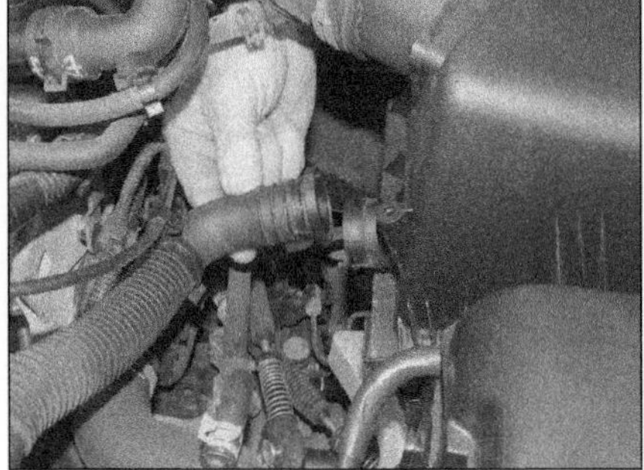

24.1c . . . och koppla loss slangen från luftpumpen . . .

24.2 . . . haka sedan loss kåpan och ta bort luftfiltret

2 Notera hur luftfiltret sitter och ta sedan bort det **(se bild)**.

3 Ta bort eventuellt skräp/smuts och torka av insidan av luftfilterhuset.

4 Sätt ett nytt luftfilter på plats och se till att dess kanter hamnar rätt **(se bild)**.

5 Sätt tillbaka kåpan och skruva fast den med skruvarna.

25 Tändstift - byte

Alla scheman – var 60 000:e km eller vart fjärde år

1 Att tändstiften fungerar korrekt är mycket viktigt för att motorn ska gå bra och effektivt. Det är väsentligt att rätt tändstift för motorn är monterade (lämplig typ specificeras i början av det här kapitlet). Om rätt typ av stift används och motorn är i bra skick, ska inte tändstiften behöva någon tillsyn mellan de schemalagda bytena. Rengöring av tändstiften är sällan nödvändigt, och ska aldrig utföras utan särskild utrustning eftersom elektroderna lätt kan skadas.

1,4 liters motor

2 Bänd loss eventuella täcklock, skruva loss muttrarna/bultarna och ta bort kåpan från motorn. Skruva loss oljepåfyllningslocket.

3 Koppla oss tändkablarnas kontakter och lyft upp kablarna från kanalerna i kåpan, dra

24.4 Montering av ett nytt luftfilter – 1,6 liters AEH motor

sedan kåpan lite uppåt. Alternativt kan kåpan tas bort tillsammans med kablarna om man drar i varje kontakt i tur och ordning med hjälp av en krok gjord av svetsstav.

1,6 liters motor

4 Bänd försiktigt loss täcklocken med en skruvmejsel, skruva sedan loss muttrarna och ta bort motorns kåpa. Ta även bort den andra motorkåpan om en sådan är monterad.

5 Koppla loss tändkablarna från tändstiften; dra endast i kontakterna, inte i själva kablarna.

1,8 liters motor

6 Skruva loss skruvarna (eller lossa clipsen) och lyft av kåpan från motorn. Ta även bort den andra motorkåpan om en sådan är monterad.

7 Där så är tillämpligt, skruva loss muttern och flytta vakuumbehållaren åt sidan, skruva sedan loss och ta bort behållarens fästbygel. Ta bort tändspolarna och kontakterna från tändstiften – beroende på motortyp kan spolarna sitta fast med clips eller bultar **(se bilder)**.

2,0 liters motor

8 Bänd försiktigt loss täcklocken med en skruvmejsel, skruva sedan loss muttrarna och ta bort motorns kåpa. **Observera:** *På vissa modeller sitter kåpan bara fast med clips.*

9 Koppla loss tändkablarna från tändstiften; dra bara i kontakterna och inte i själva kablarna. På motorkod AZJ, koppla loss kablaget från bränslespridarna för cylinder nr 1 och 4.

Alla motorer

10 Ta bort smuts från tändstiftsbrunnarna med en ren pensel/borste, dammsugare eller tryckluft innan tändstiften tas ut; detta för att förhindra att smuts faller ner i cylindrarna.

11 Skruva loss tändstiften med en tändstiftsnyckel, lämplig hylsnyckel eller en hylsa och ett förlängningsskaft. Håll hylsan i rak linje med tändstiftet – om det tvingas åt ena sidan kan keramikisolatorn brytas av. En universalknut kan vara till hjälp. När ett tändstift har tagits ut, undersök det enligt följande.

12 En noggrann undersökning av tändstiften kan ge en bra indikation om motorns skick. Om isolatorspetsen är ren och vit, utan avlagringar, tyder detta på en mager bränsleblandning,

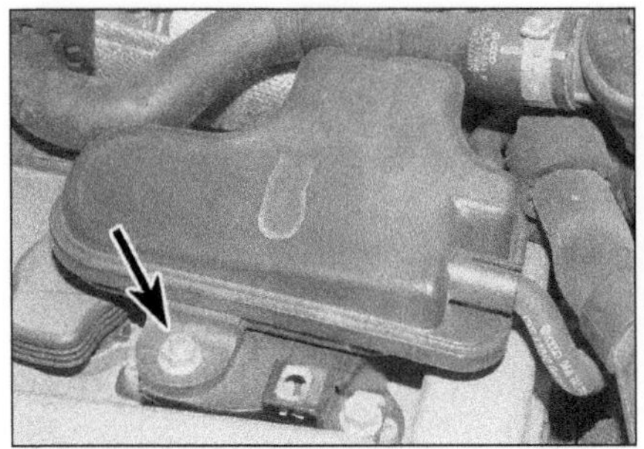

25.7a Skruva loss muttern och flytta vakuumbehållaren åt sidan, skruva sedan loss fästbygeln . . .

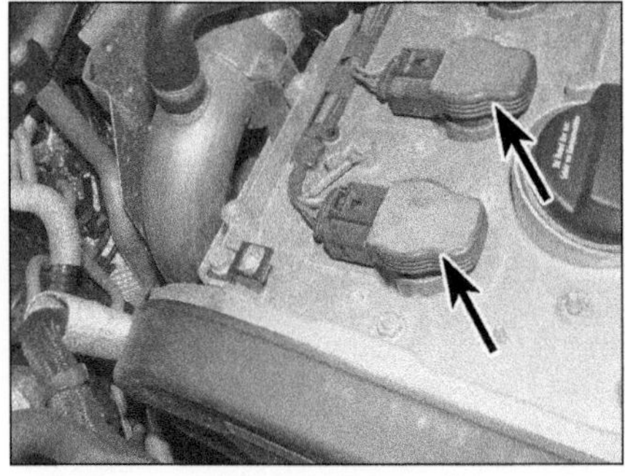

25.7b . . . och ta bort tändspolarna från tändstiften

25.7c Demontering av en tändspole – AGU motor

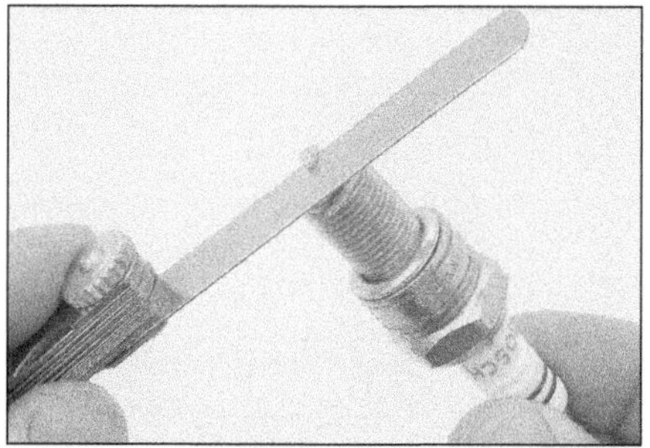

25.16a Om tändstiften har en sidoelektrod, kontrollera elektrodgapet med bladmått . . .

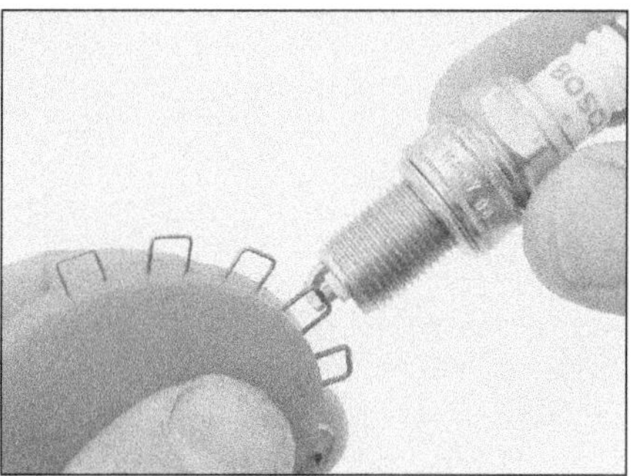

25.16b . . . eller en trådtolk . . .

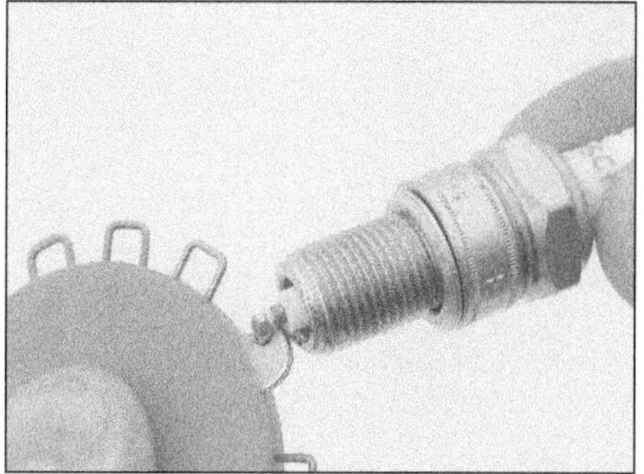

25.17 . . . och justera gapet, om så behövs, genom att böja sidoelektroden

eller ett för varmt tändstift (ett varmt tändstift leder bort värme från elektroden sakta, ett kallt stift leder bort värmen snabbt).

13 Om änden och isolatorspetsen är täckta med hårda, svarta avlagringar, tyder det på en för fet blandning. Om stiftet är svart och oljigt är det troligt att motorn är ganska sliten, förutom att blandningen är för fet.

14 Om isolatorspetsen är täckt av en ljusbrun eller gråbrun avlagring är blandningen korrekt och det är troligt att motorn är i gott skick.

15 Tändstiftens elektrodgap är mycket viktigt - om det är för stort eller för litet påverkar det storleken på gnistan och dess effektivitet negativt. På motorer utrustade med tändstift med flera elektroder rekommenderas det att man byter ut tändstiften istället för att försöka justera elektrodgapen. På andra tändstift ska gapet ställas in enligt rekommendationerna från tillverkaren.

16 För att ställa in elektrodgapet på tändstift med en sidoelektrod, mät gapet med ett bladmått och bänd sedan upp eller ner den yttre elektroden tills rätt gap erhålls. Mittelektroden ska aldrig böjas, eftersom det kan spräcka isolatorn och förstöra tändstiftet, om inget värre. Om du använder bladmått är gapet korrekt när ett blad av rätt storlek har tät glidpassning **(se bilder)**.

17 Särskilda verktyg för justering av tändstiftens elektrodgap finns hos de flesta biltillbehörsbutiker, eller går att få tag i från tändstiftstillverkarna **(se bild)**.

18 Innan du monterar tändstiften, kontrollera att de gängade kontakthylsorna sitter fast hårt, och att tändstiftens yttre ytor och gängor är rena. Det är ofta svårt att skruva in nya tändstift utan att de börjar dra snett - detta kan dock undvikas med hjälp av en liten bit gummislang **(se Haynes Tips)**.

19 Ta bort gummislangen (om sådan har använts), och dra åt tändstiftet till angivet moment med tändstiftshylsan och en momentnyckel. Sätt tillbaka alla tändstift på samma sätt.

20 Återanslut tändkablarna/tändspolarna i omvänd ordning mot demonteringen.

26 Drivrem - kontroll och byte

Alla scheman - var 60 000:e km eller vart fjärde år

Kontroll

1 Se avsnitt 8.

Byte

2 För att lättare komma åt remmen, dra åt handbromsen, lyft upp framvagnen och stöd den på pallbockar (se *Lyftning och stödpunkter*).

3 Ta bort höger framhjul, ta sedan bort åtkomstpanelen från hjulhusets innerskärm.

4 På 1,6 liters, 1,8 och 2,0 liters motorer, placera en nyckel på den därför avsedda klacken och vrid spännaren medurs. Lås spännaren i dess lossade läge genom att sticka in ett borr genom klacken, in i spännarhuset **(se bild)**.

5 På 1,4 liters motorer, använd en nyckel till att vrida spännarens mittbult medurs för att lossa spänningen på remmen **(se bild)**.

6 Notera hur drivremmen är dragen, ta sedan bort den från vevaxelns remskiva, generatorns remskiva, servostyrningspumpens remskiva

HAYNES TIPS

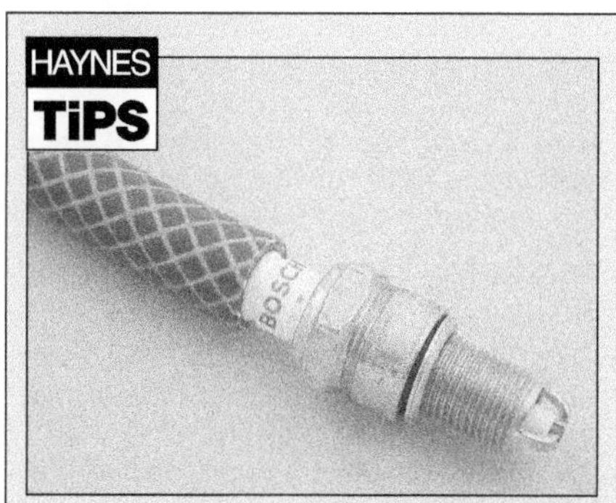

Det är ofta mycket svårt att sätta in tändstiften i hålen utan att de tar snedgäng. För att undvika detta, sätt en liten bit gummislang över änden av tändstiftet. Slangen fungerar som en universalled och hjälper till att rikta in stiftet mot gängan. Slangen glider på tändstiftet, vilket förhindrar skador på topplocket.

26.4 Lossa spännaren och sätt in ett borr

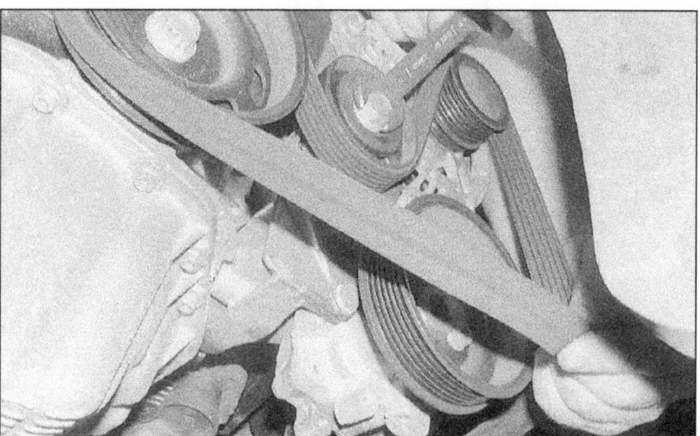

26.5 Demontering av drivremmen

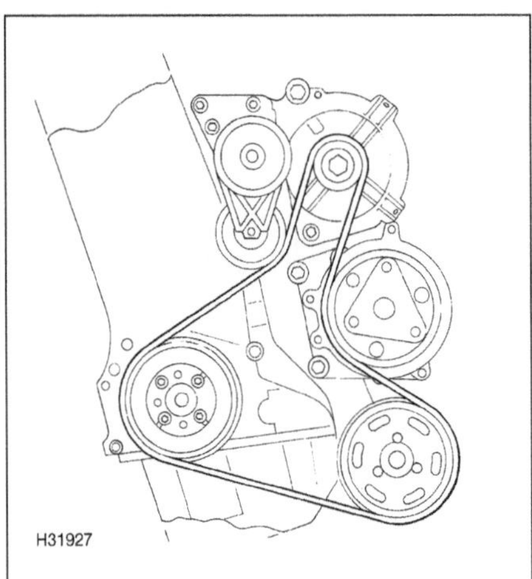

26.6a **Drivremmens utförande – 1,6 liters (utom kod AEE), 1,8 liters och 2,0 liters motorer med luftkonditionering**

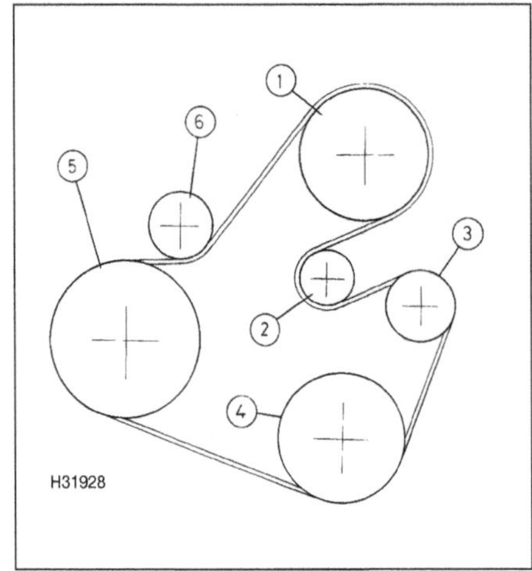

26.6b **Drivremmens utförande – 1,4 liters och 1,6 liters (kod AEE) motorer med luftkonditionering**

1 *Servostyrningspumpens remskiva*
2 *Överföringsremskiva*
3 *Generatorremskiva*
4 *Luftkonditioneringskompressor*
5 *Vevaxelremskiva*
6 *Spännare*

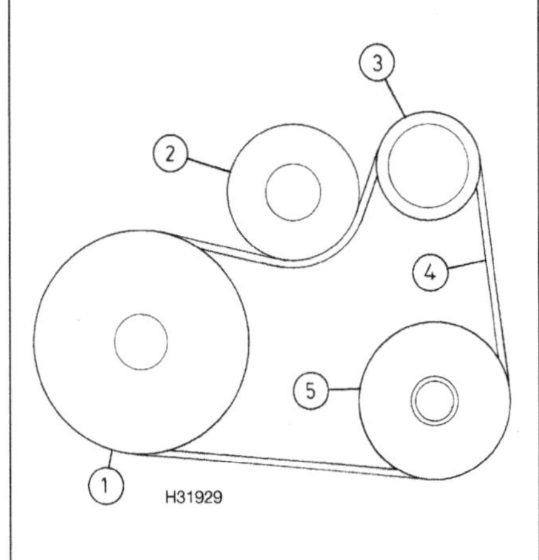

26.6c **Drivremmens utförande – 1,4 liters och 1,6 liters (kod AEE) motorer utan luftkonditionering**

1 *Vevaxelremskiva*
2 *Spännare*
3 *Generatordrivrem*
4 *Drivrem*
5 *Servostyrningspumpens remskiva*

och luftkonditioneringskompressorns remskiva (om tillämpligt) **(se bilder)**.

7 Lägg den nya drivremmen på remskivorna, lossa sedan spännaren. Kontrollera att remmen sitter korrekt i spåren i remskivorna.

8 Sätt tillbaka åtkomstpanelen och hjulet och sänk sedan ner bilen på marken.

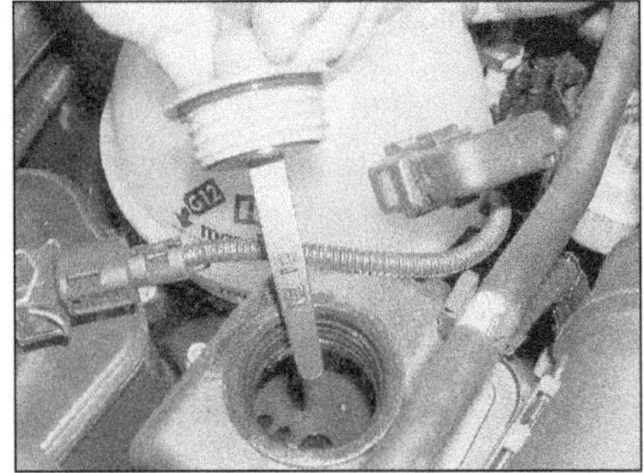

27.2 Skruva loss locket från vätskebehållaren och torka av mätstickan med en ren trasa

27 Servostyrning – kontroll av vätskenivå

Alla scheman – var 60 000:e km eller vart fjärde år

1 Ställ framhjulen i läge rakt fram utan att starta motorn. Om bilen har stått stilla i en timme eller längre, är servostyrningsvätskan kall (under 50°C), och nivåmarkeringen ”kall” måste då användas. Om motorn istället har normal temperatur (över 50°C) är vätskan varm och markeringen ”varm” måste då användas.

2 Vätskebehållaren sitter på höger sida i motorrummet, intill kylvätskans expansionskärl. Vätskenivån kontrolleras med en mätsticka som sitter fast i behållarens påfyllningslock. Skruva loss locket från vätskebehållaren med en skruvmejsel och torka av mätstickan med en ren trasa **(se bild)**.

3 Skruva tillbaka locket för hand och skruva sedan loss det igen och kontrollera nivån på mätstickan. Om vätskan är kall (under 50°C) måste nivån vara inom det ”streckade”, kalla området på mätstickan. Om vätskan är varm (över 50°C), måste nivån ligga mellan MAX- och MIN-markeringarna på stickan **(se bild)**.

4 Om nivån ligger ovanför maxmarkeringen, sug upp överflödet. Om nivån ligger under minmarkeringen, häll i vätska av specificerad typ (se *Smörjmedel och vätskor*). I det senare fallet, leta också efter läckor i systemet **(se bild)**. Avslutningsvis, skruva på locket och dra åt med skruvmejseln.

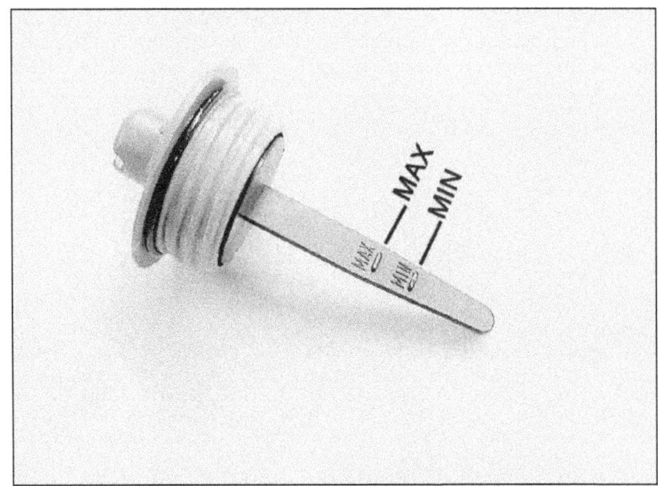

27.3 Skruva på locket för hand, skruva sedan ut det igen och kontrollera vätskenivån på mätstickan

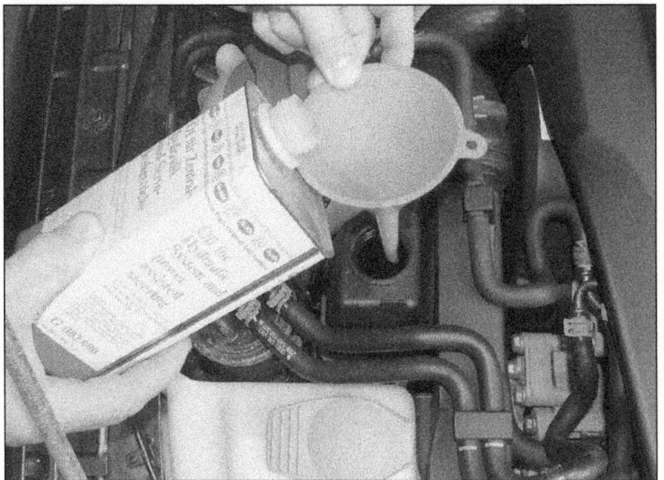

27.4 Påfyllning av servostyrningsvätska

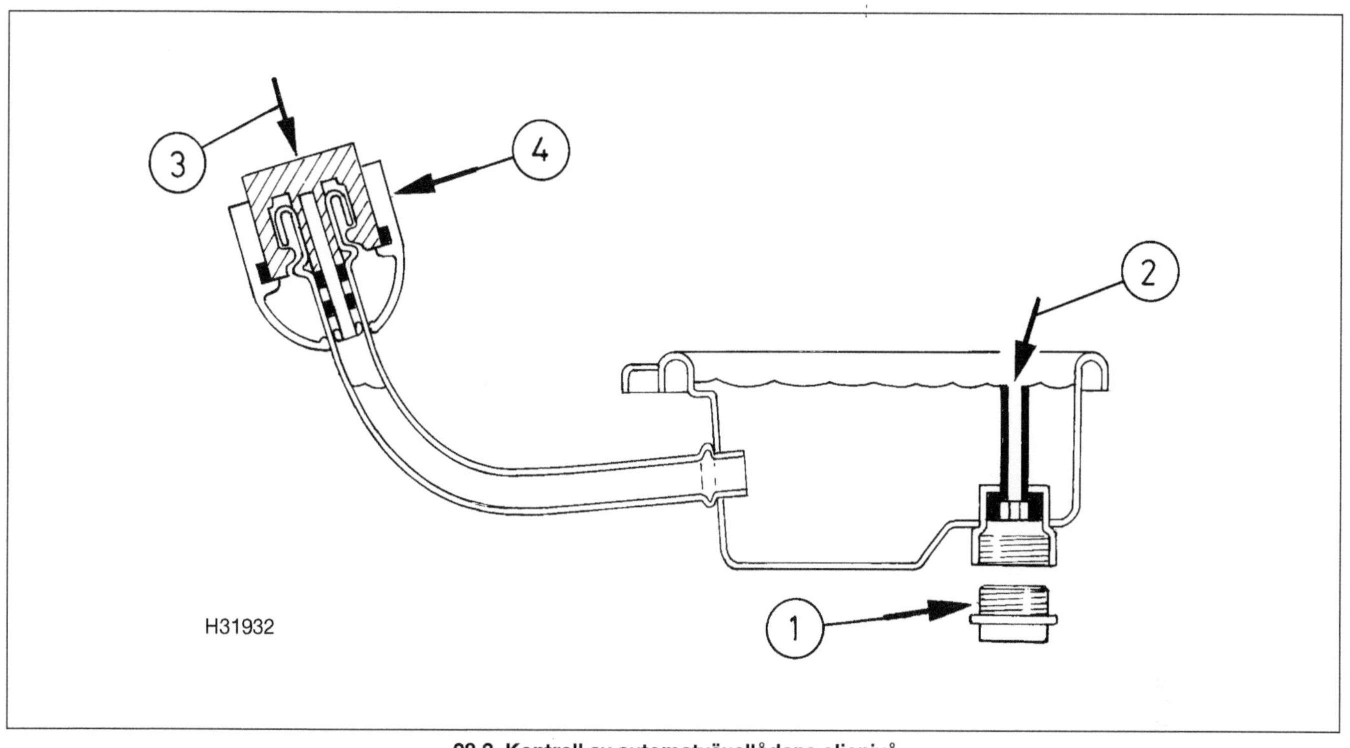

28.3 Kontroll av automatväxellådans oljenivå

1 Nivåplugg *2 Nivårör* *3 Påfyllningslock* *4 Fästclips*

28 Automatväxellåda – kontroll av oljenivå

Alla scheman – var 60 000:e km eller vart fjärde år

Observera: *En korrekt kontroll av oljenivån kan endast utföras om oljan har en temperatur på 35°C till 45°C, och om det inte är möjligt att försäkra att oljan har denna temperatur rekommenderas att kontrollen överlämnas till en Skodaverkstad. Dessa har de instrument som behövs för kontroll av temperaturen och för kontroll av eventuella felkoder i växellådans elektronik. Om man fyller på för mycket eller för lite olja påverkas växellådans funktion negativt.*

1 Kör bilen en sväng för att värma upp växellådan lite (se ovan), parkera sedan bilen på plan mark och ställ växelväljaren i läge P. Lyft upp fram- och bakvagn och ställ bilen på pallbockar (se *Lyftning och stödpunkter*), se till att bilen förblir i horisontellt läge. Skruva loss fästskruvarna och ta bort kåpan/kåporna under motorn för att komma åt växellådans undersida.

2 Starta motorn och låt den gå på tomgång tills växellådsoljan når en temperatur på 35°C.

3 Skruva loss oljenivåpluggen från växellådans oljesump **(se bild)**.

4 Om det **kontinuerligt** droppar olja från nivåröret när temperaturen stiger, är oljenivån korrekt och ingen påfyllning behövs. Observera att det kommer att finnas lite olja i röret, som först måste tappas av innan själva nivåkontrollen kan göras. Se till att göra kontrollen innan oljetemperaturen når 45°C. Undersök tätningen på nivåpluggen och skär av den och sätt på en ny om så behövs. Sätt sedan tillbaka pluggen och dra åt den till angivet moment.

5 Om det inte droppar någon olja från nivåröret, inte ens när vätskan har nått 45°C, måste man hälla i olja enligt följande medan motorn går.

6 Med en skruvmejsel, bänd loss locket till påfyllningsröret på sidan av växellådans oljesump. **Observera:** *På vissa modeller förstör detta låsmekanismen och ett nytt lock måste då införskaffas. På andra modeller måste bara lockets fästclips bytas ut.*

7 När locket är borttaget, dra ut påfyllningsrörets plugg och häll i specificerad olja tills det droppar ut ur nivåröret. Undersök tätningen på nivåpluggen och om så behövs, skär av tätningen och sätt på en ny. Sätt sedan tillbaka pluggen och dra åt den till angivet moment.

8 Sätt tillbaka påfyllningsrörets plugg och det nya locket eller fästclipset.

9 Slå av tändningen och sätt tillbaka kåpan/kåporna under motorn, dra åt fästskruvarna ordentligt och sänk ner bilen på marken.

10 Om oljan ofta behöver fyllas på tyder det på en läcka, som då måste hittas och åtgärdas innan problemet blir allvarligt.

29 Automatväxellåda – kontroll av slutväxelns oljenivå

Alla scheman – var 60 000:e km eller vart fjärde år

1 Dra åt handbromsen, lyft upp framvagnen och stötta den på pallbockar (se *Lyftning och stödpunkter*), men notera att bilens bakvagn också måste lyftas upp om kontrollen ska bli riktigt exakt.

2 Slutväxelns nivåkontroll görs genom att man demonterar hastighetsmätardrevet. Börja med att koppla loss kablaget från givaren uppe på hastighetsmätardrevet **(se bild)**.

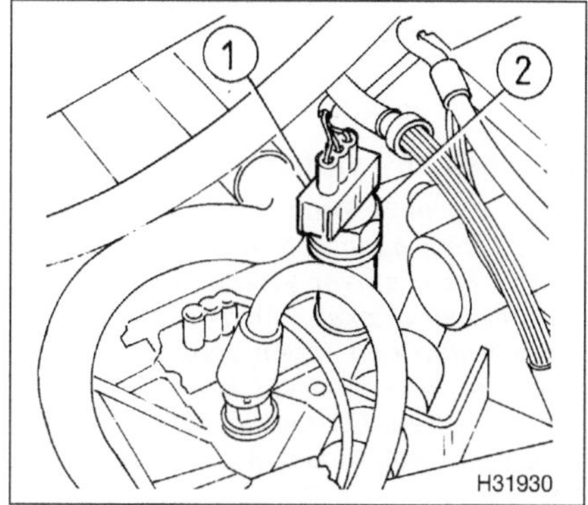

29.2 Koppla loss kablaget (1) från hastighetsmätardrevet (2)

3 Skruva loss hastighetsmätardrevet och ta bort det från växellådan. Man behöver inte ta bort givarenheten från drevet.
4 Torka av den nedre änden av drevet, sätt sedan in det igen och skruva in det helt i växellådan. Ta ut drevet igen och kontrollera att oljenivån är mellan skuldran och änden av drevet **(se bild)**.
5 Om så behövs, häll i specificerad olja genom drevets öppning tills nivån blir korrekt.
6 Sätt tillbaka drevet och dra åt det ordentligt, anslut sedan givarens kablage.
7 Sänk ner bilen på marken.

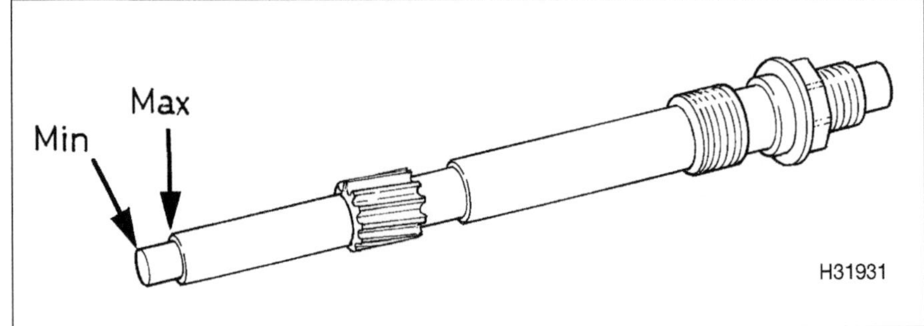

29.4 Oljenivån i automatväxellådans slutväxel kontrolleras på den nedre änden av hastighetsmätardrevet

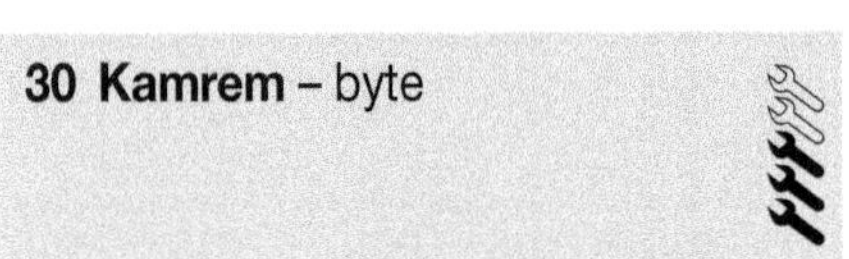

30 Kamrem - byte

Alla scheman - var 90 000:e km

Observera: *Skoda anger att kamremsspännarens rulle också ska bytas ut på 1,8 liters modeller.*

Kontroll

1 Lossa clipsen och ta bort den övre kamremskåpan (se kapitel 2A eller 2B).
2 Placera en nyckel eller hylsa på vevaxelremskivans bult, dra runt motorn sakta i medurs riktning. **Dra inte** runt motorn med kamaxelbulten.
3 Undersök hela kamremmen och leta efter sprickor, separationer i kuggarna, slitage, blanka avsnitt och förorening av olja eller fett. Använd en ficklampa och en spegel för att undersöka remmens undersida.
4 Om du hittar tecken på slitage och skador enligt beskrivningen, **måste** kamremmen bytas ut. Om en kamrem går av under drift kan det leda till mycket omfattande skador på motorn.
5 När kontrollen har gjorts, sätt tillbaka den övre kamremskåpan och ta bort nyckeln/hylsan från vevaxelremskivans bult.

Byte

6 Se kapitel 2A eller 2B för information.

31 Broms- (och kopplings-) vätska - byte

Alla scheman - vartannat år

Varning: Bromsvätska kan skada dina ögon och även skada bilens lack, så var ytterst försiktig vid hantering av vätskan. Använd inte vätska som har stått i en öppen behållare någon längre tid, eftersom vätskan absorberar fukt från luften. För mycket fukt i vätskan kan orsaka farlig förlust av bromsverkan.

1 Åtgärden liknar den som beskrivs för luftning av bromssystemet i kapitel 9, förutom att bromsvätskebehållaren måste tömmas med hjälp av en ren bollspruta eller liknande innan man börjar, samt att man måste låta *all* gammmal vätska rinna ut när man öppnar en del av kretsen. Eftersom kopplingssystemet också använder vätska från bromssystemets behållare, måste detta system också luftas samtidigt (se avsnitt 2 i kapitel 6).
2 Arbeta enligt beskrivning i kapitel 9, öppna den första luftningsskruven i ordningen och pumpa försiktigt på bromspedalen tills nästan all gammal vätska är borta ur huvudcylinderns behållare.

Gammal bromsvätska är ofta mycket mörkare till färgen än den nya, vilket gör det lätt att skilja dem åt.

3 Fyll på till MAX-nivån med ny vätska, och fortsätt att pumpa på bromspedalen tills endast ny vätska finns i behållaren, och ny vätska kan ses komma ut vid luftningsskruven. Dra åt skruven och fyll på vätska tills nivån når MAX-nivålinjen.
4 Fortsätt med alla kvarvarande luftningsskruvar i ordningen tills ny bromsvätska kommer ut vid alla. Var noga med att hålla vätskeninvån i huvudcylinderns behållare över MIN-nivån hela tiden, så att inte luft kommer in i systemet och därmed förlänger tiden för uppgiften avsevärt.
5 När åtgärden är avslutad, kontrollera att alla luftningsskruvar är hårt åtdragna och att deras dammskydd sitter på plats. Tvätta bort eventuell spilld vätska och kontrollera igen vätskenivån i huvudcylinderns behållare.
6 På modeller med manuell växellåda skall också kopplingsvätskan bytas ut när bromsvätskan har bytts. Se kapitel 6, lufta kopplingen tills ny vätska kommer ut vid slavcylinderns luftningsskruv. Håll vätskenivån i huvudcylindern ovanför MIN-nivån hela tiden för att förhindra att luft kommer in i systemet. När ny vätska kommer ut, dra åt luftningsskruven ordentligt och ta bort luftningsutrustningen. Sätt tillbaka dammskyddet och torka bort eventuell spilld vätska.
7 På alla modeller, kontrollera att vätskenivån i huvudcylindern är korrekt (se *Veckokontroller*) och testa noggrant bromsarnas och kopplingens funktion innan bilen tas ut på vägen.

32 Kylvätska - byte

Alla scheman - vartannat år

Observera: *Den här åtgärden tas inte upp i Skodas schema och bör inte behövas om den rekommenderade Skoda G12 LongLife kylvätskan används. Om standard kylvätska används bör åtgärden dock utföras vid rekommenderat intervall.*

Varning: Vänta tills motorn är kall innan arbetet påbörjas. Låt inte frostskyddsvätskan komma i kontakt med huden eller bilens lackerade ytor. Skölj bort spilld vätska omgående med stora mängder vatten. Låt aldrig frostskyddsvätska stå i öppna behållare eller i pölar på uppfarten eller garagegolvet. Barn och husdjur kan lockas av den söta lukten, och förtäring av frostskyddsvätska kan innebära livsfara.

Avtappning av kylsystemet

1 När motorn är helt kall, skruva loss expansionskärlets lock.
2 Dra åt handbromsen hårt, lyft sedan upp framvagnen och ställ den på pallbockar (se *Lyftning och stödpunkter*). Skruva loss fästskruvarna och ta bort kåpan/kåporna under motorn för att komma åt kylarens undersida.
3 Placera en lämplig behållare under kylvätskeavtappningens utlopp som sitter i änden av den nedre kylvätskeslangen. Lossa avtappningspluggen (man behöver inte ta bort den helt) och låt kylvätskan rinna ner i behållaren. Om så önskas kan en bit slang sättas på utloppet så att man kan rikta kylvätskeflödet under avtappningen. Om inget avtappningsutlopp finns i änden av slangen, ta bort fästclipset och koppla loss den nedre slangen från kylaren och tappa av kylvätskan (se kapitel 3, avsnitt 2).
4 På motorer med oljekylare, för att helt tappa av systemet, koppla också loss en av kylvätskeslangarna från oljekylaren, som sitter framtill på motorblocket.
5 Om kylvätskan har tappats av av någon annan anledning än byte, kan den användas

igen förutsatt att den är ren, men det rekommenderas inte.

6 När all kylvätska har tappats av, dra åt kylarens avtappningsplugg ordentligt eller anslut den nedre slangen till kylaren (efter tillämplighet). Där så behövs, anslut också kylvätskeslangen till oljekylaren och fäst den på plats med fästclipset. Sätt tillbaka kåpan/kåporna under motorn och dra åt fästskruvarna ordentligt.

Spolning av kylsystemet

7 Om inte den rekommenderade Skoda kylvätskan har använts och kylvätskebyte inte har utförts, eller om frostskyddet har spätts ut, kan kylsystemet gradvis bli mindre effektivt. Kylvätskepassagerna blir igensatta på grund av rost och andra avlagringar. Systemets effektivitet kan återställas genom att det spolas rent.

8 Kylaren ska spolas separat från motorn, så att man undviker onödig förorening.

Spolning av kylaren

9 För att spola kylaren, dra först åt kylarens avtappningsplugg.

10 Koppla loss övre och undre kylarslangar och andra relevanta slangar från kylaren (se kapitel 3).

11 Stick in en vattenslang i kylarens övre inlopp. Spola rent vatten genom kylaren tills rent vatten kommer ut ur kylarens nedre utlopp.

12 Om det vatten som kommer ut inte vill bli rent, ens efter en bra stund, kan kylaren spolas ur med ett lämpligt rengöringsmedel. Det är viktigt att man följer tillverkarens anvisningar noggrant. Om kylaren är riktigt kraftigt förorenad, stick in slangen i det nedre utloppet och spola kylaren åt det andra hållet.

Spolning av motorn

13 Demontera termostaten (se kapitel 3).

14 Med den nedre slangen losskopplad från kylaren, stick in en vattenslang i kylvätskehuset. Spola rent vatten genom motorn och fortsätt att spola tills rent vatten kommer ut ur den nedre kylarslangen.

15 När spolningen är klar, sätt tillbaka termostaten och anslut slangarna (se kapitel 3).

Påfyllning av kylsystemet

16 Innan påfyllning av kylsystemet påbörjas, försäkra dig om att avtappningspluggen är hårt åtdragen och kontrollera att alla slangar är ordentligt anslutna och att slangklämmorna är i bra skick. Om den rekommenderade Skoda kylvätskan inte används, försäkra dig om att en lämplig frostskyddsblandning används året om, för att förebygga korrosion på motorns komponenter (se följande underavsnitt).

17 Ta bort expansionskärlets påfyllningslock och fyll sakta på med kylvätska. Fortsätt att fylla på kylsystemet tills det inte längre syns några bubblor i expansionskärlet. Hjälp till att tvinga ut luft ur systemet genom att upprepade gånger klämma ihop den nedre kylarslangen.

18 När du inte längre kan se några bubblor, fyll på kylvätska till MAX-markeringen och sätt tillbaka locket på expansionskärlet.

19 Låt motorn gå på snabb tomgång tills kylfläkten slår på. Vänta tills fläkten stannar, slå sedan av motorn och låt motorn svalna.

20 När motorn har svalnat, kontrollera kylvätskenivån (se *Veckokontroller*). Fyll på om så behövs och sätt sedan tillbaka locket på expansionskärlet.

Frostskyddsblandning

21 Om den rekommenderade Skoda kylvätskan inte används, måste kylvätskan bytas ut vid angivna intervall. Detta är viktigt inte bara för att behålla de frostskyddande egenskaperna, utan också för att förhindra korrosion, som annars skulle uppstå allteftersom de korrosionshämmande ämnena förlorar sin effekt.

22 Använd alltid en etylenglykolbaserad frostskyddsvätska som är lämpad för kylsystem av blandad metall. Mängden frostskydd och skyddsnivåer anges i specifikationerna.

23 Innan frostskyddsblandningen hälls i ska kylsystemet tömmas helt och helst spolas. Kontrollera också att alla slangar är i gott skick och sitter fast ordentligt.

24 När påfyllningen är avslutad, sätt en etikett på expansionskärlet där det står vilken typ av frostskydd som använts och vilken koncentration, samt när påfyllningen gjordes. Alla efterföljande påfyllningar ska göras med kylvätska av samma typ och koncentration.

25 Använd aldrig motorfrostskyddsvätska i vindrutans/bakrutans spolarsystem, eftersom det kan skada lacken. Använd en spolarvätsketillsats i den mängd som anges på flaskan.

Anteckningar

Kapitel 1 Del B: Rutinunderhåll och service – modeller med dieselmotor

Innehåll

Svårighetsgrader

Enkelt, passar novisen med lite erfarenhet 

Ganska enkelt, passar nybörjaren med viss erfarenhet 

Ganska svårt, passar kompetent hemmamekaniker 

Svårt, passar hemmamekaniker med erfarenhet 

Mycket svårt, för professionell mekaniker 

Smörjmedel och vätskor

Se slutet av *Veckokontroller* på sid 0•16

Volymer

Motorolja (inklusive oljefilter)

Motorkod AGP, AQM, AGR, ALH, AHF och ASV	4,5 liter
Motorkod ASZ	4,3 liter

Kylsystem

Motorkod AGP och AQM	6,6 liter
Motorkod AGR, ALH, AHF, ASV och ASZ	6,8 liter

Växellåda

Manuell växellåda:	
Typ 02K	1,6 liter
Typ 02J	1,9 liter
Typ 02M	2,6 liter
Automatväxellåda:	
Huvudväxellåda	5,3 liter
Slutväxel	0,75 liter

Servostyrning

Alla modeller	0,7 till 0,9 liter

Bränsletank (ungefär)

Alla modeller	55 liter

Spolarbehållare

Modeller med strålkastarspolare	5,5 liter
Modeller utan strålkastarspolare	3,0 liter

Motor

Kamremmens slitagegräns	22,0 mm bred

Kylsystem

Frostskyddsblandning:	
40 % frostskydd	Skydd ner till -25°C
50 % frostskydd	Skydd ner till -35°C

Observera: *Se frostskyddstillverkarens senaste rekommendationer.*

Bromsar

Bromsklossarnas tjocklek:	
Fram	minst 7,0 mm (inkl. fästplatta) minst 2,0 mm (endast friktionsbelägg)
Bak	2,0 mm (endast friktionsbelägg)
Bakre bromsbackar, friktionsbeläggets tjocklek	2,5 mm

Åtdragningsmoment

	Nm
Automatväxellådans nivåplugg	15
Manuell växellådas nivå-/påfyllningsplugg	25
Oljefilterlock	25
Hjulbultar	120
Oljesumpens avtappningsplugg	30

Underhållsschema

Underhållsintervallen i den här handboken ges med antagandet att du själv, inte återförsäljaren, kommer att utföra arbetet. Dessa intervall är det minimum vi rekommenderar för en bil som körs dagligen. Om du vill hålla din bil i ständigt toppskick, bör du kanske utföra vissa av momenten oftare. Vi uppmuntrar tätt och regelbundet underhåll, eftersom det höjer bilens effektivitet, prestanda och andrahandsvärde.

När bilen är ny ska all service utföras av en auktoriserad verkstad, så att inte garantin förverkas.

Alla Skoda modeller har en serviceintervalldisplay i instrumentpanelen. Varje gång motorn startas lyser displayen upp i ungefär 20 sekunder med serviceinformation. Med standarddisplayen för fasta intervall anges serviceintervallen i enlighet med specificerade körsträckor och tidsperioder. Med en LongLife display varierar serviceintervallen. När ett intervall nås på en fast display, blinkar displayen "Oil" för en oljeservice eller "Insp" för en inspektionsservice. På modeller med varierande (LongLife) serviceintervall blinkar displayen "Service", "Service Now" eller "Service due in avstånd/tid".

När displayen visar "Service" beror på hur bilen används (antal starter, färdsträckor, hastigheter, bromsklosslitage, hur ofta motorhuven öppnats, bränsleförbrukning, oljenivå och oljetemperatur). Till exempel, om en bil används under extrema körförhållanden, kan service indikeras vid 15 000 km, medan om bilen körs lugnare och under mindre extrema förhållanden kanske displayen visar service vid 30 000 km. Det är viktigt att inse att systemet varierar i enlighet med hur bilen körs, och att service därför måste utföras när detta indikeras på displayen.

Observera: *Modeller med varierande serviceintervall är utrustade med en oljenivågivare, indikator för bromsklosslitage, batteri med "magic eye" laddningsindikator och en variabel serviceindikator.*

LongLife varierande serviceintervall gäller endast modeller med PR-numret QG1 eller QG2 (står i bilens servicebok, eller eventuellt på en etikett i bagageutrymmet eller på förarsidans dörrstolpe) **(se bild)**. För QG1 bilar sker motoroljebyte och alla andra underhållsmoment vid varierande intervall, men på QG2 bilar utförs motoroljebyte, avtappning av bränslefiltret på vissa modeller och bromsklosskontroll vid fasta intervall, medan alla andra underhållsmoment utförs vid varierande intervall.

Med varierande (LongLife) serviceintervall på modeller med PR-numret QG1 får motorn **endast** fyllas med den rekommenderade **LongLife** motoroljan (se *Smörjmedel och vätskor*); på modeller med PR-numret QG2 kan standard motorolja användas.

När en service har utförts använder Skodas tekniker ett särskilt instrument för att återställa serviceintervalldisplayen inför nästa intervall, och en utskrift erhålls för bilens servicenoteringar. Displayen kan återställas av ägaren enligt beskrivning i avsnitt 6, men notera att för modeller med LongLife intervall QG1, kommer den proceduren automatiskt att återställa schemat till ett ändrat LongLife intervall (QG2) där oljebyte, avtappning av bränslefiltret och bromsklosskontroll baseras på körsträcka/tid, medan övriga system förblir LongLife. För att displayen ska återställas till fullständigt LongLife schema (QG1), måste bilen tas till en Skodaverkstad som har det speciella instrumentet med vilket man kan koda bilens dator.

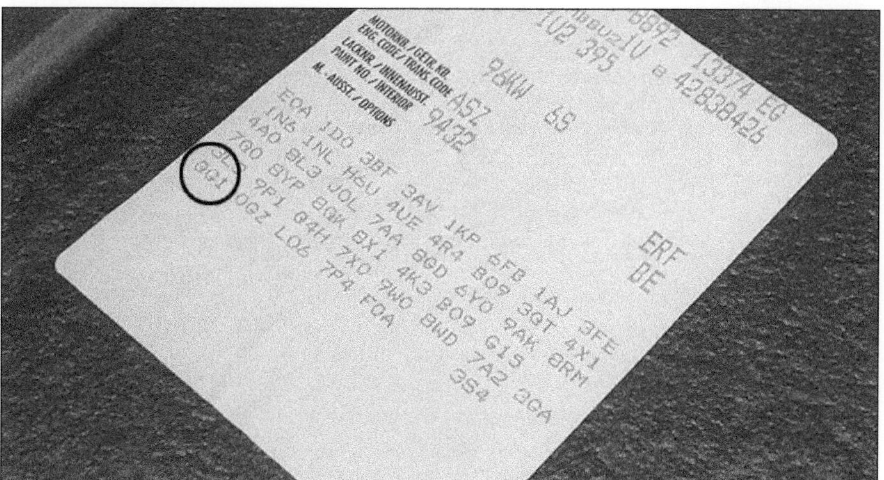

PR-nummer på bilens dataetikett

Modeller med intervall efter körsträcka och tid

Observera: *Följande serviceintervall gäller bara modeller med PR-numret QG0 (står i bilens servicebok, eller eventuellt på en etikett i bagageutrymmet eller på förarsidans dörrstolpe).*

Var 400:e km eller varje vecka

☐ Se *Veckokontroller*

Var 7500:e km eller var 6:e månad

☐ Byt motorolja och filter (avsnitt 3)

Observera: *Täta olje- och filterbyten är bra för motorn. Vi rekommenderar oljebyte enligt den körsträcka som anges här, eller minst två gånger per år om körsträckan är kortare.*

Var 15 000:e km eller varje år, det som kommer först – ”Oil” på displayen

Utöver de åtgärder som anges ovan, utför följande:

☐ Tappa av vatten från bränslefiltret* (avsnitt 4)
☐ Kontrollera tjockleken på främre och bakre bromsklossar (avsnitt 5)
☐ Återställ serviceintervalldisplayen (avsnitt 6)

** Bara när diesel med hög svavelhalt används, som inte motsvarar DIN EN 590 eller vid användning av RME bränsle (diester).*

Var 30 000:e km eller vartannat år, det som kommer först – ”Insp” på displayen

Utöver de åtgärder som anges ovan, utför följande:

☐ Undersök avgassystemet och dess fästen (avsnitt 7)
☐ Undersök alla komponenter under motorhuven, undersök slangarna och leta efter vätske- och oljeläckage (avsnitt 8)
☐ Tappa av vatten från bränslefiltret* (avsnitt 9)
☐ Byt bränslefilter** (avsnitt 10)
☐ Undersök drivremmen (avsnitt 11)
☐ Kontrollera kylvätskans frostskyddskoncentration (avsnitt 12)
☐ Undersök bromssystemets hydraulkretsar och leta efter läckor och skador (avsnitt 13)
☐ Kontrollera strålkastarnas inställning (avsnitt 14)
☐ Byt pollenfilter (avsnitt 15)
☐ Kontrollera den manuella växellådans oljenivå (avsnitt 16)
☐ Leta efter skador i underredsskyddet (avsnitt 17)
☐ Undersök drivaxeldamaskerna (avsnitt 18)
☐ Undersök styrningens och fjädringens komponenter, deras skick och hur väl de sitter fast (avsnitt 19)
☐ Undersök batteriets skick, kontrollera elektrolytnivån och att batteriet sitter fast ordentligt (avsnitt 20)

Var 30 000:e km eller vartannat år, det som kommer först – ”Insp” på displayen

☐ Smörj alla gångjärn och lås (avsnitt 21)
☐ Undersök krockkuddens (-kuddarnas) skick (avsnitt 22)
☐ Kontrollera funktionen hos vindrute-/bakrute-/strålkastarspolarna (efter tillämplighet) (avsnitt 23)
☐ Kontrollera om det finns några felkoder lagrade i motorstyrningens självdiagnosminne (avsnitt 24)
☐ Kontrollera soltakets funktion och smörj styrskenorna (avsnitt 25)
☐ Utför ett landsvägsprov och kontrollera avgasutsläppet (avsnitt 26)

** Endast om dieselbränsle används som motsvarar DIN EN 590*
*** Endast vid användning av diesel med hög svavelhalt som inte motsvarar DIN EN 590, eller vid användning av RME bränsle (diester).*

Var 60 000:e km eller vart fjärde år, det som kommer först

☐ Byt luftfilter (avsnitt 27)
☐ Byt bränslefilter* (avsnitt 28)
☐ Undersök drivremmens skick (avsnitt 29)
☐ Kontrollera servostyrningsvätskans nivå (avsnitt 30)
☐ Kontrollera automatväxellådans oljenivå (avsnitt 31)
☐ Kontrollera oljenivån i automatväxellådans slutväxel (avsnitt 32)

** Endast vid användning av diesel som motsvarar DIN EN 590*

Var 90 000:e km

☐ Byt kamrem och spännarrulle (avsnitt 33)

Observera: *Kamrem med komponentnummer 038 109 119 utfärdad före 06/1999 måste bytas med 60 000 km intervall. Senare kamremmar med nr 038 109 119 D byts var 90 000:e km. Rekommendationerna som ges här motsvarar kortaste intervall rekommenderade av Skoda. Skodas intervall är komplexa och varierar beroende på motor, modellår och kamremmens och styrremskivans komponentnummer. För aktuell information, kontakta en Skodahandlare.*

Vartannat år

☐ Byt broms- (och kopplings-) vätska (avsnitt 34)
☐ Byt kylvätska* (avsnitt 35)

*** Observera:** *Den här åtgärden inkluderas inte i Skodas schema och bör inte behövas om det rekommenderade Skoda G12 LongLife frostskyddet används.*

Modeller med QG1 LongLife intervall

Observera: *Följande serviceintervall gäller endast modeller med PR-numret QG1 (står i bilens servicebok, och eventuellt på en etikett i bagageutrymmet eller på förarsidans dörrstolpe).*

Observera: *Om QG1 LongLife servicedisplay återställs utan det särskilda instrumentet, kommer vissa åtgärder att övergå till serviceschemat för QG2 modeller.*

Var 400:e km eller varje vecka

- ☐ Se *Veckokontroller*

Var 15 000:e km eller varje år

- ☐ Byt motorolja och filter (avsnitt 3)

Observera: *Täta olje- och filterbyten är bra för motorn. Vi rekommenderar att man byter olja minst en gång per år.*

"Service" på displayen

Utöver de åtgärder som anges ovan, utför följande:

- ☐ Kontrollera tjockleken på främre och bakre bromsklossar (avsnitt 5)
- ☐ Återställ serviceintervalldisplayen (avsnitt 6)
- ☐ Undersök avgassystemet och dess fästen (avsnitt 7)
- ☐ Undersök alla komponenter under motorhuven, undersök slangarna och leta efter vätske- och oljeläckage (avsnitt 8)
- ☐ Tappa av vatten från bränslefiltret (avsnitt 9)
- ☐ Byt bränslefilter* (avsnitt 10)
- ☐ Undersök drivremmen (avsnitt 11)
- ☐ Kontrollera kylvätskans frostskyddskoncentration (avsnitt 12)
- ☐ Undersök bromssystemets hydraulkretsar och leta efter läckor och skador (avsnitt 13)
- ☐ Kontrollera strålkastarnas inställning (avsnitt 14)
- ☐ Byt pollenfilter (avsnitt 15)
- ☐ Kontrollera den manuella växellådans oljenivå (avsnitt 16)
- ☐ Leta efter skador i underredsskyddet (avsnitt 17)
- ☐ Undersök drivaxeldamaskerna (avsnitt 18)
- ☐ Undersök styrningens och fjädringens komponenter, deras skick och hur väl de sitter fast (avsnitt 19)
- ☐ Undersök batteriets skick, kontrollera elektrolytnivån och att batteriet sitter fast ordentligt (avsnitt 20)
- ☐ Smörj alla gångjärn och lås (avsnitt 21)
- ☐ Undersök krockkuddens (-kuddarnas) skick (avsnitt 22)
- ☐ Kontrollera funktionen hos vindrute-/bakrute-/strålkastarspolarna (efter tillämplighet) (avsnitt 23)
- ☐ Kontrollera om det finns några felkoder lagrade i motorstyrningens självdiagnosminne (avsnitt 24)
- ☐ Kontrollera soltakets funktion och smörj styrskenorna (avsnitt 25)
- ☐ Utför ett landsvägsprov och kontrollera avgasutsläppet (avsnitt 26)

** Bara vid användning av diesel med hög svavelhalt som inte motsvarar DIN EN 590 eller vid användning av RME bränsle (diester)*

Var 60 000:e km eller vart fjärde år, det som kommer först

Observera: *Många återförsäljare utför följande åtgärder vid varannan huvudservice.*

- ☐ Byt luftfilter (avsnitt 27)
- ☐ Byt bränslefilter* (avsnitt 28)
- ☐ Undersök drivremmens skick (avsnitt 29)
- ☐ Kontrollera servostyrningsvätskans nivå (avsnitt 30)
- ☐ Kontrollera automatväxellådans oljenivå (avsnitt 31)
- ☐ Kontrollera oljenivån i automatväxellådans slutväxel (avsnitt 32)

** Endast vid användning av diesel som motsvarar DIN EN 590*

Var 90 000:e km

- ☐ Byt kamrem och spännarrulle på motorer med enhetsspridare, d.v.s. utan insprutningspump (avsnitt 33)

Observera: *Kamrem med komponentnummer 038 109 119 utfärdad före 06/1999 måste bytas med 60 000 km intervall. Senare kamremmar med nr 038 109 119 D byts var 90 000:e km. Rekommendationerna som ges här motsvarar kortaste intervall rekommenderade av Skoda. Skodas intervall är komplexa och varierar beroende på motor, modellår och kamremmens och styrremskivans komponentnummer. För aktuell information, kontakta en Skodahandlare.*

Vartannat år

- ☐ Byt broms- (och kopplings-) vätska (avsnitt 34)
- ☐ Byt kylvätska* (avsnitt 35)

*** Observera:** *Den här åtgärden inkluderas inte i Skodas schema och bör inte behövas om det rekommenderade Skoda G12 LongLife frostskyddet används.*

Modeller med QG2 LongLife intervall

Observera: *Följande serviceintervall gäller endast modeller med PR-numret QG2 (står i bilens servicebok, och eventuellt på en etikett i bagageutrymmet eller på förarsidans dörrstolpe).*
Observera: *Om QG1 LongLife servicedisplay återställs utan det särskilda instrumentet, kommer vissa åtgärder att övergå till de intervall för körsträcka/tid som listas här.*

Var 400:e km eller varje vecka

☐ Se *Veckokontroller*

Var 7500:e km eller var 6:e månad

☐ Byt motorolja och filter (avsnitt 3)

Observera: *Täta olje- och filterbyten är bra för motorn. Vi rekommenderar oljebyte vid den körsträcka som anges här, eller minst två gånger per år om körsträckan är kortare.*

Var 15 000:e km eller varje år, det som kommer först

Utöver de åtgärder som beskrivs ovan, gör följande:

☐ Tappa av vatten från bränslefiltret* (avsnitt 4)
☐ Kontrollera tjockleken på främre och bakre bromsklossar (avsnitt 5)
☐ Återställ serviceintervalldisplayen (avsnitt 6)

** Endast vid användning av diesel med hög svavelhalt som inte motsvarar DIN EN 950 eller vid användning av RME bränsle (diester)*

”Service” på displayen

Utöver de åtgärder som anges ovan, utför följande:

☐ Undersök avgassystemet och dess fästen (avsnitt 7)
☐ Undersök alla komponenter under motorhuven, undersök slangarna och leta efter vätske- och oljeläckage (avsnitt 8)
☐ Tappa av vatten från bränslefiltret* (avsnitt 9)
☐ Byt bränslefilter** (avsnitt 10)
☐ Undersök drivremmen (avsnitt 11)
☐ Kontrollera kylvätskans frostskyddskoncentration (avsnitt 12)
☐ Undersök bromssystemets hydraulkretsar och leta efter läckor och skador (avsnitt 13)
☐ Kontrollera strålkastarnas inställning (avsnitt 14)
☐ Byt pollenfilter (avsnitt 15)
☐ Kontrollera den manuella växellådans oljenivå (avsnitt 16)
☐ Leta efter skador i underredsskyddet (avsnitt 17)
☐ Undersök drivaxeldamaskerna (avsnitt 18)
☐ Undersök styrningens och fjädringens komponenter, deras skick och hur väl de sitter fast (avsnitt 19)
☐ Undersök batteriets skick, kontrollera elektrolytnivån och att batteriet sitter fast ordentligt (avsnitt 20)
☐ Smörj alla gångjärn och lås (avsnitt 21)
☐ Undersök krockkuddarnas skick (avsnitt 22)

”Service” på displayen (forts.)

☐ Kontrollera funktionen hos vindrute-/bakrute-/strålkastarspolarna (efter tillämplighet) (avsnitt 23)
☐ Kontrollera om det finns några felkoder lagrade i motorstyrningens självdiagnosminne (avsnitt 24)
☐ Kontrollera soltakets funktion och smörj styrskenorna (avsnitt 25)
☐ Utför ett landsvägsprov och kontrollera avgasutsläppet (avsnitt 26)

** Endast vid användning av diesel som motsvarar DIN EN 590*
*** Endast vid användning av diesel med hög svavelhalt som inte motsvarar DIN EN 950 eller vid användning av RME bränsle (diester)*

Var 60 000:e km eller vart fjärde år, det som kommer först

Observera: *Många återförsäljare utför följande åtgärder vid varannan huvudservice.*

☐ Byt luftfilter (avsnitt 27)
☐ Byt bränslefilter* (avsnitt 28)
☐ Undersök drivremmens skick (avsnitt 29)
☐ Kontrollera servostyrningsvätskans nivå (avsnitt 30)
☐ Kontrollera automatväxellådans oljenivå (avsnitt 31)
☐ Kontrollera oljenivån i automatväxellådans slutväxel (avsnitt 32)

** Endast vid användning av diesel som motsvarar DIN EN 590*

Var 90 000:e km

☐ Byt kamrem och spännarrulle på motorer med enhetsspridare, d.v.s. utan insprutningspump (avsnitt 33)

Observera: *Kamrem med komponentnummer 038 109 119 utfärdad före 06/1999 måste bytas med 60 000 km intervall. Senare kamremmar med nr 038 109 119 D byts var 90 000:e km. Rekommendationerna som ges här motsvarar kortaste intervall rekommenderade av Skoda. Skodas intervall är komplexa och varierar beroende på motor, modellår och kamremmens och styrremskivans komponentnummer. För aktuell information, kontakta en Skodahandlare*

Vartannat år

☐ Byt broms- (och kopplings-) vätska (avsnitt 34)
☐ Byt kylvätska* (avsnitt 35)

*** Observera:** *Den här åtgärden inkluderas inte i Skodas schema och bör inte behövas om det rekommenderade Skoda G12 LongLife frostskyddet används.*

Motorrummet på en TDi diesel modell

1 *Motorns oljepåfyllningslock*
2 *Oljemätsticka*
3 *Oljefilter*
4 *Kylvätskans expansionskärl*
5 *Bränslefilter*
6 *Vindrutans/strålkastarnas spolarvätskebehållare*
7 *Bromshuvudcylinderns vätskebehållare*
8 *Främre fjäderbenens övre fästen*
9 *Luftrenare*
10 *Batteri*
11 *Generator*
12 *Bromsvakuumpump*
13 *Servostyrningens vätskebehållare*
14 *Vakuumbehållare för insugsgrenrörets klaffventil*

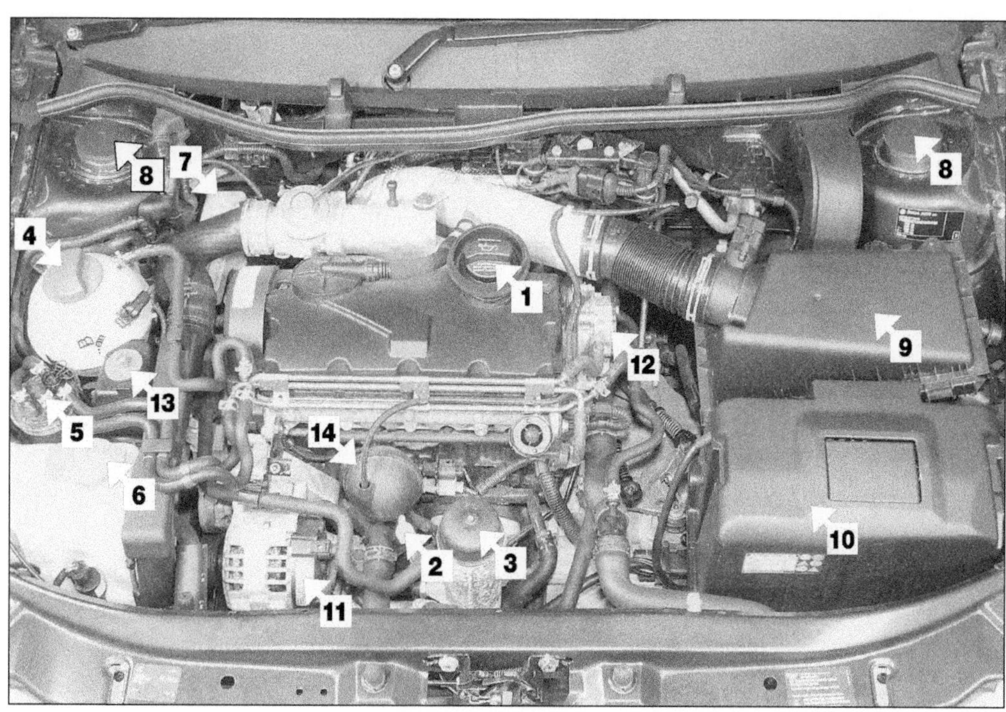

Framvagnens undersida på en TDi diesel modell

1 *Oljesumpens avtappningsplugg*
2 *Oljekylarens/filtrets nedre lock*
3 *Manuella växellådans avtappningsplugg*
4 *Luftkonditionerings-kompressor*
5 *Drivaxel*
6 *Kylare*
7 *Mellankylare*
8 *Nedre länkarmar*
9 *Tvärbalk*
10 *Styrstag*
11 *Främre bromsok*
12 *Avgasrör*

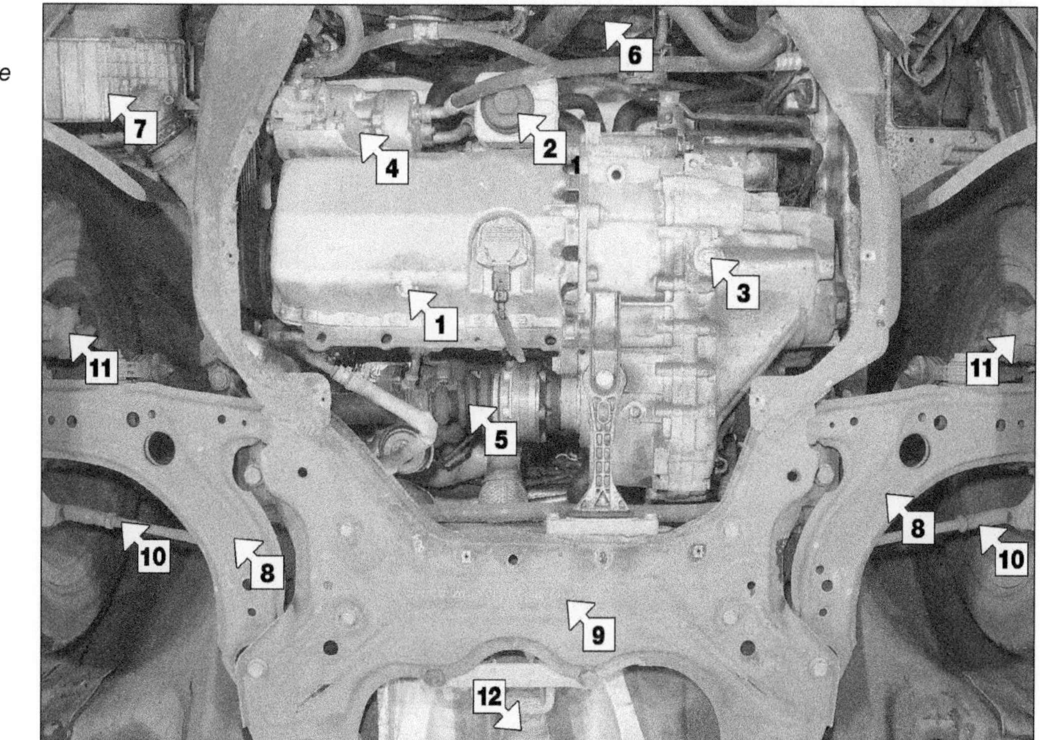

Bakvagnens undersida på en TDi diesel modell

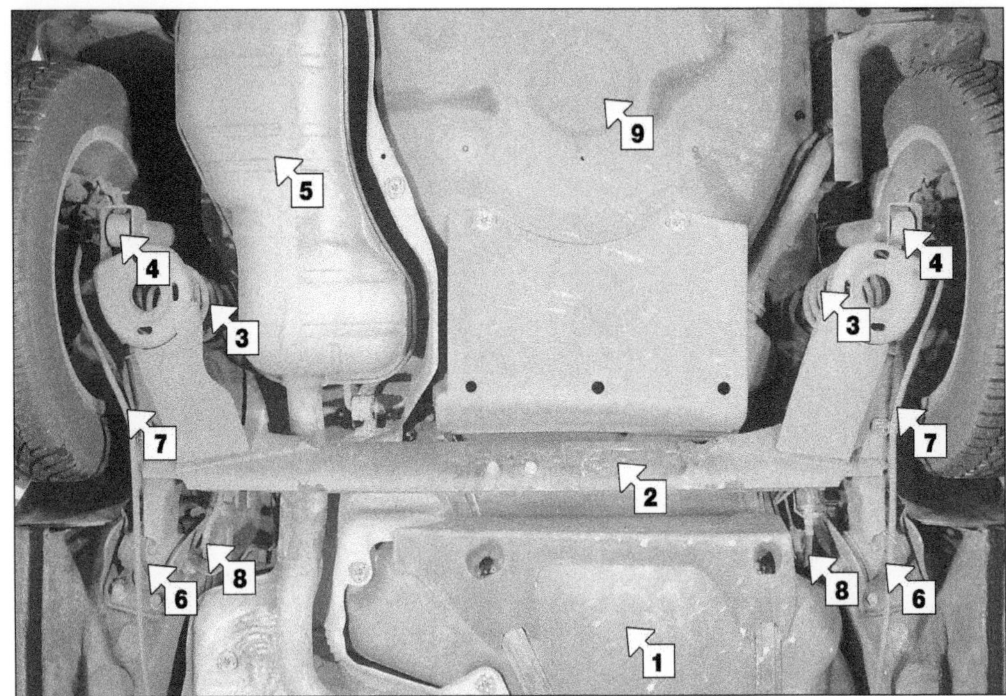

1 *Bränsletank*
2 *Bakaxel*
3 *Bakre spiralfjädrar*
4 *Bakre stötdämpare*
5 *Bakre ljuddämpare*
6 *Bakaxelns främre fästen*
7 *Handbromsvajrar*
8 *Bromsledningar*
9 *Reservhjulsbrunn*

Motorrummet på en SDi modell

1 *Motorns oljepåfyllningslock*
2 *Oljemätsticka*
3 *Oljefilter*
4 *Kylvätskans expansionskärl*
5 *Bränslefilter*
6 *Vindrutans/strålkastarnas spolarvätskebehållare*
7 *Bromshuvudcylinderns vätskebehållare*
8 *Främre fjäderbenens övre fästen*
9 *Luftrenare*
10 *Batteri*
11 *Generator*
12 *Bromsvakuumpump*
13 *Servostyrningens vätskebehållare*

1 Inledning

Detta kapitel är utformat för att hjälpa hemmamekanikern att underhålla sin bil på bästa sätt. Målet är att få ut hög säkerhet, god driftsekonomi, topprestanda och lång tjänstgöring.

Kapitlet innehåller ett underhållsschema följt av sektioner som behandlar de olika åtgärderna i schemat. Kontroller, justeringar, komponentbyten och andra användbara moment finns med. Se också de tillhörande bilderna av motorrummet och undersidan av bilen för de olika delarnas placering.

Underhåll av bilen enligt servicedisplayen och följande avsnitt ger ett planerat underhållsprogram, som bör resultera i en pålitlig bil med lång tjänstgöring. Detta är en heltäckande plan, så om bara vissa delar underhålls vid angivna intervall, erhåller man inte samma goda resultat.

När du underhåller din bil kommer du att upptäcka att många av åtgärderna kan - och bör - utföras samtidigt, på grund av åtgärdens art eller för att två annars orelaterade delar sitter nära varandra. Om bilen t.ex. av någon anledning lyfts upp, kan avgassystemet undersökas samtidigt som fjädringens och styrningens komponenter.

Det första steget i underhållsprogrammet innebär att man förbereder sig innan själva arbetet påbörjas. Läs igenom alla relevanta avsnitt, gör sedan en lista och samla ihop alla verktyg och delar som behövs. Om du stöter på problem, kontakta en reservdelsspecialist eller en återförsäljare.

2 Regelbundet underhåll

1 Om schemat för rutinunderhåll följs noggrant från det att bilen är ny, och täta kontroller görs av vätskenivåer och slitdelar, så som rekommenderas i den här boken, kommer motorn att hållas i gott skick och behovet av extra arbeten hålls till ett minimum.

2 Om regelbundet underhåll inte har utförts kan det hända att motorn går dåligt. Detta är förstås vanligare om det handlar om en begagnad bil, som inte har fått regelbundna och täta kontroller. I sådana fall måste extra arbeten utföras, utöver det regelbundna underhållet.

3 Om motorn misstänks vara sliten kan ett kompressionsprov (se kapitel 2C) ge värdefull information om de inre komponenternas skick. Ett sådant prov kan sedan användas som beslutsgrund för att avgöra omfattningen på det kommande arbetet. Om ett kompressionsprov t.ex. indikerar allvarligt inre motorslitage, kommer inte det vanliga underhåll som beskrivs i det här kapitlet att förbättra motorns prestanda nämnvärt, utan kan visa sig bli ett slöseri med tid och pengar om inte en omfattande renovering utförs först.

4 Följande åtgärder är de som oftast behövs för att förbättra prestanda hos en motor som går allmänt dåligt:

Primära åtgärder

a) Rengör, undersök och testa batteriet (se "Veckokontroller").
b) Kontrollera alla motorrelaterade vätskor (se "Veckokontroller").
c) Tappa av vatten från bränslefiltret (avsnitt 4).
d) Kontrollera drivremmens skick och spänning (avsnitt 11).
e) Undersök luftfiltret och byt det om så behövs (avsnitt 27).
f) Undersök alla slangar och leta efter vätskeläckage (avsnitt 8).

5 Om åtgärderna ovan inte verkar hjälpa, utför följande:

Sekundära åtgärder

Alla moment under *Primära åtgärder*, samt följande:

a) Kontrollera laddningssystemet (se kapitel 5A).
b) Kontrollera förvärmningssystemet (se kapitel 5C).
c) Byt bränslefilter (avsnitt 10) och kontrollera bränslesystemet (se kapitel 4B).

3 Motorolja och filter – byte

QG0 schema – var 7500:e km eller var sjätte månad

QG1 schema – var 15 000:e km eller varje år

QG2 schema – var 7500:e km eller var sjätte månad

1 Täta olje- och filterbyten är det viktigaste underhållet en hemmamekaniker kan utföra på bilen. När motorolja blir gammal blir den utspädd och förorenad, vilket leder till förtida motorslitage.

2 Innan arbetet påbörjas, samla ihop alla verktyg och material som behövs. Se också till att ha rena trasor och tidningspapper till hands, för att kunna torka upp eventuellt spilld olja. Helst bör motoroljan vara varm, eftersom den då rinner ut lättare och också tar med sig mer avlagringar. Var dock försiktig så att du inte kommer i kontakt med avgassystemet eller några andra varma delar på motorn vid arbete under bilen. Använd skyddshandskar för att undvika skållning och för att skydda dig mot skadliga eller irriterande ämnen i den gamla oljan. Det går lättare att komma

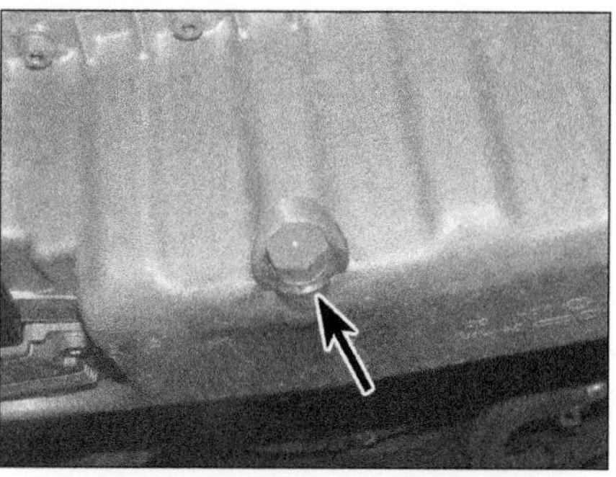

3.3 Oljesumpens avtappningsplugg

åt bilens undersida om bilen kan lyftas upp, köras upp på ramper eller ställas på pallbockar (se *Lyftning och stödpunkter* i *Referenskapitlet* längst bak i boken). Vilken metod du än använder, se till att bilen står plant, eller om den lutar att avtappningspluggen är längst ner. Skruva loss fästskruvarna och ta bort kåpan/kåporna under motorn, och ta också bort motorns toppkåpa om så är tillämpligt.

3 Lossa oljesumpens avtappningsplugg ungefär ett halvt varv. Placera uppsamlingskärlet under pluggen, ta sedan bort pluggen helt **(se bild och Haynes Tips)**. Ta bort tätningsringen från avtappningspluggen.

4 Ge oljan tid att rinna ut, och kom ihåg att man kanske måste flytta kärlet när oljeflödet övergår i ett droppande.

5 När oljan har runnit ut, torka av avtappningspluggen med en ren trasa och sätt på en ny tätningsbricka. Rengör området runt pluggens öppning, sätt tillbaka pluggen och dra åt den ordentligt.

6 Ta bort motorns toppkåpa och packning enligt beskrivning i kapitel 2C för att komma åt oljefilterhuset. Lägg absorberande trasor runt filterhuset för att suga upp oljespill.

7 Skruva loss och ta bort locket upptill på oljefilterhuset med hjälp av ett oljefilterverktyg eller passande nyckel. Ta bort den stora tätningsringen från locket och den lilla tätningsringen från staget i mitten. Lyft ut filtret **(se**

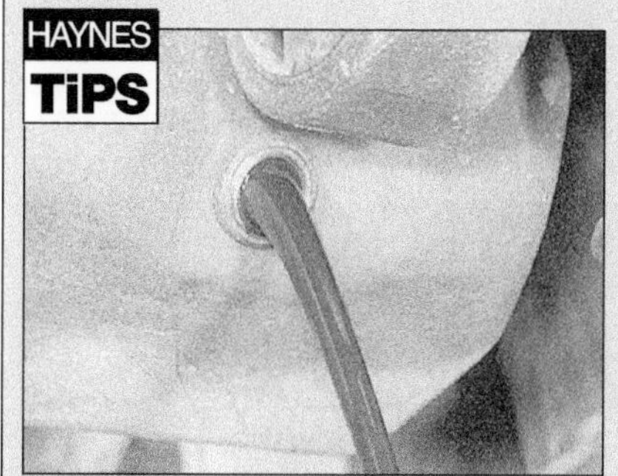

Håll avtappningspluggen intryckt i oljesumpen när den skruvas ut de sista varven. När pluggen släpper, dra undan den snabbt, så att oljestrålen från sumpen rinner ner i behållaren och inte i din ärm.

3.7a Skruva loss locket . . .

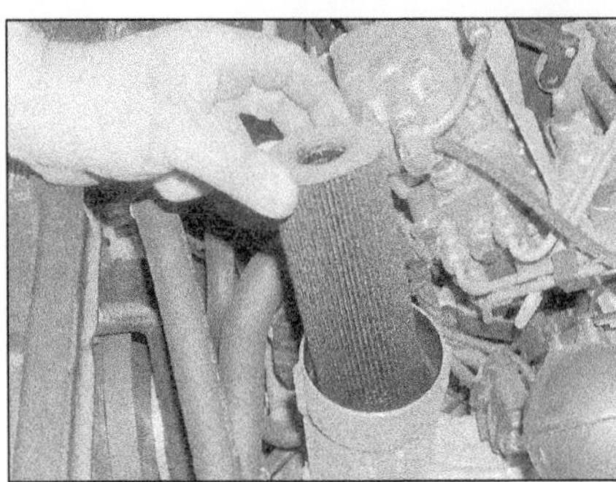
3.7b . . . och ta bort filtret

3.7c Ta bort tätningsringen från locket

3.11 Häll i hälften av den specificerade mängden olja först, vänta en stund och häll sedan i resten

bilder). Gör dig av med det gamla oljefiltret på ett miljövänligt sätt.

8 Torka bort alla olja och slam från filterhusets insida och lock med en ren trasa.

9 Sätt in det nya filtret. Sätt nya tätningsringar på locket, sätt sedan tillbaka locket och dra åt det till angivet moment. Om så är tillämpligt, sätt också tillbaka det nedre locket och avtappningspluggen och dra åt den till angivet moment. Torka bort eventuellt spilld olja innan motorkåpan/-kåporna sätts tillbaka.

10 Ta bort den gamla oljan och alla verktyg från under bilen, sätt sedan tillbaka kåpan/kåporna under motorn och sänk ner bilen. Sätt också tillbaka den övre kåpan.

11 Ta bort mätstickan, skruva loss oljepåfyllningslocket från topplocket. Fyll på motorn med olja av rätt typ och grad (se *Smörjmedel och vätskor*). En oljekanna eller en tratt underlättar och minskar spillet. Häll i hälften av den angivna mängden olja först **(se bild)**, vänta sedan några minuter så att oljan får rinna ner i oljesumpen (se *Veckokontroller*). Fortsätt att hälla i olja, lite i taget, tills nivån är upp till MAX-märket på mätstickan. Sätt tillbaka påfyllningslocket.

12 Starta motorn och låt den gå i några minuter; leta efter läckor runt oljefilterlocket och oljesumpens avtappningsplugg. Det kan ta några sekunder längre innan oljetryckslampan slocknar när motorn startas, eftersom oljan måste få cirkulera genom oljegallerierna och det nya filtret innan något tryck byggs upp.

Varning: Låt inte motorhastigheten gå över tomgång medan oljetryckslampan är tänd, eftersom det kan leda till omfattande skador på turboladdaren.

13 Slå av motorn och vänta några minuter så att oljan får rinna ner i sumpen igen. När den nya oljan har cirkulerat och filtret är fullt, kontrollera oljenivån igen på mätstickan, och fyll på mer olja om så behövs.

14 Gör dig av med den gamla oljan på ett säkert sätt, se *Allmänna reparationsanvisningar* i Referenskapitlet i slutet av den här boken.

4 Bränslefilter - avtappning av vatten (bilar som använder diesel med hög svavelhalt)

QG0 schema - var 15 000:e km eller varje år ("Oil" på displayen)

QG1 schema - "Service" på display

QG2 schema - var 15 000:e km eller varje år

Observera: *Utför den här åtgärden vid det här intervallet endast vid användning av diesel med hög svavelhalt som inte motsvarar DIN EN 590 eller vid användning av RME bränsle (diester).*

1 Med jämna mellanrum måste man tömma ut vattnet från bränslet som samlas upp i filtret.

2 Bränslefiltret sitter på innerskärmen, ovanför höger hjulhus **(se bild)**. Lossa clipset upptill på filtret och lyft ut kontrollventilen. Låt bränsleslangarna sitta kvar.

3 Lossa skruven och lyft upp filtret i fästbygeln.

4 Placera en behållare under filtret och lägg trasor runt om för att fånga upp eventuellt bränslespill.

5 Skruva loss avtappningsventilen längst ner på filtret tills bränsle börjar rinna ner i behållaren. Håll ventilen öppen tills ungefär 100 cc bränsle har samlats upp.

6 Sätt tillbaka kontrollventilen uppe på filtret och sätt i fästklämman. Stäng avtappningsventilen och torka bort överflödigt bränsle från munstycket.

7 Ta bort uppsamlingsbehållaren och trasorna, tryck sedan tillbaka filtret i fästbygeln och dra åt fästbygelns fästskruv.

8 Låt motorn gå på tomgång och leta efter bränsleläckage runt filtret.

9 Öka motorhastigheten till ungefär 2000 varv/min flera gånger, låt sedan motorn gå på tomgång igen. Observera bränsleflödet genom den genomskinliga slangen som går till bränsleinsprutningspumpen och kontrollera att det är fritt från luftbubblor.

4.2 Bränslefiltret sitter på innerskärmen, ovanför höger hjulhus

5.1 De yttre bromsklossarna kan kontrolleras genom hålen i hjulen

5 Bromsklossar - kontroll

QG0 schema - var 15 000:e km eller varje år ("Oil" på displayen)

QG1 schema - "Service" på displayen

QG2 schema - var 15 000:e km eller varje år

1 De yttre bromsklossarna kan kontrolleras utan att hjulet tas bort, om man tittar genom hålen i hjulen **(se bild)**. Om så behövs, ta bort hjulsidan. Tjockleken på friktionsbelägget får inte underskrida det mått som anges i specifikationerna.

2 Om de yttre klossarna är slitna ner till gränsvärdet, är det värt att också kontrollera de inre klossarna. Dra åt handbromsen, lyft upp bilen och ställ den på pallbockar (se *Lyftning och stödpunkter*). Ta bort hjulen.

3 Använd en stållinjal för att mäta tjockleken på bromsklossarna och jämför resultatet med de minimimått som anges i specifikationerna **(se bild)**.

4 För en omfattande kontroll ska bromsklossarna demonteras och rengöras. Då kan också bromsokets funktion kontrolleras, och bromsskivorna kan undersökas på båda sidor. Se kapitel 9.

5 Om någon bromskloss är sliten ner till gränsen eller under, måste ALLA fyra bromsklossar, fram eller bak, bytas ut.

6 När kontrollen är slutförd, sätt tillbaka hjulen och sänk ner bilen på marken.

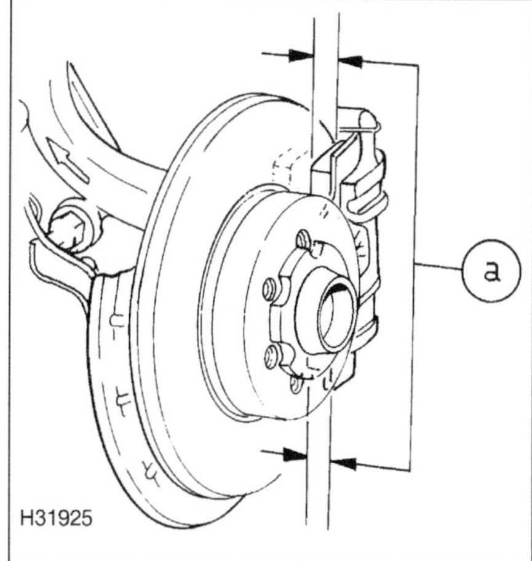

5.3 Tjockleken (a) på bromsklossarna får inte understiga specificerat mått

6 Återställning av serviceintervalldisplay

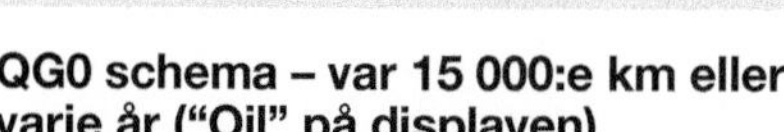

QG0 schema - var 15 000:e km eller varje år ("Oil" på displayen)

QG1 schema - "Service" på displayen

QG2 schema - var 15 000:e km eller varje år

1 När alla nödvändiga serviceåtgärder har utförts måste servicedisplayen återställas. Skodas tekniker använder ett särskilt instrument för att göra detta, och en utskrift erhålls sedan för förvaring i bilens servicebok. Det är möjligt för ägaren själv att återställa displayen enligt beskrivning i följande punkter, men notera att på modeller med "LongLife" serviceintervall, görs då ingen skillnad på PR-koderna QG1 och QG2. Om det råder någon tvekan, låt återställa displayen hos en Skoda återförsäljare som har den nödvändiga utrustningen.

2 För att återställa standarddisplayen manuellt, slå av tändningen, tryck sedan in och håll kvar trippmätarknappen under hastighetsmätaren. Slå på tändningen och notera serviceintervallet, håll sedan in knappen i tio sekunder tills '- - -' visas, följt av trippmätningen. Om intervallen "Oil" och "Insp" nåddes samtidigt, tryck in knappen igen i tio sekunder för att återställa kvarvarande intervall.

3 För att återställa LongLife displayen manuellt, slå av tändningen, tryck in och håll kvar trippmätarens återställningsknapp under hastighetsmätaren. Slå på tändningen och släpp återställningsknappen, och notera att relevant service kommer att visas på displayen. Vrid återställningsknappen medurs, så ska displayen återgå till normalläge. Slå av tändningen för att fullfölja återställningsmomentet. Nollställ inte displayen, då kommer fel avläsning att visas.

4 På modeller med LongLife intervall QG1, kommer den här proceduren automatiskt att återställa schemat till ett ändrat LongLife intervall (QG2), där oljebyte, avtappning av vatten från bränslefiltret på vissa modeller och kontroll av bromsklossar baseras på körsträcka/tid, medan alla andra system förblir LongLife. För att displayen ska återställas till det fullständiga LongLife schemat (QG1), måste bilen tas till en Skodaåterförsäljare som kan koda bilens dator med hjälp av ett särskilt instrument.

7 Avgassystem - kontroll

QG0 schema - var 30 000:e km eller vartannat år ("Insp" på displayen)

QG1 schema - "Service" på displayen

QG2 schema - "Service" på displayen

1 Med kall motor (minst en timme efter det att bilen har körts), undersök hela avgassystemet från motorn till änden av slutröret. Det är naturligtvis lättare att kontrollera avgassystemet om bilen lyfts upp eller ställs på pallbockar, så att alla delar blir mer lättåtkomliga (se *Lyftning och stödpunkter*).

2 Undersök alla avgasrör och fogar, leta efter tecken på läckor, kraftig korrosion och andra skador. Se till att alla fästbyglar och fästen är i gott skick, och att alla relevanta muttrar och bultar är hårt åtdragna. Läckage i en fog eller någon annanstans i systemet visar sig vanligtvis som en svart, sotig fläck i närheten av läckan.

3 Skaller och andra ljud kan ofta spåras till avgassystemet, särskilt fästbyglar och fästen. Försök att rubba rören och ljuddämparna. Om delarna kan komma i kontakt med karossen eller fjädringskomponenterna, sätt fast systemet med nya fästen. I annat fall, ta isär skarvarna (om möjligt) och vrid rören så mycket som behövs för att skapa tillräckligt med utrymme.

8 Slangar och vätskeläckage - kontroll

QG0 schema - var 30 000:e km eller vartannat år ("Insp" på displayen)

QG1 schema - "Service" på displayen

QG2 schema - "Service" på displayen

1 Undersök motorns fogytor, packningar och tätningar, leta efter tecken på vatten- eller oljeläckor. Var särskilt uppmärksam på områdena kring kamaxelkåpans, topplockets, oljefiltrets och oljesumpens fogytor. Kom ihåg att man med tiden kan förvänta sig ett lätt sipprande från de här områdena - det du letar efter är tecken på allvarliga läckor. Om en läcka hittas, byt ut den felande packningen eller oljetätningen med hjälp av instruktionerna i relevant kapitel i den här handboken.

2 Undersök också skicket på alla motorrelaterade rör och slangar, samt kontrollera att de sitter fast ordentligt. Se till att alla buntband eller fästclips sitter på plats och är i bra skick. Clips som är trasiga eller saknas kan leda till skavning på slangarna, rören eller kablaget, vilket kan leda till allvarligare problem i framtiden.

3 Undersök noggrant kylarslangarna och värmeslangarna (hela slangarna). Byt ut slangar som är spruckna, svullna eller på annat sätt försämrade. Sprickor syns bättre om man klämmer ihop slangen. Kontrollera noggrant slangklämmorna som håller slangarna till kylsystemets komponenter. Slangklämmor kan klämma och punktera slangar och på så sätt ge upphov till läckor.

4 Undersök kylsystemets alla komponenter (slangar, fogytor etc.) och leta efter läckor **(se Haynes Tips)**. Om problem av denna typ upptäcks, byt ut relevant komponent eller packning med hjälp av instruktionerna i kapitel 3.

En läcka i kylsystemet visar sig oftast som vita eller rostfärgade avlagringar i området runt läckan.

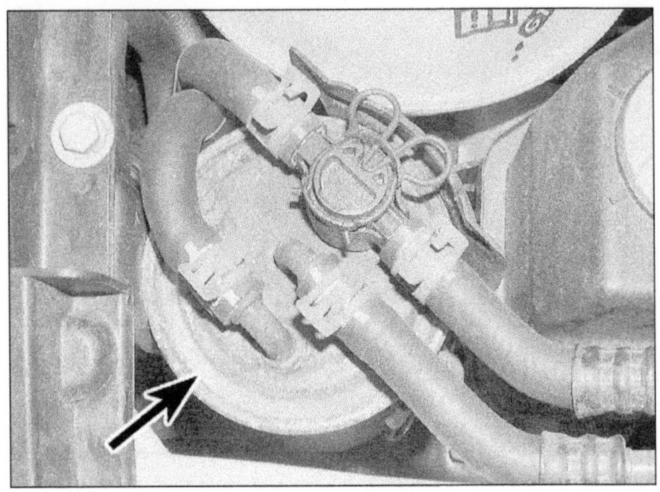

10.1 Bränslefiltret sitter på innerskärmen, ovanför höger hjulhus

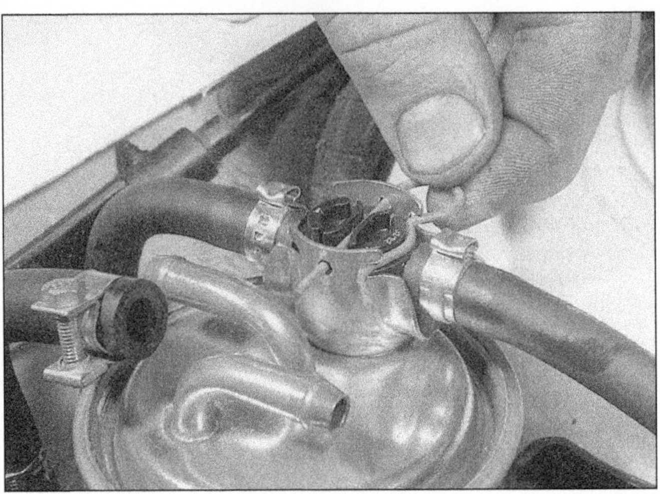

10.2a Lossa clipset . . .

5 Där så är tillämpligt, undersök om slangarna till automatväxellådans oljekylare är försämrade eller läcker.

6 Med bilen upplyft, undersök bränsletanken och påfyllningshalsen och leta efter hål, sprickor eller andra skador. Anslutningen mellan påfyllningshalsen och tanken är särskilt viktig. Ibland läcker en påfyllningshals av gummi eller en anslutande slang på grund av lösa fästklämmor eller försämrat gummi.

7 Undersök noga alla gummislangar och metallrör som leder bort från bränsletanken. Leta efter lösa anslutningar, försämrade slangar, klämda ledningar och andra skador. Var särskilt uppmärksam på ventilationsrören och slangarna, som ofta slingrar sig upp runt påfyllningshalsen och kan bli blockerade eller veckade. Följ ledningarna till bilens främre del och undersök dem hela vägen. Byt ut skadade delar efter behov.

8 I motorrummet, kontrollera att alla bränsleslang- och röranslutningar sitter fast ordentligt, och undersök bränsleslangarna och vakuumslangarna för att se om de är veckade, skavda eller på annat sätt försämrade.

9 Där så är tillämpligt, undersök servostyrningens slangar och rör.

9 Bränslefilter – avtappning av vatten (bilar som använder standarddiesel)

QG0 schema – var 30 000:e km eller vartannat år ("Insp" på displayen)

QG1 schema – "Service" på displayen

QG2 schema – "Service" på displayen

Observera: *Utför denna åtgärd vid det här intervallet endast vid användning av dieselbränsle som motsvarar DIN EN 590.*

Se avsnitt 4.

10 Bränslefilter – byte (bilar som använder diesel med hög svavelhalt)

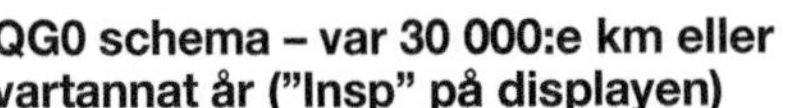

QG0 schema – var 30 000:e km eller vartannat år ("Insp" på displayen)

QG1 schema – "Service" på displayen

QG2 schema – "Service" på displayen

Observera: *Utför den här åtgärden vid det här intervallet endast vid användning av diesel med hög svavelhalt som inte motsvarar DIN EN 590 eller vid användning av RME bränsle (diester). RME finns för närvarande inte tillgängligt i Sverige.*

1 Bränslefiltret sitter på innerskärmen, ovanför det högra hjulhuset **(se bild)**. Placera ett kärl under filtret och lägg trasor runt omkring för att suga upp eventuellt bränslespill.

2 Uppe på filtret, lossa clipset och lyft ut kontrollventilen; låt bränsleslangarna sitta kvar **(se bilder)**.

3 Lossa slangklämmorna och dra loss bränsletillförsel- och matningsslangarna från portarna på änden av filtret. Om klämmor som ska tryckas ihop används, kapa dessa och använd klämmor med skruv vid monteringen.

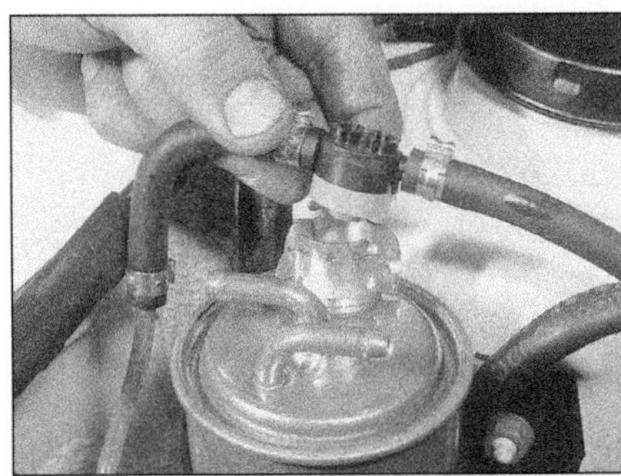

10.2b . . . och lyft ut kontrollventilen, utan att ta loss slangarna från den

Notera hur varje slang sitter för att underlätta monteringen.

Försiktighet: Var beredd på bränslespill.

4 Lossa fästskruven och lyft upp filtret ur fästbygeln **(se bilder)**.

5 Sätt ett nytt filter i fästbygeln och dra åt fästskruven.

6 Sätt tillbaka kontrollventilen uppe på filtret och sätt fast fästclipset.

7 Anslut bränsletillförsel- och matningsslangarna, använd noteringarna som gjordes vid losskopplingen. Notera bränsleflödespilarna vid varje port. Om den typ av slangklämmor användes som ska klämmas ihop, använd motsvarande klämmor med skruvar

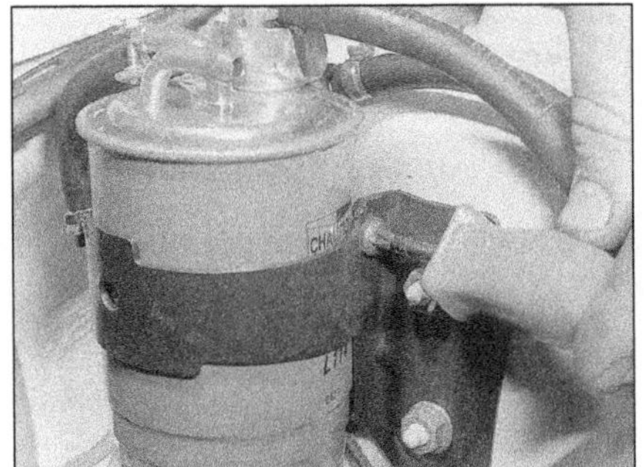

10.4a Lossa fästskruven . . .

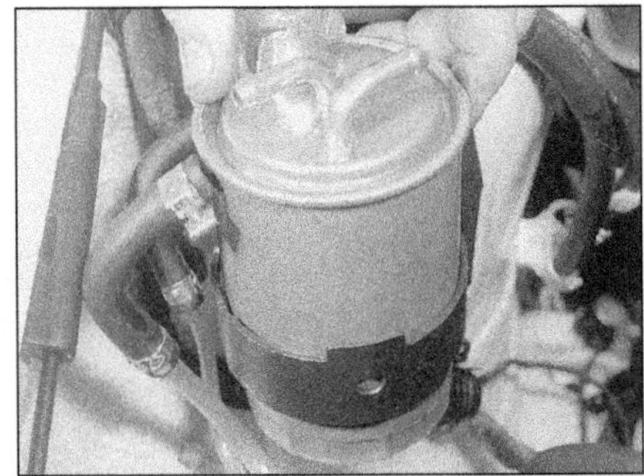

10.4b . . . och lyft upp filtret ur fästbygeln

vid monteringen **(se bild)**. Ta bort uppsamlingskärlet och trasorna.

8 Starta och låt motorn gå på tomgång, kontrollera sedan runt bränslefiltret om det förekommer något läckage. **Observera:** *Motorn kan behöva dras runt några sekunder innan den startar.*

9 Öka motorvarvtalet till ungefär 2000 varv/minut flera gånger, återgå sedan till tomgång igen. Titta på bränslet som flödar genom den genomskinliga slangen som går till bränsleinsprutningspumpen och kontrollera att den är fri från bubblor.

11 Drivremmar – kontroll

QG0 schema – var 30 000:e km eller vartannat år ("Insp" på displayen)

QG1 schema – "Service" på displayen

QG2 schema – "Service" på displayen

1 Dra åt handbromsen, lyft sedan upp framvagnen och ställ den på pallbockar (se *Lyftning och stödpunkter*).

2 Med en hylsa placerad på vevaxelremskivans bult, dra sakta runt motorn medurs så att hela drivremmen kan undersökas. Leta efter sprickor, delning och slitage på remmens yta; leta också efter blanka fläckar och separation i lagren. Använd en spegel för att undersöka remmens undersida **(se bild)**. Om skador eller slitage upptäcks, eller om det är spår av olja eller fett på remmen, måste remmen bytas ut (se avsnitt 29).

12 Frostskydd – kontroll

QG0 schema – var 30 000:e km eller vartannat år ("Insp" på displayen)

QG1 schema – "Service" på displayen

QG2 schema – "Service" på displayen

1 Kylsystemet bör fyllas med den rekommenderade G12 frost- och korrosionsskyddsvätskan – **blanda inte** den här kylvätskan med någon annan typ. Med tiden kan vätskans koncentration bli svag på grund av påfyllningar (men detta kan alltså undvikas om man alltid fyller på med rätt frostskyddsblandning – se Specifikationer) eller vätskeförlust. Om det är uppenbart att vätska läcker ut någonstans, är det viktigt att reparera skadan innan man fyller på med ny vätska.

2 Med **kall** motor, ta försiktigt bort locket från expansionskärlet. Om motorn inte är helt kall, lägg en trasa över locket och skruva sedan sakta loss det, för att släppa ut trycket.

3 Så kallade glykolprovare finns att köpa hos biltillbehörsbutiker. Sug upp lite kylvätska från expansionskärlet och notera hur många plastkulor som flyter i provaren. Vanligtvis måste

10.7 Anslut bränsletillförsel- och matningsslangarna

två eller tre kulor flyta för att koncentrationen ska vara rätt, men följ alltid tillverkarens instruktioner.

4 Om kylvätskans koncentration är för svag, måste man antingen suga upp lite kylvätska och lägga till frostskydd, eller alternativt tappa av kylvätskan och hälla i ny kylvätska med rätt koncentration (se avsnitt 36).

13 Bromsarnas hydraulkrets – kontroll

QG0 schema – var 30 000:e km eller vartannat år ("Insp" på displayen)

QG1 schema – "Service" på displayen

QG2 schema – "Service" på displayen

1 Undersök hela bromskretsen och leta efter läckor och skador. Börja med huvudcylindern i motorrummet. Kontrollera samtidigt om vakuumservoenheten och ABS-enheterna visar några tecken på vätskeläckage.

2 Lyft upp både fram- och bakvagn och ställ bilen på pallbockar (se *Lyftning och stödpunkter*). Undersök bromsledningarna och leta efter korrosion och skador. Kontrollera också bromstrycksregulatorn på samma sätt.

3 Under framvagnen, kontrollera att bromsslangarna till bromsoken inte är vridna eller skaver mot någon av de omgivande fjädringskomponenterna. Vrid ratten till fullt utslag för att göra denna kontroll. Kontrollera också om slangarna är sköra eller spruckna.

4 Sänk ner bilen på marken när kontrollerna är slutförda.

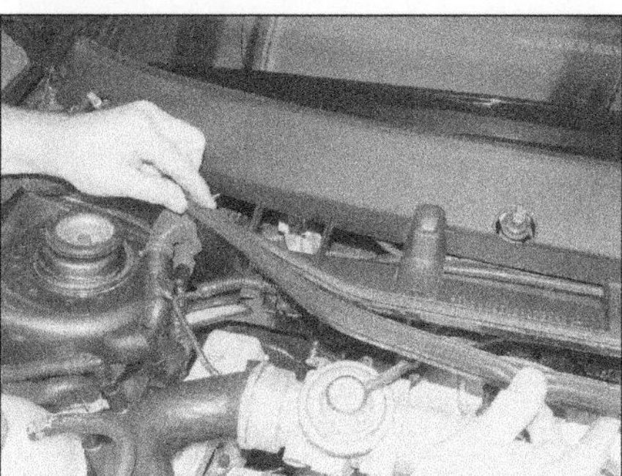

15.2a Dra upp gummitätningsremsan . . .

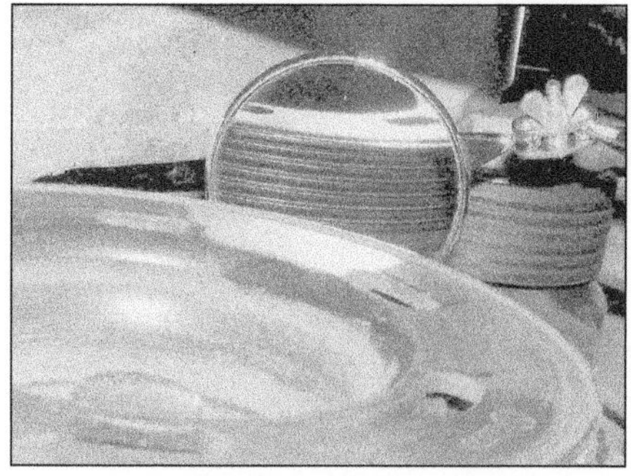

11.2 Undersök drivremmens undersida med en spegel

14 Strålkastare – justering

QG0 schema – Var 30 000:e km eller vartannat år ("Insp" på displayen)

QG1 schema – "Service" på displayen

QG2 schema – "Service" på displayen

1 Korrekt justering av strålkastarna kan bara utföras med särskild optisk utrustning, varför detta bör överlåtas till en Skodaverkstad eller annan rätt utrustad verkstad.

2 Grundläggande justering kan utföras i nödfall, och ytterligare information om detta finns i kapitel 12.

15 Pollenfilter – byte

QG0 schema – Var 30 000:e km eller vartannat år ("Insp" på displayen)

QG1 schema – "Service" på displayen

QG2 schema – "Service" på displayen

1 Pollenfiltret sitter på torpedväggen, framför vindrutan – på vänsterstyrda modeller sitter den på höger sida, på högerstyrda modeller på vänster sida.

2 Demontera höger torkararm enligt beskrivning i kapitel 12, ta sedan loss gummitätningen och snäpp loss plenumkåpan (fäst med skruvar på vissa modeller) **(se bilder)**.

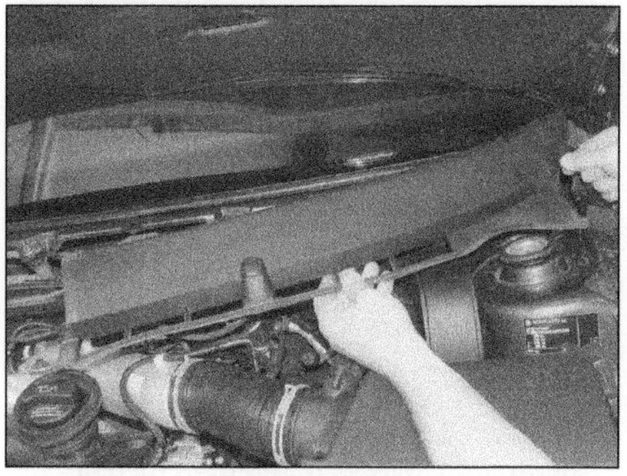

15.2b . . . och ta bort plenumkåpan

15.3a Lossa fästflikarna och lyft ut pollenfiltret och ramen . . .

15.3b . . . ta sedan bort filtret från ramen

3 Lossa clipsen och ta bort filterramen, ta sedan loss filtret från ramen **(se bilder)**.

4 Placera ramen i ändlamellerna på det nya filtret, sätt sedan in det i huset. Se till att klackarna går in i urtagen.

5 Sätt tillbaka kåpan och tryck ner gummitätningen, sätt sedan tillbaka torkararmen.

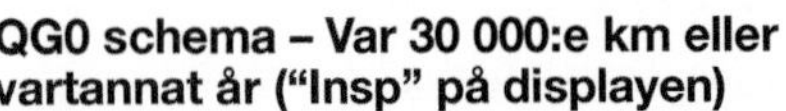

16 Manuell växellåda – kontroll av oljenivå

QG0 schema – Var 30 000:e km eller vartannat år ("Insp" på displayen)

QG1 schema – "Service" på displayen

QG2 schema – "Service" på displayen

1 Parkera bilen på plan mark. För att bättre komma åt påfyllnings-/nivåpluggen, dra åt handbromsen, lyft upp framvagnen och ställ den på pallbockar (se *Lyftning och stödpunkter*), men kom ihåg att om kontrollen ska bli exakt, måste bakvagnen också lyftas upp. Oljenivån måste kontrolleras innan bilen körs, eller minst fem minuter efter det att motorn har slagits av. Om oljan kontrolleras direkt efter bilen har körts, kommer en del olja att vara kvar i växellådskomponenterna, vilket leder till en felaktig nivåavläsning.

2 Skruva loss fästskruvarna och ta bort kåporna under motorn. Torka av området runt växellådans påfyllnings-/nivåplugg som sitter enligt följande:

a) Motorkod AGP och AQM (02K växellåda) – påfyllnings-/nivåpluggen sitter på växellådshusets vänstra ände ***(se bild)****.*

b) Motorkod AGR, ALH, AHF och ASV (02J växellåda) – påfyllnings-/nivåpluggen sitter på växellådshusets framsida ***(se bild)****.*

c) Motorkod ASZ (02M växellåda) – påfyllnings-/nivåpluggen sitter på växellådshusets framsida ***(se bild)****.*

3 Oljenivån ska nå upp till den nedre kanten av påfyllnings-/nivåhålet. En liten mängd olja samlas bakom pluggen och kommer att rinna ut när den tas bort; detta betyder **inte** nödvändigtvis att nivån är korrekt. För att försäkra att nivån blir korrekt, vänta tills det första droppandet upphör, häll sedan i olja tills det börjar rinna ut ur hålet igen. Nivån är korrekt när detta rinnande upphör; använd endast olja av god kvalitet och av specificerad typ.

4 Om växellådan har överfyllts så att olja flödar ut när påfyllnings-/nivåpluggen tas bort, kontrollera att bilen står helt plant (framåt-bakåt och sida-till-sida), och låt överflödet rinna ut i en lämplig behållare.

5 När oljenivån är korrekt, sätt tillbaka pluggen och dra åt den till specificerat moment. Torka bort spilld olja och sätt tillbaka kåporna under motorn, dra åt skruvarna ordentligt och sänk ner bilen på marken.

17 Underredsskydd – kontroll

QG0 schema – Var 30 000:e km eller vartannat år ("Insp" på displayen)

QG1 schema – "Service" på displayen

QG2 schema – "Service" på displayen

Lyft upp bilen och stötta den på pallbockar (se *Lyftning och stödpunkter*). Använd en ficklampa eller en sladdlampa, undersök bilens hela undersida och var särskilt uppmärksam på hjulhusen. Leta efter skador i underredsskyddet, som kan spricka och börja flagna med tiden vilket kan leda till korrosion. Kontrollera också att innerskärmarna i hjulhusen sitter fast ordentligt med clipsen – om dessa lossnar kan smuts komma in bakom skärmarna och tillintetgöra syftet med dem. Om du hittar skador i underredstätningen, eller korrosion, måste detta åtgärdas innan skadorna blir alltför allvarliga.

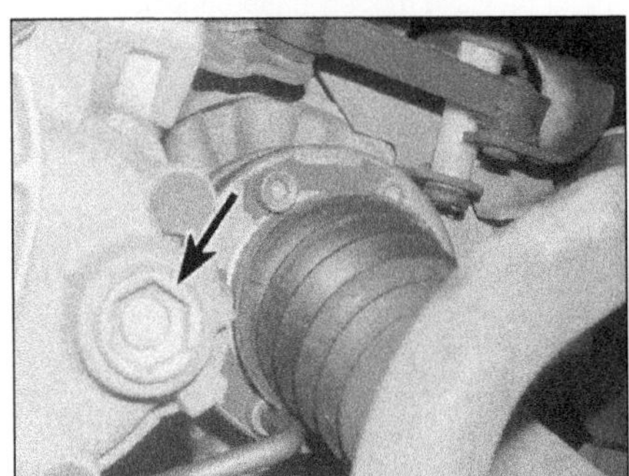

16.2a Påfyllnings-/nivåplugg på 02K manuell växellåda

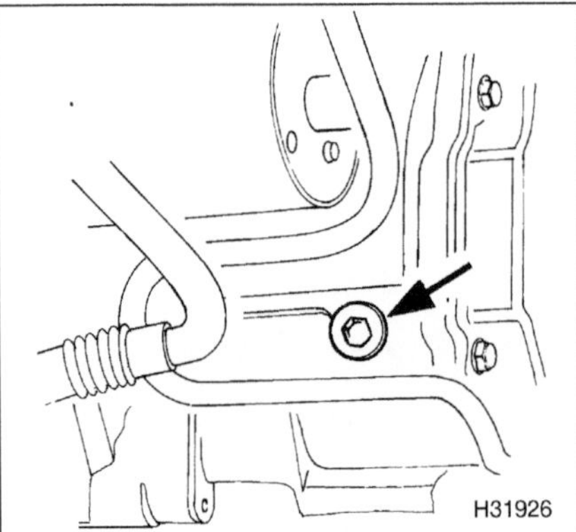

16.2b Påfyllnings-/nivåplugg på 02J manuell växellåda

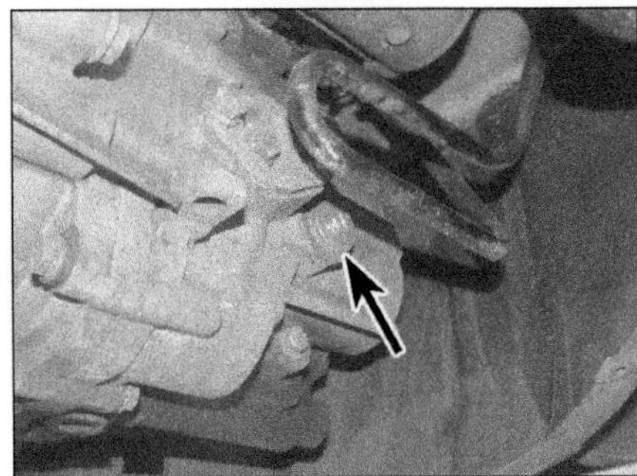

16.2c Påfyllnings-/nivåplugg på 02M manuell växellåda

18 Drivaxeldamasker - kontroll

QG0 schema – Var 30 000:e km eller vartannat år ("Insp" på displayen)

QG1 schema – "Service" på displayen

QG2 schema – "Service" på displayen

1 Med bilen upplyft och säkert stöttad på pallbockar, vrid sakta på hjulet. Undersök de yttre drivknutarnas gummidamasker, tryck ihop damaskerna så att veckan öppnas upp. Leta efter sprickor eller försämring av gummit, som kan göra att fett läcker ut och att smuts och vatten kommer in i knuten. Undersök också fästklämmornas skick och kontrollera att de sitter fast ordentligt. Upprepa kontrollen på de inre knutarna **(se bild)**. Om skador eller försämring upptäcks måste damaskerna bytas ut (kapitel 8).

2 På samma gång, kontrollera drivknutarnas allmänna skick genom att först hålla fast drivaxeln och försöka att rotera hjulet. Håll därefter fast den inre knuten och försök att rotera drivaxeln. Märkbar rörelse tyder på slitage i drivknutarna eller i drivaxelsplinesen, eller en lös drivaxelmutter.

19 Styrning och fjädring - kontroll

QG0 schema – Var 30 000:e km eller vartannat år ("Insp" på displayen)

QG1 schema – "Service" på displayen

QG2 schema – "Service" på displayen

1 Lyft upp både fram- och bakvagn och stötta bilen säkert på pallbockar (se *Lyftning och stödpunkter*).

2 Undersök styrledernas dammskydd, de nedre spindelledernas dammskydd och styrväxelns damasker, leta efter sprickor, skavning eller försämring av gummit. Slitage/skador på de här komponenterna leder till förlust av smörjmedel och intrång av smuts och vatten, vilket i sin tur leder till snabbt slitage av lederna eller styrväxeln.

3 Undersök servostyrningens vätskeslangar för att se om de är skavda eller på annat sätt försämrade, och leta efter vätskeläckage runt rör- och slanganslutningarna. Kontrollera också om det förekommer läckage under tryck från styrväxelns gummidamasker, vilket i så fall tyder på trasiga vätsketätningar i styrväxeln.

4 Ta tag i hjulet upptill och nedtill och försök att vicka på det **(se bild)**. Ett väldigt litet fritt spel kan kännas, men om rörelsen är större måste saken undersökas ytterligare och orsaken fastställas. Fortsätt att vicka på hjulet

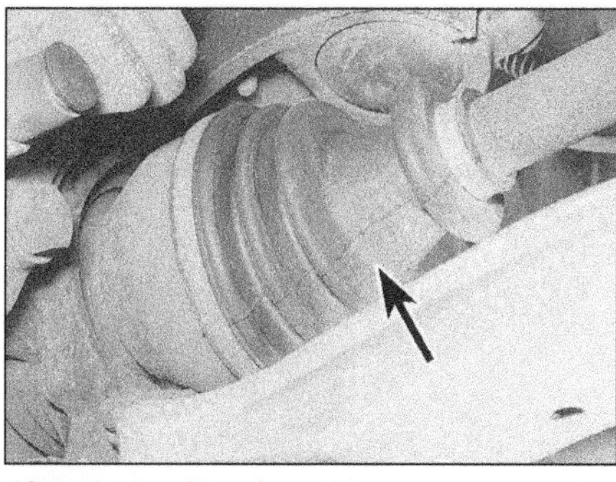

18.1 Undersök drivaxeldamaskernas skick (vid pilen)

medan en medhjälpare trampar ner bromspedalen. Om rörelsen nu upphör eller minskar märkbart, är det troligt att det är navlagren som är problemet. Om spelet förblir oförändrat när bromspedalen trampas ner, tyder det på slitage i fjädringens leder eller fästen.

5 Ta nu tag i hjulet på sidorna och försök att vicka på det som tidigare. Om man nu kan känna rörelse kan även det bero på slitage i navlagren eller styrväxelns spindelleder. Om den inre eller yttre leden är sliten, är den synliga rörelsen uppenbar.

6 Använd en stor skruvmejsel eller liknande verktyg, leta efter slitage i fjädringens fästbussningar genom att bända mellan relevant fjädringskomponent och dess fästpunkt. En viss rörelse kan förväntas eftersom fästena är gjorda av gummi, men kraftigt slitage bör vara uppenbart. Undersök också skicket på de synliga gummibussningarna, leta efter sprickor och föroreningar av gummit.

7 Med bilen stående på hjulen, låt en medhjälpare vrida ratten fram och tillbaka ungefär en åttondels varv åt båda hållen. Det får bara finnas ett ytterst litet spel, om något alls, mellan ratten och hjulen. Om det är mer än så, undersök noga lederna och fästena enligt tidigare beskrivning, och kontrollera dessutom om rattstångens universalknutar är slitna och undersök även själva styrväxeln.

8 Leta efter tecken på vätskeläckage runt de främre fjäderbenen och de bakre stötdämparna. Om vätskeläckage upptäcks tyder det på ett internt fel i fjäderbenet/stötdämparen, som då måste bytas ut. **Observera:** *Fjäderben/stötdämpare ska alltid bytas ut i par på samma axel.*

9 Fjäderbenets/stötdämparens effektivitet kan testas genom att man trycker ner bilen i hörnen. Generellt sett ska karossen återgå till normal position och stanna efter nedtryckningen. Om den gungar upp och sedan ner igen är det troligtvis något fel på fjäderbenet/stötdämparen. Undersök också fjäderbenets/stötdämparens övre och nedre fästen för att se om de är slitna.

19.4 Kontrollera om navlagren är slitna genom att ta tag i hjulet och vicka på det

20 Batteri - kontroll

QG0 schema – var 30 000:e km eller vartannat år ("Insp" på displayen)

QG1 schema – "Service" på displayen

QG2 schema – "Service" på displayen

1 Batteriet sitter i det främre, vänstra hörnet i motorrummet. Om en värmeskyddskåpa är monterad, lossa klämmorna och lyft upp kåpan för att komma åt batteriet **(se bild)**.

2 Öppna säkringshållarens plastkåpa (tryck ihop låsklackarna för att lossa kåpan) för att komma åt batteriets positiva (+) pol och säkringshållarens anslutningar.

3 Kontrollera att båda batteripolerna och alla säkringshållarens anslutningar sitter fast ordentligt och att de inte är korroderade. Observera: *Innan du kopplar bort polerna från batteriet, se 'Frånkoppling av batteriet' i referenskapitlet i slutet av den här handboken.*

4 Undersök om batterikåpan har sprickor eller andra skador och kontrollera att bulten till fästbygeln är hårt åtdragen. Om batterikåpan är skadad på något sätt måste batteriet bytas ut (se kapitel 5A).

5 Om bilen inte har ett livstidsförseglat, underhållsfritt batteri, kontrollera att elektrolytnivån är mellan nivåmarkeringarna MAX och MIN på batterikåpan. Om påfyllning behövs, ta bort batteriet (se kapitel 5A) från bilen och ta bort cellernas lock/kåpa (efter tillämplighet).

20.1 Batteriets kåpa tas bort

Fyll på varje cell med destillerat vatten tills nivån når MAX-markeringen och sätt sedan tillbaka locket/kåpan ordentligt. Försäkra dig om att batteriet inte har överfyllts, sätt sedan tillbaka batteriet i bilen (se kapitel 5A).

6 När kontrollen är avslutad, sätt tillbaka säkringshållarens kåpa och stäng eventuell värmeskyddskåpa.

21 Gångjärn och lås – smörjning

QG0 schema – var 30 000:e km eller vartannat år ("Insp" på displayen)

QG1 schema – "Service" på displayen

QG2 schema – "Service" på displayen

1 Smörj gångjärnen på motorhuven, dörrarna och bakluckan med en lätt universalolja. Smörj också alla spärrar och låskolvar. Kontrollera samtidigt funktionen och säkerheten hos alla lås och justera efter behov (se kapitel 11).

2 Smörj motorhuvens öppningsmekanism och vajer måttligt med ett lämpligt fett.

22 Krockkudde – kontroll

QG0 schema – var 30 000:e km eller vartannat år ("Insp" på displayen)

QG1 schema – "Service" på displayen

QG2 schema – "Service" på displayen

Undersök krockkuddens/-kuddarnas skick på utsidan, leta efter tecken på skador eller försämring. Om en krockkudde är skadad måste den bytas ut (se kapitel 12). Observera att det inte är tillåtet att sätta några klistermärken/etiketter på krockkudden, eftersom detta kan påverka hur kudden vecklar ut sig.

23 Vindrute-, bakrute- och strålkastarspolare – kontroll

QG0 schema – var 30 000:e km eller vartannat år ("Insp" på displayen)

QG1 schema – "Service" på displayen

QG2 schema – "Service" på displayen

1 Kontrollera att alla spolarmunstycken är öppna och att varje munstycke ger en stark stråle spolarvätska.

2 Bakrutans munstycke ska riktas mot mitten av rutan, detta kan göras med hjälp av en nål.

3 Vindrutans spolarmunstycken ska riktas mot en punkt något ovanför mitten av rutan. Använd en liten skruvmejsel till att vrida munstyckets excenter.

4 Strålkastarens inre munstycke ska riktas mot en punkt lite ovanför den horisontella mittlinjen, och det yttre munstycket mot en punkt lite nedanför mittlinjen. Skodas tekniker använder ett särskilt verktyg för att justera strålkastarmunstyckena, efter det att munstyckena har dragits ut till stoppet.

5 Se alltid till att spolarvätskan har tillräcklig f rostskyddskoncentration, det är särskilt viktigt på vintern.

24 Motorstyrning – kontroll av felkoder i självdiagnosminnet

QG0 schema – var 30 000:e km eller vartannat år ("Insp" på displayen)

QG1 schema – "Service" på displayen

QG2 schema – "Service" på displayen

Denna åtgärd måste utföras av en Skodaverkstad eller annan specialist som har tillgång till den särskilda utrustningen. Diagnosuttaget sitter bakom en kåpa nedanför mitten av instrumentbrädan. Kåpan sitter fast med clips.

25 Soltak – kontroll och smörjning

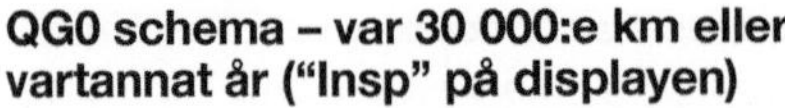

QG0 schema – var 30 000:e km eller vartannat år ("Insp" på displayen)

QG1 schema – "Service" på displayen

QG2 schema – "Service" på displayen

1 Kontrollera soltakets funktion och lämna det sedan i helt öppet läge.

2 Torka av styrskenorna på sidorna av öppningen och smörj dem sedan. Skoda rekommenderar smörjspray G 052 778.

26 Landsvägsprov och kontroll av avgasutsläpp

QG0 schema – var 30 000:e km eller vartannat år ("Insp" på displayen)

QG1 schema – "Service" på displayen

QG2 schema – "Service" på displayen

Instrument och elektrisk utrustning

1 Kontrollera funktionen hos alla instrument och all elektrisk utrustning, inklusive luftkonditioneringssystemet.

2 Kontrollera att alla instrument ger korrekt avläsningar och slå på all elektrisk utrustning i turordning för att se att allt fungerar som det ska.

Styrning och fjädring

3 Kör bilen och kontrollera om något känns onormalt i styrningen, fjädringen eller "vägkänslan".

4 Kontrollera också att det inte förekommer några ovanliga vibrationer eller ljud som kan tyda på slitage i drivaxlarna, hjullagren etc.

5 Kontrollera att styrningen känns positiv, utan överdrivet "glapp" eller kärvhet, och lyssna efter ljud från fjädringen vid kurvtagning och körning över gupp.

Drivlina

6 Kontrollera prestanda hos motorn, kopplingen (om så är tillämpligt), växellådan och drivaxlarna.

7 Lyssna efter ovanliga ljud från motorn, kopplingen och växellådan.

8 Kontrollera att motorn går mjukt på tomgång och att det inte förekommer någon tvekan vid acceleration.

9 Kontrollera att, där så är tillämpligt, kopplingens funktion är mjuk och progressiv, att drivning tas upp mjukt och att pedalen inte går för långt ner i golvet. Lyssna också efter ljud när pedalen trampas ner.

10 På modeller med manuell växellåda, kontrollera att alla växlar kan läggas i mjukt utan oljud, och att växelspaken kan flyttas mjukt utan att vara onormalt vag eller "ryckig".

11 På modeller med automatväxellåda, kontrollera att alla växlingar sker mjukt, utan ryck, och utan att motorhastigheten ökar mellan växlingarna. Kontrollera att alla växellägen kan väljas när bilen står stilla. Om några problem upptäcks, kontakta en Skodaverkstad.

12 Kör bilen sakta i en cirkel med fullt rattutslag och lyssna efter ett metalliskt klickande ljud från bilens framvagn. Gör den här kontrollen åt båda hållen. Om ett klickande kan höras, tyder det på slitage i en drivaxelknut och denna måste då bytas ut.

Bromssystem

13 Kontrollera att inte bilen drar åt något håll vid inbromsning, och att inte hjulen låser vid hård inbromsning.

14 Kontrollera att inga vibrationer känns genom styrningen vid inbromsning.

15 Kontrollera att handbromsen fungerar korrekt utan överdriven rörelse i spaken, och att den håller bilen stilla vid parkering i backe.

16 Testa bromsservons funktion enligt följande. Med motorn av, tryck ner fotbromsen fyra eller fem gånger för att bli av med vakuumet. Håll bromspedalen nedtryckt och starta motorn. När motorn startar ska bromspedalen "ge efter" märkbart när vakuum byggs upp. Låt motorn gå i minst två minuter och stäng sedan av den. Om pedalen nu trycks ner ska man kunna höra ett väsande från servon. Efter fyra eller fem nedtryckningar ska väsandet upphöra och pedalrörelsen ska kännas betydligt fastare.

17 Under kontrollerad tvärinbromsning ska ABS-enhetens pulserande kännas genom bromspedalen.

Kontroll av avgaserna

18 Även om detta inte är en post på tillverkarens underhållsschema, så utförs en sådan här kontroll regelbundet vid en besiktning, enligt reglerna i det aktuella landet. I Sverige besiktigas bilen första gången efter tre år, andra gången när bilen är fem år gammal och därefter varje år.

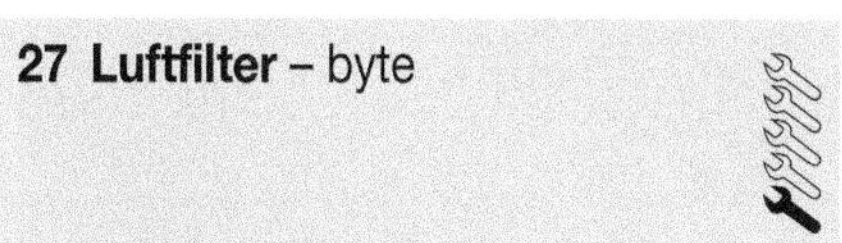

27 Luftfilter – byte

Alla scheman – var 60 000:e km eller vart fjärde år

1 Luftfiltret sitter i luftrenaren, som sitter på vänster sida på innerskärmen, bakom batteriet.

2 Skruva loss skruvarna och lyft upp kåpan från luftrenarhuset.

3 Lyft ut luftfiltret **(se bild)**.

4 Ta bort eventuellt skräp/smuts som kan ha samlats i luftrenaren.

27.3 Demontering av luftfilter

5 Sätt ett nytt luftfilter på plats och se till att dess kanter hamnar rätt.

6 Sätt tillbaka kåpan och skruva fast den med skruvarna.

28 Bränslefilter – byte (bilar som använder standarddiesel)

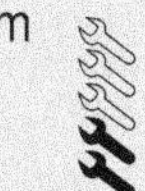

Alla scheman – var 60 000:e km eller vart fjärde år

Observera: *Utför den här åtgärden vid det här intervallet endast vid användning av diesel som motsvarar DIN EN 590.*

Se avsnitt 10.

29 Drivremmar – kontroll och byte

Alla scheman – var 60 000:e km eller vart fjärde år

Kontroll

1 Se avsnitt 11.

Byte

2 För att lättare komma åt drivremmen, dra åt handbromsen, lyft upp framvagnen och stöd den på pallbockar (se *Lyftning och stödpunkter*).

3 Ta bort höger framhjul, ta sedan bort åtkomstpanelen från hjulhusets innerskärm.

4 Använd en nyckel till att vrida spännarens mittbult medurs för att lossa spänningen på remmen **(se bild)**.

5 Notera hur drivremmen är dragen, ta sedan bort den från vevaxelns remskiva, generatorns remskiva, servostyrningspumpens remskiva och luftkonditioneringskompressorns remskiva (om tillämpligt) **(se bilder)**.

6 Placera den nya drivremmen på remskivorna, lossa sedan spännaren. Kontrollera att remmen sitter korrekt i spåren i remskivorna.

8 Sätt tillbaka åtkomstpanelen och hjulet och sänk sedan ner bilen på marken.

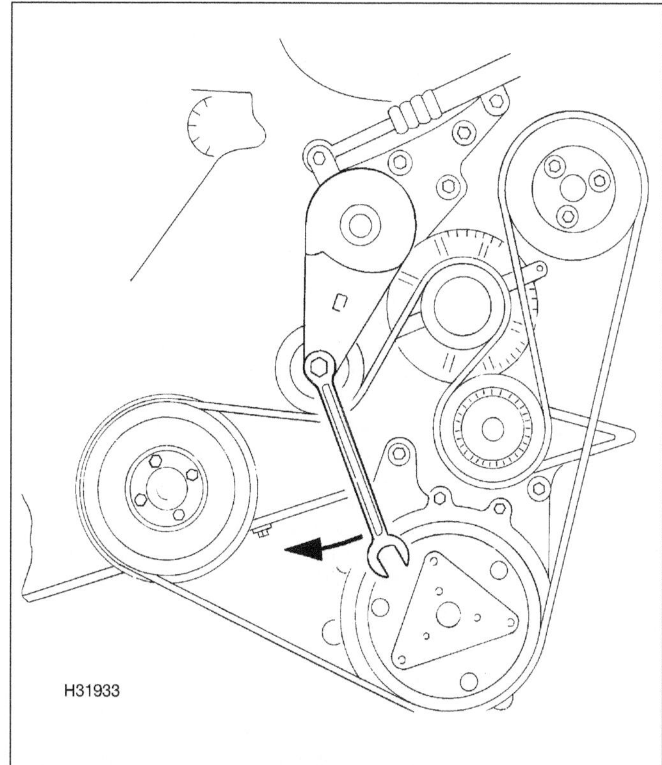

29.4 Vrid spännarens mittbult medurs för att släppa på drivremmens spänning

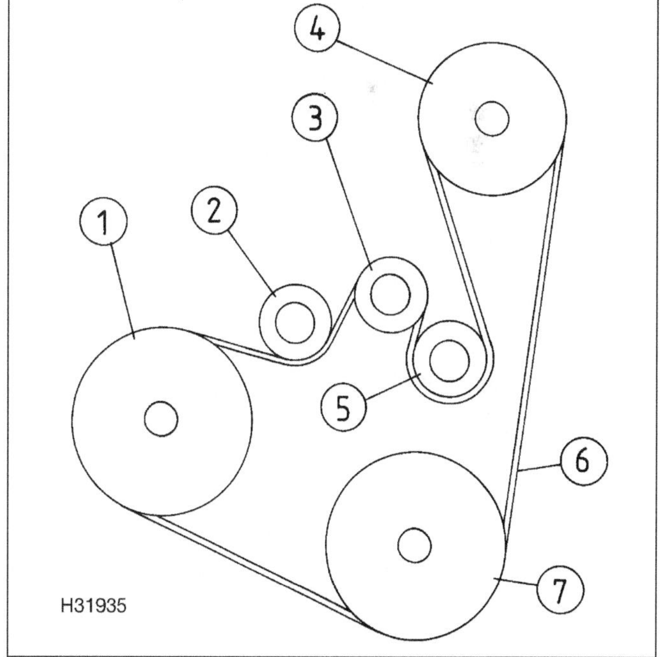

29.5a Drivrem på modeller med insprutningspump

1 Vevaxelremskiva
2 Spännare
3 Generatorns remskiva
4 Servostyrningspumpens remskiva
5 Överföringsremskiva
6 Drivrem
7 Luftkonditioneringskompressorns remskiva

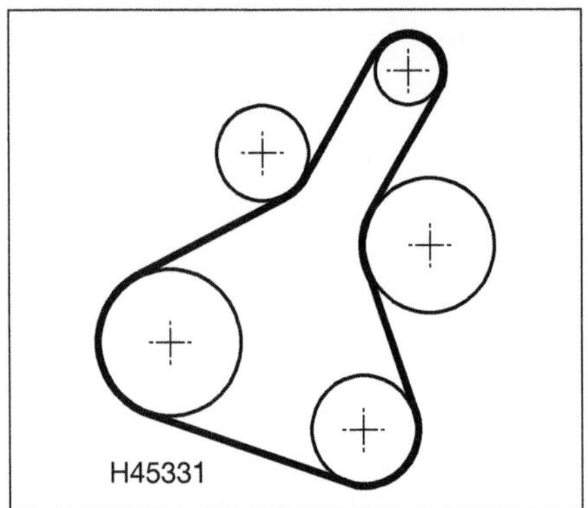

29.5b Drivrem på modeller med enhetsspridare

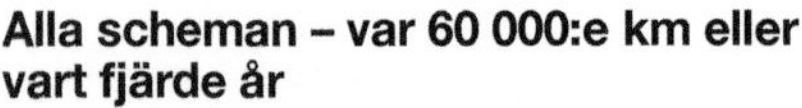

30 Servostyrning – kontroll av vätskenivå

Alla scheman – var 60 000:e km eller vart fjärde år

1 Ställ framhjulen i läge rakt fram utan att starta motorn. Om bilen har stått stilla i en timme eller längre, är servostyrningsvätskan kall (under 50°C), och nivåmarkeringen ”kall” måste då användas. Om motorn istället har normal temperatur (över 50°C) är vätskan varm och nivåmarkeringen ”varm” måste då användas.

2 Vätskebehållaren sitter på höger sida i motorrummet, intill kylvätskans expansionskärl. Vätskenivån kontrolleras med en mätsticka som sitter fast i behållarens påfyllningslock. Skruva loss locket från vätskebehållaren med en skruvmejsel och torka av mätstickan med en ren trasa **(se bild)**.

3 Skruva tillbaka locket för hand och skruva sedan loss det igen och kontrollera vätskenivån på mätstickan. Om vätskan är kall (under 50°C) måste nivån vara inom det

30.2 Skruva loss locket från vätskebehållaren och torka av mätstickan med en ren trasa

”streckade”, kalla området på mätstickan. Om vätskan är varm (över 50°C), måste nivån ligga mellan MAX- och MIN-markeringarna på mätstickan **(se bild)**.

4 Om nivån ligger ovanför maxmarkeringen, sug upp överflödet. Om nivån ligger under MIN-markeringen, häll i vätska av specificerad typ (se *Smörjmedel och vätskor*). I det senare fallet, leta också efter läckor i systemet **(se bild)**. Avslutningsvis, skruva på locket och dra åt med skruvmejseln.

31 Automatväxellåda – kontroll av oljenivå

Alla scheman – var 60 000:e km eller vart fjärde år

Observera: *En korrekt kontroll av oljenivån kan endast utföras om vätskan har en temperatur på 35°C till 45°C, och om det inte är möjligt att försäkra att vätskan har denna temperatur rekommenderas att kontrollen överlämnas till en Skodaverkstad. Dessa har de instrument som behövs för kontroll av temperaturen och för kontroll av eventuella felkoder i växellådans elektronik. Om man fyller på för mycket eller för lite olja påverkas växellådans funktion negativt.*

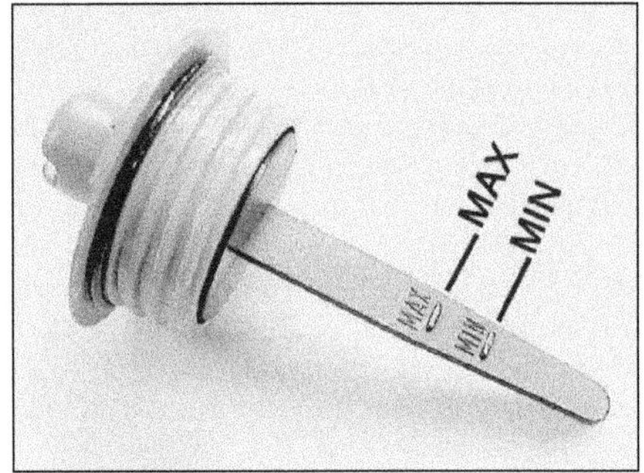

30.3 Skruva på locket för hand, skruva sedan loss det igen och kontrollera vätskenivån på mätstickan

30.4 Påfyllning av servostyrningsvätska

1 Kör bilen en sväng för att värma upp växellådan lite (se ovan), parkera sedan bilen på plan mark och ställ växelväljaren i läge P. Lyft upp fram- och bakvagn och ställ bilen på pallbockar (se *Lyftning och stödpunkter*), se till att bilen förblir i horisontellt läge. Skruva loss fästskruvarna och ta bort kåpan/kåporna under motorn för att komma åt växellådans undersida.

2 Starta motorn och låt den gå på tomgång tills växellådsoljan når en temperatur på 35°C.

3 Skruva loss oljenivåpluggen från växellådans oljesump **(se bild)**.

4 Om det **kontinuerligt** droppar olja från nivåröret när temperaturen stiger, är oljenivån korrekt och ingen påfyllning behövs. Observera att det kommer att finnas lite olja i röret, som först måste tappas av innan själva nivåkontrollen kan göras. Se till att göra kontrollen innan oljetemperaturen når 45°C. Undersök tätningen på nivåpluggen och skär av den och sätt på en ny om så behövs. Sätt tillbaka pluggen och dra åt den till angivet moment.

5 Om det inte droppar någon olja från nivåröret, inte ens när vätskan har nått 45°C, måste man hälla i olja enligt följande medan motorn går.

6 Med en skruvmejsel, bänd loss locket till påfyllningsröret på sidan av växellådans oljesump. **Observera:** *På vissa modeller förstör detta låsmekanismen och ett nytt lock måste då införskaffas. På andra modeller måste bara lockets fästclips bytas ut.*

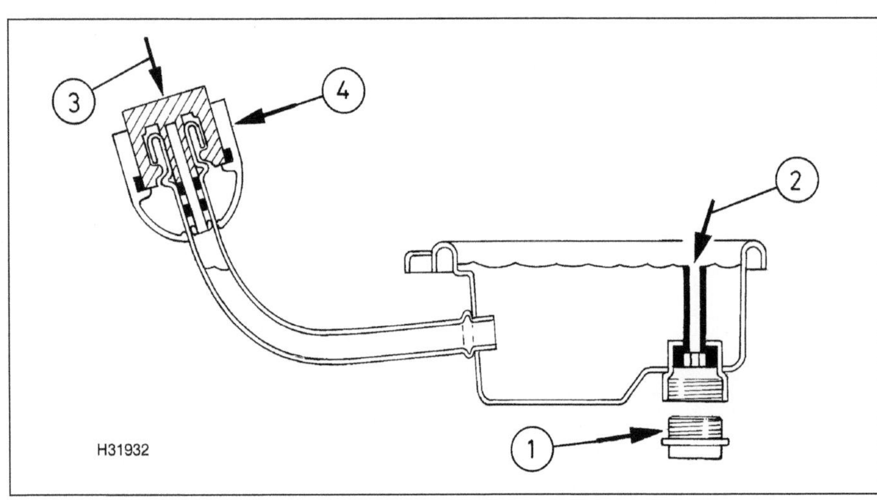

31.3 Kontroll av automatväxellådans oljenivå

1 Nivåplugg *2 Nivårör* *3 Påfyllningslock* *4 Fästklämma*

7 När locket är borttaget, dra ut påfyllningsrörets plugg och häll i specificerad olja tills det droppar ut ur nivåröret. Undersök tätningen på nivåpluggen och om så behövs, skär av tätningen och sätt på en ny. Sätt tillbaka pluggen och dra åt den till angivet moment.

8 Sätt tillbaka påfyllningsrörets plugg och det nya locket eller fästclipset.

9 Slå av tändningen och sätt tillbaka kåpan/kåporna under motorn, dra åt fästskruvarna ordentligt och sänk ner bilen på marken.

10 Om oljan ofta behöver fyllas på tyder det på en läcka, som då måste hittas och åtgärdas innan problemet blir allvarligt.

32 Automatväxellåda - kontroll av slutväxelns oljenivå

Alla scheman - var 60 000:e km eller vart fjärde år

1 Dra åt handbromsen, lyft upp framvagnen och stötta den på pallbockar (se *Lyftning och stödpunkter*), men notera att bilens bakvagn också måste lyftas upp om kontrollen ska bli riktigt exakt.

2 Slutväxelns nivåkontroll görs genom att man demonterar hastighetsmätardrevet. Börja med att koppla loss kablaget från givaren uppe på hastighetsmätardrevet **(se bild)**.

3 Skruva loss hastighetsmätardrevet och ta bort det från växellådan. Man behöver inte ta bort givarenheten från drevet.

4 Torka av den nedre änden av drevet, sätt sedan in den igen och skruva in den helt i växellådan. Ta ut den igen och kontrollera att oljenivån är mellan skuldran och änden av drevet **(se bild)**.

5 Om så behövs, häll i specificerad olja genom drevets öppning tills nivån blir korrekt.

6 Sätt tillbaka hastighetsmätardrevet och dra åt det ordentligt, anslut sedan givarens kablage.

7 Sänk ner bilen på marken.

33 Kamrem och spännarrulle - byte (motorer med enhetsspridare)

Alla scheman - var 90 000:e km

1 Se kapitel 2C för information om byte av kamremmen och spännarrullen.

Observera: *Kamrem med komponentnummer 038 109 119 utfärdad före 06/1999 måste bytas med 60 000 km intervall. Senare kamremmar med nr 038 109 119 D byts var 90 000:e km. Rekommendationerna som ges här motsvarar de kortaste intervall som rekommenderas av Skoda. Skodas intervall är komplexa och varierar beroende på motor, modellår och kamremmens och styrremskivans komponentnummer. För aktuell information, kontakta en Skodahandlare*

34 Broms- (och kopplings-) vätska - byte

Alla scheman - vartannat år

Varning: ***Bromsvätska kan skada dina ögon och även skada bilens lack, så var ytterst försiktig vid hantering av vätskan. Använd inte vätska som har stått i en öppen behållare någon längre tid, eftersom vätskan absorberar fukt från luften. För mycket fukt i vätskan kan orsaka farlig förlust av bromsverkan.***

1 Åtgärden liknar den som beskrivs för luftning av bromssystemet i kapitel 9, förutom att bromsvätskebehållaren måste tömmas med hjälp av en ren bollspruta eller liknande innan man börjar, samt att man måste låta den gamla vätskan rinna ut när man luftar en del av kretsen. Eftersom kopplingssystemet också använder vätska från bromssystemets behållare, måste detta system också luftas samtidigt (se avsnitt 2 i kapitel 6).

2 Arbeta enligt beskrivning i kapitel 9, öppna den första luftningsskruven i ordningen och pumpa försiktigt på bromspedalen tills nästan all gammal vätska är borta ur huvudcylinderns behållare.

Gammal bromsvätska är ofta mycket mörkare till färgen än den nya, vilket gör det lätt att skilja dem åt.

3 Fyll på till MAX-nivån med ny vätska, och fortsätt att pumpa på bromspedalen tills endast ny vätska finns i behållaren, och ny vätska kan ses komma ut vid luftningsskruven. Dra åt skruven och fyll på vätska tills nivån når MAX-nivålinjen.

4 Fortsätt med alla kvarvarande luftningsskruvar i ordningen tills ny bromsvätska kommer ut vid alla. Var noga med att hålla vätskeninvån i huvudcylinderns behållare över MIN-nivån hela tiden, så att inte luft kommer in i systemet och därmed förlänger tiden för uppgiften avsevärt.

5 När åtgärden är avslutad, kontrollera att alla luftningsskruvar är hårt åtdragna och att deras dammskydd sitter på plats. Tvätta bort eventuell spilld vätska och kontrollera igen vätskenivån i huvudcylinderns behållare.

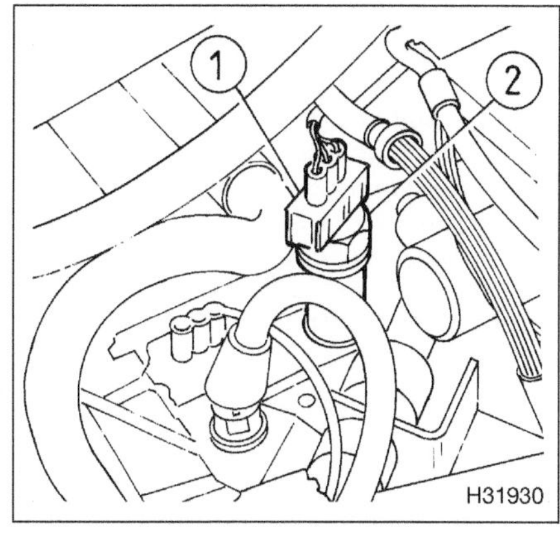

32.2 Koppla loss kablaget (1) från hastighetsmätardrevet (2)

6 På modeller med manuell växellåda skall också kopplingsvätskan bytas ut när bromsvätskan har bytts. Se kapitel 6, lufta kopplingen tills ny vätska kommer ut vid slavcylinderns luftningsskruv. Håll vätskenivån i huvudcylindern ovanför MIN-nivån hela tiden för att förhindra att luft kommer in i systemet. När ny vätska kommer ut, dra åt luftningsskruven ordentligt och ta bort luftningsutrustningen. Sätt tillbaka dammskyddet och torka bort eventuell spilld vätska.

7 På alla modeller, kontrollera att vätskenivån i huvudcylindern är korrekt (se *Veckokontroller*) och testa noggrant bromsarnas och kopplingens funktion innan bilen tas ut på vägen.

35 Kylvätska - byte

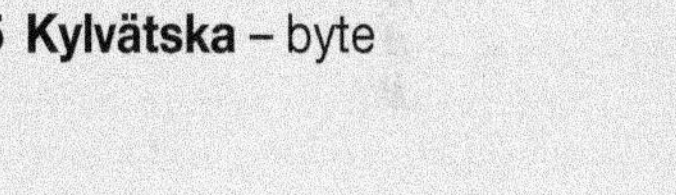

Alla scheman - vartannat år

Observera: *Den här åtgärden tas inte upp i Skodas schema och bör inte behövas om den rekommenderade Skoda G12 LongLife kylvätskan används. Om standard kylvätska används bör åtgärden dock utföras vid rekommenderat intervall.*

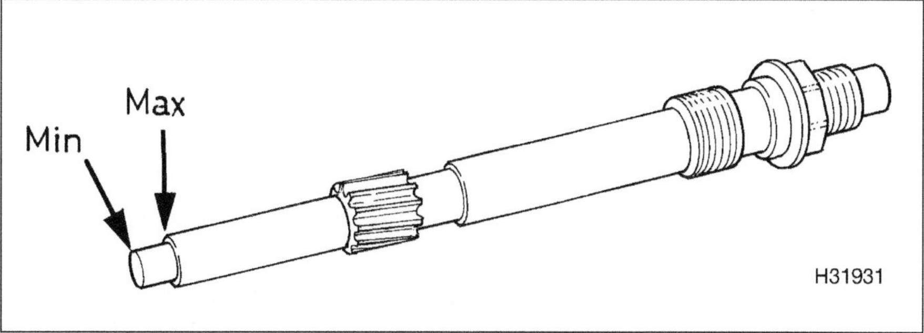

32.4 Oljenivån i automatväxellådans slutväxel kontrolleras i änden av hastighetsmätardrevet

Varning: Vänta tills motorn är kall innan arbetet påbörjas. Låt inte frostskyddsvätskan komma i kontakt med huden eller bilens lackerade ytor. Skölj bort spilld vätska omgående med stora mängder vatten. Låt aldrig frostskyddsvätska stå i öppna behållare eller i pölar på uppfarten eller garagegolvet. Barn och husdjur kan lockas av den söta lukten, men frostskyddsvätska kan vara livsfarligt att förtära.

Avtappning av kylsystemet

1 När motorn är helt kall, skruva loss expansionskärlets lock.

2 Dra åt handbromsen hårt, lyft sedan upp framvagnen och ställ den på pallbockar (se *Lyftning och stödpunkter*). Skruva loss fästskruvarna och ta bort kåpan/kåporna under motorn för att komma åt kylarens undersida.

3 Placera en lämplig behållare under kylvätskeavtappningens utlopp som sitter i änden av den nedre kylvätskeslangen. Lossa avtappningspluggen (man behöver inte ta bort den helt) och låt kylvätskan rinna ner i behållaren. Om så önskas kan en bit slang sättas på utloppet så att man kan rikta kylvätskeflödet under avtappningen. Om inget avtappningsutlopp finns i änden av slangen, ta bort fästclipset och koppla loss den nedre slangen från kylaren och tappa av kylvätskan (se kapitel 3, avsnitt 2).

4 För att helt tappa av systemet, koppla också loss en av kylvätskeslangarna från oljekylaren, som sitter framtill på motorblocket (se kapitel 2C).

5 Om kylvätskan har tappats av av någon annan anledning än byte, kan den återanvändas förutsatt att den är ren, men det rekommenderas inte.

6 När all kylvätska har tappats av, dra åt kylarens avtappningsplugg ordentligt eller anslut den nedre slangen till kylaren (efter tillämplighet). Anslut också kylvätskeslangen till oljekylaren och fäst den på plats med fästclipset. Sätt tillbaka kåpan/kåporna under motorn och dra åt fästskruvarna ordentligt.

Spolning av kylsystemet

7 Om inte den rekommenderade Skoda kylvätskan har använts och kylvätskebyte inte har utförts, eller om frostskyddet har spätts ut, kan kylsystemet gradvis bli mindre effektivt. Kylvätskepassagerna blir igensatta på grund av rost och andra avlagringar. Systemets effektivitet kan återställas genom att det spolas rent.

8 Kylaren ska spolas separat från motorn, så att man undviker onödig förorening.

Spolning av kylaren

9 För att spola kylaren, dra först åt kylarens avtappningsplugg.

10 Koppla loss övre och undre kylarslangar och andra relevanta slangar från kylaren (se kapitel 3).

11 Stick in en vattenslang i kylarens övre inlopp. Spola rent vatten genom kylaren tills rent vatten kommer ut ur kylarens nedre utlopp.

12 Om det vatten som kommer ut inte vill bli rent, ens efter en bra stund, kan kylaren spolas ur med ett lämpligt rengöringsmedel. Det är viktigt att man följer tillverkarens anvisningar noggrant. Om kylaren är riktigt kraftigt förorenad, stick in slangen i det nedre utloppet och spola kylaren åt det andra hållet.

Spolning av motorn

13 Demontera termostaten (se kapitel 3).

14 Med den nedre slangen losskopplad från kylaren, stick in en vattenslang i kylvätskehuset. Spola rent vatten genom motorn och fortsätt att spola tills rent vatten kommer ut ur den nedre kylarslangen.

15 När spolningen är klar, sätt tillbaka termostaten och anslut slangarna (se kapitel 3).

Påfyllning av kylsystemet

16 Innan påfyllning av kylsystemet påbörjas, försäkra dig om att avtappningspluggen är hårt åtdragen och kontrollera att alla slangar är ordentligt anslutna och att slangklämmorna är i bra skick. Om den rekommenderade Skoda kylvätskan inte används, försäkra dig om att en lämplig frostskyddsblandning används året om, för att förebygga korrosion på motorns komponenter (se följande underavsnitt).

17 Ta bort expansionskärlets påfyllningslock och fyll sakta på med kylvätska. Fortsätt att fylla på kylsystemet tills det inte längre syns några bubblor i expansionskärlet. Hjälp till att tvinga ut luft ur systemet genom att upprepade gånger klämma ihop den nedre kylarslangen.

18 När du inte längre kan se några bubblor, fyll på kylvätska till MAX-markeringen och sätt tillbaka locket på expansionskärlet.

19 Låt motorn gå på snabb tomgång tills kylfläkten slår på. Vänta tills fläkten stannar, slå sedan av motorn och låt motorn svalna.

20 När motorn har svalnat, kontrollera kylvätskenivån (se *Veckokontroller*). Fyll på om så behövs och sätt sedan tillbaka locket på expansionskärlet.

Frostskyddsblandning

21 Om den rekommenderade Skoda kylvätskan inte används, måste kylvätskan bytas ut vid angivna intervall. Detta är viktigt inte bara för att behålla de frostskyddande egenskaperna, utan också för att förhindra korrosion, som annars skulle uppstå allteftersom de korrosionshämmande ämnena förlorar sin effekt.

22 Använd alltid en etylenglykolbaserad frostskyddsvätska som är lämpad för kylsystem av blandad metall. Mängden frostskydd och skyddsnivåer anges i specifikationerna.

23 Innan frostskyddsblandningen hälls i ska kylsystemet tömmas helt och helst spolas. Kontrollera också att alla slangar är i gott skick och sitter fast ordentligt.

24 Efter påfyllningen, sätt en etikett på expansionskärlet där det står vilken typ av frostskydd som använts och vilken koncentration, samt när påfyllningen gjordes. Alla efterföljande påfyllningar ska göras med kylvätska av samma typ och koncentration.

25 Använd aldrig motorfrostskyddsvätska i vindrutans/bakrutans spolarsystem, eftersom det kan skada lacken. Använd en spolarvätsketillsats i den mängd som anges på flaskan.

Kapitel 2 Del A: SOHC bensinmotor – reparationer med motorn i bilen

Innehåll

Svårighetsgrader

Enkelt, passar novisen med lite erfarenhet 

Ganska enkelt, passar nybörjaren med viss erfarenhet 

Ganska svårt, passar kompetent hemmamekaniker 

Svårt, passar hemmamekaniker med erfarenhet 

Mycket svårt, för professionell mekaniker

Specifikationer

Tillverkarens motorkoder*:	
1598 cc	AEE
1596 cc	AEH och AKL
1596 cc (vipparmar)	AVU och BFQ
1984 cc	AEG, APK, AQY AZH och AZJ
Maximal uteffekt:	
1,6 liters motorer:	
AEE	55 kW vid 4800 varv/min
AEH och AKL	74 kW vid 5600 varv/min
AVU och BFQ	75 kW vid 5600 varv/min
2,0 liters motorer:	
APK och AQY	85 kW vid 5200 varv/min
AEG, AZH och AZJ	85 kW vid 5400 varv/min
Maximalt vridmoment:	
1,6 liters motorer:	
AEE	135 Nm vid 3200 varv/min
AEH och AKL	145 Nm vid 3800 varv/min
AVU och BFQ	148 Nm vid 3800 varv/min
2,0 liters motorer:	
AEG	165 Nm vid 2800 varv/min
APK och AQY och AZH	170 Nm vid 2400 varv/min
AZJ	172 Nm vid 3200 varv/min
Cylinderlopp:	
1,6 liters motorer:	
AEE	76,5 mm
AEH, AKL, AVU and BFQ	81,0 mm
2,0 liters motorer	82,5 mm
Kolvslag:	
1,6 liters motorer:	
AEE	86,9 mm
AEH, AKL, AVU och BFQ	77,4 mm
2,0 liters motorer	92,8 mm

Kompressionsförhållande:	
1,6 liters motorer:	
AEE	9,8 : 1
AEH och AKL	10,3 : 1
AVU och BFQ	10,5 : 1
2,0 liters motorer:	
AEG	10,0 : 1
APK, AQY, AZH och AZJ	10,5 : 1
Kompressionstryck:	
Minsta kompressionstryck	Ungefär 7,5 bar
Max skillnad mellan cylindrar	Ungefär 3,0 bar
Tändföljd	1 – 3 – 4 – 2
Cylinder nr 1, placering	Kamremsänden

* **Observera:** *Se "Bilens identifikationsnummer" i slutet av boken för information om motorkodens placering.*

Smörjsystem

Oljepump	Kugghjul (rotortyp på AZJ motor), kedjedriven från vevaxeln
Oljetryck (oljetemperatur 80°C):	
Vid 2000 varv/min	2,7 till 4,5 bar

Kamaxel

Kamaxelns axialspel (max)	0,15 mm
Kamaxellagrens spel (max)	0,1 mm
Kamaxelns kast:	
1,6 liters motorer (max)	0,01 mm
2,0 liters motorer (max)	0,05 mm

Åtdragningsmoment

	Nm
Avgasgrenrörets bultar	25
Avgasrör till grenrör, bultar	40
Bakre kamremskåpa, bultar:	
Små bultar	15
Stor bult	20
Balansaxelns kedjespännare, fästbultar	15
Balansenhet-till-motorblock:	
2,0 liters AZJ motorer:	
Steg 1	15
Steg 2	Vinkeldra ytterligare 90°
Drivremmens remskivebultar	25
Drivremsspännarens fästbult	25
Hjulbultar	120
Hjälpaggregatens (generator, etc.) fästbygelbultar	45
Insugsgrenrör (nedre del), muttrar	10
Kamaxeldrevets bult	100
Kamaxelkåpans muttrar/bultar	10
Kamaxellageröverfallens/stegens muttrar	20
Kamremsspännarens mutter	20
Kopplingens tryckplatta/svänghjulet, fästbultar*:	
1,6 liters motorer:	
Steg 1	60
Steg 2	Vinkeldra ytterligare 90°
Kylvätskehus till topplock, bultar	10
Kylvätskepumpens bultar	15
Motorblockets oljekanal, plugg	100
Motorfästen:	
Vänster fäste till kaross, bultar:	
Stora bultar*:	
Steg 1	40
Steg 2	Vinkeldra ytterligare 90°
Små bultar	25
Vänster fäste till växellåda, bultar	100
Höger fäste till kaross, bultar*:	
Steg 1	40
Steg 2	Vinkeldra ytterligare 90°
Höger fästbygel till kaross, bultar (små bultar)	25
Höger fäste till fästbygel på motor, bultar	100
Höger fästbygel till motor, bultar	45

Motorfästen forts:	
Bakre motor-/växellådsfäste:	
Fästbygel till framvagnsram, bultar*:	
Steg 1	20
Steg 2	Vinkeldra ytterligare 90°
Fästbygel till växellåda, bultar*:	
Steg 1	40
Steg 2	Vinkeldra ytterligare 90°
Oljefilterhus till motorblock, bultar *:	
Steg 1	15
Steg 2	Vinkeldra ytterligare 90°
Oljekylarens fästmutter	25
Oljenivå-/temperaturgivarens bultar	10
Oljepickup till oljepump, bultar	15
Oljepumpens kedjespännare, bultar	15
Oljepumpens fästbultar:	
Alla utom 2,0 liters AZJ motorer	15
Oljepumpdrevets bult	20
Oljepumpkåpans fästbultar:	
2,0 liters AZJ motorer	8
Oljeskvalpskott, fästbultar	15
Oljespraymunstycke/övertrycksventil, bultar	27
Oljesump:	
Oljesump till motorblock, bultar	15
Oljesump till växellåda, bultar	
1,6 liters motorer	25
2,0 liters motorer	45
Oljesumpens avtappningsplugg:	
1,6 liters motor, kod AEE	20
1,6 liters motor, kod AEH, AKL, AVU och BFQ	30
2,0 liters motor	30
Oljetryckslampans kontakt	25
Oljeövertrycksventilens plugg	40
Ramlageröverfallens bultar*:	
1,6 liters motorer:	
Motorkod AEE	65
Alla utom motorkod AEE:	
Steg 1	40
Steg 2	Vinkeldra ytterligare 90°
2,0 liters motorer:	
Steg 1	65
Steg 2	Vinkeldra ytterligare 90°
Svänghjul*:	
Steg 1	60
Steg 2	Vinkeldra ytterligare 90°
Termostatkåpans bultar:	
Alla utom motorkod AZJ	10
Motorkod AZJ	15
Topplockets oljekanal, plugg	15
Topplocksbultar*:	
Steg 1	40
Steg 2	Vinkeldra ytterligare 90°
Steg 3	Vinkeldra ytterligare 90°
Ventilationsrör till topplock, bult:	
Motorkod AVU och BFQ	10
Vevaxeldrevets bult*:	
Steg 1	90
Steg 2	Vinkeldra ytterligare 90°
Vevaxelns oljetätningshus, bultar	15
Vevaxellägesgivarens hjul till vevaxeln, bultar*:	
Steg 1	10
Steg 2	Vinkeldra ytterligare 90°
Vevaxelremskivans bultar	25
Vevlageröverfallens muttrar/bultar (på motor med bultar, byt ut bultarna):	
Steg 1	30
Steg 2	Vinkeldra ytterligare 90°
Yttre kamremskåpa, bultar	10

* **Observera:** *Använd nya bultar*

1 Allmän information

Hur det här kapitlet ska användas

Kapitel 2 är uppdelat i fyra delar; A, B, C och D. Reparationer som kan utföras med motorn kvar i bilen beskrivs i Del A (SOHC bensinmotorer), Del B (DOHC bensinmotorer), och Del C (dieselmotorer). Del D tar upp demontering av motorn/växellådan som en enhet, och beskriver isärtagning och renovering av motorn.

I Del A, B och C utgår man i beskrivningen från att motorn sitter kvar i bilen, med alla hjälpaggregat anslutna. Om motorn har demonterats för renovering, får man bortse från den inledande isärtagningen som föregår varje åtgärd.

Beskrivning av motorn

I hela det här kapitlet identifieras motorerna med hjälp av sin volym och, om så är nödvändigt, med tillverkarens kodbokstäver. En lista över alla motorer som tas upp, samt deras kodbokstäver, finns i avsnittet Specifikationer.

De motorer som beskrivs i den här delen av kapitel 2 är vattenkylda SOHC (single-overhead camshaft – enkel överliggande kamaxel) radmotorer med fyra cylindrar. Motorn på 1595cc har ett motorblock av aluminiumlegering med cylinderfoder av gjutjärn, och 1984cc motorn har ett motorblock av gjutjärn med integrerade cylinderlopp. Båda motorerna har ett topplock av aluminiumlegering och de är monterade på tvären framtill i bilen, med växellådan på vänster sida.

Vevaxeln har fem lager och det sitter tryckbrickor på det mittre lagret, som kontrollerar vevaxelns axialspel.

Kamaxeln är monterad längst upp i topplocket och den drivs av en kuggad kamrem från vevaxeldrevet. På de flesta motorer sitter den på plats med lageröverfall, utom på 1,6 liters AVU och BFQ motorerna, som har en "kamaxelhållare" som håller kamaxeln på plats.

Ventilerna stängs av spiralfjädrar och ventilerna löper i styrningar som är inpressade i topplocket. Kamaxlarna aktiverar ventilerna direkt via hydrauliska ventillyftare på de flesta motorer, utom på 1,6 liters AVU och BFQ motorer, vilka har vipparmar som styr ventilerna.

Oljepumpen drivs av en kedja från ett drev på vevaxeln. Olja dras från oljesumpen genom en sil och den tvingas sedan genom ett externt monterat, utbytbart filter. Därifrån leds oljan till topplocket, där den smörjer kamaxelnockarna och ventillyftarna, och även till vevhuset där den smörjer ramlagren, vevstakarnas storändar, kolvbultarna och cylinderloppen.

En kylvätskematad oljekylare finns på alla motorer.

På 2,0 liters AZJ motorn sitter det en "balansenhet" mellan motorblocket och oljesumpens huvuddel. Enheten består av två balansaxlar som roterar mot varandra, drivna av vevaxeln.

På alla motorer cirkuleras motorns kylvätska av en pump som drivs av kamremmen. För information om kylsystemet, se kapitel 3.

Åtgärder som kan utföras med motorn kvar i bilen

Följande åtgärder kan utföras utan att motorn lyfts ut ur bilen:

a) Kompressionstryck – prov.
b) Kamaxelkåpa – demontering och montering.
c) Vevaxelremskiva – demontering och montering.
d) Kamremskåpor – demontering och montering.
e) Kamrem – demontering, montering och justering.
f) Kamremsspännare och drev – demontering och montering.
g) Kamaxelns oljetätning – byte.
h) Kamaxlar och hydrauliska ventillyftare – demontering, kontroll och montering.
i) Topplock – demontering och montering.
j) Topplock och kolvar – sotning.
k) Oljesump – demontering och montering.
l) Oljepump – demontering, renovering och montering.
m) Vevaxelns oljetätningar – byte.
n) Motor-/växellådsfästen – kontroll och byte.
o) Svänghjul – demontering, kontroll och montering.
p) Balansaxlar (2,0 liters AZJ motorer) – demontering och montering.

Observera: *Det är möjligt att demontera kolvarna och vevstakarna (när topplocket och oljesumpen har tagits bort) utan att motorn demonteras. Detta rekommenderas dock inte. Åtgärder av det här slaget är betydligt lättare att utföra (och går att utföra mer noggrant) om motorn ligger på en arbetsbänk, så som beskrivs i kapitel 2D.*

2 Kompressionsprov – beskrivning och tolkning

Observera: *En passande kompressionsprovare behövs för det här testet.*

1 När motorns prestanda försämras, eller om feltändning inträffar som inte kan härledas till tänd- eller bränslesystemet, kan ett kompressionsprov ge bra ledtrådar om motorns allmänna skick. Om provet utförs regelbundet kan man få varningstecken om problem innan andra symptom börjar bli uppenbara.

2 Motorn måste vara uppvärmd till normal arbetstemperatur, batteriet måste vara fulladdat och tändstiften borttagna. Du kommer också att behöva en medhjälpare.

3 På 1,6 liters motorn med kod AEE, avaktivera tändsystemet genom att koppla loss tändspolens ledning från fördelarlocket och jorda den mot motorblocket (använd en jordkabel eller liknande kabel för att få en bra anslutning). På andra modeller, avaktivera tändsystemet genom att koppla loss kontakten från DIS-enheten eller ta bort en säkring (se kapitel 12).

4 Med hänvisning till kapitel 4A, tryckutjämna bränslesystemet – det här är nödvändigt för att förhindra att oförbränt bränsle kommer in i katalysatorn när motorn dras runt.

5 Montera en kompressionsprovare över tändstiftshålet för cylinder nr 1. Den typ av provare som skruvas in i tändstiftshålet är att föredra.

6 Låt medhjälparen hålla gasspjället helt öppet och dra runt motorn med startmotorn i flera sekunder. **Observera:** *På modeller utrustade med en gasspjällägesgivare istället för en vajer, kan gasspjället inte aktiveras förrän tändningen slås på.* Efter ett eller två varv ska kompressionstrycket byggas upp till en maxnivå och sedan stabiliseras. Notera den högsta avläsningen.

7 Upprepa testet på resten av cylindrarna och notera avläsningen för var och en av dem.

8 Alla cylindrar ska ha ungefär likadana tryck. Skillnader större än de som specificeras tyder på ett fel. Notera att kompressionstrycket ska byggas upp snabbt i en väl fungerande motor. Låg kompression i det första slaget, följt av gradvis ökande tryck i efterföljande slag, tyder på slitna kolvringar. En låg kompressionsavläsning i det första slaget som inte byggs upp under efterföljande slag, indikerar läckande ventiler eller en trasig topplockspackning (ett sprucket topplock kan också vara orsaken). Avlagringar på undersidan av ventiltallrikarna kan också orsaka låg kompression.

9 Om trycket i någon cylinder reduceras till specificerat minimum eller mindre, gör följande för att ringa in orsaken. Häll en tesked ren olja i aktuell cylinder genom tändstiftshålet och upprepa kompressionsprovet.

10 Om den extra oljan temporärt förbättrar kompressionstrycket, tyder det på att slitage i loppet eller på kolven orsakar tryckförlusten. Om ingen förändring sker är det troligt att läckande eller brända ventiler, eller en trasig topplockspackning, är orsaken.

11 En låg avläsning från två intilliggande cylindrar beror med stor säkerhet på att packningen är trasig mellan dem, och om man hittar kylvätska i motoroljan bekräftas detta.

12 Om en cylinder är ungefär 20 procent lägre än de andra och motorn går lite ojämnt på tomgång, kan en sliten kamaxelnock vara orsaken.

13 Om kompressionsavläsningen är ovanligt hög, är förbränningskamrarna förmodligen täckta av sotavlagringar. Om detta är fallet måste topplocket demonteras och sotas.

14 När kompressionsprovet är avslutat, sätt tillbaka tändstiften och återanslut DIS-enheten.

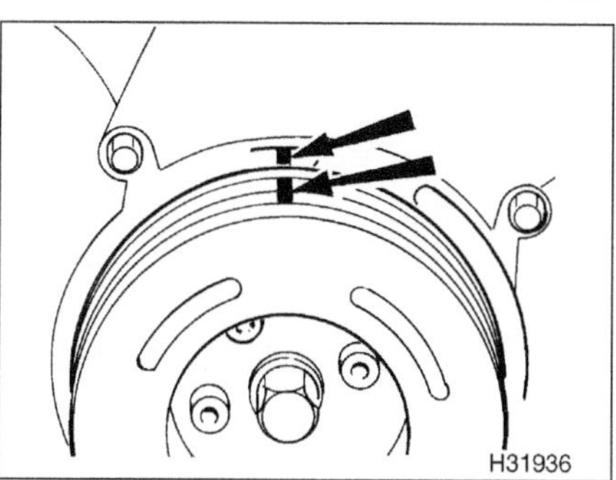

3.4 Vevaxelremskivans ÖD-markering i linje med markeringen på den nedre kamremskåpan

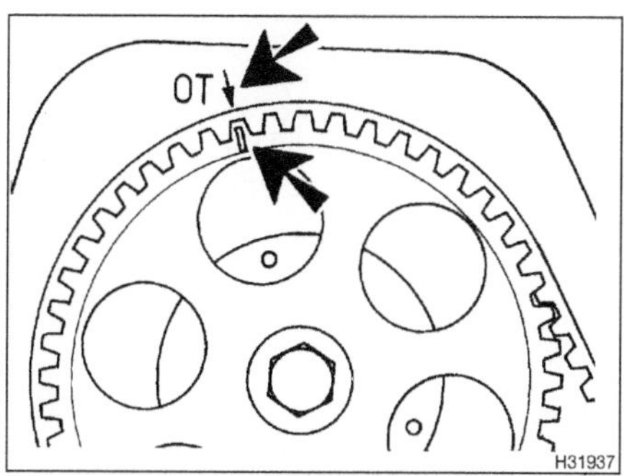

3.5a Kamaxeldrevets ÖD-markering i linje med markeringen på den bakre kamremskåpan

3.5b 1,6 liters motor ställd i ÖD (sett inuti bilen)

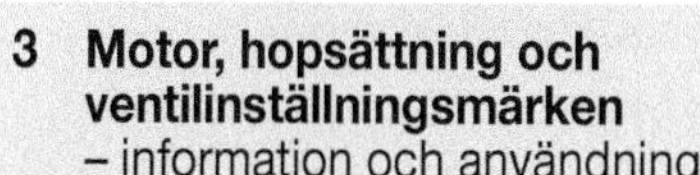

3 Motor, hopsättning och ventilinställningsmärken – information och användning

Allmän information

1 ÖD (Övre Dödpunkt) är den högsta punkten i cylindern som varje kolv når i sin rörelsebana upp och ner när vevaxeln roterar. Varje kolv når ÖD i slutet av kompressionsslaget och igen i slutet av avgasslaget, men när man talar om ÖD menar man i allmänhet kolvens läge i kompressionstakten. Kolv nr 1 är den närmast motorns kamremsände.

2 Placering av kolv nr 1 i ÖD är en viktig del av många reparations-/renoveringsåtgärder, som demontering av kamrem eller kamaxel.

3 Motorerna som behandlas i den här boken är så designade att kontakt kan uppstå mellan kolv och ventil om kamaxeln eller vevaxeln vrids medan kamremmen är borta. Av den anledningen är det viktigt att se till att kamaxeln och vevaxeln inte rubbas i förhållande till varandra efter det att kamremmen har demonterats från motorn.

4 På vissa modeller har vevaxelremskivan en markering som, när den är i linje med ett motsvarande märke på kamremskåpan, indikerar att kolv nr 1 (och därför också kolv nr 4) står i ÖD **(se bild)**. På motorn med kod AEE, har vevaxeldrevet ett hack i en av kuggarna som, när det är i linje med en markering på vevaxelns oljetätningsfläns, indikerar att cylinder nr 1 (och därför också kolv nr 4) står i ÖD. Vevaxeldrevet är dock endast synligt när den nedre kamremskåpan är demonterad – det finns också ett urtag i vevaxelremskivan, som, när det är i linje med en 0-markering ingjuten i den nedre kamremskåpan, indikerar ÖD.

5 Kamaxeldrevet är också försett med ett inställningsmärke. När detta märke är i linje med OD-markeringen på den bakre kamremskåpan, är kolv nr 1 i ÖD i kompressionstakten **(se bild)**. På motorkod AEE är kamaxeldrevet också försett med en inställningsmarkering (en prick instansad i den yttre ytan) – när denna markering är i linje med den lilla upphöjningen i den inre kamremskåpan, är motorn rätt synkroniserad, och kamremmen kan då sättas tillbaka och spännas **(se bild)**.

6 Utöver detta har svänghjulet också en ÖD-markering, som kan ses om man tar bort skyddskåpan från växellådans balanshjulskåpa. Markeringen är i formen av ett urtag i kanten av svänghjulet på modeller med manuell växellåda, och en ÖD-markering på modeller med automatväxellåda **(se bilder)**.

Inställning av cylinder nr 1 till ÖD

7 Innan arbetet påbörjas, se till att tändningen är avslagen (helst bör kabeln till batteriets negativa pol vara bortkopplad).

8 Där så är tillämpligt, demontera motorns toppkåpa.

9 Om så önskas för att göra det lättare att dra runt motorn, ta bort alla tändstift enligt beskrivning i kapitel 1A.

10 Demontera den övre kamremskåpan enligt beskrivning i avsnitt 6.

11 Vrid motorn medurs, med hjälp av en nyckel på vevaxeldrevets bult, tills ÖD-markeringen på vevaxelremskivan eller svänghjulet är i linje med motsvarande märke på kamremskåpan eller växellådshuset (efter tillämplighet), och markeringen på kamaxeldrevet är i linje med motsvarande markering på den bakre kamremskåpan. På motorn med kod AEE, ta loss fördelarlocket och dra sedan runt motorn tills rotorarmen närmar sig kontakten för tändkabel nr 1 på insidan av locket och slutligen hamnar i linje med inställn ingsmarkeringarna för ÖD.

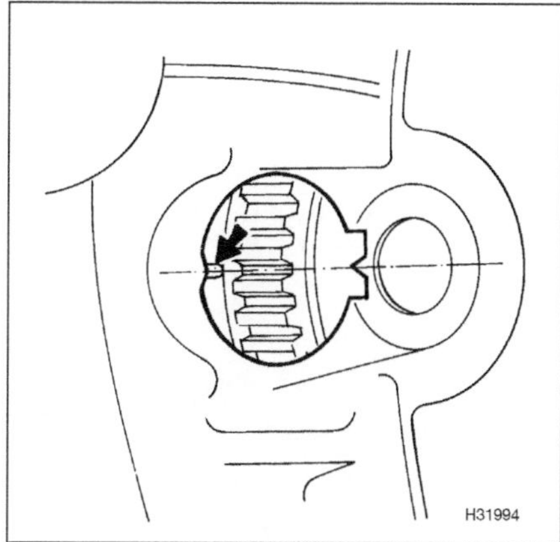

3.6a Svänghjulets ÖD-markering i linje med visaren på växellådshuset – modell med manuell växellåda

4 Kamaxelkåpa – demontering och montering

Observera: *På alla motorer utom 1,6 liter AVU och BFQ, kommer Skoda tätningsmedel (D 454 300 A2 eller liknande) att behövas för att täta fogarna mellan kamaxelns främre lageröverfall och topplocket vid monteringen.*

Demontering

1 Där så är tillämpligt, demontera den övre delen av insugsgrenröret enligt beskrivning i kapitel 4A.

2 Lossa fjäderklämman som håller ventilationsslangen baktill, vrid sedan kamaxelkåpans ventilationshus medurs och ta bort det från kamaxelkåpan **(se bild på nästa sida)**. **Observera:** *På 2,0 liters AZJ motorer utgör ventilationshuset en del av kamaxelkåpan och kan inte demonteras.*

3 För att skapa bättre åtkomlighet, demontera den övre kamremskåpan enligt beskrivning i avsnitt 6.

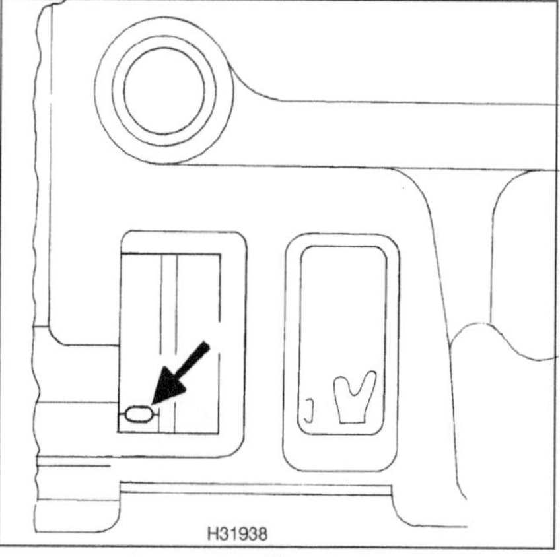

3.6b Svänghjulets ÖD-markering i linje med fönstret i växellådshuset – modell med automatväxellåda

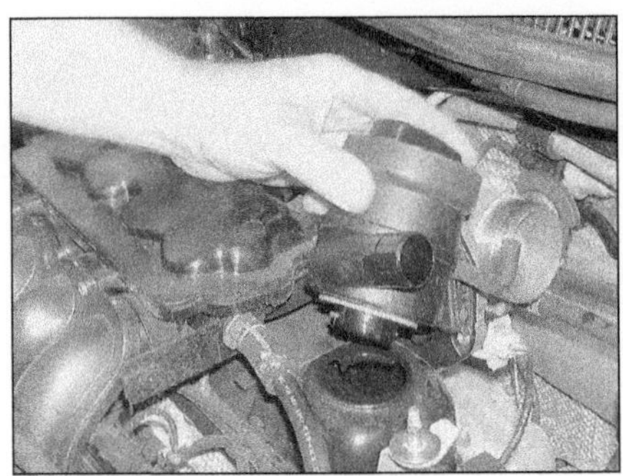

4.2 Demontering av ventilationshuset

4.4a Skruva loss de hylsförsedda fästbultarna . . .

4.4b . . . och lyft av kamaxelkåpan

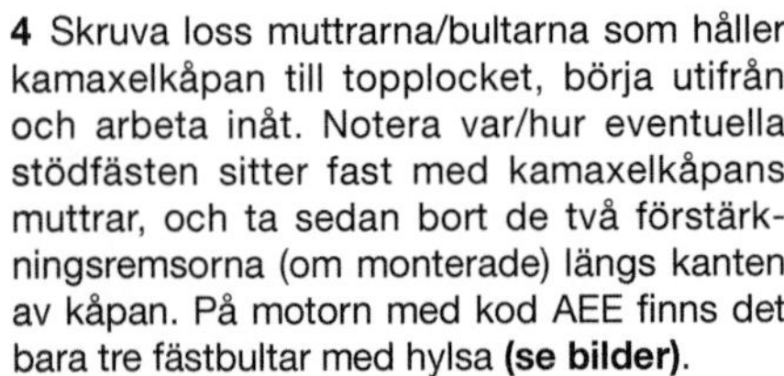

4 Skruva loss muttrarna/bultarna som håller kamaxelkåpan till topplocket, börja utifrån och arbeta inåt. Notera var/hur eventuella stödfästen sitter fast med kamaxelkåpans muttrar, och ta sedan bort de två förstärkningsremsorna (om monterade) längs kanten av kåpan. På motorn med kod AEE finns det bara tre fästbultar med hylsa **(se bilder)**.

5 Lyft bort kamaxelkåpan från topplocket och ta vara på packningen.

6 Ta bort oljeskvalpskottet från kamaxelkåpan eller topplocket, efter tillämplighet.

Montering

7 Undersök kamaxelkåpans packning och byt ut den om den är skadad eller sliten.

8 Rengör noggrant fogytorna på kamaxelkåpan och topplocket, lägg sedan oljeskvalpskottet på plats över kamaxellageröverfallen.

9 På alla motorer utom 1,6 liter AVU och BFQ, arbeta i topplockets kamremsände, lägg Skoda tätningsmedel (D 454 300 A2 eller liknande) på de två punkter där det främre kamaxellageröverfallet kommer i kontakt med topplocket.

10 Lägg försiktigt kamaxelkåpans packning på topplocket och sätt därefter tillbaka kamaxelkåpan. Där så är tillämpligt, lägg förstärkningsremsorna på plats, sätt sedan tillbaka eventuella stödfästen som tagits bort vid demonteringen.

11 Dra åt muttrarna/bultarna stegvis till angivet moment. Börja inifrån och arbeta utåt.

12 Montera den övre kamremskåpan, se avsnitt 6.

13 Undersök tätningen till kamaxelkåpans ventilationshus och byt ut den om så behövs.

På alla motorer utom 2,0 liter AZJ, sätt tillbaka ventilationshuset och vrid det medurs för att låsa det på plats.

14 Där så är tillämpligt, montera den övre delen av insugsgrenröret enligt beskrivning i kapitel 4A.

5 Vevaxelns remskiva – demontering och montering

Demontering

1 Koppla loss kabeln till batteriets negativa pol. **Observera:** *Innan du kopplar ifrån batteriet, se avsnittet "Frånkoppling av batteriet" i slutet av den här boken.*

2 För att förbättra åtkomligheten, lyft upp den främre, högra sidan av bilen och stötta den på pallbockar (se *Lyftning och stödpunkter*). Ta bort hjulet.

3 Skruva loss fästskruvarna och ta bort kåpan/kåporna under motorn och åtkomstpanelen i hjulhusets innerskärm **(se bild)**.

4 Om så behövs (för åtgärder som ska utföras senare), vrid vevaxeln med en hylsa eller nyckel på vevaxeldrevet tills relevanta inställningsmärken hamnar i linje (se avsnitt 3).

5 Lossa bultarna som håller vevaxelremskivan till drevet **(se bild)**. Om så behövs kan remskivan förhindras från att vridas genom att man håller emot med en nyckel/hylsa på vevaxeldrevets bult.

6 Demontera drivremmen enligt beskrivning i kapitel 1A.

7 Notera hur remskivan sitter monterad, skruva sedan loss bultarna som håller remskivan till drevet och ta bort remskivan.

Montering

8 Sätt tillbaka remskivan på drevet, placera det lilla förskjutna hålet över piggen på drevet, som noterats vid demonteringen, och sätt sedan tillbaka remskivans fästbultar.

9 Sätt tillbaka och spänn drivremmen enligt beskrivning i kapitel 1A.

10 Se till att vevaxeln inte kan rotera, dra sedan åt remskivans fästbultar till angivet moment.

11 Montera kåpan under motorn och hjulhusets innerskärm, efter tillämplighet.

12 Sätt tillbaka hjulet och sänk ner bilen på marken, dra åt hjulbultarna till korrekt åtdragningsmoment.

13 Anslut batterikabeln till batteriets negativa pol.

6 Kamremskåpor – demontering och montering

Övre yttre kåpa

Demontering

1 Lossa fästklämman framtill och baktill på kåpan och lyft ut sektionen från den del som sitter nedanför. Notera hur den sitter **(se bilder)**.

Montering

2 Montering sker i omvänd ordning. Haka i den nedre kanten av kåpan på rätt sätt (det

5.3 Demontering av åtkomstpanelen i hjulhusskärmen

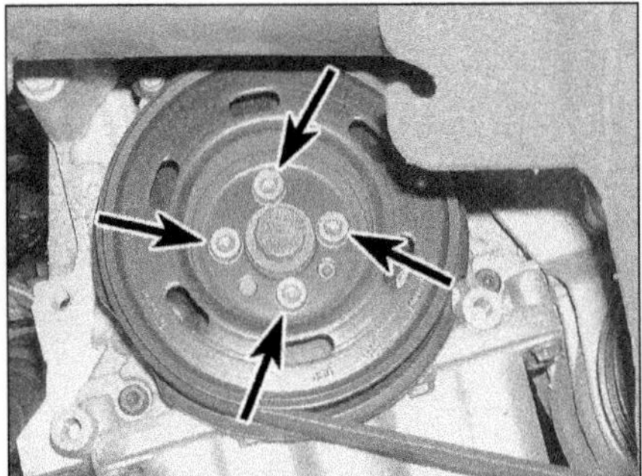

5.5 Vevaxelremskivan med de fyra fästbultarna

6.1a Lossa klämmorna fram- och baktill på kåpan. . .

här kan vara lite knepigt) innan du försöker sätta fast de övre klämmorna, annars kommer de inte att fästa ordentligt.

Mittre yttre kåpa

Demontering

3 Demontera den övre, yttre kåpan enligt beskrivning ovan.

4 Skruva loss de två bultarna och muttern som håller den högervinklade fästbygeln som sitter ovanför drivremsspännaren, och ta bort fästbygeln för att skapa bättre åtkomlighet.

5 Skruva loss fästbultarna och ta bort kåpan från motorn.

Montering

6 Montering sker i omvänd ordning.

Nedre yttre kåpa

Demontering

7 Demontera den övre och den yttre kåpan enligt tidigare beskrivning.

8 Demontera vevaxelremskivan enligt beskrivning i avsnitt 5.

9 Skruva loss fästbultarna och ta bort kåpan från motorn.

Montering

10 Montering sker i omvänd ordning.

Övre inre kåpa

Demontering

11 Demontera den övre, yttre kåpan enligt tidigare beskrivning i det här avsnittet. Notera att på vissa modeller måste man också demontera kamaxeldrevet för att komma åt den inre kåpan (se avsnitt 8 för demontering av kamaxeldrevet).

12 Skruva loss muttrarna/bultarna som håller den inre kåpan till kamaxelkåpan och ta bort den inre kåpan från motorn.

Montering

13 Montering sker i omvänd ordning.

Nedre inre kåpa

Demontering

14 Demontera kamremmen enligt beskrivning i avsnitt 7.

15 Skruva loss fästbultarna och demontera den nedre, inre kamremskåpan.

Montering

16 Montering sker i omvänd ordning mot demonteringen. Sätt tillbaka och spänn kamremmen enligt beskrivning i avsnitt 7.

7 Kamrem – demontering och montering

Demontering

1 Demontera motorns toppkåpa/-kåpor **(se bild)**. Beroende på modell kan dessa sitta fast med klämmor, eller så måste man bända loss runda täcklock och skruva loss muttrar/

6.1b . . . och lyft av den övre kåpan

skruvar. På vissa modeller kan motorns främre kåpa sitta fast med ytterligare en mutter på höger sida. På en motor med kod AEE, demontera luftrenaren och luftkanalen enligt beskrivning i kapitel 4A.

2 Demontera drivremmen enligt beskrivning i kapitel 1A.

3 Skruva loss fästmuttrarna och bultarna och ta bort den högervinklade fästbygeln ovanför drivremsspännaren; spännaren hålls nu fast av ytterligare en bult upptill – skruva loss bulten och ta loss spännaren från motorn.

4 Skruva loss kylvätskans expansionskärl och flytta det åt sidan, men koppla inte loss slangarna.

5 Skruva loss servostyrningsvätskans behållare och flytta även den åt sidan, men koppla inte loss slangarna.

6 Demontera kamremmens övre, yttre kåpa, med hänvisning till avsnitt 6.

7 Vrid vevaxeln till läget för ÖD för kolv nr 1, enligt beskrivning i avsnitt 3.

8 Anslut en motorlyft och talja till motorns lyftöglor på topplocket och höj lyften precis så mycket att motorns vikt tas upp.

9 Skruva loss fästbultarna och ta bort höger motorfäste, se avsnitt 17.

10 Demontera vevaxelremskivan enligt beskrivning i avsnitt 5. Innan remskivan slutgiltigt tas bort, kontrollera att kolv nr 1 fortfarande är i ÖD-läget (se avsnitt 3).

11 Skruva loss höger motorfästbygel från motorn. Eventuellt måste man höja motorn något, med hjälp av lyften, för att man ska komma åt att skruva loss motorfästets fästbultar (när bultarna har skruvats loss måste man förmodligen lämna bultarna på plats i fästbygeln tills bygeln har tagits bort) **(se bild)**.

7.1 Motorns skyddskåpa tas bort

12 Demontera kamremmens mittre och nedre yttre kåpor, enligt beskrivning i avsnitt 6.

13 Om kamremmen ska sättas tillbaka, märk ut dess rotationsriktning.

14 Lossa kamremsspännarens fästmutter för att lossa spännaren, ta sedan bort kamremmen från dreven.

15 Vrid vevaxeln ett kvarts varv (90°) moturs för att dra ner kolv nr 1 och 4 något i loppen från ÖD. Detta undanröjer risken för kontakt mellan kolv och ventil om vevaxeln eller kamaxeln skulle vridas medan kamremmen är borttagen.

Montering

16 Kontrollera att kamaxeldrevets inställningsmarkering är i linje med motsvarande markering på den bakre kamremskåpan (se avsnitt 3), vrid sedan vevaxeln ett kvarts varv (90°) medurs för att åter placera kolv nr 1 och 4 i ÖD-läget. Försäkra dig om att relevanta markeringar är inställda. Om det inte är möjligt att se svänghjulets markeringar, sätt tillfälligt tillbaka vevaxelremskivan och kamremskåpan, och vrid vevaxeln tills markeringen på remskivan är i linje med markeringen på kåpan.

17 Sätt kamremmen runt vevaxeldrevet, kylvätskepumpens drev, spännaren och kamaxeldrevet. Där så är tillämpligt, observera markeringarna för remmens rotationsriktning.

18 Kamremmen måste nu spännas enligt följande.

Alla utom motorkod AEE

19 Sätt in en vinklad låsringstång, eller liknande verktyg, i de två hålen i mitten av spännarremskivan, vrid sedan remskivan fram och tillbaka mellan stoppet i medurs riktning och stoppet i moturs riktning fem gånger.

20 Vrid spännarremskivan moturs mot stoppet, lossa sedan sakta spänningen på remskivan tills spänningsindikatorns visare är i linje med mitten av indikatorns urtag **(se bild på nästa sida)**. Man kan behöva använda en spegel för att kunna se inställningen av spänningsindikatorn.

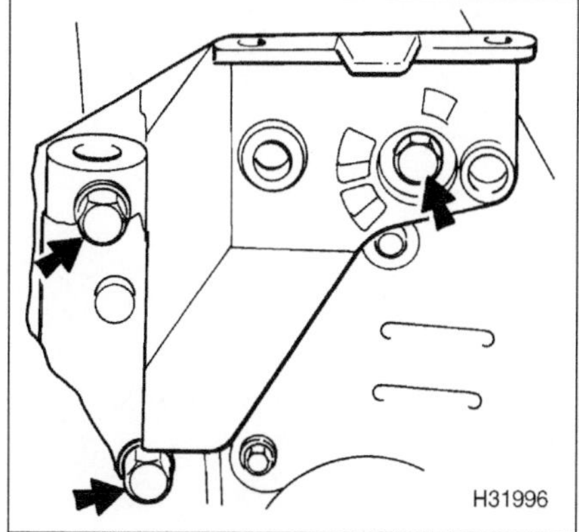

7.11 Bultar mellan höger motorfästbygel och motorn (vid pilarna)

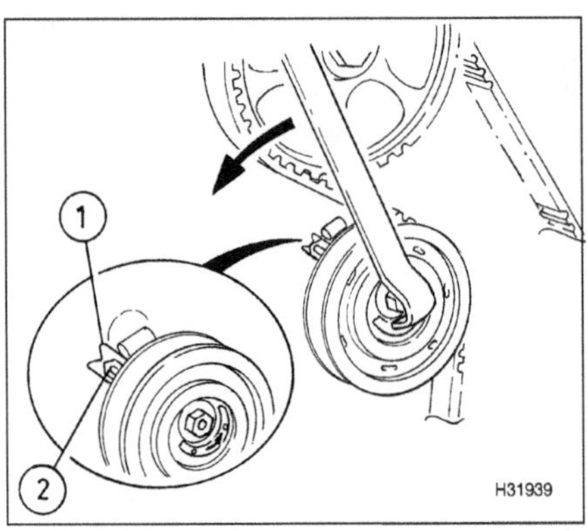

7.20 Spänn kamremmen så att spänningsindikatorns visare (2) är i linje med mitten av indikatorhacket (1)

21 Håll spännarremskivan i det här läget, med visaren och urtaget i linje, och dra åt spännarmuttern till angivet moment.

Motorkod AEE

22 Spänn remmen enligt följande. Dra åt spännarens låsmutter en aning, stick sedan in en insexnyckel i justeringshålet och vrid den excentriskt monterade spännaren medurs tills remmen är helt spänd (inget slack). Fortsätt att vrida spännaren tills den glidande visaren är i linje med hacket i spännarens basplatta. Avsluta med att dra åt spännarens låsmutter till angivet moment **(se bilder)**.

Alla motorkoder

23 Vrid vevaxeln två hela varv medurs tills kolv nr 1 är i ÖD igen, med inställningsmarkeringarna i linje (se avsnitt 3). Det är viktigt att minst en åttondels varvs rotation görs utan stopp.

24 Kontrollera att spänningsindikatorns visare fortfarande är rätt inriktad. Om inte, upprepa spänningsproceduren.

25 Använd en nyckel/hylsa på vevaxeldrevets bult, dra runt vevaxeln två hela varv och ställ motorn i ÖD för cylinder nr 1 (se avsnitt 3). Kontrollera inställningen av spännaren igen och justera efter behov.

26 Montera de nedre och mittre kamremskåporna enligt beskrivning i avsnitt 6.

27 Montera vevaxelremskivan (se avsnitt 5) och dra åt fästbultarna till angivet moment.

28 Montera den högra motorfästbygeln och dra åt bultarna till angivet moment (skjut fästbultarna på plats i fästbygeln innan den sätts fast mot motorn).

29 Montera höger motorfäste och kontrollera fästets inriktning enligt beskrivning i avsnitt 17. När inriktningen är korrekt, dra åt fästbultarna till angivet moment.

30 Koppla loss lyften och taljan från motorn.

31 Montera den övre, yttre kamremskåpan.

32 Montera servostyrningsvätskans behållare och kylvätskans expansionskärl.

33 Montera drivremsspännaren och dra åt fästbultarna till angivet moment, montera sedan drivremmen enligt beskrivning i kapitel 1A.

34 Montera motorns toppkåpa eller luftrenaren, efter tillämplighet.

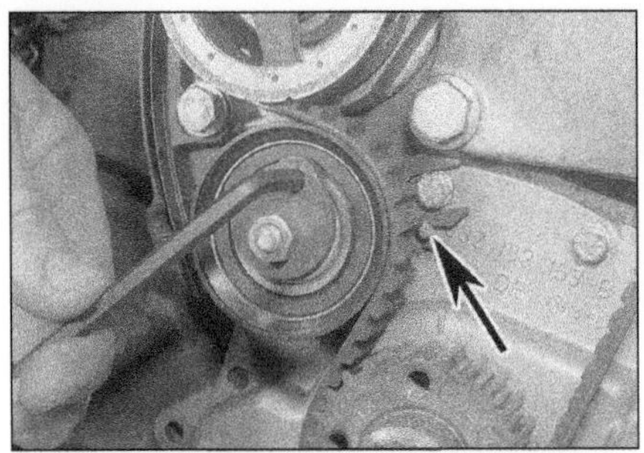

7.22a Vrid spännaren medurs med en insexnyckel tills visaren är i linje med hacket i spännarens basplatta

7.22b När remmen är korrekt spänd, dra åt spännarens låsmutter

8 Kamremsspännare och drev – demontering och montering

Kamaxeldrev

Demontering

1 Demontera kamremmen enligt beskrivning i avsnitt 7.

2 Där så behövs, skruva loss fästmuttern och ta bort den övre, inre kamremskåpan.

3 Kamaxeln måste hållas stilla medan drevets bult lossas, och detta kan göras med hjälp av ett egentillverkat verktyg som sticks in i hålen i drevet **(se bild)**.

4 Skruva loss drevets bult och dra ut den, ta sedan loss drevet från kamaxeländen. Ta vara på woodruffkilen om den är lös.

Montering

5 Innan monteringen påbörjas, undersök kamaxelns oljetätning för att se om den läcker, och byt ut den om så behövs enligt beskrivning i avsnitt 11.

6 Om så är tillämpligt, sätt tillbaka Woodruffkilen i änden av kamaxeln, sätt sedan tillbaka drevet.

7 Dra åt drevets bult till angivet moment. Förhindra att drevet roterar med samma metod som vid demonteringen.

8 Där så är tillämpligt, montera den övre, bakre kamremskåpan, montera sedan kamremmen enligt beskrivning i avsnitt 7.

Vevaxeldrev

Observera: *En ny fästbult till drevet kommer att behövas vid monteringen.*

Demontering

9 Demontera kamremmen enligt beskrivning i avsnitt 7.

10 Vevaxeln måste hållas stilla när drevets bult lossas. På modeller med manuell växellåda, lägg i högsta växeln och lägg an bromsen hårt. På modeller med automatväxellåda, skruva loss startmotorn och använd sedan en bredbladig skruvmejsel som hakas i svänghjulets startkrans så att vevaxeln hålls stilla.

11 Skruva loss vevaxeldrevets bult (bulten sitter mycket hårt), och ta bort drevet från vevaxeln **(se bilder)**.

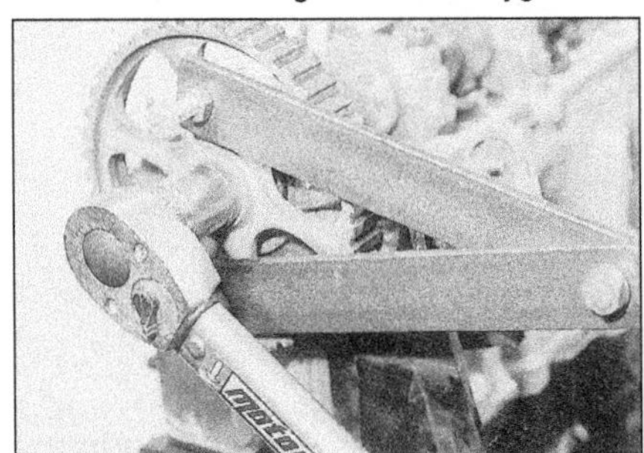

8.3 Ett egentillverkat verktyg används till att hålla kamaxeldrevet stilla (i bilden används verktyget medan bulten dras åt)

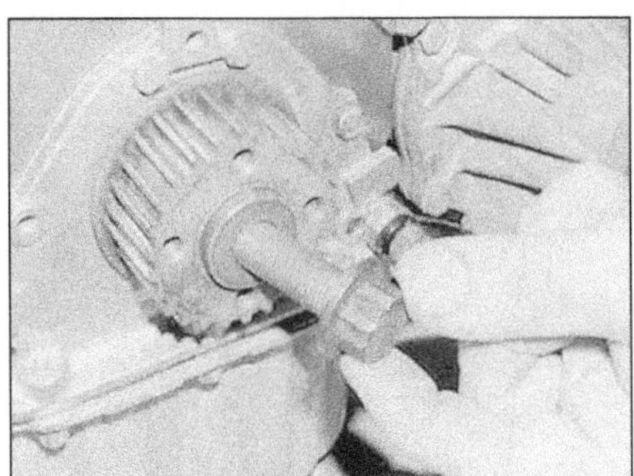

8.11a Skruva loss fästbulten . . .

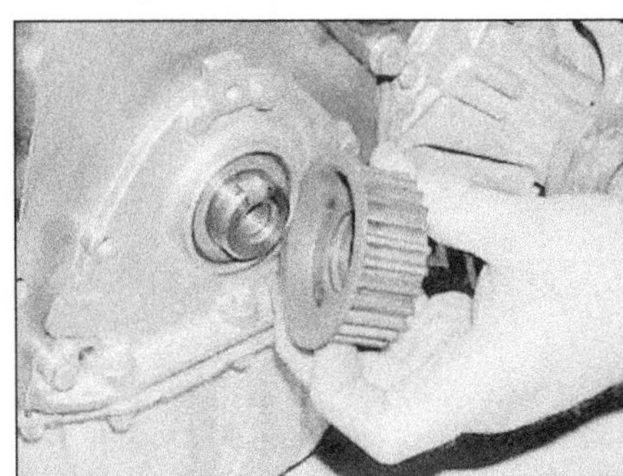

8.11b . . . och ta bort drevet från vevaxeln

Montering

12 Placera drevet på vevaxeln, med flänsen mot oljetätningshuset, dra sedan åt fästbulten till angivet moment medan vevaxeln hålls stilla med samma metod som vid demonteringen.

Varning: Låt inte vevaxeln rotera, eftersom kolvarna kan slå i ventilerna.

13 Montera kamremmen enligt beskrivning i avsnitt 7.

Kylvätskepumpens drev

14 Kylvätskepumpens drev sitter ihop med kylvätskepumpen och kan inte demonteras separat. Se kapitel 3 för information om demontering av kylvätskepumpen.

Kamremsspännare

Demontering

15 Demontera kamremmen enligt beskrivning i avsnitt 7.

16 Skruva loss fästmuttern och ta reda på brickan, ta sedan loss spännaren från pinnbulten på motorn.

Montering

17 Sätt spännaren på plats på pinnbulten, se till att klacken på spännarens bakre platta går in i motsvarande urtag i topplocket.

18 Sätt på fästmuttern, med brickan på plats, men dra inte åt muttern helt ännu.

19 Sätt tillbaka och spänn kamremmen enligt beskrivning i avsnitt 7.

9 Kamaxel - demontering, kontroll och montering

Observera: *Vid monteringen behövs en ny/ nya tätningar till kamaxeln.*

Demontering

1 Demontera kamaxelkåpan enligt beskrivning i avsnitt 4.

2 Demontera kamremmen enligt beskrivning i avsnitt 7.

3 Demontera kamaxeldrevet enligt beskrivning i avsnitt 8.

Alla motorer utom 1,6 liters AVU och BFQ

Observera: *Skoda tätningsmedel (AMV 174 004 01 eller liknande) kommer att behövas på topplockets fogyta mot kamaxellageröverfall nr 1 vid monteringen.*

4 Kontrollera först kamaxellageröverfallens identifikationsmärkning. Lageröverfallen har vanligtvis sina respektive cylindernummer instansade, och har också en avlång klack på ena sidan. Siffrorna ska kunna läsas från topplockets avgassida, och klackarna ska vara vända mot topplockets inloppssida. Om inga märkningar finns, gör egna med en rits eller en körnare. Överfallen ska vara numrerade från 1 till 5, där nr 1 är överfallet närmast motorns kamremsände. Notera på vilken sida av lageröverfallen markeringarna är, så att du med säkerhet kan sätta tillbaka dem rätt väg.

5 Skruva loss fästmuttrarna för lageröverfall nr 1, 3 och 5 och ta bort överfallen.

6 Arbeta nu stegvis, i diagonal ordning, och lossa fästmuttrarna för överfall nr 2 och 4. När muttrarna lossas kommer ventilfjädrarna att trycka upp kamaxeln.

7 När muttrarna till överfall nr 2 och 4 har lossats helt, ta bort överfallen.

8 Lyft kamaxeln från topplocket, ta sedan bort oljetätningen från kamaxeländen och kasta den. En ny tätning måste användas vid monteringen.

9 För att demontera de hydrauliska ventillyftarna, se avsnitt 10.

1,6 liters AVU och BFQ motorer

Observera: *Skoda tätningsmedel (D 188 800 A1 eller liknande) kommer att behövas för att täta fogarna mellan kamaxelhållaren och topplocket vid monteringen.*

10 Skruva loss fästmuttrarna och ta bort kamaxelhållaren från kamaxeln **(se bild)**. Notera att lageröverfall nr 1 är närmast motorns kamremsände.

11 Lossa stegvis muttrarna som håller överfall nr 5, 1 och 3, och därefter nr 2 och 4, i alternerande diagonal ordning. När muttrarna lossas kommer ventilfjädrarna att trycka upp kamaxeln.

12 När muttrarna som håller lageröverfall nr 2 och 4 har lossats helt, lyft av kamaxelhållaren.

13 Lyft upp kamaxeln från topplocket, ta sedan bort oljetätning och tätningslock från ändarna av kamaxeln och kasta dem. Nya tätningar måste användas vid monteringen.

14 För montering av de hydrauliska ventillyftarna och vipparmarna, se avsnitt 10.

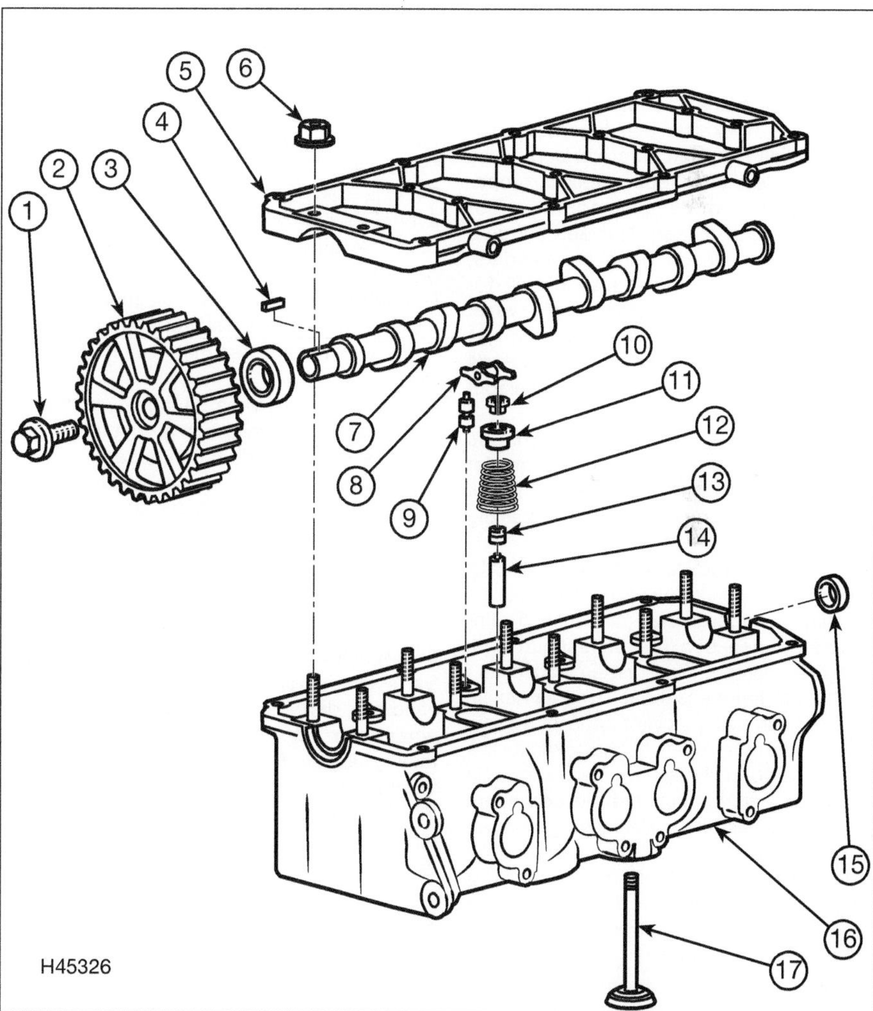

9.10 Kamaxel och vipparmar - AVU och BFQ motorer

1 Bult
2 Kamaxeldrev
3 Oljetätning
4 Parallellkil
5 Kamaxelhållare
6 Fästmutter
7 Kamaxel
8 Vipparm
9 Stöd
10 Knaster
11 Övre ventilfjäderbricka
12 Ventilfjäder
13 Ventilskaftstätning
14 Ventilstyrning
15 Kamaxeländens tätningslock
16 Topplock
17 Ventil

9.18 Kontrollera kamaxelns axialspel med en mätklocka

Kontroll

15 När kamaxeln är demonterad, undersök lageröverfallen/kamaxelhållaren och lagersätena i topplocket för att se om de är slitna eller har gropar. Om så är fallet behövs förmodligen ett nytt topplock. Kontrollera också att inte oljetillförselhålen i topplocket är igensatta.

16 Undersök kamaxeln för att se om den är sliten på nockarna och lagertapparna. I normala fall ska ytan vara slät och ha en matt glans; leta efter repor, erosion, gropar och områden som ser polerade ut, vilket tyder på kraftigt slitage. När den härdade ytan på kamaxeln en gång har skadats, slits den därefter mycket fort, byt därför alltid ut slitna komponenter. **Observera:** *Om du hittar ovan nämnda symptom på ändarna av kamaxelnockarna, undersök då motsvarande ventillyftare/vipparmar eftersom de förmodligen också är slitna.*

17 Om de maskinbearbetade ytorna på kamaxeln är missfärgade eller blåa, är det troligt att den har överhettats vid något tillfälle, förmodligen på grund av otillräcklig smörjning.

18 För att mäta kamaxelns axialspel, sätt tillfälligt tillbaka kamaxeln i topplocket, sätt tillbaka lageröverfall nr 1 och 5 eller kamaxelhållaren och dra åt fästmuttrarna till angivet moment. Sätt fast en mätklocka i topplockets kamremsände. Tryck kamaxeln mot ena sidan av topplocket, så långt det går, placera sedan mätklockans sond på kamaxelns ändyta och nollställ mätaren. Tryck kamaxeln så långt det går åt det andra hållet och notera avläsningen. Bekräfta avläsningen genom att trycka tillbaka kamaxeln till sin ursprungliga position och kontrollera att mätklockan visar noll igen **(se bild)**. **Observera:** *De hydrauliska ventillyftarna får inte vara monterade medan den här mätningen utförs.*

Montering

19 Försäkra dig om att vevaxeln har vridits så att kolv nr 1 och nr 4 har dragits in en aning i sina lopp (se avsnitt 7). Detta undanröjer risken för kontakt mellan kolv och ventil.

20 Montera ventillyftarna/vipparmarna enligt beskrivning i avsnitt 10.

21 Smörj kamaxellagertapparna och lagren i topplocket med ren motorolja **(se bild)**.

9.21 Smörj kamaxellagren med ren motorolja

22 Sänk försiktigt ner kamaxeln på plats i topplocket och se till att kamnockarna för cylinder nr 1 pekar uppåt.

Alla motorer utom 1,6 liters AVU och BFQ

23 Montera en ny oljetätning på kamaxeln. Se till att den slutna änden av tätningen är vänd mot den ände av kamaxeln där kamaxeldrevet sitter, och var noga med att inte skada tätningsläppen. Placera tätningen mot sätet i topplocket.

24 Olja den övre ytan på kamaxellageröverfallen, sätt sedan överfall nr 2 och 4 på plats. Se till att de monteras rätt väg och på rätt platser (se punkt 4), dra sedan åt fästmuttrarna stegvis och i diagonal ordning till angivet moment. När muttrarna dras åt tvingas kamaxeln ner mot ventilfjädrarnas tryck.

25 Se till att fogytorna på lageröverfall nr 1 och topplocket är rena och att det inte ligger kvar något gammalt tätningsmedel, smörj sedan topplockets fogyta mot lageröverfall nr 1 med tätningsmedel (Skoda tätning - AMV 174 004 01 eller liknande) **(se bild)**. Montera lageröverfall nr 1, 3 och 5 över kamaxeln och dra stegvis åt muttrarna till angivet moment.

1,6 liters AVU och BFQ motorer

26 Montera en ny oljetätning på kamaxeln. Se till att den slutna änden av tätningen är vänd mot den ände av kamaxeln där drevet sitter, och var noga med att inte skada tätningsläppen. Placera tätningen mot sätet i topplocket.

27 Olja den övre ytan på kamaxellagertapparna i kamaxelhållaren, utan att få olja på tätningsytan, där den ligger an mot topplocket.

28 Se till att fogytorna på topplocket och kamaxelhållaren är rena och att det inte finns kvar något gammalt tätningsmedel, lägg sedan på en jämn sträng tätningsmedel (Skoda tätningsmedel – D 188 800 A1 eller liknande) i spåret i kamaxelhållarens nedre yta. **Observera:** *Hållaren måste vara redo att dras ner utan fördröjning – tätningsmedlet börjar härda på en gång när det kommer i kontakt med topplocksytan.*

29 Innan kamaxelhållaren dras ner, sätt ett nytt tätningslock på den ände av kamaxeln

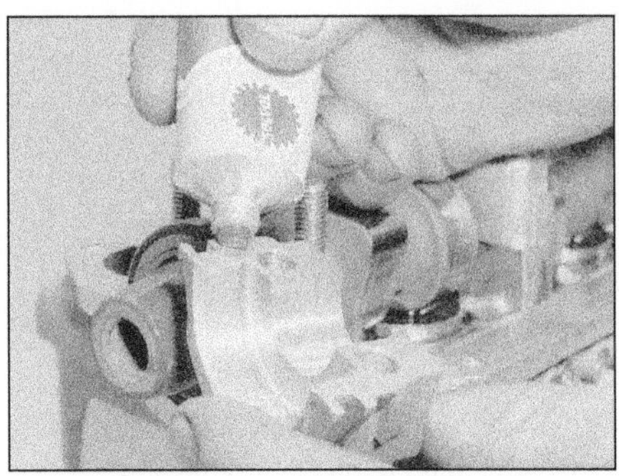
9.25 Stryk på tätningsmedel på fogytorna för lageröverfall nr 1

som är vänd mot växellådan, så att det hamnar jäms med änden av topplocket.

30 När hållaren sitter på plats, dra åt fästmuttrarna för lageröverfall nr 2 och 4, i stegvis diagonal ordning. Sätt sedan på och dra åt muttrarna för överfall 1, 3 och 5 stegvis i diagonal ordning. När muttrarna dras åt tvingas kamaxeln ner mot ventilfjädrarnas tryck.

31 Dra åt muttrarna till angivet moment i rätt ordning **(se bild)**.

Alla motorer

32 Montera kamaxeldrevet enligt beskrivning i avsnitt 8.

33 Montera och spänn kamremmen enligt beskrivning i avsnitt 7.

34 Montera kamaxelkåpan enligt beskrivning i avsnitt 4.

10 Hydrauliska ventillyftare/vipparmar – demontering, kontroll och montering

Demontering

1 Demontera kamaxeln enligt beskrivning i avsnitt 9.

Hydrauliska ventillyftare

2 Lyft upp ventillyftarna ur loppen i topplocket och förvara dem med ventilkontaktytorna vända nedåt, för att förhindra att olja rinner ut.

3 Det rekommenderas att ventillyftarna förvaras nedsänkta i olja medan de är

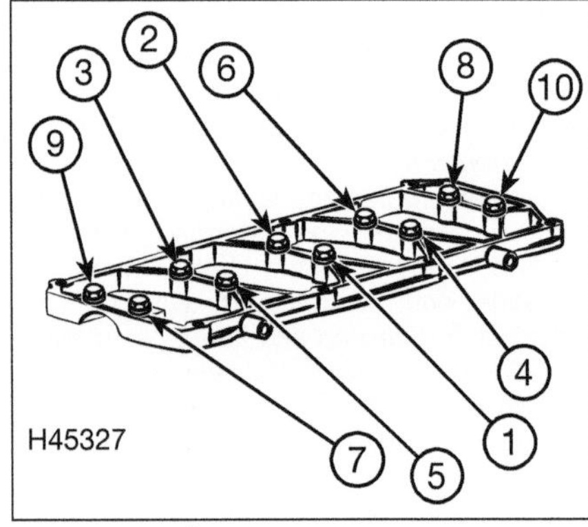

9.31 Åtdragningsordning för kamaxelhållaren – AVU och BFQ motorer

demonterade från topplocket. Notera var varje lyftare sitter, eftersom de måste sättas tillbaka på sina ursprungliga platser vid hopsättningen – om de sätts tillbaka på fel platser kan det leda till påskyndat slitage och förtida haveri.

Vipparmar

4 När komponenterna tas bort, förvara dem hela tiden i rätt ordning så att de kan sättas tillbaka på sina ursprungliga platser. Om ventillyftarna/vipparmarna sätts tillbaka på fel platser kommer det att leda till snabbt slitage och förtida haveri.

5 Notera hur vipparmarna sitter, ta sedan loss dem från ventillyftarna och lyft upp dem från topplocket.

6 Lyft försiktigt upp ventillyftarna ur loppen i topplocket. Det rekommenderas att ventillyftarna förvaras (i rätt ordning) upprätt nedsänkta i olja medan de är demonterade från motorn. Notera var varje lyftare sitter, eftersom de måste sättas tillbaka på sina ursprungliga platser vid hopsättningen – om de sätts tillbaka på fel platser kan det leda till påskyndat slitage och förtida haveri.

Kontroll

7 Undersök om loppen i topplocket är repiga eller på annat sätt skadade. Om betydande skador/repor upptäcks måste topplocket och ventillyftarna förmodligen bytas ut.

8 Undersök ventillyftarna och leta efter uppenbara tecken på skador eller slitage och byt ut dem om så behövs. Kontrollera att oljehålen i ventillyftarna inte är blockerade.

9 På 1,6 liters AVU och BFQ motorer, undersök ventilernas, ventillyftarnas och kamaxelns kontaktytor på vipparmarna och leta efter tecken på slitage eller skador, och undersök också om vipparmarna visar tecken på sprickbildning. Byt ut slitna eller skadade vipparmar.

10 Undersök kamaxeln enligt beskrivning i avsnitt 9.

Montering

11 Smörj ren motorolja på sidorna av de hydrauliska ventillyftarna och sätt dem på plats i sina ursprungliga lopp i topplocket. Tryck ner varje ventillyftare tills den sitter korrekt och smörj dess övre yta.

12 På 1,6 liters AVU och BFQ motorer, olja vipparmarnas kontaktytor på ventillyftarna och topparna av ventilskaften, sätt sedan tillbaka vipparmarna på sina ursprungliga platser och fäst dem ordentligt på ventillyftarna.

13 Smörj kamaxelnockarnas kontaktytor och montera kamaxeln enligt beskrivning i avsnitt 9.

11 Kamaxelns oljetätning – byte

Observera: *Oljetätningarna är av typen PTFE (Teflon) och monteras torra, utan fett eller olja. Dessa tätningar har en bredare tätningsläpp och har börjat användas istället för oljetätningen av spiralfjädertyp.*

1 Demontera kamremmen enligt beskrivning i avsnitt 7.

2 Demontera kamaxeldrevet enligt beskrivning i avsnitt 8.

3 Borra två små hål i den existerande oljetätningen, diagonalt mitt emot varandra. Var försiktigt så att du inte borrar igenom, in i tätningshuset eller kamaxelns tätningsyta. Skruva in två självgängande skruvar i hålen och dra ut oljetätningen genom att dra i skruvarna med en tång.

4 Rengör tätningshuset och tätningsytan på kamaxeln genom att torka med en luddfri trasa. Ta bort eventuella järnfilspån eller borrskägg som skulle kunna få tätningen att läcka.

5 Tryck försiktigt på tätningen på kamaxeln tills den sitter ovanför sitt hus. För att undvika skador på tätningsläpparna, linda tejp runt kamaxeländen.

6 Med hjälp av en hammare och en hylsa med lämplig diameter, driv tätningen rakt in i huset. **Observera:** *Välj en hylsa som endast ligger an mot tätningens hårda ytterkant, inte mot den inre tätningsläppen, som lätt kan ta skada.* Ta bort tejpen från kamaxeländen när tätningen har placerats korrekt.

7 Montera kamaxeldrevet med hänvisning till avsnitt 8.

8 Montera och spänn kamremmen enligt beskrivning i avsnitt 7.

12 Topplock – demontering, kontroll och montering

Observera: *Topplocket måste monteras med kall motor. Nya topplocksbultar och en ny packning kommer att behövas vid monteringen.*

Demontering

1 Koppla loss batteriets negativa kabel. **Observera:** *Innan batteriet kopplas ifrån, se avsnittet "Frånkoppling av batteriet" längst bak i boken.*

2 Demontera kåpan/kåporna som sitter över motorn. Beroende på modell kan dessa sitta fast med clips eller med muttrar/skruvar som sitter under runda täcklock. På vissa modeller kan den främre motorkåpan sitta fast med ytterligare en mutter på höger sida. På motor med kod AEE, demontera luftrenaren och luftkanalen.

3 Tappa av kylsystemet enligt beskrivning i kapitel 1A.

Varning: Bränsleledningarna står under tryck. Innan några bränsleledningar kopplas loss, tryckutjämna bränslesystemet enligt beskrivning i kapitel 4A.

4 Tryck ihop snabbkopplingarna i ändarna och koppla loss bränsletillförsel- och returslangarna. Notera hur bränsleledningarna sitter (på vissa modeller har bränsletillförselröret vita markeringar och returröret blå markeringar). Kläm ihop eller plugga igen bränsleslangarna och de öppna ändarna av bränsleinsprutningsbryggan för att slippa bränslespill och förhindra att smuts kommer in i systemet.

5 Demontera den övre delen av insugsgrenröret enligt beskrivning i kapitel 4A.

6 Där så är tillämpligt, ta bort EGR-röret (avgasåtercirkulation) enligt beskrivning i kapitel 4C.

7 Koppla loss alla relevanta kylvätskeslangar runt topplocket, skruva sedan loss kylvätskefördelningshuset eller fästbygeln, efter tillämplighet, från topplockets växellådsände.

8 Flytta undan eventuell kabelhärva från topplocket och notera noga hur den sitter.

9 På modeller med sekundär luftinsprutning, koppla loss och ta bort insprutningssystemets rör och ta bort tryckrörets fästbygel. Ta bort det sekundära luftinsprutningssystemets pump och fästbygel, med hänvisning till kapitel 4C.

10 Koppla loss slangen från kolkanisterns solenoidventil på höger sida i motorrummet.

11 På alla modeller utom 1,6 liters AEH och AKL motorer, ta bort tändstiftens tändkablar och kamaxellägesgivarens kontaktdon, skruva sedan loss fästmuttern och bultarna och ta bort den högervinklade fästbygeln och drivremsspännaren från motorn. På motor med kod AEE, demontera fördelarlocket, rotorarmen och gnistskydd.

12 Demontera avgassystemets främre del, med katalysator och grenrörets stödfäste, enligt beskrivning i kapitel 4C.

13 Demontera drivremmen enligt beskrivning i kapitel 1A.

14 Demontera kamremmen enligt beskrivning i avsnitt 7.

15 Eftersom motorn för närvarande hålls upp av en lyft/talja ansluten till den högra lyftöglan på topplocket, måste man nu ansluta en lämplig fästbygel till motorblocket, så att motorn fortfarande kan stöttas när topplocket tas bort. Alternativt kan motorn stöttas med en garagedomkraft och ett träblock placerad under motorns oljesump.

16 Om motorn ska stöttas med en lyft, skruva fast en lämplig fästbygel i motorblocket. Anslut en andra talja till lyften och justera taljan så att den kan hålla upp motorn med hjälp av fästbygeln som skruvats fast i motorblocket. När motorn har ordentligt stöd via fästbygeln i motorblocket, koppla loss taljan från lyftöglan på topplocket.

17 Demontera kamaxelkåpan enligt beskrivning i avsnitt 4.

18 Gör en sista kontroll för att försäkra att allt relevant kablage, alla rör och slangar har kopplats loss så att topplocket kan tas bort.

19 Lossa topplocksbultarna stegvis i visad ordning, ett varv i taget **(se bild på nästa sida)**. Ta bort bultarna.

20 När alla bultar är borttagna, lyft upp topplocket från motorblocket, tillsammans med avgasgrenröret, och den nedre delen av insugsgrenröret. Om topplocket sitter fast,

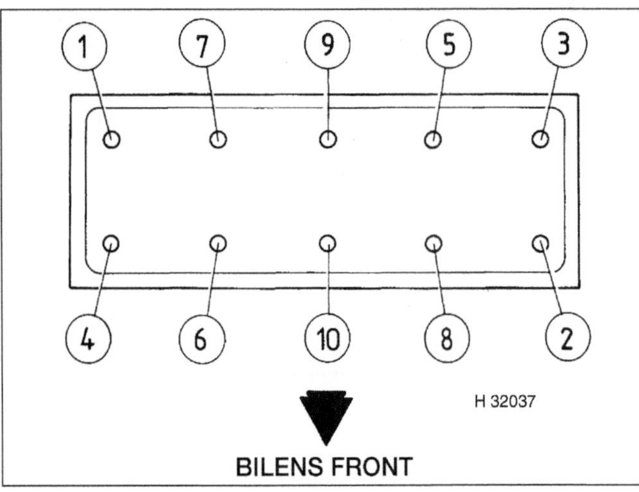

12.19 Lossningsordning för topplocksbultarna

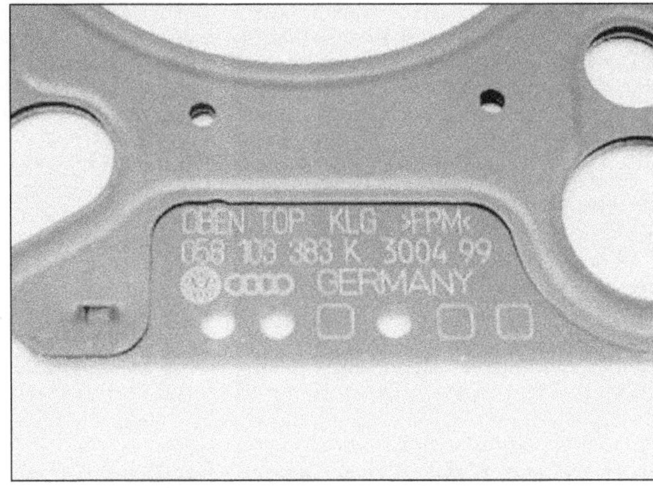

12.32 Typiska markeringar på topplockspackning

knacka på den med en mjuk klubba för att lossa fogen. Stick **inte** in något verktyg för att bända i packningsfogen.

21 Lyft upp topplockspackningen från motorblocket.

22 Om så önskas kan avgasgrenröret och den nedre delen av insugsgrenröret demonteras från topplocket, enligt beskrivning i kapitel 4C respektive 4A.

Kontroll

23 Isärtagning och kontroll av topplocket behandlas i kapitel 2D.

Montering

24 Fogytorna på topplocket och motorblocket måste vara helt rena innan topplocket sätts tillbaka.

25 Använd en skrapa för att ta bort alla spår av packning och sot, och rengör också kolvtopparna. Var särskilt försiktig med aluminiumytorna – den mjuka metallen skadas lätt.

26 Se till att inget skräp kommer in i olje- och vattenkanalerna – detta är särskilt viktigt för oljekretsen, eftersom sot kan blockera oljetillförseln till kamaxel- och vevaxellagren. Täck över vatten-, olje- och bulthålen i motorblocket med papper och tejp. För att förhindra att sot kommer in i öppningen mellan kolv och lopp, lägg lite fett i öppningen. När kolven har rengjorts, rotera vevaxeln så att kolven flyttar ner i loppet, torka sedan bort fettet och sotet med en ren trasa. Rengör alla kolvkronor på samma sätt.

27 Undersök topplocket och motorblocket, leta efter hack, djupa repor eller andra skador. Om skadorna är måttliga kan det vara möjligt att försiktigt gå över ytan med en fil. Allvarligare skador kan eventuellt åtgärdas med maskinbearbetning, men detta är ett jobb för en specialist.

28 Om topplocket misstänks vara skevt, använd en stållinjal för att kontrollera detta, enligt beskrivning i del D av det här kapitlet.

29 Se till att topplocksbultarnas hål i vevhuset är rena och fria från olja. Sug upp eventuell olja som finns kvar i bulthålen. Detta är ytterst viktigt, för att bultarna ska kunna dras åt till rätt åtdragningsmoment, och för att undvika risken att motorblocket spricker på grund av det hydraultryck som annars kan uppstå när bultarna dras åt.

30 Försäkra dig om att vevaxeln har vridits så att kolv nr 1 och 4 har dragits ner en aning i sina lopp (se avsnitt 7, om montering av kamremmen). Detta undanröjer risken för kontakt mellan kolvar och ventiler när topplocket sätts tillbaka.

31 Där så är tillämpligt, montera avgasgrenröret och den nedre delen av insugsgrenröret på topplocket, med hänvisning till kapitel 4A respektive 4C.

32 Se till att topplockets styrstift sitter på plats i motorblocket, placera sedan en ny topplockspackning över stiften, med artikelnumret vänt uppåt. Där så är tillämpligt ska markeringen OBEN/TOP vara vänd uppåt **(se bild)**. Notera att Skoda rekommenderar att packningen tas ut ur förpackningen bara precis innan den ska monteras.

33 Lägg ner topplocket på packningen och se till att det hamnar korrekt på stiften.

34 Sätt i de nya topplocksbultarna och skruva in dem så långt det går för hand.

35 Arbeta stegvis och i angiven ordning, och dra åt alla topplocksbultar till momentet som anges för steg 1 **(se bild)**.

36 Igen stegvis och i angiven ordning, dra åt alla topplocksbultarna till vinkeln som anges för steg 2.

37 Slutligen, dra åt alla bultar (fortfarande i samma ordning) till vinkeln angiven för steg 3.

38 Anslut lyften/taljan till motorns högra lyftögla på topplocket och justera taljan så att den håller upp motorns vikt. När motorn är ordentligt stöttad via lyftöglan på topplocket, koppla loss taljan från den fästbygel som skruvats fast på motorblocket och skruva loss fästbygeln från motorn. Alternativt, ta bort garagedomkraften och träblocket från under oljesumpen.

39 Montera kamaxelkåpan enligt beskrivning i avsnitt 4.

40 Montera och spänn kamremmen enligt beskrivning i avsnitt 7.

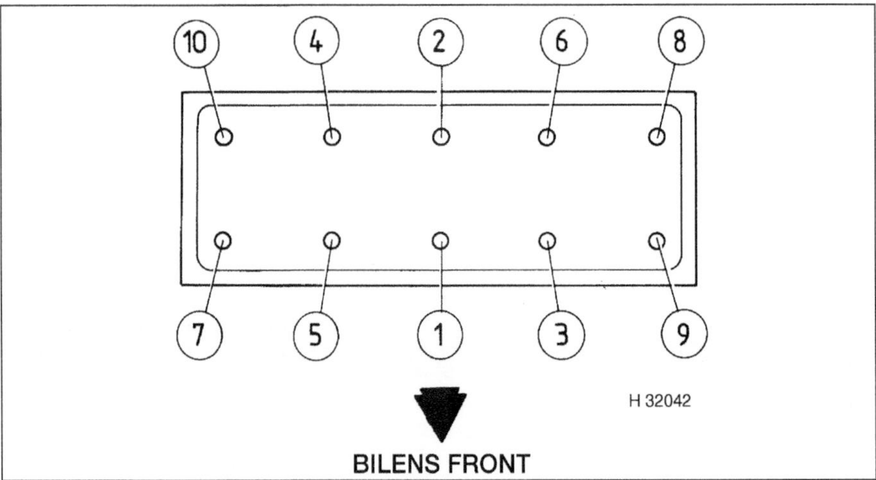

12.35 Åtdragningsordning för topplocksbultarna

41 Montera avgassystemets främre del enligt beskrivning i kapitel 4C.

42 Där så är tillämpligt, montera den sekundära luftinsprutningspumpen och rören, se kapitel 4C.

43 Montera kylvätskans fördelningshus eller fästbygeln, och anslut kylvätskeslangarna.

44 Anslut slangen till kolkanisterns solenoidventil.

45 Anslut bränsletillförsel- och returslangarna.

46 Sätt tillbaka EGR-röret enligt beskrivning i kapitel 4C.

47 Montera drivremmen enligt beskrivning i kapitel 1A.

48 På alla modeller utom 1,6 liter AEH och AKL motorer, sätt tillbaka tändstiftskablarna och kamaxellägesgivarens kontaktdon, montera sedan den högervinklade fästbygeln och drivremsspännaren och dra åt muttrarna och bultarna. På motor med kod AEE, montera fördelarlocket, rotorarmen och gnistskyddet.

49 Lägg kabelhärvan på plats, anslut sedan bränsletillförsel- och returslangarna.

50 Montera den övre delen av insugsgrenröret enligt beskrivning i kapitel 4A.

51 Fyll på kylsystemet enligt beskrivning i kapitel 1A.

52 Montera motorkåpan eller luftrenaren och anslut kabeln till batteriets negativa pol.

13 Oljesump – demontering och montering

Observera: *Skoda tätningsmedel (D 176404 A2 eller liknande) kommer att behövas för att täta oljesumpen vid montering.*

Demontering

1 Dra åt handbromsen, lyft upp framvagnen och stöd den säkert på pallbockar (se *Lyftning och stödpunkter*).

2 Skruva loss fästskruvarna och ta bort kåpan/kåporna under motorn.

3 Tappa av motoroljan enligt beskrivning i kapitel 1A.

4 Om så är tillämpligt, koppla loss kontaktdonet från oljenivå-/temperaturgivaren i oljesumpen **(se bild)**.

5 På motor med kod AEE, koppla loss avgassystemets nedåtgående rör från avgasgrenröret, enligt beskrivning i kapitel 4D. Genom att lossa avgassystemet från sina fästen, ska det vara möjligt att sänka ner det så mycket så att det går att sänka ner oljesumpen. Var försiktig så att inte lambdasondens kablage belastas när avgassystemet sänks – koppla loss kontakten om så behövs.

6 Skruva loss och ta bort bultarna som håller oljesumpen till motorblocket, och de bultar som håller sumpen till växellådshuset, ta sedan bort sumpen. Om så behövs, frigör oljesumpen genom att knacka på den med en mjuk hammare.

7 Om så önskas, skruva loss oljeskvalpskottet från motorblocket. **Observera:** *Det finns inget oljeskvalpskott på 1,6 liters AEE och 2,0 liters AZJ motorer.*

Montering

8 Börja monteringen genom att noggrant rengöra fogytorna på oljesumpen och motorblocket. Se till att få bort alla spår av gammalt tätningsmedel.

9 Om tillämpligt, sätt tillbaka skvalpskottet och dra åt fästbultarna.

10 Försäkra dig om att oljesumpens fogyta mot motorblocket är helt fri från gammal tätning, olja och fett, lägg sedan på en 2,0 till 3,0 mm tjock sträng silikontätning (Skoda D 176404 A2 eller liknande) på oljesumpen **(se bild)**. Notera att tätningen ska läggas på insidan av bulthålen i oljesumpen. Sumpen måste monteras inom fem minuter efter det att tätningsmedlet har lagts på.

11 För upp oljesumpen mot motorblocket, sätt sedan i fästbultarna mellan sumpen och blocket och dra åt dem lätt för hand, stegvis i diagonal ordning. **Observera:** *Om oljesumpen sätts tillbaka när motorn och växellådan är separerade, se då till att den hamnar jäms med svänghjulets ände av motorblocket.*

12 Sätt tillbaka bultarna mellan oljesumpen och växellådshuset och dra åt dem lätt med hjälp av en hylsa.

13 Dra nu åt bultarna mellan oljesumpen och motorblocket *lätt* med en hylsa, i diagonal ordning.

14 På alla motorkoder utom AEE, dra åt bultarna mellan oljesumpen och växellådan till angivet moment.

15 Dra sedan åt bultarna mellan oljesumpen och motorblocket, stegvis och i diagonal ordning, till angivet moment.

16 På motorkod AEE, anslut avgassystemets nedåtgående rör till avgasgrenröret, se kapitel 4D. Om så behövs, anslut lambdasondens kontakt.

17 Sätt tillbaka kontakten till oljenivå-/temperaturgivaren (om monterad), sätt sedan tillbaka kåpan/kåporna under motorn och sänk ner bilen på marken.

18 Vänta i minst 30 minuter efter det att oljesumpen har monterats, så att tätningsmedlet får torka, och fyll sedan på motorn med olja enligt anvisningarna i kapitel 1A.

14 Oljepump, drivkedjor och drev – demontering, kontroll och montering

Observera: *Oljepumpen på 2,0 liters AZJ motorer utgör en del av balansaxelenheten; se avsnitt 22 för ytterligare information.*

Demontering av oljepump

1 Demontera oljesumpen enligt beskrivning i avsnitt 13.

2 Där så är tillämpligt, skruva loss fästbultarna och ta bort oljeskvalpskottet från motorblocket.

13.4 Koppla loss kontaktdonet (vid pilen) från oljenivå-/temperaturgivaren

1,6 liters motor med kod AEE

3 Lossa oljetätningshusets fästbultar från motorblocket stegvis och ta sedan bort dem. Man måste ta bort huset för att komma åt den främre, övre fästbulten.

4 Lyft bort huset från motorblocket, tillsammans med vevaxelns oljetätning, med en vridande rörelse för att föra tätningen längs vevaxeln.

5 Ta bort den gamla packningen från tätningshuset och motorblocket. Om den har förvittrats, skrapa bort resterna med en brytbladskniv. Var försiktig så att inte fogytorna skadas.

6 Ta loss den tätningsbussning som sitter mellan tätningshuset och motorblocket. Om bussningen visar tecken på skada eller försämring, byt ut den mot en ny. Olja då bussningen lätt innan den sätts på oljetätningshuset.

7 Skruva loss och ta bort de bultar som håller oljepumpen till vevhusets kamremsände **(se bild på nästa sida)**.

8 Skruva loss bultarna som håller oljepumpens pickup till fästbygeln på vevhuset.

9 Haka loss pumpdrevet från drivkedjan och ta bort oljepump och pickup från motorn.

10 Ta bort skruvarna från fogflänsen, och lyft av pickupen och oljepumpskåpan. Ta vara på eventuell O-ringstätning.

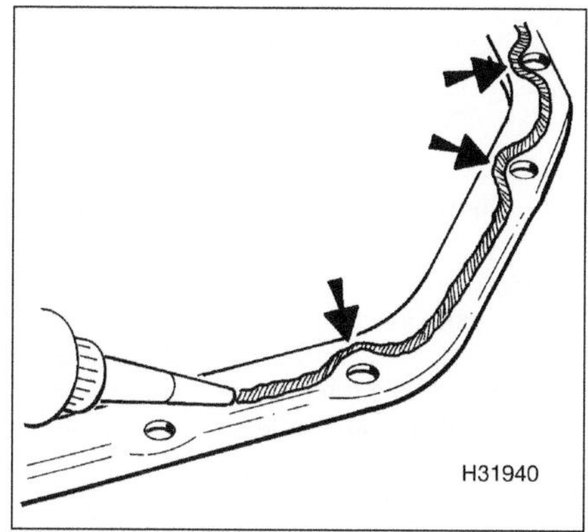

13.10 Lägg tätningsmedel runt insidan av bulthålen

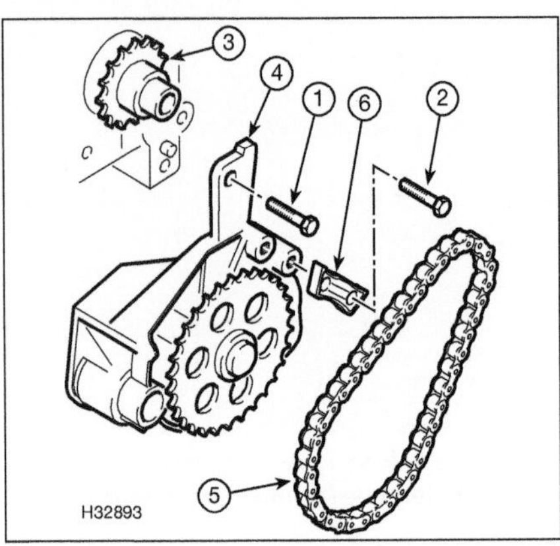

14.7 Oljepumpens komponenter – motorkod AEE

1 Vevaxeldrev
2 Oljepump
3 Fästbultar
4 Styrskena (inte på alla modeller)
5 Styrskenans bultar
6 Drivkedja

1,6 liters motor med AEH, AKL, AVU eller BFQ

11 Skruva loss och ta bort de tre fästbultarna och ta loss oljepumpen från stiften på vevhuset **(se bild)**. Haka loss oljepumpsdrevet från kedjan och ta bort oljepump och pickup från motorn. Notera att spännaren kommer att försöka spänna kedjan, och man kan behöva använda en skruvmejsel till att låsa den i det lossade läget innan man frigör pumpens drev från kedjan.

12 Om så önskas, skruva loss flänsbultarna och ta bort pickupen från oljepumpen. Ta vara på O-ringstätningen. Skruva loss bultarna och ta bort kåpan från pumpen. **Observera:** *Om pickupen tas bort från oljepumpen måste en ny O-ring användas vid monteringen.*

2,0 liters AZJ motorer

13 Lossa fästclipsen och ta bort skyddskåpan från oljepumpens drivkedja **(se bild)**.

14 Lossa pumpdrevets fästbult, använd sedan en skruvmejsel till att försiktigt lätta på kedjans spänning genom att trycka in spännaren och låsa fast den med en 3 mm insexnyckel.

15 Skruva loss fästbulten och ta bort oljepumpsdrevet.

16 Skruva loss fästbultarna och ta bort kedjespännaren från huset.

17 Skruva loss de fem fästbultarna från huset och ta bort oljepumpens inre och yttre rotorer; notera exakt hur de sitter.

Kontroll av oljepumpen

18 Rengör pumpen noggrant och undersök om kugghjulens kuggar/rotorerna är skadade eller slitna. Om så är fallet måste oljepumpen bytas ut.

19 På alla motorer utom 2,0 liters AZJ, för att ta bort drevet från oljepumpen, skruva loss fästbulten och dra loss drevet (drevet kan bara monteras på ett sätt).

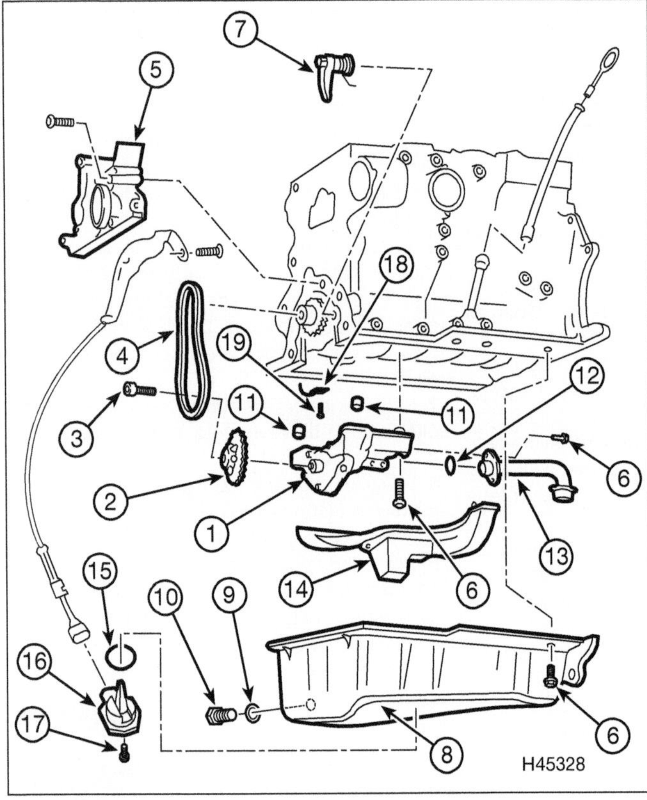

14.11 Oljepumpens komponenter – motorkod AEH, AKL, AVU och BFQ

1 Oljepump
2 Oljepumpsdrev
3 Bult
4 Oljepumpens drivkedja
5 Vevaxelns oljetätningshus
6 Bult
7 Drivkedjespännare
8 Oljesump
9 Tätning
10 Oljesumpens avtappningsplugg
11 Styrstift
12 O-ring
13 Oljepickup
14 Oljeskvalpskott
15 Tätning
16 Oljenivå-/temperaturgivare
17 Bult
18 Oljespraymunstycke
19 Bult

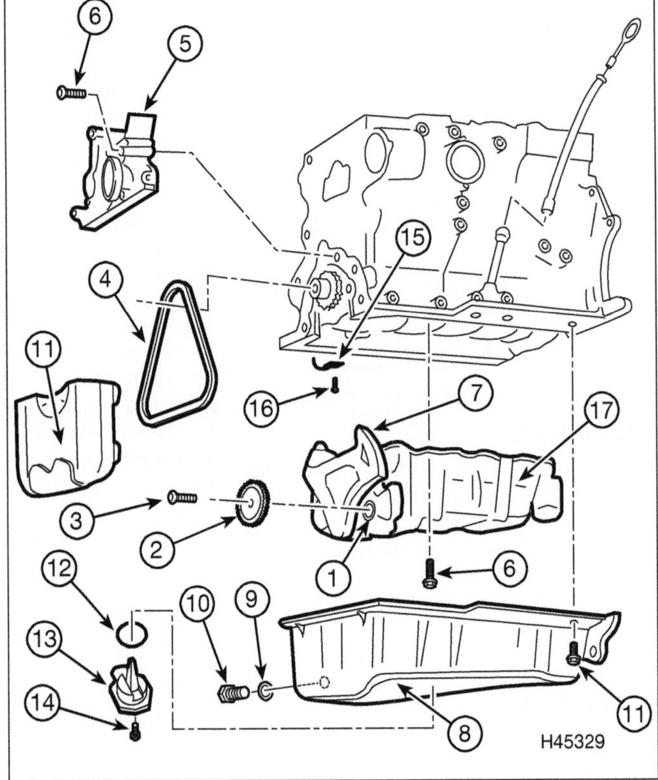

14.13 Oljesumpens och oljepumpens komponenter – AZJ motor

1 Oljepump
2 Oljepumpsdrev
3 Bult
4 Oljepumpens drivkedja
5 Vevaxelns oljetätningshus
6 Bult
7 Drivkedjespännare
8 Oljesump
9 Tätning
10 Oljesumpens avtappningsplugg
11 Kedjekåpa
12 Tätning
13 Oljenivå-/temperaturgivare
14 Bult
15 Oljespraymunstycke
16 Bult
17 Balansaxelenhet

Montering av oljepumpen

1,6 liters motor med kod AEE

20 Smörj in pumpen med olja genom att hälla olja i pickup-rörets öppning och samtidigt dra runt drivaxeln.

21 Sätt på kåpan på oljepumpen och dra åt skruvarna ordentligt. Om pickup-röret har tagits bort, sätt tillbaka detta på oljepumpen, med en ny O-ringstätning och dra åt fästbultarna.

22 Lyft upp oljepumpen på änden av vevaxeln. Sätt tillbaka drivkedjan på pumpdrevet, haka sedan fast den på vevaxeldrevet.

23 Sätt i pumpens fästbultar i motorns kamremsände och dra åt dem för hand.

24 Spänn drivkedjan genom att trycka på den med fingrarna på en punkt mitt emellan de två dreven **(se bild)**. Justera pumpens position i dess fästen tills spänningen blir korrekt. Avsluta med att dra åt fästbultarna till angivet moment.

25 Sätt tillbaka pickup-röret och dra åt infästningarna till fästbygeln på vevhuset.

26 Montera vevaxelns oljetätningshus, med en ny packning och oljetätning.

27 Se avsnitt 13 och montera oljesumpen.

1,6 liters motor med kod AEH, AKL, AVU eller BFQ

28 Smörj in pumpen med olja genom att hälla olja i pickup-rörets öppning och samtidigt dra runt drivaxeln.

29 Sätt på kåpan på oljepumpen och dra åt bultarna ordentligt. Om pickup-röret har tagits bort, sätt tillbaka detta på oljepumpen, med en ny O-ringstätning, och dra åt fästbultarna.

30 Med hjälp av en skruvmejsel, tryck spännaren mot fjädern för att skapa tillräckligt mycket slack i kedjan för att oljepumpen ska kunna sättas tillbaka. Haka i oljepumpsdrevet med drivkedjan, placera sedan oljepumpen på stiften. Sätt tillbaka och dra åt de tre fästbultarna till angivet moment.

31 Montera eventuellt oljeskvalpskott och dra åt fästbultarna.

32 Montera oljesumpen enligt beskrivning i avsnitt 13.

2,0 liters AZJ motorer

33 Smörj rotorerna med ren motorolja och sätt tillbaka dem i balansaxelhuset.

34 Montera oljepumpskåpan och dra åt de fem fästbultarna till angivet moment.

35 Montera kedjespännaren och dra åt fästbultarna.

36 Montera oljepumpsdrevet och se till att balansaxeln är korrekt inställd enligt beskrivning i avsnitt 22.

37 Montera oljesumpen enligt beskrivning i avsnitt 13.

Oljepump, drivkedja och drev

Observera: *Skoda tätningsmedel (D 176404 A2 eller liknande) kommer att behövas för att täta vevaxelns oljetätningshus vid monteringen, och det rekommenderas också att man monterar en ny vevaxeloljetätning.*

Demontering

38 Utför åtgärderna som beskrivs i punkt 1 och 2.

39 För att ta bort oljepumpsdrevet, skruva loss fästbulten, dra drevet från pumpaxeln och haka loss den från drivkedjan. **Observera:** *Det går inte att ta bort drevet på en motor med kod AEE.*

40 För att ta bort kedjan, demontera kamremmen enligt beskrivning i avsnitt 7, skruva sedan loss vevaxelns oljetätningshus från motorblocket. Skruva loss kedjespännaren från motorblocket, haka sedan loss kedjan från drevet på änden av vevaxeln.

41 Oljepumpens drev har presspassning på vevaxeln och är inte lätt att ta bort. Rådfråga en Skodaverkstad om drevet är slitet eller skadat.

Kontroll

42 Undersök om kedjan är sliten eller skadad. Slitage märks ofta som stort spel i sidled mellan länkarna, och högt ljud vid drift. Det är en bra idé att byta ut kedjan oavsett skick om motorn genomgår en renovering. Rullarna på en kraftigt sliten kedja kan vara spåriga. Om någon som helst tvekan råder kring kedjans skick, byt ut den.

43 Undersök om kuggarna på dreven är slitna. Varje kugge utgör ett uppochnedvänt V. Om kuggarna är slitna är sidan på varje kugge, under belastning, en aning konkav jämfört med den andra sidan (den ser ut lite som en krok). Om kuggarna tycks slitna ska drevet bytas ut (rådfråga en Skodaverkstad om vevaxeldrevet är slitet eller skadat).

Montering

44 Om oljepumpen har demonterats, montera pumpen enligt tidigare beskrivning i det här avsnittet innan kedjan och drevet sätts tillbaka.

45 Montera kedjespännaren på motorblocket och dra åt fästbulten till angivet moment. Se till att spännarfjädern är korrekt placerad så att den förspänner spännararmen.

46 Haka i oljepumpdrevet i kedjan, haka sedan i kedjan i vevaxeldrevet. Använd en skruvmejsel till att trycka spännaren mot fjädern för att skapa tillräckligt mycket slack i kedjan för att drevet ska kunna hakas i oljepumpen. Notera att drevet bara passar på ett sätt.

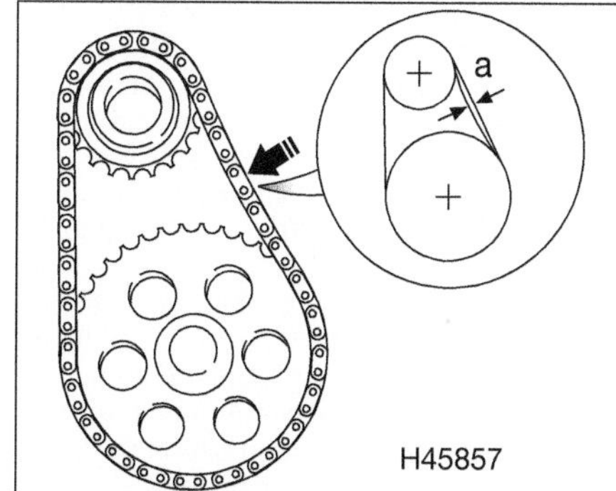

14.24 Oljepumpens drivkedja spänns

Avböjning (a) = Ungefär 4,0 mm mitt emellan dreven

47 Sätt i oljepumpdrevets bult och dra åt den till angivet moment.

48 Montera en ny oljetätning i vevaxelns oljetätningshus och sätt tillbaka huset enligt beskrivning i avsnitt 16.

49 Där så är tillämpligt, sätt tillbaka oljeskvalpskottet och dra åt fästbultarna.

50 Montera oljesumpen enligt beskrivning i avsnitt 13.

15 Svänghjul - demontering, kontroll och montering

1,6 liters motor

1 På 1,6 liters motorer med manuell växellåda är kopplingens tryckplatta fastskruvad direkt på vevaxelflänsen, och det skålade svänghjulet är sedan fastskruvat i tryckplattan. Anvisningar för demontering och montering av tryckplattan och svänghjulet finns i kapitel 6.

2 På 1,6 liters motorer med automatväxellåda, följer demontering, kontroll och montering av svänghjulet beskrivningen för 2,0 liters motorer i följande punkter.

2,0 liters motor

Observera: *Nya fästbultar till svänghjulet behövs vid monteringen.*

Demontering

3 På modeller med manuell växellåda, demontera växellådan (se kapitel 7A) och kopplingen (se kapitel 6).

4 På modeller med automatväxellåda, demontera växellådan enligt beskrivning i kapitel 7B.

5 Svänghjulets bultar är förskjutna för att montering bara ska kunna utföras på ett sätt. Skruva loss bultarna och håll samtidigt svänghjulet stilla. Sätt temporärt in en bult i motorblocket och använd en skruvmejsel till att hålla fast svänghjulet, eller tillverka ett särskilt hållverktyg **(se bilder på nästa sida)**.

6 Lyft bort svänghjulet från vevaxeln **(se bild på nästa sida)**. Notera placeringen av ett eventuellt shims (om monterat, mellan svänghjulet och vevaxeln), och distansen under fästbultarna. Ta vara på plattan mellan motorn och växellådan om den är lös.

Kontroll

7 Undersök om svänghjulet är skadat eller slitet. Undersök om startkransens kuggar är slitna eller skadade. Med vissa typer av svänghjul kan startkransen bytas ut oberoende av svänghjulet om den är sliten, medan man på andra måste byta ut hela svänghjulet. Rådfråga en Skodaverkstad. Om kopplingens friktionsyta är missfärgad eller kraftigt repad, kan det vara möjligt att slipa om den, men detta bör också överlämnas till en Skodaverkstad.

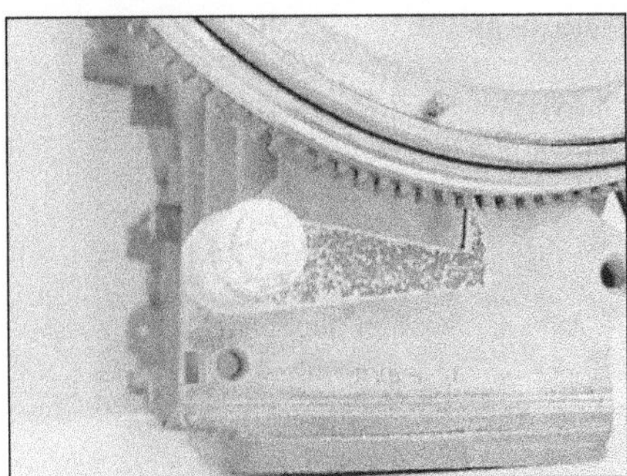

15.5a Verktyg som används till att hålla svänghjulet/medbringarskivan stilla – 2,0 liters motor

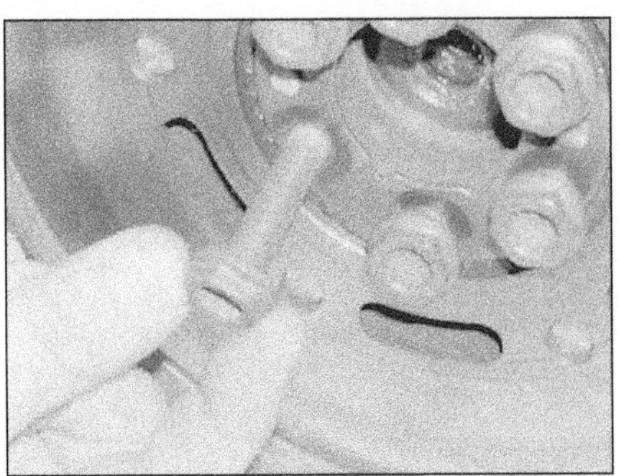

15.5b Skruva loss fästbultarna . . .

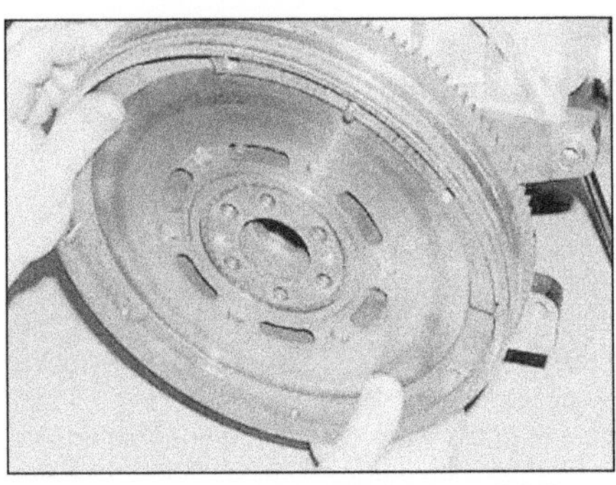

15.6 . . . och ta bort svänghjulet – 2,0 liters motor

Montering

8 Montering sker i omvänd ordning. Kom ihåg följande:

a) Se till att plattan mellan motorn och växellådan är på plats innan svänghjulet monteras.

b) På modeller med automatväxellåda, sätt tillfälligt tillbaka svänghjulet med de gamla bultarna och dra åt dem till 30 Nm, och kontrollera att avståndet från den bakre maskinbearbetade ytan på motorblocket till momentomvandlarens monteringsyta på svänghjulet är mellan 19,5-21,1 mm. Lättast mäter man detta genom ett av hålen i svänghjulet, med ett skjutmått. Om så behövs, demontera svänghjulet och placera ett mellanlägg (shim) mellan svänghjulet och vevaxeln för att uppnå rätt avstånd.

c) På modeller med automatväxellåda måste den upphöjda piggen på distansen under fästbulten vara vänd mot momentomvandlaren.

d) Använd nya bultar vid montering av svänghjulet, och täck gängorna på bultarna med låsvätska innan de sätts in. Dra åt fästbultarna till angivet moment.

16 Vevaxelns oljetätningar – byte

Observera: *Oljetätningarna är av typen PTFE (Teflon) och monteras torra, utan fett eller olja. Dessa tätningar har en bredare tätningsläpp och har börjat användas istället för oljetätningen av spiralfjädertyp.*

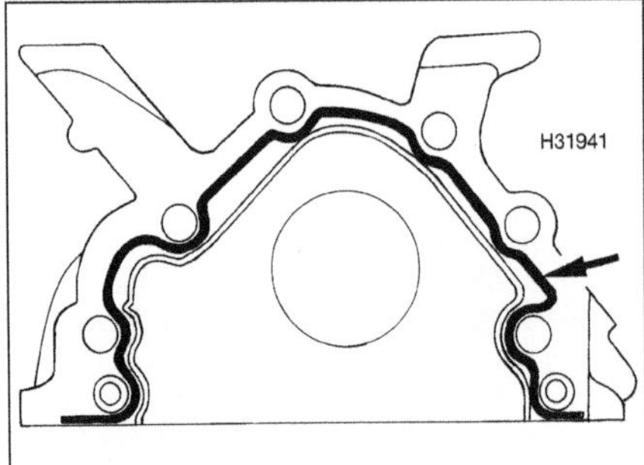

16.8 Lägg tätningsmedel på motorblockets fogyta på vevaxelns oljetätningshus

Änden mot kamremmen

Observera: *Om oljetätningshuset demonteras kommer Skoda tätningsmedel (D 176 404 A2, eller liknande) att behövas för att täta huset vid monteringen.*

1 Demontera kamremmen enligt beskrivning i avsnitt 7, och vevaxeldrevet enligt beskrivning i avsnitt 8.

2 För att ta bort tätningen utan att demontera huset, borra två små hål diagonalt mitt emot varandra i tätningen, sätt in självgängande skruvar och dra i skruvskallarna med en tång så att tätningen kommer ut.

3 Alternativt, för att demontera oljetätningen och huset, gör enligt följande:

a) Demontera oljesumpen enligt beskrivning i avsnitt 13. Detta är nödvändigt för att man ska kunna garantera en tillfredsställande tätning mellan sumpen och oljetätningshuset vid monteringen.

b) Skruva loss och ta bort oljetätningshuset.

c) Lägg tätningshuset på en arbetsbänk och bänd ut oljetätningen ur huset med en lämplig skruvmejsel. Var försiktigt så att du inte skadar tätningssätet i huset.

4 Rengör noggrant oljetätningens säte i huset.

5 Linda tejp runt änden av vevaxeln för att skydda oljetätningens läppar när tätningen (och huset om så är tillämpligt) monteras.

6 Montera en ny oljetätning i huset, tryck eller driv in den i huset med en hylsa eller ett rör med lämplig diameter. Se till att hylsan/röret endast ligger an mot tätningens hårda ytterkant och var försiktig så att inte tätningsläpparna skadas. Pressa eller driv in tätningen tills den sitter mot skuldran i huset. Se till att den slutna änden av tätningen är vänd utåt.

7 Om oljetätningshuset har demonterats, gör enligt följande, gå i annat fall vidare till punkt 9.

8 Tvätta bort alla spår av gammalt tätningsmedel från vevaxelns oljetätningshus och motorblocket. Lägg en sträng Skoda tätningsmedel (D 176 404 A2, eller liknande), 2,0 till 3,0 mm tjock, längs motorblockets fogyta på oljetätningshuset **(se bild)**. Oljetätningshuset måste monteras inom fem minuter efter det att tätningsmedlet har lagts på.

Försiktighet: Lägg INTE på för stora mängder tätningsmedel på huset, eftersom det kan komma in i oljesumpen och blockera pickupen.

9 Montera oljetätningshuset, försiktigt så att inte tätningen skadas (se punkt 5), dra sedan stegvis åt bultarna till angivet moment.

10 Montera oljesumpen enligt beskrivning i avsnitt 13.

11 Montera vevaxeldrevet med hänvisning till avsnitt 8, och kamremmen enligt beskrivning i avsnitt 7.

Änden mot svänghjulet

Observera: *Om det ursprungliga oljetätningshuset monterats med tätningsmedel, kommer Skoda tätningsmedel (D 176 404 A2, eller liknande) att behövas för tätning vid monteringen.*

12 Demontera kopplingens tryckplatta/svänghjulet enligt beskrivning i avsnitt 15.

13 Demontera oljesumpen enligt beskrivning i avsnitt 13. Detta behövs för att man ska kunna garantera en god tätning mellan oljesumpen och tätningshuset vid monteringen.

14 Skruva loss och ta bort oljetätningshuset, komplett med tätningen.

15 Den nya oljetätningen kommer färdigmonterad i ett nytt oljetätningshus.

16 Rengör noggrant oljetätningshusets fogyta på motorblocket.

17 Nya oljetätningar/hus kommer med ett monteringsverktyg för att förhindra skador på oljetätningen vid monteringen. Placera verktyget över vevaxelns ände.

18 Om det gamla oljetätningshuset hade monterats med tätningsmedel, lägg en tunn sträng Skoda tätningsmedel (D 176 404 A2, eller motsvarande) på tätningshusets fogyta mot motorblocket. Tätningshuset måste monteras inom fem minuter efter det att tätningsmedlet har lagts på.

Försiktighet: Lägg INTE på för stora mängder tätningsmedel på huset, eftersom det kan komma in i oljesumpen och blockera pickup-röret.

19 Montera försiktigt oljetätningen/huset över vevaxelns bakre ände och dra åt bultarna stegvis, i diagonal ordning, till angivet moment.

20 Ta bort oljetätningens skyddsverktyg från vevaxeln.

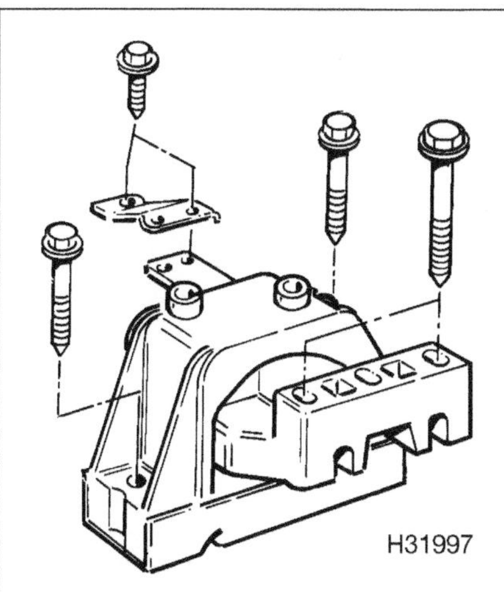

17.9 Högra motorfästets komponenter

21 Montera oljesumpen enligt beskrivning i avsnitt 13.

22 Montera kopplingens tryckplatta/svänghjulet enligt beskrivning i avsnitt 15.

17 Motor-/växellådsfästen – kontroll och byte

Kontroll

1 Om förbättrad åtkomlighet behövs, lyft upp framvagnen och stötta den ordentligt på pallbockar (se *Lyftning och stödpunkter*). Skruva loss fästskruvarna och ta bort kåpan/kåporna under motorn.

2 Undersök fästenas gummidelar för att se om de är spruckna, förhårdnade eller har lossnat från metallen på någon punkt; byt ut fästet om det är skadat eller försämrat enligt ovan.

3 Kontrollera att fästenas alla bultar/muttrar är hårt åtdragna; använd om möjligt en momentnyckel för att kontrollera.

4 Med en stor skruvmejsel eller en kofot, kontrollera om fästena är slitna genom att försiktigt bända mot dem och kontrollera om det finns något fritt spel. Där detta inte är möjligt, ta hjälp av någon som kan gunga motorn framåt-bakåt och från sida till sida medan du observerar fästet. Ett visst spel kan förväntas även från nya komponenter, men kraftigt slitage bör vara uppenbart. Om stort spel upptäcks, kontrollera först att alla bultar/muttrar är ordentligt åtdragna, byt sedan ut slitna komponenter enligt beskrivning i följande punkter.

Byte

Höger fäste

Observera: *Nya fästbultar kommer att behövas vid monteringen.*

5 Anslut en lyft och talja till motorns lyftöglor på topplocket, och höj lyften så mycket att den bara precis tar upp motorns vikt. Alternativt kan motorn stöttas på en garagedomkraft som placeras under dess oljesump. Lägg ett träblock mellan oljesumpen och domkraftens huvud för att undvika skador på sumpen.

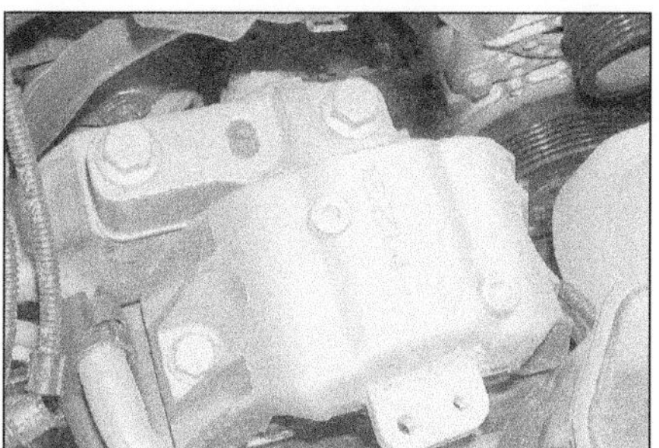

17.10a Höger motorfäste – tre av fästbultarna synliga

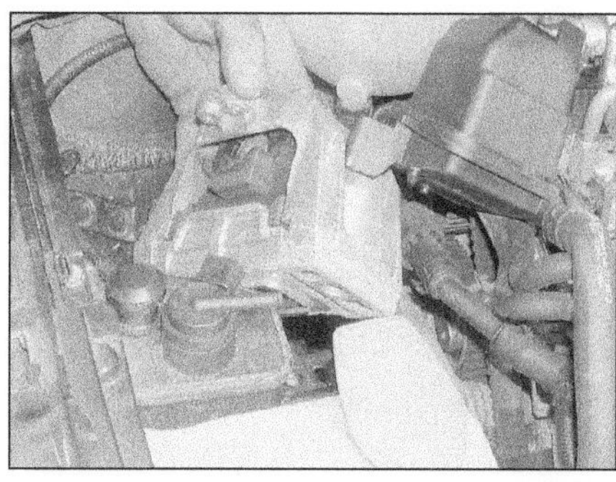

17.10b Demontering av höger motorfäste

6 Skruva loss servostyrningsvätskans behållare och flytta den åt sidan, men koppla inte loss några vätskeslangar.

7 Skruva också loss kylvätskebehållaren och flytta den åt sidan, igen utan att koppla loss några kylvätskeslangar.

8 Där så är tillämpligt, flytta undan kablage, rör eller slangar för att möjliggöra demontering av motorfästet. Det kan bli nödvändigt att koppla loss vissa slangar.

9 Där så är tillämpligt, skruva loss de två fästbultarna och ta bort den lilla fästbygeln längst upp på fästet **(se bild)**.

10 Skruva loss de två bultarna som håller fästet till fästbygeln på motorn, och de två bultarna som håller fästet till karossen, lyft sedan ut fästet ur motorrummet **(se bilder)**.

11 Montering sker i omvänd ordning, tänk på följande.

a) *Använd nya bultar vid montering av huvudfästet.*

b) *Innan fästets fästbultar dras åt helt, se till att avståndet mellan fästet och fästbygeln på motorn är enligt bilden, och kontrollera också att skallarna på bultarna mellan fästet och motorbygeln är jäms med kanten på fästet* **(se bild)**.

c) *Dra åt alla infästningar till angivet moment.*

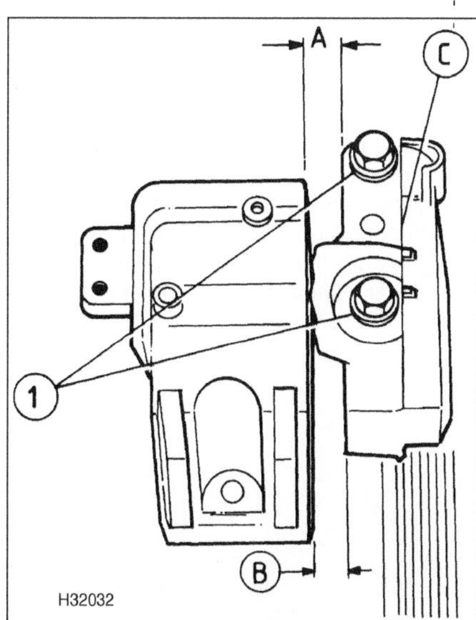

17.11 Högra motorfästets inställning – båda bultskallarna (1) måste vara jäms med kanten (C)

A = 14,0 mm *B = minst 10,0 mm*

Vänster fäste

Observera: *Nya fästbultar kommer att behövas vid montering (man behöver inte byta ut de mindre bultarna mellan fäste och kaross).*

12 Fortsätt enligt beskrivning i punkt 5.

13 Demontera batteriet enligt beskrivning i kapitel 5A, koppla sedan loss startmotorns huvudmatningskabel från "boxen" för batteriets positiva pol.

14 Frigör relevant kablage eller slangar från klämmorna på batterihyllan, skruva sedan loss de fyra fästbultarna och ta bort batterihyllan **(se bild)**.

15 Där så är tillämpligt, för att förbättra åtkomligheten till fästet mellan motorn och växellådan, demontera luftrenaren enligt beskrivning i kapitel 4A.

16 På vissa modeller kan man behöva lossa kabelhärvor och/eller slangar från fästbyglar intill motor-/växellådsfästet för att fästet ska kunna demonteras.

17 Lyft försiktigt bort kabelhärvans hus från innerskärmen för att komma åt bultarna mellan fästet och karossen. Man kan komma åt den mindre bulten genom att lossa kåpan från kabelhärvans hus och flytta kabelhärvan åt sidan.

17.14 Demontering av batterihyllan

17.18a Vänster motor-/växellådsfäste

18 Skruva loss de två bultarna som håller fästet till växellådan, och de tre bultarna som håller fästet till karossen, lyft sedan ut fästet från motorrummet. Man kan behöva lirka lite för att få ut fästet under kabelhärvans hus **(se bilder)**.

19 Montering sker i omvänd ordning mot demonteringen. Tänk på följande:

*a) Kanten av motor-/växellådsfästet måste vara parallell med karossen (se **bild**).*

b) Använd nya fästbultar (man behöver inte byta ut den mindre bulten mellan fästet och karossen).

c) Dra åt alla infästningar till angivet moment.

Bakre fäste

Observera: *Nya fästbultar kommer att behövas vid monteringen.*

20 Dra åt handbromsen, lyft sedan upp framvagnen och stötta den säkert på pallbockar (se *Lyftning och stödpunkter*). Demontera kåpan/kåporna under motorn för att komma åt det bakre motor-/växellådsfästet.

21 Fortsätt enligt beskrivning i punkt 5.

22 Under bilen, skruva loss och ta bort de två bultarna som håller fästet till framvagnsramen **(se bild)**.

23 Skruva loss de två bultarna som håller fästet till växellådan **(se bild)**, ta sedan bort fästet från under bilen.

24 Montering sker i omvänd ordning, men använd nya fästbultar och dra åt alla infästningar till angivna moment.

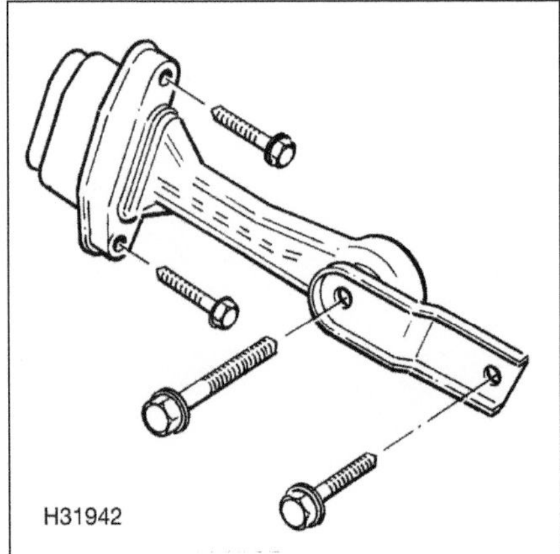

17.22 Bakre motor-/växellådsfästets komponenter

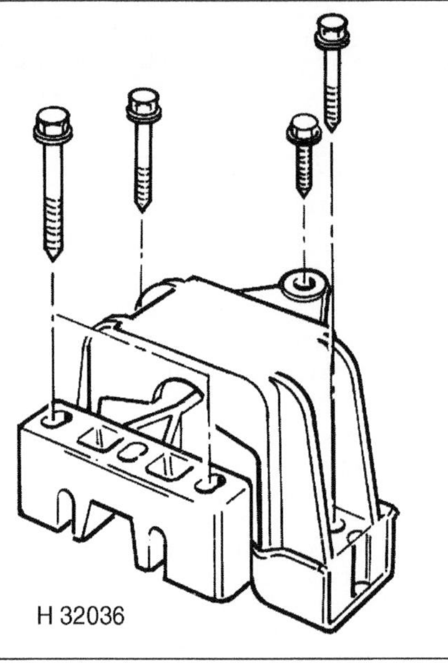

17.18b Vänstra motor-/växellådsfästets komponenter

18 Motorns oljekylare – demontering och montering

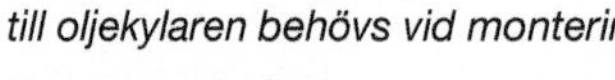

Observera: *Ett nytt oljefilter och en ny O-ring till oljekylaren behövs vid monteringen.*

Demontering

1 Oljekylaren sitter ovanför oljefiltret, på motorblockets framsida **(se bilder)**.

Observera: *Det finns ingen oljekylare på motorn med kod AEE.*

2 Placera en behållare under oljefiltret för att samla upp spilld olja och kylvätska, ta sedan bort oljefiltret, med hjälp av anvisningarna i kapitel 1A om så behövs.

3 Kläm ihop oljekylarens kylvätskeslangar för att minimera kylvätskespillet, ta sedan bort slangklämmorna och koppla loss slangarna från oljekylaren. Var beredd på kylvätskespill.

4 Där så är tillämpligt, frigör oljekylarrören från fästbyglar eller clips.

17.23 Bakre motor-/växellådsfästet sett underifrån

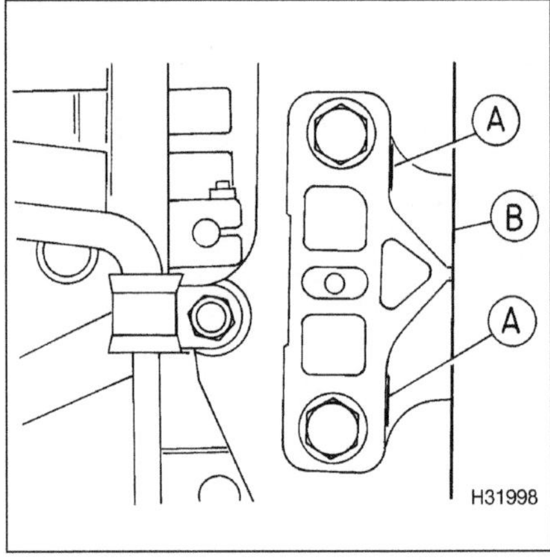

17.19 Inställning av vänster motor-/växellådsfäste – kanterna (A) och (B) måste vara parallella

5 Skruva loss oljekylarens fästmutter från gängorna på oljefiltrets fäste, dra sedan loss oljekylaren. Ta vara på O-ringen från toppen av oljekylaren.

Montering

6 Montering sker i omvänd ordning. Tänk på följande:

a) Använd en ny O-ring till oljekylaren.

b) Montera ett nytt oljefilter.

c) Avslutningsvis, kontrollera olje- och kylvätskenivåerna och fyll på om så behövs.

19 Oljeövertrycksventil – demontering, kontroll och montering

Demontering

1 Övertrycksventilen sitter på höger sida av oljefilterhuset, utom på motorkod AEE där den sitter på oljepumpskåpan.

2 Torka av området runt övertrycksventilens plugg, lossa sedan och ta bort pluggen och tätningsringen från filterhuset. Dra ut ventilfjädern och kolven och notera exakt hur de sitter. Om ventilen inte ska sättas tillbaka på en gång, plugga igen hålet i oljefilterhuset.

18.1a Oljekylare – 1,6 liters motor

Kontroll

3 Undersök om ventilens kolv och fjäder visar tecken på slitage eller skada. I skrivande stund verkar man inte kunna köpa fjädern och kolven separat; rådfråga närmaste Skodahandlare om tillgången på reservdelar. Om fjädern och kolven är slitna måste hela oljefilterhuset bytas ut. Ventilpluggen och tätningsringen finns som separata delar.

Montering

4 Sätt fast kolven i den inre änden av fjädern, sätt sedan in hela enheten i oljefilterhuset. Se till att tätningsringen sitter korrekt på ventilpluggen och sätt sedan in pluggen i huset och dra åt den till angivet moment.

5 Avslutningsvis, kontrollera oljenivån och fyll på om så behövs enligt beskrivning i *Veckokontroller*.

20 Oljetryckslampans kontakt - demontering och montering

Demontering

1 Oljetryckslampans kontakt sitter på vänster sida av oljefilterhuset, utom på motorkod AEE, där den sitter på motorns baksida.

2 Koppla loss kontaktdonet och torka av området runt kontakten.

3 Skruva loss kontakten från filterhuset och ta bort den, tillsammans med tätningsbrickan. Om kontakten inte ska sättas tillbaka på en gång, plugga igen öppningen i filterhuset.

Montering

4 Undersök om tätningsbrickan är skadad eller försämrad och byt ut den om så behövs.

5 Sätt tillbaka kontakten, tillsammans med brickan, och dra åt den till angivet moment.

6 Anslut kontaktdonet, kontrollera sedan motoroljenivån och fyll på om så behövs enligt beskrivningen i *Veckokontroller*.

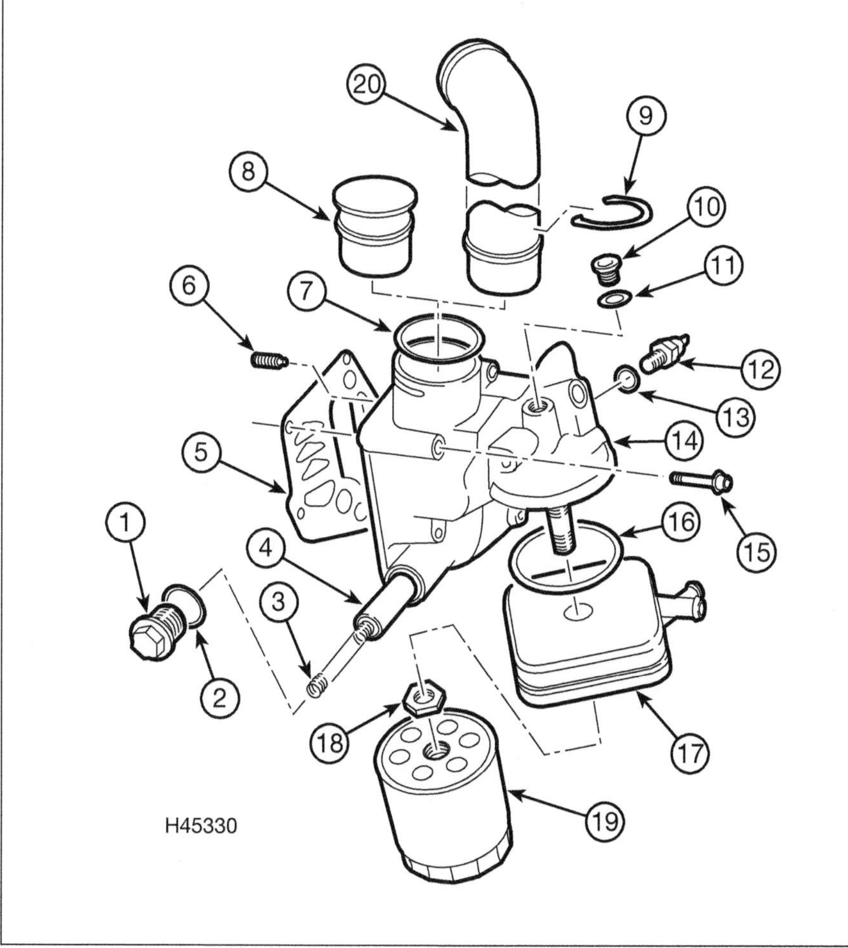

18.1b Oljekylare

1 *Tätningsplugg*
2 *Tätning*
3 *Oljetrycksventilens fjäder*
4 *Oljetrycksventilens kolv*
5 *Packning*
6 *Backventil*
7 *Tätning*
8 *Tätningslock (utom på AVU och BFQ motorer)*
9 *Fästklämma*
10 *Tätningsplugg*
11 *Tätning*
12 *Oljetryckslampans kontakt*
13 *Tätning*
14 *Oljefilterhus*
15 *Bult*
16 *Tätning*
17 *Oljekylare*
18 *Mutter*
19 *Oljefilter*
20 *Anslutningsrör*

21 Oljenivå-/temperaturgivare - demontering och montering

Demontering

1 Oljenivå-/temperaturgivaren sitter längst ner i oljesumpen **(se bild)**.

2 Tappa av motoroljan enligt beskrivning i kapitel 1A.

3 Koppla loss kontaktdonet och torka rent området runt givaren.

4 Skruva loss de tre fästskruvarna och ta bort givaren.

Montering

5 Undersök om tätningsbrickan är skadad eller försämrad och byt ut den om så behövs.

6 Montera givaren och dra åt fästbultarna till angivet moment.

7 Anslut kontaktdonet och fyll sedan på motorn med olja, enligt beskrivning i kapitel 1A.

8 Avslutningsvis, kontrollera oljenivån på mätstickan och toppa upp med mer olja om så behövs (se *Veckokontroller*).

22 Balansaxlar (2,0 liter AZJ motor) - demontering och montering

Demontering

1 Modeller med 2,0 liters motor med kod AZJ har en balansenhet som sitter mellan motorblocket och oljesumpens huvuddel. Enheten består av två balansaxlar som roterar mot varandra och drivs av vevaxeln **(se bild)**.

2 Demontera oljesumpens huvuddel enligt beskrivning i avsnitt 13.

21.1 Oljenivå-/temperaturgivare (vid pilen) - placerad längst ner i oljesumpen

3 Lossa fästclipsen och ta loss skyddskåpan från oljepumpens drivkedja.

4 Lossa oljepumpdrevets fästbult, använd sedan en skruvmejsel och lossa försiktigt spänningen på kedjan genom att trycka in spännaren och låsa den på plats med en 3 mm insexnyckel **(se bilder)**.

5 Skruva loss fästbulten och ta loss oljepumpdrevet, lossa sedan kedjan från balansaxeldrevet.

6 Arbeta utifrån och inåt, lossa fästbultarna och notera hur de sitter. Ta bort balansenheten och lossa den från drivkedjan från vevaxeln.

Försiktighet: Balansaxelenhetens fästbultar är olika långa, det är därför viktigt att man noterar var de sitter.

Montering

7 Se avsnitt 3, ställ vevaxeln i läge ÖD för cylinder nr 1 i slutet av kompressionstakten.

8 Placera balansaxlarna så att inställningsmarkeringen på drevet är i linje med hålet i huset och sätt in ett låsstift **(se bild)**.

9 Sätt balansenheten på motorblocket och tänk på placeringen av de olika bultarna. Sätt i fästbultarna och dra åt dem till angivet moment. Börja i mitten och arbeta utåt.

10 Med Skoda verktyg T10060 fortfarande på plats och även den 3 mm insexnyckeln som låser kedjespännaren, sätt fast drivkedjan runt balansaxeldrevet.

11 Placera den fasade sidan av oljepumpaxeln uppåt och montera oljepumpsdrevet, så att det hakar i drivkedjan. Dra åt fästbulten för hand tills vidare.

12 Med dreven inställda, ta bort låsanordningarna från balansaxeldrevet och kedjespännaren, dra sedan åt oljepumpsdrevet till angivet moment.

13 Montera skyddskåpan över oljepumpens drivkedja.

14 Montera oljesumpen enligt beskrivning i avsnitt 13.

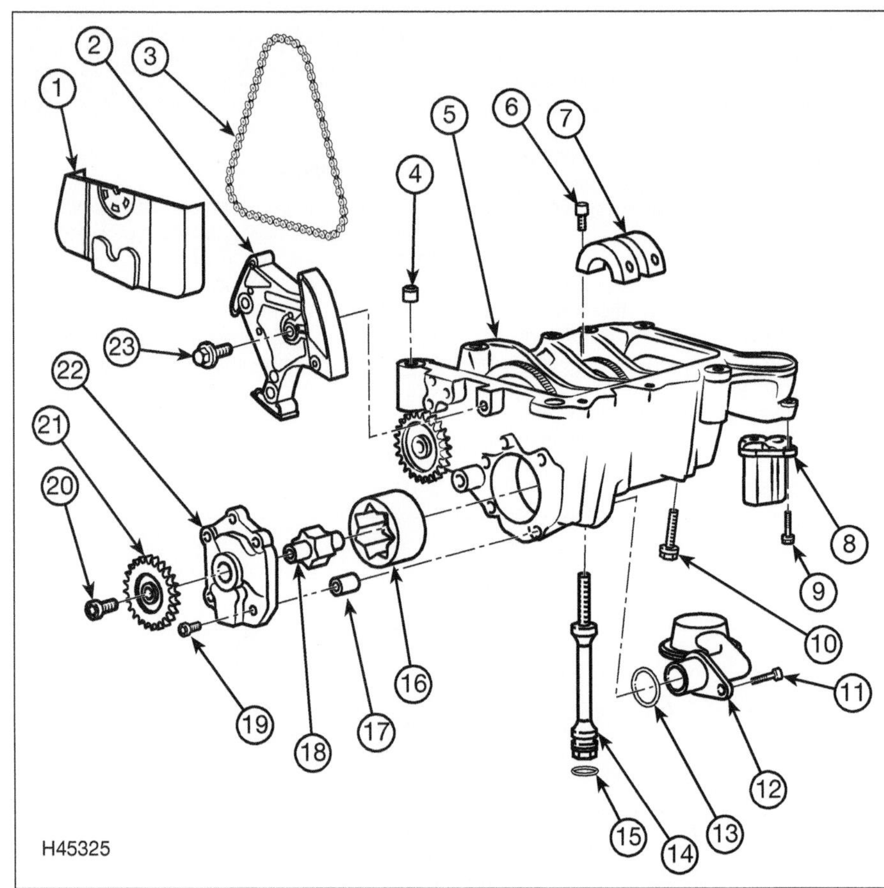

22.1 Balansaxelenhet – 2,0 liters AZJ motorer

1 Kedjans skyddskåpa
2 Kedjespännare
3 Kedja
4 Stift
5 Oljepump/ balansaxelenhet
6 Bult
7 Kåpa mot oljeskumning
8 Oljereturelement med tätning
9 Bult
10 Bult
11 Bult
12 Oljesil/pickuprör
13 O-ring/tätning
14 Tätningsbult
15 O-ring/tätning
16 Oljepumpens yttre rotor
17 Stift
18 Oljepumpens inre rotor
19 Bult
20 Bult
21 Oljepumpens drev (drivande)
22 Oljepumpens kåpa
23 Bult

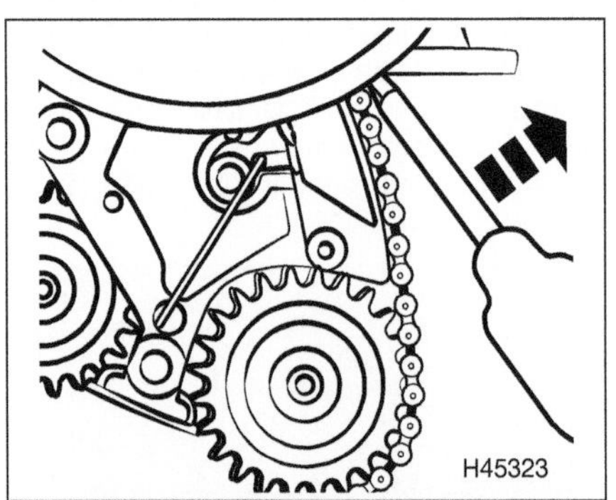

22.4a Tryck mot spännaren med en skruvmejsel – i pilens riktning. . .

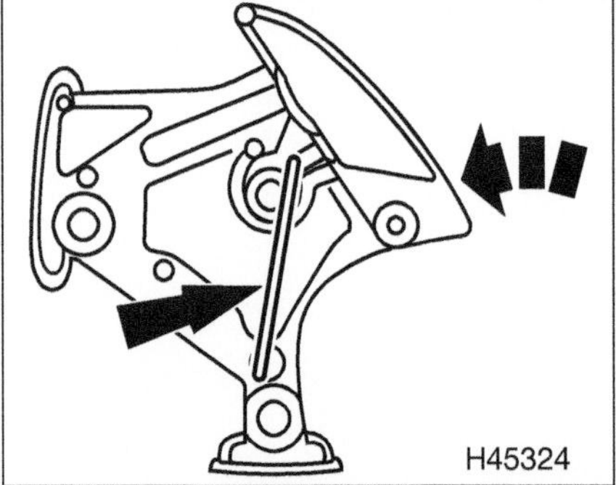

22.4b . . . lås sedan spännaren i det här läget med en 3 mm insexnyckel

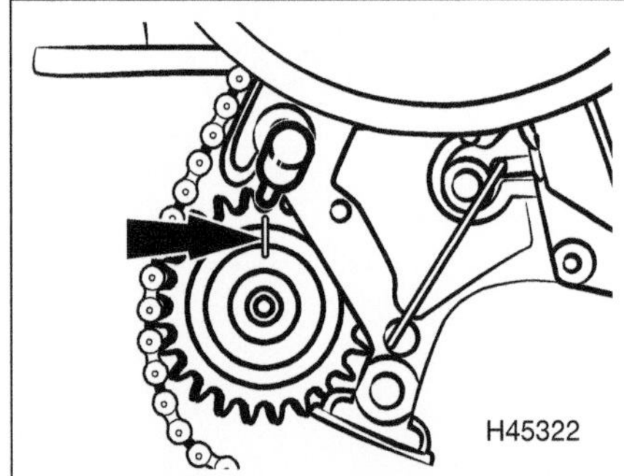

22.8 Rikta in markeringen (vid pilen) och sätt in låsstiftet – Skoda verktyg T10060

Kapitel 2 Del B:
DOHC bensinmotor – reparationer med motorn i bilen

Innehåll

Svårighetsgrader

Enkelt, passar novisen med lite erfarenhet 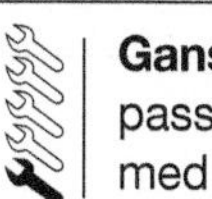
Ganska enkelt, passar nybörjaren med viss erfarenhet 
Ganska svårt, passar kompetent hemmamekaniker 
Svårt, passar hemmamekaniker med erfarenhet 
Mycket svårt, för professionell mekaniker 

Specifikationer

Allmänt

Tillverkarens motorkoder*:		
1,4 liter (1390 cc)	AXP och BCA	
1,8 liter (1781 cc)	AGN, AGU, ARX, ARZ, AUM och AUQ	
Maximal output:	**Effekt**	**Vridmoment**
1,4 liters motor	55 kW vid 5000 varv/min	128 Nm vid 3300 varv/min
1,8 liters motor:		
AGN (ej turbo)	92 kW vid 6000 varv/min	170 Nm vid 4200 varv/min
AGU, ARZ, AUM and ARX	110 kW vid 5700 varv/min	210 Nm vid 1750 till 4600 varv/m
AUQ	132 kW vid 5500 varv/min	235 Nm vid 1950 till 5000 varv/m
Cylinderlopp:		
1,4 liters motor	76,5 mm	
1,8 liters motor	81,0 mm	
Kolvslag:		
1,4 liters motor	75,6 mm	
1,8 liters motor	86,4 mm	
Kompressionsförhållande:		
1,4 liters motor	10,5 : 1	
1,8 liters motor:		
AGN (ej turbo)	10,3 : 1	
AGU, ARZ, AUM, ARX och AUQ	9,5 : 1	
Kompressionstryck:		
Minsta kompressionstryck	Ungefär 7,0 bar	
Max skillnad mellan cylindrarna	Ungefär 3,0 bar	
Tändföljd	1 - 3 - 4 - 2	
Placering cylinder nr 1	Kamremsänden	

* **Observera:** *Se ”Bilens identifikationsnummer” i slutet av boken för placering av motorkoden.*

Kamaxlar

Axialspel:	
1,4 liters motor (max)	0,40 mm
1,8 liters motor (max)	0,20 mm
Kamaxellagrens spel:	
1,4 liters motor	Ej specificerat
1,8 liters motor (max)	0,10 mm
Kamaxelns kast:	
1,4 liters motor	Ej specificerat
1,8 liters motor (max)	0,01 mm

Smörjsystem

Oljepump, typ:	
1,4 liters motor	Rotortyp, driven direkt från vevaxeln
1,8 liters motor	Kugghjul, kedjedriven från vevaxeln
Oljetryck (oljetemperatur 80°C):	
Vid tomgång:	
1,4 liters motor	Ej specificerat
1,8 liters motor	2,0 bar
Vid 2000 varv/min:	
1,4 liters motor	2,0 bar
1,8 liters motor	3,0 till 4,5 bar

Åtdragningsmoment

	Nm
Avgasgrenrörets muttrar	25
Avgasrör till grenrör, muttrar	40
Drivremmens spännarremskiva, bultar:	
1,8 liters motor	25
Drivremsspännarens fästbult:	
1,4 liters motor:	
M8 bult:	
Steg 1	20
Steg 2	Vinkeldra ytterligare 90°
M10 bult	45
Hjälpaggregatens (generator, etc.) fästbygelbultar:	
1,4 liters motor	50
1,8 liters motor	45
Insugskamaxelns justerventil, bultar:	
1,8 liters motor	3
Insugskamaxelns lägesgivare, bultar:	
1,8 liters motor	10
Insugskamaxelns lägesgivarrotor, bult:	
1,8 liters motor	25
Kamaxeldrev, bultar:	
1,4 liters motor*:	
Steg 1	20
Steg 2	Vinkeldra ytterligare 90°
1,8 liters motor	65
Kamaxelhusets bultar*:	
1,4 liters motor:	
Steg 1	10
Steg 2	Vinkeldra ytterligare 90°
Kamaxelkåpans muttrar	
1,8 liters motor	10
Kamaxellageröverfallens bultar:	
1,8 liters motor	10
Kamaxelns kamkedjespännare/kamaxeljustermekanism, bultar:	
1,8 liters motor	10
Kamaxelns tätningslock, bultar:	
1,4 liters motor	10
Kamremmens bakre kåpa, bultar:	
1,4 liters motor:	
Små bultar	10
Stor bult (kylvätskepumpens bultar)	20
Kamremmens yttre kåpa, bultar:	
1,4 liters motor:	
Små bultar	10
Stora bultar	20
1,8 liters motor	10

Åtdragningsmoment	**Nm**
Kamremmens överföringsremskiva, bult:	
1,4 liters motor	50
1,8 liters motor	20
Kamremsspännare:	
1,4 liters motor:	
Huvudkamremmens spännarbult	20
Sekundära kamremmens spännarbult	20
1,8 liters motor:	
Spännarrullens fästbult	27
Kamremsspännarhusets bultar:	
Liten bult	15
Stor bult	20
Kopplingens tryckplatta/svänghjulet, fästbultar*:	
1,4 liters motor:	
Steg 1	60
Steg 2	Vinkeldra ytterligare 90°
Kylvätskepump, bultar:	
1,4 liters motor	20
1,8 liters motor	15
Motor till automatväxellåda, bultar:	
M12 bultar	80
M10 motorblock till växellåda, bultar	60
M10 oljesump till växellåda, bultar	25
Motor till manuell växellåda, bultar:	
Motorblock till växellåda (M12 bultar)	80
Aluminium oljesump till växellåda, bultar (M10 bultar):	
02J växellåda	60
02K växellåda	25
Motor till den manuella växellådans täckplatta, bultar	10
Motorfästen:	
Vänster motorfäste till kaross, bultar:	
Stora bultar*:	
Steg 1	40
Steg 2	Vinkeldra ytterligare 90°
Små bultar	25
Vänster fäste till fästbygel på motorn	100
Höger motorfäste till kaross, bultar*:	
Steg 1	40
Steg 2	Vinkeldra ytterligare 90°
Höger fästplatta, bultar (små bultar)	25
Höger fäste till fästbygel på motorn, bultar	100
Höger fästbygel till motor, bultar:	
1,4 liters motor	50
1,8 liters motor	45
Bakre motor-/växellådsfäste:	
Fästbygel till framvagnsram, bultar*:	
Steg 1	20
Steg 2	Vinkeldra ytterligare 90°
Fästbygel till växellåda, bultar*:	
Steg 1	40
Steg 2	Vinkeldra ytterligare 90°
Oljefilterhus till motorblock, bultar*:	
1,8 liters motor:	
Steg 1	15
Steg 2	Vinkeldra ytterligare 90°
Oljekylarens fästmutter	25
Oljenivå-/temperaturgivare till oljesump, bultar	10
Oljepickuprörets fästbultar:	
1,4 liters motor	10
Oljesumpens avtappningsplugg:	
1,4 liters motor	30
1,8 liters motor	40
Oljetryckslampans kontakt	25
Oljepumpens kedjespännare, bult:	
1,8 liters motor	15

Åtdragningsmoment	Nm
Oljepumpens fästbultar:	
1,4 liters motor*	12
1,8 liters motor	15
Kolvens oljespraymunstycke/oljeövertrycksventil, bult:	
1,8 liters motor	27
Oljesump:	
Oljesump till motorblock, bultar:	
1,4 liters motor	13
1,8 liters motor	15
Oljesump till växellåda, bultar:	
1,4 liters motor	45
Oljesumpens skvalpplåt, bultar:	
1,8 liters motor	15
Oljeövertrycksventilens plugg:	
1,8 liters motor	40
Ramlageröverfall, bultar:	
1,8 liters motor*:	
Steg 1	65
Steg 2	Vinkeldra ytterligare 90°
Svänghjul*:	
Steg 1	60
Steg 2	Vinkeldra ytterligare 90°
Termostatkåpans bultar:	
1,8 liters motor	15
Topplocksbultar*:	
1,4 liters motor:	
Steg 1	30
Steg 2	Vinkeldra ytterligare 90°
Steg 3	Vinkeldra ytterligare 90°
1,8 liters motor:	
Steg 1	40
Steg 2	Vinkeldra ytterligare 90°
Steg 3	Vinkeldra ytterligare 90°
Turbons oljetillförselrör till oljefilterhus, banjobult:	
1,8 liters motor	30
Vevaxelns högra oljetätningshus, bultar:	
1,8 liters motor	15
Vevaxelns vänstra oljetätningshus, bultar:	
1,8 liters motor	15
Vevaxeldrevets bult*:	
1,8 liters motor:	
Steg 1	90
Steg 2	Vinkeldra ytterligare 90°
Vevaxelns hastighets-/lägesgivarhjul till vevaxel, bultar*:	
1,8 liters motor:	
Steg 1	10
Steg 2	Vinkeldra ytterligare 90°
Vevaxelremskiva/drev, bult*:	
1,4 liters motor:	
Steg 1	90
Steg 2	Vinkeldra ytterligare 90°
Vevaxelremskivans bultar:	
1,8 liters motor	25
Vevhusventil/oljeseparator, bultar	10
Vevlageröverfallens muttrar/bultar (på motorer med bultar, byt ut bultarna):	
M8 bultar:	
Steg 1	30
Steg 2	Vinkeldra ytterligare 90°
M7 bultar (om monterade på 1,4 liters motor):	
Steg 1	20
Steg 2	Vinkeldra ytterligare 90°
Steg 3	Vinkeldra ytterligare 30°

* **Observera:** *Använd nya bultar*

1 Allmän information

Hur det här kapitlet ska användas

Kapitel 2 är uppdelat i fyra delar; A, B, C och D. Reparationer som kan utföras med motorn kvar i bilen beskrivs i Del A (SOHC bensinmotorer), Del B (DOHC bensinmotorer), och Del C (dieselmotorer). Del D tar upp demontering av motorn/växellådan som en enhet, och beskriver isärtagning och renovering av motorn.

I Del A, B och C utgår man i beskrivningen från att motorn sitter kvar i bilen, med alla hjälpaggregat anslutna. Om motorn har demonterats för renovering, får man bortse från den inledande isärtagningen som föregår varje åtgärd.

Beskrivning av motorn

I hela det här kapitlet identifieras motorerna med hjälp av sin volym och, om så är nödvändigt, med tillverkarens kodbokstäver. En lista över alla motorer som tas upp, samt deras kodbokstäver, finns i avsnittet Specifikationer.

Motorerna är vattenkylda DOHC (double overhead camshaft – dubbla överliggande kamaxlar) radmotorer med fyra cylindrar. Motorn på 1,8 liter har motorblock av gjutjärn, medan 1,4 liters motorn har block av aluminiumlegering. Alla motorer har topplock av aluminium. Alla motorer är monterade på tvären framtill i bilen, med växellådan fastskruvad på vänster sida.

Vevaxeln har fem lager och det sitter tryckbrickor på det mittre lagret, som kontrollerar vevaxelns axialspel.

På 1,4 liters motorer är vevaxel- och ramlagren matchade med aluminiumblocket, och det är inte möjligt att sätta ihop vevaxeln och motorblocket när delarna väl har tagits isär. Om vevaxeln eller lagren är slitna, måste hela motorblocket/vevaxeln bytas ut.

På 1,4 liters motorer drivs insugskamaxeln av en kuggad rem från vevaxeldrevet, och avgaskamaxeln drivs av insugskamaxeln med ytterligare en kuggad rem.

På 1,8 liters motorer drivs avgaskamaxeln av en kuggad kamrem från vevaxeldrevet, och insugskamaxeln drivs från vänster ände av avgaskamaxeln, med en kedja.

Den 1,8 liters motor som behandlas i den här boken har variabel ventilinställning, och ventilinställningen varieras genom att drivkedjans spänning ändras med en elektroniskt aktiverad mekanisk spännare.

På 1,4 liters motorn sitter kamaxlarna i ett kamaxelhus, som är fastskruvat i topplocket. På 1,8 liters motorn hålls kamaxlarna upp av topplocket.

Ventilerna stängs av spiralfjädrar, och löper i styrningar som är inpressade i topplocket. På 1,4 liters motorn aktiverar kamaxlarna ventilerna med vipparmar och hydrauliska ventillyftare. På 1,8 liters motorer aktiverar kamaxlarna ventilerna direkt via hydrauliska ventillyftare.

Med undantag för 20-ventils 1,8 liters motorn med kod AUQ, har motorerna 16 ventiler, fyra ventiler per cylinder; två insugsventiler och två avgasventiler. Motorn på 1,8 liter med kod AUQ har fem ventiler per cylinder; tre insugsventiler och två avgasventiler.

På 1,4 liters motorer drivs oljepumpen direkt från vevaxelns främre ände. På 1,8 liters motorn drivs oljepumpen av kugghjulstyp av en kedja från ett drev på vevaxeln. Olja dras från oljesumpen genom en sil, och tvingas sedan genom ett externt monterat, utbytbart filter. Därifrån leds oljan till topplocket, där den smörjer kamaxellagertapparna och ventillyftarna, och också till vevhuset, där den smörjer ramlagren, vevstakarnas storändar, kolvbultarna och cylinderloppen. En kylvätskematad oljekylare finns på de flesta motorer.

På alla motorer cirkuleras kylvätskan av en pump som drivs av kamremmen (huvudkamremmen på 1,4 liters motorer). För information om kylsystemet, se kapitel 3.

Åtgärder som kan utföras med motorn kvar i bilen

Följande åtgärder kan utföras utan att motorn lyfts ut ur bilen:

a) Kompressionstryck – prov.
b) Kamaxelkåpa (1,8 liters motorer) – demontering och montering.
c) Kamaxelhus (1,4 liters motorer) – demontering och montering.
d) Vevaxelremskiva – demontering och montering.
e) Kamremskåpor – demontering och montering.
f) Kamrem (-mar) – demontering, montering och justering.
g) Kamremsspännare och drev – demontering och montering.
h) Insugskamaxelns kamkedja (1,8 liters motor) – demontering och montering.
i) Kamaxeloljetätning/-ar – byte.
j) Kamaxel/-axlar och hydrauliska ventillyftare – demontering, kontroll och montering.
k) Topplock – demontering och montering.
l) Topplock och kolvar – sotning.
m) Oljesump – demontering och montering.
n) Oljepump – demontering, renovering och montering.
o) Vevaxeloljetätningar – byte.
p) Motor-/växellådsfästen – kontroll och byte.
q) Svänghjul – demontering, kontroll och montering.

Observera: *Det är möjligt att demontera kolvarna och vevstakarna (efter det att topplocket och sumpen har demonterats) utan att motorn tas ut ur bilen. Detta rekommenderas dock inte. Åtgärder av det här slaget är betydligt lättare att utföra (och går att utföra mer noggrant) om motorn ligger på en arbetsbänk, så som beskrivs i kapitel 2D.*

2 Kompressionsprov – beskrivning och tolkning

Observera: *En lämplig kompressionsprovare behövs för det här testet.*

1 När motorns prestanda försämras, eller om feltändning inträffar som inte kan härledas till tänd- eller bränslesystemet, kan ett kompressionsprov ge bra ledtrådar om motorns allmänna skick. Om provet utförs regelbundet kan man få varningstecken om problem innan andra symptom börjar bli uppenbara.

2 Motorn måste vara uppvärmd till normal arbetstemperatur, batteriet måste vara fulladdat och tändstiften måste vara borttagna. Du kommer också att behöva en medhjälpare.

3 På 1,4 liters motorer, avaktivera tändsystemet genom att koppla loss kontaktdonet från DIS-modulen.

4 På 1,8 liters motorer, koppla loss kontaktdonen från tändspolarna. Demontera tändspolarna enligt beskrivning i kapitel 5B.

5 Montera en kompressionsprovare i tändstiftshålet för cylinder nr 1. Den typ av provare som skruvas in i tändstiftshålets gängor är att föredra.

6 Låt medhjälparen hålla gasspjället vidöppet och dra runt motorn i flera sekunder med startmotorn. **Observera:** *På modeller utrustade med en gasspjällägesgivare istället för en vajer, kan gasspjället inte aktiveras förrän tändningen slås på.* Efter ett eller två varv ska kompressionstrycket byggas upp till en maxnivå och sedan stabiliseras. Notera den högsta avläsningen.

7 Upprepa testet på de andra cylindrarna och notera trycket i var och en av dem.

8 Alla cylindrar ska ha ungefär likadana tryck. Skillnader större än de som specificeras tyder på ett fel. Notera att kompressionstrycket ska byggas upp snabbt i en väl fungerande motor. Låg kompression i det första slaget, följt av gradvis ökande tryck i efterföljande slag, tyder på slitna kolvringar. En låg kompressionsavläsning i det första slaget, som inte byggs upp under efterföljande slag, indikerar läckande ventiler eller en trasig topplockspackning (ett sprucket topplock kan också vara orsaken). Avlagringar på undersidan av ventiltallrikarna kan också orsaka låg kompression.

9 Om trycket i någon cylinder reduceras till specificerat minimum eller mindre, gör följande för att ringa in orsaken. Häll en tesked ren olja i aktuell cylinder genom tändstiftshålet och upprepa kompressionsprovet.

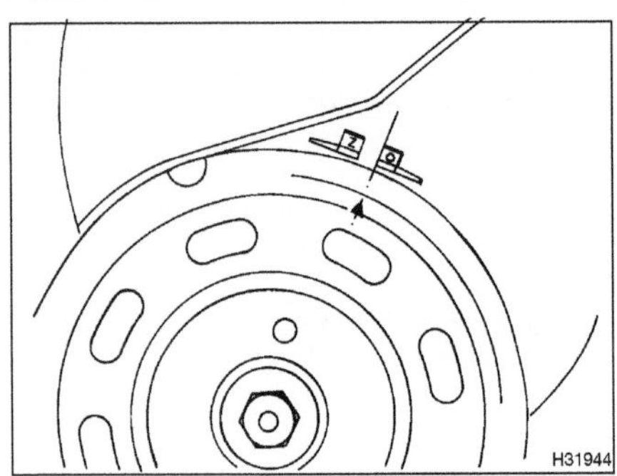

3.4a Vevaxelremskivans inställningsmarkering i linje med ÖD-markeringen på kamremskåpan – 1,4 liters motor

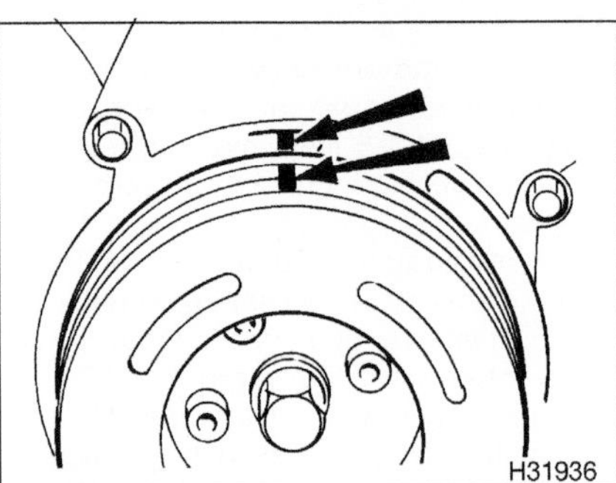

3.4b Vevaxelremskivans inställningsmarkering i linje med ÖD-markeringen på kamremskåpan – 1,8 liters motor

3.4c Inställningsmarkering ritsad på remskivans inre fläns i linje med ÖD-märke på kamremskåpan – 1,4 liters motor

3.5 Vevaxeldrevets kugge med fasad kant i linje med gjuten pil på oljepumpen – 1,4 liters motor

10 Om den extra oljan temporärt förbättrar kompressionstrycket, tyder det på att slitage i loppet eller på kolven orsakar tryckförlusten. Om ingen förändring sker är det troligt att läckande eller brända ventiler, eller en trasig topplockspackning, är orsaken.

11 En låg avläsning från två intilliggande cylindrar beror med stor säkerhet på att packningen är trasig mellan dem, och om man hittar kylvätska i motoroljan bekräftas detta.

12 Om en cylinder är ungefär 20 procent lägre än de andra och motorn går lite ojämnt på tomgång, kan en sliten kamaxelnock vara orsaken.

13 Om kompressionsavläsningen är ovanligt hög, är förbränningskamrarna förmodligen täckta av sotavlagringar. Om detta är fallet måste topplocket demonteras och sotas.

14 När kompressionsprovet är avslutat, sätt tillbaka tändstiften. På 1,4 liters motorer, anslut kontakten till DIS-modulen. På 1,8 liters motorer, sätt tillbaka tändspolarna och anslut sedan kontaktdonen till spolarna, se kapitel 5B.

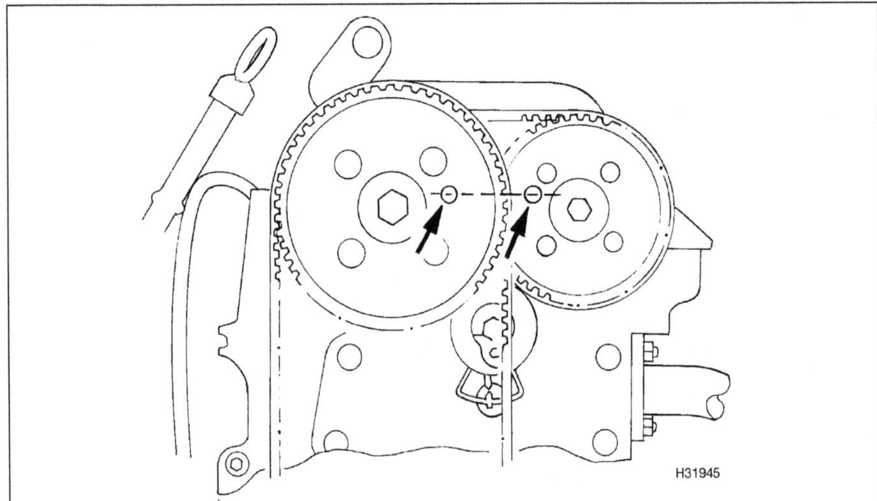

3.6 Kamaxeldrevets placeringshål (vid pilarna) i linje med hålen i kamaxelhuset (kolv nr 1 i ÖD) – 1,4 liters motor

3 Motor, hopsättning och ventilinställningsmärken – information och användning

Allmän information

1 ÖD (Övre Dödpunkt) är den högsta punkten i cylindern som varje kolv når i sin rörelsebana upp och ner när vevaxeln roterar. Varje kolv når ÖD i slutet av kompressionstakten och igen i slutet av avgastakten, men när man talar om ÖD menar man i allmänhet kolvens läge i kompressionstakten. Kolv nr 1 är den närmast motorns kamremsände.

2 Placering av kolv nr 1 i ÖD är en viktig del av många reparations-/renoveringsåtgärder, som demontering av kamrem eller kamaxel.

3 Motorerna som behandlas i den här boken är så designade att kontakt kan uppstå mellan kolv och ventil om kamaxeln eller vevaxeln vrids medan kamremmen är borta. Av den anledningen är det viktigt att se till att kamaxeln och vevaxeln inte rubbas i förhållande till varandra efter det att kamremmen har demonterats från motorn.

4 Vevaxelremskivan har en markering som, när den är i linje med motsvarande markering på kamremskåpan, indikerar att kolv nr 1 (och därför också kolv nr 4) är i ÖD-läget. På vissa modeller sitter vevaxelremskivans inställningsmarkering på remskivans yttre fläns. För att göra inställningen av markeringarna lättare, rekommenderas att man demonterar remskivan (se avsnitt 5) och, med en vinkelhake, ritsar ett motsvarande märke på remskivans inre fläns **(se bilder)**.

5 Notera också att på 1,4 liters motorer finns det också en inställningsmarkering som kan användas med vevaxeldrevet – detta är användbart om vevaxelremskivan och kamremmen har demonterats. När kolv nr 1 är i ÖD, är kuggen med den fasade innerkanten på vevaxeldrevet i linje med en gjuten pil på oljepumpen **(se bild)**.

6 På 1,4 liters motorer är kamaxeldreven utrustade med placeringshål för ÖD. När hålen är i linje med motsvarande hål i kamaxelhuset, är kolv nr 1 i ÖD i kompressionstakten **(se bild)**.

7 På 1,8 liters motorer har avgaskamaxeldrevet

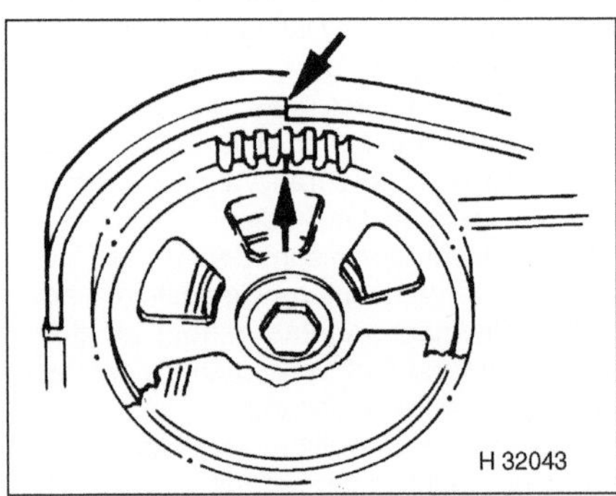

3.7 Kamaxeldrevets inställningsmarkering i linje med markeringen på kamaxelkåpan (kolv nr 1 i ÖD) – 1,8 liters motor

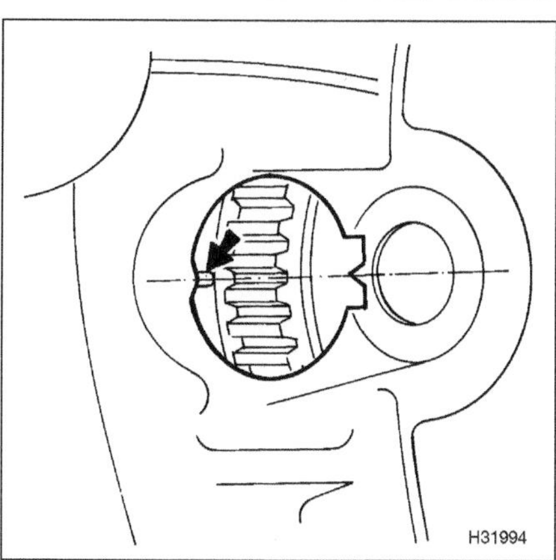

3.8a Svänghjulets ÖD-markering (vid pilen) i linje med visaren på växellådshuset – 1,8 liters motor med manuell växellåda

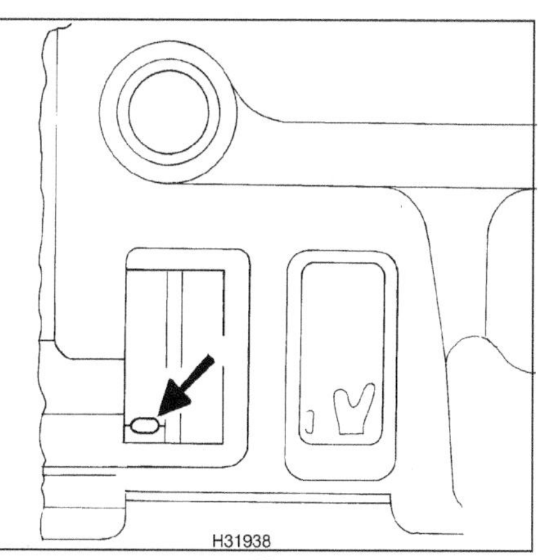

3.8b Svänghjulets ÖD-markering i linje med fönstret i växellådshuset – 1,8 liters motor med automatväxellåda

3.17 Egentillverkat verktyg som används till att låsa kamaxeldreven i ÖD-läge (ses med motorn demonterad och kamremmen borttagen från motorn) – 1,4 liters motor

3.20 Avgaskamaxeldrevets inställningsmarkering i linje med markeringen på kamaxelkåpan – 1,8 liters motor

en inställningsmarkering. När den här markeringen är i linje med en markering på kamaxelkåpan, är kolv nr 1 i ÖD i kompressionstakten **(se bild)**.

8 På vissa modeller har dessutom svänghjulet en ÖD-markering, som kan ses om man skruvar loss en plastkåpa från växellådans balanshjulskåpa. Markeringen är i formen av ett urtag i kanten av svänghjulet på modeller med manuell växellåda, och ett O på modeller med automatväxellåda. Man kan dock inte använda de här markeringarna på alla modeller, på grund av begränsad åtkomlighet **(se bilder)**.

Inställning av cylinder nr 1 till ÖD

1,4 liters motorer

Observera: *Passande stift kommer att behövas till att låsa kamaxeldreven under den här åtgärden. På vissa motorer kan man behöva en liten spegel för att kunna se inställningsmarkeringarna från hjulhusets undersida.*

9 Innan arbetet påbörjas, se till att tändningen är avslagen (helst ska batteriets negativa kabel vara losskopplad – se *Frånkoppling av batteriet*).

10 Ta bort motorns toppkåpa och demontera luftrenaren enligt beskrivning i kapitel 4A.

11 Om så önskas, för att motorn ska gå lättare att dra runt, demontera alla tändstift enligt beskrivning i kapitel 1A.

12 Dra åt handbromsen, lyft upp framvagnen och stötta den på pallbockar (se *Lyftning och stödpunkter*). Demontera höger framhjul, ta sedan bort fästskruvarna och/eller clipsen och ta bort relevant kåpa under motorn för att komma åt vevaxelremskivan.

13 Demontera den övre kamremskåpan enligt beskrivning i avsnitt 6.

14 Vrid motorn medurs, med en nyckel på vevaxelremskivans bult, tills ÖD-markeringen på vevaxelremskivan eller svänghjulet är i linje med motsvarande markering på kamremskåpan eller växellådshuset, och låsstiftshålen i kamaxeldreven i linje med motsvarande hål i kamaxelhuset.

15 Om så behövs för att man ska få tillräckligt stort utrymme att sätta in kamaxellåsverktyget i kamaxeldreven, skruva loss luftrenarens stödfäste från motorfästet. På liknande sätt, om så behövs, skruva loss servostyrningsvätskans behållare och flytta den åt sidan, utan att koppla loss vätskeslangarna.

16 Ett passande verktyg behövs nu till att låsa kamaxeldreven i ÖD-läget. Ett särskilt verktyg från Skoda finns för detta, men ett lämpligt verktyg kan också tillverkas av två M8 bultar och muttrar, och en kort bit stålstång. Med kamaxeldrevet placerat enligt beskrivningen i punkt 14, mät avståndet mellan låsstiftshålens mittpunkter och borra två motsvarande 8 mm hål i stålstången. Stick M8 bultarna genom hålen i stången och säkra dem med muttrarna.

17 Sätt verktyget på plats i hålen i kamaxeldreven, och se till att stiften (eller bultarna) hakar i hålen i kamaxelhuset **(se bild)**. Motorn är nu låst i det här läget, med kolv nr 1 i ÖD i kompressionstakten.

1,8 liters motorer

Observera: *På vissa motorer måste man kanske använda en liten spegel för att kunna se inställningsmarkeringarna från hjulhusets undersida.*

18 Följ beskrivningen i punkt 9 till 12, men observera att man inte behöver demontera luftrenaren.

19 Demontera den övre kamremskåpan enligt beskrivning i avsnitt 6.

20 Vrid motorn medurs, med en nyckel på vevaxeldrevets bult, tills ÖD-markeringen på vevaxelremskivan eller svänghjulet är i linje med motsvarande markering på kamremskåpan eller växellådshuset, och markeringen på avgaskamaxelns drev är i linje med motsvarande markering på kamaxelkåpan **(se bild)**.

4 Kamaxelkåpa (1,8 liters motor) – demontering och montering

Observera: *Ett lämpligt tätningsmedel (Skoda D 454 300 A2 eller liknande) kommer att behövas vid monteringen.*

Demontering

1 Demontera tändspolarna enligt beskrivning i kapitel 5B. Skruva loss jordledningen till spolarnas kablage från kamaxelkåpan, lossa sedan spolarnas kablage från klämmorna på kamaxelkåpan och flytta undan det från kåpan **(se bilder)**.

2 Lossa klämman som håller den övre kamremskåpan till kamaxelkåpan **(se bild)**.

4.1a Skruva loss spolarnas jordledning . . .

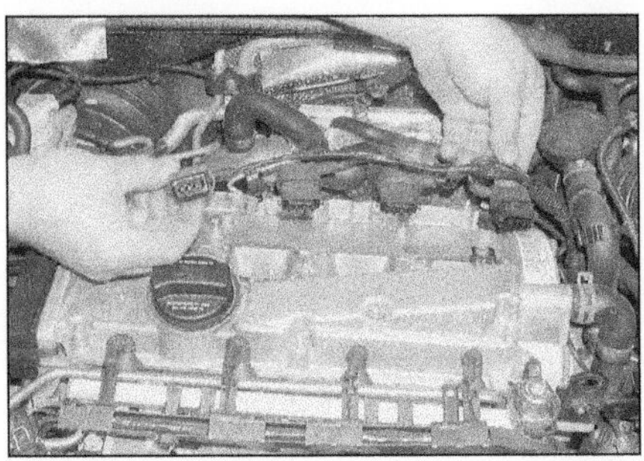
4.1b . . . och lossa sedan spolarnas kablage från klämmorna på kamaxelkåpan – 1,8 liters motor

4.2 Lossa klämmorna som håller den övre kamremskåpan till kamaxelkåpan – 1,8 liters motor

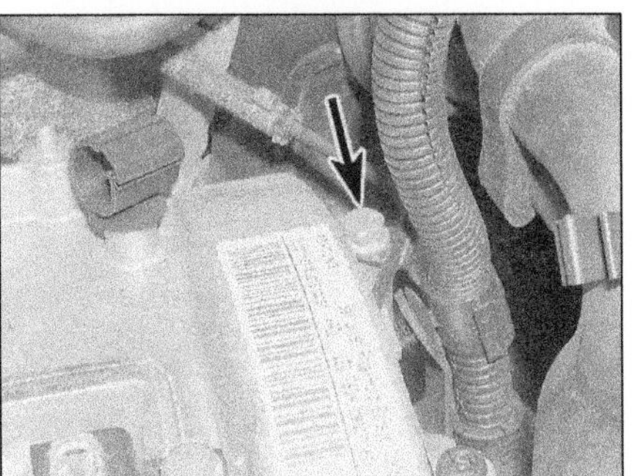
4.3 Om tillämpligt, skruva loss bulten (vid pilen) – 1,8 liters motor

4.4 Ta bort plastkåpan från motorns framsida – 1,8 liters motor

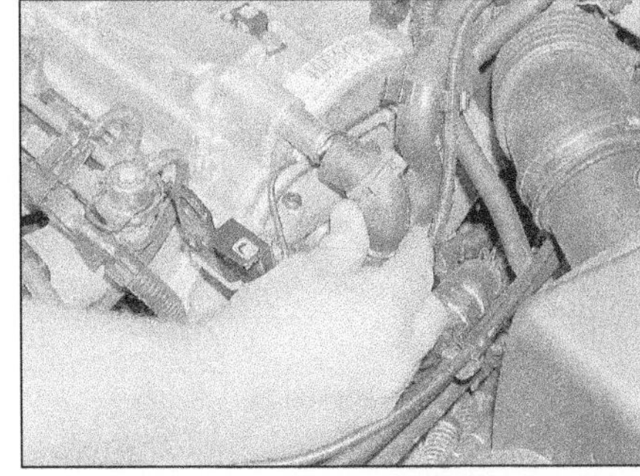
4.5a Koppla loss ventilationsslangen från kamaxelkåpans vänstra ände . . .

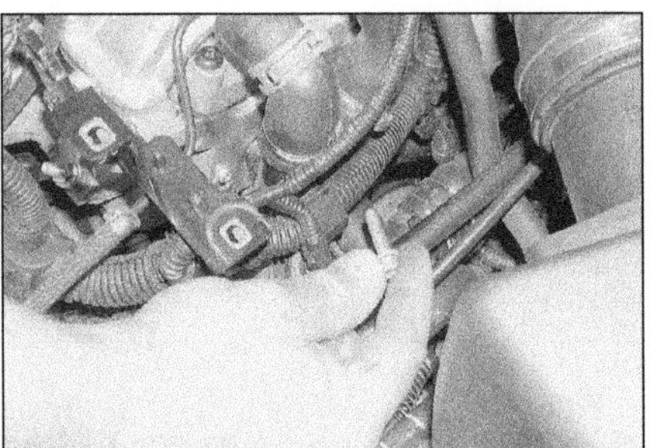
4.5b . . . och notera att du kanske måste skruva loss ventilationshusets bult – 1,8 liters motor

3 Där så är tillämpligt, skruva loss bulten som håller metallröret till det bakre vänstra hörnet av kamaxelkåpan **(se bild)**.

4 Lossa de tre clipsen och ta bort plastkåpan från motorns framsida, ovanför insugsgrenröret **(se bild)**.

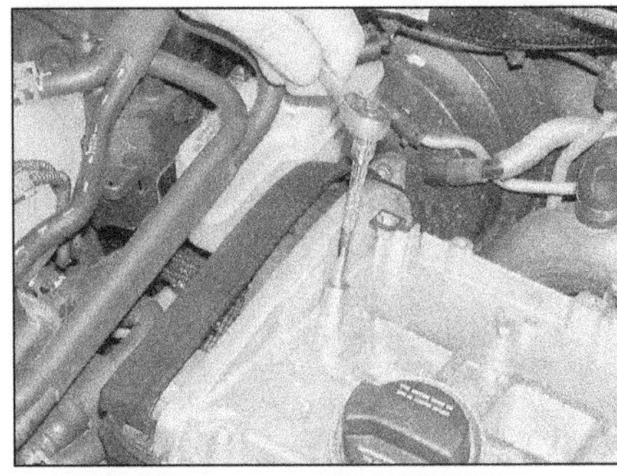
4.7a Skruva loss fästmuttrarna . . .

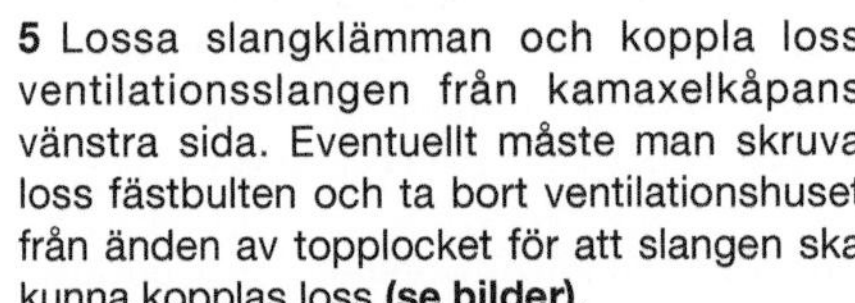

5 Lossa slangklämman och koppla loss ventilationsslangen från kamaxelkåpans vänstra sida. Eventuellt måste man skruva loss fästbulten och ta bort ventilationshuset från änden av topplocket för att slangen ska kunna kopplas loss **(se bilder)**.

6 Gör en sista kontroll för att se till att alla relevanta rör, slangar och kablar har kopplats loss och flyttats undan från arbetsområdet.

7 Skruva loss fästmuttrarna och lyft försiktigt kamaxelkåpan från topplocket. Notera hur eventuella fästbyglar eller distanser sitter under fästmuttrarna. Ta vara på packningarna och notera att en separat packning används till att täta tändstiftshålen i mitten av kåpan **(se bilder)**.

8 Om så önskas, ta bort oljeskvalpskotten från insugskamaxeln och notera i så fall hur de sitter **(se bild)**.

Montering

9 Undersök kamaxelkåpans packningar och byt ut dem om de är slitna eller skadade.

10 Rengör noggrant fogytorna på kamaxelkåpan och topplocket, lägg sedan oljeskvalpskottet på plats över kamaxellageröverfallen.

11 I topplockets kamremsände, lägg Skoda tätningsmedel (D 454 300 A2 eller liknande) på de två punkterna där det kombinerade kamaxellageröverfallet kommer i kontakt med kanten på topplocket **(se bild)**.

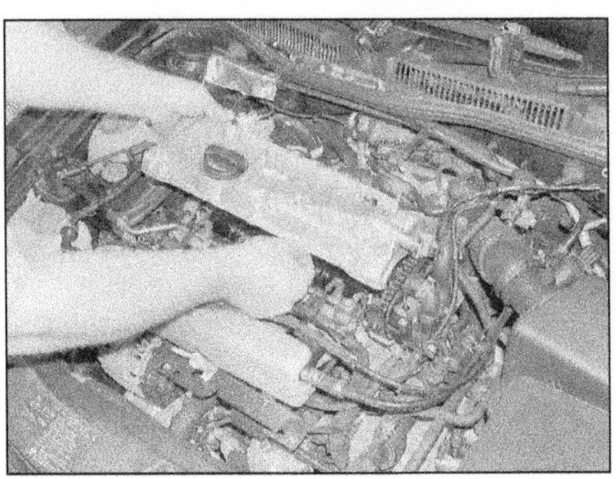
4.7b . . . och lyft upp kamaxelkåpan från topplocket – 1,8 liters motor

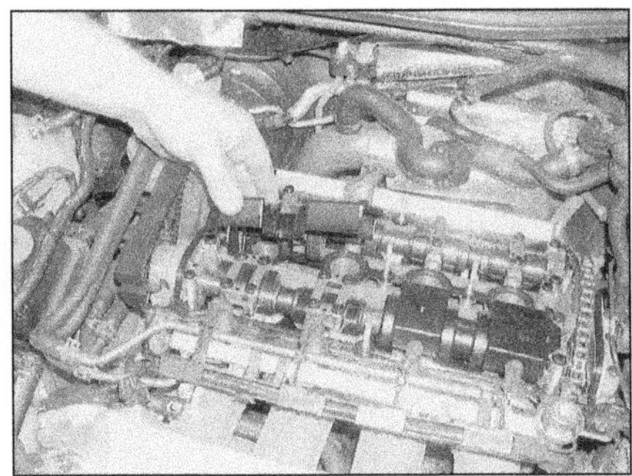
4.8 Lyft oljeskvalpskotten från insugskamaxeln – 1,8 liters motor

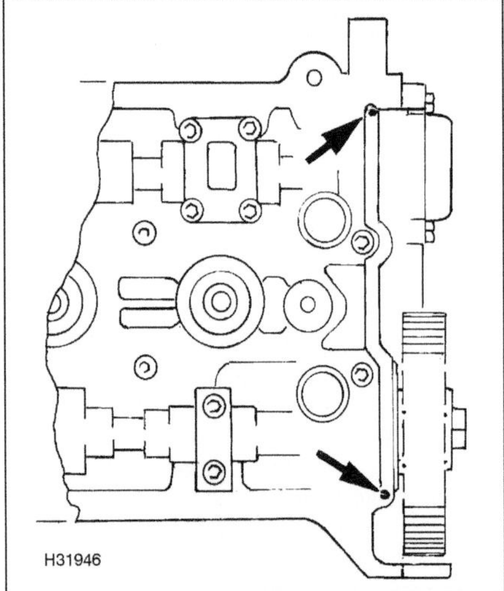

4.11 Lägg tätningsmedel på de punkter som visas, där det kombinerade lageröverfallet kommer i kontakt med topplocket – 1,8 liters motor

12 I topplockets växellådsände, lägg tätningsmedel på de två punkter där kamaxelns drivkedjespännare/kamaxeljustermekanismen kommer i kontakt med kanten av topplocket **(se bild)**.

13 Placera kamaxelkåpans packningar på topplocket, sätt sedan försiktigt kamaxelkåpan på pinnbultarna på topplocket. Om så är tillämpligt, lägg distansen/-erna och/eller fästbygeln/-byglarna på plats, sätt sedan på fästmuttrarna och dra åt dem stegvis till angivet moment.

14 Montera tändspolarna enligt beskrivning i kapitel 5B.

15 Ytterligare hopsättning sker i omvänd ordning mot demonteringen.

5 Vevaxelremskiva – demontering och montering

1,4 liters motorer

Observera: *En ny bult till vevaxelremskivan behövs vid monteringen.*

Demontering

1 Koppla loss kabeln till batteriets negativa pol. **Observera:** *Innan batteriet kopplas bort, se avsnittet "Frånkoppling av batteriet".*

2 För att skapa bättre åtkomlighet, lyft upp bilens framvagn och stötta den ordentligt på pallbockar (se *Lyftning och stödpunkter*). Ta bort höger framhjul.

3 Skruva loss fästskruvarna och/eller lossa klämmorna och ta bort aktuell/a kåpa/kåpor under motorn för att komma åt vevaxelremskivan.

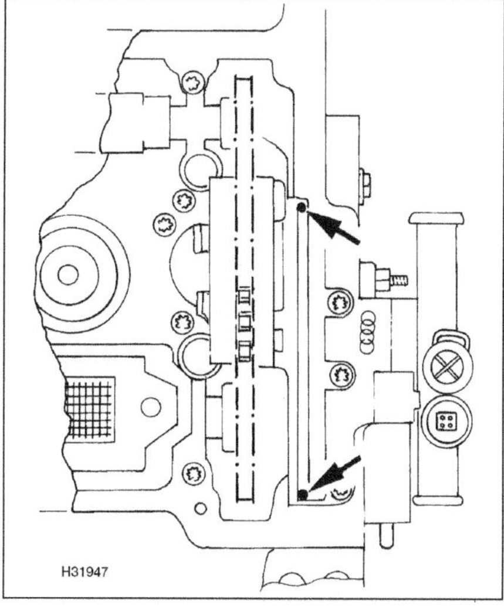

4.12 Lägg tätningsmedel på de punkter som visas (vid pilarna) där kamaxelns drivkedjespännare/ kamaxeljustermekanism kommer i kontakt med topplocket – 1,8 liters motor

4 Om så behövs (för eventuella åtgärder som ska utföras längre fram), vrid vevaxeln med hjälp av en hylsa på vevaxelremsskivans bult, tills aktuella inställningsmarkeringar hamnar i linje (se avsnitt 3).

5 Demontera drivremmen (se kapitel 1A).

6 Håll fast vevaxeln när remskivans bult lossas med hjälp av ett lämpligt verktyg. Haka i verktyget i de två spåren i remskivan **(se bild)**.

7 Håll fast remskivan och lossa bulten (var försiktig – bulten sitter mycket hårt) med en hylsa och passande förlängningsskaft.

8 Skruva loss bulten och ta bort remskivan **(se bild)**.

9 Sätt tillbaka remskivans bult, med en distansbricka under skallen, för att hålla kvar vevaxeldrevet.

Montering

10 Skruva loss remskive-/drevbulten som har använts till att hålla drevet på plats, och ta bort distansbrickan, sätt sedan på remskivan mot drevet. Se till att styrstiftet på drevet går in i motsvarande hål i remskivan.

11 Olja gängorna på den nya remskivebulten. Håll vevaxeln stilla på samma sätt som vid demonteringen, sätt sedan in den nya remskivebulten och dra åt den till momenten för de två stegen som anges i specifikationerna.

12 Sätt tillbaka och spänn drivremmen enligt beskrivning i kapitel 1A.

13 Montera kåpan/kåporna under motorn.

14 Montera hjulet, sänk ner bilen på marken och anslut batteriets negativa kabel.

1,8 liters motors

Demontering

15 Följ beskrivningen i punkt 1 till 3, och notera att man på turbomodeller måste ta bort luftröret mellan turboaggregatet och mellankylaren för att den högra kåpan under motorn ska kunna demonteras. För att demontera röret, lossa slangklämmorna och koppla loss slangarna i ändarna av röret, skruva sedan loss bulten som håller röret till karossen **(se bilder)**.

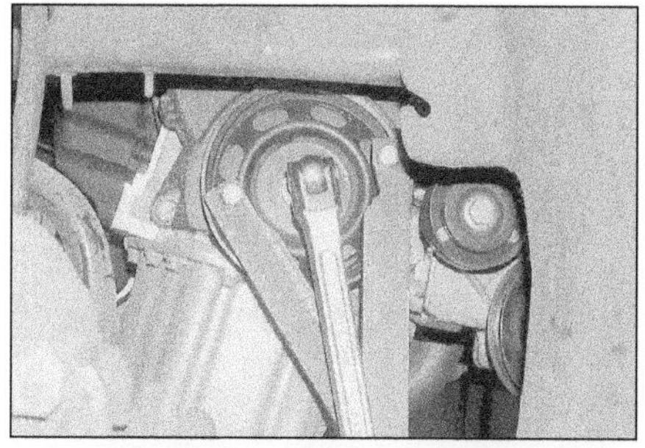

5.6 Håll vevaxelremskivan stilla med ett verktyg liknande det som visas – 1,4 liters motor

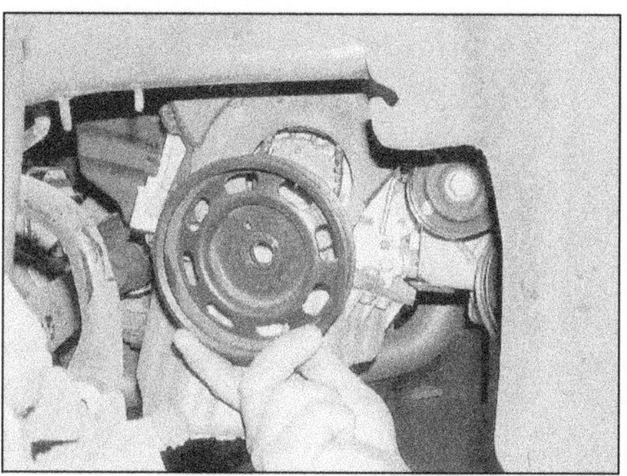

5.8 Demontera vevaxelremskivan – 1,4 liters motor

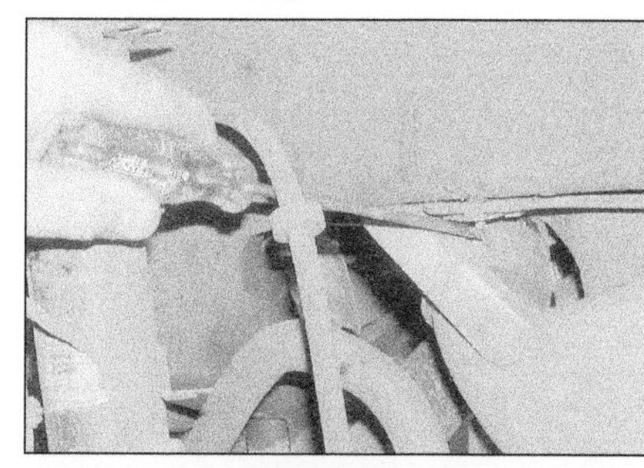

5.15a Lossa slangklämmorna som håller slangarna till röret mellan turbon och intercoolern . . .

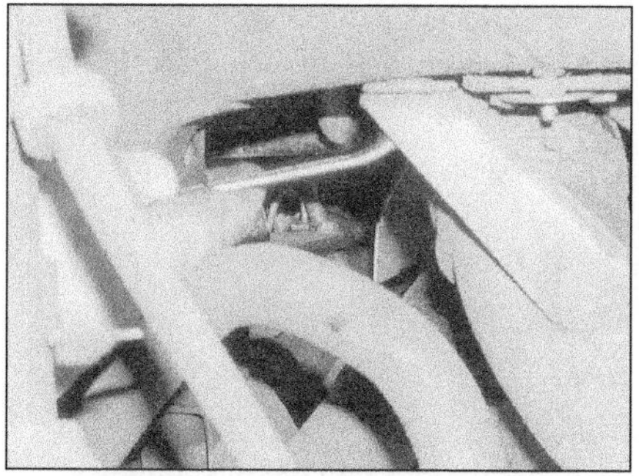

5.15b . . . skruva loss fästbulten . . .

5.15c . . . och ta bort röret – 1,8 liters motor

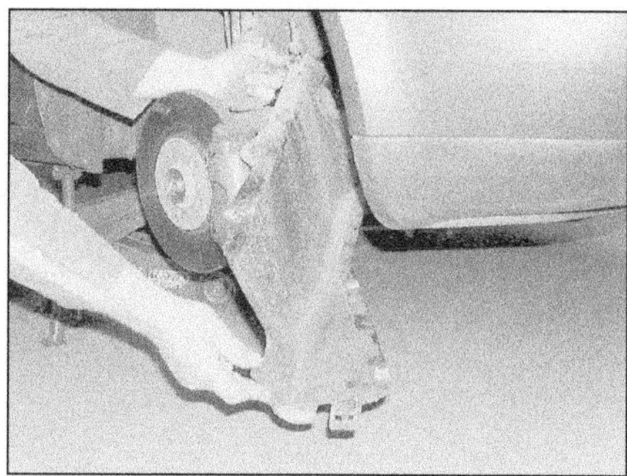

5.15d Ta bort den högra kåpan under motorn – 1,8 liters motor

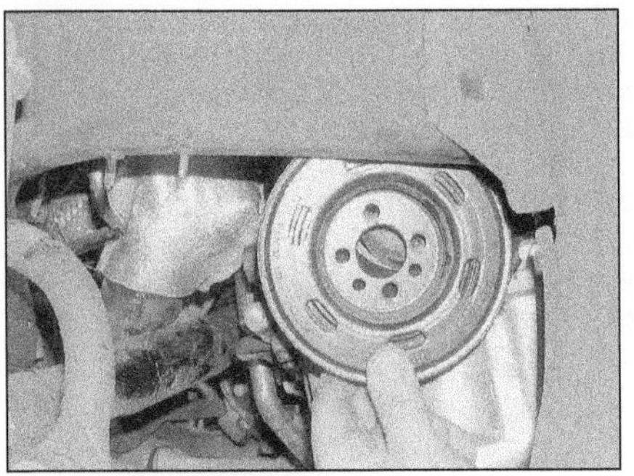

5.19 Demontering av vevaxelremskivan – 1,8 liters motor

16 Om så behövs (för eventuella åtgärder som ska utföras längre fram), vrid vevaxeln med hjälp av en hylsa/nyckel på vevaxelremskivans bult, tills aktuella inställningsmarkeringar hamnar i linje (se avsnitt 3).

17 Lossa bultarna som håller vevaxelremskivan, med en insexnyckel eller en sexkantsbit. Om så behövs kan man hindra remskivan från att rotera genom att hålla emot med en nyckel eller en hylsa på vevaxeldrevets mittbult.

18 Demontera drivremmen enligt beskrivning i kapitel 1A.

19 Skruva loss bultarna som håller remskivan till drevet och ta bort remskivan **(se bild)**.

Montering

20 Montera remskivan på drevet och sätt i fästbultarna. Notera att bulthålen är förskjutna, så remskivan kan bara monteras på ett sätt.

21 Sätt tillbaka och spänn drivremmen enligt beskrivning i kapitel 1A.

6.2 Demontering av den övre, yttre kamremskåpan – 1,4 liters motor

22 Förhindra att vevaxeln roterar på samma sätt som vid demonteringen, dra sedan åt remskivans fästbultar till angivet moment.

23 Fortsätt enligt beskrivning i punkt 13 och 14. På turbomodeller, montera luftröret mellan turboaggregatet och mellankylaren.

6 Kamremskåpor – demontering och montering

1,4 liters motor

Övre yttre kåpa

1 Demontera luftrenaren enligt beskrivning i kapitel 4A.

2 Lossa de två fästclipsen och lyft bort kåpan från motorn **(se bild)**.

3 Montering sker i omvänd ordning mot demonteringen.

Nedre yttre kåpa

4 Demontera vevaxelremskivan enligt beskrivning i avsnitt 5.

5 Lossa kåpans två fästclips som sitter baktill på motorn, skruva sedan loss de två nedre fästbultarna, och den ensamma bulten som håller kåpan till motorfästbygeln. Ta bort kåpan från motorn nedåt **(se bilder)**.

6 Montering sker i omvänd ordning mot demonteringen. Montera vevaxelremskivan enligt beskrivning i avsnitt 5.

Bakre kamremskåpa

Observera: *Eftersom den bakre kamremskåpans fästbultar även håller kylvätskepumpen, är det bäst att man tappar av kylsystemet (se kapitel 1A) innan detta arbete påbörjas, och att man byter ut kylvätskepumpens tätning/packning (se kapitel 3) innan kåpan sätts tillbaka. Fyll därefter på kylsystemet enligt beskrivning i kapitel 1A.*

7 Demontera kamremmen enligt beskrivning i avsnitt 7.

8 Skruva loss kamremmens överföringsremskiva/fästbygel **(se bild)**.

9 Skruva loss den bakre kamremskåpans fästbult som sitter intill höger motorlyftögla **(se bild)**.

10 Skruva loss de andra två fästbultarna och ta bort den bakre kamremskåpan. Bultarna håller också fast kylvätskepumpen **(se bild)**.

11 Montering sker i omvänd ordning mot demonteringen. Dra åt bulten till kamremmens överföringsremskiva/fästbygel till angivet moment, och montera kamremmen enligt beskrivning i avsnitt 7.

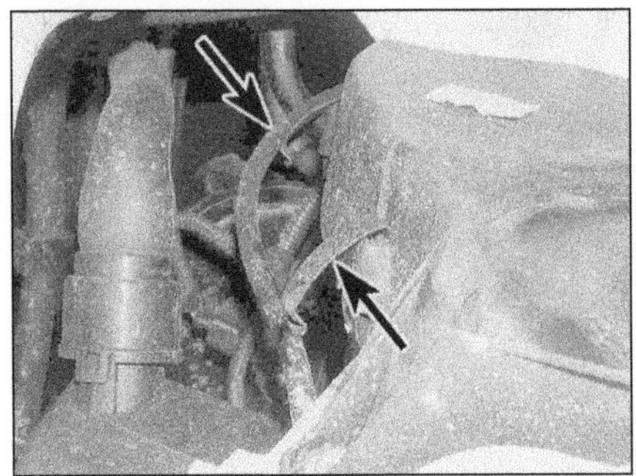

6.5a Lossa de två fästclipsen (vid pilarna) . . .

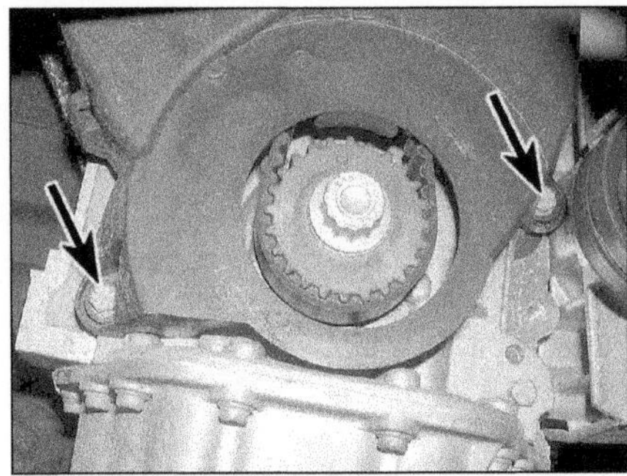

6.5b . . . skruva loss de två nedre fästbultarna (vid pilarna) . . .

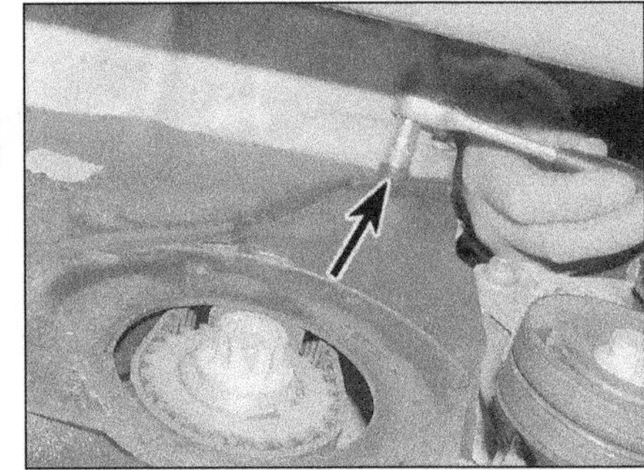

6.5c . . . och den ensamma bulten som håller kåpan till motorfästbygeln . . .

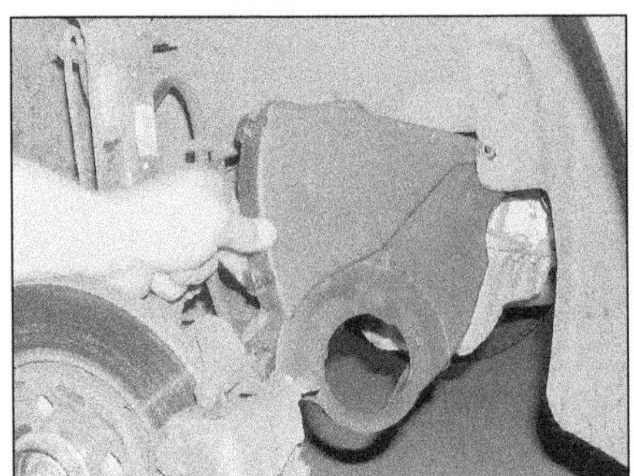

6.5d . . . och ta bort den nedre kamremskåpan – 1,4 liters motor

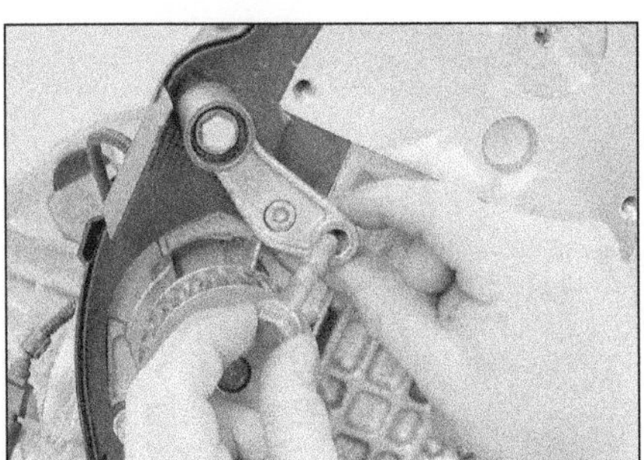

6.8 Demontering av överföringsremskivan/fästbygeln (ses med motorn demonterad) – 1,4 liters motor

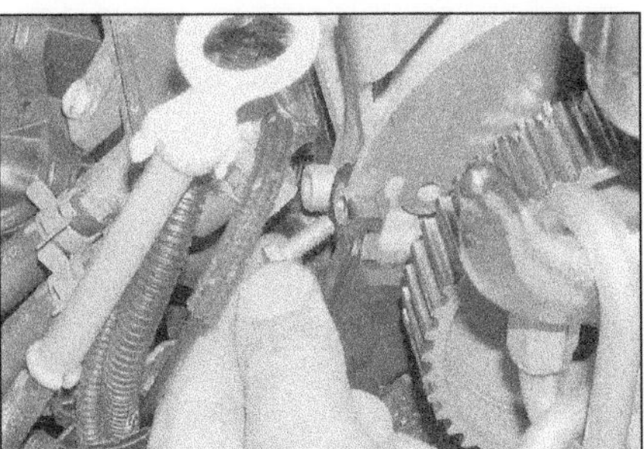

6.9 Skruva loss den bakre kamremskåpans fästbult som sitter bredvid höger motorlyftögla – 1,4 liters motor

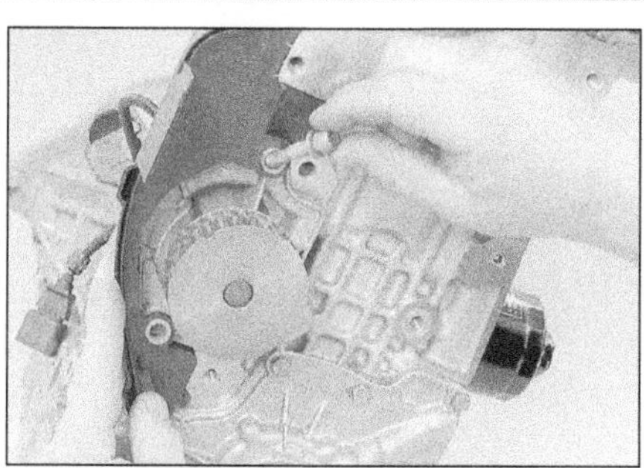
6.10 Demontering av den bakre kamremskåpan (motorn demonterad i bilden) – 1,4 liters motor

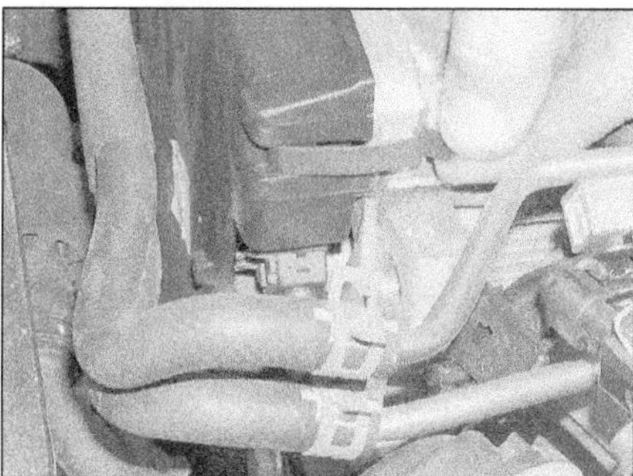
6.13a Lossa fästklämmorna . . .

6.13b . . . och ta bort den övre kamremskåpan – 1,8 liters motor

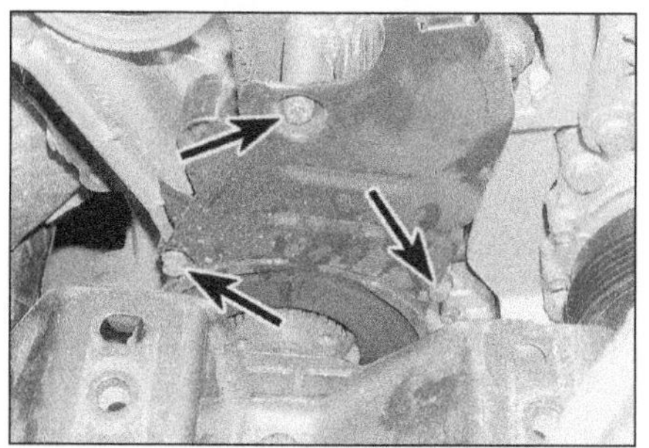
6.17 Mittre kamremskåpans fästbultar (vid pilarna) visade med det högra motorfästet demonterat – 1,8 liters motor

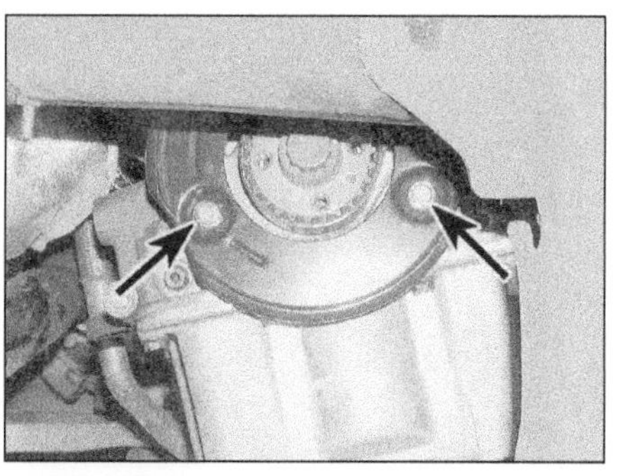
6.21a Skruva loss de nedre fästbultarna (vid pilarna) . . .

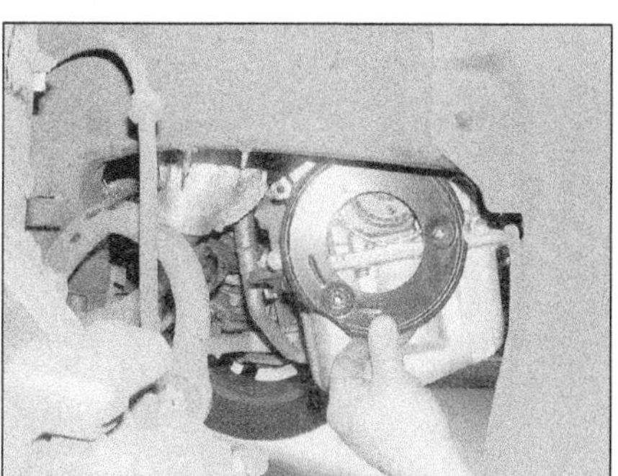
6.21b . . . och ta bort den nedre kamremskåpan – 1,8 liters motor

1,8 liters motor

Övre kåpa

12 Lossa fästklämmorna och ta bort motorns toppkåpa.

13 Lossa de två fästklämmorna och ta bort kamremskåpan från motorn **(se bilder)**.

14 Montering sker i omvänd ordning. Se till att fästklämmorna låser ordentligt.

Mittre kåpa

15 Demontera den övre kamremskåpan enligt beskrivningen ovan.

16 Demontera drivremmen enligt beskrivning i kapitel 1A.

17 Skruva loss de tre fästbultarna, dra kåpan nedåt och ta bort den från motorn **(se bild)**. Notera att de nedre två fästbultarna också håller fast den nedre kamremskåpan.

18 Montering sker i omvänd ordning mot demonteringen.

Nedre kåpa

19 Demontera vevaxelremskivan enligt beskrivning i avsnitt 5.

20 Om den mittre kamremskåpan inte har demonterats, skruva loss de två bultarna som håller både den mittre och den nedre kåpan till motorn.

21 Skruva loss de två nedre fästbultarna, dra kåpan nedåt och ta bort den från motorn **(se bilder)**.

22 Montering sker i omvänd ordning. Montera vevaxelremskivan enligt beskrivning i avsnitt 5.

7 **Kamrem(-mar)** – demontering och montering

1,4 liters motorer

Demontering av huvudkamrem

1 1,4 liters motorer har två kamremmar; huvudkamremmen driver insugskamaxeln från vevaxeln, och den sekundära kamremmen driver avgaskamaxeln från insugskamaxeln.

2 Koppla loss kabeln från batteriets negativa pol, skruva sedan loss fästbultarna och ta bort motorns toppkåpa. **Observera:** *Innan du kopplar ifrån batteriet, se avsnittet "Frånkoppling av batteriet" längre bak i boken.*

3 Demontera luftrenaren enligt beskrivning i kapitel 4A.

4 Lossa de två fästklämmorna och ta bort den övre, yttre kamremskåpan.

5 Vrid vevaxeln så att kolv nr 1 placeras i ÖD-läget i kompressionstakten, och lås kamaxeldreven i detta läge, enligt beskrivning i avsnitt 3.

6 Demontera vevaxelremskivan enligt beskrivning i avsnitt 5. Sätt tillbaka remskivans bult, med en distansbricka under skallen, för att hålla fast vevaxeldrevet.

7 Demontera den nedre, yttre kamremskåpan enligt beskrivning i avsnitt 6.

8 Där så är tillämpligt, på modeller med luftkonditionering, skruva loss fästbulten och ta bort drivremmens överföringsremskiva.

9 Skruva loss fästskruven och flytta servostyrningsvätskans behållare åt sidan, utan att koppla loss vätskeslangarna. Man måste lossa klämmorna och ta loss kolkanistern från behållaren **(se bilder)**.

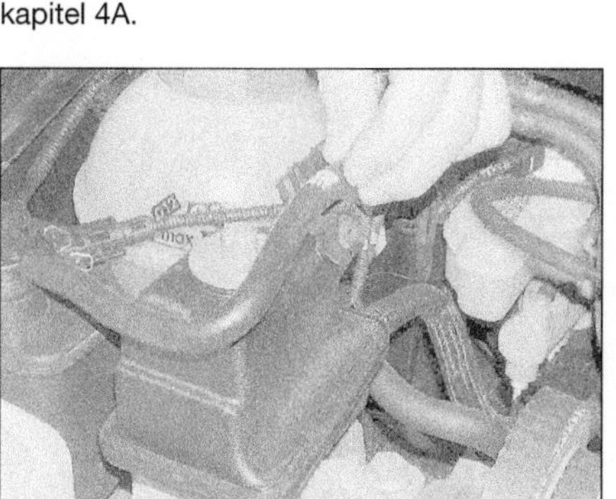
7.9a Lossa kolkanisterns slang från servostyrningsvätskans behållare . . .

7.9b . . . skruva loss fästskruven . . .

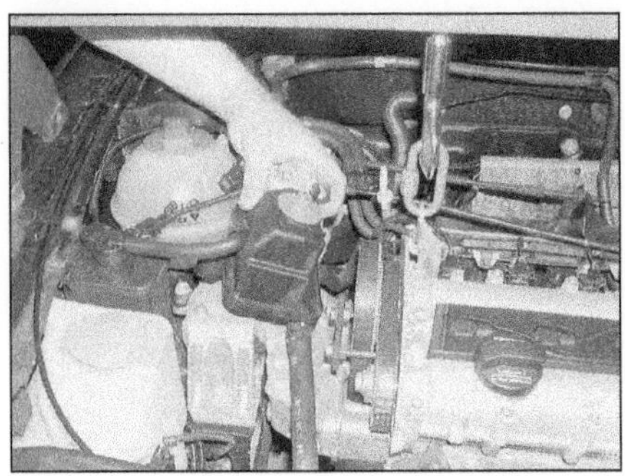

7.9c . . . och flytta undan behållaren från arbetsutrymmet – 1,4 liters motor

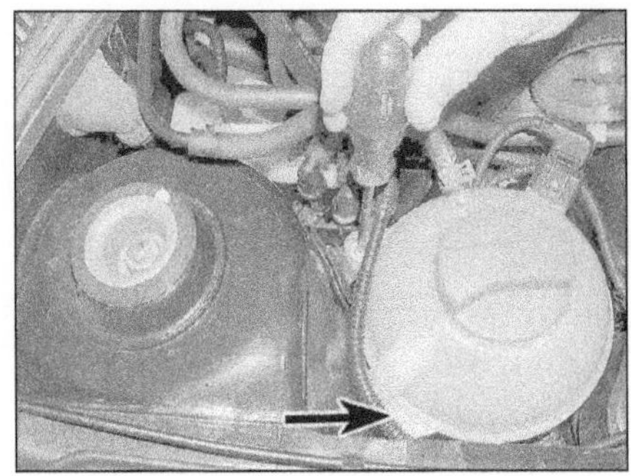

7.10a Skruva loss fästskruvarna . . .

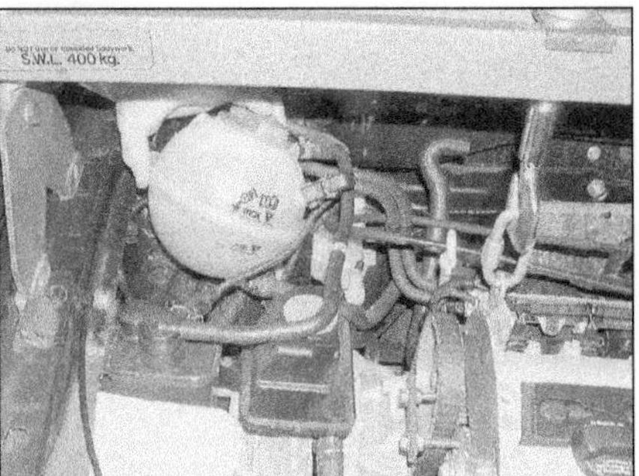

7.10b . . . och flytta undan kylvätskans expansionskärl – 1,4 liters motor

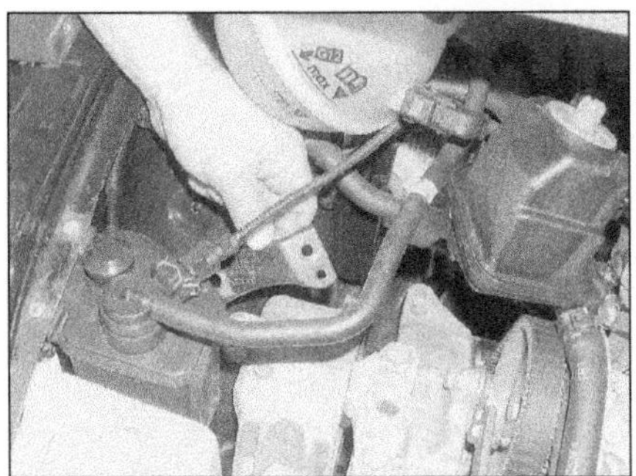

7.12a Ta bort den lilla bygeln. . .

7.12b . . . och hela det högra motorfästet – 1,4 liters motor

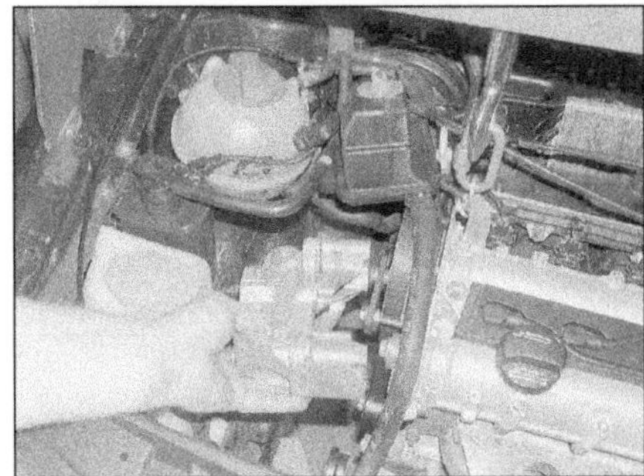

7.13 Demontering av höger motorfästbygel – 1,4 liters motor

10 Skruva loss de två fästskruvarna och flytta även undan kylvätskans expansionskärl från arbetsutrymmet **(se bilder)**.

11 Anslut en lyft och talja till den högra (kamremsänden) motorlyftöglan och höj lyften bara precis så att den håller upp motorns vikt.

12 Demontera hela det högra motorfästet enligt beskrivning i avsnitt 21 **(se bilder)**.

7.15 Lossa spännarens bult och bänd spännaren medurs med en insexnyckel, dra sedan åt bulten – 1,4 liters motor

7.16 Demontering av huvudkamremmen – 1,4 liters motor

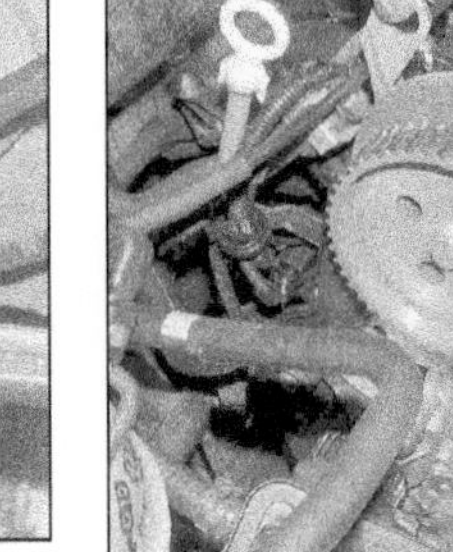

7.19a Lossa den sekundära kamremsspännarens bult och bänd spännaren medurs med en insexnyckel . . .

7.19b . . . skruva sedan loss fästbulten och ta bort spännaren – 1,4 liters motor

13 Skruva loss de fyra fästbultarna och ta bort höger motorfästbygel från motorn **(se bild)**.

14 Om någon av kamremmarna ska monteras tillbaka, märk upp deras rotationsriktning för att se till att de sätts tillbaka rätt väg.

15 Sätt in en lämplig insexnyckel i hålet i huvudkamremmens spännarplatta, lossa sedan spännarbulten, bänd spännaren moturs med hjälp av insexnyckeln (för att lossa spänningen på remmen), och dra åt spännarbulten **(se bild)**.

16 Ta tillfälligt bort kamaxeldrevets låsverktyg, dra sedan bort huvudkamremmen från dreven och notera hur den är dragen **(se bild)**. Sätt tillbaka kamaxeldrevets låsverktyg när remmen är borta.

17 Vrid vevaxeln ett kvarts varv (90°) moturs så att kolv nr 1 och 4 dras ner i loppen en aning, från ÖD-läget. Detta undanröjer risken för kontakt mellan kolv och ventil om kamaxeln råkar roteras medan kamremmen är borttagen.

Demontering av insugskamaxelns kamrem

18 När huvudkamremmen har demonterats, fortsätt enligt följande för att demontera den sekundära kamremmen.

19 Stick in en lämplig insexnyckel i hålet i den sekundära kamremmens spännarplatta, lossa sedan spännarbulten och bänd spännaren medurs med insexnyckeln (för att släppa spänningen på remmen). Skruva loss fästbulten och ta bort den sekundära kamremmens spännare **(se bilder)**.

7.20 Demontering av den sekundära kamremmen – 1,4 liters motor

20 Ta tillfälligt bort kamaxeldrevets låsverktyg och dra bort remmen från dreven **(se bild)**. Sätt tillbaka kamaxeldrevets låsverktyg när remmen är borta.

Montering av insugskamaxelns kamrem

21 Kontrollera att kamaxeldreven fortfarande är låsta i sitt läge med låsstiften, vrid sedan vevaxeln ett kvarts varv (90°) medurs för att åter placera kolv nr 1 och 4 i ÖD-läget. Kontrollera att vevaxeldrevets kugge med den fasade innerkanten är i linje med motsvarande markering på oljepumphuset **(se bild)**.

22 Ta tillfälligt bort kamaxeldrevets låsverktyg och placera kamremmen runt kamaxeldreven. Se till att remmen blir så spänd som möjligt på den övre sträckan mellan dreven (det kommer dock att finnas ett visst slack i remmen). Om den gamla remmen sätts tillbaka, observera rotationsriktningen. Sätt tillbaka kamaxeldrevets låsverktyg när remmen har satts på dreven.

23 Kontrollera att den sekundära kamremsspännarens visare är placerad längst till höger på spännarens bakre platta.

24 Tryck kamremmen uppåt med hjälp av spännaren, och sätt i spännarens fästbult (om så behövs, vrid spännaren med en insexnyckel tills bulthålet i spännaren är i linje med bulthålet i topplocket). Se till att klacken på spännarens bakre platta går in i frostpluggens hål i topplocket **(se bild)**.

25 Använd insexnyckeln till att vrida spännaren moturs tills spännarens visare hamnar i linje med klacken på spännarens bakre platta, med klacken placerad mot vänster stopp i frostpluggens hål **(se bild)**. Dra åt spännarens bult till angivet moment.

Montering av huvudkamrem

26 Där så är tillämpligt, placera vevaxeln i ÖD (se punkt 21) och se till att den sekundära drivremmen har monterats och spänts ordentligt. Ta tillfälligt bort kamaxeldrevens låsverktyg och placera sedan huvudkamremmen runt dreven. Arbeta i moturs riktning, börja vid kylvätskepumpen, gå därefter till spännarrullen, vevaxeldrevet, överföringsremskivan, insugskamaxeldrevet och den andra överföringsremskivan. Om den gamla remmen sätts tillbaka, se till att rotationsriktningen blir densamma som tidigare. När remmen är på plats, sätt tillbaka kamaxeldrevets låsverktyg.

27 Se till att spännarbulten är slack, sätt sedan in en insexnyckel i hålet i spännarplattan och vrid plattan medurs tills spännarens visare är i linje med mitten av urtaget i den bakre plattan. Dra åt spännarens fästbult till angivet moment.

28 Ta bort kamaxeldrevens låsverktyg.

29 Placera en nyckel eller hylsa på vevaxelremskivans bult, dra runt motorn två hela varv i normal rotationsriktning, tills vevaxeldrevets kugge med fasad innerkant hamnar i linje med motsvarande markering på oljepumphuset. Kontrollera att låsverktyget kan sättas på plats igen för att låsa kamaxeldreven på plats – om det inte går kan en av eller båda kamremmarna ha monterats inkorrekt.

7.21 Vevaxeldrevets kugge med fasad kant i linje med den gjutna pilen på oljepumpen – 1,4 liters motor

30 Med vevaxelns inställningsmarkeringar i linje, och kamaxeldreven låsta, kontrollera kamremmarnas spänning. Båda spännarnas visare ska vara enligt beskrivningen i punkt 25 respektive 27 – om inte, upprepa relevant spänningsprocedur och kontrollera sedan spänningen igen.

31 När remspänningen är korrekt, sätt tillbaka höger motorfästbygel och dra åt fästbultarna till angivet moment.

32 Montera hela höger motorfäste, enligt beskrivning i avsnitt 21.

33 Koppla loss lyften och taljan från motorlyftöglan.

34 Sätt tillbaka servostyrningsvätskans behållare, och kläm fast kolkanistern.

35 Sätt tillbaka kylvätskebehållaren.

36 Där så är tillämpligt, montera drivremmens överföringsremskiva.

37 Montera den nedre, yttre kamremskåpan, med hjälp av beskrivningen i avsnitt 6 om så behövs.

38 Montera vevaxelremskivan enligt beskrivning i avsnitt 5.

39 Montera den övre, yttre kamremskåpan.

40 Montera luftrenaren, sätt sedan tillbaka motorns toppkåpa och anslut kabeln till batteriets negativa pol.

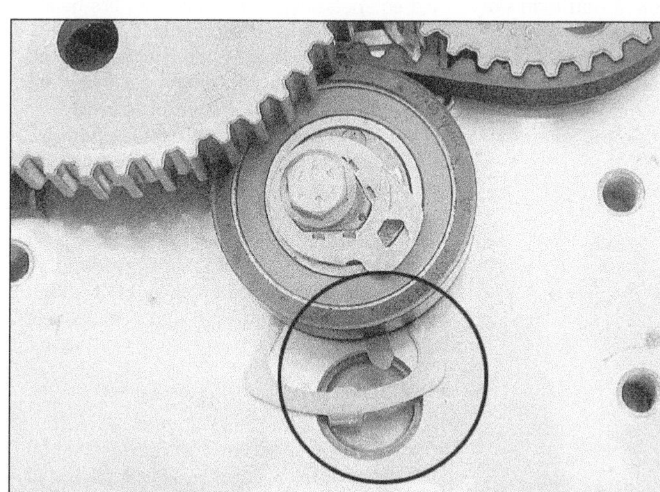
7.24 Den sekundära kamremsspännarens visare ska vara placerad i den högra änden av spännarens bakre platta, och klacken på plattan ska gå in i frostpluggens hål – 1,4 liters motor

7.25 Vrid spännaren moturs tills spännarens visare är i linje med klacken på spännarens bakre platta, med klacken placerad mot det vänstra stoppet i frostpluggens hål – 1,4 liters motor

7.44 Demontering av den främre kåpan under motorn – 1,8 liters motor

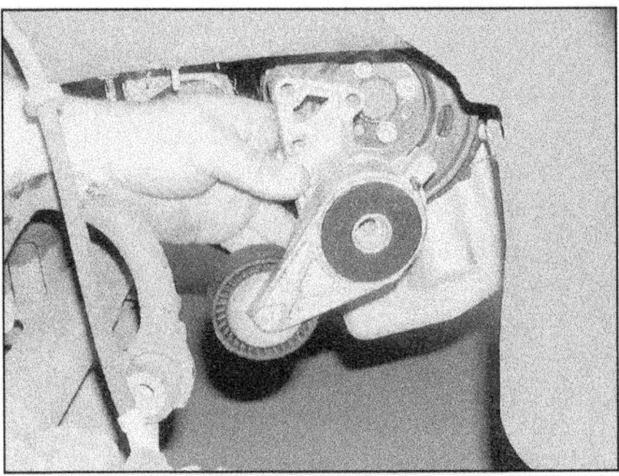
7.48 Demontering av drivremsspännaren – 1,8 liters motor

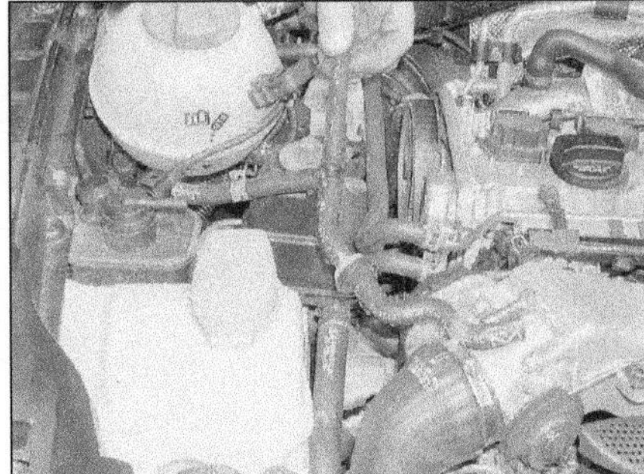
7.50 Flytta kolkanisterns slang åt sidan, ur vägen för arbetsområdet – 1,8 liters motor

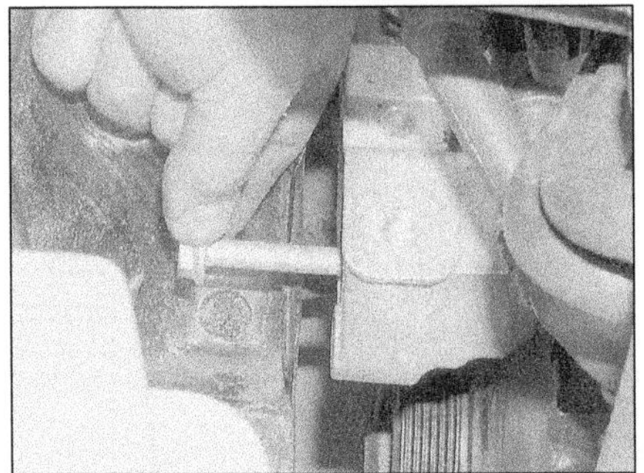
7.51a Skruva loss de övre . . .

7.51b . . . och nedre fästbultarna . . .

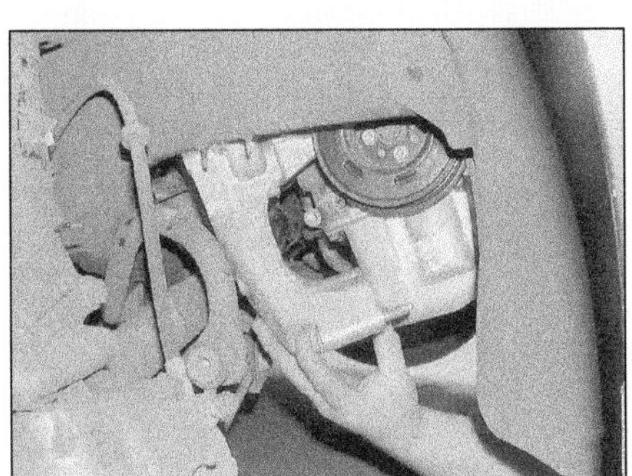
7.51c . . . och ta bort höger motorfästbygel under bilen – 1,8 liters motor

1,8 liters motor

Observera: *En bit (ungefär 55 mm) M5 gängstång behövs till att trycka ner kamremsspännarens kolv under det här momentet.*

Demontering

41 På 1,8 liters motorer drivs avgaskamaxeln av vevaxeldrevet via en kuggad rem, och insugskamaxeln drivs av avgaskamaxeln, via en kedja i den vänstra änden. Se avsnitt 9 för information om demontering, kontroll och montering av insugskamaxelns kamkedja.

42 Koppla loss kabeln från batteriets negativa pol. **Observera:** *Innan batteriet kopplas ifrån, se avsnittet "Frånkoppling av batteriet" i slutet av boken.*

43 För att skapa bättre utrymme, lyft upp höger sida av bilen och stötta den säkert på pallbockar, (se *Lyftning och stödpunkter*). Ta bort hjulet.

44 Skruva loss fästskruvarna och ta bort den främre kåpan under motorn **(se bild)**.

45 Arbeta under höger hjulhus, lossa slangklämmorna och koppla loss slangarna från röret mellan turboaggregatet och mellankylaren. Skruva loss bultarna som håller fast röret till karossen och ta bort röret.

46 Lossa fästklämmorna och ta bort höger kåpa under motorn.

47 Demontera drivremmen enligt beskrivning i kapitel 1A.

48 Skruva loss de tre fästbultarna och ta bort drivremsspännaren **(se bild)**. Notera att de två översta fästbultarna också håller ett stödfäste för kablage/rör.

49 Vrid vevaxeln tills kolv nr 1 hamnar i ÖD-läge i kompressionstakten, enligt beskrivning i avsnitt 3.

50 Följ beskrivningen i punkt 9 till 12 i det här avsnittet, men istället för att ta loss kolkanisterslangen från servostyrningsvätskans behållare, koppla loss slangen från kolkanistern och gasspjällhuset, och flytta slangen åt sidan så att den inte är i vägen **(se bild)**.

51 Skruva loss de tre fästbultarna och ta bort höger motorfästbygel från motorn. En bult kommer man åt uppifrån och två underifrån. Man kan behöva lyfta upp eller sänka motorn en aning, med hjälp av lyften, för att man ska kunna få ut fästbygeln från bilens undersida **(se bilder)**.

52 Demontera vevaxelremskivan enligt beskrivning i avsnitt 5.

53 Demontera mittre och nedre kamremskåpor, se avsnitt 6 om så behövs.

7.55 Skruva in en M5 gängstång i kamremsspännaren, sätt sedan en bricka och en mutter på stången (vid pilen) – 1,8 liters motor

54 Om den gamla kamremmen ska sättas tillbaka, märk upp dess rotationsriktning för att försäkra korrekt återmontering.

55 Skruva in en bit (ungefär 55 mm) M5 gängstång i det gängade hålet i kamremsspännaren. Man kan använda en M5 bult av lämplig längd och kapa av skallen på denna. Placera en stor bricka och en mutter på gängstången **(se bild)**.

56 Nästa steg i proceduren är att låsa spännarens kolv på plats, med en bit vajer eller ett borr. Om så behövs, vrid spännarkolven med en spetstång eller en bit vajer, tills hålet i kolven är i linje med hålet i huset.

57 Vrid muttern på gängstången för att trycka ner spännarkolven, tills kolven kan låsas på plats med ett lämpligt metallstift eller ett borr som sticks in genom hålet i huset **(se bilder)**.

58 Dra loss kamremmen från dreven och ta bort den från motorn **(se bild)**.

59 Om så önskas, som en säkerhetsåtgärd, vrid vevaxeln ett kvarts varv (90°) moturs för att dra in kolv nr 1 och 4 i respektive lopp en aning. Detta undanröjer risken för kontakt mellan kolv och ventil om kamaxeln skulle råka vridas medan kamremmen är borttagen.

Montering

60 Kontrollera att inställningsmarkeringarna på kamaxeldrevet och kamaxelkåpan fortfarande är i linje, enligt beskrivning i avsnitt 3.

61 Om vevaxeln har vridits moturs för att inte kolv och ventil ska komma i kontakt med varandra, vrid tillbaka axeln till ÖD-läget. Om så önskas kan den nedre kamremskåpan och

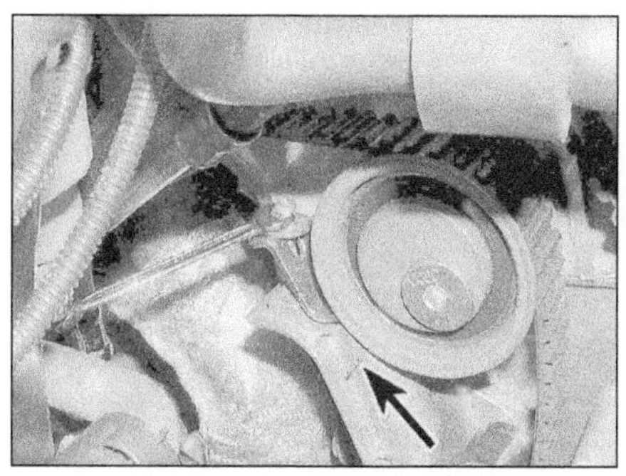

7.57a Vrid muttern på gängstången tills kolven kan låsas på plats med ett metallstift eller ett borr (vid pilen) som sticks in genom hålet i huset – 1,8 liters motor

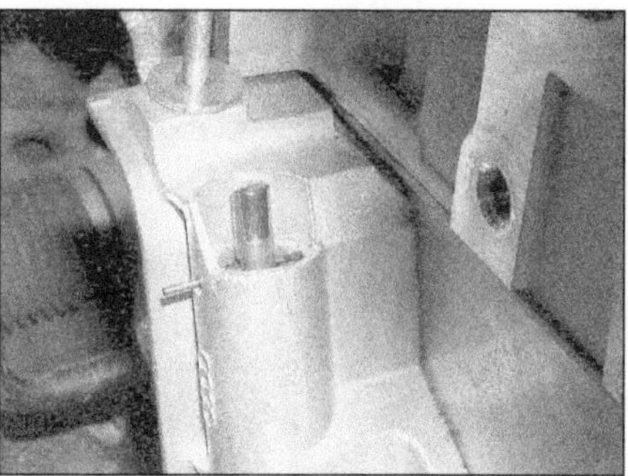

7.57b Borr instucket genom hålet i spännarkolven och huset, med spännaren demonterad för tydlighet – 1,8 liters motor

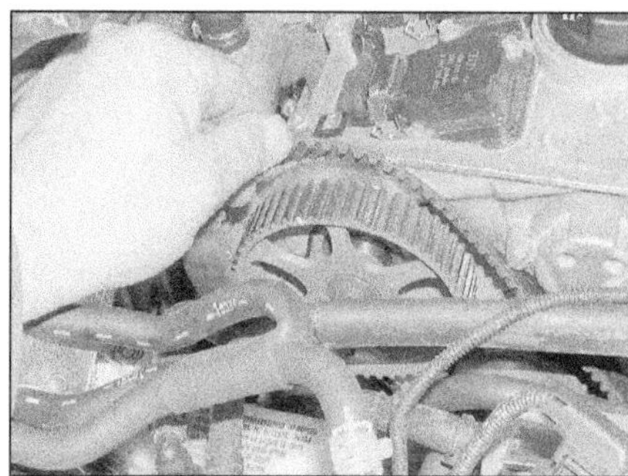

7.58 Demontering av kamremmen – 1,8 liters motor

vevaxelremskivan sättas tillbaka tillfälligt, för kontroll av att inställningsmarkeringen på remskivan hamnar i linje med markeringen på kåpan – när markeringarna är i linje, ta bort remskivan och kåpan igen.

62 Placera kamremmen på vevaxeldrevet, tänk på rotationsriktningen om den gamla remmen sätts tillbaka.

63 Se till att kamremmen har hakat i ordentligt i vevaxeldrevet, lägg sedan remmen runt kylvätskepumpens drev, spännarrullen och kamaxeldrevet.

64 Dra ut metallstiftet som används till att låsa spännarens kolv på plats, och skruva loss muttern från gängstången i kamremsspännaren. Detta gör att spännaren automatiskt spänner remmen.

65 Vrid vevaxeln medurs två hela varv och kontrollera att vevaxelns och kamaxelns inställningsmarkeringar fortfarande är i linje enligt beskrivning i avsnitt 3. Om markeringarna inte är i linje har kamremmen monterats inkorrekt (sätt då tillfälligt tillbaka den nedre kamremskåpan och vevaxelremskivan igen, för att observera markeringarna).

66 Montera den nedre kamremskåpan och dra åt fästbultarna.

67 Montera den mittre kamremskåpan och dra åt fästbultarna.

68 Montera vevaxelremskivan och dra åt fästbultarna till angivet moment.

69 Montera höger motorfästbygel, notera att de två nedre fästbultarna måste sitta i fästbygeln när man för den på plats. Dra åt bultarna till angivet moment. Om så behövs, höj eller sänk motorn en aning med hjälp av lyften, för att kunna lirka fästbygeln på plats.

70 Montera höger motorfäste enligt beskrivning i avsnitt 21.

71 Koppla loss lyften och taljan från motorn.

72 Montera den övre kamremskåpan.

73 Anslut kolkanisterns och gasspjällhusets slangar. Försäkra dig om att de ansluts på rätt platser och att de dras rätt.

74 Sätt tillbaka servostyrningsvätskans behållare och kylvätskans expansionskärl, dra åt alla infästningar ordentligt.

75 Montera drivremsspännaren, montera sedan drivremmen, enligt beskrivning i kapitel 1A.

76 Montera kåporna under motorn och, där så är tillämpligt, luftröret mellan tubron och mellankylaren.

77 Montera hjulet och sänk ner bilen på marken.

8 Kamremsspännare och drev – demontering och montering

1,4 liters motorer

Huvudkamremmens spännare

1 Demontera huvudkamremmen enligt beskrivning i avsnitt 7.

2 Skruva loss kamremsspännarens bult och ta bort spännaren från motorn.

3 Stick in en insexnyckel i hålet i spännarplattan och vrid spännaren moturs till den position som visas **(se bild)**.

4 Sätt tillbaka spännaren på motorn och se till att urtaget i spännarens bakre platta hakar i bulten på motorblocket. Sätt i spännarens fästbult och dra åt den för hand.

5 Sätt tillbaka och spänn huvudkamremmen enligt beskrivning i avsnitt 7.

Sekundära kamremmens spännare (insugskamaxelns kamrem)

6 Demontering och montering av spännaren beskrivs som en del av kamremsdemonteringen i avsnitt 7.

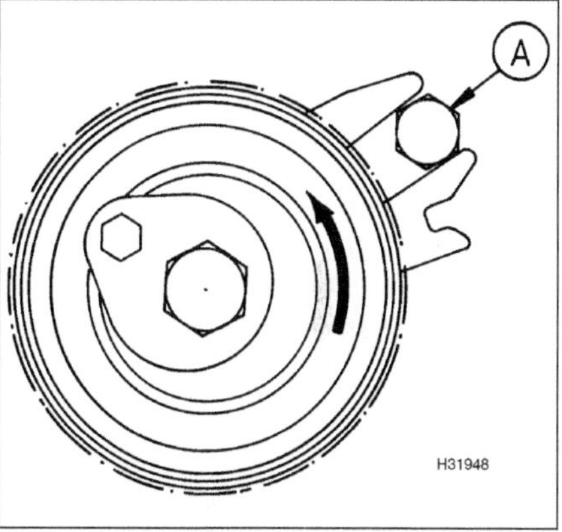

8.3 Vrid spännaren moturs till det läge som visas innan demonteringen. Notera att urtaget går i ingrepp med bulten (A) på motorblocket vid monteringen – 1,4 liters motor

Huvudkamremmens överföringsremskivor

7 Demontera kamremmen enligt beskrivning i avsnitt 7.

8 Skruva loss fästbulten och ta bort relevant överföringsremskiva. Notera att den mindre remskivan (överföringsremskivan närmast insugsgrenröret) kan demonteras tillsammans med fästbygeln (skruva loss fästbygelns bult och låt alltså remskivan sitta kvar på bygeln) **(se bilder)**.

9 Sätt tillbaka relevant överföringsremskiva

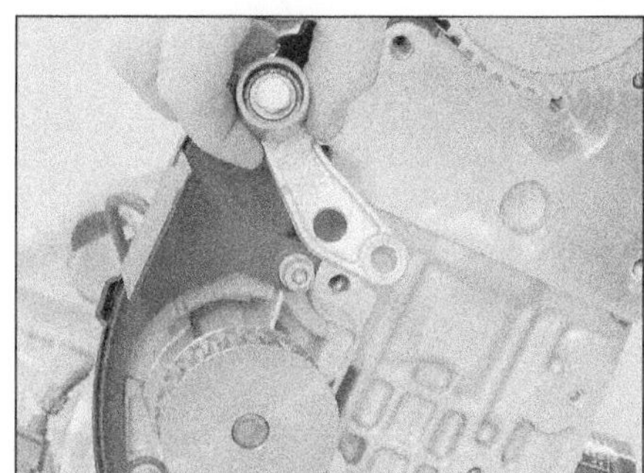

8.8a Ta bort kamremmens mindre . . .

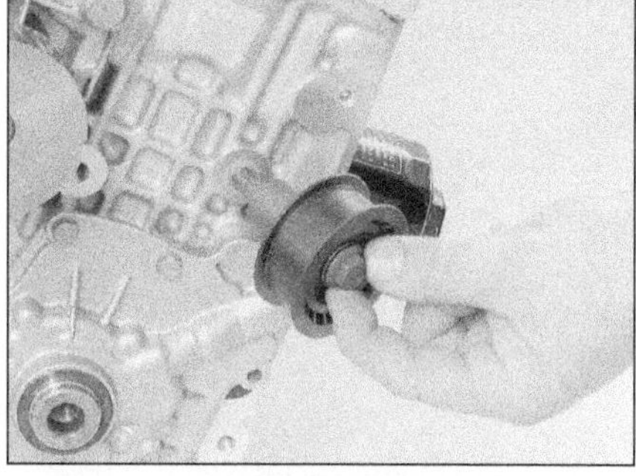

8.8b . . . och större överföringsremskiva – 1,4 liters motor

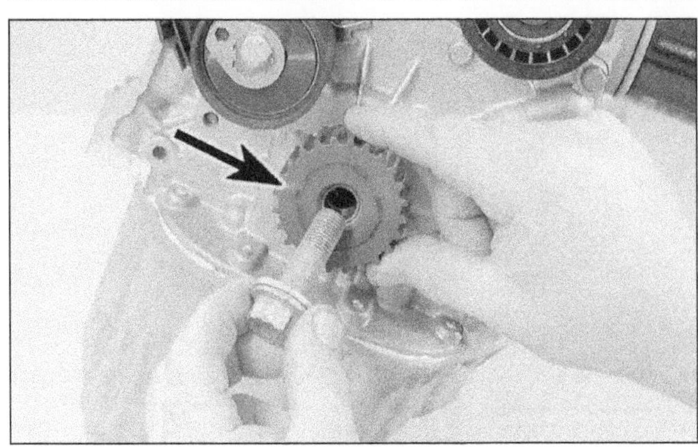

8.13 Montering av vevaxelremskivan. Remskivans styrstift (vid pilen) måste vara vänt utåt – 1,4 liters motor

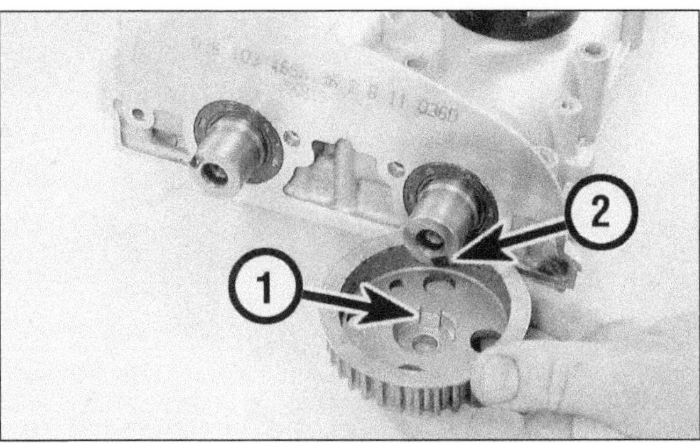

8.18 Montera drevet och se till att klacken (1) på drevet går in i hacket (2) i änden av kamaxeln – 1,4 liters motor

och dra åt fästbulten till angivet moment. Om den mindre remskivan har demonterats tillsammans med fästbygeln, se då till att fästbygeln sätts fast över den bakre kamremskåpans bult vid monteringen.

10 Montera och spänn huvudkamremmen enligt beskrivning i avsnitt 7.

Vevaxeldrev

11 Demontera kamremmen enligt beskrivning i avsnitt 7.

12 Skruva loss vevaxelremskivans bult och brickan som använts till att hålla drevet på plats, och ta bort drevet från vevaxeln.

13 Inled monteringen med att placera drevet på änden av vevaxeln, styrstiftet för remskivan måste vara vänt utåt **(se bild)**. Sätt tillfälligt tillbaka remskivans fästbult och brickan för att hålla drevet på plats.

14 Montera huvudkamremmen enligt beskrivning i avsnitt 7.

Kamaxeldrev

Observera: *En ny fästbult till kamaxeldrevet måste användas vid monteringen.*

15 Demontera båda kamremmarna enligt beskrivning i avsnitt 7. Försäkra dig om att vevaxeln har vridits ett kvarts varv (90°) moturs så att kolv nr 1 och 4 har dragits in i loppen en aning, bort från ÖD-läget. Detta undanröjer risken för kontakt mellan kolvar och ventiler om kamaxeln skulle råka vridas medan kamremmen är borttagen.

16 Lossa nu relevant kamaxeldrevs bult. Kamaxeln måste hållas stilla när drevets bult skruvas loss – förlita dig **inte** enbart på drevets låsverktyg för detta. Tillverka ett verktyg som kan stickas in i hålen i drevet och på så sätt hålla det stilla.

17 Skruva loss kamaxeldrevets bult och ta loss drevet från kamaxeln. Notera vilken väg det sitter.

18 Påbörja monteringen med att sätta på drevet på kamaxeln, se till att klacken på drevet går in i urtaget i änden av kamaxeln. Om båda kamaxeldreven har demonterats, notera att det dubbla drevet (för huvud- och den sekundära kamremmen) ska sitta på insugskamaxeln, samt att avgaskamaxeldrevet måste monteras först **(se bild)**.

19 Sätt i en ny bult till drevet, använd sedan verktyget till att hålla drevet stilla, som vid demonteringen, och dra åt bulten till angivet moment i de två steg som anges i specifikationerna **(se bild)**.

20 Montera båda kamremmarna enligt beskrivning i avsnitt 7.

Kylvätskepumpens drev

21 Kylvätskepumpens drev sitter ihop med kylvätskepumpen. Se kapitel 3 för information om demontering av pumpen.

1,8 liters motorer

Kamremsspännare

22 Demontera kamremmen enligt beskrivning i avsnitt 7.

23 Skruva loss bulten och ta bort spännaren från motorn **(se bild)**. Ta vara på brickan som sitter mellan spännaren och motorblocket. Om så önskas kan låsstiftet tas bort från spännaren, och muttern och det gängade stiftet som användas till att trycka in spännaren kan sedan skruvas ut. **Ta inte** bort muttern och gängstiftet innan låsstiftet har tagits bort.

24 Montering sker i omvänd ordning, men se till att brickan är på plats mellan spännaren och motorblocket, och se också till att muttern, gängstiftet och låsstiftet sätts tillbaka så att spännaren dras in, innan spännaren monteras på motorn **(se bild)**. Montera kamremmen enligt beskrivning i avsnitt 7.

Vevaxeldrev

Observera: *En ny bult till vevaxeldrevet måste användas vid monteringen.*

25 Demontera kamremmen enligt beskrivning i avsnitt 7.

26 Drevets fästbult måste nu lossas, och vevaxeln måste hållas stilla när bulten lossas. För att kunna hålla drevet stilla, tillverka ett lämpligt verktyg (liknande det som användes till kamaxeldrevet) och skruva fast det i drevet med två passande bultar.

27 Håll fast drevet med verktyget och lossa drevets fästbult. Var försiktig, bulten sitter mycket hårt. ***Låt inte*** vevaxeln vridas när bulten lossas.

28 Skruva loss bulten och dra bort drevet från änden av vevaxeln, notera vilken väg det sitter.

8.19 Dra åt drevets fästbult och håll samtidigt drevet stilla med ett lämpligt verktyg – 1,4 liters motor

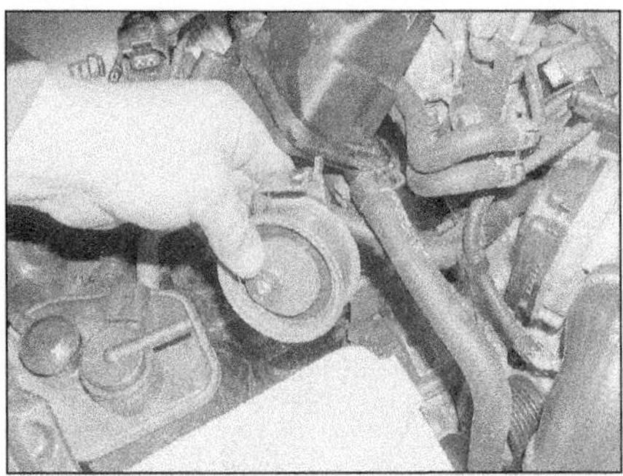

8.23 Demontera kamremsspännaren från motorn – 1,8 liters motor

8.24 Se till att brickan är på plats mellan spännaren och motorblocket – 1,8 liters motor

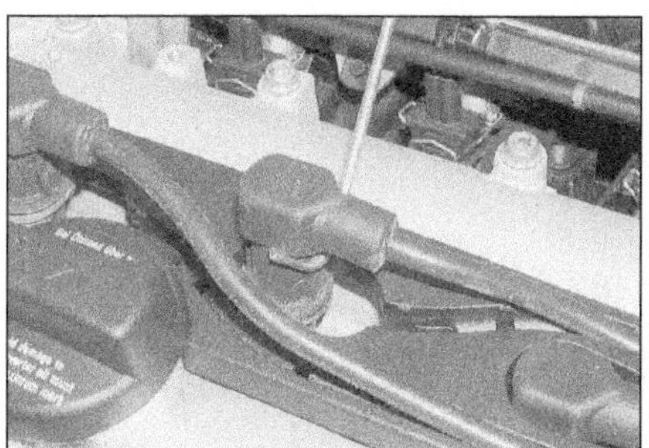

10.3a Använd en vajer, med krok i änden, till att dra loss kontakterna från tändstiften – 1,4 liters motor

29 Inled monteringen med att placera drevet på änden av vevaxeln, med det upphöjda navet utåt.

30 Sätt i den nya fästbulten, håll sedan fast drevet med den metod som användes vid demonteringen, och dra åt bulten till angivet moment i de två steg som anges i specifikationerna.

31 Montera kamremmen enligt beskrivning i avsnitt 7.

Avgaskamaxelns drev

32 Demontera kamremmen enligt beskrivning i avsnitt 7. Försäkra dig om att vevaxeln har vridits ett kvarts varv (90°) så att kolv nr 1 och kolv nr 4 har dragits in i loppen en aning, bort från ÖD-läget. Detta undanröjer risken för kontakt mellan kolvar och ventiler om kamaxeln skulle råka vridas medan kamremmen är borttagen

33 Kamaxeldrevets bult ska nu lossas, och kamaxeln måste hållas stilla när detta görs. Tillverka ett verktyg som kan stickas in i hålen i drevet och på så sätt förhindra att det roterar.

34 Skruva loss kamaxeldrevets bult, ta bort brickan och dra loss drevet från kamaxeln. Notera vilken väg det sitter. Ta vara på Woodruffkilen från änden av kamaxeln (om tillämpligt).

35 Påbörja monteringen med att sätta tillbaka eventuell Woodruffkil på kamaxeln, placera sedan drevet på kamaxeln och se till att det vänds rätt väg.

36 Sätt i drevets bult, med brickan på plats, håll sedan drevet stilla med hjälp av verktyget som användes vid demonteringen och dra åt bulten till angivet moment.

10.3b Skruva loss DIS-modulens fästbultar . . .

37 Montera kamremmen enligt beskrivning i avsnitt 7.

Kylvätskepumpens drev

38 Kylvätskepumpens drev sitter ihop med kylvätskepumpen. Se kapitel 3 för information om demontering av pumpen.

Överföringsremskiva

39 Demontera kamremmen enligt beskrivning i avsnitt 7.

40 Skruva loss fästbulten och ta bort överföringsremskivan.

41 Montering sker i omvänd ordning. Dra åt remskivans bult till angivet moment och montera sedan kamremmen enligt beskrivning i avsnitt 7.

9 Insugskamaxelns inställningskomponenter/kamaxeljusterare (1,8 liters motor)

Demontering och montering av kamkedjan och kedjespännaren/kamaxeljustermekanismen beskrivs som en del av demontering och montering av kamaxlarna i avsnitt 13. Dreven sitter ihop med kamaxlarna.

10 Kamaxelhus (1,4 liters motor) – demontering och montering

Observera: *Nya fästbultar till kamaxelhuset måste användas vid monteringen. Ett lämpligt tätningsmedel (Skoda AMV 188 003, eller liknande) behövs också, samt två M6 pinnbultar (ungefär 70 mm långa) – se texten.*

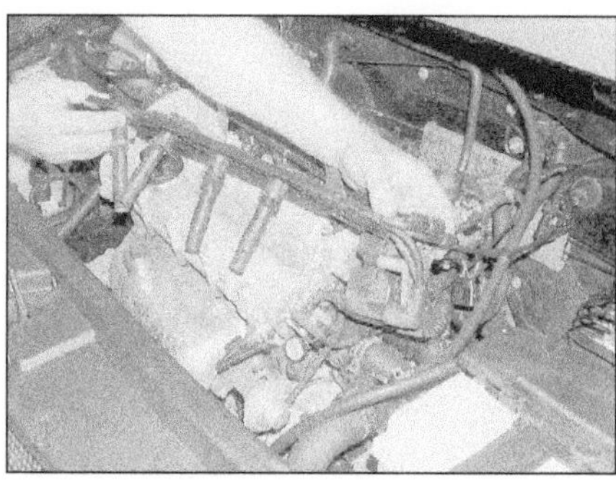

10.3c . . . ta sedan bort DIS-modulen och tändkablarna – 1,4 liters motor

Demontering

1 Koppla loss kabeln från batteriets negativa pol. **Observera:** *Innan du kopplar ifrån batteriet, se avsnittet "Frånkoppling av batteriet" längst bak i boken.*

2 Demontera båda kamremmarna enligt beskrivning i avsnitt 7.

3 På modeller med motorkod AXP, koppla loss tändkablarna från tändstiften. Använd en bit kraftig vajer med en krok i änden till att dra loss kontaktdonen från tändstiften. Lossa låsklacken och koppla loss kontaktdonet från DIS-modulen, skruva sedan loss fästbultarna och ta bort DIS-modulen och tändkablarna som en enhet **(se bilder)**.

4 På modeller med motorkod BCA, demontera tändspolarna enligt beskrivning i kapitel 5B. Skruva loss jordledningen till spolarnas kablage från kamaxelkåpan, lossa sedan spolarnas kablage från klämmorna på kamaxelkåpan och flytta undan kablaget från kåpan.

5 Koppla loss kontaktdonet till insugskamaxelns lägesgivare **(se bild)**.

6 Skruva loss bulten som håller EGR solenoidventilen till änden av kamaxelhuset **(se bild)**. Flytta ventilen åt sidan.

7 Koppla loss kontaktdonet från oljetryckslampans kontakt, som sitter i det främre vänstra hörnet av kamaxelhuset. Lossa kabelhärvan från klämman på änden av kamaxelhuset, och flytta kablaget åt sidan **(se bilder)**.

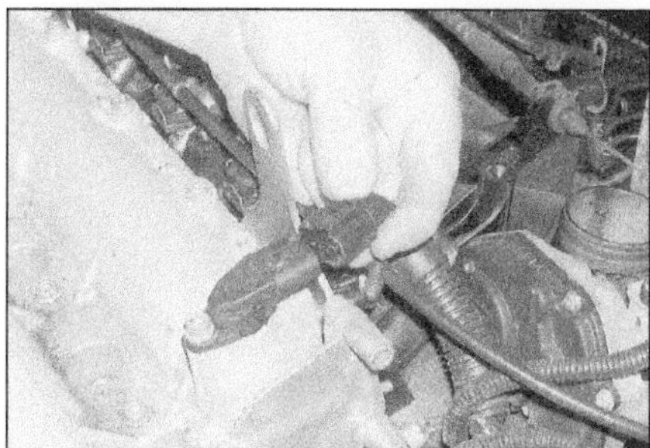

10.5 Koppla loss kontaktdonet från insugskamaxelns lägesgivare – 1,4 liters motor

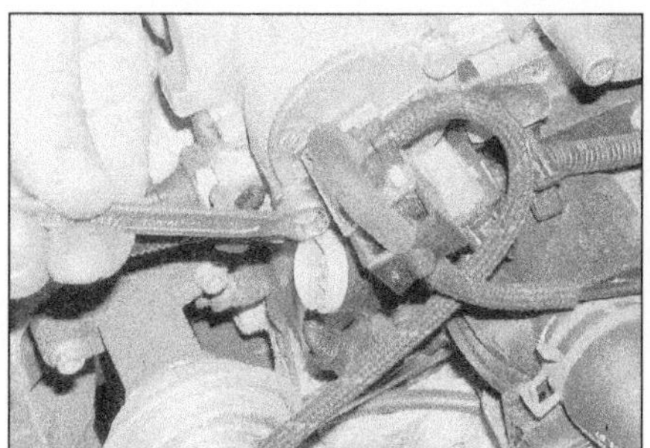

10.6 Skruva loss bulten som håller EGR solenoidventilen på änden av kamaxelhuset – 1,4 liters motor

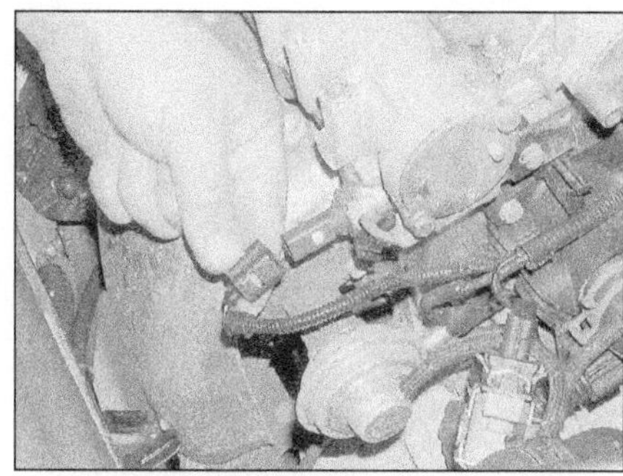

10.7a Koppla loss oljetryckslampans kontaktdon . . .

10.7b . . . lossa sedan kablaget från klämman på änden av kamaxelhuset – 1,4 liters motor

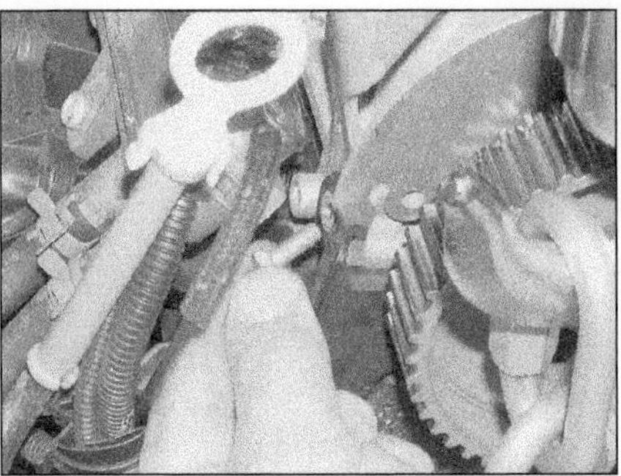

10.8 Skruva loss den bakre kamremskåpans fästbult som sitter bredvid höger motorlyftögla – 1,4 liters motor

10.9 Skruva loss kamaxelhusets fästbultar . . .

8 Skruva loss den bakre kamremskåpans fästbult, intill höger motorlyftögla **(se bild)**.

9 Arbeta stegvis från mitten och utåt, i diagonal ordning, och lossa och ta bort kamaxelhusets fästbultar **(se bild)**.

10 Lyft försiktigt upp kamaxelhuset från topplocket **(se bild)**. Kamaxlarna kan demonteras från huset, enligt beskrivning i avsnitt 11.

Montering

11 Påbörja monteringen med att noggrant tvätta bort allt gammalt tätningsmedel, olja och fett, från fogytorna på topplocket och kamaxelhuset. Inget skräp eller smuts får komma in i topplocket eller kamaxelhuset.

12 Kontrollera att vevaxeln fortfarande är placerad ett kvarts varv (90°) moturs från ÖD-läget, och att kamaxlarna är låsta i sitt läge med låsverktyget, enligt beskrivning i avsnitt 3.

13 Kontrollera att vipparmarna är korrekt placerade på ventilerna och ordentligt fastklämda på de hydrauliska ventillyftarna.

14 Lägg på ett tunt, jämnt lager tätningsmedel (Skoda AMV 188 003, eller liknande) på topplockets fogyta på kamaxelhuset **(se bild)**. Lägg inte på tätningen för tjockt, eftersom överflödigt tätningsmedel då kan komma in i och blockera oljekanalerna, vilket kan leda till skador på motorn.

15 Sänk försiktigt ner kamaxelhuset på topplocket, tills kamaxlarna vilar på vipparmarna. Notera att kamaxelhuset passar på stift i topplocket. Om så önskas för att göra monteringen enklare, tillverka två styrstift enligt följande:

a) Kapa skallarna av två M6 bultar, skär sedan spår i toppen på båda så att man kan skruva ut dem med en spårskruvmejsel.

b) Skruva nu in de två bultarna i kamaxelhusets fästbultshål, i motsatta hörn av topplocket.

c) Sänk ner kamaxelhuset över bultarna för att styra den på plats på topplocket.

16 Sätt i de nya fästbultarna i kamaxelhuset och dra åt dem stegvis, från mitten och utåt, i diagonal ordning (d.v.s. dra åt alla bultar ett varv, börja sedan om och dra åt alla bultar ytterligare ett varv etc.). Se till att kamaxelhuset sitter rakt på topplocket när bultarna dras åt, och att huset går ihop med stiften på topplocket. Om så är tillämpligt, när kamaxelhuset kommer i kontakt med topplockets yta, skruva ut de två styrbultarna och sätt i de två sista nya bultarna istället.

17 Dra åt kamaxelhusets fästbultar till angivet moment, i de två steg som visas i specifikationerna **(se bild)**.

18 Låt kamaxelhusets tätningsmedel torka i ungefär 30 minuter innan ytterligare åtgärder utförs på topplocket eller kamaxelhuset.

19 När tätningsmedlet har torkat, sätt i den bakre kamremskåpans fästbult.

20 Anslut oljetrycksvarningslampans kontaktdon och fäst kablaget med klämman i änden av kamaxelhuset.

21 Sätt tillbaka EGR-solenoidventilen/fästbygeln på kamaxelhuset, och dra åt fästbulten. Se till att klacken på kamaxelhusets ändplatta går in i motsvarande hål i solenoidventilens fästbygel.

22 Anslut kamaxellägesgivarens kontaktdon.

23 På motorer med kod AXP, sätt tillbaka DIS-modulen och dra åt dess fästbultar, anslut sedan DIS-modulens kontaktdon samt tändstiftens tändkablar.

24 På motorer med kod BCA, montera tändspolarna enligt beskrivning i kapitel 5B.

25 Montera båda kamremmarna enligt beskrivning i avsnitt 7.

26 Anslut kabeln till batteriets negativa pol.

11 Kamaxlar (1,4 liters motor) – demontering, kontroll och montering

Demontering

1 Demontera kamaxelhuset enligt beskrivning i avsnitt 10.

2 Demontera kamaxeldreven, se avsnitt 8 om så behövs.

3 Om insugskamaxeln ska demonteras, skruva loss fästbulten och ta bort insugskamaxelns lägesgivare **(se bild)**.

4 Demontera relevant ändplatta från kamaxelhuset **(se bild)**. Notera att på motorer med kod AXP, är insugskamaxelns ändplatta fäst med DIS-modulens bultar, som redan har tagits bort, och avgaskamaxelns ändplatta sitter fast

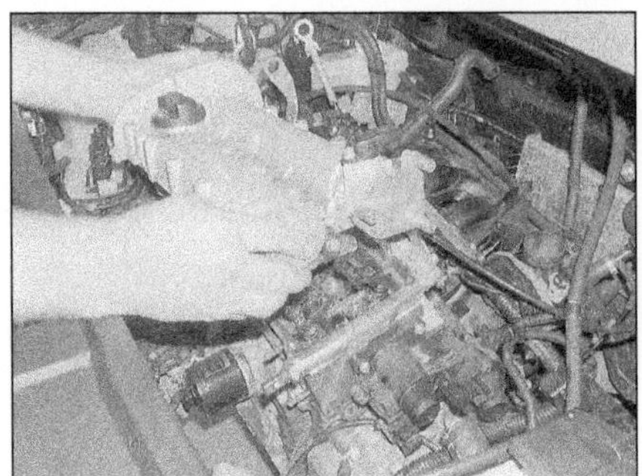

10.10 . . . och lyft upp kamaxelhuset från topplocket – 1,4 liters motor

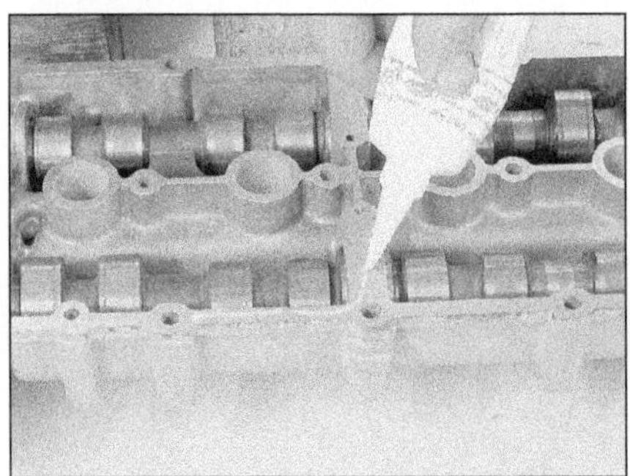

10.14 Lägg på ett tunt, jämnt lager tätningsmedel på topplockets fogyta på kamaxelhuset – 1,4 liters motor

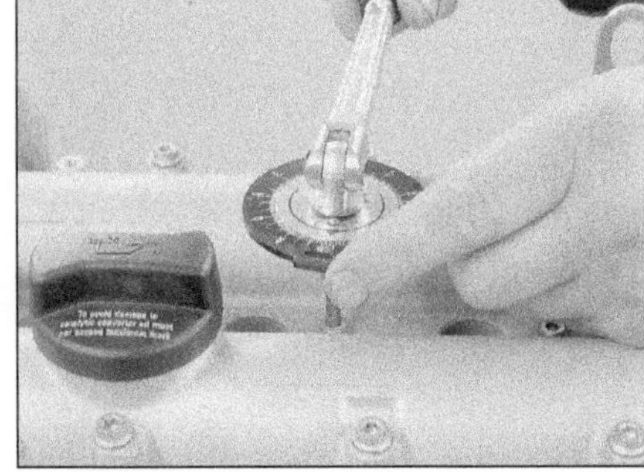

10.17 Kamaxelhusets bultar dras åt till vinkeln för steg 2 – 1,4 liters motor

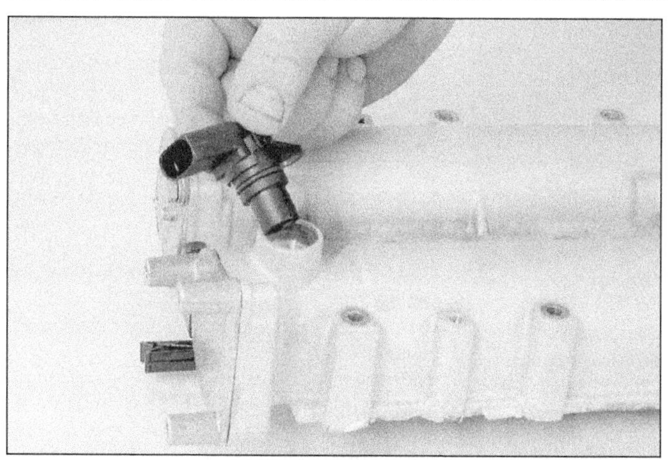

11.3 Demontera insugskamaxelns lägesgivare – 1,4 liters motor

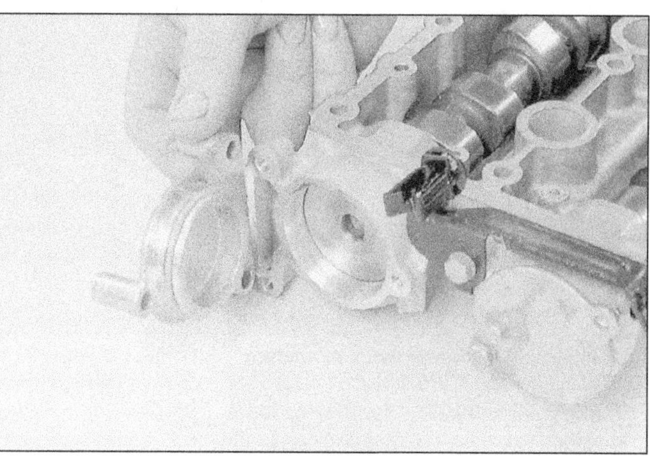

11.4 Ta bort kamaxelhusets ändplatta – 1,4 liters motor

med tre bultar, av vilka en också håller EGR solenoidventilen.

5 Ta försiktigt bort relevant kamaxel från den ände av kamaxelhuset där ändplattan sitter. Var försiktig så att inte lagerytorna på kamaxeln och huset skadas när axeln dras ut. **(se bild)**.

Kontroll

6 Undersök kamaxlarna och leta efter tecken på slitage på kamaxelnockarna och -lagertapparna. I normala fall ska ytan vara slät och ha en matt glans; leta efter repor, erosion eller gropar, och områden som är mycket blanka, vilket tyder på kraftigt slitage. När kamaxelns härdade yta en gång väl har skadats, går slitaget allt snabbare, så byt alltid ut slitna komponenter. **Observera:** *Om ovan nämnda symptom upptäcks på ändarna av kamnockarna, undersök då motsvarande vipparmar, eftersom det är troligt att även dessa är slitna.*

7 Om de maskinbearbetade ytorna på kamaxeln är missfärgade eller blå, är det troligt att den har överhettats vid något tillfälle, förmodligen på grund av otillräcklig smörjning. Detta kan ha gjort axeln skev, så kontrollera dess skevhet enligt följande: placera kamaxeln mellan två V-block och mät dess skevhet med en mätklocka. Ingen maxsiffra anges av tillverkaren, men det bör vara uppenbart om axeln är mycket missformad

8 För att mäta kamaxelns axialspel, sätt temporärt tillbaka aktuell kamaxel i kamaxelhuset, och sätt tillbaka kamaxelns tätningsplatta på kamaxelhuset. Sätt fast mätklockan i kamaxelhusets kamremsände och placera mätarens sond i linje med kamaxeln. Tryck kamaxeln så långt det går åt ena hållet, placera mätklockans sond på änden av kamaxeln och nollställ mätklockan. Tryck sedan kamaxeln åt det andra hållet, så långt det går i kamaxelhuset, och notera avläsningen. Bekräfta avläsningen genom att trycka tillbaka vevaxeln till utgångsläget och kontrollera att mätklockan visar noll igen.

9 Kontrollera att kamaxelns axialspel är inom de gränser som anges i specifikationerna. Slitage över gränsvärdet kan eventuellt åtgärdas med ett byte av relevant ändplatta, men det är inte troligt att slitaget är begränsat till endast en komponent, så byte av kamaxlarna och kamaxelhuset bör nog övervägas.

Montering

10 Montering sker i omvänd ordning mot demonteringen. Tänk på följande.

a) *Innan kamaxeln monteras, byt ut kamaxelns oljetätning enligt beskrivning i avsnitt 14.*

b) *Smörj lagerytorna i kamaxelhuset och kamnockarna innan kamaxeln/-axlarna monteras.*

c) *Byt ut O-ringstätningen på kamaxelhusets ändplattor* ***(se bild)****.*

d) *Montera kamaxeldrevet/-dreven enligt beskrivning i avsnitt 8. Om båda dreven har demonterats, måste avgaskamaxeldrevet sättas tillbaka först.*

e) *Montera kamaxelhuset enligt beskrivning i avsnitt 10.*

12 Vipparmar och ventillyftare (1,4 liters motor) – demontering, kontroll och montering

Demontering

1 Demontera kamaxelhuset enligt beskrivning i avsnitt 10.

2 Allteftersom komponenterna demonteras, förvara dem i rätt ordning så att de kan sättas tillbaka på sina ursprungliga platser.

3 Lossa vipparmarna från ventillyftarna och lyft bort dem från topplocket **(se bild)**.

4 Lyft försiktigt upp ventillyftarna ur sina lopp i topplocket. Det rekommenderas att man förvarar ventillyftarna (i rätt ordning) upprätt i ett oljebad medan de är demonterade från motorn.

Kontroll

5 Undersök kontaktytan mot topplockets lopp på lyftarna för att se om de är repade eller på annat sätt skadade. Kontrollera på samma sätt

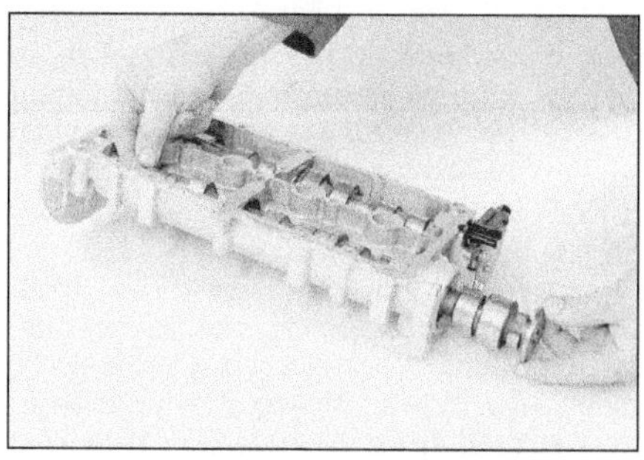

11.5 Dra ut kamaxeln i den ände av kamaxelhuset där ändplattan suttit – 1,4 liters motor

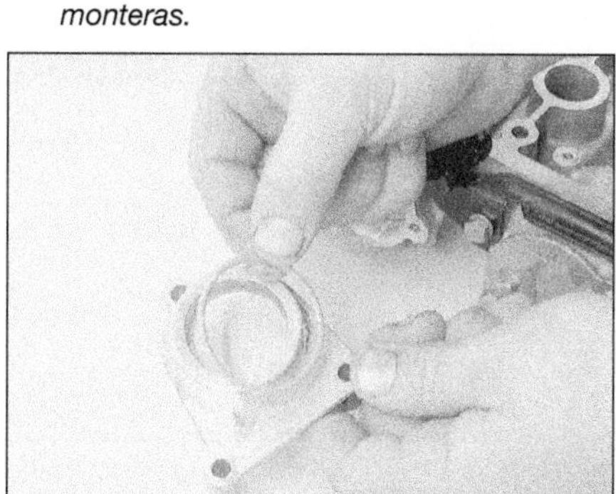

11.10 Byt ut O-ringen till kamaxelhusets ändplatta – 1,4 liters motor

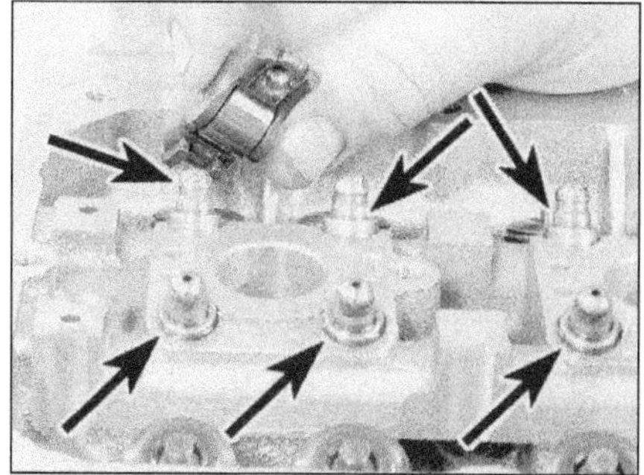

12.3 Demontering av vipparm (ventillyftare vid pilarna) – 1,4 liters motor

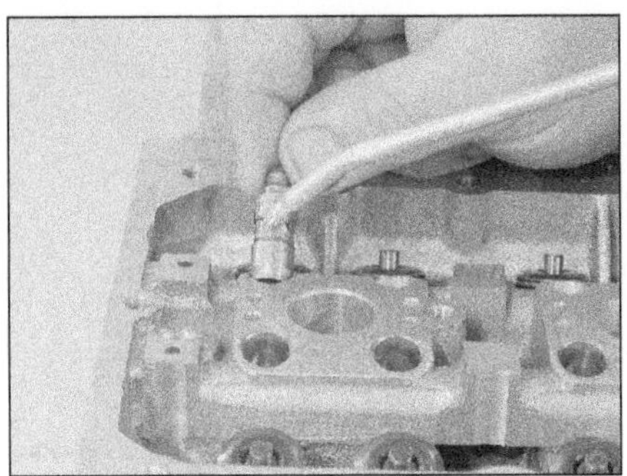

12.9 Olja ventillyftarna innan montering - 1,4 liters motor

själva loppen i topplocket. Om kraftiga repor eller skador upptäcks kan man bli tvungen att byta ut topplocket och ventillyftarna.

6 Undersök om ventillyftarna visar tecken på slitage eller skada och byt ut dem om så behövs. Kontrollera att oljehålen i lyftarna inte är blockerade.

7 Undersök vipparmarnas kontaktytor mot ventilerna, lyftarna och kamaxeln, leta efter tecken på slitage eller skador, och se också om vipparmarna är spruckna. Byt ut slitna eller skadade vipparmar.

8 Undersök kamnockarna enligt beskrivning i avsnitt 11.

Montering

9 Olja ventillyftarnas lopp i topplocket, och själva lyftarna, för sedan försiktigt in lyftarna i samma lopp som de satt i innan demonteringen **(se bild)**.

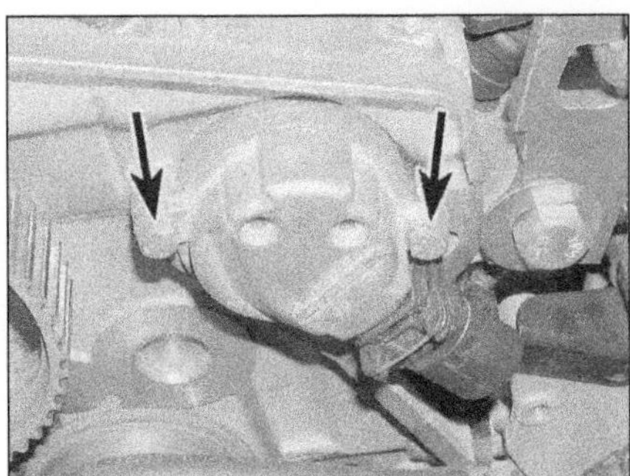

13.7 Fästbultar till insugskamaxelns lägesgivare - 1,8 liters motor

10 Olja vipparmarnas kontaktytor på lyftarna, och topparna av ventilskaften, montera sedan vipparmarna på sina ursprungliga platser. Se till att fästa vipparmarna ordentligt på lyftarna med klämmorna.

11 Kontrollera kamaxlarnas axialspel igen, enligt beskrivning i avsnitt 11, montera sedan kamaxelhuset enligt beskrivning i avsnitt 10.

13 Kamaxlar och ventillyftare (1,8 liters motor) - demontering, kontroll och montering

Observera: *Ett lämpligt verktyg kommer att behövas för att låsa kamaxeljusteraren, eller kedjespännaren, i ett visst läge under det här momentet - se texten. Skoda tätningsmedel (D 454 300 A2 tätning, eller motsvarande) behövs också vid monteringen.*

13.8 Märk kamaxelns drivkedja och dreven i förhållande till varandra (se texten) - 1,8 liters motor

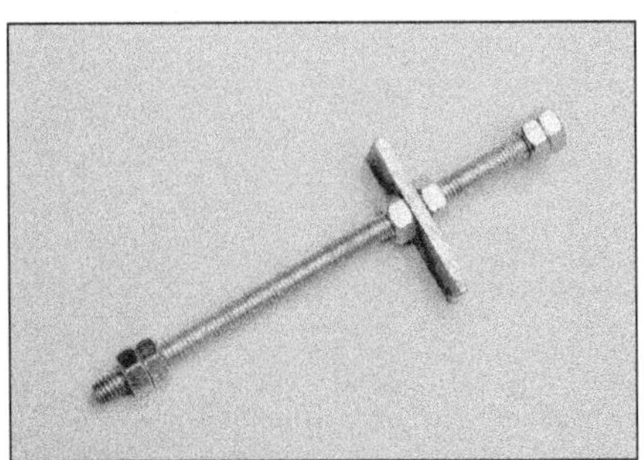

13.9a Egentillverkat verktyg för låsning av kamaxeljusteraren eller kedjespännaren - 1,8 liters motor

13.9b Egentillverkat verktyg på plats, som låser kamaxeljusteraren i det hoptryckta läget (visas med kamaxeljusteraren demonterad för tydlighet) - 1,8 liters motor

Demontering

1 Koppla loss kabeln från batteriets negativa pol, ta sedan bort motorns toppkåpa. **Observera:** *Innan du kopplar ifrån batteriet, se avsnittet "Frånkoppling av batteriet" längst bak i boken.*

2 Demontera den övre kamremskåpan, enligt beskrivning i avsnitt 6.

3 Vrid vevaxeln tills kolv nr 1 hamnar i ÖD-läge i kompressionstakten, enligt beskrivning i avsnitt 3.

4 Demontera kamaxelkåpan enligt beskrivning i avsnitt 4.

5 Demontera kamremmen enligt beskrivning i avsnitt 7. Man behöver inte ta bort kamremmen helt - remmen kan helt enkelt lossas från avgaskamaxelns drev. Se till att vevaxeln har vridits ett kvarts varv (90°) moturs så att kolv nr 1 och kolv nr 4 dras in i respektive lopp en aning, bort från ÖD-läget; detta undanröjer risken för kontakt mellan kolvar och ventiler om kamaxeln skulle råka vridas medan kamremmen är av.

6 Demontera avgaskamaxelns drev, enligt beskrivning i avsnitt 8.

7 Koppla loss kontaktdonet från insugskamaxelns lägesgivare, skruva sedan loss fästbultarna och ta bort givaren från topplockets framsida **(se bild)**. När givaren är borttagen, skruva loss fästbulten och ta bort brickan och givarens rotor från änden av insugskamaxeln.

8 Rengör insugskamaxelns drivkedja, och kamaxeldreven, i jämnhöjd med pilarna uppe på de bakre kamaxellageröverfallen, märk sedan kedjan och dreven i förhållande till varandra **(se bild)**. Märk kedjan med färg eller en rits, använd **inte** en dorn. Notera att avståndet mellan de två markeringarna måste vara 16 kedjerullar, men notera också att märket på avgaskamaxelns sida kommer att bli en aning förskjutet mot mitten av topplocket.

9 Kamaxeljusteraren eller kedjespännaren, efter tillämplighet, måste nu låsas i sitt läge. Detta kan göras med Skodas specialverktyg 3366; alternativt kan man tillverka ett liknande verktyg av gängstag, muttrar och en liten metallplatta, för att hålla justeraren komprimerad. För säkerhets skull, använd ett buntband till att hålla det hemmagjorda verktyget på plats **(se bilder)**.

Varning: Om man trycker ihop kedjespännaren för mycket kan det leda till skador på kamaxelns justermekanism.

10 Kontrollera om kamaxellageröverfallen är märkta, och gör egna märken om så behövs. Lageröverfallen bör vara numrerade 1 till 6 från topplockets kedjeände, där nummer 6 är det kombinerade överfallet som går över båda kamaxlarna. Notera på vilken sida överfallen är märkta, så att de kan sättas tillbaka åt samma håll **(se bild)**.

11 Lossa stegvis bultarna för lageröverfall nr 3 och 5 på både insugs- och avgaskamaxeln,

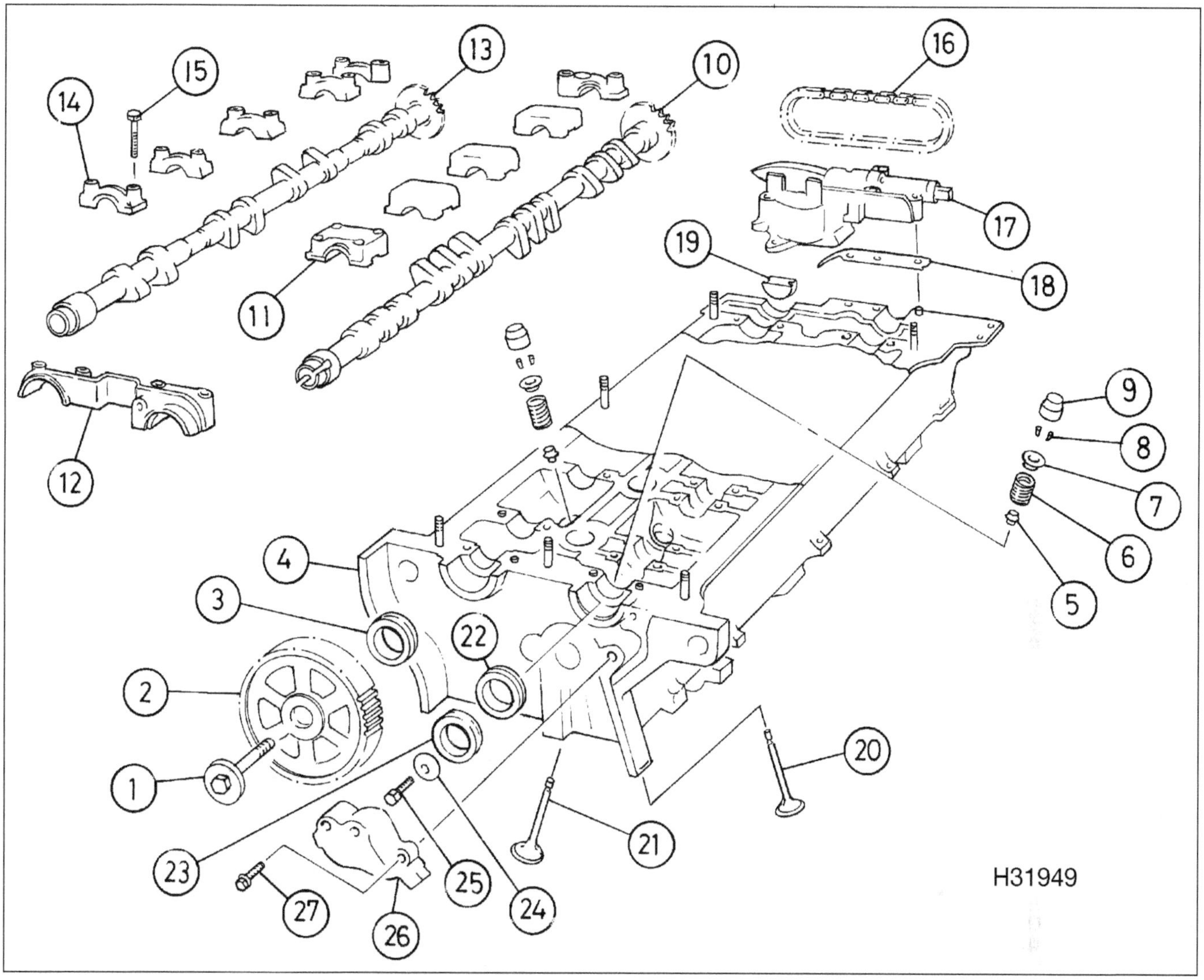

13.10 Topplock och kamaxlar – 1,8 liters motor variabel ventilinställning

1 Kamaxeldrevets bult
2 Kamaxeldrev
3 Oljetätning
4 Topplock
5 Ventilskaftets oljetätning
6 Ventilfjäder
7 Ventilbricka
8 Delat knaster
9 Hydraulisk ventillyftare
10 Insugskamaxel
11 Lageröverfall, insugskamaxel
12 Kombinerat lageröverfall
13 Avgaskamaxel
14 Lageröverfall, avgaskamaxel
15 Bult, kamaxellageröverfall
16 Drivkedja
17 Automatisk kamaxeljusterare
18 Gummitätning
19 Bakre kamaxeltätning
20 Avgasventil
21 Insugsventil
22 Oljetätning
23 Kamaxellägesgivarens rotor
24 Skålad bricka
25 Rotorns fästbult
26 Kamaxellägesgivare
27 Kamaxellägesgivarens fästbult

gör sedan detsamma på det dubbla överfallet nr 6, gå därefter vidare med överfall nr 1.

12 Lossa och ta bort kedjejusterarens/spännarens fästbultar. Koppla också loss kontaktdonet från justerarens/spännarens solenoidventil.

13 Lossa stegvis bultarna för lageröverfall nr 2 och 4 på både insugs- och avgaskamaxeln, lyft sedan upp båda kamaxlarna från topplocket, komplett med kedjespännaren/kamaxeljustermekanismen **(se bilder)**.

14 Lossa kedjespännaren/kamaxeljustermekanismen från kedjan, ta sedan bort kedjan från kamaxeldreven. Ta bort oljetätningen från varje kamaxel.

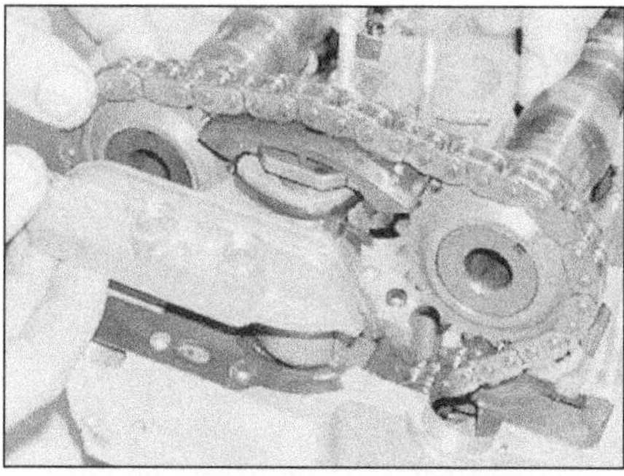

13.13a Demontering av kamaxelns justermekanism – 1,8 liters motor

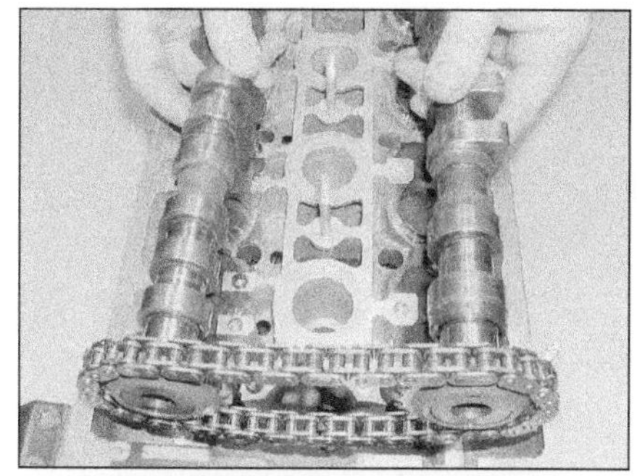

13.13b Lyft kamaxlarna och drivkedjan från topplocket – 1,8 liters motor

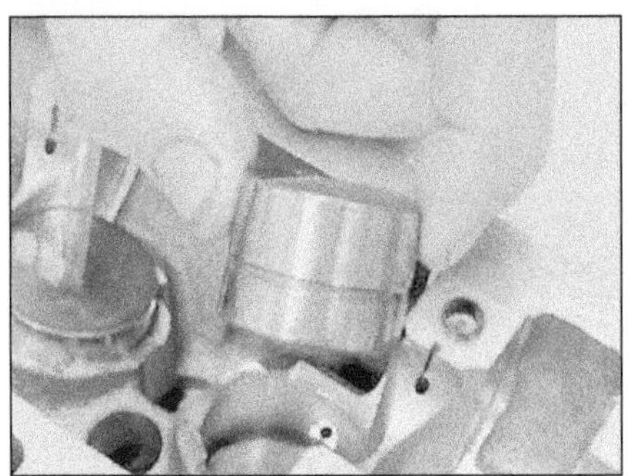
13.15 Lyft upp de hydrauliska ventillyftarna ur loppen – 1,8 liters motor

13.18 Kontrollera kamaxelns axialspel med en mätklocka – 1,8 liters motor

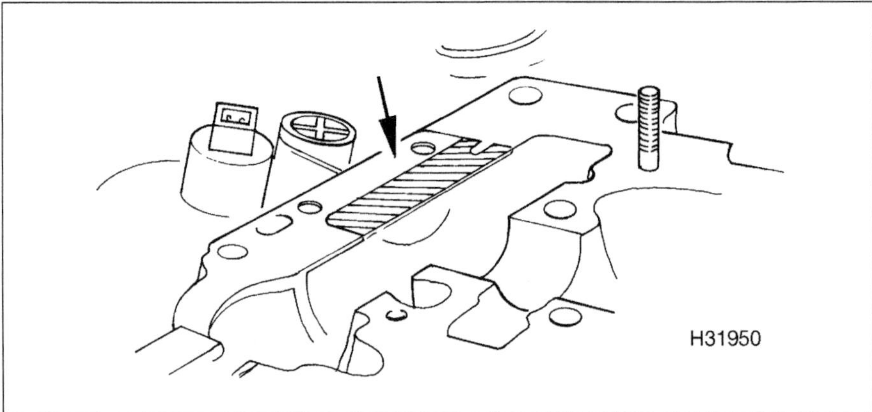

13.22 Lägg tätningsmedel på kedjespännarens/kamaxeljusterarens packning, enligt bilden – 1,8 liters motor

15 Lyft upp ventillyftarna ur loppen. Förvara dem med ventilkontaktytan vänd nedåt, för att förhindra att oljan rinner ut **(se bild)**. Det rekommenderas att lyftarna förvaras nedsänkta i olja medan de är demonterade från topp- locket. Håll lyftarna i rätt ordning, eftersom de måste sättas tillbaka på sina ursprungliga platser – om de förväxlas kan det leda till förtida slitage och haveri.

Kontroll

16 Undersök båda kamaxlarna och leta efter tecken på slitage på kamnockarna och lagertapparna. Ytan ska i normala fall vara slät och ha en matt glans. Leta efter repor, erosion eller gropar och områden som är mycket glansiga, vilket tyder på kraftigt slitage. När en kamaxels härdade yta en gång väl har skadats, påskyndas slitaget avsevärt, byt därför alltid ut slitna komponenter. **Observera:** *Om några av ovan nämnda symptom upptäcks på kamnockarna, kontrollera då även motsvarande ventillyftare, eftersom det är troligt att de också är slitna.*

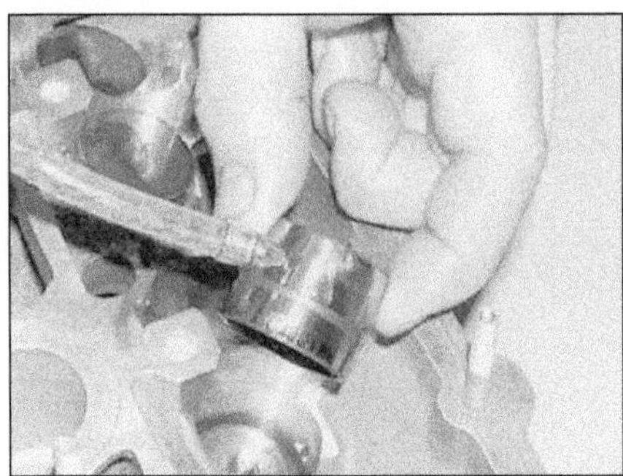
13.23 Olja ventillyftarna innan de monteras – 1,8 liters motor

17 Om de maskinbearbetade ytorna på kamaxeln är missfärgade eller blå, är det troligt att den har överhettats någon gång, förmodligen på grund av otillräcklig smörjning. Detta kan ha gjort axeln skev, kontrollera därför skevheten enligt följande: placera kamaxeln mellan två V-block och mät skevheten vid den mittre lagertappen med en mätklocka. Om skevheten överskrider den angivna gränsen i specifikationerna i början av kapitlet, byt ut kamaxeln.

18 För att mäta en kamaxlarnas axialspel, lägg tillfälligt tillbaka kamaxlarna i topplocket, sätt tillbaka överfall nr 2 och 4 på båda axlarna och dra åt fästbultarna till angivet moment. Sätt fast mätklockan i på topplockets kamremsände och ställ sonden så att den är i linje med relevant kamaxel. Tryck kamaxeln så långt det går åt ena hållet i topplocket, placera sedan sonden på änden av kamaxeln och nollställ mätklockan. Tryck nu kamaxeln så långt det går åt andra hållet och notera avläsningen. Bekräfta avläsningen genom att trycka tillbaka axeln till ursprungsläget och kontrollera att mätklockan visar noll igen **(se bild)**. Upprepa kontrollen på den andra kamaxeln. **Observera:** *De hydrauliska ventillyftarna får **inte** vara monterade medan den här mätningen görs.*

19 Kontrollera att båda kamaxlarnas axialspel är inom gränsvärdena som anges i specifikationerna. Om slitaget överskrider gränsvärdena är det inte troligt att slitaget är begränsat till endast en komponent, varför byte av kamaxlarna, topplocket och lageröverfallen då måste övervägas.

20 Undersök om ventillyftarna är uppenbart slitna eller skadade och byt ut dem efter behov. Kontrollera att oljehålen i lyftarna inte är blockerade.

Montering

21 Påbörja monteringen med att noggrant tvätta bort alla spår av gammal packning och tätning från kedjespännarens/kamaxeljusterarens fogytor på topplocket.

22 Montera en ny packning för kedjespännaren/kamaxeljusteraren på topplocket, täck sedan området Skoda D 454 300 A2 tätningsmedel, eller ett likvärdigt alternativ **(se bild)**.

23 Smörj de hydrauliska ventillyftarna med ren motorolja, montera dem sedan på sina ursprungliga platser i topplocket. Tryck ner lyftarna tills de kommer i kontakt med ventilerna, smörj sedan ytorna som kommer i kontakt med kamaxeln **(se bild)**.

24 Smörj kamaxlarnas och topplockets lagertappar med ren motorolja.

25 Haka i kedjan i kamaxeldreven, och se till att markeringarna som gjorts på kedjan och dreven innan demonteringen hamnar i linje. Se till att avståndet mellan markeringarna är 16 kedjerullar. Placera kedjespännaren/kamaxeljusteraren mellan kedjesektionerna, sänk sedan försiktigt ned kamaxlarna, kedjan och kedjespännaren/kamaxeljusteraren på plats i topplocket. Stöd ändarna av kamaxlarna när de läggs på plats, för att undvika skador på kamnockar och lagertappar.

26 Kamaxeloljetätningarna kan monteras nu, eller lämnas till senare. Doppa de nya tätningarna i motorolja och placera dem sedan på kamaxlarna. Försäkra dig om att de slutna ändarna av tätningarna är vända bort från kamaxlarna och var noga med att inte skada tätningsläpparna. Placera tätningarna mot sätena i topplocket.

27 Montera kedjejusterarens/spännarens bultar och dra åt dem till angivet moment. Anslut kontaktdonet till justerarens/spännarens solenoidventil.

28 Montera lageröverfall nr 2 och 4 på båda kamaxlarna. Se till att de monteras rätt väg, som noterades vid demonteringen. Sätt i lageröverfallens fästbultar och dra åt dem, stegvis i diagonal ordning, till angivet moment.

29 Montera lageröverfall nr 1 på båda kamaxlarna (vänt rätt väg), sätt sedan i bultarna och dra åt dem till angivet moment.

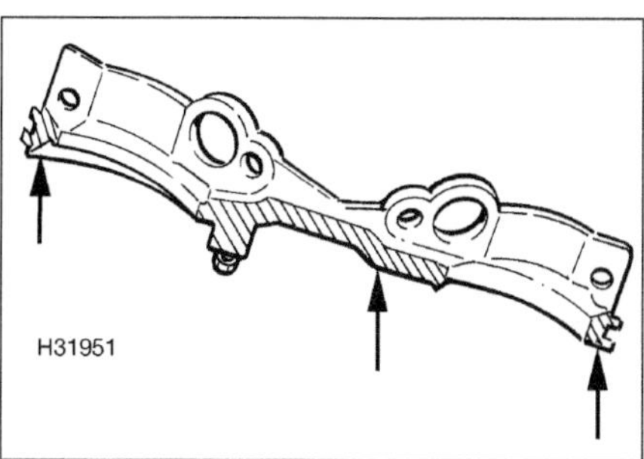

13.31 Lägg på ett tunt lager tätningsmedel på det kombinerade lageröverfallets kontaktyta, enligt bilden – 1,8 liters motor

30 Ta bort verktyget som används till att låsa kamaxeljusteraren eller kedjespännaren (efter tillämplighet).

31 Lägg ett tunt lager tätningsmedel på topplockets kontaktyta på det kombinerade lageröverfallet (överfall nr 6), sätt sedan överfallet på plats. Se till att oljetätningarna (om monterade) sitter mot sina säten **(se bild)**. Dra åt lageröverfallsbultarna stegvis till angivet moment.

32 Montera lageröverfall nr 3 och 5 på båda kamaxlarna (igen, se till att de sätts rätt väg), sätt sedan i fästbultarna och dra åt dem stegvis till angivet moment.

33 Kontrollera att markeringarna som gjorts på kedjan och dreven innan demonteringen fortfarande är i linje. Om inte har komponenterna monterats felaktigt.

34 Sätt tillbaka rotorn till insugskamaxelns givare, samt brickan och fästbulten. Dra åt fästbulten till angivet moment.

35 Montera insugskamaxelns lägesgivare på topplocket, sätt sedan i fästbultarna och dra åt dem till angivet moment.

36 Montera avgaskamaxelns drev med hänvisning till avsnitt 8, montera sedan kamremmen enligt beskrivning i avsnitt 7.

37 Montera kamaxelkåpan enligt beskrivning i avsnitt 4.

38 Om det inte redan har gjorts, montera den övre, yttre kamremskåpan enligt beskrivning i avsnitt 6.

39 Montera motorns toppkåpa och anslut kabeln till batteriets negativa pol.

14 Kamaxlarnas oljetätningar – byte

1,4 liters motorer

Oljetätningar – höger

1 Demontera båda kamremmarna enligt beskrivning i avsnitt 7.

2 Demontera relevant kamaxeldrev enligt beskrivning i avsnitt 8.

3 Borra två små hål i den existerande oljetätningen, diagonalt mitt emot varandra. Var noga med att inte borra in i tätningshuset eller kamaxelns tätningsyta. Skruva in två självgängande skruvar i hålen och dra sedan ut tätningen genom att dra i skruvarna med en tång.

4 Rengör tätningshuset och tätningsytan på kamaxeln med en luddfri trasa. Ta bort filspån eller borrskägg som skulle kunna orsaka läckage vid tätningen.

5 Smörj läppen och den yttre kanten av den nya oljetätningen med ren motorolja och tryck den över kamaxeln tills den sitter över sitt hus. Linda tejp runt kamaxeländen, för att förhindra skador på tätningsläpparna.

6 Driv tätningen rakt in i huset med hjälp av en hammare och en hylsa med lämplig diameter. **Observera:** *Välj en hylsa som endast ligger an mot tätningen yttre, hårda kant, inte mot innerläppen, som lätt kan ta skada.*

7 Montera relevant kamaxeldrev, se avsnitt 8.

8 Montera och spänn båda kamremmarna enligt beskrivning i avsnitt 7.

Oljetätningar – vänster

9 De här oljetätningarna är O-ringar som sitter i spåren i kamaxelhusets ändplattor.

10 Skruva loss fästbultarna och ta bort relevant ändplatta. Notera att på motorer med kod AXP, håller DIS-modulens fästbultar fast avgaskamaxelns ändplatta.

11 Bänd ut den gamla O-ringen ur spåret i ändplattan.

12 Olja den nya O-ringen lätt och lägg den försiktigt i spåret i ändplattan **(se bild)**.

13 Montera ändplattan (och DIS-modulen där så är tillämpligt), och dra åt bultarna ordentligt.

1,8 liters motor

Avgaskamaxelns oljetätning

14 Demontera kamremmen enligt beskrivning i avsnitt 7.

15 Demontera kamaxeldrevet enligt beskrivning i avsnitt 8.

16 Följ beskrivningen i punkt 3 till 6.

17 Montera kamaxeldrevet enligt beskrivning i avsnitt 8.

18 Sätt tillbaka och spänn kamremmen enligt beskrivning i avsnitt 7.

Insugskamaxelns oljetätning

19 Demontera den övre kamremskåpan, se avsnitt 6.

15.5 En lämplig motorlyftbygel kan skruvas fast på motorblocket med en lång bult som skruvas in i hålet bredvid kylvätskepumpen – 1,4 liters motor

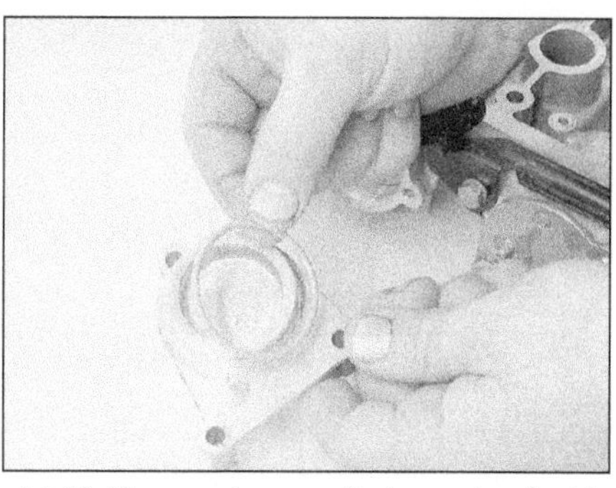

14.12 Placera den nya O-ringen i spåret i ändplattan – 1,4 liters motor

20 Koppla loss kontaktdonet från insugskamaxelns lägesgivare, skruva sedan loss fästbultarna och ta bort givaren från topplockets framsida. När givaren är borttagen, skruva loss fästbulten och ta bort brickan och givarens rotor från änden av insugskamaxeln.

21 Följ beskrivningen i punkt 3 till 6.

22 Montera kamaxelgivarens rotor, och sätt tillbaka brickan och fästbulten. Dra åt bulten till angivet moment.

23 Montera kamaxelns lägesgivare på topplocket, sätt sedan i fästbultarna och dra åt dem till angivet moment.

24 Montera den övre kamremskåpan, se avsnitt 6.

15 Topplock – demontering, kontroll och montering

1,4 liters motorer

Observera: *Topplocket måste demonteras medan motorn är kall. Nya topplocksbultar, en ny topplockspackning, nya O-ringar till insugsgrenröret, en ny packning till avgasgrenröret samt en ny packning mellan EGR-röret och gasspjällhuset kommer att behövas vid monteringen.*

Demontering

1 Koppla loss kabeln från batteriets negativa pol, demontera sedan motorns toppkåpa. **Observera:** *Innan batteriet kopplas ifrån, se avsnittet "Frånkoppling av batteriet" i slutet av boken.*

2 Tappa av kylsystemet enligt beskrivning i kapitel 1A.

3 Demontera båda kamremmarna enligt beskrivning i avsnitt 7.

4 Eftersom motorn för närvarande hålls upp av en lyft ansluten till de lyftöglor som sitter på topplocket, måste man nu sätta fast en lämplig bygel på motorblocket, så att motorn kan hållas upp med den när topplocket demonteras.

5 En lämplig bygel kan skruvas fast i motorblocket med distanser och en lång bult som skruvas in i hålet intill kylvätskepumpen **(se bild)**. I idealfallet, anslut ytterligare en talja till lyften, justera taljan så att den kan hålla upp motorn i den nya bygeln som har fästs vid

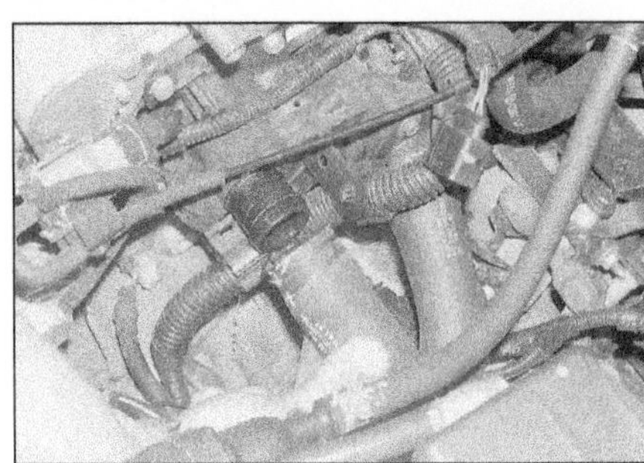
15.6 Koppla loss kylarslangarna från kylvätskehuset vid topplockets växellådsände – 1,4 liters motor

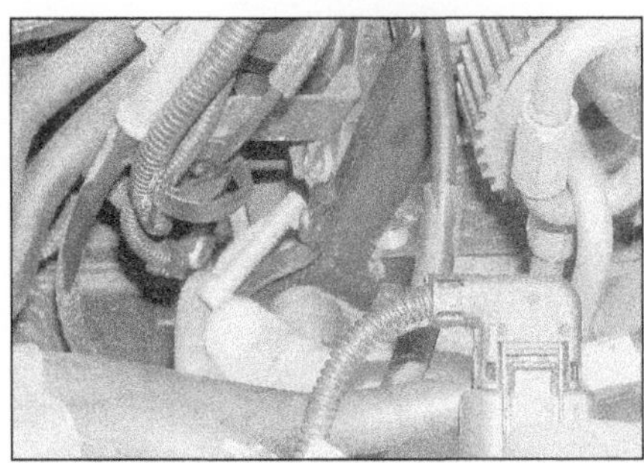
15.8 Skruva loss bulten som håller fästbygeln för oljemätstickans rör till topplocket

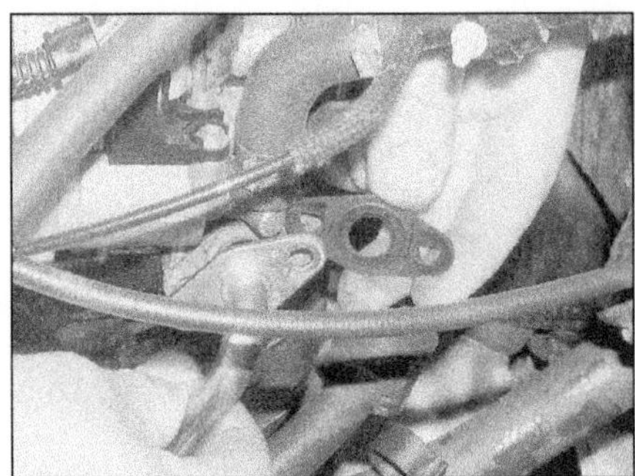
15.9 Koppla loss EGR-röret från gasspjällhuset och ta vara på packningen

15.11 Lyft grenröret bakåt bort från motorn

15.12 Skruva loss kontaktdonets fästbygel från det bakre, högra hörnet av topplocket – 1,4 liters motor

motorblocket, koppla sedan loss taljan som sitter fast i lyftöglan i topplocket. Alternativt, stötta motorn temporärt under sumpen med en domkraft och ett träblock, flytta sedan taljan från lyftöglan på topplocket till bygeln som har skruvats fast i motorblocket.

6 Lossa slangklämmorna och koppla loss de två kylarslangarna från kylvätskehuset i topplockets växellådsände **(se bild)**. På samma sätt, lossa slangklämmorna och koppla loss kvarvarande tre små kylvätskeslangar från kylvätskehusets baksida.

7 Demontera luftrenaren, komplett med luftkanalen, enligt beskrivning i kapitel 4A.

8 Skruva loss bulten som håller fästbygeln för oljemätstickans rör till topplocket, lyft sedan röret och vrid det åt sidan för att skapa utrymme **(se bild)**. Lossa kabelhärvan från klämman på rörets fästbygel. Notera att fästbygelns bult också håller insugsgrenröret.

9 Skruva loss de två fästbultarna och koppla loss EGR-röret (avgasåtercirkulation) från gasspjällhuset. Ta vara på packningen **(se bild)**.

10 Skruva loss bulten som håller EGR-rörets fästbygel till kylvätskehuset.

11 Skruva loss de sex fästbultarna (tre upptill och tre nedtill) och lyft undan insugsgrenröret från motorn **(se bild)**. Se till att insugsgrenröret kan stöttas säkert i motorrummet och var noga med att inte belasta några ledningar, kablar eller slangar. Ta bort O-ringarna om de är lösa.

12 Skruva loss kontaktdonets fästbygel från det högra, bakre hörnet av topplocket **(se bild)**.

13 Koppla loss kontaktdonet från kylvätsketempgivaren, som sitter i kylvätskehuset i topplockets växellådsände, lossa sedan kabelhärvorna från kylvätskehuset och flytta dem åt sidan **(se bilder)**.

14 Koppla loss vakuumslangen från EGR-ventilen **(se bild)**.

15 Lossa kablaget från bygeln som sitter på avgassystemets värmesköld, skruva sedan loss fästbultarna (två övre och en nedre bult), och ta bort värmeskölden **(se bilder)**.

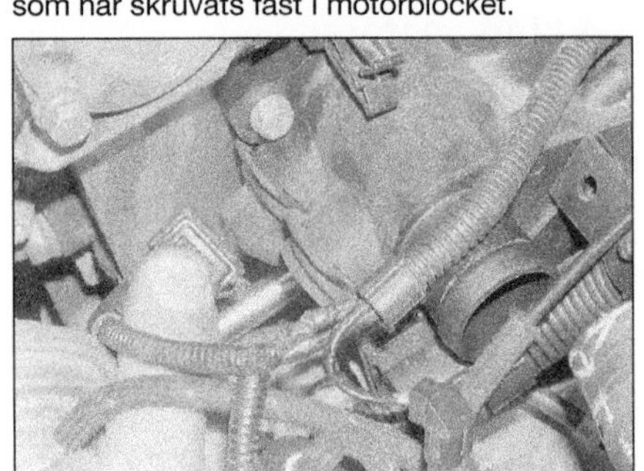
15.13a Koppla loss kylvätsketempgivarens kontaktdon. . .

15.13b . . . lossa sedan kabelhärvorna och flytta dem åt sidan – 1,4 liters motor

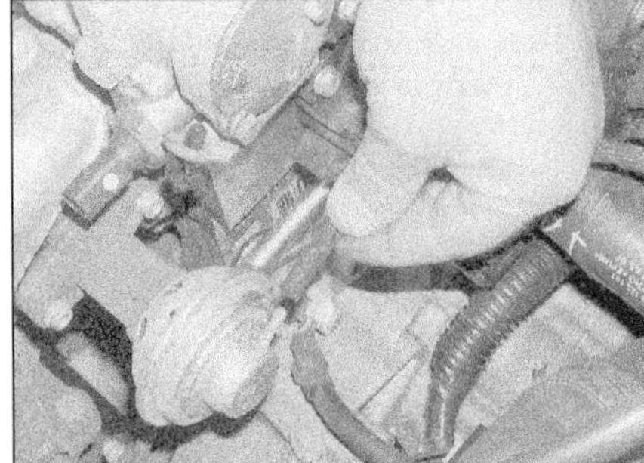
15.14 Koppla loss vakuumslangen från EGR-ventilen – 1,4 liters motor

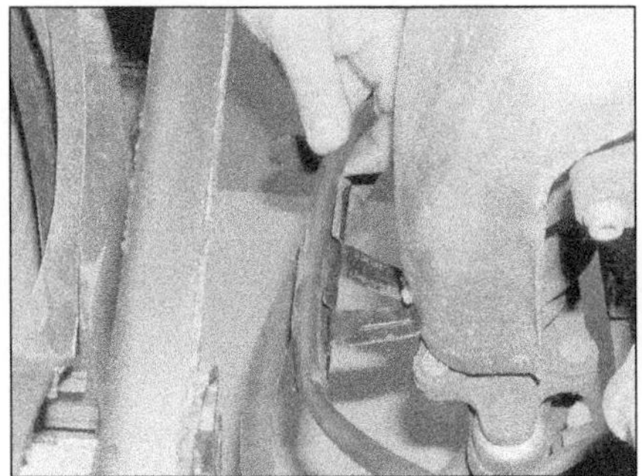
15.15a Lossa kablaget från fästbygeln på avgassystemets värmesköld . . .

15.15b . . . demontera sedan värmeskölden – 1,4 liters motor

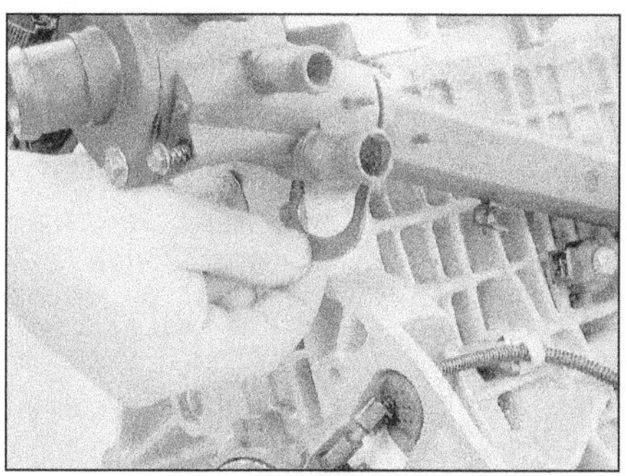

15.18 Dra ut metallklämman som håller kylvätskeröret till kylvätskehuset (visas med motorn demonterad för tydlighet) - 1,4 liters motor

16 Koppla loss avgassystemets främre sektion från grenröret, se kapitel 4C. Om så önskas kan avgasgrenröret demonteras enligt följande:

a) *Skruva loss anslutningsmuttern som håller EGR-röret till avgasgrenröret, och ta bort EGR-röret*

b) *Skruva loss avgasgrenrörets fästmuttrar, lyft sedan av grenröret och ta vara på packningen.*

17 Demontera kamaxelhuset enligt beskrivning i avsnitt 10.

18 Dra ut metallklämman som håller kylvätskeröret av plast till kylvätskehuset i vänster hörn av topplocket **(se bild)**.

19 Lossa topplocksbultarna stegvis i rätt ordning, skruva sedan loss och ta bort bultarna **(se bilder)**.

20 När alla bultar är borttagna, lyft upp topplocket från motorblocket **(se bild)**. Om topplocket sitter fast, knacka på det med en mjuk klubba för att bryta fogen. **Stick inte** in något verktyg för att bända i packningsfogen. När topplocket lyfts av, lossa kylvätskepumpens rör från termostathuset på topplocket.

21 Ta bort topplockspackningen från motorblocket.

Kontroll

22 Isärtagning och kontroll av topplocket behandlas i kapitel 2D. Undersök dessutom O-ringen mellan kylvätskepumpröret och termostathuset och byt ut den om så behövs.

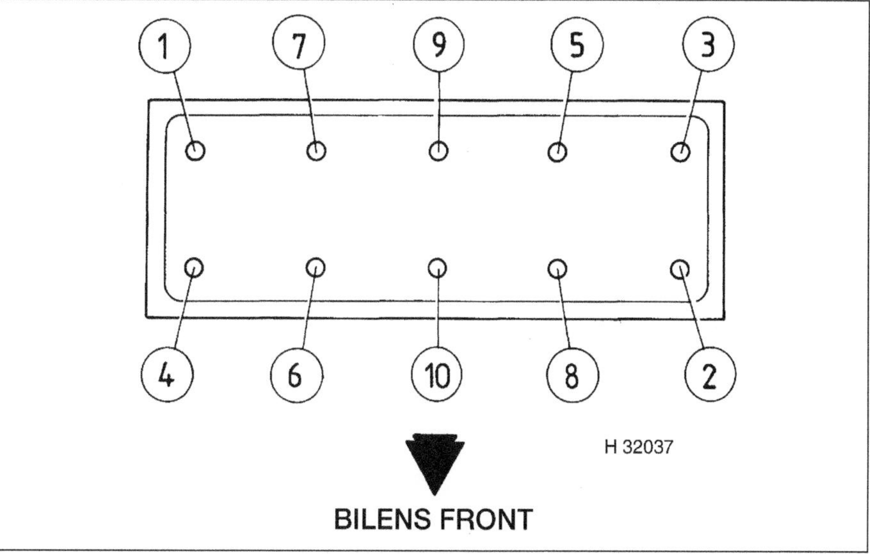

15.19a Topplocksbultarnas lossningsordning - 1,4 liters motor

Montering

23 Fogytorna på topplocket och motorblocket måste vara helt rena innan topplocket sätts tillbaka. Använd en skrapa och ta bort alla spår av packning och sot, och rengör också kolvtopparna. Var särskilt försiktig med aluminiumytorna, eftersom den mjuka metallen lätt tar skada. Se till att inget skräp kommer in i olje- och vattenpassagerna – detta är särskilt viktigt för oljekretsen, eftersom sot kan blockera oljetillförseln till kamaxel- och vevaxellagren. Täck över vatten-, olje- och bulthål i motorblocket med papper och tejp. För att hindra att sot kommer in i öppningen mellan kolv och lopp, lägg lite fett i mellanrummet. När kolven har rengjorts, vrid vevaxeln så att kolven dras in i loppet och torka bort fettet/sotet med en ren trasa. Rengör alla kolvkronor på samma sätt.

24 Undersök om topplocket har hack, djupa repor eller andra skador. Om skadorna är ytliga kan de tas bort försiktigt med en fil. Allvarligare skador kan repareras med maskinbearbetning, men det är ett specialistjobb.

25 Om du misstänker att topplocket är skevt, kontrollera detta med en stållinjal, enligt beskrivning i kapitel 2D.

26 Se till att topplocksbultarnas hål i vevhuset är rena och fria från olja. Sug upp eventuell olja i bulthålen. Detta är ytterst viktigt för att bultarna ska kunna dras åt till rätt moment, och för att inte blocket ska spricka på grund av det hydrauliska tryck som annars kan uppstå när bultarna dras åt.

27 Se till att vevaxeln har vridits så att kolv nr 1 och nr 4 har dragits in i respektive lopp, från ÖD-läget (se avsnitt 7). Detta undanröjer risken för kontakt mellan kolvar och ventiler när topplocket monteras. Försäkra dig också om att kamaxeldreven är låsta i ÖD-läget med låsverktyget, enligt beskrivning i avsnitt 3.

28 Se till att toppockets styrstift sitter på plats i motorblocket, lägg sedan en ny toppackning över stiften, med artikelnumret vänt uppåt. Där så är tillämpligt, ska markeringen OBEN/TOP vara vänd uppåt **(se bilder)**. Notera att Skoda rekommenderar att packningen inte tas ut ur förpackningen förrän precis innan den ska sättas på plats.

29 Sänk ner topplocket på plats på packningen och kontrollera att det hamnar rätt på styrstiften. När topplocket sänks ner, se också till att kylvätskepumpens rör går ihop med termostathuset (använd en ny O-ring om så behövs).

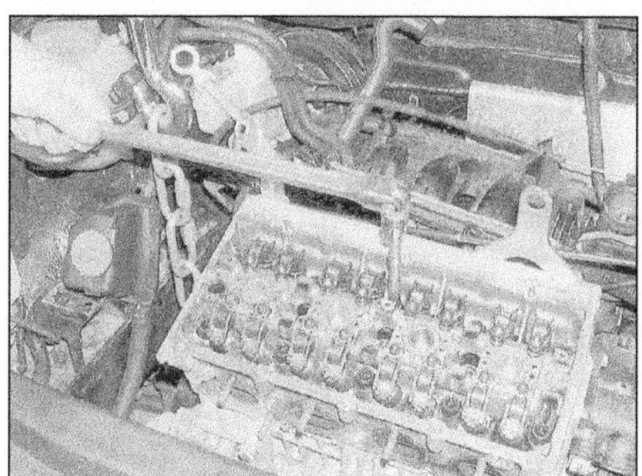

15.19b Lossa topplocksbultarna - 1,4 liters motor

15.20 Demontering av topplocket - 1,4 liters motor

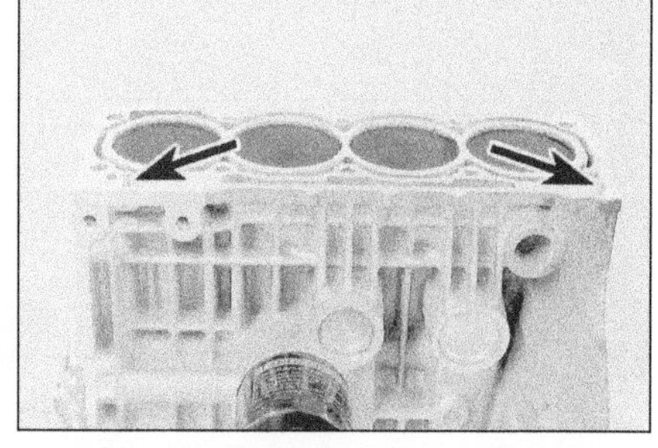

15.28a Försäkra dig om att stiften (vid pilarna) sitter på plats i motorblocket - 1,4 liters motor

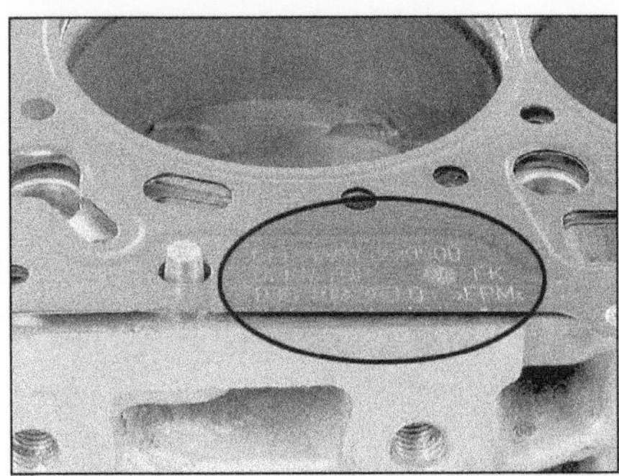

15.28b Se till att artikelnumret och markeringen OBEN/TOP på packningen är vända uppåt – 1,4 liters motor

30 Sätt i nya topplocksbultar och skruva in dem så långt det går för hand.

31 Dra åt alla topplocksbultar, stegvis i rätt ordning, till momentet som anges för steg 1 **(se bild)**.

32 Dra därefter åt alla bultar till vinkeln som anges för steg 2, även nu stegvis och i rätt ordning.

33 Dra slutligen åt alla bultarna, i samma ordning, till vinkeln som anges för steg 3.

34 Anslut lyfttaljan till höger motorlyftögla på topplocket, justera sedan taljan så att den håller upp motorn. När motorn är ordentligt stöttad via lyftöglan på topplocket, koppla loss taljan från den tillfälligt monterade bygeln som skruvades fast i motorblocket, och skruva loss bygeln från motorblocket. Alternativt, ta bort garagedomkraften och träblocket från under oljesumpen.

35 Sätt tillbaka klämman som håller kylvätskeröret av plast till kylvätskehuset.

36 Montera kamaxelhuset enligt beskrivning i avsnitt 10.

37 Resten av monteringen sker i omvänd ordning mot demonteringen, men tänk på följande:

a) Montera avgasgrenröret och anslut EGR-röret, och/eller anslut avgassystemets främre sektion till grenröret, enligt beskrivning i avsnitt 4C.
b) Montera insugsgrenröret med nya O-ringar.
c) Anslut EGR-röret till gasspjällhuset med en ny packning.
d) Montera båda kamremmarna enligt beskrivning i avsnitt 7.
e) Se till att ansluta och dra alla ledningar, rör och slangar korrekt, enligt noteringarna som gjordes innan demonteringen.
f) Dra åt alla infästningar till angivet moment där sådant anges.
g) Avslutningsvis, fyll på kylsystemet enligt beskrivning i kapitel 1A.

1,8 liters motorer

Observera: *Topplocket måste demonteras när motorn är kall. Nya topplocksbultar och en ny toppackning kommer att behövas vid monteringen. Lämpliga pinnbultar (se texten) kommer också att behövas för att hjälpa till att styra topplocket på plats vid monteringen.*

Demontering

38 Utför åtgärderna som beskrivs i punkt 1 och 2 i det här avsnittet.

39 Om topplocket ska demonteras medan insugsgrenröret lämnas på plats i motorrummet, skruva då loss fästbultarna och lyft undan insugsgrenröret från motorn. Se till att insugsgrenröret är ordentligt stöttat i motorrummet och var noga med att inte belasta några ledningar, kablar eller slangar. Ta vara på packningarna om de är lösa.

40 Alternativt, om topplocket ska tas ut tillsammans med insugsgrenröret, gå runt grenröret och koppla loss alla relevanta rör, slangar och kablar. När bränsletillförsel- och returslangarna lossas från anslutningarna på insprutningsbryggan, var försiktig, eftersom tillförselslangen är trycksatt. Linda rena trasor runt varje anslutning för att suga upp bränslet som kommer ut, lossa sedan slangklämman och dra loss relevant slang från anslutningen. Kläm ihop eller plugga igen de öppna ändarna av slangarna och anslutningarna för att förhindra ytterligare bränslespill samt att smuts kommer in i systemet.

41 Lossa slangklämmorna och koppla loss slangarna från kylvätskehuset vid topplockets växellådsände.

42 Koppla loss kontaktdonet från insugskamaxelns lägesgivare.

43 Koppla loss kontaktdonet från kylvätsketempgivaren, som sitter i kylvätskehuset i topplockets växellådsände.

44 Koppla loss avgassystemets främre sektion från grenröret eller turbon, vad som är tillämpligt, enligt beskrivning i kapitel 4C.

45 Demontera kamremmen enligt beskrivning i avsnitt 7, demontera därefter spännaren enligt beskrivning i avsnitt 8.

46 Utför åtgärderna som beskrivs i punkt 4 och 5.

47 Demontera kamaxelkåpan enligt beskrivning i avsnitt 4.

48 Gå runt topplocket (och grenrören om så är tillämpligt), och koppla loss kvarvarande rör, kablar och slangar för att möjliggöra demontering av topplocket. Notera exakt hur alla rör, kablar och slangar sitter och är dragna, för att underlätta återmonteringen.

49 Utför åtgärderna som beskrivs i punkt 19 till 21, men bortse från hänvisningen till kylvätskepumpens rör **(se bild)**.

Kontroll

50 Isärtagning och kontroll av topplocket behandlas i kapitel 2D.

Montering

51 Följ beskrivningen i punkt 23 till 27.

52 För att styra topplocket exakt på plats, skruva in två långa pinnbultar (eller gamla topplocksbultar med skallarna avkapade och med spår frästa i ändarna så att de kan skruvas ut). I de yttre topplocksbultarnas hål på motorblockets avgassida.

53 Se till att topplockets styrstift är på plats i motorblocket, lägg sedan en ny toppackning över stiften, med artikelnumret vänt uppåt. Om så är tillämpligt, ska markeringen OBEN/TOP också vara vänd uppåt. Notera att Skoda rekommenderar att man inte tar ut packningen förrän precis innan den ska användas.

54 Sänk ner topplocket på plats på packningen och kontrollera att det hamnar korrekt över pinnbultarna och styrstiften.

55 Sätt i de nya topplocksbultarna i de kvarvarande åtta bulthålen och skruva in dem så långt det går för hand.

56 Skruva nu ut de två pinnbultarna från avgassidan, och skruva sedan istället in de två sista topplocksbultarna så långt det går för hand.

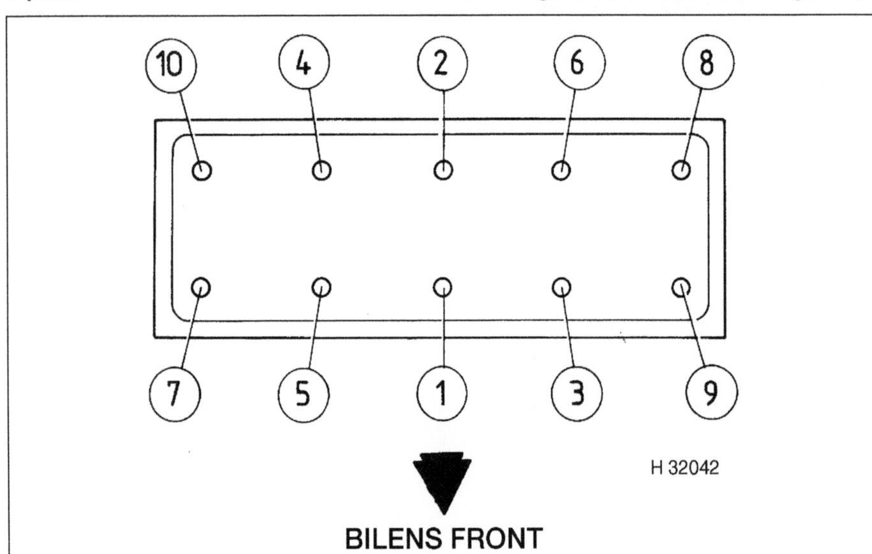

15.31 Topplocksbultarnas åtdragningsordning – 1,4 liters motor

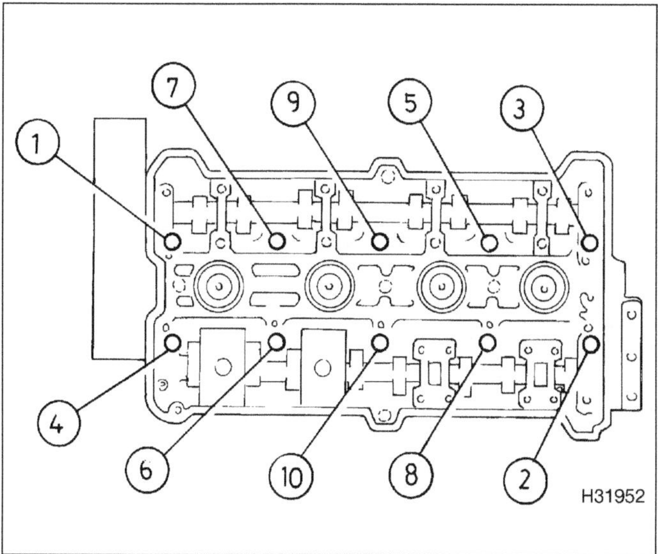

15.49 **Topplocksbultarnas lossningsordning – 1,8 liters motor**

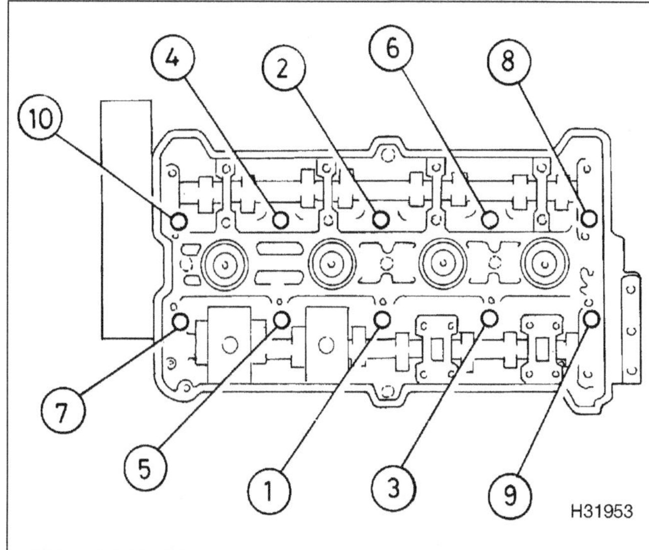

15.57 **Topplocksbultarnas åtdragningsordning – 1,8 liters motor**

57 Fortsätt enligt beskrivningen i punkt 31 till 34, och dra åt topplocksbultarna i rätt ordning **(se bild)**.

58 Resten av hopsättningen sker i omvänd ordning mot demonteringen. Tänk på följande:

a) *Se till att alla rör, kablar och slangar ansluts och dras korrekt, enligt noteringarna som gjordes innan demonteringen.*

b) *Montera kamaxelkåpan enligt beskrivning i avsnitt 4.*

c) *Montera spännaren enligt beskrivning i avsnitt 8, montera sedan kamremmen enligt beskrivning i avsnitt 7.*

d) *Anslut avgassystemets främre sektion till grenröret eller turbon, efter tillämplighet, enligt beskrivning i kapitel 4C.*

e) *Där så är tillämpligt, montera insugsgrenröret med nya packningar.*

f) *Dra åt alla infästningar till angivet moment, där sådant anges.*

g) *Avslutningsvis, fyll på kylsystemet enligt beskrivning i kapitel 1A.*

16 Oljesump – demontering och montering

1,4 liters motorer

1 Följ beskrivningen i kapitel 2A, avsnitt 13 (Oljesump – demontering och montering), och tänk på följande.

a) *Avgassystemets främre sektion måste demonteras enligt beskrivning i kapitel 4C, för att oljesumpen ska kunna demonteras.*

b) *För att underlätta monteringen av oljesumpen kan man tillverka två styrstift, genom att kapa av skallarna på två M6 bultar och fräsa spår i ändarna av bultarna så att de senare kan skruvas ut med en spårskruvmejsel. Skruva in styrbultarna i två diagonalt motsatta bulthål. Sätt oljesumpen på plats och sätt i oljesumpens fästbultar. När oljesumpen hålls säkert på plats, skruva ut styrbultarna och sätt istället i de två sista fästbultarna.*

1,8 liters motorer

2 Följ beskrivningen i kapitel 2A, avsnitt 13 (Oljesump – demontering och montering), men notera att man måste använda ett långt förlängningsskaft för att komma åt vissa av oljesumpens fästbultar.

17 Oljepump (1,4 liters motor) – demontering, kontroll och montering

Observera: *Nya fästbultar till oljepumpen, en ny oljepumpspackning, en ny packning till oljepickupröret och en ny oljetätning till vevaxeln behövs vid monteringen.*

Demontering

1 Demontera huvudkamremmen enligt beskrivning i avsnitt 7.

2 Sätt tillbaka vevaxelremskivans fästbult, med en distansbricka under skallen, för att hålla fast vevaxeldrevet.

3 Vrid vevaxeln ett kvarts varv (90°) medurs för att placera kolv nr 1 och 4 i ÖD-läge. Försäkra dig om att vevaxeldrevets kugge med fasad innerkant är i linje med motsvarande markering på oljepumphuset (se avsnitt 3).

4 Vrid vevaxeln för att flytta vevaxeldrevet tre kuggar moturs bort från ÖD-läget. Den tredje kuggen till höger om kuggen med nedslipad ytterkant måste vara i linje med motsvarande markering på oljepumphuset. Denna åtgärd placerar vevaxeln korrekt för montering av oljepumpen.

5 Demontera huvudkamremmens spännare, enligt beskrivning i avsnitt 8.

6 Demontera oljesumpen enligt beskrivning i avsnitt 16.

7 Skruva loss fästbultarna och ta bort oljepickupröret från oljepumpen och motorblocket **(se bild)**. Ta bort packningen.

8 Demontera vevaxeldrevet och notera vilken väg det sitter.

9 Skruva loss fästbultarna, notera hur de sitter för att underlätta korrekt återmontering, och ta bort oljepumpen **(se bild)**. Ta vara på packningen.

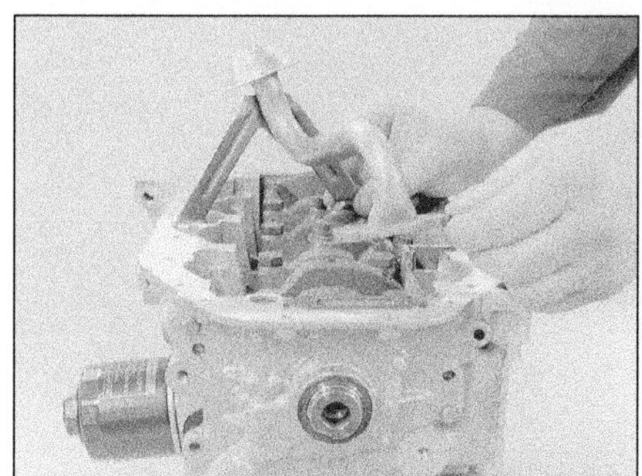

17.7 Demontering av oljepickuprör – 1,4 liters motor

17.9 Demontering av oljepumpen – 1,4 liters motor

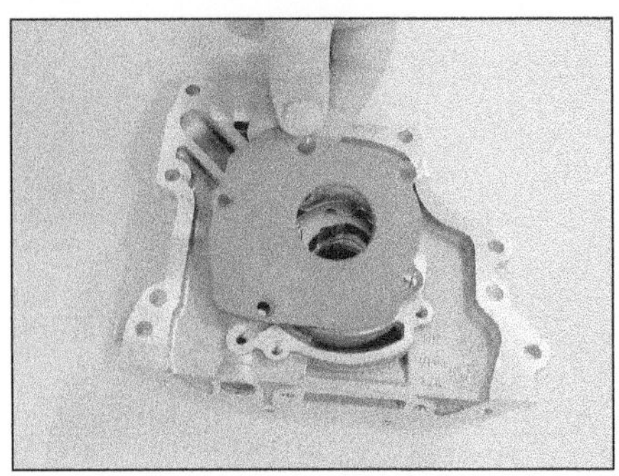
17.11 Lyft av oljepumpens bakre kåpa – 1,4 liters motor

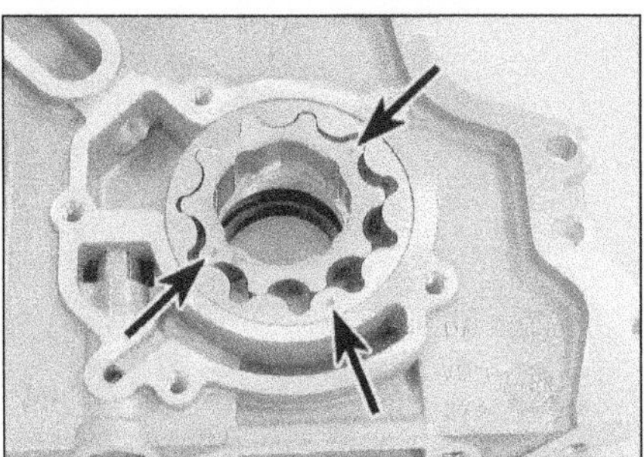
17.12 Notera att rotorerna ska sitta så att de instansade prickarna (vid pilen) är vända mot pumpkåpan – 1,4 liters motor

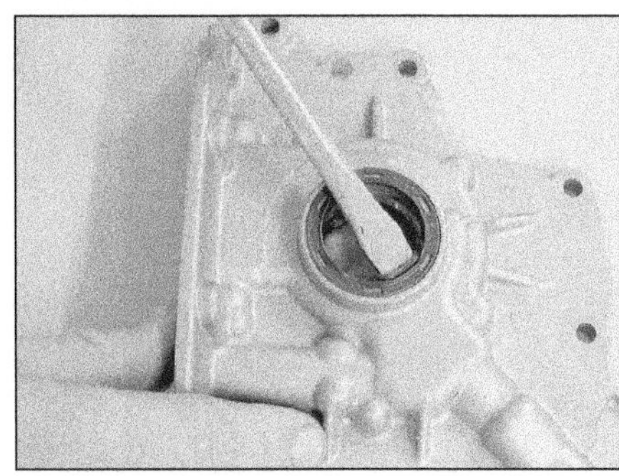
17.16 Bänd loss vevaxelns oljetätning från oljepumpen – 1,4 liters motor

17.18 En ny oljetätning drivs in i oljepumpen med en hylsa – 1,4 liters motor

17.21 Placera en ny packning över stiften i motorblocket – 1,4 liters motor

Kontroll

10 Inga reservdelar finns för oljepumpen – om den är sliten eller defekt måste den bytas ut.

11 För att kunna undersöka pumpens rotorer, skruva loss fästskruvarna och lyft av oljepumpens bakre kåpa **(se bild)**.

12 Notera att rotorerna sitter med de instansade prickarna på rotorkanterna vända mot pumpkåpan **(se bild)**.

13 Lyft ut rotorerna och undersök om de är slitna eller skadade. Om du upptäcker tecken på slitage eller skada måste hela pumpen bytas ut.

14 Smörj rotorernas kontaktytor med ren motorolja, sätt sedan rotorerna på pumpen. Se till att de stansade prickarna på rotorkanterna är vända mot pumpkåpan.

15 Sätt tillbaka pumpkåpan och dra åt skruvarna ordentligt.

16 Bänd loss vevaxelns oljetätning från oljepumpen med en spårskruvmejsel och kasta tätningen **(se bild)**.

17 Rengör oljetätningens säte i oljepumpen noggrant.

18 Pressa eller driv in en ny oljetätning på plats i oljepumpen, med en hylsa eller ett rör med passande diameter **(se bild)**. Tätningen måste gå rakt in i pumpen. Se till att hylsan/röret endast ligger an mot den hårda yttre kanten av tätningen och var noga med att inte skada tätningsläpparna. Driv in tätningen tills den sitter på skuldran i huset. Se till att den slutna änden av tätningen är vänd utåt.

Montering

19 Påbörja monteringen med att ta bort alla spår av gammal packning och tätningsmedel från fogytorna på motorblocket och oljepumpen.

20 Linda en bit tejp runt vevaxelns ände för att skydda oljetätningens läppar när oljepumpen förs på plats.

21 Placera en ny oljepumpspackning över stiften i motorblocket **(se bild)**.

22 Vrid den inre pumprotorn så att en av drivlägesmarkeringarna i kanten på den inre rotorn hamnar i linje med strecken på den bakre pumpkåpan **(se bild)**.

23 Lägg lite olja på de fyra topparna på pumpens drivkam på änden av vevaxeln.

24 Täck läpparna på vevaxeloljetätningen med ett tunt lager ren motorolja.

25 För oljepumpen på plats på vevaxeln tills den går ihop med stiften. Var försiktig så att inte oljetätningen skadas och se till att den inre rotorn hakar i drivkammen på vevaxeln **(se bild)**.

26 Sätt i nya fästbultar till oljepumpen, på de platser som tidigare noterats, och dra åt dem till angivet moment **(se bild)**.

27 Ta bort tejpen från änden av vevaxeln och sätt sedan tillbaka vevaxeldrevet. Styrstiftet för remskivan måste vara vänt utåt. Sätt tillfälligt tillbaka fästbulten och brickan för att hålla fast drevet.

28 Sätt tillbaka oljepickupröret, med en ny packning, och dra åt fästbultarna till angivet moment **(se bild)**.

29 Montera oljesumpen enligt beskrivning i avsnitt 16.

30 Montera huvudkamremmens spännare enligt beskrivning i avsnitt 8.

31 Montera huvudkamremmen enligt beskrivning i avsnitt 7.

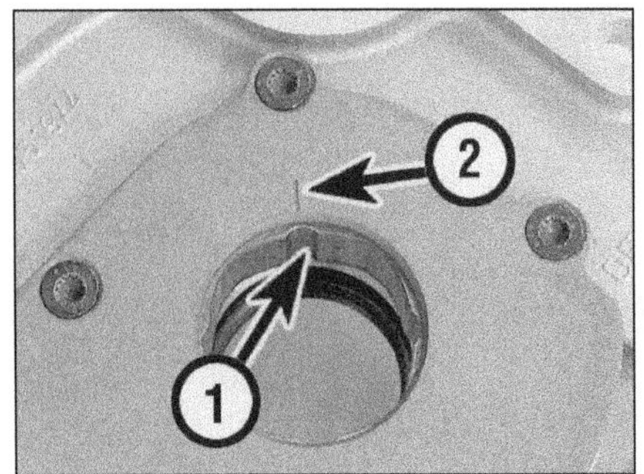

17.22 Rikta in drivlägesmarkeringarna (1) i kanten av rotorn mot linjen (2) på oljepumpens bakre kåpa – 1,4 liters motor

17.25 Skjut oljepumpen över vevaxelns ände. Tejpen skyddar oljetätningen – 1,4 liters motor

17.26 Sätt i oljepumpens nya fästbultar på de platser (vid pilarna) som noterades innan demonteringen – 1,4 liters motor

18 Oljepump och drivkedja (1,8 liters motor) – demontering, kontroll och montering

Följ beskrivningen i kapitel 2A, avsnitt 14 (Oljepump, drivkedja och drev – demontering, kontroll och montering).

19 Svänghjul – demontering, kontroll och montering

1,4 liters motorer

1 På 1,4 liters motorer är kopplingens tryckplatta fastskruvad direkt på vevaxelflänsen, och det skålade svänghjulet är fastskruvat i tryckplattan. Demontering och montering av kopplingens tryckplatta och svänghjulet beskrivs i kapitel 6.

1,8 liters motors

2 Följ beskrivningen för 2,0 liters motorer i avsnitt 15 i kapitel 2A.

20 Vevaxelns oljetätningar – byte

1,4 liters motorer

Oljetätning i kamremsänden

1 Demontera huvudkamremmen enligt beskrivning i avsnitt 7, och vevaxeldrevet enligt beskrivning i avsnitt 8.

2 För att ta bort tätningen utan att demontera oljepumpen, borra två små hål diagonalt mitt emot varandra, skruva in självgängande skruvar och dra i skruvskallarna med en tång.

3 Alternativt kan oljetätningen tas bort tillsammans med oljepumpen, enligt beskrivning i avsnitt 17.

4 Rengör noggrant oljetätningens säte i oljepumpen.

5 Linda tejp runt vevaxelns ände för att skydda oljetätningens läppar när tätningen monteras.

6 Montera en ny oljetätning i oljepumpen och tryck eller driv in den med en hylsa eller ett rör med passande diameter. Försäkra dig om att hylsan/röret endast ligger an mot tätningens hårda ytterkant, och var noga med att inte skada tätningsläpparna. Tryck in tätningen tills den sitter på skuldran i oljepumpen. Den slutna änden av tätningen måste vara vänd utåt.

17.28 Sätt på en ny packning till oljepickupröret – 1,4 liters motor

7 Montera vevaxeldrevet enligt beskrivning i avsnitt 8, och huvudkamremmen enligt beskrivning i avsnitt 7.

Oljetätning i svänghjulsänden

8 Vevaxelns vänstra oljetätning är hopbyggd med huset och måste bytas ut som en enhet, komplett med vevaxelhastighets-/lägesgivarens hjul. Givarhjulet sitter fast i oljetätningen/huset och har presspassning på vevaxelflänsen. Skodas verktyg T10017 behövs för montering och i verkstan upptäckte vi att det inte går att rikta in givarhjulet exakt på vevaxeln utan det här verktyget (det finns ingen styrkil och inte heller några inställningsmarkeringar). Om givarhjulet inte är exakt inriktat på vevaxeln skickar hastighets-/lägesgivaren felaktiga ÖD-signaler till motorstyrningens ECU, och motorn kommer då inte att gå som den ska (det kan hända att den inte går alls). Eftersom det särskilda verktyget endast är tillgängligt för Skodas återförsäljare, finns inget alternativ till att låta en Skodaverkstad montera den nya enheten.

1,8 liters motorer

Oljetätning i kamremsänden

Observera: *Om oljetätningshuset demonteras kommer ett lämpligt tätningsmedel (Skoda D 176 404 A2, eller motsvarande) att behövas vid monteringen.*

9 Demontera kamremmen enligt beskrivning i avsnitt 7, och vevaxeldrevet enligt beskrivning i avsnitt 8.

10 För att ta bort tätningen utan att demontera oljepumpen, borra två små hål diagonalt mitt emot varandra, skruva in självgängande skruvar och dra i skruvskallarna med en tång.

11 Alternativt kan man demontera oljetätningen tillsammans med huset, enligt följande:

a) *Demontera oljesumpen enligt beskrivning i avsnitt 16. Detta måste man göra för att få en tillfredsställande tätning mellan sumpen och oljetätningshuset vid monteringen.*

b) *Skruva loss och ta bort oljetätningshuset.*

c) *Med tätningshuset på en arbetsbänk, bänd ut oljetätningen från huset med en lämplig skruvmejsel* **(se bild)***. Var noga med att inte skada tätningens säte i huset.*

12 Rengör noggrant oljetätningens säte i huset.

13 Linda tejp runt änden av vevaxeln för att skydda oljetätningsläpparna när tätningen (och huset om så är tillämpligt) sätts på plats.

14 Montera en ny oljetätning i huset och pressa eller driv in den på plats med en hylsa eller ett rör med passande diameter **(se bild)**. Försäkra dig om att hylsan/röret endast ligger an mot tätningens yttre kant, och var noga med att inte skada tätningsläpparna. Tryck in tätningen tills den sitter på skuldran i huset. Den slutna änden av tätningen ska vara vänd utåt.

15 Om oljetätningshuset har demonterats, gör enligt följande, fortsätt annars till punkt 19.

16 Tvätta bort alla spår av gammal tätning från oljetätningshuset och motorblocket, lägg sedan på en 2,0 till 3,0 mm tjock sträng tätningsmedel (Skoda D 176 404 A2, eller motsvarande) på motorblockets fogytor på oljetätningshuset. Notera att tätningshuset måste monteras inom fem minuter efter det att tätningsmedlet har lagts på **(se bild)**.

17 Montera oljetätningshuset och dra åt bultarna stegvis till angivet moment.

18 Montera oljesumpen enligt beskrivning i avsnitt 16.

19 Montera vevaxeldrevet enligt beskrivning i

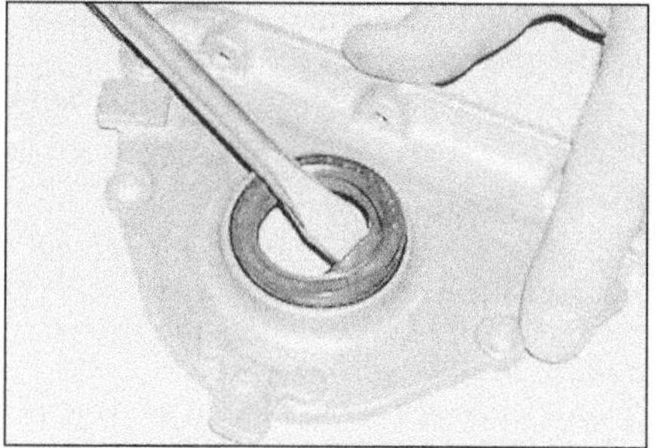

20.11 En skruvmejsel används till att bända ut vevaxeloljetätningen ur huset – 1,8 liters motor

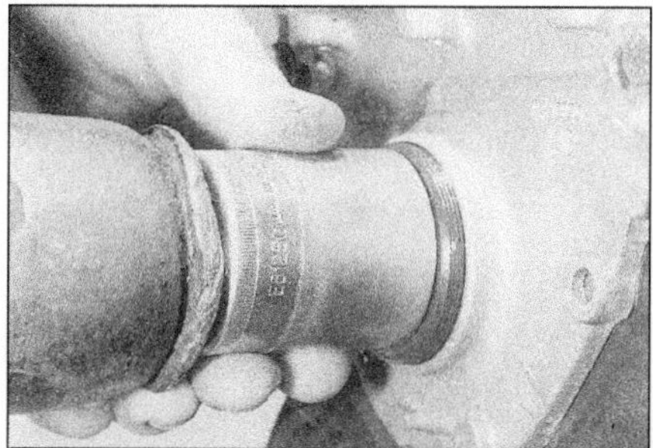

20.14 En ny oljetätning drivs på plats med en hylsa – 1,8 liters motor

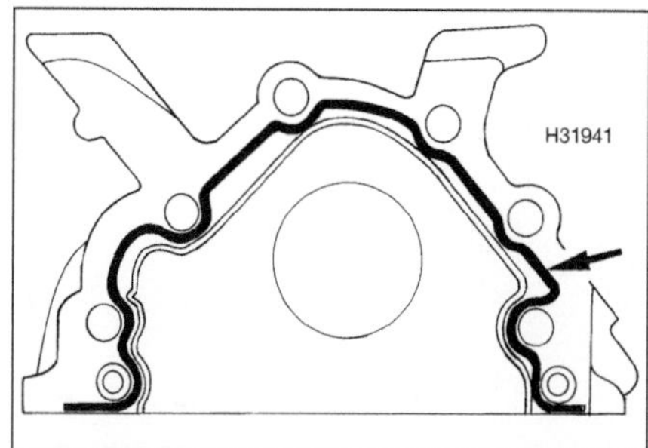

20.16 Lägg tätningsmedel så som visas på vevaxelns oljetätningshus – 1,8 liters motor

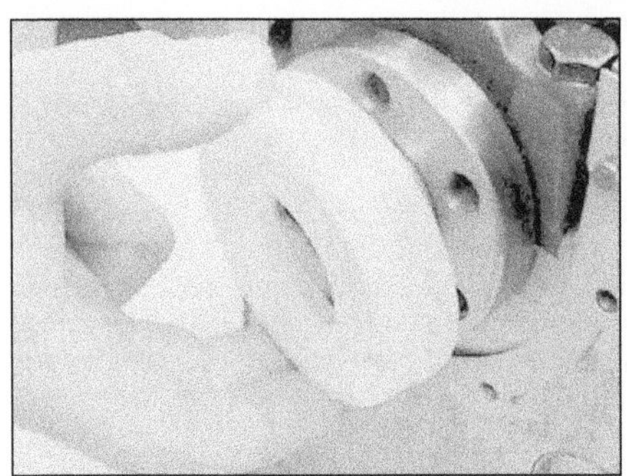

20.26 Placera oljetätningens monteringsverktyg över vevaxelns ände – 1,8 liters motor

20.27 Montera oljetätningen/huset över änden av vevaxeln – 1,8 liters motor

avsnitt 8, och kamremmen enligt beskrivning i avsnitt 7.

Oljetätning i änden mot svänghjulet

Observera: *Om original oljetätningshus var monterat med tätningsmedel, kommer ett lämpligt tätningsmedel (Skoda D 176 404 A2, eller motsvarande) att behövas för att täta huset vid monteringen.*

20 Demontera svänghjulet enligt beskrivning i avsnitt 19.

21 Demontera oljesumpen enligt beskrivning i avsnitt 16. Detta är nödvändigt för att garantera god tätning mellan oljesumpen och oljetätningshuset vid monteringen.

22 Skruva loss och ta bort oljetätningshuset, med oljetätning.

23 Den nya oljetätningen kommer redan monterad i det nya tätningshuset.

24 Rengör oljetätningshusets fogyta på motorblocket noggrant.

25 Om det ursprungliga oljetätningshuset hade monterats med tätningsmedel, lägg på en tunn sträng lämpligt tätningsmedel (Skoda D 176 404 A2, eller motsvarande) på motorblockets fogyta på tätningshuset. Notera att tätningshuset måste monteras inom fem minuter efter det att tätningsmedlet har lagts på.

26 Nya oljetätningar/hus levereras med ett monteringsverktyg för att skador på oljetätningen ska undvikas. Placera verktyget över änden av vevaxeln **(se bild)**.

27 Placera försiktigt oljetätningen/huset över vevaxelns ände och dra åt bultarna stegvis, i diagonal ordning, till angivet moment **(se bild)**.

28 Ta bort oljetätningens skyddsverktyg från vevaxeln.

29 Montera oljesumpen enligt beskrivning i avsnitt 16.

30 Montera svänghjulet enligt beskrivning i avsnitt 19.

21 Motor-/växellådsfästen - kontroll och byte

Se kapitel 2A, avsnitt 17.

22 Motorns oljekylare - demontering och montering

Se kapitel 2A, avsnitt 18.

23 Oljeövertrycksventil - demontering, kontroll och montering

1,4 liters motorer

1 Oljeövertrycksventilen utgör en del av oljepumpen. Ventilens kolv och fjäder sitter på sidan om oljepumpens rotorer och kan inspekteras om oljepumpen demonteras från motorn och den bakre kåpan tas bort (se avsnitt 17). Om oljepumpen visar tecken på slitage eller skada måste hela pumpen bytas ut; övertrycksventilens kolv och fjäder kan inte köpas separat.

1,8 liters motorer

2 Se kapitel 2A, avsnitt 19.

24 Oljetryckslampans kontakt - demontering och montering

1,4 liters motorer

Demontering

1 Oljetryckslampans kontakt sitter framtill på topplocket, på vänster sida. För att komma åt kontakten, skruva loss fästbultarna och ta bort motorns toppkåpa.

2 Koppla loss kontaktdonet och torka rent området runt kontakten **(se bild)**.

3 Skruva loss kontakten från topplocket och ta bort den tillsammans med tätningsbrickan. Om kontakten inte ska sättas tillbaka på en gång, plugga igen hålet i topplocket.

Montering

4 Undersök om tätningsbrickan är skadad eller försämrad och byt ut den om så behövs.

5 Sätt tillbaka kontakten, med brickan, och dra åt den till angivet moment.

6 Anslut kontaktdonet och sätt tillbaka motorkåpan. Kontrollera motoroljans nivå och fyll på om så behövs, enligt beskrivning i *Veckokontroller*.

1,8 liters motorer

7 Se kapitel 2A, avsnitt 20.

25 Oljenivå-/temperaturgivare - demontering och montering

Demontering

1 Oljenivå-/temperaturgivaren sitter i botten av oljesumpen **(se bild)**.

2 Tappa av motoroljan enligt beskrivning i kapitel 1A.

3 Koppla loss kontaktdonet och torka av området runt kontakten.

4 Skruva loss de tre fästskruvarna och ta bort kontakten.

Montering

5 Undersök om tätningsbrickan är försämrad eller skadad och byt ut den om så behövs.

6 Sätt tillbaka kontakten och dra åt fästskruvarna till angivet moment.

7 Anslut kontakten och fyll sedan på motorn med olja, se kapitel 1A.

8 Avsluta med att kontrollera oljenivån och fylla på mer om så behövs (se *Veckokontroller*).

24.2 Koppla loss oljetryckskontaktens kontaktdon – 1,4 liters motor

25.1 Oljenivå-/temperaturgivare (vid pilen)

Kapitel 2 Del C: Reparationer med motorn i bilen – modeller med dieselmotor

Innehåll

Svårighetsgrader

Enkelt, passar novisen med lite erfarenhet 	**Ganska enkelt,** passar nybörjaren med viss erfarenhet 	**Ganska svårt,** passar kompetent hemmamekaniker 	**Svårt,** passar hemmamekaniker med erfarenhet 	**Mycket svårt,** för professionell mekaniker

Specifikationer

Allmänt

Tillverkarens motorkoder*:	
1896 cc, direkt insprutning, ej turbo	AGP och AQM
1896 cc, direkt insprutning, turbo	AGR, ALH, AHF och ASV
1896 cc, direkt insprutning, enhetsspridare, turbo	ASZ
Max uteffekt:	
Motorkod AGP och AQM	50 kW vid 4200 varv/minut
Motorkod AGR	66 kW vid 4000 varv/minut
Motorkod ALH	66 kW vid 3750 varv/minut
Motorkod AHF and ASV	81 kW vid 4150 varv/minut
Motorkod ASZ	96 kW vid 4000 varv/minut
Max vridmoment:	
Motorkod AGP	133 Nm vid 2200 till 2600 varv/minut
Motorkod AQM	130 Nm vid 2200 till 2600 varv/minut
Motorkod AGR och ALH	210 Nm vid 1900 varv/minut
Motorkod AHF och ASV	235 Nm vid1900 varv/minut
Motorkod ASZ	310 Nm vid 1900 varv/minut
Lopp	79,5 mm
Slaglängd	95,5 mm
Kompressionsförhållande:	
Alla utom ASZ	19,5 : 1
ASZ	19,0 : 1
Kompressionstryck:	
Minsta kompressionstryck	Ungefär 19,0 bar
Max skillnad mellan cylindrar	Ungefär 5,0 bar
Tändföljd	1 - 3 - 4 - 2
Placering cylinder nr 1	Kamremsänden

* **Observera:** *Se ”Bilens identifikationsnummer” i slutet av boken för motorkodens placering.*

Kamaxel

Kamaxelns axialspel (max)	0,15 mm
Kamaxellagrens spel (max)	0,11 mm
Kamaxelns kast (max)	0,01 mm

Smörjsystem

Oljepump, typ	Kugghjulstyp, kedjedriven från vevaxeln
Oljetryck (oljetemperatur 80°C, vid 2000 varv/minut)	2,0 bar

Åtdragningsmoment

	Nm
Avgasgrenrörets muttrar	25
Avgasrör till grenrör/turbo, muttrar	25
Bränsleinsprutningsrör, anslutningsmuttrar	25
Drivremsspännarens fästbult:	
Alls motorer utom kod AGP och AQM	25
Glödstift	15
Hjälpaggregatens (generator, etc.) fästbygelbultar	45
Insprutningspumpens drev, bultar:	
Typ 1*:	
Steg 1	20
Steg 2	Vinkeldra ytterligare 90°
Typ 2	25
Kamaxeldrevets mittbult:	
Alla motorkoder utom ASZ	45
Motorkod ASZ	100
Kamaxeldrevets yttre bultar:	
Motorkod ASZ	25
Kamaxelkåpans bultar/muttrar	10
Kamaxellagrens överfall, bultar:	
Alla motorkoder utom ASZ	20
Kamaxellagrens överfall, bultar*:	
Motorkod ASZ:	
Steg 1	8
Steg 2	Vinkeldra ytterligare 90°
Kamremmens överföringsremskiva, bult:	
Motorkod ASZ	20
Kamremmens överföringsremskivor:	
Nedre, vänstra överföringsremskivan, mutter:	
Motorkod AGR, ALH, AHF och ASV	22
Nedre, högra överföringsremskivan (under kylvätskepumpens drev), bult*:	
Steg 1	40
Steg 2	Vinkeldra ytterligare 90°
Övre överföringsremskivan, bult	20
Kamremmens yttre kåpor	10
Kamremmens bakre kåpa:	
Kåpa till topplock, bult	10
Kåpa till insprutningspump, bult	30
Kamremsspännarens rulle, fästmutter:	
Alla motorkoder utom ASZ	20
Motorkod ASZ:	
Steg 1	20
Steg 2	Vinkeldra ytterligare 45°
Kolvens oljespraymunstycke, bult	25
Kopplingens tryckplatta/svänghjulet, fästbultar*:	
Motorkod AGP och AQM:	
Steg 1	60
Steg 2	Vinkeldra ytterligare 90°
Kylvätskepumpens bultar	15
Motorfästen:	
Vänster fäste till kaross, bultar:	
Stora bultar*:	
Steg 1	40
Steg 2	Vinkeldra ytterligare 90°
Små bultar	25
Vänster fäste till växellåda, bultar	100
Höger fäste till kaross, bultar*:	
Steg 1	40
Steg 2	Vinkeldra ytterligare 90°
Höger fästplatta, bultar (små bultar)	25
Höger fäste till motorfästbygel, bultar	100
Höger fästbygel till motor, bultar	45

Motorfästen forts:	
Bakre motor-/växellådsfäste:	
Fästbygel till framvagnsram, bultar*:	
Steg 1	20
Steg 2	Vinkeldra ytterligare 90°
Fästbygel till växellåda, bultar*:	
Steg 1	40
Steg 2	Vinkeldra ytterligare 90°
Oljeavtappningsplugg	30
Oljefilterhus till motorblock, bultar*:	
Steg 1	15
Steg 2	Vinkeldra ytterligare 90°
Oljefilterlock	25
Oljekylarens fästlock	25
Oljenivå-/temperaturgivare till oljesump, bultar	10
Oljepickuprörets fästbultar	15
Oljepumpens kedjespännare, bult	15
Oljepumpens fästbultar	15
Oljepumpdrevets fästbult:	
Alla motorkoder utom ASZ	20
Motorkod ASZ:	
Steg 1	20
Steg 2	Vinkeldra ytterligare 90°
Oljeskvalpskott till kamaxelkåpa, bultar:	
Motorkod AGR, ALH, AHF och ASV	5
Oljesump:	
Oljesump till motorblock, bultar	15
Oljesump till växellåda, bultar	45
Oljetryckslampans kontakt:	
Alla motorkoder utom ASZ	25
Motorkod ASZ	20
Oljeövertrycksventilens plugg	40
Ramlageröverfallens bultar*:	
Steg 1	65
Steg 2	Vinkeldra ytterligare 90°
Spridarnas vipparmsaxlar*:	
Motorkod ASZ:	
Steg 1	20
Steg 2	Vinkeldra ytterligare 90°
Topplocksbultar*:	
Motorkod AGP och AQM:	
Steg 1	35
Steg 2	60
Steg 3	Vinkeldra ytterligare 90°
Steg 4	Vinkeldra ytterligare 90°
Motorkod AGR, ALH, AHF, ASV och ASZ:	
Steg 1	40
Steg 2	60
Steg 3	Vinkeldra ytterligare 90°
Steg 4	Vinkeldra ytterligare 90°
Turbons oljereturrör till motorblock, banjobult	40
Turbons oljetillförselrör till oljefilterhus:	
Alla motorkoder utom ASZ	20
Motorkod ASZ:	
Banjobult	25
Anslutningsmutter	22
Vevaxeldrevets bult*:	
Steg 1	120
Steg 2	Vinkeldra ytterligare 90°
Vevaxelns hastighets-/lägesgivarhjul till vevaxel, bultar*:	
Steg 1	10
Steg 2	Vinkeldra ytterligare 90°
Vevaxelns oljetätningshus, bultar	15
Vevaxelremskivans bultar:	
Steg 1	10
Steg 2	Vinkeldra ytterligare 90°
Vevstakslagrens överfall, bultar*:	
Steg 1	30
Steg 2	Vinkeldra ytterligare 90°

* **Observera:** *Använd nya bultar.*

1 Allmän information

Hur det här kapitlet ska användas

Kapitel 2 är uppdelat i fyra delar; A, B, C och D. Reparationer som kan utföras med motorn kvar i bilen beskrivs i Del A (SOHC bensinmotorer), Del B (DOHC bensinmotorer), och Del C (dieselmotorer). Del D tar upp demontering av motorn/växellådan som en enhet, och beskriver isärtagning och renovering av motorn.

I Del A, B och C utgår man i beskrivningen från att motorn sitter kvar i bilen, med alla hjälpaggregat anslutna. Om motorn har demonterats för renovering får man bortse från den inledande isärtagningen som föregår varje åtgärd.

Beskrivning av motorn

I hela det här kapitlet identifieras motorerna med hjälp av sin volym och, om så är nödvändigt, med tillverkarens kodbokstäver. En lista över alla motorer som tas upp, samt deras kodbokstäver, finns i början av kapitlet.

Motorerna är vattenkylda SOHC (single overhead camshaft – enkel överliggande kamaxel) radmotorer, med motorblock av gjutjärn och topplock av aluminium. Alla motorer är monterade på tvären framtill i bilen, med växellådan fastskruvad på vänster sida.

Vevaxeln har fem lager och det sitter tryckbrickor på det mittre lagret, som kontrollerar vevaxelns axialspel.

Kamaxeln drivs av en kuggad kamrem från vevaxeln; på alla motorer utom kod ASZ driver kamremmen också bränsleinsprutningspumpen. Kamaxeln sitter längst upp på topplocket och den är säkrad med lageröverfall.

Ventilerna stängs av spiralfjädrar, och löper i styrningar som är inpressade i topplocket. Kamaxeln aktiverar ventilerna direkt, med hydrauliska ventillyftare.

Oljepumpen av kugghjulstyp drivs av en kedja från ett drev på vevaxeln. Olja dras från oljesumpen genom en sil, och tvingas sedan genom ett externt monterat, utbytbart filter. Därifrån leds oljan till topplocket, där den smörjer kamaxellagertapparna och de hydrauliska ventillyftarna, och också till vevhuset, där den smörjer ramlagren, vevstakarnas storändar, kolvbultarna och cylinderloppen. En kylvätskematad oljekylare sitter på oljefilterhuset på alla motorer. Oljemunstycken sitter längst ner på varje cylinder – dessa sprayar olja på undersidan av kolvarna för att förbättra avkylningen.

Alla motorer är utrustade med en vakuumpump för bromsservo som drivs av kamaxeln på topplockets växellådsände. På motorkod ASZ finns en tandempump, som omfattar en vakuumpump och en bränslepump, driven av kamaxeln.

På alla motorer cirkuleras motorkylvätska av en pump, som drivs av kamremmen. För information om kylsystemet, se kapitel 3.

Åtgärder som kan utföras med motorn kvar i bilen

Följande åtgärder kan utföras utan att motorn lyfts ut ur bilen:

a) Kompressionstryck – prov.
b) Kamaxelkåpa – demontering och montering.
c) Vevaxelremskiva – demontering och montering.
d) Kamremskåpor – demontering och montering.
e) Kamrem – demontering, montering och justering.
f) Kamremsspännare och drev – demontering och montering.
g) Kamaxelns oljetätningar – byte.
h) Kamaxel och hydrauliska ventillyftare – demontering, kontroll och montering.
i) Topplock – demontering och montering.
j) Topplock och kolvar – sotning.
k) Oljesump – demontering och montering.
l) Oljepump – demontering, renovering och montering.
m) Vevaxelns oljetätningar – byte.
n) Motor-/växellådsfästen – kontroll och byte.
o) Svänghjul – demontering, kontroll och montering.

Observera: *Det är möjligt att demontera kolvarna och vevstakarna (efter det att topplocket och sumpen har demonterats) utan att motorn tas ut ur bilen. Detta rekommenderas dock inte. Åtgärder av det här slaget är betydligt lättare att utföra (och går att utföra mer noggrant) om motorn ligger på en arbetsbänk, så som beskrivs i kapitel 2D.*

2 Kompressionsprov och läckagetest – beskrivning och tolkning

Kompressionsprov

Observera: *En kompressionsprovare lämplig för dieselmotorer behövs för det här testet.*

1 När motorns prestanda försämras, eller om feltändning inträffar som inte kan härledas till tänd- eller bränslesystemet, kan ett kompressionsprov ge bra ledtrådar om motorns allmänna skick. Om provet utförs regelbundet kan man få varningstecken om problem innan andra symptom börjar bli uppenbara.

2 Motorn måste vara uppvärmd till normal arbetstemperatur, batteriet måste vara fulladdat och du kommer också att behöva en medhjälpare.

3 På modeller utan turbo, demontera insugsgrenrörets övre sektion enligt beskrivning i kapitel 4B.

4 På alla andra motorkoder än ASZ, måste man koppla loss stoppsolenoidens och bränslemängdjusterarens kablage, för att förhindra att motorn går eller att bränsle sprutas ut **(se bilder)**. **Observera:** *Som ett resultat av att kablaget kopplas loss kommer felkoder att lagras i ECU-minnet. Koderna måste raderas när provet är slutfört.*

5 På motorkod ASZ, koppla ifrån spridarsolenoiderna genom att koppla loss kontaktdonet i änden av topplocket **(se bild)**. **Observera:** *Som ett resultat av att kablaget kopplas loss, kommer felkoder att lagras i ECU-minnet. Koderna måste raderas när provet är slutfört.*

6 Demontera glödstiften enligt beskrivning i kapitel 5C, montera sedan en kompressionsprovare i hålet för cylinder nr 1. Den typ som skruvas in i glödstiftets gängor är att föredra.

7 Låt medhjälparen dra runt motorn på startmotorn i flera sekunder. Efter ett eller två varv bör kompressionstrycket nå en maxsiffra

2.4a Bränsleavstängningssolenoidens kontaktdon sitter fast med en mutter (vid pilen)

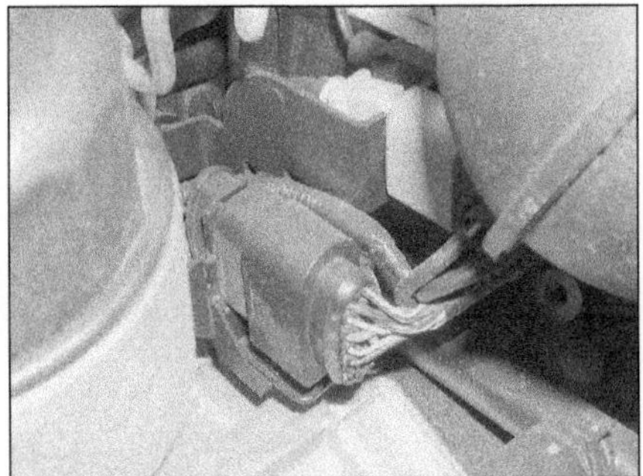

2.4b Kontaktdonet för bränslemängdsjusteraren sitter bakom oljefilterhuset

2.5 Koppla loss spridarsolenoidernas kontaktdon (vid pilen)

och sedan stabiliseras. Notera den högsta avläsningen.

8 Upprepa på övriga cylindrar och notera trycket i var och en.

9 Orsaken till dåligt kompressionstryck är svårare att fastställa på en dieselmotor än på en bensinmotor. Effekten av att hälla i olja i cylindrarna ger inte samma resultat, eftersom det föreligger risk att oljan blir kvar i gropen i kolvkronan istället för att gå vidare till ringarna. Följande kan dock användas som en ungefärlig guide till diagnos.

10 Alla cylindrar bör ha mycket lika tryck. Skillnader som överskrider den specificerade tyder på ett fel. Kompressionstrycket ska byggas upp snabbt i en väl fungerande motor. Låg kompression i det första slaget, följt av gradvis ökande tryck i efterföljande slag, tyder på slitna kolvringar. En låg kompressionsavläsning i det första slaget, som inte byggs upp under efterföljande slag, indikerar läckande ventiler eller en trasig topplockspackning (ett sprucket topplock kan också vara orsaken).

11 En låg avläsning från två intilliggande cylindrar beror med stor säkerhet på att packningen är trasig mellan dem, och om man hittar kylvätska i motoroljan bekräftas detta.

12 Avsluta med att ta bort kompressionsprovaren och sätta tillbaka glödstiften, se kapitel 5C.

13 Anslut bränslemängdsjusterarens och bränsleavstängningsventilens kontaktdon och (om tillämpligt) sätt tillbaka insugsgrenrörets övre sektion enligt beskrivning i kapitel 4B.

Läckagetest

14 Ett läckagetest mäter den hastighet med vilken komprimerad luft som matas in i cylindern går förlorad. Det är ett alternativ till ett kompressionsprov, och är på många sätt bättre, eftersom den läckande luften gör att man lätt kan fastställa var tryckförlusten sker (kolvringar, ventiler eller topplockspackning).

15 Det är inte troligt att den utrustning som behövs för ett läckagetest är tillgänglig för hemmamekanikern. Om du misstänker dåligt

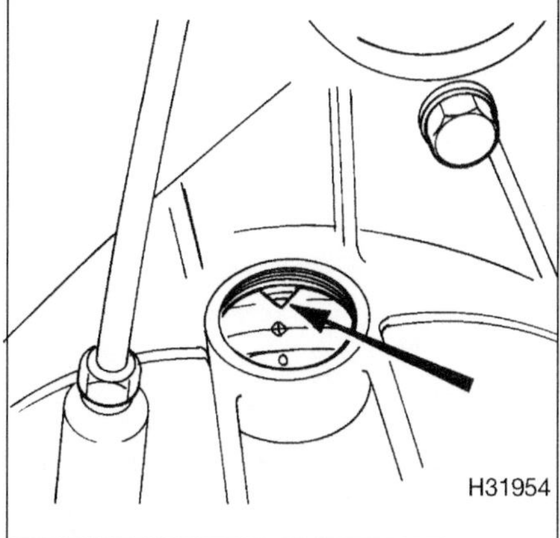

3.7c Inställningsmarkering på kanten av svänghjulet (vid pilen) i linje med visaren på balanshjulskåpan (manuell växellåda)

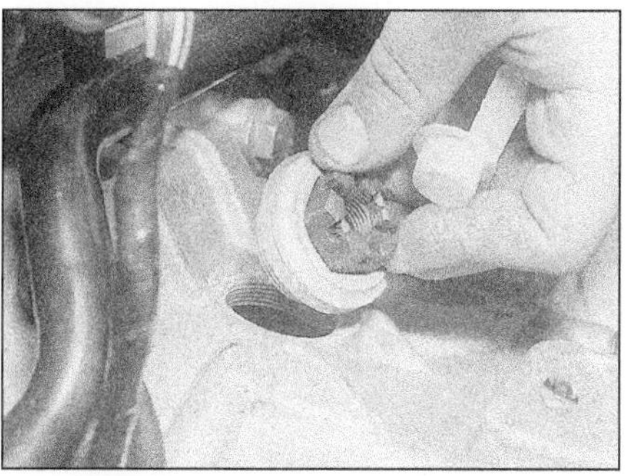

3.7a Använd en stor mutter till att skruva loss inspektionspluggen från växellådans balanshjulskåpa

kompressionstryck, låt en lämpligt utrustad verkstad utföra det här testet.

3 Motor, hopsättning och ventilinställningsmärken – information och användning

Allmän information

1 ÖD (Övre Dödpunkt) är den högsta punkten i cylindern som varje kolv når i sin rörelsebana upp och ner när vevaxeln roterar. Varje kolv når ÖD i slutet av kompressionsslaget och igen i slutet av avgasslaget, men när man talar om ÖD menar man i allmänhet kolvens läge i kompressionstakten. Kolv nr 1 är den närmast motorns kamremsände.

2 Placering av kolv nr 1 i ÖD är en viktig del av många reparations-/renoveringsåtgärder, som demontering av kamrem eller kamaxel.

3 Motorerna som behandlas i den här boken är så designade att kontakt kan uppstå mellan kolv och ventil om kamaxeln eller vevaxeln vrids medan kamremmen är borta. Av den anledningen är det viktigt att se till att kamaxeln och vevaxeln inte rubbas i förhållande till varandra efter det att kamremmen har demonterats från motorn.

Inställning av cylinder nr 1 till ÖD

Alla motorkoder utom ASZ

Observera: *Passande verktyg kommer att behövas till att låsa kamaxelns och bränsleinsprutningspumpens drev under det här momentet – se texten.*

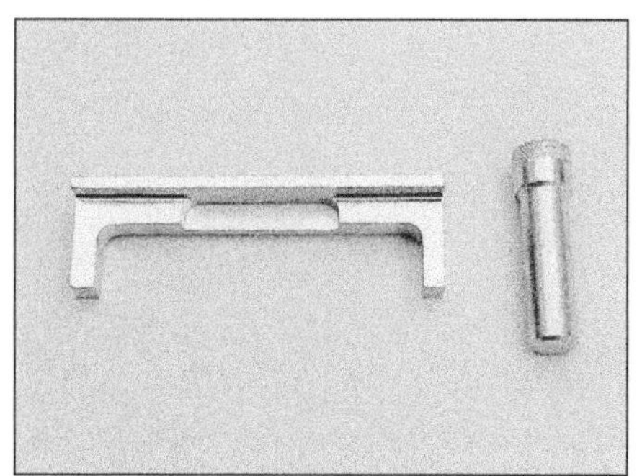

3.9 Låsverktyg för kamaxel och bränsleinsprutningspumpens drev

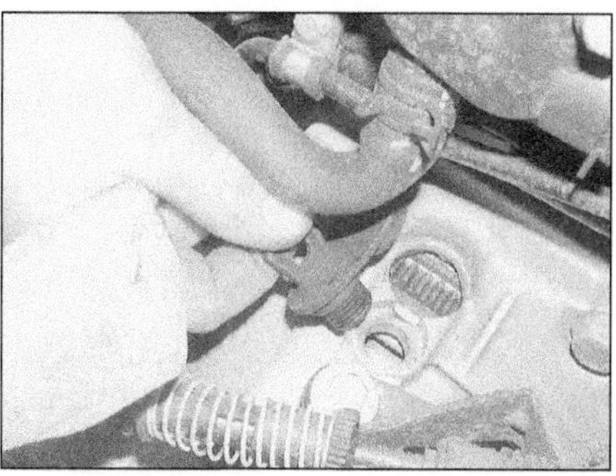

3.7b Gummipluggen tas bort från balanshjulskåpan – visat med luftrenaren demonterad

4 Demontera kamaxelkåpan enligt beskrivning i avsnitt 4.

5 Demontera den övre, yttre kamremskåpan enligt beskrivning i avsnitt 6.

6 Demontera glödstiften enligt beskrivning i kapitel 5C, för att göra det lättare för motorn att gå runt.

7 Om en inspektionsplugg är monterad, ta bort denna från växellådans balanshjulskåpa. Använd en stor mutter till att skruva loss den om så behövs **(se bilder)**. Det blir lättare att komma åt pluggen om luftrenaren demonteras först, enligt beskrivning i kapitel 4B.

8 Rotera vevaxeln medurs, med en hylsa eller nyckel på vevaxeldrevets bult, tills inställningsmarkeringen i kanten av svänghjulet är i linje med visaren på växellådshuset **och** inställningshålet i bränsleinsprutningsdrevet är i linje med hålet i stödfästet.

9 För att låsa motorn i ÖD-läget måste man låsa fast kamaxeln (inte drevet) och bränsleinsprutningspumpens drev med särskilda låsverktyg. Det kan vara möjligt att tillverka verktyg för detta, men på grund av de exakta måttagningar och den maskinbearbetning som krävs, rekommenderas starkt att man lånar eller hyr en uppsättning låsverktyg från en Skodaåterförsäljare, eller köper från en välrenommerad verktygstillverkare **(se bild)**.

10 Haka i kanten av låsstaget (Skoda verktyg 3418) i skåran i änden av vevaxeln **(se bilder)**.

11 Med låsstaget på plats, vrid kamaxeln något (genom att vrida vevaxeln medurs, som förut), så att låsstaget gungar åt ena sidan och så att dess ände kommer i kontakt med topplockets yta. I den andra änden av

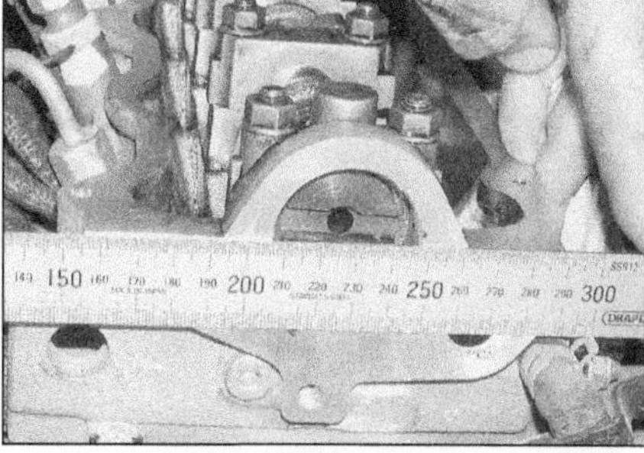

3.10a Använd en stållinjal för att bedöma huruvida spåret i kamaxeln är parallell med topplocket

3.10b Haka i låsstaget i spåret i kamaxeln

låsstaget, mät avståndet mellan änden av staget och topplocket med bladmått.

12 Vrid tillbaka kamaxeln något, dra sedan ut bladmåttet. Det man nu ska göra är att balansera låsstaget genom att sticka in ett bladmått, hälften så tjockt som det först uppmätta gapet, på var sida av kamaxeln mellan änden av låsstaget och topplocket. Detta centrerar kamaxeln och ställer in ventilinställningen i referensposition **(se bild)**.

13 Stick in låsstiftet (Skoda verktyg 3359) genom inställningshålet i bränsleinsprutningspumpens drev, så att det går genom inställningshålet i insprutningspumpens nav, och in i stödfästet bakom navet. Detta låser insprutningspumpen i ÖD-referensläget **(se bild)**.

14 Motorn är nu inställd till ÖD för cylinder nr 1.

Motorkod ASZ

Observera: *Skoda specialverktyg (T10050) krävs för att låsa vevaxeldrevet i ÖD-läget.*

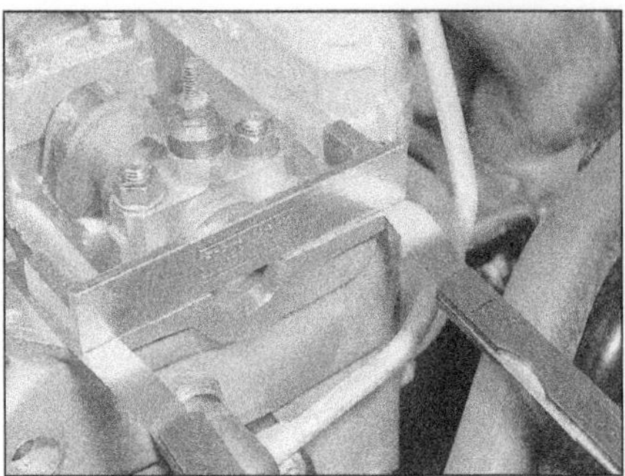
3.12 Kamaxeln centrerad och låst med låsstaget och bladmått

15 Demontera drivremmen/-remmarna enligt beskrivning i kapitel 1B. Demontera också drivremsspännaren.

16 Demontera vevaxelremskivan/vibrationsdämparen enligt beskrivning i avsnitt 5.

17 Demontera kamremskåporna enligt beskrivning i avsnitt 6.

18 Demontera glödstiften enligt beskrivning i kapitel 5C, för att motorn ska kunna dras runt lättare.

19 Med en nyckel eller hylsa på vevaxeldrevets bult, vrid vevaxeln i normal rotationsriktning (medurs) tills inställningsmarkeringen på drevets yta är nästan vertikal **(se bilder)**.

20 Pilen (märkt 4Z) på den bakre sektionen av den övre kamremskåpan hamnar mellan de två klackarna på baksidan av kamaxelnavets givarhjul **(se bild)**.

21 Medan motorn är i den här positionen ska det vara möjligt att sticka in Skoda verktyg T10050 för att låsa vevaxeln, och ett 6 mm

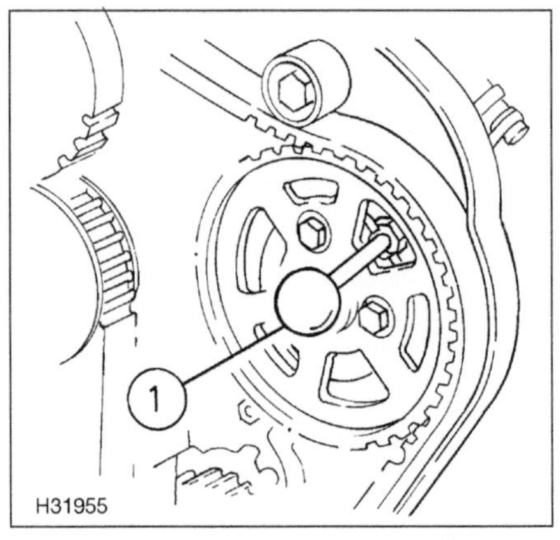

3.13 Insprutningspumpens drev låst med låsstiftet (1)

diameter stift för att låsa kamaxeln **(se bild)**. **Observera:** *Markeringen på vevaxeldrevet och markeringen på Skoda verktyg T10050 måste vara i linje, och samtidigt måste skaftet på verktyget T10050 gå in i hålet i vevaxelns oljetätningshus.*

22 Motorn är nu inställd till ÖD för cylinder nr 1.

4 Kamaxelkåpa – demontering och montering

Demontering

Alla motorkoder utom ASZ

1 Ta bort motorns toppkåpa. Demonteringen varierar beroende på modell – på senare modeller trycks kåpan på plats, och på tidigare modeller är fästmuttrarna dolda under runda täcklock, som bänds loss ur kåpan. Om plastskruvar eller vridfästen används, kan dessa tas bort med en bred spårskruvmejsel. Skruva loss muttrarna eller skruvarna, och lyft upp kåpan från motorn. Lossa eventuella kablar eller slangar som sitter fast på den **(se bilder)**.

2 På motorer med koderna AGP och AQM, ta bort den övre sektionen av insugsgrenröret, enligt beskrivning i kapitel 4B.

3 Koppla loss ventilationsslangen från

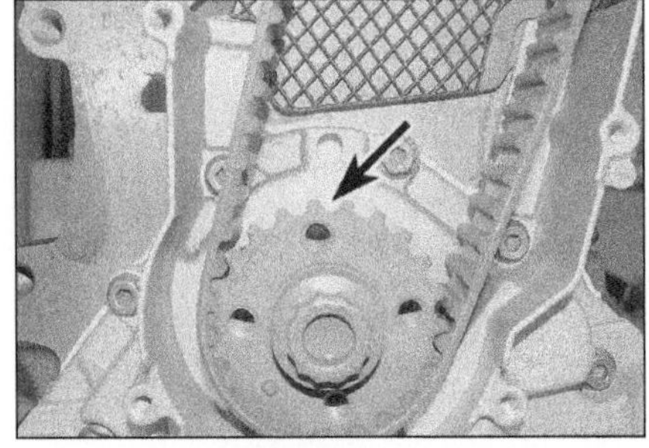
3.19a Placera vevaxeln så att markeringen på drevet är nästan vertikal (vid pilen) . . .

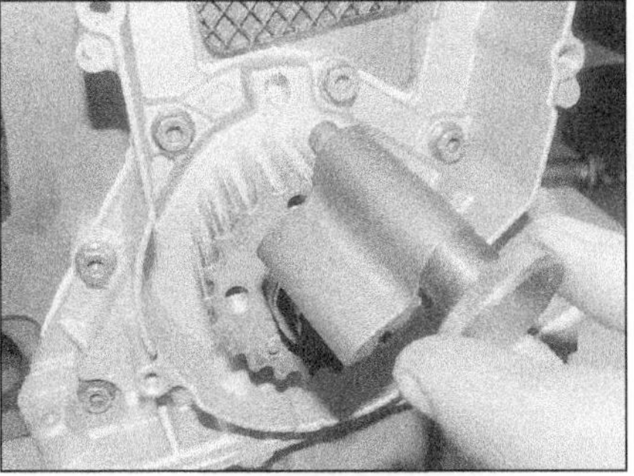
3.19b . . . sätt in Skodas verktyg T10050 . . .

3.19c . . . och rikta in markeringarna (vid pilen) på verktyget och drevet

3.20 Ställ in pilen bak på kamremskåpan (vid pilen) mellan klackarna på baksidan av kamaxelnavets givarhjul

3.21 Stick in ett 6 mm borr (vid pilen) genom kamaxelnavet in i topplocket för att låsa kamaxeln

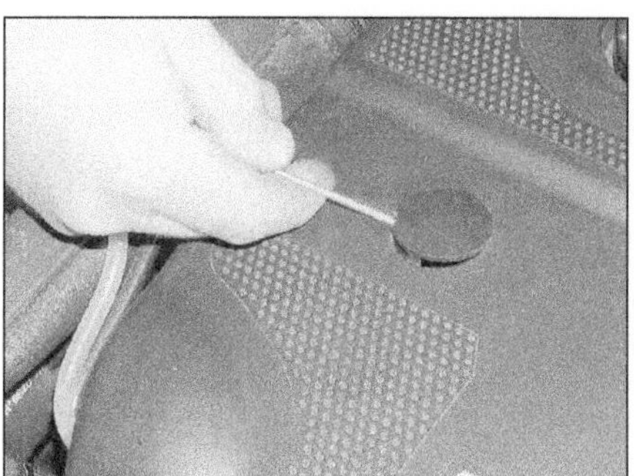
4.1a Bänd upp locken . . .

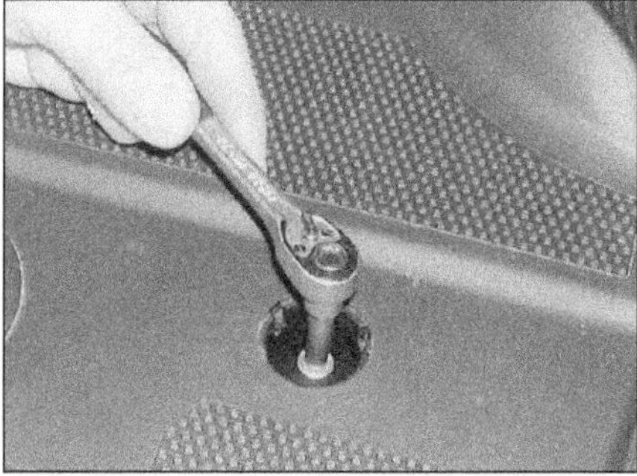
4.1b . . . och skruva loss muttrarna

4.1c På den här motorn måste oljemätstickan tas bort. . .

4.1d . . . innan motorkåpan kan lyftas upp

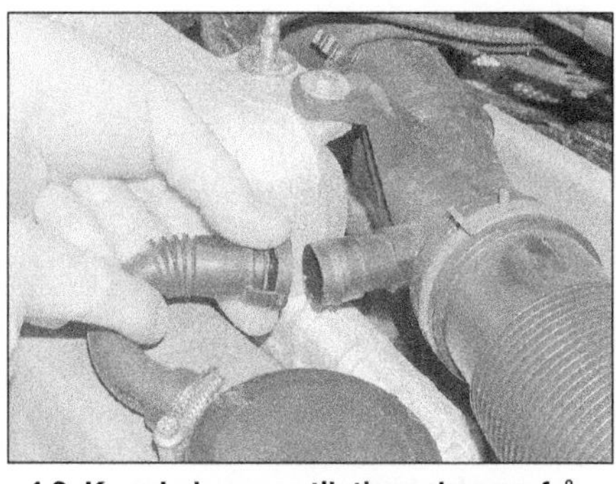
4.3 Koppla loss ventilationsslangen från den tryckreglerande ventilen

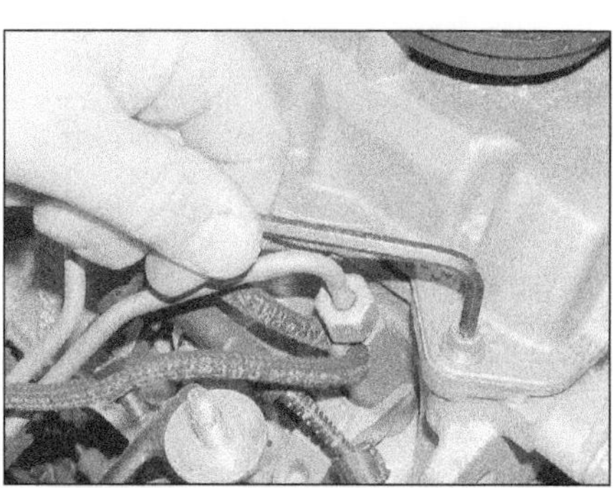
4.4a Skruva loss fästbultarna . . .

luftinloppskanalen **(se bild)**. Om så önskas kan ventilationsventilen tas bort från kamaxelkåpan, genom att man drar den försiktigt uppåt, men detta är inte nödvändigt.

4 Skruva loss fästmuttrarna/bultarna, och lyft upp kamaxelkåpan från topplocket **(se bilder)**. På de flesta modeller är det svårt att nå bultarna på baksidan - ett urval insexnycklar/bits och en universalknut med ledhandtag kan behövas. Ta vara på packningen om den är lös.

Motorkod ASZ

5 Ta bort oljemätstickan och ta loss motorns toppkåpa, koppla sedan loss ventilationsslangen från kamaxelkåpan **(se bild)**.

6 Skruva loss kamaxelkåpans fästbultar och lyft undan kåpan. Om den sitter fast, försök inte att bända loss den, arbeta istället runt kåpan och knacka försiktigt på den med en mjuk klubba.

7 Ta vara på kamaxelkåpans packning **(se bild)**. Undersök packningen och byt ut den om den är skadad eller om den är uppenbart försämrad.

8 Rengör fogytorna på topplocket och kamaxelkåpan noggrant, ta bort olja och gammal packning, men var försiktig så att inte ytan skadas när du gör detta.

Montering

9 Montera kamaxelkåpan i omvänd ordning mot demonteringen. Notera följande punkter:

*a) På alla motorkoder utom ASZ, innan kamaxelkåpan monteras, lägg lite tätningsmedel framtill och baktill på topplocket, på de två punkter där kamaxellageröverfallen är i kontakt med topplocket **(se bild)**. Se till att packningen sitter som den ska på topplocket, och var noga med att inte rubba den när kamaxelkåpan sänks ner på plats.*

b) På motorkod ASZ, lägg lämpligt tätningsmedel på de punkter där

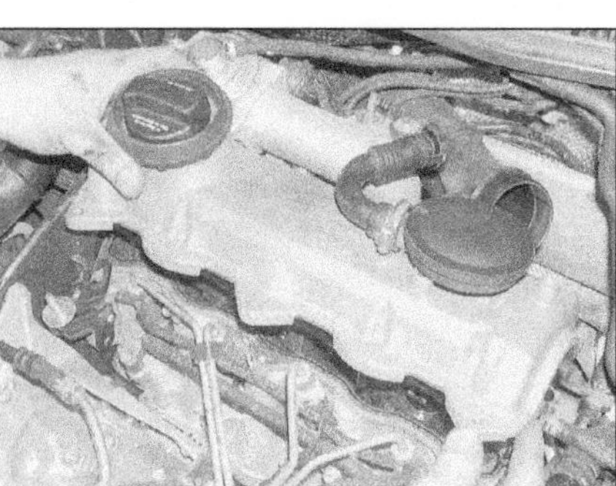
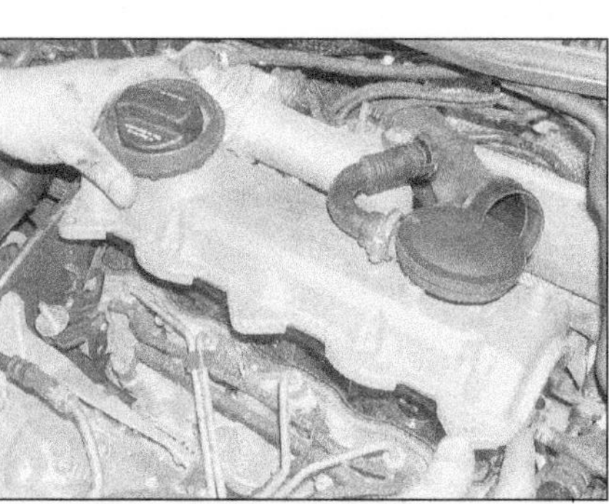
4.4b . . . och lyft av kamaxelkåpan

4.5 Ett av kåpans styrstift (vid pilen) och ett ventilationsrör (vid pilen)

4.7 Kamaxelkåpans packning passar i ett spår i kåpan

4.9a Lägg tätningsmedel på bakre och främre lageröverfallens fogytor

4.9b Lägg tätningsmedel på de visade punkterna på toppocket

*kamaxellageröverfallet kommer i kontakt med topplocket **(se bild)**.*

c) *Dra åt kamaxelkåpans fästmuttrar/bultar stegvis till angivet moment.* ***Observera:*** *På motorkod ASZ, dra åt fästmuttrarna/ bultarna i rätt ordning* ***(se bild).***

5 Vevaxelremskiva – demontering och montering

Demontering

1 Koppla loss kabeln från batteriets negativa pol. **Observera:** *Innan batteriet kopplas ifrån, se avsnittet "Frånkoppling av batteriet" i slutet av handboken.*

2 För att förbättra åtkomligheten, lyft upp bilens högra, främre sida och stötta den ordentligt på pallbockar (se *Lyftning och stödpunkter*). Ta bort hjulet.

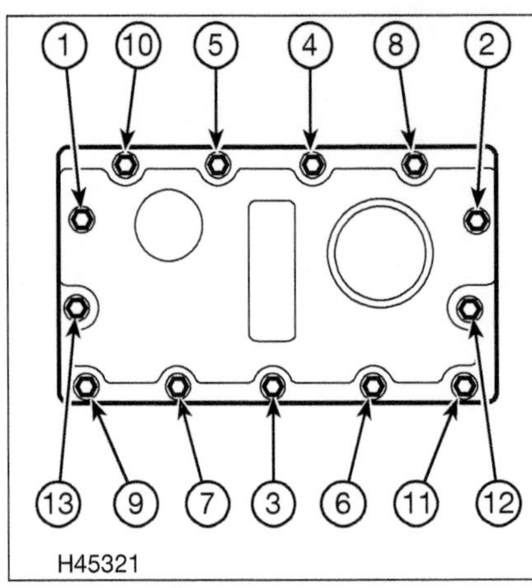

4.9c Åtdragningsordning för kamaxelkåpans bultar

3 Skruva loss fästskruvarna och ta bort kåpan/ kåporna under motorn och/eller hjulhusets innerskärmar. På turbomodeller, skruva loss muttern baktill, och fästena av brick-typ längre fram, lossa sedan slangklämman och lirka ut mellankylarens luftkanal av plast **(se bild)**.

4 Där så är tillämpligt, bänd loss kåpan från mitten av remskivan för att exponera fästbultarna **(se bild)**.

5 Lossa bultarna som håller vevaxelremskivan till drevet **(se bild)**. Om så behövs kan remskivan hållas stilla genom att man håller emot med en nyckel eller en hylsa på vevaxeldrevets bult.

6 Demontera drivremmen enligt beskrivning i kapitel 1B.

7 Skruva loss bultarna som håller remskivan till drevet, och ta bort remskivan.

Montering

8 Haka fast remskivan på styrstiftet på vevaxeldrevet, sätt sedan i remskivans fästbultar och dra åt dem för hand.

9 Montera och spänn drivremmen enligt beskrivning i kapitel 1B.

10 Håll vevaxeln stilla på samma sätt som vid demonteringen, dra sedan åt remskivans fästbultar till angivet moment.

11 Montera kåpan/kåporna under motorn, hjulhusets innerskärmar och mellankylarens luftkanal, efter tillämplighet.

12 Montera hjulet, sänk ner bilen på marken och anslut batteriets negativa kabel.

6 Kamremskåpor – demontering och montering

Övre yttre kåpa

1 Där så är tillämpligt, lossa fästklämmorna och ta bort luftintagsslangen som sitter över kamremskåpan **(se bild)**.

2 Lossa den översta delen av kamremmens yttre kåpa genom att bända upp metallfjäderclipsen och dra bort kåpan från motorn **(se bilder)**.

3 Montering sker i omvänd ordning. Notera att den nedre kanten av den över kåpan hakar i den mittre kåpan.

5.3 Demontera mellankylarens luftkanal för att komma åt vevaxelremskivan

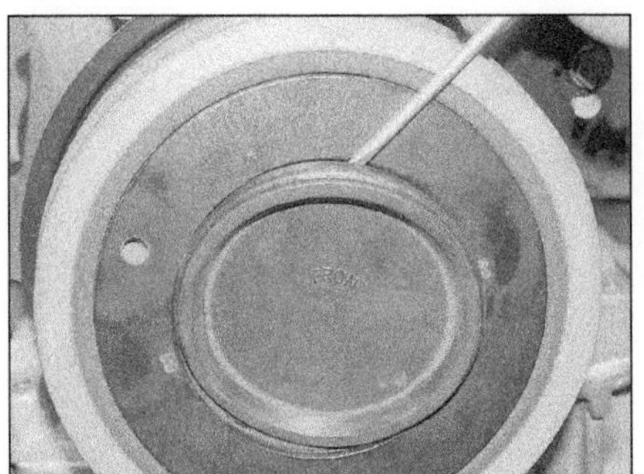

5.4 Bänd loss kåpan i mitten av vevaxelremskivan

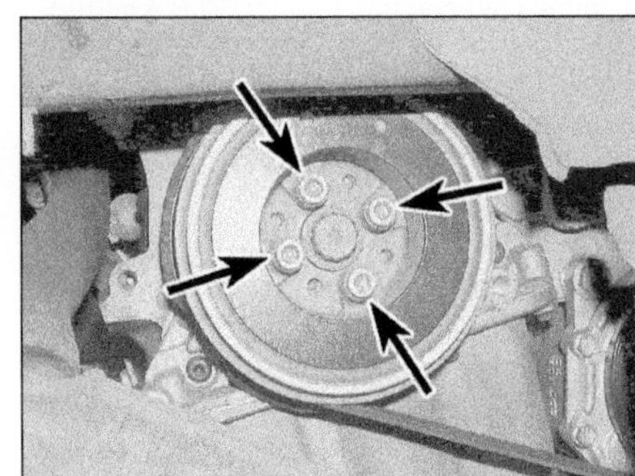

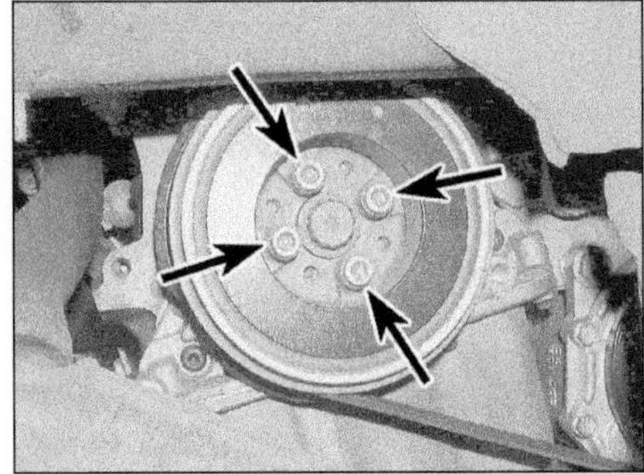

5.5 Vevaxelremskivans fyra bultar (vid pilarna)

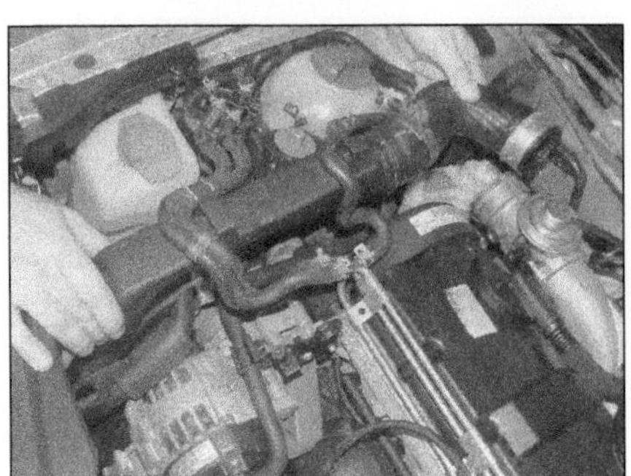

6.1 Ta bort luftintagsslangen från kamremskåpan

6.2a Lossa fästklämmorna (en vid pilen) . . .

6.2b . . . och ta bort den övre kåpan

Mittre yttre kåpa

4 Demontera drivremmen enligt beskrivning i kapitel 1B.

5 Demontera vevaxelremskivan enligt beskrivning i avsnitt 5. Det antas här att om den mittre kåpan tas bort, kommer även den nedre att tas bort – om inte, demontera helt enkelt komponenterna som beskrivs i avsnitt 5 för att komma åt vevaxelremskivan, och låt remskivan sitta kvar.

6 När den övre kåpan är demonterad (punkt 1 och 2), skruva loss och ta bort fästbultarna från mittkåpan. Ta bort den mittre kåpan från motorn och notera hur den sitter över den nedre kåpan.

7 Montering sker i omvänd ordning.

Nedre yttre kåpa

8 Demontera den nedre och den mittre kåpan enligt beskrivningen ovan.

9 Om det inte redan är gjort, demontera vevaxelremskivan enligt beskrivning i avsnitt 5.

10 Skruva loss kvarvarande bult(-ar) som håller den nedre kåpan och lyft ut den.

11 Montering sker i omvänd ordning; sätt den mittre kåpan på plats innan de två översta bultarna sätts tillbaka.

Bakre kåpa

12 Demontera övre, mittre och nedre kåpor enligt tidigare beskrivning.

13 Demontera kamremmen, spännaren och dreven enligt beskrivning i avsnitt 7 och 8.

14 Skruva loss och ta bort fästbultarna och lyft sedan loss den inre kamremskåpan från stiften på änden av motorn, och ta ut den ur motorrummet.

15 Montering sker i omvänd ordning.

7 Kamrem – demontering, kontroll och montering

Demontering

1 Den kuggade remmens primära funktion är att driva kamaxeln, men den driver även kylvätskepumpen. På alla motorer utom de med kod ASZ driver den också bränsleinsprutningspumpen. Om remmen slirar eller går sönder under drift, störs ventilinställningen och kolvarna och ventilerna kan komma i kontakt med varandra, vilket leder till allvarliga motorskador. Det är därför viktigt att kamremmen spänns korrekt, och att man regelbundet undersöker om den är sliten eller försämrad.

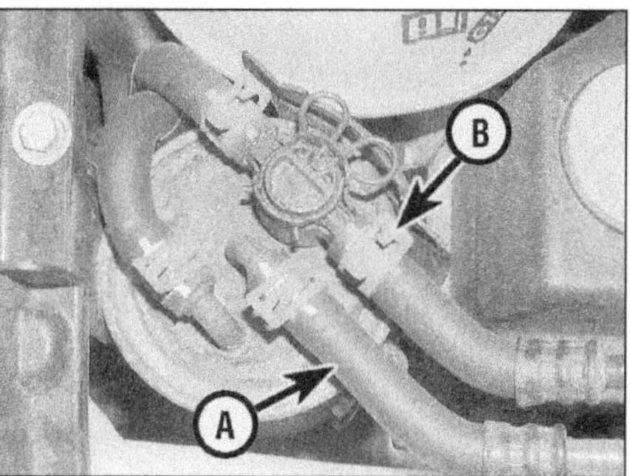

7.8 Bränsletillförsel- (A) och retur- (B) slangar vid bränslefiltret

2 Koppla loss kabeln från batteriets negativa pol. **Observera:** *Innan batteriet kopplas ifrån, se avsnittet "Frånkoppling av batteriet" i slutet av handboken.*

3 På turbomodeller, demontera höger strålkastare enligt beskrivning i kapitel 12, avsnitt 7, och luftkanalen mellan insugs-grenröret och mellankylaren enligt beskrivning i kapitel 4D.

4 Dra åt handbromsen, lyft sedan upp framvagnen och stötta den ordentligt på pallbockar (se *Lyftning och stödpunkter*).

5 Skruva loss fästskruvarna och ta bort kåpan/kåporna under motorn, samt högra hjulhusets innerskärm.

6 Med hjälp av en lyft, håll upp motorn/växellådan och demontera sedan höger motorfäste och motorns bakre fäste/länk enligt beskrivning i kapitel 2A.

7 Demontera drivremmen enligt beskrivning i kapitel 1B.

8 Koppla loss bränsletillförsel- och returslangarna från bränslefiltret, se kapitel 1B vid behov **(se bild)**. Märk slangarna om så behövs för att garantera korrekt återanslutning.

9 Om så behövs, för att förbättra åtkomligheten ytterligare, skruva loss vindrutespolarvätskans flaska, kylvätskebehållaren, servostyrningsvätskans behållare och bränslefiltret, och lägg dessa åt sidan, men utan att koppla loss några slangar.

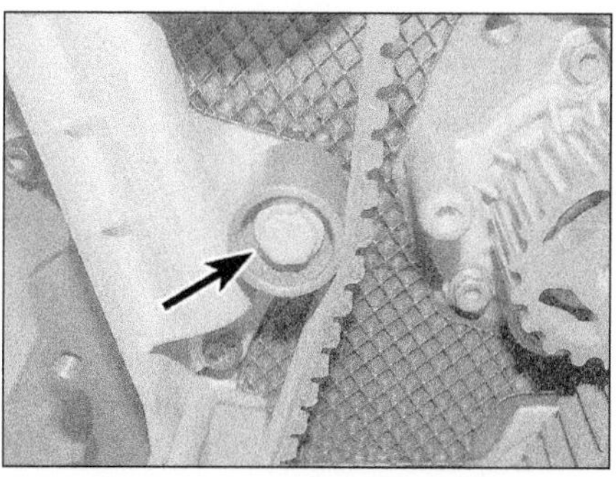
7.18 Skruva loss fästbulten (vid pilen) och ta bort överföringsremskivan

10 Demontera kamremskåporna enligt beskrivning i avsnitt 6.

Alla motorkoder utom ASZ

11 Demontera kamaxelkåpan enligt beskrivning i avsnitt 4.

12 Demontera bromsservons vakuumpump enligt beskrivning i kapitel 9.

13 Vrid vevaxeln till ÖD-läget för kolv nr 1 i kompressionstakten, och lås kamaxeln och bränsleinsprutningsdrevet på plats, enligt beskrivning i avsnitt 3.

14 Om den gamla kamremmen ska sättas tillbaka, markera dess rotationsriktning så att den kan sättas tillbaka åt samma håll.

Försiktighet: Om remmen är i gott skick och därför kan användas fortsättningsvis, är det mycket viktigt att den monteras tillbaka samma väg. Annars kommer den att slitas mycket fortare och gå sönder i förtid.

15 Lossa kamremsspännarens mutter och låt spännaren rotera moturs och släppa kamremmens spänning.

16 Dra remmen från dreven, var försiktig så att den inte veckas eller vrids i onödan om den ska återanvändas.

Motorkod ASZ

Observera: *Skodas tekniker använder specialverktyg T10008 till att låsa kamremsspännaren i det lossade läget. Det är möjligt att tillverka ett eget verktyg – se nedan.*

17 Ställ in motorn till ÖD-läget för cylinder nr 1 enligt beskrivning i avsnitt 3.

18 Skruva loss bulten och ta bort överföringsremskivan **(se bild)**.

19 Se nu avsnitt 8, lossa spänningen på

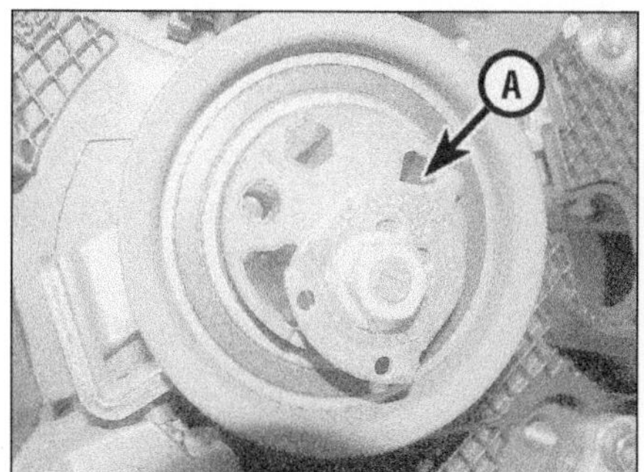

7.19a Vrid spännarens arm moturs tills den går mot stoppet (A) . . .

7.19b . . . stick sedan in låsverktyget i spåret för att låsa spännaren . . .

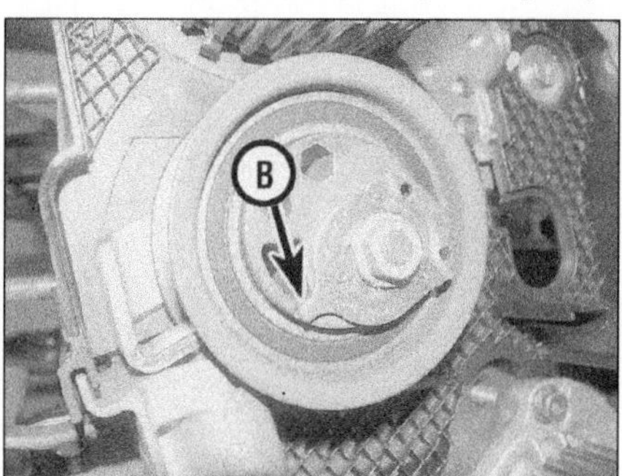

7.19c . . . och vrid spännararmen medurs tills den går mot stoppet (B)

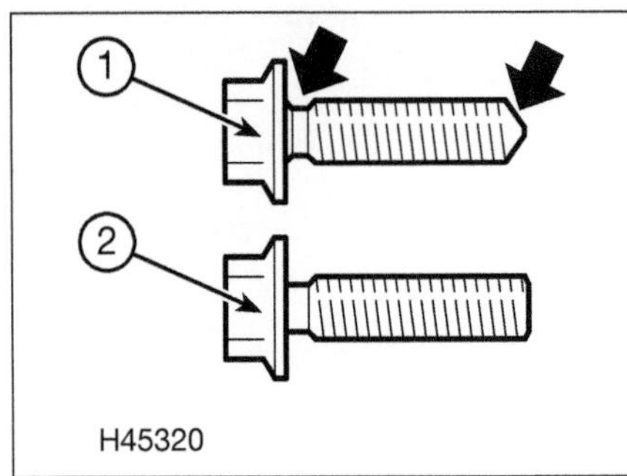

7.24 Olika typer av fästbultar till insprutningspumpens drev – typ 1 är en sträckbult som alltid måste bytas ut

kamremmen genom att lossa spännarens fästmutter en aning, och vrida spännaren moturs med en låsringstång tills den går mot stoppet (A). Den kan ta några sekunder för spännarens kolv att tryckas ihop helt. Lås kolven genom att sticka in en låsplatta (Skoda verktyg nr T10008). Om det här specialverktyget inte finns till hands, kan man tillverka ett eget med hjälp av bifogade beskrivning **(se bilder)**. Vrid nu spännaren medurs mot stoppet (B) **(se bild)**.

20 Leta reda på tillverkarens markering för rotationsriktning på kamremmen. Om det inte finns någon, gör en egen med TippEx eller lite färg – du får inte skära eller skrapa i remmen.

Försiktighet: Om remmen är i gott skick och därför kan användas fortsättningsvis, är det mycket viktigt att den monteras tillbaka samma väg. Annars kommer den att slitas mycket fortare och gå sönder i förtid.

21 Dra loss remmen från dreven och undvik att vrida eller vika den i onödan om den ska återanvändas.

Kontroll

22 Undersök om remmen är förorenad av kylvätska eller smörjmedel. Om så är fallet, leta reda på källan till föroreningen innan arbetet går vidare. Undersök om remmen är sliten eller skadad, särskilt kring de främre kanterna av remkuggarna. Byt ut remmen om det råder någon tvekan om dess skick; kostnaden för en ny rem är obetydlig jämfört med kostnaderna för de motorskador som kan bli följden om remmen går av under drift. Remmen måste bytas ut om den har varit i drift under den körsträcka som anges i kapitel 1B, men det är klokt att byta ut den oavsett skick, i förebyggande syfte.

23 Om kamremmen inte ska sättas tillbaka på ett bra tag, är det en bra idé att hänga en varningsskylt på ratten, för att påminna dig själv (och andra) om att motorn inte får startas.

24 På andra motorer än de med kod ASZ, måste bultarna som håller insprutningspumpens drev till navet eventuellt bytas ut. Två typer av bultar används **(se bild)**; sträckbulten (1) kräver vinkelåtdragning och kan därför inte återanvändas när den väl har lossats. Skoda säger att pumpdrevet **måste** ställas om varje gång kamremmen tas bort – man kan inte bara sätta tillbaka remmen på drevet utan att utföra inställningsåtgärden. Där så är tillämpligt, införskaffa tre nya bultar innan återmonteringen påbörjas.

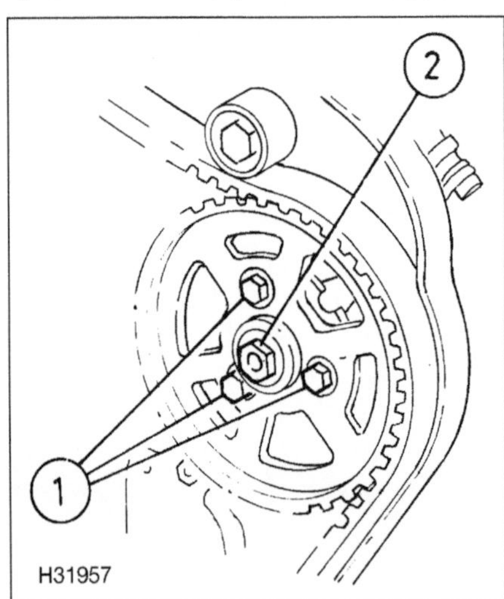

7.27 Skruva loss de tre bultarna (1) som håller bränsleinsprutningspumpen till navet
SKRUVA INTE *loss muttern i mitten (2)*

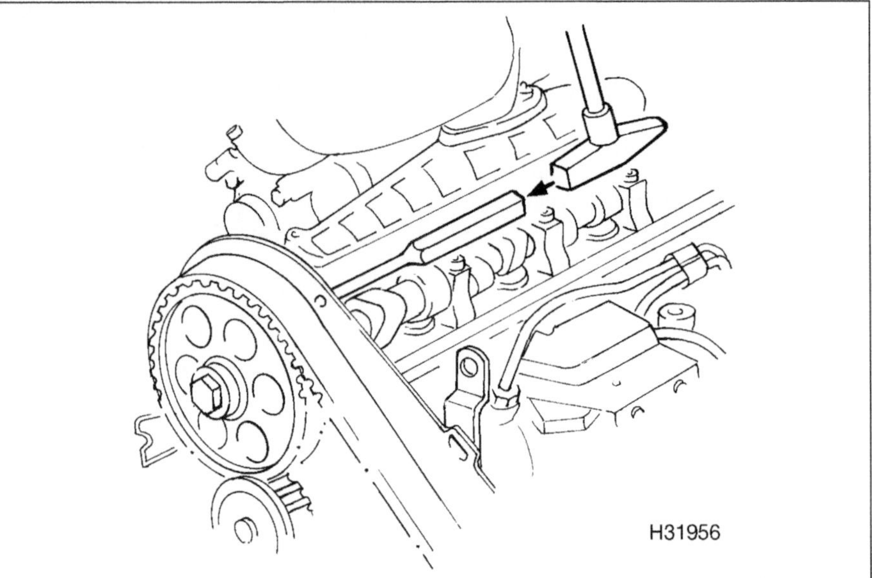

7.26 Frigör kamaxeldrevet från konan med en mjuk metalldorn

Montering

Alla motorkoder utom ASZ

25 Se till att vevaxeln och kamaxeln fortfarande är inställda på ÖD för cylinder nr 1, enligt beskrivning i avsnitt 3.

26 Se avsnitt 8 och lossa kamaxeldrevets bult ett halvt varv. Använd inte låsstaget till att hålla kamaxeln stilla; den måste tas bort innan man lossar drevbulten. Lossa drevet från kamaxelns kona genom att försiktigt knacka på det med en mjuk metalldorn som sticks in genom hålet i den bakre kamremskåpan **(se bild)**. Sätt tillbaka låsstaget (se avsnitt 3) när drevet har lossats.

27 Skruva loss de tre bultarna som håller bränsleinsprutningspumpens drev till navet på pumpen **(se bild)**, och sätt de nya bultarna på plats – **men dra inte åt** bultarna än. Placera pumpdrevet så att fästbultarna sitter i mitten av de avlånga hålen.

Varning: Lossa inte pumpdrevets mittersta mutter, eftersom pumpens inställning då går förlorad och måste göras om av en Skodaverkstad.

28 Montera kamremmen runt vevaxeldrevet, överföringsremskivan, kylvätskepumpens drev, insprutningspumpens drev, kamaxeldrevet och spännaren. Om så är tillämpligt, se till att montera remmen så att rotationsriktningen blir rätt. Kontrollera att remmens kuggar sätter sig ordentligt på dreven. Den övre remsträckan måste placeras under den lilla överföringsremskivan (man kan behöva justera kamaxeldrevet en aning för att detta ska gå), och remsträckan mellan spännaren och vevaxeldrevet ska placeras till höger om den lilla överföringsremskivan (från motorns kamremsände sett) **(se bild)**.

7.28 Kamremmen måste gå under den övre överföringsremskivan

29 Kontrollera att bränsleinsprutningspumpens drev fortfarande sitter centralt i de avlånga hålen.

30 Försäkra dig om att eventuellt slack i remmen hamnar i den sektion som passerar över spännaren.

31 Se till att spännaren sitter ordentligt, med klacken på den bakre plattan placerad i spåret i den bakre kamremskåpan.

32 På motorer med kod AGR, ALH, AHF eller ASV, stick in ett lämpligt verktyg, t.ex. en vinklad låsringstång, i de två hålen i remspännarens nav, och vrid spännaren medurs tills hacket på navet är i linje med upphöjningen på den bakre plattan **(se bild)**. **Observera:** *Om spännaren vrids för långt medurs, måste den lossas helt innan den kan spännas igen.* Med spännarens markeringar i linje, dra åt spännarens mutter till angivet moment.

33 På motorer med kod AGP eller AQM, stick in en passande insexnyckel eller sexkantsbit i hålet i spännarnavet, och vrid spännaren medurs tills visaren är i linje med mitten av urtaget i den bakre plattan **(se bild)**. **Observera:** *Om spännaren vrids för långt medurs, måste den lossas helt innan den kan spännas igen.* Med spännarens markeringar i linje, dra åt spännarens mutter till angivet moment.

34 Kontrollera att vevaxeln fortfarande är i ÖD-läget för cylinder nr 1, enligt beskrivning i avsnitt 3.

35 Se avsnitt 8 och dra åt kamaxeldrevets bult till angivet moment. Använd inte låsstaget för att hålla kamaxeln stilla; det måste tas bort innan drevets bult dras åt. Sätt tillbaka låsstaget (se avsnitt 3) när drevbulten har dragits åt.

36 Dra åt bultarna till bränsleinsprutningspumpens drev till angivet moment. På de modeller som har sträckbultar (se punkt 24), dra åt bultarna till momentet för steg 1, medan drevet hålls stilla. Skoda rekommenderar att man kontrollerar den dynamiska inställningen av insprutningspumpen (se kapitel 4B, avsnitt 7) innan bultarna dras åt till vinkeln för steg 2, detta kräver dock särskild Skoda utrustning. Om den dynamiska inställningen kontrolleras senare, dra åt bultarna ordentligt, men inte ända till vinkeln som anges för steg 2 (motorn *kan* köras med bultarna endast åtdragna till momentet för steg 1).

37 Ta bort låsstaget från kamaxeln och ta också bort inställningsstiftet från bränsleinsprutningspumpens drev.

38 Vrid motorn två hela varv i normal rotationsriktning, tills låsstaget och inställningsstiftet kan sättas in igen för att låsa motorn i ÖD för cylinder nr 1 (se avsnitt 3).

39 Kontrollera att kamremsspännarens urtag och upphöjda klack (motorkod AGR, ALH, AHF och ASV) eller visare och urtag (motorkod AGP och AQM) är i linje enligt beskrivning i punkt 32 respektive 33. Om markeringarna hamnar i linje, gå vidare till punkt 41.

40 Om kamremsspännarens inställningsmarkeringar inte hamnar i linje, upprepa spänningsproceduren som beskrivs i punkt 31 till 33, upprepa därefter kontrollåtgärderna i punkt 38 och 39.

41 Sätt tillbaka de mittre och nedre yttre kamremskåporna, följ beskrivningen som ges i avsnitt 6.

42 Montera vevaxelremskivan, se avsnitt 5.

43 Montera höger motorfäste enligt beskrivning i kapitel 1A, koppla sedan loss lyften och taljan från motorn.

44 Om det inte redan har gjorts, ta bort verktygen som låser kamaxeln och insprutningspumpens drev i ÖD-läget för kolv nr 1.

45 Fortsatt montering sker i omvänd ordning mot demonteringen. Efter avslutat arbete rekommenderar Skoda att den dynamiska insprutningsinställningen kontrolleras med deras särskilda utrustning. När den dynamiska inställningen har kontrollerats, kan bultarna till insprutningspumpens drev dras åt helt till vinkeln som anges för steg 2, där så är tillämpligt, och den övre, yttre kamremskåpan kan sättas tillbaka.

46 Montera kåpan under motorn och sänk sedan ner bilen på marken. Sätt också tillbaka motorns toppkåpa.

47 Återanslut batteriets negativa (jord) ledning (se kapitel 5A).

Motorkod ASZ

48 Se till att vevaxeln och kamaxeln fortfarande är i läge ÖD för cylinder nr 1, enligt beskrivning i avsnitt 3.

49 Vrid vevaxeln försiktigt moturs 90°, för att undanröja risken för kontakt mellan kolvar och ventiler. Se avsnitt 5 och lossa kamaxeldrevets bult ett halvt varv.

50 Placera kamaxeldrevet så att fästbultarna hamnar i mitten av de avlånga hålen **(se bild på nästa sida)**. Vrid vevaxeln medurs, tillbaka till ÖD-läget.

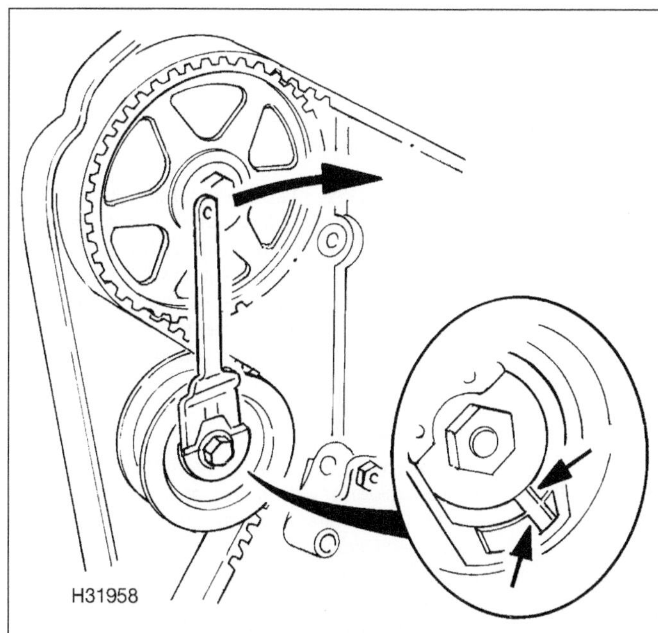

7.32 Vrid spännaren medurs tills urtaget på navet är i linje med upphöjningen på den bakre plattan - motorkod AGR, ALH, AHF och ASV

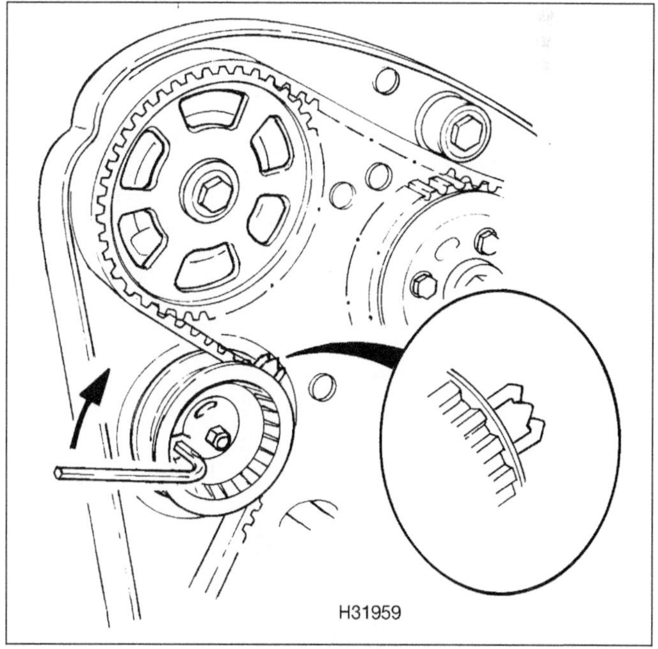

7.33 Vrid spännaren medurs tills visaren är i linje med mitten av urtaget i den bakre plattan - motorkod AGP och AQM

7.50 Placera kamaxeldrevet så att fästbultarna hamnar i mitten av de avlånga hålen

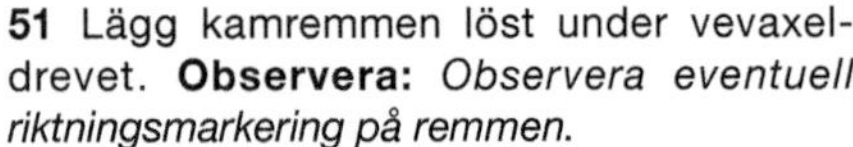

51 Lägg kamremmen löst under vevaxeldrevet. **Observera:** *Observera eventuell riktningsmarkering på remmen.*

52 Haka i kamremmens kuggar i kamaxeldrevet, lägg den sedan på plats runt spännarrullen, vevaxeldrevet och slutligen runt kylvätskepumpens drev. Se till att remkuggarna sitter ordentligt på dreven. **Observera:** *Man kan behöva justera kamaxeldrevet en aning för att åstadkomma detta.* Undvik att böja remmen bakåt eller vrida den i onödan när du lägger remmen på plats.

53 Sätt tillbaka överföringsremskivan och dra åt bulten till angivet moment **(se bild)**.

54 Se till att eventuellt slack i remmen hamnar i den sektionen av remmen som passerar över spännarrullen.

55 Använd ett lämpligt verktyg (t.ex. låsringstång) och stick in det i de två hålen i spännarnavet, vrid spännarremskivan moturs tills låsplattan (T10008) inte längre är belastad utan kan tas bort. Vrid spännaren medurs tills det finns ett avstånd på 4 mm mellan armen på spännarens bakre platta och den övre kanten av spännarhuset **(se bild)**.

56 När spännaren hålls på plats, dra åt låsmuttern till angivet moment.

57 Dra åt kamaxeldrevets bultar till angivet moment, ta bort drevets låsstift och vevaxelns låsverktyg.

58 Med en nyckel/hylsa på vevaxelremskivans mittbult, dra runt vevaxeln två hela varv. Ställ in motorn till ÖD för cylinder nr 1 igen, enligt beskrivning i avsnitt 3 och kontrollera att kamaxeldrevets låsstift (3359 eller 6 mm stag) fortfarande kan stickas in, och att avståndet mellan armen på spännarens bakre platta och den övre kanten av spännarhuset är korrekt. Om spännaravståndet är inkorrekt, utför spänningsmomentet igen (punkt 55 och 56). Om kamaxeldrevets stift inte kan stickas in, lossa fästbultarna, vrid **navet** tills stiftet passar, och dra åt drevets fästbultar till angivet moment.

8.2 Kamremsspännarens mutter (vid pilen)

7.53 Sätt tillbaka överföringsremskivan

59 Resten av monteringen sker i omvänd ordning mot demonteringen. Vid montering av den nedre kamremskåpan och drivremmens remskiva, notera att remskivans fästhål är förskjutna och gör att remskivan bara kan monteras på ett sätt – dra åt bultarna till angivet moment.

8 Kamremsspännare och drev – demontering, kontroll och montering

Demontering av kamremsspännare

1 Demontera kamremmen enligt beskrivning i avsnitt 7.

Alla motorkoder utom ASZ

2 Skruva loss kamremsspännarens mutter och ta bort spännaren från motorn **(se bild)**.

3 När spännaren sätts tillbaka på motorn, se till att klacken på spännarens bakre platta går in i motsvarande urtag i den bakre kamremskåpan, sätt sedan tillbaka muttern **(se bild)**.

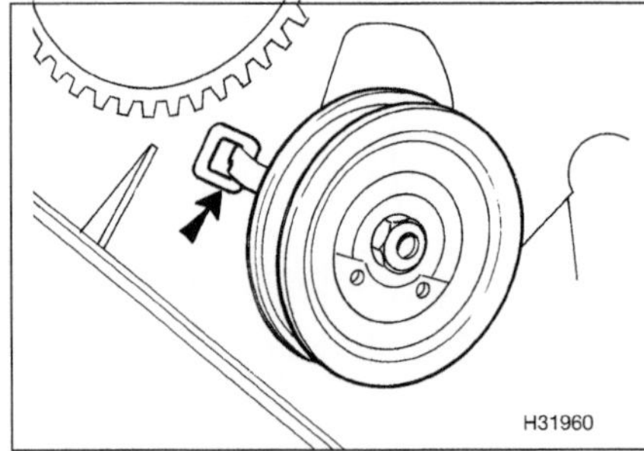

8.3 Se till att klacken på spännarens bakre platta går in i urtaget i den bakre kamremskåpan

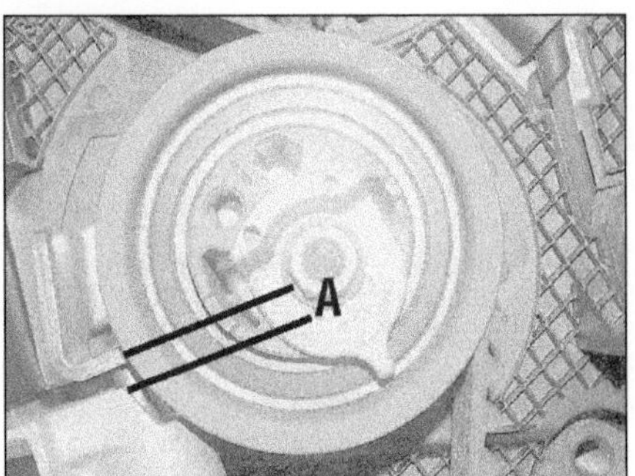

7.55 Avståndet mellan den övre kanten av spännarens hus och armen på den bakre plattan (A) måste vara 4 mm

Motorkod ASZ

4 Lossa spänningen på kamremmen genom att lossa spännarens mutter en aning, och vrida spännaren moturs med en låsringstång tills den når stoppet (A i punkt 19 i avsnitt 7). Det kan ta några sekunder för spännarens kolv att tryckas ihop helt. Lås kolven genom att sticka in en låsplatta (Skoda verktyg nr T10008). Om det speciella verktyget inte finns till hands, kan ett alternativ tillverkas med hjälp av bilden. Vrid nu spännaren medurs till stoppet (B i punkt 19 i avsnitt 7).

5 Skruva loss fästmuttern helt och ta bort spännarremskivan.

6 För att demontera spännarkolven och huset, ta bort den högra kåpan, och spännarhusets fästbultar.

Montering av kamremsspännare

7 Montera och spänn kamremmen enligt beskrivning i avsnitt 7.

Överföringsremskivor

Observera: *På alla motorer utom ASZ, om den nedre högra överföringsremskivan demonteras, behövs en ny fästbult vid monteringen.*

8 Demontera kamremmen enligt beskrivning i avsnitt 7.

9 Skruva loss fästbulten/muttern till relevant överföringsremskiva och ta bort remskivan.

10 Sätt tillbaka remskivan och dra åt fästbulten (där så är tillämpligt, använd en ny bult vid montering av den nedre högra remskivan) eller muttern till angivet moment.

11 Montera och spänn kamremmen enligt beskrivning i avsnitt 7.

Vevaxeldrev

Observera: *En ny fästbult måste användas till vevaxeldrevet vid monteringen.*

12 Demontera kamremmen enligt beskrivningen i avsnitt 7.

13 Drevets fästbult måste nu lossas, och vevaxeln måste hållas stilla när drevets bult skruvas loss. För att hålla fast drevet, tillverka ett lämpligt verktyg och sätt fast det i drevet med två bultar som skruvas in i två av vevaxelremskivans bulthål.

14 Håll fast drevet med verktyget och lossa

8.17 En ny fästbult till vevaxeldrevet

8.22 Demontering av kamaxeldrevet

8.28 Ett egentillverkat verktyg används till att hålla fast kamaxelnavet

drevets fästbult. Var försiktig – bulten sitter mycket hårt. **Låt inte** vevaxeln vridas när bulten lossas.

15 Skruva loss bulten och dra loss drevet från vevaxeländen. Notera åt vilket håll drevets upphöjda nav är vänt.

16 Påbörja monteringen genom att placera drevet på vevaxelns ände, med det upphöjda navet vänt som tidigare.

17 Sätt i en ny fästbult till drevet, håll sedan fast drevet på samma sätt som vid demonteringen, och dra åt bulten till angivet moment, i de två steg som specificeras **(se bild)**.

18 Montera kamremmen enligt beskrivning i avsnitt 7.

Demontering av kamaxeldrev

19 Demontera kamremmen enligt beskrivningen i avsnitt 7.

20 Kamaxeldrevets bult/-ar måste nu lossas. Använd inte inställningslåsstaget till att hålla kamaxeln stilla; den måste tas bort innan drevets bult lossas. För att undanröja risken för kontakt mellan kolvar och ventiler, vrid vevaxeln 90° moturs så att alla kolvar dras halvvägs upp i sina lopp.

Alla motorkoder utom ASZ

21 När drevets bult är lossad, lossa drevet från kamaxelns kona genom att försiktigt knacka på den med en mjuk metalldorn, som sticks in genom hålet i den bakre kamremskåpan. Sätt tillbaka inställningslåsstaget (se avsnitt 3) när drevet har lossats.

22 Skruva loss drevets bult och ta ut den, dra sedan loss drevet från änden av kamaxeln. Notera vilken väg det sitter **(se bild)**.

Motorkod ASZ

23 Skruva loss och ta bort de tre fästbultarna och ta bort kamaxeldrevet från kamaxelnavet.

Montering av kamaxeldrev

24 Montera drevet och se till att det hamnar rätt väg.

25 Sätt i drevets bult/-ar och dra åt dem för hand tills vidare.

26 Om vevaxeln har vridits (se punkt 20), vrid tillbaka den 90°, tillbaka till ÖD-läget. Sätt tillbaka och spänn kamremmen enligt beskrivning i avsnitt 7.

Kamaxelnav

Motorkod ASZ

Observera: *Skodas tekniker använder specialverktyg T10051 till att hålla fast navet, men det är även möjligt att tillverka ett alternativt verktyg – se nedan.*

27 Demontera kamaxeldrevet enligt tidigare beskrivning i det här avsnittet.

28 Sätt fast specialverktyg T10051 i de tre hålen i navets yta för att förhindra att navet roterar. Om detta verktyg inte finns till hands, tillverka ett passande alternativ. Medan verktyget hålls fast, skruva loss navets mittbult ungefär två varv **(se bild)**.

29 Låt mittbulten sitta kvar och fäst Skodas verktyg T10052 (eller en liknande trearmad avdragare) i navet, och dra åt avdragaren jämnt tills navet lossnar från konfästet på kamaxeln **(se bild)**.

30 Se till att kamaxelns konfäste och navets mitt är rena och torra, placera navet på konan och notera att den inbyggda kilen i navets kona måste hamna i linje med kilen i kamaxelns kona **(se bild)**.

31 Håll navet i den här positionen med verktyg T10051 (eller motsvarande, hemmatillverkat verktyg), och dra åt mittbulten till angivet moment.

32 Resten av monteringen sker i omvänd ordning mot demonteringen.

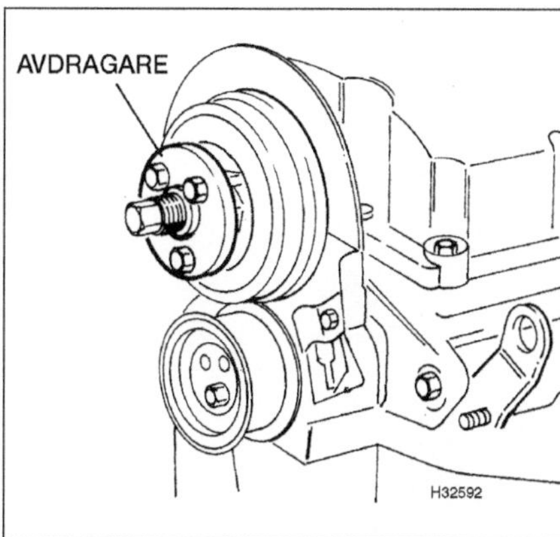

8.29 Sätt fast en trearmad avdragare på navet och dra åt avdragaren jämnt tills navet lossnar från kamaxeln

Bränsleinsprutningspumpens drev

Alla motorer utom kod ASZ

Observera: *Nya fästbultar till pumpdrevet måste användas vid monteringen.*

33 Demontera kamremmen enligt beskrivning i avsnitt 7.

34 Skruva loss och ta bort de tre bultarna som håller bränsleinsprutningspumpens drev till navet på pumpen. Bultarna kan kastas, eftersom nya måste användas vid monteringen.

Varning: Lossa inte muttern i mitten av pumpdrevet, eftersom pumpens inställning då går förlorad, och måste göras om av en Skoda-verkstad.

35 Ta tillfälligt bort verktyget som används till att låsa insprutningspumpens drev och nav i ÖD-läget, dra sedan loss drevet från navet, notera vilken väg det sitter. Sätt tillbaka låsverktyget på pumpnavet när drevet har tagits bort.

36 För att montera drevet, ta igen bort låsverktyget från navet, sätt tillbaka drevet och se till att det hamnar rätt väg.

37 Om så behövs, vrid drevet tills låsverktyget kan stickas in genom drevet och navet och gå in i pumpens stödfäste.

38 Sätt i drevets nya fästbultar, vrid sedan drevet så att bultarna placeras mitt i de avlånga hålen. Dra bara åt bultarna för hand tills vidare.

39 Sätt tillbaka och spänn kamremmen enligt beskrivning i avsnitt 7.

8.30 Den inbyggda kilen i navets kona måste vara i linje med kilspåret i kamaxelkonan (vid pilen)

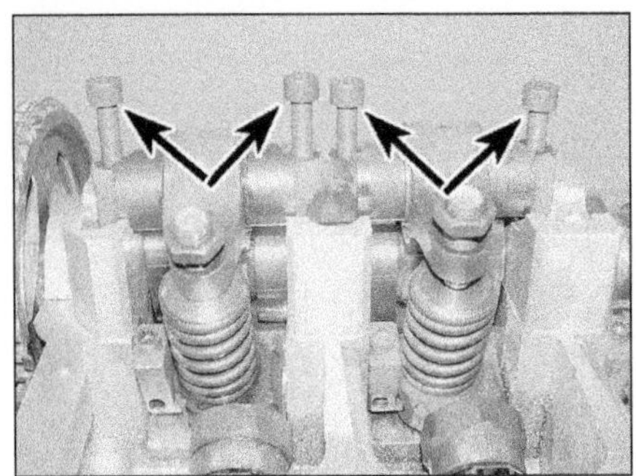

9.2 Börja med de yttre bultarna och lossa vipparmsaxelns fästbultar (vid pilarna) stegvis och jämnt

Kylvätskepumpens drev

40 Kylvätskepumpens drev sitter ihop med kylvätskepumpen. Se kapitel 3 för information om demontering av pumpen.

9 Pumpspridarnas vipparmsaxlar – demontering och montering

Observera: *Dessa vipparmsaxlar sitter endast på motorer med kod ASZ.*

Demontering

1 Demontera kamaxelkåpan enligt beskrivning i avsnitt 4. För att garantera att vipparmarna sätts tillbaka på sina ursprungliga platser, numrera armarna 1 till 4 med en märkpenna eller färg, där nr 1 är den närmast motorns kamremsände. Om vipparmarna inte sätts tillbaka på sina ursprungliga platser, måste grundinställningen för spridarna göras enligt beskrivning i kapitel 4B, avsnitt 5.

2 Börja med de yttre bultarna, lossa vipparmsaxelns fästbultar försiktigt och jämnt. Kasta bultarna och använd nya vid monteringen **(se bild)**.

Montering

3 Undersök vipparmsaxelns, vipparmarnas och kamaxellageröverfallens ytor för att se om de är mycket slitna eller skadade.

4 Försäkra dig om att axelns sätesyta är ren och placera vipparmsaxeln i kamaxellageröverfallen. Om de gamla vipparmarna återanvänds, se till att sätta dem på sina ursprungliga platser.

5 Sätt i vipparmsaxelns nya fästbultar, börja sedan med de innersta och dra åt alla bultar stegvis och jämnt, till momentet för steg 1.

6 Börja sedan om med de innersta bultarna, och dra åt alla bultar till vinkeln för steg 2, enligt specifikationerna i början av kapitlet.

7 Montera kamaxelkåpan enligt beskrivning i avsnitt 4.

10 Kamaxel och hydrauliska ventillyftare – demontering, kontroll och montering

Observera: *En ny kamaxeloljetätning behövs vid monteringen.*

Demontering

1 Vrid vevaxeln till ÖD-läget för kolv nr 1 i kompressionstakten, och lås kamaxeln och bränsleinsprutningsdrevet i det läget, enligt beskrivning i avsnitt 3.

2 Demontera kamremmen enligt beskrivning i avsnitt 7.

3 Demontera kamaxeldrevet enligt beskrivning i avsnitt 8.

4 Demontera bromsvakuum-/tandempumpen enligt beskrivning i kapitel 9 eller 4B.

5 På motorkod ASZ, demontera bränslespridarnas vipparmar enligt beskrivning i avsnitt 9.

6 Kontrollera om kamaxellageröverfallen har i dentifikationsmarkeringar **(se bild)**. Lageröverfallen är vanligtvis märkta med sina respektive cylindernummer. Om du inte hittar några markeringar, gör egna med en rits eller en körnare. Överfallen ska vara numrerade från 1 till 5, där nr 1 är närmast motorns kamremsände. Notera på vilken sida av överfallen som markeringarna är/görs, så att de kan sättas tillbaka rätt väg.

7 På motorkod ASZ roterar kamaxeln i skållager. När lageröverfallen tas bort, ta vara på lagerskålarna från kamaxeln. Numrera baksidan av lagren med en tuschpenna för att försäkra att, om de ska återanvändas, de sätts tillbaka på rätt platser. **Observera:** *I topplocket, under varje kamaxellageröverfall, sitter en bricka för varje topplocksbult.*

8 Skruva loss fästmuttrarna och ta bort lageröverfall nr 1, 3 och 5.

9 Arbeta stegvis i diagonal ordning, och lossa muttrarna till lageröverfall nr 2 och 4. När muttrarna lossas kommer ventilfjädrarna att trycka upp kamaxeln.

10 När muttrarna för lageröverfall nr 2 och 4 har lossats helt, lyft av överfallen.

11 Lyft försiktigt upp kamaxeln från topplocket, håll den rak och stöttad i båda ändar, så att inte lagertapparna eller kamnockarna skadas. Ta bort oljetätningen från änden av axeln och kasta den – en ny måste användas vid monteringen **(se bild)**.

12 Lyft upp de hydrauliska ventillyftarna från loppen i topplocket, och förvara dem med ventilkontaktytan vänd nedåt, för att förhindra att olja rinner ut. Det rekommenderas att lyftarna förvaras nedsänkta i olja medan de är borttagna från topplocket. Notera var varje lyftare sitter, eftersom de måste sättas tillbaka på exakt samma plats. Om de förväxlas kommer det att leda till påskyndat slitage.

13 På motorkod ASZ, ta bort de nedre lagerskålarna från topplocket; numrera dem på baksidan med en tuschpenna för att försäkra att, om de återanvänds, de sätts tillbaka på sina ursprungliga platser.

Kontroll

14 Med kamaxeln demonterad, undersök om lageröverfallen och lagrens säten i topplocket är slitna eller har gropar. Om slitage är uppenbart måste man förmodligen

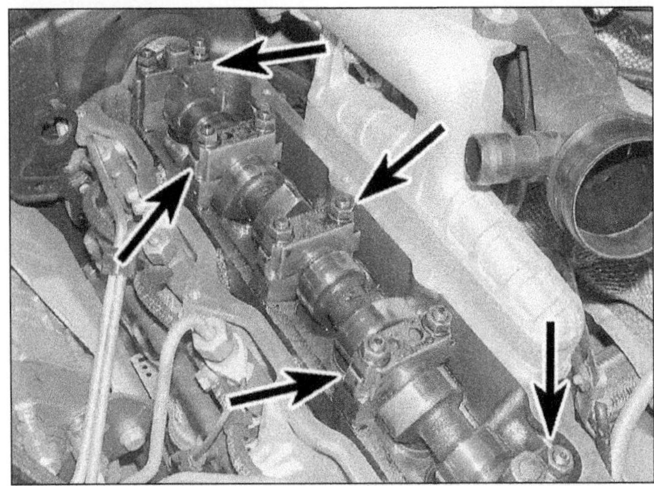

10.6 Kontrollera kamaxellageröverfallens markeringar (vid pilarna)

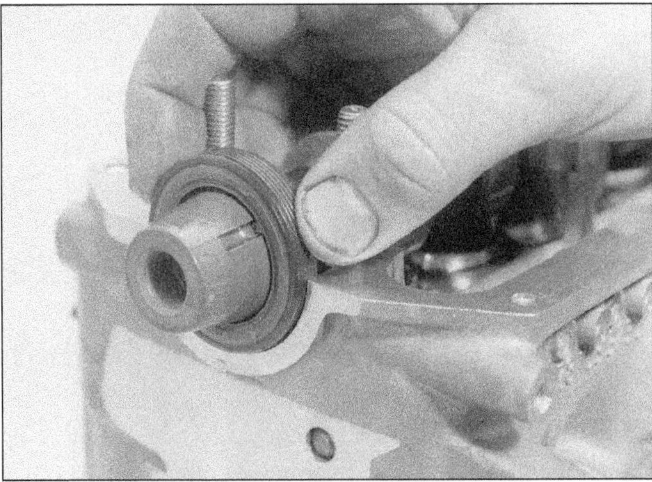

10.11 Demontera kamaxelns oljetätning

montera ett nytt topplock. Kontrollera också att oljetillförselhålen i topplocket inte är blockerade.

15 Undersök kamaxeln och leta efter tecken på slitage på lagertapparna och kamnockarna. I normala fall ska ytan vara slät och ha en matt lyster; leta efter repor, erosion eller gropar och områden som ser polerade ut, vilket tyder på kraftigt slitage. När kamaxelns härdade yta en gång har skadats, slits den väldigt fort därefter, byt därför alltid ut slitna komponenter. **Observera:** *Om ovan nämnda symptom upptäcks på topparna av kamnockarna, kontrollera då även motsvarande ventillyftare, eftersom de förmodligen också är slitna.*

16 Om de maskinbearbetade ytorna på kamaxeln är missfärgade eller blå, är det troligt att kamaxeln har överhettats någon gång, förmodligen på grund av bristfällig smörjning. Detta kan ha gjort att axeln har kastat sig, vilket kontrolleras enligt följande: Placera kamaxeln mellan två V-block och mät sedan dess kast med hjälp av en mätklocka. Om kastet överskrider det som anges i specifikationerna, byt ut kamaxeln.

17 För att mäta kamaxelns axialspel, sätt tillfälligt tillbaka kamaxeln i topplocket, sätt tillbaka lageröverfall nr 1 och 5 och dra åt fästmuttrarna till angivet moment. Sätt fast en mätklocka i topplockets kamremsände **(se bild)**. Tryck kamaxeln så långt det går åt ena hållet i topplocket, placera mätklockans sond på änden av kamaxeln och nollställ klockan. Tryck sedan kamaxeln så långt det går åt andra hållet och notera avläsningen. Bekräfta avläsningen genom att trycka tillbaka kamaxeln till ursprungsläget och kontrollera att mätklockan visar noll. **Observera:** *De hydrauliska ventillyftarna får **inte** vara monterade när den här mätningen görs.*

18 Kontrollera att kamaxelns axialspel är inom de gränser som anges i specifikationerna. Om spelet överskrider angiven gräns, är det inte troligt att slitaget är begränsat till en enda komponent, så byte av kamaxel, topplock och lageröverfall måste då övervägas.

19 Kamaxellagrens spel måste nu mätas. Detta är svårt utan en uppsättning mikrometrar eller interna/externa expanderande skjutmått. Mät kamaxellagertapparnas yttre diameter och den inre diametern som skapas av lageröverfallen (och lagerskålarna där så är tillämpligt) och lagersätena i topplocket. Skillnaden mellan dessa två mått är lagrens spel.

20 Jämför lagerspelen med siffrorna som anges i specifikationerna; om några spel ligger utanför angiven gräns, måste kamaxeln, topplocket och lageröverfallen (och lagerskålarna där så är tillämpligt) bytas ut.

21 Undersök de hydrauliska ventillyftarna för att se om de är slitna eller skadade och byt ut dem efter behov. Kontrollera att oljehålen i lyftarna inte är blockerade.

Montering

22 Smörj lite ren motorolja på sidorna av ventillyftarna, och sätt dem på plats i sina ursprungliga lopp i topplocket. Tryck ner dem tills de kommer i kontakt med ventilerna, smörj sedan kontaktytorna mot kamnockarna.

10.17 Kontrollera kamaxelns axialspel med en mätklocka

23 Smörj kamaxelns och topplockets lagertappar (och lagerskålar där så är tillämpligt) med ren motorolja.

24 Sänk försiktigt ner kamaxeln på plats i topplocket och se till att kamnockarna för cylinder nr 1 pekar uppåt.

25 Montera en ny oljetätning på änden av kamaxeln. Se till att den slutna änden av tätningen är vänd mot den ände av kamaxeln där kamaxeldrevet sitter, och var noga med att inte skada tätningsläppen. Placera tätningen mot sätet i topplocket.

26 Olja den övre ytan av kamaxellagertapparna (och lagerskålarna där så är tillämpligt), sätt sedan lageröverfall nr 2 och 4 på plats. Se till att de monteras rätt väg och på rätt platser (se punkt 6), dra sedan stegvis åt fästmuttrarna, i diagonal ordning, till angivet moment. När muttrarna dras åt tvingas kamaxeln ner mot ventilfjädrarnas tryck.

27 Montera lageröverfall 1, 3 och 5 över kamaxeln och dra stegvis åt muttrarna till angivet moment. Notera att man kan behöva hjälpa överfall nr 5 på plats genom att knacka lätt på änden av kamaxeln.

28 Montera kamaxeldrevet enligt beskrivning i avsnitt 8.

29 Montera och spänn kamremmen enligt beskrivning i avsnitt 7.

30 Montera vakuum-/tandempumpen enligt beskrivning i kapitel 9 eller 4B.

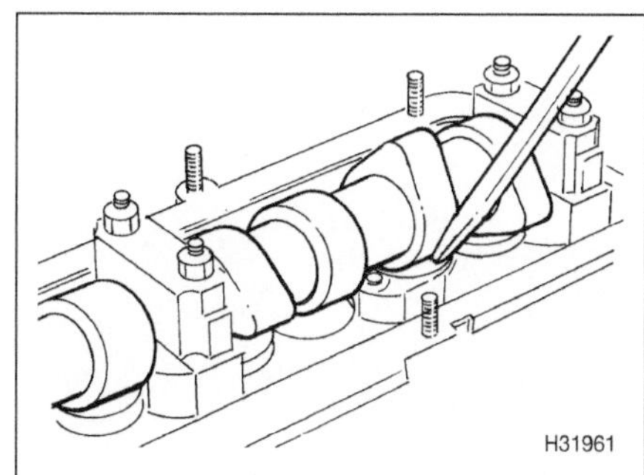

11.8 Tryck ner lyftaren med ett verktyg av trä eller plast

11 Hydrauliska ventillyftare – test

***Varning:** När de hydrauliska ventillyftarna har monterats, vänta minst 30 minuter (helst över natten) innan motorn startas, för att lyftarna tid att sätta sig, annars kommer ventiltallrikarna att slå i kolvarna.*

1 De hydrauliska ventillyftarna är självjusterande, och kräver ingen tillsyn under drift.

2 Om ventillyftarna börjar leva om ovanligt mycket, kan deras funktion kontrolleras enligt beskrivningen nedan.

3 Starta motorn och låt den gå tills den når normal arbetstemperatur, öka sedan motorhastigheten till ungefär 2500 varv/min i två minuter.

4 Om några ventillyftare lever om, utför följande kontroller.

5 Demontera kamaxelkåpan enligt beskrivning i avsnitt 4.

6 Sätt en hylsa eller nyckel på vevaxeldrevets bult, vrid vevaxeln tills toppen av kamnocken ovanför den lyftare som ska kontrolleras pekar rakt uppåt.

7 Med bladmått, kontrollera spelet mellan toppen av lyftaren och kamnocken. Om spelet överskrider 0,2 mm, byt ut aktuell lyftare. Om spelet är mindre än 0,2 mm, eller om det inte finns något spel alls, gör enligt följande.

8 Tryck ner lyftaren med ett verktyg av plast eller trä **(se bild)**. Om det finns ett fritt spel som överskrider 1,0 mm innan ventillyftaren kommer i kontakt med ventilskaftet, byt ut aktuell lyftare.

9 Avslutningsvis, montera kamaxelkåpan enligt beskrivning i avsnitt 4.

12 Kamaxelns oljetätningar – byte

Höger oljetätning

1 Demontera kamremmen enligt beskrivning i avsnitt 7.

2 Demontera kamaxeldrevet och navet, enligt beskrivning i avsnitt 8.

3 Borra två små hål i den existerande oljetätningen, diagonalt mitt emot varandra. Var noga med att inte borra in i tätningshuset eller kamaxelns tätningsyta. Skruva in två självgängande skruvar i hålen och dra ut tätningen genom att dra i skruvarna med en tång.

4 Torka av tätningshuset och tätningsytan på kamaxeln med en luddfri trasa. Ta bort järnfilspån eller borrskägg som kan göra att tätningen läcker.

5 Smörj **inte** läppen och den yttre kanten på den nya tätningen. Sätt den på kamaxeln och tryck in den tills den sitter över sitt hus. För

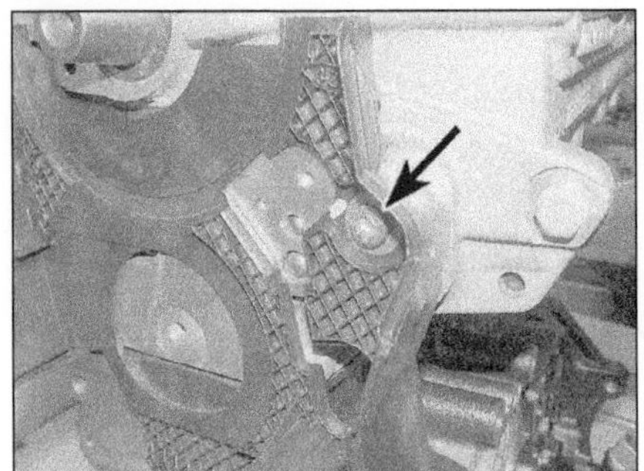

13.6a Där så är tillämpligt, skruva loss bulten (vid pilen) från den inre kåpan. . .

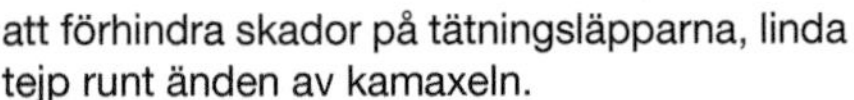

att förhindra skador på tätningsläpparna, linda tejp runt änden av kamaxeln.

6 Med hjälp av en hammare och en hylsa med passande diameter, driv tätningen rakt in i huset. **Observera:** *Välj en hylsa som endast ligger an på tätningens hårda ytterkant, inte på den inre läppen som lätt kan ta skada.*

7 Montera kamaxeldrevet och navet, enligt beskrivning i avsnitt 8.

8 Sätt tillbaka och spänn kamremmen enligt beskrivning i avsnitt 7.

Vänster oljetätning

9 Kamaxelns vänstra oljetätning utgörs av bromsvakuum-/tandempumpens tätning. Se kapitel 9 eller 4B för information om demontering och montering av bromsvakuum-/tandempumpen.

13 Topplock – demontering, kontroll och montering

Observera: *Topplocket måste demonteras med kall motor. Nya topplocksbultar och en ny topplockspackning behövs vid monteringen, och lämpliga pinnbultar behövs för att styra topplocket på plats – se texten.*

Demontering

1 Koppla loss kabeln från batteriets negativa pol och ta bort motorns toppkåpa. **Observera:** *Innan batteriet kopplas ifrån, se avsnittet "Frånkoppling av batteriet" längst bak i den här boken.*

2 Tappa av kylsystemet och motoroljan enligt beskrivning i kapitel 1B.

3 Demontera kamaxelkåpan enligt beskrivning i avsnitt 4.

4 Demontera kamremmen enligt beskrivning i avsnitt 7.

5 Demontera kamaxeldrevet och kamremsspännaren enligt beskrivning i avsnitt 8.

6 Där så är tillämpligt, skruva loss bulten/bultarna som håller den bakre kamremskåpan till topplocket **(se bilder)**.

7 Med hjälp av två passande muttrar som låses mot varandra, skruva loss kamremsspännarens fästpinnbult från topplocket **(se bild)**.

8 Om motorn för närvarande stöttas av

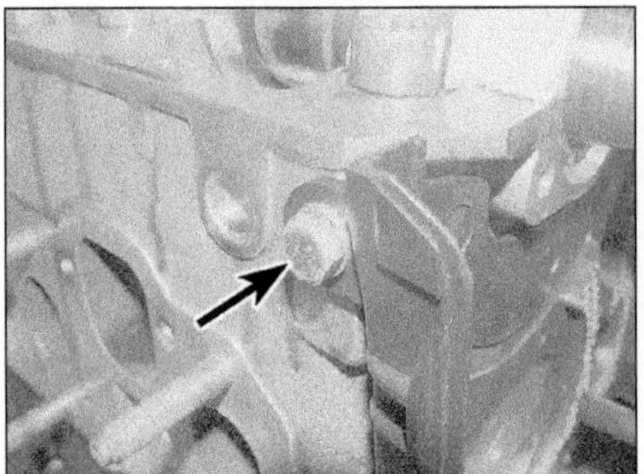

13.6b . . . och den (vid pilen) på sidan av kåpan

motorlyft och talja ansluten till lyftöglor på topplocket, måste man nu sätta fast en passande bygel på motorblocket, så att motorn fortfarande kan hållas upp när topplocket demonteras. Alternativt kan motorn stöttas underifrån, med en garagedomkraft och ett träblock placerat under oljesumpen.

Alla motorkoder utom ASZ

9 Lossa klämman och koppla loss kylarens övre slang från framsidan av kylvätskehuset, på topplockets vänstra sida. Koppla också loss värmeslangen från baksidan av huset, och de mindre oljekylarslangarna från botten av huset. Flytta slangarna åt sidan.

10 Lossa klämman och koppla loss kylvätskans luftningsslang från topplockets vänstra sida.

11 Koppla loss avgassystemets främre sektion från avgasgrenröret eller turboaggregatet, efter tillämplighet, enligt beskrivning i kapitel 4D.

12 På turbomodeller, gör följande:

a) Koppla loss vakuumslangen från tryckklockan till turboladdarens wastegate.

b) Där så är tillämpligt, koppla loss laddtrycksventilens slang från turboladdaren.

c) Lossa slangklämmorna och koppla loss luftinloppskanalen från turboladdaren.

d) Lossa slangklämmorna och ta bort luftkanalen mellan turboladdaren och mellankylaren.

e) Där så är tillämpligt, skruva loss och ta bort turboladdarens stödfäste.

13.13 Koppla loss insprutningssystemets kontaktdon (vid pilen) bakom oljefilterhuset

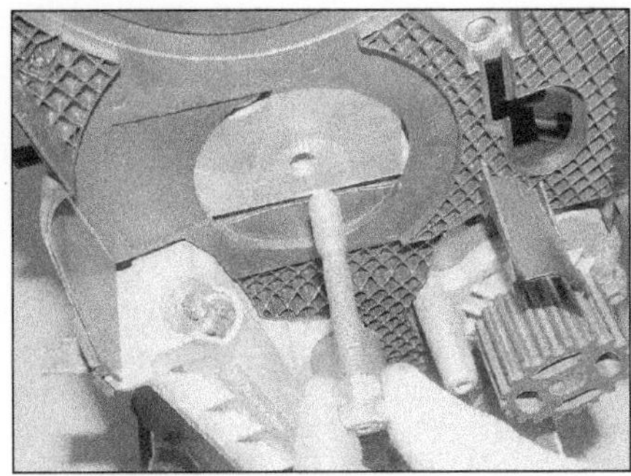

13.7 Använd två muttrar som låses mot varandra till att skruva loss spännarens fästpinnbult

f) Skruva loss anslutningsbulten och koppla loss turboladdarens oljereturrör från motorblocket. Ta vara på tätningsringarna.

g) Lossa på anslutningsmuttern och koppla loss oljetillförselröret från turboladdaren. Frigör röret från eventuella fästbyglar på avgasgrenröret och topplocket.

13 Koppla loss kablaget från följande komponenter och notera hur kablarna är dragna:

a) Bränsleinsprutningspumpens bränsleavstängningssolenoid (uppe på insprutningspumpen – lossa fästmuttern).

*b) Bränsleinsprutningspumpens insprutningsstartventil **(se bild)**.*

c) Insugsgrenrörets kontrollventil (turbomotorer) – bak på grenröret.

d) Kylvätsketemperaturgivare/ temperaturmätargivare (vänster ände av topplocket).

e) Bränsleinsprutarnas nållyftsgivare (bakom oljefilterhuset).

f) Glödstiftens huvudmatningsledning.

14 Koppla loss bränslespridarnas bränslespillslang.

15 Lossa anslutningsmuttrarna medan du håller fast anslutningarna med en andra nyckel, och ta bort bränslespridarrören som en enhet.

16 Koppla loss vakuumslangarna från bromsvakuumpumpen och EGR-ventilen **(se bilder)**.

17 På modeller som har en vakuumdämpare (klaff) för insugsgrenröret (se kapitel 4D, avsnitt 3), ta antingen bort dämparens behållare från fästbygeln på topplocket, eller ta bort behållaren tillsammans med fästet.

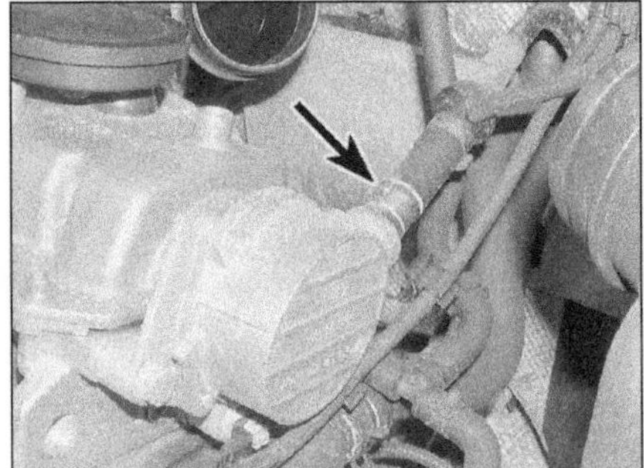

13.16a Koppla loss vakuumslangen (vid pilen) från bromsvakuumpumpen

13.16b EGR-ventil och vakuumslang (vid pilen) – turbomodeller

18 Gör en slutlig kontroll av att alla relevanta rör, slangar och kablar har kopplats loss och flyttats åt sidan, så att topplocket kan lyftas bort.

19 Lossa topplocksbultarna stegvis, ett varv i taget, i visad ordning **(se bild)**. Ta bort alla bultar.

20 När alla bultarna är borta, lyft upp topplocket från motorblocket, tillsammans med grenrören (och turboladdaren om så är tillämpligt). Om topplocket sitter fast, knacka på det med en mjuk klubba för att bryta fogen. **Stick inte** in något verktyg för att bända i packningsfogen.

21 Ta bort topplockspackningen från motorblocket. Kasta inte packningen än, eftersom den kommer att behövas vid bedömningen av tjockleken på den nya packningen.

22 Om så önskas kan grenrören demonteras från topplocket – se kapitel 4B (insugsgrenrör) eller 4D (avgasgrenrör).

Motorkod ASZ

Observera: *Man måste nu koppla ur den centrala kontakten för enhetsspridarna – detta kan göra att en felkod lagras av motorstyrningens ECU. Den här koden kan endast raderas av en Skodaverkstad eller annan lämpligt utrustad specialist.*

23 Ta bort bulten som håller kamaxellägesgivaren till topplocket. Kablaget måste inte kopplas bort i det här läget **(se bild)**.

24 Koppla loss laddluftsröret mellan insugsgrenröret och mellankylaren och lägg det åt sidan.

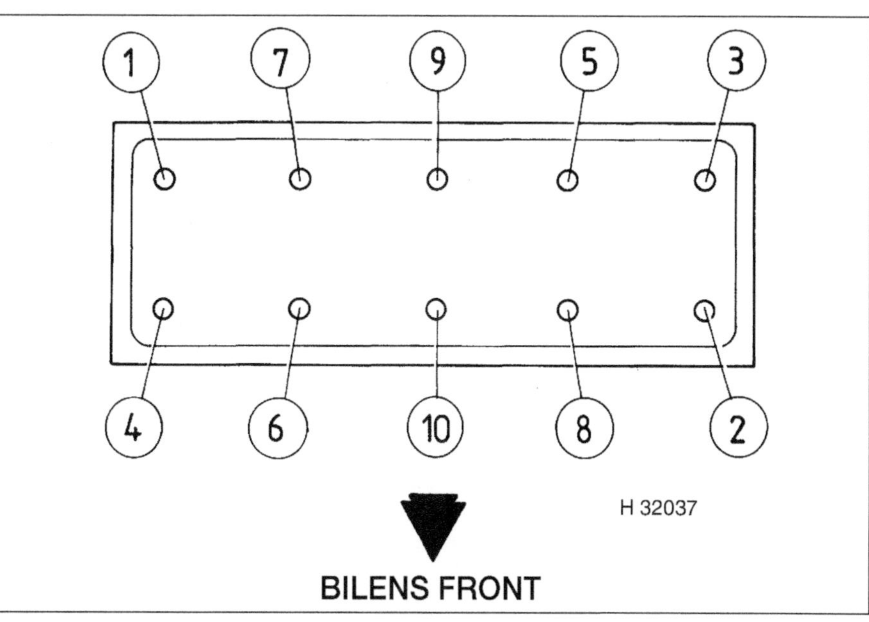

13.19 Lossningsordning för topplocksbultar

25 Koppla loss den centrala kontakten för enhetsspridarna **(se bild)**.

26 Skruva loss de två bultarna som håller kylvätskeanslutningen till änden av topplocket **(se bild)**. Man behöver inte koppla loss rören eller kablagets kontakter i det här läget.

27 Skruva loss de fyra fästbultarna och dra bort tandempumpen från topplocket, utan att koppla loss bränsle- eller vakuumslangarna **(se bild)**.

28 Koppla loss och ta bort slangen som ansluter det övre kylvätskeröret till röret i änden av topplocket **(se bild)**.

29 Demontera turboladdaren enligt beskrivning i kapitel 4D.

30 Skruva loss och ta bort bulten som håller det övre kylvätskeröret (av metall) till topplocket.

31 Koppla loss kablagets kontakter från glödstiften – om så behövs, se kapitel 5C.

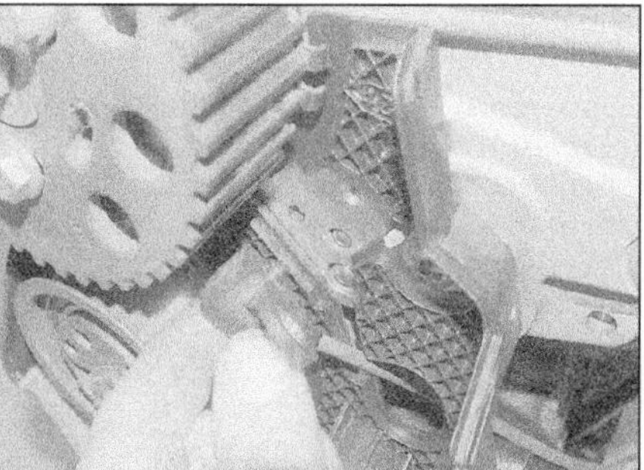

13.23 Skruva loss bulten och ta bort kamaxellägesgivaren

13.25 Koppla loss den centrala kontakten för bränslespridarna

13.26 Skruva loss de två bultarna (vid pilarna) och ta bort kylvätskeutloppet från änden av topplocket

13.27 Skruva loss tandempumpens fyra fästbultar (vid pilarna)

13.28 Koppla loss kylvätskeslangen från änden av topplocket

13.32 Koppla loss vakuumrören (vid pilarna)

32 Koppla loss vakuumrören till EGR-ventilen och grenrörets klaffmotor **(se bild)**.

33 Med ett passande verktyg, skruva loss topplocksbultarna utifrån och in, jämnt och stegvis. Kontrollera att ingenting fortfarande är anslutet, och lyft sedan upp topplocket från motorblocket. Ta helst hjälp av någon – topplocket är tungt, särskilt om det demonteras med grenrören.

34 Ta bort packningen från motorblocket, notera styrstiften. Om stiften sitter löst, ta bort dem och förvara dem tillsammans med topplocket. Kasta inte packningen än – den kan behövas för identifiering.

Kontroll

35 Isärtagning och undersökning av topplocket beskrivs i kapitel 2D.

Val av topplockspackning

Observera: *En mätklocka behövs för denna åtgärd.*

36 Leta efter tillverkarens märkning på den gamla topplockspackningen **(se bild)**. Den återfinns troligtvis i form av hål eller små urtag, och ett artikelnummer på kanten av packningen. Om inte nya kolvar har monterats, måste den nya packningen vara av samma typ som den gamla. I detta fall, införskaffa en ny packning och fortsätt till punkt 43.

37 Om nya kolvar har monterats som en del av en motorrenovering, eller om en ny "kort motor" ska monteras, måste kolvkronornas utstick ovanför motorblockets fogyta mot topplocket mätas i ÖD-läget. Det här måttet används sedan till att avgöra hur tjock den nya topplockspackningen måste vara.

13.39 Mät kolvens utstick i ÖD-läget med en mätklocka

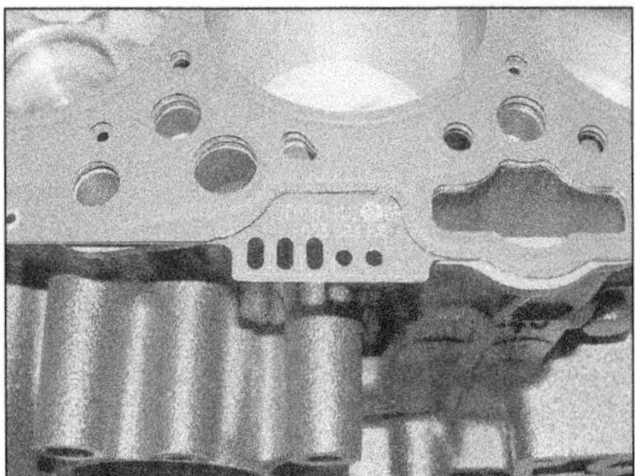

13.36 Tjockleken på topplockspackningen anges med urtag eller hål

38 Placera en mätklocka på den övre ytan (topplockspackningens fogyta) på motorblocket och nollställ mätaren på fogytan.

39 Placera mätklockans sond på kronan på kolv nr 1 och vrid vevaxeln sakta för hand tills kolven når ÖD. Mät och notera kolvens största utstick vid ÖD **(se bild)**.

40 Upprepa på de andra kolvarna och notera alla resultat.

41 Om resultatet skiljer sig från kolv till kolv, ta den högsta siffran och använd denna till att räkna ut hur tjock den nya packningen måste vara enligt följande.

Kolvens utstick	Packningens identifikation (antal hål/urtag)
0,91 till 1,00 mm	1
0,01 till 1,10 mm	2
1,11 till 1,20 mm	3

42 Införskaffa en ny packning i enlighet med resultatet av måttagningen.

Montering

Observera: *Om en Skoda utbytestopp, komplett med kamaxel, ska monteras, rekommenderar tillverkaren följande:*

a) Smörj kontaktytan mellan ventillyftare och kamnockar innan kamaxelkåpan monteras.

b) Ta inte bort plastskydden från de öppna ventilerna förrän precis innan topplocket ska monteras.

c) Dessutom, om ett nytt topplock monteras rekommenderar Skoda att kylvätskan byts ut.

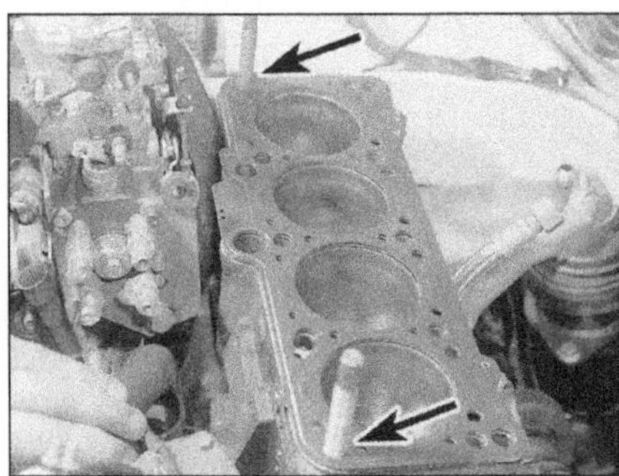

13.51 Två av de gamla topplocksbultarna (vid pilarna) kan användas som placeringshjälp

43 Fogytorna på topplocket och motorblocket måste vara helt rena innan topplocket sätts tillbaka. Ta bort alla spår av packning och sot med en skrapa, och rengör också kolvtopparna. Var särskilt försiktig med aluminiumytorna, eftersom den mjuka metallen lätt kan ta skada.

44 Se till att inget skräp kommer in i olje- och vattenkanalerna – detta är särskilt viktigt för oljekretsen, eftersom sot kan blockera oljetillförseln till kamaxelns och vevaxelns lager. Täta olje- och bulthålen i motorblocket med papper och tejp.

45 För att förhindra att sot kommer in i gapet mellan kolv och lopp, lägg lite fett i gapet. När kolven har rengjorts, vrid vevaxeln så att kolven går ner i loppet, och torka bort fett och sot med en ren tygtrasa. Rengör alla kolvkronor på samma sätt.

46 Kontrollera om topplocket och motorblocket har hack, djupa repor eller andra skador. Om skadorna är ytliga kan de försiktigt tas bort med en fil. Allvarligare skador kan eventuellt åtgärdas med maskinbearbetning, men detta är ett jobb för en specialist.

47 Om du misstänker att topplocket är skevt, kontrollera detta med hjälp av en stållinjal, enligt beskrivning i kapitel 2D.

48 Se till att topplocksbultarnas hål i vevhuset är rena och fria från olja. Sug upp eventuell olja som är kvar i bulthålen. Detta är viktigt för att rätt åtdragningsmoment ska kunna användas, och för att inte blocket ska spricka av det hydraultryck som annars kan uppstå när bultarna dras åt.

49 Vrid vevaxeln moturs tills alla kolvar är i jämnhöjd, ungefär halvvägs ner i loppen efter ÖD-läget (se avsnitt 3). Detta undanröjer risken för kontakt mellan kolvar och ventiler när topplocket monteras.

50 Där så är tillämpligt, montera grenrören enligt beskrivningen i kapitel 4B och/eller 4D.

51 För att att styra topplocket på plats, skruva in två långa pinnbultar (eller gamla topplocksbultar med skallarna avkapade och skåror frästa i ändarna så att de kan skruvas ur med en skruvmejsel) i motorblocket **(se bild)**.

52 Se till att topplockets styrstift är på plats i motorblocket, lägg sedan den nya topplockspackningen över stiften, med artikelnumret vänt uppåt. Där så är tillämpligt ska även markeringen OBEN/TOP vara vänd uppåt. Skoda rekommenderar att packningen inte tas ut ur förpackningen förrän precis innan den ska monteras.

53 Sänk ner topplocket på packningen och se till att det hamnar korrekt på styrstiften och pinnbultarna.

54 Sätt i de nya topplocksbultarna i de åtta lediga bulthålen och skruva in dem så långt det går för hand.

55 Skruva ut de två pinnbultarna från motorblockets avgassida, skruva sedan in de två kvarvarande topplocksbultarna så långt det går för hand.

56 Dra åt alla topplocksbultarna, stegvis och i visad ordning, till momentet som anges för steg 1 **(se bilder)**.

57 Dra därefter åt alla bultar till momentet för steg 2, även nu stegvis och i samma ordning.

58 Dra sedan åt alla bultar till vinkeln för steg 3, i samma ordning. **(se bild)**.

59 Avsluta med att dra åt alla topplocksbultarna till den vinkel som anges för steg 4, fortfarande i samma ordning.

60 När alla topplocksbultar har dragits åt helt, vrid kamaxeln så att kamnockarna för cylinder nr 1 pekar uppåt.

61 Där så är tillämpligt, anslut lyfttaljan till lyftöglorna på topplocket och justera lyften så att den håller upp motorns vikt. När motorn hålls upp säkert i lyftöglorna, koppla loss lyfttaljan från den lyftbygel som skruvats fast i motorblocket, och skruva loss den temporära lyftbygeln från blocket. Alternativt, ta bort garagedomkraften och träblocket från under oljesumpen.

62 Resten av monteringen sker i omvänd ordning mot demonteringen. Tänk på följande.

a) *Montera kamaxelkåpan enligt beskrivning i avsnitt 4.*

b) *På turbomodeller, använd nya tätningsringar vid anslutning av turboladdarens returrör till motorblocket.*

c) *Anslut avgassystemets främre sektion till avgasgrenröret eller turboladdaren, efter tillämplighet, enligt beskrivning i kapitel 4D.*

d) *Montera kamremsspännaren enligt beskrivning i avsnitt 8.*

e) *Montera kamaxeldreven enligt beskrivning i avsnitt 8, och sätt tillbaka kamremmen enligt beskrivning i avsnitt 7.*

f) *På motorer utan turbo, sätt tillbaka den övre delen av insugsgrenröret enligt beskrivning i kapitel 4B.*

g) *Fyll på kylvätska och motorolja enligt beskrivning i kapitel 1B.*

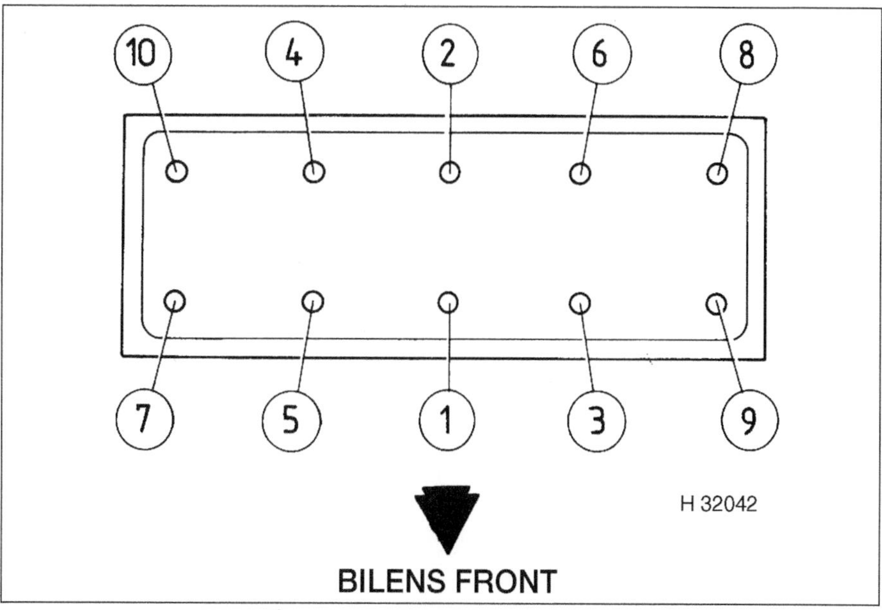

13.56a Åtdragningsordning för topplocksbultarna

14 Oljesump – demontering och montering

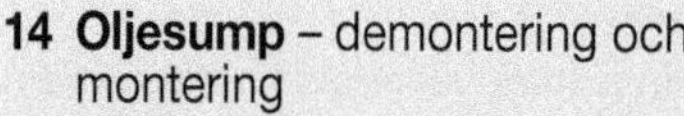

Följ beskrivningen i avsnitt 13 i kapitel 2A.

15 Oljepump och drivkedja – demontering, kontroll och montering

Följ beskrivningen i avsnitt 14 i kapitel 2A.

16 Svänghjul – demontering, kontroll och montering

Motorer utan turbo

1 Kopplingens tryckplatta är fastskruvad direkt på vevaxelflänsen, och det skålade svänghjulet är sedan fastskruvat i tryckplattan. Demontering och montering av kopplingens tryckplatta och svänghjulet beskrivs i kapitel 6.

Turbomotorer

2 Följ beskrivningen för 2,0 liters motorer, i avsnitt 15 i kapitel 2A.

17 Vevaxelns oljetätningar – byte

Observera 1: *Oljetätningarna är av typen PTFE (Teflon) och monteras torra, utan fett eller olja. Dessa har en bredare tätningsläpp och har börjat användas istället för oljetätningar av spiralfjädertyp.*

Observera 2: *Om oljetätningshuset demonteras kommer ett lämpligt tätningsmedel (Skoda D 176 404 A2, eller motsvarande) att behövas för att täta huset vid montering.*

Höger oljetätning

1 Demontera kamremmen enligt beskrivning i avsnitt 7, och vevaxeldrevet enligt beskrivning i avsnitt 8.

2 För att ta bort tätningen utan att demontera huset, borra två små hål diagonalt mitt emot varandra, sätt in självgängande skruvar och dra ut tätningen genom att dra i skruvskallarna med en tång **(se bild)**.

3 Alternativt, för att demontera tätningen med dess hus, gör enligt följande.

13.56b Topplocksbultarna dras åt med en momentnyckel

13.58 Topplocksbultarna vinkeldras

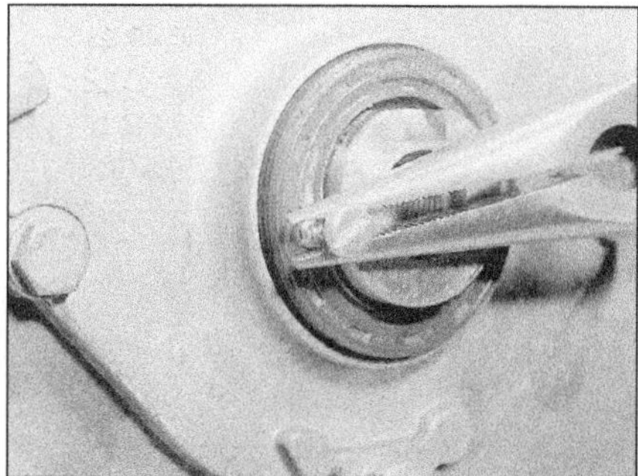

17.2 Demontering av vevaxelns oljetätning med hjälp av självgängande skruvar

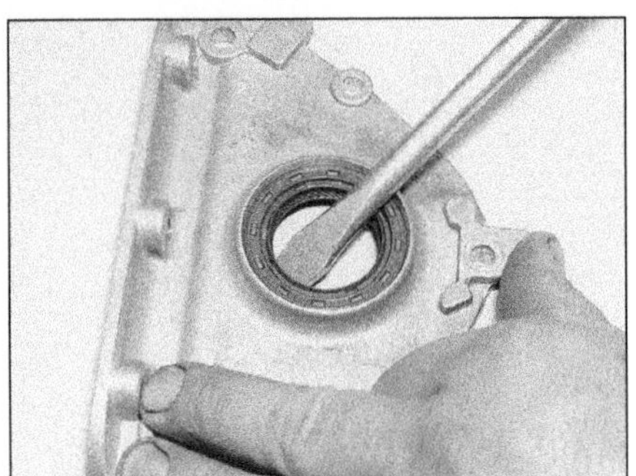
17.3 Oljetätningen bänds ut ur vevaxelns oljetätningshus

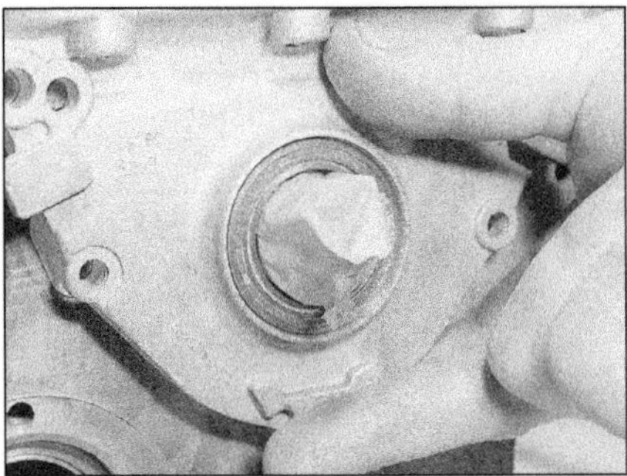
17.9 Oljetätningshuset förs på plats på vevaxeln

17.17 Placera oljetätningens monteringsverktyg över vevaxelns ände

a) *Demontera oljesumpen enligt beskrivning i avsnitt 14. Detta är nödvändigt för att man med säkerhet ska få en bra tätning mellan oljesumpen och oljetätningshuset vid montering.*
b) *Skruva loss och ta bort oljetätningshuset.*
c) *Med tätningshuset på arbetsbänken, bänd ut tätningen från huset med en lämplig skruvmejsel. Var noga med att inte skada tätningens säte i huset* ***(se bild).***

4 Rengör noggrant oljetätningens säte i huset.

5 Linda tejp runt änden av vevaxeln för att skydda oljetätningsläpparna när tätningen (och huset om så är tillämpligt) sätts på plats.

6 Placera en ny oljetätning i huset och pressa eller driv den på plats med en hylsa eller ett rör med lämplig diameter. Försäkra dig om att hylsan/röret endast ligger an på tätningens hårda ytterkant och se till att inte skada tätningsläpparna. Pressa eller driv in tätningen tills den sitter på skuldran i huset. Se till att den slutna änden av tätningen är vänd utåt.

7 Om oljetätningshuset har demonterats, gör enligt följande. Om inte, gå vidare till punkt 11.

8 Ta bort alla spår av gammal tätning från vevaxelns oljetätningshus och motorblocket, lägg sedan en 2,0 till 3,0 mm tjock sträng tätningsmedel (Skoda D 176 404 A2, eller motsvarande) på motorblockets fogytor på oljetätningshuset. Tätningshuset måste monteras inom fem minuter efter det att tätningen lagts på.

Försiktighet: LÄGG INTE på för stor mängd tätningsmedel på huset, eftersom det då kan komma in i oljesumpen och blockera pickupröret.

9 Montera oljetätningshuset och dra åt bultarna stegvis till angivet moment **(se bild)**.

10 Montera oljesumpen enligt beskrivning i avsnitt 14.

11 Montera vevaxeldrevet enligt beskrivning i avsnitt 8, och kamremmen enligt beskrivning i avsnitt 7.

Vänster oljetätning

12 Demontera svänghjulet enligt beskrivning i avsnitt 16.

13 Demontera oljesumpen enligt beskrivning i avsnitt 14. Detta är nödvändigt för att man ska kunna garantera god tätning mellan sumpen och oljetätningshuset vid monteringen.

17.19a Sätt oljetätningen/huset på plats på vevaxelns ände . . .

17.19b . . . dra sedan åt fästbultarna till angivet moment

14 Skruva loss och ta bort oljetätningshuset, komplett med oljetätningen.

15 Den nya oljetätningen levereras färdigmonterad i ett nytt tätningshus.

16 Rengör noggrant oljetätningshusets fogyta på motorblocket.

17 Den nya oljetätningen/huset levereras med ett monteringsverktyg för att förhindra skador på oljetätningen när den monteras. Placera verktyget på änden av vevaxeln **(se bild)**.

18 Om det ursprungliga oljetätningshuset var monterat med tätningsmedel, lägg på en tunn sträng lämpligt tätningsmedel (Skoda D 176 404 A2, eller motsvarande) på motorblockets fogyta på oljetätningshuset. Tätningshuset måste monteras inom fem minuter efter det att tätningsmedlet lagts på.

Försiktighet: LÄGG INTE på för stor mängd tätningsmedel på huset, eftersom det då kan komma in i oljesumpen och blockera pickupröret.

19 Sätt försiktigt oljetätningen/huset på änden av vevaxeln, sätt sedan i fästbultarna och dra åt dem stegvis, i diagonal ordning, till angivet moment **(se bilder)**.

20 Ta bort oljetätningens skyddsverktyg från vevaxelns ände.

21 Montera oljesumpen enligt beskrivning i avsnitt 14.

22 Montera svänghjulet enligt beskrivning i avsnitt 16.

18 Motor-/växellådsfästen – kontroll och byte

Se avsnitt 17 i kapitel 2A.

19 Motorns oljekylare – demontering och montering

Observera: *Nya tätningsringar kommer att behövas vid monteringen.*

Demontering

1 Oljekylaren sitter under oljefilterhuset fram på motorblocket **(se bild)**. **Observera:** *Tillverkarna rekommenderar att oljekylaren byts ut om stora mängder metallfilspån har hittats i motorn under servicen.*

2 Placera en behållare under oljefiltret/kylaren för att samla upp olja och kylvätska.

3 Kläm ihop oljekylarslangarna för att minimera kylvätskespillet, ta sedan bort slangklämmorna vid anslutningarna och koppla loss slangarna från oljekylaren. Var beredd på kylvätskespill.

4 Skruva loss oljekylarens fästlock från botten av oljefilterhuset, dra sedan loss oljekylaren. Ta vara på O-ringarna upptill och nedtill på oljekylaren.

Montering

5 Montering sker i omvänd ordning. Kom ihåg följande:

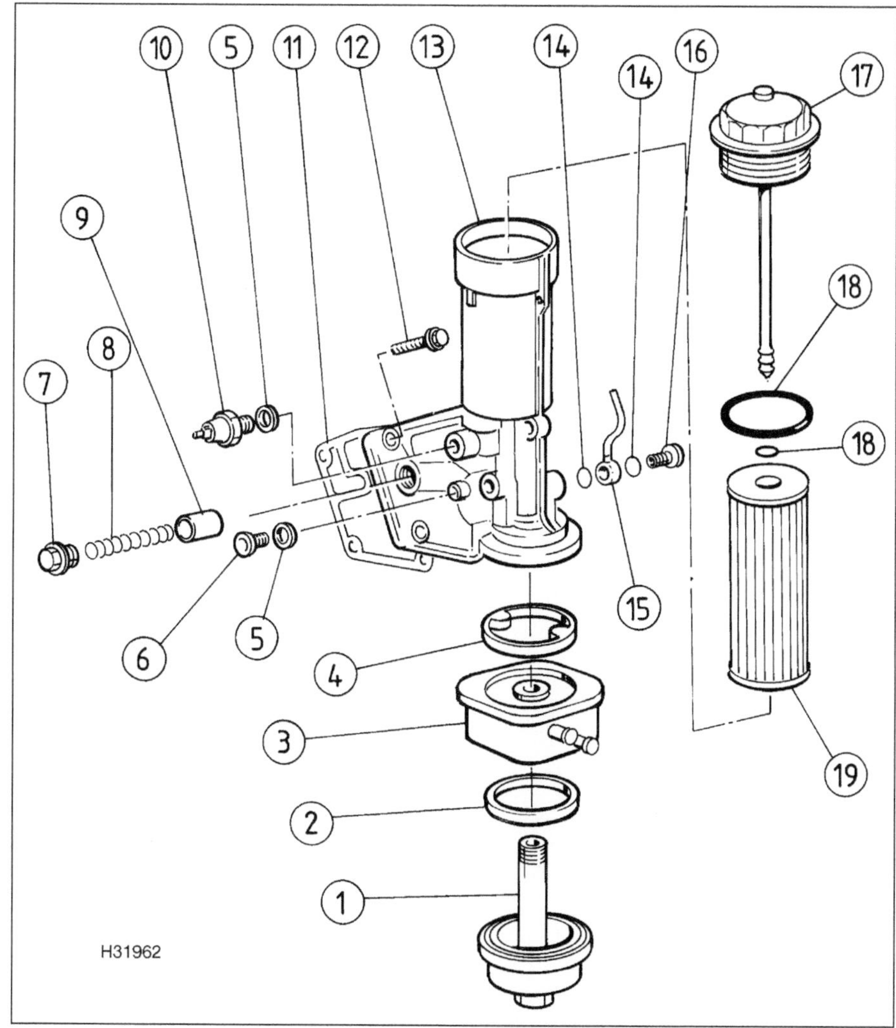

19.1 Montering av oljefilter och oljekylare

1 Oljekylarens fästlock
2 O-ring
3 Oljekylare
4 O-ring
5 Bricka
6 Tätningsplugg
7 Tätningsplugg
8 Oljeövertrycksventilens fjäder (motorkod AGP, AQM, AGR, ALH, AHF och ASV)
9 Oljeövertrycksventilens kolv (motorkod AGP, AQM, AGR, ALH, AHF och ASV)
10 Oljetryckslampans kontakt
11 Packning
12 Fästbult
13 Oljefilterhus
14 Tätning
15 Oljetillförselrör till turbo
16 Banjobult – turbomodeller (eller tätningsplugg – modeller utan turbo)
17 Oljefilterkåpa
18 O-ring
19 Oljefilter

a) Använd nya O-ringar till oljekylaren.

b) Där så är tillämpligt, tryck upp oljekylarens fästlock mot "anti-vridlåset" innan du drar åt det till angivet moment. Se till att kylvätskeslangarna placeras korrekt och ur vägen för omgivande komponenter.

c) Avsluta med att kontrollera olje- och kylvätskenivåerna och fyll på om så behövs.

20 Oljeövertrycksventil – demontering, kontroll och montering

***Observera:** På motorkod ASZ och alla motorer fr.o.m. 03/01, är övertrycksventilen en del av oljefilterhuset och kan inte demonteras. LOSSA INTE tätningspluggen på dessa modeller.*

Demontering

1 Oljans övertrycksventil sitter på höger sida av oljefilterhuset. Demontera motorns toppkåpa/-kåpor för att komma åt ventilen (se avsnitt 4).

2 Torka rent området runt övertrycksventilens plugg, lossa sedan och ta bort pluggen och tätningsringen från filterhuset. Dra ut ventilfjädern och kolven och notera hur de sitter. Om inte ventilen ska sättas tillbaka på en gång, plugga igen öppningen i oljefilterhuset.

Kontroll

3 Undersök övertrycksventilens kolv och fjäder för att se om den är sliten eller skadad. I skrivande stund kan man inte köpa övertrycksventilens komponenter separat; hör dig för med din Skodahandlare om vilka reservdelar som finns. Om du upptäcker skador eller slitage måste hela oljefilterhuset bytas ut.

Montering

4 Montera kolven i den inre änden av fjädern, stick sedan in enheten i oljefilterhuset. Se till att tätningsringen sitter korrekt på ventilpluggen, sätt in pluggen i huset och dra åt den till angivet moment.

5 Avslutningsvis, kontrollera motoroljans nivå och fyll på om så behövs, se *Veckokontroller*. Sätt sedan tillbaka motorns toppkåpa/-kåpor.

21 Oljetryckslampans kontakt – demontering och montering

Demontering

1 Oljetryckslampans kontakt sitter på höger sida av oljefilterhuset. Demontera motorns toppkåpa/-kåpor för att komma åt kontakten (se avsnitt 4).

2 Koppla loss kontaktdonet och torka av området runt kontakten.

3 Skruva loss kontakten från filterhuset och ta bort den tillsammans med tätningsbrickan. Om inte kontakten ska sättas tillbaka på en gång, plugga igen hålet i oljefilterhuset.

Montering

4 Undersök om tätningsbrickan är skadad eller sliten och byt ut den om så behövs.

5 Sätt tillbaka kontakten, med bricka, och dra åt den till angivet moment.

6 Anslut kontaktdonet ordentligt. Kontrollera sedan motoroljans nivå och fyll på om så behövs (se *Veckokontroller*). Sätt till sist tillbaka motorns toppkåpa/-kåpor.

Kapitel 2 Del D:
Motor – demontering och reparationer

Innehåll

Svårighetsgrader

Enkelt, passar novisen med lite erfarenhet 

Ganska enkelt, passar nybörjaren med viss erfarenhet 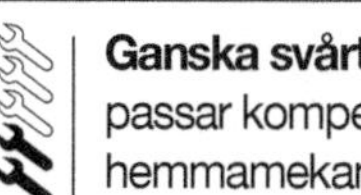

Ganska svårt, passar kompetent hemmamekaniker 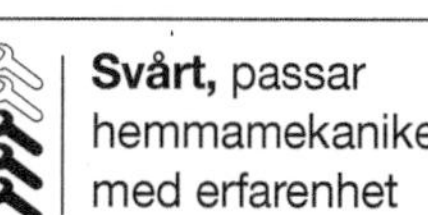

Svårt, passar hemmamekaniker med erfarenhet

Mycket svårt, för professionell mekaniker 

Specifikationer

Topplock

Minsta tillåtna mått mellan topp av ventilskaft och topplockets övre yta:	
1,4 liters bensinmotorer:	
Insugsventiler	7,6 mm
Avgasventiler	7,6 mm
1,6 liters bensinmotorer:	
Alla motorkoder utom AVU och BFQ:	
Insugsventiler	33,8 mm
Avgasventiler	34,1 mm
Motorkod AVU och BFQ:	
Insugsventiler	31,7 mm
Avgasventiler	31,7 mm
1,8 liters motorer:	
Yttre insugsventiler	31,0 mm
Mittre insugsventiler	32,3 mm
Avgasventiler	31,9 mm
2,0 liters motorer:	
Insugsventiler	33,8 mm
Avgasventiler	34,1 mm
Dieselmotorer:	
Insugsventiler	35,8 mm
Avgasventiler	36,1 mm
Minsta topplockshöjd:	
1,4 liters bensinmotorer	108,25 mm
1,6 liters bensinmotorer:	
Alla motorkoder utom AVU och BFQ	132,6 mm
Motorkod AVU och BFQ	132,9 mm
1,8 liters motorer	139,2 mm
2,0 liters motorer	132,6 mm
Dieselmotorer	Ingen bearbetning tillåten
Max skevhet hos topplockets packningsyta:	
Alla motorer utom 1,4 liters bensinmotorer	0,1 mm
1,4 liters bensinmotorer	0,05 mm

Ventiler

Ventilskaftsdiameter:	Insugsventiler	Avgasventiler
1,4 liters bensinmotorer	5,973 mm	5,953 mm
1,6 liters bensinmotorer:		
Alla motorkoder utom AVU och BFQ	6,92 ± 0,02 mm	6,92 ± 0,02 mm
Motorkod AVU och BFQ	5,98 ± 0,007 mm	5,96 ± 0,007 mm
1,8 liters motorer	5,963 mm	5,943 mm
2,0 liters motorer	6,98 ± 0,007 mm	6,96 ± 0,007 mm
Dieselmotorer	6,963 mm	6,943 mm
Ventiltallrikens diameter:		
1,6 och 2,0 liters motorer	39,5 ± 0,15 mm	32,9 ± 0,15 mm
1,4 liters bensinmotorer	29,5 mm	26,0 mm
1,8 liters motorer	26,9 mm	29,9 mm
Dieselmotorer:		
Alla utom motorkod ASZ	6,963 mm	6,943 mm
Motorkod ASZ	6,980 mm	6,956 mm
Ventillängd:		
1,4 liters bensinmotorer	100,9 mm	100,5 mm
1,6 liters bensinmotorer:		
Alla motorkoder utom AVU och BFQ	91,85 mm	91,15 mm
Motorkod AVU och BFQ	93,85 mm	93,85 mm
1,8 liters motorer	104,84 till 105,34 mm	103,64 to 104,14 mm
2,0 liters motorer	91,85 mm	91,15 mm
Dieselmotorer:		
Motorkod AGP och AQM	96,55 mm	96,35 mm
Motorkod AGR, ALH, AHF och ASV	96,85 mm	96,85 mm
Motorkod ASZ	89,95 mm	89,95 mm
Ventilsätesvinkel (alla motorer)	45°	

Vevaxel

Se "Försiktighet" i avsnitt 2 om 1,4 liters bensinmotorer

1,6 och 2,0 liters motorer:	
Ramlagertapp, diameter:	
Grundmått:	
Alla motorer utom 1,6 liter med kod AVU eller BFQ	54,00 mm (nominellt)
1,6 liter med kod AVU eller BFQ	48,00 mm (nominellt)
Vevstakslagertapp, diameter:	
Grundmått:	
Alla utom 1,6 liter med kod AVU eller BFQ	47,80 mm (nominellt)
1,6 liter med kod AVU eller BFQ	42,00 mm (nominellt)
Axialspel:	
Ny	0,07 till 0,23 mm
Slitagegräns	0,30 mm
1,8 liters motorer:	
Ramlagertapp, diameter:	
Grundmått	54,00 mm (nominellt)
Vevstakslagertapp, diameter:	
Grundmått	47,80 mm (nominellt)
Axialspel:	
Ny	0,07 till 0,23 mm
Slitagegräns	0,30 mm
Dieselmotorer:	
Ramlagertapp, diameter:	
Grundmått	54,00 mm (nominellt)
Vevstakslagertapp, diameter:	
Grundmått	47,80 mm (nominellt)
Axialspel:	
Ny	0,07 till 0,17 mm
Slitagegräns	0,37 mm

Kolvar/vevstakar

Vevstakens sidospel på vevaxeltapp:	Ny	Slitagegräns
1,4 liters bensinmotorer	Ingen siffra specificerad	
1,6 liters bensinmotorer	0,05 till 0,31 mm	0,37 mm
1,8 liters motorer	0.10 till 0.31 mm	0,40 mm
2,0 liters motorer:		
Alla motorkoder utom AZJ	0,05 till 0,31 mm	0,37 mm
Motorkod AZJ	0,10 till 0,35 mm	0,40 mm
Dieselmotorer	–	0,37 mm

Kolvringar

Ändgap:	Nya	Slitagegräns
1,4 liters bensinmotorer:		
Övre kompressionsring	0,20 till 0,50 mm	1,0 mm
Nedre kompressionsring	0,40 till 0,70 mm	1,0 mm
Oljering	0,40 till 1,40 mm	–
1,6 och 2,0 liters motorer:		
Kompressionsringar	0,20 till 0,40 mm	0,80 mm
Oljering	0,25 till 0,50 mm	0,80 mm
1,8 liters motorer:		
Kompressionsringar	0,20 till 0,40 mm	0,8 mm
Oljering	0,25 till 0,50 mm	0,8 mm
Dieselmotorer:		
Kompressionsringar	0,20 till 0,40 mm	1,0 mm
Oljering	0,25 till 0,50 mm	1,0 mm
Spel mellan ring och spår:		
1,4 liters bensinmotorer:		
Kompressionsringar	0,04 till 0,08 mm	0,15 mm
Oljering	Kan inte mätas	
1,6 och 2,0 liters motorer:		
Kompressionsringar	0,06 till 0,09 mm	0,20 mm
Oljering	0,03 till 0,06 mm	0,15 mm
1,8 liters motorer:		
Vanliga vevstakar:		
Kompressionsringar	0,02 till 0,07 mm	0,12 mm
Oljering	0,02 till 0,06 mm	0,12 mm
Spräckta vevstakar:		
Kompressionsringar	0,06 till 0.09 mm	0,20 mm
Oljering	0,03 till 0.06 mm	0,15 mm
Dieselmotorer:		
1:a kompressionsring	0,06 till 0,09 mm	0,25 mm
2:a kompressionsring	0,05 till 0,08 mm	0,25 mm
Oljering	0,03 till 0,06 mm	0,15 mm

Kolvarnas och cylinderloppens diameter

	Kolv	Cylinderlopp
1,4 liters bensinmotorer:		
Standard	76,470 mm	76,510 mm
1:a överstorlek	76,720 mm	76,760 mm
2:a överstorlek	76,970 mm	77,010 mm
1,6 liters bensinmotorer	80,965 mm	81,010 mm
1,8 liters motorer:		
Standard	80,965 mm	81,010 mm
1:a överstorlek	81,465 mm	81,510 mm
2,0 liters motorer:		
Standard	82,465 mm	82,510 mm
1:a överstorlek	82,965 mm	83,010 mm
Dieselmotorer:		
Standard	79,470 mm	79,510 mm
1:a överstorlek	79,720 mm	79,760 mm
2:a överstorlek	79,970 mm	80,010 mm

Lagerspel

Se "Försiktighet" i avsnitt 2 om 1,4 liters motorer.

1,4 liters bensinmotorer:	Ny	Slitagegräns
Vevstakslager	0,020 till 0,061 mm	0,091 mm
1,6 liters bensinmotorer:		
Ramlager:		
Alla motorkoder utom AVU och BFQ	0,01 till 0,04 mm	0,15 mm
Motorkod AVU och BFQ	0,01 till 0,04 mm	0,07 mm
Vevstakslager:		
Alla motorkoder utom AVU och BFQ	0,01 till 0,06 mm	0,12 mm
Motorkod AVU och BFQ	0,01 till 0,05 mm	0,09 mm
1,8 liters motorer:		
Ramlager	0,01 till 0,04 mm	0,07 mm
Vevstakslager	0,01 till 0,05 mm	0,09 mm

Lagerspel forts.

2,0 liters motorer:		
Ramlager:		
Alla motorkoder utom AZJ	0,01 till 0,04 mm	0,15 mm
Motorkod AZJ	0,01 till 0,04 mm	0,07 mm
Vevstakslager:		
Alla motorkoder utom AZJ	0,01 till 0,06 mm	0,12 mm
Motorkod AZJ	0,01 till 0,05 mm	0,09 mm
Dieselmotorer:		
Ramlager	0,03 till 0,08 mm	0,17 mm
Vevstakslager		0,08 mm

Åtdragningsmoment

Se kapitel 2A, 2B eller 2C, efter tillämplighet.

1 Allmän information

I den här delen av kapitel 2 finns information om demontering av motorn från bilen och allmän renovering av topplocket, motorblocket och alla andra interna motordelar.

Informationen som lämnas sträcker sig från råd angående förberedelser inför en renovering och inköp av nya delar, till steg för steg beskrivna åtgärder som täcker demontering, kontroll, renovering och montering av motorns inre delar.

Efter avsnitt 6 baseras alla instruktioner på antagandet att motorn har lyfts ut ur bilen. För information om reparationer som kan utföras med motorn kvar i bilen, så väl som demontering och montering av de yttre delar som måste tas bort för att en fullständig renovering ska kunna utföras, se relevant avsnitt i kapitel 2A, 2B eller 2C, och avsnitt 6 i det här kapitlet. Bortse från de preliminära isärtagningsåtgärderna i de andra kapitlen som inte längre är relevanta när motorn har tagits ut ur bilen.

Förutom åtdragningsmomenten, som återfinns i kapitel 2A, 2B respektive 2C, ges alla specifikationer relaterade till motorrenovering i början av det här kapitlet.

2 Motorrenovering – allmän information

Försiktighet: På 1,4 liters motorer behöver man inte demontera vevaxeln. Om man lossar ramlageröverfallens bultar leder det till deformation av motorblocket. På 1,4 liters motorer gäller att om vevaxelns eller ramlagrens ytor är slitna eller skadade, måste hela vevaxeln/motorblocket bytas ut.

1 Det är inte alltid lätt att avgöra när, eller om, en motor bör genomgå en totalrenovering, eftersom ett antal faktorer måste tas med i beräkningen.

2 Ett högt miltal behöver inte betyda att renovering behövs, och ett lågt miltal är inte någon garanti för att en renovering inte behövs. Hur ofta service har utförts på bilen är förmodligen det viktigaste övervägandet. En motor som har fått regelbundna och täta olje- och filterbyten, så väl som övrigt underhåll, bör kunna gå pålitligt i många hundra mil. En motor som däremot har eftersatts kan behöva en renovering tidigt under sin livscykel.

3 Överdriven oljeförbrukning är en indikation på att kolvringar, ventiltätningar och/eller ventilstyrningar behöver ses över. Se till att förlusten inte beror på oljeläckor innan du förutsätter att ringar och/eller styrningar är slitna. Utför ett kompressionsprov (eller ett läckagetest) enligt beskrivning i del A, B eller C av detta kapitel, för att fastställa den troliga orsaken till problemet.

4 Kontrollera oljetrycket med en mätare som du sätter på oljetryckskontaktens plats, och jämför med det tryck som specificeras (se Specifikationer i kapitel 2A, 2B eller 2C). Om trycket är extremt lågt, är ram- och vevstakslagren och/eller oljepumpen förmodligen slitna.

5 Effektförlust, ojämn gång, knack eller metalliska motorljud, ovanligt högt ventilljud samt hög bränsleförbrukning, kan också tyda på behov av en renovering, särskilt om alla dessa symptom uppträder samtidigt. Om en fullständig service inte hjälper, är omfattande mekaniska åtgärder den enda lösningen.

6 En motorrenovering innebär att man återställer alla interna delar till en ny motors skick. Under en renovering byts kolvar och kolvringar ut. Nya ram- och vevstakslager monteras vanligtvis (där så är möjligt); om så behövs kan även vevaxeln bytas ut så att lagertapparna förnyas. Ventilerna servas också, eftersom de vanligtvis är i ganska dåligt skick vid det här laget. I samband med att motorn renoveras kan också andra komponenter, som startmotor och generator renoveras. Slutresultatet bör bli en motor som är "som ny" och ger många problemfria mil. **Observera:** *Kritiska kylsystemskomponenter, som slangar, termostat och kylvätskepump ska bytas ut när motorn renoveras. Kylaren måste kontrolleras noggrant, den får inte vara blockerad eller läcka. Det är också en bra idé att byta ut oljepumpen närhelst en motor renoveras.*

7 Innan arbetet påbörjas, läs noga igenom alla instruktioner, för att få en uppfattning om arbetets omfattning och vad som krävs. Att renovera en motor är inte svårt om man noggrant följer alla instruktioner, har nödvändiga verktyg till hands och är uppmärksam på alla specifikationer. Det kan dock vara tidskrävande. Planera för att bilen kommer att stå stilla i minst två veckor, särskilt om vissa delar måste tas till verkstad för reparation eller maskinbearbetning. Kontrollera tillgången på reservdelar och se till att eventuella specialverktyg och annan utrustning har införskaffats. Största delen av arbetet kan göras med vanliga handverktyg, men ett antal precisionsmätverktyg behövs också för att kontrollera om vissa delar måste bytas ut. Ofta kan en verkstad kontrollera delar och ge råd om huruvida de kan renoveras eller måste bytas. **Observera:** *Vänta alltid tills motorn har tagits isär helt och tills alla komponenter (särskilt motorblock och vevaxel) har undersökts, innan du bestämmer vilka service- och reparationsåtgärder som måste utföras av en verkstad. Dessa komponenters skick är en avgörande faktor i beslutet om huruvida renovering av motorn kan göras, eller om man bör köpa en färdigrenoverad enhet. Köp därför inte delar och låt inte utföra någon renovering av komponenter förrän de noggrant har undersökts. Som en allmän regel är tiden den största kostnaden vid en renovering, så det lönar sig inte att montera delar av dålig kvalitet.*

8 Avslutningsvis, för att garantera maximal livslängd och minsta möjliga problem med en renoverad motor, måste alla delar sättas ihop mycket noggrant och i en absolut ren arbetsmiljö.

3 Motor/växellåda, demontering – förberedelser och försiktighetsåtgärder

Om du har beslutat att motorn måste demonteras för renovering eller omfattande reparationsarbeten, bör ett antal punkter beaktas.

En lämplig arbetsplats är oerhört viktigt. Tillräckligt stort arbetsutrymme, så väl som förvaring av bilen, kommer att behövas. Om

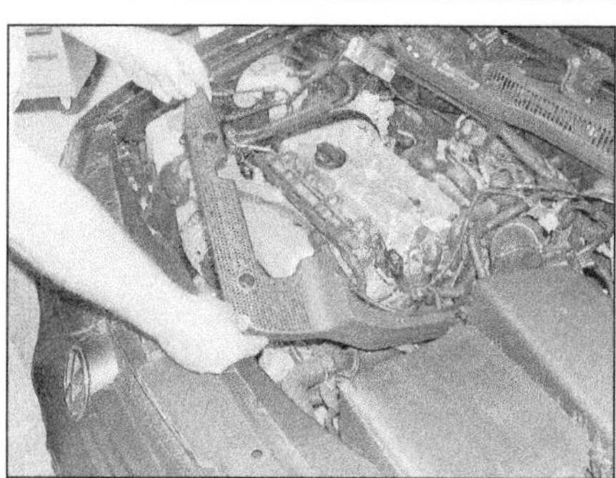

4.4 Den främre sektionen av motorkåpan tas bort

4.7a Skruva loss de fyra fästbultarna . . .

4.7b . . . och ta bort batterihyllan

man inte har tillgång till en verkstad eller ett garage, är det minsta som krävs en stadig, jämn och ren arbetsyta.

Om möjligt, se till att ha hyllplats i närheten av arbetsplatsen, där motordelar och tillbehör kan förvars allteftersom de demonteras och tas isär. På det sättet är det lättare att hålla delar oskadda och rena under arbetets gång. Att lägga ut komponenter i grupper tillsammans med tillhörande fästbultar, skruvar etc. sparar tid och undviker förvirring vid hopsättning och montering.

Rengör motorrummet och motorn innan något arbete påbörjas; detta gör det lättare att se vad man håller på med och håller verktygen rena.

Att ta hjälp av någon är väsentligt; det är omöjligt att på ett säkert sätt lyfta ut en motor ur en bil om man är ensam. Säkerheten är ytterst viktig, med tanke på de potentiella faror som kan uppstå vid ett sådant här jobb. En andra person bör alltid finnas i närheten, som kan erbjuda hjälp i en nödsituation. Om det är första gången du renoverar en motor, är hjälp och råd från en mer erfaren person också mycket värdefullt.

Planera arbetet i förväg. Innan du börjar, införskaffa (eller boka sådant som måste hyras) alla de verktyg och den utrustning som kommer att behövas. Tillgång till följande gör att demontering och montering av motorn kan utföras säkert och relativt enkelt: Motorlyft och talja – som kan ta mer än motorns vikt, en komplett uppsättning nycklar och hylsor enligt beskrivningen längst bak i boken, träblock samt mängder av trasor och lösningsmedel för att torka upp spilld olja, kylvätska och bränsle. Ett antal förvaringslådor av plast kan också vara bra, för att förvara isärtagna komponenter i grupper. Om någon utrustning måste hyras, se till att du bokar in denna i förhand, och utför alla de åtgärder som är möjliga utan den först; för att spara tid och pengar.

Planera alltså för att bilen kommer att bli stående ett bra tag, särskilt om du tänker utföra en motorrenovering. Läs igenom hela detta avsnitt och gör en plan utifrån dina egna erfarenheter och de verktyg och den tid du har till ditt förfogande. Vissa av renoveringsåtgärderna måste kanske utföras av en Skodaverkstad – dessa har ofta fullbokade scheman, så det är värt att kontakta dem innan motorn lyfts ut eller tas isär, för att få en ungefärlig idé om hur lång tid arbetet kommer att ta.

När motorn lyfts ut ur bilen, arbeta metodiskt när de externa komponenterna kopplas loss. Märk kablar och slangar när de tas bort, så blir det lättare vid monteringen.

Var alltid ytterst försiktig när motorn lyfts ut ur motorrummet. Slarv och oförsiktighet kan leda till allvarliga skador. Om hjälp behövs, är det bättre att invänta den än att riskera personskador och/eller materiella skador genom att fortsätta ensam. Om man planerar väl och ger sig själv gott om tid, kan ett sådant här arbete, trots omfattningen, utföras säkert och med framgång.

4 Motor och växellåda (bensinmotor) – demontering och montering

Demontering

1 På alla SOHC motorer utom 1,6 liter med kod AEE, demonteras motorn och växellådan genom att de sänks ner under motorrummet som en enhet. På motorkod AEE, lyfts istället motorn och växellådan upp ur motorrummet.

2 DOHC motorer, alla 1,4 liters motorer och 1,8 liters motorer utom de med kod AGN och AUQ, demonteras genom att de lyfts upp ur motorrummet. Motorer med kod AGN eller AUQ sänks ner under motorrummet tillsammans med växellådan.

3 Koppla loss kabeln från batteriets negativa pol. **Observera:** *Innan batteriet kopplas ifrån, se avsnittet "Frånkoppling av batteriet" längre bak i boken.*

4 Demontera motorns toppkåpa. Där så behöva, ta också bort täckkåpan från insugsgrenröret **(se bild)**.

5 Tappa av kylsystemet enligt beskrivning i kapitel 1A.

6 Demontera luftrenaren och luftkanalen enligt beskrivning i kapitel 4A.

7 Demontera batteriet enligt beskrivning i kapitel 5A, demontera sedan batterihyllan **(se bilder)**.

8 Dra åt handbromsen, lyft upp framvagnen och stöd den säkert på pallbockar (se *Lyftning och stödpunkter*), ta sedan bort kåpan under motorn. På vissa modeller (se punkt 1 och 2), måste bilen lyftas upp så mycket att motorn och växellådan kan sänkas ner och tas ut under bilen.

9 Koppla loss alla kylvätskeslangar från motorn och notera exakt hur de sitter **(se bild)**.

10 Skruva loss jordkabeln från växellådan/ motorn.

11 Koppla loss allt kablage från motorn, notera hur kablarna sitter och är dragna, för att underlätta återanslutning **(se bilder)**. På 1,8 liters modeller, demontera plenumkåpan framför vindrutan, och koppla loss kablaget från motorstyrningens ECU. Lossa kabeln från fästclipsen.

12 På modeller med manuell växellåda, koppla loss växelmekanismen från växellådan (kapitel 7A), skruva sedan loss kopplingens slavcylinder och flytta den åt sidan.

4.9 Koppla loss kylarens övre slang från termostathuset

4.11a Koppla loss kamaxellägesgivarens kontaktdon

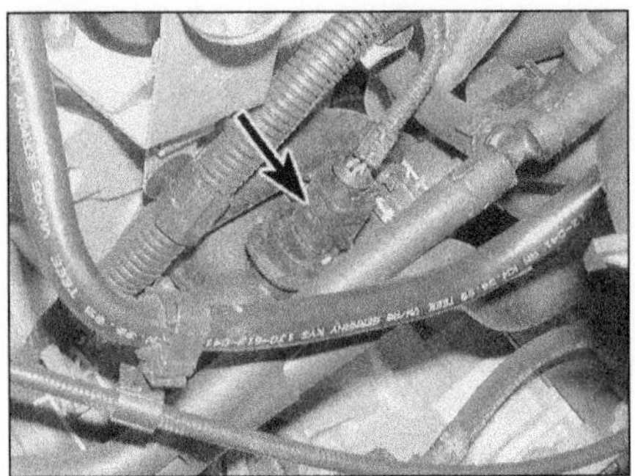
4.11b Kylvätsketempgivarens kontaktdon (vid pilen)

4.11c Kontaktdon för knacksensor (svart) och motorns hastighetsgivare (grå)

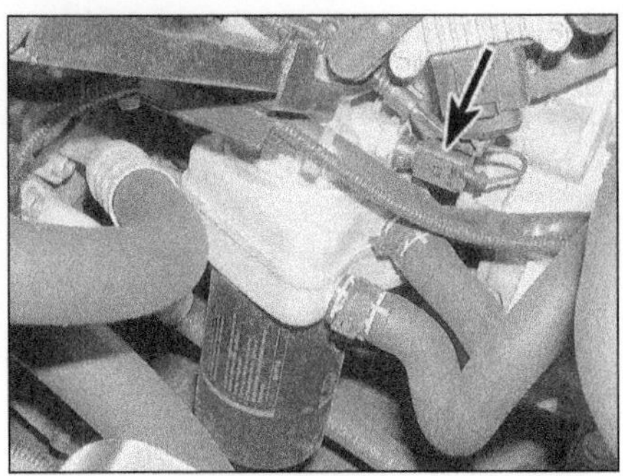
4.11d Oljetryckslampans kontaktdon (vid pilen)

13 På modeller med automatväxellåda, koppla loss väljarvajern från växellådan (kapitel 7B), skruva sedan loss fästet för servostyrningens tryckledning.

14 Tryckutjämna bränslesystemet enligt beskrivning i kapitel 4A. Placera rena trasor runt bränsletillförsel- och returslangarnas anslutningar på höger sida i motorrummet, tryck sedan in anslutningarnas låsflikar och koppla loss bränsleanslutningarna **(se bild)**. Var beredd på bränslespill och tänk på brandrisken och vidta nödvändiga säkerhetsåtgärder.

15 Koppla loss vakuumslangen från ventilen på kolkanistern på höger sida i motorrummet. Koppla också loss bromsservons vakuumslang från insugsgrenröret, och EGR-vakuumröret från servons vakuumslang **(se bilder)**.

16 Demontera gasspjällventilens kontrollenhet från den övre delen av insugsgrenröret.

17 Skruva loss och ta bort den sekundära luftpumpens motor och fästbygel.

18 Demontera den övre delen av insugsgrenröret enligt beskrivning i kapitel 4A.

19 Demontera drivremmen, se kapitel 1A.

20 Skruva loss servostyrningspumpen från motorn med hänvisning till kapitel 10 och häng upp den åt sidan **(se bild)**.

21 På modeller med luftkonditionering, skruva loss luftkonditioneringskompressorn från motorn (se kapitel 3) och bind upp den så att den är ur vägen. **Koppla inte** loss köldmedieledningarna.

22 Demontera det bakre motorfästet enligt beskrivning i kapitel 2A.

23 Demontera höger drivaxel enligt beskrivning i kapitel 8, och koppla loss vänster drivaxel från växellådan.

24 Demontera avgassystemets främre sektion enligt beskrivning i kapitel 4C.

25 Anslut motorlyft och talja till motorns lyftöglor på topplocket och höj lyften precis så mycket att den tar upp motorns vikt.

26 Demontera höger och vänster motor/växellådsfästen, se kapitel 2A.

27 Med stor försiktighet, lyft upp/sänk ner motorn/växellådan från motorrummet **(se bild)**. Stötta enheten på en vagn eller på träblock. Placera enheten på golvet och sära på motor och växellåda om så behövs, enligt beskrivning i kapitel 7A eller 7B.

Montering

28 Montering sker i omvänd ordning mot demontering. Tänk på följande:

a) Se till att eventuella fästbyglar som noterades innan monteringen sitter på plats på bultarna mellan motorn och växellådan.

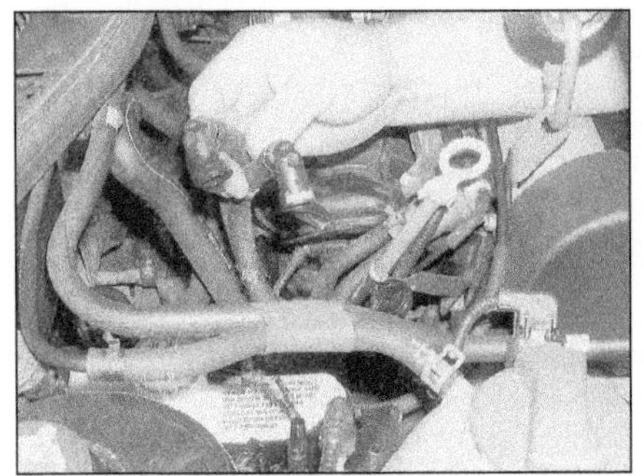
4.14 Koppla loss bränsleledningarnas anslutningar

4.15a Koppla loss kolkanisterns slang från insugsgrenröret . . .

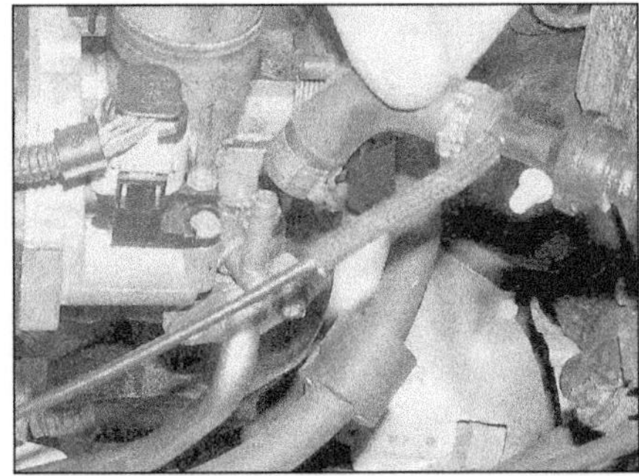
4.15b . . . bromsservons vakuumslang från insugsgrenröret . . .

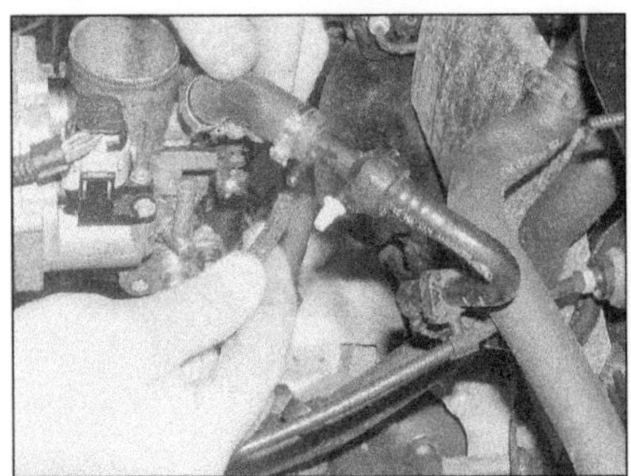
4.15c . . . och EGR-vakuumröret från servons vakuumslang

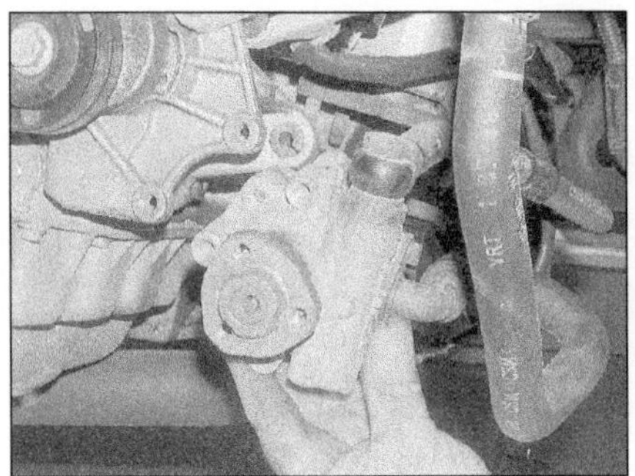
4.20 Skruva loss servostyrningspumpen från motorn

4.27 Lyft bort motorn/växellådan från bilen

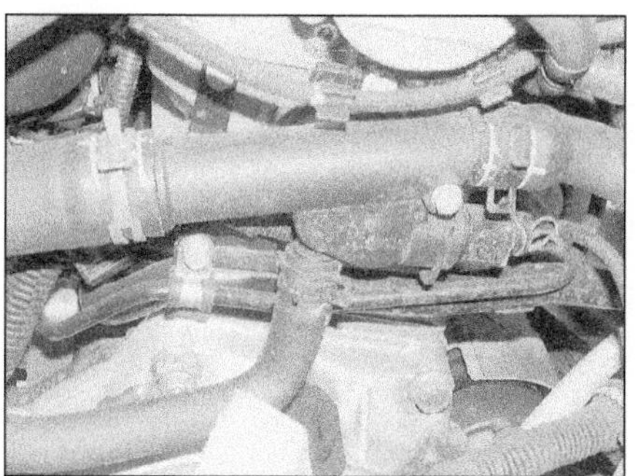

5.8 Kylvätskeslangarna vid insugets krök på vänster sida av motorn

b) *Dra åt alla bultar/muttrar till angivna moment där så är tillämpligt.*
c) *Sätt tillbaka motorfästena enligt beskrivning i kapitel 2A.*
d) *Anslut drivaxlarna till växellådan enligt beskrivning i kapitel 8.*
e) *Se till att alla kablar, slangar och rör har anslutits och dragits korrekt, enligt noteringarna som gjordes innan demonteringen.*
f) *Försäkra dig om att bränsleledningarna har anslutits korrekt. Ledningarna är färgkodade – vit för tillförsel och blå för retur.*
g) *Avsluta med att fylla på kylsystemet enligt beskrivning i kapitel 1A. På modeller med automatväxellåda, kontrollera oljenivån i växellådan och fyll på om så behövs, enligt beskrivning i kapitel 1A.*

5 Motor och växellåda (dieselmotor) – demontering och montering

Demontering

1 På alla motorkoder utom ASZ, demonteras motorn och växellådan som en enhet och sänkt ner under motorrummet. På motorkod ASZ lyfter man istället upp motorn och växellådan ur motorrummet.

2 Koppla loss kabeln från batteriets negativa pol. **Observera:** *Innan batteriet kopplas ifrån, se avsnittet "Frånkoppling av batteri" längst bak i boken.*

3 Demontera motorns toppkåpa.

4 Tappa av kylsystemet enligt beskrivning i kapitel 1B.

5 Demontera luftrenaren och luftkanalen enligt beskrivning i kapitel 4B.

6 Demontera batteriet enligt beskrivning i kapitel 5A, demontera sedan batterihyllan.

7 Dra åt handbromsen, lyft sedan upp framvagnen och stöd den säkert på pallbockar (se *Lyftning och stödpunkter*), ta sedan bort kåpan under motorn. På alla motorer utom ASZ, måste motorn höjas så mycket att man kan ta ut motorn/växellådan under bilen.

8 Koppla loss alla kylvätskeslangar från motorn och notera hur de sitter **(se bild)**.

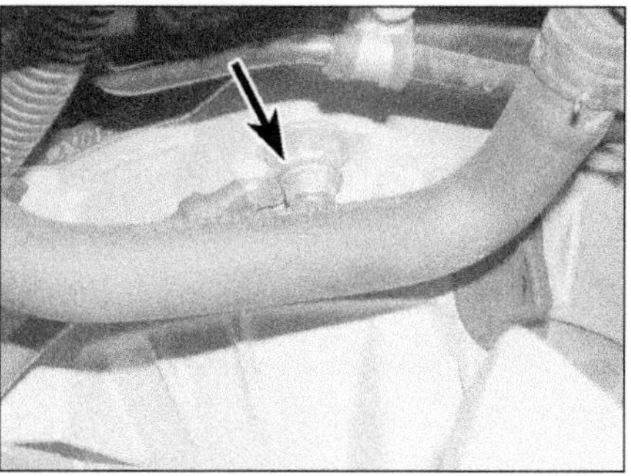

5.9 Jordflätans anslutning på växellådans balanshjulskåpa

9 Skruva loss jordkabeln från växellådan/motorn **(se bild)**.

10 Koppla loss alla kablar från motorn, notera hur de sitter och är dragna för att underlätta återkopplingen **(se bild)**.

11 På modeller med manuell växellåda, koppla loss växelmekanismen från växellådan (kapitel 7A), skruva sedan loss kopplingens slavcylinder och lägg den åt sidan.

12 På modeller med automatväxellåda, koppla loss väljarvajern från växellådan (kapitel 7B), skruva sedan loss fästbygeln för servostyrningens tryckledning.

13 Koppla loss bränsleslangarna från insprutningspumpen (utom på motorkod ASZ) eller bränslefiltret (motorkod ASZ). Var beredd på bränslespill och plugga igen de öppna ändarna av slangarna och anslutningarna för att förhindra att smuts kommer in i systemet och mer bränsle rinner ut.

14 Koppla loss vakuumslangarna från bromsvakuumpumpen, EGR-ventilen och solenoidventilen till insugsgrenrörets klaffventil, efter tillämplighet.

15 På turbomodeller, ta loss laddtrycksstyrningens solenoidventil, utan att koppla loss slangarna, och flytta den åt sidan.

16 Demontera drivremmen enligt beskrivning i kapitel 1B.

17 Skruva loss servostyrningspumpen från motorn, enligt beskrivning i kapitel 10, och bind upp den åt sidan.

18 På modeller med luftkonditionering, skruva loss kompressorn från motorn, med hänvisning till kapitel 3, och bind upp den åt sidan. **Koppla inte** loss kylvätskeslangarna.

19 Demontera det bakre motorfästet enligt beskrivning i kapitel 2A.

20 Demontera höger drivaxel enligt beskrivning i kapitel 8, och koppla loss vänster drivaxel från växellådan.

21 Demontera avgassystemets främre sektion enligt beskrivning i kapitel 4D.

22 Anslut lyft och talja till motorns lyftöglor på topplocket och höj lyften så att den precis tar upp motorns vikt.

23 Demontera höger och vänster motor/växellådsfästen, enligt beskrivning i kapitel 2A.

24 Med stor försiktighet, sänk ner/lyft upp motorn/växellådan från motorrummet. Stötta den på en vagn eller på träblock. Placera

5.10 Kylvätsketempgivarens kontaktdon (vid pilen)

enheten på golvet och om så behövs, sära på motorn och växellådan enligt beskrivning i kapitel 7A eller 7B.

Montering

25 Montering sker i omvänd ordning mot demontering. Tänk på följande:

a) *Se till att eventuella fästbyglar som noterades innan monteringen sitter på plats på bultarna mellan motorn och växellådan.*
b) *Dra åt alla bultar/muttrar till angivna moment där så är tillämpligt.*
c) *Sätt tillbaka motorfästena enligt beskrivning i kapitel 2A.*
d) *Anslut drivaxlarna till växellådan enligt beskrivning i kapitel 8.*
e) *Se till att alla kablar, slangar och rör har anslutits och dragits korrekt, enligt noteringarna som gjordes innan demonteringen.*
f) *Försäkra dig om att bränsleledningarna har anslutits korrekt.*
g) *Avsluta med att fylla på kylsystemet enligt beskrivning i kapitel 1B. På modeller med automatväxellåda, kontrollera oljenivån i växellådan och fyll på om så behövs, enligt beskrivning i kapitel 1B.*

6 Motorrenovering – preliminär information

1 Det är mycket enklare att ta isär och arbeta på motorn om den är monterad i ett motorställ. Dessa ställ kan ofta hyras. Innan motorn monteras i ett ställ måste svänghjulet demonteras, så att ställets bultar kan skruvas in i ändarna av motorblocket/vevhuset. **Observera:** *Mät inte cylinderloppens diameter med motorn monterad i den här typen av ställ.*

2 Om du inte har tillgång till ett ställ, är det möjligt att ta isär motorn på en arbetsbänk eller på golvet, uppropad på träblock. Var dock mycket försiktig så att du inte tippar omkull eller tappar motorn om arbetet utförs utan ställ.

3 Om du avser att införskaffa en renoverad motor, måste alla tillbehör först demonteras

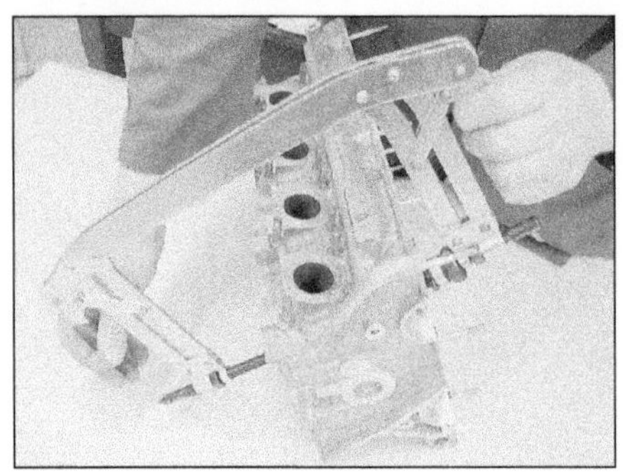
7.9a En ventilfjäder trycks ihop med en fjäderkompressor

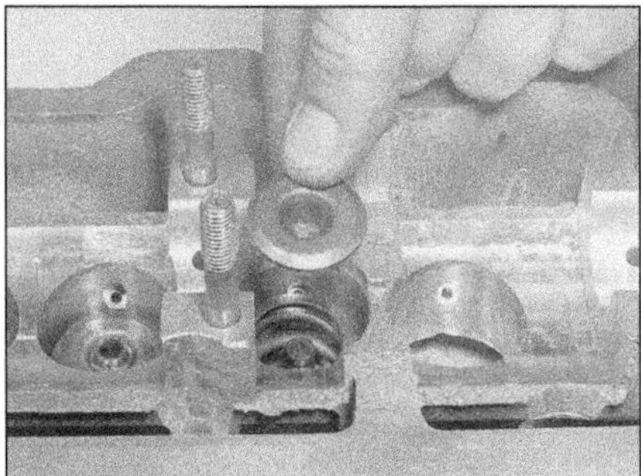
7.9b Ta bort fjäderbrickan . . .

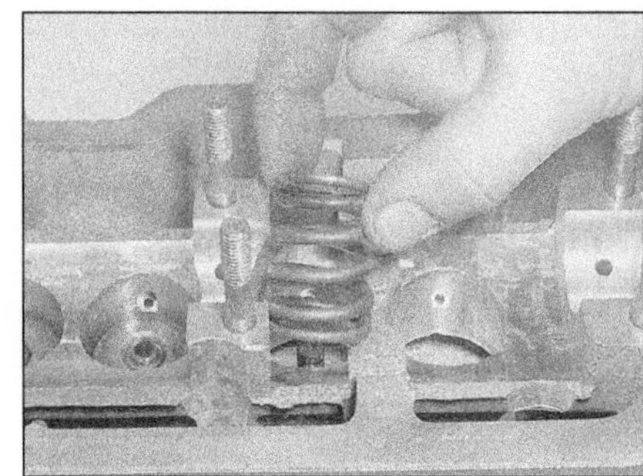
7.9c . . . och ventilfjädern – SOHC motor

(precis som om du skulle utföra en totalrenovering själv). Dessa komponenter omfattar följande (eventuellt måste man också flytta över oljemätsticka/rör, oljefilterhus etc., beroende på vad som följer med den renoverade motorn):

Bensinmotorer

a) Generator (inklusive fästbyglar) och startmotor (kapitel 5A).
b) Tändsystemets komponenter, inklusive alla givare/sensorer, tändkablar och tändstift (kapitel 1A och 5B).
c) Bränsleinsprutningssystemets komponenter (kapitel 4A).
d) Alla elektriska brytare, kontakter, aktiverare och givare, och motorns kabelhärva (kapitel 3, 4A och 5B).
e) Insugs- och avgasgrenrör, och turboladdare (om tillämpligt) (kapitel 4A och 4C).
f) Motorfästen (kapitel 2A).
g) Kopplingskomponenter (kapitel 6).
h) Oljeseparator (om tillämpligt).

Dieselmotorer

a) Generator (inklusive fästbyglar) och startmotor (kapitel 5A).
b) Glödstiftens/förvärmningssystemets komponenter (kapitel 5C).
c) Alla bränslesystemskomponenter, inklusive bränsleinsprutningspumpen (där tillämpligt), bränslespridare, alla givare och aktiverare (kapitel 4B).
d) Bromsvakuum-/tandempumpen (kapitel 4B och 9).
e) Alla elektriska brytare, kontakter, aktiverare och givare, och motorns kabelhärva (kapitel 3, 4B och 5C).
f) Insugs- och avgasgrenrör, och turboladdare (om tillämpligt) (kapitel 4B och 4D).
g) Motorfästen (kapitel 2A).
h) Kopplingskomponenter (kapitel 6).

Alla motorer

Observera: *När de externa komponenterna tas bort från motorn, var mycket uppmärksam på detaljer som kan vara till hjälp vid monteringen. Notera hur packningar, tätningar, distanser, stift, brickor, bultar och andra små delar sitter.*

4 Om du har införskaffat en "kort" motor (motorblock/vevhus, vevaxel, kolvar och vevstakar hopmonterade), måste även följande demonteras: topplock, oljesump, oljepump, kamrem/-remmar och kedja (efter tillämplighet – tillsammans med spännare och kåpor), drivrem (tillsammans med spännare), kylvätskepump, termostathus, kylvätskekrökar, oljefilterhus och om tillämpligt oljekylare.

5 Om du planerar en fullständig renovering, kan motorn tas isär i följande ordning:

a) Insugs- och avgasgrenrör (se relevanta delar av kapitel 4).
b) Kamrem/-remmar, drev och spännare (se kapitel 2A, 2B eller 2C).
c) Insugskamaxelns kamkedja och spännare/ kamaxeljustermekanism – 1,8 liters motorer (se kapitel 2B).
d) Topplock (se kapitel 2A, 2B eller 2C).
e) Svänghjul (se kapitel 2A, 2B eller 2C).
f) Oljesump (se kapitel 2A, 2B eller 2C).
g) Oljepump (se kapitel 2A, 2B eller 2C).
h) Kolvar/vevstakar (se avsnitt 10).
i) Vevaxel (se avsnitt 11).

7 Topplock – isärtagning

Observera: *En ventilfjäderkompressor behövs till denna åtgärd.*

SOHC bensinmotorer

1 Med topplocket demonterat enligt beskrivning i kapitel 2A, gör enligt följande.

2 Demontera insugs- och avgaskamaxlarna enligt beskrivning i kapitel 4A respektive 4C.

3 Demontera kamaxeln och ventillyftarna/ vipparmarna, enligt beskrivning i kapitel 2A.

4 Om så önskas, skruva loss kylvätskehuset från topplockets baksida, och ta vara på tätningen.

5 Om det inte redan har gjorts, demontera kamaxellägesgivaren (se avsnitt 5 i kapitel 4A).

6 Skruva loss fästmuttern, och ta vara på brickan, och ta bort kamremsspännarens remskiva från pinnbulten på topplocket.

7 Skruva loss eventuellt kvarvarande fästen och/eller motorlyftöglor från topplocket. Notera hur de sitter för att underlätta monteringen.

8 Vänd på topplocket och låt det vila på ena sidan.

9 Använd en ventilfjäderkompressor, tryck ihop en ventilfjäder i taget tills det delade knastret kan tas bort. Släpp kompressorn och lyft av fjäderbrickan och fjädern. Om, när fjäderkompressorn skruvas ner, fjäderbrickan inte lossnar och exponerar knastret, knacka då försiktigt på toppen av verktyget, precis ovanför brickan, med en lätt hammare. Detta bör frigöra fjäderbrickan **(se bilder)**.

10 Med en tång, eller ett demonteringsverktyg, ta försiktigt ut ventilskaftets oljetätning från toppen av ventilstyrningen **(se bilder)**.

11 Dra ut ventilen från topplockets packningssida **(se bild)**.

12 Det är viktigt att varje ventil förvaras tillsammans med tillhörande knaster, fjäderbricka, fjäder och fjädersäte. Ventilerna ska också hållas i rätt ordning, såvida de inte är så slitna att de måste bytas ut.

7.10a Ett demonteringsverktyg används . . .

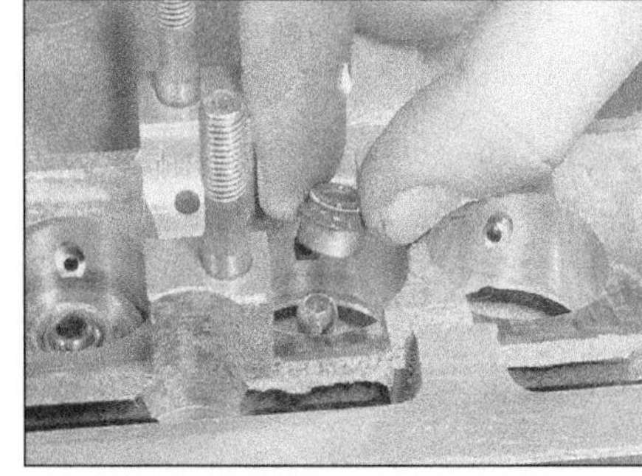
7.10b . . . till att ta bort ventilskaftens oljetätningar – SOHC motor

Om ventilerna ska behållas och användas igen, lägg varje ventilenhet i en märkt plastpåse eller liknande. Märk påsarna från 1 till 8, och kom ihåg att ventil nr 1 är den närmast kamremmen.

DOHC bensinmotorer

1,4 liter

13 Med topplocket demonterat enligt beskrivning i kapitel 2B, gör enligt följande.

14 Demontera insugs- och avgasgrenrören enligt beskrivning i kapitel 4A respektive 4C.

15 Skruva loss fästbulten och ta bort den sekundära kamremmens spännare från topplockets kamremsände.

16 Skruva loss eventuella kvarvarande fästbyglar och/eller motorlyftöglor från topplocket, och notera exakt hur de sitter för att underlätta monteringen.

17 Följ beskrivningen i punkt 8 till 12, men vid märkning av ventilkomponenterna, se till att märka dem BÅDE med rätt siffra och "insug" eller "avgas".

1,8 liter

18 Med topplocket demonterat enligt beskrivning i kapitel 2B, gör enligt följande.

19 Demontera insugs- och avgasgrenrören (och turboladdaren, om tillämpligt) enligt beskrivning i kapitel 4A respektive 4C.

20 Demontera kamaxlarna och de hydrauliska ventillyftarna enligt beskrivning i kapitel 2B.

21 Skruva loss eventuella kvarvarande fästbyglar och/eller motorlyftöglor från topplocket, och notera exakt hur de sitter för att underlätta monteringen.

22 Följ beskrivningen i punkt 8 till 12, men vid märkning av ventilkomponenterna, se till att märka dem BÅDE med rätt siffra och "insug" eller "avgas".

Dieselmotorer

23 Med topplocket demonterat enligt beskrivning i kapitel 2C, gör enligt följande.

24 Demontera insugs- och avgasgrenrören (och turboladdaren, om tillämpligt) enligt beskrivning i kapitel 4B och 4D.

25 Demontera kamaxeln och de hydrauliska ventillyftarna enligt beskrivning i kapitel 2C.

26 Demontera glödstiften enligt beskrivning i kapitel 5C.

27 Demontera bränslespridarna enligt beskrivning i kapitel 4B.

28 Skruva loss muttern och demontera kamremsspännarens remskiva från pinnbulten på topplockets kamremsände.

29 Skruva loss eventuella kvarvarande fästbyglar och/eller motorlyftöglor från topplocket, och notera exakt hur de sitter för att underlätta monteringen.

30 Fortsätt enligt beskrivningen i punkt 8 till 12.

8 Topplock och ventiler - rengöring och kontroll

1 Noggrann rengöring av topplocket och ventilkomponenterna, följt av en detaljerad inspektion, hjälper dig att avgöra hur mycket arbete som måste läggas ner på ventilerna under renoveringen. **Observera:** *Om motorn har blivit allvarligt överhettad, är det bäst att anta att topplocket är skevt – undersök detta noggrant.*

Rengöring

2 Använd ett lämpligt avfettningsmedel, ta bort alla spår av olja från topplocket, var särskilt noga med kamaxellagrens ytor, ventillyftarnas lopp, ventilstyrningarna och oljekanalerna. Skrapa bort spår av gammal packning från fogytorna, men var försiktig så att inte ytorna repas. Om sandpapper används, använd inte en grad lägre än 100. Vänd på topplocket och skrapa bort sotavlagringar från förbränningskamrarna och portarna med ett trubbigt instrument. Avsluta med att rengöra hela topplockets gjutgods med ett lämpligt lösningsmedel för att få det helt rent.

3 Rengör ventiltallrikarna och skaften med en fin stålborste (vanlig borste eller eldriven). Om ventilen har tjocka sotavlagringar, skrapa bort det mesta med ett trubbigt blad först, övergå sedan till stålborsten.

4 Rengör noggrant återstoden av komponenterna med lösningsmedel och låt dem torka helt. Kasta oljetätningarna och använd nya när topplocket sätts ihop.

Kontroll

Topplock

Observera: *Om ventilsätena ska fräsas om, se till att inte överskrida det maximala bearbetningsmåttet (maxmåttet tillåter endast minimal bearbetning om man ska få perfekt tätning mellan ventil och säte). Om maxmåttet överskrids, kan inte de hydrauliska ventillyftarnas funktion garanteras, och topplocket måste bytas ut. Se punkt 6 för information om hur man räknar ut maximalt tillåtet bearbetningsmått.*

5 Undersök topplocket ingående för att hitta eventuella skador eller sprickor som kan ha uppstått. Sprickor kan ofta bekräftas om man hittar kylvätske- eller oljeläckage. Var särskilt uppmärksam på området runt ventilsätena och tändstifts-/bränslespridarhålen. Om sprickor upptäcks i det här området, anger Skoda att på dieselmotorer och SOHC bensinmotorer, kan topplocket återanvändas förutsatt att sprickorna inte är bredare än 0,5 mm (på dieselmotor) eller 0,3 mm (på SOHC bensinmotor). Allvarligare skador betyder att topplockets gjutgods måste bytas ut.

6 Måttligt gropiga och repade ventilsäten kan

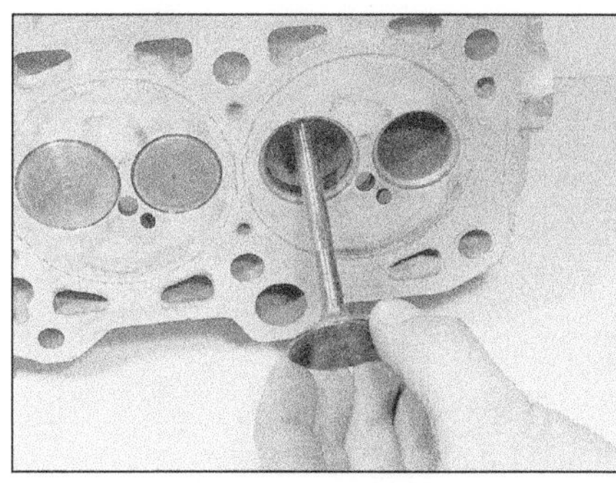

7.11 Demontering av ventil - SOHC motor

repareras genom att man slipar in ventilerna vid hopsättningen, enligt beskrivning längre fram i det här kapitlet. Kraftigt slitna eller skadade ventilsäten kan eventuellt åtgärdas med fräsning, men max tillåtna bearbetningsmått får **inte** överskridas, vilket i praktiken begränsar möjligheterna för bearbetning (se Observera ovan). För att räkna ut maximalt mått efter bearbetning, gör enligt följande **(se bild)**:

a) Om en ny ventil ska monteras, använd den nya ventilen för följande uträkning.
b) Sätt in ventilen i dess styrning i topplocket och tryck in ventilen ordentligt i sätet.
c) Placera en stållinjal över topplockets övre yta, mät avståndet mellan den övre änden av ventilskaftet och topplockets övre yta. Notera avståndet.
d) Titta i specifikationerna efter det minsta tillåtna avståndet mellan ventilskaftet och topplockets yta.
e) Ta det uppmätta avståndet och dra av det minsta tillåtna för att erhålla det mått som anger hur mycket som kan tas bort med maskinbearbetning; t.ex.

Uppmätt avstånd (34,4 mm)
minus Minsta tillåtna avstånd (34,0 mm)
= Maximalt som kan tas bort med maskinbearbetning (0,4 mm).

7 Mät eventuell skevhet i packningsytan med en stållinjal och en uppsättning bladmått. Ta ett mått längsmed grenrörets packningsyta (-ytor). Ta flera mått tvärs över topplockets

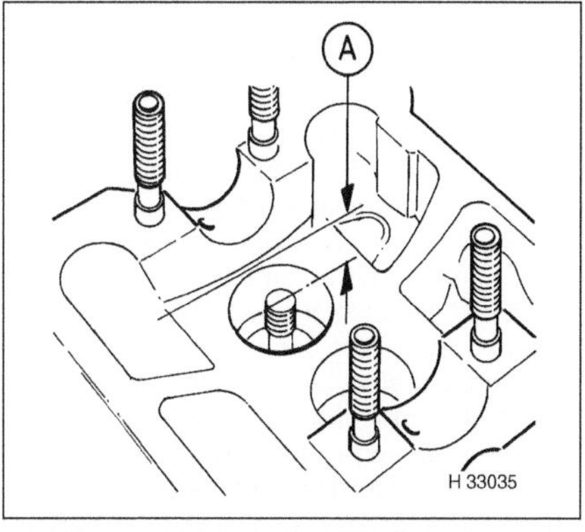

8.6 Mät avståndet (A) mellan ventilskaftets övre ände och topplockets övre yta

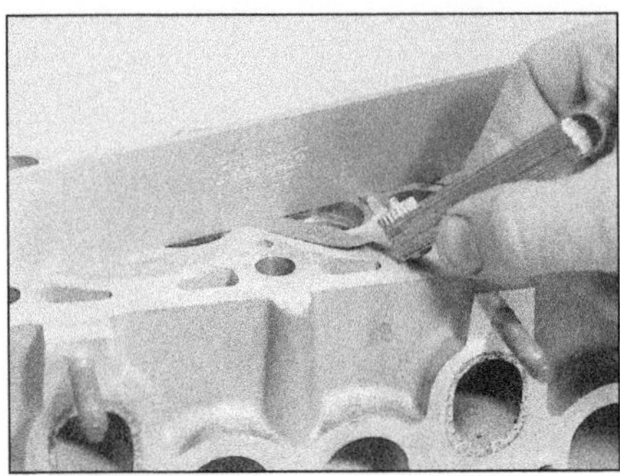

8.7 Mät skevheten på topplockets packningsyta

packningsyta, för att kunna bedöma skevheten på alla plan **(se bild)**. Jämför resultatet med de siffror som anges i specifikationerna.

8 På bensinmotorer, om topplocket är skevt utöver angivet gränsvärde, kan det vara möjligt att åtgärda med maskinbearbetning hos en verkstad, förutsatt att minsta tillåtna topplockshöjd inte underskrids.

9 På dieselmotorer måste topplocket bytas ut om skevheten överskrider angivet gränsvärde.

Kamaxel

10 Kontroll av kamaxeln behandlas i kapitel 2A, 2B eller 2C.

Ventiler och tillhörande komponenter

Observera: *På alla motorer gäller att ventiltallrikarna inte kan fräsas om, men de kan slipas in. På 1,8 liters motorer, om nya ventiler ska monteras, måste de gamla ventilerna lämnas till särskild hantering (kasta dem inte bara i de vanliga soporna), eftersom ventilskaften är fyllda med natrium. Kontakta närmaste miljöstation/återvinningscenter för information.*

11 Undersök varje ventil ingående för att hitta tecken på slitage. Undersök om ventilskaften har slitagekanter, är repiga eller har varierande diameter; mät diametern på flera punkter längs skaften med en mikrometer och jämför med måtten som anges i specifikationerna **(se bild)**.

12 Ventiltallrikarna får inte vara spruckna, ha kraftig punktkorrosion eller vara förkolnade. Mycket lätt punktkorrosion kan åtgärdas med inslipning av ventilerna vid hopsättning, enligt beskrivning i avsnitt 9.

13 Kontrollera också att ventilskaftens ändar inte har kraftig punktkorrosion eller inbuktningar; sådana skador kan ha orsakats av defekta hydrauliska ventillyftare.

14 Med skjutmått, mät varje ventilfjäders fria längd. Eftersom tillverkaren inte anger något mått, är det enda sättet att kontrollera längden på fjädern att jämföra den med en ny komponent. Ventilfjädrarna byts vanligtvis ut vid en omfattande motorrenovering **(se bild)**.

15 Ställ upp varje fjäder på en plan yta, mot ett vinkelmått **(se bild)**. Kontrollera att fjädern är rak och byt ut den om den verkar deformerad.

16 Byt ut ventilskaftets oljetätningar oavsett synligt skick.

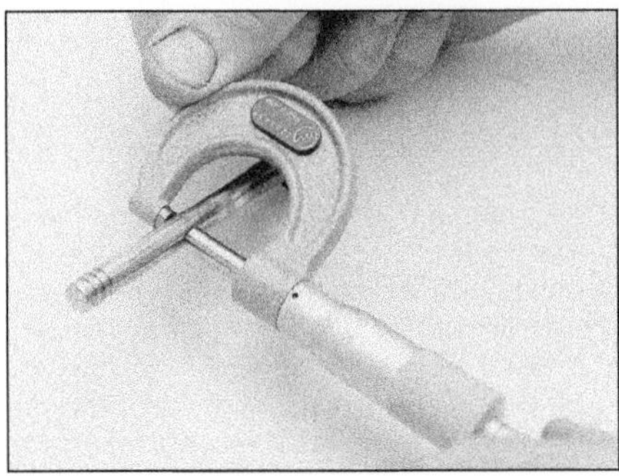

8.11 Mät diametern på ventilskaften med en mikrometer

8.15 Kontrollera om ventilfjädrarna är raka

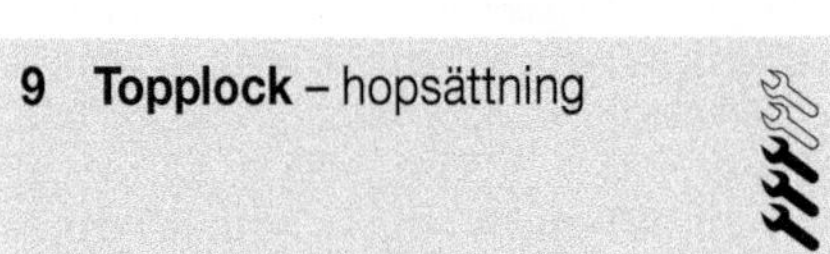

9 Topplock – hopsättning

Observera: *En ventilfjäderkompressor behövs för det här arbetet.*

SOHC bensinmotorer

1 För att åstadkomma en gastät tätning mellan ventilerna och sätena, måste man slipa in ventilerna. För att kunna göra detta behöver du fin/grov slippasta och ett inslipningsverktyg – detta kan vara av typen sugkopp på skaft, eller en automatisk typ som drivs av ett roterande elverktyg.

2 Lägg en liten mängd *fin* slippasta på tätningsytan på ventiltallriken. Vänd på topplocket så att förbränningskamrarna är vända uppåt och sätt in ventilen i korrekt styrning. Placera inslipningsverktyget på

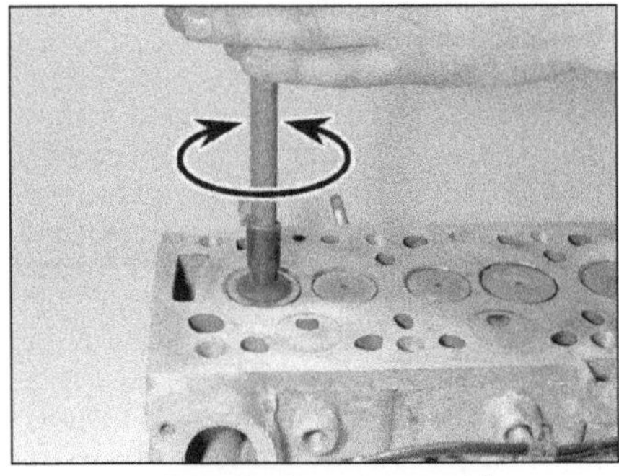

9.2 Inslipning av en ventil

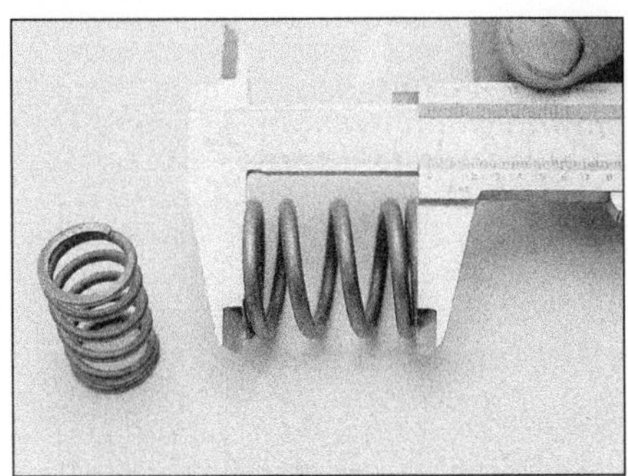

8.14 Mät varje ventilfjäders fria längd

ventiltallriken och slipa in ventiltallriken i sitt säte med en roterande rörelse, fram och tillbaka. Lyft upp ventilen då och då och omfördela slippastan **(se bild)**.

3 Fortsätt tills kontakten mellan ventilen och sätet producerar en matt, grå, jämnt bred ring, på båda ytorna. Upprepa på de andra ventilerna.

4 Om ventilerna och sätena har så kraftig punktkorrosion att grov slippasta måste användas, kom ihåg att det finns ett maxmått för tillåten inslipning av ventilerna och sätena. Se specifikationerna i början av kapitlet för minsta avstånd från änden av ventilskaftet till topplockets övre yta (se avsnitt 8). Om detta mått överskrids på grund av för hård inslipning, kan det hända att ventillyftarna inte fungerar, och topplocket måste då bytas ut.

5 Förutsatt att reparation är möjlig, arbeta enligt tidigare beskrivning, men inled med grov slippasta för att få en matt finish på ventilytan och sätet. Tvätta sedan av den grova pastan med lösningsmedel och upprepa med fin slippasta för att erhålla korrekt finish.

6 När alla ventiler har slipats in, ta bort all slippasta från topplocket och ventilerna med lösningsmedel och låt alla delar torka helt.

7 Vänd topplocket så att det ligger på sidan.

8 Arbeta med en ventil åt gången. Smörj ventilskaftet med ren motorolja och sätt in den i motsvarande styrning. Sätt en av skyddshylsorna som följer med de nya oljetätningarna över änden på ventilskaftet – det skyddar oljetätningen när den monteras **(se bilder)**.

9 Doppa en ny ventilskaftstätning i ren

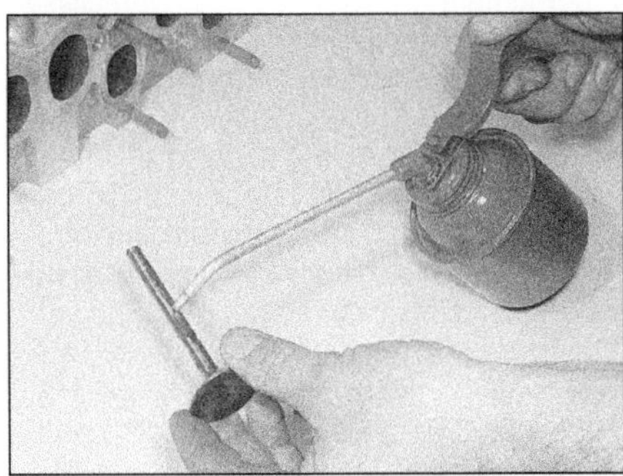

9.8a Smörj ventilskaftet med ren motorolja – SOHC motor

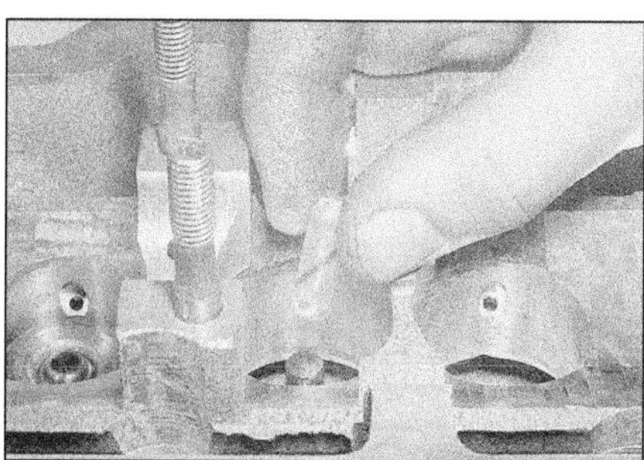

9.8b Placera en skyddshylsa över ventilskaftet innan dess tätning monteras - SOHC motor

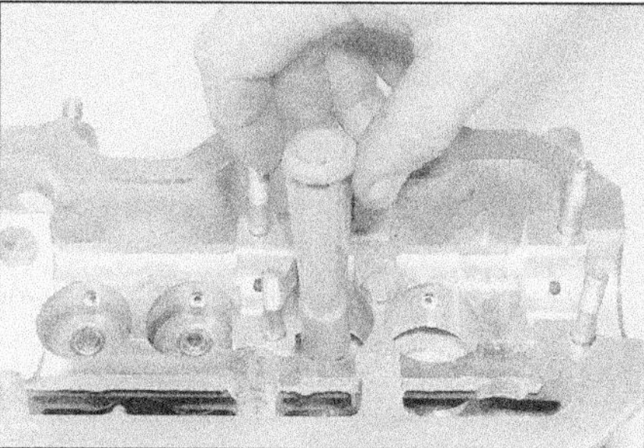

9.9 Ventilskaftets oljetätning monteras med ett särskilt monteringsverktyg - SOHC motor

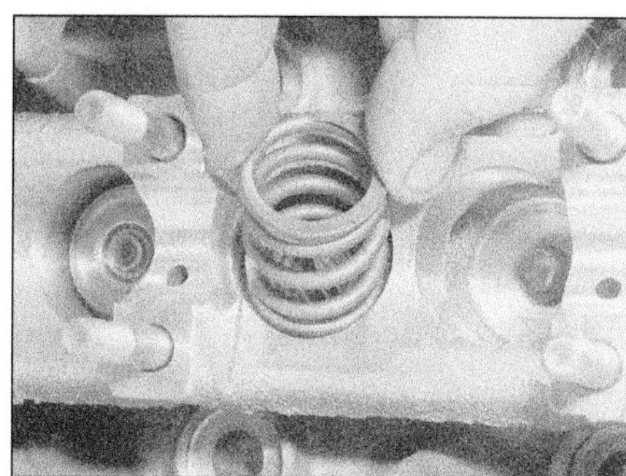

9.10 Montering av ventilfjäder - SOHC motor

motorolja och tryck den försiktigt över ventilskaftet och på toppen av ventilstyrningen – var försiktig så att inte tätningen skadas när den sätts på plats. Använd en lämplig hylsa med långt skaft eller ett passande monteringsverktyg för ventilskaftstätningar till att pressa tätningen ordentligt på plats **(se bild)**. Ta sedan bort den skyddande hylsan från ventilskaftet.

10 Placera ventilfjädern över ventilskaftet, försäkra att den nedre änden av fjädern sätter sig korrekt på topplocket **(se bild)**.

11 Sätt det övre fjädersätet över toppen av fjädern, tryck sedan ihop fjädern med en fjäderkompressor tills det övre sätet har tryckts förbi knasterspåren i ventilskaftet. Sätt det delade knastret på plats. Släpp sedan fjäderkompressorn gradvis, och kontrollera att knastret sitter kvar på plats när fjädern förlängs. När det övre fjädersätet sitter korrekt, ska det hålla knastret säkert på plats i spåren i änden av ventilskaftet **(se bilder)**.

Använd en liten klick fett till att hålla knastren på plats i ventilskaftet medan fjäderkompressorn släpps ut.

12 Upprepa åtgärderna för övriga ventiler och försäkra dig om att alla komponenter sätts tillbaka på sina ursprungliga platser. För att komponenterna ska sätta sig ordentligt efter monteringen, slå på änden av varje ventilskaft med en klubba, med ett träblock som mellanlägg för att skydda skaftet. Kontrollera igen, innan arbetet fortsätter, att de delade knastren fortfarande sitter säkert på plats i spåren i ventilskaftens ändar.

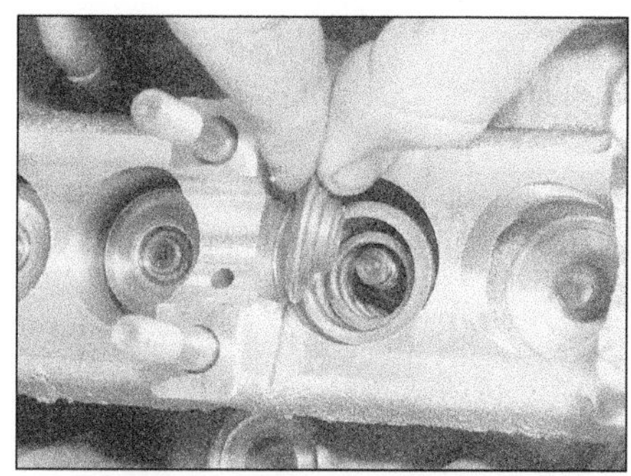

9.11a Det övre fjädersätet sätts på plats - SOHC motor

9.11b Använd fett till att hålla det delade knastret på plats i spåret - SOHC motor

13 Sätt tillbaka eventuella fästbyglar och/ eller motorlyftöglor på sina ursprungliga platser, enligt de noteringar som gjordes vid demonteringen.

14 Montera kamremsspännarens remskiva och säkra med en mutter och en bricka.

15 Där så är tillämpligt, sätt tillbaka kamaxellägesgivaren, se kapitel 4A, avsnitt 5.

16 Där så är tillämpligt, montera kylvätskehuset bak på topplocket, med en ny tätning.

17 Montera kamaxeln och de hydrauliska ventillyftarna enligt beskrivning i kapitel 2A.

18 Montera insugs- och avgasgrenrören enligt beskrivning i kapitel 4A och 4C.

1,4 liters bensinmotorer

19 Följ beskrivningen i punkt 1 till 13 **(se bilder)**.

20 Sätt tillbaka den sekundära kamremmens spännare, sätt sedan tillbaka fästbulten.

21 Montera insugs- och avgasgrenrören enligt beskrivning i kapitel 4A och 4C.

9.19a En hylsa med långt skaft används vid montering av ventilskaftets oljetätning - 1,4 liters DOHC motor

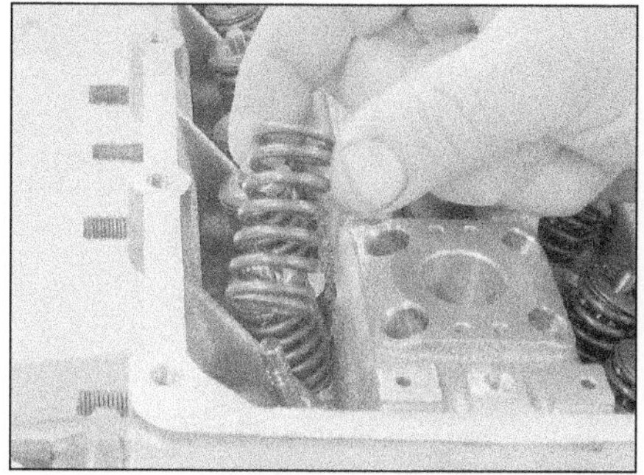

9.19b Montering av ventilfjäder . . .

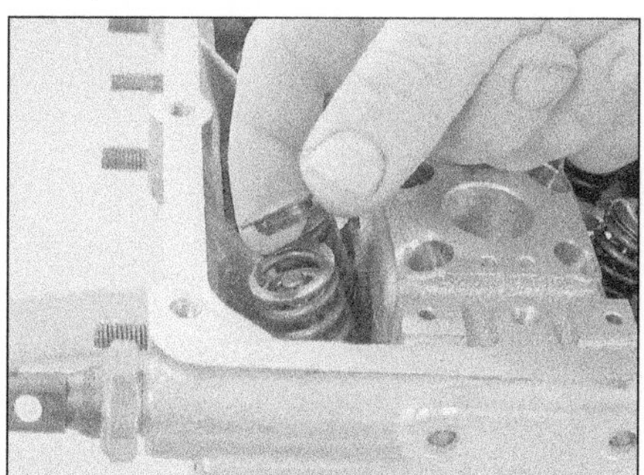

9.19c . . . och övre fjädersäte - 1,4 liters DOHC motor

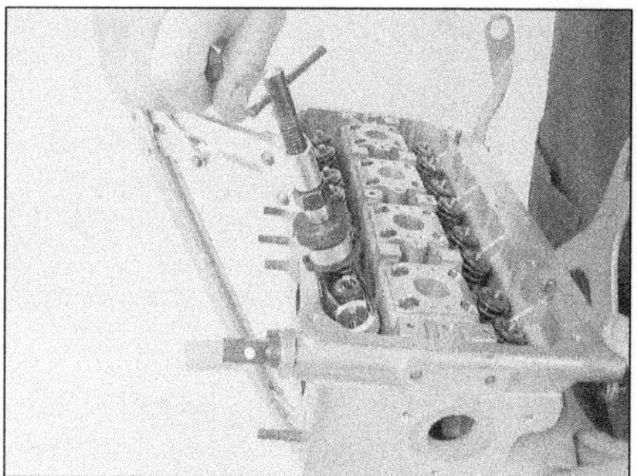

9.19d En ventilfjäder trycks ihop med en kompressor - 1,4 liters DOHC motor

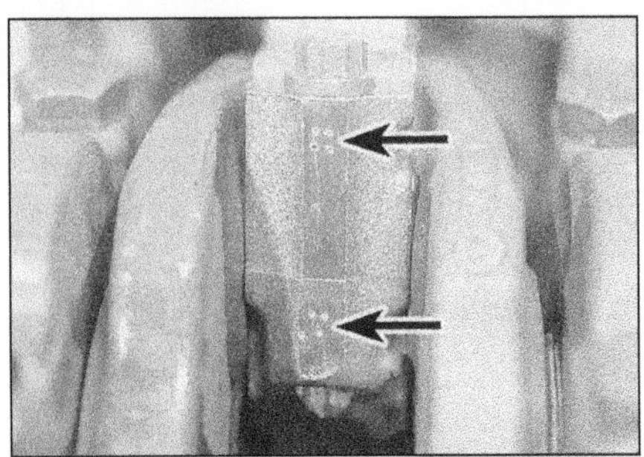
10.3 Märk vevstakarna och deras lageröverfall med motsvarande cylindernummer (vid pilarna)

10.6a Skruva lageröverfallets bultar . . .

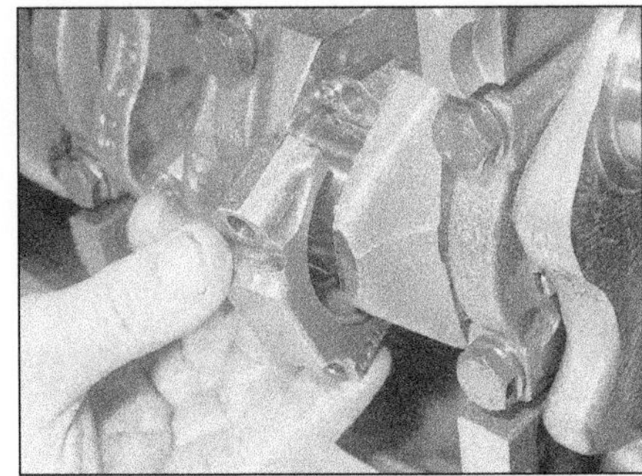
10.6b . . . och ta bort överfallet

1,8 liters motorer

22 Följ beskrivningen i punkt 1 till 13.
23 Montera de hydrauliska ventillyftarna och kamaxlarna enligt beskrivning i kapitel 2B.
24 Montera insugs- och avgasgrenrören enligt beskrivning i kapitel 4A och 4C.

Dieselmotorer

25 Följ beskrivningen i punkt 1 till 13.
26 Montera kamremsspännarens remskiva på pinnbulten på topplocket och sätt tillbaka fästmuttern.
27 Montera bränslespridarna enligt beskrivning i kapitel 4B.
28 Montera glödstiften enligt beskrivning i kapitel 5C.
29 Montera ventillyftarna och kamaxeln enligt beskrivning i kapitel 2C.
30 Montera insugs- och avgasgrenrören (och turboladdaren om så är tillämpligt), enligt beskrivning i kapitel 4B och 4D.

10 Kolvar/vevstakar – demontering

1 Gör enligt följande beroende på motortyp:

a) På SOHC bensinmotorer, demontera topplocket, oljesumpen och oljeskvalpplåten, och oljepumpen och pickupröret, enligt beskrivning i kapitel 2A. ***Observera:*** *På 2,0 liters AZJ motorer måste man demontera balansaxelenheten.*

b) På 1,4 liters DOHC bensinmotorer, demontera topplocket, oljesumpen och oljepickupröret, enligt beskrivning i kapitel 2B.

c) På 1,8 liters DOHC motorer, demontera topplocket, oljesumpen och oljeskvalpplåten, och oljepumpen och pickupröret, enligt beskrivning i kapitel 2B.

d) På dieselmotorer, demontera topplocket, oljesumpen och oljeskvalpplåten, och oljepumpen och pickupröret, enligt beskrivning i kapitel 2C.

2 Undersök om det finns slitkanter längst upp i cylinderloppen, vid den punkt där kolvarna når ÖD. Sådana kanter måste tas bort för att inte kolvarna ska ta skada när de trycks ut ur

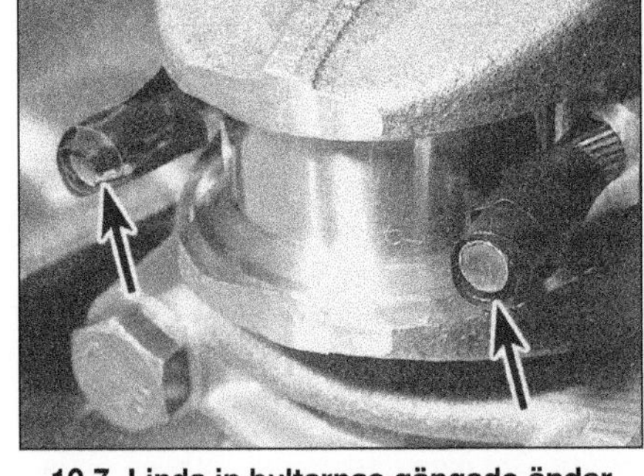
10.7 Linda in bultarnas gängade ändar med tejp

loppen. Använd en skrapa eller en kantbrotsch till att ta bort kanterna. Sådana här kanter tyder på kraftigt slitna cylinderlopp.
3 Kontrollera att vevstakarna och lageröverfallen har identifikationsmärkningar. Både vevstakarna och lageröverfallen ska vara märkta med cylindernummer på ena sidan. Observera att cylinder nr 1 är vid motorns kamremsände. Om inga märkningar finns, använd hammare och körnare, eller färg, och märk varje vevstake och vevstakslageröverfall med respektive cylindernummer. Notera på vilken sida av enheterna som märkningen görs **(se bild)**.
4 Kontrollera också att kolvkronorna har riktningsmarkeringar. En pil på varje kolvkrona ska peka mot motorns kamremsände. På vissa motorer kan denna märkning vara dold av sotavlagringar, i vilket fall kolvkronorna måste rengöras så att de kan kontrolleras. I vissa fall kan pilen ha slitits bort, och då bör ett lämpligt märke göras med en rits – repa inte kolvkronan djupt, men se till att märkningen blir synlig.
5 Vrid vevaxeln så att kolv nr 1 och 4 hamnar i ND (nedre dödpunkt).
6 Skruva loss bultarna eller muttrarna, efter tillämplighet, från vevlageröverfallet för kolv nr 1. Lyft av överfallet och ta vara på den nedre lagerskålshalvan. Om lagerskålarna ska återanvändas, tejpa ihop överfallet och lagerskålen. Om lagerskålarna ska återanvändas, måste de monteras på samma vevstake och överfall **(se bilder)**.
7 Om lageröverfallen sitter fast med muttrar, linda tejp runt de gängade ändarna av bultarna för att förhindra att de skrapar vevtappar och lopp när kolvarna demonteras **(se bild)**.
8 Tryck upp kolven genom loppet med ett hammarskaft och ta ut den från motorblockets översida. Om så är tillämpligt, var försiktig så att inte kolvarnas oljespraymunstycken i motorblocket skadas när kolven/vevstaken tas ut. Ta vara på den övre lagerskålen och tejpa fast den på vevstaken så att den inte tappas bort.
9 Sätt tillbaka vevlageröverfallet löst på vevstaken, och fäst med bultar eller muttrar – detta hjälper till att hålla ordning på de komponenter som hör ihop.
10 Demontera kolv nr 4 på samma sätt.
11 Vrid vevaxeln så mycket som behövs för att kolv nr 2 och 3 ska hamna i ND och demontera dem på samma sätt.
12 Därså är tillämpligt, skruva loss fästbultarna och ta bort kolvarnas oljespraymunstycken från botten av motorblocket **(se bilder)**.

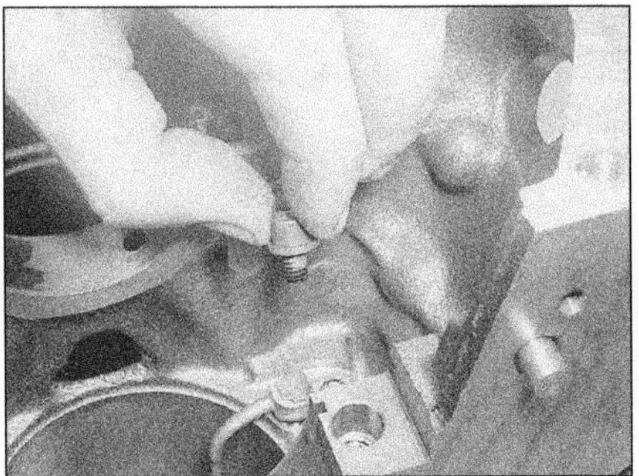
10.12a Skruva loss fästbultarna . . .

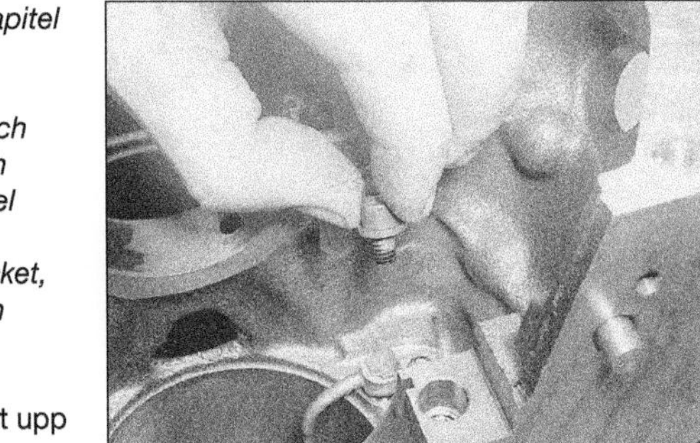
10.12b . . . och ta bort kolvarnas oljespraymunstycken

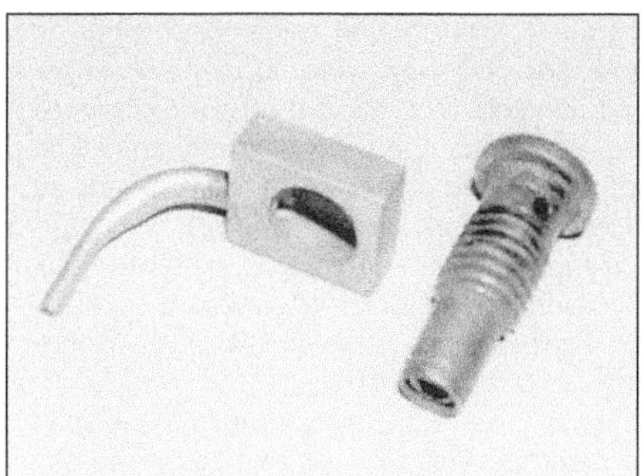

10.12c Oljespraymunstycke och hållare

11.5 Skruva loss och ta bort ramlageröverfallens bultar

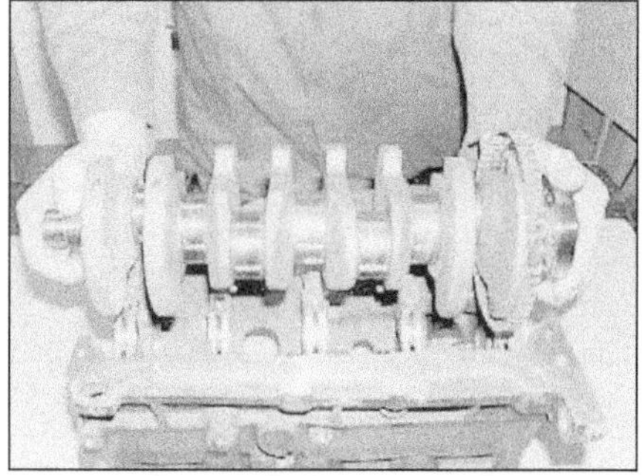

11.7 Lyft upp vevaxeln ur motorblocket

11 Vevaxel – demontering

Försiktighet: På 1,4 liters motorer får vevaxeln inte demonteras. Om man lossar ramlageröverfallens bultar kommer motorblocket att deformeras. På dessa motorer måste hela vevaxeln/motorblocket bytas ut om vevaxeln eller ramlagerytorna är slitna eller skadade.

Observera: *Om inget arbete ska göras på kolvarna och vevstakarna måste inte kolvarna tryckas ut ur cylinderloppen. Kolvarna bör i så fall bara tryckas så långt upp i loppen att de är ur vägen för vevaxeltapparna.*

1 Gör enligt följande beroende på motortyp:

a) *På SOHC bensinmotorer, demontera kamremmen och vevaxeldrevet, oljesumpen och oljeskvalpplåten, oljepumpen och pickupen, svänghjulet och vevaxelns oljetätningshus, enligt beskrivning i kapitel 2A.* ***Observera:*** *På 2,0 liters AZJ motorer måste man demontera balansaxelenheten.*

b) *På 1,8 liters DOHC bensinmotorer, demontera kamremmen och vevaxeldrevet, oljesumpen och oljeskvalpplåten, oljepumpen och pickupen, svänghjulet och vevaxelns oljetätningshus, enligt beskrivning i kapitel 2C.*

2 Demontera kolvarna och vevstakarna, eller koppla loss dem från vevaxeln, enligt beskrivning i avsnitt 10 (se Observera i början av avsnittet).

3 Kontrollera vevaxelns axialspel enligt beskrivning i avsnitt 14, gör sedan enligt följande.

4 Ramlageröverfallen ska vara numrerade 1 till 5 från motorns kamremsände. Om lageröverfallen inte är märkta, märk dem med en körnare. Notera åt vilket håll märkningarna är vända för att garantera korrekt återmontering.

5 Skruva loss och ta bort ramlageröverfallens bultar och lyft av överfallen. Om överfallen sitter fast, knacka på dem med en mjuk klubba för att lossa dem från motorblocket **(se bild)**. Ta vara på de nedre lagerskålarna och tejpa fast dem i respektive överfall så att de inte blandas ihop/kommer bort.

6 På dieselmotorer, ta vara på de nedre halvorna av de tryckbrickor som sitter på var sida om ramlageröverfall nr 3, som sitter där för att kontrollera vevaxelns axialspel. Notera vilken väg de sitter.

7 Lyft upp vevaxeln från motorblocket **(se bild)**. Var försiktig, vevaxeln är tung. På motorer med en vevaxelhastighets-/lägesgivare, lägg vevaxeln på träblock – **låt inte** vevaxeln vila på givarens hjul.

8 Ta bort de övre lagerskålarna från motorblocket och tejpa fast dem i respektive överfall så att de inte blandas ihop/kommer bort. Ta också vara på de övre tryckbrickorna för vevaxelns axialspel och notera hur de sitter.

9 På motorer med ett vevaxelhastighets-/lägesgivarhjul, skruva loss fästbultarna och ta bort givarhjulet. Notera också vilken väg det sitter.

12 Motorblock/vevhus – rengöring och kontroll

Rengöring

1 Ta bort alla externa komponenter och elektriska brytare/givare från motorblocket, inklusive fästbyglar, kylvätskepump, oljefilter/oljekylarhus etc. För en fullständig rengöring måste frostpluggarna också tas ut. Borra ett litet hål i varje plugg och sätt in en självgängande skruv i hålet. Dra sedan ut pluggen genom att dra i skruven med en tång, eller med en glidhammare.

2 Skrapa bort alla spår av packning och tätningsmedel från motorblocket/vevhuset. Var försiktig så att du inte skadar tätningsytorna.

3 Ta bort alla pluggar från oljekanalerna (om monterade). Pluggarna sitter oftast mycket hårt – man måste eventuellt borra ut dem och gänga om hålen. Använd nya pluggar när motorn sätts ihop.

4 Om gjutgodset är mycket smutsigt bör det ångtvättas. Därefter, rengör alla oljehål och kanaler en gång till. Spola alla interna passager med varmt vatten tills rent vatten rinner ut. Torka noggrant och lägg ett tunt lager olja på alla fogytor och cylinderlopp, för att förebygga rost. Om du har tillgång till tryckluft, använd det till att påskynda torkningsprocessen, och för att blåsa ur alla oljehål och kanaler.

Varning: Använd alltid skyddsglasögon när du arbetar med tryckluft.

5 Om gjutgodset inte är överdrivet smutsigt räcker det med att tvätta rent med hett såpvatten och en styv borste. Ta god tid på dig och gör ett noggrant jobb. Oavsett vilken rengöringsmetod som används, se till att rengöra alla oljehål och kanaler mycket noga, och torka alla delar väl. Skydda cylinderloppen enligt ovan för att förebygga rost.

6 Där så är tillämpligt, undersök om kolvarnas oljespraymunstycken är skadade, och byt ut dem efter behov. Kontrollera om oljesprayhålet och oljepassagerna är blockerade.

7 Alla gängade hål måste vara rena för att man ska kunna dra åt bultarna till rätt åtdragningsmoment vid monteringen. För ner en gängtapp av rätt storlek i varje hål för att ta bort rost, korrosion, gängtätning eller slam, och för att återställa gängorna **(se bild)**. Om så är möjligt, använd därefter tryckluft till att blåsa ut skräp som uppstår i hålen vid det här arbetet. **Observera:** *Var extra noga med att få bort all vätska ur alla gängade bottenhål, eftersom gjutgodset annars kan spricka av det hydraultryck som uppstår om en bult skruvas in i ett hål där det finns kvar vätska.*

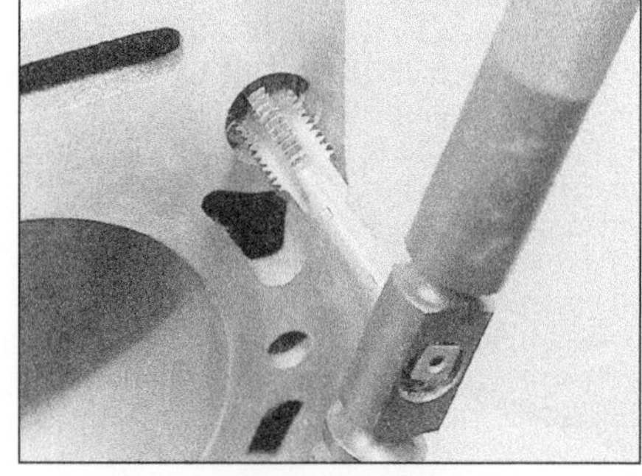

12.7 För att rengöra gängorna i motorblocket, för in en gängtapp av rätt storlek i hålen

Ett bra alternativ är att spruta in vattenavvisande spraysmörjmedel i varje hål, med hjälp av den pip som vanligtvis medföljer.

Varning: Använd skyddsglasögon när hålen rengörs på det här sättet.

8 Lägg lämpligt tätningsmedel på fogytorna på de nya frostpluggarna, sätt sedan in dem i motorblocket. Se till att de drivs in rakt och att de sätter sig ordentligt, annars kan de börja läcka.

En stor hylsa med en ytterdiameter som passar precis i frostpluggen kan användas till att driva pluggen på plats.

9 Lägg lämpligt tätningsmedel på de nya oljekanalspluggarna och sätt in dem i hålen i blocket. Dra åt dem ordentligt.

10 Om motorn inte ska sättas ihop på en gång, täck över den med en stor plastpåse för att hålla den ren; skydda också alla fogytor och cylinderloppen mot rost.

Kontroll

11 Undersök om gjutgodsen är spruckna eller korroderade. Leta efter trasiga gängor i de gängade hålen. Om det har förekommit internt kylvätskeläckage, kan det vara värt att låta en motorrenoveringsspecialist kontrollera om motorblocket/vevhuset är sprucket, med särskild utrustning. Om defekter hittas, låt reparera dem eller byt ut enheten.

12 Undersök cylinderloppen för att se om de är skavda eller repade.

13 Om det råder någon tvekan angående motorblockets skick, låt en motorrenoveringsspecialist undersöka och mäta blocket/loppen. De kan tala om huruvida blocket kan renoveras, om det måste borras om, samt förse dig med rätt kolvar och ringar.

14 Om loppen är i relativt gott skick och inte överdrivet slitna, kan det räcka med att byta ut kolvringarna.

15 Om detta är fallet ska loppen henas, så att de nya ringarna kan "bäddas in" på rätt sätt och ge bästa möjliga tätning. Rådfråga en motorrenoveringsspecialist.

16 På dieselmotorer, om oljefiltret/oljekylarhuset har demonterats, kan det monteras nu om så önskas. Använd en ny packning, och innan bultarna dras åt helt, rikta in husets fogytor mot motorblockets.

17 Motorblocket/vevhuset ska nu vara helt rent och torrt, och alla komponenter ska vara undersökta och reparerade eller renoverade efter behov.

18 Lägg på ett tunt lager motorolja på fogytorna och cylinderloppen för att förebygga rost.

19 Sätt tillbaka så många av de tillhörande komponenterna som möjligt, så att de inte blandas ihop eller kommer bort. Om inte hopsättningen ska påbörjas på en gång, täck över motorblocket med en stor plastpåse för att hålla den ren, och skydda maskinbearbetade ytor enligt tidigare beskrivning för att förebygga rost.

13 Kolvar/vevstakar – rengöring och kontroll

Rengöring

1 Innan kontrollåtgärderna kan påbörjas, måste kolvarna och vevstakarna rengöras, och kolvringarna tas bort från kolvarna.

2 Ringarna bör ha en slät, polerad arbetsyta, utan matta eller sottäckta områden (vilket visar att ringarna inte tätar ordentligt mot loppets vägg, utan släpper förbi förbränningsgaser), och inga spår av slitage på över- eller undersida. Ändgapen ska vara fria från sot, men ändarna får inte se polerade ut (vilket tyder på ett för litet ändgap), och alla ringar (inklusive delarna av oljeringen) ska kunna rotera fritt i sina spår, men inte ha för stor rörelsefrihet uppåt-nedåt. Om ringarna verkar vara i gott skick kan de förmodligen användas igen; kontrollera ändgapen (i en del av loppet som inte är sliten) enligt beskrivning i avsnitt 17.

3 Om någon av ringarna är sliten eller skadad, eller har ett ändgap som skiljer sig avsevärt från det specificerade, är den vanligaste åtgärden att byta ut alla ringar. **Observera:** *Det är vanligt att man byter ut kolvringarna vid en motorrenovering, men man kan behålla de gamla om de är i gott skick. Om ringarna ska återanvändas, se till att varje ring märks vid demonteringen för att försäkra att de sätts tillbaka korrekt.*

4 Töj ut de gamla ringarna över kolvtopparna. Om man använder två eller tre gamla bladmått halkar inte ringarna in i de tomma spåren **(se bild)**. Var försiktig så att du inte skrapar kolvarna med ringändarna. Ringarna är sköra och går lätt av om de töjs ut för mycket. De är också mycket vassa – skydda händer och fingrar. Notera att den tredje ringen har en expander. Håll ihop varje uppsättning ringar med den kolv de tillhör om de gamla ringarna ska användas igen. Notera också vilken sida av varje ring som är vänd uppåt, för att underlätta korrekt återmontering.

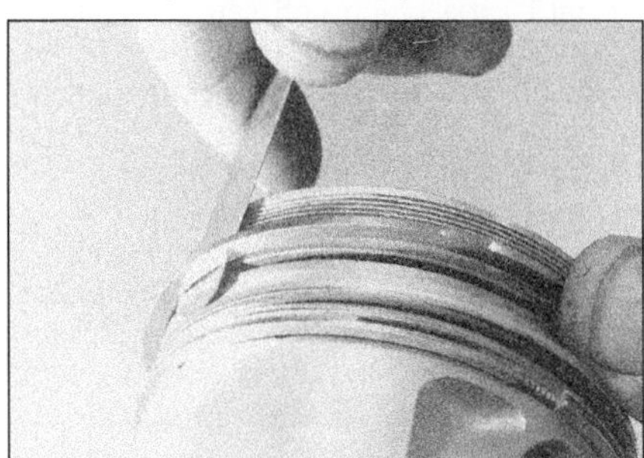

13.4 Gamla bladmått förhindrar att kolvringarna glider in i de tomma ringspåren

5 Skrapa bort alla spår av sot från kolvtoppen. En handhållen stålborste (eller en bit smärgelduk) kan användas när det värsta av avlagringarna har skrapats bort.

6 Ta bort sot från ringspåren i kolven med en gammal ring. Bryt av ringen om du ska använda den till detta (men var försiktig så att du inte skär dig – ringarna är vassa). Var noga med att endast ta bort sotavlagringar – skrapa inte bort någon metall, och se till att inte göra hack eller repor i ringspåren.

7 När avlagringarna har tagits bort, rengör kolvarna/vevstakarna med fotogen eller annat lämpligt lösningsmedel, och torka delarna noggrant. Se till att oljereturhålen i ringspåren inte är blockerade.

Kontroll

8 Om inte kolvarna och cylinderloppen är skadade eller kraftigt slitna, och om motorblocket inte behöver borras om, kan de gamla kolvarna användas igen.

9 Med en mikrometer, mät diametern på alla fyra kolvar ungefär 10 mm från botten av kjolen, i rät vinkel i förhållande till kolvbultens axel **(se bild)**. Jämför resultaten med de siffror som anges i specifikationerna. Notera att kolvarnas storlekar är instansade i kolvkronorna.

10 Om kolvdiametern är inkorrekt för dess särskilda storlek, måste kolven bytas ut. **Observera:** *Om motorblocket har borrats om vid en tidigare renovering, kan kolvar av överstorlek redan vara monterade.* Anteckna alla mått och använd dem till att kontrollera kolvarnas spel i cylinderloppen.

11 Normalt kolvslitage visar sig som vertikalt slitage på kolvens tryckytor, och att den översta ringen är lite lös i sitt spår. Nya kolvringar bör alltid sättas in när motorn sätts ihop.

12 Undersök noggrant varje kolv, leta efter sprickor runt kjolen, runt kolvbultshålen och i områdena mellan kolvringarna.

13 Leta efter repor eller skavning på kolv-

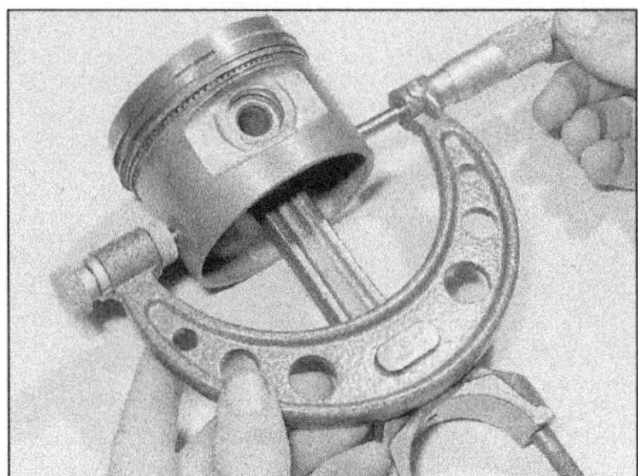

13.9 Kolvens diameter mäts med en mikrometer

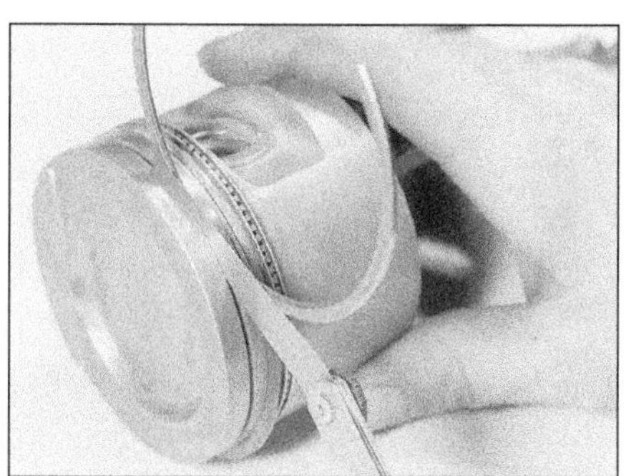

13.18 Mät spelet mellan kolven och ringen med bladmått

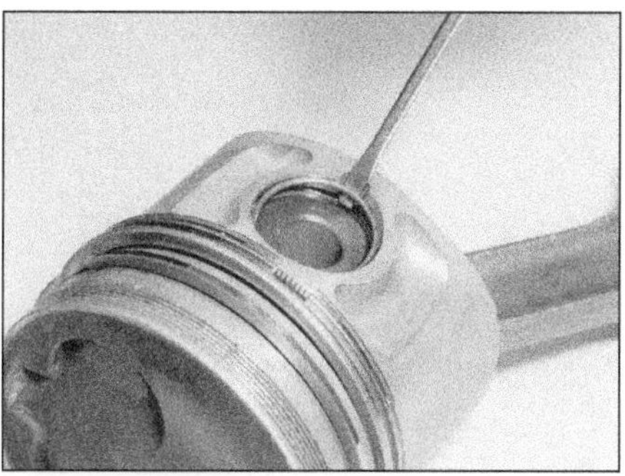

13.22a Använd en liten spårskruvmejsel till att bända ut låsringen . . .

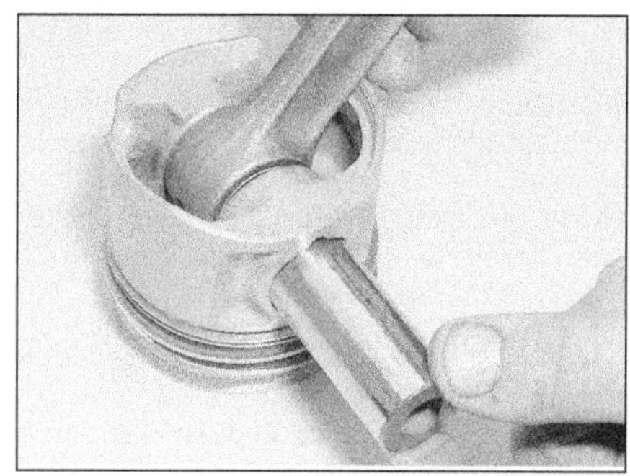

13.22b . . . tryck sedan ut kolvbulten och ta isär kolven och vevstaken

kjolen, hål i kolvkronan och brända områden på kanten av kronan. Om kjolen är skavd eller repad kan motorn ha utsatts för överhettning, och/eller onormal förbränning som orsakat extremt höga arbetstemperaturer. Kyl- och smörjsystemen bör undersökas noggrant.

14 Brännmärken på sidorna av kolven visar att "förbiblåsning" har förekommit.

15 Ett hål i kolvkronan, eller brända områden på kanten av kolvkronan, tyder på att onormal förbränning (förtändning, knackning eller detonation) har förekommit.

16 Om någon av ovan nämnda problem upptäcks, måste orsakerna undersökas och åtgärdas, annars kommer skadorna att uppstå igen. Orsakerna kan vara felaktig inställning av tändning/insprutningspump, läckor av insugsluft eller felaktig luft-/bränsleblandning (bensinmotorer), eller en defekt bränslespridare (dieselmotorer).

17 Korrosion på kolven, i form av gropar, tyder på att kylvätska har läckt in i förbränningskammaren och/eller vevhuset. Orsaken måste åtgärdas för att inte problemet ska återkomma i den renoverade motorn.

18 Placera en ny kolvring i rätt spår och mät spelet mellan ringen och spåret med bladmått **(se bild)**. Notera att ringarna har olika bredd, så se till att använda rätt ring för spåret. Jämför de uppmätta spelen med dem som anges i specifikationerna; om spelen ligger utanför toleranserna måste kolven bytas ut. Bekräfta genom att mäta bredden på kolvringen med en mikrometer.

19 Nya kolvar kan köpas från en Skodahandlare.

20 Undersök varje vevstake noggrant och leta efter tecken på skador, som sprickor runt vevstaks- och kolvbultslagren. Kontrollera att vevstaken inte är böjd eller på annat sätt deformerad. Det är inte troligt att vevstaken är skadad, såvida inte motorn har skurit eller överhettat kraftigt. Detaljerad kontroll av vevstaken kan endast utföras av en Skodaverkstad eller motorrenoveringsspecialist med rätt utrustning.

21 Kolvbultarna är av den flytande typen och de hålls på plats av två låsringar. Kolvarna och vevstakarna kan tas isär enligt följande.

22 Bänd ut låsringarna med en liten spårskruvmejsel och tryck ut kolvbulten **(se bilder)**. Det bör räcka att man trycker med handen. Märk kolven och vevstaken för att försäkra att de sätts ihop korrekt. Kasta låsringarna – nya **måste** användas vid monteringen. Om kolvbulten är svår att ta bort, värm upp kolven till 60°C med hett vatten – den efterföljande expansionen gör då att de två komponenterna kan separeras.

23 Undersök om kolvbulten och kolvbultslagret visar tecken på skador eller slitage. Man ska kunna trycka kolvbulten genom vevstaken för hand, utan märkbart spel. Slitage åtgärdas med byte av kolvbult och bussning. Byte av bussning är dock ett specialistjobb – en särskild press behövs och den nya bussningen måste brotschas exakt.

24 Undersök alla komponenter och införskaffa nya delar från en Skodahandlare. Om nya kolvar köps, levereras de med kolvbultar och låsringar. Låsringar kan också köpas separat.

25 Kolven måste vändas åt rätt håll i förhållande till vevstaken när de två sätts ihop. Kolvkronan är märkt med en pil (som kan vara svår att se p.g.a. sotavlagringar); denna måste peka mot motorns kamremsände när kolven är monterad. Vevstaken och dess lageröverfall har båda frästa urtag på en sida, nära fogytorna – dessa urtag måste båda vara vända åt samma hål som pilen på kolvkronan (d.v.s. mot kamremmen) när enheten är monterad. Sätt ihop de två komponenterna enligt dessa beskrivningar **(se bilder)**.

26 Lägg på ett lager ren motorolja på kolvbulten. För in den i kolven och genom vevstaken. Kontrollera att kolven kan svänga fritt på vevstaken och lås sedan kolvbulten på plats med två nya låsringar. Kolvringarna måste sitta ordentligt i spåren i kolven.

27 Upprepa rengöring och kontroll för alla kolvar/vevstakar.

14 Vevaxel – inspektion och kontroll av axialspel

Kontroll av axialspel

1 Om vevaxelns axialspel ska kontrolleras, måste detta göras medan vevaxeln fortfarande sitter på plats i motorblocket/vevhuset, men kan röras fritt (se avsnitt 11).

2 Kontrollera axialspelet med en mätklocka som är i direkt kontakt med vevstaken. Tryck vevaxeln så långt det går åt ena hållet och nollställ mätklockan. Tryck sedan vevaxeln så långt det går åt det andra hållet, och kontrollera axialspelet. Resultatet kan sedan jämföras med specificerat spel, och indikerar huruvida nya tryckbrickor behövs **(se bild)**.

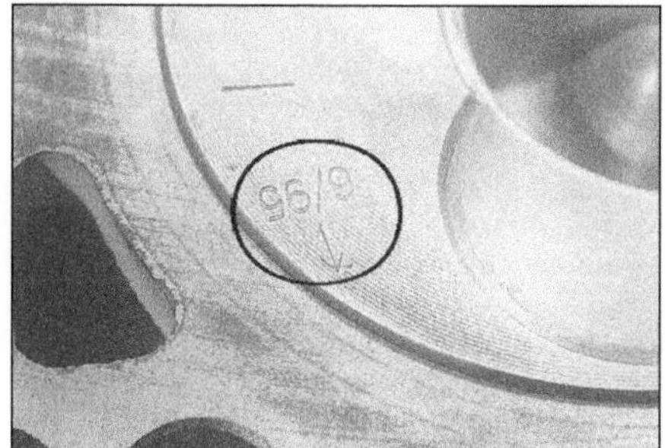

13.25a Kolvkronan är märkt med en pil som måste peka mot motorns kamremsände

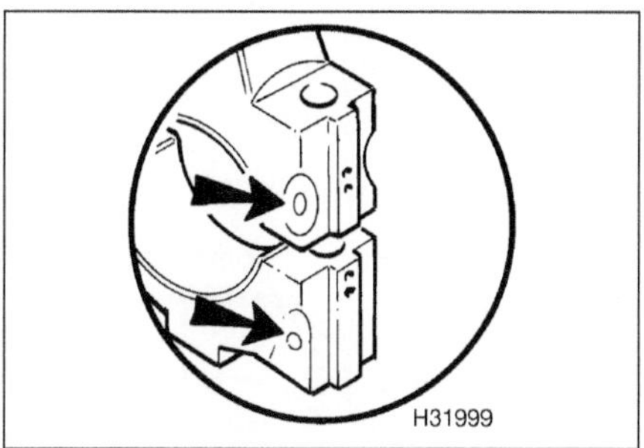

13.25b Urtagen (vid pilarna) i vevstaken och lageröverfallet måste vara vända mot motorns kamremsände

14.2 Vevaxelns axialspel mäts med en mätklocka

Notera att alla tryckbrickor måste vara av samma tjocklek.

3 Om en mätklocka inte finns till hands kan bladmått användas. Tryck då först vevaxeln helt mot motorns svänghjulsände, använd sedan bladmått till att mäta gapet mellan vevslängen för vevtapp nr 3 och tryckbrickornas halvor **(se bild)**.

Inspektion

4 Rengör vevaxeln med fotogen eller annat lämpligt lösningsmedel, och torka den, helst med tryckluft om det finns tillgängligt. Se till att rengöra oljehålen med piprensare eller liknande, för att se till att de inte är blockerade.

Varning: Använd alltid skyddsglasögon när du arbetar med tryckluft.

5 Undersök om ram- och vevlagertapparna är ojämnt slitna, repade, korroderade eller spruckna.

6 Vevlagerslitage åtföljs av ett tydligt metalliskt knackande när motorn går (särskilt märkbart när motorn drar iväg från låg hastighet) och en viss förlust av oljetryck.

7 Ramlagerslitage åtföljs av kraftiga motorvibrationer och muller – som blir stegvis värre när motorns hastighet ökar – och även här förlust av oljetryck.

8 Kontrollera om en lagertapp känns ojämn genom att dra fingret över lagerytan. Ojämnhet (som åtföljs av uppenbart lagerslitage) tyder på att vevaxeln behöver slipas om (om möjligt) eller bytas ut.

9 Om vevaxeln har slipats om, leta efter borrskägg runt oljehålen (hålen fasas vanligtvis, så borrskägg borde inte vara ett problem, om inte vevaxelomslipningen har utförts oförsiktigt). Ta bort eventuellt borrskägg/grader med en fin fil eller skrapa och rengör oljehålen noggrant enligt tidigare beskrivning.

10 Med en mikrometer, mät diametern på ram- och vevlagertapparna och jämför resultatet med specifikationerna **(se bild)**. Genom att mäta diametern vid ett antal punkter runt varje lagertapps omkrets, kan du avgöra om lagertappen är orund. Ta också mått i var ände av lagertappen, nära vevslängarna, för att kunna avgöra om lagertappen är konisk.

11 Kontrollera om oljetätningarnas kontaktytor i var ände av vevaxeln är skadade eller slitna. Om tätningen har slitit ett djupt spår i vevaxelytan, rådfråga en motorrenoveringsspecialist; reparation kan vara möjlig, men annars måste en ny vevaxel införskaffas.

12 Om vevaxeltapparna inte redan har slipats om, kan det vara möjligt att renovera vevaxeln, och montera lagerskålar av understorlek (se avsnitt 18). Om det inte finns några lagerskålar av understorlek och vevaxeln är sliten över den angivna gränsen, måste den bytas ut. Kontakta din Skodahandlare eller motorspecialist för ytterligare information om tillgång på delar.

14.3 Vevaxelns axialspel mäts med bladmått

15 Ram- och vevstakslager – kontroll och urval

Kontroll

1 Även om ram- och vevstakslagren ska bytas ut vid en motorrenovering, bör de gamla lagren sparas och undersökas noggrant, eftersom de kan ge värdefull information om motorns skick **(se bild)**.

2 Lagerhaveri kan uppstå på grund av smörjmedelsbrist, smuts eller andra partiklar, överbelastning av motorn eller korrosion. Oavsett orsak, måste problemet åtgärdas innan motorn sätts ihop, för att inte samma problem ska uppstå i den renoverade motorn.

3 Vid undersökning av lagerskålarna, ta bort dem från motorblocket/vevhuset, ramlageröverfallen, vevstakarna och vevstakslageröverfallen. Lägg ut lagerskålarna på en ren yta i samma position som de har i motorn. Det gör det möjligt att matcha eventuella lagerproblem med motsvarande vevaxellagertapp. *Vidrör inte* lagerskålarnas inre lagerytor med fingrarna under kontroller, eftersom den ömtåliga ytan lätt kan skadas.

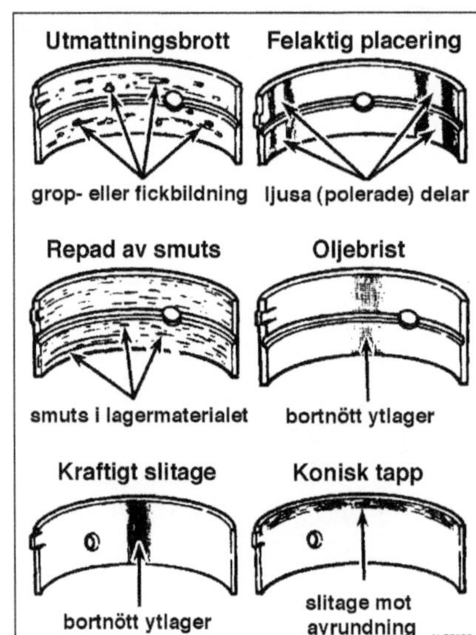

15.1 Typiska lagerproblem

14.10 Mät diametern på varje vevaxellagertapp med en mikrometer

4 Smuts och andra partiklar kan komma in i motorn på olika sätt. Det kan bli kvar i motorn efter en renovering, eller passera genom filter eller vevhusventilationssystemet. Det kan komma in i oljan och därmed föras till lagren. Metallspån från maskinbearbetning och normalt motorslitage finns ofta. Slipmedel blir ibland kvar i motorn efter en renovering, särskilt om delarna inte har rengjorts noggrant med rätt metoder. Oavsett vilken källan är, bäddas dessa partiklar ofta in i det mjuka lagermaterialet och kan lätt ses. Större partiklar bäddas inte in, men repar lagret och lagertappen. Det bästa sättet att förebygga sådana här problem är att rengöra alla delar ytterst noga och hålla allt absolut rent under hopsättningen av motorn. Täta och regelbundna olje- och filterbyten rekommenderas också.

5 Brist på smörjning kan ha ett antal olika orsaker. Överhettning (som tunnar ut oljan), överbelastning (som pressar bort oljan från lagerytan) och oljeläckage (på grund av för stora lagerspel, sliten oljepump eller höga motorhastigheter) leder alla till smörjmedelshaveri. Blockerade oljepassager, som vanligtvis är ett resultat av felinriktade oljehål i en lagerskål, leder också till att ett lager får för lite olja och förstörs. När brist på smörjning är orsaken till lagerproblem, slits lagermaterialet loss från stålplattan. Temperaturen kan bli så hög att stålplattan blir blå av överhettning.

6 Körvanor kan ha en avgörande effekt på lagrens livslängd. Full gas från låg hastighet (att varva motorn) lägger mycket hög belastning på lagren och har en tendens att pressa ut oljefilmen. Sådan belastning gör att lagren flexar, vilket skapar små sprickor i lagerytan (utmattning). Till slut lossnar lagermaterialet i bitar och slits bort från stålplattan.

7 Kortdistanskörning leder till korrosion i lagren, eftersom inte tillräckligt mycket värme hinner produceras för att fördriva kondensvatten och korrosiva gaser. De här produkterna samlas i motoroljan och blir till syra och slam. När oljan förs vidare till motorlagren attackerar och korroderar syran lagermaterialet.

8 Felaktig montering av lagren vid hopsättning av motorn leder också till lagerhaveri. Tätt sittande lager ger för litet lagerspel och leder till oljesvält. Smuts eller andra partiklar som fastnat bakom en lagerskål ger höga punkter i lagret, som också leder till haveri.

9 *Vidrör inte* lagerskålarnas inre lageryta med fingrarna vid hopsättningen, eftersom man oerhört lätt kan skrapa den ömtåliga ytan, och efterlämna smutspartiklar.

10 Som nämndes i början av avsnittet bör lagerskålarna bytas ut som en rutinåtgärd vid en motorrenovering. Att inte göra det är falsk ekonomi.

Urval

11 Ram- och vevstakslagren för de motorer som beskrivs i det här kapitlet finns i standardstorlekar och en rad understorlekar som ska passa omslipade vevaxlar.

12 Lagrens spel måste kontrolleras när vevaxeln monteras med nya lager (se avsnitt 18 och 19).

16 Motorrenovering – hopsättningsordning

1 Innan hopsättningen påbörjas, försäkra dig om att alla nya delar har införskaffats, och att alla nödvändiga verktyg finns till hands. Läs igenom hela proceduren för att bekanta dig med vad alla åtgärder innebär, och för att se till att allt som behövs för hopsättning av motorn verkligen finns tillgängligt. Utöver alla normala verktyg och material måste du också ha gänglås, och en tub lämpligt flytande tätningsmedel kommer också att behövas för de fogytor som sätts ihop utan packningar.

2 För att spara tid och undvika problem, kan hopsättningen av motorn utföras i den ordning som anges nedan. Se del A, B eller C av det här kapitlet om inte annat anges. Där så är tillämpligt, använd nya packningar och tätningar vid montering av de olika komponenterna.

a) Vevaxel (avsnitt 18).
b) Kolvar/vevstakar (avsnitt 19).
c) Oljepump.
d) Oljesump.
e) Svänghjul.
f) Topplock.
g) Kamrem/-remmar, spännare och drev.
h) Motorns yttre komponenter.

3 I det här stadiet ska alla motorns komponenter vara absolut rena och torra, och alla fel ska vara åtgärdade. Komponenterna bör läggas ut (eller i individuella behållare) på en absolut ren arbetsyta.

17 Kolvringar – montering

1 Innan nya kolvringar monteras måste ringgapen kontrolleras enligt följande.

2 Lägg ut kolvarna/vevstakarna och de nya kolvringsuppsättningarna, så att ringarna matchas med samma kolv och cylinder vid mätningen av ringgapen, som vid den senare hopsättningen av motorn.

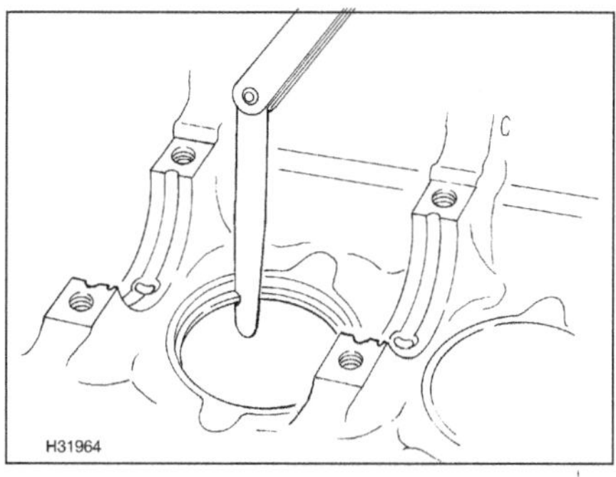

17.4 Kolvringarnas ändgap kontrolleras med bladmått

3 Sätt in den övre ringen i den första cylindern och tryck ner den i loppet med kolvtoppen. Det gör att ringen med säkerhet förblir rak i förhållande till cylinderväggarna. Placera ringen ungefär 15,0 mm från botten av cylinderloppet, vid den nedre gränsen för dess rörelsebana. Notera att den övre och den andra kompressionsringen är olika.

4 Mät ändgapet med bladmått och jämför siffrorna med dem som anges i specifikationerna **(se bild)**.

5 Om gapet är för litet (inte så troligt om genuina Skodadelar används), måste det förstoras för att inte ringändarna ska komma i kontakt med varandra under drift, och orsaka allvarliga skador. Helst ska då nya kolvringar med rätt gap monteras. Som en sista utväg kan ändgapet förstoras genom att man försiktigt filar ringändarna på en fin fil. Sätt fast filen i ett skruvstäd med mjuka käftar, för ringen över filen så att ändarna är i kontakt med filytan och fila försiktigt bort lite material från ändarna. Var försiktig – ringarna är vassa, och de går lätt av.

6 Med nya kolvringar är det inte troligt att ändgapet är för stort. Om så ändå är fallet, kontrollera att du verkligen har rätt ringar för din motor och cylinderstorlek.

7 Upprepa kontrollen för varje ring i den första cylindern, och därefter för ringarna i övriga cylindrar. Kom ihåg att hålla ordning på vilka ringar, kolvar och cylindrar som hör ihop.

8 När alla ringgap har kontrollerats och eventuellt justerats, kan ringarna monteras på kolvarna.

9 Montera kolvringarna med samma metod som vid demonteringen. Montera den nedre (oljekontroll-) ringen först och arbeta dig uppåt. Observera att en två- eller tredelad oljering kan förekomma; om det är en tvådelad ring, sätt först in expandern och därefter ringen. Se till att ringarna monteras med rätt sida vänd uppåt - den övre ytan på ringen är ofta märkt TOP **(se bild)**. Placera ringgapen med 120° mellanrum. **Observera:** *Följ alltid eventuella instruktioner som kommer med de nya kolvringarna – olika tillverkare kan ange olika förfaranden. Blanda inte ihop de två kompressionsringarna, eftersom de har olika profil.*

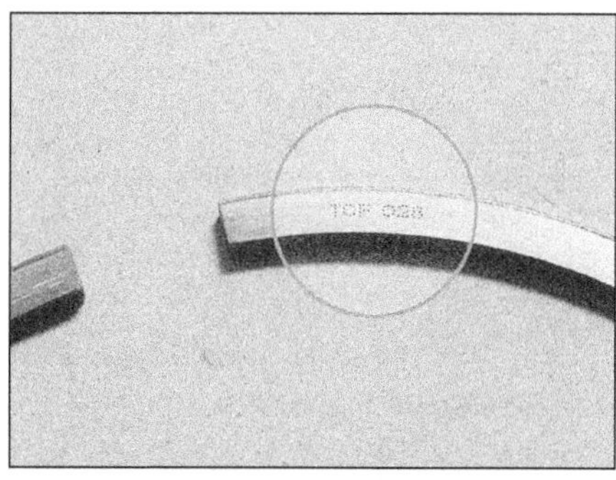

17.9 Kolvringens TOP markering

18 Vevaxel – montering och kontroll av ramlagerspel

Kontroll av ramlagerspel

1 Kontroll av ramlagerspelet kan utföras med de gamla lagerskålarna, men det är bättre att göra det med en ny uppsättning, eftersom det ger mer exakta resultat. Om nya lagerskålar monteras, tvätta bort alla spår av skyddsfett med fotogen.

2 Rengör baksidan av lagerskålarna och lagerplatserna i både motorblocket/vevhuset och ramlageröverfallen.

3 Med motorblocket placerat på en ren arbetsyta, med vevhuset vänt uppåt, pressa lagerskålarna på plats och se till att fliken på varje skål går in i urtaget i motorblocket eller lageröverfallet, och att oljehålen i motorblocket och lagerskålarna hamnar mitt för varandra **(se bild)**. Var noga med att inte vidröra någon lagerskåls lageryta med fingrarna. Om de gamla lagerskålarna används för kontrollen, se till att de monteras på sina ursprungliga platser.

4 Placera tryckbrickorna som styr vevaxelns axialspel på var sida om lager nr 3. Håll dem på plats med lite fett. Se till att tryckbrickorna sitter som de ska i de frästa urtagen, med oljespåren vända utåt.

5 Spelet kan kontrolleras, men det är svårt utan ett antal interna mikrometrar eller interna/

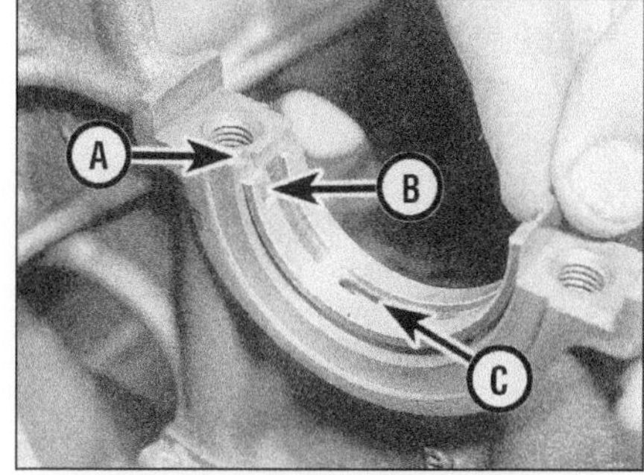

18.3 Lagerskål korrekt monterad

A Urtag i motorblocket
B Flik på lagerskål
C Oljehål

externa skjutmått. Sätt på lageröverfallen på motorblocket/vevhuset, med lagerskålarna på plats. Med överfallens ursprungliga fästbultar åtdragna till angivet moment, mät den inre diametern för varje par hopsatta lagerskålar.

6 Om diametern på varje motsvarande vevaxellagertapp sedan mäts, och måttet subtraheras från lagrets inre diameter, får man fram ramlagrens spel.

Montering av vevaxel

7 Där så är tillämpligt, montera vevaxelhastighets-/lägesgivarens hjul och dra åt fästbultarna till angivet moment. Se till att givarhjulet är vänt rätt väg, enligt den notering som gjordes innan demonteringen.

8 Smörj lagerskålarna i vevhuset med rikligt med ren motorolja av rätt grad **(se bild)**. Se till att lagerskålarna fortfarande sitter som de ska på sina platser.

9 Sänk ner vevaxeln på plats så att the vevlagertappen för cylinder nr 1 hamnar i ND, redo för montering av kolv nr 1. Se till att tryckbrickornas halvor, på var sida om lager nr 3 sitter kvar på sina platser. Där så är tillämpligt, var noga med att inte skada vevaxelhastighets-/lägesgivarens hjul när vevaxeln läggs på plats.

10 Smörj de nedre lagerskålarna i ramlageröverfallen med ren motorolja. På dieselmotorer, se till att tryckbrickshalvorna (som styr axialspelet) på var sida om lageröverfall nr 3 sitter som de ska **(se bilder)**.

11 Montera ramlageröverfallen i rätt ordning och rätt vända – lageröverfall nr 1 måste vara vid motorns kamremsände och urtagen för lagerskålarnas flikar i vevhuset och lageröverfallen måste vara intill varandra **(se bild)**. Sätt i lageröverfallens bultar (använd nya bultar) och dra åt dem för hand.

12 Arbeta från det mittre överfallet och utåt, dra åt lageröverfallens bultar till angivet moment. På motorer där bultarna ska dras åt i två steg, dra först åt alla bultar till momentet för steg 1, börja sedan om och dra åt alla till vinkeln för steg 2 **(se bilder)**.

13 Kontrollera att vevaxeln roterar fritt genom att vrida den för hand. Om motstånd känns, kontrollera lagerspelen enligt tidigare beskrivning.

14 Kontrollera vevaxelns axialspel enligt beskrivning i början av avsnitt 14. Om tryckytorna på vevaxeln har kontrollerats och nya tryckbrickor har monterats, bör axialspelet ligga inom specifikationerna.

15 Montera kolvarna och vevstakarna eller anslut dem till vevaxeln enligt beskrivning i avsnitt 19.

16 Gör enligt följande beroende på motortyp:

a) På SOHC bensinmotorer, montera vevaxelns oljetätningshus, svänghjulet, oljepumpen och pickupen, oljesumpen och oljeskvalpskottet, och vevaxeldrevet och kamremmen, enligt beskrivning i kapitel 2A. ***Observera:*** *På 2,0 liters AZJ motorer måste man sätta tillbaka balansaxelenheten.*

b) På 1,8 liters DOHC bensinmotorer, montera vevaxelns oljetätningshus, svänghjulet, oljepumpen och pickupen, oljesumpen och oljeskvalpskottet, och vevaxeldrevet och kamremmen, enligt beskrivning i kapitel 2B.

c) På dieselmotorer, montera vevaxelns oljetätningshus, svänghjulet/ medbringarskivan, oljepumpen och pickupen, oljesumpen och oljeskvalpskottet, och vevaxeldrevet och kamremmen, enligt beskrivning i kapitel 2C.

19 Kolvar/vevstakar – montering och kontroll av vevstakslagerspel

Observera: *En kolvringskompressor behövs för det här arbetet.*

Vevstakslagerspel

1 Kontroll av lagerspelet kan utföras med de gamla lagerskålarna, men det är bättre att göra det med en ny uppsättning, eftersom det ger mer exakta resultat.

2 Rengör baksidan av lagerskålarna och lagersätena i både vevstakarna och lageröverfallen.

3 Pressa lagerskålarna på plats och se till att fliken på varje skål går in i urtaget i vevstaken eller överfallet. Var noga med att inte vidröra lagerskålarnas lageryta med fingrarna. Om de gamla lagerskålarna ska sättas tillbaka, se till att de sätts tillbaka på sina ursprungliga platser.

4 Lagerspelet kan kontrolleras, men det är svårt att göra utan ett antal interna mikrometrar eller interna/externa skjutmått. Sätt tillbaka

18.8 Smörj de övre lagerskålarna

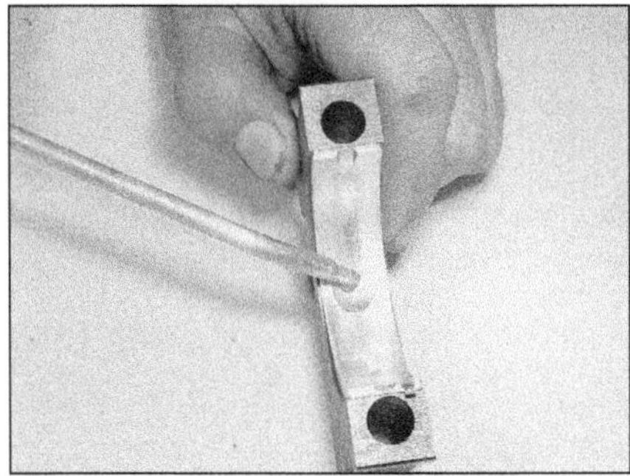

18.10a Smörj de nedre lagerskålarna . . .

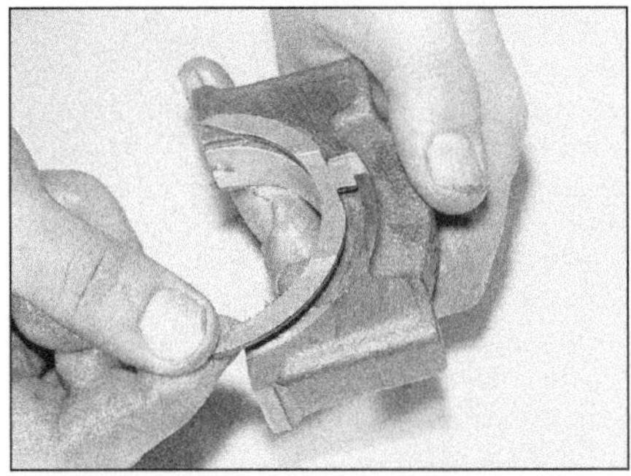

18.10b . . . och se till att tryckbrickorna sitter som de ska – dieselmotorer

18.11 Montering av ramlageröverfall nr 1

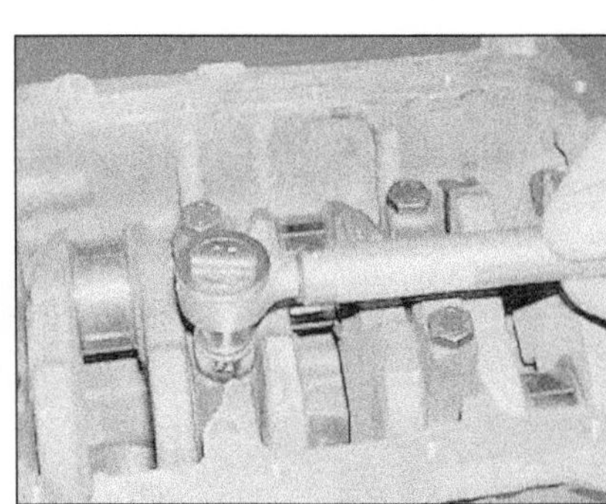

18.12a Dra åt ramlageröverfallens bultar till angivet moment . . .

18.12b . . . och sedan till den angivna vinkeln

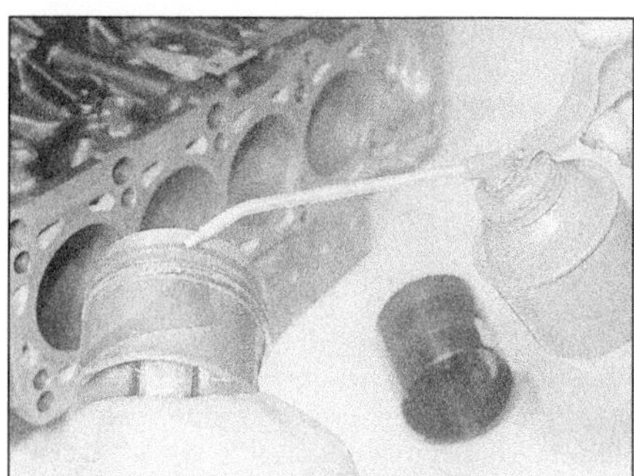
19.9a Smörj kolvarna . . .

19.9b . . . och vevstakslagrens övre lagerskålar med ren motorolja

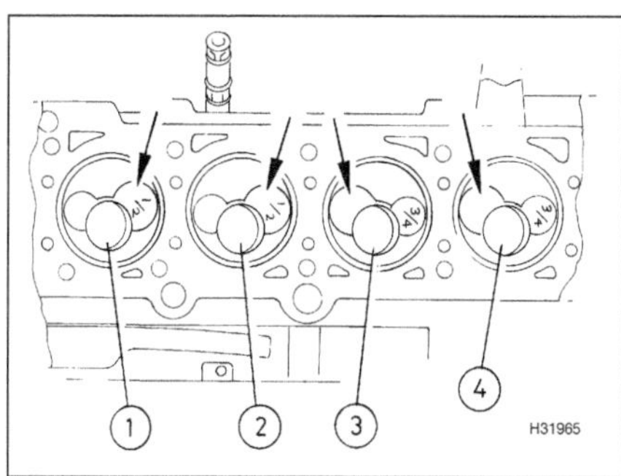

19.12 Kolvens riktning och kodning på dieselmotorer

lageröverfallet på vevstaken, med hjälp av markeringarna som gjordes eller noterades vid demonteringen för att försäkra att de monteras rätt väg, med lagerskålarna på plats. Sätt tillbaka överfallens ursprungliga fästbultar eller muttrar (efter tillämplighet) och dra åt dem till angivet moment. Använd sedan en intern mikrometer eller ett skjutmått och mät den inre diametern för varje hopsatt par lagerskålar. Mät sedan diametern på varje motsvarande vevaxellagertapp, och subtrahera det måttet från lagrets interna diameter, så blir resultatet vevstakslagrets spel.

Montering av kolvar/vevstakar

5 I följande beskrivning antas att vevaxelns ramlageröverfall är på plats.

6 Där så är tillämpligt, sätt tillbaka kolvarnas oljespraymunstycken i botten av motorblocket och dra åt fästbultarna till angivet moment.

7 På motorer där vevstakslagrens överfall sitter fast med muttrar, sätt nya bultar i vevstakarna. Knacka ut de gamla bultarna ur vevstakarna med en mjuk klubba, och knacka de nya bultarna på plats.

8 Se till att lagerskålarna monteras korrekt, enligt beskrivningen i början av det här avsnittet. Om nya lagerskålar monteras, torka bort allt skyddsfett med fotogen. Torka lagerskålarna och vevstakarna torra med en luddfri trasa.

9 Smörj cylinderloppen, kolvarna, kolvringarna och de övre lagerskålarna med ren motorolja **(se bilder)**. Lägg ut varje kolv/vevstake i den ordning de sitter i motorn, på en ren arbetsyta. Om lageröverfallen är fästa med muttrar, linda isoleringstejp runt bultarnas gängade ändar för att undvika att de skrapar vevlagertapparna och loppen när kolvarna monteras.

10 Börja med kolv/vevstake nr 1. Kontrollera att kolvringarna fortfarande är placerade enligt beskrivning i avsnitt 17, kläm dem sedan på plats med en kolvringskompressor.

11 Stick in kolven/vevstaken i toppen av cylinder nr 1. Sänk ner storänden först och var noga med att skydda cylinderloppet. Där det finns oljespraymunstycken längst ner i loppen, var särskilt försiktig för att inte skada dessa när vevstakarna placeras på vevlagertapparna.

12 Försäkra dig om att kolven placeras rätt väg i cylinderloppet – kolvkronan, vevstaken och vevstakslageröverfallet har markeringar som måste peka mot motorns kamremsände när kolven sitter i loppet – se avsnitt 13 för mer information. På dieselmotorer är kolvkronorna särskilt utformade för att förbättra motorns förbränningsegenskaper. På grund av detta är kolv nr 1 och 2 annorlunda än kolv nr 3 och 4. När de är korrekt monterade, måste de större insugsventilskamrarna på kolv nr 1 och 2 vara vända mot motorns svänghjulsände, och de större insugsventilskamrarna på de andra kolvarna måste vara vända mot kamremsänden. Nya kolvar har nummermarkeringar på kronorna som indikerar kolvtyp – 1/2 betyder alltså kolv nr 1 eller 2, 3/4 betyder kolv 3 eller 4 **(se bild)**.

13 Med ett träblock eller ett hammarskaft, knacka in kolven i cylindern tills kolvkronan är jäms med toppen av cylindern **(se bild)**.

14 Kontrollera att lagerskålen fortfarande sitter som den ska i vevstaken, smörj sedan vevlagertappen och båda lagerskålarna rikligt med ren motorolja.

15 Knacka försiktigt ner kolven/vevstaken i loppet och ner på vevtappen. Se till att inte skrapa cylinderloppet. På motorer där vevstakslageröverfallen är fästa med muttrar, ta bort isoleringstejpen från de gängade ändarna på vevstaksbultarna. Olja bultarnas gängor, och på motorer där lageröverfallen är fästa med bultar, olja undersidan av bultskallarna.

16 Sätt vevstakslagrets överfall på plats och dra åt fästmuttrarna eller bultarna med fingrarna. Vevstaken och dess lageröverfall har båda urtag infrästa på ena sidan, nära fogytan – dessa urtag måste båda vara vända

19.13 Knacka in kolven i loppet med ett hammarskaft

åt samma håll som pilen på kolvkronan (d.v.s. mot kamremmen) när enheten är monterad. Sätt ihop de två komponenterna på beskrivet sätt.

17 Dra åt fästbultarna eller muttrarna (efter tillämplighet) till angivet moment och angiven vinkel, i de steg som ges i specifikationerna **(se bilder)**.

18 Montera de andra tre kolvarna/vevstakarna på samma sätt.

19 Rotera vevaxeln för hand. Kontrollera att den kan röra sig fritt; en viss stelhet kan förväntas om nya delar har monterats, men det ska inte kärva eller hugga.

20 På dieselmotorer, om nya kolvar har monterats, eller om en ny kort motor har installerats, måste kolvkronornas utstick ovanför topplockspackningens yta på motorblocket vid ÖD mätas. Detta mått används för att avgöra hur tjock den nya topplockspackningen måste vara. Åtgärden

19.17a Dra åt bultarna/muttrarna till vevstakslagrens överfall till angivet moment . . .

19.17b . . . och därefter till angiven vinkel

beskrivs som en del av demontering och montering av topplocket i kapitel 2C.

21 Fortsätt enligt följande, beroende på motortyp:

a) *På SOHC bensinmotorer, montera oljepumpen och pickupen, oljesumpen och oljeskvalpskottet, och topplocket, enligt beskrivning i kapitel 2A. Observera: På 2,0 liters AZJ motorer måste även balansaxelenheten monteras.*
b) *På 1,4 liters DOHC bensinmotorer, montera oljepickupen, oljesumpen och topplocket, enligt beskrivning i kapitel 2B.*
c) *På 1,8 liters DOHC motorer, montera oljepumpen och pickupen, oljesumpen och oljeskvalpskottet, och topplocket, enligt beskrivning i kapitel 2B.*
d) *På dieselmotorer, montera oljepumpen och pickupröret, oljesumpen och oljeskvalpskottet, och topplocket, enligt beskrivning i kapitel 2C.*

20 Motor – första start efter renovering och hopsättning

1 Montera resten av motorkomponenterna i den ordning som anges i avsnitt 6 i det här kapitlet. Montera motorn i bilen enligt beskrivning i relevant avsnitt i det här kapitlet. Dubbelkontrollera motoroljans och kylvätskans nivåer och gör sedan en sista kontroll att allt har anslutits som det ska. Se också till att det inte ligger kvar några verktyg eller trasor i motorrummet.

2 Anslut batterikablarna – se avsnittet *Frånkoppling av batteriet*, i slutet av boken.

Bensinmodeller

3 Demontera tändstiften, se kapitel 1A för information.

4 Motorn måste sättas ur funktion så att den kan dras runt med startmotorn utan att starta – avaktivera bränslepumpen genom att koppla ur dess strömrelä från relädosan (se kapitel 12), och avaktivera även tändsystemet genom att koppla loss kablaget från DIS-modulen eller spolarna, efter tillämplighet.

Försiktighet: För att förebygga skador på katalysatorn är det viktigt att avaktivera bränslesystemet.

5 Dra runt motorn med startmotorn tills oljetryckslampan slocknar. Om lampan inte slocknar efter att motorn har dragits runt i flera sekunder, kontrollera oljenivån samt att oljefiltret sitter fast ordentligt. Om inga problem upptäcks här, kontrollera kablaget till oljetryckskontakten. Gå inte vidare förrän du är övertygad om att olja pumpas runt motorn med tillräckligt högt tryck.

6 Sätt tillbaka tändstiften och anslut kablaget till bränslepumpens relä och DIS-modulen eller tändspolarna, efter tillämplighet.

Dieselmodeller

7 På alla motorkoder utom ASZ, koppla loss elkabeln från bränsleavstängningsventilen vid insprutningspumpen. På motorkod ASZ, koppla loss kontaktdonet till spridarnas kablage i änden av topplocket – se kapitel 4B för information.

8 Dra runt motorn med startmotorn tills oljetryckslampan slocknar.

9 Om lampan inte slocknar efter att motorn har dragits runt i flera sekunder, kontrollera oljenivån och att oljefiltret sitter fast ordentligt. Om inga problem upptäcks här, kontrollera oljetryckskontaktens kablage. Gå inte vidare förrän du är övertygad om att olja pumpas runt i motorn med tillräckligt högt tryck.

10 Anslut avstängningsventilens kabel eller bränslespridarnas kontaktdon, efter tillämplighet.

Alla modeller

11 Starta motorn, men var medveten om att när bränslesystemets komponenter har rubbats, kan det ta lite längre tid än vanligt innan motorn startar.

12 Med motorn på tomgång, leta efter bränsle-, vatten och oljeläckage. Bli inte orolig om det luktar lite underligt och kanske kommer en och annan rökkvast när komponenterna värms upp och bränner oljeavlagringar.

13 Förutsatt att allt är som det ska, låt motorn gå på tomgång tills du känner att varmt vatten cirkulerar genom den övre slangen.

14 På alla dieselmotorer utom kod ASZ, kontrollera bränsleinsprutningspumpens inställning och motorns tomgångshastighet, enligt beskrivning i kapitel 4B.

15 Efter några minuter, kontrollera olje- och kylvätskenivåerna igen och fyll på om så behövs.

16 Man behöver **inte** efterdra topplocksbultarna när motorn har körts efter hopsättningen.

17 Om nya kolvar, ringar eller vevaxellager har monterats, måste motorn behandlas som ny och köras in under de första 1000 km. Kör inte med full gas, och låt inte motorn arbeta på låga varv i något växelläge. Det rekommenderas att olja och filter byts ut i slutet av denna period.

Kapitel 3
Kyl-, värme- och luftkonditioneringssystem

Innehåll

Svårighetsgrader

Enkelt, passar novisen med lite erfarenhet 	**Ganska enkelt,** passar nybörjaren med viss erfarenhet 	**Ganska svårt,** passar kompetent hemmamekaniker 	**Svårt,** passar hemmamekaniker med erfarenhet 	**Mycket svårt,** för professionell mekaniker

Specifikationer

Kylsystemets trycklock

Öppningstryck	1,4 till 1,6 bar

Termostat

1,4 liters bensinmotor:	
Börjar att öppna	84°C
Helt öppen	98°C
1,6 liters bensinmotor:	
Motorkod AEE:	
Börjar att öppna	84°C
Helt öppen	98°C
Motorkod AEH och AKL:	
Börjar att öppna	87°C
Helt öppen	102°C
Minsta öppningslyft	7 mm
Motorkod AVU och BFQ (map-styrd av motorstyrningens ECU):	
Börjar att öppna	87°C
Helt öppen	102°C
Minsta öppningslyft	7 mm
1,8 liters bensinmotor:	
Börjar att öppna	87°C
Helt öppen	102°C
Minsta öppningslyft	8 mm
2,0 liters bensinmotor:	
Börjar att öppna	87°C
Helt öppen	102°C
Minsta öppningslyft	7 mm
Dieselmotor:	
Börjar att öppna	87°C
Helt öppen	102°C
Minsta öppningslyft	7 mm

Kylfläkt

Fläkthastigheter (utom 1,6 liters motor med kod AVU eller BFQ):	
1:a hastighet sätter igång vid	92 till 97°C
1:a hastighet stänger av vid	91 till 84°C
2:a hastighet sätter igång vid	99 till 105°C
2:a hastighet stänger av vid	98 till 91°C

Åtdragningsmoment

	Nm
Instrumentbrädans tvärbalk, fästbultar	25
Kylarens fästbultar	10
Kylarfläktens kåpa, bultar	10
Kylvätskepumpens hus/kylvätskepump till motor, bultar:	
1,4 liters bensinmotor	20
Alla andra motorer	15
Termostatkåpans bultar	10
Termostathus till motor, bultar:	
1,4 liters motor	10

1 Allmän information och föreskrifter

Ett trycksatt kylsystem används, som består av en pump, en crossflow kylare av aluminium, en elektrisk kylfläkt, en termostat och ett värmepaket, samt alla slangar däremellan. Systemet fungerar enligt följande. Kall kylvätska från kylaren passerar genom en slang till kylvätskepumpen, där den pumpas runt i motorblockets och topplockets passager. Efter att ha kylt ner cylinderloppen, förbränningsytorna och ventilsätena, når kylvätskan undersidan av termostaten, som inledningsvis är stängd. Kylvätskan passerar genom värmeenheten och återgår genom motorblocket till en kamremsdriven kylvätskepump.

När motorn är kall cirkulerar kylvätskan endast genom motorblocket, topplocket, expansionskärlet och värmeenheten. När kylvätskan når en förutbestämd temperatur, öppnar den vaxfyllda termostaten och kylvätskan passerar då genom kylaren. På 1,6 liters motor med kod AVU eller BFQ, även om bastermostaten är samma som på andra modeller, finns en extra värmeenhet inbyggd i termostathuset; värmeenheten är map-styrd av motorstyrningens ECU, vilken värmer upp vaxet under vissa förhållanden för att öppna termostaten ytterligare.

När kylvätskan cirkulerar genom kylaren kyls den ner av den inrusande luften när bilen rör sig framåt. Luftflödet kompletteras av en elektrisk kylfläkt när så behövs. När kylvätskan lämnar kylaren är den nedkyld och cykeln börjar om.

En termostatbrytare styr den/de elektriska kylfläkten/-fläktarna som sitter på kylarens baksida. När kylvätskan når den förutbestämda temperaturen aktiveras fläkten/fläktarna.

Se avsnitt 11 för information om luftkonditioneringssystemet som är monterat på vissa modeller.

Informationen om kylvätskans temperatur för mätaren som sitter i instrumentpanelen, och för bränslesystemet, kommer från en temperaturgivare som sitter i kylvätskehusets anslutning på vänster sida av topplocket (1,6, 1,8 och 2,0 liters bensinmotorer), eller på undersidan av termostathuset (1,4 liters motor).

Försiktighetsåtgärder

Varning: Försök inte att ta bort expansionskärlets påfyllningslock eller rubba någon del av kylsystemet medan motorn är varm – det föreligger risk för skållning. Om expansionskärlets påfyllningslock måste tas bort innan motorn och kylaren har svalnat helt (även om detta inte rekommenderas) måste trycket i kylsystemet först släppas ut. Täck över locket med en tjock trasa, för att undvika skållning, och skruva sakta loss locket tills ett väsande ljud kan höras. När väsandet har upphört, vilket tyder på att trycket har minskat, fortsätt då att skruva loss locket tills det kan tas bort. Om väsandet börjar igen, vänta tills det har slutat innan locket tas bort helt. Håll dig alltid så långt från påfyllningslockets öppning som möjligt.

- ***Låt inte frostskydd komma i kontakt med huden eller lackade ytor på bilen. Skölj av spilld vätska på en gång med massor av vatten. Låt aldrig frostskyddsvätska ligga i pölar på uppfarten eller på garagegolvet. Barn och djur kan attraheras av den söta lukten, och det kan vara livsfarligt att förtära frostskyddsvätska.***

2.4 Dra ut fästklämman

- ***Om motorn är varm kan den elektriska kylfläkten börja rotera även om motorn inte går, så håll händer, hår och lösa kläder borta från fläkten vid arbete i motorrummet.***
- ***Se avsnitt 11 för ytterligare försiktighetsåtgärder som bör iakttas vid arbete på modeller med luftkonditionering.***

2 Kylsystemets slangar – losskoppling och byte

Observera: *Läs varningarna i avsnitt 1 i det här kapitlet innan arbetet påbörjas.*

1 Om kontrollerna som beskrivs i relevant del av kapitel 1 avslöjar en defekt slang, måste den bytas ut enligt följande.

2 Tappa först av kylsystemet enligt beskrivning i kapitel 1A eller 1B. Om det inte är dags att byta kylvätskan, kan den återanvändas om den samlas upp i en ren behållare.

3 För att koppla loss en slang, lossa dess fästklämmor och dra dem längs slangen, ur vägen för aktuell inlopps-/utloppsanslutning. Ta försiktigt loss slangen.

4 För att koppla loss kylarens inlopps- och utloppsslangar, håll fast relevant slang mot anslutningen, dra ut fjäderklämman och dra loss slangen från anslutningen **(se bild)**. Kylarens slanganslutningar är ömtåliga; ta inte i för hårt när slangarna lossas. Om en slang visar sig svår att ta loss, försök att rotera slangänden innan du drar loss den.

Om allt annat misslyckas, skär av slangen med en vass kniv, och slitsa den så att den kan tas bort i två delar. Även om detta kan tyckas vara en dyr lösning om slangen i övrigt är i bra skick, är det billigare än att köpa en ny kylare.

5 Vid montering av en slang, trä först på klämman på slangen och sätt sedan slangen på anslutningen. Om den gamla klämman var av typen som ska pressas ihop, är det en bra idé att ersätta den med en slangklämma av skruvtyp vid monteringen. Om slangen är styv, använd lite såpvatten som smörjmedel eller lägg slangen i varmt vatten en stund, för att mjuka upp den.

6 Arbeta slangen på plats, se till att dra den rätt väg, skjut sedan slangklämmorna på plats över änden av relevant anslutningsrör, och fäst slangen med klämman.

7 Innan du sätter tillbaka en insugs- eller utloppsslang på kylaren, byt ut anslutningens O-ring oavsett dess skick. Anslutningen ska tryckas på plats över röret på kylaren.

8 Fyll på kylsystemet enligt beskrivning i kapitel 1A eller 1B.

9 Leta noggrant efter läckor så snart som möjligt efter det att kylsystemets delar har rubbats.

3 Kylare – demontering, kontroll och montering

Demontering

1 Koppla loss kabeln från batteriets negativa pol. **Observera:** *Innan batteriet kopplas ifrån, se avsnittet ”Frånkoppling av batteri” i referenskapitlet längst bak i boken.*

2 Tappa av kylsystemet enligt beskrivning i relevant del av kapitel 1.

1,4 liters bensinmotorer

3 Lossa klämmorna och koppla loss övre och nedre slangar från kylarens vänstra sida. På vissa modeller sitter de fast med kraftiga fjäderklämmor, som kräver användning av en tång eller liknande för att de ska lossna.

4 Koppla loss kablaget från kylfläktens termokontakt och kylfläkten på vänster sida av kylaren.

5 Stötta kylaren, skruva sedan loss de övre och nedre fästskruvarna på kylarens högra sida. Skruva inte loss de vänstra fästskruvarna.

6 Dra kylarens högra ände bakåt och ta bort kylaren från de vänstra fästena. Lyft ut kylaren ur motorrummet.

1,6 och 1,8 liters bensin- samt alla dieselmotorer

7 Lossa klämmorna och koppla loss övre och nedre slangar från kylarens högra sida. På vissa modeller sitter mycket kraftiga fjäderklämmor, till vilka man behöver en tång eller liknande för att de ska lossna.

8 Under bilen, stick in handen under kylarens högra sida och koppla loss kablaget från kylfläktens termokontakt och kylfläkten. Demontera eventuell kåpa under motorn.

9 På modeller med luftkonditionering, arbeta genom kylargrillens öppning, skruva loss bultarna som håller fast luftkonditioneringens kondensor till kylarens framsida. För att undvika att skada kondensorn, bind fast den säkert i den främre tvärpanelen. I det högra hörnet i motorrummet, skruva loss skruven

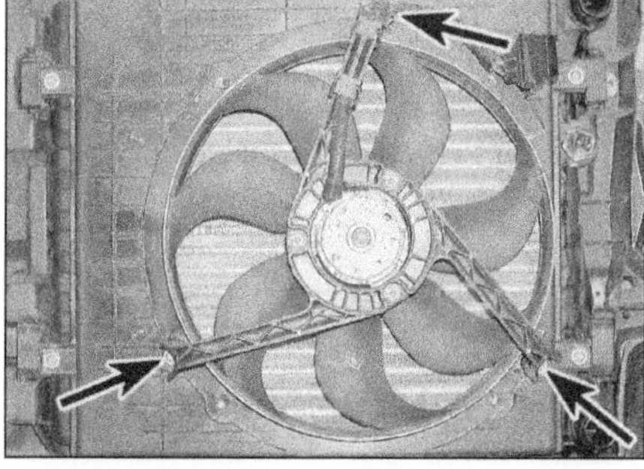

3.13a Skruva loss kylfläktens skruvar (vid pilarna)

som håller fast fästbygeln för luftkonditioneringsröret.

10 På alla modeller, demontera vänster och höger strålkastare enligt avsnitt 7 i kapitel 12.

11 Stötta kylaren och skruva loss övre och nedre fästskruvar på kylarens högra sida. Skruva inte loss de vänstra fästenas skruvar.

12 På modeller med luftkonditionering, lyft upp kylaren och kondensorn en aning och ta bort klämman från luftkonditioneringsröret på höger sida.

13 På alla modeller, skruva loss och ta bort kylfläktskåpan. Var försiktig så att du inte skadar kylarflänsarna **(se bilder)**.

14 Dra kylarens högra ände bakåt och ta ut kylaren ur de vänstra fästena. Sänk försiktigt ner kylaren och ta ut den under bilen.

2,0 liters bensinmotorer

15 Demontera batteriet enligt beskrivning i kapitel 5A.

16 Från bilens undersida, stick in handen under kylarens högra sida och koppla loss kablaget från kylfläktens termokontakt och kylfläkten. Demontera kåpan under motorn (om monterad).

17 På alla modeller, demontera vänster och höger strålkastare enligt beskrivning i avsnitt 7 i kapitel 12.

18 Lossa klämmorna och koppla loss de övre och nedre slangarna från kylarens högra sida. På vissa modeller sitter de fast med kraftiga fjäderklämmor, till vilka man behöver en tång eller liknande för att de ska lossna.

19 Skruva loss luftintagskanalen från vänster sida av låshållaren/tvärbalken.

20 På modeller med luftkonditionering,

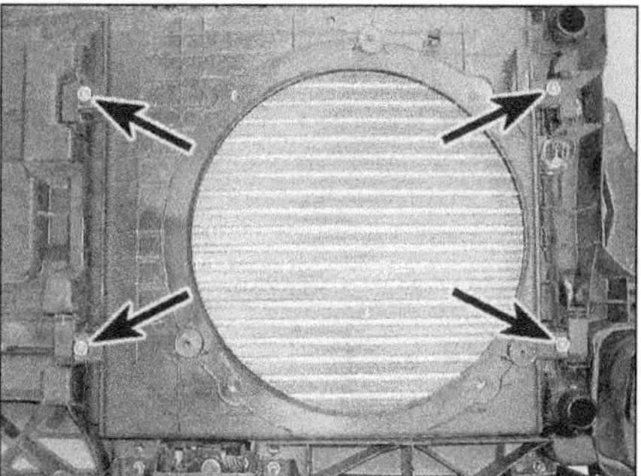

3.13b Skruva loss kylarkåpans skruvar (vid pilen)

arbeta genom kylargrillens öppning, skruva loss bultarna som håller luftkonditioneringens kondensor till kylarens framsida. För att undvika skador på kondensorn, bind fast den säkert i den främre tvärpanelen. I höger hörn i motorrummet, skruva loss skruven som håller fästbygeln till luftkonditioneringsröret.

21 Stötta kylaren och skruva loss de övre och nedre fästskruvarna på båda sidor av kylaren.

22 Skruva loss och ta bort det nedre hornet.

23 På modeller med luftkonditionering, lyft kylaren och kondensorn en aning och ta bort klämman från luftkonditioneringsröret på höger sida.

24 Demontera kylarfästena på vänster och höger sida **(se bilder)**.

25 Koppla loss kablaget från kylfläktens styrenhet, skruva sedan loss och ta bort kylfläktskåpan. Var försiktig så att du inte skadar kylarflänsarna.

26 Sänk försiktigt ner kylaren och ta ut den under bilen.

Kontroll

27 Om kylaren har demonterats på grund av misstänkt blockering, spola den bakvägen enligt beskrivning i relevant del av kapitel 1.

28 Ta bort smuts och skräp från kylarens flänsar med en luftledning (använd skyddsglasögon) eller en mjuk borste. Var försiktig – flänsarna är vassa och kan lätt ta skada.

29 Om så behövs kan en kylarspecialist utföra ett ”flödestest” på kylaren, för att kunna fastställa om det finns några interna blockeringar.

30 En läckande kylare måste lämnas till en

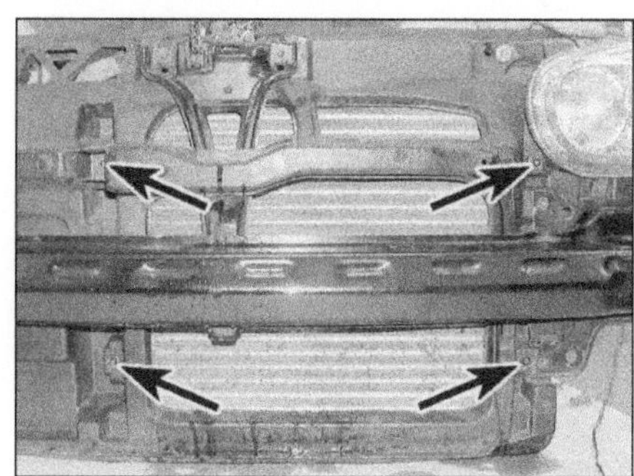

3.24a Skruva loss kylarfästenas skruvar (vid pilarna)

3.24b Kylarfästenas gummmidelar

4.3 Koppla loss slangen

4.4a Demontera termostaten . . .

4.4b . . . och ta vara på tätningen

specialist för reparation. Försök inte att svetsa eller löda en läckande kylare, eftersom det kan resultera i skador.

31 Om kylaren ska skickas iväg för reparation, eller bytas ut, demontera kylfläktens kontakt.

Montering

32 Montering sker i omvänd ordning mot demonteringen. Avsluta med att fylla på kylsystemet med rätt typ av frostskydd enligt beskrivning i relevant del av kapitel 1.

4 Termostat - demontering, test och montering

1,4 liters motorer

Demontering

1 Termostaten sitter i ett hus på vänster sida av topplocket.

2 Tappa av kylsystemet enligt beskrivning i kapitel 1A.

3 Skruva loss de fyra insexskruvarna och ta bort motorkåpan. Lossa fästklämman och koppla loss kylvätskeslangen från termostatkåpan **(se bild)**.

4 Skruva loss de två fästskruvarna och ta bort termostatkåpan och notera hur eventuella fästbyglar sitter fast med skruvarna. Lyft sedan ut termostaten och ta vara på O-ringen om den är lös **(se bilder)**.

Test

5 Ett ungefärligt test av termostaten kan göras genom att man hänger upp den i ett snöre och sänker ner den i en behållare full med vatten, men utan att termostaten vidrör behållaren. Värm sedan upp vattnet tills det börjar koka - termostaten måste öppna när vattnet börjar koka. Om inte, byt ut den.

6 Om en termometer finns till hands, kan termostatens exakta öppningstemperatur kontrolleras och jämföras med de temperaturer som anges i specifikationerna. Öppningstemperaturen ska också stå på termostaten.

7 En termostat som inte stänger när vattnet svalnar måste också bytas ut.

Montering

8 Montering sker i omvänd ordning mot demonteringen. Tänk på följande.

a) *Montera termostaten med en ny O-ring.*
b) *Fyll på kylsystemet med kylvätska av rätt typ och mängd enligt beskrivning i kapitel 1A.*

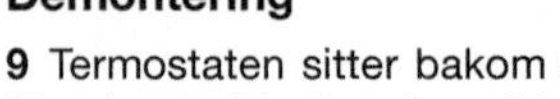

1,6 och 2,0 liters motorer samt 1,8 liters motor med kod AGN

Demontering

9 Termostaten sitter bakom en anslutningsfläns i motorblockets framsida.

10 Tappa av kylsystemet enligt beskrivning i kapitel 1A.

11 Bänd ut tätningslocken, skruva loss fästmuttrarna och ta bort motorkåpan/-kåporna. Lossa fästklämman och koppla loss kylvätskeslangen från termostatkåpan/anslutningsflänsen **(se bild)**. På 1,6 liters motorer med kod AVU och BFQ, koppla loss kontaktdonet.

12 Skruva loss de två fästbultarna och ta bort termostatkåpan/anslutningsflänsen, och notera hur eventuella fästbyglar sitter fast med bultarna. Ta sedan ut termostaten och ta vara på O-ringen om den är lös.

Test

13 Följ beskrivningen i punkt 5 till 7. **Observera:** *Temperaturen för helt öppen termostat är högre än kokpunkten för vatten.*

Montering

14 Montering sker i omvänd ordning. Tänk på följande.

a) *Montera termostaten med en ny O-ring.*
b) *Termostaten ska monteras med krampan nästan vertikal.*
c) *Se till att sätta tillbaka eventuella fästbyglar på termostatkåpans bultar, enligt noteringarna som gjordes innan demonteringen.*
d) *Fyll på kylsystemet med kylvätska av rätt typ och mängd enligt beskrivning i kapitel 1A.*

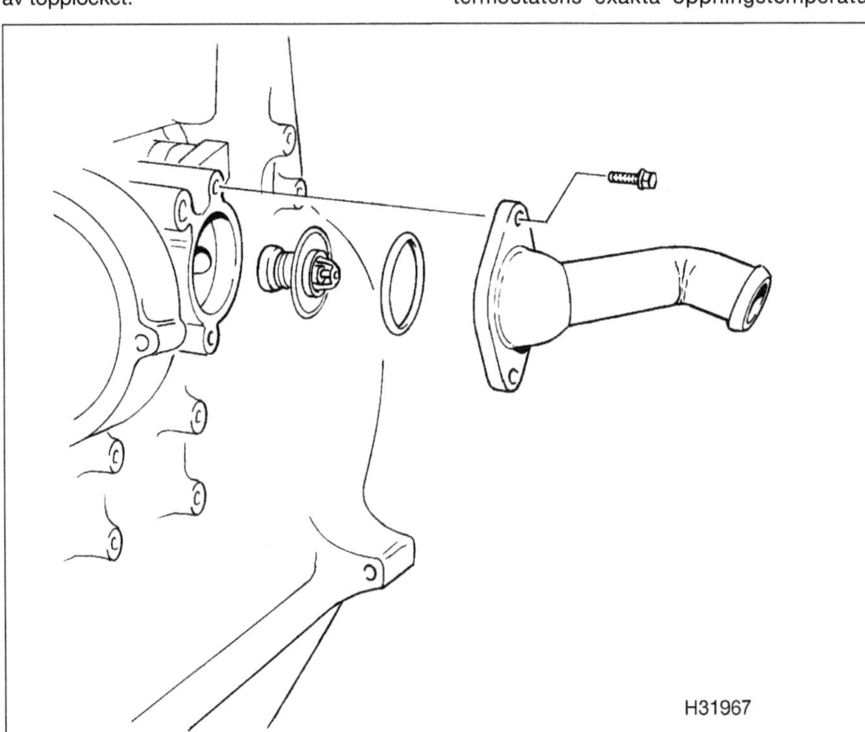

4.11 Termostat - 1,6 och 2,0 liters motorer & 1,8 liters motor med kod AGN

1,8 liters motor (utom motorkod AGN)

Demontering

15 Termostaten sitter bakom en anslutningsfläns i motorblockets framsida.

16 Tappa av kylsystemet enligt beskrivning i kapitel 1A.

17 Bänd ut täcklocken, skruva loss fästmuttrarna och ta bort motorkåpan/-kåporna.

18 Märk och koppla sedan loss båda slangarna från den sekundära luftinsprutningspumpen.

19 Ta bort täckpanelen framför insugsgrenröret, koppla sedan loss det sekundära luftinsprutningsröret från fästbyglarna framför insugsgrenröret.

20 Skruva loss fästbygeln från röret till motorns oljemätsticka.

21 Koppla loss kablaget från turboladdarens luftavledningsventil och den sekundära luftinsprutningsventilen.

22 Koppla loss vakuumslangarna från de elektriska omkopplingsventilerna vid insugsgrenröret, lägg sedan fästbygeln åt sidan.

23 Demontera drivremmen enligt beskrivning i kapitel 1A, lossa sedan generatorns fästbultar och placera generatorn så långt fram som möjligt utan att koppla loss kablarna.

24 Lossa fästklämman och koppla loss kylvätskeslangen från termostatkåpan/anslutningsflänsen.

25 Skruva loss de två fästbultarna och ta bort termostatkåpan/anslutningsflänsen, och notera placeringen av eventuella fästbyglar som sitter fast med bultarna. Lyft sedan ut termostaten och ta vara på O-ringen om den är lös.

Test

26 Följ beskrivningen i punkt 5 till 7. **Observera:** *Temperaturen för helt öppen termostat är högre än kokpunkten för vatten.*

Montering

27 Montering sker i omvänd ordning mot demonteringen. Tänk på följande.

a) Montera termostaten med en ny O-ring.

b) Termostaten ska monteras med krampan nästan vertikal.

c) Sätt tillbaka eventuella fästbyglar på termostatkåpans bultar, enligt noteringar som gjordes innan demonteringen.

d) Fyll på kylsystemet med kylvätska av rätt typ och mängd enligt beskrivning i kapitel 1A.

Dieselmotor

Demontering

28 Termostaten sitter bakom en anslutningsfläns i motorblockets framsida, på sidan mot kamremmen.

29 Tappa av kylsystemet enligt beskrivning i kapitel 1B. Bänd ut täcklocken, skruva loss fästmuttrarna och ta bort motorkåporna.

30 Lossa fästklämman och koppla loss kylvätskeslangen från termostatkåpan/anslutningsflänsen.

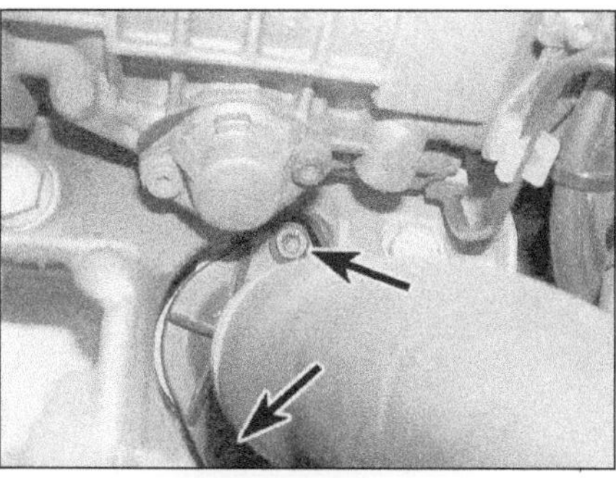

4.31a Termostatkåpans skruvar (vid pilarna) - dieselmotor

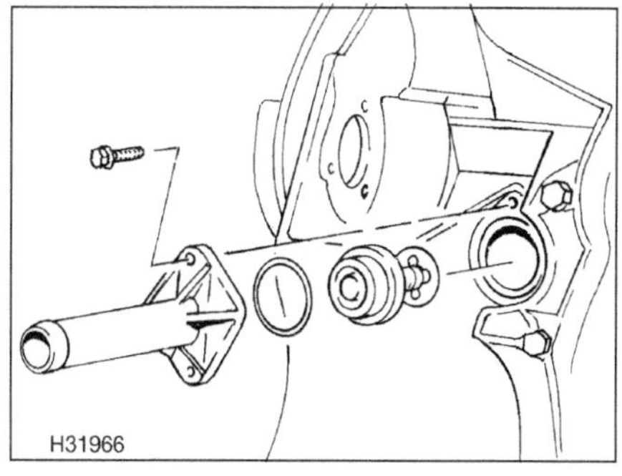

4.31b Termostat - dieselmotor

31 Skruva loss de två fästbultarna och ta bort termostatkåpan/anslutningsflänsen tillsammans med termostaten. Notera placeringen av eventuella fästbyglar som sitter fast med bultarna. Ta vara på O-ringen om den är lös **(se bilder)**.

32 För att ta loss termostaten från kåpan, vrid termostaten 90° moturs och dra loss den från kåpan.

Test

33 Följ beskrivningen i punkt 5 till 7. **Observera:** *Temperaturen för helt öppen termostat är högre än kokpunkten för vatten.*

Montering

34 Montering sker i omvänd ordning mot demonteringen. Tänk på följande.

a) Montera termostaten med en ny O-ring.

b) Sätt in termostaten i kåpan och vrid 90° medurs.

c) Termostaten ska monteras med krampan nästan vertikal.

d) Sätt tillbaka eventuella fästbyglar på termostatkåpans bultar, enligt noteringarna som gjordes innan demonteringen.

e) Fyll på kylsystemet med kylvätska av rätt typ och mängd enligt beskrivning i kapitel 1B.

5 Elektrisk kylfläkt - test, demontering och montering

Modeller utan luftkonditionering

Test

1 Bilarna kan vara utrustade med en eller två kylfläktar, beroende på modell. Kylfläkten får ström genom tändningslåset, kylfläktens styrenhet (om tillämpligt) reläet (-erna) och säkringar/smältsäkringar (se kapitel 12). Kretsen sluts av kylfläktens termostatkontakt, som sitter på kylarens vänstra ände. Kylfläkten har två hastigheter; termostatkontakten innehåller i själva verket två kontakter, en för hastighetsläge 1 och en för hastighetsläge 2. Test av kylfläktens krets görs enligt följande. Notera att följande kontroll ska utföras både på kretsen för hastighetsläge 1 och kretsen för läge 2 (se kopplingsscheman i slutet av kapitel 12).

2 Om en fläkt inte verkar fungera, kontrollera först säkringarna/smältsäkringarna. Om de är i ordning, låt motorn gå tills den når normal arbetstemperatur och låt den sedan gå på tomgång. Om fläkten inte startar inom några minuter, slå av tändningen och koppla loss kontaktdonet från kylfläktskontakten. Bryggkoppla de två relevanta kontaktstiften i kontaktdonet med en bit vajer och slå på tändningen. Om fläkten nu fungerar är kontakten förmodligen defekt och måste bytas ut.

3 Om kontakten verkar fungera kan motorn kontrolleras genom att man kopplar loss motorns kontaktdon och ansluter en 12 volts matning direkt till motorns poler. Om motorn är defekt måste den bytas ut, det finns inga reservdelar.

4 Om fläkten fortfarande inte fungerar, undersök kylfläktskretsens kablage (kapitel 12). Kontrollera kontinuitet i varje kabel och se till att alla anslutningar är rena och fria från korrosion.

5 På modeller med en styrenhet för kylfläkten, om inga fel kan hittas på säkringar/smältsäkringar, kablage, fläktkontakt eller fläktmotor, är det troligt att det är styrenheten som är defekt. Test av enheten måste överlämnas till en Skodaverkstad eller annan specialist; om enheten är defekt måste den bytas ut.

Demontering

6 Koppla loss kabeln från batteriets negativa pol. **Observera:** *Innan du kopplar ifrån batteriet, se avsnittet "Frånkoppling av batteriet" i referenskapitlet längst bak i boken.*

7 Bänd ut täcklocken (om monterade), skruva loss fästskruvarna/muttrarna och ta bort motorkåpan/-kåporna.

8 Koppla loss kontaktdonet från kylfläktsmotorn och dra kontaktdonet från fästbygeln.

9 Skruva loss de tre Torxskruvarna som håller fläkten till kylarkåpan och manövrera kylfläkten upp och ut ur motorrummet. Var noga med att inte skada kylaren.

Montering

10 Montering sker i omvänd ordning mot demonteringen.

6.6 Skruva loss termokontakten

Modeller med luftkonditionering

Test

11 Följ beskrivningen i punkt 1 till 5. **Observera:** *På modeller utrustade med luftkonditionering finns det alltså en andra kontakt (monterad i en av kylvätskans utloppshus/slangar på topplocket). Kontakten styr kylfläktens tredje hastighetsläge.*

Demontering

12 Demontera kylaren enligt beskrivning i avsnitt 3.

13 Koppla loss kontaktdonet från baksidan av kylfläktsmotorn.

14 Skruva loss och ta bort motorns fästmuttrar, och ta bort kylfläktsenheten från kylarkåpan.

Montering

15 Montering sker i omvänd ordning mot demonteringen. Montera kylaren enligt beskrivning i avsnitt 3 och fyll på rätt typ av kylvätska enligt beskrivning i relevant del av kapitel 1. Avsluta med att kontrollera kylfläktens/-fläktarnas funktion.

6 Kylsystemets elektriska kontakter och givare – test, demontering och montering

Kylfläktens termostatkontakt

Test

1 Test av kontakten beskrivs i avsnitt 5, som en del av kontrollen av kylfläkten.

Demontering och montering

2 Kontakten sitter i kylarens vänstra ände. Motorn och kylaren ska vara kalla innan kontakten tas bort.

3 Koppla loss kabeln från batteriets negativa pol. **Observera:** *Innan du kopplar ifrån batteriet, se avsnittet "Frånkoppling av batteriet" i referenskapitlet längst bak i boken.* Där så är nödvändigt, bänd ut täcklocken, skruva loss fästskruvarna/muttrarna och ta bort motorkåpan/-kåporna.

4 Tappa antingen av kylvätskan i kylaren tills nivån är under kontakten (enligt beskrivning i kapitel 1A eller 1B), eller var redo med en lämplig plugg som kan sättas in i kontaktens öppning medan kontakten är borta. Om en plugg används, var försiktig så att inte kylaren skadas, och använd inte en plugg som kan släppa in skräp eller smutspartiklar i kylaren.

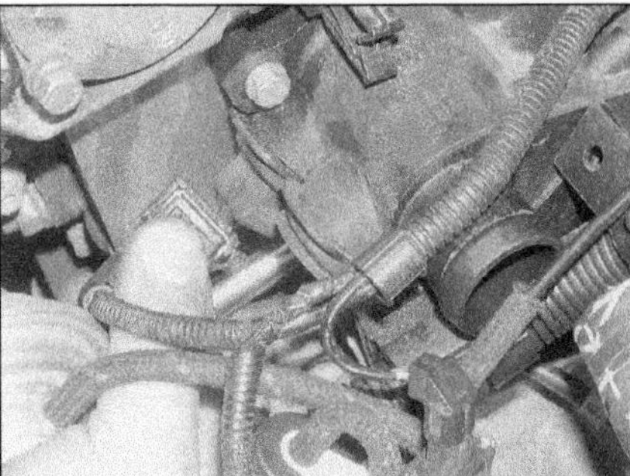
6.18 Koppla loss givarens kablage

5 Koppla loss kontaktdonet från kontakten.

6 Skruva försiktigt loss kontakten från kylaren **(se bild)**.

7 Montering sker i omvänd ordning mot demonteringen. Lägg lite fett på gängorna på kontakten och dra åt den ordentligt. Fyll på kylsystemet med angiven mängd kylvätska av rätt typ, enligt beskrivning i kapitel 1A eller 1B, eller toppa upp enligt beskrivning i *Veckokontroller*.

8 Starta motorn och låt den gå tills den når normal arbetstemperatur, fortsätt sedan att köra motorn och kontrollera att kylfläkten startar och fungerar som den ska.

Kylvätsketemperaturgivare – 1,4 och 1,6 liters motorer

Test

9 Givaren sitter fast i undersidan av termostathuset i vänster ände av topplocket på 1,4 liters motorer och 1,6 liters motorer med motorkod AEE. På alla andra motorer sitter givaren uppe på huset.

10 Givaren innehåller en termistor, som består av en elektronisk komponent vars elektriska motstånd minskar med förutbestämd hastighet när dess temperatur stiger. När kylvätskan är kall är givarens motstånd högt, strömflödet genom mätaren minskas, och mätarens nål pekar mot den "kalla" änden av skalan. Inga värden för motstånd i förhållande till temperatur anges. Därför kan man bara kontrollera givaren med särskild diagnostisk utrustning, och detta arbete bör överlåtas till en Skodaverkstad eller annan specialist. Om givaren är defekt måste den bytas ut.

6.23 Kylvätsketemperaturgivare – diesel

Demontering och montering

11 Koppla loss kabeln från batteriets negativa pol. **Observera:** *Innan batteriet kopplas ifrån, se avsnittet "Frånkoppling av batteriet" i referenskapitlet längst bak i boken. Skruva loss de fyra insexskruvarna och ta bort motorkåpan.*

12 Koppla loss kontaktdonet från givaren, som sitter under termostathuset i vänster ände av topplocket. Tappa av kylvätska så att nivån hamnar under givaren (enligt beskrivning i kapitel 1A).

13 Dra försiktigt loss fästklämman och ta loss givaren från huset. Ta vara på O-ringen.

14 Montering sker i omvänd ordning. Tänk på följande:

a) Montera givaren med en ny O-ring.
b) Fyll på kylsystemet enligt beskrivning i kapitel 1A, eller toppa upp enligt beskrivning i "Veckokontroller".

Kylvätsketemperaturgivare – 1,8 och 2,0 liters motorer

Test

15 Följ beskrivningen i punkt 10. Observera att givaren är fäst med en klämma i toppen av slanganslutningen som sitter fastskruvad i vänster ände av topplocket.

Demontering och montering

16 Koppla loss kabeln från batteriets negativa pol. **Observera:** *Innan batteriet kopplas ifrån, se avsnittet "Frånkoppling av batteriet" i referenskapitlet längst bak i boken.*

17 Bänd ut täcklocken, skruva loss fästmuttrarna och ta bort motorkåpan/-kåporna.

18 Koppla loss kontaktdonet från givaren **(se bild)**.

19 Tappa delvis av kylsystemet tills nivån är under givaren (enligt beskrivning i kapitel 1A).

20 Dra försiktigt loss fästklämman och ta bort givaren från huset. Ta vara på O-ringen.

21 Montering sker i omvänd ordning. Tänk på följande:

a) Montera givaren med en ny O-ring.
b) Fyll på kylsystemet enligt beskrivning i kapitel 1A, eller toppa upp enligt beskrivning i "Veckokontroller".

Kylvätsketemperaturgivare – dieselmotorer

Test

22 Följ beskrivningen i punkt 10, men notera att givaren sitter fast med en klämma i baksidan av slanganslutningen som sitter fastskruvad i vänster ände av topplocket.

Demontering och montering

23 Följ beskrivningen i punkt 16 till 21, men notera att givaren sitter fast med en klämma i baksidan av slanganslutningen som sitter fastskruvad i vänster ände av topplocket **(se bild)**. Fyll på systemet enligt beskrivning i kapitel 1B eller *Veckokontroller*.

7.4 Ta bort kylvätskepumpen - 1,4 liters bensinmotor

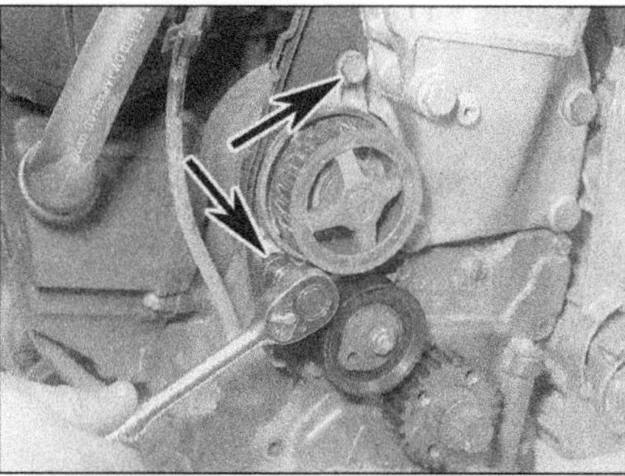
7.8a På 1,6 liter bensinmotor med kod AEE, skruva loss de två bultarna . . .

7.8b . . . och ta bort den bakre kamremskåpan

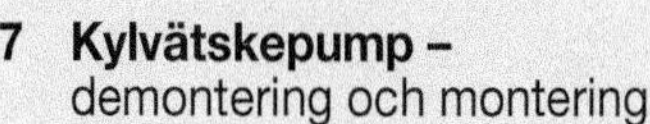

7 Kylvätskepump - demontering och montering

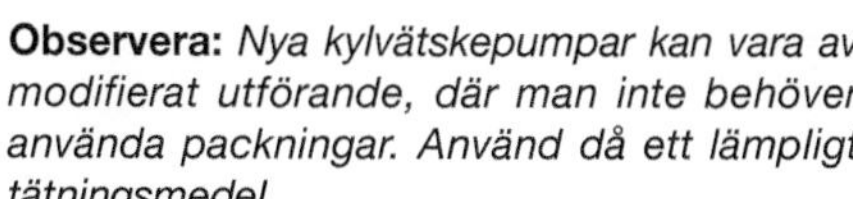

Observera: *Nya kylvätskepumpar kan vara av modifierat utförande, där man inte behöver använda packningar. Använd då ett lämpligt tätningsmedel.*

1,4 liters motorer

Demontering

1 Tappa av kylsystemet enligt beskrivning i kapitel 1A.

2 Demontera kamaxelns kamrem enligt beskrivning i kapitel 2B. Om remmen ska återanvändas, notera dess rotationsriktning.

3 Demontera kamremmens överföringsremskiva och den bakre kamremskåpan.

4 Skruva loss kylvätskepumpens fästbultar och ta bort pumpen från motorblocket. Om pumpen är defekt måste den bytas ut **(se bild)**.

Montering

5 Montering sker i omvänd ordning. Tänk på följande:

a) Montera pumpen med en ny packning (se Observera ovan).

b) Fyll på kylsystemet enligt beskrivning i kapitel 1A.

1,6 liters, 1,8 och 2,0 liters motorer

Demontering

6 Tappa av kylsystemet enligt beskrivning i kapitel 1A.

7 Demontera kamremmen enligt beskrivning i kapitel 2A eller 2B, och notera följande:

a) Man behöver inte demontera den nedre delen av kamremskåpan.

b) Kamremmen ska lämnas på plats på vevaxeldrevet.

c) På 1,6 liters motor med kod AEE måste man demontera kamaxeldrevet innan kamremskåpan kan tas bort.

d) Täck över kamremmen med en trasa för att skydda den mot kylvätska.

8 Skruva loss fästbultarna och ta bort den bakre kamremskåpan **(se bilder)**.

9 Skruva loss kvarvarande fästbultar (där så behövs) och ta bort kylvätskepumpen från motorblocket **(se bild)**. Om pumpen är defekt måste den bytas ut.

7.9 Ta bort kylvätskepumpen från motorblocket

Montering

10 Montering sker i omvänd ordning. Tänk på följande:

*a) Montera kylvätskepumpen med en ny O-ringstätning **(se bild)**.*

b) Smörj O-ringen med kylvätska.

c) Montera pumpen med den gjutna klacken vänd nedåt.

d) Fyll på kylsystemet enligt beskrivning i kapitel 1A.

7.10 Innan monteringen, sätt en ny tätningsring på pumpens baksida

Dieselmotorer

Demontering

11 Tappa av kylsystemet enligt beskrivning i kapitel 1B.

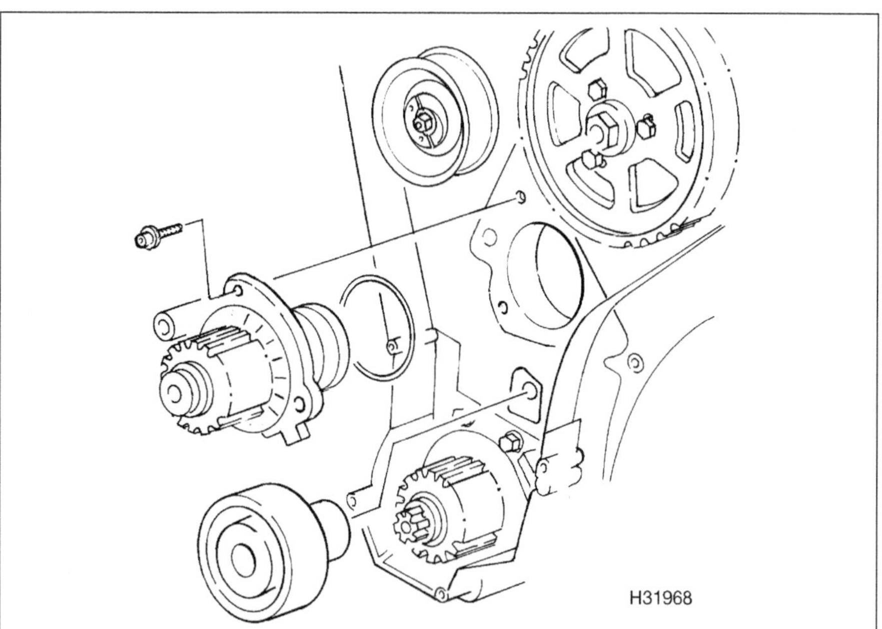

7.14 Kylvätskepump - dieselmotor

12 Demontera kamaxelns kamrem enligt beskrivning i kapitel 2C. Notera följande punkter:

a) Den nedre delen av kamremskåpan behöver inte demonteras.

b) Kamremmen ska lämnas kvar på plats på vevaxeldrevet.

c) Täck över kamremmen med en trasa för att skydda den mot kylvätska.

13 Skruva loss kamremmens överföringsremskiva och tryck remskivan nedåt ungefär 30 mm.

14 Skruva loss kylvätskepumpens fästbultar och ta bort pumpen från motorblocket. Om pumpen är defekt måste den bytas ut **(se bild på föregående sida)**.

Montering

15 Montering sker i omvänd ordning. Tänk på följande punkter:

a) Montera kylvätskepumpen med en ny O-ring.

b) Smörj O-ringen med kylvätska.

c) Montera pumpen med den gjutna klacken vänd nedåt.

d) Fyll på kylsystemet enligt beskrivning i kapitel 1B.

8 Värme- och ventilationssystem - allmän information

1 Värme-/ventilationssystemet består av en fläktmotor med fyra hastigheter (i passagerarutrymmet), ventiler i ansiktshöjd i mitten och i ändarna av instrumentbrädan, och luftkanaler till de främre och bakre fotbrunnarna.

2 Reglageenheten sitter i instrumentbrädan, och reglagen styr klaffventiler som leder och blandar luften som flödar genom de olika delarna av värme-/ventilationssystemet. Klaffventilerna sitter i luftfördelningshuset, som fungerar som en central fördelningsenhet och skickar luft till de olika luftkanalerna och ventilerna.

3 Kall luft går in i systemet genom grillen baktill i motorrummet. På vissa modeller (beroende på specifikation) sitter ett pollenfilter på ventilationsinloppet, som filtrerar bort damm, sot, pollen och sporer från den luft som går in i bilen.

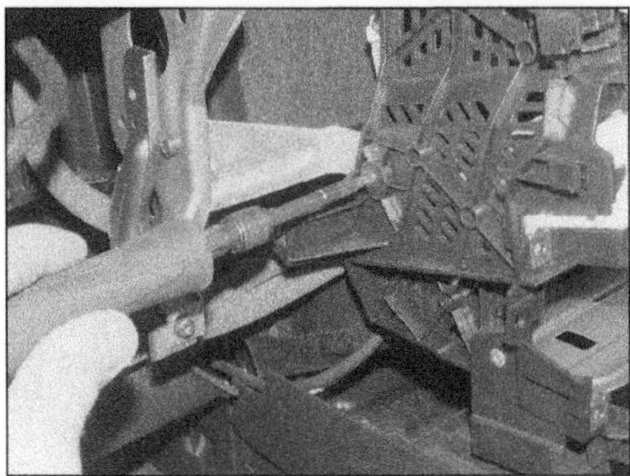

9.4a Skruva loss skruvarna . . .

4 Luftflödet, som kan förstärkas av fläkten, leds sedan genom de olika kanalerna, beroende på hur reglagen är ställda. Gammal luft släpps ut genom kanaler under de bakre fönstren. Om varm luft behövs, leds den kalla luften genom värmepaketet, som värms upp av motorns kylvätska.

5 Om så behövs kan luftintaget stängas av, och luften inne i bilen istället återcirkuleras. Detta kan vara användbart om man vill förhindra att otrevliga lukter utifrån kommer in i bilen, men funktionen ska bara användas under korta perioder, eftersom luften inne i bilen fort blir dålig.

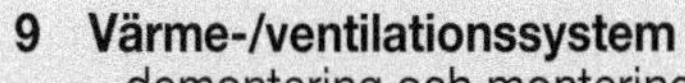

9 Värme-/ventilationssystem - demontering och montering av komponenter

Modeller utan luftkonditionering

Värme-/ventilationsreglage

1 Slå av tändningen och alla elektriska förbrukare.

2 Demontera askkoppen och radion/kassettspelaren enligt beskrivning i kapitel 12.

3 Demontera den mittre klädselpanelen från instrumentbrädan.

4 Notera placeringen av klämmorna på reglagepanelens fästskruvar, skruva sedan loss och ta bort dem. Skruva loss skruvarna och ta bort fästkonsolen. Dra ut reglagepanelen så långt det går från instrumentbrädan **(se bilder)**.

5 Lossa reglagevajrarna från klämmorna

9.4b . . . och ta bort värme-/ ventilationsreglagens fästkonsol . . .

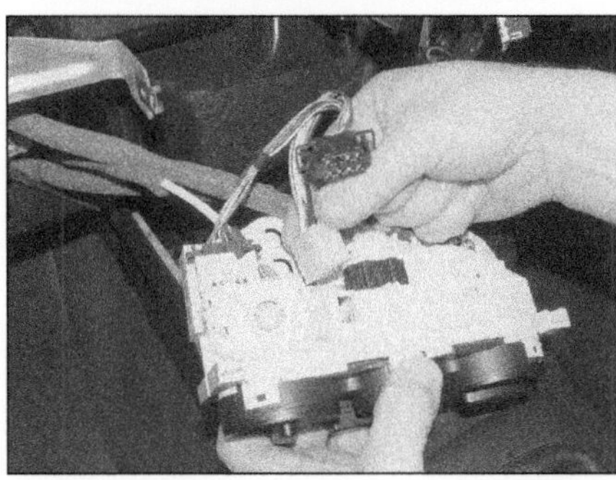

9.4c . . . dra sedan ut enheten och koppla loss kablaget . . .

och ta loss varje vajer från reglageenheten. Notera hur varje vajer sitter och hur den är dragen, och för att förhindra förvirring vid återmonteringen, märk varje vajer när den kopplas loss. Vajerhöljena lossas genom att man helt enkelt trycker på låsfliken och lyfter upp fästklämman **(se bilder)**.

6 Montering sker i omvänd ordning. Se till att reglagevajrarna dras och ansluts korrekt, enligt tidigare gjorda noteringar. Kläm fast vajerhöljena på plats och kontrollera funktionen hos varje knopp/spak innan du sätter tillbaka fästkonsolen och klädselpanelen.

Värme-/ventilationsreglagens vajrar

7 Demontera värme-/ventilationsreglagens panel från instrumentbrädan enligt tidigare beskrivning, och ta loss aktuell vajer från reglaget.

8 Demontera den nedre instrumentbrädespanelen för att komma åt anslutningarna för

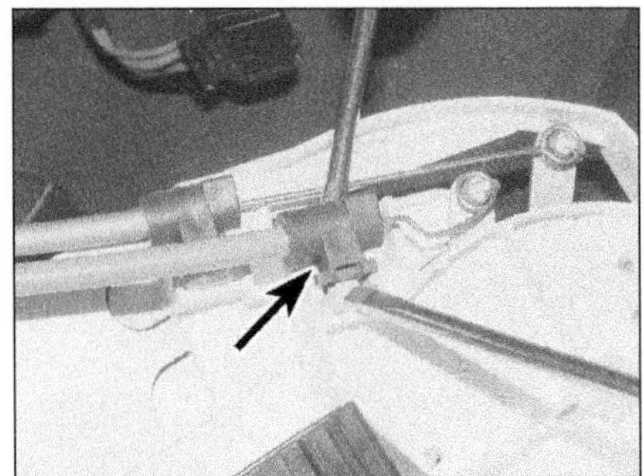

9.5a . . . lossa vajerhöljena från klämmorna . . .

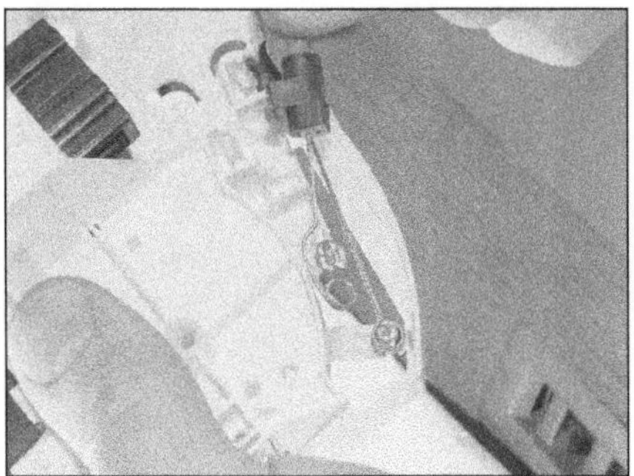

9.5b . . . och sedan innervajrarna

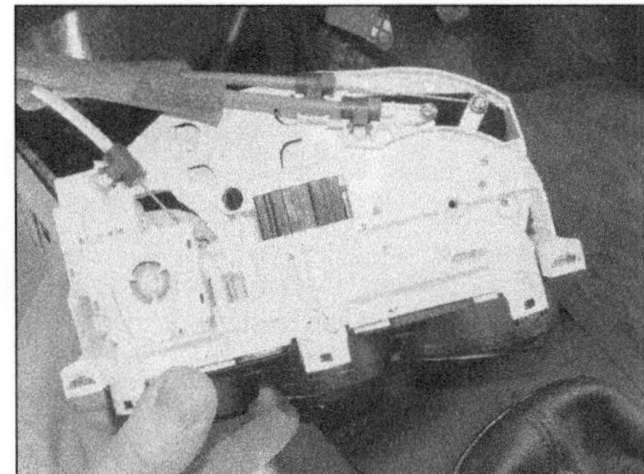

9.5c Vajrarnas placering på reglageenheten

9.16a Värmepaketets slangar på torpeden

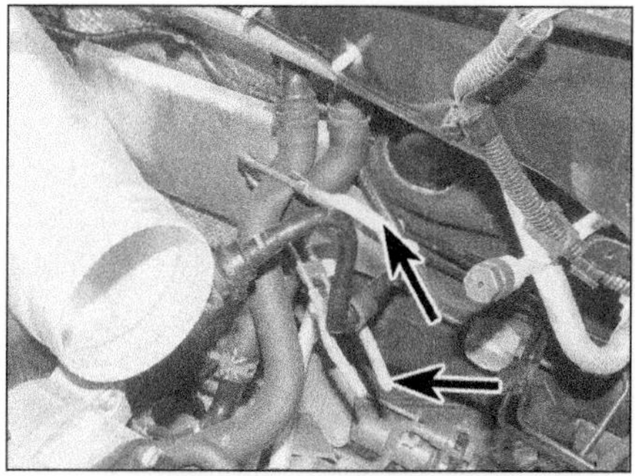
9.16b Universalslangklämmor på värmeslangarna

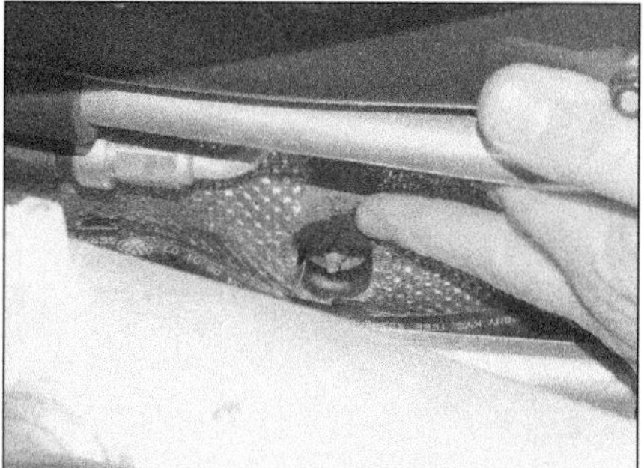
9.19 Lyft isoleringen från torpeden för att komma åt värmeenhetens fästmuttrar

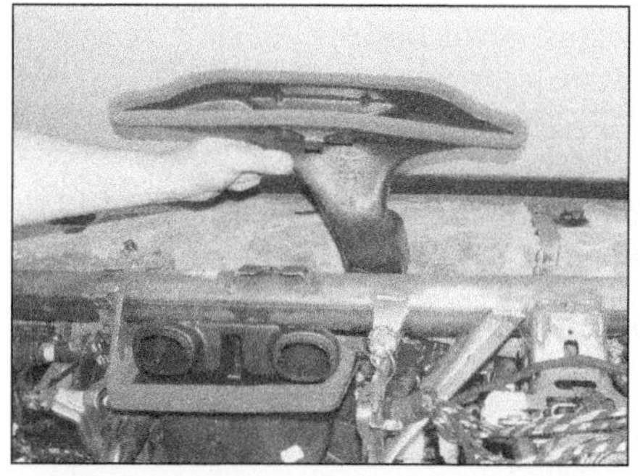
9.20a Ta bort den mittre defrosterkanalen

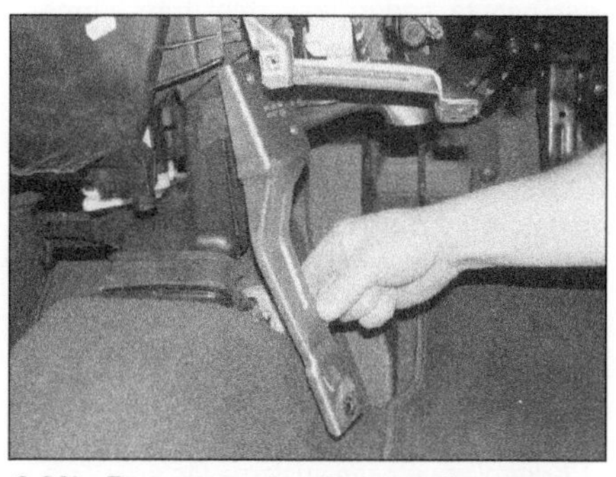
9.20b Demontera kardantunnelns stag . . .

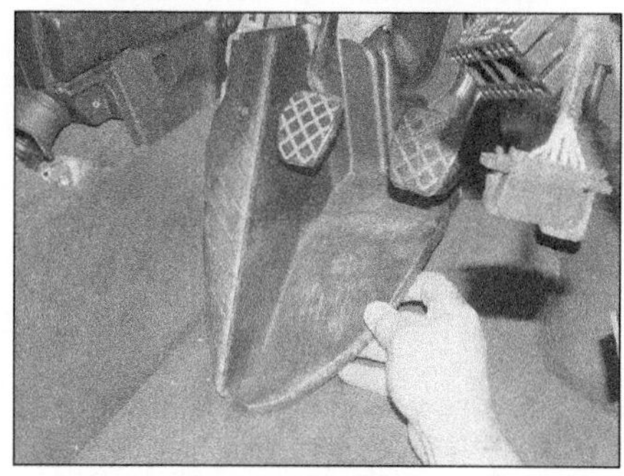
9.20c . . . fotstödet . . .

värmereglagevajrarna på systemets fördelningsenhet.

9 Följ vajern in bakom instrumentbrädan, notera hur den är dragen och koppla loss vajern från armen på luftfördelnings-/fläktmotorhuset. Notera att vajern fästs här på samma sätt som på reglageenheten.

10 Montera den nya vajern, se till att den dras korrekt och att den inte fastnar i något eller blir veckad. Vajerhöljena är färgkodade för att underlätta korrekt återmontering.

a) *Mittre klaff till roterande reglage: Gul (vänsterstyrd bil), grå (högerstyrd bil).*
b) *Fotbrunn/Defroster klaff till roterande reglage: Grön (vänsterstyrd bil), svart (högerstyrd bil).*
c) *Temperaturklaff till roterande reglage: Beige (vänsterstyrd bil), vit (högerstyrd bil).*

11 Anslut vajern till reglageenheten och luftfördelnings-/fläktmotorhuset och se till att vajerhöljet fästs ordentligt med klämman.

12 Kontrollera reglageknoppens funktion, montera sedan tillbaka reglageenheten enligt beskrivningen ovan. Sätt till sist tillbaka instrumentbrädespanelen.

Värmeenhet

13 Koppla loss kabeln från batteriets negativa pol (se avsnittet *Frånkoppling av batteriet* i referenskapitlet i slutet av boken).

14 Demontera pollenfiltret enligt beskrivning i kapitel 1A eller 1B.

15 Skruva loss expansionskärlets lock (se varningen i avsnitt 1) för att släppa ut eventuellt tryck i kylsystemet, sätt sedan tillbaka locket.

16 Demontera motorkåpan/-kåporna. Kläm ihop båda värmeslangarna så nära torpeden som möjligt för att minimera förlusten av kylvätska **(se bild)**. Alternativt, tappa av kylsystemet enligt beskrivning i relevant del av kapitel 1. För att försäkra korrekt återmontering, märk upp hur slangarna ska sitta – de varierar från modell till modell. Som en guide kan sägas att på modeller med temperaturreglering, är utloppet närmast mitten av bilen returslangen till vattenpumpen och den yttre slangen är tillförselslangen från topplocket. På modeller utan temperaturreglering är slangarnas placering den omvända.

17 Lossa klämmorna och koppla loss båda slangarna från värmepaketets utlopp. För att förhindra kylvätskespill när värmeenheten demonteras, blås ut kvarvarande kylvätska med lågt lufttryck och plugga igen utloppen.

18 Demontera instrumentbrädan enligt beskrivning i kapitel 11.

19 Lyft isoleringen från torpeden och skruva loss värmeenhetens två fästmuttrar **(se bild)**.

20 Demontera den mittre defroster luftkanalen, ta sedan bort fotbrunnens ventil. För att kunna göra detta, demontera förarsidans förvaringsfack och kardantunnelns stöd och skruva loss ventilen. Ta också bort fotstödet och fästbygeln **(se bilder)**.

21 Om det inte redan är gjort, demontera passagerarsidans krockkudde och fästbygel.

22 Skruva loss muttern och koppla loss värmeenhetens jordkabel från A-stolpen **(se bild)**.

23 Man måste nu borra och skära i instrumentbrädans stöd, men notera att på modeller med luftkonditionering är det möjligt att böja stödet åt sidan och dra värmeenheten runt dess baksida. Om kapning behöver göras, täck först över omgivande kablage och kanaler för att skydda dessa mot metallpartiklar.

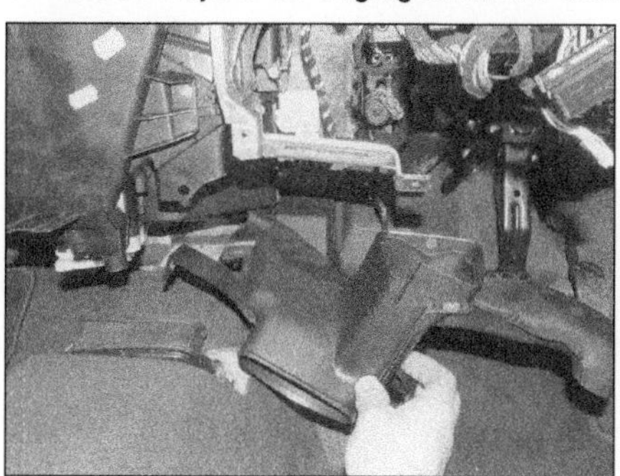
9.20d . . . och fotbrunnens luftspjäll

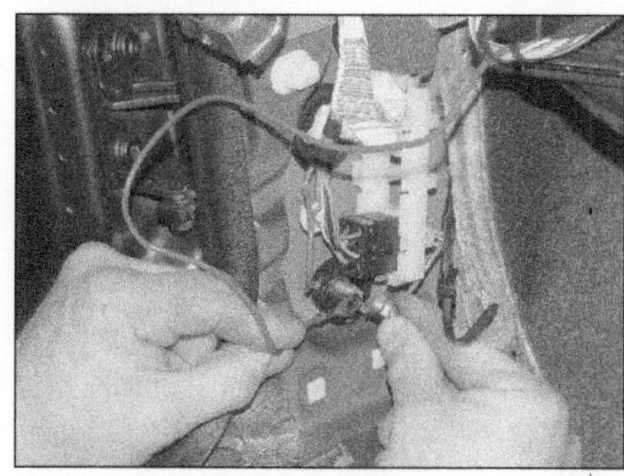
9.22 Koppla loss värmeenhetens jordkabel från A-stolpen

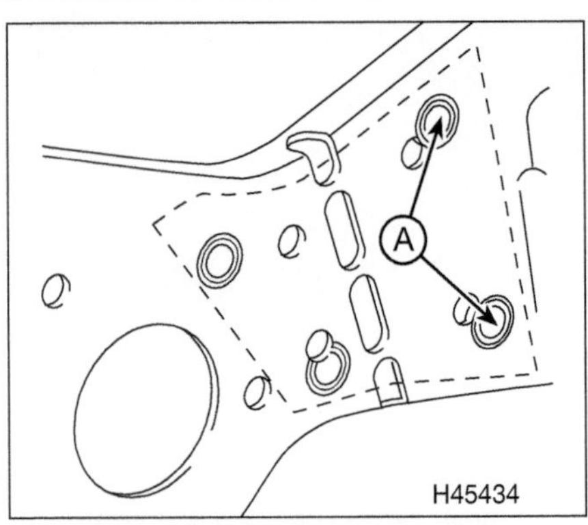

9.23a Modifieringar som måste göras på instrumentbrädans stöd för att värmeenheten ska kunna demonteras

A Borra 7,0 mm hål

Använd en 7 mm borr, borra genom de två punktsvetsarna och skär sedan genom stödet **(se bilder)**. **Skär inte** genom förstärkningsplattan.

24 På tidiga 1998 års modeller måste man tillverka en platta **(se bild)**. Skär ut plattan av 2,5 mm tjock metall, borra hålen och införskaffa passande bultar för montering efter det att värmeenheten har satts tillbaka. Bultarna ska ha platta skallar så att de inte tar i krockkuddens fästbygel på passagerarsidan.

25 Skruva loss kardantunnelns stag, böj sedan stödfästet **(se bild)**.

26 Notera hur kablar, klämmor och buntband sitter och ta sedan loss dem från värmeenheten.

27 Dra försiktigt loss värmeenheten från torpeden och ta ut den på passagerarsidan **(se bilder)**. Var beredd på kylvätskespill.

28 Montering sker i omvänd ordning. Notera följande:

a) Kontrollera skicket på packningen som sitter mellan värmeenheten och torpedväggen och byt ut den om så behövs.

b) Se till att alla kablar ansluts och dras korrekt.

c) Kontrollera att luftkanalerna fästs ordentligt på plats.

d) Avsluta med att kontrollera kylvätskenivån och fyll på om så behövs enligt beskrivning i "Veckokontroller".

Värmepaket

29 Med värmeenheten demonterad (se ovan), skruva loss de två fästskruvarna och lyft försiktigt loss värmepaketet från huset **(se bilder)**. Om så behövs, tryck in spärrarna för att lossa värmepaketet.

30 Montering sker i omvänd ordning.

Värmefläktsmotor

31 Slå av tändningen och alla elektriska förbrukare.

32 Demontera handskfacket enligt beskrivning i kapitel 11, avsnitt 26.

33 Sträck in handen under instrumentbrädan och ta loss kåpan från värmeenhetens seriemotstånd. Koppla loss kablaget, skruva sedan loss skruvarna och ta bort seriemotståndet **(se bilder)**.

34 Koppla loss värmefläktens kablage **(se bild)**.

35 Dra värmefläkten nedåt och ta bort den från huset **(se bild)**.

36 Montering sker i omvänd ordning.

Värmefläktsmotorns motstånd

37 Slå av tändningen och alla elektriska förbrukare.

9.23b Borra ut punktsvetsarna . . .

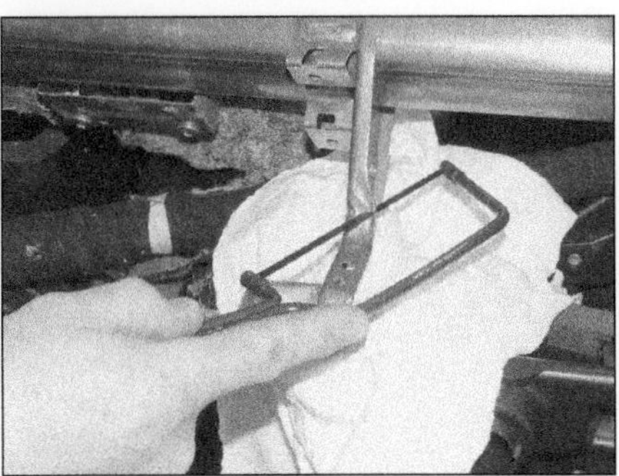

9.23c . . . och skär sedan genom stödet

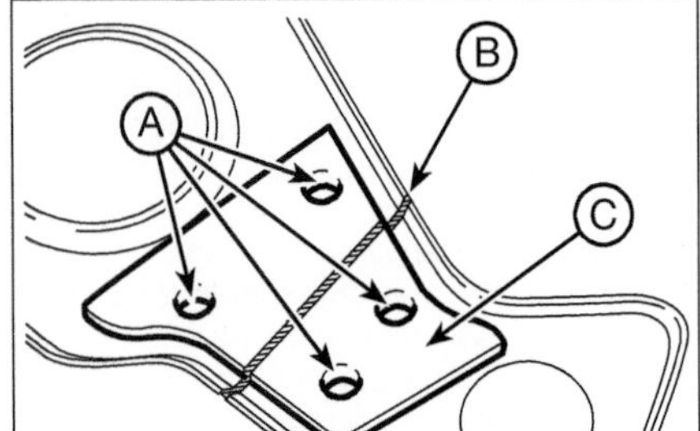

9.24 På tidiga 1998 års modeller, tillverka en platta som den som visas

A Borra 7,0 mm hål *C Platta*
B Skär vid den här punkten

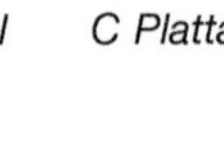

9.25 Böj stödet

9.27a Demontering av värmeenheten

9.27b Värmeenheten demonterad

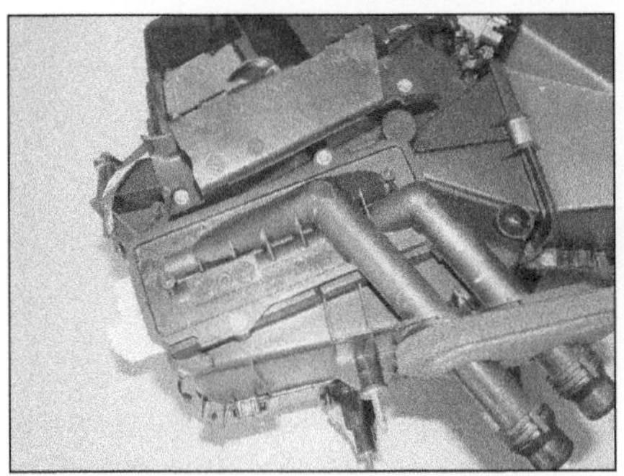

9.29a Skruva loss skruvarna . . .

9.29b . . . och lyft ut värmepaketet

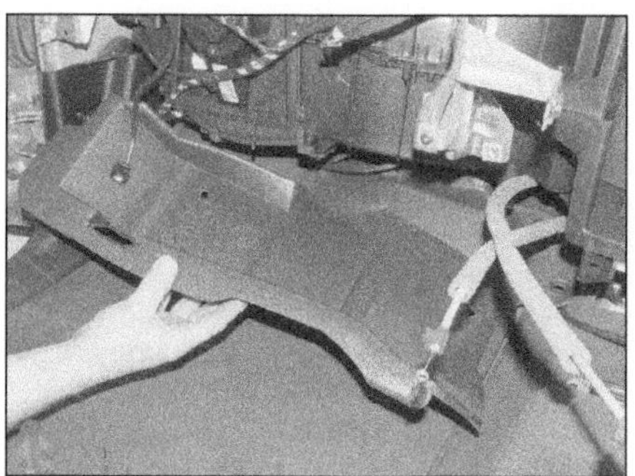

9.33a Ta bort kåpan under värmefläktens motor

9.33b Seriemotståndets fästskruvar

9.34 Koppla loss kablaget från fläktmotorn

38 Demontera handskfacket på passagerarsidan enligt beskrivning i kapitel 11, avsnitt 26.

39 Stick in handen under instrumentbrädan och ta loss skumgummikåpan från värmeenhetens seriemotstånd. Koppla loss kablaget, skruva sedan loss skruvarna och ta bort seriemotståndet **(se bilder)**.

40 För att ta bort själva motståndet, borra ut fästnitarna och lossa klämmorna **(se bild)**.

41 Montering sker i omvänd ordning, men använd självgängande skruvar istället för nitarna till att fästa motståndet.

Placeringsmotor för klaff för frisk/återcirkulerad luft

42 Demontera handskfacket på passagerarsidan enligt beskrivning i kapitel 11, avsnitt 26.

43 Koppla loss kontaktdonet från motorn som sitter i änden av värmeenheten intill fläktmotorn.

44 Sträck in handen under motorn och ta bort fästskruven.

45 Vrid ner motorn och separera den från luftklaffsarmen.

46 Montering sker i omvänd ordning. Om motorns placering är begränsande, anslut tillfälligt motorns kablage, slå på tändningen och ställ in klaffen till mittläget.

Modeller med luftkonditionering

Värmereglage

47 Åtgärden utförs på det sätt som beskrivs tidigare i detta avsnitt, för modeller utan luftkonditionering.

Värmeenhet och värmepaket

48 På modeller med luftkonditionering kan man inte demontera värmeenheten eller värmepaketet utan att först öppna köldmediekretsen (se avsnitt 12). Därför bör denna uppgift överlåtas till en Skodaverkstad eller en specialist på luftkonditionering, eller alternativt kan man låta tömma systemet innan man själv utför arbetet. Om det sista alternativet väljs, följ beskrivningen för modeller utan luftkonditionering, men koppla loss luftkonditioneringssystemets rör från förångaren (använd nya tätningar när rören ansluts) **(se bild)**.

Värmefläktsmotor

49 Följ beskrivningen för modeller utan luftkonditionering tidigare i avsnittet.

Värmefläktsmotorns motstånd

50 Följ beskrivningen för modeller utan luftkonditionering tidigare i avsnittet.

Solsensor

51 Slå av tändningen och alla elektriska förbrukare.

52 Bänd försiktigt loss kåpan från sensorn på

9.35 Demontering av fläktmotor och seriemotstånd

9.39a Koppla loss kablaget . . .

9.39b . . . skruva loss skruvarna . . .

9.39c . . . och ta bort seriemotståndet

9.40 Seriemotståndet sitter fast med nitar

9.48 Luftkonditioneringsrörets anslutning till förångaren på torpeden

den mittre defrosterventilen med en skruvmejsel.

53 Skruva loss fästskruven, ta bort sensorn och koppla loss kablaget.

54 Montering sker i omvänd ordning.

Temperaturgivare för fotbrunnens ventil

55 Slå av tändningen och alla elektriska förbrukare.

56 Demontera förvaringsfacket på förarsidan.

57 Koppla loss kontaktdonet från givaren.

58 Vrid givaren 90° och ta bort den från huset.

59 Montering sker i omvänd ordning.

Temperaturgivare för mittre ventil

60 Slå av tändningen och alla elektriska förbrukare.

61 Demontera askkopp och radio/kassettspelare enligt beskrivning i kapitel 12.

62 Skruva loss skruvarna och ta bort den mittre klädselpanelen från instrumentbrädan.

63 Koppla loss kontaktdonet från givaren.

64 Vrid givaren 90° och ta bort den från huset.

65 Montering sker i omvänd ordning.

Reglage och display

66 Slå av tändningen och alla elektriska förbrukare.

67 Demontera askkopp och radio/kassettspelare enligt beskrivning i kapitel 12.

68 På modeller med en enkel display, stick in handen genom radions öppning och tryck ut displayen från uttagen i huset.

69 På modeller med en dubbel display, skruva loss skruvarna och ta bort den mittre klädselpanelen från instrumentbrädan, skruva sedan loss fästskruvarna som sitter på var sida om displayen. Dra ut displayen och koppla loss kablaget.

70 Montering sker i omvänd ordning.

10 Värme- och ventilationssystem - demontering och montering av ventiler

Sidoventiler

1 För att ta ut en ventil, bänd försiktigt loss den från huset med en liten spårskruvmejsel. Var försiktig så att du inte skadar omgivande klädselpaneler.

2 Vid montering, tryck försiktigt in ventilen på plats tills fästclipsen snäpper på plats.

Mittre ventiler

3 Följ beskrivningen ovan för sidoventilerna, men notera att varje ventil måste bändas loss stegvis från båda sidor för att de ska lossna från huset.

11 Luftkonditionering - allmän information och försiktighetsåtgärder

Allmän information

Från och med årsmodell 2000 finns luftkonditionering som standard på alla modeller. Systemet gör att temperaturen på den inkommande luften kan sänkas och luften kan också avfuktas, vilket ger snabbare avimning och ökad komfort.

Kylsidan av systemet fungerar på samma sätt som ett vanligt kylskåp. Köldmedia i gasform dras in i en remdriven kompressor och går vidare in i en kondensor monterad framför kylaren, där den förlorar värme och övergår till flytande form. Vätskan passerar genom en expansionsventil till en förångare, där den omvandlas från vätska under högt tryck till gas under lågt tryck. Den här omvandlingen åtföljs av en temperatursänkning, vilket kyler av förångaren. Köldmediet återgår till kompressorn och cykeln börjar om.

Luft som blåses genom förångaren går vidare till luftfördelningsenheten, där den blandas med varm luft som går genom värmepaketet, för att man ska uppnå den önskade temperaturen i passagerarutrymmet.

Systemets värmesida fungerar på samma sätt som på modeller utan luftkonditionering.

Systemets funktion styrs elektroniskt av temperaturkontakter i kylvätskan, och tryckkontakter som är inskruvade i kompressorns högtrycksledning. Eventuella problem med systemet bör överlämnas till en Skodaverkstad eller en specialist på luftkonditionering **(se Haynes Tips)**.

HAYNES TiPS

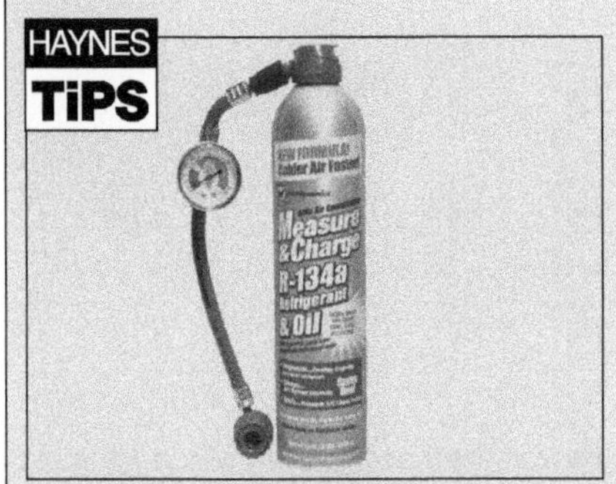

Många biltillbehörsbutiker säljer en typ av påfyllning för luftkonditioneringssystem i aerosolform. Dessa innehåller i allmänhet köldmedium, kompressorolja, läckagetätning och systembehandling. Vissa innehåller också ett färgämne som ska hjälpa till att avslöja läckor.

Varning: De här produkterna MÅSTE användas enligt tillverkarens instruktioner, och de eliminerar inte behovet av regelbundet underhåll.

Försiktighetsåtgärder

• Om bilen har ett luftkonditioneringssystem är det viktigt att vidta särskilda åtgärder närhelst man handskas med någon del av systemet, dess tillhörande komponenter och över huvud taget någon del som kräver frånkoppling av systemet. Om systemet av någon anledning måste kopplas loss, överlämna denna uppgift till en Skodahandlare eller en specialist på luftkonditioneringssystem.

Varning: Systemet innehåller ett köldmedium och det är därför farligt att koppla loss någon del av systemet utan specialistkunskaper och -utrustning. Köldmediet är potentiellt farligt och får endast handskas av auktoriserade personer. Om köldmediet stänker på huden kan det orsaka frostskador. Det är inte i sig självt giftigt, men i närheten av en öppen låga (även en cigarrett) ger det upphov till en giftig gas. Okontrollerat utsläpp av köldmediet är farligt och skadligt för miljön, och det är dessutom olagligt i de flesta länder.

• Aktivera inte luftkonditioneringen om du vet att det är lite köldmedium i systemet, eftersom det kan skada kompressorn.

12 Luftkonditionering - demontering och montering av komponenter

Varning: Försök aldrig att öppna köldmediekretsen. Läs Försiktighetsåtgärderna i avsnitt 11.

1 Den enda åtgärd som enkelt kan utföras utan tömning av kretsen är byte av kompressorns drivrem, vilket tas upp i relevant del av kapitel 1. Alla andra åtgärder måste överlämnas till en Skodaverkstad eller en specialist på luftkonditioneringssystem.

2 Om så behövs kan kompressorn skruvas loss och flyttas åt sidan, utan att slangarna kopplas loss, efter det att drivremmen har demonterats.

13 Climatronic system - demontering och montering av komponenter

Allmän information

1 Climatronic systemet som är monterat på vissa modeller arbetar tillsammans med värme- och luftkonditioneringssystemen för att bibehålla en vald temperatur i kupén helt automatiskt. De enda komponenter som enkelt kan demonteras utan tömning av kretsen är följande:

Solsensor

2 Slå av tändningen och alla elektriska förbrukare.

13.14a Demontering av Climatronic display

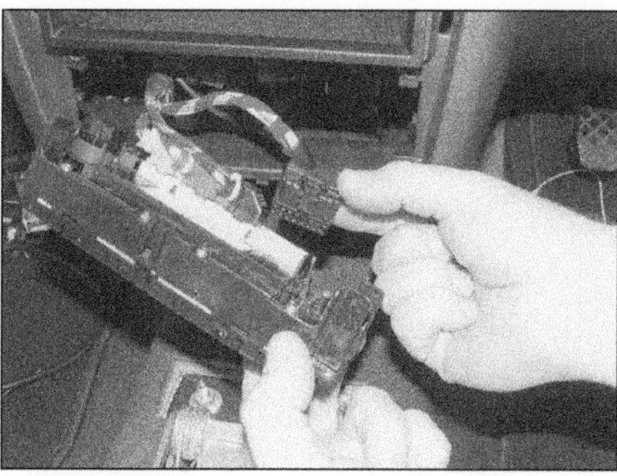
13.14b Koppla loss kablaget

13.18 Demontering av temperaturgivaren för ytterluft

3 Bänd försiktigt loss sensorn från den mittre defrosterventilen med en liten skruvmejsel.
4 Koppla loss kontaktdonet och ta bort sensorn.
5 Montering sker i omvänd ordning.

Temperaturgivare för fotbrunnens ventil

6 Slå av tändningen och alla elektriska förbrukare.
7 Ta bort klädselpanelen under rattstången.
8 Koppla loss kontaktdonet från givaren.
9 Vrid givaren 90° och ta bort den från huset.
10 Montering sker i omvänd ordning.

Reglage och display

11 Slå av tändningen och alla elektriska förbrukare.
12 Bänd försiktigt loss infattningen runt reglagen/displayen.
13 Skruva loss fästskruvarna i hörnen av displayen.
14 Dra ut displayen och koppla loss kablaget **(se bilder)**.
15 Montering sker i omvänd ordning.

Temperaturgivare ytterluft

16 Givaren sitter bakom den främre stötfångaren på vänster sida (vänsterstyrd bil) eller på höger sida (högerstyrd bil).
17 Bänd loss ventilen från den främre stötfångaren och skruva sedan loss givarens fästskruv.
18 Koppla loss kablaget och ta bort givaren **(se bild)**.
19 Montering sker i omvänd ordning.

Kapitel 4 Del A: Bränslesystem – bensinmotorer

Innehåll

Svårighetsgrader

Enkelt, passar novisen med lite erfarenhet 

Ganska enkelt, passar nybörjaren med viss erfarenhet 

Ganska svårt, passar kompetent hemmamekaniker 

Svårt, passar hemmamekaniker med erfarenhet 

Mycket svårt, för professionell mekaniker 

Specifikationer

Systemtyp*

1,4 liters motor:	
Motorkod AXP	Bosch Motronic ME7.5
Motorkod BCA	Bosch Motronic ME7.5.10
1,6 liters motor:	
Motorkod AEE	Magneti-Marelli 1AVM
Motorkod AEH och AKL:	
Bilar med farthållare	Simos 2.2
Bilar utan farthållare	Simos 2.1
Motorkod AVU och BFQ	Simos 3.3
1,8 liters motor:	
Motorkod AGN, AGU och ARZ	Bosch Motronic M3.8.2
Motorkod ARX, AUM och AUQ	Bosch Motronic ME7.5
2,0 liters motor:	
Motorkod AEG, APK och AQY	Bosch Motronic M5.9.2
Motorkod AZH och AZJ	Bosch Motronic ME7.5

* **Observera:** *Se avsnittet "Bilens identifikationsnummer" längst bak i boken för placering av motorkod.*

Rekommenderat bränsle

Minsta oktan:	
Alla modeller utom motorkod AUQ	95 RON blyfri (91 RON blyfri bensin kan användas, men ger sämre prestanda)
Motorkod AUQ	97 eller 98 RON blyfri (95 RON blyfri bensin kan användas, men ger sämre prestanda)

Bränslesystem

Bränslepump	Elektrisk, nedsänkt i tanken
Bränslepumpens matning	600 cc/30 sek (batterispänning 12,5 V)
Reglerat bränsletryck	2.5 bar
Motorns tomgångshastighet (ej justerbart, elektroniskt styrt):	
Motorkod AXP och BCA	650 till 850 rpm
Motorkod AEE	760 till 860 rpm
Motorkod AEH och AKL	760 till 880 rpm
Motorkod AVU och BFQ	640 till 900 rpm
Motorkod AGN:	
Manuell växellåda	800 ± 100 rpm
Automatväxellåda:	
Luftkonditionering på	860 ± 100 rpm
Luftkonditionering av	800 ± 100 rpm
Motorkod AGU	800 till 920 rpm
Motorkod ARX, ARZ, AUM och AUQ:	
Manuell växellåda	700 till 820 rpm
Automatväxellåda	640 till 760 rpm
Motorkod AEG	740 till 820 rpm
Motorkod APK och AQY	740 till 820 rpm
Motorkod AZH	790 till 890 rpm
Motorkod AZJ	730 till 830 rpm
CO-halt vid tomgång CO (ej justerbart, elektroniskt styrt)	0,5 % max
Bränslespridarens elektriska motstånd (typiskt)	12 till 17 ohm
Gasvajer monterad på:	
1,6 liter	Motorkod AEE, AEH och AKL
1,8 liter	Motorkod AGN, AGU, ARZ, ARX och AUM
2,0 liter	Motorkod AEG, APK, AQY, AZH och AZJ
Elektronisk gaspedal monterad på:	
1,4 liter	Motorkod AXP och BCA
1,6 liter	Motorkod AVU och BFQ
1,8 liter	Motorkod AUQ

Åtdragningsmoment

	Nm
Alla modeller	
Bränsletankens fästband, bultar	25
Knacksensor (-er)	20
Syresensor (-er)	50
1,4 liters motorer	
Bränsleinsprutningsbryggans fästbultar	10
Gasspjällhusets fästbultar	10
Insugsgrenrör till topplock	20
Termostathusets bultar	10
1,6 liters motor	
Gasspjällhusets fästbultar	8
Insugsgrenrör till topplock, muttrar/bultar	15
Insugsgrenrörets stöd:	
Till topplock	15
Till insugsgrenrör	8
Insugsgrenrörets övre del till den nedre delen, skruvar	3
Luftrenarens fäst-'bultar'	10
1,8 liters motor utan turbo	
Bränsleinsprutningsbryggans fästbultar	10
Gasspjällhusets fästbultar	10
Insugsluftens temperaturgivare, fästbult	10
Insugsgrenrörets över del till den nedre delen	10
Insugsgrenrörets över del till fästbygel	20
Insugsgrenrör till topplock, muttrar/bultar	20
Kamaxellägesgivarens inre element, fästbult	25
Luftrenarens fäst-'bultar'	10

Åtdragningsmoment (forts)

	Nm
1,8 liters turbomotor	
Bränsleinsprutningsbryggans fästbultar	10
Gasspjällhusets fästbultar	10
Insugsluftens temperaturgivare, fästbult	10
Insugsgrenrörets stödfäste:	
Till motorblock	45
Till insugsgrenrör	20
Insugsgrenrör till topplock, muttrar/bultar	10
Kamaxellägesgivarens inre element, fästbult	25
Luftrenarens fäst-'bultar'	10
2,0 liters motor	
Bränsleinsprutningsbryggans fästbultar	10
Gasspjällhusets fästbultar	10
Insugsgrenrörets över del till den nedre delen	10
Insugsgrenrör till topplock, muttrar/bultar	10

1 Allmän information och föreskrifter

Allmän information

Systemen som beskrivs i det här kapitlet är alla kompletta motorstyrningssystem, som styr både bränsleinsprutning och tändning. Det här kapitlet tar enbart upp bränslesystemets komponenter – se kapitel 4C för information om turboladdare, avgas- och avgasreningssystem, och se kapitel 5B för information om tändsystemet.

Bränsleinsprutningssystemet består av en bränsletank, en elektrisk bränslepump/nivågivare, ett bränslefilter, bränslematnings- och returslangar, ett gasspjällhus, en bränsleinsprutningsbrygga, en bränsletrycksregulator, fyra elektroniska bränslespridare och en elektronisk styrenhet (ECU) med tillhörande givare/sensorer, aktiverare och kablage. De olika bränslesystemen är i grunden mycket lika, men det finns utmärkande detaljskillnader, särskilt när det gäller vilka givare som används och insugsgrenrörets utformning.

Bränslepumpen är nedsänkt i bränslet i tanken, och den matar konstant bränsle, genom ett filter, till bränsleinsprutningsbryggan, vid ett något högre tryck än vad som egentligen behövs – bränsletrycksregulatorn bibehåller ett konstant bränsletryck till bränslespridarna, och återför överflödigt bränsle till tanken via returledningen. Detta konstantflödessystem hjälper också till att sänka bränsletemperaturen, och förebygger förångning.

Bränslespridarna öppnas och stängs av en elektronsik styrenhet (ECU), som beräknar insprutningens tidpunkt och varaktighet utifrån information om motorns hastighet, vevaxel-/kamaxelläge, gasspjällets läge och öppningshastighet, undertrycket i insugsgrenröret, insugsluftens temperatur, kylvätskans temperatur, bilens hastighet och avgasernas CO-halt, som erhålls från givare monterade på och runt motorn.

Vissa modeller är utrustade med ett sekundärt luftinsprutningssystem, som matar in luft i avgaserna för att uppmuntra förbränning av oförbränt bränsle under uppvärmning av motorn; denna process hjälper också till att värma upp katalysatorn, så att den snabbare når sin optimala arbetstemperatur. Se kapitel 4C för mer information.

Luft dras in i motorn genom luftrenaren, som innehåller ett utbytbart pappersfilter. På vissa modeller utan turbo regleras temperaturen på insugsluften av en ventil som sitter i luftrenarens insugskanal, som blandar den inkommande luften med varm luft, som dras från området ovanför avgasgrenröret. Temperaturen och trycket på den luft som går in i gasspjällhuset mäts antingen av en givare som sitter på insugsgrenröret eller av en luftmängdsmätare på luftrenaren. Informationen används av ECU för att finjustera bränsleinställningen för olika arbetsförhållanden. Turboladdade motorer har en extra lufttemperaturgivare monterad nedströms gasspjällhuset, som övervakar den (komprimerade) luftens temperatur när den har gått igenom turboladdaren och mellankylaren.

På 1,6 liters motorn finns ett insugsgrenrör med variabel längd. En vakuumstyrd klaff sitter inuti grenröret, som leder insugsluften längs en av två vägar genom grenröret, där de olika vägarna har olika längd. Styrning av insugsluften på det här sättet gör att man ändrar motorns vridmomentsegenskaper vid olika motorhastigheter och belastningar.

Kontroll av tomgångshastigheten sker delvis via en elektronisk gasspjällägesmodul, som är en del av gasspjällhuset, och delvis via tändsystemet, som finjusterar tomgångshastigheten genom att ändra tändningsinställningen. Som ett resultat av detta är manuell justering av tomgångshastigheten varken nödvändig eller möjlig.

Avgasernas syrehalt övervakas hela tiden av ECU via en syresensor (lambdasond), som sitter i den främre delen av avgasröret. På alla motorer utom de tidigaste 1,4 och 1,6 liters modellerna finns det två syresensorer, en före katalysatorn och en efter – detta förbättrar responstid och exakthet, och ECU jämför signalerna från de två sensorerna för att kontrollera att katalysatorn fungerar som den ska. ECU använder informationen från givarna till att justera insprutningstidpunkt och duration för att uppehålla ett optimalt luft/bränsleförhållande – ett resultat av detta är att manuell justering av CO-halten vid tomgång varken är möjlig eller nödvändig. Alla modeller är utrustade med katalysator – se kapitel 4C.

Om ett bränsleavdunstningssystem med kolkanister är monterat, styr ECU detta systems funktion – se kapitel 4C för ytterligare information.

Observera att all felsökning av motorstyrningssystemet som beskrivs i det här kapitlet endast är möjlig med särskild elektronisk testutrustning. Problem med systemet bör därför överlämnas till en Skodaverkstad för bedömning. När ett fel har identifierats, kan man sedan använda följande avsnitt om demontering och montering av komponenterna som behöver bytas ut.

Föreskrifter

⚠ ***Varning: Bensin är extremt brandfarligt – stor försiktighet måste iakttagas vid arbete på bränslesystemet.***

- ***Rök inte och låt inga öppna lågor eller oskyddade glödlampor finnas i närheten av arbetsområdet. Observera att gasdrivna hushållsapparater med tändlåga, som varmvattenberedare eller torktumlare, också kan utgöra en brandrisk – håll detta i åtanke om du arbetar i ett utrymme där det finns sådana här apparater. Ha alltid en lämplig brandsläckare i närheten, och se till att veta hur den fungerar innan arbetet påbörjas. Bär skyddsglasögon vid arbete med bränslesystemet och tvätta omedelbart bort bränslespill på huden med tvål och vatten. Kom ihåg att bränsleångor är lika farliga som flytande bränsle – kanske ännu farligare; en behållare som har tömts på flytande bränsle innehåller fortfarande bränsleångor och den är potentiellt explosiv.***
- ***Många av åtgärderna som beskrivs i det här kapitlet omfattar losskoppling***

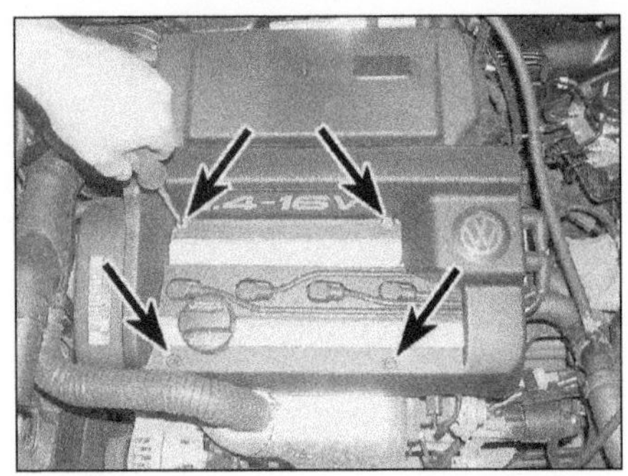
2.1a Skruva loss infästningarna (vid pilarna) . . .

2.1b . . . och ta bort motorns toppkåpa –1,4 liters motor

2.2 Koppla loss ventilationsslangen från luftrenaren

2.3 Lossa gasvajern från luftrenaren

2.4a Bänd loss och ta bort det rektangulära täcklocket . . .

2.4b . . . och skruva loss skruven

av bränsleledningar, som kan leda till bränslespill. Innan arbetet påbörjas, läs Varningen ovan och informationen i avsnittet "Säkerheten främst!" i början av boken.

- ***Ett visst bränsletryck finns alltid kvar i bränslesystemet långt efter det att motorn har stängts av. Detta tryck måste släppas ut på ett kontrollerat sätt innan arbete med komponenter i bränslesystemet påbörjas – se beskrivning i avsnitt 9.***
- ***Var alltid noga med renligheten vid arbete med bränslesystemet – om smuts kommer in i systemet kan det leda till blockeringar och därmed sämre drift.***
- ***För att skydda dig själv och utrustningen, rekommenderas för många arbetsmoment i det här kapitlet att batteriets negativa kabel kopplas bort. För det första undanröjer det risken för oavsiktliga kortslutningar som kan orsakas när arbete utförs på bilen, och för det andra förhindrar det skador på elektroniska komponenter (som givare, aktiverare ECU) som är särskilt känsliga för strömvågor som orsakas av att kablage kopplas loss eller ansluts medan de är strömförande. Se avsnittet "Frånkoppling av batteriet" längst bak i boken.***

2 Luftrenare och insugssystem – demontering och montering

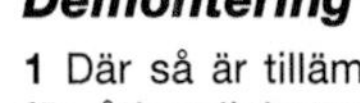

Demontering

1 Där så är tillämpligt och/eller nödvändigt för åtkomlighetens skull, ta bort motorns toppkåpa/-kåpor. Hur de sitter fast varierar lite från modell till modell, men fästmuttrarna sitter dolda under runda lock som man måste bända ut ur huvudkåpan. Om plastskruvar eller vridfästen används, kan dessa tas bort med en bred spårskruvmejsel. Skruva loss muttrarna eller skruvarna och lyft upp kåpan från motorn, och lossa eventuella slangar eller kablar **(se bilder)**.

1,4 liters motorer

2 Koppla loss ventilationsröret från luftrenarens högra sida **(se bild)**.

3 Där så är tillämpligt, lossa gasvajern från klämmorna fram- och baktill på luftrenaren **(se bild)**.

4 Bänd loss det rektangulära täcklocket uppe på luftrenaren och ta bort fästskruven under den **(se bilder)**.

5 Skruva loss den mittre skruven framtill på luftrenaren **(se bild)**.

6 På tidiga 1,4 liters motorer, skruva loss de två skruvarna som håller insugskanalen till fästbygeln på motorfästet, och lossa slangklämman som håller varmluftsslangen till avgasgrenröret **(se bilder)**.

7 Dra luftrenaren uppåt för att lossa den

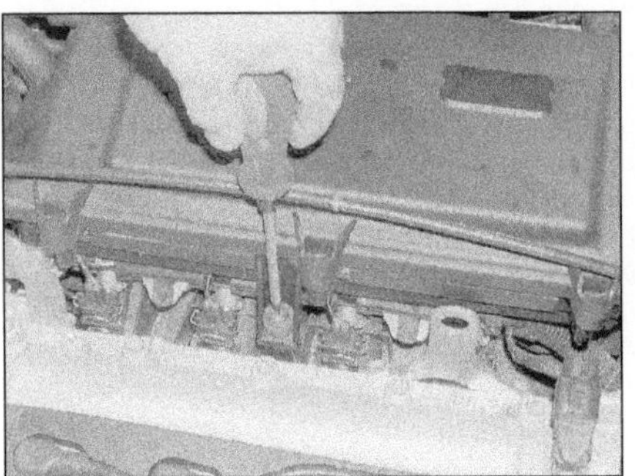
2.5 Skruva loss skruven framtill på luftrenaren

2.6a Skruva loss skruvarna som håller fast insugskanalen

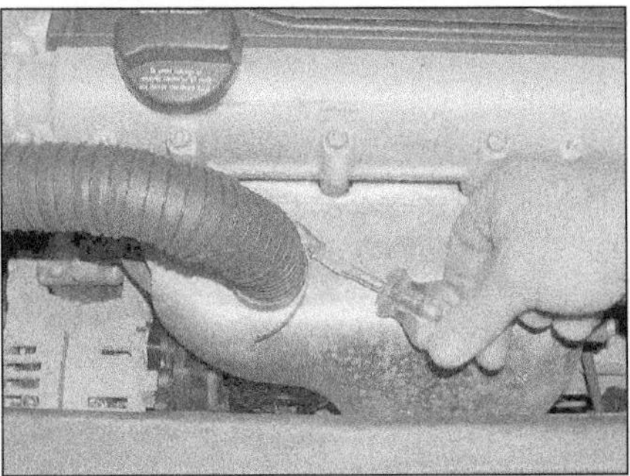
2.6b Lossa varmluftsslangens klämma . . .

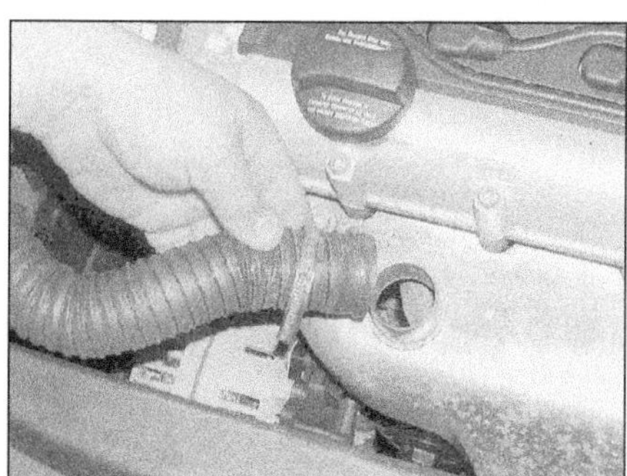

2.6c . . . och ta bort slangen från grenrörskåpan

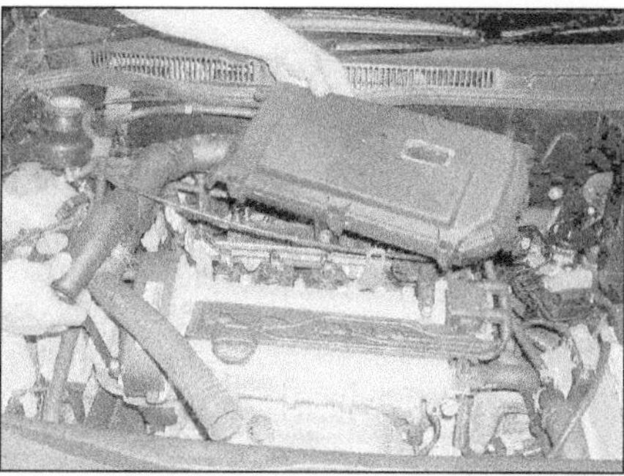

2.7 Luftrenaren demonteras – 1,4 liters modell

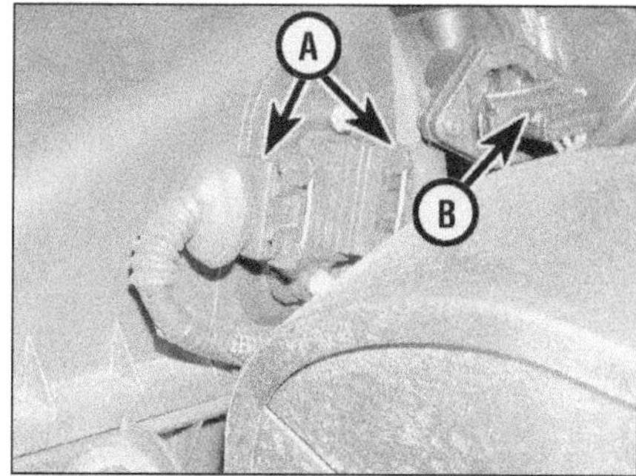

2.14 Kontaktdon till tändningens effektsteg (A) och luftmängdsmätaren (B)

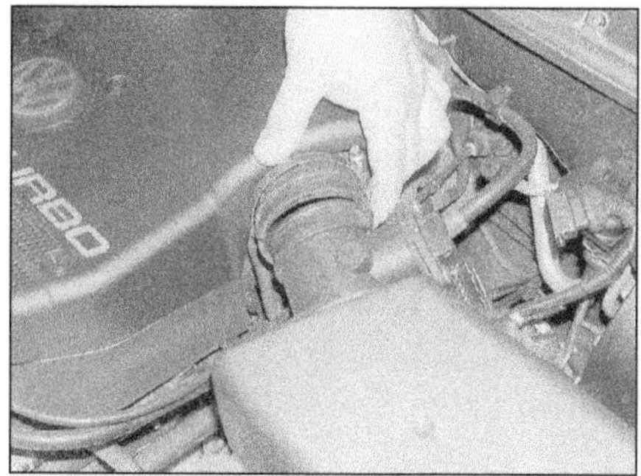

2.18 Koppla loss luftinloppskanalen från luftmängdsmätaren

2.20a Skruva loss fästskruvarna . . .

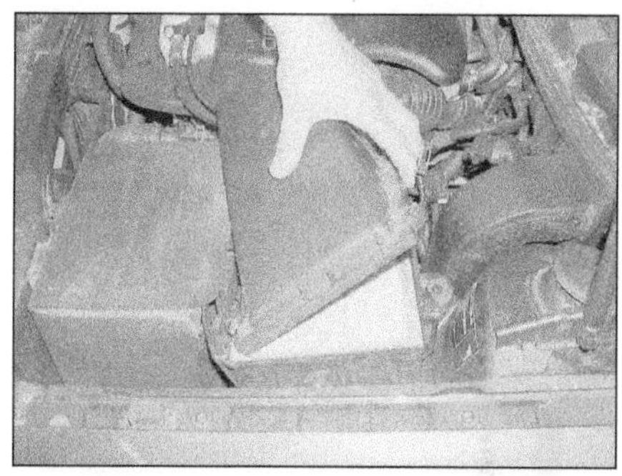

2.20b . . . och ta bort luftrenarlocket

från det högra bakre fästet, lossa sedan luftinloppstratten från varmluftsslangen och lyft upp enheten från motorn **(se bild)**. Ta vara på tätningen som sitter över gasspjällhusets inlopp och undersök dess skick – byt ut den om den är sprucken eller på annat sätt skadad.

8 Insugskanalen kan tas bort från motorfästet om man skruvar loss fästskruvarna och lossar varmluftsslangen från grenrörskåpan.

1,6 liters motor med kod AEE

9 Luftrenaren sitter fast med fyra långa genomgående bultar – en framtill till vänster, två baktill och en i mitten på höger sida. Skruva loss och ta bort bultarna.

10 Lyft upp luftrenaren från gasspjällhuset och koppla loss vevhusventilationens slang. Koppla också loss varmluftsslangen från avgasgrenröret.

11 Om så behövs, ta bort gummitätningen längst upp på gasspjällhuset. Insugskalanen med styrklaff kan också tas bort om man skruvar loss fästskruven.

12 Lossa klämman och ta bort varmluftsslangen.

Alla andra motorer

13 Koppla loss kontaktdonet från luftmängdsmätaren.

14 På turbomodeller, koppla loss de två kontaktdonen från tändningens effektsteg på baksidan av luftrenaren **(se bild)**.

15 På 1,6 liters motor med kod AVU eller BFQ, koppla loss den smala EGR-slangen från luftrenaren. Där så är tillämpligt, koppla loss vevhusventilations- och EGR-slangarna från luftrenarkåpan.

16 Där så är tillämpligt, koppla loss den tjockare luftintagsslangen som går till den sekundära luftpumpen – slangändens anslutning lossas genom att man trycker ihop flikarna.

17 På modeller utan turbo, lossa slangklämman som håller varmluftsslangen till luftrenarlocket och koppla loss slangen.

18 Lossa slangklämman som håller luftmängdsmätaren till luftinloppskanalen **(se bild)**.

19 Lossa eventuella slangar, kablar etc. som är fastklämda på luftrenaren, och notera hur de är dragna för att underlätta monteringen.

20 Ta bort luftrenarkåpan (två skruvar eller klämmor) tillsammans med luftmängdsmätaren **(se bilder)**. Lyft ut luftfiltret.

21 Skruva loss fästmuttrarna/bultarna och lyft ut luftrenaren, och lossa luftinloppstratten.

22 Om så behövs kan luftinloppstratten tas loss, och luftmängdsmätaren kopplas bort (se avsnitt 5).

23 På turbomodeller, om så behövs, kan resten av inloppskanalen demonteras om man lossar slangklämmorna och kopplar loss kontaktdonet från boost tryckbegränsarsolenoiden. Notera hur alla slangar sitter innan de kopplas loss – märk dem om så behövs, för att underlätta monteringen.

Montering

24 Montering sker i omvänd ordning mot demonteringen, tänk på följande:

a) Där så är tillämpligt, se till att luftfiltret monteras på korrekt sätt (se kapitel 1A om så behövs).

b) Det är mycket viktigt att tätningen verkligen blir lufttät mellan luftrenaren och gasspjällhuset (1,4 liters motor) eller mellan luftmängdsmätaren och luftinloppskanalen (alla andra motorer). Kontrollera antingen tätningen enligt beskrivning i punkt 7, eller dra åt slangklämman ordentligt.

3 Insugsluftens temperaturkontrollsystem – allmän information

Observera: *Det här systemet finns inte på alla modeller.*

1 Insugsluftens temperaturkontrollsystem består av en temperaturstyrd klaffventil, monterad i sitt eget hus i luftrenarens inloppskanal eller i luftrenarlocket, och en kanal till varmluftskollektorplåten ovanför avgasgrenröret.

2 Temperaturgivaren i klaffventilens hus känner av temperaturen på den inkommande luften och öppnar ventilen när en förutbestämd nedre gräns nås. När ventilen öppnas dras varm luft från området kring avgasgrenröret och blandas med insugsluften.

3 När insugsluftens temperatur stiger, stänger givaren klaffen stegvis tills varmluftstillförseln från avgasgrenröret är helt avstängd, och endast luft utifrån släpps in till luftrenaren.

4 När luftkanalerna är borttagna från temperaturstyrningens klaffventilshus kan man se givaren. Om en hårtork och en lämplig frysspray finns till hands, kan givarens funktion testas.

4.2a Håll gasspjället öppet för hand . . .

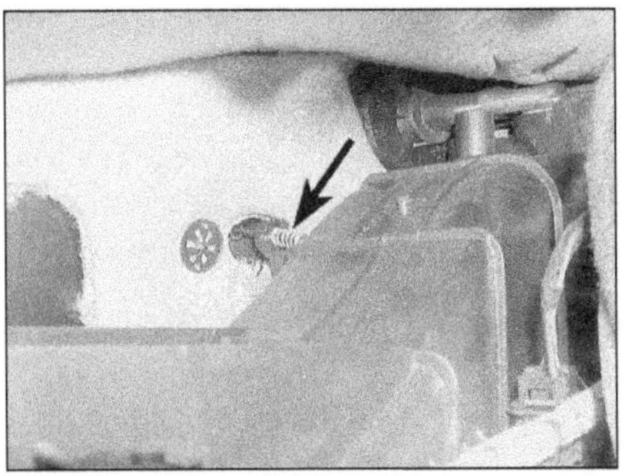

4.4 Gasvajerns ändfäste (vid pilen) – visas med handskfacket demonterat

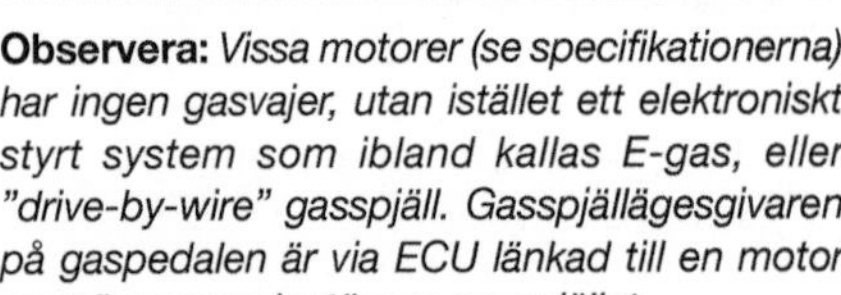
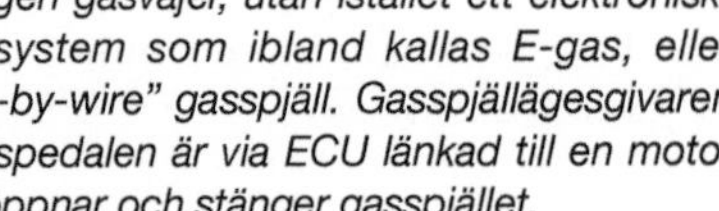

4 Gasvajer – demontering, montering och justering

Observera: *Vissa motorer (se specifikationerna) har ingen gasvajer, utan istället ett elektroniskt styrt system som ibland kallas E-gas, eller "drive-by-wire" gasspjäll. Gasspjällägesgivaren på gaspedalen är via ECU länkad till en motor som öppnar och stänger gasspjället.*

Demontering

1 Där så är tillämpligt och/eller nödvändigt för åtkomligheten, demontera motorns toppkåpa/-kåpor. Hur de sitter fast varierar mellan modellerna, men fästmuttrarna sitter under runda täcklock i huvudkåpan, och dessa kan bändas ut med en skruvmejsel. Om plastskruvar eller vridfästen används, kan dessa tas bort med hjälp av en bred spårskruvmejsel. Skruva loss muttrarna eller skruvarna och lyft av kåpan från motorn, lossa eventuella slangar eller kablar.

2 Vid gasspjällhuset, håll gasspjället öppet och koppla loss gasvajern (innervajern) från gasspjällets spindel **(se bilder)**.

3 Ta bort metallklämman och ta loss vajerhöljet från fästbygeln intill gasspjällhuset **(se bild)**.

4 På högerstyrda modeller, demontera handskfacket enligt beskrivning i kapitel 11, avsnitt 26. Gaspedalen har ett förlängningsstag som sträcker sig tvärs över bilen, och som man kommer åt om man sträcker in handen över värmarhuset. Om så behövs, låt en

4.2b . . . och haka loss innervajern

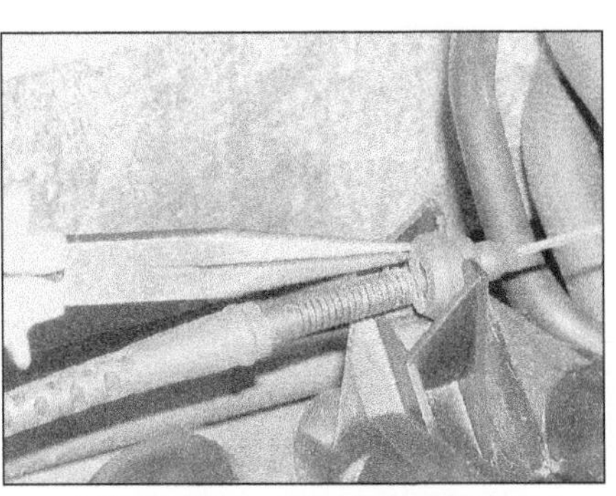

4.10 En tång används till att sätta metallklämman på plats

medhjälpare aktivera gaspedalen för att du lättare ska hitta den **(se bild)**

5 På vänsterstyrda modeller, se avsnitt 28 i kapitel 11 och demontera instrumentbrädans paneler under rattstången.

6 Tryck ner gaspedalen en aning, lossa sedan gasvajern från änden av gaspedalens förlängningsarm. Där så är tillämpligt, lossa balansvikten från toppen av pedalen för att förbättra åtkomligheten.

7 Vid den punkt där vajern går igenom torpeden, skruva loss locket från den tvådelade genomföringen så att vajern kan röra sig fritt.

8 Lossa vajern från fästklämmorna och guida den ut genom torpedens genomföring.

Montering

9 Montera gasvajern genom att följa instruktionerna för demontering i omvänd ordning.

5.6a Koppla loss kolkanisterns vakuumslang . . .

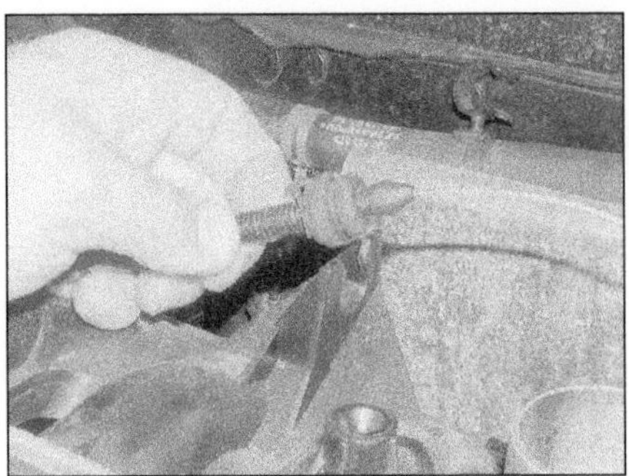

4.3 Ta loss gasvajern från fästbygeln

Justering

10 Vid gasspjällhuset, fixera vajerhöljet i fästbygeln genom att sticka in metallklämman i en av skårorna, så att när gaspedalen trampas ner helt, gasspjället precis vidrör sitt ändstopp **(se bild)**.

5 Bränslesystem – demontering och montering av komponenter

Observera: *Läs föreskrifterna i avsnitt 1 innan något arbete påbörjas på komponenterna i bränslesystemet. Information om motorstyrningssystemets givare som är mer direkt relaterade till tändsystemet finns i kapitel 5B.*

Gasspjällhus

1 På vissa modeller värms gasspjällhuset upp av kylvätskan, så demontering av huset innebär losskoppling av två kylvätskerör. Även om kylsystemet har tömts enligt beskrivningen i kapitel 1A, är det troligt att det finns kvar vätska i gasspjällhusets rör. Om det inte är dags att byta kylvätska, kan det vara bättre att inte tömma hela systemet, utan istället vara beredd att plugga igen rören när de kopplas loss, alternativt klämma ihop slangarna med slangklämmor.

2 På modeller utan turbo, demontera luftrenaren enligt beskrivning i avsnitt 2.

3 På turbomodeller, ta bort motorns toppkåpa/-kåpor. Hur de sitter fast varierar mellan modellerna, men fästmuttrarna sitter under runda täcklock i huvudkåpan, och dessa kan bändas ut med en skruvmejsel. Om plastskruvar eller vridfästen används, kan dessa tas bort med hjälp av en bred spårskruvmejsel. Skruva loss muttrarna eller skruvarna och lyft av kåpan från motorn, lossa eventuella slangar eller kablar.

4 Där så är tillämpligt, se avsnitt 4 och lossa gasvajern från gasspjällarmen.

5 Koppla loss kabeln från batteriets negativa pol och lägg den åt sidan, på avstånd från polen. **Observera:** *Läs avsnittet "Frånkoppling av batteriet" i referenskapitlet längst bak i boken först.*

6 Koppla loss slangen för kolkanistern från porten på gasspjällhuset. Koppla också loss bromsservons vakuumtillförselslang, där så är tillämpligt **(se bilder)**.

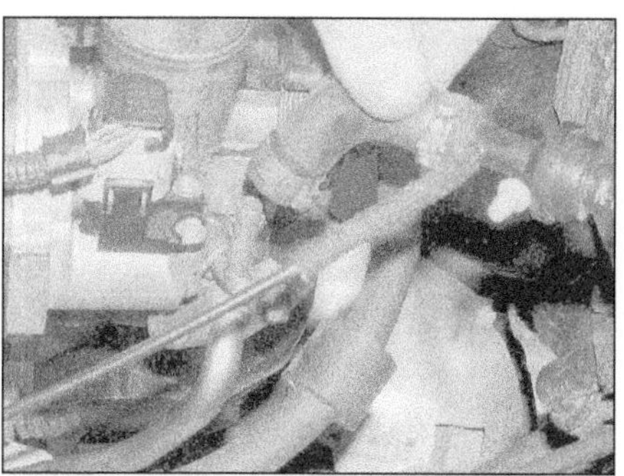

5.6b . . . och bromsservons

5.7 Koppla loss kontaktdonet från gasspjällhuset

5.9 Skruva loss bultarna till EGR-rörets fläns, dra isär fogen och ta ut packningen

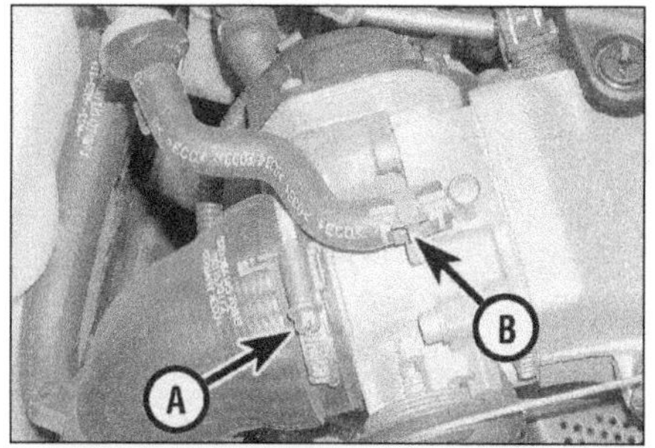

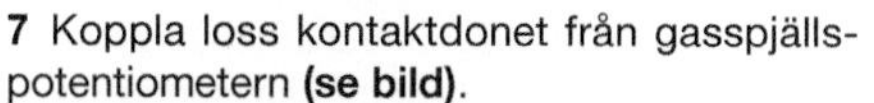

5.10 Gasspjällhus – turbomodell. Luftinloppsslangens klämma (A) och kolkanisterns slang (B)

5.11a Skruva loss de genomgående bultarna . . .

5.11b . . . lyft fort gasspjällhuset . . .

7 Koppla loss kontaktdonet från gasspjällspotentiometern **(se bild)**.

8 Där så är tillämpligt, koppla loss kylvätskerören från gasspjällhuset, och notera noggrant hur de sitter för att underlätta monteringen. Var beredd på kylvätskespill och plugga igen rören på en gång.

9 På 1,4 liters motorer och 1,6 liters motorer med kod AVU och BFQ, skruva loss de två bultarna som håller metallröret för EGR-systemet. Separera rörflänsen från gasspjällhuset och ta bort packningen – en ny packning måste användas vid monteringen **(se bild)**.

10 På turbomodeller, lossa slangklämman och ta bort den tjockare luftinloppskanalen från gasspjällhuset **(see illustration)**.

11 Skruva loss och ta bort de genomgående bultarna, lyft sedan bort gasspjällhuset från insugsgrenröret **(se bilder)**. På 1,4 liters motorer, ta vara på fästflänsen som EGR-röret är fastskruvat i, och notera hur den sitter. Kasta packningen/-arna. På vissa modeller håller en av bultarna också fast gasspjällhusets jordfläta.

12 Montering sker i omvänd ordning. Notera följande:

a) Använd en ny packning mellan gasspjällhuset och insugsgrenröret.

b) Dra åt gasspjällhusets genomgående bultar jämnt till angivet moment, för att förebygga luftläckor.

c) Se till att alla slangar och elektriska kontaktdon ansluts korrekt och säkert.

d) Där så är tillämpligt, se avsnitt 4 och kontrollera och, om så behövs, justera gasvajern.

Bränslespridare och bränsleinsprutningsbrygga

Observera: *Läs föreskrifterna i avsnitt 1 innan du påbörjar något arbete på bränslesystemets komponenter. Om du misstänker att en bränslespridare är defekt, är det värt att försöka med en lämplig spridarrengöring innan man sätter igång med att demontera spridarna. Ett sådant här rengöringsmedel hälls i bensintanken och avser att rengöra spridarna medan du kör.*

13 Koppla loss kabeln från batteriets negativa pol och lägg den åt sidan. **Observera:** *Se avsnittet ”Frånkoppling av batteriet” i referenskapitlet längst bak i boken först.*

14 Där så är tillämpligt, demontera motorns toppkåpa/-kåpor. Hur de sitter fast varierar mellan modellerna, men fästmuttrarna sitter under runda täcklock i huvudkåpan, och dessa kan bändas ut med en skruvmejsel. Om plastskruvar eller vridfästen används, kan dessa tas bort med hjälp av en bred spårskruvmejsel. Skruva loss muttrarna eller skruvarna och lyft av kåpan från motorn, lossa eventuella slangar eller kablar **(se bilder)**.

5.11c . . . och ta vara på tätningsbrickan

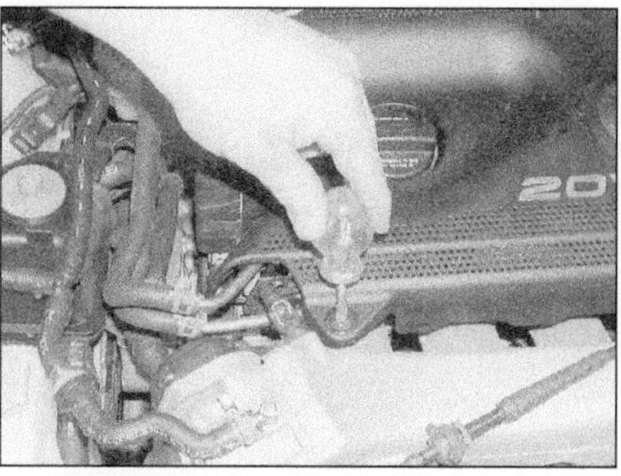

5.14a Lossa infästningarna . . .

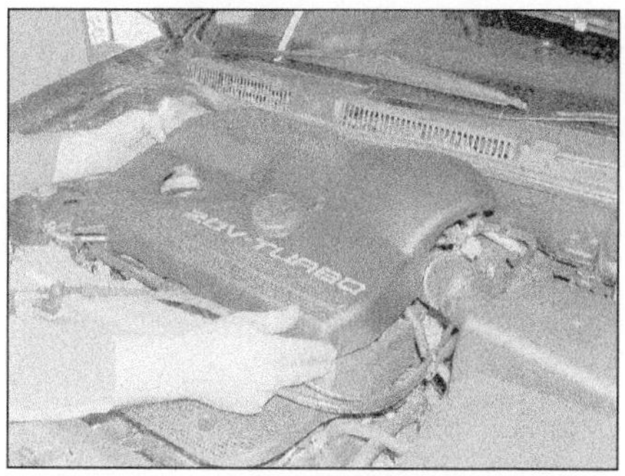

5.14b . . . och ta bort huvudkåpan från motorn . . .

5.14c . . . och därefter den främre kåpan – turbomodell

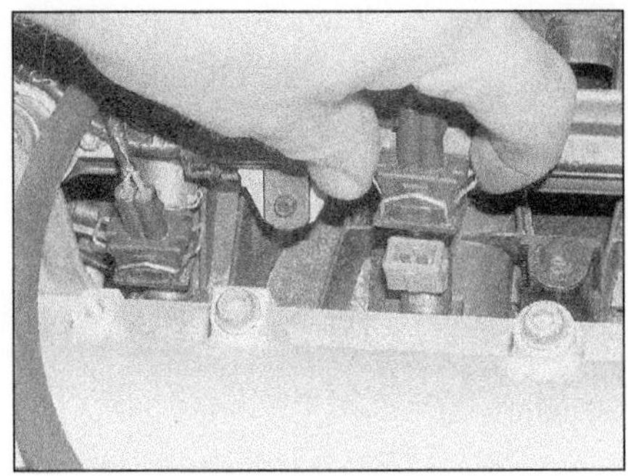

5.16a Koppla loss kontaktdonen från spridarna . . .

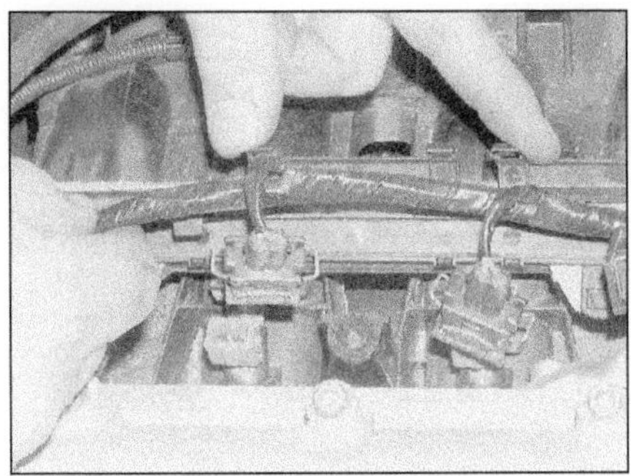

5.16b . . . och lossa spridarnas kabelhärva från insprutningsbryggan

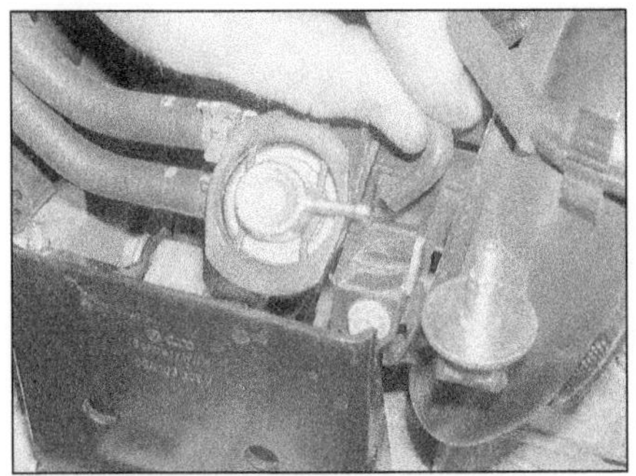

5.18 Koppla loss tryckregulatorns vakuumslang

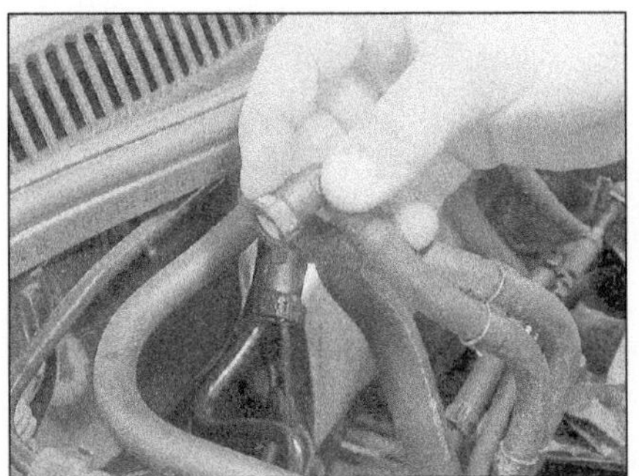

5.20a Tryck in spärrarna för att lossa bränsleslangarnas snabbkopplingar . . .

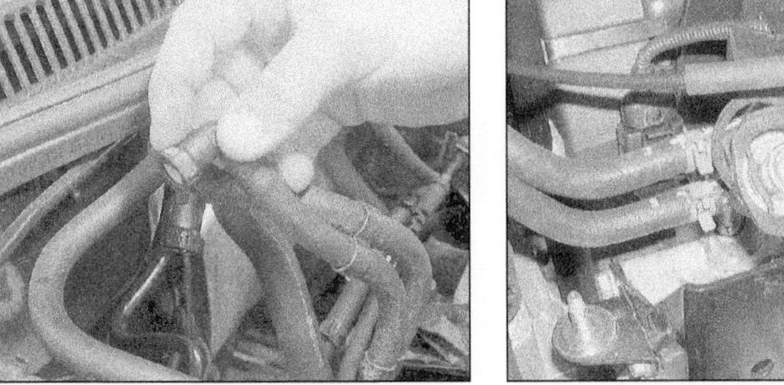

5.20b . . . eller lossa fjäderklämmorna som håller slangarna till insprutningsbryggan

15 På 1,6 och 2,0 liters motorer, demontera den övre delen av insugsgrenröret enligt beskrivning i avsnitt 10.

16 Koppla loss kontaktdonen till spridarnas kablage och märk dem för att underlätta korrekt montering. Lossa kabelhärvans klämmor från insprutningsbryggan och lägg kabelhärvan åt sidan **(se bilder)**.

17 Se avsnitt 9 och tryckutjämna bränslesystemet.

18 Koppla loss vakuumslangen från porten på bränsletrycksregulatorn **(se bild)**.

19 På modeller med sekundär luftinsprutning, koppla loss lufttillförselslangen för spridarnas luftkåpor.

20 Tryck ihop spärrarna på snabbkopplingarna och koppla loss bränsletillförsel- och returslangarna från ingångarna på torpeden. Alternativt, lossa fjäderklämmorna som håller slangarna till insprutningsbryggan **(se bilder)**. Notera *noggrant* hur slangarna sitter monterade – tillförselslangen är märkt med en svart eller vit pil, och returslangen med en blå.

21 Skruva loss och ta bort insprutningsbryggans fästbultar, lyft sedan försiktigt loss bryggan från insugsgrenröret, tillsammans med spridarna. Ta vara på spridarnas nedre O-ringstätningar från grenröret **(se bilder)**.

22 Bränslespridarna kan nu tas bort från insprutningsbryggan om man drar ut relevant metallklämma och försiktigt lyfter ut spridaren. Ta vara på spridarnas övre O-ringstätningar **(se bilder)**.

5.21a En av insprutningsbryggans fästbultar

5.21b Ta vara på spridarnas nedre O-ringstätningar (vid pilarna)

5.22a Med en passande skruvmejsel, bänd ut spridarens fästklämma. . .

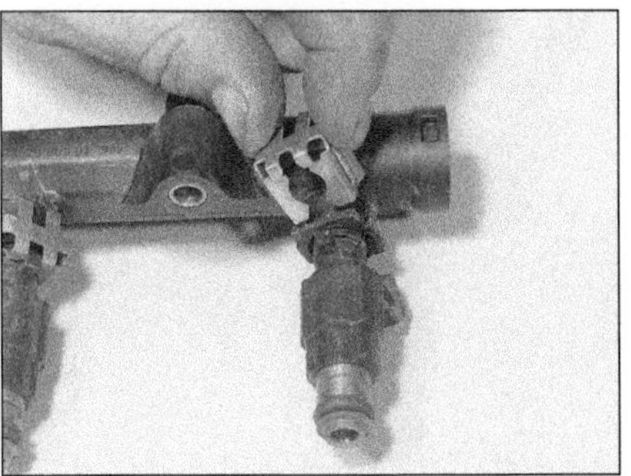

5.22b . . . och ta bort den från insprutningsbryggan

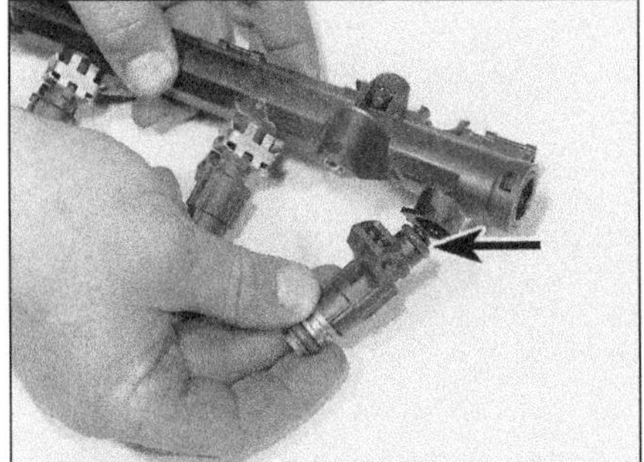

5.22c Ta försiktigt ut spridaren och ta bort den övre O-ringstätningen (vid pilen)

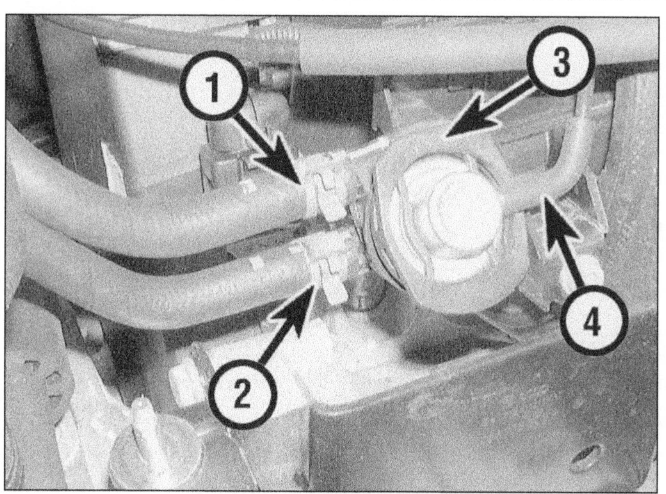

5.29 Bränsletrycksregulator – 1,6 liters motor

1 Bränsletillförselslang
2 Bränslereturslang
3 Fjäderklämma
4 Vakuumslang

5.36 Gaspedal och gasspjällägesgivare

1 Fästbygel
2 Lägesgivarens kontaktdon
3 Fästmuttrar
4 Lägesgivare
5 Hållare för fotbrunnskåpa

23 Om så behövs, demontera bränsletrycksregulatorn enligt beskrivningen nedan.

24 Kontrollera det elektriska motståndet i spridarna med en multimeter och jämför med specifikationerna.

25 Montera spridarna och insprutningsbryggan genom att följa instruktionerna för demontering i omvänd ordning. Notera följande punkter:

a) Byt ut spridarnas O-ringstätningar om de är skadade eller slitna.

b) Försäkra dig om att spridarnas fästklämmor sitter säkert på plats.

c) Se till att bränsletillförsel- och returslangarna ansluts korrekt – deras färgkoder anges i demonteringsavsnittet.

d) Kontrollera att alla vakuumslangar och elkablar ansluts korrekt och säkert.

e) Avslutningsvis, leta noggrant efter bränsleläckage innan bilen börjar användas igen.

Bränsletrycksregulator

Observera: *Läs föreskrifterna i avsnitt 1 innan något arbete utförs på bränslesystemets komponenter.*

26 Koppla loss kabeln från batteriets negativa pol och lägg den åt sidan. **Observera:** *Läs avsnittet "Frånkoppling av batteriet" i referenskapitlet i slutet av boken.*

27 Se avsnitt 9 och tryckutjämna bränslesystemet.

28 Där så är tillämpligt, demontera motorns toppkåpa/-kåpor. Hur de sitter fast varierar mellan modellerna, men fästmuttrarna sitter under runda täcklock i huvudkåpan, och dessa kan bändas ut med en skruvmejsel. Om plastskruvar eller vridfästen används, kan dessa tas bort med hjälp av en bred spårskruvmejsel. Skruva loss muttrarna eller skruvarna och lyft av kåpan från motorn, lossa eventuella slangar eller kablar.

29 Koppla loss vakuumslangen från porten längst ner på (eller på sidan av) bränsletrycksregulatorn **(se bild)**.

30 Lossa fjäderklämman och koppla tillfälligt loss bränsletillförselslangen från änden av bränsleinsprutningsbryggan. Detta släpper ut det mesta av bränslet i regulatorn. Var alltså beredd på att bränsle kommer att rinna ut – placera en behållare och några gamla trasor under regulatorhuset. Anslut slangen igen när bränslet har runnit ut. **Observera:** *Tillförselslangen är märkt med en svart eller vit pil.*

31 På 1,4 liters motorer, ta bort regulatorkragens fästskruv och lyft av kragen. Lyft ut regulatorn och ta vara på O-ringstätningarna.

32 På alla andra motorer, dra ut fästklämman från toppen av regulatorhuset och lyft ut regulatorn, och ta bort O-ringstätningarna.

33 Montera bränsletrycksregulatorn genom att följa demonteringsinstruktionerna i omvänd ordning. Notera följande punkter:

a) Byt ut O-ringstätningarna om de är slitna eller skadade.

b) Se till att sätta regulatorns fästklämmor ordentligt på plats, eller att montera kragen korrekt och dra åt dess skruv ordentligt.

c) Sätt fast regulatorns vakuumslang ordentligt.

Gasspjällspotentiometer/-motor

34 Potentiometern (eller motorn, på modeller med "drive-by-wire" gasspjäll) matchas mot gasspjällhuset vid tillverkningen, och kan inte köpas separat. Om den är defekt krävs ett helt nytt gasspjällhus. Även om enheten kan skruvas loss från huset, kommer tätningen att skadas om man gör det, och det verkar inte som om tätningen kan köpas separat.

Gasspjällägesgivare

35 På modeller med en konventionell gasvajer utförs gasspjällägesgivarens funktion av potentiometern som sitter fast på gasspjällhuset. Som redan har nämnts, finns inte potentiometern att köpa som en separat del.

36 På modeller med ett "drive-by-wire" gasspjäll är lägesgivaren integrerad med gaspedalen. Pedalen kan demonteras (efter det att man har demonterat den nedre instrumentbrädespanelen på förarsidan – avsnitt 28 i kapitel 11) om man kopplar loss givarens kontaktdon och skruvar loss muttrarna som håller pedalen till fästbygeln **(se bild)**.

Insugsluftens temperatur-/tryckgivare

37 Alla modeller utom de med 1,4 liters motor har en lufttemperaturgivare inbyggd i luftmängdsmätaren. Den här utgör en del av luftmängdsmätaren och kan inte bytas ut separat. På 1,8 liters motorer finns ytterligare en lufttemperaturgivare monterad på insugsgrenröret, och denna kan monteras enligt beskrivning nedan.

1,4 liters motorer

38 Givaren sitter på höger sida av insugsgrenröret (höger från förarsätet sett) **(se bild 10.6)**.

39 Koppla loss kabeln från batteriets negativa pol och flytta den åt sidan. **Observera:** *Se avsnittet "Frånkoppling av batteriet" i referenskapitlet längst bak i boken först.* Koppla loss kontaktdonet från givare **(se bild på nästa sida)**.

40 Skruva loss de två fästskruvarna och ta loss givaren från grenröret. Ta vara på O-ringstätningarna och styrplattan om den är lös – notera hur plattan sitter.

41 Montering sker i omvänd ordning mot demonteringen. Notera följande punkt:

a) Montera styrplattan och byt ut O-ringstätningen (-tätningarna) om så behövs. Dra åt givarens fästskruv ordentligt.

5.39 Koppla loss kontaktdonet från tryckgivaren i insugsgrenröret (visas från bilens undersida) – 1,4 liters motor

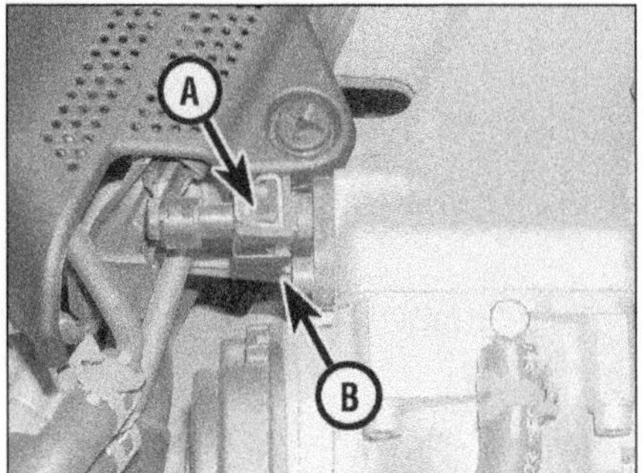

5.42 Insugsluftens temperaturgivare – 1,8 liters turbomotor

Kontaktdon (A) och fästbult (B)

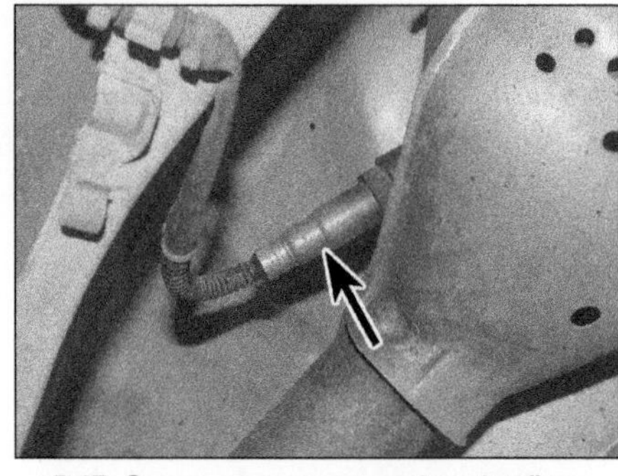

5.47 Syresensor monterad nedströms katalysatorn

1,8 liters motor

42 Givaren sitter på insugsgrenröret, intill gasspjällhuset. Koppla loss kabeln från batteriets negativa pol och lägg den åt sidan. **Observera:** *Se avsnittet "Frånkoppling av batteriet" i referenskapitlet längst bak i boken först.* Koppla loss kontaktdonet från givaren **(se bild)**.

43 Skruva loss givarens fästbult, dra sedan ut givaren från sin plats i insugsgrenröret. Ta vara på O-ringstätningen.

44 Montering sker i omvänd ordning. Notera följande:

a) Byt ut O-ringstätningen om den är skadad. Dra åt givarens bult till angivet moment.

Bilens hastighetsgivare

45 Hastighetsgivaren sitter monterad på växellådan, bredvid växellänkaget – se kapitel 7A. Blanda inte ihop givaren med backljuskontakten, som har ett mindre kontaktdon.

Kylvätskans temperaturgivare

46 Se kapitel 3, avsnitt 6.

Syresensor (-er) (lambdasensor)

47 Alla modeller har en sensor som är inskruvad i det främre avgasröret eller grenröret, före katalysatorn. De flesta modeller har ytterligare en syresensor som sitter nedströms katalysatorn **(se bild)**. Se kapitel 4C för ytterligare information.

48 Koppla loss kabeln från batteriets negativa pol och lägg den åt sidan. **Observera:** *Se avsnittet "Frånkoppling av batteriet" i referenskapitlet längst bak i boken först.*

Varning: Arbete på givaren/givarna bör endast utföras när motorn (och således även avgassystemet) är helt kall. I synnerhet katalysatorn är mycket varm en bra stund efter det att motorn har slagits av.

49 Börja vid givaren, följ kablaget från givaren bakåt till kontaktdonet och koppla loss detta **(se bild)**. I typfallet är kontaktdonet svart för den främre givaren och brunt för den bakre. Lossa kablaget från eventuella fästklämmor och notera hur det är draget.

50 På vissa modeller är det möjligt att komma åt den främre givaren ovanifrån, medan den bakre givaren (om monterad) endast kan nås underifrån **(se bild)**. På vissa modeller förbättras åtkomligheten till den främre, rörmonterade, givaren om man skruvar loss och tar bort kåpan från den högra drivaxelns inre drivknut.

51 Skruva loss och ta ut givaren, var försiktig så att du inte skadar givarens sond när den tas ut. **Observera:** *Eftersom en ledning förblir ansluten till givaren även när den har kopplats ifrån, om en nyckel av rätt storlek inte finns till hands, kommer du att behöva en öppen för att ta bort givaren.*

52 Lägg lite temperaturbeständigt antikärvfett på givarens gängor – undvik att få fett på sondens spets.

53 Montera givaren, dra åt den till angivet moment. Anslut sedan kablaget.

Motorns hastighetsgivare

54 På 1,4 liters motorer sitter motorns hastighetsgivare baktill på vänster sida på motorblocket, bredvid växellådans balanshjulskåpa, och den är svår att komma åt. Bänd ut gummipluggen för att komma åt givaren **(se bild)**.

55 På alla andra motorer är hastighetsgivaren monterad framtill på vänster sida av motorblocket, bredvid fogytan mellan blocket och växellådans balanshjulskåpa, intill oljefiltret. Om så behövs, tappa av motoroljan och ta bort oljefiltret och oljekylaren för att förbättra åtkomligheten, se kapitel 1A.

56 Följ kablaget bakåt från givaren och koppla loss kontaktdonet **(se bild)**.

57 Skruva loss fästbulten och ta bort givaren från motorblocket

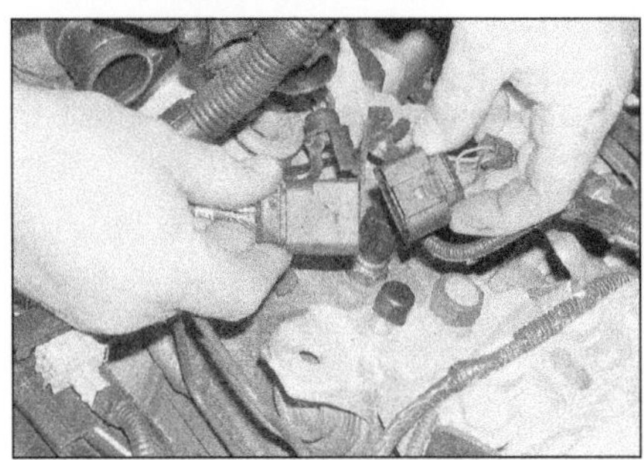

5.49 Ta isär de två halvorna av syresensorns kontaktdon – sitter ovanför växellådan på den här modellen

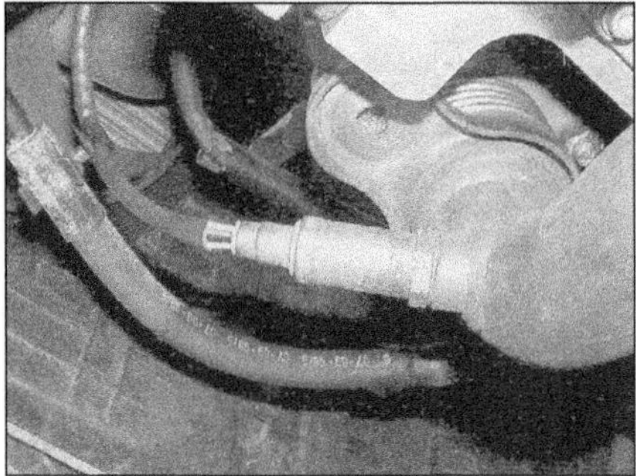

5.50 Syresensor – 1,4 liters motor

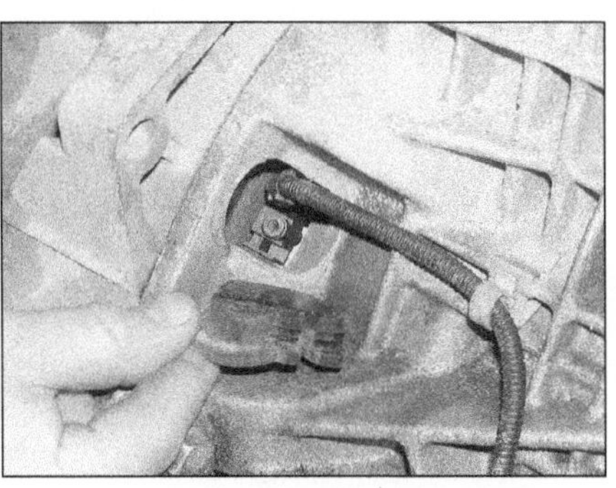

5.54 Bänd ut gummipluggen för att komma åt hastighetsgivaren

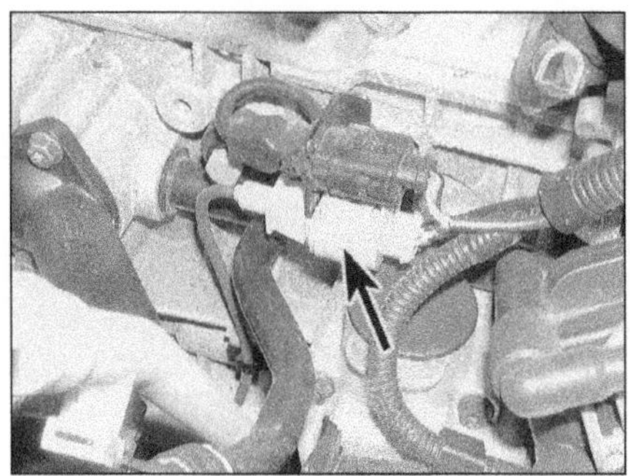

5.56 Kontaktdon till motorns hastighetsgivare (vid pilen) – 1,6 liters motor

58 Montering sker i omvänd ordning.

Kamaxellägesgivare

1,4 liters motor

59 Där så är tillämpligt, demontera motorns toppkåpa/-kåpor. Hur de sitter fast varierar mellan modellerna, men fästmuttrarna sitter under runda täcklock i huvudkåpan, och dessa kan bändas ut med en skruvmejsel. Om plastskruvar eller vridfästen används, kan dessa tas bort med hjälp av en bred spårskruvmejsel. Skruva loss muttrarna eller skruvarna och lyft av kåpan från motorn, lossa eventuella slangar eller kablar.

60 Ta bort oljepåfyllningslocket.

61 Skruva loss de fyra skruvarna som håller kåpan över kamaxelhusen och lyft bort kåpan från motorn.

62 Dra kontaktdonet uppåt från givaren, som sitter bredvid motorns lyftögla **(se bild)**.

63 Skruva loss givarens fästbult och dra ut givaren ur kamaxelhuset.

64 Montering sker i omvänd ordning.

1,8 liters motorer

65 Demontera den yttre kamremskåpan enligt beskrivning i kapitel 2B.

66 Lossa klämman och koppla loss multikontakten från givaren.

67 Skruva loss fästbultarna och ta bort givaren från topplocket. Om så behövs, skruva loss den mittre bulten och ta bort det inre elementet och huven, och notera exakt hur delarna sitter.

68 Montering sker i omvänd ordning; dra åt fästbultarna ordentligt.

1,6 och 2,0 liters motorer

69 Demontera kamaxeldrevet enligt beskrivning i kapitel 2A.

70 Notera hur givaren sitter och om så behövs, märk den i förhållande till topplocket. Koppla loss kablaget från givaren **(se bild)**.

71 Skruva loss den inre kamremskåpan från topplocket.

72 Skruva loss de kvarvarande bultarna och ta bort givaren från topplocket.

73 Montering sker i omvänd ordning mot demonteringen, men se till att givarens basplatta är centrerad innan fästbultarna dras åt.

Brytare på kopplingspedalen

74 På 1,6, 1,8 och 2,0 liters motorer sitter en brytare på kopplingspedalen, som skickar en signal till ECU. Syftet med brytaren är att den ska avaktivera gasspjällets slutningsventil under växlingar, vilket låter motorvarvet gå ner snabbare än det annars skulle göra när gaspedalen släpps upp. Brytaren avaktiverar också farthållaren (om monterad) när pedalen trycks ner.

75 För att ta bort brytaren, demontera först instrumentbrädans nedre klädselpanel på förarsidan, enligt beskrivning i avsnitt 28 i kapitel 11.

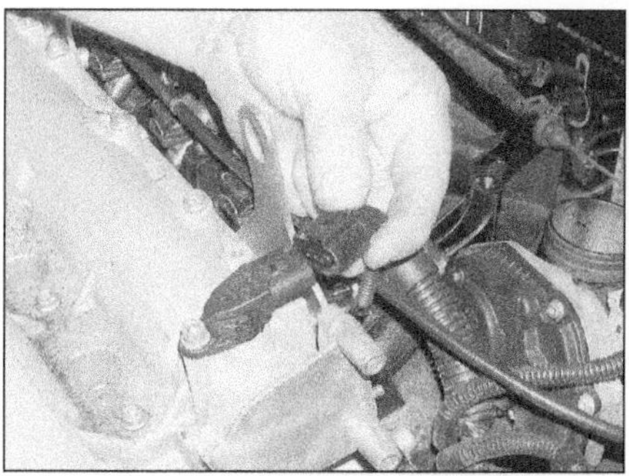

5.62 Kamaxellägesgivaren kopplas loss - 1,4 liters motor

76 Leta reda på brytarens kontaktdon framför kopplingspedalen och koppla loss den.

77 Lossa brytarens fästflikar och dra loss den från pedalen.

78 Vid montering av brytaren, dra först ut dess kolv så långt det går, håll sedan kopplingspedalen nedtryckt medan brytaren sätts på plats. När brytaren har snäppt på plats, släpp pedalen – detta ställer in brytarens justering. Resten av monteringen följer demonteringen i omvänd ordning.

Servostyrningens tryckkontakt

79 När styrningen är vid eller nära fullt utslag åt höger eller vänster, läggs större belastning på servostyrningspumpen. Eftersom pumpen drivs av motorn, kan det leda till sänkt tomgångshastighet och risk för motorstopp. Tryckkontakten som sitter på pumpen känner av ökningen i vätsketrycket och skickar en signal till ECU, som tillfälligt höjer tomgångshastigheten för att kompensera för den extra belastningen.

80 Tryckkontakten sitter inskruvad i toppen av pumpens vätsketillförselanslutning, och kan lättast nås underifrån.

81 Koppla loss kontaktdonet från toppen av kontakten.

82 Håll fast den (tunna) anslutningsmuttern med en nyckel och använd en annan till att skruva loss tryckkontakten från anslutningen. Ta vara på eventuell tätningsbricka. Var beredd på vätskespill när kontakten skruvas ut. När kontakten har tagits bort, täck över den öppna anslutningen så att inte smuts kan komma in.

83 Montering sker i omvänd ordning. Tänk på följande:

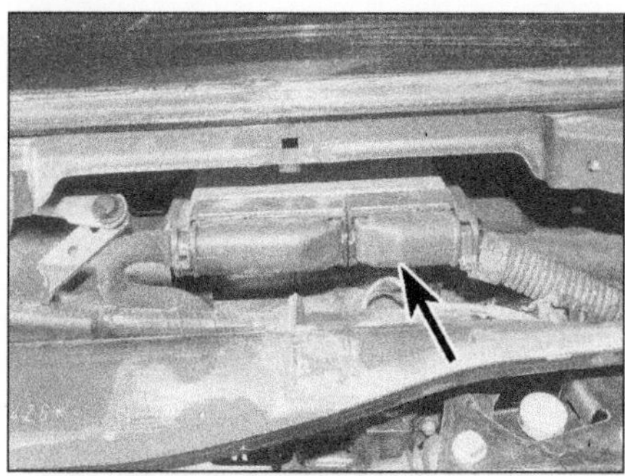

5.84 Motorstyrningens ECU

5.70 Kamaxellägesgivaren kopplas loss - 1,6 liters motor

a) *Använd en ny tätningsbricka om så är tillämpligt. Dra åt kontakten ordentligt och håll fast anslutningsmuttern som vid demonteringen.*
b) *Fyll på servostyrningsvätska enligt beskrivning i "Veckokontroller". Om en stor mängd vätska har runnit ut, lufta systemet enligt beskrivning i kapitel 10.*
c) *Avslutningsvis, starta motorn och låt en medhjälpare vrida ratten till fullt utslag åt båda hållen medan du letar efter tecken på läckage vid kontakten.*

Elektronisk styrenhet (ECU)

Försiktighet: Vänta alltid minst 30 sekunder efter det att tändningen har slagits av innan kablaget kopplas loss från ECU. När kablaget kopplas ifrån raderas alla inlärda värden, men innehållet i felminnet finns kvar. När kablaget har kopplats in igen måste en Skodaverkstad göra en grundinställning med ett särskilt testinstrument. Notera också att om ECU byts ut, måste den nya enhetens identifikation överföras till immobiliserns styrenhet av en Skodaspecialist.

84 ECU sitter centralt bakom motorrummets torpedplåt, under en av vindrutans ventilpaneler **(se bild)**. Demontera torkararmarna och ventilpanelen som vid demontering av torkarmotorn, enligt beskrivning i kapitel 12.

85 Lossa låsklämman eller armen på varje ECU-kontakt och koppla loss kontakterna. På de flesta modeller är det två separata kontakter som måste kopplas loss **(se bild)**.

86 Tryck ECU åt höger, för att lossa dess fästklämma, och dra loss enheten. Alternativt

5.85 Ett av de två kontaktdonen till ECU kopplas loss

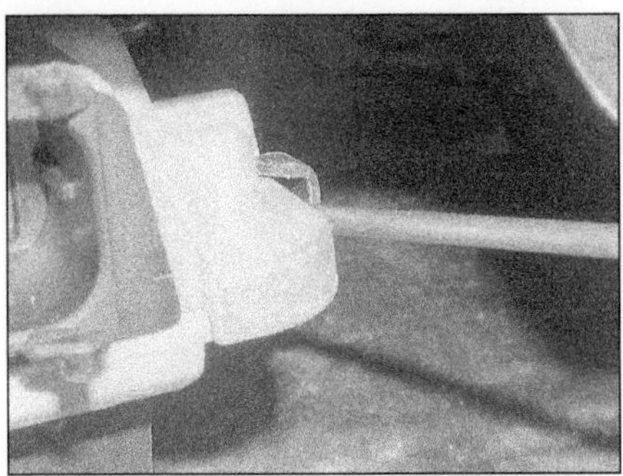

5.86a Vi upptäckte att det blev lättare att ta bort ECU om man lossar på den här klämman

5.86b Demontering av ECU

kan klämman på höger sida lossas med en skruvmejsel **(se bilder)**.

87 Montering sker i omvänd ordning mot demonteringen. När enheten är på plats, tryck den åt vänster för att fästa den. Kom ihåg det som sägs i noteringen Försiktighet ovan – en ECU kommer inte att fungera som den ska förrän den har kodats elektroniskt.

Solenoidventil till kamaxelkedjans justerare

1,8 liters motorer

88 Solenoidventilen är en inbyggd del av insugskamaxelns drivkedjejusterare/spännare. I skrivande stund är det oklart om solenoidventilen finns att köpa separat, eller om man måste byta ut hela justerar-/spännarenheten. Kontakta en Skodahandlare för information om tillgången på reservdelar. Justerar-/spännarenheten demonteras till-sammans med kamaxlarna (se kapitel 2B för närmare information).

6 Bränslefilter – byte

Observera: *Läs föreskrifterna i avsnitt 1 innan något arbete utförs på bränslesystemets komponenter.*

1 Tryckutjämna bränslesystemet enligt beskrivning i avsnitt 9. Kom dock ihåg att den här åtgärden bara lättar på bränsletrycket, och minskar risken för att bränsle ska spruta ut när anslutningar kopplas loss – bränsle kommer ändå att spillas när filtret tas bort, så vidta alltid nödvändiga säkerhetsåtgärder.

2 Bränslefiltret sitter framför bränsletanken, på höger sida under bilen **(se bild)**.

3 Lyft upp höger sida av bakvagnen och stötta den på pallbockar (se *Lyftning och stödpunkter*). När du ställer pallbocken under bilen, tänk på att inte blockera åtkomligheten till filtret.

4 För att ytterligare förbättra åtkomligheten, haka loss handbromsvajern från vajerklämman.

5 Koppla loss bränsleslangarna i var ände av filtret, och notera hur de sitter för att underlätta monteringen. Anslutningarna är av snabbkopplingstyp och lossas genom att man trycker in spärrhakarna **(se bild)**. Man kan behöva lossa slangarna från klämmorna på undersidan av bilen, för att tillåta större rörlighet. Båda filterslangarna ska vara svarta.

6 Filtret hålls på plats av en stor slangklämma med skruv. Innan filtret demonteras, leta efter en pilmarkering, som pekar i bränsleflödets riktning – i det här fallet mot bilens front. Det nya filtret måste monteras vänt åt samma håll.

7 Lossa slangklämman och dra ut filtret **(se bild)**. Försök att hålla det så rakt som möjligt, för att minimera bränslespillet. Kassera det gamla filtret på ett säkert sätt – även om bränslet töms ut, är själva filtret fortfarande indränkt i bränsle och är ytterst brandfarligt.

8 Sätt det nya filtret på plats, med flödesriktningspilen vänd åt rätt håll. Dra åt slangklämman ordentligt, men utan att riskera att skada filterhuset.

9 Anslut bränsleslangarna i ändarna av filtret, på samma platser som noterades vid losskopplingen. Tryck fast slangarna ordentligt på rören på filtret och om så är tillämpligt, kläm fast dem på bilens undersida. Haka fast handbromsvajern om den tagits loss.

10 Sänk ner bilen på marken, starta sedan motorn och leta efter tecken på läckor i båda ändar av filtret.

7 Bränslepump och mätargivare – demontering och montering

Observera: *Läs föreskrifterna i avsnitt 1 innan något arbete påbörjas på bränslesystemets komponenter.*

Varning: Undvik direkt hudkontakt med bränsle – använd skyddande klädsel och handskar när du handskas med komponenterna i bränslesystemet. Se till att arbetsområdet är väl ventilerat för att förebygga ansamling av bränsleångor.

Allmän information

1 Bränslepumpen och mätargivaren sitter ihop som en enhet, som i sin tur är monterad ovanpå bränsletanken. Man kommer åt enheten via en lucka i bagageutrymmets golv. Enheten sticker in i bränsletanken och demontering av den innebär att man exponerar bränslet i tanken mot atmosfären.

Demontering

2 Tryckutjämna bränslesystemet (avsnitt 9).

3 Se till att bilen är parkerad på plant underlag, koppla sedan loss kabeln från batteriets negativa pol och lägg den åt sidan.

Observera: *Se avsnittet "Frånkoppling av batteriet" i referenskapitlet i slutet av boken först.*

4 Fäll sätet framåt och lyft upp mattan från bagageutrymmets golv.

5 Skruva loss luckans skruvar och lyft bort luckan från golvet **(se bilder)**.

6 Koppla loss kablagets kontaktdon från pumpen/givaren **(se bild)**.

7 Placera trasor runt tillförsel- och retur-slangarna för att suga upp spillt bränsle, tryck sedan ihop spärrhakarna för att lossa slangklämmorna och koppla loss dem från portarna vid givaren **(se bild)**. Observera

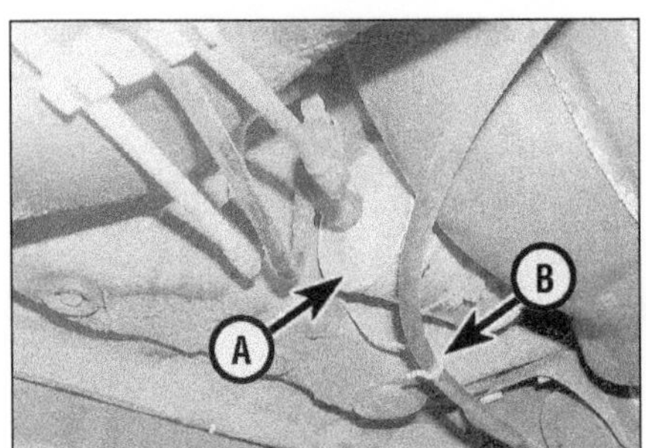

6.2 Bränslefiltret (A) sitter framför bränsletanken. Notera handbromsvajerns klämma (B)

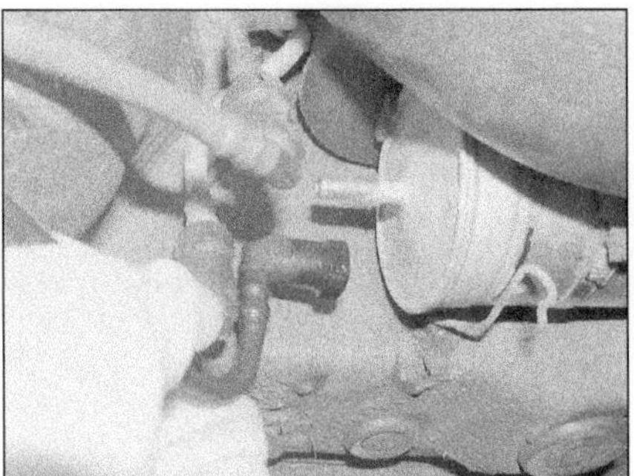

6.5 Koppla loss bränsleslangen på filtrets framsida

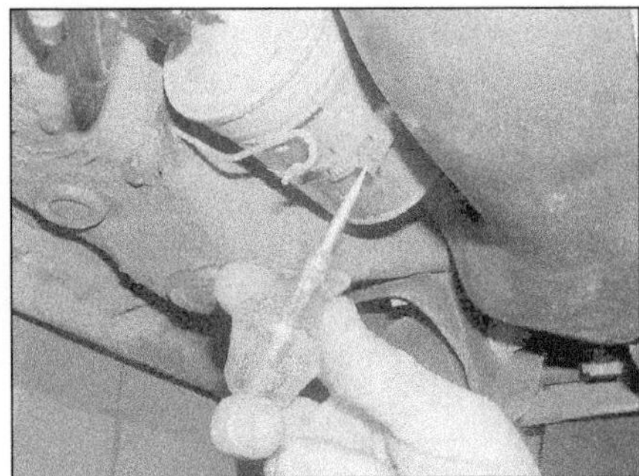

6.7 Lossa filtrets fästklämma

7.5a Skruva loss och ta bort skruvarna . . .

7.5b . . . och lyft upp luckan

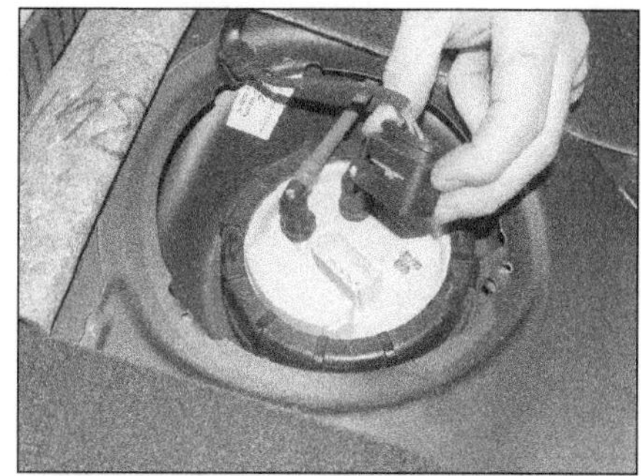
7.6 Koppla loss pumpens/givarens kontaktdon

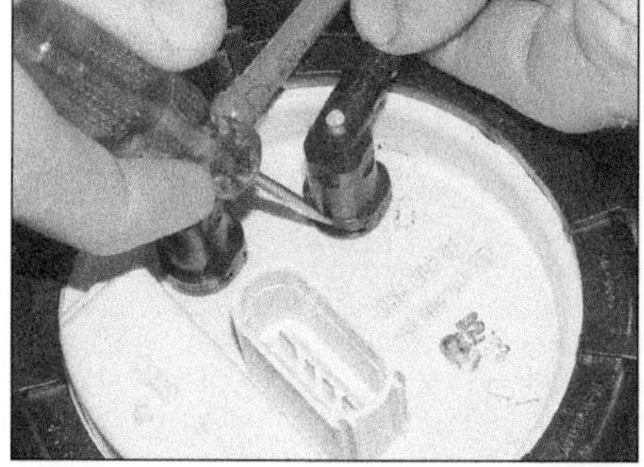
7.7 Koppla loss bränsletillförselslangen

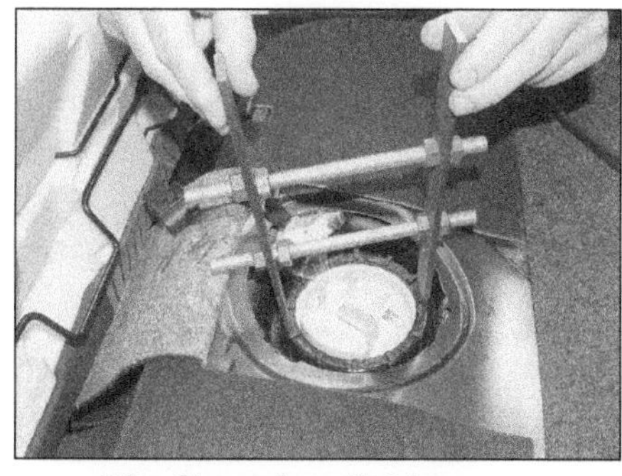
7.8a Skruva loss fästringen . . .

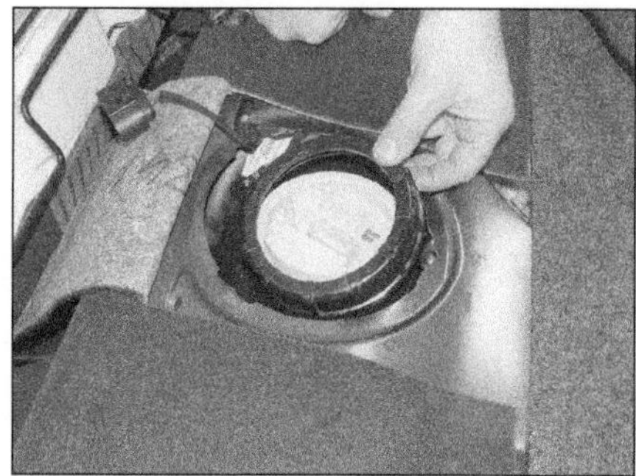
7.8b . . . och ta bort den

pilmarkeringarna för tillförsel och retur på portarna – märk slangarna för att underlätta korrekt återkoppling. Tillförselslangen är svart och kan ha vit markering, medan returslangen är blå, eller har blå markeringar.

8 Notera placeringen av inställningsmarkeringarna, skruva sedan loss ringen och ta bort den. Använd en vattenpumpstång eller annat passande verktyg till att gripa tag om och vrida plastringen **(se bilder)**. Ta vara på flänsen och tätningen.

9 Lyft ut pumpen/givaren, håll den ovanför bränslenivån i tanken tills så mycket som möjligt av bränslet har runnit ut **(se bild)**.

10 Ta bort pumpen/givaren från bilen och lägg den på en absorberande kartong eller trasa. Undersök om flottören i änden av givarens svängarm är punkterad och om bränsle har trängt in – byt ut enheten om den är skadad.

11 Bränslepickupen som är en del av enheten är fjäderspänd för att den alltid ska dra bränsle från den nedersta delen av tanken. Kontrollera att pickupen kan röra sig fritt under fjäderbelastningen i förhållande till givaren.

12 Undersök om gummitätningen som sitter i bränsletankens öppning är sliten och byt ut den om så behövs **(se bild)**.

13 Undersök givarens kontaktarm och spår; torka bort smuts och skräp som kan ha samlats, och leta efter brott i spåret.

14 Om så behövs kan givaren tas bort från enheten, enligt följande. Koppla loss de två tunna kablarna (notera exakt hur de sitter), ta sedan bort de fyra skruvarna och dra enheten nedåt för att ta bort den **(se bilder)**.

15 Enhetens topplatta kan tas bort genom att man lossar plastflikarna på sidorna; ta vara på den stora fjädern som sitter på en pigg på plattans undersida **(se bilder på nästa sida)**.

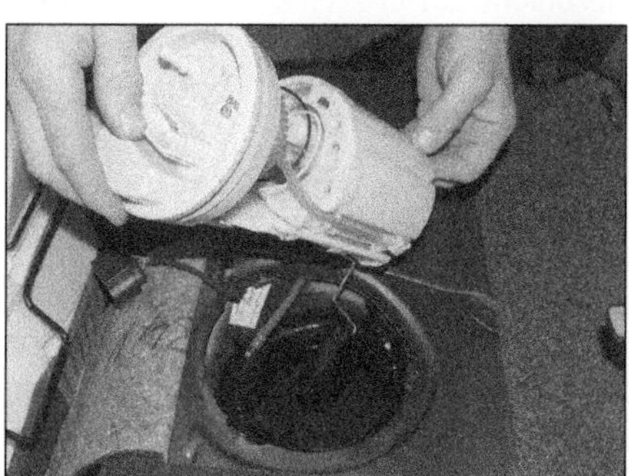
7.9 Lyft ut enheten och låt bränslet rinna ner i tanken

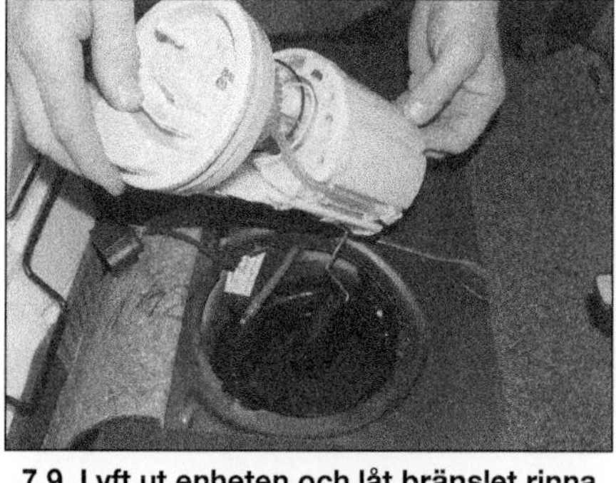
7.14a Koppla försiktigt loss de tunna kablarna . . .

Montering

16 Montera pumpen/givaren genom att följa instruktionerna för demontering i omvänd ordning, och notera följande:

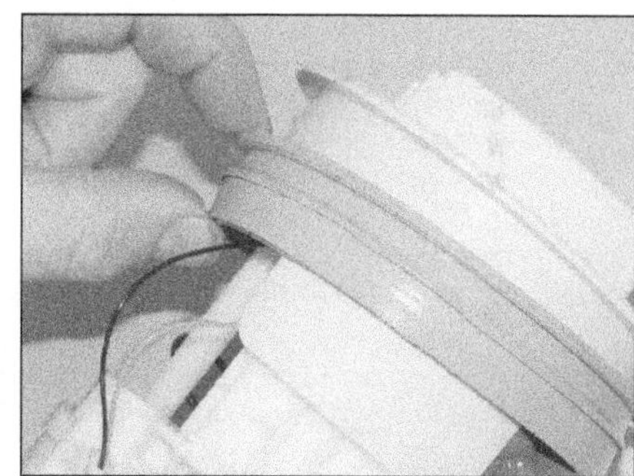
7.12 Ta loss gummitätningen och undersök dess skick

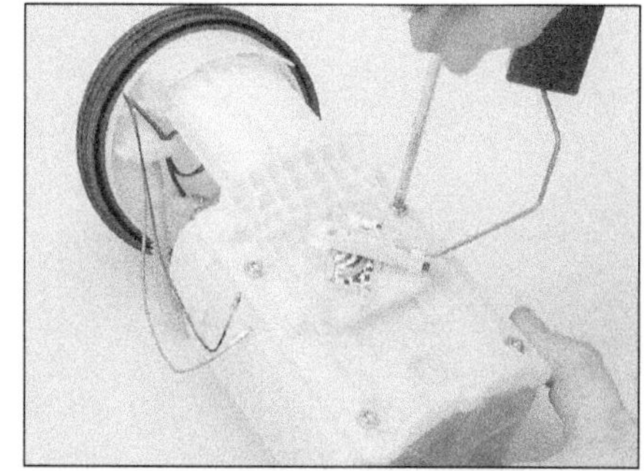
7.14b . . . skruva sedan loss de fyra skruvarna och ta bort givaren

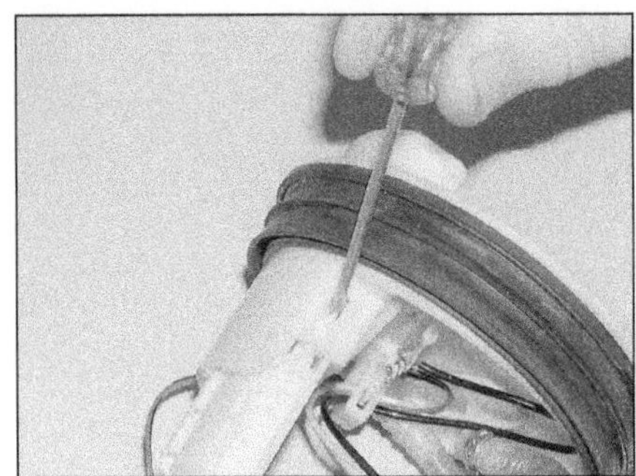
7.15a Bänd upp fästflikarna . . .

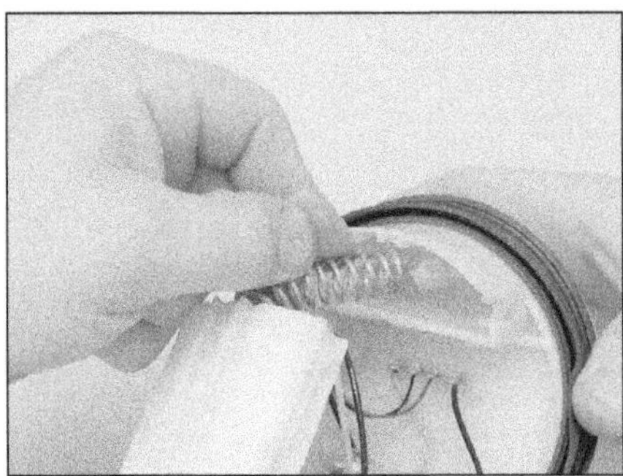
7.15b . . . och ta vara på fjädern som sitter under topplattan

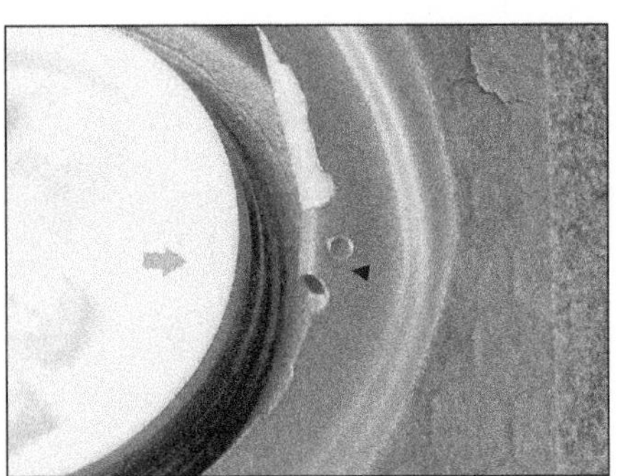
7.16 Pilmarkeringar på pumpen/givaren och åtkomstöppningen i linje

a) *Var noga med att inte böja flottörarmen när enheten sätts tillbaka.*
b) *Smörj in utsidan av tanköppningens gummitätning med rent bränsle eller smörjspray, för att underlätta monteringen. Om inte en ny tätning ska monteras, ska tätningen sitta kvar på pumpen innan monteringen. När enheten nästan är helt på plats, skjut då ner tätningen och placera den på kanten av tanköppningen, tryck sedan pumpenheten på plats.*
c) *Pilmarkeringarna på givaren och åtkomstöppningen måste vara i linje* ***(se bild).***
d) *Anslut bränsleslangarna till rätt portar – observera riktningspilarna och se punkt 7. Returporten är märkt med R, medan tillförselporten är märkt med V; på vissa modeller kan det även finnas pilmarkeringar som indikerar bränsleflödet. Se till att bränsleslanganslutningarna "klickar" på plats ordentligt.*
e) *Avslutningsvis, kontrollera att alla tillhörande rör är ordentligt fastklämda på tanken.*
f) *Innan luckan sätts tillbaka, låt motorn gå och leta efter bränsleläckor.*

8 Bränsletank – demontering och montering

Observera: *Läs föreskrifterna i avsnitt 1 innan något arbete påbörjas på bränslesystemets komponenter.*

Demontering

1 Innan tanken kan demonteras måste den tömmas på så mycket bränsle som möjligt. Eftersom det inte finns någon avtappningsplugg är det bäst att utföra den här åtgärden när bränsletanken är så gott som tom.

2 Öppna tankluckan och skruva loss tanklocket – låt locket sitta kvar löst i öppningen.

3 Koppla loss kabeln från batteriets negativa pol. **Observera:** *Se avsnittet "Frånkoppling av batteriet" i referenskapitlet längst bak i boken först.* Använd en pump eller en bollspruta till att ta bort eventuellt kvarvarande bränsle från botten av tanken.

4 Lossa det högra bakhjulets bultar, lyft upp bakvagnen och ta sedan loss det högra bakhjulet.

5 Demontera det högra hjulhusets innerskärm enligt beskrivning i avsnitt 22 i kapitel 11.

6 Följ beskrivningen i avsnitt 7 för att komma åt pumpen/givaren, koppla sedan loss kablaget från toppen av pumpen/givaren vid multikontakten.

7 Skruva loss tankluckans fästskruv, om monterad (på sidan mitt emot luckans gångjärn), och ta försiktigt ut luckan. Ta vara på gummitätningen som sitter runt påfyllningsröret.

8 Bränsletanken är skyddad underifrån av en eller fler plastkåpor – vår projektbil hade en framför och en bakom bakaxeln. Dessa kåpor sitter antingen fast med en slags brickor (som kan skruvas loss med ett skruvmejselblad mellan brickans "tungor"), eller med vanliga muttrar. Ta bort kåpornas fästen, och notera att de vanliga muttrarna har ***vänstergänga*** – d.v.s. de skruvas loss i ***medurs*** riktning. Ta loss kåporna från pinnbultarna på tankens fästband och ta bort dem från bilen **(se bilder)**.

9 Se kapitel 4C om så behövs, skruva loss den bakre ljuddämparens fäste och sänk försiktigt ner den bakre sektionen av avgassystemet. Eftersom bakaxeln måste demonteras (eller åtminstone sänkas) för att tanken ska kunna demonteras, är det att föredra att avgassystemets bake sektion tas bort helt.

10 Ta bort muttrarna eller fästena av "bricktyp" som håller bränsletankens värmesköld, och dra bort skölden från avgasröret.

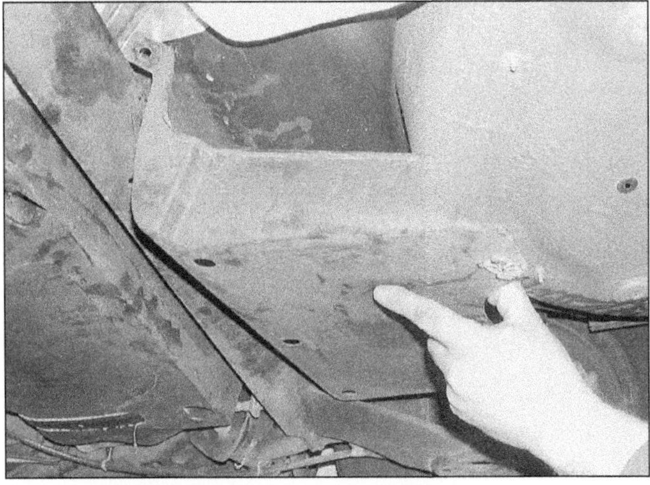
8.8a Vi tar bort bränsletankskåpan bakom . . .

8.8b . . . och framför bakaxeln

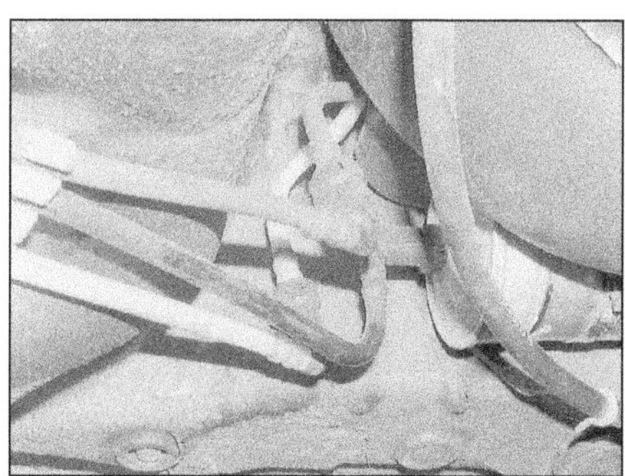

8.11 Bränsleslanganslutningar på framsidan av tanken

11 På tankens framsida, koppla loss bränslereturslangen och ventilationsröret och notera exakt hur de sitter för att underlätta återmonteringen. Anslutningarna är av snabbkopplingstyp, som lossas genom att man trycker in spärren. Returslangen är blå och ventilationsröret är vitt **(se bild)**. Koppla också loss bränsletillförselslangen från bränslefiltrets tanksida.

12 Se kapitel 10 och demontera bakaxeln. För demontering av tanken kan det räcka med att bara sänka ner axeln, utan att ta bort den helt.

13 Placera en garagedomkraft under mitten av tanken. Placera ett träblock mellan domkraftshuvudet och tanken för att skydda tanken. Höj domkraften tills den precis tar upp tankens vikt.

14 Skruva loss och ta bort fästbultarna och lossa tankens fästband framtill och baktill på tanken **(se bild)**. Notera att banden är av olika längd, så blanda inte ihop dem när de tas bort.

15 Sänk domkraften och tanken från bilens undersida; lossa påfyllningsrören och utloppsröret från bränslefiltret när tanken sänks. Koppla loss kolkanisterns ventilationsrör från porten på påfyllningshalsen när den blir synlig. Leta reda på jordflätan och koppla loss den från polen vid påfyllningshalsen.

16 Om tanken är förorenad med avlagringar eller vatten, ta då bort bränslepumpen/givaren (se avsnitt 7) och skölj ur tanken med rent bränsle. Tanken är formsprutad av ett syntetiskt material, och om den är skadad bör den bytas ut. I vissa fall kan det vara möjligt att låta laga små läckor och mindre skador. Rådfråga en specialist innan du ger dig på att laga bränsletanken.

Montering

17 Montering sker i omvänd ordning mot demonteringen. Notera följande:

a) När tanken lyfts tillbaka på plats, se till att fästgummina är korrekt placerade, och var försiktig så att ingen av slangarna hamnar i kläm mellan tanken och karossen.

b) Se till att alla rör och slangar dras korrekt och inte blir veckade, och att de hålls ordentligt på plats med fästklämmorna.

c) Anslut jordflätan till polen på påfyllningshalsen.

d) Dra åt fästbultarna till tankens fästband till angivet moment.

e) Avslutningsvis, fyll tanken med bensin och leta noggrant efter tecken på läckage innan bilen tas ut på vägen igen.

9 Bränsleinsprutningssystem - tryckutjämning

Observera: *Läs föreskrifterna i avsnitt 1 innan något arbete påbörjas på bränslesystemets komponenter.*

⚠ *Varning: Följande åtgärd lättar bara på trycket i bränslesystemet - kom ihåg att det fortfarande kommer att finnas bränsle i systemets komponenter och vidta nödvändiga säkerhetsåtgärder innan någon av dem kopplas loss.*

1 När man talar om bränslesystemet i det här avsnittet avser man bränslepumpen monterad i tanken, bränslefiltret, bränslespridarna, bränsletrycksregulatorn och de metallrör och flexibla slangar som förbinder alla komponenter. Alla dessa delar innehåller bränsle, som är under tryck när motorn går och/eller när tändningen är på. Trycket finns också kvar i systemet ett tag efter det att tändningen har slagits av, och man måste därför tryckutjämna systemet innan någon av dessa komponenter kan demonteras för serviceåtgärder. Helst ska motorn vara helt kall innan arbetet påbörjas.

2 Se kapitel 12, leta reda på och ta bort bränslepumpens relä. Alternativt, ta bort bränslepumpens säkring från säkringsdosan.

3 När pumpen är avaktiverad, dra runt motorn i ungefär tio sekunder. Motorn kan tända och gå en stund, men låt den då gå tills den stannar. Bränslespridarna bör ha öppnats tillräckligt många gånger under runddragningen för att sänka ledningstrycket avsevärt, och minska risken för att bränsle ska spruta ut när en ledning lossas.

4 Koppla loss kabeln från batteriets negativa pol. **Observera:** *Se avsnittet "Frånkoppling av batteriet" i referenskapitlet längst bak i boken först.*

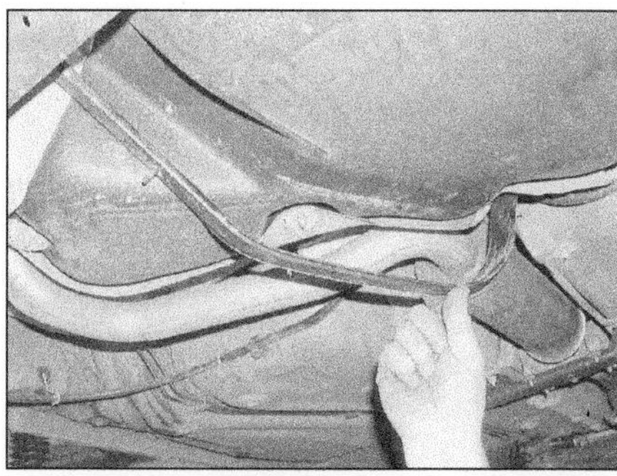

8.14 Ett av bränsletankens fästband tas bort

5 Placera ett lämpligt uppsamlingskärl under den anslutning som ska lossas, och var också beredd med en stor trasa för att samla upp eventuellt bränslespill som hamnar utanför kärlet.

6 Öppna anslutningen sakta för att undvika en plötslig trycklättnad, och placera trasan runt anslutningen för att samla upp eventuellt utsprutande bränsle. När trycket har lättats, koppla loss ledningen helt. Plugga igen öppningen för att minimera bränsleförlusten och för att förhindra att smuts kommer in i systemet.

10 Insugsgrenrör och tillhörande komponenter - demontering och montering

Observera: *Läs föreskrifterna i avsnitt 1 innan något arbete utförs på några av bränslesystemets komponenter.*

1 Utformningen av insugsgrenröret varierar mycket beroende på modell. På modeller med 1,6 och 1,8 liters motorer utan turbo, samt 2,0 liters motorer, är insugsgrenröret i två sektioner - den övre delen måste demonteras för olika rutinmässiga serviceåtgärder. Alla andra motorer har ett insugsgrenrör i en del. Se relevant underavsnitt nedan.

Grenrör i ett stycke

Demontering

2 Koppla loss kabeln från batteriets negativa pol. **Observera:** *Se avsnittet "Frånkoppling av batteriet" i referenskapitlet längst bak i boken först.*

3 Med hänvisning till kapitel 5, demontera gasspjällhuset från insugsgrenröret. Om så önskas, behöver inte huset skruvas loss från grenröret, utan kan tas bort tillsammans med det, men alla anslutningar till huset måste kopplas loss.

4 Koppla loss vakuumslangarna för bränsletrycksregulatorn och (om det inte redan har gjorts) för bromsservon. Notera hur slangarna är dragna för att underlätta återmonteringen.

5 För att grenröret ska kunna demonteras helt, och för att förbättra åtkomligheten till grenrörets fästbultar, demontera bränsleinsprutningsbryggan och spridarna i avsnitt 5. Om grenröret demonteras som en del av en annan åtgärd (som demontering av topplock eller hela motorn), kan bränsleinsprutningsbryggan sitta kvar.

6 Koppla loss kontaktdonet från insugsluftens temperatur/tryckgivare; om så behövs, se avsnitt 5 för mer information **(se bild på nästa sida)**.

7 På 1,8 liters motorer, skruva loss och ta bort grenrörets stödfäste från motorblocket, skruva sedan loss fästbygeln för den sekundära luftinloppsventilen från grenrörets framsida (se kapitel 4C, avsnitt 5 om så behövs).

8 Lossa stegvis bultarna (muttrar och bultar på 1,8 liters motorer) och ta bort grenröret från

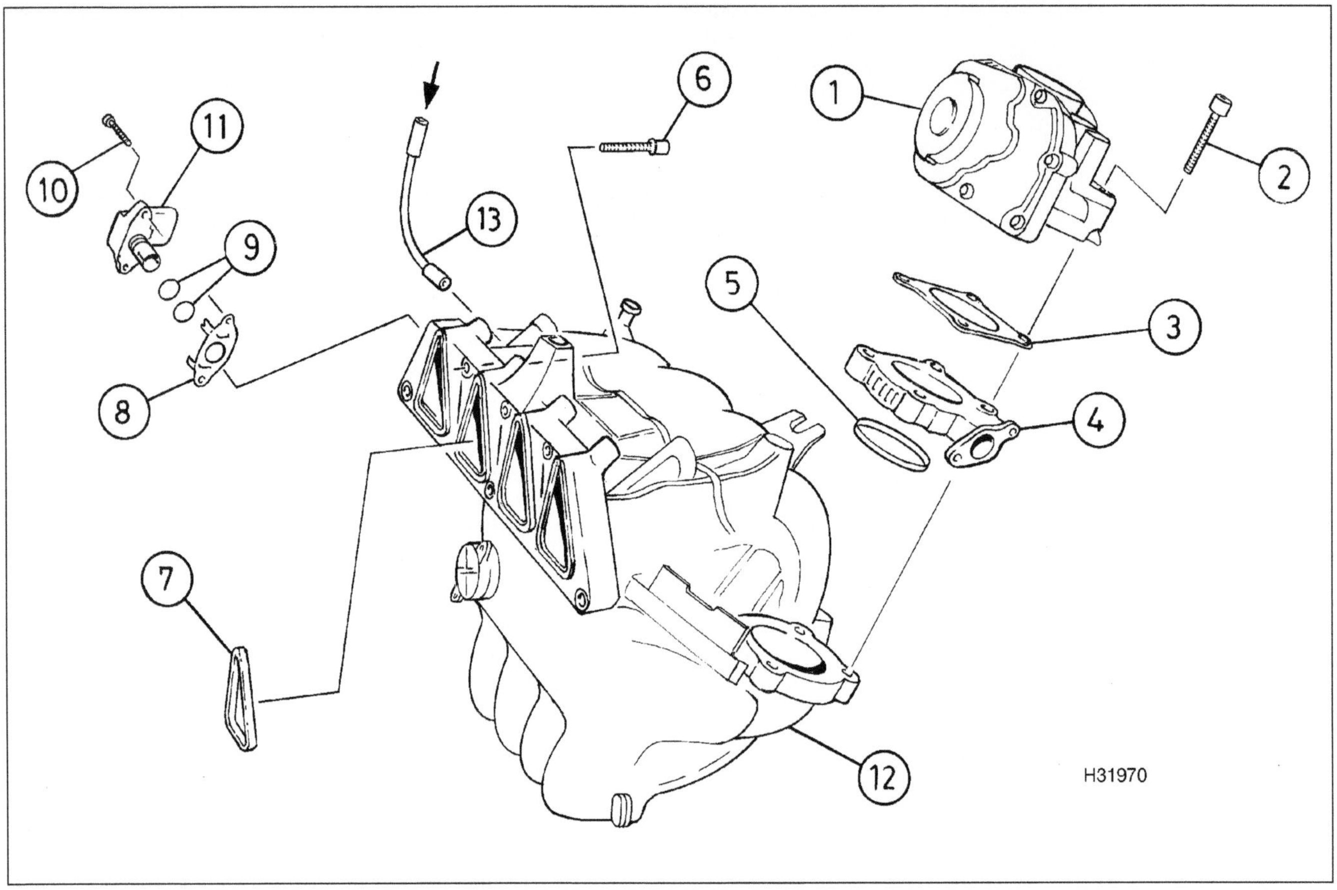

10.6 Grenrör i ett stycke – 1,4 liters motor

1 Gasspjällhus
2 Gasspjällhusets bult
3 Packning
4 EGR-rörets fläns
5 Tätning
6 Insugsgrenrörets bult
7 Grenrörstätning
8 Styrplatta
9 O-ringar
10 Skruv
11 Insugsluftens temperatur-/tryckgivare
12 Insugsgrenrör
13 Bränsletrycksregulatorns vakuumslang

topplocket **(se bilder)**. Ta bort packningen på 1,8 liters motorer, eller de fyra tätningarna på 1,4 liters motorer – alla måste bytas ut när grenröret monteras tillbaka.

Montering

9 Montering sker i omvänd ordning. Använd en ny packning eller nya tätningar och dra åt fästbultarna (och muttrarna) till angivet moment. Det är ytterst viktigt att det inte uppstår några läckor vid fogen.

Grenrör i två delar – övre del

Demontering

10 Koppla loss kabeln från batteriets negativa pol och lägg den åt sidan. **Observera:** *Se avsnittet "Frånkoppling av batteriet" i referenskapitlet längst bak i boken först.*

11 Se avsnitt 5, demontera gasspjällhuset från insugsgrenröret. Om så önskas, måste inte huset skruvas loss från grenröret, utan kan demonteras tillsammans med det, men alla anslutningar till huset måste kopplas loss. Där så är tillämpligt, lossa gasvajern helt från grenröret och lägg den åt sidan.

12 Lossa slangklämman och koppla loss bromsservons vakuumslang från sidan av grenröret (1,6 liter) eller från baksidan (2,0 liter) **(se bild)**.

13 På 2,0 liters motor, skruva loss och ta bort

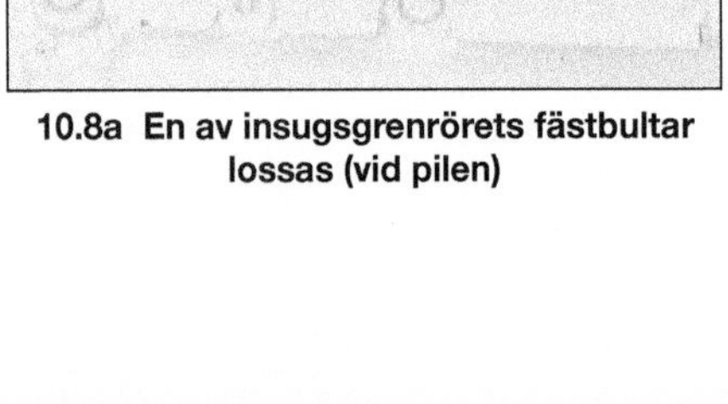

10.8a En av insugsgrenrörets fästbultar lossas (vid pilen)

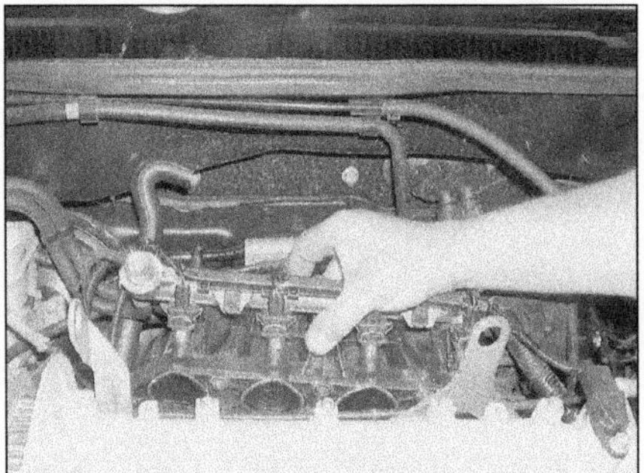

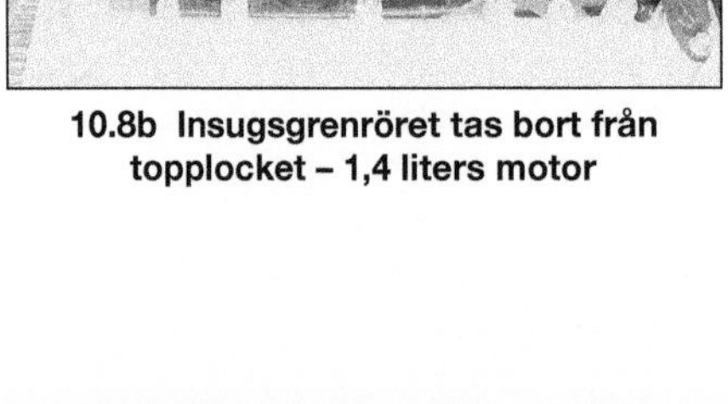

10.8b Insugsgrenröret tas bort från topplocket – 1,4 liters motor

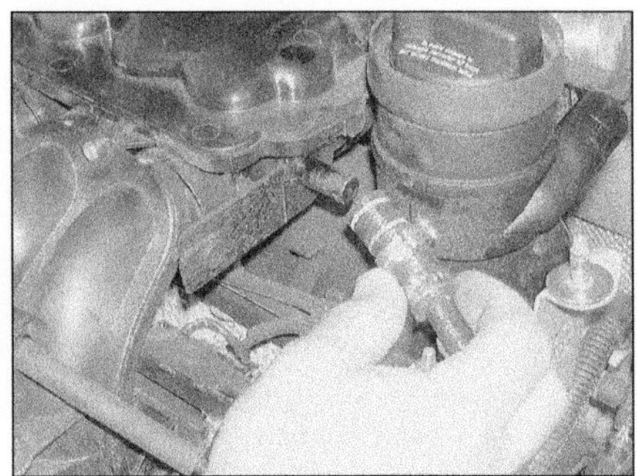

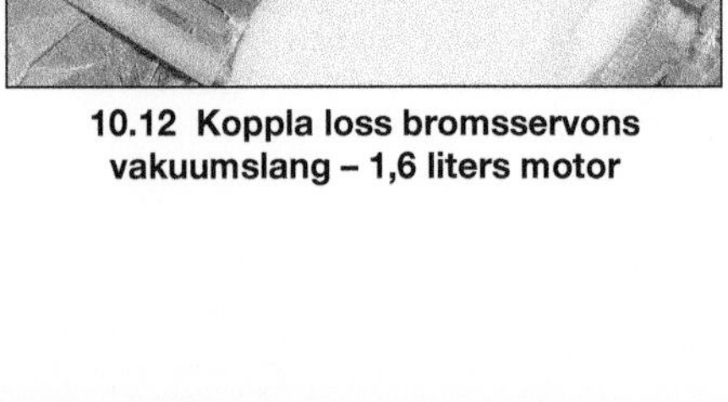

10.12 Koppla loss bromsservons vakuumslang – 1,6 liters motor

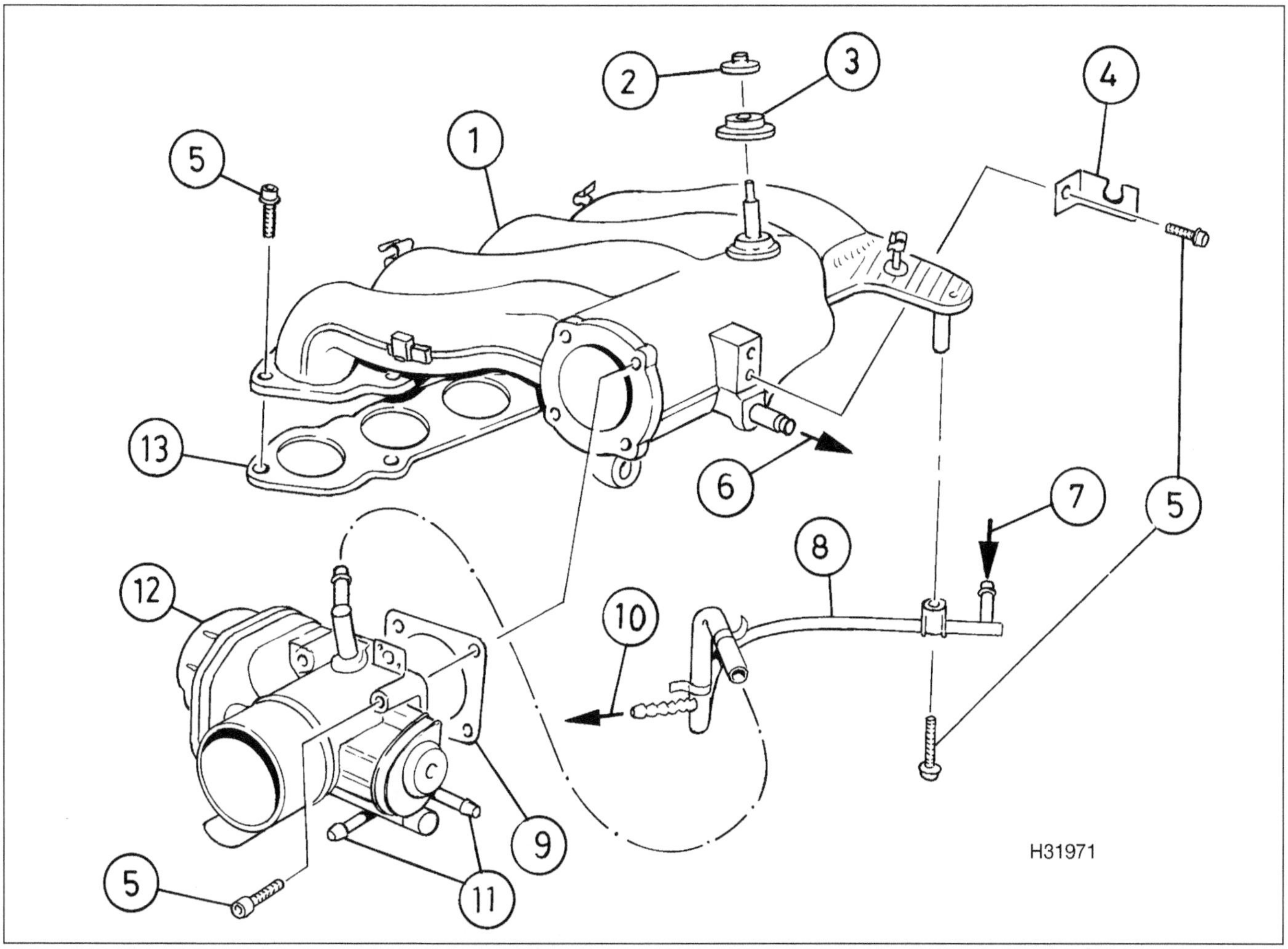

10.13 Insugsgrenrörets övre del – 2,0 liters APK och AQY motorer

1 Insugsgrenrörets övre del
2 Skruvbricka
3 Gummibussning (för motorns toppkåpa)
4 Gasvajerns stödfäste
5 Stödfästets bult
6 Bromsservons anslutning
7 Från kolkanistern
8 Kolkanisterns slang
9 Gasspjällhusets packning
10 Till inloppstrumman
11 Kylvätskeslangarnas anslutningar
12 Gasspjällhus
13 Grenrörspackning

bulten som håller klämman baktill på grenröret för kolkanisterslangen **(se bild)**.

14 På 1,6 liters motorer, koppla loss kontaktdonet från grenrörets omställningsventil på höger sida **(se bild)**.

15 På tidiga 1,6 liters modeller, ta bort de två bultarna och brickorna från fästbygeln som sitter under gasspjällhusets fästfläns. Ta vara på gummifästena från fästbygeln om de är lösa **(se bilder)**.

16 På senare 1,6 liters motorer, skruva loss muttern från stödfästet baktill på grenröret; ta vara på bulten och brickan. Alternativt, skruva loss de två bultarna som håller stödfästet till motorblocket.

17 Följ bränsletrycksregulatorns vakuumslang bakåt och lossa den från klämman längst ner på insugsgrenröret. Koppla loss

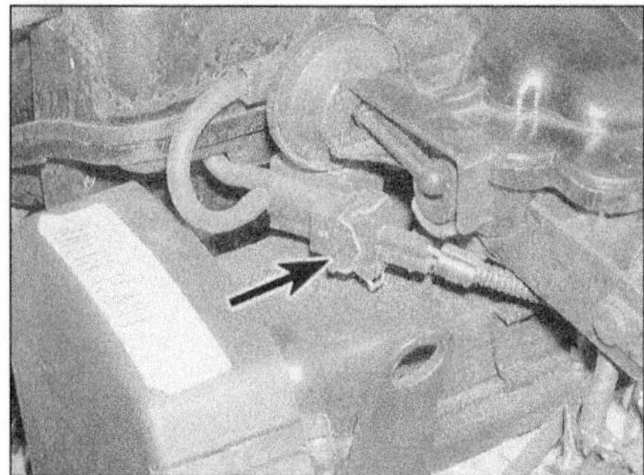

10.14 Kontaktdonet till insugsgrenrörets omställningsventil (vid pilen)

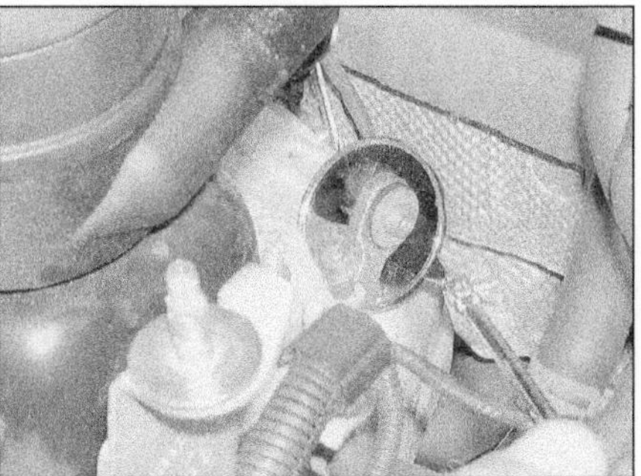

10.15a En av bultarna till insugsgrenrörets fästbygel - ses här med hjälp av en spegel

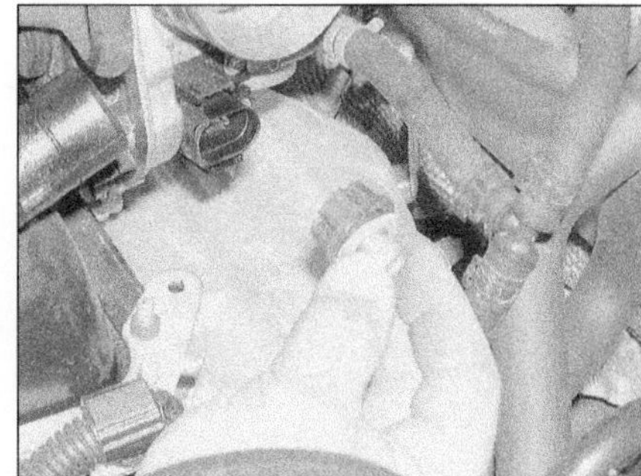

10.15b En av fästbygelbultarna, med bricka och gummifäste

10.17a Lossa vakuumslangen från grenröret . . .

10.17b . . . och koppla loss den vid bränsletrycksregulatorn

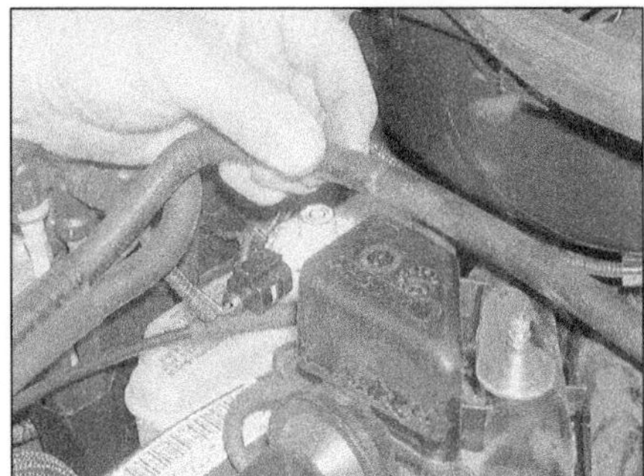

10.18 På modeller med 1,6 liters motor, ta loss kolkanisterslangen från toppen av grenröret

vakuumslangen från bränsletrycksregulatorn **(se bilder)**.

18 Arbeta runt den övre delen av grenröret och lossa eventuella slangar eller kablar som fortfarande sitter fast **(se bild)**.

19 Skruva loss skruvarna som håller den övre delen av grenröret till den nedre delen. På 1,6 liters motorer, ta också bort plastniten från flänsen i var ände av grenröret; bänd ut niten – tryck inte den mittre delen inåt, eftersom den då kan falla in i grenröret **(se bilder)**.

20 På 1,6 liters motorer, bänd försiktigt plastflänsarna (i vilka nitarna satt) utåt för att lossa dem från fäststiften. När detta är gjort, för den övre delen av grenröret bakåt för att haka loss de fyra portarna på den nedre delen – ta vara på de fyra tätningarna. Lyft grenröret uppåt och ta bort det från motorrummet **(se bilder)**.

21 På 2,0 liters motorer, lyft upp den övre delen av grenröret från den nedre delen och ta bort den från motorrummet. Ta vara på packningen.

Montering

22 Montering sker i omvänd ordning. Använd nya tätningar eller packningar efter behov, och dra åt bultarna mellan de två delarna till angivet moment. Det är ytterst viktigt att det inte uppstår några luftläckor i fogen.

Grenrör i två delar – nedre del

Demontering

23 Demontera den övre delen av grenröret enligt tidigare beskrivning.

24 För att grenröret ska kunna demonteras helt, och för att förbättra åtkomligheten till grenrörets fästbultar, demontera bränsleinsprutningsbryggan och bränslespridarna enligt beskrivning i avsnitt 5. Om den nedre delen av grenröret ska demonteras med insprutningsbryggan, måste åtminstone bränsleledningarna och spridarnas kablage kopplas loss.

25 På 1,6 liters modeller, koppla loss kontaktdonet från kamaxellägesgivaren på höger sida av motorn **(se bild 5.70)**.

26 Där så är tillämpligt, måste den sekundära luftinsprutningspumpen demonteras från grenrörets framsida – se kapitel 4C.

27 Titta runt grenröret och lossa slangar och kablar som fortfarande sitter fast **(se bild)**.

28 Lossa stegvis muttrarna och bultarna och ta bort grenröret från topplocket **(se bilder)**. Ta vara på tätningarna/packningarna – alla måste bytas ut vid monteringen av insugsgrenröret.

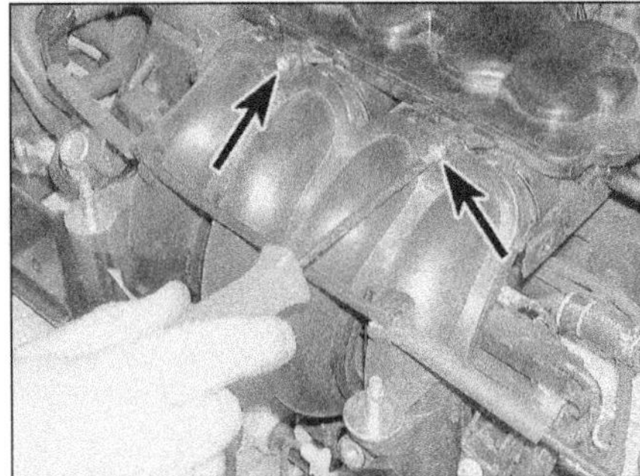

10.19a Skruva loss de två skruvarna som håller de två delarna av grenröret . . .

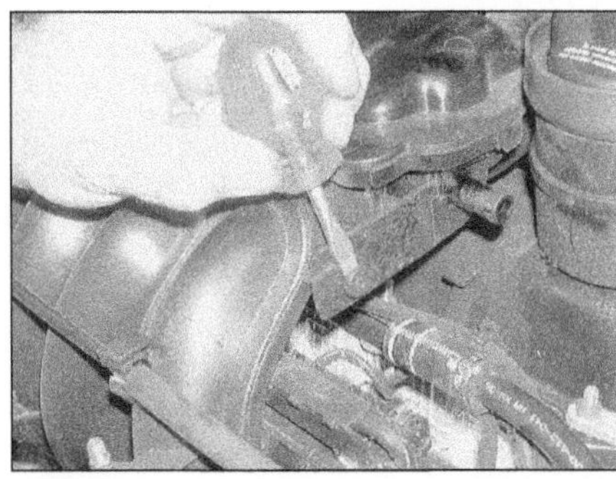

10.19b . . . och bänd ut plastnitarna – 1,6 liters motor

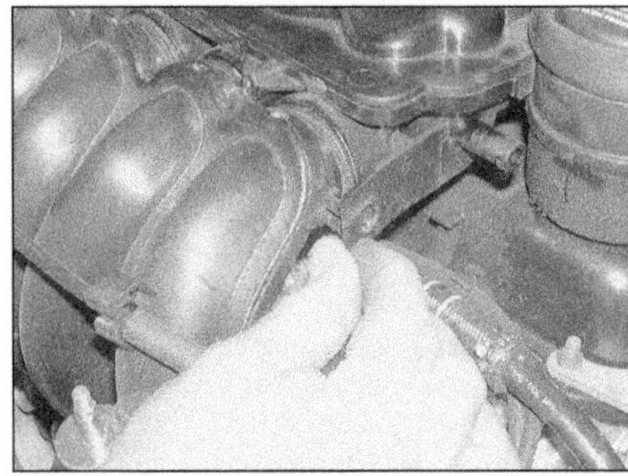

10.20a Bänd flänsarna utåt över styrstiften . . .

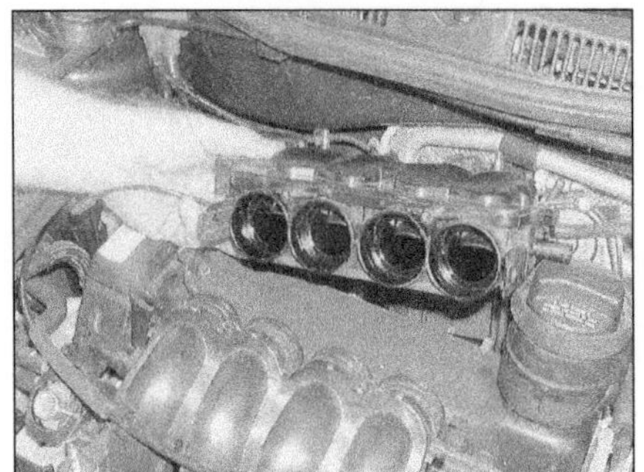

10.20b . . . dra sedan den övre delen av grenröret bakåt och ta bort den

10.27 Gasvajern lossas från klämman – 1,6 liters motor

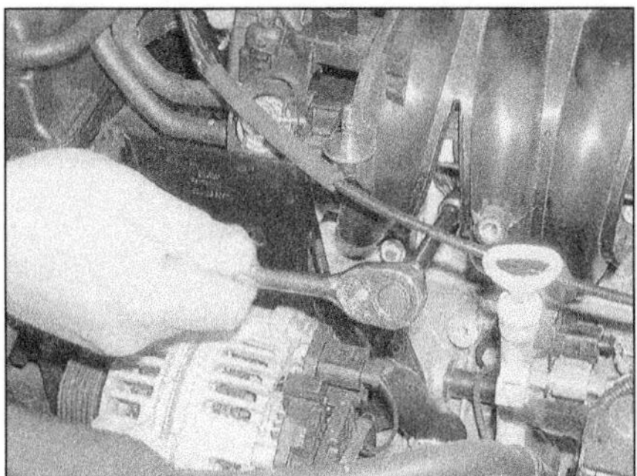

10.28a Skruva loss (muttrarna och) bultarna . . .

Montering

29 Montering sker i omvänd ordning mot demontering. Använd nya tätningar eller packningar efter tillämplighet, och dra åt muttrarna och bultarna mellan grenröret och topplocket till angivet moment. Det är ytterst viktigt att det inte uppstår några luftläckor vid fogen.

Omställningsventil och membranenhet

30 Modeller med 1,6 liters motor har ett insugsgrenrör med variabel längd, som beskrivs i avsnitt 1. Demontering av omställningsventilen och membranenheten beskrivs nedan – ytterligare isärtagning är inte möjlig. Om ett fel skulle uppstå, undersök om vakuumslangarna är skadade och se till att aktiveringsstaget kan röra sig fritt – smörj om så behövs. Ingående test av systemet måste överlämnas till en Skodahandlare.

Demontering

31 Koppla loss vakuumslangen från ventilen eller membranenheten, efter tillämplighet.

32 Membranenhetens aktiveringsstag har en kulled i änden som är fäst i aktiveringsstaget på vänster sida av grenröret. Bänd ut kulleden ur aktiveringsstaget och ta loss enheten.

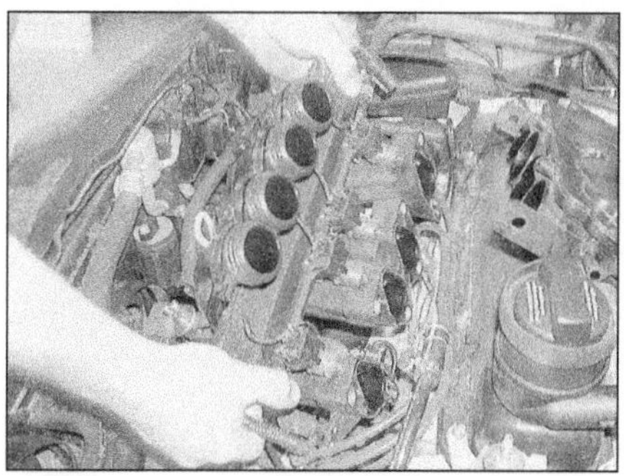

10.28b . . . och ta bort den nedre delen av grenröret

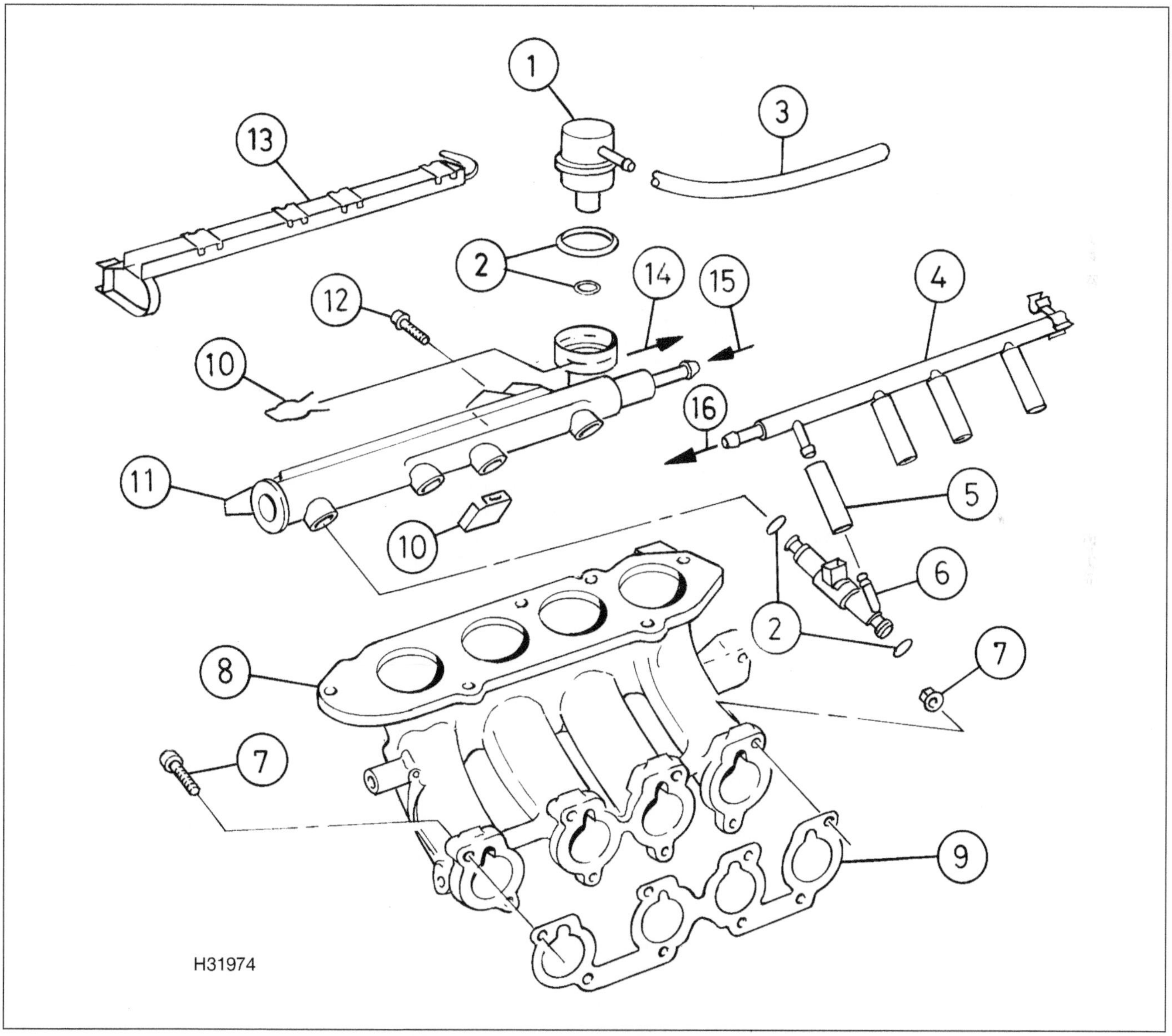

H31974

10.28c Insugsgrenrörets nedre del – 2,0 liters APK och AQY motorer

1 Bränsletrycksregulator
2 O-ring
3 Vakuumslang
4 Lufttillförselrör
5 Luftkåpor
6 Bränslespridare
7 Grenrörsmuttrar/-bultar
8 Insugsgrenrörets nedre del
9 Packning
10 Bränslespridarens fästklämma
11 Bränsleinsprutningsbrygga
12 Insprutningsbryggans fästbult
13 Kablagets styrkanal
14 Bränslereturslangens anslutn.
15 Bränsletillförselslangens ansl.
16 Till luftinloppskanal/luftrenare

33 För att ta bort omställningsventilen, koppla först loss kontaktdonet från den **(se bild 10.14)**.

34 Ta loss ventilen från undersidan av insugsgrenröret, och koppla loss vakuumslangen när ventilen tas loss.

Montering

35 Montering sker i omvänd ordning mot demonteringen.

11 Bränsleinsprutningssystem – test och justering

1 Om ett fel uppstår i bränsleinsprutningssystemet, kontrollera först att systemets alla kontaktdon sitter fast ordentligt och är fria från korrosion. Kontrollera sedan att felet inte beror på dåligt underhåll; d.v.s. kontrollera att luftfiltret är rent, att tändstiften är i gott skick och har rätt elektrodavstånd, att cylindrarnas kompressionstryck är korrekt, att tändsystemets kablage är i gott skick och säkert anslutet, och att motorns ventilationsslangar inte är blockerade eller skadade – se kapitel 1A, kapitel 2A eller 2B samt kapitel 5B.

2 Om de här kontrollerna inte avslöjar orsaken till problemet måste bilen tas till en lämpligt utrustad Skodahandlare för test. Det finns ett diagnosuttag i motorstyrningssystemets kablage, till vilket särskild elektronisk utrustning kan kopplas (uttaget sitter bakom en klädselpanel ovanför askkoppen – snäpp loss panelen för att komma åt uttaget). Testutrustningen kan "fråga ut" motorstyrningssystemets ECU elektroniskt och komma åt dess interna felkodslog (läsa av dess felkoder).

3 Man kan bara komma åt felkoderna från ECU med en särskild felkodsläsare. En Skodaverkstad har givetvis en sådan, men de finns också att få tag i från andra leverantörer. Det är inte troligt att det lönar sig för den private bilägaren att köpa en felkodsläsare, men en välutrustad verkstad eller bilelektriker har säkert en.

4 Med hjälp av den här utrustningen kan fel hittas snabbt och enkelt, även om de uppträder intermittent. Att testa alla systemkomponenter individuellt i ett försök att hitta felet genom uteslutningstekniken är tidskrävande och det är också troligt att försöket blir fruktlöst (särskilt om felet uppträder oregelbundet). Det medför också en stor risk för skador på de interna komponenterna i ECU.

5 Erfarna hemmamekaniker utrustade med en exakt varvräknare och en noggrant kalibrerad avgasmätare, kan eventuellt kontrollera avgasernas CO-halt och motorns tomgångshastighet; om dessa värden inte motsvarar de som ges i specifikationerna, måste bilen tas till en lämpligt utrustad Skodahandlare för bedömning. Varken luft/bränsleblandningen (avgasernas CO-halt) eller tomgångshastigheten kan justeras manuellt; felaktiga testresultat indikerar ett behov av underhåll (möjligtvis rengöring av spridare) eller ett fel i bränsleinsprutningssystemet.

12 Blyfri bensin – allmän information och användning

Observera: *Informationen i det här kapitlet är korrekt i skrivande stund, och gäller endast de bränslen som för närvarande är tillgängliga i Sverige. Rådfråga en Skodahandlare när mer aktuell information finns tillgänglig. Om du reser utomlands, kontakta en motororganisation eller liknande för råd om vilken typ av bränsle som finns och dess lämplighet för din bil.*

1 Bränslet som rekommenderas av Skoda anges i specifikationerna i början av det här kapitlet.

2 RON och MON är olika teststandard; RON står för Research Octane Number (skrivs också ibland RM), medan MON står för Motor Octane Number (även ibland MM).

13 Farthållare – allmän information

1 Vissa modeller kan vara utrustade med ett farthållarsystem, där föraren kan ställa in en vald hastighet som systemet sedan bibehåller, oavsett lutning etc.

2 När den önskade hastigheten har ställts in, styrs systemet helt av motorstyrningssystemets ECU, som reglerar hastigheten via gasspjällhuset.

3 Systemet reagerar på signaler från motorns hastighetsgivare (se avsnitt 5) och bilens hastighetsgivare (på växellådan).

4 Systemet avaktiveras om kopplings- eller bromspedalen trycks ner, via en signal från kopplingsbrytaren (avsnitt 5) eller bromsljuskontakten (kapitel 9).

5 Farthållarbrytaren är en del av rattstångens kombinationsbrytare, som kan demonteras enligt beskrivning i avsnitt 4 i kapitel 12.

6 Eventuella problem med systemet som inte är orsakade av kabelfel eller fel på de komponenter som nämns i det här avsnittet bör överlämnas till en Skodaverkstad. Om ett fel uppstår rekommenderas att man först tar bilen till en lämpligt utrustad återförsäljare för elektronisk feldiagnos med en felkodsläsare – se kapitel 11.

Kapitel 4 Del B:
Bränslesystem – dieselmotorer

Innehåll

Svårighetsgrader

Enkelt, passar novisen med lite erfarenhet 

Ganska enkelt, passar nybörjaren med viss erfarenhet 

Ganska svårt, passar kompetent hemmamekaniker 

Svårt, passar hemmamekankier med erfarenhet 

Mycket svårt, för professionell mekaniker 

Specifikationer

Allmänt

Motorkod efter typ*:	
Elektronisk direktinsprutning, utan turbo	AGP och AQM
Elektronsik direktinsprutning, med turbo	AGR, ALH, AHF och ASV
Elektronisk direktinsprutning, enhetsspridare, med turbo)	ASZ
Tändföljd	1-3-4-2
Maximal motorhastighet	E/T (ECU-styrd)
Motorns tomgångshastighet:	
Motorkod AGP, AQM,	860 till 940 varv/min
Motorkod AGR, ALH, AHF och ASV:	
Modeller fram till 04/99	875 till 950 varv/min
Modeller fr.o.m. 05/99 och framåt	861 till 945 varv/min
Motorkod ASZ	800 till 950 varv/min
Motorns snabbtomgång	E/T (ECU-styrd)

* **Observera:** *Se 'Bilens identifikation' för placering av koden på motorn.*

Bränslespridare

Insprutningstryck:	
Motorkod AGP, AQM, AGR, och AHF	minst 170 bar
Motorkod ALH och ASV	minst 200 bar
Motorkod ASZ	180 till 2050 bar

Tandempump

Bränsletryck vid 1500 varv/min	3,5 bar

Turboladdare

Typ	Garrett eller KKK

Åtdragningsmoment

	Nm
Bränsleavstängningsventil	40
EGR-rörets flänsbultar	25
EGR-ventilens fästbultar:	
Motorkod AGR, ALH, AHF och ASV	25
Motorkod ASZ	10
EGR-ventilens klämbult (ej turbo)	10
Insprutningspumpens huvud, bränsleanslutningsrör	45
Insprutningspumpens drev:	
Steg 1	20
Steg 2	Vinkeldra ytterligare 90°
Insprutningspump till stödfäste, bultar	25
Insugsgrenrörets klaffhus till grenröret	10
Insugsgrenrör till topplock	25
Insugsgrenrörets över del (motorkod AQM, AGP):	
Till främre fästbygel	20
Till nedre del	15
Pumpspridarnas vipparmsaxel, bultar*:	
Steg 1	20
Steg 2	Vinkeldra ytterligare 90°
Spridarnas klämbult:	
Alla motorkoder utom ASZ	20
Motorkod ASZ*:	
Steg 1	12
Steg 2	Vinkeldra ytterligare 270°
Spridarrörets anslutningsmutter	25
Tandempumpens bultar:	
Övre	20
Nedre	10
Turboladdarens oljereturrör till motorblocket	
Alla motorkoder utom ASZ	30
Motorkod ASZ	40
Turboladdare till katalysator	25
Turboladdare till avgasgrenrör*	25

** Använd nya bultar/muttrar*

1 Allmän information och föreskrifter

Allmän information

Två olika typer av bränsleinsprutningssystem finns på de motorer som behandlas i den här boken. Båda systemen är direktinsprutningssystem, men de skiljer sig åt när det gäller hur bränslet levereras till bränslespridarna. Båda systemen består av en bränsletank, ett bränslefilter med en inbyggd vattenavskiljare monterat i motorrummet, bränsletillförsel- och returledningar och fyra bränslespridare.

På alla motorkoder utom ASZ trycksätts bränslet av en insprutningspump, och insprutningsstarten styrs av motorstyrningssystemets ECU och en solenoidventil på insprutningspumpen. Pumpen drivs med halva vevaxelhastigheten av kamremmen. Bränsle dras från bränsletanken genom filtret vid insprutningspumpen, som sedan fördelar bränslet under mycket högt tryck till bränslespridarna via separata tillförselrör. På motorer med kod ASZ levereras bränslet av en kamaxeldriven "tandempump" vid lågt tryck till spridarna (som kallas "enhets-spridare"). En "vipparmsenhet", monterad ovanför kamlageröverfallen använder en extra uppsättning kamnockar till att trycka ner toppen av varje spridare en gång per tändcykel. Denna utformning skapar mycket högre spridartryck. Den exakta inställningen av förinsprutningen och huvudinsprutningen styrs av motorstyrningens ECU och en solenoid på varje spridare. Resultatet av det här systemet är förbättrat motorvridmoment och bättre effekt, bättre förbränningseffektivitet och lägre avgasutsläpp. Alla motorer utom AGP och AQM är utrustade med turbo.

Direktinsprutningssystemet styrs elektroniskt av ett motorstyrningssystem, som består av en elektronisk styrenhet (ECU) och dess tillhörande givare/sensorer, aktiverare och kablage.

På alla motorkoder utom ASZ, ställs den grundläggande insprutningsinställningen in mekaniskt via pumpens placering i sin fästbygel. Dynamisk inställning och insprutningstid styrs av ECU och beror på information om motorhastighet, gasspjällets läge och öppningshastighet, insugsluftflödet, insugsluftens temperatur, kylvätsketemperatur, bränsletemperatur, atmosfärstryck (altitud) och grenrörsvakuum, som mottas från givare på och runt motorn. "Closed loop" styrning av insprutningsinställningen uppnås med hjälp av en nållyftgivare. Det är spridare nr 3 som är utrustad med nållyftsgivaren. Tvåstegs spridare används, vilket förbättrar motorns förbränningsegenskaper, leder till tystare gång och förbättrade avgasutsläpp.

ECU styr också avgasåterföringen (EGR-systemet) (kapitel 4D), turbons laddtrycksstyrning (kapitel 4D) och glödstiftens styrsystem (kapitel 5C).

På modeller utan turbo sitter en elektriskt styrd klaffventil på insugsgrenröret för att öka vakuumet när motorhastigheten är lägre än 2200 varv/min; detta behövs för att EGR-systemet ska fungera effektivt.

1.7a Vakuumbehållare för insugsgrenrörets klaffventil

På turbomodeller stängs klaffventilen på insugsgrenröret av ECU i tre sekunder när motorn slås av, för att minimera luftintaget när motorn slår av. Detta minimerar vibrationerna som kan kännas när kolvarna kommer upp mot den stora mängden komprimerad luft som finns i förbränningskamrarna. En vakuumbehållare monterad framtill på motorn levererar vakuum till en vakuumkapsel som styr klaffen **(se bilder)**.

Det bör noteras att felsökning av ett diesel motorstyrningssystem endast kan göras med särskild elektronisk testutrustning. Problem med systemets funktion bör därför överlämnas till en Skodaverkstad eller annan lämpligt utrustad specialist för bedömning. När felet har fastställts kan man med hjälp av följande instruktioner för demontering och montering byta ut aktuella komponenter.

Föreskrifter

Många av de moment som beskrivs i det här kapitlet omfattar losskoppling av bränsleledningar, vilket kan orsaka ett visst bränslespill. Innan arbetet påbörjas, läs varningarna nedan och informationen i *Säkerheten främst!* i början av den här handboken.

Varning: Undvik alltid direkt hudkontakt med diesel vid arbete på någon del av bränslesystemet – ha på dig skyddande kläder och handskar när du hanterar bränslesystemets komponenter. Se till att arbetsområdet är väl ventilerat för att förhindra att dieselångor samlas.

• Bränslespridare arbetar under extremt höga tryck och bränslestrålen som produceras vid munstycket kan tränga igenom huden, med risk för dödlig utgång. När du arbetar med trycksatta spridare, var noga med att inte utsätta någon del av kroppen för bränslespray. Det rekommenderas att en specialist utför eventuellt trycktest av bränslesystemets komponenter.

• Under inga omständigheter får diesel komma i kontakt med kylvätskeslangarna – torka omedelbart bort eventuellt spill. Slangar som har utsatts för bränsle under en längre tid bör bytas ut.

• Diesel bränslesystem är särskilt känsliga för intrång av smuts, luft och vatten. Var ytterst noga med renligheten vid arbete på

1.7b Vakuumkapsel på insugsgrenröret nedanför EGR-ventilen

bränslesystemet, för att förhindra smutsintrång. Rengör noggrant området runt bränsleanslutningarna innan de kopplas loss. Använd endast luddfria trasor och rent bränsle vid rengöringen.

• Förvara isärtagna delar i förseglade behållare för att undvika att de blir smutsiga och förhindra uppkomst av kondens.

2 Luftrenare – demontering och montering

Demontering

1 Lossa klämmorna (eventuellt fjäderklämmor) och koppla loss luftkanalen från luftrenaren eller luftmängdsmätaren (efter tillämplighet) **(se bild)**.

2 På modeller utan turbo, koppla loss

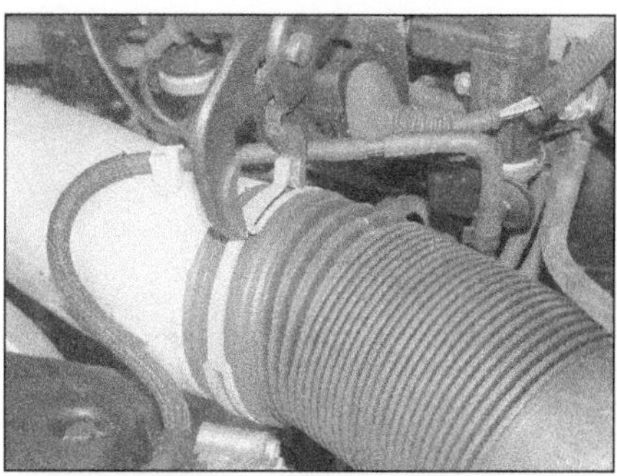

2.1 En tång används till att lossa fjäderklämman från insugsluftskanalen

kontaktdonet från insugsluftens temperaturgivare bak på luftrenarens lock.

3 På turbomodeller, koppla loss kontaktdonet från luftmängdsmätaren. Koppla också loss vakuumslangen under luftmängdsmätarens kontaktdon **(se bilder)**.

4 Ta loss slangar, kablar etc som är fästa vid luftrenaren, och notera hur de är dragna för att underlätta återmonteringen.

5 Skruva loss de två skruvarna som håller luftrenarlocket, och haka loss det från de främre klämmorna, tillsammans med luftmängdsmätaren på turbomodeller. Lyft sedan ut luftfiltret.

6 Den nedre halvan av luftrenaren sitter fast med två skruvar – en framtill och en baktill. Skruva loss skruvarna och lyft ut luftrenaren, och lossa luftinloppets ändrör **(se bilder)**.

7 Om så behövs kan resten av luftinloppskanalen tas bort genom att man lossar fästklämmorna; vissa sektioner av kanalen

2.3a Koppla loss luftmängdsmätarens kontaktdon . . .

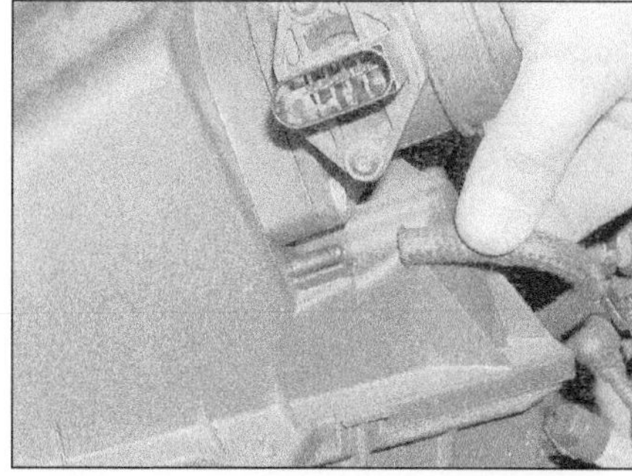

2.3b . . . och vakuumslangen nedanför

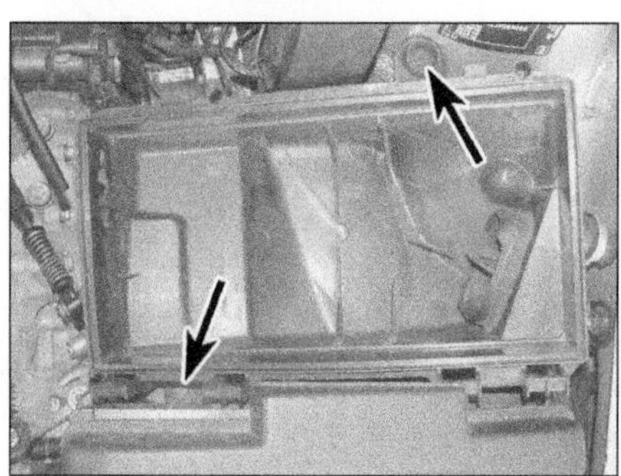

2.6a Skruva loss skruvarna (vid pilarna) . . .

2.6b . . . och lyft ut den nedre delen av luftrenarhuset

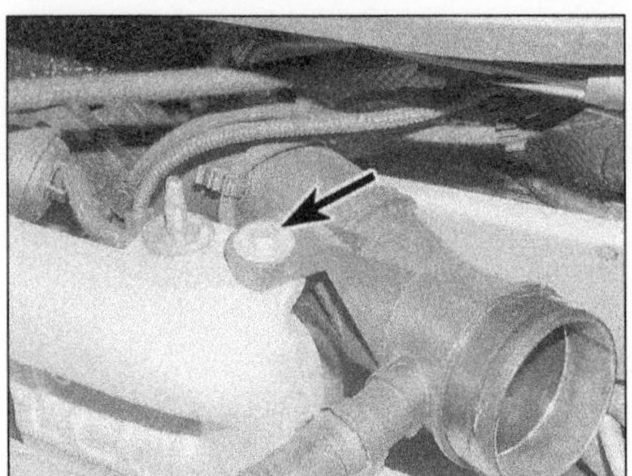

2.7 Luftinloppskanalens fästbult (vid pilen) – varierar från modell till modell

kan dock vara fästa med bultar **(se bild)**. För mer information om demontering av kanaler i anslutning till mellankylaren på turbomodeller, se kapitel 4D.

Montering

8 Montera luftrenaren genom att följa beskrivningen för demontering i omvänd ordning.

3 Gasvajer – allmän information

De dieselmodeller som behandlas i den här boken har ingen gasvajer, utan istället ett elektroniskt styrt system som kallas "drive-by-wire" gasspjäll. Gasspjällägesgivaren vid gaspedalen är kopplad till motorstyrningens ECU, som justerar mängden insprutat bränsle och på så sätt kontrollerar motorhastigheten. Olika givare används så att ECU ska kunna justera mängden bränsle som sprutas in och pumpens inställning (när insprutningen ska ske).

4 Diesel motorstyrningssystem – demontering och montering av komponenter

Gasspjällägesgivare

1 Lägesgivaren sitter ihop med gaspedalen. Pedalenheten kan demonteras (när man har demonterat den nedre instrumentbrädespanelen enligt beskrivning i avsnitt 28 i kapitel 11), genom att man kopplar loss givarens kontaktdon och skruvar loss muttrarna som håller fast pedalen till fästbygeln – se kapitel 4A. Beroende på vilken typ av växellåda som är monterad, kan det sitta en separat givare ovanför pedalens fästbygel, fäst med två skruvar **(se bild)**.

Kylvätsketemperaturgivare

Demontering

2 Se kapitel 1B och tappa av ungefär en fjärdedel av kylvätskan från motorn. Alternativt, var beredd på kylvätskespill när givaren tas bort.

3 Där så behövs för att man ska komma åt, demontera motorns toppkåpa (-kåpor).

4 Givaren sitter vid det övre kylvätskeutloppets krök, framtill på topplocket. Koppla loss kabeln vid kontaktdonet **(se bild)**.

5 Ta bort fästklämman, ta därefter bort givaren från huset och ta vara på O-ringstätningen.

Montering

6 Montera kylvätsketemperaturgivaren i omvänd ordning mot demonteringen, och använd en ny O-ringstätning. Se kapitel 1B eller *Veckokontroller* och fyll på kylsystemet.

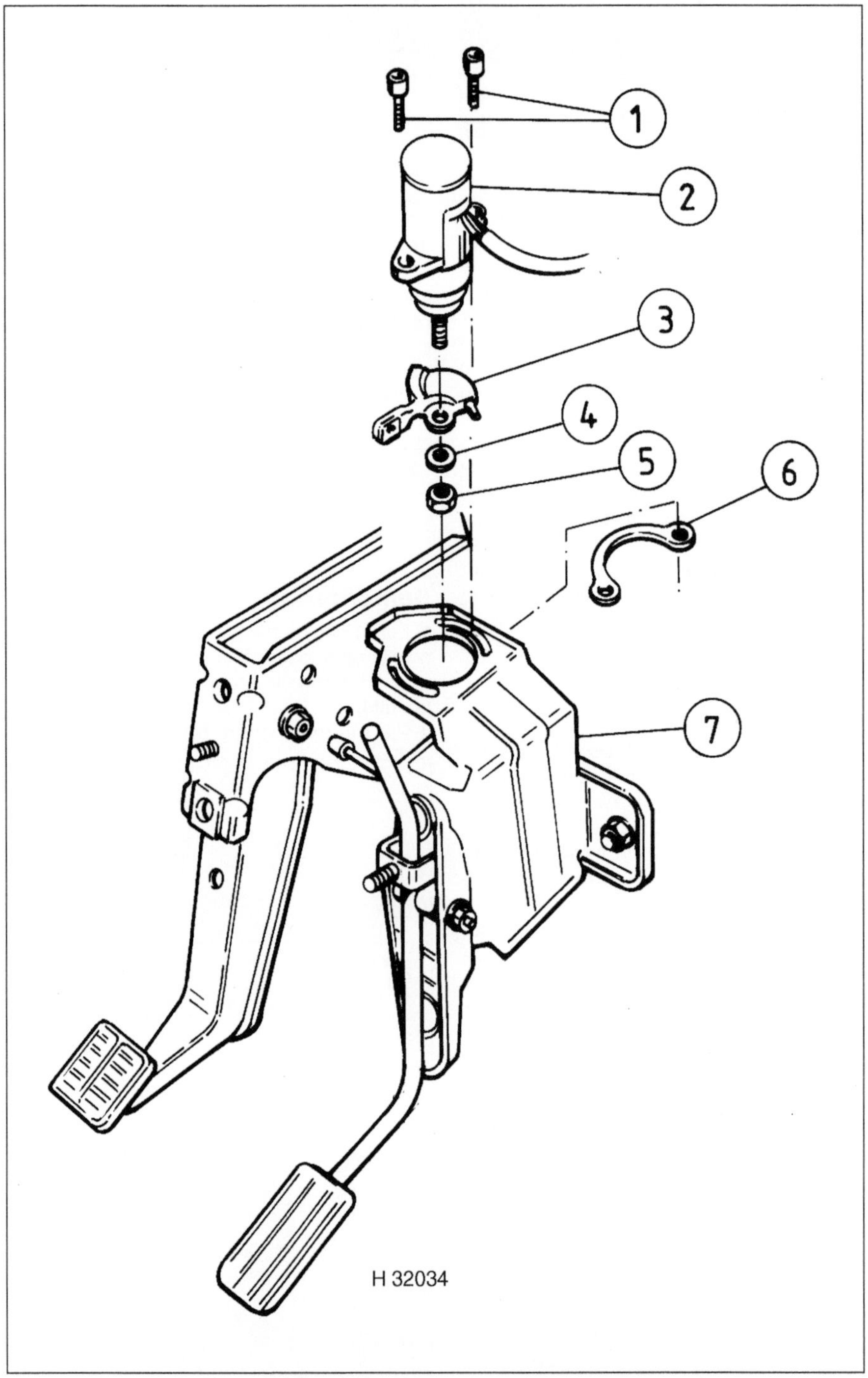

H 32034

4.1 En typ av gasspjällägesgivare monterad på dieselmodeller

Observera: *För andra typer av givare, se kapitel 4A, bild 5.36*

1 Fästskruvar
2 Gasspjällägesgivare
3 Kabelkam
4 Fjäderbricka
5 Låsmutter
6 Gängad hållare
7 Fästbygel

4.4 Kylvätsketemperaturgivarens kontaktdon (vid pilen)

Bränsletemperaturgivare

7 Bränsletemperaturgivaren sitter ihop med bränslemängdsjusteraren, som sitter längst upp på insprutningspumpen. Enligt den information som är tillgänglig i skrivande stund, går det inte att köpa givaren separat.

Insugsluftens temperaturgivare

Demontering – modeller utan turbo

8 Givaren sitter baktill på luftrenarkåpan.

9 Koppla loss givarens kontaktdon, ta sedan bort fästklämman och ta bort givaren. Ta vara på O-ringstätningen.

Demontering – turbomodeller

10 Alla modeller har en temperaturgivare inbyggd i luftmängdsmätaren. Givaren utgör en del av luftmängdsmätaren och kan inte bytas ut separat. En extra lufttemperatur-/tryckgivare är också monterad, antingen ovanpå mellankylaren eller på luftslangen från mellankylaren till insugsgrenröret, och denna kan demonteras enligt beskrivningen nedan.

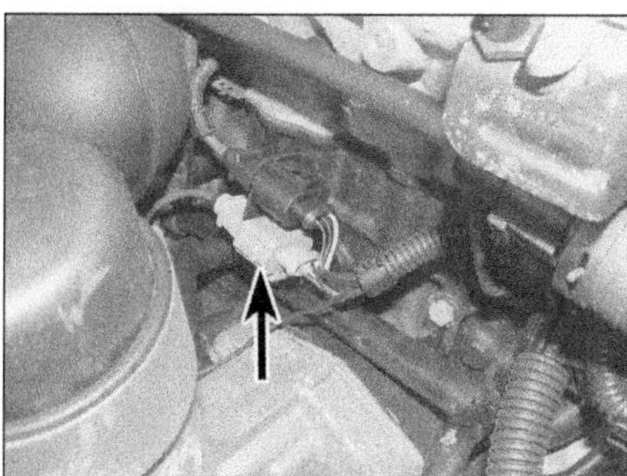
4.17a Kontaktdon (vid pilen) för hastighetsgivare

11 Följ luftslangen bakåt från insugsgrenröret till den punkt där den passerar genom innerskärmen.

12 Om givaren är monterad på slangen, koppla loss kontaktdonet, skruva sedan loss de två fästskruvarna och ta bort givaren. Ta vara på O-ringstätningen.

13 Om givaren är monterad på mellankylaren, demontera höger strålkastare enligt beskrivning i avsnitt 7 i kapitel 12. Givaren demonteras på samma sätt som den som är monterad på slangen.

Montering

14 Montera insugsluftens temperaturgivare i omvänd ordning mot demonteringen, använd en ny O-ringstätning.

Motorns hastighetsgivare

Demontering

15 Motorns hastighetsgivare sitter framtill på motorblocket, intill fogytan på blocket och växellådans balanshjulskåpa.

16 Om så behövs för åtkomlighet, demontera motorns toppkåpa (-kåpor). Demonteringen varierar något beroende på modell, men kåpans fästmuttrar är dolda av runda små lock, som bänds loss från huvudkåpan. Skruva loss muttrarna och lyft upp kåpan från motorn. Lossa eventuella slangar eller kablar som sitter på kåpan.

17 Följ kablaget bakåt från givaren och koppla loss kontaktdonet bakom oljefilterhuset **(se bilder)**.

18 Skruva loss fästskruven och ta bort givaren från motorblocket.

Montering

19 Montera givaren i omvänd ordning mot demonteringen.

Luftmängdsmätare (turbo)

Demontering

20 Se avsnitt 2, lossa klämmorna och koppla loss luftkanalen från luftmängdsmätaren på baksidan av luftrenarhuset.

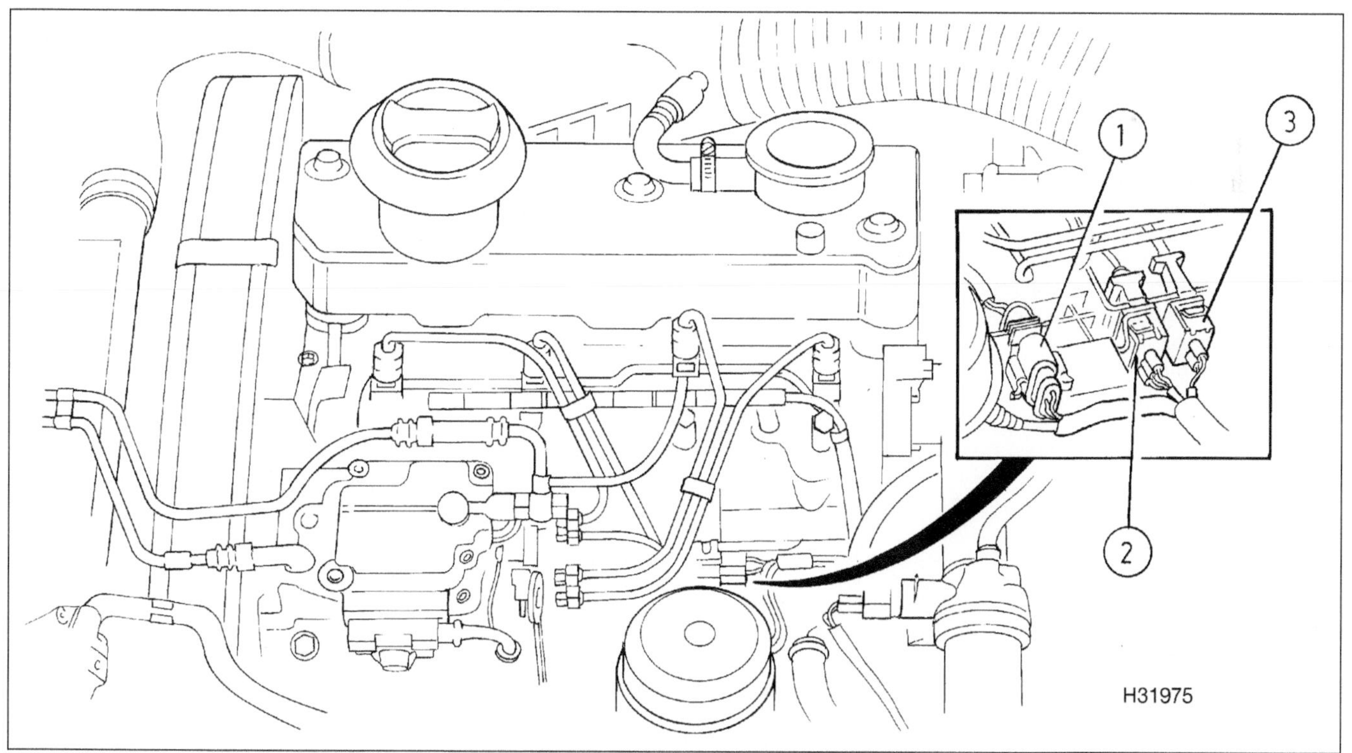

4.17b Kontaktdon bakom oljefilterhuset

1 Bränsletemperaturgivare, mängdjusterare, avstängningsventil och insprutningsstartventil
2 Motorns hastighetsgivare
3 Nållyftsgivare

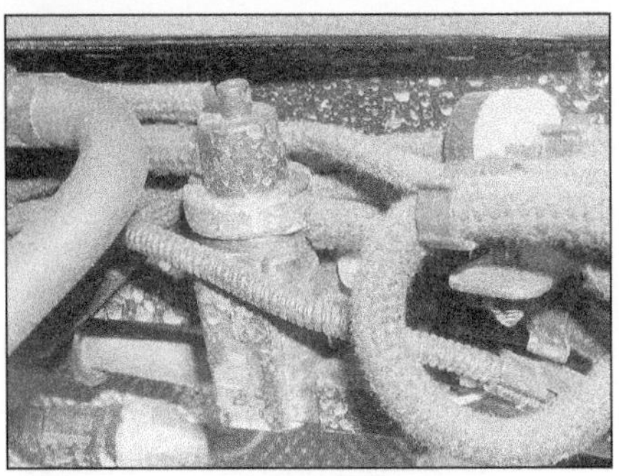

4.31 EGR solenoidventil på motorrummets torpedvägg

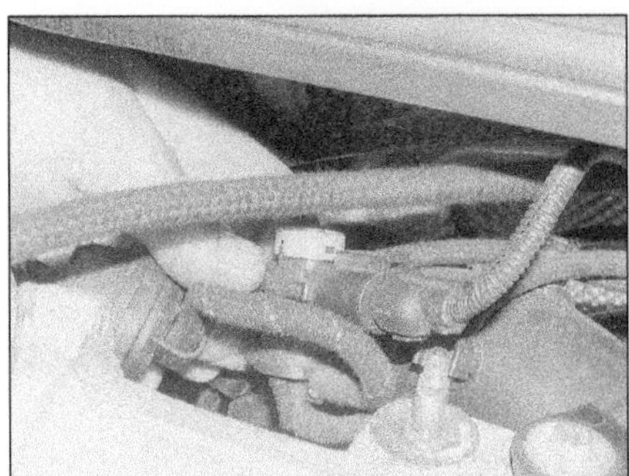

4.32a Lossa solenoidventilen för insugsgrenrörets klaff . . .

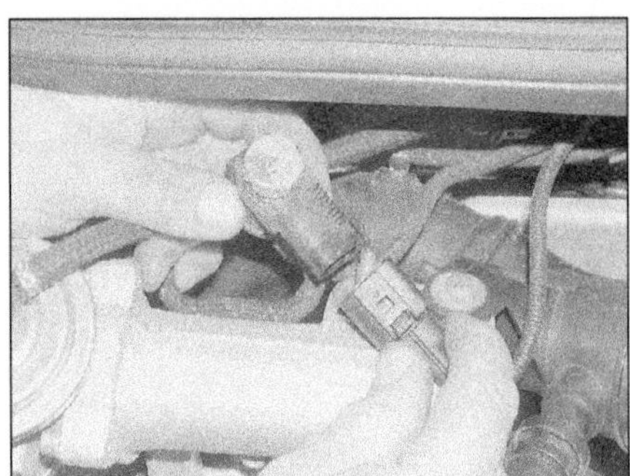

4.32b . . . och koppla loss kontaktdonet

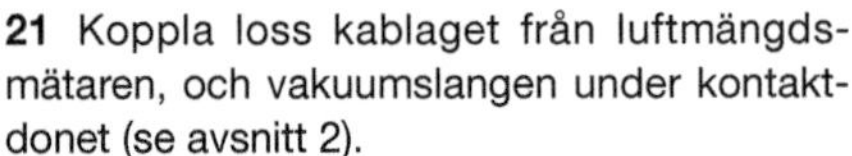

21 Koppla loss kablaget från luftmängdsmätaren, och vakuumslangen under kontaktdonet (se avsnitt 2).

22 Skruva loss fästskruvarna och ta bort mätaren från luftrenarhuset. Ta bort O-ringstätningen.

Försiktighet: Handskas varsamt med luftmängdsmätaren – dess inre delar kan lätt ta skada.

Montering

23 Montering sker i omvänd ordning mot demonteringen. Byt ut O-ringstätningen om den är skadad.

Givare för absolut tryck (altitud)

24 Givaren för absolut tryck utgör en del av ECU och kan därför inte bytas ut separat.

Insugsgrenrörets klaffhus

Demontering – alla modeller

25 Om så behövs för åtkomlighet, demontera motorns toppkåpa (-kåpor). Demonteringen varierar något beroende på modell, men kåpans fästmuttrar är dolda av runda små lock, som bänds loss från huvudkåpan. Skruva loss muttrarna och lyft upp kåpan från motorn. Lossa eventuella slangar eller kablar som sitter på kåpan.

26 Lossa klämman (eventuellt en fjäderklämma) och koppla loss luftkanalen från klaffhuset.

27 Koppla loss slangen från toppen av huset.

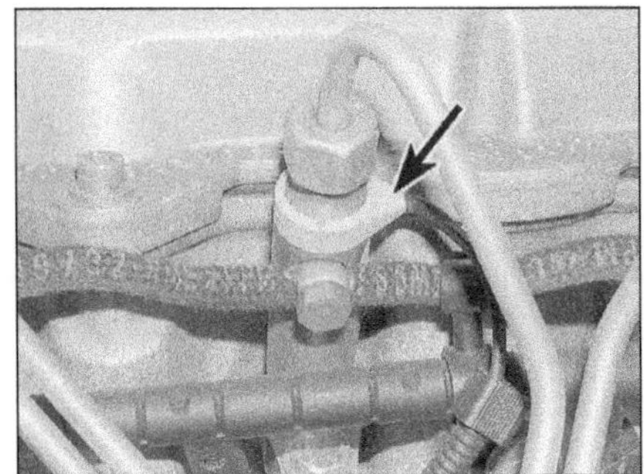

4.41 Bränslespridare nr 3 – nållyftsgivaren vid pilen

Demontering – modeller utan turbo

28 Koppla loss klaffkontrollmotorns kontaktdon från husets framsida.

29 Skruva loss husets fyra fästbultar och ta bort huset från insugsgrenröret. Ta vara på O-ringstätningen.

Demontering – turbomodeller

30 Skruva loss de två bultarna som håller EGR-rörets fläns till husets bas. Dra isär flänsen och huset en aning och ta vara på packningen – belasta dock inte EGR-röret.

31 Följ slangen bakåt från klaffvakuumenheten till solenoidventilen, och koppla loss röret från ventilen **(se bild)**. Vakuumenheten kan demonteras med huset.

32 Lossa solenoidventilen för vakuumkapseln till insugsgrenrörets klaff; koppla loss kontaktdonet och vakuumslangen från solenoiden och ta bort den **(se bilder)**.

33 Skruva loss och ta bort husets tre fästbultar, och ta bort huset från insugsgrenröret. Ta vara på O-ringstätningen.

Montering

34 Montering sker i omvänd ordning mot demonteringen. Byt ut O-ringstätningen om den inte är i gott skick.

Kontakter på kopplings- och bromspedalerna

Demontering

35 Kontakterna på kopplings- och bromspedalerna sitter fast med klämmor på fästbyglar direkt ovanför respektive pedal.

36 Bromspedalens kontakt fungerar som en säkerhetsenhet, om det skulle uppstå problem med gasspjällägesgivaren. Om bromspedalskontakten trycks in medan gaspedalen hålls i ett konstant läge, sänks motorhastigheten till tomgång. Därför kan en defekt eller feljusterad bromspedalskontakt resultera i driftsproblem.

37 Aktivering av kopplingspedalens kontakt gör att insprutningspumpen tillfälligt reducerar sin effekt medan kopplingen är urkopplad, för att tillåta mjukare växling.

38 För att demontera någon av kontakterna, se kapitel 11, avsnitt 28, och ta bort klädselpanelerna under rattstången för att komma åt pedalerna.

39 Ta loss kontakterna genom att lossa dem från klämmorna på fästena och koppla loss kontaktdonen.

Montering

40 Montering sker i omvänd ordning mot demonteringen. Avslutningsvis måste justeringen av kontakterna kontrolleras elektroniskt, med hjälp av särskid testutrustning – kontakta en Skodaverkstad för mer information.

Nållyftsgivare

Observera: *Gäller alla motorkoder utom ASZ.*

41 Nållyftsgivaren sitter ihop med bränslespridare nr 3 **(se bild)**. Se avsnitt 5 för information om demontering och montering.

Elektronisk styrenhet (ECU)

Försiktighet: Vänta alltid minst 30 sekunder efter det att tändningen har slagits av innan kablaget kopplas loss från ECU. När kablaget kopplas loss går alla inlärda värden förlorade, men eventuellt innehåll i felminnet finns kvar. När kablaget kopplas in igen, måste grundinställningarna göras om av en Skodaverkstad med ett särskilt testinstrument. Notera också att om ECU byts ut, måste den nya enhetens identifikation föras över till immobiliserns styrenhet, även detta hos en Skodaverkstad.

Demontering

42 ECU sitter i mitten bakom motorrummets torpedvägg, under en av vindrutans ventilpaneler **(se bild)**. Demontera torkararmarna och ventilpanelen som vid demontering av vindrutetorkarmotorn, enligt beskrivning i kapitel 12.

4.42 ECU (vid pilen) placerad under vindrutans ventilpanel

43 Lossa låsklämman eller armen på ECU kontaktdon och koppla loss kontaktdonet. På de flesta modeller är det två separata kontaktdon som måste kopplas loss.
44 Skjut styrenheten åt höger, för att lossa dess fästklämma, och ta bort den.

Montering

45 Montering sker i omvänd ordning. Sätt enheten på plats och tryck den åt vänster för att fästa den. Kom i håg det som sagts under *Försiktighet* ovan – ECU kommer inte att fungera som den ska förrän den har kodats elektroniskt.

5 Bränslespridare – allmän information, demontering och montering

Varning: Var extremt försiktig vid arbete på bränslespridarna. Utsätt aldrig händerna eller någon annan del av kroppen för bränslesprut från spridarna, eftersom det höga trycket kan få bränslet att tränga igenom huden, vilket kan få livshotande följder. Vi rekommenderar å det starkaste att allt arbete som omfattar test av spridarna under tryck överlämnas till en Skodaverkstad eller annan specialist. Se Varningarna i avsnitt 1 innan arbetet fortsätter.

Allmän information

1 Bränslespridarna försämras med tiden och man kan förvänta sig att de behöver renoveras eller bytas ut efter ca 100 000 km. Noggrann test, renovering och kalibrering av spridarna måste utföras av en specialist.
2 En defekt spridare som orsakar knackning eller rök kan identifieras utan isärtagning enligt följande.
3 Låt motorn gå på snabb tomgång. Lossa

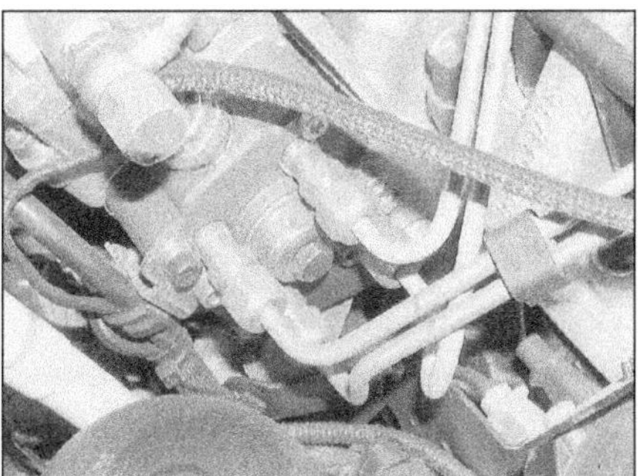

5.7 Bränslespridarrörens anslutningsmuttrar vid pumpen

varje spridares anslutning en i taget och placera en trasa runt anslutningen för att samla upp spillt bränsle. Se till att inte få bränsle på huden. När anslutningen på den defekta spridaren lossas kommer knackningen/röken att upphöra. **Observera:** *Det här testen kan inte utföras på motorer som har enhetsspridare (motorkod ASZ).*

Demontering

Observera: *Var noga med att inte låta smuts komma in i spridarna eller bränslerören under det här momentet. Tappa inte spridarna och se till att inte nålarna i spetsarna blir skadade. Spridarna är mycket exakt precisionstillverkade och måste hanteras mycket varsamt.*

Alla motorkoder utom ASZ

4 På motorer utan turbo, demontera den övre delen av insugsgrenröret enligt beskrivning i avsnitt 9.
5 Täck över generatorn med en ren trasa eller en plastpåse, för att skydda den mot eventuellt bränslespill.
6 Rengör noggrant området runt bränslespridarna och röranslutningsmuttrarna, och koppla loss returröret från spridaren.
7 Torka av röranslutningarna, lossa sedan den anslutningsmutter som håller relevant spridares rör till varje spridare och relevant anslutningsmuttrar som håller rören till insprutningspumpens baksida (rören demonteras som en enhet); när varje anslutningsmutter lossas vid pumpen, håll fast adaptern med en passande öppen nyckel för att förhindra att den skruvas loss från pumpen **(se bild)**.
8 När anslutningsmuttrarna är lossade, ta bort spridarnas rör från motorn. Täck över spridar- och röranslutningarna för att förhindra att det kommer in smuts i systemet.

Klipp av fingertopparna på en gammal gummihandske och sätt fast dem över de öppna anslutningarna med gummiband.

9 Koppla loss nållyftsgivarens kablage från spridare nr 3.
10 Skruva loss och ta bort fästmuttern eller bulten, och ta vara på brickan, fästplattan och kragen **(se bild)**. Notera exakt hur alla delar sitter för att underlätta återmonteringen. Dra loss spridaren från topplocket och ta bort värmesköldsbrickan – nya brickor måste användas vid monteringen.

Motorkod ASZ

11 Se kapitel 2C, demontera den övre kamremskåpan och kamaxelkåpan.
12 Med en nyckel eller en hylsa, vrid vevaxelremskivan tills vipparmen för den spridare som ska demonteras är vid sin högsta punkt, d.v.s. spridarens kolvfjäder är under minsta möjliga spänning.
13 Lossa låsmuttern till justerskruven på änden av vipparmen ovanför spridaren, och skruva loss justerskruven tills vipparmen ligger mot kolvstiftet på spridaren **(se bild)**.
14 Börja utifrån och arbeta inåt, lossa och ta bort vipparmsaxelns fästbultar jämnt och

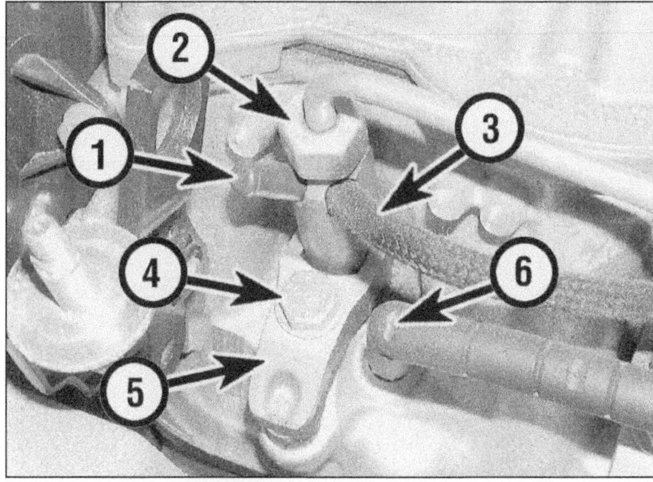

5.10 Bränslespridare nr 1

1 Ändlock
2 Anslutningsmutter
3 Spillrör
4 Fästbult
5 Fästplatta
6 Kontaktdon till glödstift

5.13 Lossa på justerskruven tills vipparmen ligger mot bränslespridarens kolvstift

5.15 Skruva loss klämblockets fästbult (vid pilen)

gradvis. Ta bort vipparmsaxeln. Undersök kontaktytan på varje justerskruv och byt ut de skruvar som är slitna.

15 Skruva loss klämblockets fästbult och ta bort blocket från sidan av spridaren **(se bild)**.

16 Med en liten skruvmejsel, bänd försiktigt loss kontaktdonet från spridaren.

17 Skodas tekniker använder en glidhammare (verktyg nr T10055) till att dra loss spridaren från topplocket. Det här är en glidhammare som hakas fast i sidan av spridaren. Om detta verktyg inte finns till hands, är det möjligt att tillverka ett alternativ av en kort bit vinkeljärn, en bit gängstång, en cylindrisk vikt och två låsmuttrar. Löd fast gängstången i vinkeljärnet, trä vikten på stången och lås ihop de två muttrarna i änden av stången för att skapa ett stopp för vikten **(se bild)**. Placera glidhammaren/verktyget i spåret i sidan av spridaren och dra ut spridaren med några försiktiga slag. Ta vara på låsringen, värmeskölden och O-ringarna och kasta dessa. Nya måste användas vid monteringen **(se bild)**.

18 Om så behövs kan spridarnas kabelhärva/skena tas bort från topplocket genom att man skruvar loss de två fästmuttrarna/bultarna baktill på topplocket. För att förhindra att kontaktdonen stöter i topplocket när enheten dras ut, sätt in kontaktdonen på förvaringsplatserna i plastskenan. Tryck sedan enheten försiktigt bakåt och ut ur gjutgodset **(se bilder)**.

Montering

Alla motorkoder utom ASZ

19 Sätt in spridaren på sin plats, med en ny värmesköld. Se till att placera spridaren med nållyftsgivaren på plats nr 3 (nr 1 är vid motorns kamremsände).

20 Montera kragen och fästplattan och sätt sedan på fästmuttern eller bulten (efter tillämplighet) och dra åt till angivet moment.

21 Anslut kablaget för nållyftsgivaren till spridare nr 3.

22 Montera spridarnas rör och dra åt anslutningsmuttrarna till angivet moment. Placera eventuella klämmor som satt på rören så som de satt tidigare.

23 Anslut returröret till bränslespridaren.

24 På modeller utan turbo, montera den övre delen av insugsgrenröret enligt beskrivning i avsnitt 9.

25 Starta motorn och kontrollera att den går som den ska.

Motorkod ASZ

26 Innan spridarna monteras måste de tre O-ringarna, värmeskölden och klämman bytas ut. På grund av det höga tryck spridaren arbetat under, är det oerhört viktigt att O-ringarna monteras utan att bli vridna. Skoda rekommenderar användning av tre särskilda monteringshylsor som gör att O-ringarna monteras helt rakt. Det kan vara en bra idé att hellre överlåta O-ringsbytet till en Skodaverkstad än att riskera framtida läckor **(se bild)**.

27 När O-ringarna har bytts ut, montera värmeskölden och fäst den på plats med låsringen **(se bild)**.

28 Smörj ren motorolja på O-ringarna och tryck ner spridaren jämnt i topplocket, mot dess stopp.

29 Montera klämblocket bredvid spridaren, men dra bara åt fästbulten för hand i det här stadiet.

30 Det är viktigt att bränslespridarna monteras i rät vinkel i förhållande till klämblocket. För att åstadkomma detta, mät avståndet från

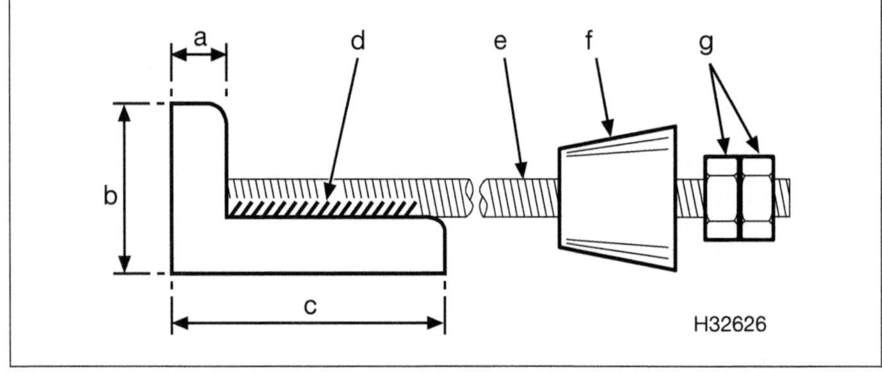

5.17a Demonteringsverktyg för enhetsspridare

a 5 mm
b 15 mm
c 25 mm
d Löd fast gängstången i vinkeljärnet
e Gängstång
f Cylindrisk vikt
g Låsmutter

5.17b Placera glidhammaren/verktyget i spåret på sidan av bränslespridaren och dra ut spridaren

5.18a Skruva loss de två muttrarna bak på topplocket och dra ut spridarnas kabelhärva/skena

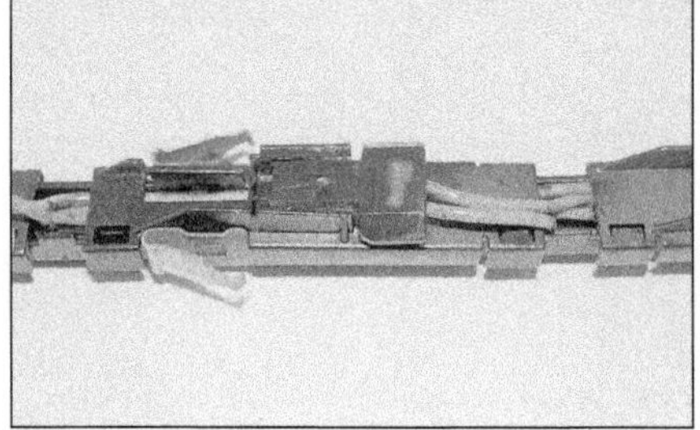

5.18b Spridarnas kontaktdon kan skjutas in i härvan/skenan så att de skyddas mot skador när enheten dras ut ur eller skjuts in i topplocket

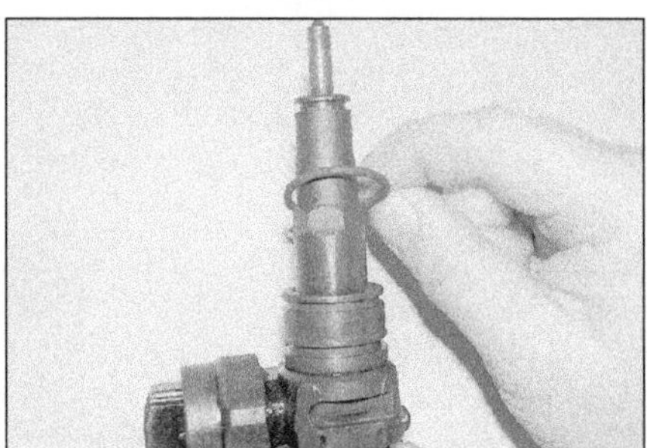

5.26 Det är viktigt att spridarnas O-ringar monteras utan att bli vridna

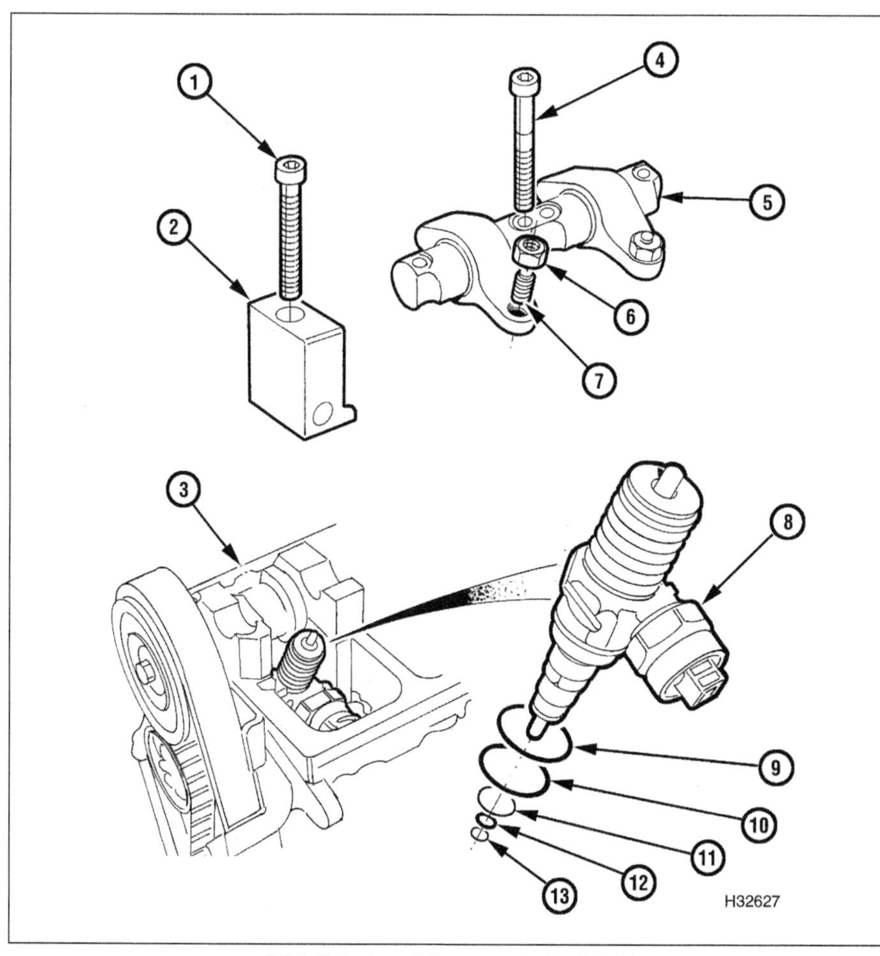

5.27 Enhetsspridare – motorkod ASZ

1 Bult	*5 Vipparm*	*8 Enhetsspridare*	*11 O-ring*
2 Klämblock	*6 Mutter*	*9 O-ring*	*12 Värmesköld*
3 Topplock	*7 Justerare*	*10 O-ring*	*13 Låsring*
4 Bult			

topplockets bakre yta till spridarens rundade del **(se bilder)**. Måtten (a) är enligt följande:

Cylinder 1 = 333,0 ± 0,08 mm
Cylinder 2 = 245,0 ± 0,08 mm
Cylinder 3 = 153,6 ± 0,08 mm
Cylinder 4 = 65,6 ± 0,08 mm

31 När spridaren (spridarna) är korrekt inställda, dra åt klämbulten till angivet moment för steg 1, och vinkeln för steg 2. **Observera:** *Om en spridare har bytts ut, är det mycket viktigt att justerskruvens låsmutter på motsvarande vipparm och kulstiftet byts ut samtidigt. Kulstiften kan helt enkelt dras ut ur spridarens fjäderlock. Det sitter en O-ring i varje fjäderlock som hindrar att kulstiftet faller ut.*

32 Lägg lite fett (Skoda Nr G000 100) på kontaktytan på varje vipparms justerskruv, sätt tillbaka vipparmsaxeln på kamaxellageröverfallen och dra åt fästbultarna enligt följande. Börja inifrån och arbeta utåt och dra åt bultarna för hand. I samma ordning, dra åt bultarna till momentet för steg 1. Dra därefter åt dem till vinkeln för steg 2, fortfarande inifrån och ut.

33 Följande procedur är bara nödvändig om en bränslespridare har demonterats och monterats/bytts ut. Sätt fast en mätklocka på topplockets övre yta och placera mätarens sond mot toppen av justerskruven **(se bild)**. Vrid vevaxeln tills vipparmens rulle är vid den högsta punkten på motsvarande kamaxelnock, och justerskruven är i det lägsta läget. När den här positionen har fastställts, ta bort mätklockan, skruva in justerskruven tills du känner ett fast motstånd, och spridarens fjäder inte kan tryckas ihop mer. Vrid justerskruven **moturs** 225°, och dra åt låsmuttern ordentligt. Upprepa denna procedur för andra spridare som har monterats.

34 Anslut kontaktdonet till spridare.

35 Montera kamaxelkåpan och den övre kamremskåpan enligt beskrivning i kapitel 2C.

36 Starta motorn och kontrollera att den går som den ska.

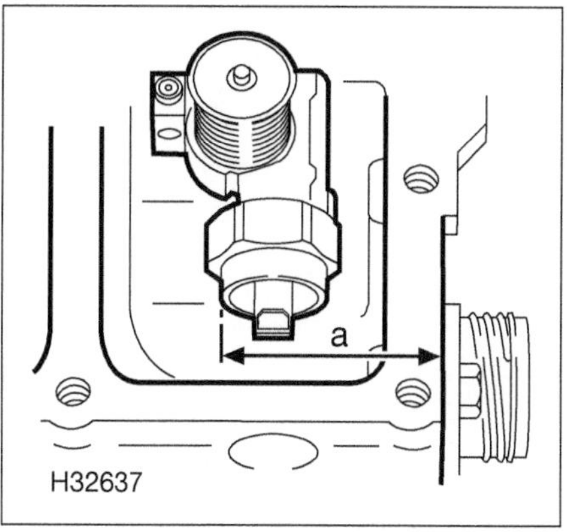

5.30a Mät avståndet (a) från topplockets baksida till spridarens rundade del (se text)

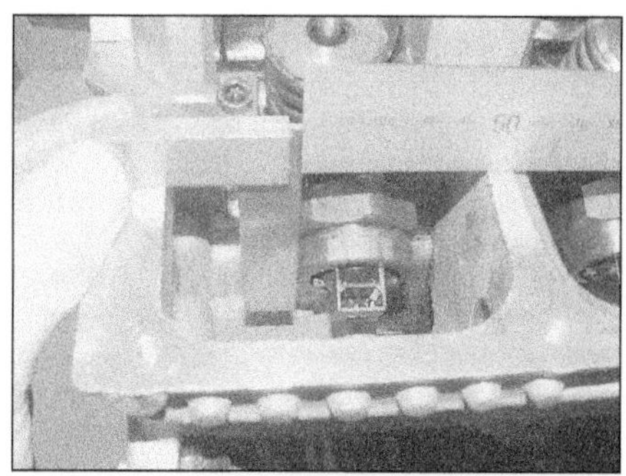

5.30b Placera en stållinjal mot kanten av spridaren . . .

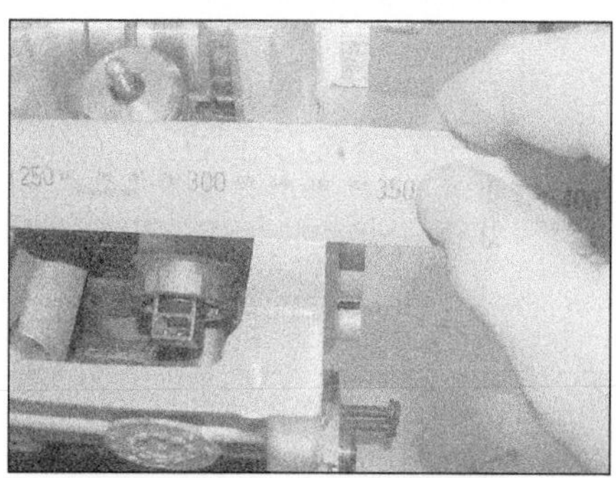

5.30c . . . och mät avståndet till topplockets baksida

5.33 Anslut en mätklocka till topplockets övre yta och placera sonden mot toppen av justerskruven

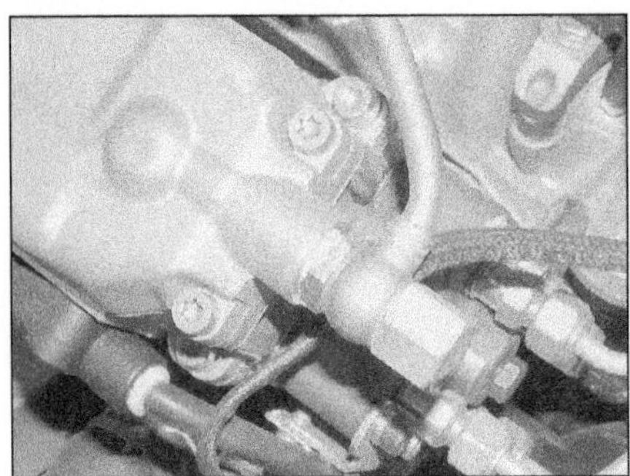
6.8 Bränslereturanslutning baktill på insprutningspumpen

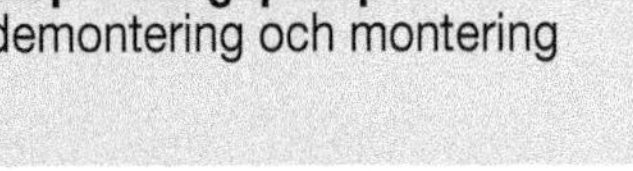

6 Insprutningspump – demontering och montering

Observera: *Alla motorkoder utom ASZ.*

Observera: *Insprutningspumpens inställning för insprutningsstart måste kontrolleras och eventuellt justeras när pumpen har monterats. Insprutningsstarten styrs av ECU och påverkas av många andra motorparametrar, inklusive kylvätsketemperaturen, motorns hastighet och position. Även om justeringen är en mekanisk procedur, kan kontrollen endast utföras av en Skodaverkstad, eftersom särskild elektronisk testutrustning behövs för kommunikation med ECU.*

Demontering

1 Koppla loss batteriets negativa kabel och placera den på avstånd från batteripolen. **Observera:** *Se avsnittet 'Frånkoppling av batteriet' längst bak i boken först.*

2 Demontera luftrenaren och tillhörande luftkanaler, enligt beskrivning i avsnitt 2.

3 Demontera motorns toppkåpa (-kåpor). Hur de demonteras beror på modell, men fästmuttrarna är dolda av runda täcklock som kan bändas loss från kåpan. Skruva loss muttrarna, lyft upp kåpan från motorn och lossa samtidigt kablar och slangar som är fästa vid den.

4 På modeller utan turbo, demontera den övre delen av insugsgrenröret enligt beskrivning i avsnitt 9.

5 På turbomodeller, koppla loss mellankylarens luftslang från insugsgrenröret.

6 Demontera bromsservons vakuumpump enligt beskrivning i kapitel 9.

7 Med hänvisning till kapitel 2C, utför följande:

a) *Demontera kamaxelkåpan och den/de yttre kamremskåpan/-kåporna.*
b) *Ställ in motorn på ÖD för cylinder nr 1.*
c) *Ta bort kamremmen från kamaxelns och insprutningspumpens drev.*
d) *Demontera insprutningspumpens drev.*

8 Torka rent runt röranslutningarna vid pumpen och bränslespridarna **(se bild)**.

9 Med hjälp av ett par nycklar, lossa bränslerörsanslutningarna baktill på insprutningspumpen och vid bränslespridarna, lyft sedan bort hela rörenheten från motorn.

Försiktighet: Var beredd på bränsleläckage under det här momentet och lägg trasor under anslutningarna. Var noga med att inte belasta bränslerören när de tas bort.

10 Täck över de öppna rören och portarna för att förhindra intrång av smuts och ytterligare bränsleläckage **(se Haynes Tips 1)**.

11 Lossa banjobultarna för bränsletillförsel och retur vid portarna på insprutningspumpen, var även nu beredd på spill. Täck över de öppna rören och portarna för att förhindra intrång av smuts och ytterligare bränslespill **(se Haynes Tips 2)**.

12 Koppla loss de tre kontaktdonen bakom oljefilterhuset **(se bild 4.17)**. Två av dessa tjänar nållyftsgivaren och motorns hastighetsgivare, och den största är för bränsleavstängningsventilen/insprutningsstartventilen och mängdjusteringsmodulen. Lossa kontaktdonen från fästbygeln – märk kontaktdonen för att underlätta kommande montering.

13 Skruva loss och ta bort bulten som håller insprutningspumpen till den bakre fästbygeln **(se bild på nästa sida)**.

Försiktighet: Lossa inte bultarna till pumpens fördelningshuvud, eftersom detta kan orsaka allvarliga interna skador på pumpen.

14 Lossa och ta bort de tre muttrarna/bultarna som håller insprutningspumpen till den främre fästbygeln. Notera att om fixeringsbultar används, hålls de två yttre bultarna fast med metallfästen. Stötta pumpen när den sista infästningen skruvas loss. Kontrollera att ingenting fortfarande är anslutet till pumpen och lyft sedan bort den från motorn.

Montering

15 Placera insprutningspumpen mot motorn, sätt i fästbultarna/muttrarna och dra åt dem till angivet moment.

16 Smörj insprutningspumpen genom att sätta en liten tratt i en av bränslereturanslutningarna och fylla håligheten med ren diesel. Lägg rena trasor runt anslutningen för att samla upp eventuellt spill.

17 Anslut bränsletillförselrören till spridarna och insprutningspumpens huvud, dra sedan åt anslutningarna till angivet moment med ett par nycklar.

18 Anslut bränsletillförsel- och returrören med nya tätningsbrickor, dra sedan åt banjobultarna till angivet moment. **Observera:** *Den inre diametern på returrörets banjobult är mindre än den för tillförselröret, och den är märkt* ***OUT****.*

19 Resten av monteringen sker i omvänd ordning mot demonteringen. Efter avslutat arbete måste insprutningsstarten kontrolleras och eventuellt justeras av en Skodaverkstad.

***Haynes Tips 1** Klipp av fingertopparna på gamla gummihandskar och sätt fast dem över bränsleportarna med gummiband.*

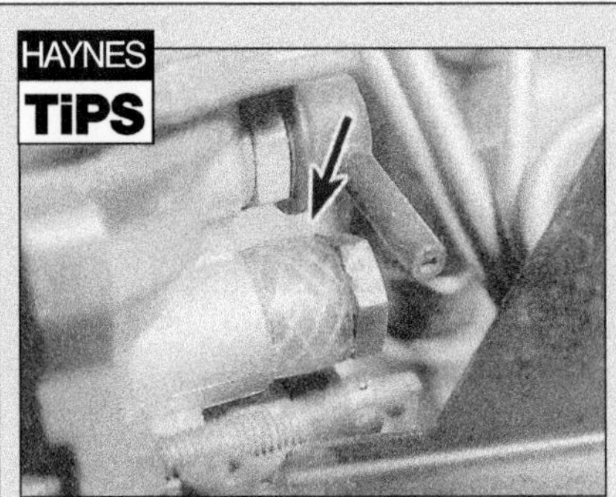

***Haynes Tips 2** Placera en kort slangbit över banjobulten (vid pilen) så att hålen täcks, skruva sedan in bulten i dess port i insprutningspumpen.*

7 Bränsleinsprutningspumpens inställning – kontroll och justering

Observera: *Alla motorkoder utom ASZ.*

Bränsleinsprutningspumpens inställning kan endast testas och justeras med hjälp av särskild utrustning. Kontakta en Skodaverkstad för information.

8 Bränsleavstängningsventil – demontering och montering

Observera: *Alla motorkoder utom ASZ.*

Allmän information

1 Bränsleavstängningens solenoidventil (eller 'stoppsolenoid') utgör ett elektromekaniskt sätt att stänga av motorn. När tändningslåset ställs i läget 'av', avbryts strömförsörjningen till solenoiden – detta gör att ventilens kolv faller ner, stänger av den huvudsakliga bränslepassagen i pumpen och stannar motorn.

2 Om avstängningssolenoiden går sönder i öppet läge, betyder det, teoretiskt sett, att det inte går att slå av motorn. Om detta händer, lägg an både fotbromsen och handbromsen hårt, lägg i högsta växeln och släpp sakta upp kopplingen tills motorn stannar.

3 Om avstängningssolenoiden går sönder i stängt läge går det inte att starta motorn.

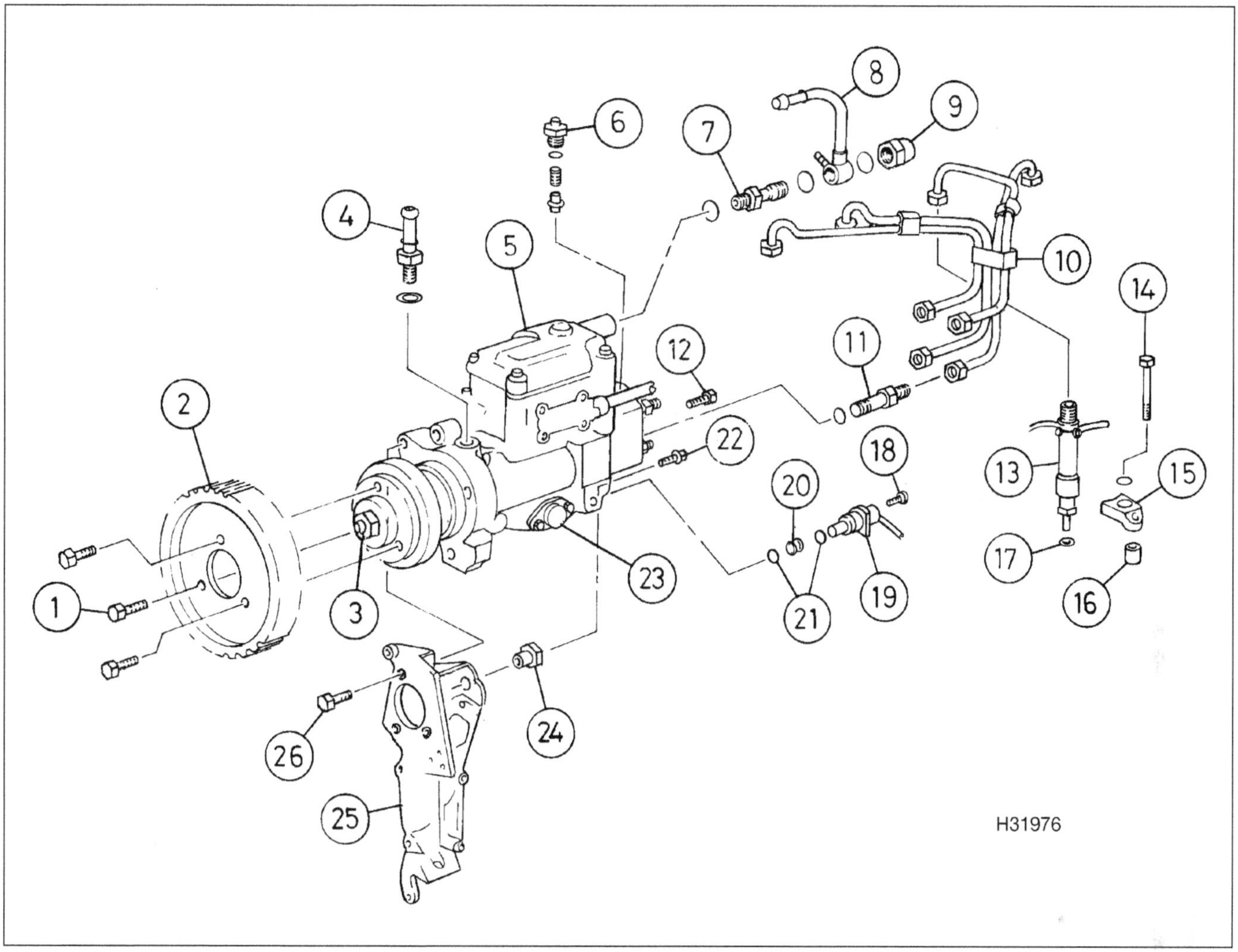

6.13 Bränsleinsprutningspumpen och tillhörande delar

1 Drevets bultar
2 Insprutningspumpens drev
3 Navmutter (lossa inte)
4 Bränsletillförselanslutning
5 Insprutningspump
6 Bränsleavstängningsventil
7 Bränslereturanslutning
8 Bränslereturrör
9 Anslutningsmutter
10 Bränslespridarrör
11 Spridarrörsanslutning
12 Insprutningspumpens fästbygelbult
13 Bränslespridare nr 3 (med nållyftsgivare)
14 Spridarens fästbult
15 Hållplatta
16 Fästhylsa
17 Värmesköld
18 Fästbult
19 Insprutningsstartventil
20 Sil
21 O-ring
22 Insprutningspumpens fästbygelbult
23 Lock för inställningsjustering
24 Hylsmutter
25 Fästbygel
26 Fästbult

4 Solenoiden är kopplad till bilens immobiliser, vilket hindrar motorn från att startas tills immobilisern avaktiveras korrekt av föraren.

Demontering

5 Bränsleavstängningsventilen sitter upptill på insprutningspumpens baksida.
6 Skruva loss fästmuttern och koppla loss kablaget från toppen av ventilen **(se bild)**.
7 Skruva loss och ta bort ventilhuset från insprutningspumpen. Ta vara på tätningen och kolven.

Montering

8 Montering sker i omvänd ordning, använd en ny tätning.

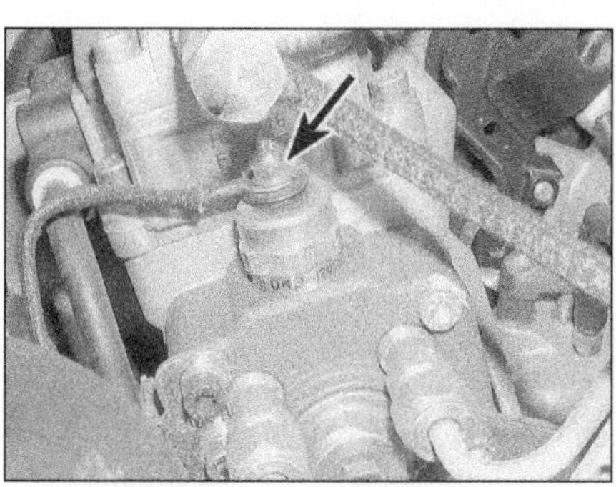

8.6 Bränsleavstängningssolenoidens kontaktdon sitter fast med en mutter

9 Insugsgrenrör – demontering och montering

Motorkod AGP och AQM

Demontering av övre del

1 Demontera motorns toppkåpa (-kåpor). Demonteringen varierar något beroende på modell, men kåpans fästmuttrar är dolda av runda små lock, som bänds loss från huvudkåpan. Skruva loss muttrarna och lyft upp kåpan från motorn. Lossa eventuella slangar eller kablar som sitter på kåpan.

2 Se avsnitt 4, demontera insugsgrenrörets klaffhus från grenröret. Om så önskas kan insugsgrenrörets övre del demonteras komplett med klaffhuset – i så fall måste alla anslutningar kopplas loss från huset enligt beskrivning i avsnitt 4, men husets fästbultar kan lämnas på plats.

3 Skruva loss och ta bort de tre bultarna som håller grenrörets övre del till den främre fästbygeln **(se bild)**. Notera att den bakre bulten är längre än de andra två, och har en bricka.

4 Skruva loss och ta bort de fem bultarna som håller grenrörets övre del till den nedre delen, baktill på motorn. Den mittre bulten är längre än de andra fyra.

5 Kontrollera runt grenröret att det inte längre finns några slangar eller kablar anslutna, lyft sedan bort den övre delen. Ta vara på de fyra stora O-ringstätningarna från grenrörsportarna.

6 Om så behövs kan grenrörets främre fästbygel också demonteras; den sitter fast i topplocket med två bultar. Att komma åt bultarna kan dock vara mycket svårt, eftersom utrymmet är begränsat när oljefilterhuset och insprutningsrören sitter på plats.

Montering av övre del

7 Montering sker i omvänd ordning mot demonteringen. Använd fyra nya O-ringar till grenrörsportarna. Dra åt alla bultar till angivna moment.

Demontering av nedre del

8 Demontera den övre delen av insugsgrenröret enligt tidigare beskrivning i det här avsnittet.

9 Skruva loss EGR-ventilens två fästbultar på vänster sida av grenröret, ta sedan isär fogen och dra bort ventilen från grenröret en aning, utan att belasta EGR-röret. Ta vara på EGR-ventilens packning och kasta den – en ny måste användas vid monteringen.

10 Stötta grenröret, skruva sedan loss och ta bort de sex fästbultarna. Separera grenrörets nedre del från topplocket och ta vara på packningen.

Montering av nedre del

11 Montering sker i omvänd ordning mot demonteringen. Se till att fogytorna är rena. Använd nya packningar och dra åt alla bultar till angivna moment.

Motorkod AGR, ALH, AHF och ASV

Demontering

12 Demontera motorns toppkåpa (-kåpor). Demonteringen varierar något beroende på modell, men kåpans fästmuttrar är dolda av runda små lock, som bänds loss från huvudkåpan. Skruva loss muttrarna och lyft upp kåpan från motorn. Lossa eventuella slangar eller kablar som sitter på kåpan.

13 Se avsnitt 4, demontera insugsgrenrörets klaffhus från grenröret. Om så önskas kan insugsgrenrörets övre del demonteras komplett med klaffhuset – i så fall måste alla anslutningar kopplas loss från huset enligt beskrivning i avsnitt 4, men husets fästbultar kan lämnas på plats.

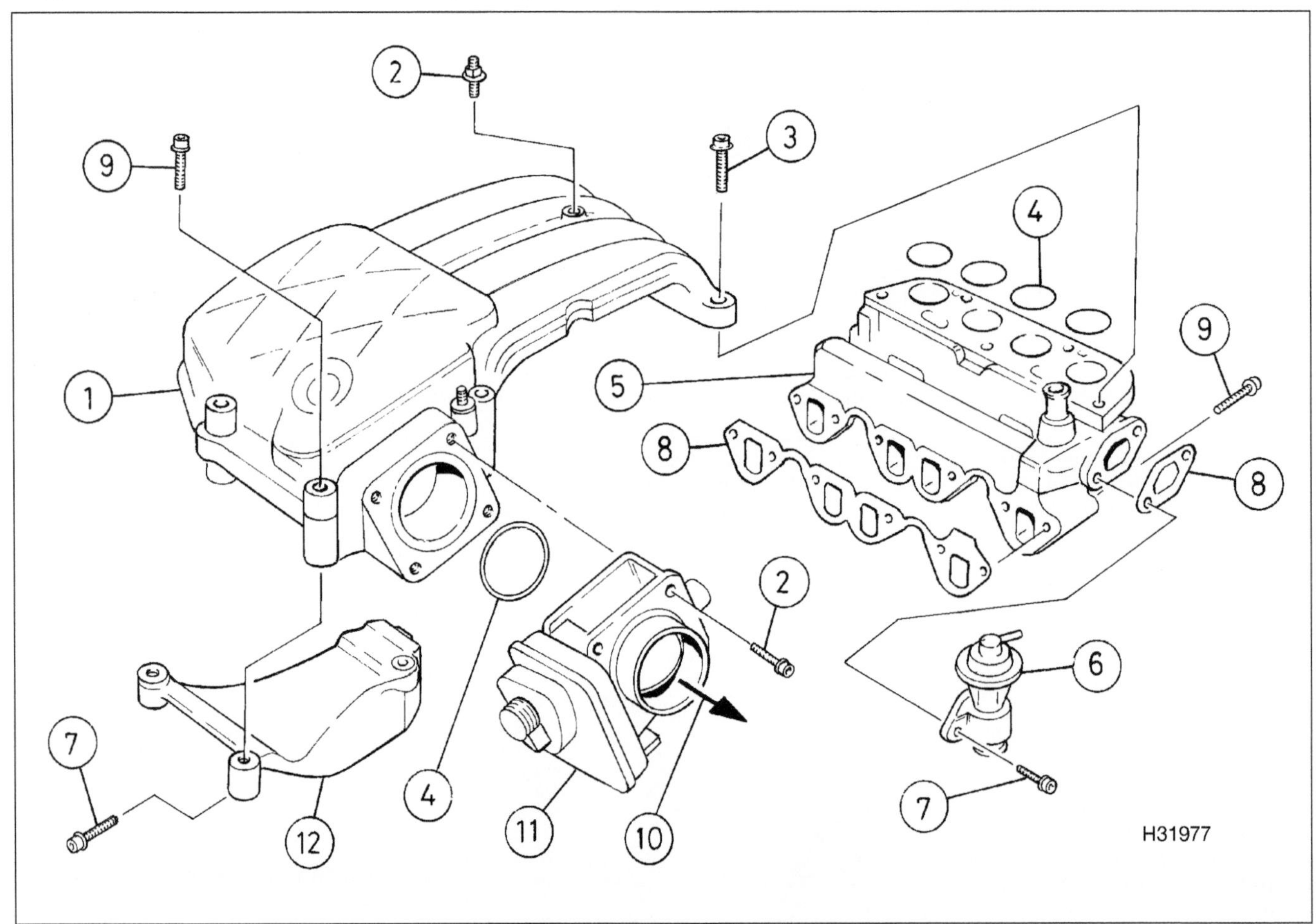

9.3 Insugsgrenrör – motorer utan turbo

1 *Insugsgrenrörets övre del*
2 *Motorkåpans fästpinnbult*
3 *Bult mellan övre och nedre del*
4 *Tätning*
5 *Insugsgrenrörets nedre del*
6 *EGR-ventil*
7 *Fästbult*
8 *Packning*
9 *Övre delens fästbygel*
10 *Till luftrenaren*
11 *Insugsgrenrörets klaffhus*
12 *Främre fästbygel*

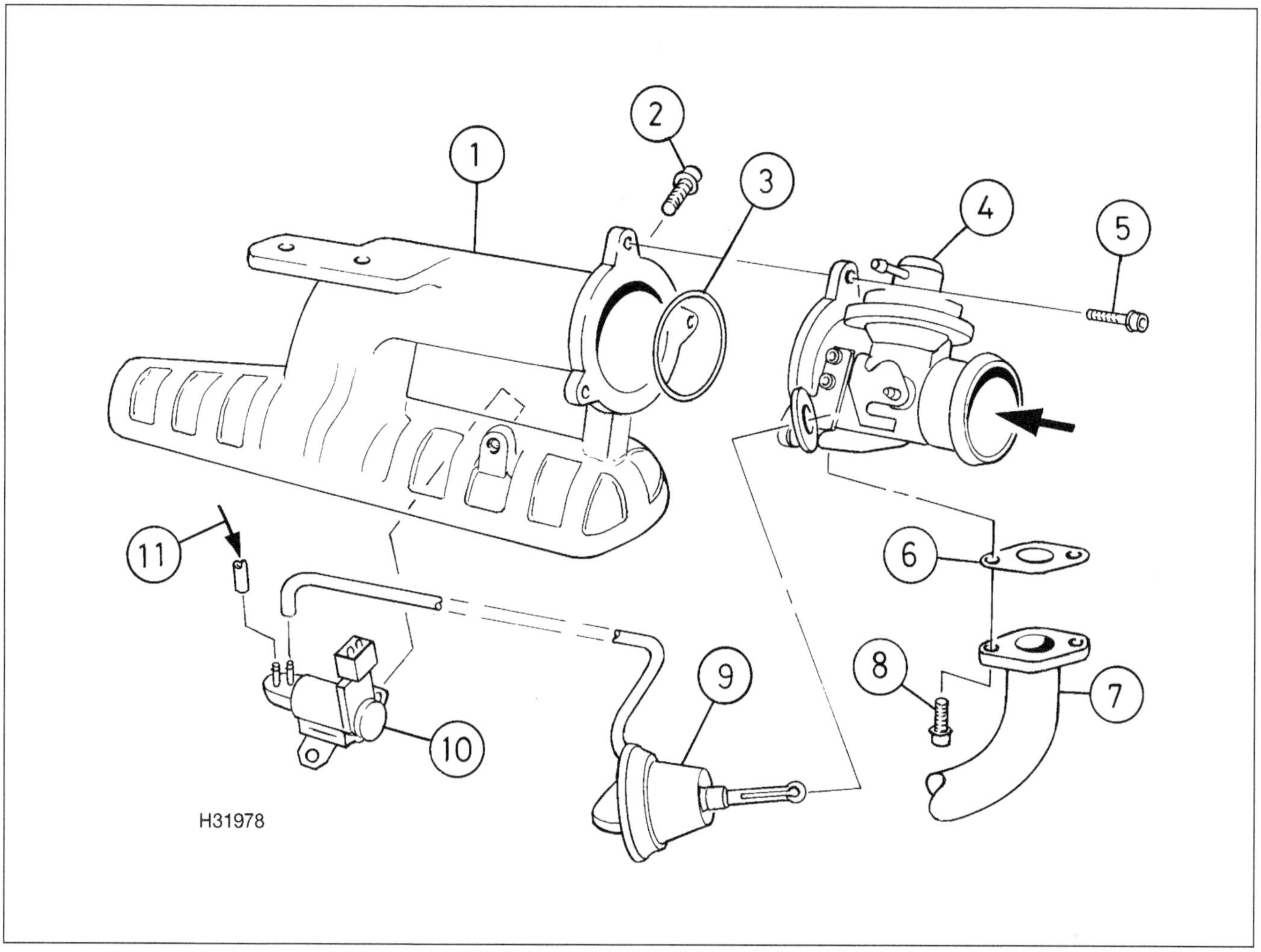

9.14 Insugsgrenrör - turbomotorer

1 Insugsgrenrör
2 Grenrörets fästbult
3 Tätning
4 Insugsgrenrörets klaffhus
5 Huset fästbult
6 Packning
7 EGR-rör
8 Rörflänsbult
9 Vakuumkapsel till insugsgrenrörets klaff
10 Vakuumsolenoid
11 Från vakuumpump/behållare

14 Koppla loss kontaktdonet från vakumenhetens solenoidventil och ta loss kablaget från grenröret **(se bild)**.

15 Stötta grenröret, skruva sedan loss och ta bort de sex fästbultarna. Separera grenröret från topplocket och ta vara på packningen.

Montering

16 Montering sker i omvänd ordning mot demonteringen. Se till att fogytorna är rena. Använd en ny packning och dra åt grenrörsbultarna till angivet moment.

Motorkod ASZ

Demontering

17 Ta bort motorns toppkåpa.

18 Skruva loss bulten som håller EGR-röret till insugsgrenrörets klaffenhet.

19 Skruva loss fästskruvarna och ta bort grenrörets klaffenhet från grenröret (se avsnitt 14). Ta vara på O-ringen.

20 Skruva loss EGR-röret från avgasgrenröret. På modeller med automatväxellåda, lossa också de tre fästbultarna och lyft bort EGR-kylaren från insugsgrenröret.

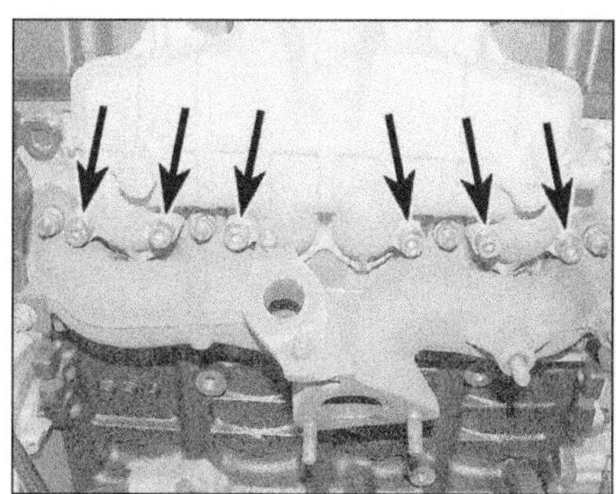

9.21 Skruva loss insugsgrenrörets fästbultar (vid pilarna)

21 Demontera värmeskölden från grenröret, skruva sedan loss fästmuttrarna/bultarna och ta bort insugsgrenröret från topplocket. Ta vara på packningen från grenröret **(se bild)**.

Montering

22 Montering sker i omvänd ordning mot demonteringen. Använd nya packningar till grenröret, EGR-röret och grenrörets klaffenhet.

10 Bränslefilter - byte

Observera: *Läs igenom föreskrifterna i avsnitt 1 innan något arbete påbörjas på komponenterna i bränslesystemet.*

Se kapitel 1B.

13.2 Koppla loss spridarnas kontaktdon

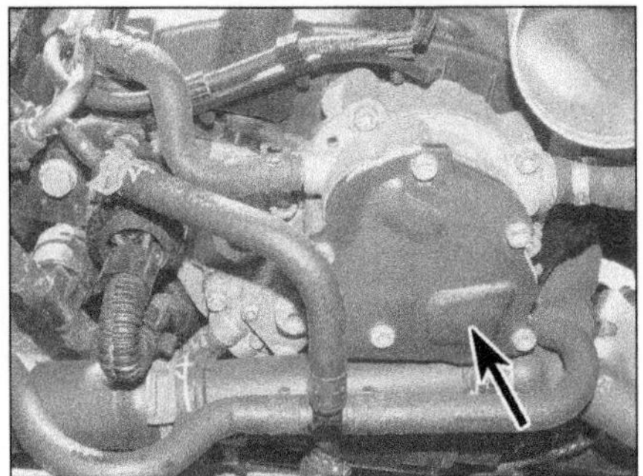
13.3a Tandem bränslepump

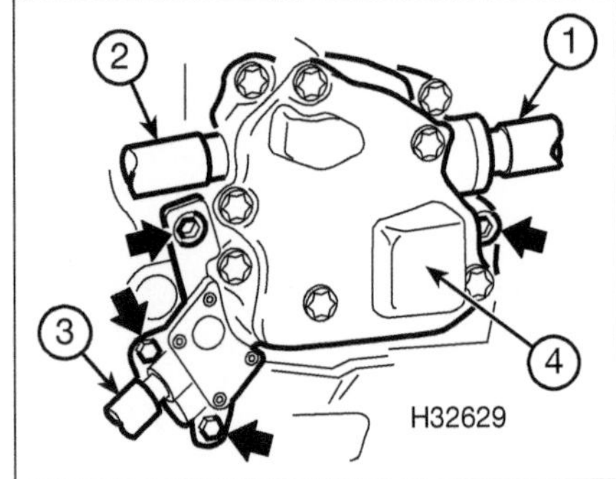

13.3b Tandempumpens fästbultar (vid pilarna)

1 *Bromsservoslang* 3 *Returslang*
2 *Tillförselslang* 4 *Tandempump*

11 Bränslemätarens givare – demontering och montering

Observera: *Läs föreskrifterna i avsnitt 1 innan något arbete utförs på komponenterna i bränslesystemet.*

Varning: Undvik att få bränsle på huden – använd skyddande klädsel och handskar vid hantering av systemets komponenter. Se till att arbetsutrymmet är väl ventilerat för att förhindra ansamling av bränsleångor.

1 Bränslemätarens givare sitter uppe på bränsletanken. Man kommer åt den via en lucka i bagageutrymmets golv. Enheten sticker in i bränsletanken och demontering av den innebär alltså att innehållet i tanken exponeras mot atmosfären.

2 Se beskrivningen i kapitel 4A för demontering och montering. På bensinmodeller sitter givaren ihop med bränslepumpen, så bortse från hänvisningarna till bränslepumpen.

12 Bränsletank – demontering och montering

Observera: *Läs föreskrifterna i avsnitt 1 innan något arbete utförs på komponenterna i bränslesystemet.*

1 Se beskrivningen i kapitel 4A. Det finns inget ventilationsrör att koppla loss framtill på tanken – istället ska bränsletillförselröret (svart) kopplas loss, med returröret (blått).

13 Bränslepump (tandem) – demontering och montering

Observera: *Endast motorkod ASZ är utrustad med en bränslepump av tandemtyp.*

Observera: *Frånkoppling av det mittre kontaktdonet för enhetsspridarna kan leda till att en felkod lagras av motorstyrningssystemets ECU. Denna kod kan bara raderas av en Skodaverkstad eller annan lämpligt utrustad specialist.*

Demontering

1 Ta bort motorns toppkåpa.

2 Koppla loss laddluftsröret och lägg det åt sidan. Koppla loss enhetsspridarnas centrala kontaktdon **(se bild)**.

3 Lossa fästklämman (om monterad) och koppla loss bromsservoröret från tandempumpen **(se bilder)**.

4 Koppla loss bränsletillförselslangen (vit märkning) från tandempumpen. Var beredd på bränslespill.

5 Skruva loss de fyra fästbultarna och ta bort tandempumpen från topplocket. När pumpen lyfts upp, koppla loss bränslereturslangen (blå markering). Var beredd på bränslespill. Det finns inga delar i pumpen som kan renoveras; om pumpen är defekt måste den bytas ut.

Montering

6 Anslut bränslereturslangen till pumpen och sätt tillbaka pumpen på topplocket, med nya gummitätningar. Se till att pumpens pinjong hakar i drivurtaget i kamaxeln ordentligt **(se bild)**.

7 Sätt i pumpens fästbultar och dra åt dem till angivet moment.

8 Anslut bränsletillförselslangen och bromsservoslangen till pumpen.

9 Anslut enhetsspridarnas mittre kontaktdon.

10 Montera laddluftsröret.

11 Koppla loss bränslefiltrets returslang (blå märkning) och anslut slangen till en handvakuumpump. Aktivera vakuumpumpen tills det kommer ut bränsle ur returslangen. Detta smörjer tandempumpen. Var noga med att inte suga in något bränsle i vakuumpumpen. Anslut returslangen till bränslefiltret.

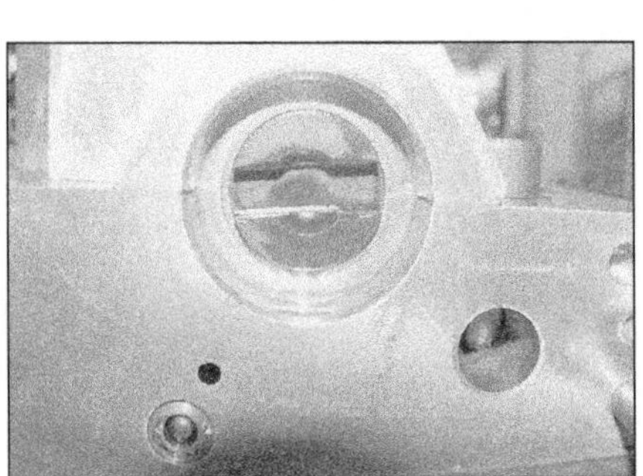
13.6 Se till att pumpens pinjong hakar i ordentligt med urtaget i kamaxeln

12 Montera motorns toppkåpa.

13 Låt kontrollera motorstyrningens ECU hos en Skodaverkstad eller annan lämpligt utrustad specialist.

14 Insugsgrenrörets omställningsklaff och ventil – demontering och montering

Observera: *Gäller endast motorkod ASZ.*

Omställningsklaffens hus och vakuumstyrelement

Demontering

1 Eftersom dieselmotorer har ett mycket högt kompressionsförhållande, komprimerar kolvarna fortfarande en stor mängd luft under några varv när motorn slås av, vilket gör att motorn skakar lite. Insugsgrenrörets omställningsklaff sitter i inloppsflänsens hus som är fastskruvat på insugsgrenröret. När startnyckeln vrids till läge "av", aktiverar den ECU-styrda ventilen klaffen, som stänger av lufttillförseln till cylindrarna. Detta gör att kolvarna bara behöver komprimera en liten mängd luft, och motorn stannar in mjukare. Klaffen måste öppna igen ungefär tre sekunder efter det att tändningen har slagits av. EGR-ventilen (avgasåterföring) sitter också i klaffhuset.

2 Om så är tillämpligt, lossa och ta bort motorns toppkåpa.

3 Lossa fästklämmorna och koppla loss luftinloppskanalen från insugsgrenrörets flänshus.

4 Skruva loss de två fästbultarna och koppla loss EGR-röret från undersidan av insugsflänsen. Ta vara på packningen.

5 Koppla loss vakuumröret till aktiveraren. Koppla loss vakuumröret för EGR-ventilen.

6 Skruva loss de tre fästbultarna och ta bort insugsgrenrörets flänshus. Kasta O-ringstätningen, en ny måste användas vid monteringen **(se bild)**.

7 Det är visserligen möjligt att demontera

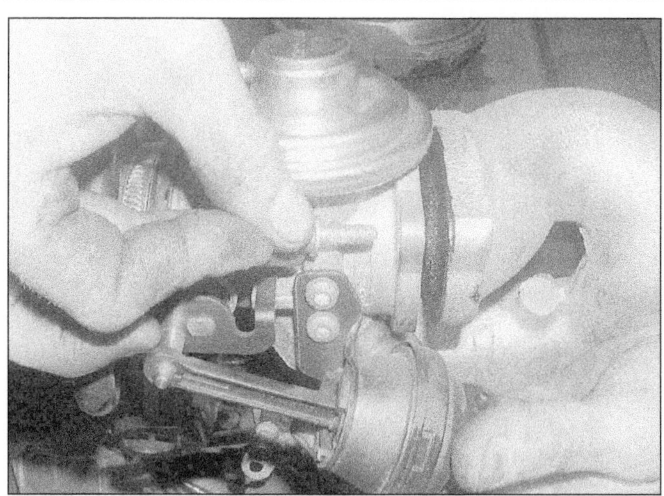

14.6 Skruva loss de tre fästbultarna och ta bort insugsgrenrörets flänshus

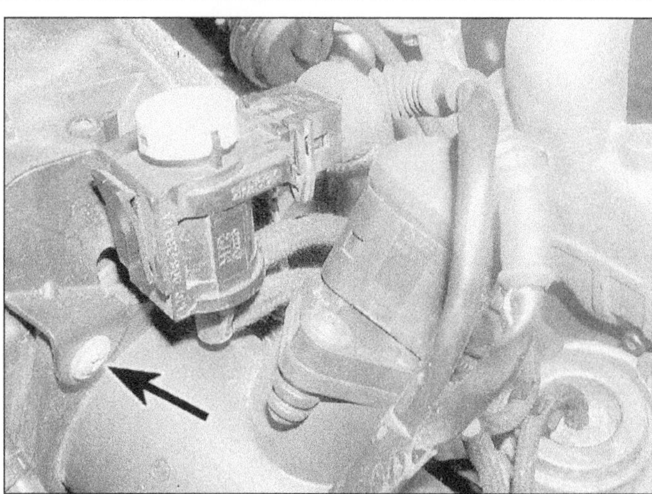

14.10 Koppla loss vakuumrören och skruva loss fästskruven till klaffens omställningsventil

vakuumaktiveraren från insugsflänsens hus, genom att skruva loss fästbygelns två fästbultar och haka loss aktiveringsarmen från klaffens spindel, men i skrivande stund är flänsen bara tillgänglig som en enhet, komplett med vakuumaktiverare och EGR-ventil. Rådfråga din Skodaverkstad.

Montering

8 Montering sker i omvänd ordning mot demonteringen. Dra åt klaffhusets bultar till angivet moment.

Omställningsventil

Demontering

9 Omställningsventilen styr tillförseln av vakuum till omställningsklaffen. Den elektriska tillförseln till ventilen styrs av motorstyrningens ECU. När startnyckeln vrids till läge "av", skickar ECU en signal till ventilen, som låter vakuum stänga klaffen. Ungefär tre sekunder senare stängs strömtillförseln till ventilen av, vakuumet till aktiveraren kollapsar och klaffen öppnas.

10 Ventilen sitter på höger sida i motorrummet, ovanpå luftfilterhuset. Notera hur vakuumrören sitter och koppla sedan loss dem från ventilen **(se bild)**.

11 Koppla loss kontaktdonet från ventilen.

12 Skruva loss fästskruven och ta bort ventilen.

Montering

13 Montering sker i omvänd ordning mot demonteringen.

Kapitel 4 Del C: Avgasrening och avgassystem – bensinmotorer

Innehåll

Svårighetsgrader

Enkelt, passar novisen med lite erfarenhet 	**Ganska enkelt,** passar nybörjaren med viss erfarenhet 	**Ganska svårt,** passar kompetent hemmamekaniker 	**Svårt,** passar hemmamekaniker med erfarenhet 	**Mycket svårt,** för professionell mekaniker 

Specifikationer

Allmänt

EGR-system

1,4 liter	Kod AXP, BCA
1,6 liter	Kod AVU, BFQ

Sekundär luftinsprutning

1,6 liter	Kod AVU, BFQ
1,8 liter	Kod ARZ, AUM, ARX, AUQ
2,0 liter	Kod AQY, AZH, AZJ

Mellankylare

1,8 liter	Kod AGU, ARZ, AUM, ARX, AUQ

Åtdragningsmoment

	Nm
Avgasgrenrör till främre avgasrör, muttrar *	40
Avgasgrenrörets muttrar*	25
Avgasgrenrörets stödfäste till motorn	25
Avgassystemets klämmor, muttrar	40
Avgassystemets fästbyglar, muttrar och bultar	25
Kylvätskerörens banjobultar	35
EGR-rör, anslutningsmutter:	
1,4 liter motorkod AXP och BCA	35
1,6 liter motorkod AVU och BFQ	60
EGR-rör, fästbultar:	
1,6 liter motorkod AVU och BFQ	25
Alla andra motorer	10
EGR-rörsfläns, bultar till gasspjällhus	10
EGR-rörsfläns, muttrar:	
1,6 liter motorkod AVU och BFQ	25
EGR-ventil, fäst-/genomgående bultar:	
1,4 liter motorkod AXP och BCA	20
Mellankylarens fästbultar	10
Oljetillförselrör, banjobultar	30
Sekundär luftinsprutning, kombiventilens fästbultar	10
Sekundära luftinsprutningssystemets adapterplatta, fästbultar	10
Sekundärt luftrör, anslutningsmuttrar	25
Syresensor	50
Turboladdare till främre avgasrör, muttrar**	40
Turboladdare till grenrör, bultar**	30
Turboladdare till stödfäste, bult	30
Turboladdarens stödfäste till motorn	25

** Använd nya muttrar*
*** Använd gänglåls*

1 Allmän information

Avgasreningssystem

Alla modeller med bensinmotor är designade för användning av blyfri bensin, och styrs av motorstyrningssystem som är programmerade att ge bästa möjliga kompromiss mellan körbarhet, bränsleförbrukning och avgasutsläpp. Dessutom finns det ett antal system monterade som hjälper till att reducera de skadliga utsläppen. Ett vevhusventilationssystem finns, som minskar utsläppet av föroreningar från motorns smörjsystem, och en katalysator som minskar föroreningarna i avgaserna. Det finns också ett bränsleavdunstningssystem som minskar utsläppet av kolväte i gasform från bränsletanken.

Vevhusventilation

För att minska utsläppet av oförbrända kolväten från vevhuset ut i atmosfären, är motorn förseglad. "Förbiblåsande gaser" och oljeånga dras från vevhuset genom en oljeseparator, in i inloppskanalen för att sedan förbrännas av motorn vid normal förbränning.

Under förhållanden då det råder högt undertryck i grenröret, sugs gaserna ut ur vevhuset. När det råder lågt undertryck tvingas gaserna ut ur vevhuset av det (relativt) högre vevhustrycket. Om motorn är sliten gör det ökade vevhustrycket (på grund av ökad förbiblåsning) att en del av flödet återgår, under alla typer av grenrörsförhållanden. Motorn på 1,4 liter med motorkod BCA har en PCV-ventil, som tillför frisk luft till vevhuset under vissa förhållanden.

Avgasrening

För att minska mängden föroreningar som släpps ut i atmosfären har alla bensinmotorer en trevägs katalysator i avgassystemet. Bränsletillförselsystemet är av typen "closed loop", där en syresensor (lambdasond) i avgassystemet förser motorstyrningssystemets ECU med konstant feedback, vilket gör att ECU kan justera bränsle/luftblandningen för optimal förbränning.

Alla 1,4 liters modeller har två katalysatorer – medan en del senare modeller har en förkatalysator inbyggd i avgasgrenröret, och kan identifieras genom att de har den första syresensorn inskruvad i grenröret.

Syresensorn har ett inbyggt värmeelement, styrt av ECU via syresensorns relä, för att snabbt värma upp sensorns spets till dess optimala arbetstemperatur. Sensorns spets är känslig för syre, och skickar en spänningssignal till ECU som varierar beroende på mängden syre i avgaserna. Om den ingående luft/bränsleblandningen är för fet, har avgaserna en låg syrehalt och sensorn skickar då en lågspänningssignal. Spänningen ökar allteftersom blandningen blir magrare och mängden syre ökar i avgaserna. Bästa omvandlingseffektivitet för alla huvudsakliga föroreningar får man om luft/bränsleblandningen hålls vid det kemiskt korrekta förhållandet för total förbränning av bränsle, d.v.s 14,7 delar (vikt) luft till 1 del bränsle (det stökiometriska förhållandet). Sensorns utspänning ändras i ett stort steg vid den här punkten, så att ECU kan använda signalförändringen som en referenspunkt och korrigera luft/bränsleblandningen därefter genom att ändra bränslespridarnas pulsbredd.

De flesta senare modeller har två sensorer – en före och en efter huvudkatalysatorn. Detta medger mer effektiv övervakning av avgaserna och kortare responstid. Den övergripande effektiviteten hos katalysatorn kan också kontrolleras. Information om demontering och montering av syresensorn finns i kapitel 4A.

Ett avgasåterföringssystem (EGR) finns också på de flesta modellerna. Detta sänker nivån av kväveoxid som produceras under förbränning genom att man återför en del av avgaserna tillbaka in i insugsgrenröret, under vissa förhållanden, via en kolvventil. Systemet styrs elektroniskt av motorstyrningens ECU.

Vissa motorer är utrustade med ett sekundärt luftinsprutningssystem, för att minska utsläppen vid kallstart, när katalysatorn fortfarande värmer upp. Systemet består av en elektrisk luftpump, som matas med luft från luftrenaren, och ett system av ventiler. När motorn är kall, pumpas luft in i extra rör på avgasgrenröret, och blandas med avgaserna – detta höjer temperaturen i avgassystemet, vilket hjälper till att "förbränna" föroreningarna. Den extra värmen som produceras hjälper också till att värma upp katalysatorn, så att den fortare når sin optimala arbetstemperatur.

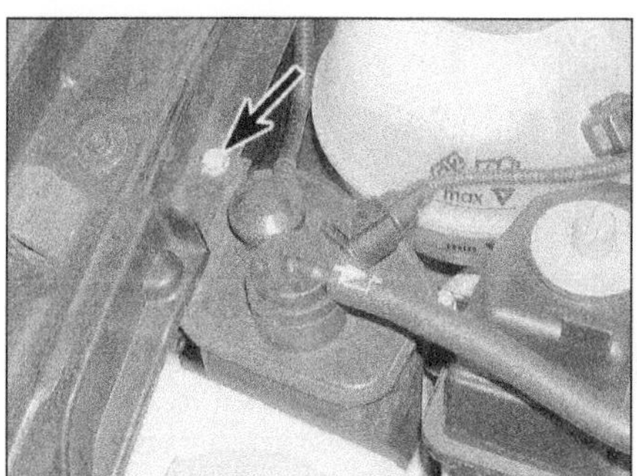
2.2 Kolkanister på höger innerskärm – fästbult vid pilen

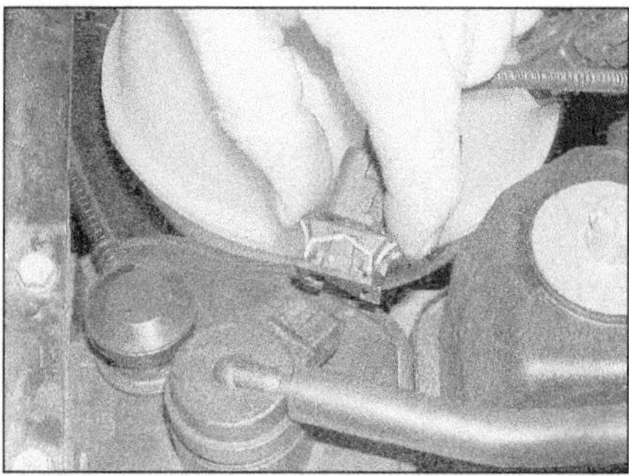
2.3 Koppla loss rensventilens kontaktdon

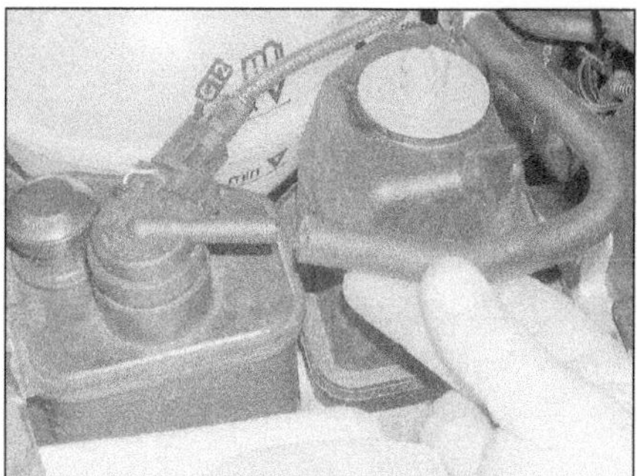
2.4a Dra loss den större slangen från rensventilen

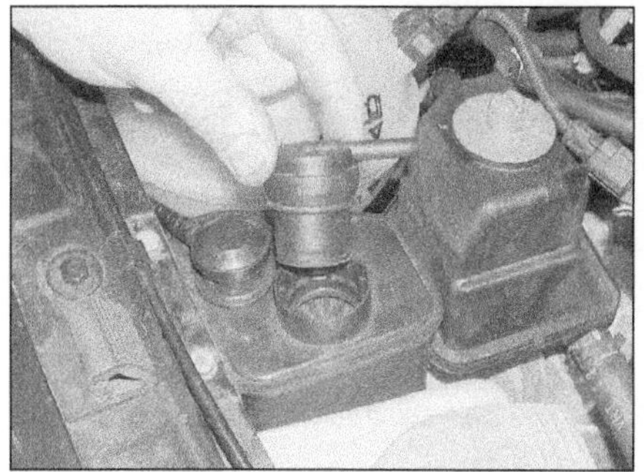
2.4b Om så behövs kan rensventilen bändas loss och tas bort

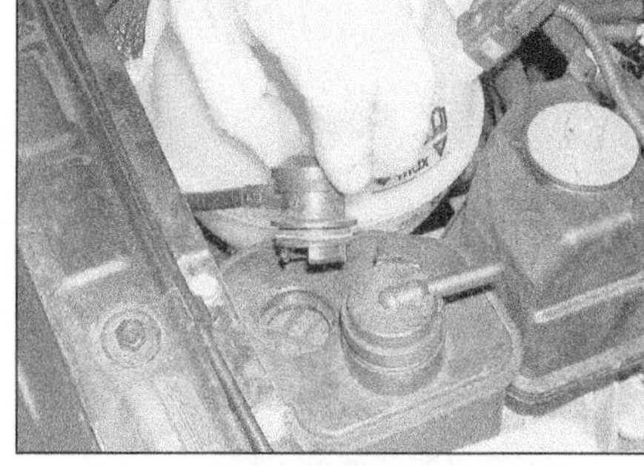
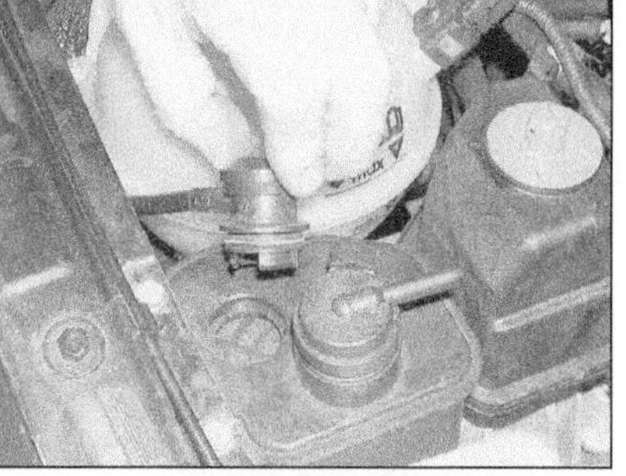
2.4c Ta loss ändfästet till tankens ventilationsslang

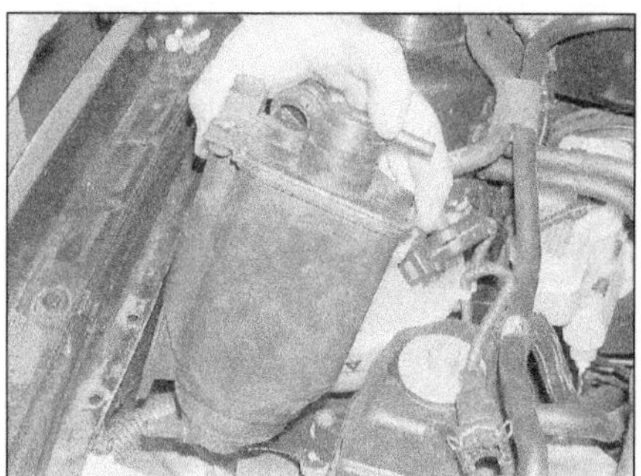
2.5 Demontering av kolkanistern

När motorns kylvätska har nått tillräckligt hög temperatur, och katalysatorn arbetar normalt, stänger motorstyrningssystemets ECU av systemet.

Bränsleavdunstningssystem

För att minimera utsläppet av oförbränt kolväte i atmosfären finns ett bränsleavdunstningssystem på alla modeller med bensinmotor. Bränsletankens påfyllningslock är tätat och en kolkanister sitter monterad under höger skärm för att samla upp bränsleångor som avges från bränslet som finns i tanken. Bränsleångorna förvaras i kanistern tills de kan dras från kanistern (under kontroll av bränsle-/tändsystemets ECU) via rensventilen/-ventilerna in i inloppskanalen, där de sedan bränns av motorn under normal förbränning.

För att försäkra att motorn går korrekt när den är kall och/eller går på tomgång och för att skydda katalysatorn från effekterna av för fet blandning, öppnas rensventilen/-ventilerna inte av ECU förrän motorn har värmts upp, och är under belastning; ventilsolenoiden slås sedan av och på för att låta ansamlade ångor släppas in i inloppskanalen.

Avgassystem

På de flesta modeller består avgassystemet av avgasgrenrör (med syresensor), främre avgasrör, katalysator (med en andra syresensor på de flesta modeller), mellanrör och ljuddämpare, och ändrör och ljuddämpare. Systemen skiljer sig åt när det gäller detaljer beroende på vilken motor som är monterad – till exempel hur katalysatorn är inbyggd i systemet. På majoriteten av modellerna är katalysatorn hopbyggd med det främre röret, men på vissa 1,4 liters motorer sitter den istället ihop med grenröret; andra har ett separat främre rör och katalysator. På turboladdade modeller är turboladdaren monterad på avgasgrenröret, och den drivs av avgaserna.

Systemet hålls upp av olika metallfästen som är fastskruvade i bilens golvplatta, med vibrationsdämpare av gummi som dämpar ljudet.

2 Bränsleavdunstningssystem – information och byte av delar

1 Bränsleavdunstningssystemet består av rensventilen, kanistern med aktivt kol och ett antal anslutande vakuumslangar.

3.1 Oljeseparatorbox på motorns baksida (på bilden är motorn demonterad)

2 Rensventilen och kanistern sitter på höger sida i motorrummet, framför kylvätskans expansionskärl **(se bild)**. Åtkomligheten blir bättre om man demonterar servostyrningsvätskans behållare och flyttar den åt sidan.

3 Se till att tändningen är avslagen, koppla sedan loss kablaget från rensventilen vid kontaktdonet **(se bild)**.

4 Dra loss den större slangen (som leder till gasspjällhuset); om så behövs kan rensventilen nu bändas ut från kanistern. Bänd loss det runda ändfästet till vilket den mindre slangen (tankventilation) är ansluten **(se bilder)**.

5 Skruva loss fästbulten, lyft sedan ut kolkanistern ur dess nedre fäste, notera hur den sitter, och ta bort den från motorrummet **(se bild)**.

6 Montering sker i omvänd ordning.

3 Vevhusventilationssystem – allmän information

1 Vevhusventilationen består av slangar som ansluter vevhuset till luftrenaren eller insugsgrenröret. Oljeseparatorer finns på vissa modeller med bensinmotor, vanligtvis på motorns baksida **(se bild)**.

2 Systemet behöver inget underhåll utöver regelbundna kontroller att slangarna, ventilen och oljeseparatorn är i gott skick och fria från blockeringar.

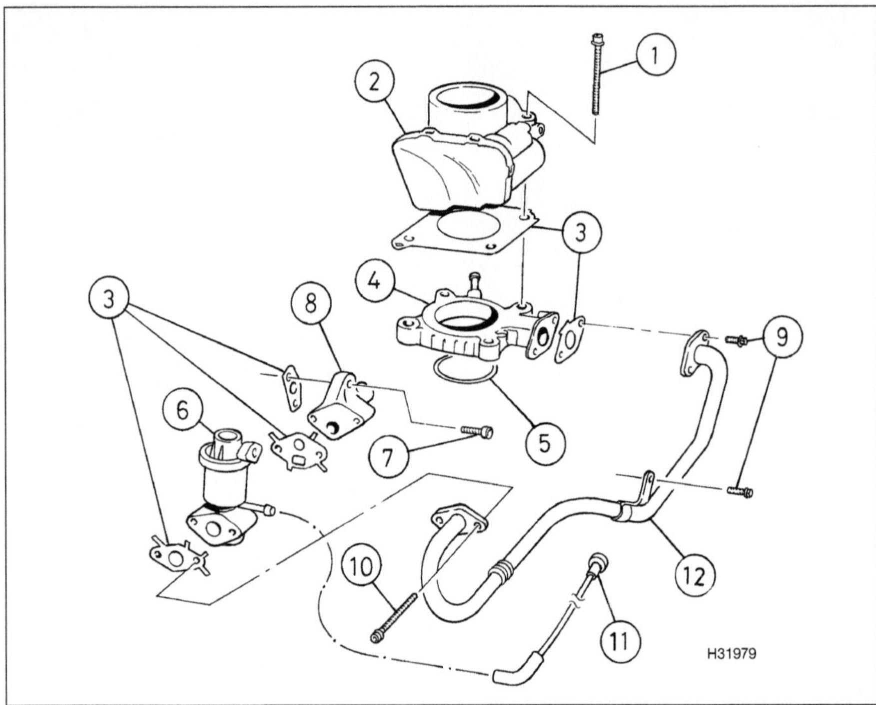

4.5 EGR-ventilernas komponenter – 1,4 liters motor med kod AXP

1 Gasspjällhusets bult
2 Gasspjällhus
3 Packning
4 Monteringsfläns
5 Tätning
6 EGR-ventil
7 Adapterns bult
8 Adapter
9 EGR-rörets bultar
10 Genomgående bult
11 Vakuumslang
12 EGR-rör

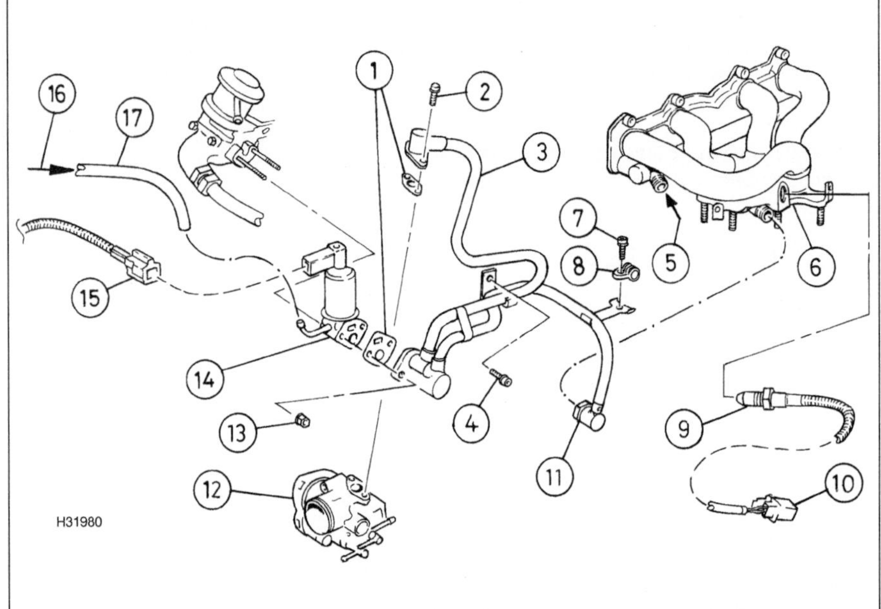

4.10 EGR-ventilens komponenter – 1,6 liters motor med kod AVU eller BFQ

1 Packning
2 EGR-rörsflänsens bult
3 EGR-rör
4 Fästbult
5 Avgasgrenrörets EGR-rörsanslutning
6 Syresensoranslutning
7 Fästbult
8 Syresensorkabelns klämma
9 Syresensor
10 Syresensorns kontaktdon
11 EGR-rörsanslutning
12 Gasspjällhus
13 EGR-rörsflänsens mutter
14 EGR-ventil
15 EGR-kablagets kontaktdon
16 Från luftfiltret
17 Luftslang

4 Avgasåterföringssystem (EGR) – byte av delar

1 EGR-systemet består av EGR-ventilen, modulator- (solenoid-) ventilen och ett antal anslutande vakuumslangar.

2 EGR-ventilen är monterad på en flänsfog vid avgasgrenröret och är ansluten till en andra flänsfog vid gasspjällhuset via ett metallrör.

3 För att förbättra åtkomligheten, demontera motorns toppkåpa/-kåpor. Hur de demonteras varierar från modell till modell, men fästmuttrarna sitter under täcklock som bänds loss från kåpan. Om plastskruvar eller vridfästen används, kan dessa tas bort med en bred bladskruvmejsel. Ta bort muttrarna eller skruvarna och lyft bort kåpan från motorn. Lossa kablar eller slangar som sitter fast på kåpan.

EGR-ventil

1,4 liters motor med kod AXP

4 Koppla loss vakuumslangen från porten på EGR-ventilen.

5 Stötta EGR-ventilen, skruva sedan loss och ta bort de två genomgående bultarna som håller EGR-rörets fläns och ventilen **(se bild)**. Ta bort ventilen och ta vara på packningarna som sitter på var sida om den.

6 Om så behövs, skruva loss de två bultarna som håller adaptern till avgasgrenröret. Ta bort adaptern från grenröret och ta vara på packningen.

7 Montering sker i omvänd ordning mot demonteringen. Använd nya packningar och dra åt fäst- och genomgårnde bultar till angivna moment. Avsluta med att låta motorn gå och leta efter tecken på avgasläckage.

1,6 liters motor med kod AVU eller BFQ

8 Koppla loss luftslangen och kontaktdonet från EGR-ventilen.

9 Skruva loss de två muttrarna från EGR-rörets fläns vid EGR-ventilen.

10 Följ EGR-röret bakåt från ventilen och skruva loss rörets fästbult **(se bild)**. Skruva loss anslutningsmuttern vid avgasgrenröret och koppla loss EGR-röret från grenröret. Skruva loss de två bultarna vid gasspjällhusets fläns och ta isär fogen. Förutom syresensorns kablage som sitter fäst vid rören, ska EGR-rören nu vara så fria att man kan flytta dem åt sidan utan risk för skador.

11 Flytta EGR-rörsflänsen vid EGR-ventilen åt sidan, loss från de två pinnbultarna; ta vara på packningen. Dra loss EGR-ventilen från pinnbultarna och ta bort den.

12 Montering sker i omvänd ordning mot demonteringen. Använd nya packningar och dra åt EGR-rörsfästena till angivet moment. Avsluta med att låta motorn gå och leta efter tecken på avgasläckage.

5 Sekundär luftinsprutning – information och byte av delar

1 Det sekundära luftinsprutningssystemet (som också kallas "puls-air" system) består av en elektriskt styrd luftpump (som matas med luft från luftrenaren), ett relä för luftpumpen, en vakuumstyrd kombiventil för lufttillförsel, en solenoidventil för reglering av vakuumtillförsel, samt rör för matning av luft till avgasgrenröret. För mer information om själva funktionen, se avsnitt 1 **(se bilder)**.

Luftpump

2 Luftpumpen sitter på en fästbygel som är fäst på den nedre delen av insugsgrenröret **(se bild på näst sida)**. För att göra det lättare att komma åt pumpen, demontera kåpan som sitter över motorn.

3 Koppla loss luftslangarna uppe på pumpen genom att trycka ihop spärrarna på slangarnas ändfästen och dra slangarna uppåt. Ta vara på O-ringstätningen på varje slang – nya tätningar ska användas vid monteringen. Slangarna är av olika storlekar och kan därför inte monteras fel.

4 Koppla loss kablagets kontaktdon från luft-pumpen.

5 Skruva loss muttrarna/muttrarna och bult-arna (efter tillämplighet) som håller pumpen till fästbygeln och dra ut pumpen ur fästbygeln.

6 Om så behövs kan fästbygeln tas bort från insugsgrenröret. Fästbygeln sitter fast med två bultar och en mutter, eller med tre bultar (beroende på modell). Om tre bultar används är de av olika längd, notera därför var de sitter.

7 Montering sker i omvänd ordning mot demonteringen.

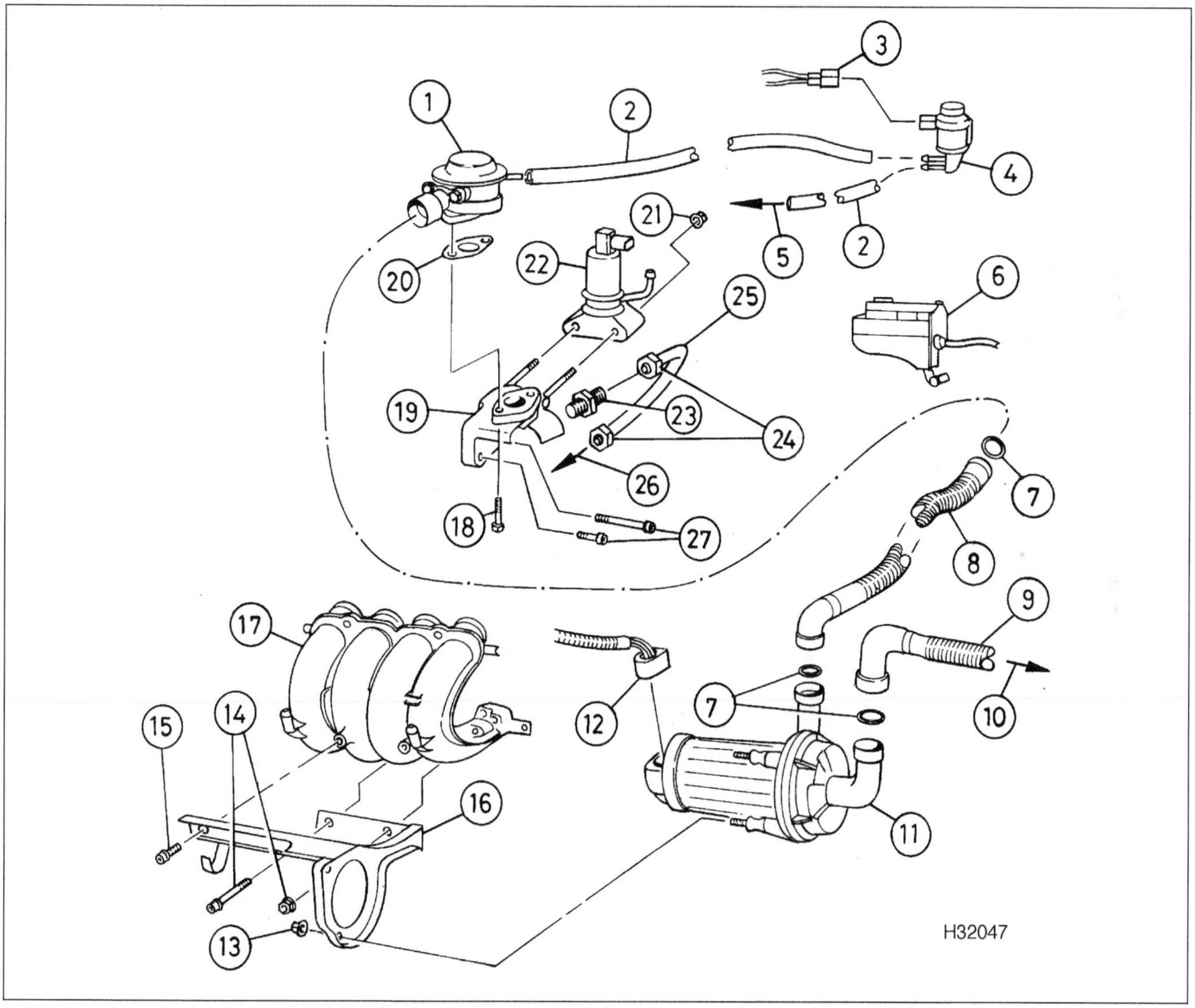

H32047

5.1a Sekundärt luftinsprutningssytem – 1,6 liters motor med kod AVU eller BFQ

1 Kombiventil för lufttillförsel
2 Vakuumslang
3 Kontaktdon
4 Sekundär luftinloppsventil
5 Till anslutning på bromsservorör
6 Luftpumpsrelä
7 O-ring
8 Tryckslang
9 Inloppsslang
10 Från luftrenare
11 Sekundär luftpump
12 Kontaktdon
13 Pumpens fästmutter
14 Bult till fästbygel
15 Bult till fästbygel
16 Pumpens fästbygel
17 Insugsgrenrörets nedre del
18 Adapterplattans bultar
19 Adapterplatta
20 Packning
21 Fästmutter
22 EGR-ventil
23 Anslutningsadapter
24 Luftrörets anslutningsmutter
25 Luftrör
26 Till anslutning på avgasgrenrör
27 Adapterplattans bultar

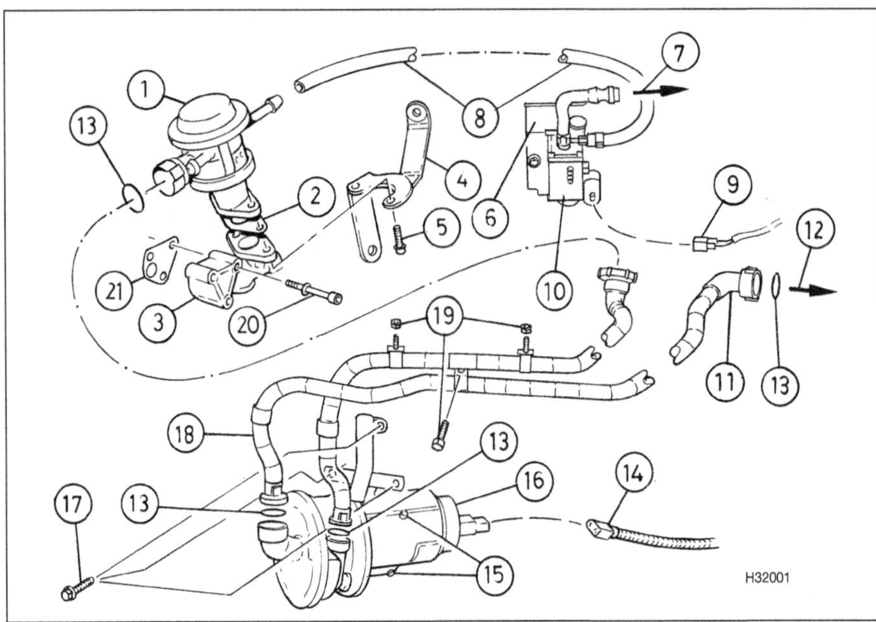

5.1b Sekundärt luftinsprutningssystem – 1,8 liters motor med kod ARZ, AUM, ARX eller AUQ

1 Kombiventil för lufttillförsel
2 Packning
3 Adapterplatta
4 Monteringsfläns
5 Monteringsfläns, bultar
6 Fästbygel (på insugsgrenrör)
7 Till vakuumbehållare
8 Vakuumslang
9 Kontaktdon
10 Sekundär luftinloppsventil
11 Inloppsslang
12 Till luftrenare
13 O-ring
14 Kontaktdon
15 Pumpens fästmuttrar
16 Sekundär luftpump
17 Fästbygelns bultar
18 Tryckslang
19 Fästmuttrar/-bultar
20 Adapterplattans bultar
21 Packning

Luftpumpsrelä

8 Reläet sitter i motorrummets säkrings- och relädosa – se kapitel 12 för ytterligare information.

Kombiventil för lufttillförsel

9 Kombiventilen är monterad uppe på avgasgrenröret. För att göra det lättare att komma åt ventilen, demontera motorns toppkåpa.

10 På 2,0 liters AQY motorer, skruva loss muttrarna som håller värmeskölden över avgasgrenröret; detta gör att skölden kan flyttas så att man kommer åt kombiventilens fästbultar.

11 Koppla loss vakuumslangen och den tjocka luftslangen från ventilen – luftslangen lossas genom att man trycker ihop spärrarna på slangens ändfäste.

12 Skruva loss ventilens två fästbultar från ventilens undersida och lyft bort ventilen från monteringsflänsen. Ta vara på packningen.

13 Montering sker i omvänd ordning mot demonteringen. Använd en ny packning och dra åt fästbultarna till angivna moment.

Vakuum solenoidventil

14 Solenoidventilen sitter baktill i motorrummet, nära kombiventilen.

15 Koppla loss kontaktdonet och vakuumrören från ventilen – notera vilka portar rören är anslutna till för att underlätta monteringen.

16 Skruva loss bultarna, eller ta loss ventilen

5.2 Sekundära luftinsprutningens elektriska luftpump

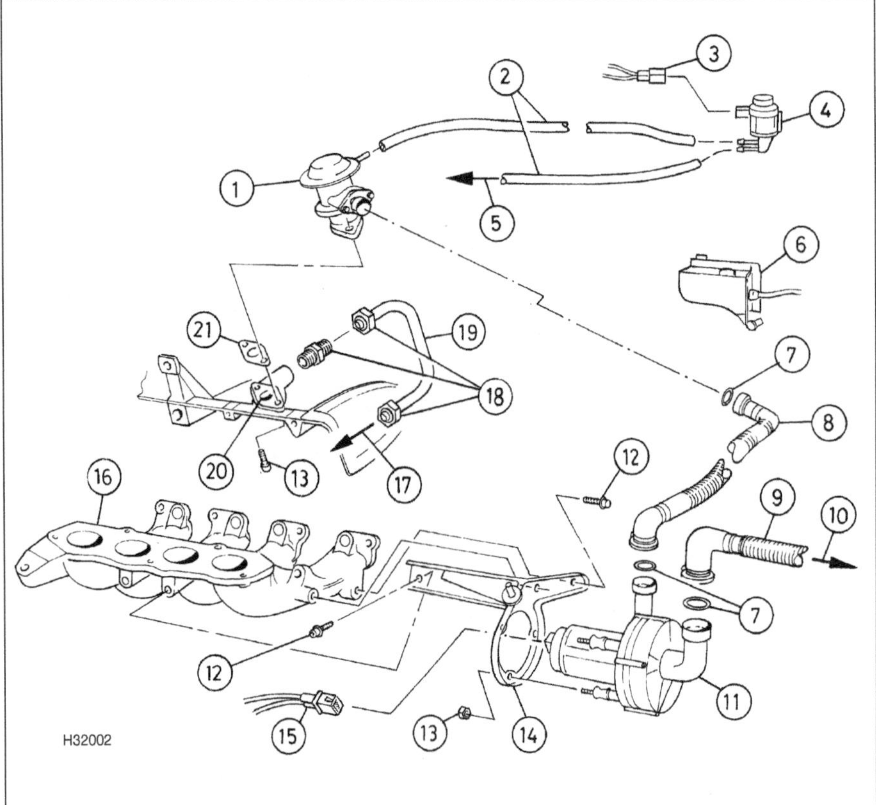

5.1c Sekundärt luftinsprutningssystem – 2,0 liters motor med AQY, AZH eller AZJ

1 Kombiventil för lufttillförsel
2 Vakuumpump
3 Kontaktdon
4 Sekundär luftinloppsventil
5 Till anslutning på bromsservons vakuumrör
6 Luftpumpens relä
7 O-ring
8 Tryckslang
9 Inloppsslang
10 Till luftrenare
11 Sekundär luftpump
12 Fästbygelns bultar
13 Fästbult
14 Luftpumpens fästbygel
15 Kontaktdon
16 Insugsgrenrörets nedre del
17 Till anslutning på avgasgrenrör
18 Anslutningsmutter
19 Sekundärt luftrör
20 Varmluftsplatta
21 Packning

från klämmorna, och ta bort ventilen från fästbygeln.

17 Montering sker i omvänd ordning mot demonteringen.

Andra komponenter

18 På 1,6 liters AVU och BFQ motorer och 2,0 liters AQY motorer, passerar lufttillförseln från kombiventilen till avgasgrenröret via ett metallrör. Demontering av röret innebär att man skruvar loss anslutningsmuttrarna i ändarna och drar loss röret. Anslutningsmuttrarna ska dras åt till angivet moment vid monteringen.

19 På 1,6 liters AVU och BFQ motorer, och 1,8 liters AUM och AUQ mototer, är kombiventilen monterad på adapterkröken, som är fastskruvad på avgasgrenröret. Den här kröken kan tas bort (efter det att kombiventilen har demonterats enligt beskrivningen ovan) genom att adapterns fästbultar skruvas loss; ta bort packningen. Vid monteringen, använd en ny packning och dra åt adapterkrökens fästbultar till angivet moment.

6 Turboladdare – allmän information, föreskrifter, demontering och montering

Allmän information

1 Med undantag av motorkod AGN, är alla 1,8 liters motorer utrustade med en turboladdare som är monterad på avgasgrenröret. Smörjning sker via ett oljetillförselrör som går från motorns oljefilter. Olja återgår till oljesumpen via ett returrör som ansluter till oljesumpen. Turboladdaren har en separat wastegateventil och vakuumklocka, som används för kontroll av laddtrycket som läggs på insugsgrenröret.

2 Turboladdarens interna komponenter roterar med mycket hög hastighet, och de är ytterst känsliga för föroreningar; stora skador kan bli följden av små smutspartiklar, särskilt om de träffar de ömtåliga turbinbladen.

Föreskrifter

Turboladdaren arbetar vid extremt höga temperaturer. Vissa säkerhetsföreskrifter måste beaktas för att man ska förhindra förtida haveri hos turbon, eller skador hos användaren.

- ***Aktivera aldrig turbon när några delar är exponerade. Främmande föremål som faller ner på roterande blad kan orsaka omfattande skador och (om de skjuts ut) personskador.***
- ***Täck över turboladdarens luftinloppskanaler för att förhindra att smuts och skräp kommer in, och använd endast luddfria trasor vid rengöring.***
- ***Rusa inte motorn på en gång efter start, särskilt om den är kall. Ge oljan några sekunder att cirkulera.***
- ***Låt alltid motorn återgå till tomgång innan den slås av – "dutta" inte på gasen för att sedan slå av motorn, eftersom turbon då kommer att gå runt utan smörjning.***
- ***Låt motorn gå på tomgång i flera minuter innan du slår av den efter körning i höga hastigheter.***
- ***Följ noga rekommenderade intervall för olje- och filterbyte, och använd en bra olja av specificerad kvalitet. Undlåtenhet att byta olja, eller användning av olja av dålig kvalitet, kan orsaka sotavlagringar på turbons axel och efterföljande haveri. Rengör noggrant området runt alla oljerörsanslutningar innan de kopplas loss, för att undvika smutsinträng. Förvara isärtagna delar i en sluten behållare för att förhindra att de blir smutsiga.***

Demontering

Försiktighet: Rengör noggrant området runt alla röranslutningar innan de kopplas loss och förvara isärtagna delar i en sluten behållare för att förhindra att de blir smutsiga. Täck över turboladdarens luftinloppskanaler för att förhindra att smuts och skräp kommer in, och använd endast luddfria trasor vid rengöring.

3 Dra åt handbromsen, lyft upp framvagnen och stötta den på pallbockar (se *Lyftning och stödpunkter*). Demontera kåpan under motorn.

4 Där så är tillämpligt, demontera motorns toppkåpa/-kåpor. Hur dessa demonteras varierar beroende på modell, men fästmuttrarna sitter under runda täcklock som kan bändas loss från kåpan. Om plastskruvar eller vridfästen används, kan dessa tas bort med en bred spårskruvmejsel. Ta bort muttrarna eller skruvarna och lyft bort kåpan från motorn. Lossa kablar eller slangar som är fästa vid kåpan.

5 Lossa klämmorna och koppla loss luftslangarna som går till och från turboladdaren.

6 Skruva loss de två bultarna som håller värmeskölden ovanför turboladdaren och ta bort skölden **(se bild på nästa sida)**.

7 Skruva loss skruven som håller inloppets rörstump till turboladdaren. Lirka ut rörstumpen ur turboladdaren och ta vara på O-ringstätningen (en ny tätning måste användas vid monteringen).

8 Skruva loss anslutningsbulten och koppla loss oljetillförselröret från toppen av turboladdaren; ta vara på tätningsbrickorna och notera i vilken ordning de sitter. Var beredd på ett visst oljespill när röret tas loss. Plugga igen eller täck över röret och öppningen för att förhindra inträng av smuts och damm. Ta bort den lilla bulten som håller rörets fästbygel och flytta röret åt sidan.

9 Turboladdarens hus är vattenkylt, så demontering av det innebär losskoppling av två kylvätskerör. Även om kylsystemet tappas av enligt beskrivning i kapitel 1A, är det troligt att det finns kvar kylvätska i de här rören, så räkna med ett visst spill. Om det inte är dags att byta kylvätska, kan det vara bättre att inte tappa av systemet, utan istället vara beredd på att plugga igen rören när de kopplas loss.

10 Skruva loss anslutningsbultarna och koppla loss kylvätsketillförsel- och returrörens anslutningar från turboladdarens topp och framsida. Ta vara på tätningsbrickorna och notera i vilken ordning de är monterade. Ta bort den lilla bulten som håller tillförselrörets fästbygel och flytta röret åt sidan.

11 Åtkomligheten till kylvätsketillförselrörets anslutning är särskilt dålig – det kan vara enklare att skruva loss röranslutningsbulten i den andra änden, och ta bort turboladdaren tillsammans med tillförselröret. Beroende på omfattningen av isärtagningen, kan det hur som helst vara bra att skruva loss den andra röranslutningsbulten (tillförselrör) eller rörfästesbulten (returrör), och flytta rören åt sidan (eller ta bort dem helt).

12 Notera hur de två vakuumslangarna sitter och koppla sedan loss dem från wastegatens vakuumklocka.

13 Skruva loss och ta bort de fyra muttrarna som håller det främre avgasröret till turboladdarens bas. Lossa röret och ta bort packningen (en ny packning ska användas vid monteringen). Om muttrarna är i dåligt skick, införskaffa nya till monteringen.

14 Skruva loss de två bultarna som håller oljereturröret till turboladdarens bas. Var beredd på oljespill när röret lossas och ta bort packningen (använd en ny till monteringen).

15 Skruva loss muttern och bulten som håller turboladdaren till motorblockets stödfäste.

16 Turboladdaren sitter fast i avgasgrenröret med tre bultar, som tas bort uppifrån. Stötta turboladdaren (som är tung), skruva loss och ta bort de tre bultarna (nya bultar ska användas vid monteringen). Lyft ut (man kan få lirka lite) turboladdare och wastegate från bakom motorn och ta bort enheten från motorrummet. Ta bort packningen mellan grenröret och turboladdaren och kasta den – en ny måste användas vid monteringen.

17 Ta inte loss wastegateenheten från turbon utan att först rådfråga en Skodaverkstad eller en turbospecialist, eftersom inställningen kan gå förlorad. En rubbning av wastegatens inställning kan leda till sämre prestanda, eller skador på motorn.

Montering

18 Montera turboladdaren genom att följa instruktionerna för demontering i omvänd ordning. Notera följande:

a) *Byt ut alla packningar, tätningsbrickor och O-ringar.*
b) *Byt ut turboladdarens tre fästbultar, och eventuella självlåsande muttrar (med nyloninsatser).*
c) *Innan oljetillförselröret ansluts, fyll turboladdaren med färsk olja med en oljekanna.*
d) *Där så är tillämpligt, dra åt alla muttrar och bultar till angivna moment.*
e) *Se till att luftslangarnas klämmor är ordentligt åtdragna, för att förhindra luftläckor.*
f) *När motorn startas efter monteringen, låt den gå på tomgång i ungefär en minut så att oljan får tid att cirkulera runt turbinaxelns lager. Leta efter tecken på olje- eller kylvätskeläckage vid relevanta anslutningar.*

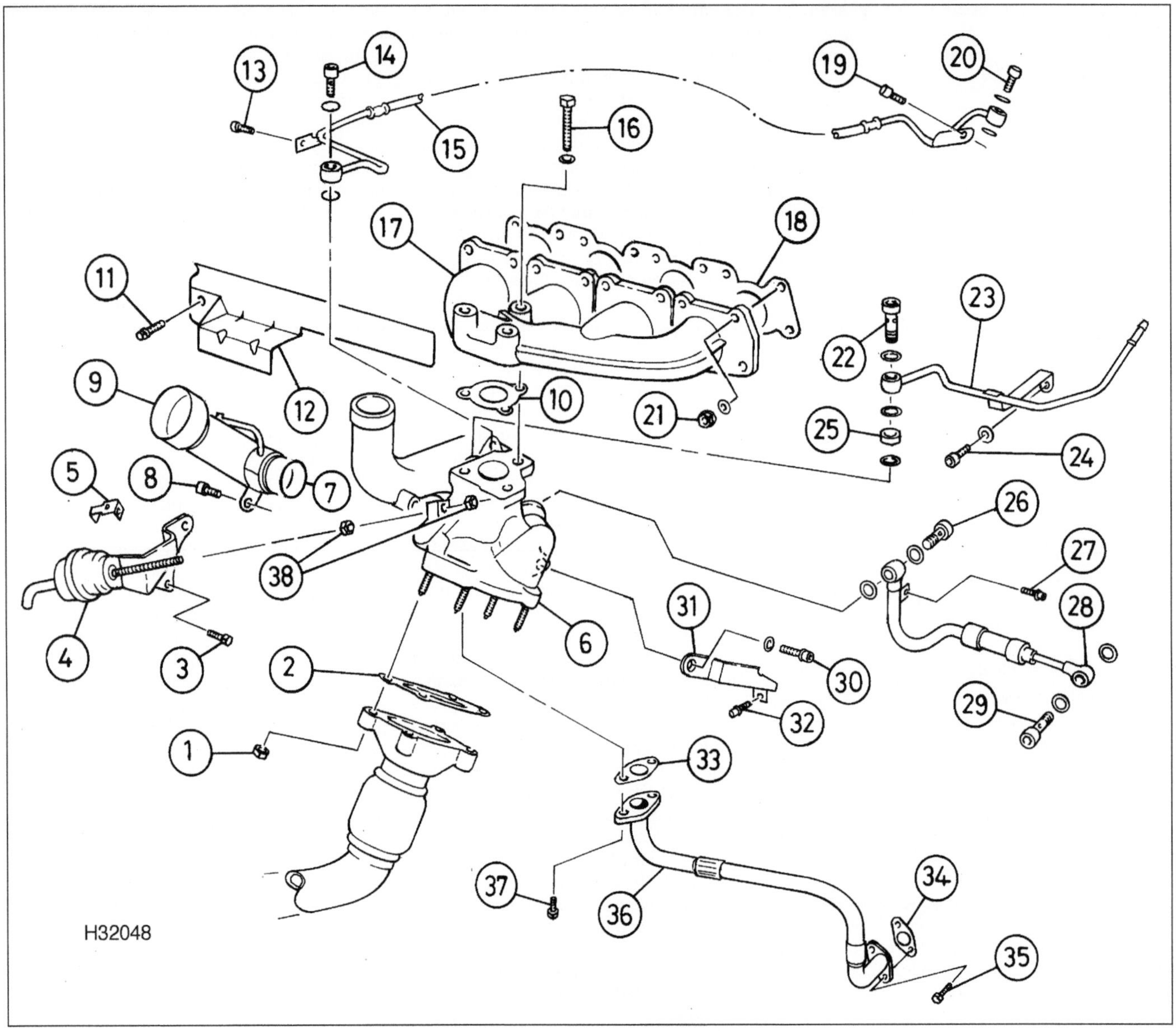

6.6 Turboladdare och tillhörande komponenter

1 Främre avgasrörets muttrar
2 Främre avgasrörets packning
3 Bult till wastegatens fästbygel
4 Wastegate
5 Låsring
6 Turboladdare
7 O-ring
8 Fästbult
9 Luftinloppets rörstump
10 Packning
11 Värmesköldens fästbult
12 Värmesköld
13 Fästbult
14 Banjobult
15 Oljetillförselrör
16 Turboladdarens fästbultar
17 Avgasgrenrör
18 Grenrörspackning
19 Fästbult
20 Banjobult
21 Grenrörets fästmuttrar
22 Banjobult
23 Kylvätskereturrör
24 Fästbult
25 Distanshylsa
26 Banjobult
27 Fästbult
28 Kylvätsketillförselrör
29 Banjobult
30 Bult mellan turboladdare och fästbygel
31 Turboladdarens fästbygel
32 Fästbygelns bult
33 Packning
34 Packning
35 Oljereturrörets flänsbult
36 Oljereturrör
37 Oljereturrörets flänsbult
38 Wastegate inställnings-/låsmuttrar

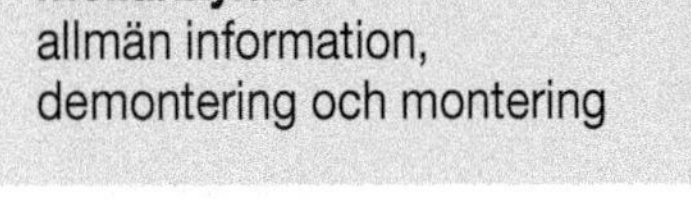

7 Mellankylare – allmän information, demontering och montering

1 På 1,8 liters motorer med turbo utgör mellankylaren (som även kallas intercooler) i stort sett en "luftkylare", som kyler ner den trycksatta inloppsluften innan den går in i motorn.

2 När turbon komprimerar inloppsluften är en bi-effekt att luften värms upp, vilket gör att den expanderar. Om inloppsluften kan kylas ned, kan en större mängd luft släppas in och motorn kan då ge mer effekt.

3 Den komprimerade luften från turbon, som i normala fall skulle matas rakt in i insugsgrenröret, leds istället runt motorn till mellankylarens bas **(se bild)**. Mellankylaren är monterad framtill i bilen, i luftflödet. Den uppvärmda luften går in längst ner i mellankylaren, stiger uppåt och kyls ned av den inströmmande luften som flödar över mellankylarens flänsar, ungefär som på den vanliga kylaren. När den nedkylda luften når toppen av mellankylaren leds den in i gasspjällhuset.

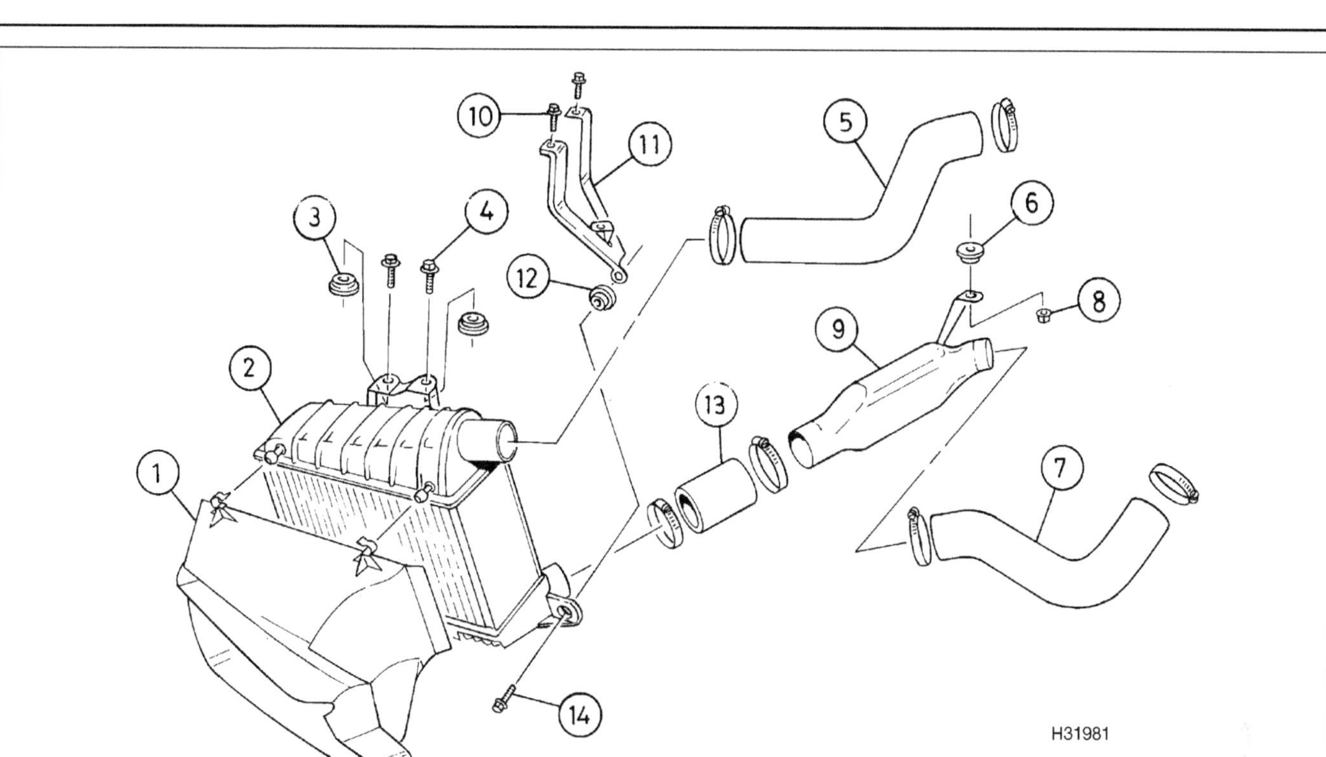

7.3 Mellankylare och tillhörande komponenter

1 Luftinloppskanal
2 Mellankylare
3 Gummifäste
4 Fästbult
5 Slang mellan mellankylare och gasspjällhus
6 Gummifäste
7 Slang till turbo
8 Fästmutter
9 Plastkanal
10 Fästbult
11 Fästbygel
12 Gummifäste
13 Anslutningsslang
14 Fästbult

Demontering

4 Mellankylaren sitter under det högra främre hjulhuset, framtill.

5 För att komma åt mellankylaren, demontera stötfångaren enligt beskrivning i kapitel 11, samt den högra strålkastaren enligt beskrivning i kapitel 12, avsnitt 7. Även om det inte är helt nödvändigt, kan åtkomligheten förbättras om man också tar bort hjulhusets inre panel **(se bilder)**.

6 I motorrummet, lossa slangklämmorna från luftslangarna som går till och från mellankylaren och koppla loss slangarna vid den punkt där de försvinner under innerskärmen. På vissa modeller används stora fjäderklämmor, som måste lossas genom att man pressar ihop fjäderändarna – en rörtång fungerar utmärkt. Vissa modeller har också en snabbkoppling; dra ut klämman för att lossa den **(se bilder)**.

7 Arbeta nu under hjulhuset, ta loss luftkanalen från de två styrstiften framtill på mellankylaren, och ta ut den under hjulhuset **(se bild på nästa sida)**. På alla motorer utom kod AGU, koppla loss kablaget från laddtrycksgivaren som sitter uppe på mellankylaren.

8 Leta reda på mellankylarens fästbultar på innerskärmen. Det finns två upptill och två på sidan **(se bild på nästa sida)**. Lossa på de två övre bultarna och ta bort de två på sidan helt.

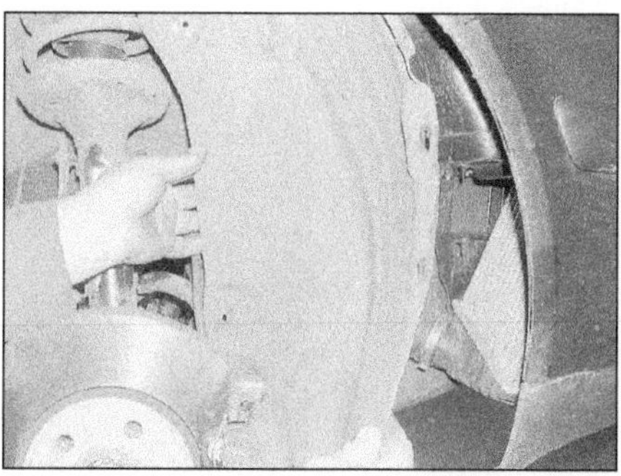

7.5a Demontering av hjulhusets innerskärm

7.5b Mellankylaren under det högra främre hjulhuset

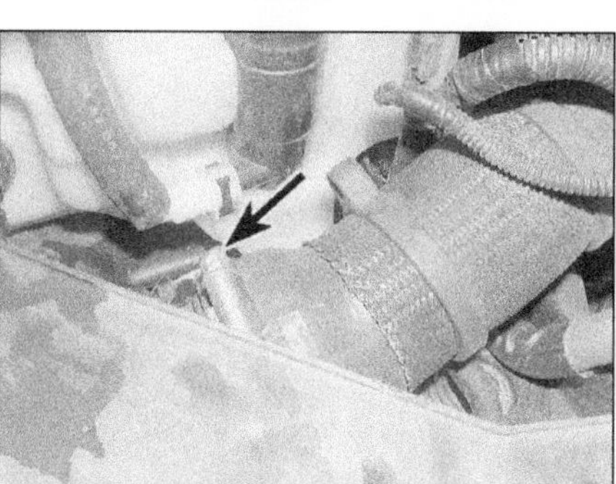

7.6a Mellankylarens slangklämma (vid pilen) – sett uppifrån

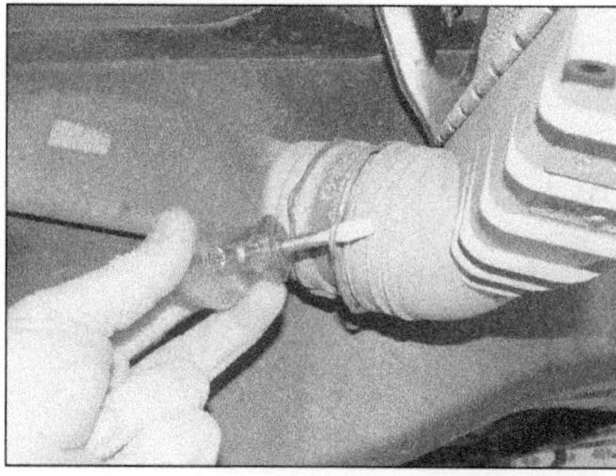

7.6b Snabbkoppling till slanganslutning

7.7 Lossa luftkanalen från mellankylarens framsida

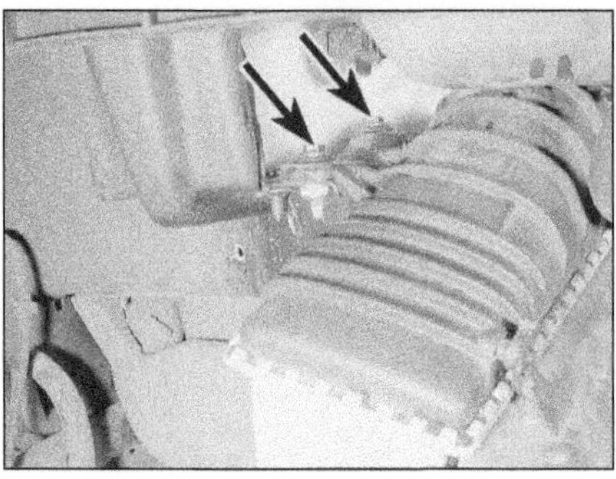
7.8 Mellankylarens övre fästbultar (vid pilarna)

7.9 En rörtång används till att lossa en av mellankylarens slangar

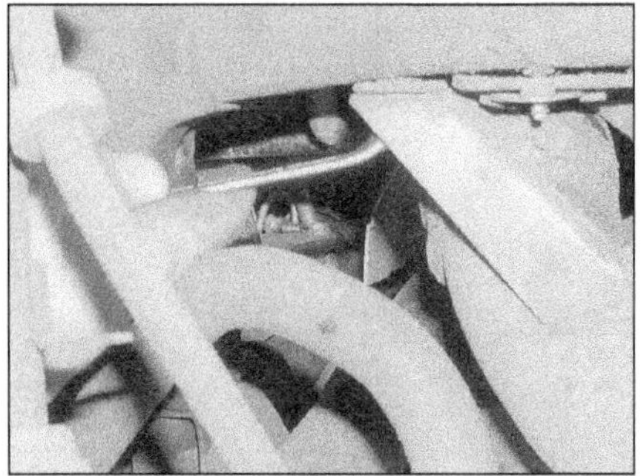
7.10a Skruva loss muttern baktill . . .

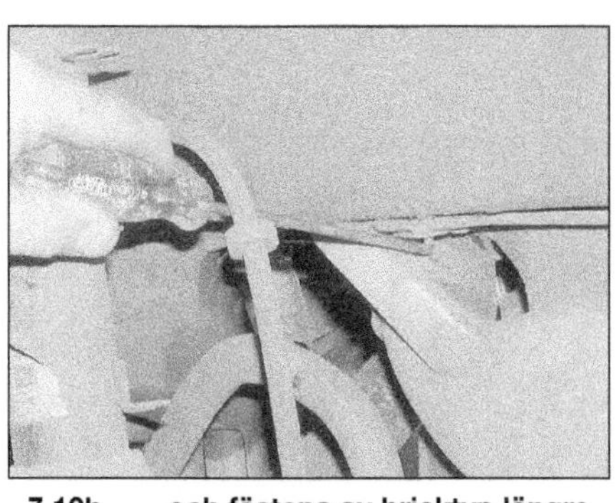
7.10b . . . och fästena av bricktyp längre fram . . .

7.10c . . . och lirka ut plastkanalen . . .

9 Lossa slangklämmorna och koppla loss mellankylarens slangar under hjulhuset, efter behov **(se bild)**.

10 Skruva loss muttern baktill och fästena av bricktyp längre fram, och ta bort plastluftkanalen under hjulhuset **(se bilder)**.

11 Sträck in handen under hjulhuset och skruva loss fästbulten som håller mellankylaren till det nedre fästet **(se bild)**.

12 Stötta mellankylaren underifrån och skruva loss de två övre fästbultarna. Lyft ut mellankylaren under hjulhuset och var försiktig så att inte kylflänsarna skadas. Ta bort gummimuffarna från de tre fästbultarna.

13 Undersök om mellankylaren är skadad och om slangarna har sprickor. Om en laddtrycksgivare är monterad, kan denna tas bort från mellankylaren genom att man skruvar loss de två fästbultarna; ta bort O-ringstätningen och undersök dess skick.

Montering

14 Montering sker i omvänd ordning mot demonteringen. Se till att luftslangarnas klämmor dras åt/monteras ordentligt, för att förhindra luftläckor. Om en laddtrycksgivare är monterad, byt ut O-ringstätningen om så behövs.

8 Avgasgrenrör – demontering och montering

Demontering

1 Där så är tillämpligt, demontera motorns toppkåpa/-kåpor. Hur de sitter fast varierar beroende på modell, men fästmuttrarna sitter under runda täcklock som bänds loss från kåpan. Om plastskruvar eller vridfästen används, kan dessa tas bort med en bredbladig skruvmejsel. Ta bort muttrarna eller skruvarna och lyft bort kåpan från motorn. Lossa eventuella kablar eller slangar som är fästa vid kåpan.

1,4 liter

2 Dra åt handbromsen, lyft upp framvagnen och stöd den på pallbockar (se *Lyftning och stödpunkter)*.

3 Dra loss varmluftsslangen (för luftrenaren) från värmeskölden ovanför grenröret, och lägg slangänden åt sidan **(se bild)**.

4 Skruva loss de två övre bultarna som håller fast värmeskölden till grenröret **(se bild)**. Vissa modeller kan ha ett till par bultar som håller värmeskölden till motorns toppkåpa – dessa måste också tas bort.

5 Skruva loss och ta bort de två bultarna framtill på grenrörets värmesköld som håller ett litet rörformat kablagefäste. Det kan vara

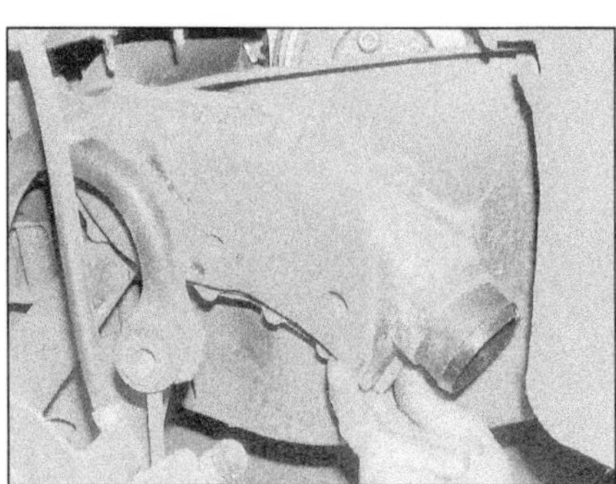
7.10d . . . från bilens undersida

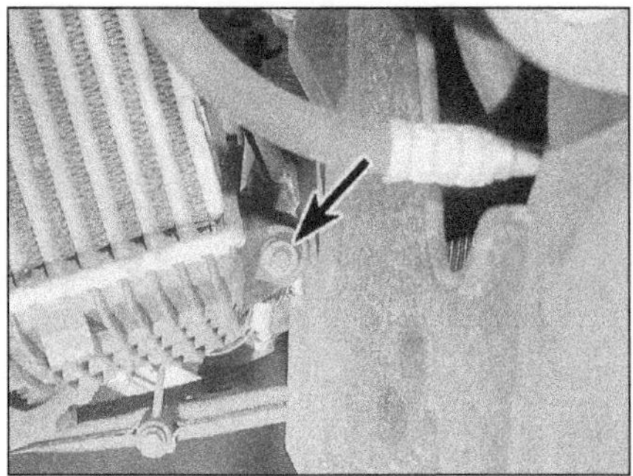
7.11 Mellankylarens nedre fästbult (vid pilen)

8.3 Dra loss varmluftsslangen från grenrörets värmesköld

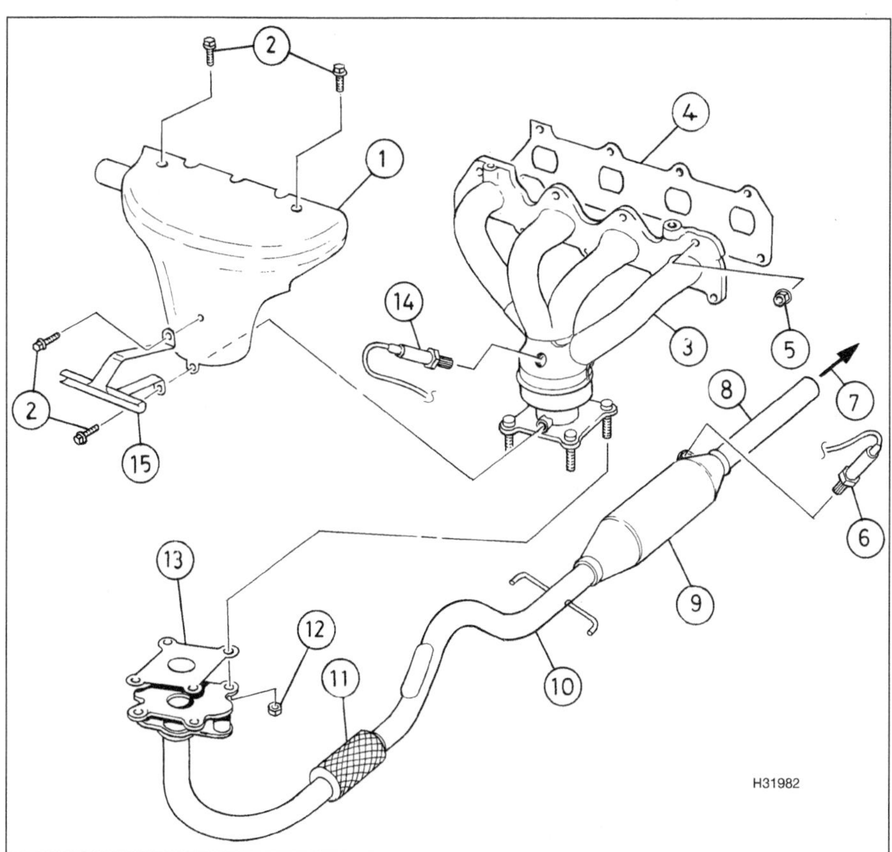

8.4 Avgasgrenrör och främre avgasrör – 1,4 liters motor

1 *Värmesköld*
2 *Värmesköldens bultar*
3 *Avgasgrenrör*
4 *Grenrörspackning*
5 *Grenrörets fästmutter*
6 *Syresensor 2*
7 *Till mittersta ljuddämpare*
8 *Klämmans positionsmarkering*
9 *Katalysator*
10 *Främre rör*
11 *Böjlig del*
12 *Mutter, grenrör till främre rör*
13 *Främre rörets packning*
14 *Syresensor 1*
15 *Kablagefäste (rör)*

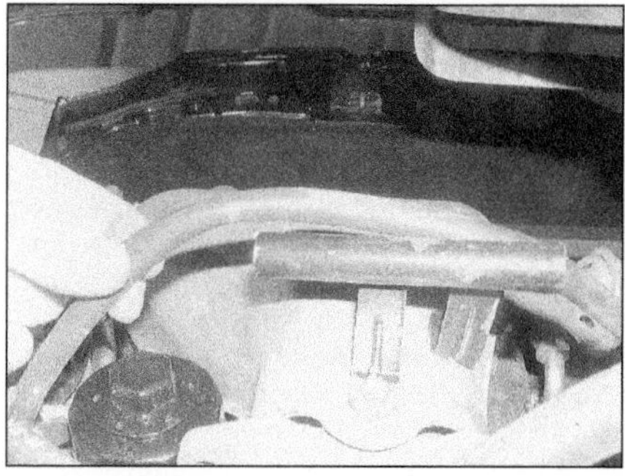

8.5 Ta loss syresensorns kablage från det rörformade fästet

lättare att komma åt dessa bultar underifrån. Ta loss fästet och lossa syresensorns kabel från det (där så är tillämpligt) **(se bild)**.

6 Ta bort värmeskölden från grenröret och ta ut den ur motorrummet **(se bild)**.

7 På modeller som har en syresensor inskruvad i grenröret, följ kablaget från givaren, runt motorns framsida till kontaktdonet, som ska sitta ovanför växellådan. Koppla loss kontaktdonet och lossa kablaget från fästklämmor eller buntband **(se bild)**. Det är bäst att ta bort grenröret med givaren på plats, men man måste vara försiktig så att inte givaren skadas.

8 Skruva loss de två bultarna som håller EGR-röret och ventilen till grenröret. Ta isär fogen (fogarna) och ta bort packningen (packningarna). Var noga med att inte belasta EGR-röret när grenröret demonteras – det kan kanske vara en fördel att ta bort rörets fästbult och de två bultarna som håller rörflänsen till gasspjällhuset.

9 Arbeta underifrån, skruva loss och ta bort de fyra muttrarna som håller grenröret till den främre delen av avgassystemet **(se bild)**. Använd en stålborste och rejält med rostolja om pinnbultarna är rostiga. Om muttern verkar sitta fast, tvinga den inte; dra åt muttern ett halvt varv, lägg på mer rostolja på pinnbultens gängor, vänta några sekunder så att oljan får dra in och skruva sedan stegvis ut muttern, ett varv i taget. Upprepa tills muttern är helt lös.

10 Ta loss det främre röret från grenröret och ta bort packningen (en ny packning ska användas vid monteringen). När detta har gjorts är det en bra idé att stötta det främre avgasröret på en pallbock, för att undvika att belasta avgassystemet eller den andra syresensorns kablage (om så föredras, demontera avgassystemets främre sektion helt, enligt beskrivning i avsnitt 9).

11 Skruva loss och ta bort grenrörets fästmuttrar; notera råden som ges i punkt 9. I vissa fall kan pinnbultarna följa med muttrarna ut – detta är inget problem, och bultarna kan sättas tillbaka om de är i gott skick. Allra helst bör man dock införskaffa en ny uppsättning pinnbultar och muttrar till grenröret (och muttrar för grenrörets fog till det främre avgasgrenröret), eftersom det ändå är troligt att de gamla är i ganska dåligt skick.

12 Ta bort brickorna och dra bort grenröret från topplocket, och ta bort packningen från pinnbultarna.

1,8 liter utom motorkod AGN

13 Lossa klämmorna och koppla loss

8.6 Demontering av grenrörets värmesköld

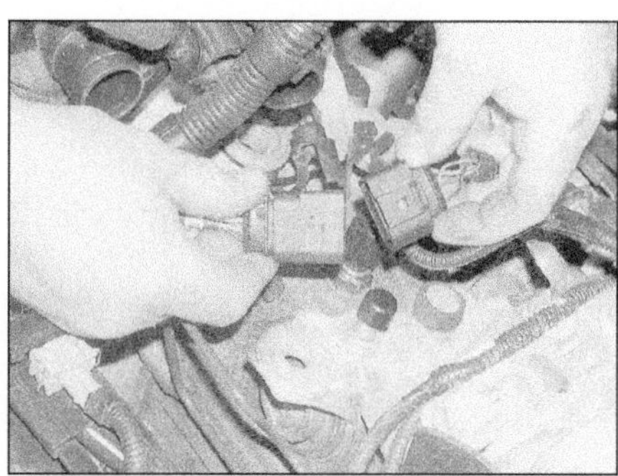

8.7 Koppla loss syresensorns kontaktdon

8.9 Två av muttrarna som håller grenröret till det främre avgasröret

luftinloppsslangarna som går till och från turboladdaren.

14 Skruva loss de två bultarna som håller värmeskölden över turboladdaren och ta bort värmeskölden.

15 Skruva loss och ta bort de tre bultarna, uppifrån, som håller turboladdaren till avgasgrenröret; ta vara på brickorna. Nya bultar måste användas vid monteringen.

16 Där så är tillämpligt, koppla loss den sekundära luftslangen och vakuumslangen från ventilen som sitter ovanför grenrörets värmesköld. Det större slangfästet lossas genom att man trycker ihop spärrarna; ta bort O-ringstätningen och använd en ny vid monteringen. Skruva loss och ta bort de två bultarna, underifrån, som håller den sekundära luftventilen till fästbygeln på avgasgrenröret och lyft upp ventilen. Ta bort packningen och kasta den – en ny måste användas vid monteringen.

17 Skruva loss och ta bort grenrörets fästmuttrar. Använd mycket rostolja om pinnbultarna är rostiga. Om en mutter verkligen sitter fast, tvinga den inte. Dra åt muttern ett halvt varv, lägg på mer rostolja på pinnbultens gängor, vänta i flera sekunder så att oljan får dra in och skruva sedan loss muttern stegvis, ett varv i taget. Upprepa tills muttern lossnar.

18 I vissa fall kommer grenrörets pinnbultar att följa med muttrarna ut – detta är inget problem, de kan sättas tillbaka om de är i bra skick. Allra helst bör man dock införskaffa en ny uppsättning pinnbultar och muttrar till grenröret, eftersom det är troligt att de gamla är i ganska dåligt skick.

19 Ta bort brickorna, dra sedan loss grenröret från topplocket, separera det från turboladdaren och ta bort packningarna från pinnbultarna och turboladdarens fogyta.

20 Om närheten till turboladdaren gör det omöjligt att ta bort grenröret, skruva loss muttern och bulten som håller turboladdaren till fästbygeln på motorblocket och sänk ner turbon en aning. Om detta görs, notera då att turbons vikt kommer att hållas upp av det främre avgasröret – och även att ingen hög belastning får läggas på turboladdarens olje- och kylvätskerör. Om det är absolut nödvändigt, se avsnitt 6 och demontera turbon helt.

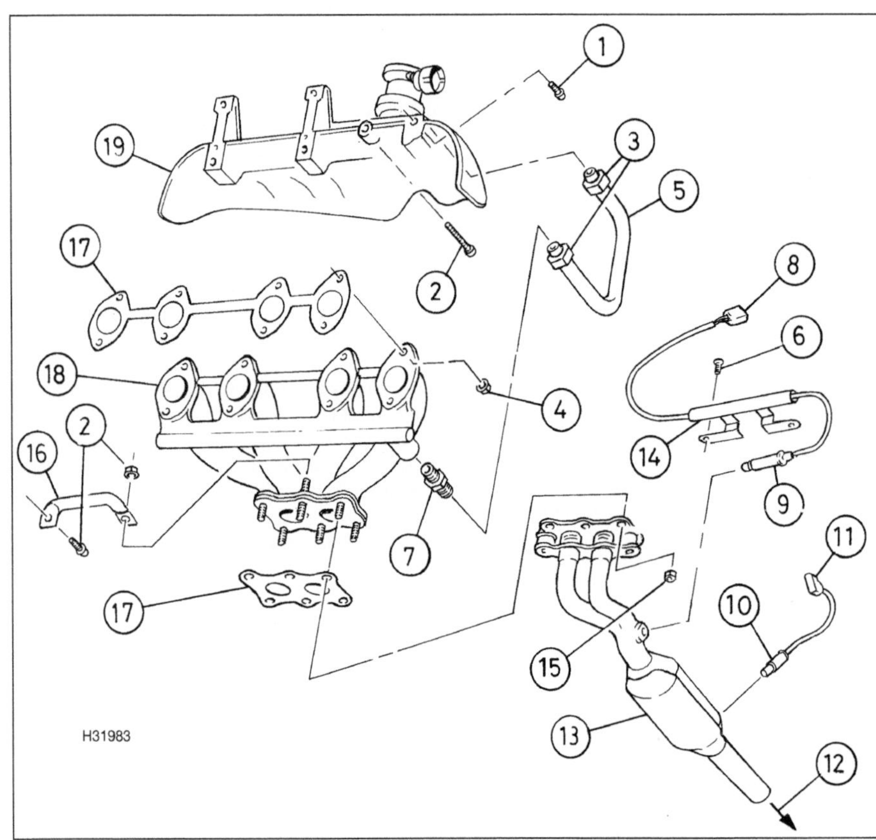

8.29 Avgasgrenrör och främre avgasrör – 2,0 liters motorer

1 *Värmesköldens bult*
2 *Fästmutter/bult*
3 *Anslutningsmutter*
4 *Avgasgrenrörets fästmutter*
5 *Sekundärt luftrör*
6 *Bult till kablagets fästbygel*
7 *Sekundärluftsrörets anslutning*
8 *Syresensorns kontaktdon*
9 *Syresensor 1*
10 *Syresensor 2*
11 *Syresensorns kontaktdon*
12 *Till mittre ljuddämpare*
13 *Katalysator*
14 *Kablagets fästbygel (rör)*
15 *Mutter som håller grenrör till främre avgasrör*
16 *Grenrörets stödfäste*
17 *Packning*
18 *Avgasgrenrör*
19 *Värmesköld*

1,6 liters motor med kod AEE och 1,8 liters motor med kod AGN

21 Demontera det främre avgasröret enligt beskrivning i avsnitt 9.

22 Skruva loss skölden från avgasgrenröret.

23 Under bilen, demontera den högra, främre kåpan under motorn.

24 Skruva stegvis loss fästmuttrarna, ta sedan bort avgasgrenröret från pinnbultarna på topplocket och ta bort det från bilen. Ta bort packningen.

1,6 liters motor med AVU eller BFQ och 2,0 liters motor

25 För att förbättra åtkomligheten till avgasgrenröret, demontera den övre delen av insugsgrenröret enligt beskrivning i kapitel 4A.

26 Dra åt handbromsen, lyft upp framvagnen och stöd den på pallbockar (se *Lyftning och stödpunkter*).

27 Koppla loss den sekundära luftslangen och vakuumslangen från ventilen som sitter ovanför grenrörets värmesköld. Det större slangfästet lossas genom att man trycker ihop spärrarna. Ta bort O-ringstätningen och använd en ny vid monteringen.

28 Skruva loss och ta bort de två bultarna som håller den sekundära luftventilen till avgasgrenrörets fläns och lyft upp ventilen. Ta bort packningen – en ny måste användas vid monteringen.

29 Skruva loss den stora anslutningsmuttern i var ände av det sekundära luftröret uppe på grenröret och lossa röret från fogarna **(se bild)**.

30 Skruva loss bultarna som håller värmeskölden över avgasgrenröret och ta bort skölden från grenröret.

31 Följ kablaget från syresensorn, runt motorns framsida till kontaktdonet, som ska vara åtkomligt underifrån på höger sida.

32 Om så behövs, ta bort kåpan från den högra drivaxelns inre drivknut, öppna sedan den fyrkantiga åtkomstpanelen baktill i hjulhuset (i vilken kabelhärvan försvinner) och koppla loss givarens kontaktdon. På vissa modeller måste man demontera den högra drivaxeln enligt beskrivning i kapitel 8. Lossa givarens kablage från klämmor eller buntband. På modeller där syresensorn är inskruvad i grenröret måste man vara försiktig så att man inte skadar givaren när grenröret demonteras.

33 På 1,6 liters motorn, skruva loss den stora anslutningsmuttern från EGR-röret längst ner på grenröret. Det är också bra att skruva loss rörets fästbult och de två flänsbultarna vid gasspjällhuset och flytta EGR-röret och ventilen åt sidan. För att helt ta bort enheten, koppla också loss kontaktdonet och vakuumslangen från EGR-ventilen.

34 Arbeta underifrån, skruva loss och ta bort de sex muttrarna som håller det främre avgasröret till grenröret (notera de råd som ges i punkt 17 och 18).

35 Sänk ner det främre avgasröret så mycket att det går fritt från grenrörets pinnbultar, och ta bort packningen. När detta är gjort är det bäst att stötta det främre avgasröret på en pallbock, för att undvika belastning på avgassystemet eller den andra syresensorns kablage (om så önskas, demontera hela den främre avgassektionen enligt beskrivning i avsnitt 9).

36 För att ta bort grenrörets stödfäste, skruva antingen loss muttern ovanför flänsen mellan grenrör och främre avgasrör, eller (vilket är enklare) ta bort bulten som håller fästet till motorns baksida.

37 Skruva stegvis loss grenrörets fästmuttrar, notera råden i punkt 17 och 18. Notera att två av muttrarna också håller fast ett kablagestöd – ta bort stödet från topplockets pinnbultar och notera hur det sitter fast.

38 Ta bort brickorna, lyft sedan bort grenröret från topplockets pinnbultar och ta bort det. Ta bort grenrörspackningen – en ny måste användas vid monteringen.

1,6 liters motor med kod AEH eller AKL

39 För att förbättra åtkomligheten till avgasgrenröret, ta bort den övre delen av insugsgrenröret enligt beskrivning i kapitel 4A.

40 Dra åt handbromsen, lyft upp framvagnen och stöd den på pallbockar (se *Lyftning och stödpunkter*).

41 Skruva loss muttrarna som håller värmeskölden över avgasgrenröret och ta bort skölden från grenröret.

42 Arbeta underifrån, skruva loss och ta bort de sex muttrarna som håller det främre avgasröret till grenröret (notera råden som ges i punkt 17 och 18). För att förbättra åtkomligheten, ta bort kåpan från den högra drivaxelns inre drivknut.

43 Sänk ner det främre avgasröret så mycket att det går fritt från grenrörets pinnbultar, och ta bort packningen. När detta är gjort, stötta det främre avgasröret på en pallbock, för att undvika belastning på avgassystemet eller den andra syresensorns kablage (om så önskas, demontera hela den främre avgassektionen enligt beskrivning i avsnitt 9).

44 Skruva stegvis loss grenrörets fästmuttrar, notera råden i punkt 17 och 18. Notera att två av muttrarna också håller fast ett kablagestöd – ta bort stödet från topplockets pinnbultar och notera hur det sitter fast.

45 Ta bort brickorna, lyft sedan bort grenröret från topplockets pinnbultar och ta bort det. Ta bort grenrörspackningen – en ny packning måste användas vid monteringen.

Montering

46 Montering sker i omvänd ordning mot demonteringen. Notera följande:

a) Använd alltid nya packningar och tätningar, efter tillämplighet.

b) Om några pinnbultar gick av vid demonteringen, borra ut det som sitter kvar och montera nya pinnbultar och muttrar.

c) Det rekommenderas att nya pinnbultar och muttrar används rutinmässigt – även om de gamla gick att ta bort utan svårigheter kan det hända att de inte klarar av att bli hårt åtdragna igen. Nya komponenter är också lättare att ta bort i framtiden, om så skulle behövas.

d) Om de gamla pinnbultarna återanvänds, rengör gängorna noggrant för att få bort alla spår av rost.

e) Dra åt grenrörets fästmuttrar till angivet moment.

9 Avgassystem – byte av delar

Varning: Ge avgassystemet gott om tid att svalna innan arbetet påbörjas. Kom särskilt ihåg att katalysatorn når mycket höga temperaturer. Om det finns den minsta risk för att systemet fortfarande är varmt, använd skyddshandskar. När den främre sektionen demonteras, var noga med att inte skada syresensorn/-sensorerna om de inte demonteras separat.

Demontering

1 Skodas originalsystem består av två sektioner. Den främre sektionen inkluderar katalysatorn och kan tas bort som ett stycke. Den bakre sektionen kan inte demonteras som en del, eftersom den passerar över bakaxeln – man måste kapa röret mellan den mittre och den bakre ljuddämparen, på en punkt som är markerad på röret.

2 För att ta bort en del av systemet, lyft först upp fram- eller bakvagnen och stötta den på pallbockar (se *Lyftning och stödpunkter*). Alternativt, placera bilen över en smörjgrop eller på ramper.

Främre rör och katalysator

Observera: *Där så är tillämpligt, handskas försiktigt med den flexibla, flätade delen av röret, och böj den inte onödigt mycket.*

3 Innan du demonterar den främre delen av avgassystemet, fastställ hur många syresensorer du har – de flesta modeller har två **(se bild)**. Följ kablaget bakåt från varje sensor,

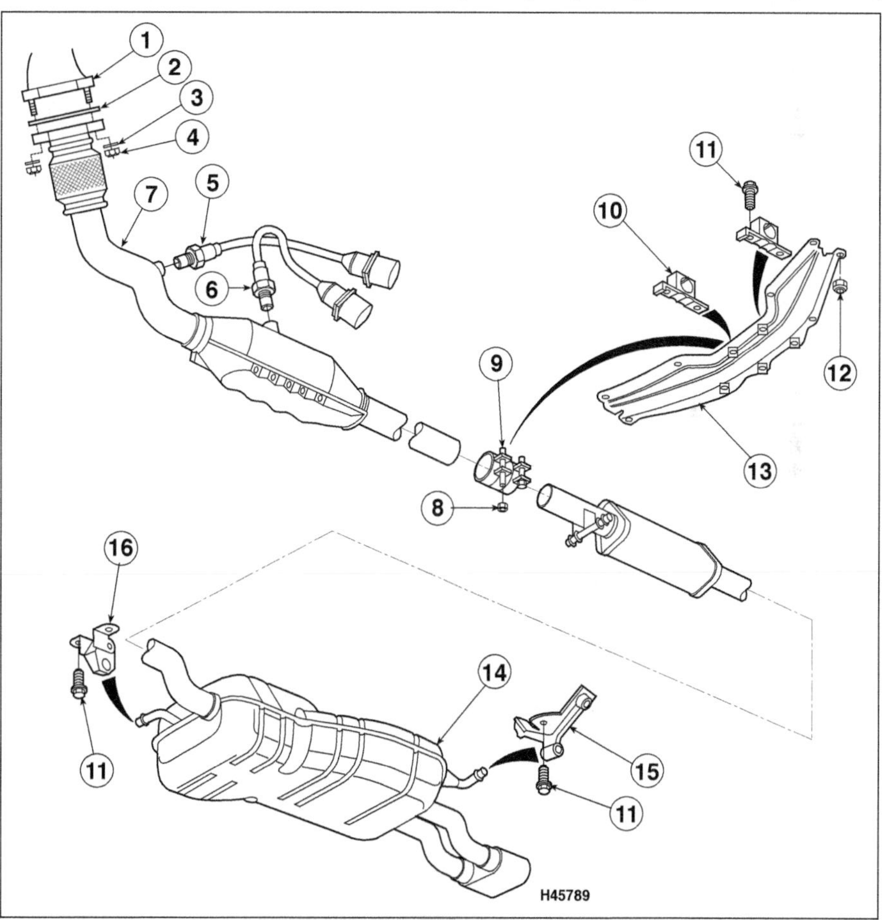

9.3 Avgassystem monterat på 1,8 liters motorer

1 Turboladdare
2 Packning
3 Distans
4 Mutter
5 Uppströms monterad syresensor
6 Nedströms monterad syresensor
7 Främre avgasrör med katalysator
8 Mutter
9 Adapter
10 Främre gummifäste
11 Bult
12 Mutter
13 Underredesbrygga
14 Bakre avgasrör med främre och bakre ljuddämpare
15 Gummifäste höger bak
16 Gummifäste vänster bak

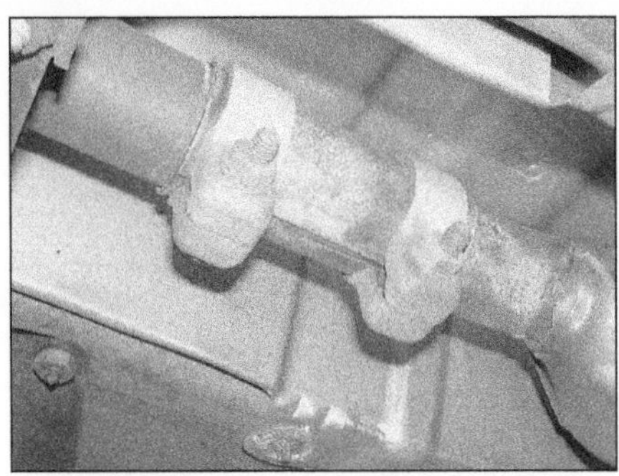

9.6 Klämma mellan avgassystemets främre och bakre sektion

och koppla loss kontaktdonet. På vissa modeller försvinner sensorns kablage bakom en åtkomstpanel bakom höger drivaxel, och man måste då ta bort kåpan som sitter över den högra drivaxelns inre drivknut (eller till och med hela drivaxeln, enligt beskrivning i kapitel 8) för att komma åt.

4 Ta loss syresensorns kablage från klämmor eller fästbyglar och notera hur det är draget för att underlätta monteringen.

5 Om en ny främre sektion och katalysator ska monteras, skruva loss syresensorn/-sensorerna från röret. Om det finns två sensorer, notera vilken sensor som sitter var, eftersom de inte får förväxlas.

6 Lossa de två muttrarna på klämman bakom katalysatorn och frigör klämman så att den kan flyttas i förhållande till främre och bakre rör **(se bild)**.

7 Lossa och ta bort muttrarna som håller den främre flänsen till avgasgrenröret eller turboladdaren. På vissa modeller måste man ta bort kåpan som sitter över den högra drivaxelns inre drivknut för att man ska komma åt ordentligt. Ta isär den främre fogen och flytta den nedåt så att den går fri från pinnbultarna.

8 Stötta den främre änden av röret, skjut sedan klämman bakom katalysatorn antingen framåt eller bakåt för att ta isär fogen. Vrid det främre röret något fram och tillbaka och dra samtidigt framåt för att lossa det från den bakre sektionen. När röret har lossnat, sänk ner det på marken och ta bort det från under bilen.

Bakre rör och ljuddämpare

9 Om det är den fabriksmonterade bakre sektionen man arbetar på, undersök röret mellan de två ljuddämparna och leta efter tre punktmarkeringar, eller tre streckmarkeringar. Den mittre markeringen visar den punkt där man ska kapa röret, medan de yttre markeringarna visar placeringen av ändarna av de nya klämmorna vid monteringen. Kapa röret med mittmarkeringen som guide och se till att kapa så rakt som möjligt om någon av de två delarna ska användas igen **(se bild)**.

10 Om den fabriksmonterade bakre sektionen redan har bytts ut, lossa muttrarna som håller klämman mellan ljuddämparna så att klämman kan tas bort.

Mittre ljuddämpare

11 För att ta bort den mittre ljuddämparen, lossa först muttrarna på klämman bakom katalysatorn. Ta bort de fyra bultarna som håller de två fästbyglarna till den mitte vaggan under bilen **(se bild)**. För att förbättra åtkomligheten, ta också bort muttrarna som håller vaggan till undersidan av bilen, och sänk ner vaggan helt.

12 Dra klämmorna i ändarna av ljuddämparsektionen för att lossa rörändarna, och sänk ned ljuddämparen.

Bakre ljuddämpare

13 Beroende på modell, är den bakre ljuddämparen stöttad antingen bara längst bak, eller framtill och baktill, med ett gummifäste som är fastskruvat i bilens undersida **(se bilder på nästa sida)**. Ljuddämparen är fäst till dessa fästen med metallstift som trycks i i gummidelen i varje fäste.

14 Skruva loss bultarna och lossa fästet/fästena från bilens undersida. På modeller med två ljuddämparfästen kan det räcka med att skruva loss bara en, och bända loss ljuddämparen från det kvarvarande fästet, men det är ändå att föredra att ta bort båda.

15 Där så är tillämpligt, dra undan klämman i den främre änden av ljuddämparsektionen för att frigöra rörändarna, sänk sedan ner ljuddämparen.

Montering

16 Varje sektion monteras i omvänd ordning mot demonteringen. Notera följande punkter:

a) *Se till att få bort alla spår av korrosion från flänsar och rörändar och byt ut alla packningar där så behövs.*
b) *Utformningen av de klämmor som används mellan de olika sektionerna i avgassystemet gör att de spelar en större roll när det gäller att garantera en gastät*

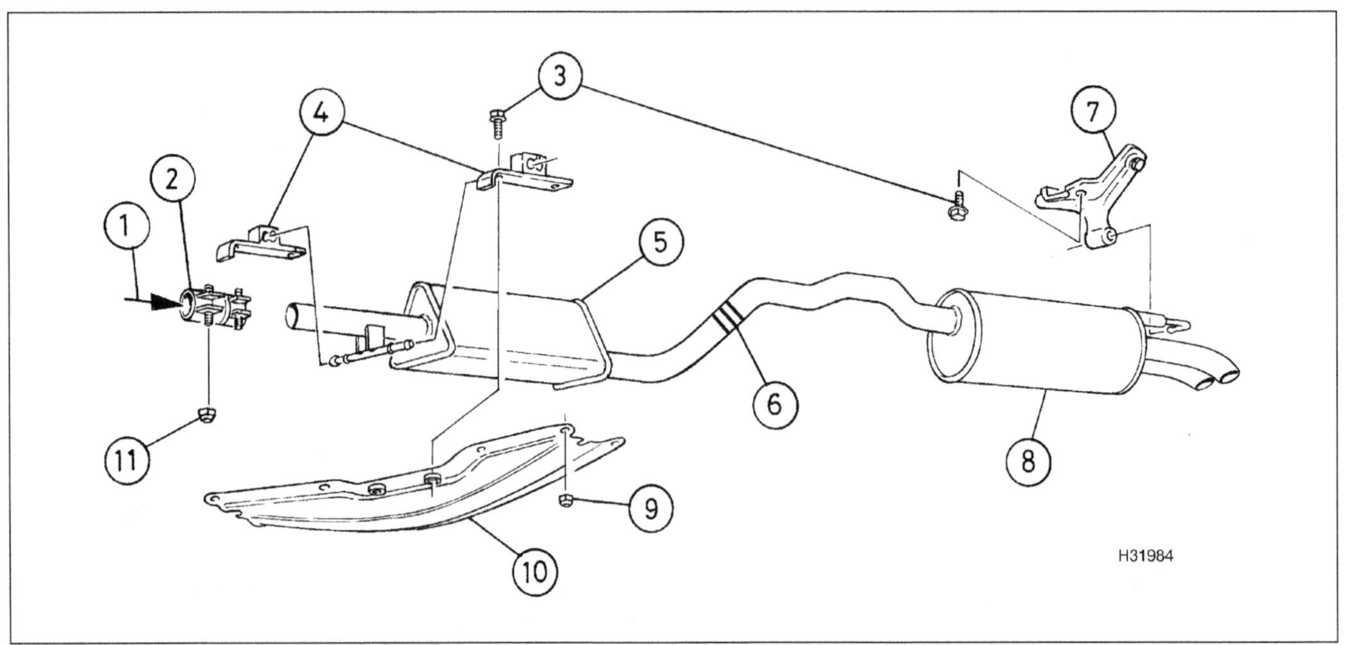

9.9 Avgassystemets bakre sektion och fästen – 1,6 liters modell

1 Från främre sektion
2 Klämma
3 Fästbultar
4 Främre fäste till vagga
5 Mittre ljuddämpare
6 Mittre markering för kapning
7 Bakre fäste
8 Bakre ljuddämpare
9 Mutter som håller vaggan till golvet
10 Vagga
11 Klämmans mutter

tätning – montera därför nya klämmor om de gamla inte är i perfekt skick.

c) *Vid montering av klämmorna, använd markeringarna på rören som en guide till hur de ska sitta.*

d) *Undersök om fästena är skadade eller slitna och byt ut dem efter behov.*

e) *Om du använder avgaspasta, se till att bara använda detta i skarvarna nedströms katalysatorn.*

f) *Innan fästena och klämmorna dras åt, se till att alla gummifästen sitter korrekt och att det finns tillräckligt med utrymme mellan avgassystemet och bilens underrede. Försök att se till att inget rör blir vridet så att det hamnar under belastning – vrid rören i förhållande till varandra vid klämmorna för att justera detta om så behövs.*

10 Katalysator – allmän information och föreskrifter

1 Katalysatorn är en pålitlig och enkel enhet som inte behöver något särskilt underhåll. Det är dock några saker som bilägaren bör vara medveten om för att katalysatorn ska fungera korrekt under hela sin livscykel:

a) *ANVÄND INTE blyad bensin eller blyersättning i en bil med katalysator – blyet (eller andra tillsatser) lägger sig på de ömtåliga metallerna, minskar deras omvandlingsförmåga och förstör till sist katalysatorn.*

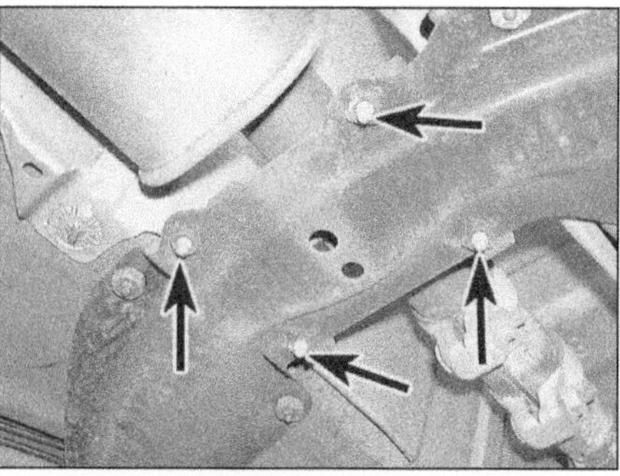

9.11 Avgassystemets mittre vagga – fyra fästbultar visas

b) *Håll alltid tänd- och bränslesystemen väl underhållna enligt tillverkarens schema (se kapitel 1A).*

c) *Om motorn misständer, kör inte bilen alls (eller åtminstone så lite som möjligt) förrän felet är åtgärdat.*

d) *Bogsera eller knuffa INTE igång en bil med katalysator – detta dränker katalysatorn i oförbränt bränsle, vilket gör att den överhettar när motorn startar.*

e) *SLÅ INTE av tändningen vid höga motorhastigheter – "dutta" inte på gasen precis innan motorn slås av.*

f) *Använd INTE bränsle- eller oljetillsatser – dessa kan innehålla ämnen som är skadliga för katalysatorn.*

g) *Fortsätt INTE att använda bilen om motorn bränner olja i sådan utsträckning att det kommer synlig blå rök.*

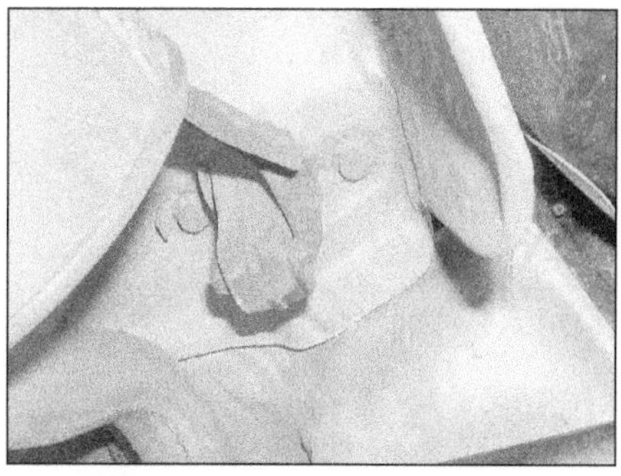

9.13a Bakre ljuddämparens fäste

h) *Kom ihåg att katalysatorn arbetar vid mycket höga temperaturer. Parkera därför INTE bilen över torr växtlighet, långt gräs eller högar av döda löv efter en lång körning.*

i) *Kom ihåg att katalysatorn är ÖMTÅLIG – slå inte på den med verktyg under servicearbetet, och var mycket försiktig vid hanteringen om den av någon anledning demonteras från bilen.*

j) *I vissa fall kan man känna en lukt som av ruttna ägg från avgassystemet. Detta är vanligt för många bilar utrustade med katalysator, och det har mer att göra med svavelhalten i det bränsle som används, än med själva katalysatorn.*

k) *Katalysatorn på en väl underhållen och väl körd bil bör hålla i 80 000 till 160 000 km – om katalysatorn inte längre fungerar effektivt måste den bytas ut.*

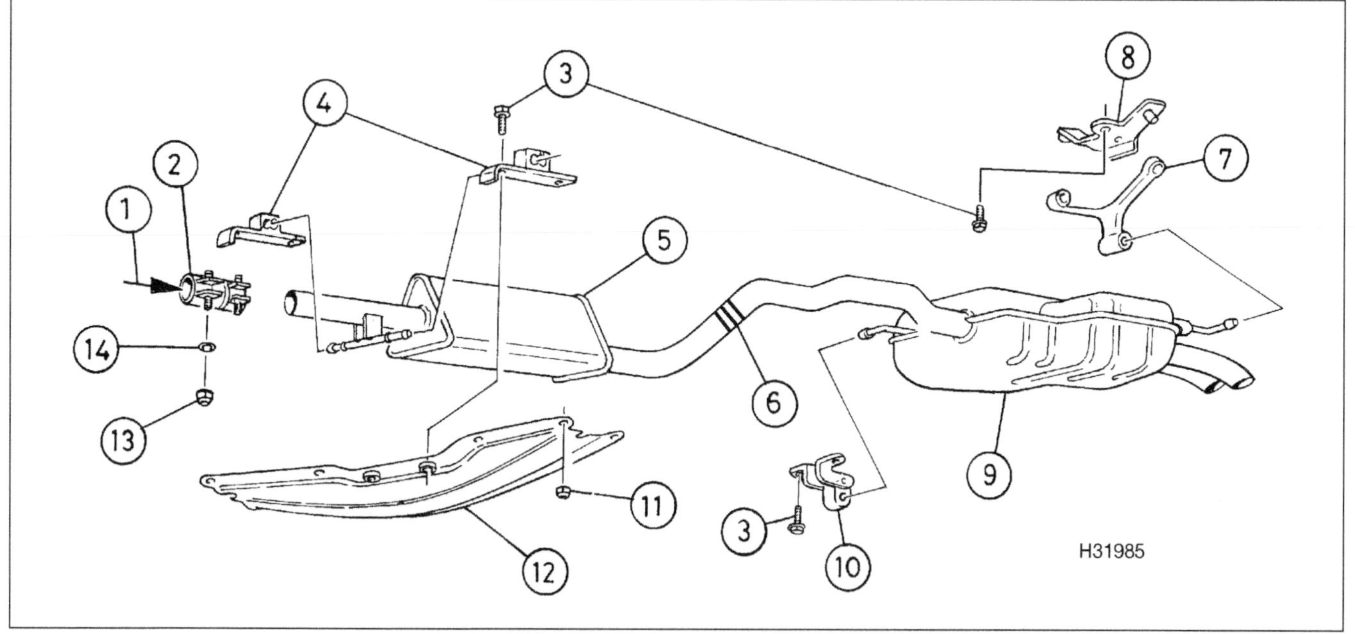

9.13b Avgassystemets bakre sektion och fästen – 2,0 liters modell

1 *Från främre sektion*
2 *Avgasklämma*
3 *Fästbultar*
4 *Främre fäste till vagga*
5 *Mittre ljuddämpare*
6 *Mittre markering för kapningspunkt*
7 *Bakre ljuddämparens bakre fäste*
8 *Fästbygel*
9 *Bakre ljuddämpare*
10 *Bakre ljuddämparens främre fäste*
11 *Mutter som håller vagga till golvet*
12 *Vagga*
13 *Klämmans mutter*
14 *Bricka*

Kapitel 4 Del D:
Avgasrening och avgassystem – dieselmotorer

Innehåll

Svårighetsgrader

Enkelt, passar novisen med lite erfarenhet 	**Ganska enkelt,** passar nybörjaren med lite erfarenhet 	**Ganska svårt,** passar kompetent hemmamekaniker 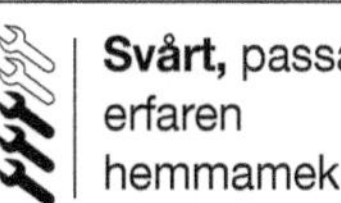	**Svårt,** passar erfaren hemmamekaniker	**Mycket svårt,** för professionell mekaniker

Specifikationer

Allmänt

Katalysator

Monterad på motorer med följande koder	AGP, AQM, AGR, ALH, AHF, ASV, ASZ

EGR-system

Monterat på motorer med följande koder	AGP, AQM, AGR, ALH, AHF, ASV, ASZ

Turboladdare

Monterad på motorer med följande koder	AGR, ALH, AHF, ASV, ASZ

Mellankylare

Monterad på motorer med följande koder	AGR, ALH, AHF, ASV, ASZ

Åtdragningsmoment

	Nm
Avgassystemets fästbyglar, muttrar och bultar	25
Avgasgrenrörets muttrar*	25
Avgassystemets klämmuttrar	40
EGR-rör, muttrar/bultar	25
EGR-ventilens fästbult:	
Motorer utan turbo med kod AGP, AQM	20
EGR-ventilens/klaffhusets fästbult:	
Turbomotor med kod AGR, ALH, AHF, ASV, ASZ	10
Mellankylarens fästbultar	10
Muttrar mellan avgasgrenrör och främre avgasrör*	25
Turboladdare till främre avgasrör, muttrar**	25
Turboladdare till fästbygel, bult	25
Turboladdare till grenrör, bultar (byt ut)**	30
Turboladdarens oljereturrör, anslutningsbult	40
Turboladdarens oljereturrör, flänsbultar	15
Turboladdarens stödfäste till motor	40
Wastegate flänsbultar (motorkod AGR)**	10

** Använd nya bultar/muttrar*
*** Använd gänglås*

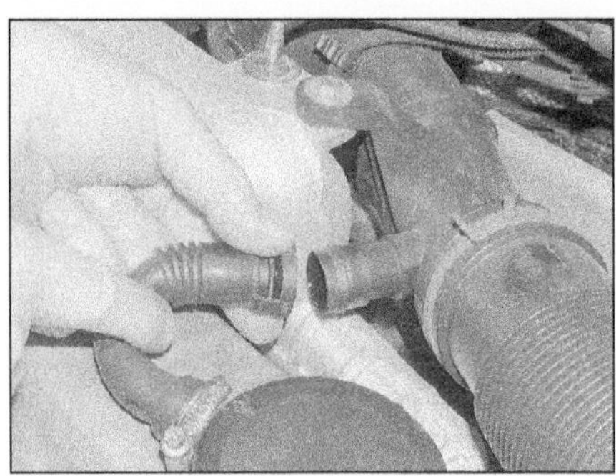

2.1 Den tryckreglerande ventilens slang kopplas loss

1 Allmän information

Avgasreningssystem

Alla modeller med dieselmotor har ett vevhusventilationssystem och de är också utrustade med en katalysator. Alla dieselmotorer är dessutom försedda med ett avgasåterföringssystem (EGR) för att minska de skadliga avgasutsläppen.

Vevhusventilation

För att minska utsläppet av oförbrända kolväten från vevhuset ut i atmosfären är motorn förseglad. Förbiblåsningsgaserna och oljeångan leds från vevhuset, genom en oljeseparator, in i inloppskanalen för att sedan förbrännas av motorn under normal förbränning.

Gaserna tvingas ut ur vevhuset av det relativt högre vevhustrycket. Alla dieselmotorer har en tryckreglerande ventil på kamaxelkåpan, som styr flödet av gaserna från vevhuset.

Avgasrening

En katalysator är monterad i avgassystemet på alla modeller med dieselmotor. Denna tar bort en stor del av kolvätena i gasform, koloxid och partiklar som finns i avgaserna.

Ett avgasåterföringssystem (EGR) finns också på alla dieselmodeller. Detta reducerar mängden kväveoxider som produceras vid förbränningen genom att återföra en del av avgaserna till insugsgrenröret, vid vissa förhållanden, via en kolvventil. Systemet styrs elektroniskt av motorstyrningssystemets ECU.

Avgassystem

Avgassystemet består av avgasgrenröret, främre avgasrör med katalysator, mellanrör och ljuddämpare (modeller utan turbo), och ändrör och ljuddämpare. På turbomodeller sitter turboladdaren monterad på avgasgrenröret och drivs av avgaserna.

Systemet hålls upp av ett antal metallfästen som är fastskruvade i bilens golvplatta, med gummidämpare som hjälper till att hålla nere ljudnivån.

2 Vevhusventilationssystem – allmän information

1 Vevhusventilationssystemet består av slangar som ansluter vevhuset till luftrenaren eller insugsgrenröret. Det sitter också en tryckreglerande ventil på kamaxelkåpan **(se bild)**.

2 Systemet behöver ingen annan översyn än regelbundna kontroller att slangarna och den tryckreglerande ventilen inte är blockerade samt att de är i gott skick.

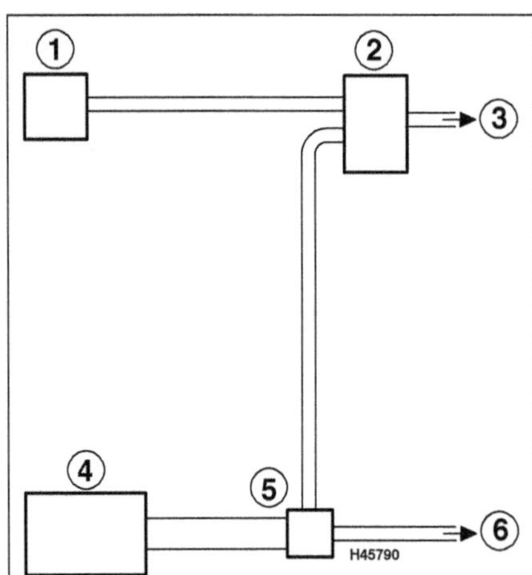

3.2 Schematisk bild av EGR-systemet på motor med kod AGP eller AQM

1 Mekanisk EGR-ventil
2 EGR solenoidventil
3 Till luftfilter
4 Vakuumpump
5 Envägsventil
6 Till bromsservo

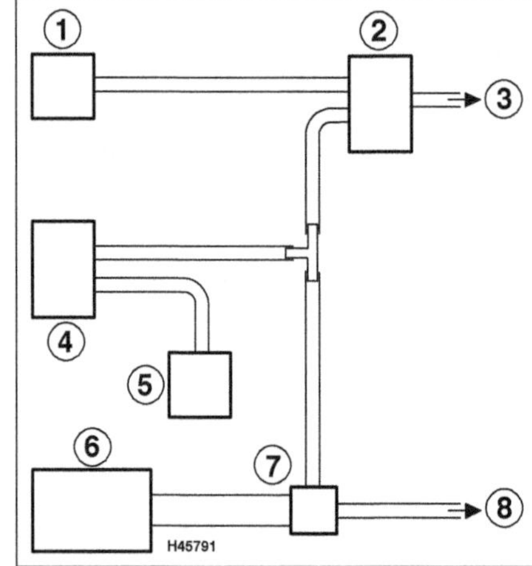

3.3a Schematisk bild av EGR-systemet på turbomotorer (modeller fram till 07/00)

1 Mekanisk EGR-ventil
2 EGR solenoidventil
3 Till luftfilter
4 Till bromsservo
5 Envägsventil
6 Vakuumpump
7 Vakuuminställningselement för insugsgrenrörets klaff
8 Omkopplingsventil för insugsgrenrörets klaff

3 Avgasåterföringssystem (EGR) – byte av delar

1 EGR-systemet består av EGR-ventilen (mekanisk), modulatorventilen (solenoid) och en rad anslutande vakuumslangar.

2 På motorer utan turbo med kod AGP eller AQM, är EGR-ventilen monterad på en flänsfog vid insugsgrenröret och är ansluten till en annan flänsfog vid avgasgrenröret via ett kort metallrör **(se bild)**.

3 På turbomotorer med kod AGR, ALH, AHF, ASV eller ASZ, utgör EGR-ventilen en del av insugsgrenrörets klaffhus, och ansluter till avgasgrenröret via ett flänsförsett rör **(se bilder)**.

EGR-solenoid

4 EGR solenoidventil/modulatorventil sitter på torpeden baktill i motorrummet **(se bilder)**. På vissa modeller kan det vara lätt att blanda ihop EGR-solenoiden med turbons laddtryckssolenoid, som sitter längre till vänster (vänster sett från förarsätet).

5 Koppla loss kontaktdonet från solenoidventilen.

6 Koppla loss vakuumslangen som leder till EGR-ventilen, och den andra vakuumslangen längst ner på solenoidventilen.

7 Skruva loss solenoidventilens fästbult och ta bort ventilen från motorn.

8 Montering sker i omvänd ordning mot demonteringen. Se till att slangarna och kontaktdonet ansluts korrekt och säkert.

EGR-ventil

9 För att förbättra åtkomligheten, demontera motorns toppkåpa/-kåpor. Hur de lossas varierar beroende på modell, men fästmuttrarna sitter under runda täcklock som kan bändas loss från kåpan. Om plastskruvar eller vridfästen används, kan dessa tas bort med en bredbladig skruvmejsel. Ta bort muttrarna eller skruvarna och lyft bort kåpan från motorn. Lossa eventuella kablar eller slangar som sitter fästa vid kåpan.

Motorkod AGP och AQM

10 Koppla loss vakuumslangen från porten på EGR-ventilen.

11 Lossa klämbulten som håller ventilen till det korta anslutningsröret.

12 Skruva loss och ta bort EGR-ventilens två fästbultar **(se bild)**.

13 Ta loss ventilen från den nedre delen av insugsgrenröret och ta bort packningen. Lyft ventilen uppåt och ut ur klämman och anslutningsröret och ta bort den.

14 Anslutningsröret kan också demonteras om så behövs. Skruva loss rörets flänsmuttrar och ta bort röret från avgasgrenröret. Ta bort packningen.

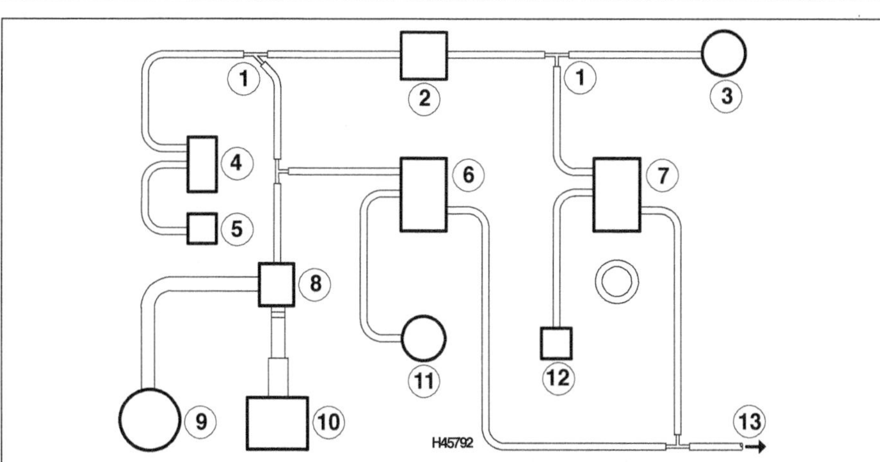

3.3b Schematisk bild av EGR-systemet på turbomotorer (modeller fr.o.m. 08/00)

1 Kontaktdon
2 Envägsventil
3 Vakuumenhet
4 Omkopplingsventil för insugsgrenrörets klaff
5 Vakuuminställnings-element för insugsgren-rörets klaff
6 EGR solenoidventil
7 Solenoidventil för laddtryckskontroll
8 Envägsventil
9 Bromsvakuumservo
10 Vakuumpump
11 Mekanisk EGR-ventil
12 Vakuuminställnings-element
13 Till luftfilter

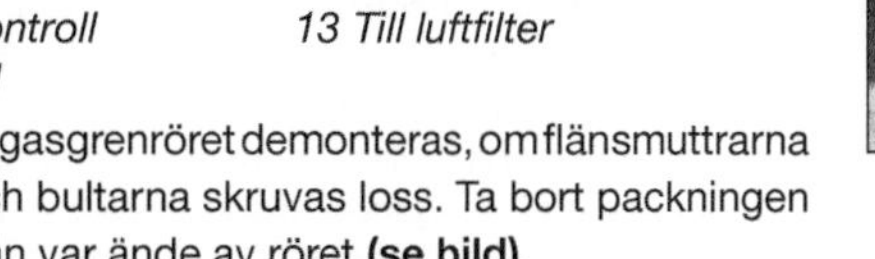

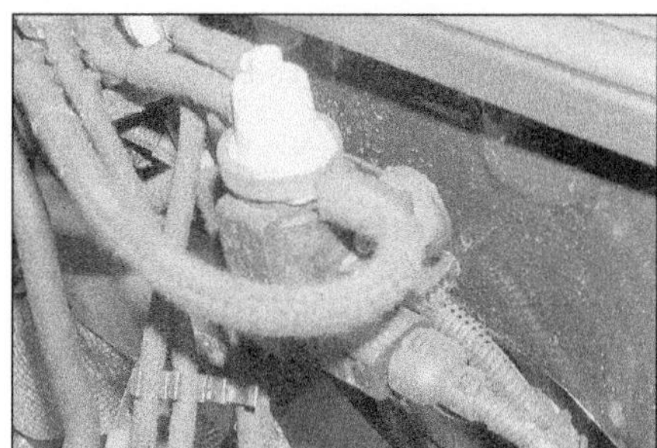

3.4a EGR solenoidventil på motorrummets torped – alla motorkoder utom ASZ

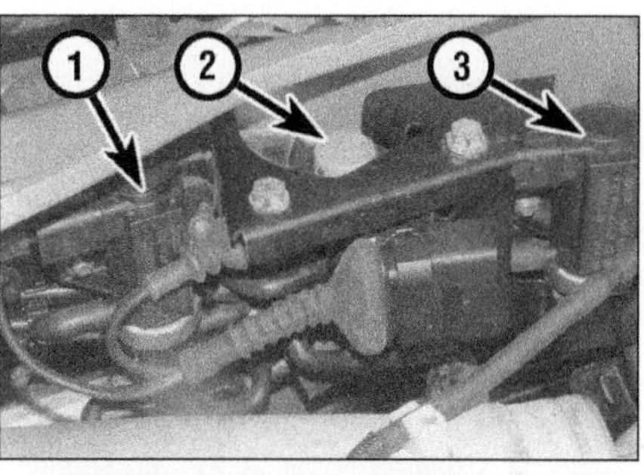

3.4b EGR-ventil (1), omkopplingsventil (2) och laddtryckets solenoidventil (3) – motorkod ASZ

15 Montering sker i omvänd ordning mot demonteringen. Använd nya packningar efter behov, och dra åt muttrarna och bultarna till angivna moment.

Motorkoder AGR, ALH, AHF, ASV och ASZ

16 EGR-ventilen är en del av insugsgrenrörets klaffhus och den kan inte demonteras separat.

17 Om så behövs kan röret från huset till avgasgrenröret demonteras, om flänsmuttrarna och bultarna skruvas loss. Ta bort packningen från var ände av röret **(se bild)**.

18 Montering av röret sker i omvänd ordning mot demonteringen. Använd nya packningar och dra åt flänsmuttrarna och bultarna till angivet moment.

EGR-dämpare

19 För att förbättra åtkomligheten, demontera motorns toppkåpa/-kåpor. Hur de lossas varierar beroende på modell, men fäst-muttrarna sitter under runda täcklock som kan bändas loss från kåpan. Om plastskruvar eller vridfästen används, kan dessa tas bort med en bredbladig skruvmejsel. Ta bort muttrarna

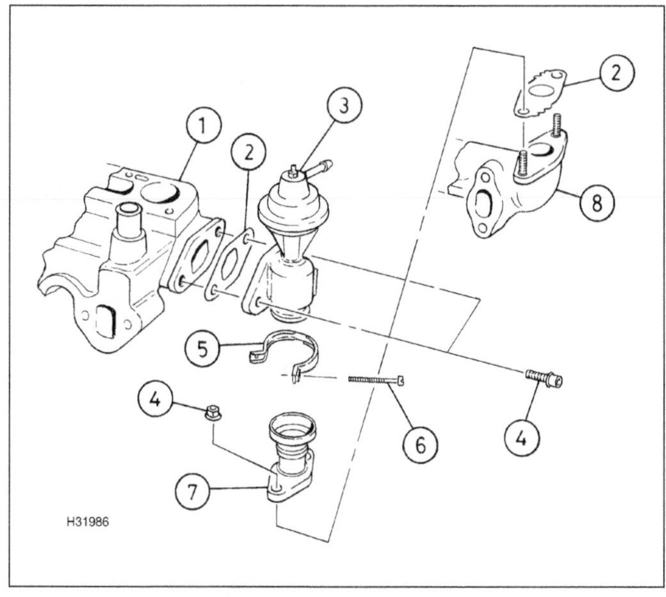

3.12 EGR-ventil – motor utan turbo

1 Insugsgrenrörets nedre del
2 Packning
3 EGR-ventil
4 EGR-ventilens fästbultar/ muttrar
5 Klämma
6 Klämmans bult
7 Anslutningsrör
8 Avgasgrenrör

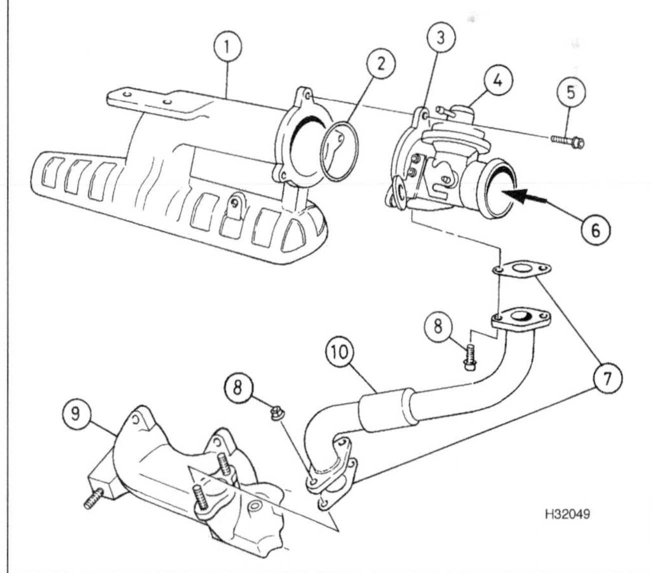

3.17 EGR-rörets montering – turbomotor

1 Insugsgrenrör
2 O-ring
3 Insugsgrenrörets klaffhus
4 EGR-ventil
5 Fästbult
6 Från mellankylare
7 Packning
8 Flänsmutter/bult
9 Avgasgrenrör
10 EGR-rör

eller skruvarna och lyft bort kåpan från motorn. Lossa eventuella kablar eller slangar som sitter fästa vid kåpan.

20 Koppla loss vakuumröret från dämparens behållare framtill på motorn.

21 Skruva loss dämparen från fästbygeln och ta bort den från motorrummet.

22 Montering sker i omvänd ordning mot demonteringen.

4 Turboladdare– allmän information och föreskrifter

Allmän information

Det finns en turboladdare på alla motorer utom de med kod AGP eller AQM, och den är monterad direkt på avgasgrenröret.

Turboladdaren ökar motorns effektivitet genom att höja trycket i insugsgrenröret till över atmosfärstrycket. Istället för att luften sugs in i cylindrarna, tvingas den in. Extra bränsle tillförs med hjälp av en insprutningspump, i proportion till den ökade mängden luft.

Energi för driften av turbon kommer från avgaserna. Gaserna flödar genom ett särskilt utformat hus (turbinhuset) och får därmed turbinhjulet att spinna. Turbinhjulet sitter fast på en axel, som i den andra änden har ännu ett skovelförsett hjul, som kallas kompressorhjulet. Kompressorhjulet roterar i sitt eget hus och komprimerar den inkommande luften på vägen till insugsgrenröret.

Mellan turboladdaren och insugsgrenröret passerar den komprimerade luften genom en mellankylare (se avsnitt 7 för information). Syftet med mellankylaren är att ta bort en del av den värme från luften som uppstår när den komprimeras. Eftersom svalare luft är tätare, ökar temperatursänkningen motorns effektivitet ytterligare.

Laddtrycket (trycket i insugsgrenröret) begränsas av en wastegate, som leder bort avgaser från turbinhjulet i respons på en tryckkänslig aktiverare.

Turbons axel trycksmörjs av ett oljetillförselrör från motorns oljefilterfäste. Axeln "flyter" på en kudde av olja. Oljan återgår till oljesumpen genom returröret som är anslutet till oljesumpen.

Vissa motorer har så kallade "justerbara" turboladdare, som ytterligare ökar motorns effekt jämfört med en normal turboinstallation. På låga motorvarv används skovlar till att begränsa avgastillförselpassagen innan avgaserna når turbinhjulet – detta har effekten att det ökar gasflödet genom restriktionen, och hjulet når optimal hastighet fortare (minskar "turbolag"). Vid högre motorhastigheter öppnar skovlarna upp tillförselpassagen, vilket sänker avgasernas baktryck och minskar bränsleförbrukningen.

Föreskrifter

Turboladdaren arbetar vid extremt höga hastigheter och temperaturer. Vissa försiktighetsåtgärder måste vidtas om man vill förhindra att turbon går sönder i förtid, och för att undvika personskador.

- ***Aktivera inte turbon om några av dess delar är exponerade. Främmande objekt som faller ner på roterande skovlar kan orsaka omfattande materiella skador och (om de slungas ut) personskador.***
- ***Täck över turboladdarens luftinlopp för att förhindra att smuts/skräp kommer in, och använd endast luddfria trasor vid rengöring.***
- ***Rusa inte motorn genast efter start, särskilt om den är kall. Ge oljan några sekunder att cirkulera.***
- ***Låt alltid motorn återgå till tomgångshastighet innan den slås av – "dutta" inte på gaspedalen för att sedan slå av, eftersom detta gör att turbon kommer att rotera utan smörjning.***
- ***Låt motorn gå på tomgång i flera minuter innan den slås av efter körning i hög hastighet.***
- ***Följ rekommenderade intervall för olje- och filterbyte, och använd en bra olja av specificerad kvalitet. Underlåtenhet att byta olja, eller användning av olja av dålig kvalitet, kan orsaka avlagringar av sot på turboaxeln och efterföljande haveri. Rengör noggrant området runt alla oljerörsanslutningar innan de kopplas loss, för att förhindra att smuts kommer in. Förvara isärtagna delar i en tät behållare för att undvika att de blir smutsiga.***

5.11 Turboladdare och tillhörande komponenter - motorkod AGR

1 Avgasgrenrör
2 Turboladdarens fästbult
3 Insugsgrenrör
4 Från mellankylare
5 Insugsgrenrörets packning
6 Insugsgrenrörets fästbult
7 Avgasgrenrörets packning
8 Värmesköldens fästbygel
9 Bricka
10 Mutter
11 Värmesköld
12 Turboladdarens fästmutter
13 Fästmutter/bult
14 Låsring
15 Wastegate
16 Aktiveringsstag
17 Fästbygelns bult
18 Fästbygel
19 Banjobult
20 Tätning
21 Laddtryckssolenoidens slang
22 Oljereturrör
23 Från luftrenaren
24 Banjobult
25 Flänsbult
26 Packning
27 Avgaspackning
28 Främre avgasrör
29 Turboladdare
30 Anslutning
31 Oljetillförselrör

5 Turboladdare - demontering och montering

Observera: *På alla motorer utom de med kod AGR, är turboladdaren en del av avgasgrenröret.*

Demontering

1 Dra åt handbromsen, lyft sedan upp bilens framvagn och stöd den på pallbockar (se *Lyftning och stödpunkter*). Demontera kåpan under motorrummet.

2 Demontera motorns toppkåpa/-kåpor. Hur de lossas varierar beroende på modell, men kåpans fästmuttrar sitter under runda täcklock, som bänds loss från huvudkåpan. Om plastskruvar eller vridfästen används, kan dessa tas bort med hjälp av en bredbladig skruvmejsel. Ta bort muttrarna och skruvarna och lyft bort kåpan från motorn. Lossa eventuella kablar eller slangar som sitter fästa vid kåpan.

3 Åtkomligheten till turboladdaren kan

förbättras om man demonterar insugsgrenröret enligt beskrivning i del B av det här kapitlet, men det ska inte vara absolut nödvändigt.

4 Ta bort EGR-röret från avgasgrenröret och insugsgrenrörets klaffhus, ta hjälp av informationen i avsnitt 3.

5 Skruva loss de två muttrarna och brickorna som håller värmeskölden ovanför turboladdaren och ta bort skölden.

6 Skruva loss anslutningsbulten och koppla loss oljetillförselröret från toppen av turboladdaren; ta bort tätningsbrickorna och notera i vilken ordning de sitter. Var beredd på ett visst oljespill när röret tas bort. Plugga igen eller täck över röret och öppningen för att förhindra att damm och smuts kommer in. Skruva loss den lilla bulten som håller rörets fästbygel och flytta röret åt sidan.

7 Lossa klämmorna och koppla loss luftslangarna som går till och från turboladdaren.

9 Skruva loss och ta bort muttrarna som håller det främre avgasröret till sidan av turboladdaren. Ta loss avgasröret och ta bort packningen (en ny måste användas vid monteringen). Om muttrarna är i dåligt skick är det bäst att införskaffa nya till monteringen. På vissa modeller måste kåpan över den högra drivaxelns inre drivknut tas bort för att man ska komma åt.

10 Skruva loss de två bultarna som håller oljereturröret till basen av turboladdaren. Var beredd på ett visst oljespill när röret kopplas loss, och ta bort packningen (en ny måste användas vid monteringen).

Motorkod AGR

11 Skruva loss anslutningsbulten, ta bort brickorna och koppla loss slangen till turbons laddtryckssolenoidventil från sidan av turboladdaren **(se bild på föregående sida)**.

12 Turboladdaren är fäst till avgasgrenröret med tre bultar, som tas bort ovanifrån. Stötta turboladdaren (som är tung), lossa och ta bort de tre bultarna (nya bultar ska användas vid monteringen). Lyft ut turboladdaren och wastegaten från positionen bakom motorn och ta bort den från motorrummet. Ta bort packningen mellan grenröret och turbon och kasta den – en ny måste användas vid monteringen.

13 Det är inte att rekommendera att man demonterar wastegaten från turbon utan att först prata med en Skodaåterförsäljare eller turbospecialist, eftersom inställningen kan gå förlorad. Att störa wastegateinställningen kan leda till försämrad prestanda, eller t.o.m. motorskador.

Alla andra motorkoder

14 Skruva loss bulten som håller turboladdaren till fästbygeln på motorblocket. Alternativt, skruva loss bulten som håller fästbygeln till motorblocket, och ta bort turbon tillsammans med dess fästbygel **(se bild)**.

15 Turboladdaren kan inte separeras från avgasgrenröret, så de två måste demonteras tillsammans. Det gör att det blir en klumpig enhet – för att skapa tillräckligt med utrymme för demontering måste höger drivaxel först demonteras enligt beskrivning i kapitel 8.

16 Stötta grenröret och turboladdaren – det är en tung enhet. Skruva loss och ta bort avgasgrenrörets åtta fästmuttrar, och notera att värmesköldens fästbygel är fäst med en av muttrarna. Använd rikligt med rostolja om pinnbultarna är rostiga. Om en mutter sitter fast väldigt hårt, försök inte att tvinga den; dra istället åt muttern ett halvt varv, lägg på mer rostolja, vänta en stund så att oljan får dra in och skruva sedan stegvis loss muttern ett varv i taget. Upprepa tills muttern lossnar.

17 I vissa fall följer grenrörets pinnbultar med muttrarna när dessa lossas – detta är inget problem, pinnbultarna kan sättas tillbaka om de är i gott skick. Allra helst bör man dock införskaffa en ny uppsättning pinnbultar och muttrar, eftersom det ändå är troligt att de gamla är i ganska dåligt skick.

18 Ta försiktigt loss grenröret från topplocket och dra loss det från pinnbultarna. Lirka ut grenröret och turbon underifrån. Ta bort grenrörspackningarna från pinnbultarna på topplocket och kasta dem.

Montering

19 Montera turboladdaren genom att följa instruktionerna för demontering i omvänd ordning. Notera följande punkter:

a) Byt ut alla packningar, tätningsbrickor och O-ringar.
b) På motorkod AGR, byt ut turboladdarens tre fästbultar.
c) Innan du monterar oljetillförselröret, fyll på turboladdaren med färsk olja med en oljekanna.
d) Dra åt alla muttrar och bultar till korrekta moment där sådana anges.
e) Kontrollera att luftslangarnas klämmor är ordentligt åtdragna för att förhindra luftläckor.
f) När motorn startas efter monteringen, låt den gå på tomgång i ungefär en minut så att oljan får tid att cirkulera kring turbinaxelns lager. Leta efter tecken på olje- eller kylvätskeläckage från relevanta anslutningar.

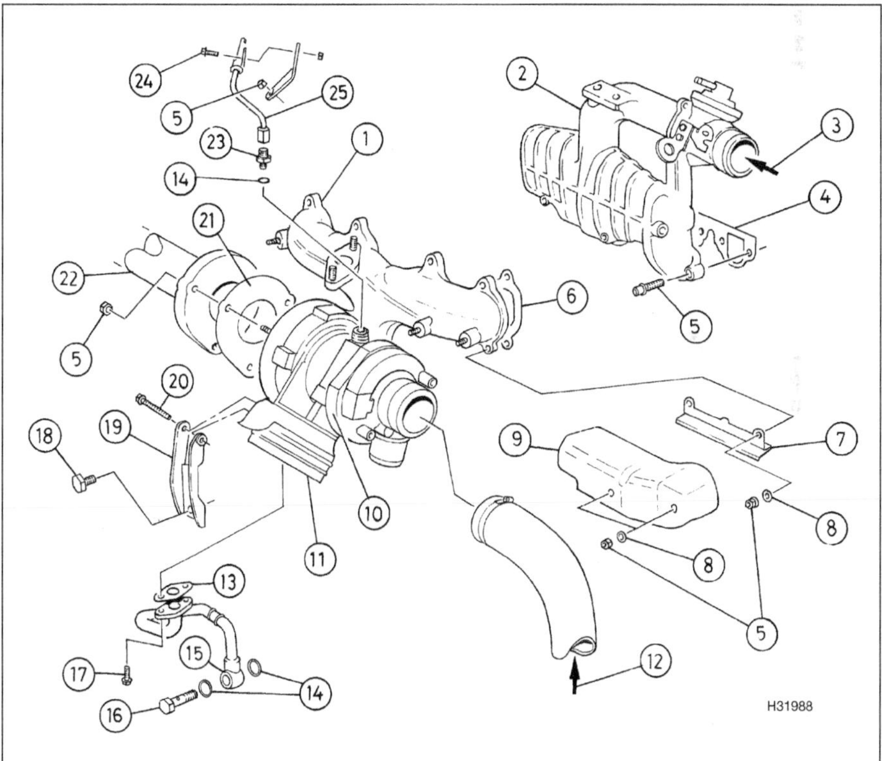

5.14 Turboladdare och tillhörande komponenter – alla motorer utom kod AGR

1 Avgasgrenrör
2 Insugsgrenrör
3 Från mellankylare
4 Insugsgrenrörets packning
5 Fästmutter/bult
6 Avgasgrenrörets packning
7 Värmesköldens fästbygel
8 Bricka
9 Värmesköld
10 Turboladdare
11 Wastegate
12 Från luftrenare
13 Packning
14 Tätning
15 Oljereturrör
16 Banjobult
17 Flänsbult
18 Bult för turbons fästbygel till motorn
19 Turbons fästbygel
20 Bult till turbons fästbygel
21 Avgasrörets packning
22 Främre avgasrör
23 Anslutning
24 Oljetillförselrörets fästbult
25 Oljetillförselrör

6 Turboladdarens laddtrycksstyrsystem – demontering och montering av delar

Laddtryckssolenoidventil

1 Solenoidventilen för laddtryck sitter på vänster sida av torpedväggen **(se bild)**.

2 Koppla loss kablaget från solenoidventilen.

3 Ta loss vakuumslangarna från portarna på solenoidventilen. Notera noggrant hur de är anslutna för att underlätta monteringen **(se bilder)**.

4 Skruva loss fästskruven och ta bort ventilen.

5 Montering sker i omvänd ordning mot demonteringen.

Laddtrycksventil (wastegate)

Motorkod AGR

6 Demontera turboladdaren (se avsnitt 5).

7 Ta bort låsringen som håller wastegatens aktiveringsstag till ventilarmen på turbon **(se bild)**.

8 Skruva loss och ta bort de tre små bultarna som håller wastegatens fläns till turbon och ta bort wastegaten.

9 Rengör gängorna på wastegateflänsens bultar, lägg på ett passande gänglåsmedel på gängorna, sätt sedan tillbaka bultarna och dra åt dem till angivet moment.

10 Om den gamla wastegaten sätts tillbaka, fortsätt till punkt 15.

6.1 Laddtryckssolenoidventil

11 Lossa aktiveringsstagets låsmutter.

12 Vrid ventilarmen på turbon mot wastegaten och håll den mot sitt stopp.

13 Justera längden på aktiveringsstaget längs dess gängade del, så att stagets öga lätt passar över ventilarmen, när armen hålls mot sitt stopp.

14 Separera staget från ventilarmen och vrid staget inåt åtta hela varv, så att staget blir kortare, och dra åt stagets låsmutter.

15 Sätt tillbaka aktiveringsstaget på ventilarmen och fäst med låsringen.

16 Montera turboladdaren enligt beskrivning i avsnitt 5.

Alla andra motorkoder

17 Laddtrycksventilen är en integrerad del av turboladdaren och kan inte bytas ut separat.

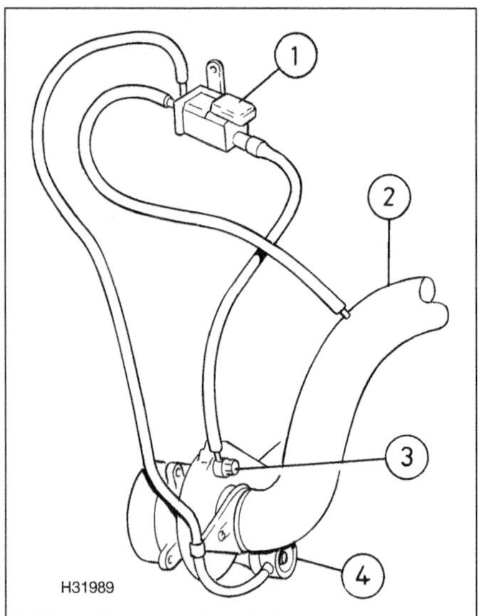

6.3a Slanganslutningar till laddtryckssolenoidventil – motorkod AGR

1 *Laddtryckssolenoidventil*
2 *Luftslang från luftrenare*
3 *Turbons slanganslutning*
4 *Wastegate*

7 Mellankylare – allmän information, demontering och montering

Se kapitel 4C, avsnitt 7. Mellankylarens installation är ungefär likadan på dieselmodeller

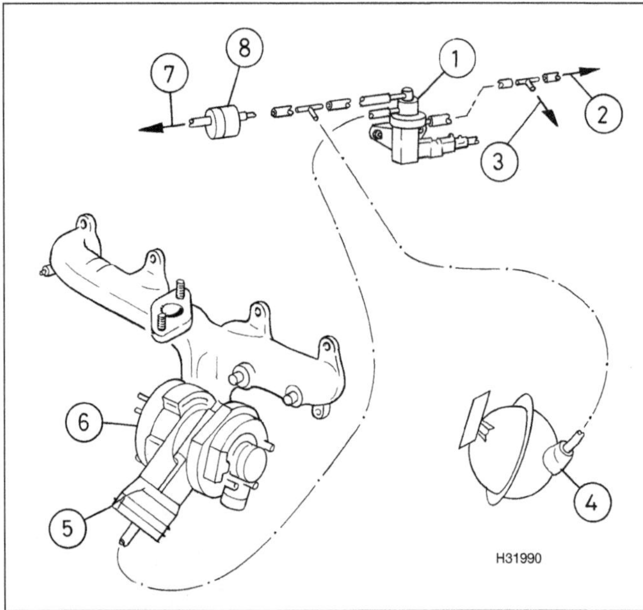

6.3b Slanganslutningar till laddtryckssolenoidventilen – alla motorer utom kod AGR

1 *Laddtryckssolenoidventil*
2 *Till EGR-ventil*
3 *Till luftrenare*
4 *Vakuumbehållare*
5 *Wastegate*
6 *Turboladdare*
7 *Till insugsgrenrörets klaffventil*
8 *Envägsventil*

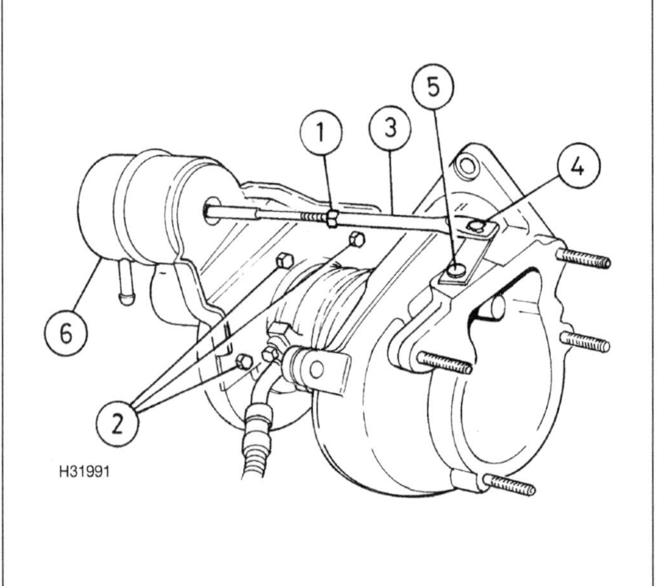

6.7 Wastegate monteringsdetaljer – motorkod AGR

1 *Låsmutter*
2 *Flänsbult*
3 *Aktiveringsstag*
4 *Låsring*
5 *Ventilarm*
6 *Wastegate*

som på bensinmodeller. Den enda skillnaden som bör noteras är lufttemperaturgivaren, monterad antingen uppe på mellankylaren eller på luftslangen från mellankylaren till insugsgrenröret. I vilket fall som helst, koppla loss kontaktdonet från givaren.

8 Avgasgrenrör – demontering och montering

Observera: *På alla turbomotorer utom de med kod AGR, kan inte turboladdaren tas bort från avgasgrenröret. Därför behandlas demontering av grenröret som en del av demontering av turboladdaren i avsnitt 5.*

Demontering

1 Demontera motorns toppkåpa/-kåpor. Hur de lossas varierar beroende på modell, men kåpans fästmuttrar sitter under runda täcklock, som bänds loss från huvudkåpan. Om plastskruvar eller vridfästen används, kan dessa tas bort med hjälp av en bredbladig skruvmejsel. Ta bort muttrarna och skruvarna och lyft bort kåpan från motorn. Lossa eventuella kablar eller slangar som sitter fästa vid kåpan.

2 Åtkomligheten till avgasgrenröret (i alla fall uppifrån) kan förbättras om man först demonterar insugsgrenröret, enligt beskrivning i del B av detta kapitel.

3 På motorkod AGR, om det inte redan har gjorts, lossa klämmorna och ta bort slangen mellan luftmängdsmätaren och turboladdaren. Koppla också loss och ta bort mellankylarens luftslang från insugsgrenröret.

4 Se avsnitt 3, ta bort EGR anslutningsrör från avgasgrenröret. På modeller utan turbo, om insugsgrenröret inte har demonterats, skruva loss EGR-ventilen från insugsgrenröret så att anslutningsröret kan tas bort.

5 Skruva loss fästmuttrarna och ta loss det främre avgasröret från grenröret eller turboladdaren **(se bild)**. Det bör finnas tillräckligt med rörelsefrihet i röret för att frigöra det från pinnbultarna – om inte, lossa bultarna som håller avgasrörets främre fäste. På vissa modeller måste kåpan över den högra drivaxelns inre drivknut tas bort för att man ska komma åt.

6 På motorkod AGR är det tillrådligt att demontera turbon från avgasgrenröret enligt beskrivningen i avsnitt 5. Om den lämnas på plats begränsar turbon åtkomligheten till grenrörsmuttrarna, och enheten kan bli för stor för demontering utan ytterligare isärtagning.

7 Stötta grenröret, skruva sedan loss och ta bort grenrörets fästmuttrar och ta bort brickorna. Använd rikligt med rostolja om pinnbultarna är rostiga. Om en mutter verkligen sitter fast, försök inte att tvinga den; dra åt muttern ytterligare ett halvt varv, lägg på mer rostolja, vänta en stund så att oljan får tränga in och skruva sedan gradvis loss muttern, ett varv i taget. Upprepa tills muttern lossnar.

8 Det kan hända att pinnbultarna följer med muttrarna ut – detta är inget problem, utan pinnbultarna kan sättas tillbaka om de är i bra skick. Allra helst bör man dock införskaffa en hel ny uppsättning pinnbultar och muttrar, eftersom det är troligt att de gamla är i dåligt skick.

9 Ta försiktigt bort grenröret från topplocket, och dra loss grenröret från pinnbultarna. Ta ut grenröret underifrån. Ta bort grenrörspackningarna från topplockets pinnbultar och kasta dem.

Montering

10 Montering sker i omvänd ordning mot demonteringen. Notera följande punkter:

a) *Montera alltid nya packningar och tätningar, efter tillämplighet.*
b) *Om några pinnbultar gick av vid demonteringen, borra ut resterna och montera nya pinnbultar och muttrar.*
c) *Det rekommenderas att nya pinnbultar och muttrar används rutinmässigt – även om de gamla gick att få loss utan problem, är det inte säkert att de klarar av att dras åt igen. Nya komponenter är dessutom mycket lättare att ta loss i framtiden, om detta skulle behövas.*
d) *Om de gamla pinnbultarna återanvänds, rengör gängorna noggrant och ta bort alla spår av rost.*
e) *Dra åt grenrörets fästmuttrar till angivet moment.*

9 Avgassystem – byte av delar

Varning: Ge avgassystemet gott om tid att svalna innan arbetet påbörjas. Kom särskilt ihåg att katalysatorn arbetar vid mycket höga temperaturer. Om det finns den minsta risk att systemet fortfarande är varmt, använd lämpliga skyddshandskar.

Demontering

1 Det ursprungliga Skodasystemet som monteras i fabriken utgörs av två sektioner. Den främre sektionen innehåller katalysatorn och kan tas bort i ett stycke. Den bakre sektionen kan inte tas bort i ett stycke, eftersom den passerar över bakaxeln – röret måste kapas mellan det mittre röret (eller mittre ljuddämparen) och den bakre ljuddämparen, vid en punkt som är utmärkt på röret.

2 Det är endast modeller utan turbo som har en mittre ljuddämpare; turbomodeller har ett mittre rör mellan katalysatorn och den bakre ljuddämparen.

3 För att ta bort en del av systemet, lyft först upp fram- eller bakvagnen och stötta den på pallbockar (se *Lyftning och stödpunkter*). Alternativt, placera bilen över en smörjgrop eller på ramper.

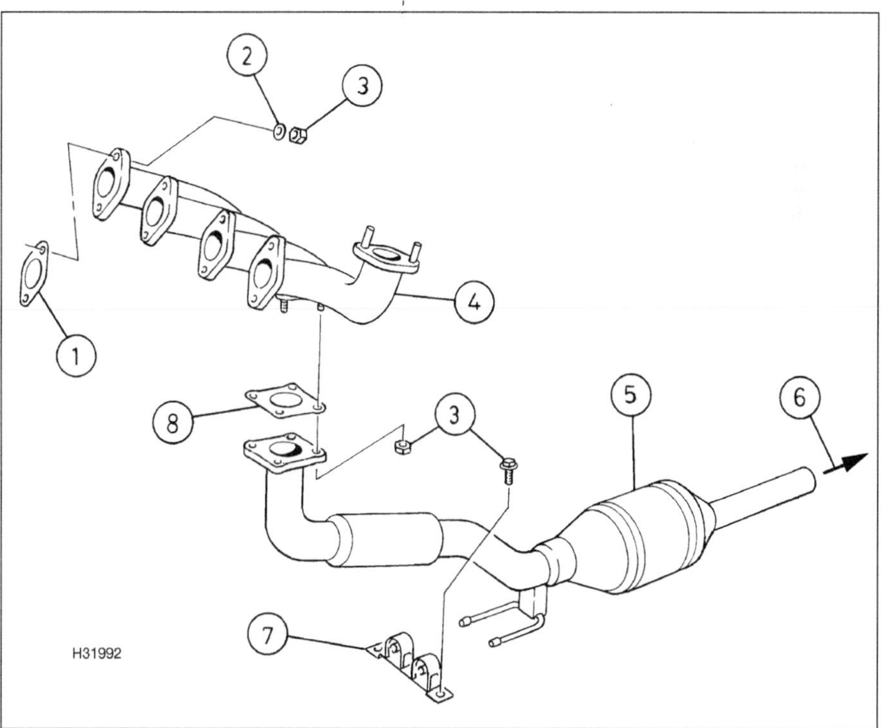

8.5 Avgasgrenrör och främre rör – modeller utan turbo

1 *Grenrörspackning*
2 *Bricka*
3 *Fästmutter*
4 *Avgasgrenrör*
5 *Katalysator*
6 *Till avgassystemets bakre del*
7 *Främre fäste*
8 *Främre avgasrörets packning*

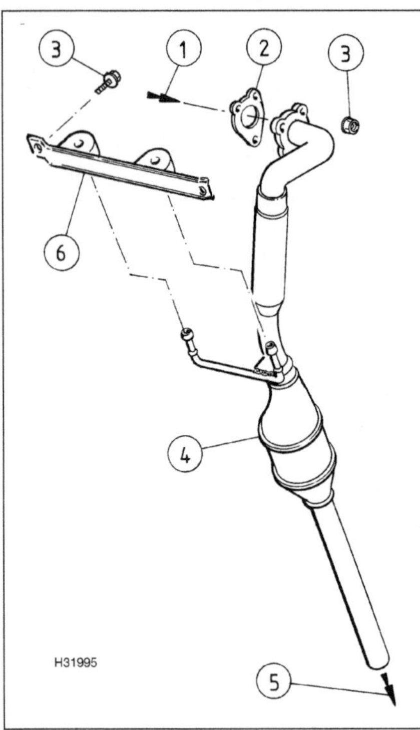

9.6 Främre avgasrör – turbomodeller

1 *Från turboladdare*
2 *Främre rörets packning*
3 *Fästmutter/bult*
4 *Katalysator*
5 *Till den bakre avgassektionen*
6 *Främre fäste*

Främre rör och katalysator

Observera: *Där så är tillämpligt, handskas försiktigt med den flexibla, flätade delen av det främre röret, och böj den inte i onödan.*

4 Lossa de två muttrarna på klämman bakom katalysatorn, och frigör klämman så att den kan flyttas i förhållande till främre och bakre rör.

5 Skruva loss bultarna som håller det främre avgasfästet (under röret) till tvärbalken.

6 Skruva loss muttrarna som håller den främre flänsen till avgasgrenröret eller turboladdaren **(se bild)**. På vissa modeller måste kåpan över den högra drivaxelns inre drivknut tas bort för att åtkomligheten ska bli bättre. Ta isär den främre fogen och dra den nedåt (eller åt sidan) så mycket att den går fri från fästpinnbultarna.

7 Stötta den främre änden av röret, dra sedan klämman bakom katalysatorn antingen framåt eller bakåt för att ta isär fogen. Vrid det främre röret en aning från sida till sida, och dra samtidigt framåt för att lossa det från den bakre sektionen. När röret har lossnat, sänk ner det till marken och ta ut det från under bilen.

Bakre rör och ljuddämpare

Observera: *Se bilder i kapitel 4C, avsnitt 9.*

8 Om det rör sig om en fabriksmonterad bakre sektion, undersök röret mellan de två ljuddämparna och leta efter tre par körnmarkeringar, eller tre linjemarkeringar. Den mittre markeringen indikerar den punkt där röret ska kapas, medan de andra markeringarna visar placeringen för änden av den nya klämman vid montering. Kapa röret vid den mittre markeringen och se till att kapa så rakt som möjligt om någon av delarna ska återanvändas.

9 Om den fabriksmonterade bakre sektionen redan har bytts ut, lossa muttrarna som håller klämman mellan ljuddämparna så att klämman kan tas bort.

Mittre ljuddämpare

10 För att ta bort den mittre ljuddämparen, lossa först muttrarna på klämman bakom katalysatorn. Skruva loss de fyra bultarna som håller de två fästbyglarna till den mittre vaggan under bilen. För att förbättra åtkomligheten, ta också bort muttrarna som håller vaggan till bilens undersida och sänk ner vaggan helt.

11 Dra klämmorna i var ände av ljuddämparsektionen för att lossa rörändarna och sänk ner ljuddämparen.

Bakre ljuddämpare

12 Beroende på modell, är den bakre ljuddämparen fäst antingen bara längst bak, eller både fram och bak, av ett gummifäste som är fastskruvat i bilens undersida. Ljuddämparen sitter fast med metallstift som trycks in i fästenas gummidelar.

13 Skruva loss bultarna och lossa fästet/fästena från bilens undersida. På modeller med två ljuddämparfästen kan det eventuellt räcka att skruva loss bara en, men allra helst bör båda demonteras.

14 Där så är tillämpligt, dra klämman i den främre änden av ljuddämaren så att rörändarna lossas, och sänk ner ljuddämparen.

Montering

15 Varje sektion monteras i omvänd ordning mot demonteringen. Notera följande punkter:

a) *Se till att ta bort alla spår av korrosion från flänsarna eller rörändarna och ta bort alla nödvändiga packningar.*
b) *Utformningen av de klämmor som används mellan avgassystemets sektioner betyder att de spelar en större roll när det gäller att garantera en gastät tätning – montera nya klämmor om de inte är i perfekt skick.*
c) *När klämmorna monteras, använd markeringarna på röret som en guide till var de ska sitta.*
d) *Undersök om fästena är skadade eller försämrade och byt ut dem efter behov.*
e) *Om fogpasta används, se till att endast använda den på fogarna nedströms katalysatorn.*
f) *Innan du drar åt avgassystemets fästen och klämmor, kontrollera att alla gummifästen sitter korrekt och att det finns tillräckligt med utrymme mellan avgassystemet och bilens undersida. Kontrollera också att inte rören blir vridna i onödan och därmed belastas – justera rören i förhållande till varandra vid klämmorna för att åtgärda detta om så behövs.*

10 Katalysator – allmän information och föreskrifter

1 Katalysatorn som är monterad på dieselmodeller är enklare än den som är monterad på bensinmodeller, men den måste ändå behandlas med viss försiktighet för att problem ska undvikas. Katalysatorn är en enkel och pålitlig enhet som inte behöver något egentligt underhåll, men det är vissa saker som bilägaren bör tänka på för att katalysatorn ska fungera ordentligt under hela sin livstid:

a) *ANVÄND INTE bränsle- eller oljetillsatser – de kan innehålla ämnen som är skadliga för katalysatorn.*
b) *FORTSÄTT INTE att använda bilen om den bränner motorolja i sådan utsträckning att man kan se blå rök.*
c) *Kom ihåg att katalysatorn arbetar vid mycket höga temperaturer. Parkera därför INTE bilen över torr växtlighet, långt gräs eller högar av döda löv efter en lång körning.*
d) *Kom ihåg att katalysatorn är ÖMTÅLIG – slå inte på den med verktyg vid servicearbeten, och var mycket försiktig med den om den av någon anledning demonteras från bilen.*
e) *Katalysatorn på en väl underhållen och väl körd bil bör hålla i mellan 80 000 och 160 000 km – om katalysatorn inte längre är effektiv måste den bytas ut.*

Kapitel 5 Del A:
Start- och laddningssystem

Innehåll

Svårighetsgrader

Enkelt, passar novisen med lite erfarenhet 	**Ganska enkelt,** passar nybörjaren med viss erfarenhet 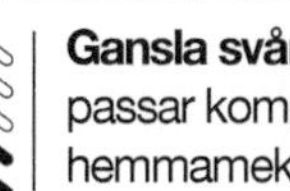	**Gansla svårt,** passar kompetent hemmamekaniker 	**Svårt,** passar hemmamekaniker med erfarenhet	**Mycket svårt,** passar professionell mekaniker

Specifikationer

Allmänt

Systemtyp	12 volt, negativ jord

Startmotor

Klassning:	
Bensinmotorer	12V, 1,1 kW
Dieselmotorer	12V, 2,0 kW

Batteri

Klassning	36 till 72 Ah (beror på modell och marknad)

Generator

Klassning	55, 60, 70 eller 90 amp
Minsta borstlängd	5,0 mm

Åtdragningsmoment

	Nm
Batteriets klämplatta, bultar	22
Generatorns fästbultar	25
Generatorns fästbygel:	
1,4 liters bensinmotorer	50
1,6, 1,8 och 2,0 liters bensinmotorer	45
Dieselmotorer	45
Startmotorns fästbultar	65

1 Allmän information och föreskrifter

Allmän information

Motorns elektriska system består huvudsakligen av laddnings- och startsystemen. På grund av deras motorrelaterade funktioner, behandlas dessa system åtskilt från karossens elsystem, som lysen, instrument etc. (som behandlas i kapitel 12). På modeller med bensinmotor, se del B av det här kapitlet för information om tändsystemet, och för modeller med dieselmotor, se del C av kapitlet för information om förvärmningssystemet.

Elsystemet är av typen 12 volt med negativ jord.

Batteriet kan vara av lågunderhålls- eller underhållsfri (förseglad) typ och det laddas av generatorn, som drivs av en rem från vevaxelremskivan.

Startmotorn är av den föringreppade typen, med en integrerad solenoid. Vid start flyttar solenoiden drivpinjongen så att den går i ingrepp med svänghjulets startkrans innan startmotorn strömsätts. När motorn har startat, förhindrar en envägskoppling startmotorns armatur från att drivas av motorn till dess att drivpinjongen hakar loss från svänghjulet.

Ytterligare information om de olika systemen finns i relevant avsnitt i det här kapitlet. Vissa reparationsåtgärder beskrivs, men det vanligaste förfarandet är att byta ut aktuella komponenter. Den ägare vars intresse sträcker sig längre än rena komponentbyten kan införskaffa boken *Bilens elektriska och elektroniska system*, publicerad av utgivarna av den här boken.

Föreskrifter

Varning: Det är viktigt att vara extra försiktig när man arbetar med elsystemet, för att undvika skador på halvledare (dioder och transistorer), och för att undvika risken för personskador. Utöver det som sägs i avsnittet "Säkerheten främst!" i början av boken, tänk på följande vid arbete på elsystemet:

- ***Ta alltid av ringar, klockor etc. innan arbetet påbörjas.*** Även om batteriet är frånkopplat, kan kapacitiv urladdning inträffa om en komponents strömförande pol jordas genom ett metallobjekt. Detta kan orsaka chock eller brännskada.
- ***Förväxla inte batterianslutningarna.*** Komponenter som generatorn, elektriska styrenheter eller andra komponenter som har halvledare kan få skador som inte går att reparera.
- ***Koppla aldrig loss batteripolerna, generatorn, elektriskt kablage eller testinstrument medan motorn går.***
- ***Låt inte motorn dra runt generatorn när denna inte är ansluten.***
- ***Testa aldrig generatorns effekt genom att "gnistra" generatorns utgående kabel mot jord.***
- ***Se alltid till att batteriets negativa kabel är losskopplad vid allt arbete på elsystemet.***
- ***Om motorn startas med startkablar och ett annat batteri, anslut batterierna positiv till positiv och negativ till negativ (se "Starthjälp" i början av boken). Detta gäller även när man ansluter en batteriladdare.***
- ***Innan bågsvetsningsutrustning används på bilen, koppla loss batteriet, generatorn och komponenter som elektroniska styrenheter (där tillämpligt) för att skydda dem från skador.***

Försiktighet: Vissa radio/kassettspelare som följer med standardutrustningen på Skoda har en inbyggd säkerhetskod för att avskräcka tjuvar. Om strömkällan till anläggningen bryts, aktiveras stöldskyddssystemet. Även om strömmen omedelbart kopplas in igen, kommer inte ljudanläggningen att fungera förrän korrekt kod knappas in. Därför, om du inte känner till koden för radion, koppla inte ifrån batteriets negativa pol och ta inte ut radion ur bilen. Kontakta en Skodaåterförsäljare för ytterligare information om huruvida din radio har säkerhetskod. Se också avsnittet "Frånkoppling av batteriet" i Referenskapitlet längst bak i boken.

2 Batteri - test och laddning

Test

Standard- och lågunderhållsbatteri

1 Om bilen har en kort årlig körsträcka, är det värt att kontrollera elektrolytens specifika vikt var tredje månad för att avgöra hur väl laddat batteriet är. Demontera batteriet (se avsnitt 3), ta sedan bort cellocken/kåpan (efter tillämplighet) och utför kontrollen med en hydrometer. Jämför resultaten med följande siffror. Notera att man här förutsätter en elektrolyttemperatur på 15°C; för varje 10°C under 15°C, dra ifrån 0,007. För varje 10°C över 15°C, lägg till 0,007. Om elektrolytnivån i någon cell är låg, fyll på till MAX-nivåmärket med destillerat vatten.

	Över 25°C	Under 25°C
Fulladdat	*1,210 till 1,230*	*1,270 till 1,290*
70% laddat	*1,170 till 1,190*	*1,230 till 1,250*
Urladdat	*1,050 till 1,070*	*1,110 till 1,130*

2 Om batteriet misstänks vara i dåligt skick, kontrollera först elektrolytens specifika vikt i varje cell. En skillnad på 0,040 eller mer mellan celler tyder på förlust av elektrolyt eller försämring av de inre plattorna.

3 Om den specifika vikten varierar med 0,040 eller mer, ska batteriet bytas ut. Om skillnaderna är mindre men batteriet är urladdat, måste det laddas enligt beskrivning längre fram i det här avsnittet.

Underhållsfritt batteri

4 Om ett förseglat underhållsfritt batteri är monterat, är det inte möjligt att testa eller fylla på elektrolyten. Batteriets skick kan då bara testas med en särskild batteriindikator eller en voltmeter.

5 Vissa modeller kan ha ett underhållsfritt batteri med en inbyggd batteriindikator. Indikatorn sitter uppe på batterikåpan och visar batteriets skick med hjälp av olika färger. Om indikatorn är grön är batteriet väl laddat. Om indikatorn blir mörkare, till slut svart, behöver batteriet laddas, enligt beskrivning längre fram i avsnittet. Om indikatorn är klar/gul, är elektrolytnivån i batteriet för låg för att det ska kunna användas och batteriet måste då bytas ut. **Försök inte** att ladda batteriet, eller starta med startkablar om indikatorn visar klar/gul färg.

6 Om batteriet testas med en voltmeter, anslut voltmetern över batteriet och notera spänningen. Testet kommer bara att ge ett korrekt resultat om batteriet inte har utsatts för någon typ av laddning under de föregående sex timmarna. Om detta inte är fallet, slå på strålkastarna i ungefär 30 sekunder, slå av dem igen och vänta sedan fyra till fem minuter innan batteriet testas. Alla andra elektriska kretsar måste vara avslagna, så kontrollera att dörrar och baklucka är helt stängda när testet utförs.

7 Om spänningsavläsningen är lägre än 12,2 volt är batteriet urladdat, medan en avläsning på 12,2 till 12,4 volt tyder på delvis urladdning.

8 Om batteriet ska laddas, ta ut det ur bilen enligt beskrivning längre fram i det här kapitlet.

Laddning

Observera: *Följande beskrivning är endast tänkt som en guide. Följ alltid tillverkarens rekommendationer (ofta tryckta på en etikett på batteriet) innan batteriet laddas.*

Standard- och lågunderhållsbatteri

9 Ladda batteriet i en takt som motsvarar 10% av batteriets kapacitet (d.v.s. för ett 45 Ah batteri, ladda vid 4,5 A) och fortsätt att ladda i den här takten tills ingen ytterligare ökning noteras på fyra timmar.

10 Alternativt kan en så kallad "droppladdare" som laddar med 1,5 ampere användas över natten.

11 Snabbladdare som påstås ladda batteriet på 1 till 2 timmar rekommenderas inte, eftersom de kan orsaka allvarliga skador på batteriplattorna på grund av överhettning.

12 Medan batteriet laddas får elektrolytens temperatur aldrig överstiga 37,8°C (100°F).

Underhållsfritt batteri

13 Det tar betydligt längre tid att ladda den här typen av batteri än ett batteri av standardtyp. Hur lång tid det tar beror förstås på hur urladdat batteriet är, men det kan ta upp till tre dagar.

14 Det behövs en laddare av konstantspänningstyp, som när den är ansluten ska ställas in på 13,9 till 14,9 volt med en laddningsström under 25 ampere. Med den här metoden bör batteriet vara användbart inom tre timmar, och ge en spänningsavläsning på 12,5 volt, men detta gäller ett delvis urladdat batteri – full laddning kan ta längre tid.

15 Om batteriet ska laddas från helt urladdat tillstånd (en avläsning på mindre än 12,2 volt), låt då ladda det hos en bilelektriker, eftersom laddningstakten är högre och laddningen behöver övervakas hela tiden.

3 Batteri - demontering och montering

Observera: *Om bilen har en säkerhetskodad radio, se till att du kan koden innan du kopplar ifrån batteriet. om så behövs kan en "kodsparare" eller "minnessparare" användas till att lagra radiokoden och andra relevanta minnesvärden medan batteriet är bortkopplat (se avsnittet "Frånkoppling av batteriet" i Referenskapitlet).*

Demontering

1 Batteriet sitter i det främre, vänstra hörnet i motorrummet. Om en isoleringskåpa finns, öppna denna för att komma åt batteriet.

2 Lossa klämmuttern och koppla loss kabeln från batteriets negativa pol.

3 Lyft upp plastkåpan från säkringshållaren uppe på batteriet – den lossas genom att man trycker ihop låsflikarna.

4 För att ta bort säkringshållaren, skruva loss fästmuttern och tryck ner fästbygeln på batteriet. Fästbygeln ska då gå att lossa från batterikåpan **(se bilder)**.

5 Lossa klämmuttern och koppla loss kabeln från batteriets positiva pol **(se bild)**.

6 Ta bort isoleringskåpan (om sådan finns), skruva sedan loss bulten och ta bort batteriklämman **(se bild)**. Batteriet kan sedan lyftas ut.

Montering

7 Montera batteriet genom att följa demonteringsanvisningarna i omvänd ordning. Dra åt klämmans bult till angivet moment.

8 Där så är tillämpligt, knappa in radions säkerhetskod. Ställ klockan och grundinställ elfönsterhissarna enligt beskrivning i kapitel 11.

3.4a Skruva loss säkringshållarens fästmuttrar . . .

4 Generator/laddningssystem - test i bilen

Observera: *Läs avsnitt 1 i det här kapitlet innan arbetet påbörjas.*

1 Om laddningslampan inte tänds när tändningen slås på, kontrollera först att generatorns kontakter sitter ordentligt ikopplade. Om lampan fortfarande inte tänds, kontrollera kontinuiteten i varningslampans tillförselledning från generatorn till glödlampshållaren. Om allt är som det ska så långt, är generatorn defekt och måste bytas ut eller tas till en bilelektriker för test och reparation.

2 Om laddningslampan tänds när tändningen slås på, men tar lång tid att slockna när motorn har startats, kan detta tyda på ett annalkande fel på generatorn. Kontrollera alla delar som nämns i föregående punkt, och kontakta en bilelektriker om inga uppenbara fel hittas.

3 Om laddningslampan tänds när motorn går, stanna motorn och kontrollera att drivremmen är korrekt spänd (se kapitel 1A eller 1B) och att generatorns anslutningar sitter säkert. Om allt är som det ska så långt, undersök generatorns borstar och släpringar enligt beskrivning i avsnitt 6. Om felet kvarstår ska generatorn bytas ut eller tas till en bilelektriker för test och reparation.

4 Om man misstänker att generatorn inte ger den effekt den ska, även om varningslampan fungerar som den ska, kan den reglerade spänningen kontrolleras enligt följande.

3.5 Koppla loss kabeln från batteriets positiva pol

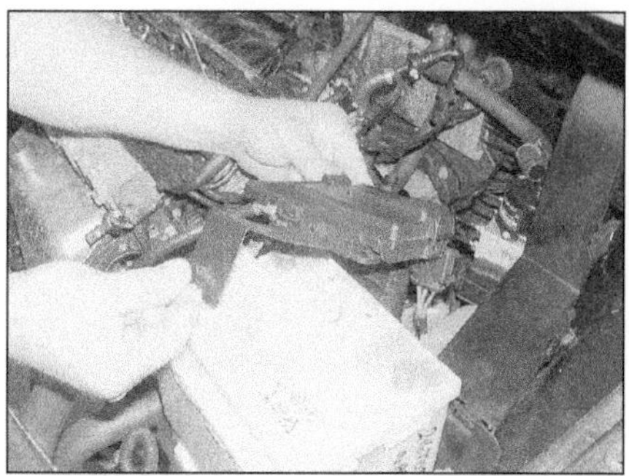

3.4b . . . och ta bort fästbygeln

5 Anslut en voltmeter över batteripolerna och starta motorn.

6 Öka motorhastigheten tills voltmeteravläsningen förblir stadig; avläsningen ska vara ungefär 12 till 13 volt, och inte mer än 14 volt.

7 Slå på så många elektriska tillbehör som möjligt (t.ex strålkastare, uppvärmd bakruta, värmefläkt etc.), och kontrollera att generatorn bibehåller den reglerade spänningen vid 13 till 14 volt.

8 Om den reglerade spänningen inte är enligt ovan, kan det bero på slitna borstar, svaga borstfjädrar, en defekt spänningsregulator, en defekt diod, en trasig faslindning eller slitna eller skadade släpringar. Borstarna och släpringarna kan kontrolleras (se avsnitt 6), men om felet består måste generatorn bytas ut eller tas till en bilelektriker.

5 Generator - demontering och montering

Demontering

1 Koppla loss batteriets negativa kabel (se *Frånkoppling av batteriet* i *Referenskapitlet* i slutet av den här boken).

2 Ta bort drivremmen från generatorns remskiva (se kapitel 1A eller 1B). Märk drivremmen med rotationsriktningen för att se till att den sätts tillbaka rätt väg.

3 Dra loss den tvåstiftiga "push-in" kontakten från generatorn **(se bild på nästa sida)**.

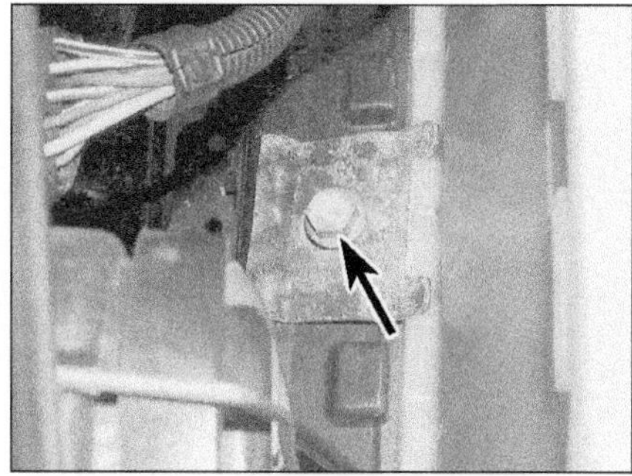

3.6 Skruva loss klämbulten

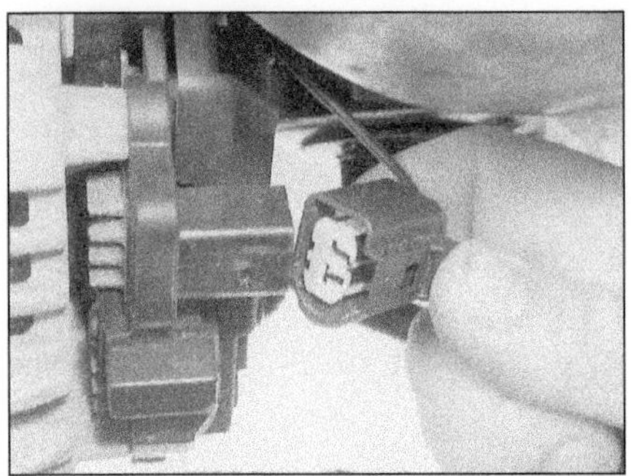

5.3 Koppla loss tvåstiftskontakten

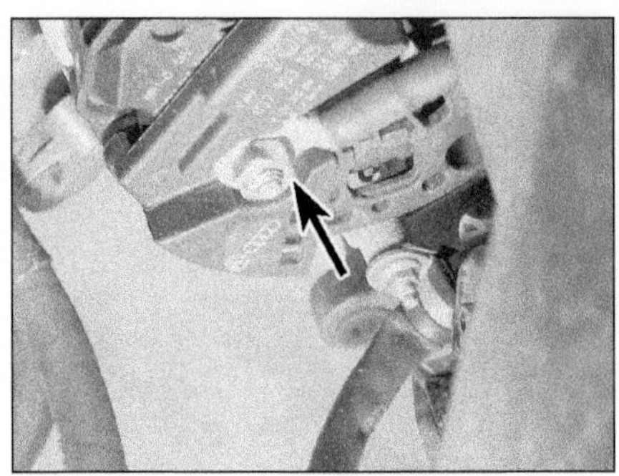

5.4 Koppla loss den positiva kabeln

5.7 Skruva loss fästbultarna (vid pilarna)

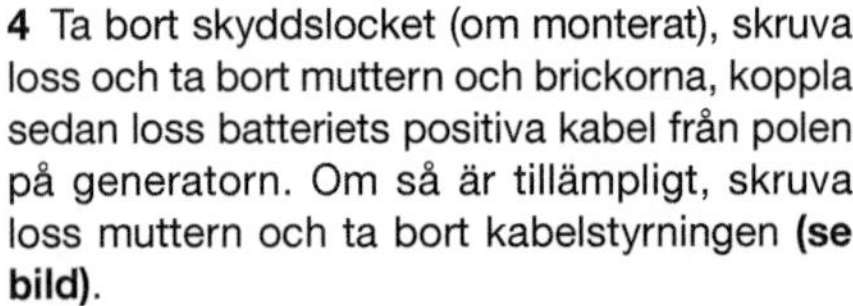

4 Ta bort skyddslocket (om monterat), skruva loss och ta bort muttern och brickorna, koppla sedan loss batteriets positiva kabel från polen på generatorn. Om så är tillämpligt, skruva loss muttern och ta bort kabelstyrningen **(se bild)**.

5 På bensinmodeller, om så behövs, ta bort servostyrningspumpen för att förbättra åtkomligheten, enligt beskrivning i kapitel 10.

6 På dieselmodeller, skruva loss luftkonditioneringskompressorn och bind fast den åt ena sidan. På modeller med det kraftiga kylsystemet, demontera också den extra kylfläkten från kylarens högra sida, och skydda kylaren med en bit kartong.

7 Skruva loss och ta bort de nedre och sedan de övre bultarna, lyft sedan bort generatorn från fästbygeln **(se bild)**.

Montering

8 Generatorns fästbussningar är självcentrerande och de måste försiktigt knackas in ungefär 1,0 mm innan generatorn monteras.

9 Montering sker i omvänd ordning mot demonteringen. Se kapitel 1A eller 1B för information om montering av drivremmen. Dra åt generatorns fästbultar till angivet moment.

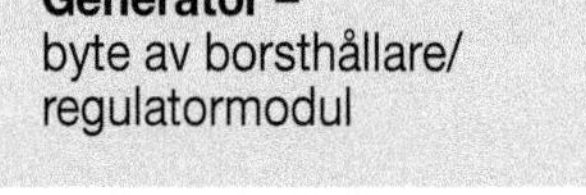

6 Generator – byte av borsthållare/regulatormodul

1 Demontera generatorn enligt beskrivning i avsnitt 5.

2 Placera generatorn på en ren arbetsyta, med remskivan vänd nedåt.

3 Om en yttre plastkåpa är monterad, skruva loss skruven och de två muttrarna och lyft av kåpan **(se bild)**.

4 Skruva loss de tre fästskruvarna och ta bort spänningsregulatorn **(se bilder)**.

5 Mät borstkontakternas fria längd **(se bild)**. Jämför resultatet med det mått som anges i specifikationerna; byt ut modulen om borstarna är slitna under angiven gräns.

6 Rengör och undersök ytorna på släpringarna, i änden av generatorns axel. Om de är mycket slitna eller skadade måste generatorn bytas ut.

7 Sätt ihop generatorn genom att följa isärtagningsbeskrivningen i omvänd ordning. Avslutningsvis, se avsnitt 5 och montera generatorn.

7 Startsystem – test

Observera: *Se avsnitt 1 i det här kapitlet innan arbetet påbörjas.*

1 Om startmotorn inte går igång när startnyckeln vrids till startläget, kontrollera då följande:

- *a) Batteriet kan vara defekt.*
- *b) De elektriska anslutningarna mellan tändningslåset, solenoiden, batteriet och startmotorn misslyckas någonstans med att överföra behövlig ström från batteriet genom startmotorn till jord.*
- *c) Solenoiden är defekt.*
- *d) Startmotorn har något mekaniskt eller elektriskt fel.*

2 För att kontrollera batteriet, slå på strålkastarna. Om de blir svagare efter några sekunder, tyder det på att batteriet är urladdat – ladda (se avsnitt 2) eller byt ut batteriet. Om strålkastarna lyser starkt, slå på tändningen och titta på strålkastarna. om de försvagas tyder det på att ström når startmotorn och därför måste felet ligga i startmotorn. Om lysena fortsätter att lysa starkt (och inget klickande kan höras från startmotorsolenoiden), tyder det här på ett fel i kretsen eller solenoiden – se följande punkter. Om startmotorn går runt långsamt när den aktiveras, men batteriet är i gott skick, tyder det antingen på att startmotorn är defekt eller att det finns ett betydande motstånd någonstans i kretsen.

3 Om ett fel i kretsen misstänks, koppla loss batterikablarna (inklusive jordanslutningen till karossen), startmotor-/solenoidkablaget och motorns/växellådans jordfläta. **Observera:** *Innan batteriet kopplas ifrån, läs "Frånkoppling av batteriet" i Referenskapitlet längst bak i*

6.3 Ta bort den yttre kåpan

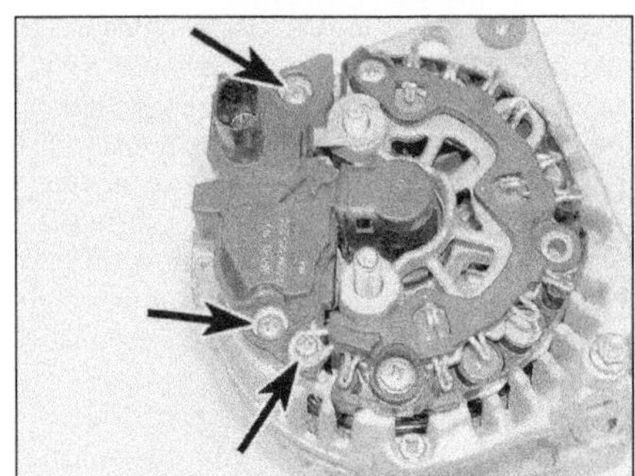

6.4a Skruva loss skruvarna (vid pilarna) . . .

6.4b . . . och ta bort borsthållaren/regulatorn

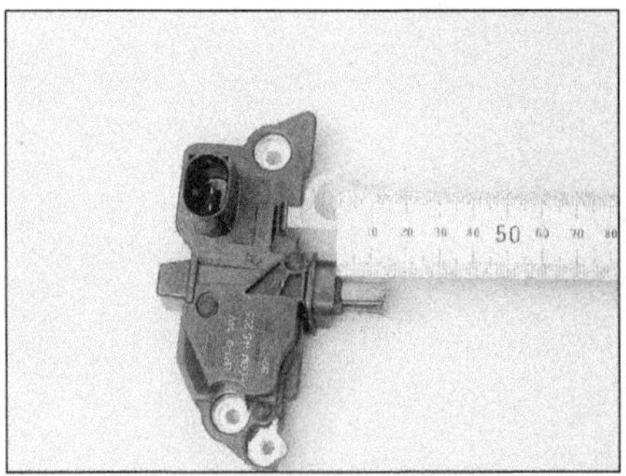

6.5 Mät borstlängden

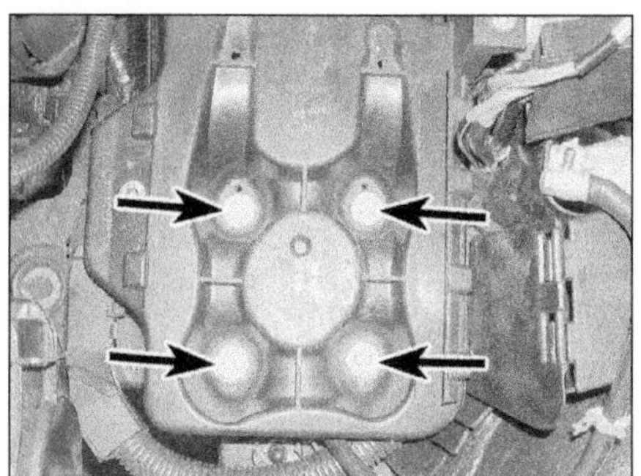
8.2 På dieselmodeller, skruva loss fästbultarna till batteriets fästbygel

8.3 Koppla loss kontaktdonet

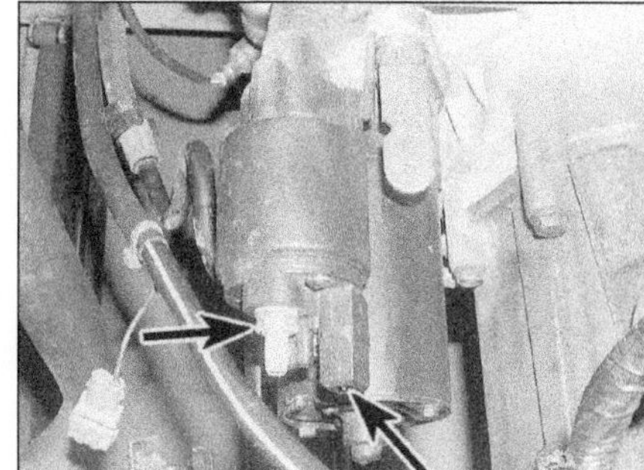
8.4a Solenoidanslutningar (vid pilarna)

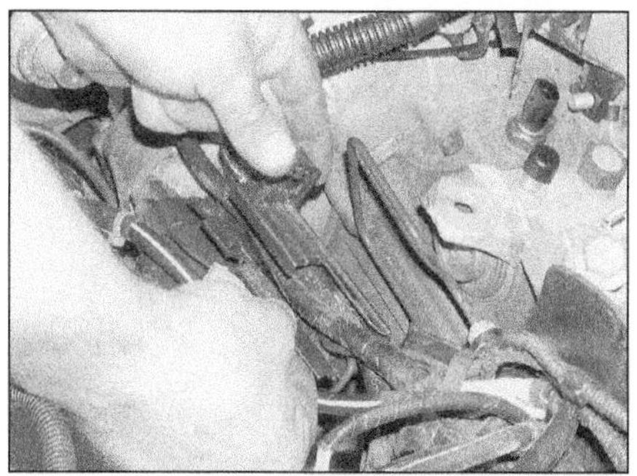
8.4b Lossa kablarna

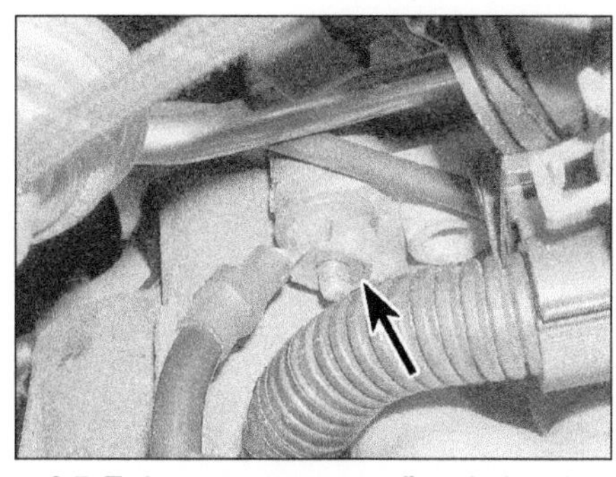
8.5 Ta bort startmotorns övre bult och jordanslutning

8.9 Fästbygel (vid pilen) på startmotorns nedre bult

boken. Rengör anslutningarna noggrant och återanslut sedan kablarna. Använd sedan en voltmeter eller testlampa för att kontrollera att det finns full batterispänning vid den positiva batterikabelns anslutning till solenoiden, och att jorden är bra.

4 Om batteriet och alla anslutningar är i gott skick, kontrollera kretsen genom att koppla loss kabeln från solenoidens flatstiftskontakt. Anslut en voltmeter eller testlampa mellan kabeländen och god jord (som t.ex. batteriets negativa pol), och kontrollera att kabeln är strömförande när startnyckeln vrids till startläget. Om den är det är kretsen i ordning - om inte, kontrollera kretsens kablage enligt beskrivning i kapitel 12.

5 Solenoidens kontakter kan kontrolleras genom att man ansluter en voltmeter eller testlampa mellan batteriets positiva matningsanslutning på solenoidens startmotorsida, och jord. När tändningen ställs i startläge, ska man erhålla en avläsning/lampan ska tändas. Om man inte får någon avläsning/lampan inte tänds, är solenoiden defekt och måste bytas ut.

6 Om kretsen och solenoiden visar sig vara i gott skick, måste felet ligga hos startmotorn. Det kan vara möjligt att låta en specialist renovera startmotorn, men undersök först tillgången på reservdelar och kostnaden för dessa innan du gör detta, eftersom det faktiskt kan visa sig vara mer ekonomiskt att köpa en ny motor eller en utbytesmotor.

8 Startmotor - demontering och montering

Demontering

1 Koppla loss batteriets negativa kabel (se *Frånkoppling av batteriet* i *Referenskapitlet* i slutet av boken).

2 På dieselmodeller, demontera batteriet enligt beskrivnig i avsnitt 3, skruva sedan loss och ta bort batteriets fästbygel **(se bild)**.

3 Koppla loss kontaktdonet ovanför solenoiden och dra ut det från hållaren **(se bild)**.

4 Koppla loss kablarna från solenoidens baksida och notera exakt hur de sitter. Ta loss kablarna från styrningarna och ta sedan bort styrningarna **(se bilder)**.

5 Ta bort den övre bulten och jordanslutnignen mellan startmotorn och balanshjulskåpan **(se bild)**.

6 För att komma åt undersidan av bilen, dra åt handbromsen, lyft upp framvagnen och stötta den på pallbockar.

7 Skruva loss fästbultarna och ta bort den mittre och den vänstra delen av kåpan under motorn.

8 Ta loss servostyrningsrörens fästbyglar/ hållare och flytta dem åt sidan.

9 Skruva loss och ta bort den nedre bulten mellan startmotorn och balanshjulskåpan, och lyft ut startmotorn och solenoiden ur balanshjulskåpans öppning och ner ut ur motorrummet **(se bild)**. Där så är tillämpligt, ta bort fästbygeln för servostyrningsröret från startmotorns nedre fästbult.

Montering

10 Montera startmotorn genom att följa anvisningarna för demontering i omvänd ordning. Dra åt fästbultarna till angivet moment. Där så är tillämpligt, se till att jordkabelns och servostyrningsrörets fästbygel fästs ordentligt med startmotorns fästbultar.

9 Startmotor - test och renovering

Om startmotorn misstänks vara defekt måste den demonteras och tas till en bilelektriker för bedömning. I de flesta fall kan nya startmotorborstar monteras till en rimlig kostnad. Kontrollera först kostnaden för reparationer, eftersom det kan visa sig vara mer ekonomiskt att köpa en ny motor eller en utbytesmotor.

Kapitel 5 Del B: Tändsystem – bensinmotorer

Innehåll

Svårighetsgrader

Enkelt, passar novisen med lite erfarenhet	**Ganska enkelt,** passar nybörjaren med viss erfarenhet	**Ganska svårt,** passar kompetent hemmamekaniker	**Svårt,** passar hemmamekaniker med erfarenhet	**Mycket svårt,** passar professionell mekaniker

Specifikationer

Systemtyp*

1,4 liters motor	Bosch Motronic ME7.5
1,6 liters motor:	
Kod AEE	Magneti-Marelli 1AVM
Kod AEH och AKL:	
Bilar med farthållare	Siemens Simos 2.2
Bilar utan farthållare	Siemens Simos 2.1
Kod AVU och BFQ	Siemens Simos 3.3
1,8 liters motor:	
Kod AGN, AGU och ARZ	Bosch Motronic M3.8.2
Kod ARX, AUM och AUQ	Bosch Motronic ME7.5
2,0 liters motor:	
Kod AEG, APK och AQY	Bosch Motronic M5.9.2
Kod AZH och AZJ	Bosch Motronic ME7.5

* **Observera:** *Se 'Bilens identifikationsnummer' i slutet av den här boken för information om kodmarkering på motorn.*

Tändspole

Typ:	
1,4 liters motor:	
Kod AXP	Enkel DIS spole med fyra tändkablar, kamaxellägesgivare
Kod BCA	Individuell spole per cylinder (inga tändkablar), kamaxellägesgivare
1,6 liters motor:	
Kod AEE	Enkel spole med fördelare och tändkablar, Hallgivare i fördelaren
Kod AEH, AKL, AVU och BFQ	Enkel DIS spole med fyra tändkablar, kamaxellägesgivare
1,8 liters motor:	
Kod AGN	Enkel DIS spole med fyra tändkablar, kamaxellägesgivare
Kod AGU, ARX, ARZ, AUM och AUQ	Individuell spole per cylinder (inga tändkablar), kamaxellägesgivare
2,0 liters motor	Enkel DIS spole med fyra tändkablar, kamaxellägesgivare
Primärlindningens motstånd:	
Motorkod AEE	0,5 till 1,2 ohm
Alla motorer utom kod AEE	E/T
Sekundärlindningens motstånd:	
Motorkod AEE	3000 till 4000 ohm
Enkel DIS spole (fyra tändkabelutgångar)	4000 till 6000 ohm
En spole per tändstift	E/T

Observera: *"Twin-spark" tändspolarna på andra motorer kan inte testas med konventionell utrustning, utan kräver användning av en diodtestare.*

Rotorarm

Motstånd (motorkod AEE)	600 till 1400 ohm

Tändningsinställning

Motorkod AEE	6° ± 1°
Alla andra motorkoder	Kontrolleras av motorstyrningssystemet

Tändkablar

Tändkablarnas störskydd, motstånd (motorkod AEE)	600 till 1400 ohm
Högspänningsanslutningarnas motstånd (motorkod AEE)	400 till 600 ohm

Tändstift

Se specifikationerna i kapitel 1A

Åtdragningsmoment

	Nm
Knacksensorns fästbult	20
Tändspolens fästbultar (enkel DIS spole)	10
Tändstift:	
Motorkod AEE	25
Alla andra motorer än kod AEE	30

1 Allmän information

Bosch Motronic, Magneti-Marelli, och Simos system som beskrivs i det här kapitlet är oberoende motorstyrningssystem, som styr både bränsleinsprutning och tändning. Det här kapitlet behandlar endast tändsystemets komponenter – se kapitel 4A för information om bränslesystemets komponenter.

Tändsystemet består av tändstiften, högspänningskablar (tändkablar) (utom på motorer med en spole per tändstift), fördelare (motorkod AEE), tändspole samt ECU med dess tillhörande givare, aktiverare och kablage. Komponenternas layout varierar från system till system, men den grundläggande funktionen är lika på alla modeller.

ECU sänder en spänning till tändspolens ingångssteg, som gör att primärlindningen i spolen strömsätts. Tillförselspänningen avbryts periodvis av ECU och detta resulterar i en kollaps av det primära magnetfältet, som då orsakar en mycket högre spänning i sekundärspolen, kallad högspänning. Den här spänningen leds (av tändkablarna/fördelaren, där tillämpligt) till tändstiftet i den cylinder som för tillfället är i tändningstakten. Mellan tändstiftets elektroder finns ett gap som är så litet att högspänningen kan hoppa över, och den resulterande gnistan antänder bränsle/luftblandningen i cylindern. Inställningen av det här händelseförloppet är kritisk och styrs enbart av den elektroniska styrenheten (ECU).

På 1,6 liters motor med kod AEE, aktiveras högspänningen i tändspolen av en Hallgivare inuti fördelaren i samverkan med ECU, och högspänningen leds genom tändkablarna, fördelarlocket och rotorarmen till tändstiften.

På motorer som har en enkel DIS tändspole arbetar spolen efter principen "wasted spark". Spolen innehåller i själva verket två separata spolar – en för cylinder 1 och 4 och en för cylinder 2 och 3. Var och en av de två spolarna producerar en högspänning för båda spolarna varje gång dess primärspolespänning avbryts – d.v.s. cylinder 1 och 4 antänder alltid tillsammans, varefter nr 2 och 3 antänder tillsammans. När detta händer kommer en av de två cylindrarna att vara i kompressionstakten (och antänder bränsle/luftblandningen), medan den andra är i avgastakten. Eftersom gnistan i avgastakten inte har någon effekt, är den i princip förslösad (wasted), därav termen "wasted spark".

På 1,4 liters motor med kod BCA och 1,8 liters motor med kod AGU, ARX, ARZ, AUM och AUQ, har varje tändstift sin egen tändspole, som sitter direkt ovanför tändstiftet (inga tändkablar behövs därför). Till skillnad från "wasted spark" systemet, genereras på de här modellerna enbart en gnista vid varje tändstift en gång per motorcykel (period).

ECU räknar ut och styr tändningsinställningen i första hand med hjälp av information om motorhastigheten, vevaxelns/kamaxelns/fördelarens position, gasspjällets läge och insugsluftens temperatur, som erhålls från givare/sensorer monterade på och runt motorn. Andra parametrar som påverkar inställningen är kylvätskans temperatur och motorknack, som också övervakas av sensorer på motorn.

Knacksensorn sitter på motorblocket för att känna av om motorn "förtänder" (eller "spikar"). Om förtändning inträffar, senarelägger ECU tändningen i steg tills förtändningen upphör. ECU ställer sedan fram tändningsinställningen i steg tills den är återställd till det normala läget, eller tills förtändning inträffar igen. På bilar med Motronic system finns det två knacksensorer.

På alla motorer utom de som har Simos motorstyrningssystem, styrs tomgången delvis av en elektronisk gasspjällägesmodul, monterad på sidan av gasspjällhuset, och delvis av tändsystemet, som ger finjustering av tomgångshastigheten genom att ändra tändningsinställningen. På Simos system styr ECU tomgångshastigheten genom tändningsinställning och insprutningstid. Manuell justering av motorns tomgångshastighet är varken nödvändig eller möjlig.

Det bör noteras att omfattande felsökning av alla motorstyrningssystem som beskrivs i det här kapitlet endast är möjlig med särskild elektronisk testutrustning. Problem med systemets funktion som inte kan fastställas med hjälp av instruktionerna i avsnitt 2 bör därför överlämnas till en Skodaverkstad för bedömning. När felet har identifierats kan relevanta delar bytas ut med hjälp av de beskrivningar för demontering och montering som ges i följande avsnitt.

2 Tändsystem – test

Varning: Var ytterst försiktig vid arbete på systemet när tändningen är påslagen; man kan få en mycket kraftig elektrisk stöt från bilens tändsystem. Personer med pacemaker bör hålla sig på avstånd från tändsystemets kretsar, komponenter och all testutrustning. Slå alltid av tändningen innan någon del kopplas ur eller in, och när en multimeter används för att kontrollera motstånd.

Motorer med en fördelare

1 De flesta problemen med ett tändsystem beror på lösa eller smutsiga anslutningar eller på "tracking" (oavsiktlig jordning) av högspänning på grund av smuts, fukt eller skadad isolering, snarare än fel på någon komponent. Undersök **alltid** allt kablage noggrant innan en elektrisk komponent döms ut, och arbeta metodiskt för att eliminera alla andra möjligheter innan du bestämmer dig för att en speciell komponent är defekt. I fuktiga förhållanden, försök med att spraya vattenavvisande spray på högspänningskomponenterna, som WD-40 eller liknande.

2 Tekniken som går ut på att man försöker få en gnista genom att hålla den strömförande änden av en högspänningsledning väldigt nära motorn, är inte att rekommendera; det föreligger inte bara stor risk för en elektrisk chock, utan tändspolen kan också ta skada. Försök heller aldrig att diagnostisera misständning genom att dra loss en tändkabel i taget.

Motorn startar inte

3 Om motorn inte drar runt alls, eller går runt väldigt sakta, kontrollera batteriet och startmotorn. Anslut en voltmeter över batteripolerna (voltmeterns positiva sond till batteriets positiva pol), koppla loss tändspolens ledning från fördelarlocket och jorda den, observera sedan spänningsavläsningen som erhålls när motorn dras runt på startmotorn i (högst) tio sekunder. Om avläsningen är mindre än ungefär 9,5 volt, kontrollera först batteriet, startmotorn och laddningssystemen (se kapitel 5A).

4 Om motorn går runt med normal hastighet

men ändå inte vill starta, kontrollera högspänningskretsen genom att ansluta en tändinställningslampa (följ tillverkarens instruktioner) och dra runt motorn på startmotorn; om lampan blinkar når spänning tändstiften, så dessa kan då undersökas först. Om lampan inte blinkar, kontrollera själva tändkablarna, följt av fördelarlocket, kolborsten och rotorarmen.

5 Om det finns en gnista, leta efter fel i bränslesystemet; se relevant del av kapitel 4 för mer information.

6 Om ingen gnista uppstår kan det bero på ett problem med lågspänningssidan av systemet. Leta efter 12 volts spänningsmatning till tändspolen, och efter dåliga anslutningar eller skadat kablage. Undersök spolen enligt beskrivningen längre fram i det här avsnittet. Om spolen inte får 12 volts matning, indikerar detta ett problem med tändningslåset, eller möjligtvis en trasig säkring (se kapitel 12).

7 Kom ihåg att ett fel med stöldskyddssystemet eller immobilisern (om monterad) kan vara orsaken till att motorn inte startar. Kontrollera först att systemet har avaktiverats på korrekt sätt genom att läsa i bilens handbok eller instruktioner.

8 Om det fortfarande inte finns någon gnista, måste problemet ligga i motorstyrningssystemet. I detta fall måste bilen överlämnas till en Skodaverkstad för bedömning.

Motorn misständer

9 En oregelbunden misständning tyder på antingen en lös anslutning eller ett intermittent fel på en lågspänningskrets, eller ett högspänningsfel på spolens sida av rotorarmen. Ett fel med Hallgivaren kan också vara orsaken till ojämn gång – se avsnitt 6.

10 Med tändningen avslagen, undersök systemet noggrant och se till att alla anslutningar är rena och sitter fast ordentligt. Om rätt utrustning finns till hands, leta i lågspänningskretsen efter dåliga anslutningar eller skadat kablage.

11 Kontrollera att tändspolen, fördelarlocket och tändkablarna är rena och torra. Undersök själva kablarna och tändstiften (genom att byta ut dem om då behövs), undersök sedan fördelarlocket, kolborsten och rotorarmen.

12 Regelbunden misständning beror med stor säkerhet på ett fel i fördelarlocket, tändkablarna eller tändstiften. Använd en tändinställningslampa (punkt 9) för att kontrollera om det finns högspänning i alla kablar.

13 Om högspänning saknas i en särskild kabel, ligger felet i den kabeln eller i fördelarlocket. Om högspänning finns i alla kablar ligger felet i tändstiften; undersök och byt ut dem om det råder den minsta tvekan om deras skick.

14 Om ingen högspänning finns, undersök tändspolen; dess sekundärlindning kan fallera under belastning.

Tändkablar

15 Tändkablarna ska kontrolleras varje gång nya tändstift monteras (se kapitel 1A).

16 Dra loss kablarna från tändstiften genom att dra i kabelskorna, inte själva kabeln, eftersom anslutningen då kan skadas.

Se till att alla kablar är numrerade innan de kopplas loss, för att undvika förvirring vid inkopplingen.

17 Titta på insidan av kabelskon och leta efter korrosion, ett vitt, poröst pulver. Sätt sedan tillbaka kabelskon på tändstiftet och kontrollera att den har tät passning på stiftet. Om inte, ta loss den igen och kläm försiktigt ihop metallkontakterna inne i kabelskon med en tång tills de greppar ordentligt om änden av tändstiftet.

18 Torka av kabeln med en ren trasa för att få bort smuts och fett. Leta sedan efter brännmärken, sprickor eller andra skador. Böj inte kabeln i onödan och dra inte heller i den på längden – ledaren inuti kan gå sönder.

19 Koppla loss den andra änden av kabeln från fördelarlocket. Dra bara i kabelskon. Leta efter korrosion och tät passning på samma sätt som i den andra änden. Om en ohmmeter finns till hands, kontrollera motståndet i kabeln genom att ansluta instrumentet mellan kabelns tändstiftsände och segmentet inuti fördelarlocket. Sätt tillbaka kabeln ordentligt efter avslutad kontroll.

20 Undersök övriga kablar en i taget på samma sätt. Glöm inte att kontrollera huvudkabeln, som går från fördelarlockets mittre pol till tändspolen.

21 Om nya tändstiftskablar behövs, köp en uppsättning som passar din särskilda bilmodell och motor.

Fördelarlock

22 Ta bort fördelarlocket enligt beskrivning i avsnitt 4. Torka det rent, undersök både in- och utsida och leta efter sprickor, svarta sotspår och slitna, brända eller lösa kontakter; kontrollera att lockets kolborste inte är sliten, kan röra sig fritt mot fjädertrycket och har god kontakt med rotorarmen.

Vid montering av ett nytt fördelarlock, ta loss kablarna från det gamla locket en i taget, och koppla in dem i det nya fördelarlocket på samma platser.

23 Koppla inte loss alla kablar från fördelarlocket samtidigt, eftersom det kan leda till förvirring med tändföljden. Vid montering, dra åt lockets skruvar ordentligt, eller se till att lockets klämmor hakar i ordentligt.

24 Även om tändsystemet är i mycket gott skick, kan vissa motorer ibland ha svårt att starta på grund av fukt i systemet. Spraya i så fall på en vattenavvisande spray.

Rotorarm

25 Med hänvisning till föregående underavsnitt, demontera fördelarlocket.

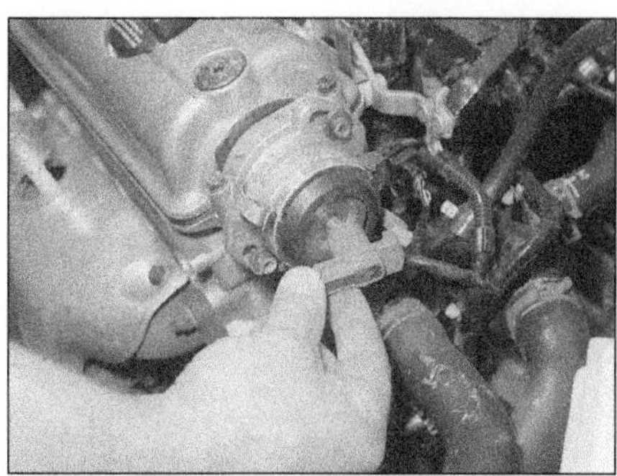

2.26 Demontera rotorarmen från änden av fördelaraxeln

26 Undersök rotorarmen; det är vanligt att man byter ut fördelarlocket och rotorarmen när nya tändstiftskablar monteras. Rotorarmen dras helt enkelt loss från axeln **(se bild)**.

27 Undersök skicket på rotorarmens kontakter – en i mitten av armen, för fördelarlockets kolkontakt, och en i änden av armen, som kommer i kontakt med fördelarlockets segment för varje tändkabel. Tvätta bort eventuella sotavlagringar med ett fint slippapper, och torka också av rotorarmen.

28 Montering sker i omvänd ordning mot demonteringen – se till att rotorarmens inställningsklack hakar i urtaget i fördelaraxeln, innan fördelarlocket monteras tillbaka.

Tändspole

29 Koppla loss lågspänningskabelns kontaktdon och huvudkabeln från tändspolen.

30 Anslut en multimeter mellan pol 1(–) och 15(+), och kontrollera att motståndet i primärlindningarna motsvrar det som anges i specifikationerna **(se bild)**.

31 Anslut multimetern mellan pol 4 (högspänning) och 15(+), och kontrollera att motståndet i sekundärlindningarna överensstämmer med vad som anges i specifikationerna.

32 Anslut kablaget.

33 Om spolen är varm när man tar i den när motorn har varit igång, kan detta tyda på ett internt isoleringsfel.

Andra problem

34 Problem med systemets funktion som inte kan fastställas med hjälp av riktlinjerna

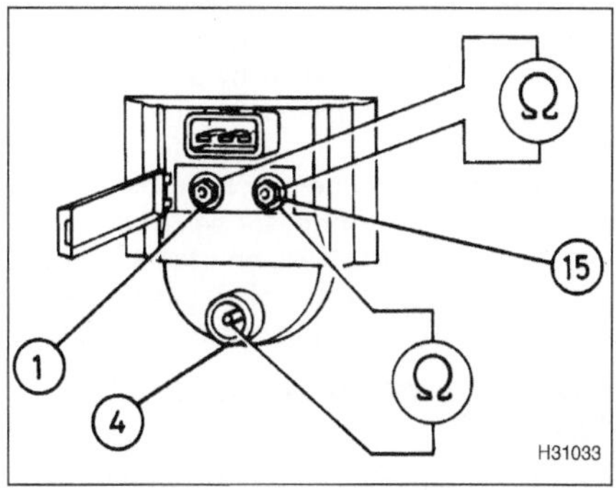

2.30 Testpunkter för tändspolens motstånd

1 LS '–' pol
4 HS pol
15 LS '+' pol

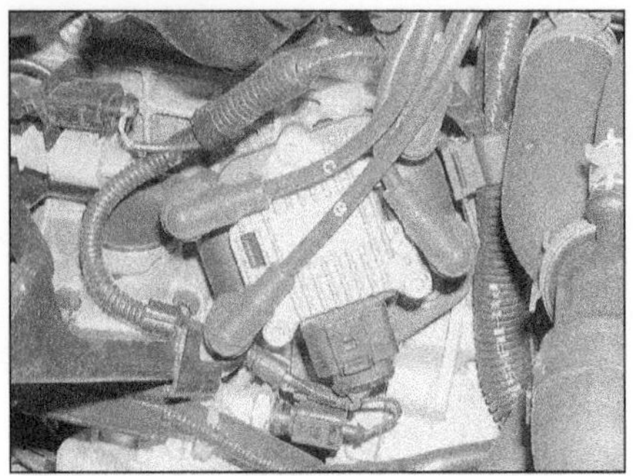

3.4 Tändspolens placering till vänster på motorns framsida

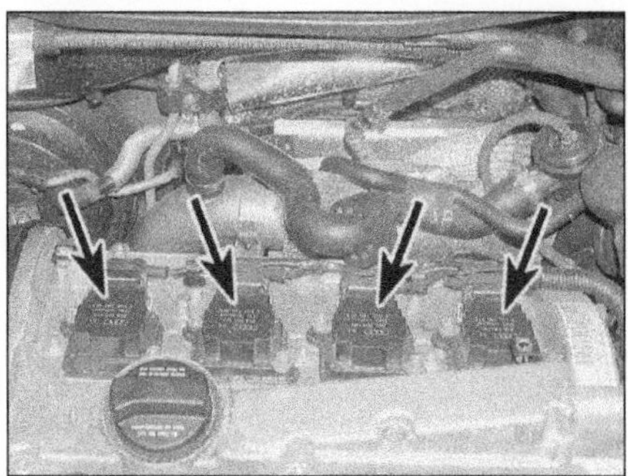

3.10 Tändspolar (vid pilarna) - 1,4 liters motor med kod BCA och 1,8 liters motor utom kod AGN

3.12 Tändspolens jordkabel - 1,4 liters motor med kod BCA och 1,8 liters motor utom kod AGN

i följande punkter bör överlämnas till en Skodaverkstad för bedömning.

Motorer med enkel DIS spole

35 Läs informationen i punkt 41 till 43. Den enda troliga orsaken till problem med tändningen är högspänningskablarna, som ansluter spolen till tändstiften. Undersök kablarna enligt följande. Koppla aldrig loss mer än en kabel i taget, för att undvika att de blandas ihop.

36 Ta loss den första kabeln från tändstiftet genom att dra i kabelskon, inte själva kabeln, eftersom anslutningen annars kan ta skada. Titta inne i kabelskon för att se om det finns korrosion, som ser ut som ett vitt, poröst pulver. Sätt tillbaka kabelskon på tändstiftet och se till att den har en tät passning. Om så inte är fallet, ta loss kabelskon igen och kläm ihop metallkontakterna inuti med en tång, tills du känner att kabelskon greppar ordentligt om tändstiftet.

37 Torka av hela kabeln med en ren trasa för att får bort fett och smuts. När kabeln är ren, undersök om den har brännskador, sprickor eller andra skador. Böj inte kabeln onödigt mycket och dra inte heller i den på längden - ledaren inuti är ganska ömtålig och kan gå sönder.

38 Koppla loss den andra änden av kabeln från tändspolen. Dra bara i kabelskon. Leta efter korrosion och kontrollera passningen på samma sätt som i tändstiftsänden.

39 Om en ohmmeter finns tillgänglig, kontrollera kontinuiteten mellan tändkabelns poler. Om det inte finns någon kontinuitet är kabeln defekt och måste bytas ut (som en fingervisning bör motståndet i varje kabel vara kring 4 till 8 kΩ).

40 Sätt tillbaka kabeln och se till att den fästs ordentligt. Kontrollera sedan de andra kablarna på samma sätt, en i taget. Om det råder någon som helst tvekan om skicket på någon av kablarna, byt ut hela uppsättningen.

Motorer med en spole per tändstift

41 Om det uppstår ett fel i motorstyrningssystemet (bränsleinsprutning/tändning) som tros vara relaterat till tändningen, kontrollera först att inte felet beror på en dålig elektrisk anslutning eller dåligt underhåll; d.v.s. kontrollera att luftfiltret är rent, tändstiften är i gott skick och har rätt elektrodavstånd, och att motorns ventilationsslangar inte är blockerade eller skadade. Se kapitel 1A för ytterligare information. Kontrollera också att gasvajern (om monterad) är korrekt justerad enligt beskrivning i kapitel 4A. Om motorn går mycket ojämnt, kontrollera kompressionstrycken enligt beskrivning i kapitel 2B.

42 Om de här kontrollerna inte avslöjar orsaken till problemet ska bilen tas till en Skodaverkstad för kontroll. Det finns ett diagnosuttag i motorstyrningssystemets krets, till vilket särskild elektronisk testutrustning kan anslutas (se kapitel 4A). Testaren kan hitta felet snabbt och enkelt - den undanröjer behovet av att testa alla systemkomponenter individuellt, vilket är tidskrävande och dessutom medför en viss risk för skador på ECU.

43 De enda kontroller som kan utföras på tändsystemet av en hemmamekaniker är de som beskrivs i kapitel 1A, som handlar om tändstiften. Om så behövs kan systemets kablage och kontaktdon kontrolleras enligt beskrivningen i kapitel 12, men se först till att ECU kontaktdon har kopplats loss.

3 Tändspole/-spolar - demontering och montering

Demontering

1,6 liters motor med kod AEE

1 Tändspolen sitter på vänster sida av torpedväggen, baktill i motorrummet.

2 Koppla loss lågspänningskablaget från spolen på torpeden, notera sedan exakt hur högspänningskablarna (tändkablarna) sitter och koppla loss dessa.

3 Skruva loss och ta bort spolen från torpeden.

1,6 liters motor utom kod AEE, 1,8 liters motor med kod AGN, och alla 2,0 liters motorer

4 Den enkla DIS tändspolen sitter framtill på vänster sida av motorn, under insugsgrenröret **(se bild)**.

5 Koppla loss lågspänningskablaget från spolen, notera sedan exakt hur högspänningskabeln/-kablarna sitter och koppla loss den/dem.

6 Skruva loss och ta bort tändspolen från motorn.

1,4 liters motor utom kod AXP

7 Tändspolen sitter på den bakre, vänstra änden av motorns kamaxelkåpa, bredvid kamaxellägesgivaren ovanför insugsgrenröret.

8 Koppla loss lågspänningskablaget från spolen, notera sedan exakt hur högspänningskabeln/-kablarna sitter och koppla loss den/dem.

9 Skruva loss de tre insexbultarna och ta bort spolen från motorn.

1,4 liters motor med kod BCA och 1,8 liters motor utom kod AGN

10 De fyra tändspolarna sitter direkt ovanför tändstiften **(se bild)**.

11 Om så behövs, skruva loss fästbultarna och ta bort motorns toppkåpa, koppla sedan loss kablarna från tändspolarna - genom att först lyfta låsklämman.

12 Skruva loss bulten och koppla loss jordkabeln från kamaxelkåpan och flytta kablaget åt sidan **(se bild)**. Skruva loss fästbultarna och lyft försiktigt upp tändspolarna från kamaxelkåpan, och koppla samtidigt loss högspänningsförlängningarna från tändstiften. Ta bort packningarna från spolarna. Om så behövs kan förlängningarna tas bort från spolarnas nedre ändar.

Montering

13 Montering sker i omvänd ordning mot demonteringen.

4 Fördelare - demontering, kontroll och demontering

Observera: *Det här avsnittet gäller endast 1,6 liters motor med kod AEE.*

Demontering

1 Koppla loss batteriets negativa kabel och lägg den åt sidan.

2 Ställ in motorn på ÖD för cylinder nr 1, enligt beskrivning i kapitel 2A.

4.4 **Koppla loss fördelarlockets jordfläta**

4.5 **Koppla loss Hallgivarens kabel från fördelaren vid kontaktdonet**

4.6a **Lossa fjäderklämmorna med en lämplig skruvmejsel . . .**

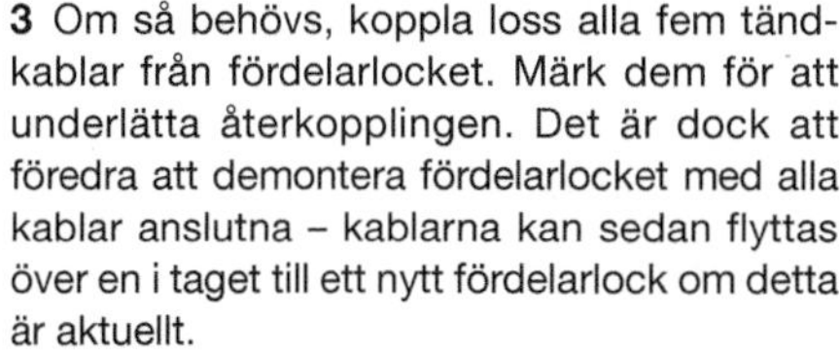

3 Om så behövs, koppla loss alla fem tändkablar från fördelarlocket. Märk dem för att underlätta återkopplingen. Det är dock att föredra att demontera fördelarlocket med alla kablar anslutna – kablarna kan sedan flyttas över en i taget till ett nytt fördelarlock om detta är aktuellt.

4 Koppla loss jordflätan från metallkåpan **(se bild)**.

5 Koppla loss Hallgivarens kontaktdon från fördelaren **(se bild)**.

6 Lossa fästklämmorna, lossa fördelarlocket och lyft bort det **(se bilder)**.

7 Kontrollera i det här läget att mitten av rotorarmens elektrod är i linje med markeringen för cylinder nr 1 på fördelaren.

8 Märk upp förhållandet mellan fördelarhuset och monteringsflänsen genom att ritsa in pilar, eller markera med färg, mellan dem **(se bild)**.

9 Skruva loss och ta bort klämbultarna, ta sedan bort fördelaren från topplocket. Man kan behöva rucka fördelaren fram och tillbaka lite, för att lossa den stora O-ringstätningen **(se bilder)**.

10 Ta bort O-ringstätningen från undersidan av fördelaren och undersök den. Byt ut tätningen om den verkar det minsta sliten eller skadad.

Montering

11 Kontrollera först att cylinder nr 1 fortfarande är i ÖD-läget. Sätt fördelaren på plats, haka i dess medbringare i hålet i kamaxeldrivflänsen och sätt i klämbultarna löst. Vrid fördelaren

4.6b **. . . och lyft bort fördelarlocket**

4.8 **Inställningsmärken (vid pilarna) målade på fördelaren och monteringsflänsen**

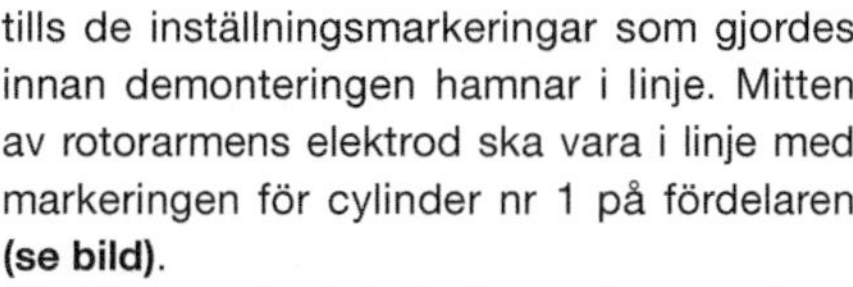

tills de inställningsmarkeringar som gjordes innan demonteringen hamnar i linje. Mitten av rotorarmens elektrod ska vara i linje med markeringen för cylinder nr 1 på fördelaren **(se bild)**.

12 Montera fördelarlocket och tryck fästklämman ordentligt på plats.

13 Anslut Hallgivarens kablage till fördelaren.

14 Sätt tillbaka jordflätan.

15 Arbeta från pol nr 1, anslut tändkablarna mellan tändstiften och fördelarlocket. Tändföljden är 1-3-4-2.

16 Montera huvudkabeln mellan spolen och den mittersta polen på fördelarlocket.

17 Om en ny fördelare monteras noggrant, bör tändningsinställningen vara i det närmaste optimal. Inställningen bör dock kontrolleras av en Skodaverkstad vid första möjliga tillfälle.

5 Tändningsinställning – kontroll och justering

En fördelare finns monterad på 1,6 liters motorn med kod AEE, och det är möjligt att göra en grundinställning av tändningen på den här motorn. Det rekommenderas dock att arbetet utförs av en Skodaverkstad som har korrekt utrustning, eftersom systemet då kan kontrolleras för felkoder på samma gång. På alla andra motorer kontrolleras tändningsinställningen av motorsystemets ECU och kan inte justeras manuellt. Bilen måste tas till en Skodaverkstad om tändningsinställningen behöver kontrolleras och eventuellt justeras.

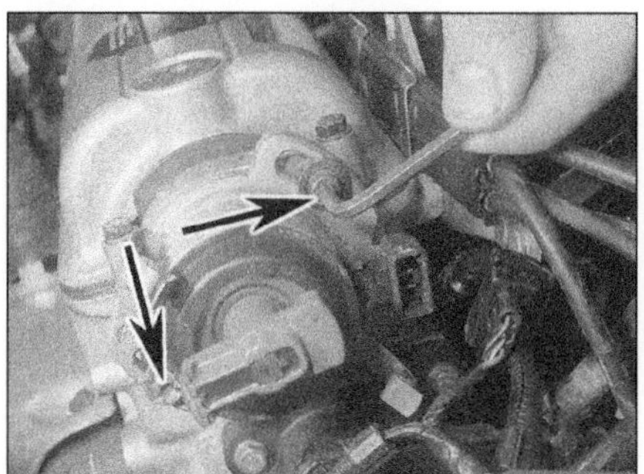

4.9a **Lossa klämbultarna (vid pilarna) med en insexnyckel . . .**

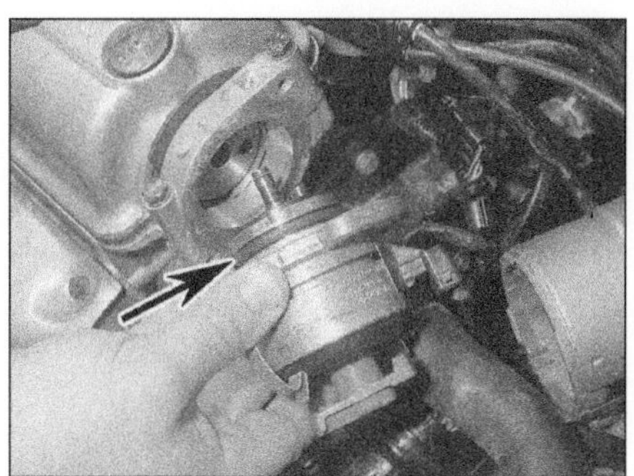

4.9b **. . . och ta bort fördelaren – observera den stora O-ringstätningen (vid pilen)**

4.11 **Rotorarmens kontakt i linje med upphöjningen i fördelaren**

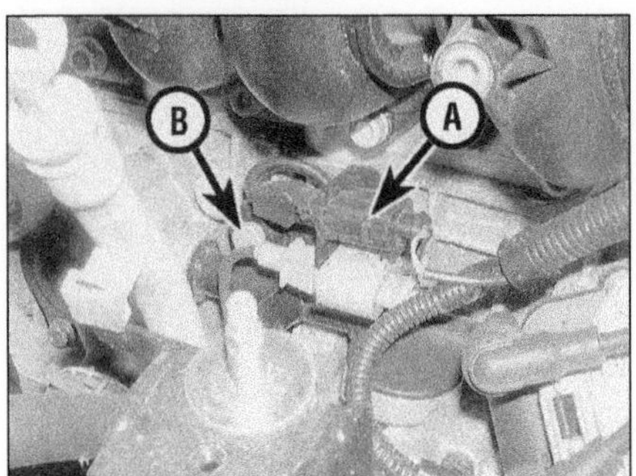

6.5 Knacksensorns kontaktdon (svart, A) och fästbult (B) – 1,6 liters motor

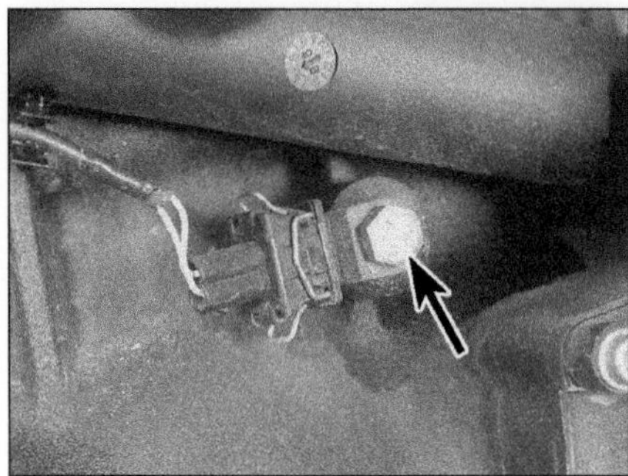

6.6 Knacksensor och kontaktdon (1,6 liter) – visas med motorn demonterad

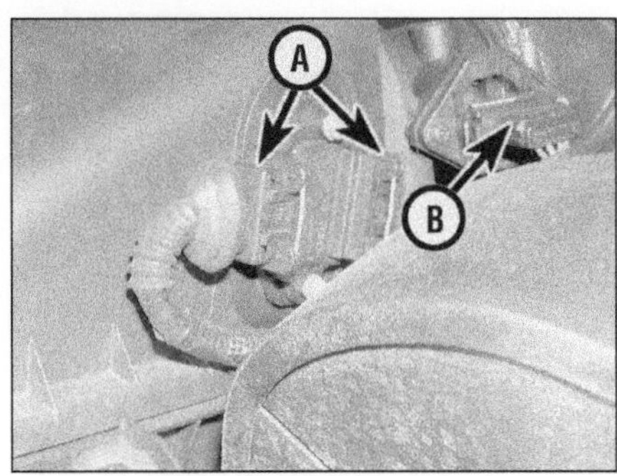

8.3 Tändningsförstärkarmodulens (A) och luftmängdsmätarens (B) kontaktdon

6 Tändsystemets givare – demontering och montering

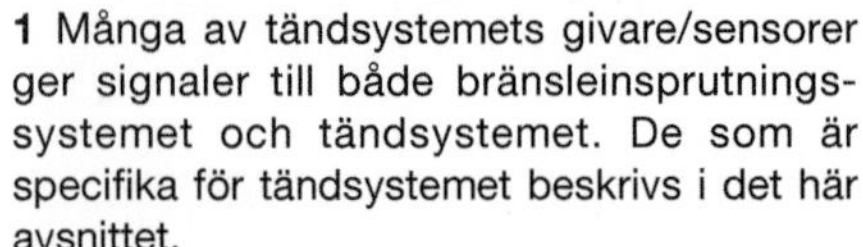

1 Många av tändsystemets givare/sensorer ger signaler till både bränsleinsprutningssystemet och tändsystemet. De som är specifika för tändsystemet beskrivs i det här avsnittet.

2 De givare som är gemensamma för båda systemen beskrivs i kapitel 4A. Dessa omfattar luftflödesmätare, gasspjällspotentiometer, insugsgrenrörets lufttemperaturgivare, gasspjällägesgivare, bilens hastighetsgivare, kylvätsketemperaturgivare, motorns hastighetsgivare och Hallgivare.

Knacksensor

Demontering

3 Knacksensorn/-sensorerna sitter på insugsgrenrörets sida av motorblocket. **Observera:** *Vissa modeller har två knacksensorer.*

4 Ta bort motorns toppkåpa/-kåpor för att komma åt sensorn ovanifrån. Om åtkomligheten uppifrån inte är tillräcklig, dra åt handbromsen, lyft upp framvagnen och ställ den på pallbockar (se *Lyftning och stödpunkter*). Skruva loss fästskruvarna och ta bort kåpan/-kåporna under motorn, så att du kan komma åt knacksensorn underifrån. Det kan vara svårt att komma åt knacksensorn, men åtkomligheten kan bara förbättras genom demontering av insugsgrenröret (se kapitel 4A).

5 Koppla loss kontaktdonet från sensorn eller följ kablaget bakåt från givaren och koppla loss dess kontaktdon (efter tillämplighet) **(se bild)**.

6 Skruva loss fästbulten och ta bort sensorn från motorblocket **(se bild)**.

Montering

7 Montering sker i omvänd ordning mot demonteringen. Kontrollera att fogytorna på sensorn och motorblocket är rena och torra och se till att dra åt fästbulten till angivet moment för att garantera korrekt funktion.

Hallgivare

1,6 liters motor med kod AEE

8 Den här givaren är inbyggd i fördelaren. Den kan demonteras och bytas ut separat, men man behöver särskilda verktyg för att kunna ta isär fördelaren. Det rekommenderas därför att den här uppgiften överlämnas till en bilelektriker.

7 Rotorarm – demontering och montering

Observera: *Detta avsnitt gäller endast 1,6 liters motor med kod AEE.*

Demontering

1 Bänd loss fästklämmorna och lyft av fördelarlocket.

2 Dra sedadn loss rotorarmen från änden av fördelaraxeln. Om så behövs, ta bort dammskyddet.

3 Undersök fördelarlockets kontakter och rengör dem om så behövs.

Montering

4 Montera den nya rotorarmen i omvänd ordning mot demonteringen – se till att rotorarmens inställningsklack hakar i urtaget i fördelaraxeln innan fördelarlocket monteras.

8 Tändningsförstärkarmodul (1,8 liter med kod AGU) – demontering och montering

Demontering

1 Tändningsförstärkarmodulen sitter på baksidan av luftrenarhusets kåpa.

2 Försäkra dig om att tändningen är av (ta ut nyckeln).

3 Koppla loss de två kontaktdonen från modulen, notera hur de sitter för att underlätta monteringen (även om det ser ut som om de inte kan monteras fel). Blanda inte ihop modulens kontaktdon med luftmängdsmätarens **(se bild)**.

4 Skruva loss och ta bort de två bultarna och ta bort modulen från kylflänsplattan.

Montering

5 Montering sker i omvänd ordning. Dra åt bultarna ordentligt.

Kapitel 5 Del C: Förvärmningssystem – dieselmotorer

Innehåll

Svårighetsgrader

Enkelt, passar novisen med lite erfarenhet 	**Ganska enkelt,** passar nybörjaren med viss erfarenhet 	**Ganska svårt,** passar kompetent hemmamekaniker 	**Svårt,** passar hemmamekaniker med erfarenhet 	**Mycket svårt,** för professionell mekaniker 

Specifikationer

Glödstift

Elektriskt motstånd (typiskt – inget värde anges av Skoda)	1,5 ohm
Strömförbrukning (typiskt – inget värde anges av Skoda)	8 amp (per stift)

Åtdragningsmoment

	Nm
Glödstift till topplock	15

1 Allmän information

För att förbättra kallstarter, har modellerna med dieselmotor utrustats med ett förvärmningssystem, som består av fyra glödstift, en styrenhet för dessa (inbyggd i ECU), en varningslampa i instrumentbrädan och tillhörande elektriskt kablage.

Glödstiften är små elektriska värmeelement, inkapslade i ett metallhölje med en sond i den ena änden och en elektrisk kontakt för anslutning i den andra. Det sitter ett glödstift inskruvat i varje förbränningskammare, i linje med bränslet som sprutas in. När glödstiftet strömsätts värms bränslet som sprutas över det upp, vilket gör att dess optimala förbränningstemperatur nås snabbare.

Hur lång den här förvärmningstiden är styrs av glödstiftens styrenhet (i ECU), som övervakar motorns temperatur via kylvätskans temperaturgivare och justerar förvärmningstiden efter rådande förhållanden.

En varningslampa i instrumentbrädan informerar föraren om att förvärmning sker. Lampan slocknar när tillräcklig förvärmning har gjorts för att motorn ska kunna starta, men ström matas till glödstiften ytterligare en stund tills motorn har startat. Om inga försök görs att starta motorn, slås strömtillförseln till glödstiften av för att förhindra urladdning av batteriet och utbränning av glödstiften. Notera att om ett fel uppstår i motorstyrningssystemet medan bilen körs, kommer glödstiftens varningslampa att börja blinka och systemet slår om till "fail-safe" läge. Om detta inträffar måste bilen tas till en Skodaverkstad för felsökning.

Om varningslampan blinkar, eller tänds under normal körning, indikerar detta ett fel på motorstyrningssystemet, vilket då måste undersökas av en Skodaverkstad så snart som möjligt.

När motorn har startat förblir glödstiften aktiva en stund. Detta hjälper till att förbättra förbränning medan motorn fortfarande värms upp, vilket ger tystare, mjukare gång och minskade avgasutsläpp.

2 Glödstift – test, demontering och montering

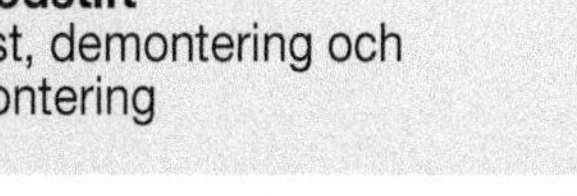

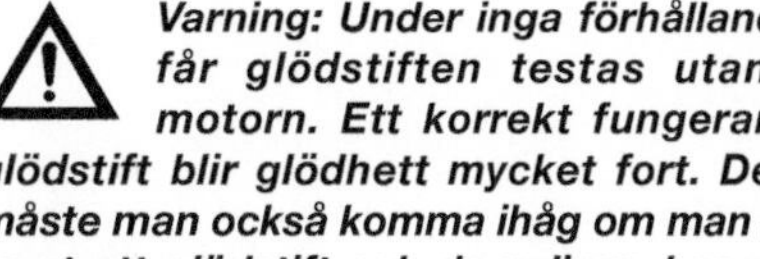

Varning: Under inga förhållanden får glödstiften testas utanför motorn. Ett korrekt fungerande glödstift blir glödhett mycket fort. Detta måste man också komma ihåg om man ska ta ut ett glödstift och de nyligen har varit aktiverade.

Test

1 Om det uppstår ett fel i systemet är det slutgiltiga sättet att testa det helt enkelt att byta ut enheter mot delar som man vet fungerar, men man kan också göra några inledande kontroller enligt beskrivningen i punkterna nedan.

2 Innan systemet testas, kontrollera med en multimeter att batterispänningen är minst 11,5 volt.

3 Demontera motorns toppkåpa.

4 Koppla loss kontaktdonet från kylvätsketemperaturgivaren i motorns vänstra ände (sett från förarsätet) – se kapitel 3 om så behövs. Losskoppling av givaren på det här sättet simulerar en kall motor, vilket är en förutsättning för att glödstiftssystemet ska aktiveras.

5 Koppla loss kontaktdonet från det glödstift som är lättast att komma åt, och anslut en lämplig multimeter mellan kontaktdonet och en god jord.

6 Låt en medhjälpare slå på tändningen i ungefär 20 sekunder.

7 Batterispänning ska finnas – notera att spänningen kommer att falla till noll när förvärmningsperioden är slut.

8 Om ingen matningsspänning kan uppmätas vid glödstiftet, måste antingen glödstiftsreläet (där tillämpligt) eller matningskablaget vara defekt. Kontrollera också att inte glödstiftets säkring eller smältsäkring (vanligtvis placerad uppe på batteriet) har gått – om den har det kan det tyda på ett alltvarligt kablagefel; rådfråga en Skodaverkstad.

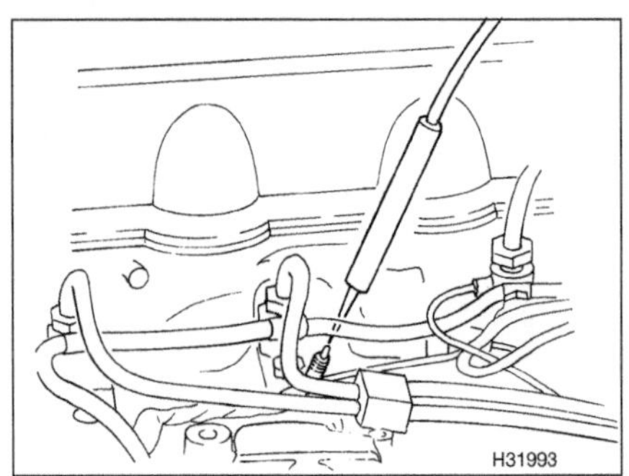

2.10 Testa glödstiften med en multimeter

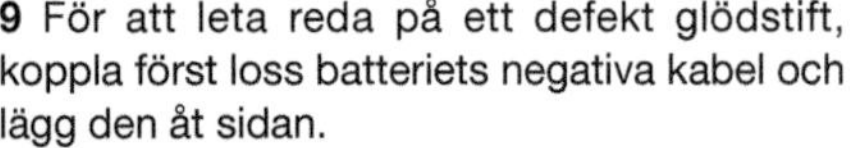

9 För att leta reda på ett defekt glödstift, koppla först loss batteriets negativa kabel och lägg den åt sidan.

10 Koppla loss kontaktdonet från glödstiftspolen. Mät det elektriska motståndet mellan glödstiftspolen och motorns jord **(se bild)**. I skrivande stund finns ingen information om detta, men som en fingervisning kan sägas att ett motstånd på mer än några ohm indikerar ett defekt glödstift.

11 Om en lämplig amperemeter finns till hands, anslut denna mellan glödstiftet och dess kontaktdon, och mät den stadiga strömförbrukningen (bortse från den första strömvågen, som kan vara ungefär 50% högre). En hög strömförbrukning (eller ingen strömförbrukning alls) kan tyda på ett defekt glödstift.

12 Som en slutlig kontroll, ta bort tändstiften och undersök dem enligt beskrivning i nästa underavsnitt.

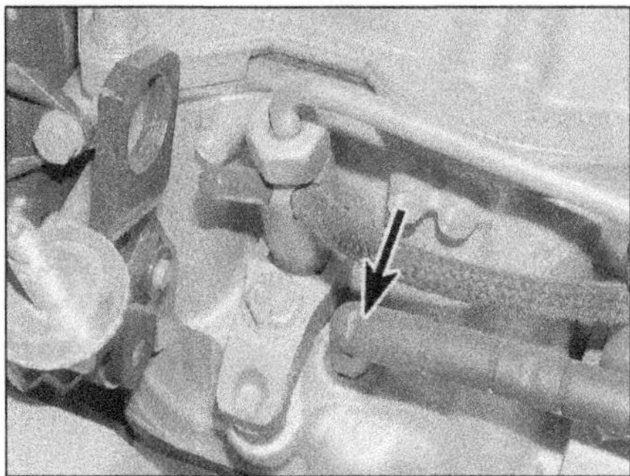
2.14a Glödstiftets kontaktdon (vid pilen) för spridare nr 1

Demontering

Observera: *Läs varningen i början av detta avsnitt innan arbetet påbörjas.*

13 Koppla loss batteriets negativa kabel (jord) (se kapitel 5A).

14 Koppla loss kablagets kontaktdon/skena från glödstiften, och om så behövs, märk kablaget för att underlätta återkopplingen **(se bilder)**. På vissa modeller är glödstiftens kablage fastklämt i spridarnas spillslangar – se till att inte tappa bort klämmorna när kablaget dras loss.

15 Skruva loss och ta bort glödstiften **(se bild)**. På vissa motorkoder är det svårt att komma åt glödstiften med spridarrören på plats – ett förlängningshandtag och en universalknut kommer förmodligen att behövas.

16 Undersök glödstiften och se efter om skaften är skadade. Ett kraftigt bränt/förkolnat skaft kan vara ett tecken på en defekt bränslespridare.

2.14b Kabelhärva/skena för glödstiften – modell med enhetsspridare

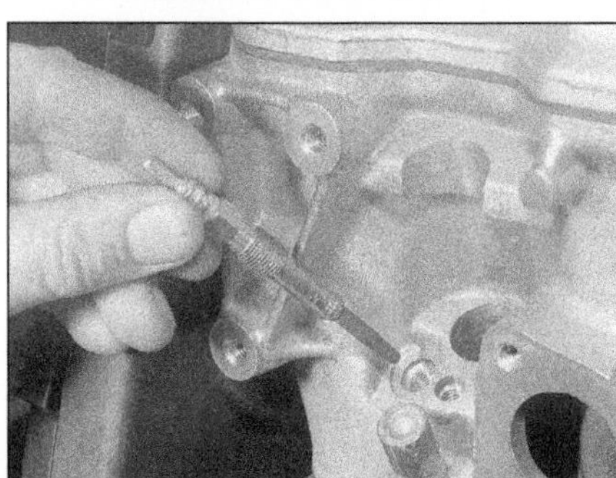
2.15 Ett glödstift tas bort från topplocket

Montering

17 Montering sker i omvänd ordning. Dra åt glödstiften till angivet moment.

Kapitel 6
Koppling

Innehåll

Svårighetsgrader

Enkelt, passar novisen med lite erfarenhet 

Ganska enkelt, passar nybörjaren med viss erfarenhet 

Ganska svårt, passar hemmamekaniker med erfarenhet

Svårt, passar erfaren hemmamekaniker

Mycket svårt, för professionell mekaniker 

Specifikationer

Allmänt

Typ	Enkel torrlamell, membranfjäder,
Aktivering	Hydraulisk med huvud- och slavcylinder
Användning:	
Modeller med bensinmotor:	
1,4 liter	5-stegs växellåda 02K
1,6 liter	5-stegs växellåda 02K
1,8 liter	5-stegs växellåda 02J
2,0 liter	5-stegs växellåda 02J
Modeller med dieselmotor:	
Motorkod AGP och AQM	5-stegs växellåda 02K
Motorkod AGR, ALH, AHF och ASV	5-stegs växellåda 02J
Motorkod ASZ	6-stegs växellåda 02M
Lamellens diameter:	
Modeller med bensinmotor:	
1,4 liter	200 mm
1,6 liter:	
Motorkod AEE	200 mm
Alla andra motorkoder	210 mm
1,8 liter:	
Motorkod AGN	215 mm
Motorkod AGU, ARZ, AUM och ARX	219 mm (svänghjul av enkelmasse-typ) eller 225 mm (svänghjul av dubbelmasse-typ)
Motorkod AUQ	225 mm
2,0 liter	215 mm
Modeller med dieselmotor:	
Motorkod AGP och AQM	200 mm
Motorkod AGR och ALH:	
Växellåda kod DQY	228 mm (svänghjul av enkelmasse-typ) or 219 mm (svänghjul av dubbelmasse-typ)
Växellåda kod EBJ	219 mm
Växellåda kod EGR	225 mm
Motorkod AHF och ASV:	
Växellåda kod DEA och EBF	219 mm
Växellåda kod EGS	225 mm
Motorkod ASZ	240 mm

Observera: *För information om motorkod och växellådskod, se kapitel 2A, 2B, 2C eller 'Bilens identifikationsnummer'.*

Åtdragningsmoment

	Nm
Huvudcylinderns fästmuttrar*	25
Kopplingens slavcylinder, fästbultar:	
02J och 02K växellådor	25
Kopplingens urtrampningslager/slavcylinder, fästbultar:	
02M växellåda	12
Kopplingspedalens fästbygel, muttrar*	25
Kopplingspedalens fästbygel, länkfäste	20
Kopplingspedalens pivåmutter*	25
Tryckplatta till svänghjul, bultar:	
02J växellåda:	
Svänghjul i ett stycke	20
Svänghjul i två delar	13
02K växellåda*	20
02M växellåda	22
Tryckplatta till vevaxel, bultar (02K växellåda)*:	
Steg 1	60
Steg 2	Vinkeldra ytterligare 90°

** Använd nya bultar/muttrar.*

1 Allmän information

Kopplingen är av typen torrlamell, som innehåller en tryckplatta med membranfjäder och styrs hydrauliskt.

02K växellåda

Till skillnad från en konventionell koppling, är tryckplattan fastskruvad i flänsen i vevaxelns bakre ände. Svänghjulet, som är skålformat, är fastskruvat i tryckplattan, och lamellen sitter mellan tryckplattan och svänghjulet. Detta är i stort sett ett omvänt arrangemang jämfört med det konventionella, där svänghjulet är fastskruvat i vevaxelflänsen och tryckplattan är fastskruvad i svänghjulet.

Urtrampningsmekanismen består av en metallskiva som är fastklämd i mitten av tryckplattan med ett fjäderclips. I mitten av metallskivan finns ett nav i vilket kopplingens tryckstång sitter. Tryckstången passerar genom mitten av växellådans ingående axel och aktiveras av urtrampningslagret som sitter i huset i växellådsänden. En enkel arm trycker på det här lagret när den axel till vilken den är ansluten med splines vrids med hjälp av aktivering av slavcylindern. Kopplingsarmen trycker alltså på tryckstången, som i sin tur trycker mitten av urtrampningsskivan inåt mot vevaxeln. Den yttre kanten av urtrampningsskivan pressar mot tryckplattans fjäderfingrar, tvingar dem tillbaka mot motorn och tar bort tryckplattans friktionsyta från lamellen, och kopplar på så sätt ur drivningen. När kopplingspedalen släpps upp, klämmer tryckplattan fast lamellen hårt mot svänghjulet, och drivning tas upp.

Allteftersom friktionsbeläggen på lamellen slits ut, kompenserar hydraulvätskan i kretsen automatiskt för slitaget varje gång kopplingspedalen används. Det finns därför inget behov av justering av urtrampningssystemet.

02J och 02M växellådor

Tryckplattan är fastskruvad på svänghjulets baksida, och lamellen sitter mellan tryckplattan och svänghjulets friktionsyta. Kopplingslamellens nav är hopkopplat med växellådans ingående axel med splines, och lamellplattan kan glida längs splinesen. Friktionsbeläggen är fastnitade på var sida om lamellplattan, och plattans nav har dämpande fjädrar som absorberar stötar och garanterar en mjuk upptagning av drivning.

På 02J växellåda, när kopplingspedalen trycks ner, flyttar slavcylinderns tryckstång den övre änden av urtrampningsarmen mot motorn, och den nedre änden av armen svänger på ett kulstift i växellådans balanshjulskåpa. På 02M växellåda är slavcylindern en del av urtrampningslagret och dessa levereras som en komplett enhet. Urtrampningslagret tvingas mot tryckplattans membranfjäderfingrar. När mitten av membranfjädern trycks in, trycks den yttre kanten ut och frigör tryckplattan från kopplingslamellen. Därmed överförs inte längre någon drivning till växellådan.

När kopplingspedalen släpps upp tvingar membranfjädern tryckplattan i kontakt med beläggen på lamellen, och skjuter samtidigt lamellplattan en aning framåt längs den ingående axelns splines så att den går i ingrepp med svänghjulet. Lamellplattan är nu fastklämd mellan tryckplattan och svänghjulet och detta gör att drivning tas upp.

Allteftersom beläggen på lamellen slits, förflyttas tryckplattans viloposition allt närmare svänghjulet, vilket gör att "viloläget" för membranfjäderfingrarna höjs. Hydraulsystemet kräver ingen justering eftersom mängden vätska i kretsen automatiskt kompenserar för slitaget varje gång kopplingspedalen används.

2 Hydraulsystem – luftning

Varning: Hydraulvätskan är giftig; tvätta noggrant bort allt spill från huden på en gång. Sök omedelbart läkarhjälp om vätskan råkar sväljas eller om den kommer i ögonen. Vissa typer av hydraulvätska är brandfarlig och kan antändas om den kommer i kontakt med heta komponenter. Hydraulvätskan är också en effektiv färgborttagare. Om vätskan spills på bilen, tvätta omedelbart bort den med massor av rent, kallt vatten. Slutligen är vätskan också hygroskopisk (d.v.s. den absorberar fukt från luften), vilket kan göra den oanvändbar. Gammal vätska kan vara förorenad och ska därför aldrig återanvändas.

Observera: *Lämplig tryckluftningsutrustning kommer att behövas för den här uppgiften.*

1 Om någon del av hydraulsystemet monteras isär, eller om luft på något annat sätt lyckas komma in i systemet, måste systemet luftas. Luft i systemet märks av att pedalens rörelse känns "svampig" och det blir svårt att växla.

2 Utformningen av kopplingens hydraulsystem gör att luftning inte kan utföras på konventionellt sätt, d.v.s. att man pumpar på kopplingspedalen. För att man ska få bort all luft i systemet måste man använda tryckluftningsutrustning. Dessa kit finns att köpa i biltillbehörsbutiker till en relativt låg kostnad.

3 Tryckluftningssatsen ska anslutas till bromsarnas/kopplingens vätskebehållare enligt tillverkarens instruktioner. Systemet luftas via luftningsskruven på kopplingens slavcylinder, som sitter längst upp på växellådshuset **(se bild)**. Det är lättast att komma åt luftningsskruven om man lyfter upp framvagnen och

2.3 Luftningsskruv (vid pilen) - 02M växellådan

stöttar den på pallbockar (se *Lyftning och stödpunkter*). Om så behövs, ta bort den undre kåpan för att komma åt växellådan.

4 Lufta systemet tills den vätska som kommer ut inte längre innehåller några luftbubblor. Dra åt luftningsskruven, koppla sedan loss och ta bort luftningsutrustningen.

5 Pröva kopplingen för att kontrollera att den fungerar tillfredsställande. Om det fortfarande finns luft i systemet, upprepa luftningen.

6 Kassera den vätska som har släppts ut ur systemet, även om den ser ren ut. Hydraulvätska absorberar vatten och om den återanvänds kan det leda till korrosion i huvud- och slavcylindern, förtida slitage och förstörda tätningar.

3 Kopplingspedal - demontering och montering

Demontering

1 Demontera den nedre instrumentbrädespanelen på förarsidan, se avsnitt 28 i kapitel 11.

2 Om en kontakt är monterad på kopplingspedalen, ta bort denna genom att vrida den 90° moturs.

3 Pedalens fjäder måste nu kopplas loss och tas bort från pedalen. Tillverka ett verktyg av plattjärn, tryck detta på plats över fjädern för att hålla denna i hoptryckt läge - tryck sedan ner pedalen och haka loss fjädern **(se bild)**.

4 Huvudcylinderns tryckstång sitter fast i kopplingspedalen med en plastklämma. Helst ska ett verktyg av saxtyp användas till att trycka ihop ändarna av klämman genom öppningarna i pedalen, men det är också möjligt att använda två skruvmejslar.

5 När pedalen är losskopplad från tryckstången, om så behövs, ta bort plastfästklämman från tryckstången med en tång.

6 På modeller med 02M växellåda måste rattstången sänkas. För att göra detta, skruva loss bulten och flytta kablaget och fästet åt sidan, skruva sedan loss fästbultarna och sänk ner rattstången från torpeden, så att du kommer åt kopplingspedalens fästbygel. Bind upp rattstången med ett snöre eller en vajer.

7 Skruva loss muttern från pedalens pivåpult.

8 Dra ut pivåbulten tills pedalen kan tas loss från fästbygeln, in i fotbrunnen.

Montering

9 Montering sker i omvänd ordning mot demonteringen. Notera följande punkter:

a) *Använd en ny mutter till pedalens pivåmutter och dra åt muttern till angivet moment. Där så är tillämpligt, dra åt rattstångens fästbultar till angivet moment enligt kapitel 10.*

b) *Se till att fästklämman mellan pedalen och huvudcylinderns tryckstång sitter på tryckstången innan du försöker att ansluta tryckstången till pedalen.*

c) *Tryck fast pedalen på tryckstången så att fästklämman hakar fast. Kontrollera att klämman verkligen sitter ordentligt.*

d) *Avslutningsvis, kontrollera broms-/kopplingsvätskans nivå och fyll på om så behövs.*

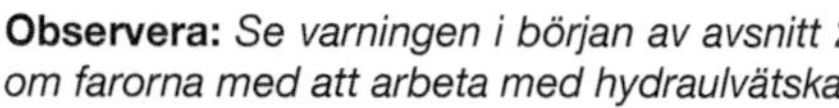

4 Huvudcylinder - demontering, renovering och montering

Observera: *Se varningen i början av avsnitt 2 om farorna med att arbeta med hydraulvätska.*

Demontering

1 Kopplingens huvudcylinder sitter inne i bilen, på kopplingspedalens och bromspedalens fästbygel. Hydraulvätska för enheten kommer från bromshuvudcylinderns behållare **(se bild)**.

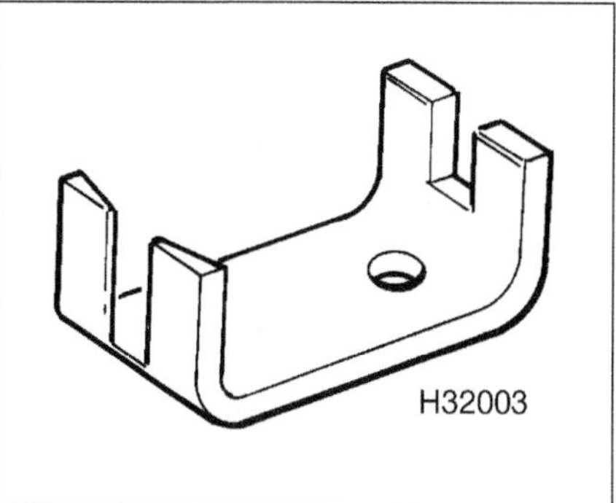

3.3 Hållverktyg för pedalens fjäder

2 På vänsterstyrda modeller, demontera luftrenaren enligt beskrivning i relevant del av kapitel 4, lossa sedan klämman och ta loss den extra relähållaren på vänster sida i motorrummet, och lägg den åt sidan.

3 Innan arbetet fortsätter, lägg tygtrasor på mattan inne i bilen för att skydda mot skador från spilld hydraulvätska.

4 Inne i motorrummet, kläm ihop hydraulvätskeslangen som går från bromsvätskebehållaren till kopplingens huvudcylinder med en bromsslangklämma.

5 Kläm också ihop gummisektionen av hydraulslangen som går från huvudcylindern till slavcylindern med en bromsslangklämma, för att förhindra hydraulvätskespill.

6 Placera en lämplig behållare, eller en tjock, ren trasa, under huvudcylindern för att fånga upp spilld vätska.

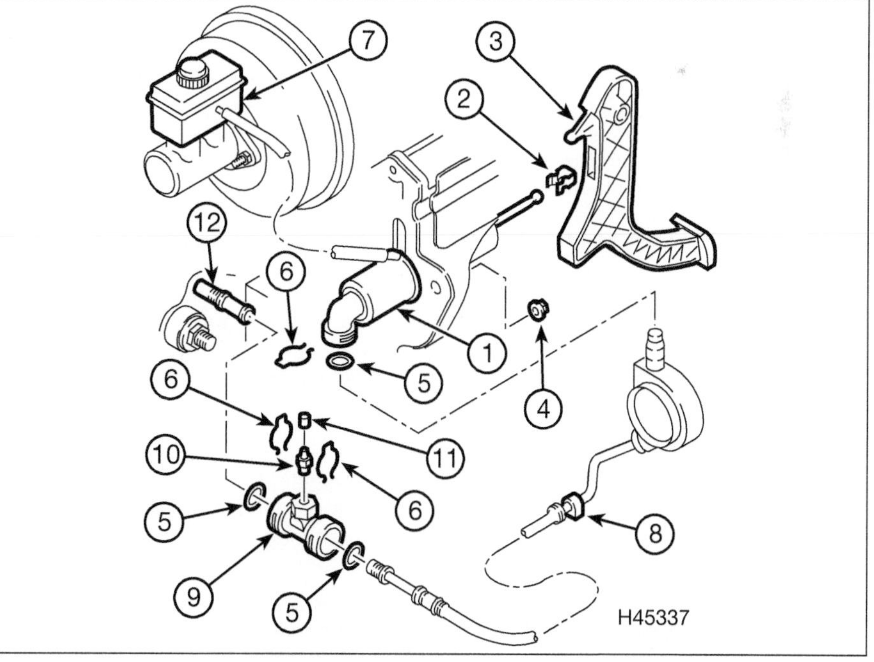

4.1 Kopplingens hydraulsystem - 02M växellåda

1 Kopplingens huvudcylinder
2 Tryckstångens fästklämma
3 Kopplingspedal
4 Självlåsande mutter
5 O-ringstätningar
6 Fästklämmor
7 Bromsvätskebehållare
8 Vätskerörets fästklämma
9 T-anslutning
10 Luftningsventil
11 Dammskydd
12 Slavcylinderns anslutning

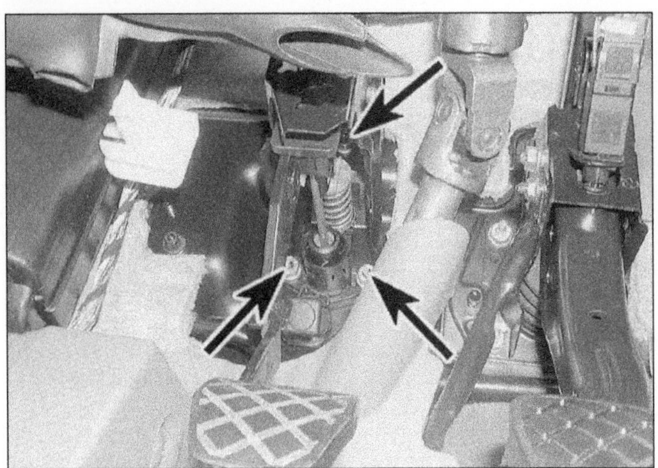

4.14 Skruva loss muttrarna till pedalens fästbygel (vid pilarna)

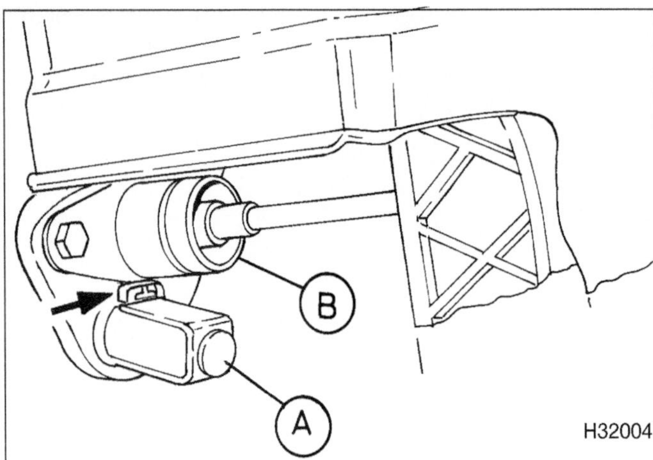

4.21 Vid montering av pedalstoppet, se till att stoppet (A) placeras med klacken (vid pilen) närmast huvudcylindern (B)

7 Dra hydraulvätskeslangen från kopplingens huvudcylinder på torpedväggen.

8 Dra loss fästklämman för utloppsslangen från anslutningen på huvudcylindern, dra sedan loss röret från anslutningen. Var även nu beredd på vätskespill.

9 Ta bort instrumentbrädans nedre panel på förarsidan, enligt beskrivning i avsnitt 28 i kapitel 11.

10 Om en kontakt är monterad på kopplingspedalens fästbygel, ta bort den genom att vrida den 90° moturs.

11 Pedalen måste nu kopplas loss från huvudcylinderns tryckstång genom att man trycker ihop spärrarna på fästklämman, och ta bort tryckstången från pedalen.

12 Vrid kopplingspedalens stopp moturs och ta bort det från torpeden.

13 Om tillämpligt, skruva loss fästbultarna och ta bort plattan som ansluter kopplingspedalens fästbygel till bromspedalens fästbygel.

14 Skruva loss de tre muttrarna som håller kopplingspedalens fästbygel till torpedväggen, ta sedan bort fästbygeln från torpeden **(se bild)**.

02J och 02K växellådor

15 Med fästbygeln på arbetsbänken, ta nu loss mittfjädern från pedalen. På högerstyrda modeller, placera en skruvmejsel mellan kopplingspedalen och fjädern, tryck sedan ner pedalen och haka loss fjädern. På vänsterstyrda modeller, tillverka ett verktyg av plattjärn, tryck det på plats över fjädern så att den hålls hoptryckt, tryck sedan ner pedalen och haka loss fjädern. Om så behövs kan den här metoder också användas på högerstyrda modeller.

16 Vrid fjäderns fäste 90° och ta bort det från fästbygeln.

17 Demontera huvudcylindern från fästbygeln.

02M växellåda

18 Med fästbygeln liggande på arbetsbänken, tryck huvudcylindern nedåt till pedalstoppets fästbygel. Se till att den övre änden av huvudcylinderns fläns inte är täckt av pedalfjäderns fäste.

19 Vicka huvudcylinderns tryckstångsände nedåt och lirka ut huvudcylindern från pedalens fästbygel. Lyft ut huvudcylindern ur fotbrunnen och försök att hålla vätskespillet till ett minimum.

Renovering

20 Inga reservdelar från Skoda finns för huvudcylindern. Om huvudcylindern är defekt måste hela enheten bytas ut.

Montering

21 Montering sker i omvänd ordning. Tänk på följande punkter:

a) *Se till att fästklämman mellan pedalen och huvudcylinderns tryckstång sitter på tryckstången innan du försöker att ansluta tryckstången till pedalen.*

d) *Tryck fast pedalen på tryckstången så att fästklämman hakar fast. Kontrollera att klämman verkligen sitter ordentligt.*

c) *När pedalstoppet monteras, se till att stoppet placeras med klacken närmast huvudcylindern* **(se bild)**.

d) *Avslutningsvis, lufta kopplingens hydraulsystem enligt beskrivning i avsnitt 2.*

5 Slavcylinder – demontering, renovering och montering

Observera: *Se varningen i början av avsnitt 2 om farorna med att arbeta med hydraulvätska.*

02J växellåda

Demontering

1 Slavcylindern sitter uppe på växellådshuset. Man kommer åt den via motorrummet och man ska inte behöva demontera växlingsmekanismen.

2 Placera en ren trasa under vätskeledningens anslutning på slavcylindern, för att samla upp spilld vätska.

3 Dra loss vätskerörets fästklämma från anslutningen på slavcylindern, dra sedan loss röret från anslutningen. Frigör vätskeledningen från fästet och lägg undan det från slavcylindern. Var beredd på vätskespill.

4 Skruva loss de två bultarna som håller slavcylindern till växellådshuset och ta bort slavcylindern.

Renovering

5 Det finns inga reservelar från Skoda för slavcylindern. Om slavcylindern är defekt eller sliten måste hele enheten bytas ut.

Montering

6 Montering sker i omvänd ordning mot demonteringen. Tänk på följande punkter:

a) *Dra åt slavcylinderns fästbultar till angivet moment.*

b) *Avslutningsvis, lufta kopplingens hydraulsystem enligt beskrivning i avsnitt 2.*

02K växellåda

Demontering

7 Slavcylindern sitter framtill på växellådan, nästan längst upp på huset. Man kommer åt slavcylindern via motorrummet.

8 Placera en lämplig behållare under vätskerörsanslutningen på slavcylindern, för att samla upp vätskespill.

9 Dra loss vätskerörets fästklämma från anslutningen på slavcylindern, dra sedan loss röret från anslutningen. Lossa vätskeledningen från fästbygeln och lägg undan den från slavcylindern. Var beredd på vätskespill.

10 Skruva loss de två bultarna som håller slavcylindern till växellådshuset, notera att en av bultarna också håller hydraulvätskeledningens fästbygel, och ta bort slavcylindern från växellådan **(se bild)**.

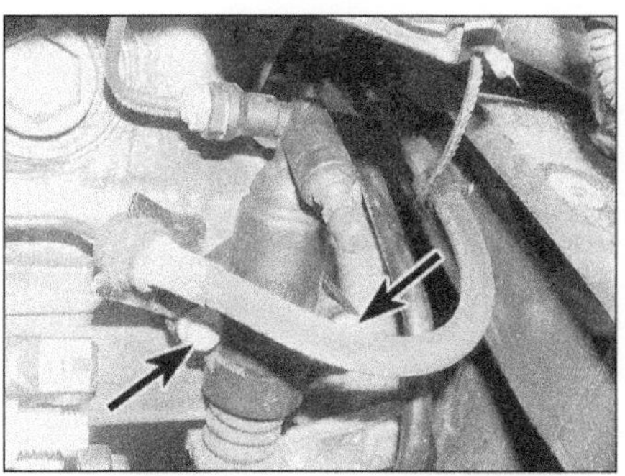

5.10 Skruva loss cylinderns fästbultar (vid pilarna)

5.12 Se till att styrstiften är i linje med motsvarande hål (vid pilarna)

6.2a Lossa svänghjulsbultarna . . .

Renovering

11 Det finns inga reservdelar från Skoda för slavcylindern. Om den är defekt eller sliten måste hela enheten bytas ut.

Montering

12 Montering sker i omvänd ordning mot demonteringen. Tänk på följande punkter:

a) Se till att vätskeledningens fästbygel är på plats på slavcylinderns högra fästbult.

b) Haka i styrstiften på cylinderns tryckstång i motsvarande hål i kopplingens aktiveringsarm **(se bild)**.

c) Dra åt slavcylinderns fästbultar till angivet moment.

d) Avslutningsvis, lufta kopplingens hydraulsystem enligt beskrivning i avsnitt 2.

02M växellåda

13 Slavcylindern är en del av urtrampningslagrets enhet och sitter i växellådans balanshjulskåpa. För demontering och montering av kopplingens urtrampningslager/slavcylinder, se avsnitt 7.

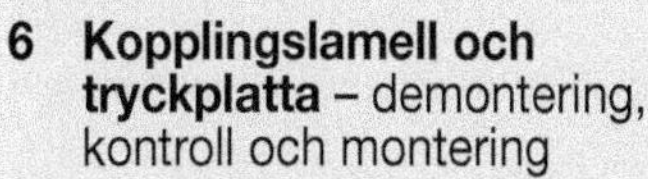

6 Kopplingslamell och tryckplatta - demontering, kontroll och montering

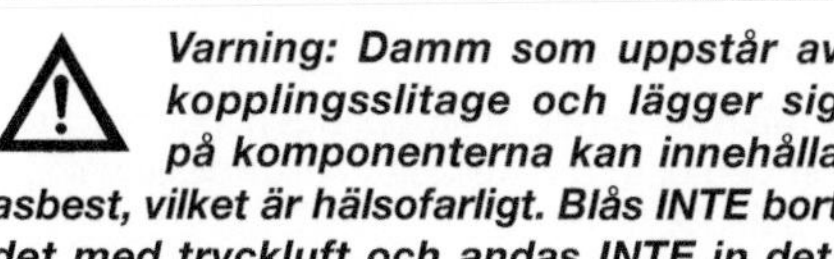

Varning: Damm som uppstår av kopplingsslitage och lägger sig på komponenterna kan innehålla asbest, vilket är hälsofarligt. Blås INTE bort det med tryckluft och andas INTE in det.

6.2b . . . lyft av svänghjulet . . .

Använd INTE bensin eller bensinbaserade lösningsmedel till att tvätta bort dammet. Bromssystemsrengöring eller denaturerad sprit ska användas till att skölja ner dammet i en lämplig behållare. När komponenterna har torkats rena med rena trasor, kasta de smutsiga trasorna och rengöringsmedlet i en behållare som sedan kan förseglas.

02K växellåda

Observera: *Nya fästbultar till tryckplattan och svänghjulet kommer att behövas vid monteringen.*

Demontering

1 Demontera växellådan enligt beskrivning i kapitel 7A.

2 Lossa svänghjulsbultarna stegvis, lyft sedan bort svänghjulet från tryckplattan och ta vara på lamellen **(se bilder)**.

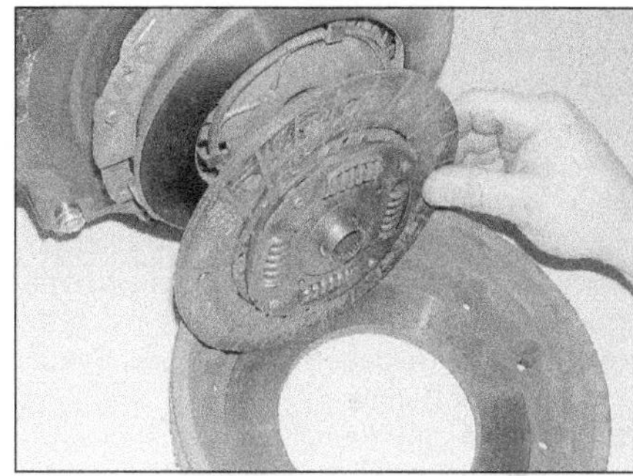

6.2c . . . och ta vara på kopplingslamellen - 02K växellåda

3 Bänd ut fjäderklämman och lyft ut urtrampningsplattan **(se bilder)**.

4 Lås tryckplattan på plats med hjälp av ett lämpligt verktyg **(se bild)**.

5 Lossa tryckplattans fästbultar stegvis tills de kan tas loss för hand. Ta vara på mellanplattan **(se bild på nästa sida)**.

6 Ta loss tryckplattan från vevaxelflänsen **(se bild på nästa sida)**. Ta vara på plåten mellan motorn och växellådan om den är lös.

Kontroll

7 Rengör tryckplattan, lamellen och svänghjulet. Andas inte in dammet, eftersom det kan innehålla hälsovådligt asbest.

8 Undersök fingrarna på membranfjädern för att se om de är slitna eller repiga. Om slitaget är djupare än fingrarnas halva tjocklek, måste en ny tryckplatta monteras.

9 Undersök om tryckplattan är repig, sprucken

6.3a Bänd ut fjäderklämman . . .

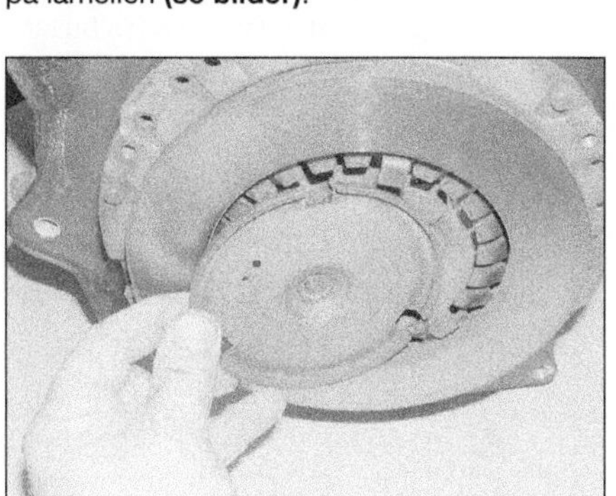

6.3b . . . och lyft ut kopplingens urtrampningsplatta - 02K växellåda

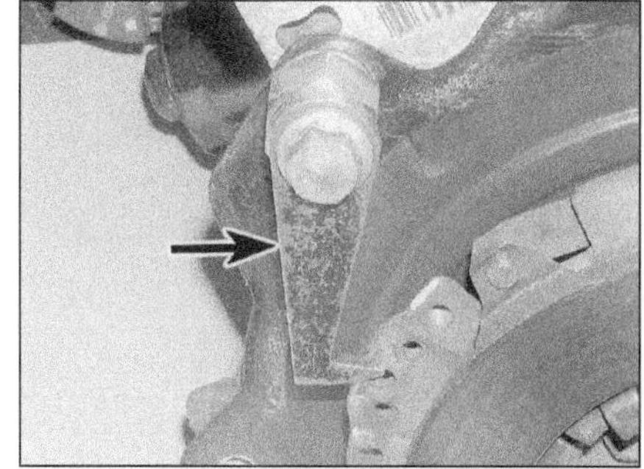

6.4 Lås fast tryckplattan med ett lämpligt verktyg (vid pilen) - 02K växellåda

6.5 Ta bort mellanplattan . . .

6.6 . . . och lyft sedan bort tryckplattan från vevaxeln - 02K växellåda

6.14a Se till att mellanplattan är på plats . . .

eller missfärgad. Lättare repor är acceptabelt, men om de är kraftiga måste en ny tryckplatta monteras.

10 Undersök om lamellens belägg är slitna eller spruckna, och om de är förorenade med olja eller fett. Beläggen är för slitna om de är slitna ner till, eller i närheten av nitarna. Kontrollera eventuellt slitage i lamellnavet och på splinesen genom att tillfälligt montera lamellen på växellådans ingående axel. Byt ut lamellen om så behövs.

11 Undersök om svänghjulets friktionsyta är repig, sprucken eller missfärgad (av överhettning). Om slitaget är kraftigt kan det i vissa fall ändå gå att maskinbearbeta, men annars måste svänghjulet bytas ut.

12 Undersök om urtrampningsplattan är skadad eller missformad och byt ut den om så behövs.

13 Se till att alla delar är rena och inte förorenade av olja eller fett innan de sätts ihop. Lägg på en liten mängd fett med hög smältpunkt på splinesen i lamellnavet. Observera att nya tryckplattor och kopplingskåpor kan vara täckta med ett lager skyddande fett. Man får i så fall bara ta bort fettet från den yta som kommer i kontakt med lamellens friktionsbelägg. Om man tar bort fettet från de andra områdena förkortas kopplingens livslängd.

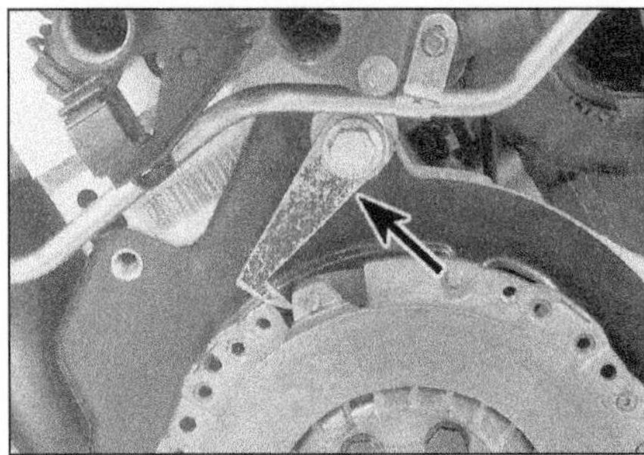

6.15 Håll tryckplattan stilla med det verktyg som användes vid demonteringen (vid pilen) - 02K växellåda

Montering

14 Om en ny tryckplatta ska monteras, torka först bort det skyddande fettet från (endast) friktionsytan. Se till att plattan mellan motorn och växellådan är på plats, placera sedan tryckplattan på vevaxelflänsen tillsammans med mellanplattan. Sätt i nya fästbultar. Observera att bulthålen är förskjutna, så tryckplattan kan endast monteras på ett sätt. Täck bultarnas gängor med lämpligt gänglås, om de inte levererades redan behandlade **(se bilder)**.

15 Håll tryckplattan stilla med samma metod som vid demonteringen, och dra åt fästbultarna stegvis till angivet moment **(se bild)**.

16 Montera urtrampningsplattan och fäst den på plats med fjäderklämman. Lägg på ett högtemperaturfett på mitten av urtrampningsplattan.

17 Smörj högtemperaturfett på splinesen i mitten av kopplingslamellen – se till att inte få något fett på friktionsytorna.

18 Håll upp lamellen mot tryckplattan, med det fjäderbelastade navet vänt utåt (bort från vevaxeln), sätt sedan svänghjulet på plats och se till att styrstiften går in i urtagen på kanten av tryckplatan **(se bilder)**. Sätt i nya fästbultar

6.14b . . . sätt sedan i tryckplattans fästbultar - 02K växellåda

till svänghjulet och dra bara åt dem för hand tills vidare.

19 Centrera kopplingslamellen med hjälp av ett skjutmått; se till att det blir ett jämnt gap mellan den yttre kanten av lamellen och den inre kanten av svänghjulet hela vägen runt om **(se bild)**.

20 Dra åt svänghjulets fästbultar stegvis i diagonal ordning, till angivet moment **(se bild)**. Kontrollera sedan igen att svänghjulet är centrerat.

21 Montera växellådan enligt beskrivning i kapitel 7A.

02J och 02M växellådor

Demontering

22 Man kommer åt kopplingen genom att först demontera växellådan enligt beskrivning i kapitel 7A.

23 Märk upp kopplingstryckplattan och svänghjulet i förhållande till varandra.

6.18a Sätt upp svänghjulet . . .

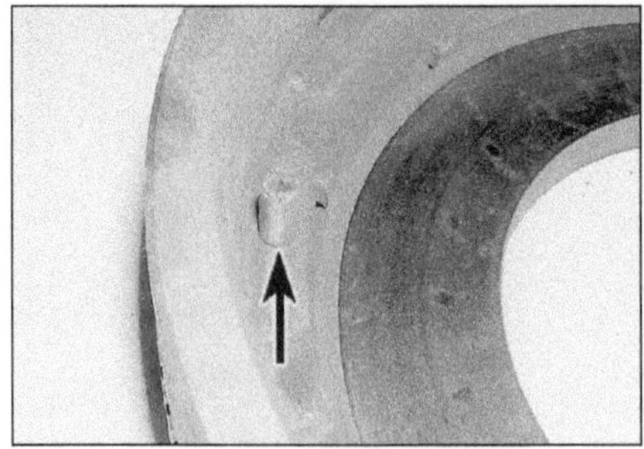

6.18b . . . och se till att styrstiften (vid pilen) hakar i tryckplattan ordentligt - 02K växellåda

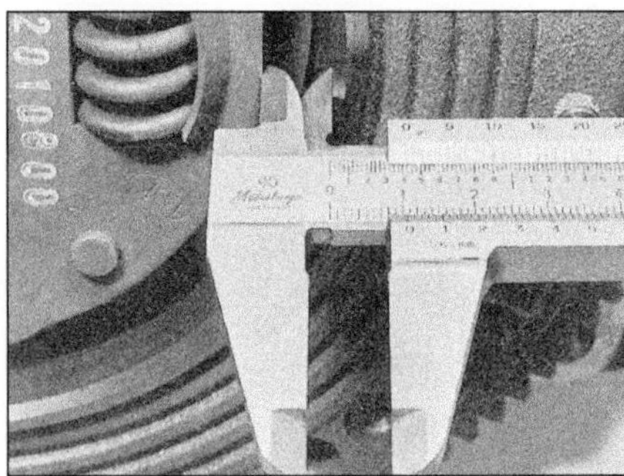

6.19 Centrera kopplingslamellen med hjälp av ett skjutmått . . .

6.20 . . . och dra sedan åt svänghjulsbultarna till angivet moment - 02K växellåda

6.24 Skruva loss tryckplattans bultar . . .

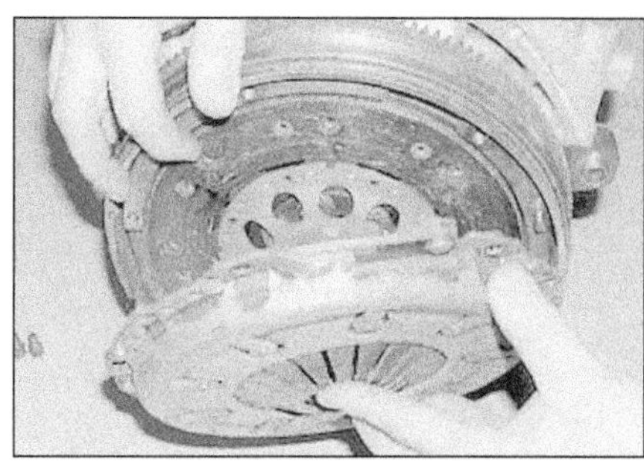

6.25 . . . och lyft bort tryckplattan och lamellen från svänghjulet - 02J och 02M växellådor

6.27 Placera lamellen på svänghjulet - 02J och 02M växellådor

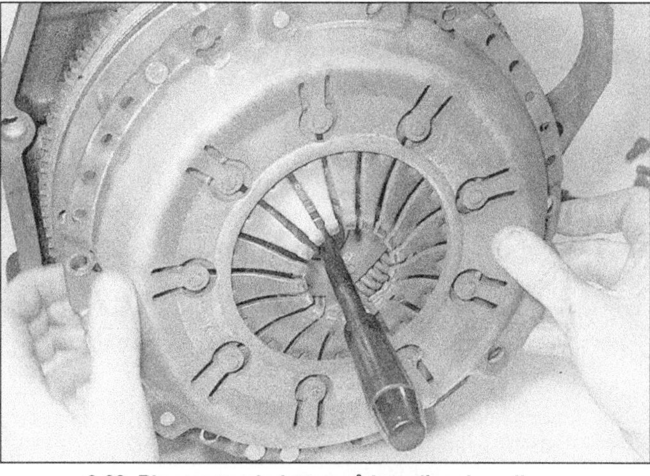

6.28 Placera tryckplattan på kopplingslamellen - 02J och 02M växellådor

24 Håll svänghjulet stilla, skruva sedan loss tryckplattans bultar stegvis i diagonal ordning med en insexnyckel **(se bild)**. När bultarna har skruvats loss två eller tre varv, kontrollera då att inte tryckplattan kärvar på styrstiften. Om så behövs, använd en skruvmejsel för att lossa tryckplattan.

25 Ta bort alla bultarna, lyft sedan bort tryckplattan och lamellen från svänghjulet **(se bild)**.

Kontroll

26 Följ beskrivningen i punkt 7 till 13, men bortse från hänvisningarna till urtrampningsplattan.

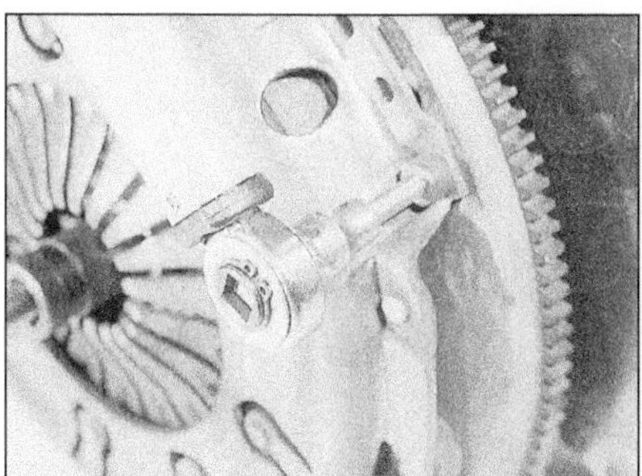

6.31 Dra åt tryckplattans bultar - 02J och 02M växellådor

Montering

27 Börja med att placera kopplingslamellen på svänghjulet, med den upphöjda torsionfjädersidan av navet vänd utåt. Om så behövs kan centreringsverktyget (se punkt 30) användas till att hålla fast lamellen på svänghjulet i det här läget **(se bild)**.

28 Placera tryckplattan mot lamellen och sätt den på styrstiften **(se bild)**. Om du monterar tillbaka den ursprungliga tryckplattan, se till att de tidigare gjorda markeringarna hamnar i linje.

29 Sätt i bultarna och dra åt dem med fingrarna så att tryckplattan hålls på plats.

30 Kopplingslamellen måste nu centreras, för att man ska kunna försäkra korrekt inriktning av växellådans ingående axel i förhållande till stödlagret i vevaxeln. För att göra detta, använd ett särskilt centreringsverktyg, eller alternativt en trästav som passar i lamellen och svänghjulets stödlager. Stick in verktyget genom lamellen in i stödlagret och se till att den centreras.

31 Dra åt tryckplattans bultar stegvis i diagonal ordning till angivet åtdragningsmoment, ta sedan bort centreringsverktyget **(se bild)**.

32 Kontrollera att urtrampningslagret i växellådans balanshjulskåpa fungerar mjukt, och byt vid behov ut det enligt beskrivning i avsnitt 7.

33 Montera växellådan enligt beskrivning i kapitel 7A.

7 Urtrampningslager och arm - demontering, kontroll och montering

02J växellåda

Demontering

1 Demontera växellådan enligt beskrivning i kapitel 7A.

2 Bänd loss urtrampningsarmen från kulstiftet på växellådshuset. Om det är svårt, tryck hållfjädern från urtrampningsarmen först **(se bild)**. Där så är tillämpligt, ta bort plastmellanlägget från stiftet.

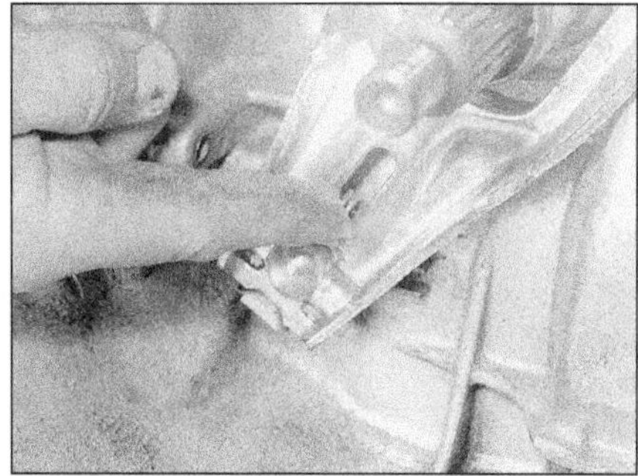

7.2 Tryck på fjäderklämman för att lossa armen från kulstiftet - 02J växellåda

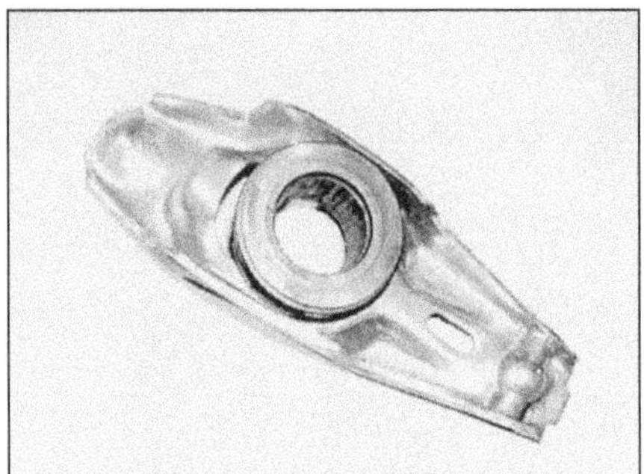

7.3 Urtrampningsarm och lager losstagna från växellådan - 02J växellåda

7.4a Använd en skruvmejsel till att trycka ner fästklackarna . . .

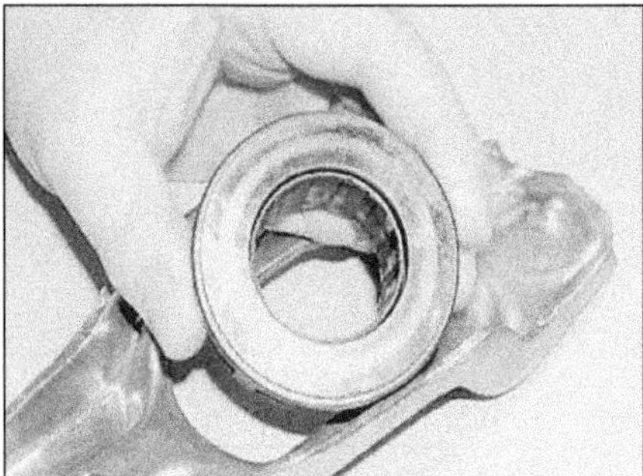

7.4b . . . och ta bort urtrampningslagret från armen - 02J växellåda

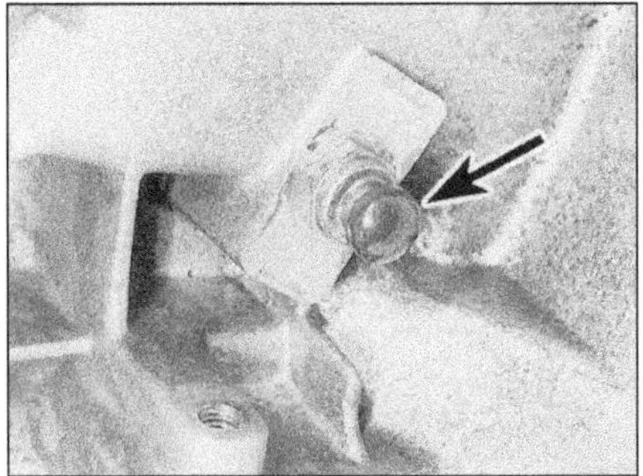

7.7 Smörj kulstiftet (vid pilen) med lite fett - 02J växellåda

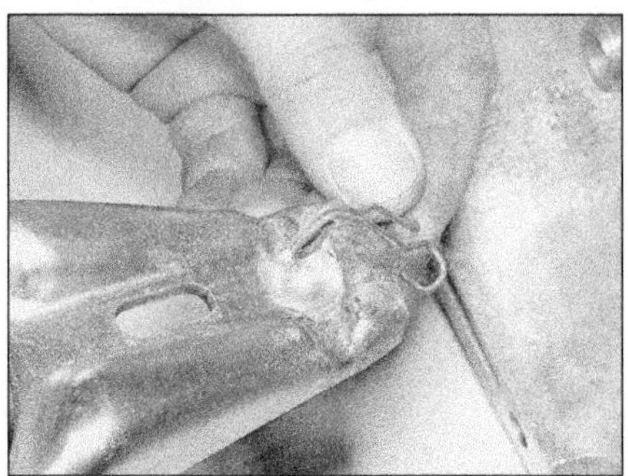

7.9a Placera fjädern över änden av urtrampningsarmen . . .

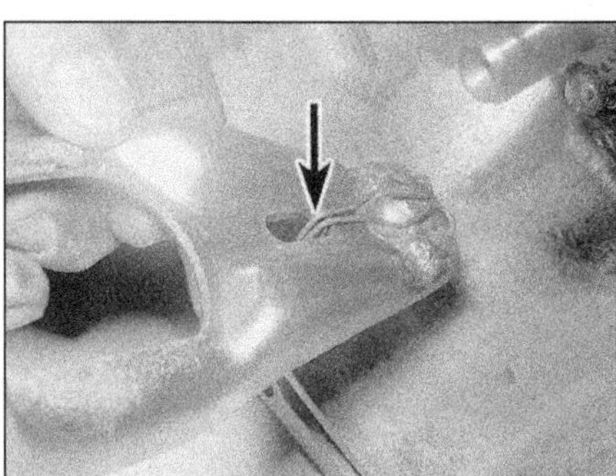

7.9b . . . och tryck in fjädern i hålet . . .

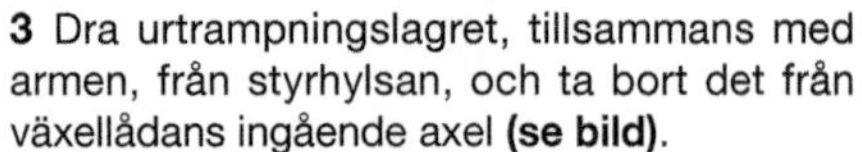

3 Dra urtrampningslagret, tillsammans med armen, från styrhylsan, och ta bort det från växellådans ingående axel **(se bild)**.

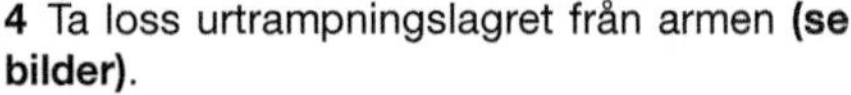

4 Ta loss urtrampningslagret från armen **(se bilder)**.

Kontroll

5 Snurra urtrampningslagret för hand och kontrollera att det går mjukt. Minsta tendens till kärvning eller ojämnheter betyder att lagret måste bytas ut. Om lagret ska återanvändas, torka det rent med en torr trasa; lagret får inte rengöras med ett flytande lösningsmedel, eftersom det tar bort det inre fettet.

6 Rengör urtrampningsarmen, kulstiftet och styrhylsan.

Montering

7 Smörj kulstiftet i växellådans balanshjulskåpa med molybdendisulfidbaserat fett **(se bild)**. Smörj också lite fett på urtrampningslagrets yta som är i kontakt med membranfjäderns fingrar i kopplingskåpan.

8 Tryck urtrampningslagret på plats på urtrampningsarmen.

9 Montera hållfjädern på urtrampningsarmen, tryck sedan fast armen på kulstiftet tills fjädern håller den på plats **(se bilder)**.

10 Montera växellådan enligt beskrivning i kapitel 7A.

02K växellåda

Demontering

11 Dra åt handbromsen, lyft upp framvagnen och stötta den ordentligt på pallbockar (se *Lyftning och stödpunkter*). Ta loss vänster hjul.

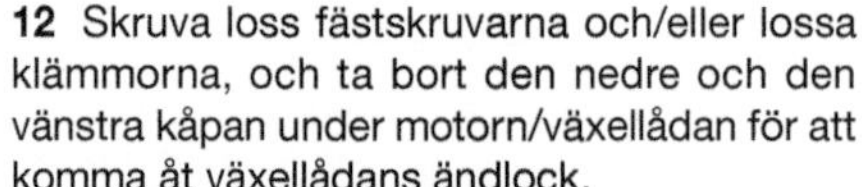

12 Skruva loss fästskruvarna och/eller lossa klämmorna, och ta bort den nedre och den vänstra kåpan under motorn/växellådan för att komma åt växellådans ändlock.

13 Skruva loss kopplingens slavcylinder enligt beskrivning i avsnitt 5 och flytta undan den från urtrampningsarmen; var noga med att inte belasta hydraulvätskeledningen. Tryck inte ner kopplingspedalen medan slavcylindern är demonterad, och använd buntband eller ett kraftigt gummiband till att hålla in kolven i slavcylindern.

14 Placera en passande behållare under änden av växellådan för att samla upp olja som rinner ut när locket tas bort.

15 Använd hammare och stämjärn, eller liknande verktyg, bänd loss växellådans ändlock från växellådshuset. Kasta sedan locket - ett nytt måste användas vid monteringen **(se bilder)**.

16 Vrid kopplingens urtrampningsarm tills det går att ta bort urtrampningslagret från växellådshuset **(se bild)**.

17 Om så önskas kan urtrampningslagrets tryckstång nu dras ut genom den ingående axeln **(se bild)**.

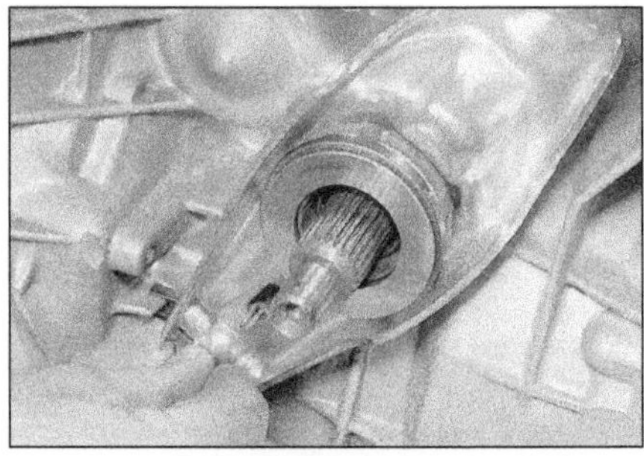

7.9c . . . tryck sedan fast urtrampningsarmen på kulstiftet tills fjäderklämman håller den på plats - 02J växellåda

7.15a Använd hammare och stämjärn . . .

7.15b . . . och bänd loss ändlocket från växellådshuset - 02K växellåda

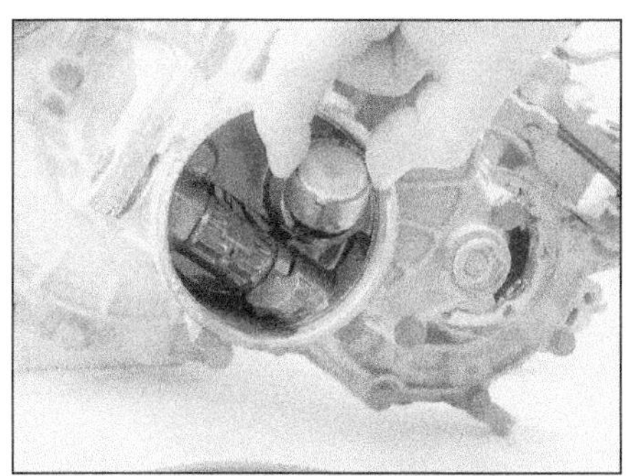
7.16 Ta bort kopplingens urtrampningslager - 02K växellåda

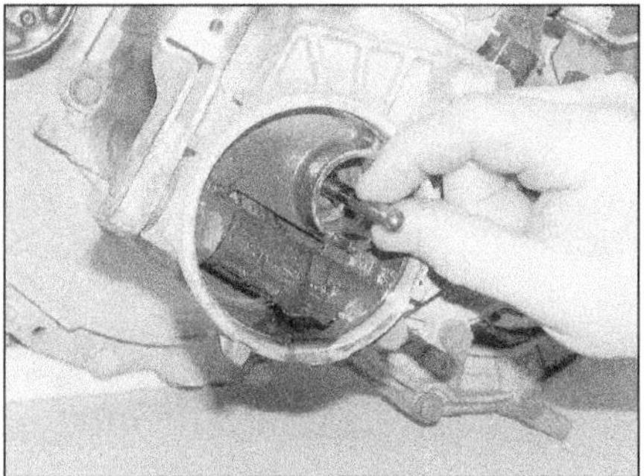
7.17 Ta bort urtrampningslagrets tryckstång - 02K växellåda

7.23 Driv in växellådans nya ändlock på plats - 02K växellåda

Kontroll

18 Vrid urtrampningslagret för hand och kontrollera att det går mjukt. Minsta tendens till kärvning eller ojämnheter betyder att lagret måste bytas ut. Om lagret ska återanvändas, torka det rent med en torr trasa; lagret ska inte tvättas med flytande lösningsmedel, eftersom det tar bort det inre fettet.

19 Undersök om urtrampningslagrets tryckstång är sliten eller skadad, och torka av tryckstången med en ren, luddfri trasa.

Montering

20 Där så är tillämpligt, för in urtrampningslagrets tryckstång i den ingående axeln.

21 Sätt in urtrampningslagret på plats i huset, se till att det är vänt rätt väg.

22 För tillbaka urtrampningsarmen till den ursprungliga positionen.

23 Montera ett nytt lock på änden av växellådan och driv det på plats med ett träblock **(se bild)**. Se till att locket hålls rakt när det drivs på plats.

24 Montera kopplingens slavcylinder; se avsnitt 5 om så behövs.

25 Montera hjulet och sänk ner bilen på marken.

26 Innan du monterar kåporna under motorn, kontrollera växellådans oljenivå och fyll på om så behövs, enligt beskrivning i kapitel 1A eller 1B.

02M växellåda

Observera: *Urtrampningslagret och slavcylindern är en enhet och de kan inte bytas ut som separata delar.*

Demontering

27 Demontera växellådan enligt beskrivning i kapitel 7A.

28 Skruva loss de tre fästbultarna från urtrampningslagret/slavcylindern.

29 Ta loss urtrampningslagret/slavcylindern från växellådshuset och ta bort enheten över den ingående axeln **(se bild)**.

30 Ta bort O-ringen och den ingående axelns tätning och kasta dem - nya måste användas vid monteringen.

Kontroll

31 Vrid urtrampningslagret för hand och kontrollera att det går mjukt. Minsta tendens till kärvning eller ojämnheter betyder att lagret måste bytas ut. Om lagret ska återanvändas, torka det rent med en torr trasa; lagret ska inte tvättas med flytande lösningsmedel, eftersom det tar bort det inre fettet.

32 Leta efter vätskeläckor runt slavcylindern och slanganslutningen.

Montering

33 Smörj O-ringen till slavcylinderns slanganslutning med ren bromsvätska innan monteringen.

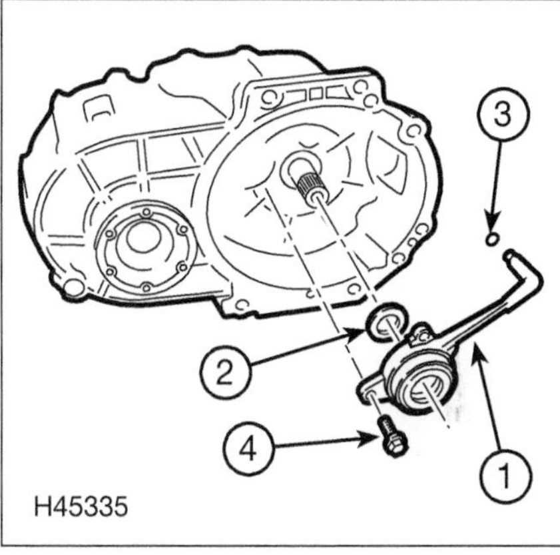

7.29 Urtrampningslager/slavcylinder - 02M växellåda

1 *Urtrampningslager/slavcylnder*
2 *Ingående axelns tätning*
3 *O-ringstätning*
4 *Bult*

34 Tryck den ingående axelns nya tätning på plats och se till att den sitter rakt i huset.

35 Montera urtrampningslagret/slavcylindern och dra åt fästbultarna till angivet moment.

36 Montera växellådan enligt beskrivning i kapitel 7A.

Kapitel 7 Del A:
Manuell växellåda

Innehåll

Svårighetsgrader

Enkelt, passar novisen med lite erfarenhet	**Ganska enkelt,** passar nybörjaren med viss erfarenhet	**Ganska svårt,** passar kompetent hemmamekaniker	**Svårt,** passar hemmamekaniker med erfarenhet	**Mycket svårt,** för professionell mekaniker

Specifikationer

Allmänt

Typ: Monterad på tvären, framhjulsdrift med inbyggd differential/slutväxel med transaxel. Fem eller sex växlar framåt och backväxel.

Användning:

- Modeller med bensinmotor:
  - 1,4 liter: Växellåda 02K (femväxlad)
  - 1,6 liter: Växellåda 02K (femväxlad)
  - 1,8 liter: Växellåda 02J (femväxlad)
  - 2,0 liter: Växellåda 02J (femväxlad)
- Modeller med dieselmotor:
  - Utan turbo: Växellåda 02K (femväxlad)
  - Med turbo:
    - Motorkod AGR, ALH, AHF och ASV: Växellåda 02J (femväxlad)
    - Motorkod ASZ: Växellåda 02M (sexväxlad)

Observera: *För information om motor- och växellådskoder, se kapitel 2A, 2B, 2C eller avsnittet "Bilens identifikationsnummer".*

Åtdragningsmoment

Åtdragningsmoment	Nm
Backljuskontakt:	
02J och 02M växellådor	20
02K växellåda	25
Urtrampningslagrets styrning till växellåda	20
Växellåda till motor:	
M12 bultar	80
M10 bultar:	
Alla utom 02M växellåda	45
02M växellåda	40
Växlingsstag till väljarstag (02K växellåda)	20

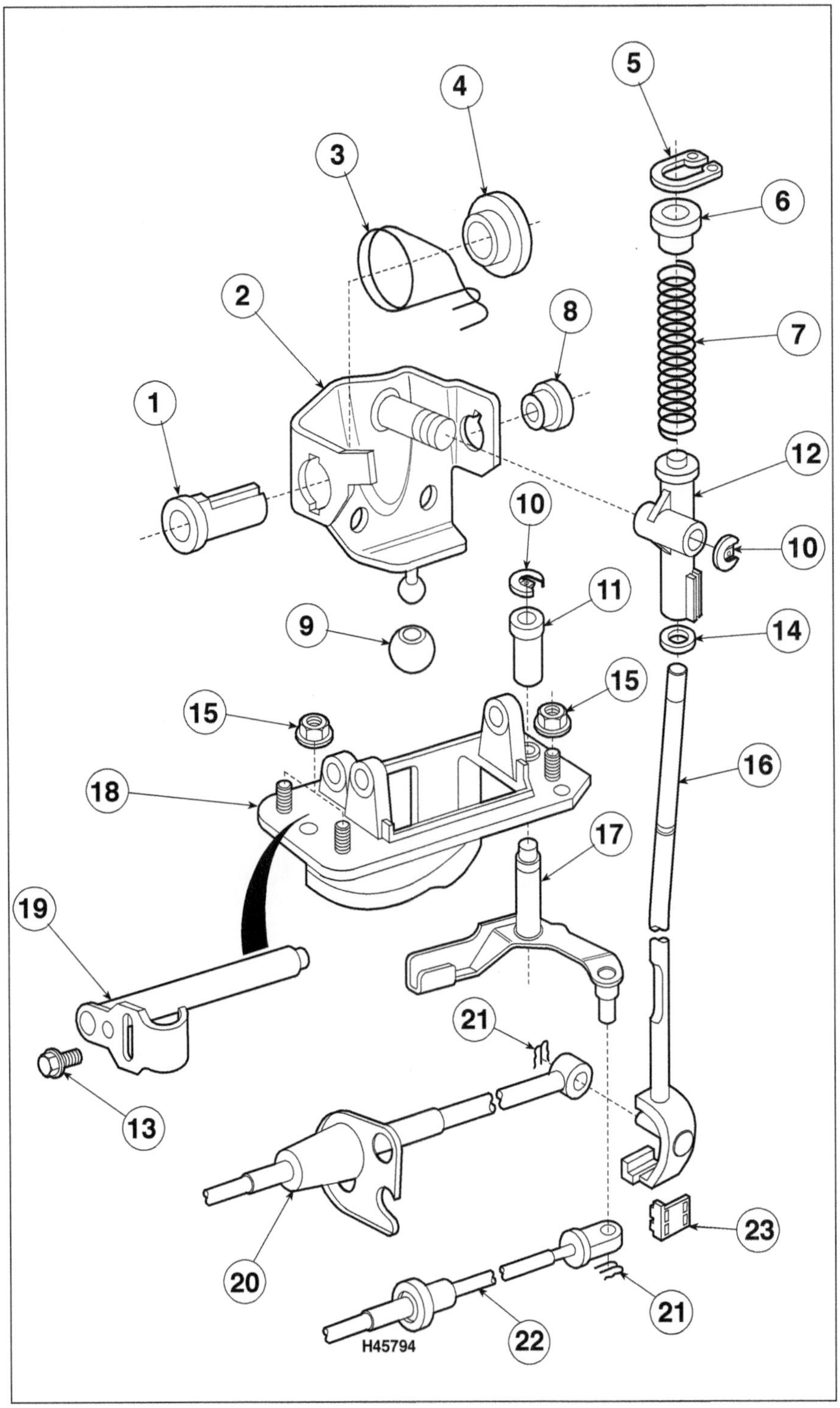

1.3a **Växellänkagets utformning – 02J växellåda**

1 *Bussning*
2 *Väljarhus*
3 *Fjäder*
4 *Styrbussning*
5 *Låsbricka*
6 *Distans*
7 *Fjäder*
8 *Bussning*
9 *Lock*
10 *Låsbricka*
11 *Bussning*
12 *Styrning*
13 *Bult*
14 *Dämpbricka*
15 *Självlåsande mutter*
16 *Växlingsarm*
17 *Växelväljarfäste*
18 *Lagerplatta*
19 *Axel*
20 *Växlingsvajer*
21 *Saxsprint*
22 *Väljarvajer*
23 *Stötdämpare*

1 Allmän information

Den manuella växellådan är fastskruvad i motorn på vänster sida. Den här designen har fördelen att den ger kortast möjliga drivväg till framhjulen, och den placerar också växellådan i luftflödet genom motorrummet, vilket optimerar avkylning. Enheten sitter i en kåpa av aluminiumlegering.

Drivning från vevaxeln överförs av kopplingen till växellådans ingående axel, som har splines för att gå i ingrepp med kopplingslamellen.

Alla växlar framåt har synkrokoppling. Den golvmonterade växelspaken är ansluten till växellådan via antingen ett väljarstag eller väljar- och växlingsvajrar, beroende på typ av växellåda **(se bilder)**. Detta i sin tur aktiverar väljargafflar inuti växellådan, som är slitsade och sitter på synkroniseringshylsor. Hylsorna, som är låsta till växellådan men kan glida axiellt med hjälp av splinesade nav, pressar synkringar i kontakt med respektive drev/pinjong. Den konformade ytan mellan synkringarna och pinjongen/drevet fungerar som en friktionskoppling, som stegvis an-passar synkrohylsans hastighet (och därmed växellådsaxelns) med drevets/pinjongens hastighet. Detta gör att växlingarna kan ske mjukt.

Drivning överförs till differentialens kronhjul, som drar runt differentialhuset och planetväxlarna, och driver på så sätt soldreven och drivaxlarna. Det faktum att planetväxeldreven roterar på sina axlar gör att det inre hjulet kan rotera med en lägre hastighet än det yttre vid kurvtagning.

2 Växellänkage – justering

02J växellåda fram t.o.m. 04/99

1 Speciella verktyg behövs för att man ska kunna justera växellänkaget på rätt sätt, varför detta arbete helst bör överlämnas till en Skodaverkstad. Följande kontroll kan dock ge en indikation om huruvida en mindre justering är nödvändig.

2 Ställ växellådan i neutralläge, så att växlingsstaget står i grinden till 3:e/4:e växelläget.

3 Starta motorn och låt den gå på tomgång, tryck sedan ner kopplingspedalen. Ge den ingående axeln 3 till 6 sekunder att sluta rotera, flytta sedan växelspaken genom alla växellägen, och kontrollera att särskilt backen kan läggas i mjukt.

4 Om det är svårt att lägga i någon växel, låt en medhjälpare titta på *växlingsarmen* uppe på växellådan medan du lägger i 1:a växeln och temporärt flyttar växelspaken åt vänster. *Växlingsarmen* ska röra sig ungefär 1,0 mm.

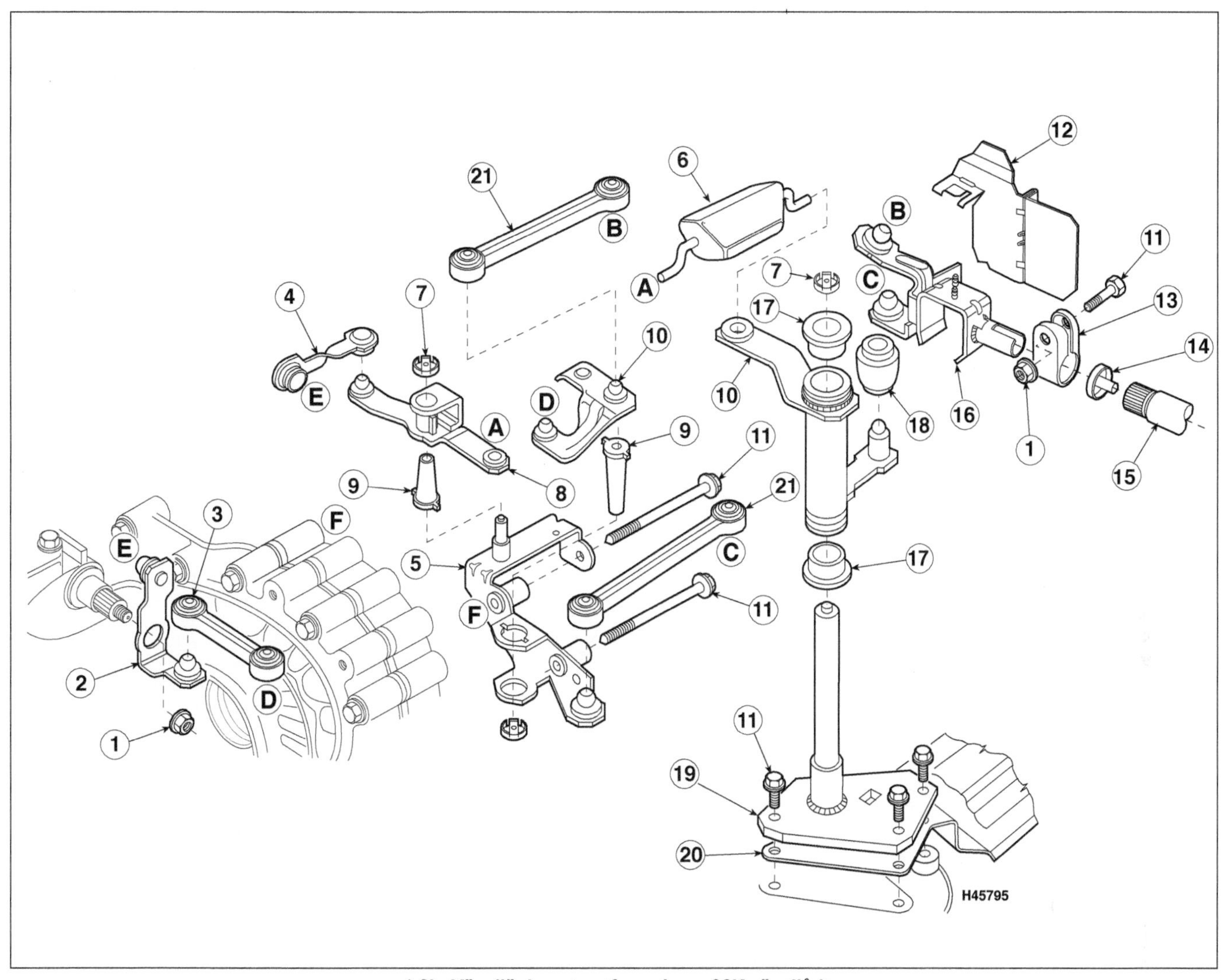

1.3b Växellänkagets utformning - 02K växellåda

Observera: *Bokstäver indikerar anslutningar*

1 Självlåsande mutter
2 Växlingsarm
3 Växelväljarstag
4 Främre växlingsstag
5 Fästbygel
6 Växlingsstag och balansvikt
7 Låsbricka
8 Mellanarm
9 Lagerbussning
10 Reläarm
11 Bult
12 Sköld
13 Krage
14 Plugg
15 Växlingsstag
16 Väljararm
17 Lagerbussning
18 Hylsa
19 Lagerfäste
20 Sköld
21 Stag

5 Om *växlingsarmen* inte rör sig 1,0 mm, lägg i neutralläge, lossa sedan *väljararmens* låsmutter. Tryck *väljar*vajern något mot torpeden för att eliminera eventuellt spel, dra sedan åt låsmuttern.

02J växellåda fr.o.m. 05/99

6 Se punkt 2 till 4 och kontrollera om en justering behövs. Om så behövs, gör följande justering.

7 Demontera luftrenaren enligt beskrivning i kapitel 4A (bensinmotor) eller 4B (dieselmotor).

8 Med växeln ställd i neutralläge, tryck de två låskragarna (en på varje vajer) framåt för att trycka ihop fjädrarna, vrid dem medurs (från förarsätet sett) för att låsa dem i detta läge **(se bild)**.

9 Tryck ner på *väljar*axeln uppe på växellådan och tryck in låsstiftet i växellådan tills det hakar i och väljaraxeln inte kan rubbas **(se bild)**. **Observera:** *På modeller med växellåda fr.o.m. datumet 19/05/03, har låsstiftet en 90° böj i änden av staget. Detta låsstift måste också vridas medurs medan det trycks in i växellådan tills det hakar i.*

10 Inuti bilen, ta försiktigt loss växelspakens damask från mittkonsolen. Med växelspaken fortfarande i neutralläge, flytta spaken så långt det går åt vänster och stick in låsstiftet (eller ett borr) genom hålet längst ner i spaken och in i hålet i huset **(se bild)**.

11 I motorrummet, vrid de två låskragarna på vajrarna moturs så att fjädrarna släpper dem tillbaka till ursprungsläget och lås vajrarna **(se bild)**.

12 När vajerjusteringen är inställd, kan låsstiftet nu dras tillbaka ut ur växellådan till sitt ursprungliga läge. **Observera:** *På modeller med växellåda fr.o.m. datumet 19/05/03, måste låsstiftet också vridas moturs medan det dras ut, tills det lossnar.*

13 Inne i bilen, ta bort låsstiftet/borret från växelspaken, kontrollera sedan väljarmekanismens funktion. När växelspaken står i neutralläget, ska den vara centrerad och redo för val av 3:an eller 4:an. Växelspaksdamasken kan nu sättas tillbaka på mittkonsolen.

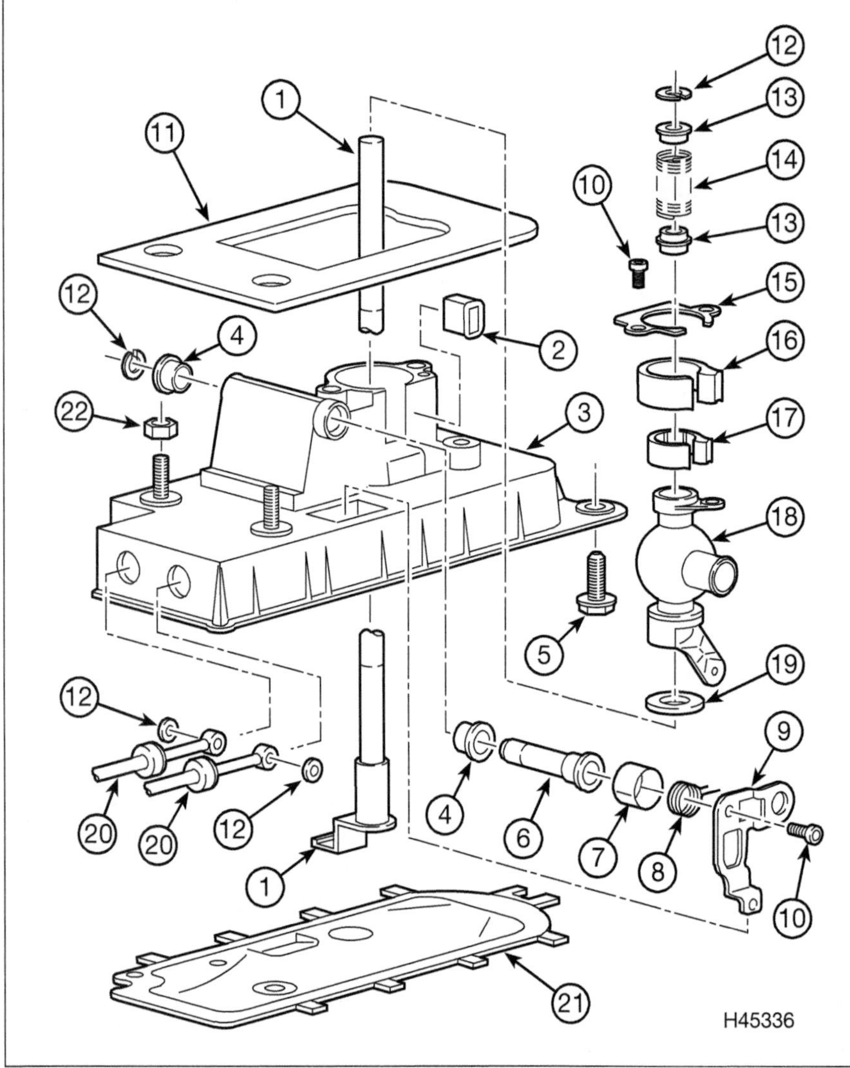

1.3c Växellänkagets utformning – 02M växellåda

1 *Växelväljararm*
2 *Dämpare*
3 *Väljararmens hus*
4 *Bussning – lager*
5 *Bult*
6 *Svängtapp*
7 *Bussning – styrning*
8 *Fjäder*
9 *Väljararmens grind*
10 *Fästskruv*
11 *Hustätning*
12 *Fästklämma*
13 *Bussning*
14 *Fjäder*
15 *Täckplatta*
16 *Dämparkrage*
17 *Lager*
18 *Väljararmens kula/ styrning*
19 *Dämpbricka*
20 *Växelväljarvajer*
21 *Basplatta*
22 *Fästmutter*

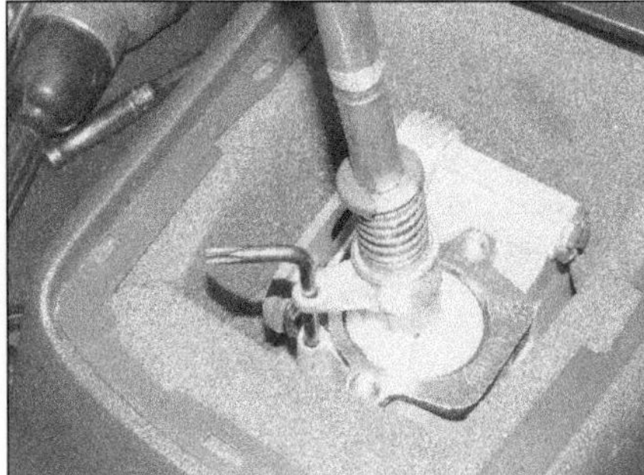

2.10 Lås växelspaken på plats med ett passande verktyg

2.11 Lossa de två låskragarna (vid pilarna) så att de återgår till ursprungsläget

2.8 Tryck ner kragen och lås den

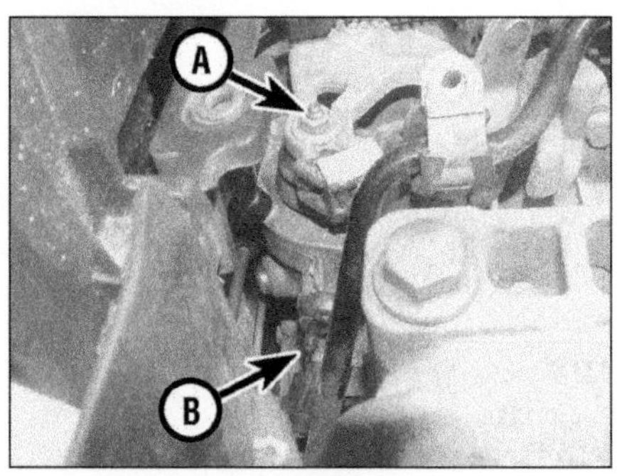

2.9 Tryck nedåt på (A), tryck sedan in låsstiftet (B)

14 Montera luftrenaren enligt beskrivning i kapitel 4A eller 4B.

02K växellåda

15 Särskilda verktyg behövs för justering av växellänkaget, varför detta arbete helst ska överlämnas till en Skodaverkstad.

02M växellåda

16 Med följande kontroll kan man avgöra om en justering behövs. Börja med att ställa växeln i neutralläge så att växelspaken hamnar vid grinden till 3:e/4:e växeln. För bättre åtkomlighet, demontera luftrenaren enligt beskrivning i kapitel 4A (bensinmotorer) eller 4B (dieselmotorer).

17 Starta motorn och låt den gå på tomgång, tryck sedan ner kopplingspedalen. Ge den ingående axeln 3-6 sekunder att sluta rotera, för sedan växelspaken genom alla växellägen och kontrollera att särskilt backen kan läggas i mjukt och utan problem.

18 Om 1:a/2:a/5:e eller 6:e växeln inte går att lägga i mjukt, ställ växeln i neutralläget igen, låt sedan en medhjälpare observera *växel*armen uppe på växellådan medan du flyttar växelspaken åt vänster från neutralläget (till 1:ans/2:ans grind); armen ska flytta nedåt, och det ska vara möjligt för medhjälparen att sticka in ett borr genom hålet i växellådan, in i *växel*axelns grind. Om hålen inte hamnar i linje, gör följande justering.

19 Med växellådan i neutralläge, tryck de två låskragarna (en på varje vajer) framåt för att trycka i hop fjädrarna, vrid dem medurs (från förarsätet sett) för att låsa dem.

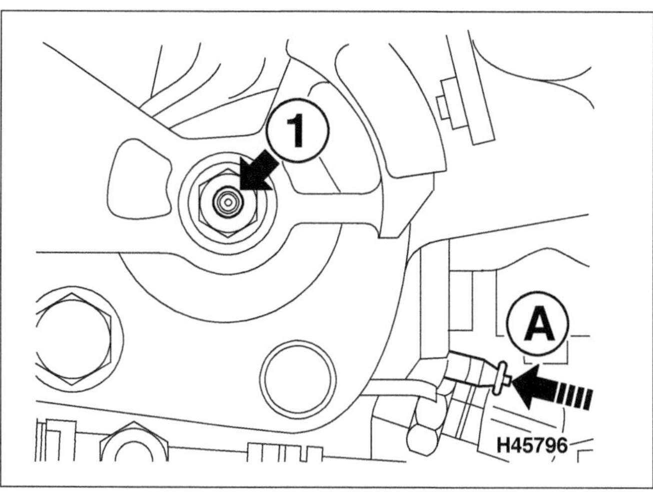

2.20 Justering av växellänkaget – 02M växellåda

1 *Växelaxel* A *Låsstift eller borr*

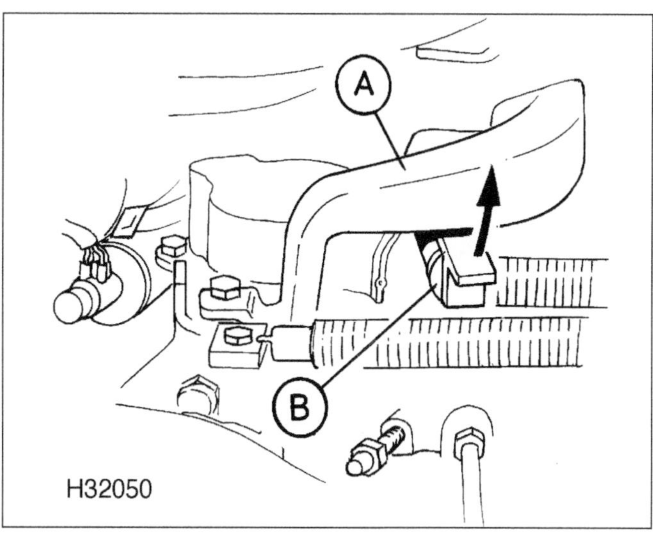

3.9 Väljarvajer (B) och balansvikt (A) – 02J växellåda

20 Tryck ner *väljar*armen uppe på växellådan tills det går att sticka in ett passande borr genom hålet i växellådan, in i grinden för *väljar*axeln **(se bild)**. Axeln är nu låst i inställningsläget.

21 Inne i bilen, ta försiktigt loss växelspakens damask från mittkonsolen. Från neutralläget, flytta växelspaken så långt det går åt vänster och stick in låsstiftet (eller borret) genom hålet längst ner på växelspaken och in i hålet i huset.

22 I motorrummet, vrid de två låskragarna på vajrarna moturs, så att fjädrarna släpper tillbaka dem till ursprungspositionen, och lås vajrarna.

23 När vajerjusteringen har gjorts kan låsstiftet nu dras ut ur växellådan till det ursprungliga läget.

24 Inne i bilen, ta bort låsstiftet/borret från växelspaken, kontrollera sedan växlingsmekanismen. När växelspaken är i neutralläget ska den vara centrerad, redo för val av 3:e eller 4:e växeln. växelspaksdamasken kan nu sättas tillbaka på mittkonsolen.

25 Montera luftrenaren enligt beskrivning i kapitel 4A eller 4B.

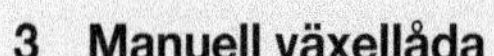

3 Manuell växellåda - demontering och montering

Demontering

1 Parkera bilen på fast, jämn mark. Se till att ha gott om arbetsutrymme runt bilen. Dra därefter åt handbromsen och klossa bakhjulen.

2 Lyft upp framvagnen och stötta den ordentligt på pallbockar (se *Lyftning och stödpunkter*). Efter tillämplighet, ta bort motorns toppkåpa, den mittre och den högra delen av kåpan under motorn/växellådan samt det vänstra hjulhusets innerskärm.

3 Placera en lämplig behållare under växellådan, skruva sedan loss avtappningspluggen och tappa av växellådsoljan.

4 Skruva loss fästmuttrarna/skruvarna och ta bort motorkåpan/-kåporna.

5 Demontera batteriet enligt beskrivningen i kapitel 5A (se också avsnittet *Frånkoppling av batteriet* i *Referenskapitlet* längst bak i boken).

6 Se relevant del av kapitel 4 och demontera luftrenarhuset, insugsslangen och luftflödesmätaren.

7 Koppla loss kablaget från hastighetsmätarens givare och backljuskontakten.

02J växellåda fram t.o.m. 04/99

8 Skruva loss växelvajern och balansvikten, ta sedan bort vajern med bricka och mutter.

9 Koppla loss väljarvajern från följaren/reläarmen genom att lyfta klacken **(se bild)**

02J växellåda fr.o.m. 05/99

10 Ta loss klämman och ta bort väljarvajern och reläarmen.

11 Skruva loss muttern och ta bort växelvajern och armen.

02K växellåda

12 Koppla loss det främre växelväljarstaget från väljararmen.

13 Ta bort låsringen och ta loss mellanarmen och väljarstaget **(se bilder)**.

14 Separera fästbygeln från växelstaget genom att vrida det 90° medurs; vrid staget uppåt och ta loss det från fästbygeln.

15 Med en spårskruvmejsel, bänd loss båda kopplingsstagen, och det vänstra väljarstaget **(se bilder)**.

3.13a Ta bort låsringen . . .

3.13b . . . och mellanarmen

3.15a Bänd loss kopplingsstagen . . .

3.15b . . . och det vänstra väljarstaget

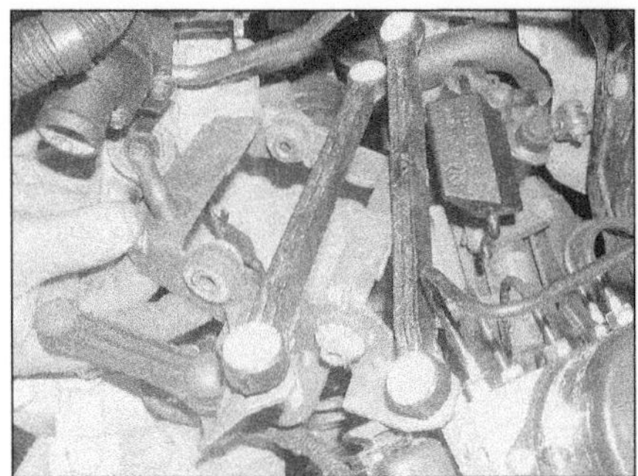
3.16 Ta bort bygeln tillsammans med väljarstagen

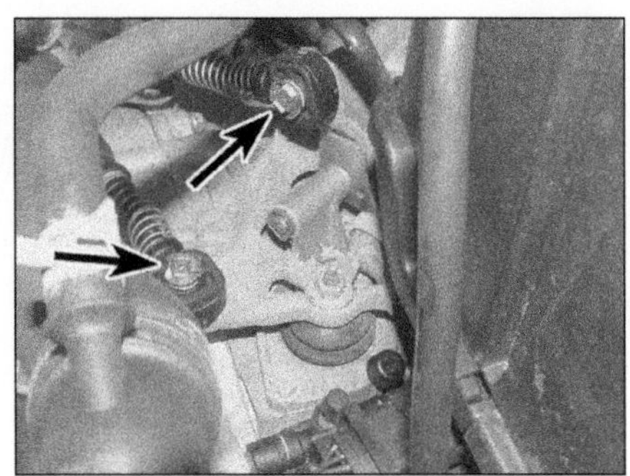
3.17 Lossa de två fästklämmorna (vid pilarna)

16 Skruva loss väljarbygeln från växellådshuset och ta bort den tillsammans med väljarstagen **(se bild)**.

02M växellåda

17 Lossa låsklämmorna och koppla loss växelväljarvajrarna från väljararmen **(se bild)**.

18 Ta bort fästklämmorna och ta loss väljarvajrarna från fästbygeln **(se bild)**. Om så behövs, skruva loss och ta bort fästbygeln.

Alla modeller

19 Bind upp väljar- och växelvajrarna åt ena sidan.

20 Ta loss kopplingsslavcylinderns slang från stödet.

21 Skruva loss vajerstödet och lägg det på sidan av växellådan.

22 På modeller med 02J eller 02K växellåda, skruva loss kopplingens slavcylinder från växellådan och bind fast den åt sidan utan att belasta hydraulslangarna.

23 På modeller med 02M växellåda, sätt en slangklämma på slangen som går från huvudcylindern till slavcylindern, bänd sedan ut klämman med en skruvmejsel och koppla loss hydraulledningen. Tejpa över ändarna av ledningen för att slippa smuts och damm.

Varning: Trampa inte ner kopplingspedalen när slavcylindern är demonterad/losskopplad från växellådan.

24 Notera hur jordkabeln sitter på fästbulten mellan växellådan och motorn, skruva sedan loss och ta bort bulten.

25 Skruva loss och ta bort de övre bultarna mellan växellådan och motorn.

26 Se kapitel 5A och demontera startmotorn.

27 På modeller som har en 02M växellåda, skruva loss wastegatens vakuumenhet från turboladdaren och bind upp den åt sidan. Skruva också loss anslutningsmuttern och koppla loss turboladdarens oljereturledning från motorn.

28 Ta upp motorns vikt med en lämplig lyft. Placera domkraften så att den kan tas bort från bilens vänstra sida.

29 Skruva loss fästbygeln/stödet för servostyrningspumpens ledning **(se bild)**.

30 Om en sådan finns, ta bort skyddskåpan från drivaxelns inre, högra drivknut.

31 Om tillämpligt, skruva loss fästbulten och ta bort svänghjulets lilla täckplatta vid den utgående axelns högra fläns **(se bild)**.

32 Med hänvisning till kapitel 8, skruva loss drivaxlarna från växellådans drivflänsar. Vrid ratten till fullt utslag åt vänster, bind sedan upp drivaxlarna med buntband eller liknande, så högt som möjligt ur vägen för växellådan. Se till att inte skada omgivande kaross. På 02M växellåda måste man demontera den högra drivaxeln helt.

33 Med hänvisning till relevant del av kapitel 4, ta loss avgassystemet bakom katalysatorn. På modeller med 1,6 liters bensinmotor med kod AEH eller AKL, demontera katalysatorn helt. Notera att på turbodieselmodeller måste man ta bort avgassystemets fästbygel från framvagnsramen.

34 Skruva loss motorns bakre fästlänk från växellådan och framvagnsramen **(se bild)**.

35 Stötta växellådan med en garagedomkraft eller vagga. För att skapa ytterligare arbetsutrymme, flytta motorn så långt framåt som det går, och stötta den i den här positionen med en trästång mellan motorn och torpedväggen.

36 På modeller med 02K eller 02M växellåda, skruva loss de fem fästbultarna och ta bort vänster fästbygel från växellådan **(se bild)**. På modeller med 02J växellåda, skruva loss bultarna som håller det vänstra växellådsfästets stödfäste, och de två bultarna till växellådsfästet, sänk sedan ner växellådan en aning och skruva loss fästbygeln. Var noga med att inte skada servostyrningsröret när detta görs **(se bild)**.

37 Skruva loss och ta bort de kvarvarande fästbultarna mellan växellådan och motorn.

38 Dra försiktigt loss växellådan från motorn, rakt ut, och var noga med att inte låta dess vikt vila på kopplingslamellens nav.

3.18 Ta bort de två fästklämmorna (vid pilarna)

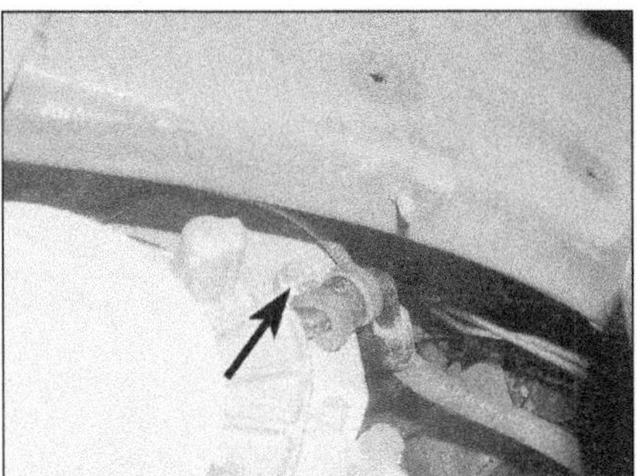
3.29 Skruva loss fästbygeln (vid pilen) för servostyrningspumpens ledning

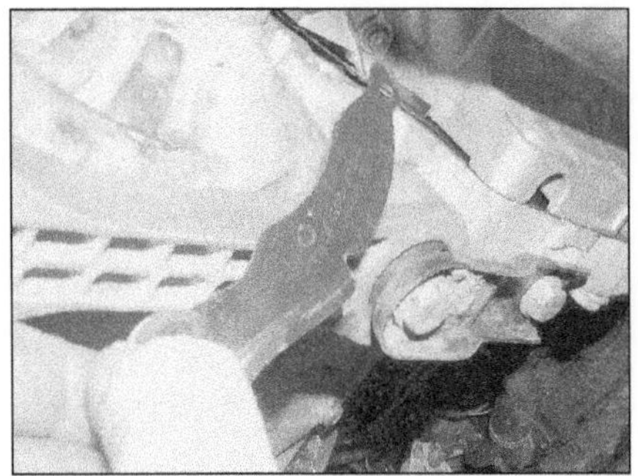
3.31 Ta bort svänghjulets täckplatta

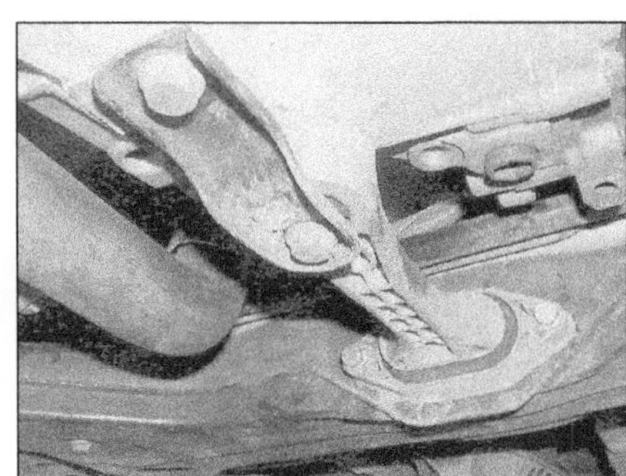
3.34 Motorns bakre fästlänk

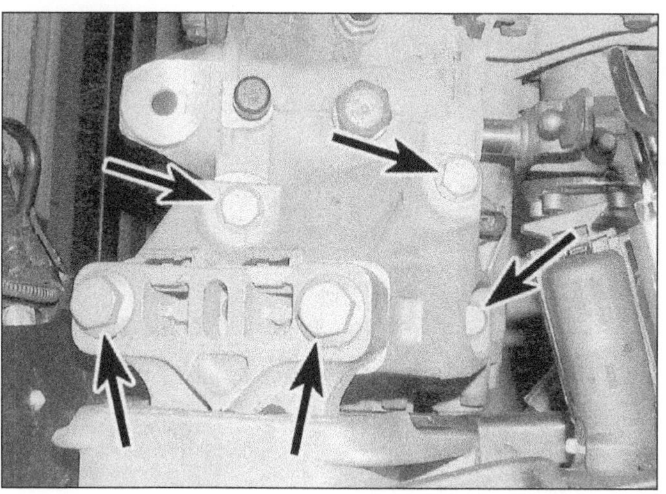

3.36a Skruva loss de fem fästbultarna (vid pilarna)

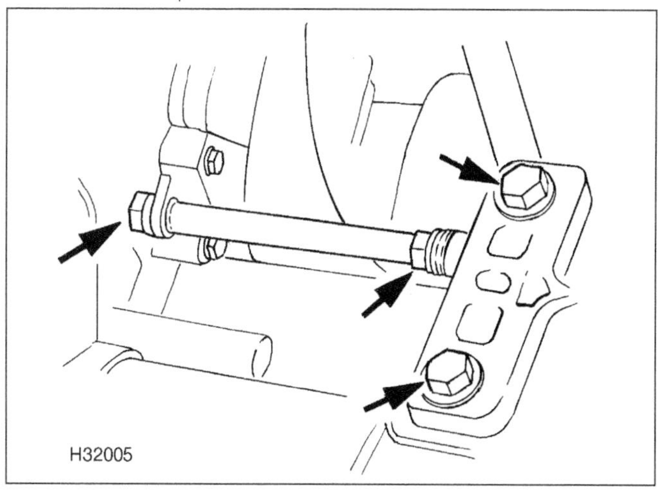

3.36b Ta bort fästbultarna och stödfästets bultar (vid pilarna)

Varning: Stötta växellådan för att se till att den förblir stadig på domkraftens huvud. Håll växellådan vinkelrät tills den ingående axeln är helt utdragen från kopplingslamellen.

39 När växellådan är fri från styrstiften och kopplingskomponenterna, sänk ner växellådan till marken och ta fram den under bilen.

Montering

40 Montering av växellådan sker i omvänd ordning mot demonteringen, men notera följande punkter:

a) På modeller med 02J växellåda, innan växellådan monteras, stick in en M8x35 bult i hålet ovanför slavcylinderns öppning med kopplingens urtrampningsarm tryckt mot växellådshuset, för att låsa armen i denna position. Ta bort bulten när växellådan är på plats igen.

b) Lägg fett med hög smältpunkt på splinesen i kopplingslamellens nav, men se till att inget fett kommer på friktionsytorna.

c) Dra åt alla bultar till angivet moment där sådana anges – se relevanta kapitel.

d) På 02J och 02M växellåda, se avsnitt 2 och kontrollera växellänkagets/vajrarnas justering.

e) Fyll på växellådan med angiven mängd olja av korrekt grad. Se "Smörjmedel och vätskor" och kapitel 1A eller 1B.

4 Manuell växellåda – renovering, allmän information

Renovering av en manuell växellåda är en komplicerad (och ofta dyr) uppgift för hemmamekanikern, som kräver tillgång till specialutrustning. Arbetet omfattar isärtagning och hopsättning av många små delar, exakta mätningar av spel och, om så behövs, justering av dessa med hjälp av shims och distanser. Interna växellådsdelar kan också ofta vara svåra att få tag i och de är i många fall mycket dyra. På grund av detta, om växellådan utvecklar ett fel eller börjar ge ifrån sig oljud, är det bäst att låta en specialist renovera den, eller införskaffa en renoverad utbytesenhet.

Men trots allt som sagts ovan, är det inte helt omöjligt för en mycket erfaren hemmamekaniker att renovera växellådan förutsatt att rätt verktyg finns till hands, jobbet utförs mycket noggrant, steg för steg, och att inget glöms bort.

De verktyg som behövs för en renovering inkluderar inre och yttre låsringstänger, lageravdragare, en glidhammare, en uppsättning pinndorn, en mätklocka och eventuellt en hydraulisk press. Utöver detta behövs en stor, stadig arbetsbänk med ett skruvstäd.

Vid isärtagningen av växellådan, notera noggrant hur varje komponent sitter för att göra hopsättningen lättare och helt korrekt.

Innan växellådan tas isär hjälper det om man har en ungefärlig uppfattning om var problemet ligger. Vissa problem kan hänföras till vissa specifika delar av växellådan, och detta kan göra undersökningen av delar och byte av dessa enklare. Se avsnittet *Felsökning* i slutet av boken för mer information.

5 Backljuskontakt – test, demontering och montering

Test

1 Se till att tändningslåset står i OFF-läget.

2 Koppla loss kabelhärvan från backljuskontakten vid kontaktdonet. Kontakten är inskruvad uppe på växellådshuset på 02J växellådan, uppe på växellådshuset på 02K växellådan, och på framsidan av växellådshuset på 02M växellådan.

3 Anslut sonderna på en kontinuitetstestare, eller en multimeter inställd på motståndsmätning, över polerna på backljuskontakten.

4 Kontaktens krets är i normalläget öppen, så med annan växel än backen ilagd, ska testaren/multimetern visa öppen krets eller oändligt motstånd. Med backen ilagd ska kretsen slutas och testaren/multimetern ska visa kontinuitet eller noll motstånd.

5 Om kontakten inte fungerar enligt beskrivningen ovan, måste den bytas ut.

Demontering

6 Försäkra dig om att tändningslåset står i läget OFF.

7 Koppla loss kabelhärvan från backljuskontakten vid kontaktdonet **(se bild)**.

8 Skruva loss och ta bort kontakten, och på 02M växellåda, ta vara på tätningsringen **(se bild)**.

Montering

9 Montering sker i omvänd ordning mot demonteringen, dra åt kontakten till angivet moment. På 02J växellåda, lägg lite molybdendisulfidfett på klacken. På 02K växellåda, lägg lite tätningsmedel på gängorna på kontakten. På 02M växellåda, byt ut tätningsringen.

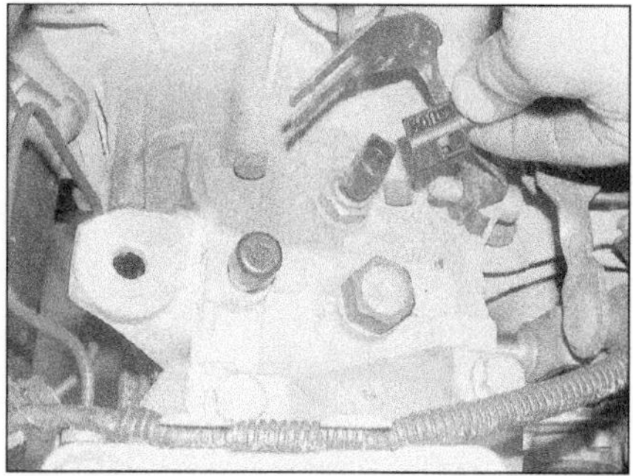

5.7 Koppla loss backljuskontakten – 02K växellåda

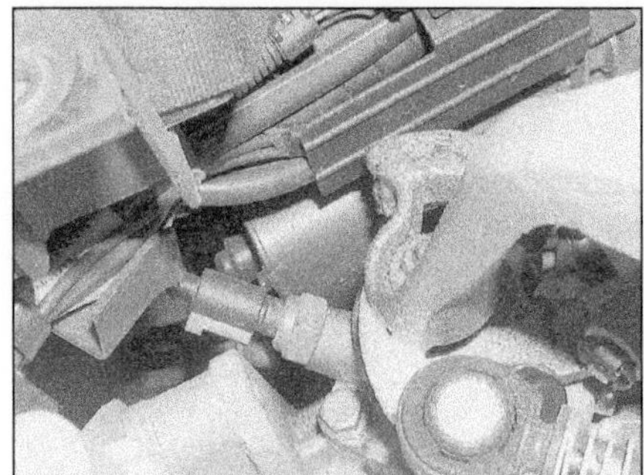

5.8 Backljuskontakt - 02J växellåda

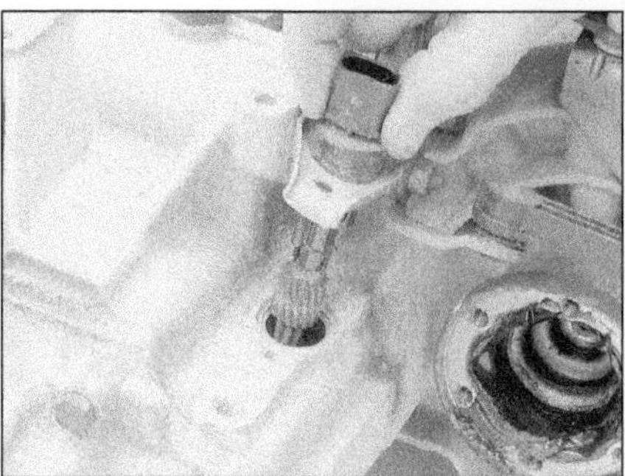

6.5 Ta bort hastighetsgivaren - 02K växellåda

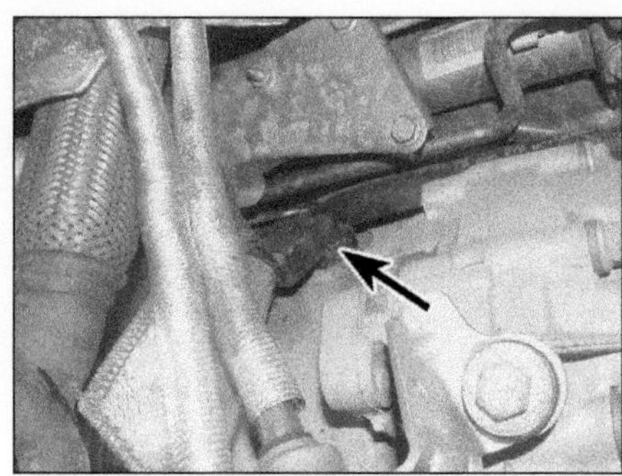

6.6 Hastighetsgivare - 02M växellåda

6 Hastighetsgivare/ hastighetsmätardrev - demontering och montering

Allmän information

1 Alla växellådor är utrustade med en elektronisk hastighetsmätaromvandlare. Denna enhet mäter rotationshastigheten hos växellådans slutväxel och omvandlar informationen till en elektronisk signal, som sänds till hastighetsmätarmodulen i instrumentpanelen. På vissa modeller används signalen också som input av motorstyrningssystemets ECU.

Demontering

2 Försäkra dig om att tändningslåset står i läge OFF.

3 Leta reda på omvandlaren, längst upp på växellådshuset, och koppla loss kabelhärvan från omvandlaren vid kontaktdonet.

4 På 02J växellåda sitter hastighetsomvandlaren direkt monterad längst upp på drivpinjongen. Om så behövs, håll fast huset med en nyckel, skruva sedan loss omvandlaren från toppen av pinjonghuset och ta bort brickan. Om så behövs, skruva loss pinjonghuset och ta bort det tillsammans med pinjongen.

5 På 02K växellåda, sitter omvandlaren och pinjongen fast med en enda skruv. Skruva loss fästskruven med en insexnyckel och ta bort enheten från växellådshuset. Ta vara på packningen om så är tillämpligt **(se bild)**.

6 På 02M växellåda sitter omvandlaren på växellådans baksida **(se bild)**.

Montering

7 Montering sker i omvänd ordning mot demonteringen.

Kapitel 7 Del B: Automatväxellåda

Innehåll

Svårighetsgrader

Enkelt, passar novisen med lite erfarenhet		**Ganska enkelt,** passar nybörjaren med viss erfarenhet		**Ganska svårt,** passar kompetent hemmamekaniker		**Svårt,** passar hemmamekaniker med erfarenhet		**Mycket svårt,** för professionell mekaniker	

Specifikationer

Allmänt

Växellåda, typ	01M
Beskrivning	Elektro-hydrauliskt styrd planetväxel med fyra växlar framåt och en bakåt. Drivning överförs genom en hydrokinetisk momentomvandlare. Låskoppling på alla framåtväxlar, styrd av den elektroniska styrenheten (ECU). Växlinglägen styrs av ECU genom s.k "Fuzzy logic".

Utväxlingsförhållanden

Alla utom 2,0 liter bensinmotor med växellådskod FDF:	
1:a	2,714:1
2:a	1,441:1
3:e	1,000:1
4:e	0,742:1
Back	2,884:1
2,0 liter bensinmotor med växellådskod FDF:	
1:a	2,714:1
2:a	1,551:1
3:e	1,000:1
4:e	0,679:1
Back	2,111:1

Observera: *För information om växellådskoder, se "Bilens identifikationsnummer".*

Åtdragningsmoment

	Nm
Hastighetsgivarens fästbult	10
Momentomvandlare till svänghjul, muttrar	57
Väljarvajerns låsbult	8
Växellådans balanshjulskåpa till motorn, bultar:	
M10 bultar	45
M12 bultar	80
Växellådans balanshjulskåpa till motorns oljesump (M10 bultar)	25
Växellådans hastighetsgivare, fästbult	10
Växellådsfästets distans till huset, bultar	50 plus 90°

1 Allmän information

Automatväxellådan finns som alternativ på alla modeller utom de med 1,4 liter bensinmotor.

Automatväxellådan 01M har fyra framåtväxlar (och en back). De automatiska växlingarna är elektroniskt styrda, snarare än hydrauliskt, som på tidigare konventionella typer. Fördelen med elektronisk styrning är att det kan ge snabbare växlingsrespons. ECU använder "Fuzzy logic" för att avgöra tidpunkterna för upp- respektive nedväxling. Istället för att ha förutbestämda punkter för upp- och nedväxling, tar ECU med flera faktorer i beräkningen innan den bestämmer sig för att växla. Dessa faktorer inkluderar motorhastighet, körmotstånd (motorbelastning), bromspedalens läge, gasspjällets läge och den hastighet med vilken gasspjällets läge förändras. Detta resulterar i ett nästan oändligt antal växlingspunkter, som ECU kan skräddarsy efter körstilen – vare sig den är sportig eller ekonomisk. En kickdown funktion finns också, för att kunna ge snabbare accelerationsrespons när så behövs.

Växellådan består av tre huvudenheter – momentomvandlaren, som är direkt kopplad till motorn; slutväxeln, som innehåller differentialen; och planetväxeln, som består av flerskivskopplingar och bromsband. Växellådan smörjs med automatväxellådsolja (ATF), och betecknas av tillverkaren som "fylld för livet", där det alltså inte ska krävas något regelbundet byte av olja. Det finns heller inte någon enkel möjlighet att själv kontrollera oljenivån – dessa måste utföras av en Skodaverkstad, med särskild utrustning som kan övervaka oljetemperaturen (se kapitel 1A eller 1B).

Momentomvandlaren har en automatisk låsfunktion, som eliminerar risken för att den ska slira i framåtväxlarna; detta förbättrar prestanda och ekonomi.

En annan funktion hos den här växellådan är växelväljarlåset, med vilket växelväljaren kan ställas i läge P eller N när motorn går, under ungefär 5 km/tim. Under dessa förhållanden kan växling från P eller N endast göras om bromspedalen trycks ner.

Kickdownfunktionen, som alltså väljer en lägre växel (om så är möjligt) vid fullgasacceleration, styrs antingen av gaspedalens lägesgivare (modeller utan gasvajer) eller av en kontakt inbyggd i gasvajern (modeller med gasvajer) (se kapitel 4A eller 4B för mer information). På modeller med gasvajer kan man inte utföra någon justering av kickdownkontakten, annat än att försäkra att gasvajern är korrekt justerad.

Ett startspärrelä är monterat, som förhindrar startmotoraktivering om inte växellådan står i läge P eller N. Reläet sitter ovanför huvudpanelen för säkringar/reläer (se kapitel 12), och är märkt 175.

Vissa modeller har också en säkerhetsfunktion som låser växellådan i läge P när startnyckeln tas ut (se avsnitt 5).

Växellådan har en elektronisk hastighetsgivare. Enheten mäter slutväxelns rotationshastighet, och omvandlar informationen till en elektronisk signal, som skickas till hastighetsmätarmodulen i instrumentpanelen. Signalen används också som input av motorstyrningssystemets ECU.

Ett felsökningssystem är inbyggt i styrenheten, men analys kan endast göras med specialutrustning. Det finns också ett "nödläge", där endast 1:an, 3:an och backen kan väljas. Under alla omständigheter är det viktigt att fel på växellådan kan identifieras och åtgärdas så snart som möjligt. Om man inte agerar snabbt kommer felet att utvecklas till större problem. En Skodaåterförsäljare kan "fråga ut" felminnet i ECU och på så sätt komma åt lagrade felkoder och snabbt ringa in felen. När ett fel har åtgärdats och felkoderna har raderats, kan normal funktion återupptas.

På grund av behovet av särskild testutrustning, vissa delars komplexitet, och behovet av extrem renlighet vid service av en automatväxellåda, är det arbete en bilägare kan utföra mycket begränsat. Reparationer av slutväxelns differential rekommenderas inte heller. De flesta övergripande reparationer och renoveringsarbeten ska överlämnas till en Skodaverkstad, som har rätt utrustning för felsökning och reparationer. Informationen i det här kapitlet är därför begränsad till en beskrivning av demontering och montering av växellådan som en komplett enhet. Demontering, montering och justering av väljarvajern beskrivs också.

Om det skulle uppstå ett problem med växellådan, rådfråga en Skodaåterförsäljare eller växellådsspecialist innan du demonterar växellådan, eftersom den största delen av felsökningen utförs med växellådan på plats i bilen.

2 Automatväxellåda – demontering och montering

Demontering

1 Parkera bilen på fast, jämn mark. Se till att ha tillräckligt med utrymme att arbeta runt bilen. Dra åt handbromsen och klossa bakhjulen.

2 Lossa framhjulsbultarna, och vänster drivaxels navmutter/bult, lyft sedan upp framvagnen och stötta den på pallbockar (se *Lyftning och stödpunkter*). Ta av framhjulen. Se till att ha tillräckligt med utrymme under bilen för att kunna ta ut växellådan.

3 Om så behövs för den lyftanordning som används, demontera motorhuven enligt beskrivning i kapitel 11.

4 Om så är tillämpligt, demontera motorns toppkåpa.

5 Koppla loss batteriets negativa kabel (se *Frånkoppling av batteriet* i *Referenskapitlet* i slutet av den här boken).

6 Demontera batteriet enligt beskrivning i kapitel 5A, ta sedan bort batterihyllan.

7 Demontera luftfilterhuset och luftinloppskanalen på vänster sida i motorrummet – se relevant del av kapitel 4.

8 Koppla därefter loss kontaktdonen från solenoidventilerna, bilens hastighetsgivare, flerfunktionskontakten och växellådans hastighetsgivare **(se bild)**.

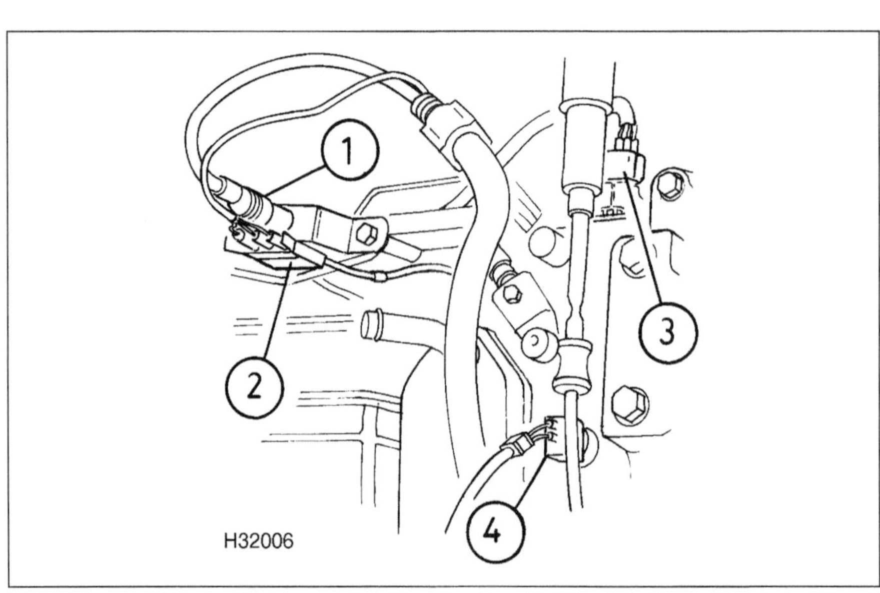

2.8 Växellådans elektriska anslutningar

1 *Solenoidventiler*
2 *Bilens hastighetsgivare*
3 *Flerfunktionskontakt*
4 *Växellådans hastighetsgivare*

9 Ta bort kabelhärvan från hållaren på växellådan och lägg den åt sidan.

10 Ta bort servostyrningens bygel tillsammans med kabelhärvans hållare.

11 Placera växelväljaren i läge P och, med en skruvmejsel, bänd loss änden av väljarvajern från väljaraxelns arm, och skruva loss stödfästet **(se bild)**. Lägg vajern åt sidan.

12 Ta bort jordkabeln från den övre bulten mellan växellådan och motorn.

13 Se kapitel 5A och demontera startmotorn.

14 Kläm ihop automatväxellådans oljekylarslangar med bromsslangklämmor. Lossa fästklämmorna och ta bort slangarna från oljekylaren.

15 Ta bort de övre fästbultarna mellan motorn och växellådan.

16 Stötta motorn med en motorlyft eller en lyftbjälke placerad i framskärmarnas kanaler. Beroende på motor, ta temporärt bort de komponenter som behövs för att kunna ansluta lyften.

17 Där så är tillämpligt, ta bort den vänstra, den högra och den mittre sektionen av kåpan under motorn.

18 På modeller med turbodiesel, ta bort röret mellan mellankylaren och turboladdaren med hänvisning till kapitel 4D.

19 Skruva loss de fyra fästbultarna och ta bort skyddsplåten för växellådans oljesump.

20 Om en sådan är monterad, ta bort skyddskåpan för den högra, inre drivknuten med en insexnyckel.

21 Med hänvisning till kapitel 8, demontera båda drivaxlarna från växellådsflänsarna. Även om det inte ska vara absolut nödvändigt, upptäckte vi att det är mycket lättare att demontera växellådan om vänster drivaxel är helt borttagen först.

22 Med hänvisning till relevant del av kapitel 2, skruva loss de fyra fästbultarna och ta bort den bakre motorfästlänken från bilens undersida.

23 Ta loss täcklocket som sitter bredvid höger växellådsfläns och dra runt motorn så att du kommer åt en av muttrarna mellan momentomvandlaren och svänghjulet. Skruva loss och ta bort muttern samtidigt som du förhindrar att motorn roterar med hjälp av en bredbladig skruvmejsel som sticks in i svänghjulets startkrans, som kan ses genom startmotoröppningen. Vrid sedan motorn en tredjedels varv åt gången och skruva loss de kvarvarande två muttrarna.

24 Se relevant del av kapitel 4, ta loss det främre avgasröret från mellanröret.

25 Placera en garagedomkraft under växellådan och höj den så att den precis tar upp växellådans vikt.

26 Skruva loss och ta bort de två bultarna som håller vänster växellådsfäste till den trekantiga fästdistansen. Med hjälp av både motorlyftanordningen och domkraften, sänk ner växellådan ungefär 60 mm. Skruva loss de två kvarvarande fästbultarna och muttern, och ta bort växellådans fästdistans.

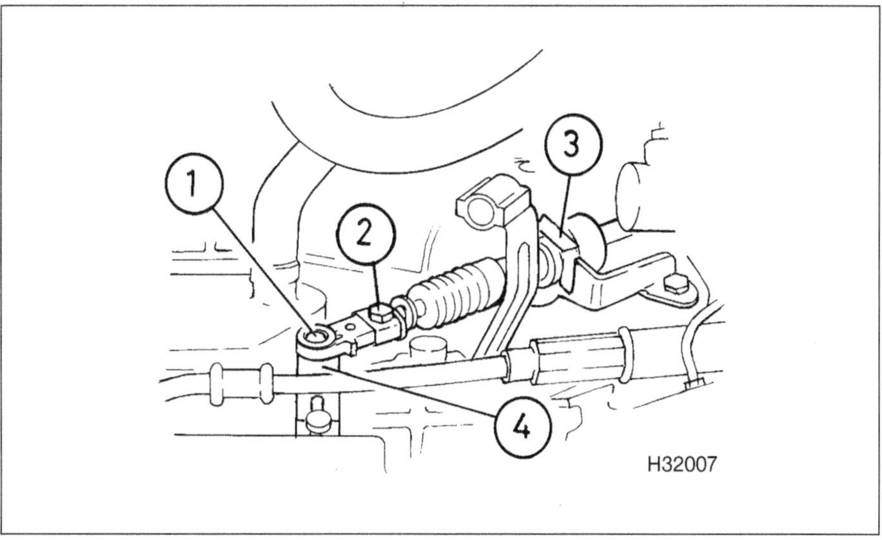

2.11 Väljarvajer

1 Väljarvajer
2 Mutter
3 Låsring
4 Väljararm

27 Skruva loss och ta bort de nedre bultarna som håller växellådans balanshjulskåpa till motorn. Bultarna är av olika längd och storlek, så notera var de sitter.

28 Kontrollera att alla infästningar och anslutningar är ur vägen för växellådan, ta hjälp av någon som kan hjälpa till att styra och stötta växellådan under demonteringen.

29 Växellådan sitter på styrstift på motorn, och om det visar sig att den sitter fast, kan man behöva knacka och bända försiktigt för att få loss växellådan från stiften. När växellådan går fri från stiften, vrid enheten utåt, sänk ner den och ta ut den under bilen.

Varning: Stötta växellådan för att försäkra att den förblir stadig på domkraften. Se till att momentomvandlaren blir kvar på plats på axeln i momentomvandlarhuset.

30 När växellådan är demonterad, skruva fast en lämplig balk och distans över momentomvandlarhusets framsida, för att hålla momentomvandlaren på plats.

Montering

31 Montering sker i omvänd ordning mot demonteringen, men notera följande punkter:

a) När växellådan återmonteras på motorn, se till att styrstiften är på plats, och att växellådan är korrekt inriktad mot dem innan den slutgiltigt trycks på plats mot motorn. När momentomvandlaren monteras, se till att drivstiften i mitten av momentomvandlarnavet går ihop med urtagen i det inre hjulet i växellådans vätskepump.

b) Dra åt alla fästbultar till angivet moment.

c) Anslut och justera väljarvajern enligt beskrivning i avsnitt 4.

d) Avslutningsvis, kontrollera växellådsoljans nivå (se kapitel 1A eller 1B).

e) Om en ny växellåda har monterats, kan man behöva "matcha" växellådans ECU mot motorstyrningens ECU elektroniskt, för att försäkra korrekt funktion – kontakta din närmaste Skodahandlare.

3 Automatväxellåda – renovering, allmän information

Om ett fel uppstår måste man först fastställa om felet är elektrisk, mekaniskt eller hydrauliskt, innan man överväger vilka reparationer som måste göras. För att kunna ställa en sådan diagnos krävs detaljkunskap om växellådans funktion och konstruktion, så väl som tillgång till särskild testutrustning. Detta arbete ligger därför utanför den här bokens omfattning och det är väsentligt att problem med automatväxellådan överlämnas till en Skodaverkstad för bedömning.

Observera att en defekt växellåda inte bör demonteras innan den har bedömts av en verkstad, eftersom felsökning oftast utförs med växellådan på plats i bilen.

4 Väljarvajer – demontering, montering och justering

Demontering

1 Koppla loss batteriets negativa kabel (se *Frånkoppling av batteriet* i *Referenskapitlet* i slutet av den här boken).

2 Lyft upp framvagnen och stötta den på pallbockar (se *Lyftning och stödpunkter)*. Se till att få tillräckligt med arbetsutrymme.

3 Ställ växelväljaren i läge P.

4 Använd en bredbladig skruvmejsel, bänd loss änden av väljarvajern från väljararmen på växellådan, och ta bort låsringen som håller vajerhöljet till fästbygeln.

5 Ta loss det främre avgasröret från mellanröret, enligt beskrivning i relevant del av kapitel 4.

6 Ta bort den centrala tunnelns värmesköld från undersidan av bilen för att komma åt väljararmens hus.

7 Skruva loss fästbultarna och ta bort kåpan från väljararmens hus **(se bild)**.

8 Bänd loss änden av vajern från armen med en skruvmejsel.

9 Ta bort låsringen som håller vajerhöljet till väljararmens hus, och ta bort vajern från huset.

Montering

10 Montera väljarvajern genom att följa beskrivningen för demontering i omvänd ordning. Notera följande punkter:

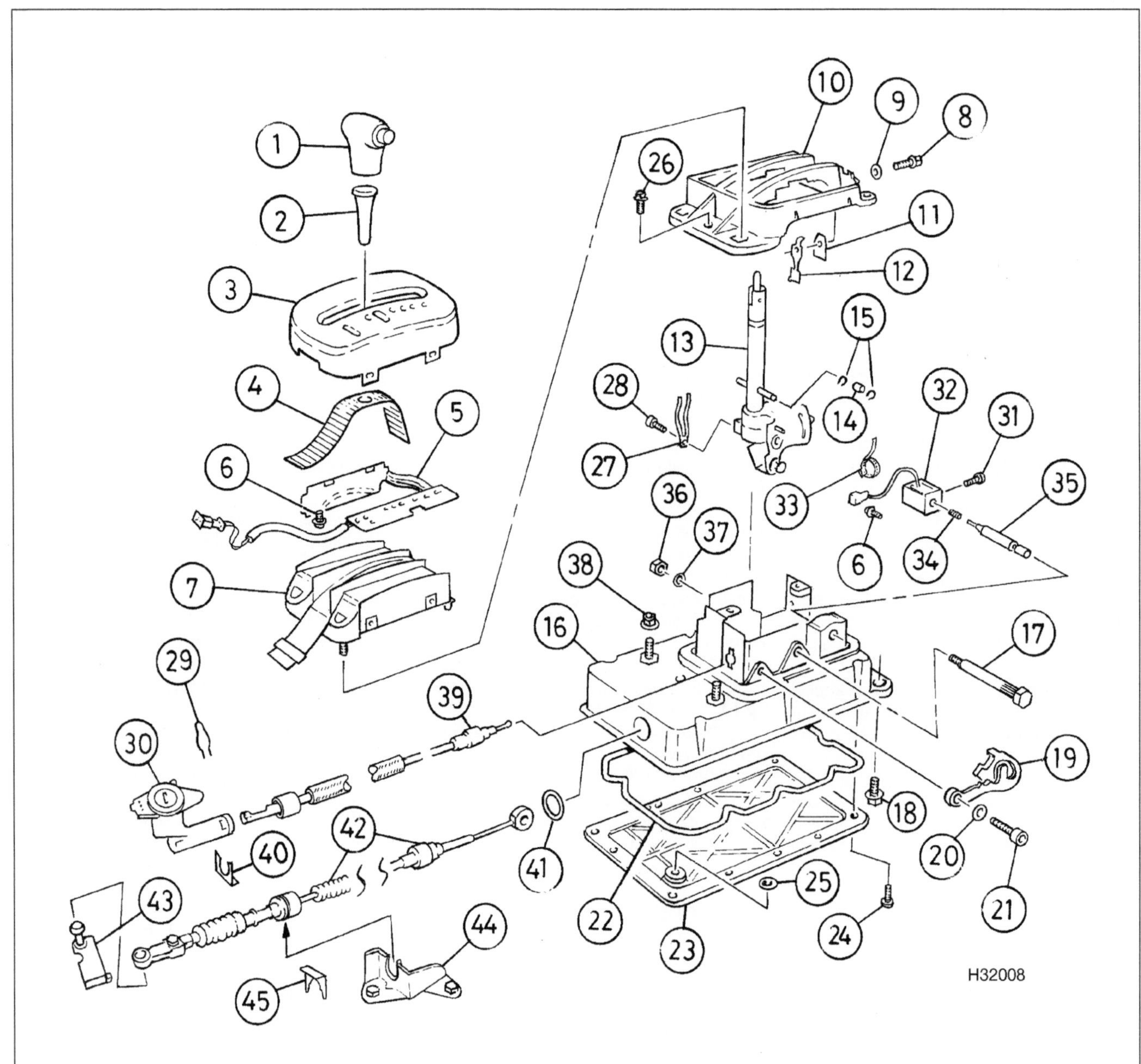

4.7 Växelväljare och tillhörande komponenter

1 Växelväljarknopp
2 Hylsa
3 Kåpa
4 Täckremsa
5 Positionsdisplay
6 Fästklämma
7 Ram
8 Bult
9 Shim
10 Låssegment
11 Plåt
12 Placeringsfjäder med rulle
13 Väljararm
14 Rulle
15 Låsring
16 Växelväljarhus
17 Pivåstift
18 Bult
19 Låsarm
20 Bricka
21 Bult
22 Packning
23 Kåpa
24 Bult
25 O-ring
26 Bult
27 Kontaktfjäder
28 Bult
29 Klämma
30 Rattlås
31 Bult
32 Låssolenoid
33 Buntband
34 Fjäder
35 Låsstift
36 Mutter
37 Bricka
38 Mutter
39 Låsvajer
40 Låsring
41 Packning
42 Väljarvajer
43 Arm
44 Stödfäste
45 Låsring

a) Smörj vajerändfästena lätt innan vajern sätts tillbaka.
b) Se till att dra vajern korrekt, enligt noteringar som gjordes vid demonteringen, och att den fästs ordentligt med fästklämmorna.
c) Var noga med att inte böja eller vecka vajern.
d) Justera vajern enligt beskrivningen nedan innan vajern ansluts i växellådsänden.
e) När vajerhöljet sätts fast på väljararmens hus och i fästbygeln, använd nya låsringar.
f) Byt alltid ut tätningen för kåpan till väljararmens hus.

Justering

11 Inne i bilen, flytta växelväljaren till läge P.

12 Vid växellådan, lossa vajerns låsbult vid kulhylsan. Tryck på vajerns kulhylsa på väljararmen. Dra åt vajerns låsbult till angivet moment.

13 Kontrollera växelväljarens funktion genom att föra den genom alla växellägen och kontrollera att varje växel kan väljas mjukt och utan fördröjning.

5 Startnyckelns "Park Lock" system - beskrivning och byte av vajer

Beskrivning

1 Det här är ett säkerhetssystem som syftar till att förhindra att bilen lämnas med växellådan i något annat läge än P. Startnyckeln kan inte tas bort från låset om inte läge P är valt, och när nyckeln väl är borttagen, kan inget annat läge än P väljas.

2 Den här funktionen erhålls med hjälp av en vajer ansluten till väljarlänkaget vid väljararmen, och till tändningslåset **(se bild 4.7)**.

Låsvajer

Demontering

3 Koppla loss batteriets negativa kabel (se *Frånkoppling av batteriet* i *Referenskapitlet* i slutet av den här boken).

4 Se kapitel 11, avsnitt 28, ta bort klädselpanelen under instrumentbrädan till höger om rattstången.

5 Se kapitel 10, demontera ratten och övre och nedre rattstångskåpor för att komma åt tändningslåset.

6 Vrid startnyckeln till läget ON, och flytta växelväljaren till läge P.

7 Bänd loss vajerns fästklämma från tändningslåset och dra bort vajern från huset.

8 Vid väljararmen, tryck ner väljararmens hylsa med två skruvmejslar och dra bort handtaget från armen.

9 Demontera mittkonsolen enligt beskrivning i kapitel 11.

10 Skjut vajerändfästet från armen och ta loss vajerhöljet genom att trycka ihop spärrarna vid dess fäste.

11 Låsvajern kan nu tas bort från bilen. Notera noggrant hur vajern är dragen, och ta bort ytterligare klädsel/paneler om så behövs för att möjliggöra demontering av vajern.

Montering

12 Montera vajern i omvänd ordning mot demonteringen. Kontrollera sedan att låsmekanismen fungerar som den ska.

Kapitel 8
Drivaxlar

Innehåll

Svårighetsgrader

Enkelt, passar novisen med lite erfarenhet 	**Ganska enkelt,** passar nybörjaren med viss erfarenhet 	**Ganska svårt,** passar kompetent hemmamekaniker 	**Svårt,** passar hemmamekaniker med erfarenhet 	**Mycket svårt,** för professionell mekaniker 

Specifikationer

Smörjning

Typ av fett	G 000 603 eller G 000 633 fett
Mängd fett per knut:	
Yttre knut:	
Knutens diameter 81,0 mm	80 g
Knutens diameter 90,0 mm	120 g
Inre knut:	
Drivknut av tripod typ:	
Modeller med presspassad metallkåpa (se text)	180 g
Modeller med metallkåpa fäst med flikar (se text)	120 g
Drivknut av typen kula och bur:	
Knutens diameter 94,0 mm	90 g
Knutens diameter 100,0 mm	120 g

Åtdragningsmoment

	Nm
Drivaxel till växellådsfläns, bultar:	
M8	40
M10	70
Länkarm till spindelled, bultar*:	
M8:	
Steg 1	20
Steg 2	Vinkeldra ytterligare 90°
M10	75
Navmutter*:	
Steg 1	225
Steg 2	Vrid hjulnavet minst 90°
Steg 3	50
Steg 4	Vinkeldra ytterligare 60° (motsvarar två uddar på en mutter med 12 uddar)

** Använd ny mutter*

1 Allmän information

Drivning överförs från differentialen till framhjulen via två drivaxlar av stål, som antingen är solida eller ihåliga (beroende på modell). Båda drivaxlarna har splines i de yttre ändarna, för att passa in i hjulnaven, och fästs i naven med en stor mutter eller bult. Den inre änden av varje drivaxel är fastskruvad i växellådans drivfläns.

Det sitter drivknutar i ändarna av drivaxlarna, som ska ge mjuk och effektiv överföring av drivkraft i alla möjliga vinklar när hjulen rör sig upp och ner med fjädringen, och när de vrids fram och tillbaka med styrningen. På alla modeller med manuell växellåda, är både de inre och de yttre drivknutarna av typen kula och bur. På alla modeller med automatväxellåda är de yttre drivknutarna av typen kula och bur, medan de inre knutarna är av typen tripod.

Damasker av plast eller gummi sitter över drivknutarna, fästa med stålklämmor. Damaskerna innehåller fett som smörjer knutarna och skyddar dem mot intrång av smuts och skräp.

2.3 Ta bort värmeskölden

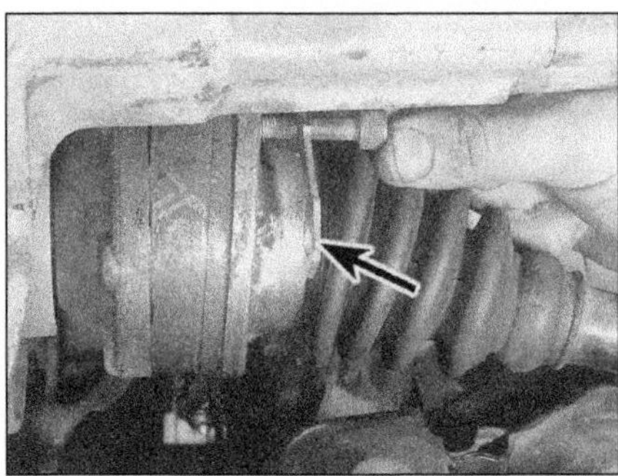
2.4 Lossa bulten mellan drivaxeln och växellådsflänsen

2 Drivaxlar – demontering och montering

Observera: *En ny navmutter behövs vid monteringen.*

Observera: *På modeller med automatväxellåda, för att få det utrymme som behövs för att kunna dra ut den vänstra drivaxeln, kan man behöva skruva loss det bakre motor-/växellådsfästet från framvagnsramen, och lyfta motorn något.*

Demontering

1 Ta bort hjulsidan/navkapseln (efter tillämplighet), dra sedan åt handbromsen och lossa delvis relevant navmutter medan bilen står på hjulen. Notera att navmuttern sitter mycket hårt och att ett förlängningshandtag förmodligen kommer att behövas för att muttern ska kunna lossas. Lossa också hjulets fästbultar.

2 Dra åt handbromsen, lyft upp framvagnen och stötta den på pallbockar (se *Lyftning och stödpunkter*). Ta bort aktuellt framhjul.

3 Ta bort fästskruvarna och/eller klämmorna, och ta bort kåporna under motorn/växellådan för att komma åt drivaxlarna. Där så behövs, skruva också loss värmeskölden från växellådshuset för att bättre komma åt den inre drivaxelknuten **(se bild)**.

4 Använd ett splinesat verktyg, lossa och ta bort bultarna som håller den inre drivaxelknuten till växellådans fläns och, där så är tillämpligt, ta vara på fästplåtarna under bultarna **(se bild)**.

Försiktighet: Stötta drivaxeln genom att hänga upp den med ett snöre eller en vajer – låt den inte hänga på sin egen vikt, eftersom det kan skada drivknuten.

5 Använd en lämplig märkpenna eller rits, rita runt kanten av änden av länkarmen på länkarmens spindelled, så att du kan se exakt hur spindelleden ska sitta.

6 Skruva loss spindelledens fästbultar och ta bort fästplattan/navet från toppen av länkarmen. **Observera:** *På vissa modeller är hålet till spindelledens inre fästbult avlångt; på dessa modeller räcker det med att man lossar bulten, lämnar fästplattan och bulten på plats i armen, och hakar loss spindelleden från bulten.*

7 Skruva loss och ta bort navmuttern.

8 Dra hjulspindeln försiktigt utåt, och ta bort drivaxelns yttre drivknut från navet. Knuten kan sitta mycket hårt i navet; knacka ut knuten ur navet med en mjuk klubba (sätt tillbaka navmuttern på drivaxeländen för att skydda gängorna). Om du ändå inte lyckas få loss drivaxeln från navet måste den pressas ut med ett passande verktyg som skruvas fast på navet.

9 Ta ut drivaxeln under bilen och (om monterad) ta bort packningen från änden av den inre drivknuten. Kasta packningen – en ny ska användas vid monteringen.

Försiktighet: Låt inte bilen vila på hjulen när en av eller båda drivaxlarna är borttagna, eftersom det kan orsaka skador på hjullagren.

10 Om du inte kan undvika att flytta bilen, sätt tillfälligt in de yttre ändarna av drivaxlarna i naven och dra åt fästmuttrarna/bultarna; i det här fallet måste de inre ändarna av drivaxlarna stöttas, t.ex. genom att de binds fast i underredet med ett snöre.

Montering

11 Se till att växellådsflänsens och den inre knutens fogytor är rena och torra. Om så behövs, sätt på en ny packning på knuten.

12 Se till att den yttre knutens och navets splines är rena och torra. Täck splinesen på den yttre drivknuten, gängorna på änden av den yttre knuten, splinesen i navet och kontaktytan på navet med ett tunt lager olja.

13 Sätt in drivaxeln på plats, och haka i den yttre knuten med navet. Sätt på den nya navmuttern och använd den till att dra knuten helt på plats.

14 Rikta in länkarmens spindelled, länkarmen och fästplattan/navet mot varandra, sätt sedan i spindelledens nya fästbultar och dra åt dem till angivet moment. Använd markeringen som

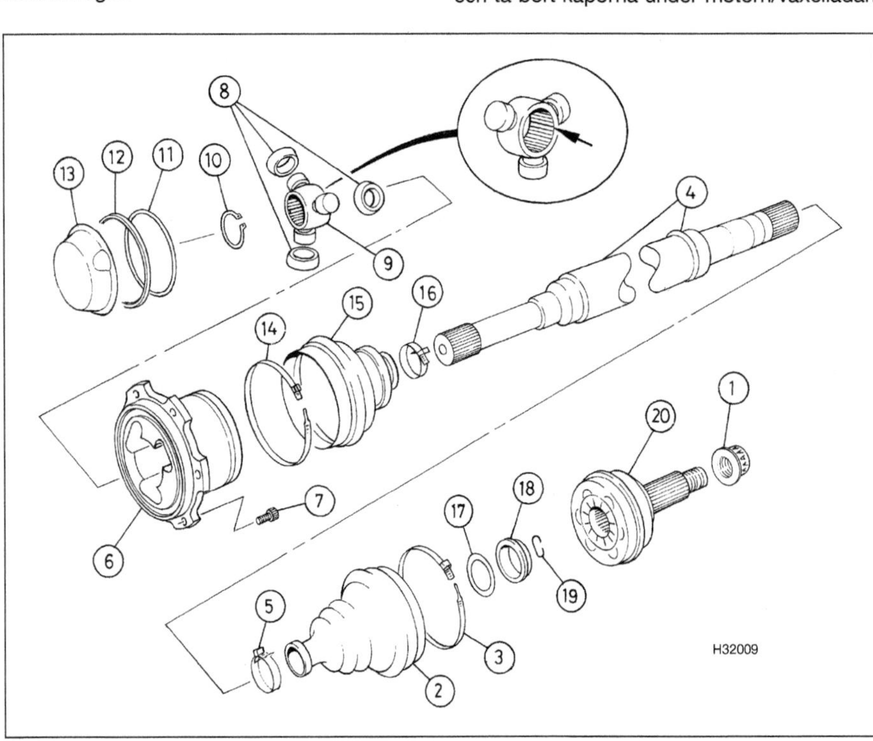

3.1a Drivaxelkomponenter – modell med metallkåpa med presspassning på den inre änden av den inre drivknuten

1 Navmutter
2 Yttre drivknutens damask
3 Damaskens fästklämma
4 Drivaxel
5 Damaskens fästklämma
6 Inre drivknut
7 Bultar mellan drivaxel och växellådsfläns
8 Tripod rulle
9 Tripod
10 Låsring
11 Tätning (original)
12 Tätning (reparation)
13 Metallkåpa
14 Damaskens fästklämma
15 Inre knutens damask
16 Damaskens fästklämma
17 Skålad bricka
18 Tryckbricka
19 Låsring
20 Yttre drivknut

gjordes innan demonteringen för att se till att spindelleden hamnar i korrekt position.

15 Rikta in drivaxelns inre knut mot växellådsflänsen, sätt i fästbultarna och (där så behövs) plattorna. Dra åt fästbultarna till angivet moment.

16 Där så är tillämpligt (se Observera i början av det här avsnittet), sätt i nya bultar för det bakre motor-/växellådsfästet till framvagnsramen och dra åt bultarna till angivet moment (se relevant del av kapitel 2).

17 Se till att den yttre drivknuten är indragen helt på plats, montera sedan hjulet och sänk ner bilen på marken.

18 Dra åt drivaxelmuttern i de steg som anges i specifikationerna.

19 När drivaxelmuttern är korrekt åtdragen, dra åt hjulbultarna till angivet moment (se relevant del av kapitel 1) och sätt tillbaka hjulsidan/navkapseln.

3 Drivaxlarnas gummidamasker - byte

1 Demontera drivaxeln från bilen enligt beskrivning i avsnitt 2. Fortsätt enligt beskrivningen under relevant underrubrik. Drivaxlar med inre knutar av tripodtyp kan identifieras med hjälp av knutens form; drivaxelns fästbultshål är i flikar som sticker ut från knuten, så att den ser ut som en sexuddig stjärnform i ytterkant, i jämförelse med den släta, runda formen hos en knut av typen kula och bur **(se bilder)**.

Yttre drivknut

2 Sätt fast drivaxeln i ett skruvstäd med mjuka käftar, och lossa den yttre knutens två damaskklämmor. Om så behövs kan man kapa klämmorna för att få loss dem.

3 Dra gummidamasken längs axeln för att komma åt drivknuten och gräv ut överflödigt fett.

4 Med en mjuk klubba, knacka loss knuten från änden av drivaxeln.

5 Ta bort låsringen från spåret i drivaxeln och dra av tryckbrickan och den skålade brickan. Notera vilken väg de sitter.

6 Dra loss gummidamasken från drivaxeln och kasta den.

7 Rengör drivknuten/-knutarna noggrant med fotogen, eller ett lämpligt lösningsmedel, och torka ordentligt. Undersök enligt följande.

8 Vrid den inre, splinesade drivdelen från sida till sida för att i tur och ordning exponera varje kula längst upp i sitt spår. Undersök om kulorna har sprickor, plana punkter eller gropar.

9 Undersök kulspåren på inre och yttre delar. Om spåren har blivit vida har kulorna inte längre tät passning. Undersök samtidigt om burens fönster är slitna eller spruckna mellan fönstren.

10 Om någon av drivknutens delar visar sig vara sliten eller skadad, måste man byta ut hela knuten. Om knuten är i tillfredsställande skick,

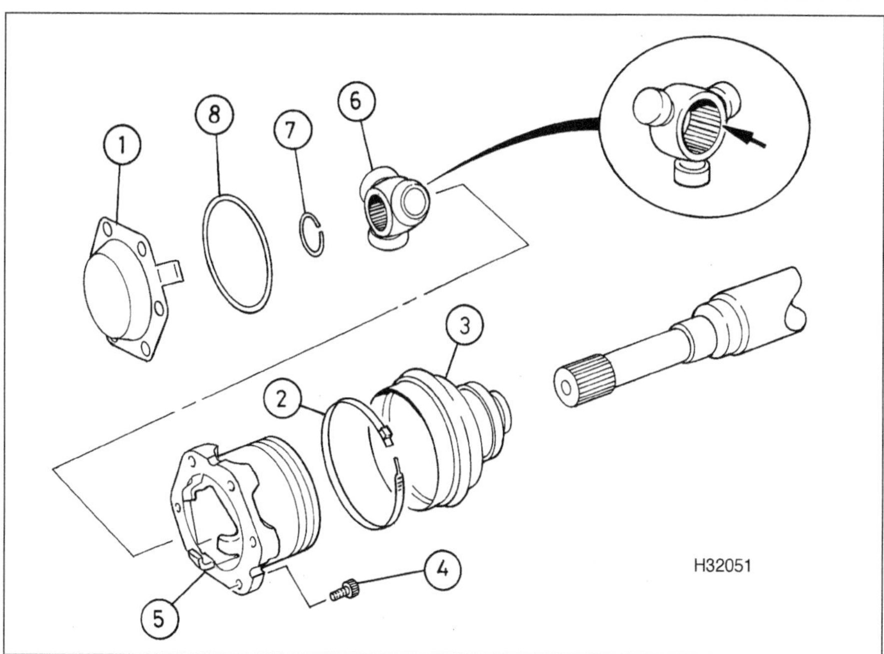

3.1b Inre drivknutens komponenter - modeller med kåpa på den inre änden av knuten fäst med fästflikar

1 Metallkåpa
2 Damaskens fästklämma
3 Inre knutens damask
4 Bultar mellan drivaxel och växellådsfläns
5 Inre knut
6 Tripod/rullar (avfasningen vid pilen vänds mot drivaxeln)
7 Låsring
8 Tätning

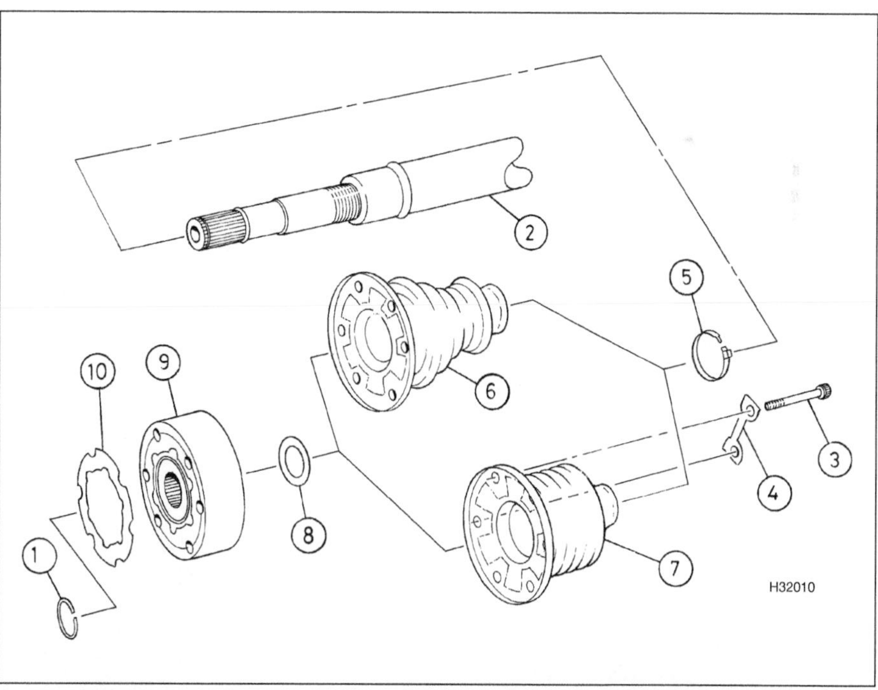

3.1c Inre drivknutens komponenter - modeller med manuell växellåda

1 Låsring
2 Drivaxel
3 Bultar mellan drivaxel och växellådsfläns
4 Hållplåt för bultar
5 Damaskens fästklämma
6 Inre knutens damask
7 Inre knutens damask (alternativ typ)
8 Skålad bricka
9 Inre knut
10 Packning

3.11 Tejpa över drivaxelns splines, för sedan den nya damasken längs axeln

3.13a Trä på den skålade brickan, med den konvexa sidan vänd inåt . . .

3.13b . . . trä sedan på tryckbrickan

införskaffa en ny damask och nya fästklämmor, en låsring till drivknuten och rätt typ av fett. Fett medföljer ofta i knutens reparationssats – om inte, använd ett molybdendisulfidfett av bra kvalitet.

11 Tejpa över splinesen på änden av drivaxeln, för att skydda den nya damasken när den förs på plats **(se bild)**.

12 För på den nya damasken på änden av drivaxeln, ta sedan bort tejpen från drivaxelns splines.

13 Trä på den skålade brickan, se till att dess konvexa sida är vänd inåt, sätt därefter på tryckbrickan **(se bilder)**.

14 Sätt en ny låsring på drivaxeln, knacka sedan fast knuten på drivaxeln tills låsringen går ner i spåret **(se bilder)**. Se till att knuten sitter fast ordentligt med låsringen.

15 Packa knuten med angiven typ av fett. Arbeta in fettet i lagerspåren medan du vrider på knuten, och fyll damasken med resten av fettet.

16 Placera nu damasken över knuten, se till att damaskens läppar hamnar korrekt på både drivaxeln och drivknuten. Lyft damaskens yttre tätningsläpp för att jämna ut lufttrycket i damasken **(se bild)**.

17 Sätt den stora metallfästklämman på damasken. Dra åt klämman så hårt som möjligt och placera hakarna på klämman i motsvarande spår. Ta bort eventuellt slack i klämman genom att försiktigt pressa ihop den upphöjda sektionen av klämman. I avsaknad av ett specialverktyg kan man använda en avbitare, men var då försiktig så att du inte kapar av klämman **(se bilder)**. Fäst den lilla klämman med samma metod.

18 Kontrollera att drivknuten rör sig fritt åt alla håll, montera sedan drivaxeln på bilen, enligt beskrivning i avsnitt 2.

Inre drivknut av tripodtyp

Metallkåpa med presspassning

19 Den här typen av knut känns igen på den metallkåpa med presspassning som sitter över änden av drivknutens yttre del **(se bild 3.1a)**. Kåpan är rund. På modeller där den inre drivknutens damask nyligen har bytts ut, finns det ingen kåpa, i vilket fall den här typen av knut kan kännas igen vid isärtagningen av det faktum att rullarna har lös passning på tripoden, och lätt glider av (om rullarna sitter fast på tripoden, följ beskrivningen i punkt 45 till 61).

20 Lossa de två yttre fästklämmorna till knutens damask. Om så behövs kan man kapa klämmorna för att få loss dem. Dra gummidamasken längs axeln, bort från knutens yttre del.

21 Sätt försiktigt fast knutens yttre del i ett skruvstäd med mjuka käftar.

3.14a Sätt en ny låsring i spåret i drivaxeln . . .

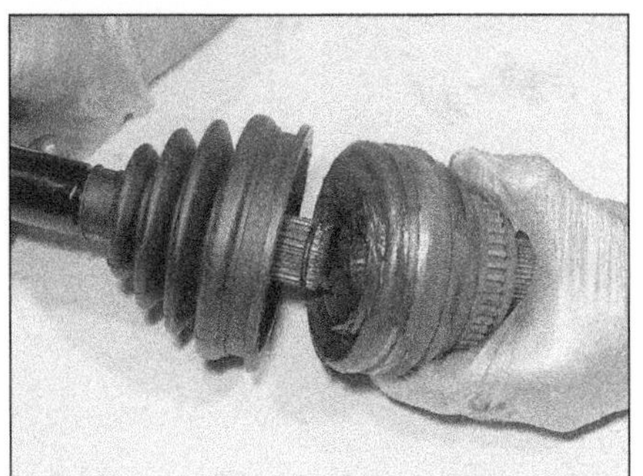
3.14b . . . placera sedan knuten på drivaxelns splines . . .

3.14c . . . och knacka på knuten på drivaxeln

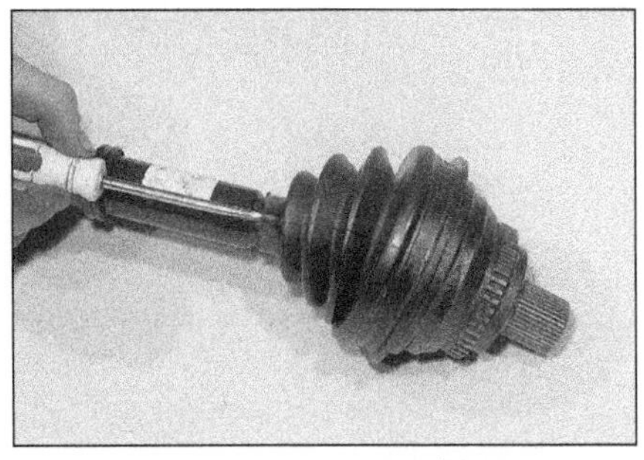
3.16 Placera damasken på den yttre knuten och drivaxeln, lyft sedan den inre läppen för att jämna ut lufttrycket

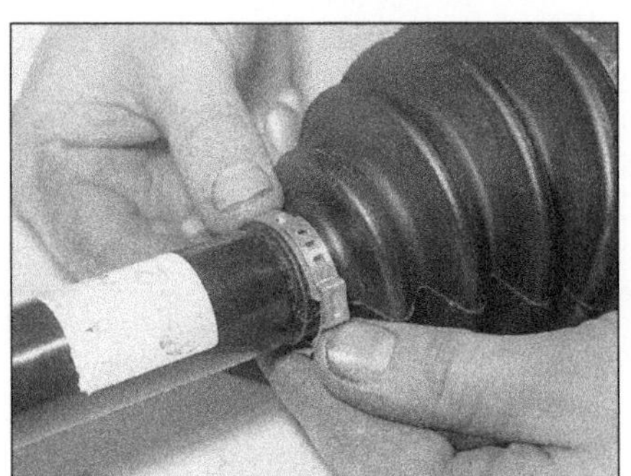
3.17a Tryck ihop den upphöjda delen av damaskens fästklämma . . .

3.17b . . . men var försiktig så att du inte kapar av klämman

3.32 Leta efter tecken på slitage på rullarna och knutens yttre del

22 Driv in en skruvmejsel genom sidan av metallkåpan som sitter över änden på knutens yttre del, och använd skruvmejseln till att bända loss kåpan från den yttre knutdelen. Om kåpan inte går att bända loss, stick in en andra skruvmejsel på den andra sidan av kåpan, och försök att få loss den med de två mejslarna.

23 Ta ut överflödigt fett ur knuten, ta sedan bort O-ringen från spåret i änden av knutens yttre del.

24 Använd en lämplig märkpenna eller en rits, gör inställningsmärken mellan änden av drivaxeln, knutens rulldel och den yttre delen.

25 Stötta drivaxeln och knuten och ta loss den yttre delen från skruvstädet. Se till att inte rullarna faller av tripoden.

26 Dra sakta knutens yttre del ner längs drivaxeln, bort från knuten, och se till att rullarna hålls kvar på tripoden.

27 Märk upp rullarna och armarna på tripoden, så att rullarna kan sättas tillbaka på sina ursprungliga platser, lyft sedan av rullarna och lägg dem åt sidan, på en torr, ren yta.

28 Ta bort låsringen från änden av drivaxeln.

29 Pressa eller driv loss drivaxeln från tripoden, men var försiktig så att du inte skadar ytorna på rullarnas armar.

30 Dra loss den yttre delen och gummidamasken från änden av drivaxeln.

31 Rengör knutens delar noggrant med fotogen eller ett lämpligt lösningsmedel, och torka dem ordentligt. Undersök delarna enligt följande.

32 Undersök om rullarna och knutens yttre del visar tecken på slitage, gropar eller skavning på kontaktytorna. Kontrollera att rullarna kan

3.39 Arbeta in fettet i knutens yttre del

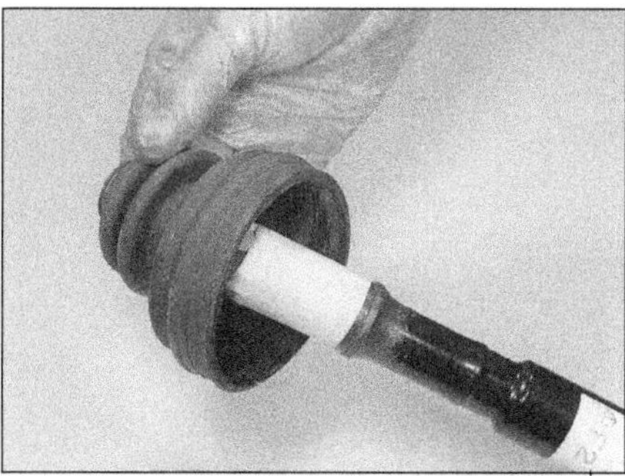

3.34a Tejpa över drivaxelns splines för att skydda den nya damasken . . .

rotera mjukt och jämnt, utan kärvning eller ojämnheter **(se bild)**.

33 Om rullarna eller den yttre delen visar tecken på skador eller slitage, måste hela drivaxeln bytas ut, eftersom den här knuten inte finns att köpa separat. Om knuten är i tillfredsställande skick, införskaffa en reparationssats, som består av en ny damask, fästklämmor, låsring och rätt mängd fett av korrekt typ.

34 Tejpa över splinesen på änden av drivaxeln, för att skydda den nya damasken när den sätts på plats, dra sedan den nya damasken och fästklämmorna, och knutens yttre del över drivaxeländen **(se bilder)**. Ta bort tejpen från drivaxelns splines.

35 Pressa eller driv på tripoden på drivaxelns ände tills den kommer i kontakt med stoppet, och se till att markeringarna som gjordes på änden av drivaxeln och tripoden innan isärtagningen är i linje. Notera att den fasade kanten på de inre splinesen på tripoden ska vara vända mot drivaxeln.

36 Montera den nya låsringen för att hålla tripoden på plats på drivaxeln.

37 Sätt tillbaka rullarna på tripoden, på sina ursprungliga platser enligt de märkningar som gjordes innan demonteringen.

38 Arbeta in 90 gram (hälften) av det fett som följer med reparationssatsen i den inre änden av knutens yttre del, skjut sedan den yttre delen över tripoden och se till att markeringarna som gjordes vid isärtagningen hamnar i linje, och kläm fast den yttre delen i ett skruvstäd.

39 Arbeta in resten av fettet från reparationssatsen i den bakre delen av knutens yttre del **(se bild)**.

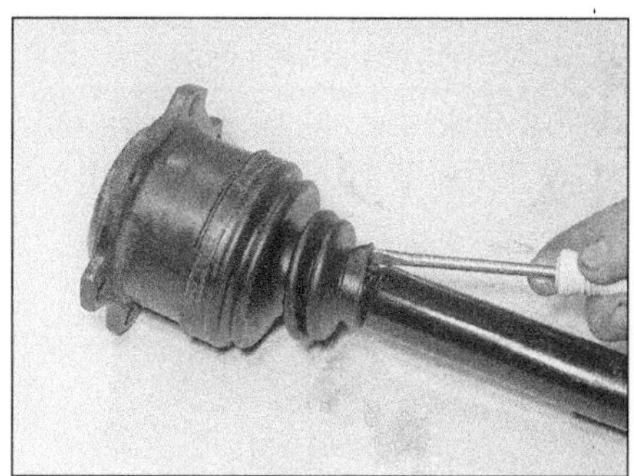

3.41 Lyft upp damaskens yttre ände för att jämna ut lufttrycket

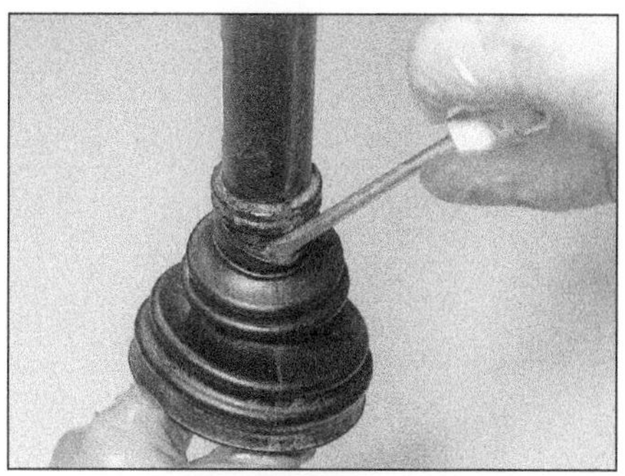

3.34b . . . för sedan försiktigt damasken över kanten på drivaxeln

40 För upp gummidamasken längs axeln, över knutens yttre del, och fäst den med den stora klämman, enligt beskrivning i punkt 17.

41 Lyft upp damaskens yttre ände för att jämna ut lufttrycket i den, fäst sedan den yttre fästklämman med samma metod som tidigare **(se bild)**.

42 Kontrollera att fettet i knutens yttre del är jämnt fördelad kring tripodens rullar.

43 Torka bort överflödigt fett från den inre ytan av knutens yttre del, montera sedan den O-ring med rektangulär profil, som följer med reparationssatsen, i spåret på insidan av den yttre delen. Tätningens rektangulära profil fungerar som en tätning, och ersätter den metallkåpa som bändes loss vid isärtagningen.

44 Kontrollera att drivknuten rör sig fritt i alla riktningar, montera sedan drivaxeln på bilen, enligt beskrivning i avsnitt 2. För att förhindra att tripodknuten trycks ner längs drivaxeln vid montering, sätt tejp över den öppna änden av knutens yttre del **(se bild)**. Ta bort tejpen precis innan du kopplar den inre änden av drivaxeln till växellådan.

Metallkåpa med fästflikar

45 Den här typen av knut känns igen på metallkåpan som sitter över änden av knutens yttre del **(se bild 3.1b)**. Kåpan sitter över änden av den yttre delens fläns, och bultarna som håller ihop drivaxeln med växellådsflänsen går genom kåpan. Kåpan sitter fast i den yttre delens fläns med tre flikar. Om kåpan har presspassning, eller om det inte finns någon kåpa alls, följ beskrivningen i punkt 19 till 44.

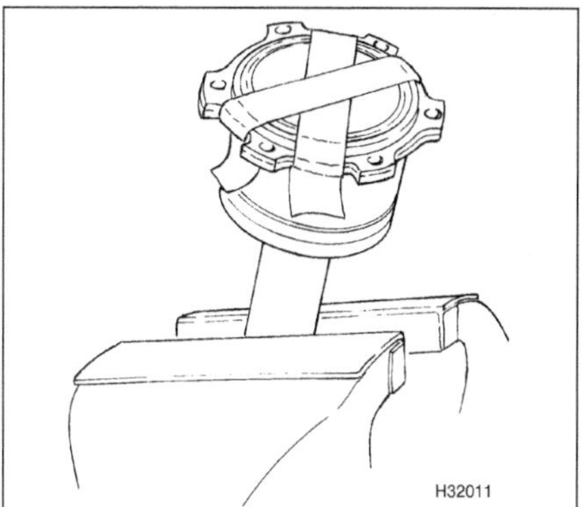

3.44 Tejpa över änden av drivaxelknuten

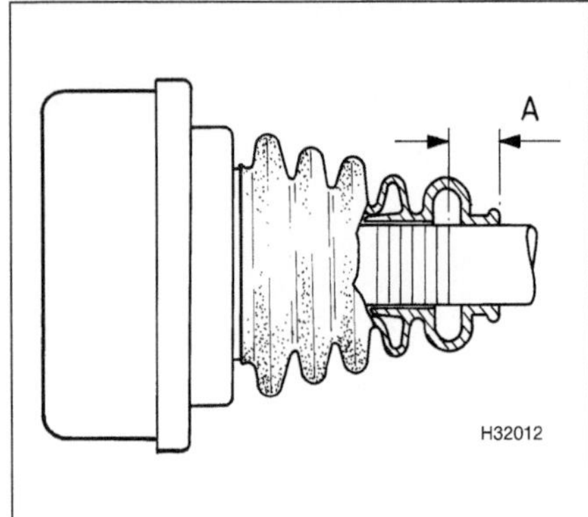

3.72 Placering av den inre knutens damask på vänster drivaxel

A = 17,0 mm

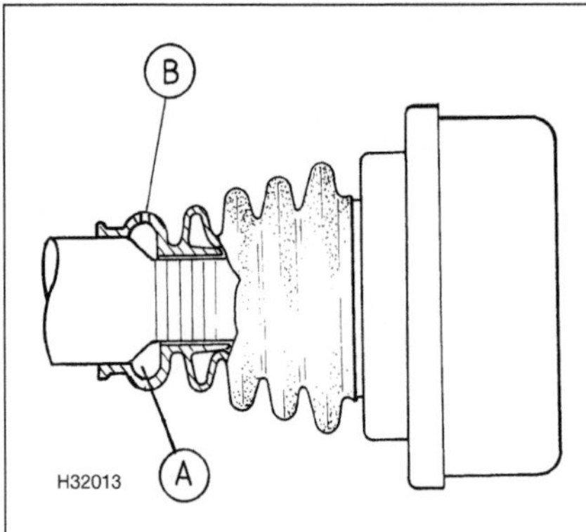

3.76 Placering av den inre knutens damask på höger drivaxel

A Ventilationskammare i damasken
B Ventilationshål

46 Följ beskrivningen i punkt 20 och 21.

47 Bänd upp metallflikarna på kåpan med en skruvmejsel och ta bort kåpan från knuten.

48 Följ beskrivningen i punkt 23 och 24.

49 Stötta drivaxeln och knuten, och ta loss den yttre delen från skruvstädet. För knutens yttre del ner längs drivaxeln, bort från knuten.

50 Ta bort låsringen från änden av drivaxeln.

51 Pressa eller driv loss drivaxeln från tripoden, men var försiktig så att du inte skadar rullarna.

52 Följ beskrivningen i punkt 30 till 36. Var försiktig så att inte rullarna skadas när tripoden sätts tillbaka.

53 Arbeta in 60 gram (hälften) av det fett som följer med reparationssatsen i den inre änden av knutens yttre del, för sedan den yttre delen över tripoden, och se till att markeringarna som gjordes vid isärtagningen hamnar i linje, kläm sedan fast den yttre delen i ett skruvstäd.

54 Arbeta in resten av fettet i den bakre änden av knutens yttre del.

55 För gummidamasken längs drivaxeln och över knutens yttre del, och se till att änden av damasken sätter sig i spåret i knuten. Fäst med den stora klämman enligt beskrivning i punkt 17.

56 Lyft lite på damaskens yttre ände för att jämna ut lufttrycket i damasken, fäst sedan den yttre damaskklämman med samma metod som tidigare.

57 Kontrollera att fettet i knutens yttre del är jämnt fördelat runt tripodens rullar.

58 Torka bort överflödigt fett från den inre ytan på knutens yttre del, sätt sedan O-ringen som följer med satsen i spåret på insidan av den yttre delen.

59 Montera den nya kåpan som följer med reparationssatsen på änden av knutens yttre del och rikta in hålen i knuten och kåpan mot varandra.

60 Fäst kåpan genom att böja in fästflikarna runt kanten på knutens fläns.

61 Kontrollera att drivknuten kan röra sig fritt i alla riktningar, montera sedan drivaxeln på bilen, enligt beskrivning i avsnitt 2.

Inre knut av typen kula och bur

62 Spänn fast drivaxeln i ett skruvstäd med mjuka käftar, lossa sedan damaskens yttre fästklämma, som håller damasken till drivaxeln. Om så behövs kan man kapa klämman för att få loss den.

63 Med hammare och en liten drivdorn, driv försiktigt bort den inre änden av damasken från knutens yttre del.

64 Dra ner damasken längs drivaxeln för att blotta drivknuten, och gräv ut överflödigt fett.

65 Ta bort låsringen från änden av drivaxeln.

66 Pressa eller driv loss drivaxeln från knuten, men var noga med att inte skada knuten. Ta bort den skålade brickan som sitter mellan drivknuten och damasken.

67 Dra loss damasken från änden av drivaxeln.

68 Utför åtgärderna som beskrivs i punkt 7 till 12.

69 Trä på den skålade brickan på drivaxeln, och se till att vända dess konvexa sida inåt.

70 Montera drivknuten på änden av drivaxeln. Den avfasade kanten av de interna splinesen ska vara vänd mot drivaxeln. Driv eller pressa knuten på plats tills den kommer i kontakt med skuldran på drivaxeln.

71 Montera en ny låsring för att hålla fast knuten på änden av drivaxeln.

72 Om arbetet utförs på den vänstra drivaxeln, märk upp den slutliga monteringspositionen av damaskens yttre ände på drivaxeln med tejp eller färg – skrapa inte drivaxelns yta **(se bild)**.

73 Packa knuten med hälften av den rekommenderade mängden fett (se specifikationerna), packa sedan damasken med resten av fettet.

74 För damasken längs drivaxeln, och tryck eller driv på damaskens inre ände på knutens yttre del.

75 Om arbetet utförs på den vänstra drivaxeln, placera den yttre änden av damasken med hjälp av markeringen som gjordes tidigare (se punkt 72), fäst sedan damaskens yttre klämma enligt beskrivningen i punkt 17.

76 Om arbetet utförs på höger drivaxel, för damaskens yttre ände på plats på drivaxeln, fäst sedan den yttre klämman enligt beskrivningen i punkt 17 **(se bild)**.

77 Kontrollera att drivknuten kan röra sig fritt i alla riktningar, montera sedan drivaxeln på bilen enligt beskrivning i avsnitt 2.

4 Drivaxlar – renovering, allmän information

Om någon av de kontroller som beskrivs i kapitel 1A eller 1B avslöjar slitage i en drivknut, börja då med att ta bort hjulsidan/navkapseln och kontrollera att navmuttern är hårt åtdragen. Om muttern är lös, skaffa en ny mutter och dra åt den till angivet moment (se avsnitt 2). Om muttern sitter hårt, sätt tillbaka hjulsidan/navkapseln och upprepa kontrollen på den andra navmuttern.

Kör en sväng med bilen och lyssna efter ett metalliskt klickande från framvagnen när bilen körs sakta i en cirkel, med fullt rattutslag. Om ett klickande hörs, tyder det på slitage i den yttre drivknuten, vilket betyder att knuten måste bytas ut.

Om vibration som följer bilens hastighet känns i bilen vid acceleration, är det möjligt att det beror på slitage i de inre drivknutarna.

För att undersöka om drivknutarna är slitna, demontera drivaxlarna och ta isär knutarna enligt beskrivning i avsnitt 3. Om slitage eller fritt spel upptäcks, måste aktuell knut bytas ut. Kontakta en Skodaverkstad för information om tillgång på drivaxelkomponenter.

Kapitel 9
Bromssystem

Innehåll

Svårighetsgrader

Enkelt, passar novisen med lite erfarenhet 

Ganska enkelt, passar nybörjaren med viss erfarenhet 

Ganska svårt, passar kompetent hemmamekaniker 

Svårt, passar hemmamekaniker med erfarenhet 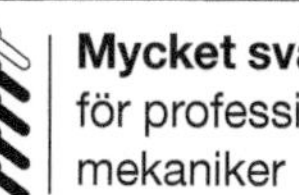

Mycket svårt, för professionell mekaniker 

Specifikationer

Observera: *För information om motorkoder, se kapitel 2A, 2B eller 2C.*

Frambromsar

Bromsok:	
Modeller med bensinmotor:	
1,4 liter	FSIII
1,6 liter	FSIII
1,8 liter:	
Alla motorkoder utom AGN	FN3
Motorkod AGN	FSIII
2,0 liter	FSIII
Modeller med dieselmotor:	
Alla motorkoder utom ASZ	FSIII
Motorkod ASZ	FN3
Bromsskivans diameter:	
Modeller med bensinmotor:	
1,4 liter	256 mm
1,6 liter	256 mm
1,8 liter:	
Motorkod AGN	280 mm
Motorkod AGU, ARZ, AUM och ARX	288 mm
Motorkod AUQ	312 mm
2,0 liter	280 mm
Modeller med dieselmotor:	
Motorkod AGP och AQM	256 mm
Motorkod AGR, ALH, AHF och ASV	280 mm
Motorkod ASZ	288 mm

Frambromsar (forts)

Bromsskivans tjocklek (ny):	
Modeller med bensinmotor:	
1,4 liter	22 mm
1,6 liter	22 mm
1,8 liter:	
Alla motorkoder utom AGN	25 mm
Motorkod AGN	22 mm
2,0 liter	22 mm
Modeller med dieselmotor:	
Alla motorkoder utom ASZ	22 mm
Motorkod ASZ	25 mm
Minsta tillåtna skivtjocklek:	
Modeller med bensinmotor:	
1,4 liter	19 mm
1,6 liter	19 mm
1,8 liter:	
Alla motorkoder utom AGN	23 mm
Motorkod AGN	19 mm
2,0 liter	19 mm
Modeller med dieselmotor:	
Alla motorkoder utom ASZ	19 mm
Motorkod ASZ	23 mm
Maximal skevhet i skivan	0,1 mm
Bromsklossarnas tjocklek:	
Ny	19,5 mm (inklusive fästplatta)
Minst *	7,0 mm (inklusive fästplatta), 2,0 mm (endast friktionsbelägg)
ABS-givare till rotor, spel	0,3 mm

** Bromsklossarnas slitagevarningslampa tänds när de har slitits ner till 2-3 mm.*

Bromstrummor

Trummans diameter:	
Ny	230 mm
Max diameter	231 mm
Bromsbackarnas friktionsmaterial, tjocklek:	
Ny	5,5 mm
Minst	2,5 mm

Bakre skivbromsar

Skivans diameter:	
Modeller med bensinmotor:	
1,6 liter	239 mm
1,8 liter:	
Alla motorkoder utom AUQ	232 mm
Motorkod AUQ	256 mm
2,0 liter	232 mm
Modeller med dieselmotor	232 mm
Bromsskivans tjocklek (ny):	
Alla modeller utom 1,8 liters bensinmotor med kod AUQ	9,0 mm
1,8 liters bensinmotor med kod AUQ	22,0 mm
Minsta skivtjocklek:	
Alla modeller utom 1,8 liters bensinmotor med kod AUQ	7,0 mm
1,8 liters bensinmotor med kod AUQ	20,0 mm
Maximal skevhet i skivan	0,1 mm
Bromsklossarnas tjocklek:	
Ny:	
Alla modeller utom 1,8 liters bensinmotor med kod AUQ	17,0 mm (inklusive fästplatta)
1,8 liters bensinmotor med kod AUQ	17,37 mm (inklusive fästplatta)
Minst	2,0 mm (endast friktionsbelägg)

Åtdragningsmoment

	Nm
ABS hjulgivare, fästbultar	8
ABS styrenhetens fästbultar	8
ABS styrenhetens fästbygel till skärmen, muttrar	20

Åtdragningsmoment (forts)

	Nm
Bakre bromsok:	
Styrstiftens bultar*	35
Fästbygelns bultar	65
Bromspedalens pivåaxel, mutter	20
Främre bromsok:	
Styrstift	28
Fästbygelns bultar (FN3)	125
Främre bromsskivans sköld	10
Hjulbultar	120
Huvudcylinderns fästmuttrar	20
Pedalens fästbygel	28
Servoenhetens elektriska vakuumpump	8
Servoenhetens fästbultar	28
Servoenhetens mekaniska vakuumpump (dieselmodeller)	20

** Använd nya bultar*

1 Allmän information och föreskrifter

Allmän information

Bromssystemet har servoassistans och två diagonala hydrauliska kretsar. Hydraulsystemet är så utformat att varje krets styr en fram- och en bakbroms, från en huvudcylinder av tandemtyp. Under normala förhållanden arbetar båda kretsarna tillsammans, men om en krets skulle fallera, har man ändå kvar full bromskraft på två av hjulen.

Alla Octavia modeller som behandlas i den här boken har skivbromsar fram. Vissa tidiga modeller har trumbromsar bak, men alla senare modeller har skivbromsar även bak. ABS är monterat som standard på alla modeller.

De främre skivbromsarna aktiveras av glidande enkolvsok, som ser till att jämnt tryck läggs an på varje bromskloss.

På modeller med trumbromsar bak, har bakbromsarna ledande och släpande bromsbackar, som aktiveras av tvåkolvs hjulcylindrar. En självjusterande mekanism finns, som kompenserar för slitage på bromsbackarna. Handbromsspaken aktiverar bromsbackarna via två vajrar.

På modeller med bakre skivbromsar aktiveras bromsarna av enkolvs glidande ok, som också omfattar mekaniska handbromsmekanismer.

Föreskrifter

- ***Vid service av någon del av detta system, arbeta försiktigt och metodiskt; var också ytterst noga med renligheten vid renovering av någon del av det hydrauliska systemet. Byt alltid ut delar i uppsättningar per axel (där så är tillämpligt) om det råder någon tvekan om deras skick, och använd genuina Skodadelar, eller åtminstone delar av erkänt god kvalitet. Notera varningarna i "Säkerheten främst!" samt i relevanta avsnitt i det här kapitlet, gällande farorna med asbest och bromsvätska.***

2 Bromssystem - luftning

Varning: Bromsvätska är giftig; tvätta omedelbart och noggrant bort vätska som kommer på huden, och sök omedelbart läkarhjälp om vätskan sväljs eller kommer i ögonen. Vissa typer av bromsvätska är också brandfarlig, och kan antändas om den kommer i kontakt med varma delar. Det är alltid säkrast att anta att den vätska man handskas med är brandfarlig, och vidta säkerhetsåtgärder som vid hantering av bränsle. Bromsvätskan är också ett effektivt färgborttagningsmedel och angriper plast; om vätska spills måste den sköljas bort på en gång, med stora mängder rent vatten. Slutligen är vätskan också hygroskopisk (den absorberar fukt från luften) - gammal vätska kan vara förorenad och olämplig för användning. Vid påfyllning eller byte av vätska, använd därför alltid vätska av rekommenderad typ, som kommer från en förseglad, nyöppnad förpackning.

Observera: *Det rekommenderas att minst 0,25 liter bromsvätska tappas av från varje bromsok.*

Allmänt

1 Ett bromssystem kan endast fungera korrekt om man får bort all luft från dess komponenter och kretsar, och detta uppnår man genom luftning av systemet. Eftersom kopplingssystemet också använder vätska från bromssystemets behållare, bör även det luftas samtidigt enligt beskrivning i avsnitt 2 i kapitel 6.

2 Vid luftningen, använd endast ren, oanvänd bromsvätska av rekommenderad typ; återanvänd aldrig vätska som har tappats av från systemet. Se till att ha tillräckligt mycket vätska till hands innan arbetet påbörjas.

3 Om det föreligger någon risk för att fel typ av vätska finns i bromssystemet, måste bromskomponenterna och kretsen spolas ur helt med oförorenad vätska av rätt typ, och nya tätningar måste monteras på de olika komponenterna.

4 Om bromsvätska har läckt från systemet, eller om luft har kommit in på grund av en läcka, åtgärda felet innan arbetet fortsätter.

5 Parkera bilen på plant underlag, klossa hjulen och lossa handbromsen.

6 Kontrollera att alla rör och slangar sitter fast ordentligt, att anslutningarna är hårt åtdragna och luftningsskruvarna stängda. Torka bort smuts runt luftningsskruvarna.

7 Skruva loss huvudcylinderbehållarens lock och fyll på behållaren till MAX-nivån; sätt tillbaka locket löst och kom ihåg att hålla vätskenivån minst över MIN-nivån under hela arbetsmomentet, annars riskerar du att släppa in mer luft i systemet.

8 Det finns ett antal en-mans luftningssatser att köpa i biltillbehörsbutikerna. Vi rekommenderar att man använder en sådan sats närhelst det är möjligt, eftersom de förenklar luftningen avsevärt, och minskar risken för att avtappad luft och vätska ska dras in i systemet igen. Om en luftningssats inte finns till hands, måste grundmetoden (för två personer) användas, vilken beskrivs nedan.

9 Om en luftningssats ska användas, förbered bilen enligt tidigare beskrivning, och följ sedan satstillverkarens instruktioner - de kan skilja sig åt något beroende på typ, men i stora drag gör man enligt beskrivningen nedan under relevant underrubrik.

10 Vilken metod som än används, måste samma luftningsordning följas (punkt 11 och 12) för att man garanterat ska få bort all luft ur systemet.

Luftningsordning

11 Om endast en del av systemet har kopplats ifrån, och åtgärder har vidtagits för att minimera vätskeförlusten, bör man endast behöva lufta den delen av systemet.

12 Om hela systemet ska luftas, ska detta göras i följande ordning:

Mark 20 IE system (se avsnitt 22)

a) Höger bakbroms.
b) Vänster bakbroms.
c) Höger frambroms.
d) Vänster frambroms.

Mark 60 system (se avsnitt 22)

a) Vänster frambroms.
b) Höger frambroms.
c) Vänster bakbroms.
d) Höger bakbroms.

Om det är helt slut på bromsvätska i någon kammare i behållaren, måste systemet förluftas enligt följande, innan luftning utförs i den ordning som anges ovan:

a) På högerstyrda modeller, lufta primär- och sekundärkretsens luftningsskruvar på bromshuvudcylindern.
b) På höger- och vänsterstyrda modeller, lufta både vänster och höger broms fram samtidigt.
c) På höger- och vänsterstyrda modeller, lufta både vänster och höger broms bak samtidigt.

Luftning

Grundmetod (två personer)

13 Samla ihop en ganska stor, ren glasburk, en lagom lång bit plast- eller gummislang som har tät passning över luftningsskruven och en ringnyckel som passar skruven. Du behöver också ta hjälp av någon.

14 Ta bort dammskyddet från den första luftningsskruven **(se bild)**. Sätt nyckeln och slangen på skruven, och placera den andra änden av slangen i burken. Häll i så mycket bromsvätska att det täcker änden av slangen.

15 Se till att hålla nivån i huvudcylinderns behållare vid minst MIN-nivån hela tiden.

16 Låt medhjälparen trampa ner bromspedelan helt flera gånger så att tryck byggs upp, och sedan hålla pedalen nere.

17 Medan trycket hålls på pedalen, öppna luftningsskruven (ungefär ett varv) och låt den komprimerade vätskan och luften rinna ut i burken. Medhjälparen ska hålla ner pedalen hela tiden, och följa den ner till golvet om så behövs, tills du säger till. När vätskeflödet upphör, dra åt luftningsskruven igen, låt medhjälparen släppa pedalen långsamt och kontrollera vätskenivån i behållaren igen.

18 Upprepa de steg som beskrivs i punkt 16 och 17 tills den vätska som kommer ut vid luftningsskruven är fri från luftbubblor. Om huvudcylindern har tappats av och fyllts på, och luft släpps ut från den första skruven i ordningen, låt det gå ungefär fem sekunder mellan cyklerna så att huvudcylinderns passager hinner fyllas på.

19 När inga fler luftbubblor kommer ut, dra åt luftningsskruven, ta bort slangen och nyckeln och sätt tillbaka dammskyddet. Dra dock inte åt luftningsskruven för hårt.

20 Upprepa momentet på övriga skruvar i rätt ordning, tills all luft är borta från systemet och bromspedalens rörelse känns fast igen.

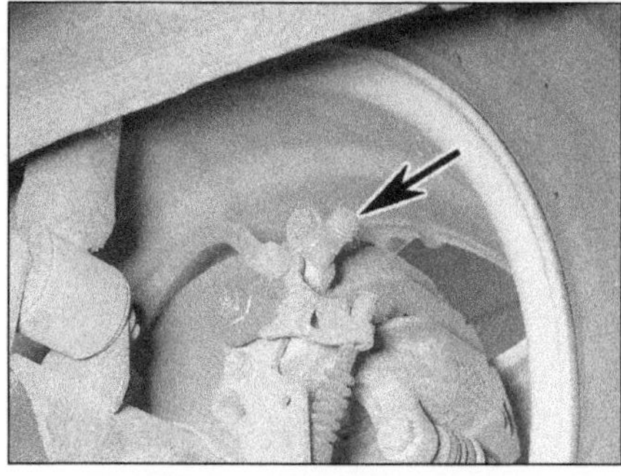

2.14 Ta bort dammskyddet (vid pilen) från den första luftningsskruven i ordningen

Sats med envägsventil

21 Som namnet antyder, består den här satsen av en slang med en envägsventil, som förhindrar att utsläppt luft och vätska dras tillbaka in i systemet; vissa satser innehåller också en genomskinlig behållare, som kan placeras så att man lättare kan se luftbubblorna som kommer ut i änden av slangen.

22 Satsen ansluts till luftningsskruven som sedan öppnas. Användaren återgår till förarsätet, trampar ner bromspedalen med en mjuk, stadig rörelse, och släpper sedan upp den långsamt; detta upprepas tills vätskan som kommer ut är fri från bubblor **(se bild)**.

23 Notera att dessa satser förenklar arbetet så mycket att det är lätt att glömma bort vätskenivån i huvudcylindern; kom ihåg att hela tiden hålla vätskenivån i behållaren minst över MIN-nivån.

Tryckluftningssats

24 Dessa satser aktiveras vanligtvis av lufttrycket i reservdäcket. Det är dock vanligt att man måste sänka trycket i däcket till en lägre nivå än 1,0 bar (14,5 psi); följ de instruktioner som kommer med luftningssatsen.

25 Genom att man ansluter en trycksatt vätskefylld behållare till huvudcylinderbehållaren, kan luftning utföras genom att man helt enkelt öppnar en luftningsskruv i taget (i angiven ordning), och låter vätskan rinna ut tills den inte längre innehåller några luftbubblor.

26 Den här metoden har fördelen att en stor vätskebehållare ger en extra säkerhet mot att luft dras in i systemet vid luftningen.

2.22 Luftning av en broms med en sats med envägsventil

27 Tryckluftning är särskilt effektivt när man luftar "svåra" system, eller när hela bromssystemet ska luftas vid ett vätskebyte.

Alla metoder

28 När luftningen är färdig, och pedalens rörelse känns fast igen, tvätta då bort eventuellt spilld vätska, dra åt luftningsskruvarna och sätt tillbaka dammskydden.

29 Kontrollera bromsvätskans nivå i huvudcylinderns behållare och fyll på om så behövs (se *Veckokontroller*).

30 Kassera den vätska som har släppts ut ur systemet; den går inte att återanvända.

31 Kontrollera känslan i bromspedalen. Om dess rörelse känns det minsta "svampig", finns det fortfarande luft kvar i systemet, och ytterligare luftning krävs. Om man inte lyckas lufta systemet tillfredsställande efter ett antal upprepade försök, kan problemet bero på slitna tätningar i huvudcylindern.

3 Bromsrör och slangar - byte

Observera: *Se anmärkningen i avsnitt 2 angående farorna med bromsvätska.*

1 Om något rör eller någon slang ska bytas ut, minimera vätskeförlusten genom att först ta bort huvudcylinderbehållarens lock, lägg över en bit plastfolie över öppningen och skruva på locket igen, för att få en lufttät tätning. Alternativt kan slangar tätas genom att man klämmer ihop dem med lämpliga bromsslangklämmor; bromsrörsanslutningar av metall kan pluggas igen (om man är noga med att inte släppa in skräp i systemet) eller täckas över när de kopplas loss. Lägg en tjock trasa under varje anslutning som kopplas loss, för att samla upp spilld vätska.

2 Om en flexibel slang ska kopplas loss, där så är tillämpligt, skruva loss bromsrörsanslutningen innan du tar bort fjäderklämman som håller fast slangen i fästbygeln.

3 När anslutningsmuttrarna ska skruvas loss, använd helst en bromsrörsnyckel av rätt storlek; dessa finns hos de flesta större biltillbehörsbutiker. Om en sådan nyckel inte går att få tag i, kan en öppen nyckel med tät passning användas, men om muttrarna sitter mycket hårt eller är rostiga, kan de runddras om nyckeln slinter. Om detta händer är en självlåsande tång ofta det enda sättet att skruva loss en envis anslutning, men man måste då byta ut både muttern och röret vid hopsättningen. Rengör alltid en anslutning och området runt den innan den kopplas loss. Om du kopplar loss en komponent med mer än en anslutning, notera noggrant hur anslutningarna är gjorda innan de lossas.

4 Om ett bromsrör ska bytas ut kan det införskaffas, kapat till rätt längd och med anslutningsmuttrar och ändflänsar på plats, från en Skodaåterförsäljare. Allt som sedan behöver göras är att man böjer det till rätt form, där man använder originalröret som mall, innan röret kan monteras på bilen.

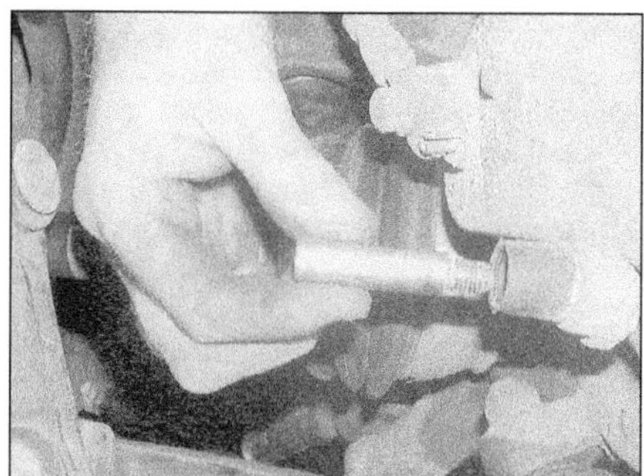
4.4 Ta bort bromsokets styrstift

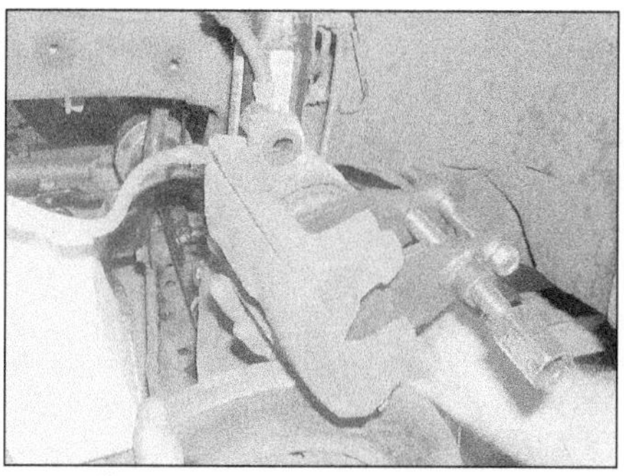
4.9 Öppna luftningsnippeln när kolven trycks in i oket

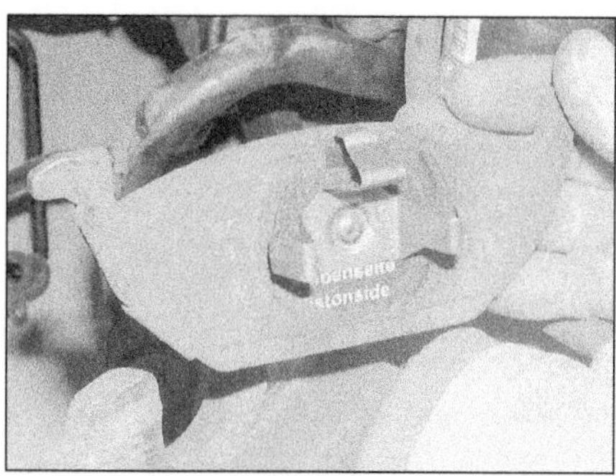
4.10 Den inre bromsklossen är märkt "Piston side"

Alternativt kan de flesta tillbehörsbutiker sätta ihop bromsrör från satser, men detta kräver mycket noggranna mätningar av originalet, för att det nya röret ska få rätt längd. Det säkraste är att ta med sig originalröret till butiken.

5 Vid monteringen, dra inte åt anslutningsmuttrarna för hårt. Man måste inte utöva våld för att få en bra anslutning.

6 Se till att dra rören och slangarna rätt väg, utan veck/böjar, och att de fästs ordentligt i klämmorna och fästbyglarna. Efter monteringen, ta bort plastfolien från behållaren och lufta systemet enligt beskrivning i avsnitt 2. Tvätta bort spilld vätska och leta sedan noggrant efter vätskeläckor.

4 Främre bromsklossar - demontering, kontroll och montering

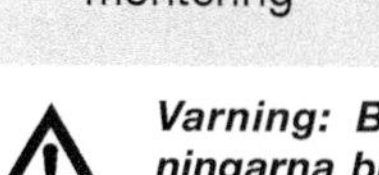

Varning: Byt ut båda uppsättningarna bromsklossar samtidigt - byt aldrig ut bromsklossarna bara på en sida, eftersom det kan leda till ojämn bromsverkan. Observera att dammet som uppstår av slitaget på bromsklossarna kan innehålla asbest, vilket är hälsofarligt. Blås aldrig bort dammet med tryckluft, och andas inte in det. Använd också en godkänd ansiktsmask vid arbete på bromsarna. Använd INTE bensinbaserade lösningsmedel till att rengöra bromsdelarna; använd endast bromsrengöring eller denaturerad sprit.

FSIII bromsok

Demontering

1 Dra åt handbromsen, lyft upp framvagnen och ställ den på pallbockar (se *Lyftning och stödpunkter*). Ta bort framhjulen.

2 Följ kablaget till bromsklossarnas slitagegivare bakåt från klossarna, och koppla loss det från kontaktdonet. Notera hur kablaget är draget och lossa det från eventuella klämmor.

3 Där så är tillämpligt, för att förbättra åtkomligheten, skruva loss fästbultarna och ta bort bromsskölden från bromsoket.

4 Ta bort de två skyddande gummikåporna och, med en passande sexkantsnyckel, lossa och ta bort de två styrstiften från oket **(se bild)**. Lyft sedan bort oket från bromsklossarna och navet, och bind fast det i fjäderbenet med en bit vajer. Låt inte oket hänga fritt i bromsslangen.

5 Ta bort de två bromsklossarna från hjulspindeln och notera exakt hur de sitter. Om de gamla klossarna ska sättas tillbaka, märk dem så att de kan sättas tillbaka på sina ursprungliga platser.

Kontroll

6 Mät först tjockleken på varje bromskloss (inklusive fästplattan). Om någon av bromsklossarna på någon punkt är sliten ner till angiven minsta tjocklek eller mindre, måste alla fyra bromsklossarna bytas ut. Bromsklossarna ska också bytas ut om de är förorenade med olja eller fett; det finns inget bra sätt att rengöra friktionsmaterialet när det väl har förorenats. Om någon av bromsklossarna är ojämnt sliten, eller förorenad med olja eller fett, leta reda på orsaken och åtgärda problemet innan bromsarna sätts ihop. Nya bromsklossar finns hos återförsäljare av Skoda.

7 Om bromsklossarna fortfarande är användbara, rengör dem noggrant med en ren, fin stålborste eller liknande, och var särskilt uppmärksam på sidorna och baksidan av metallplattan. Rengör spåren i friktionsmaterialet (där tillämpligt, och ta ut större partiklar av smuts eller skräp som har bäddats in. Rengör försiktigt klossarnas monteringsplatser i bromsoket/fästbygeln.

8 Innan bromsklossarna monteras, kontrollera att styrstiften kan glida lätt i okets bussningar, och att de har en relativt tät passning. Borsta bort damm och smuts från ok och kolv, men andas inte in dammet, eftersom det kan vara hälsofarligt. Undersök dammtätningarna runt kolven för att se om de är skadade, och kolven för tecken på vätskeläckage, korrosion eller skador. Om några av dessa komponenter behöver åtgärdas, se avsnitt 5.

Montering

9 Om nya bromsklossar ska monteras, måste okets kolv tryckas tillbaka in i cylindern så att klossarna får plats. Använd antingen en G-klämma eller ett liknande verktyg, eller använd lämpliga träblock som hävarmar. För att undvika att smuts kommer in i ABS solenoidventilerna, anslut ett rör till luftningsnippeln och, när kolven trycks in, öppna nippeln och låt vätskan rinna ut genom röret ner i ett lämpligt kärl **(se bild)**.

10 Montera de nya klossarna på oket. Den inre bromsklossen (kolvsidan), är märkt "Piston side" **(se bild)**.

11 Placera bromsoket över klossarna, se till att klacken på oket går ordentligt i ingrepp med hjulspindeln **(se bild)**. För slitagegivarens kablage (om monterat) genom öppningen i oket.

12 Tryck oket på plats tills det går att sticka in styrstiften. Dra åt styrstiften till angivet moment **(se bild)**. **Observera:** *Utöva inte överdrivet tryck på oket, eftersom detta kan deformera bromsklossarnas fjädrar, vilket resulterar i oljud från bromsarna vid användning.*

13 Där så är tillämpligt, anslut kontaktdonen till bromsklossarnas slitagegivare och se till att kablarna dras rätt. Om så är aktuellt, montera också bromsskölden på oket.

14 Trampa ner bromspedalen upprepade

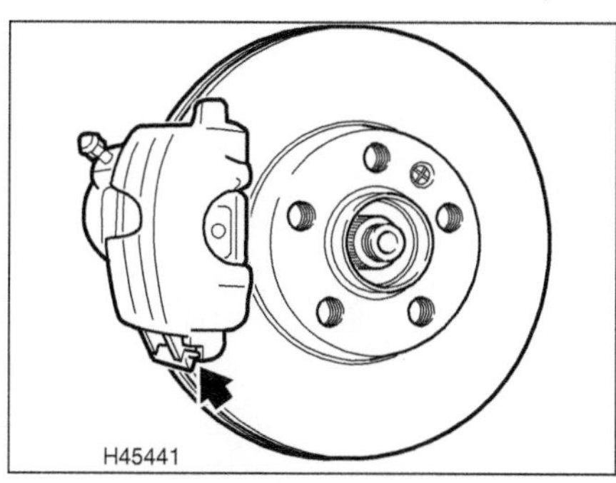

4.11 Se till att klacken på oket hakar i hjulspindeln ordentligt

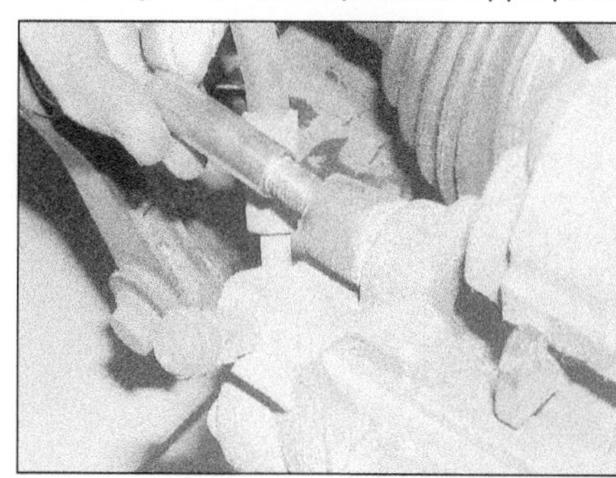
4.12 Stick in styrstiften

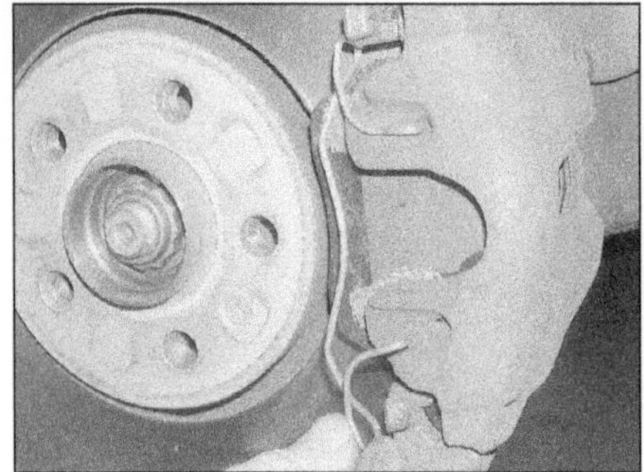
4.19 Bänd loss fjädern från okhuset

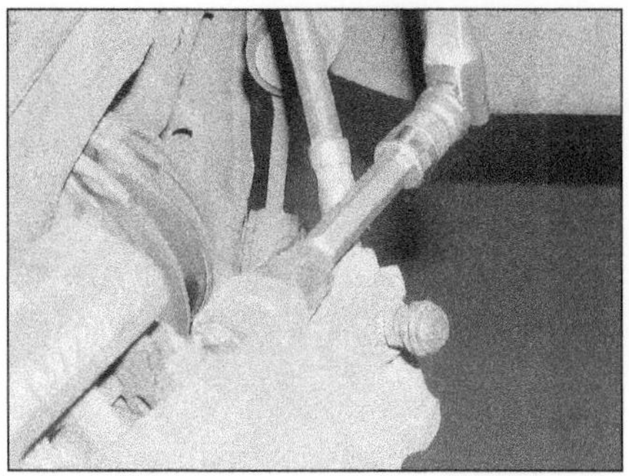
4.20 Skruva loss okets styrstift

gånger, tills bromsklossarna har tryckts hårt mot bromsskivan och normalt (icke assisterat) pedaltryck har återställts.

15 Upprepa proceduren ovan på det andra främre bromsoket.

16 Montera hjulen, sänk ner bilen på marken och dra åt hjulbultarna till angivet moment.

17 Nya bromsklossar ger inte full bromsverkan förrän de har arbetats in. Var förberedd på detta och undvik hårda inbromsningar under de första femton milen efter bromsklossbytet.

FN3 bromsok

Demontering

18 Följ beskrivningen i punkt 1 och 2.

19 Bänd bromsklossens fästfjäder från okhuset med en skruvmejsel **(se bild)**.

20 Ta bort de två gummiskydden och, med en lämplig sexkantsnyckel, lossa och ta bort okets två styrstift från oket **(se bild)**. Lyft sedan bort oken från bromsklossarna och navet, och bind fast det i fjäderbenet med en lämplig bit vajer. Låt inte oket hänga fritt i bromsslangen.

21 Ta bort de två bromsklossarna från okets fästbygel. Om de gamla klossarna ska återanvändas, märk dem så att de kan sättas tillbaka på sina ursprungliga platser.

Kontroll

22 Undersök bromsklossarna och oken enligt beskrivning tidigare i punkt 6 till 8. Om nya bromsklossar ska monteras, se punkt 9 innan kolven trycks tillbaka in i oket.

Montering

23 Där så är tillämpligt, ta bort den skyddande folien från den yttre bromsklossens fästplatta. Montera den yttre bromsklossen i okets fästbygel och se till att friktionsmaterialet hamnar mot bromsskivan. Montera den inre (kolvsidans) bromsklossen i oket. Om de gamla bromsklossarna återanvänds, se till att de monteras på sina ursprungliga platser enligt tidigare gjorda noteringar. Den inre bromsklosssen har en fästklämma, som går in i ett urtag i kolven. Där så är tillämpligt, notera att bromsklossen med slitagegivarkablaget ska monteras som den inre klossen. Nya bromsklossar är märkta med en pil på fästplattan, som indikerar rotationsriktning. Följaktligen ska bromsklossarna monteras med pilen pekande nedåt mot marken **(se bilder)**.

4.23a Montera den yttre bromsklossen på okets fästbygel

4.23b Montera den inre bromsklossen

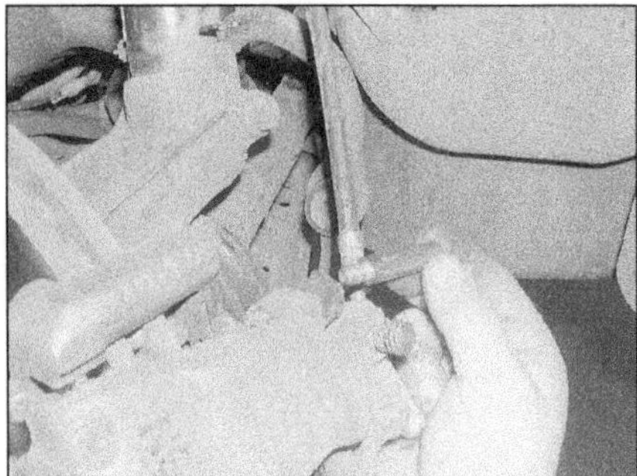
4.24 Sätt i okets styrstift

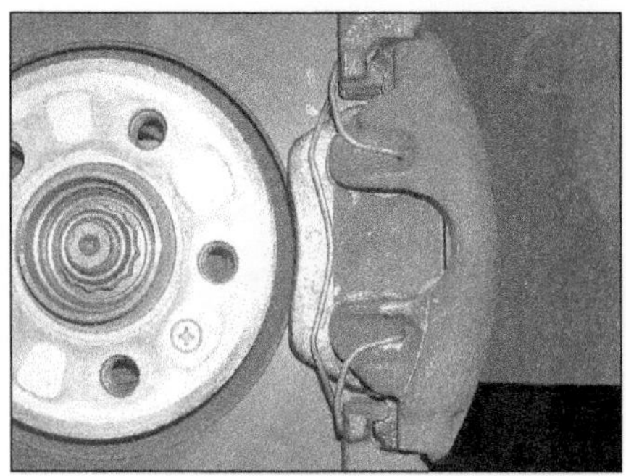
4.25 Montera fästfjädern

24 Tryck oket på plats. Sätt in och dra åt styrstiften till angivet moment **(se bild)**.

25 Montera bromsklossens fästfjäder på okhuset **(se bild)**.

26 Där så är tillämpligt, anslut kontaktdonen till bromsklossarnas slitagegivare och se till att dra kablaget rätt.

27 Trampa ner bromspedalen upprepade gånger, tills bromsklossarna trycks hårt mot bromsskivan och normalt (icke assisterat) pedaltryck är återställt.

28 Upprepa ovanstående procedur på det andra främre bromsoket.

29 Montera hjulen, sänk sedan ner bilen på marken och dra åt hjulbultarna till angivet moment.

30 Kontrollera bromsvätskans nivå enligt beskrivning i *Veckokontroller*.

31 Nya bromsklossar ger inte full bromsverkan förrän de har arbetats in. Var förberedd på detta och undvik hårda inbromsningar (om möjligt) under de första 15 milen efter ett bromsklossbyte.

5 Främre bromsok – demontering, renovering och montering

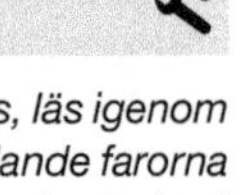

Observera: *Innan arbetet påbörjas, läs igenom noteringen i början av avsnitt 2 gällande farorna med bromsvätska, och varningen i avsnitt 4 angående farorna med asbestdamm.*

Demontering

1 Dra åt handbromsen, lyft upp framvagnen och stötta den på pallbockar (se *Lyftning och stödpunkter*). Ta bort aktuellt hjul.

2 Minimera vätskeförlusten genom att ta bort huvudcylinderbehållarens lock, lägga en bit plastfolie över öppningen och skruva på locket igen, för att få en riktigt lufttät tätning. Alternativt, använd en bromsslangklämma, G-klämma eller liknande till att klämma åt slangen.

3 Rengör området runt anslutningen, lossa sedan bromsslangens anslutningsmutter.

4 Demontera bromsklossarna enligt beskrivning i avsnitt 4.

5 Skruva loss bromsoket från änden av bromsslangen och ta bort det från bilen.

Renovering

6 Med bromsoket på arbetsbänken, torka bort allt damm och smuts, *men undvik att andas in dammet eftersom det är hälsofarligt.*

7 Ta bort den delvis utskjutande kolven från oket och ta bort dammtätningen.

Om kolven inte kan tas bort för hand, kan den tryckas ut genom att man ansluter tryckluft till bromsslang-anslutningens öppning. Ett lågt tryck bör räcka, som det man får från en fotpump. När kolven trycks ut, var mycket försiktig så att du inte klämmer fingrarna mellan kolven och oket.

8 Ta ut kolvens vätsketätning med hjälp av en liten skruvmejsel, men var försiktig så att du inte skadar okets lopp **(se bild)**.

9 Rengör noggrant alla komponenter, använd endast denaturerad sprit, isopropylalkohol eller ren bromsvätska för rengöringen. Använd inte mineralbaserade lösningsmedel som bensin eller fotogen, eftersom det angriper hydraulsystemets gummikomponenter. Torka komponenterna på en gång, med tryckluft eller en ren, luddfri trasa. Använd tryckluft till att blåsa ur vätskepassagerna.

10 Kontrollera alla komponenter och byt ut delar som är slitna eller skadade. Kontrollera särskilt cylinderloppet och kolven; dessa ska bytas ut om de är repiga, slitna eller korroderade på minsta sätt (notera att detta betyder byte av hela bromsoket). Undersök också skicket på distanserna/styrstiften och deras bussningar/lopp (efter tillämplighet); båda distanserna/stiften måste vara helt oskadade och (när de har rengjorts) ha en relativt tät passning i loppen. Om det råder någon som helst tvekan om skicket på någon komponent, byt ut den.

11 Om enheten går att använda, införskaffa en passande reparationssats; komponenterna finns i olika kombinationer hos återförsäljare av Skoda.

12 Byt ut alla gummitätningar, dammskydd och kåpor som har rubbats vid isärtagningen rutinmässigt; de ska aldrig återanvändas.

13 Se till att alla delar är rena och torra vid hopsättningen.

14 Lägg på ett tunt lager bromspasta (Skoda del nr G 052 150 A2). D på kolven och tätningen. Pastan bör följa med Skodas renoveringssats för bromsok.

15 Montera den nya kolvtätningen (vätske-tätning) i spåret i cylinderloppet. Använd enbart fingrarna (alltså inga verktyg). Sätt den nya dammtätningen på kolven och montera kolven i cylinderloppet med en vridande rörelse; se till att kolven går rakt in i loppet. Tryck in kolven helt i loppet, tryck sedan in dammtätningen i oket.

Montering

16 Skruva in oket helt på slanganslutningen.

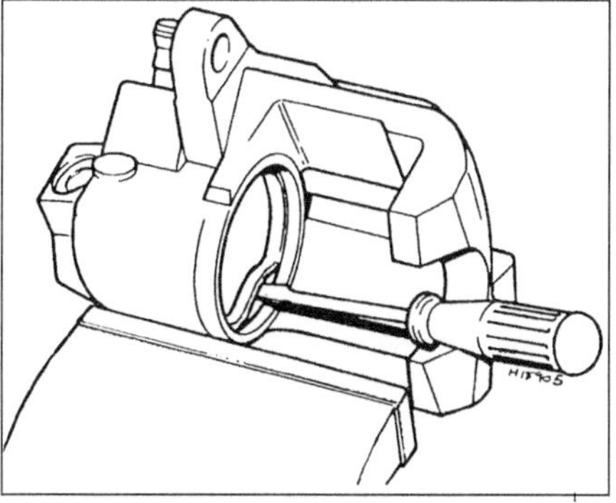

5.8 Använd en liten skruvmejsel till att ta bort okkolvens vätsketätning

17 Montera bromsklossarna enligt beskrivning i avsnitt 4.

18 Dra åt bromsrörsanslutningen ordentligt.

19 Ta bort bromsslangklämman eller plastfolien och lufta bromssystemet enligt beskrivning i avsnitt 2. Observera att om åtgärder har vidtagits för att minimera vätskeförlusten, bör det bara vara nödvändigt att lufta relevant frambroms.

20 Montera hjulet, sänk ner bilen på marken och dra åt hjulbultarna till angivet moment.

6 Bromsskiva – kontroll, demontering och montering

Observera 1: *Innan arbetet påbörjas, se noteringen i början av avsnitt 4 angående farorna med asbestdamm.*

Observera 2: *Om någon av bromsskivorna behöver bytas ut, måste BÅDA skivorna bytas ut på samma gång, för att bromsverkan ska bli jämn. Nya bromsklossar ska då också monteras.*

Främre bromsskiva

Kontroll

1 Dra åt handbromsen, lyft upp framvagnen och stötta den på pallbockar (se *Lyftning och stödpunkter*). Demontera aktuellt framhjul.

2 Rotera bromsskivan sakta, så att hela ytan av båda sidorna kan undersökas; demontera bromsklossarna om så behövs för att insidan ska ses bättre. Ytliga repor är normalt i det område som sveps av bromsklossarna, men om du hittar djupare repor eller sprickor, måste bromsskivan bytas ut.

3 Det är också normalt att hitta en "läpp" av rost och bromsdamm runt kanten av skivan; den kan skrapas bort om så behövs. Om läppen däremot har uppstått på grund av kraftigt slitage av den yta som sveps av bromsklossarna, måste skivans tjocklek mätas med en mikrometer. Mät tjockleken på flera punkter runt skivan, både innanför och utanför det svepta området; om skivan på någon punkt har slitits ner till angiven minimitjocklek eller mindre, måste skivan bytas ut.

4 Om skivan misstänks vara skev, kan detta kontrolleras. Använd antingen en mätklocka monterad på en passande fast punkt, medan skivan dras runt sakta, eller använd bladmått för att mäta (vid flera punkter runt skivan) spelet mellan skivan och en fast punkt, som t.ex. okets fästbygel. Om resultatet ligger vid det specificerade maxmåttet eller över, är skivan för skev och måste bytas ut; men se till att först kontrollera att hjullagret är i gott skick (kapitel 1A eller 1B). Om skivan är för skev måste den bytas ut **(se bild)**.

5 Undersök om skivan är sprucken, särskilt kring hjulbultshålen, eller om den är sliten eller skadad på annat sätt, och byt ut den om så behövs.

Demontering

6 Demontera bromsklossarna enligt beskrivning i avsnitt 4.

7 På modeller med FN3 främre bromsok, skruva loss de två bultarna som håller bromsokets fästbygel till hjulspindeln och ta bort fästbygeln.

8 Märk upp det inbördes förhållandet mellan skivan och navet (med krita eller färg), ta sedan bort skruven som håller bromsskivan till navet och ta bort skivan **(se bild)**. Om den sitter hårt, lägg på rostolja och knacka försiktigt på dess baksida med en gummiklubba. Om man tar i för hårt kan skivan skadas.

Montering

9 Montering sker i omvänd ordning mot demonteringen. Notera följande:

a) *Se till att fogytorna på skivan och navet är rena och släta.*

6.4 En mätklocka används för att mäta om bromsskivan är skev

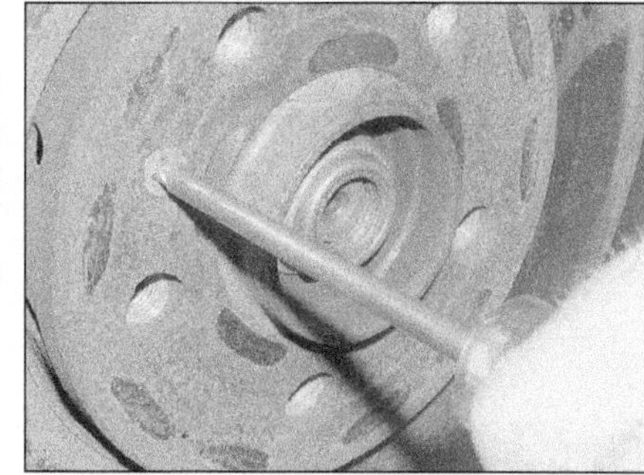

6.8 Skruva loss bromsskivans fästskruv

6.13 Lyft av bromsskivan

b) Om så är tillämpligt, rikta in markeringarna som gjordes innan demonteringen, och dra åt bromsskivans fästskruv ordentligt.

c) Om en ny bromsskiva har monterats, använd hett vatten eller ett lämpligt lösningsmedelför att torka bort den skyddande beläggningen på skivan innan oket monteras.

d) På modeller med FN3 bromsok, för okets fästbygel på plats över skivan. Dra åt fästbultarna till bromsokets fästbygel till angivet moment.

e) Montera bromsklossarna enligt beskrivning i avsnitt 4.

f) Montera hjulet, sänk sedan ner bilen på marken och dra åt hjulbultarna till angivet moment. Avslutningsvis, trampa ner bromspedalen upprepade gånger tills normalt (icke assisterat) pedaltryck återfås.

Bakre bromsskiva

Kontroll

10 Klossa framhjulen ordentligt, lyft upp bakvagnen och stötta den på pallbockar. Ta bort aktuellt bakhjul.

11 Undersök bromsskivan enligt beskrivningen i punkt 2 till 5.

Demontering

12 Skruva loss de två bultarna som håller bromsokets fästbygel på plats, dra sedan loss oket från skivan. Bind fast oket i spiralfjädern med en bit vajer eller snöre för att undvika belastning på bromsslangen.

13 Använd krita eller färg och märk upp förhållandet mellan skivan och navet, skruva sedan loss skruven som håller bromsskivan till navet och ta bort skivan **(se bild)**. Om den sitter mycket hårt, lägg på rostolja och knacka försiktigt på dess baksida med en gummiklubba. Om man tar i för hårt riskerar man att skada skivan.

Montering

14 Montering sker i omvänd ordning mot demonteringen. Notera följande punkter:

a) Se till att fogytorna på skivan och navet är rena och släta.

b) Om så är tillämpligt, rikta in markeringarna som gjordes innan demonteringen och dra åt bromsskivans fästskruv ordentligt.

c) Om en ny bromsskiva har monterats, torka bort skyddsbeläggningen från skivan med hett vatten eller ett lämpligt lösningsmedel innan oket monteras.

d) För bromsoket på plats över bromsskivan och se till att bromsklossarna hamnar på varsin sida om skivan. Dra åt fästbultarna till okets fästbygel till angivet moment. Om nya bromsskivor har monterats och det inte finns tillräckligt mycket utrymme mellan bromsklossarna för att få in den nya, tjockare skivan, måste man kanske trycka tillbaka kolven in i oket enligt beskrivningen i avsnitt 8.

e) Montera hjulet, sänk sedan ner bilen på marken och dra åt hjulbultarna till angivet moment. Avslutningsvis, trampa ner bromspedalen flera gånger tills normalt (icke assisterat) pedaltryck återställs.

7 Främre bromsskivans sköld - demontering och montering

Demontering

1 Demontera bromsskivan enligt beskrivning i avsnitt 6.

2 Skruva loss fästbultarna och ta bort bromsskivans sköld.

Montering

3 Montering sker i omvänd ordning. Dra åt sköldens fästbultar till angivet moment. Montera bromsskivan enligt beskrivning i avsnitt 6.

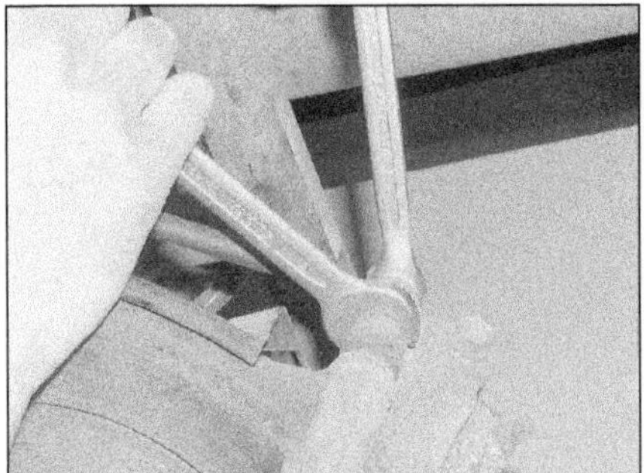

8.3 Håll fast styrstiftet

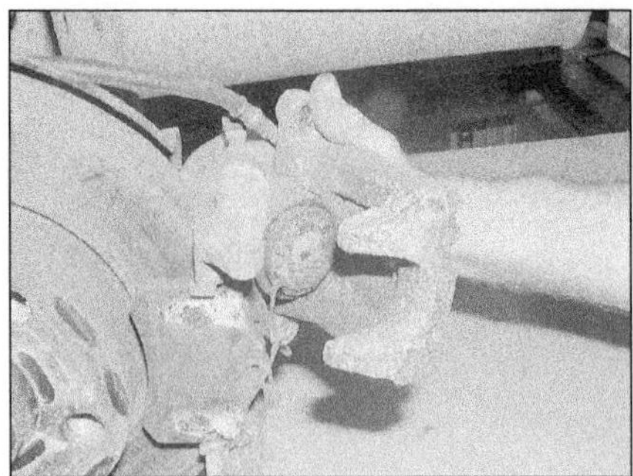

8.4 Demontera bromsoket

8 Bakre bromsklossar - demontering, kontroll och montering

Observera: *Innan arbetet påbörjas, se noteringen i början av avsnitt 4 angående farorna med asbestdamm. Nya styrstiftsbultar kommer också att behövas vid monteringen.*

Demontering

1 Klossa framhjulen, lyft sedan upp bakvagnen och stötta den på pallbockar (se *Lyftning och stödpunkter*). Ta bort bakhjulen.

2 Lossa handbromsvajern och ta loss den från bromsoket enligt beskrivning i avsnitt 19.

3 Lossa och ta bort styrstiftsbultarna, och använd en tunn, öppen nyckel till att hålla styrstiften stilla **(se bild)**. Kasta bultarna – nya måste användas vid monteringen.

4 Lyft bort oket från bromsklossarna och bind fast det i fjäderbenet med en bit vajer **(se bild)**. Låt inte bromsoket hänga fritt i bromsslangen.

5 Ta bort de två bromsklossarna från bromsokets fästbygel, notera sedan exakt hur vibrationsbrickorna sitter och ta bort dessa.

Kontroll

6 Mät först tjockleken på varje bromskloss (inklusive fästplattan). Om någon av klossarna är sliten ner till angiven minimitjocklek eller mindre, måste **alla fyra** bromsklossarna bytas ut. De måste också bytas ut om de är förorenade med olja eller fett; man kan inte rengöra friktionsmaterialet på ett tillfredsställande sätt när de en gång har blivit förorenade. Om någon av bromsklossarna är ojämnt sliten, eller förorenad med olja eller fett, leta reda på orsaken och åtgärda problemet innan bromsarna sätts ihop. Nya bromsklossar finns hos Skodahandlare.

7 Om bromsklossarna fortfarande är i användbart skick, rengör dem noggrant med en ren, fin stålborste eller liknande, och var särskilt noga med sidorna och baksidan av fästplattan. Rengör också spåren i friktionsmaterialet (där så är tillämpligt) och ta bort eventuellt intryckta smutspartiklar. Rengör också bromsklossarnas monteringsplatser i oket/fästbygeln.

8 Innan bromsklossarna monteras, kontrollera att styrstiften kan glida fritt i bromsokets fästbygel, och att styrstiftens gummidamasker är oskadda. Borsta bort damm och smuts från bromsoket, men **andas inte in det**, eftersom det är hälsofarligt. Undersök om dammtätningen runt kolven är skadad, och om kolven visar tecken på vätskeläckor, korrosion eller skador. Om någon av dessa komponenter behöver åtgärdas, se avsnitt 9.

Montering

9 Om nya bromsklossar ska monteras måste kolven dras in helt, genom att man roterar den i medurs riktning medan den trycks in i oket i bromsoket **(se Haynes Tips)**. För att förhindra att smuts kommer in i ABS solenoidventilerna, anslut ett rör till luftningsnippeln och, när kolven trycks tillbaka, öppna då nippeln och låt vätskan flöda ut ur röret ner i en lämplig behållare.

10 Montera vibrationsbrickorna på okets fästbygel och se till att de placeras korrekt. Sätt fast bromsklossarna i fästbygeln och se till att friktionsmaterialet hamnar mot bromsskivan. Ta bort den skyddande folien från den yttre bromsklossens fästplatta **(se bilder)**.

11 För oket på plats över bromsklossarna.

12 Tryck oket på plats, sätt sedan in de nya styrstiftsbultarna och dra åt varje bult till angivet moment medan styrstiftet hålls fast med en öppen nyckel **(se bild)**.

13 Trampa ner pedalen upprepade gånger, tills bromsklossarna ligger hårt mot bromsskivan och normalt (icke assisterat) pedaltryck är återställt.

14 Upprepa ovanstående moment på det andra bromsoket.

15 Återanslut handbromsvajrarna till bromsoken, och justera handbromsen enligt beskrivning i avsnitt 17.

16 Montera hjulen, sänk sedan ner bilen på marken och dra åt hjulbultarna till angivet moment.

17 Kontrollera bromsvätskenivån enligt beskrivning i *Veckokontroller.*

18 Nya bromsklossar ger inte full bromsverkan förrän de har arbetats in. Var beredd på detta och undvik hårda inbromsningar i största möjliga mån under de första 15 milen efter ett bromsklossbyte.

9 Bakre bromsok - demontering, renovering och demontering

Observera: *Innan arbetet påbörjas, läs igenom noteringen i början av avsnitt 2 gällande farorna med bromsvätska, och varningen i avsnitt 4 angående farorna med asbestdamm.*

Demontering

1 Klossa framhjulen, lyft sedan upp bakvagnen och stötta den på pallbockar (se *Lyftning och stödpunkter*). Demontera aktuellt bakhjul.

2 Minimera vätskeförlusten genom att ta bort huvudcylinderbehållarens lock och sedan skruva fast det igen över en bit plastfolie, för att få en lufttät tätning. Alternativt, kläm ihop slangen med en bromsslangklämma, en G-klämma eller liknande verktyg.

3 Rengör ytan runt anslutningen på bromsoket, lossa sedan bromsslangens anslutningsmutter.

4 Demontera bromsklossarna enligt beskrivning i avsnitt 8.

5 Skruva loss bromsoket från änden av slangen och ta bort det från bilen.

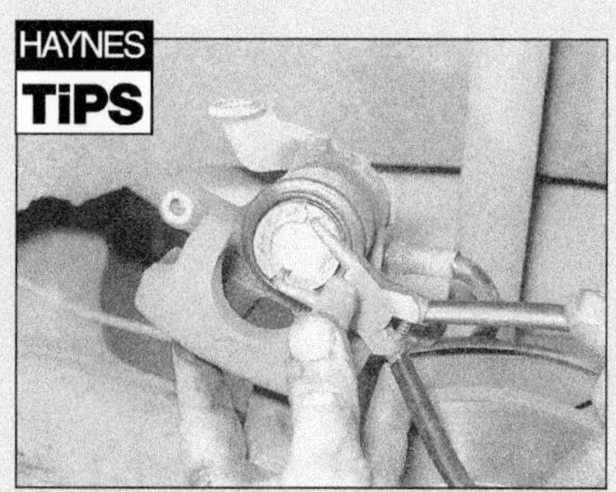

Om specialverktyget inte finns till hands, kan kolven vridas tillbaka in i oket med hjälp av en låsringstång.

Renovering

Observera: *Det är inte möjligt att renovera bromsokets handbromsmekanism. Om mekanismen är defekt, eller om det läcker bromsvätska från handbromsarmens tätning, måste bromsoket bytas ut.*

6 Lägg bromsoket på arbetsbänken och torka bort alla spår av smuts och damm, men andas inte in det eftersom det är hälsofarligt.

7 Bänd försiktigt bort dammtätningen från bromsoket med en liten skruvmejsel, men var försiktig så att du inte skadar kolven.

8 Ta ut kolven ur loppet i oket genom att rotera den i moturs riktning. Detta kan göras med hjälp av en lämplig låsringstång som sticks in i spåren i kolven. När kolven kan rotera fritt, men inte kommer ut längre, kan den dras ut för hand.

Om kolven inte kan dras ut för hand, kan den tryckas ut med hjälp av tryckluft i bromsslanganslutningens hål. Endast lågt tryck bör behövas, som det man får från en fotpump. När kolven trycks ut, var försiktig så att du inte klämmer fingrarna mellan kolven och bromsoket.

9 Ta ut kolvens vätsketätning/-ar) med en liten skruvmejsel, men var försiktig så att du inte skadar loppet i oket.

10 Dra ut styrstiften från bromsoket och ta bort damaskerna.

11 Rengör alla komponenter noggrant med denaturerad sprit, isopropylalkohol eller ren bromsvätska som rengöringsmedel. Använd aldrig mineralbaserade lösningsmedel som bensin eller fotogen, eftersom detta angriper hydraulsystemets gummikomponenter. Torka sedan av komponenterna på en gång, med tryckluft eller en ren, luddfri trasa. Använd tryckluft till att blåsa ur vätskepassagerna.

12 Undersök alla komponenter och byt ut delar som är slitna eller skadade. Undersök särskilt cylinderloppet och kolven; dessa ska bytas ut (observera att detta betyder byte av hela okenheten) om de är repade, slitna eller korroderade på minsta sätt. Undersök också skicket på distanserna/styrstiften och deras bussningar/lopp (efter tillämplighet); båda distanserna/stiften måste vara oskadda och (när de är rengjorda) ha en relativt tät passning i loppen. Om det råder någon som helst tvekan om skicket på någon komponent, byt ut den.

13 Om enheten är i användbart skick, införskaffa en lämplig reparationssats; komponenterna finns hos Skodahandlare i olika kombinationer.

14 Byt ut alla gummitätningar, dammskydd och lock som har rubbats vid isärtagningen som en rutinåtgärd; dessa ska aldrig återanvändas.

15 Vid hopsättningen, försäkra dig om att alla komponenter är rena och torra.

16 Smörj ett tunt lager bromspasta (Skoda del nr G 052 150 A2) på kolven, tätningen

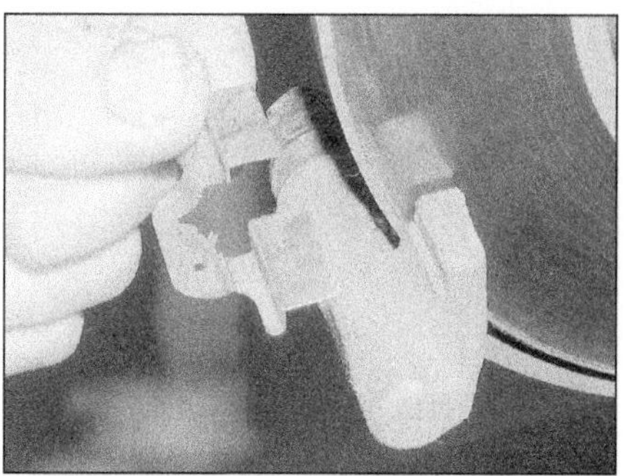

8.10a Montera vibrationsbrickorna

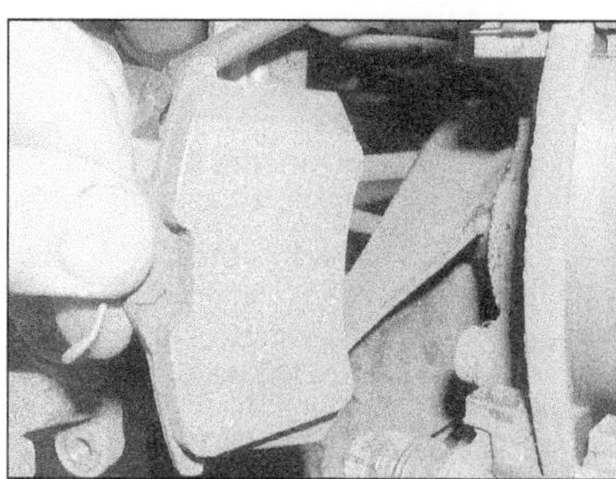

8.10b Montera bromsklossarna

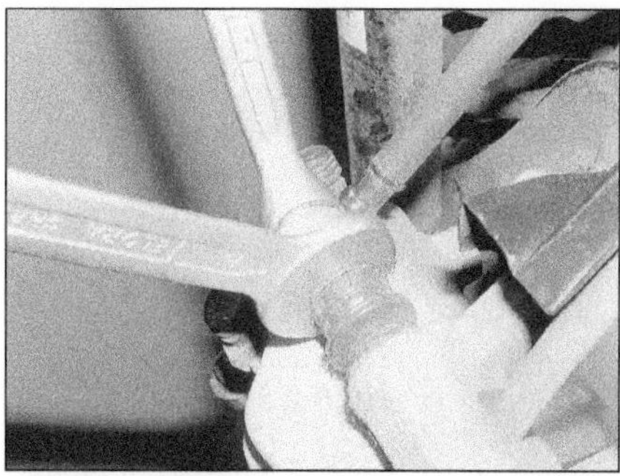

8.12 Håll fast styrstiftet medan bulten dras åt

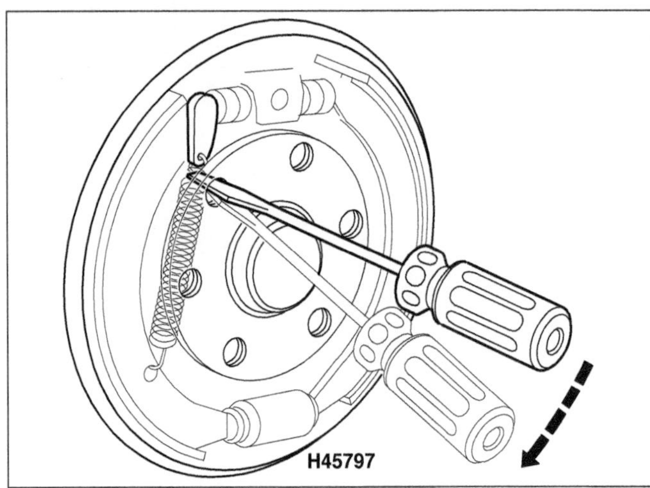

10.3a **Om bromstrumman sitter hårt, stick in en skruvmejsel genom ett av hjulbultshålen . . .**

10.3b **. . . och bänd upp kilen så att bromsbackarna dras undan helt (visas med navet demonterat)**

och loppet i oket. Bromspastan bör vara inkluderad i renoverings-/reparationssatsen. Montera den nya kolvtätningen (vätsketätning) i cylinderloppets spår med fingrarna (använd inga verktyg).

17 Sätt in den nya dammtätningen i kolvens spår, montera sedan kolven. Vrid kolven medurs, med samma metod som användes vid isärtagningen, tills den är helt indragen i loppet i oket.

18 Tryck dammtätningen på plats i okhuset.

19 Lägg på fettet som följde med reparationssatsen, eller ett kopparbaserat bromsfett eller antikärvningsmedel, på styrstiften. Sätt på de nya damaskerna på styrstiften och montera sedan stiften på oket; se till att damaskerna placeras korrekt i spåren på både stiften och oket.

20 Innan monteringen, fyll bromsoket med färsk bromsvätska genom att lossa luftningsskruven och pumpa vätskan genom bromsoket tills vätska utan luftbubblor kommer ut ur anslutningsöppningen.

Montering

21 Skruva fast oket helt på slanganslutningen.

22 Montera bromsklossarna enligt beskrivning i avsnitt 8.

23 Dra åt bromsrörsanslutningens mutter ordentligt.

24 Ta bort bromsslangklämman eller plastfolien från vätskebehållaren, och lufta bromssystemet enligt beskrivningen i avsnitt 2. Observera att förutsatt att åtgärder har vidtagits för att minimera vätskeförlusten, bör endast aktuell bakbroms behöva luftas.

25 Anslut handbromsvajern till bromsoket, och justera handbromsen enligt beskrivning i avsnitt 17.

26 Montera hjulet, sänk sedan ner bilen på marken och dra åt hjulbultarna till angivet moment. Avslutningsvis, kontrollera bromsvätskans nivå enligt beskrivning i *Veckokontroller*.

10 Bromstrumma - demontering, kontroll och montering

Observera: *Innan arbetet påbörjas, se varningen i början av avsnitt 4 angående farorna med asbestdamm.*

Demontering

1 Demontera hjulsidan (om så är tillämpligt), lossa sedan bakhjulsbultarna och klossa framhjulen. Lyft upp bakvagnen och stötta den på pallbockar (se *Lyftning och stödpunkter*). Ta bort aktuellt bakhjul.

2 Lossa handbromsen helt.

3 Skruva ut trummans fästskruv och ta bort trumman. Bromstrumman kan sitta fast hårt på grund av att bromsbackarna kärvar på dess inre omkrets. Om detta är fallet, stick in en skruvmejsel genom ett av hjulbultshålen i bromstrumman och navet, och bänd upp kilen så att bromsbackarna kan dras tillbaka helt. Kilen sitter framtill under hjulcylindern **(se bilder)**. Bromstrumman kan nu tas bort.

Kontroll

Observera: *Om någon av trummorna behöver bytas ut, måste BÅDA bytas ut samtidigt, för att bromsverkan ska bli jämn. Nya bromsbackar ska då också monteras.*

4 Borsta bort damm och smuts från trumman, men andas inte in det.

5 Undersök den interna friktionsytan på trumman. Om den är djupt repad, eller så sliten att trumman har fått slitkanter av bromsbackarna, måste båda bromstrummorna bytas ut.

6 Omslipning av friktionsytan kan vara möjlig, förutsatt att maxdiametern som anges i specifikationerna inte överskrids.

Montering

7 Om en ny bromstrumma ska monteras, använd ett lämpligt lösningsmedel till att ta bort den skyddande beläggningen som kan finnas på insidan. Innan trumman monteras, dra tillbaka bromsbackarna helt genom att lyfta upp kilen.

8 Montera bromstrumman och dra åt fästskruven.

9 Justera bromsarna genom att trampa ner bromspedalen ett antal gånger. Ett klickande kommer att höras vid trumman när den automatiska justeraren arbetar. När klickandet upphör är justeringen färdig.

10 Montera hjulet och sänk ner bilen på marken.

11 Upprepa ovanstående moment på kvarvarande bakbroms (om så behövs), kontrollera sedan handbromsvajern och justera den om så behövs (se avsnitt 17).

12 Avsluta med att montera hjulet (-en), sänka ner bilen på marken och dra åt hjulbultarna till angivet moment.

11 Bromsbackar - demontering, kontroll och montering

Observera: *Läs igenom varningen i början av avsnitt 4 innan arbetet påbörjas.*

1 Demontera bromstrumman (se avsnitt 10).

2 Ta försiktigt bort alla spår av bromsdamm från bromstrumman, fästplattan och bromsbackarna.

3 Mät tjockleken på friktionsmaterialet på varje bromsback vid flera punkter; om någon bromsback vid någon punkt är sliten ner till angiven minimitjocklek eller mindre, måste alla fyra bromsbackarna bytas ut på en gång. Bromsbackarna ska också bytas ut om de är förorenade med olja eller fett; det finns inget sätt att rengöra friktionsmaterialet när det en gång har blivit förorenat.

4 Om någon av bromsbackarna är ojämnt sliten, eller förorenad med olja eller fett, leta reda på orsaken och åtgärda problemet innan hopsättningen.

11.6 Notera noga hur alla fjädrar sitter innan bromsbackarna tas bort (visas med navet demonterat)

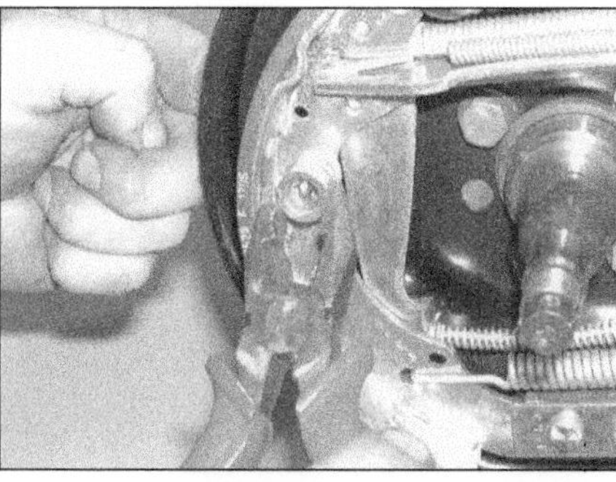
11.7a Lossa fjäderskålen genom att trycka in och vrida den 90° . . .

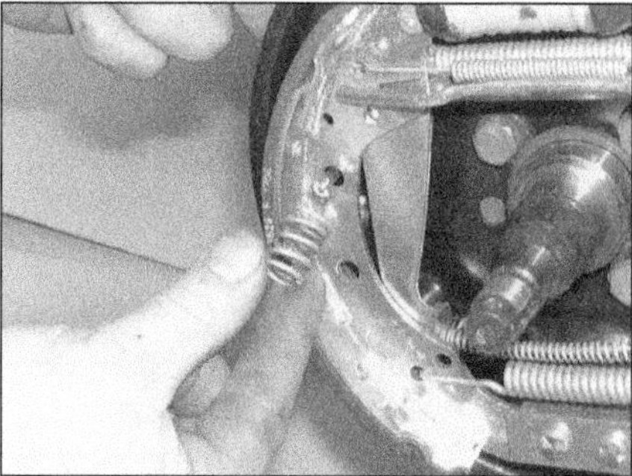
11.7b . . . lyft sedan av fjädern och ta bort hållstiftet

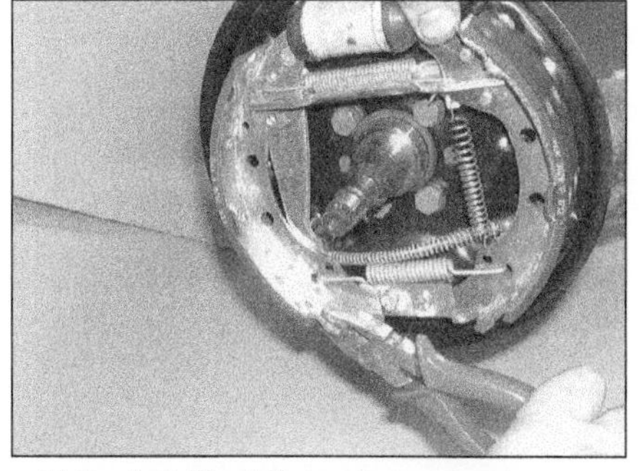
11.8a Lyft försiktigt ut bromsbackarnas nedre ändar från den nedre ledpunkten . . .

11.8b . . . och haka loss den nedre returfjädern

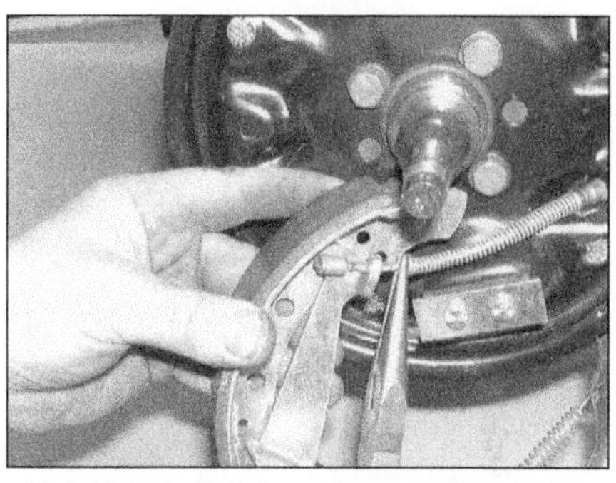
11.9 Koppla loss handbromsvajern och ta bort bromsbackarna från bilen

5 För att byta ut bromsbackarna, fortsätt enligt följande. Om allt är väl, montera bromstrumman enligt beskrivning i avsnitt 10.

6 Notera hur bromsbackarna och fjädrarna sitter, och märk upp bromsbackarnas "fenor" om så behövs för att underlätta monteringen **(se bild)**.

7 Ta bort fjäderskålarna från bromsbackarnas hållfjädrar med en tång, genom att trycka in och vrida dem 90°. När fjäderskålarna är borttagna, lyft bort fjädrarna och ta ut hållstiften **(se bilder)**.

8 Ta försiktigt bort bromsbackarna en i taget från den nedre ledpunkten, för att släppa på spänningen i returfjädern, koppla sedan loss den nedre returfjädern från båda bromsbackarna **(se bilder)**.

9 Lyft försiktigt ut de övre ändarna av båda bromsbackarna, men var försiktig så att du inte skadar hjulcylindertätningarna, och koppla loss handbromsvajern från den släpande bromsbacken **(se bild)**. Hela bromsbacksenheten kan sedan lirkas ut och bort från fästplattan. Trampa inte ner bromspedalen förrän bromsarna är hopsatta igen; linda ett starkt gummiband runt hjulcylinderkolvarna för att hålla dem på plats.

10 Notera hur alla delar sitter, haka sedan loss den övre returfjädern och ta också loss kilens fjäder **(se bild)**.

11 Haka loss den övre returfjädern och ta loss den släpande bromsbacken från den ledande backen och tvärstaget.

12 Ta bort kilen, notera vilken väg den sitter, ta sedan försiktigt bort tvärstaget från den ledande bromsbacken och ta loss spännfjädern.

13 Undersök alla komponenter för att se om de är slitna eller skadade och byt ut dem efter behov. Alla returfjädrar ska bytas ut, oavsett synligt skick. Även om man kan köpa belägg separat (utan bromsbackar) från Skodahandlare, är det bättre att byta ut bromsbackarna komplett med belägg, såvida man inte besitter nödvändig kunskap och har tillgång till den utrustning som behövs för att montera nya belägg på gamla bromsbackar.

14 Skala undan gummiskydden och undersök om hjulcylindern läcker eller är skadad på annat sätt; kontrollera att båda cylinderkolvarna kan röra sig fritt och lätt. Se avsnitt 12 om så behövs, för information om renovering av hjulcylindern.

15 Lägg lite bromsfett på kontaktytorna på tryckstaget och handbromsarmen.

16 Haka fast spännfjädern i den ledande bromsbacken. Haka i tvärstaget i motsatt ände av fjädern, och vrid tvärstaget på plats i spåret i den ledande bromsbacken **(se bilder)**.

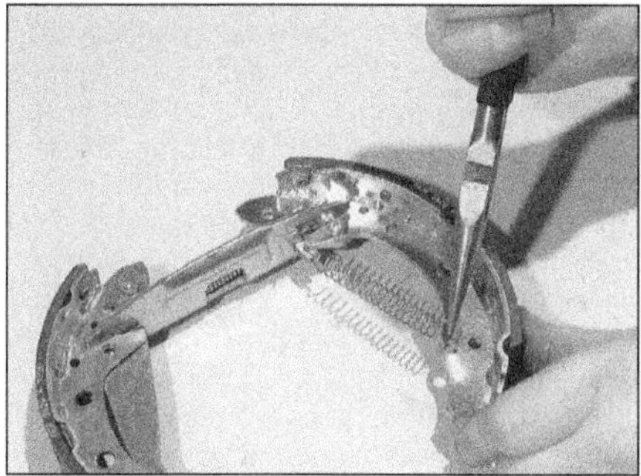
11.10 Haka loss justerkilens fjäder och ta bort den

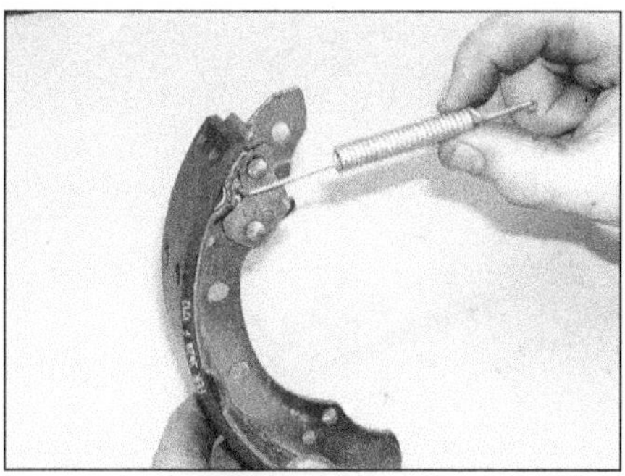
11.16a Haka fast spännfjädern i den ledande bromsbacken . . .

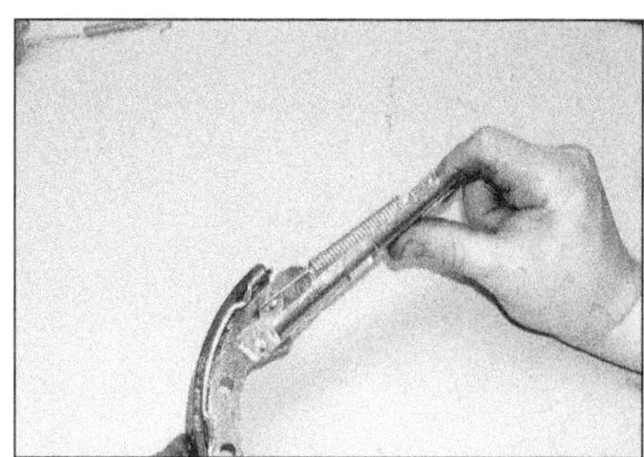
11.16b . . . haka sedan fast tvärstaget i motsatt ände av fjädern och vrid det så att det går in i spåret i den ledande backen

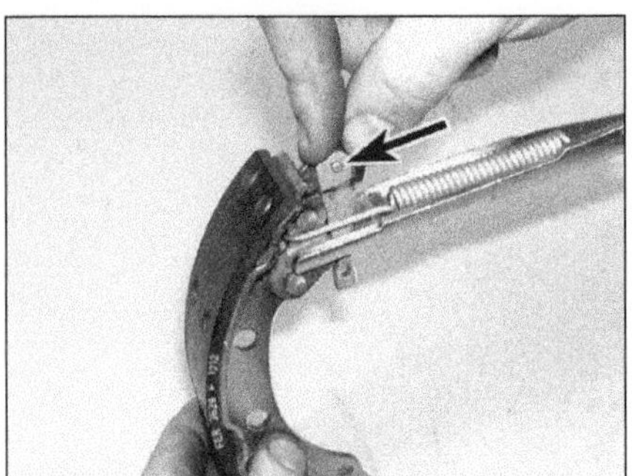

11.17 Sätt in kilen på sin plats och se till att dess pigg (vid pilen) är vänd bort från bromsbacken

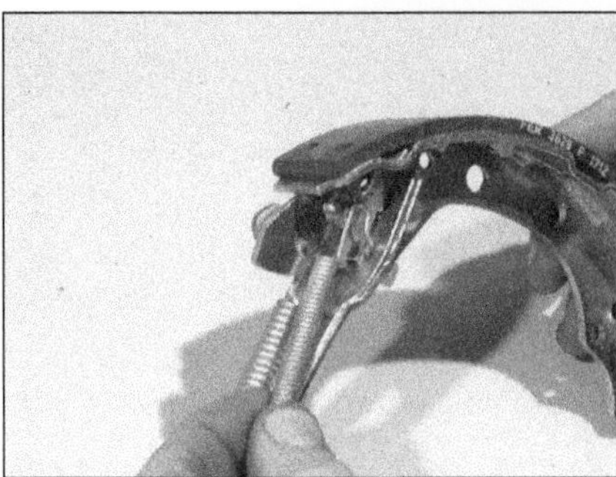

11.18a Sätt fast den övre returfjädern i den ledande bromsbacken . . .

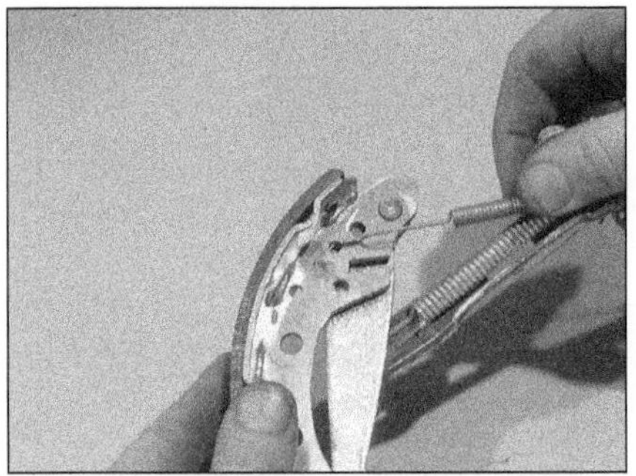

11.18b . . . haka sedan fast den i den släpande bromsbacken . . .

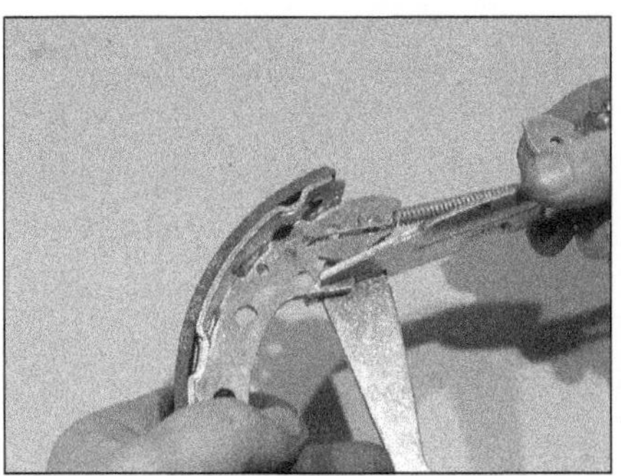

11.18c . . . och vrid sedan in bromsbacken på plats i tvärstaget

17 Stick in kilen mellan den ledande bromsbacken och tryckstången; se till att den hamnar rätt väg **(se bild)**.

18 Montera den övre returfjädern på den ledande bromsbacken och haka i fjädern i hålet i den släpande backen. Kontrollera att fjädern sitter som den ska, vrid sedan den släpande backen på plats och se till att både backen och handbromsarmen hakar i tvärstaget på rätt sätt **(se bild)**.

19 Fäst fjädern i kilen och haka fast den i den släpande bromsbacken.

20 Innan bromsbackarna monteras, rengör fästplattan och lägg på ett tunt lager högtemperatur bromsfett eller antikärvningsmedel på alla de ytor på fästplattan som ligger an mot backarna, särskilt hjulcylinderkolvarna och den nedre ledpunkten. Se dock till att inte få fett på friktionsbeläggen.

21 Ta bort gummibandet som satts på hjulcylindern och sätt bromsbacksenheten på plats.

22 Anslut handbromsvajern till handbromsarmen och placera bromsbackarnas övre ändar i hjulcylinderkolvarnas spår.

23 Sätt därefter fast den nedre returfjädern i bromsbackarna, bänd sedan upp backarnas nedre ändar på det nedre ankaret.

24 Knacka på bromsbackarna för att centrera dem i förhållande till fästplattan, sätt sedan tillbaka hållstiften och fjädrarna, och fäst dem på plats med fjäderskålarna.

25 Montera bromstrumman enligt beskrivning i avsnitt 10.

26 Upprepa ovanstående procedur på den andra bakbromsen.

27 När båda uppsättningarna bakre bromsbackar har bytts ut, justera spelet mellan bromsbeläggen och trumman genom att upprepade gånger trampa ner bromspedalen tills normalt (icke assisterat) pedaltryck återställs.

28 Kontrollera och, om så behövs, justera handbromsen enligt beskrivning i avsnitt 17.

29 Avsluta med att kontrollera bromsvätskenivån enligt beskrivning i *Veckokontroller*.

HAYNES TiPS ***Nya bromsbackar ger inte full bromsverkan förrän de har arbetats in. Var förberedd på detta och undvik hårda inbromsningar i största möjliga mån under de första 15 milen efter ett bromsbacksbyte.***

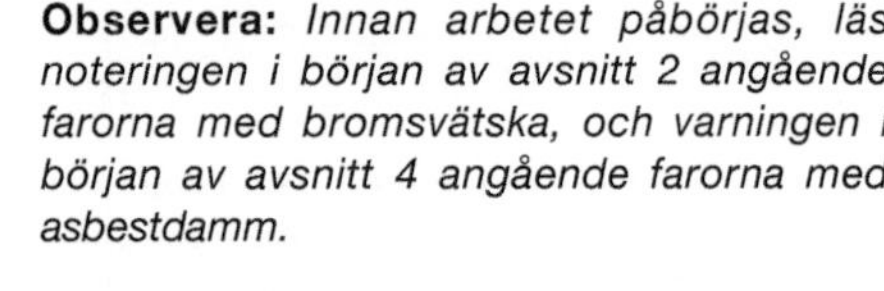

12 Bakre hjulcylinder - demontering, renovering och montering

Observera: *Innan arbetet påbörjas, läs noteringen i början av avsnitt 2 angående farorna med bromsvätska, och varningen i början av avsnitt 4 angående farorna med asbestdamm.*

Demontering

1 Demontera bromstrumman (avsnitt 10).

2 Haka försiktigt loss bromsbackarnas övre returfjäder och ta bort den från båda bromsbackarna. Dra ut de övre ändarna av bromsbackarna från hjulcylindern för att haka loss dem från kolvarna.

3 Minimera vätskeförlusten genom att först ta bort huvudcylinderbehållarens lock, och sedan skruva på det igen över en bit plastfolie, för att få en lufttät tätning. Alternativt, kläm ihop slangen med en bromsslangklämma, en G-klämma eller liknande så nära hjulcylindern som möjligt.

4 Torka bort all smuts runt bromsrörsanslutningen baktill på hjulcylindern och skruva sedan loss anslutningsmuttern. Ta försiktigt ut röret ur hjulcylindern och plugga igen eller tejpa över dess ände för att förhindra att smuts kommer in i systemet. Torka bort eventuellt spill omedelbart.

5 Torka bort hjulcylinderns två fästbultar från baksidan av fästplattan och ta bort cylindern. Var noga med att inte låta bromsvätska komma på bromsbackarnas belägg.

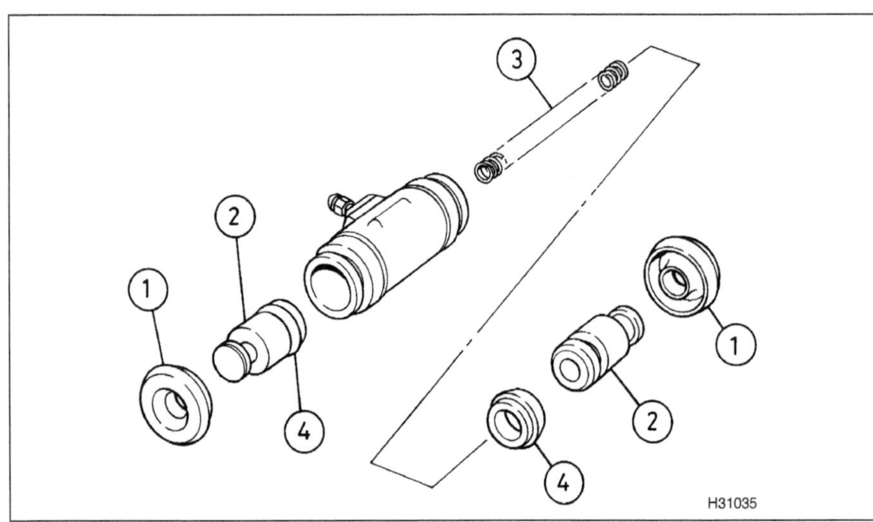

12.7 Sprängskiss av en bakhjulscylinder

1 Dammtätning *2 Kolv* *3 Spiralfjäder* *4 Vätsketätning*

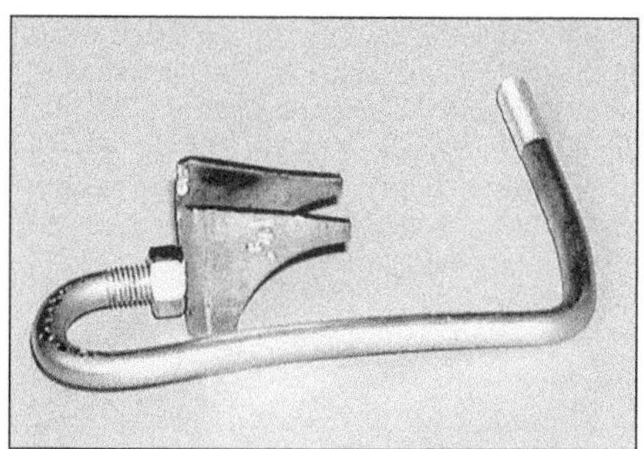

13.5a Improviserat verktyg tillverkat av en modifierad avgasklamma, som används till att få loss bromspedalen från servons tryckstång

Renovering

6 Borsta bort damm och smuts från hjulcylindern men andas inte in det.

7 Dra loss dammtätningarna av gummi från ändarna av cylinderhuset **(se bild)**.

8 Kolvarna skjuts i normala fall ut av spiralfjäderns tryck, men om de inte gör det, knacka änden av cylinderhuset mot en plankbit, eller använd lågt lufttryck – t.ex. från en fotpump – i bromsvätskeanslutningens öppning för att trycka ut kolvarna ur loppen.

9 Undersök ytorna på kolvarna och deras lopp i cylinderhuset, leta efter repor eller tecken på metall-metall kontakt. Om skador upptäcks, byt ut hela hjulcylindern.

10 Om kolvarna och loppen är i gott skick, kasta tätningarna och införskaffa en reparationssats, som då innehåller de utbytbara delar som behövs.

11 Ta bort tätningarna från kolvarna och notera vilken väg de sitter. Smörj de nya kolvtätningarna med ren bromsvätska och placera dem på kolvarna med den större diametern vänd inåt.

12 Doppa kolvarna i ren bromsvätska, sätt sedan fast fjädern på cylindern.

13 Sätt in kolvarna i cylinderloppen med en vridande rörelse.

14 Montera dammtätningarna och kontrollera att kolvarna kan röra sig fritt i loppen.

Montering

15 Se till att fästplattans och hjulcylinderns fogytor är rena, tryck sedan isär bromsbackarna och sätt in hjulcylindern på plats.

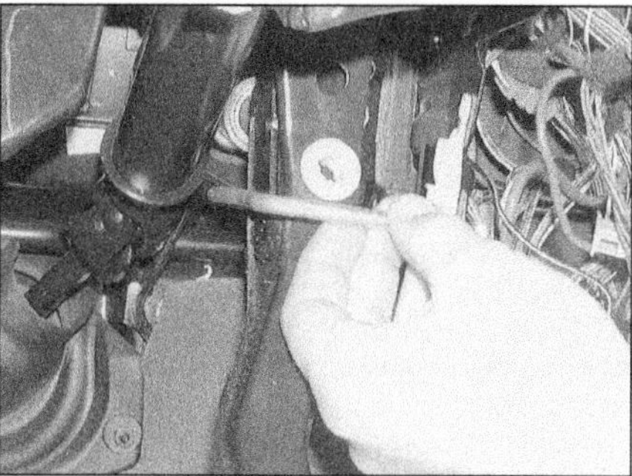

13.5b Verktyget används till att lossa bromspedalen från servons tryckstång

Sätt in bromsröret och skruva in anslutningsmuttern två eller tre varv för att se till att den har börjat ta gäng.

16 Sätt in hjulcylinderns två fästbultar och dra åt dem ordentligt. Dra sedan åt bromsrörets anslutningsmutter helt.

17 Ta bort klämman från slangen, eller plastfolien från huvudcylinderns behållare (efter tillämplighet).

18 Kontrollera att bromsbackarna sitter korrekt i cylinderkolvarna, sätt sedan tillbaka bromsbackarnas övre returfjäder. Använd en skruvmejsel till att spänna ut den.

19 Montera bromstrumman (se avsnitt 10).

20 Lufta bromssystemet enligt beskrivning i avsnitt 2. Förutsatt att åtgärder har vidtagits för att minimera vätskeförlusten, bör bara aktuell bakbroms behöva luftas.

13 Bromspedal – demontering och montering

Demontering

1 Koppla loss batteriets negativa kabel. **Observera:** *Innan du kopplar loss batteriet, se "Frånkoppling av batteriet" i Referenskapitlet längst bak i boken.*

2 Se avsnitt 28 i kapitel 11 och demontera de nedre instrumentbrädespanelerna på förarsidan, och panelen under instrumentbrädan.

3 Om det sitter en länkplåt mellan kopplings- och bromspedalerna, skruva loss de två fästskruvarna och ta bort plåten.

13.5c Bromspedalen sedd bakifrån med plastklackarna (vid pilarna) som håller fast tryckstången mellan pedalen och servon

4 Demontera bromsljuskontakten enligt beskrivning i avsnitt 21, koppla sedan loss gasvajern eller gaspedalens lägesgivare (efter tillämplighet).

5 Nu måste man lossa bromspedalen från kulan på vakuumservons tryckstång. Det finns ett särskilt Skodaverktyg för att göra detta, men ett alternativ kan också tillverkas **(se bild)**. Notera att plastklackarna i pedalen är mycket styva och att man inte kan lossa dem för hand. Frigör fästklackarna med verktyget och dra loss pedalen från servons tryckstång **(se bilder)**.

6 Skruva loss och ta bort muttern till pedalfästbygelns stöd **(se bild).**

7 Lossa på de fem muttrarna som håller pedalens stödfäste till torpeden/servon tillräckligt mycket för att stödfästet ska kunna rubbas lite. Ta inte bort muttrarna helt **(se bild)**.

8 Skruva loss pivåaxelns mutter och dra pivåaxeln till höger, tills pedalen går fri. Ta bort pedalen och ta bort pivåbussningen **(se bild)**.

9 Rengör noggrant alla komponenter och byt ut de delar som är slitna eller skadade.

Montering

10 Innan monteringen, lägg på ett lager universalfett på pivåaxelns och pedalens lagerytor.

11 Bänd ut pedalens fästbygel från torpedväggen **(se bild på nästa sida)**.

12 Dra servons tryckstång nedåt, och lirka samtidigt in pedalen på sin plats. Se till att pivåbussningen sitter korrekt.

13.6 Skruva loss fäststödets mutter

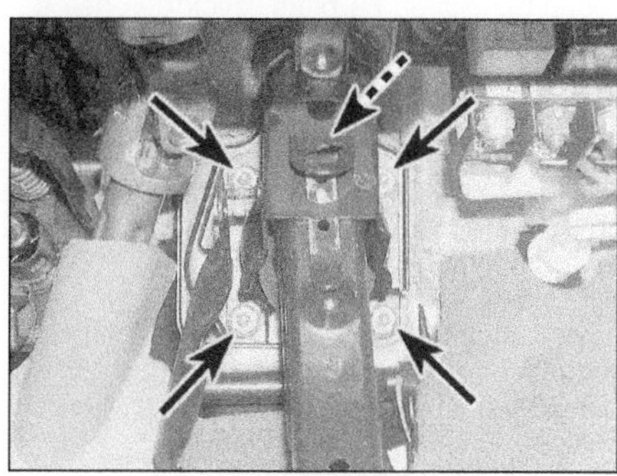

13.7 Lossa de fem fästmuttrarna

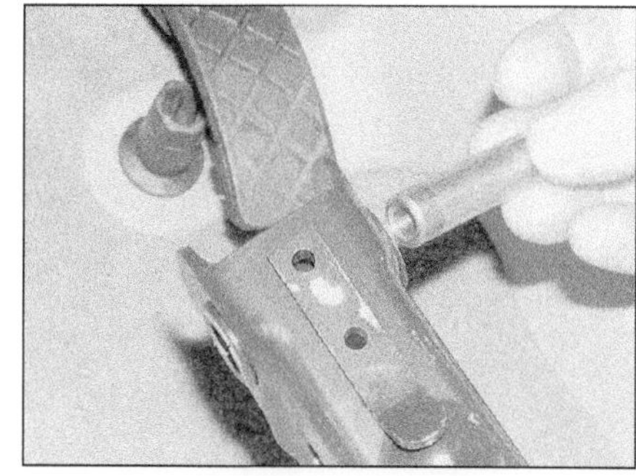

13.8 Ta bort pivåbussningen

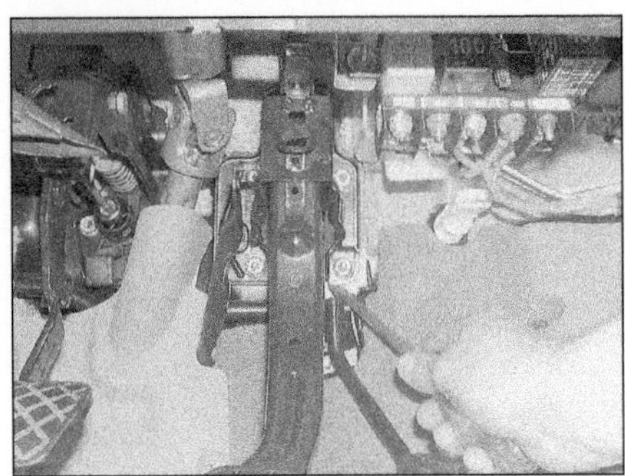

13.11 Bänd bort fästbygeln från torpedväggen

13 Dra åt pedalfästets fem fästmuttrar ordentligt och sätt tillbaka stödets fästmutter.
14 Håll fast servons tryckstång och tryck fast pedalen på tryckstångens kulfäste. Se till att pedalen sitter fast ordentligt i tryckstången.
15 Sätt in pedalens pivåbult och dra åt fästmuttern till angivet moment.
16 Anslut gasvajern eller pedalens lägesgivare, montera sedan bromsljuskontakten enligt beskrivning i avsnitt 21.
17 Om så är aktuellt, sätt tillbaka länkplattan mellan kopplings- och bromspedalen och dra åt de två fästbultarna ordentligt.
18 Montera instrumentbrädespanelerna enligt beskrivning i kapitel 11.

14 Huvudcylinder – demontering, renovering och montering

Observera: *Innan arbetet påbörjas, läs noteringen i början av avsnitt 2 angående farorna med bromsvätska. En ny O-ring till huvudcylindern kommer att behövas vid monteringen.*

Demontering

1 På vänsterstyrda modeller måste ABS hydraulenhet demonteras innan huvudcylindern kan demonteras.

Varning: Demontering och montering av hydraulenheten bör överlämnas till en Skodaverkstad. Man måste vara extremt noga med att inte låta någon vätska komma ut ur enheten när rören kopplas loss. Om vätska läcker ut kan luft komma in i enheten och orsaka luftlås, vilket gör att hydraulenheten inte fungerar.

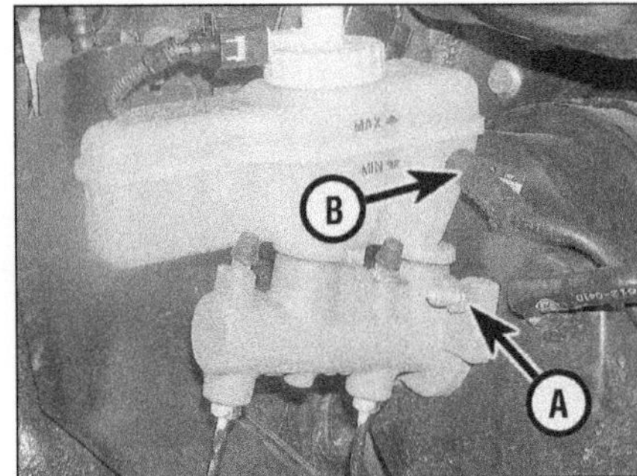

14.7 Bromscylinderns muttrar (A), och kopplingscylinderns tillförselslang (B)

2 Koppla loss batteriets negativa kabel. **Observera:** *Innan du kopplar loss batteriet, se "Frånkoppling av batteriet" i Referenskapitlet längst bak i boken.* Om så behövs för att man lättare ska komma åt huvudcylindern, demontera luftinloppskanalen.
3 Ta bort huvudcylinderbehållarens lock (koppla loss kontaktdonet från bromsvätskenivågivaren) och sug upp bromsvätskan ur behållaren. **Observera:** *Sug inte upp vätskan med munnen; använd en bollspruta eller liknande.*
4 Torka av området runt bromsrörsanslutningarna på sidan av huvudcylindern, och placera absorberande trasor under röranslutningarna för att samla upp spilld vätska. Notera noga hur anslutningarna sitter, skruva sedan loss anslutningsmuttrarna och dra försiktigt loss rören. Plugga igen eller tejpa över rörändarna och huvudcylinderns öppningar, för att minimera spillet av bromsvätska och förhindra att smuts kommer in i systemet. Torka omedelbart bort spilld vätska med kallt vatten.
5 Koppla loss och plugga igen kopplingshuvudcylinderns tillförselslang från bromsvätskebehållaren.
6 På bilar utrustade med ESP (Electronic Stability Program – se kapitel 10), koppla loss de två tryckgivarna från undersidan av huvudcylindern.
7 Lossa och ta bort de två muttrarna och brickorna som håller huvudcylindern till vakuumservon, ta bort värmeskölden (om monterad), ta sedan bort enheten från motorrummet **(se bild)**. Ta bort O-ringen från huvudcylinderns baksida och kasta den.

Renovering

8 Om huvudcylindern är defekt måste den bytas ut. Det finns inga reparationssatser från Skodahandlare, så cylindern måste betraktas som en förseglad enhet.
9 De enda delar som kan bytas ut är fästtätningarna för vätskebehållaren; om dessa är försämrade, ta bort fäststiftet, dra loss behållaren och ta bort de gamla tätningarna. Smörj de nya tätningarna med ren bromsvätska och tryck in dem i huvudcylinderns portar. Sätt sedan behållaren på plats, tryck den helt på plats och sätt i fäststiftet.

Montering

10 Ta bort alla spår av smuts från huvudcylinderns och servons fogytor, och sätt en ny O-ring i spåret på huvudcylindern.
11 Montera huvudcylindern på servon, och se till att servons tryckstång går in i huvudcylinderns spår centralt. Sätt tillbaka värmeskölden (om tillämpligt), huvudcylinderns fästmuttrar och brickor, och dra åt dem till angivet moment.
12 Torka av bromsrörsanslutningarna, sätt sedan tillbaka dem på huvudcylinderns portar och dra åt dem ordentligt.
13 På bilar utrustade med ESP, anslut tryckgivarna på undersidan av huvudcylindern.
14 Anslut kopplingshuvudcylinderns tillförselslang till behållaren.
15 Fyll på huvudcylinderbehållaren med ny bromsvätska och lufta hela bromssystemet enligt beskrivning i avsnitt 2.

15 Bromsservo – test, demontering och montering

Test

1 För att testa servons funktion, trampa ner bromspedalen flera gånger för att få bort vakuumet, starta sedan motorn medan pedalen är hårt nedtrampad. När motorn startar ska man känna att pedalen ger efter när vakuum byggs upp. Låt motorn gå i minst två minuter, slå sedan av den. Om bromspedalen nu trampas ner ska den kännas normal, men om man fortsätter att trampa ner pedalen upprepade gånger ska rörelsen kännas fastare, där pedalvägen minskar med varje nedtrampning.
2 Om servon inte fungerar enligt beskrivningen ovan, undersök då först servons envägsventil enligt beskrivning i avsnitt 16. Kontrollera också vakuumpumpens funktion enligt beskrivning i avsnitt 24 eller 25.
3 Om servon fortfarande inte fungerar tillfredsställande måste felet ligga i själva enheten. Det är inte möjligt att reparera servon, om den är defekt måste den bytas ut.

Demontering

Observera: *På vänsterstyrda modeller kan man inte demontera vakuumservon utan att först demontera hydraulenheten (se avsnitt 23). Av den anledningen är det bäst att demontering och montering av servon överlämnas till en Skodaverkstad. En ny packning till servoenheten behövs vid monteringen.*
4 Demontera huvudcylindern enligt beskrivning i avsnitt 14.
5 Där så är tillämpligt, demontera värmeskölden från servon, ta sedan försiktigt bort vakuumslangen från tätningsmuffen i servons framsida.
6 Koppla loss servons vakuumgivare (där så är tillämpligt).
7 Se avsnitt 28 i kapitel 11 och demontera de nedre instrumentbrädespanelerna på förarsidan, samt panelen under instrumentbrädan.
8 Ta bort bromsljuskontakten enligt beskrivning i avsnitt 21.
9 Om det sitter en länkplåt mellan kopplings- och bromspedalerna, skruva då loss de två fästskruvarna och ta bort plåten (endast modeller med manuell växellåda).
10 Man måste nu lossa bromspedalen från kulan på vakuumservons tryckstång. Det finns ett särskilt verktyg från Skoda för detta, men det är också möjligt att tillverka ett passande alternativ. Notera att plastklackarna i pedalen är mycket styva, och man kan inte lossa dem

för hand. Med verktyget, lossa fästklackarna och dra loss pedalen från servons tryckstång (se avsnitt 13).

11 Arbeta nu i fotbrunnen, skruva loss de fem muttrarna som håller servoenheten till torpedväggen, återgå sedan till motorrummet och lirka ut servon från sin plats. Notera packningen som sitter på enhetens baksida. Observera att på vissa modeller kan det vara nödvändigt att demontera insugsgrenröret (se kapitel 4A eller 4B) för att man ska få tillräckligt med utrymme för att kunna ta ut servon.

Montering

12 Undersök om tätningsmuffen till servons vakuumslang är skadad eller sliten och byt ut den om så behövs.

13 Sätt en ny packning bak på servon och sätt tillbaka servon på sin plats i motorrummet.

14 Inne i bilen, se till att servons tryckstång sitter ihop ordentligt med bromspedalen, och tryck fast pedalen på tryckstångens kulfäste. Kontrollera att kulfästet sitter fast, sätt sedan tillbaka servons fästmuttrar och dra åt dem till angivet moment.

15 Om den har tagits bort, sätt tillbaka länkplåten mellan kopplings- och bromspedalen och dra åt skruvarna ordentligt (endast modeller med manuell växellåda).

16 Se avsnitt 21 och montera bromsljuskontakten.

17 Montera instrumentbrädespanelerna.

18 Sätt försiktigt tillbaka vakuumslangen i servon och var noga med att inte rubba tätningsmuffen. Montera värmeskölden på servon och anslut vakuumgivarens kontaktdon (där så är tillämpligt).

19 Montera huvudcylindern enligt beskrivning i avsnitt 14 i det här kapitlet.

20 Där så är tillämpligt, montera insugsgrenröret enligt beskrivning i kapitel 4A eller 4B.

21 Avslutningsvis, starta motorn och leta efter luftläckor i anslutningen mellan vakuumslangen och servon; kontrollera bromssystemets funktion.

16 Bromsservons backventil - test demontering och montering

1 Backventilen sitter i vakuumslangen från insugsgrenröret till bromsservon. Om ventilen ska bytas ut måste hela slang/ventilenheten bytas ut.

Demontering

2 Ta försiktigt ut slangen ur servon och var noga med att inte rubba tätningsmuffen.

3 Notera hur slangen är dragen, lossa sedan fästklämman/-klämmorna och koppla loss motsatt ände av slangen från grenrörs-/ pumpslangen, och ta bort den från bilen.

Test

4 Undersök om backventilen eller slangen är skadad och byt ut den om så är fallet.

5 Ventilen kan testas genom att man blåser genom den i båda riktningarna. Luft ska bara kunna flöda genom ventilen i en riktning; när man blåser från servons ände av ventilen. Byt ut ventilen om den inte fungerar som den ska.

6 Undersök servons tätningsmuff och byt ut den om den är skadad eller sliten.

Montering

7 Placera tätningsmuffen på servon och försäkra dig om att den hamnar korrekt.

8 Sätt försiktigt slanganslutningen på plats i servon och var försiktig så att inte tätningsmuffen skadas eller rubbas.

9 Se till att slangen dras korrekt och anslut den till insugsgrenrörs-/pumpslangen. Fäst slangen i fästklämmorna.

10 Avslutningsvis, starta motorn och leta efter luftläckage vid anslutningen mellan ventilen och servon.

17 Handbroms - justering

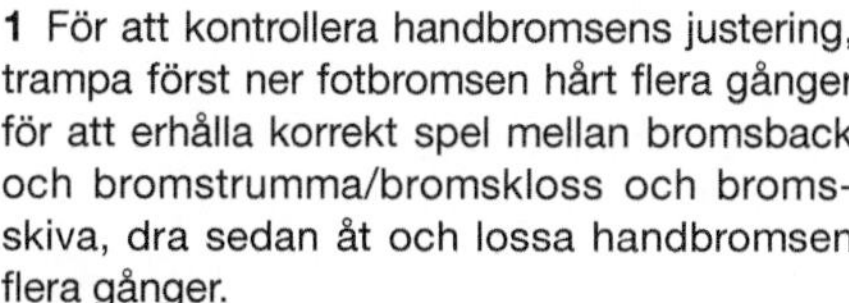

1 För att kontrollera handbromsens justering, trampa först ner fotbromsen hårt flera gånger för att erhålla korrekt spel mellan bromsback och bromstrumma/bromskloss och bromsskiva, dra sedan åt och lossa handbromsen flera gånger.

2 Dra sedan åt handbromsen helt med normal kraft, och räkna antalet klick som hörs från spärrmekanismen. Om justeringen är korrekt ska det vara mellan 4 och 7 klick innan handbromsen är helt åtdragen. Om detta inte är fallet, justera enligt följande.

3 Demontera den bakre sektionen av mittkonsolen enligt beskrivning i kapitel 11 för att komma åt handbromsspaken. **Observera:** *På vissa modeller kan man nå handbromsjusteringsmuttrarna genom att man helt enkelt tar ut askkoppen från mittkonsolens bakre ände.*

4 Klossa framhjulen, lyft sedan upp bakvagnen och stötta den på pallbockar. Fortsätt sedan enligt beskrivningen under relevant underrubrik.

Modeller med bakre trumbromsar

5 Med handbromsen ställd på det 4:e hacket på spärrmekanismen, vrid justermuttern tills det precis blir svårt att vrida båda bakhjulen/ trummorna. Lossa nu handbromsspaken och kontrollera att hjulen/naven roterar fritt; om inte, backa justermuttern. Dra åt handbromsen helt och kontrollera att den är helt anlagd när spärrmekanismen når det 7:e hacket.

6 När justeringen är korrekt, håll fast justermuttrarna och dra åt låsmuttrarna ordentligt. Montera mittkonsolen/askkoppen (efter tillämplighet).

Modeller med bakre skivbromsar

7 Lossa handbromsen helt, lossa sedan justermuttern tills båda bromsokens handbromsarmar ligger mot sina stopp **(se bild)**.

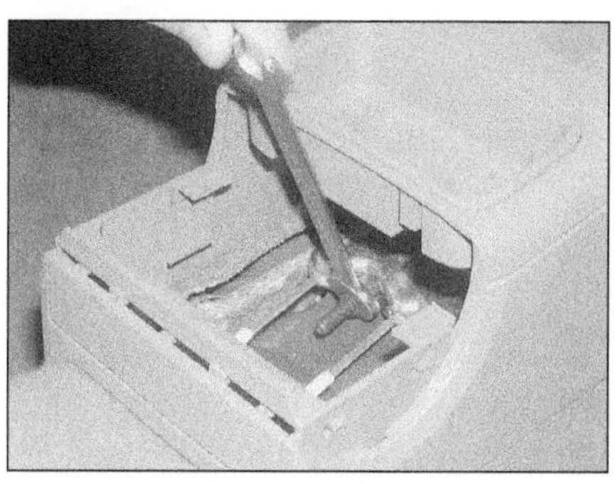

17.7 Lossa justermuttern

8 Dra åt justermuttern tills båda handbromsarmarna precis lämnar stoppen på oken. Avståndet mellan handbromsarm och stopp måste vara mellan 1,0 och 1,5 mm **(se bild)**.

9 Dra åt handbromsspaken helt tre gånger, lossa den sedan och kontrollera att båda hjulen/skivorna kan rotera fritt. Kontrollera justeringen genom att dra åt handbromsen helt och samtidigt räkna antalet klick som hörs från spärrmekanismen. Handbromsen måste vara helt åtdragen vid det 7:e klicket; om inte, gör om justeringen.

10 Montera mittkonsolen/askkoppen (efter tillämplighet).

18 Handbromsspak - demontering och montering

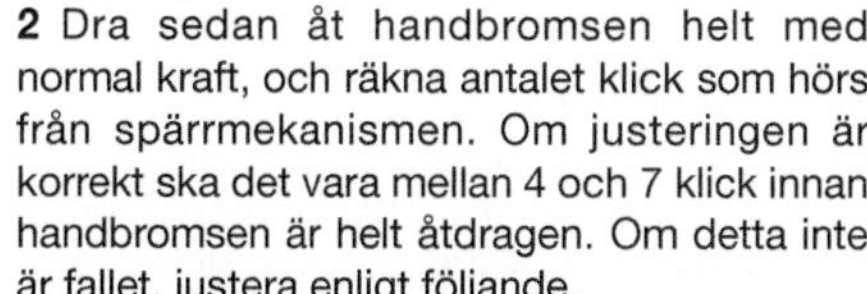

Demontering

1 Demontera mittkonsolen enligt beskrivning i kapitel 11.

2 Om så önskas, ta bort handbromsspakens täckhylsa genom att trycka in spärrklacken med en skruvmejsel och sedan dra av hylsan från spaken.

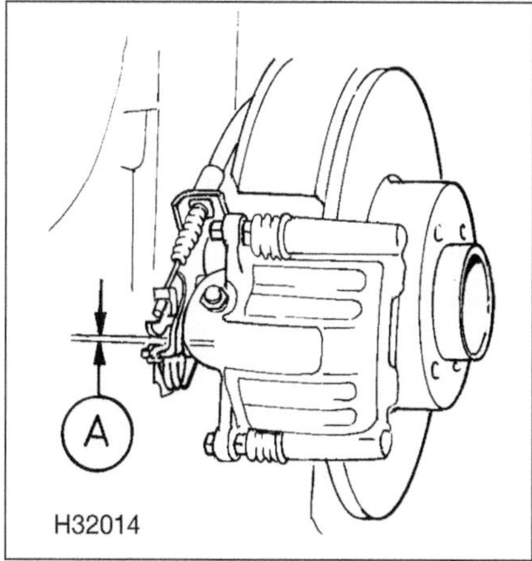

17.8 Vrid justermuttern tills avståndet (A) mellan bromsokets handbromsarm och ändstoppet är mellan 1,0 och 1,5 mm

18.4 Handbromsvajrarnas justermutter

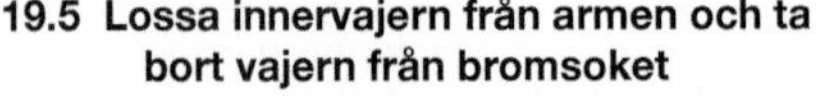

19.5 Lossa innervajern från armen och ta bort vajern från bromsoket

3 Koppla loss kontaktdonet från handbromsvarningslampans kontakt

4 Lossa handbromsvajrarnas justermutter så mycket att ändarna av vajrarna kan hakas loss från utjämningsplattan **(se bild)**.

20.3 Handbromsvarningslampans kontakt och kablage

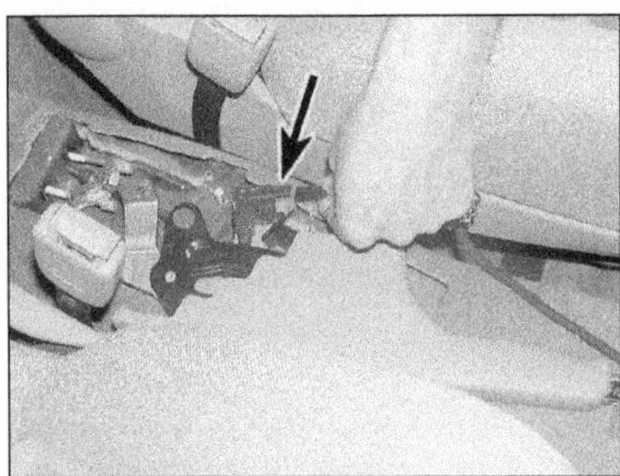

20.4 Handbromsvarningskontakt (vid pilen)

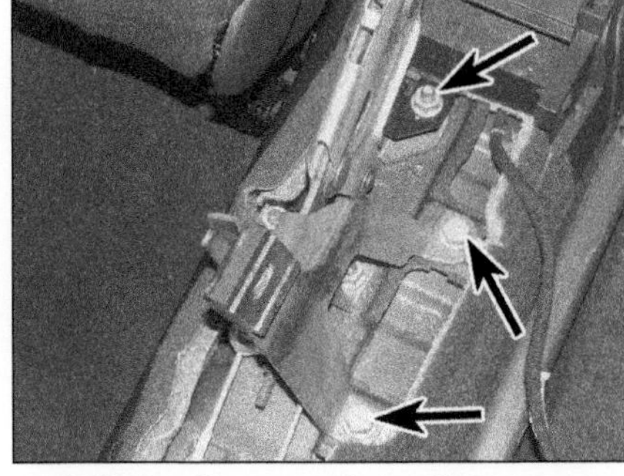

18.5 Handbromsspakens fästmuttrar

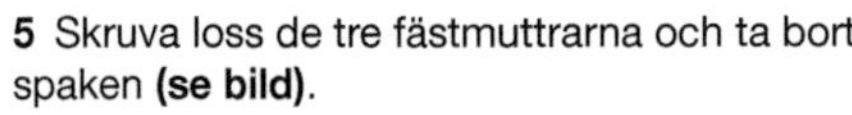

5 Skruva loss de tre fästmuttrarna och ta bort spaken **(se bild)**.

Montering

6 Montering sker i omvänd ordning mot demonteringen. Tänk på följande:

a) *Innan handbromsens kåpa sätts tillbaka, justera handbromsen enligt beskrivning i avsnitt 17.*

b) *Kontrollera att handbromsens varningskontakt fungerar innan mittkonsolen sätts tillbaka.*

19 Handbromsvajrar – demontering och montering

Demontering

1 Demontera mittkonsolen enligt beskrivning i kapitel 11, för att komma åt handbromsspaken. Handbromsvajern består av två sektioner, en höger- och en vänstersektion, som är anslutna till handbromsspaken via en utjämningsplatta. Varje sektion kan demonteras separat.

2 Lossa handbromsvajerns justermutter tillräckligt mycket för att ändarna av vajrarna ska kunna hakas loss från utjämningsplattan.

3 Klossa framhjulen, lyft upp bakvagnen och stötta den på pallbockar.

4 Följ vajern bakåt, notera exakt hur den är dragen och lossa den från alla relevanta styrningar och fästklämmor.

5 På modeller med trumbromsar, demontera bromstrumman (-trummorna) och bromsbackarna enligt beskrivning i avsnitt 11, lossa sedan vajern från fästplattan. På modeller med bakre skivbromsar, haka loss innervajern från okets handbromsarm, ta sedan loss vajerhöljets fästklämma och ta loss vajern från oket **(se bild)**. Ta ut vajern under bilen.

Montering

6 Montering sker i omvänd ordning mot demonteringen. Tänk på följande:

a) *När handbromsvajerns hölje placeras i styrningen på den bakre länkarmen, måste vajerns klämring ligga i mitten av klämman.*

b) *Innan mittkonsolen sätts tillbaka, justera handbromsen enligt beskrivning i avsnitt 17.*

20 Handbromsvarningslampans kontakt – demontering och montering

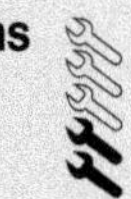

Demontering

1 Koppla loss batteriets negativa kabel. **Observera:** *Innan batteriet kopplas ifrån, se avsnittet "Frånkoppling av batteriet" i Referenskapitlet längst bak i boken.*

2 Demontera mittkonsolen enligt beskrivning i kapitel 11.

3 Koppla loss kontaktdonet från själva kontakten **(se bild)**.

4 Tryck ihop spärrarna och dra loss kontakten från handbromsspaken **(se bild)**.

Montering

5 Montering sker i omvänd ordning.

21 Bromsljuskontakt – demontering och montering

Demontering

1 Bromsljuskontakten sitter på pedalfästet under instrumentbrädan. Koppla loss batteriets negativa kabel. **Observera:** *Innan batteriet kopplas ifrån, se avsnittet "Frånkoppling av batteriet" i Referenskapitlet längst bak i boken*

2 I förarsidans fotbrunn, ta bort den nedre instrumentbrädespanelen, se kapitel 11 avsnitt 28.

3 Stick upp handen bakom instrumentbrädan och koppla loss kontaktdonet från bromsljuskontakten **(se bild)**.

4 Vrid kontakten 90° och lossa den från fästbygeln.

Montering

5 Innan kontakten sätts tillbaka, dra ut dess kolv helt.

6 Trampa ner bromspedalen helt och håll den nere, sätt sedan kontakten på plats. Rikta in klacken på kontakten mot motsvarande urtag i fästbygeln **(se bild)**. Fäst kontakten på plats genom att trycka in den i fästbygeln och vrida den 90°, släpp sedan upp bromspedalen.

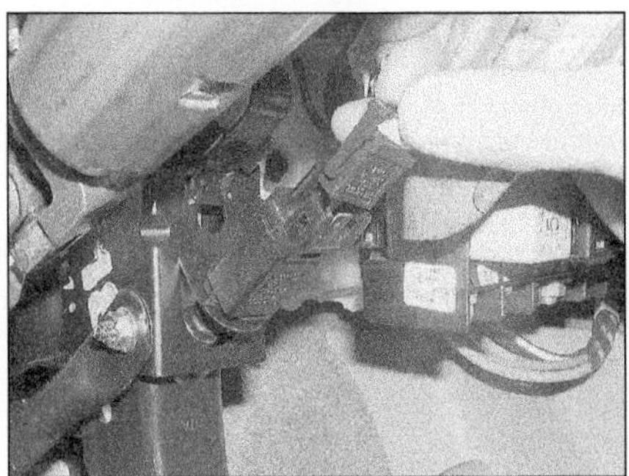

21.3 Koppla loss bromsljuskontakten

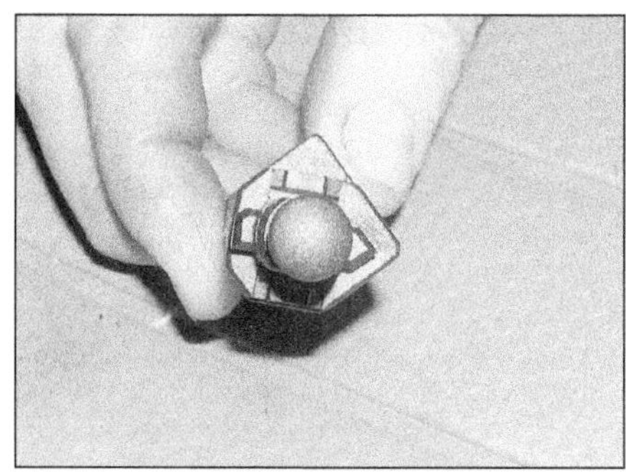

21.6 Rikta in klacken mot motsvarande urtag i fästbygeln

7 Anslut kontaktdonet och kontrollera bromsljusets funktion. Bromsljuset ska tändas när bromspedalen har trampats ner ca 5 mm. Om kontakten inte fungerar som den ska är den defekt och måste bytas ut; justering är inte möjlig.

8 Avsluta med att sätta tillbaka den nedre instrumentbrädespanelen.

22 Låsningsfria bromsar (ABS) - allmän information och föreskrifter

Observera: *På modeller utrustade med antispinn har ABS-enheten en dubbel funktion, där den styr både ABS-systemet och EDL-systemets funktioner (EDL - Electronic Differential Locking).*

ABS är standard på de modeller som behandlas i den här boken; det kan också sägas att systemet omfattar EBD (Electronic Brake Distribution) vilket betyder att det justerar främre och bakre bromskraft i enlighet med den vikt som bärs. Det finns två typer av ABS-system monterade på de här bilarna: Mark 20 IE och Mark 60 **(se bilder)**. Systemet består av en hydraulenhet (som innehåller hydrauliska solenoidventiler och ackumulatorer), den elektriskt drivna vätskereturpumpen, fyra givare (en på varje hjul) samt en elektronisk styrenhet (ECU). Syftet med systemet är att det ska förhindra att hjulen låser vid kraftiga inbromsningar. Detta uppnås genom att bromsen på det aktuella hjulet automatiskt släpper, för att sedan läggas an igen.

Solenoiderna styrs av ECU, som själv erhåller signaler från de fyra hjulgivarna, vilka övervakar hjulens rotationshastighet. Genom att jämföra dessa hastighetssignaler kan ECU avgöra hur fort bilen färdas. Den kan sedan använda denna hastighet för att avgöra om ett hjul saktar ner onormalt fort, jämfört med bilens hastighet, och därmed förutsäga om ett hjul håller på att låsa. Vid normala förhållanden fungerar systemet på samma sätt som ett system utan ABS.

Om ECU känner av att ett hjul håller på att låsa, aktiverar den relevant solenoidventil i hydraulenheten, som sedan isolerar bromsen på det hjul som håller på att låsa från huvudcylindern; den stänger av det hydrauliska trycket.

Om hjulets rotationshastighet fortsätter att sjunka onormalt fort, slår ECU på den elektriska returpumpen, som pumpar tillbaka hydraulvätskan till huvudcylindern, vilket lättar på trycket så att bromsen släpper. När rotationshastigheten återgår till en acceptabel nivå stannar pumpen; solenoidventilen öppnar, hydraultrycket återupptas och bromsen läggs an igen. Den här cykeln kan upprepas upp till tio gånger per sekund.

När solenoidventilerna och returpumpen arbetar skapar det pulser i hydraulkretsen. När ABS-systemet är aktivt kan dessa pulser kännas genom bromspedalen.

ABS-systemets funktion är helt beroende av elektriska signaler. För att förhindra att systemet reagerar på felaktiga signaler, övervakar en inbyggd säkerhetskrets alla signaler som tas emot av ECU. Om en felaktig signal eller låg batterispänning känns av, stängs ABS-systemet automatiskt av, och varningslampan på instrumentpanelen tänds för att informera föraren om att ABS-systemet inte längre är tillgängligt. Normal bromskraft ska ändå finnas kvar.

Om ett fel utvecklas i ABS-systemet måste bilen tas till en Skodaverkstad för felsökning och reparation.

23 Låsningsfria bromsar (ABS) - demontering och montering av komponenter

Hydraulenhet

1 Demontering och montering av hydraulenheten bör helst överlämnas till en Skodaverkstad, eftersom man efter monteringen måste utföra en felsökning med särskild utrustning.

Elektronisk styrenhet (ECU)

2 ECU sitter under hydraulenheten. Även om den kan separeras från hydraulenheten, rekommenderas att arbetet överlämnas till en Skodaverkstad, eftersom delarna är mycket ömtåliga och allt måste hållas absolut rent.

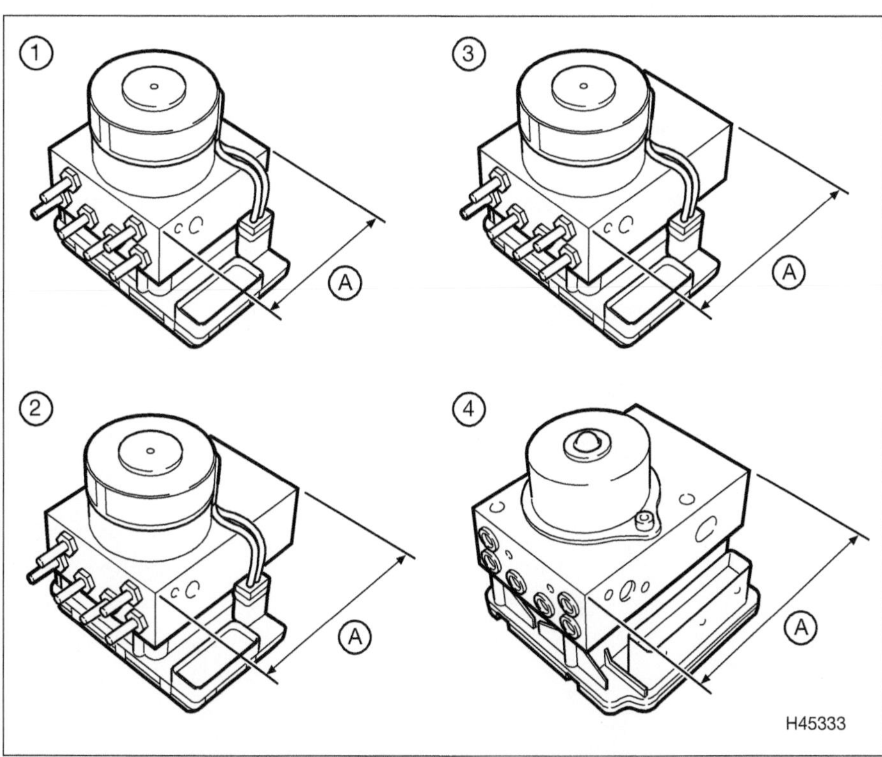

22.1a Utmärkande egenskaper hos Mark 20 IE ABS hydraulenhet

1 ABS version (A = 100 mm)
2 ABS/EDL version (A = 130 mm)
3 ABS/EDL/TCS version (A = 130 mm)
4 ABS/EDL/TCS/ESP version (A = 135 mm)

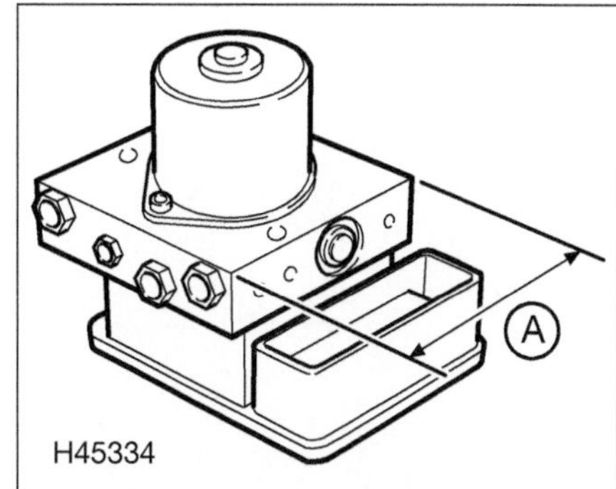

22.1b Utmärkande egenskaper hos Mark 60 ABS hydraulenhet

1 ABS/EDL/TCS/ESP version (A = 100 mm)

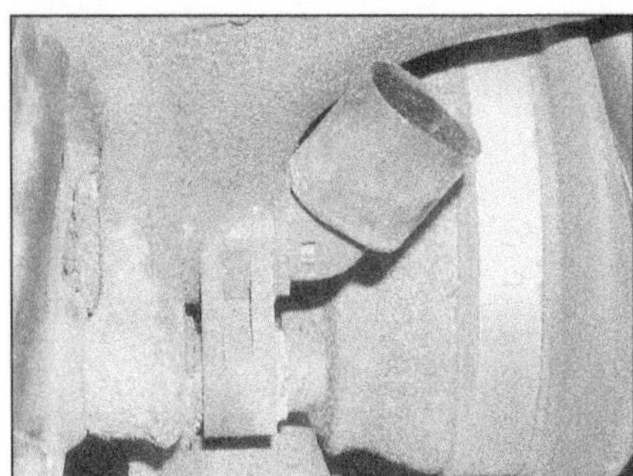

23.4 Koppla loss hjulhastighetsgivaren

Främre hjulgivare

Demontering

3 Klossa bakhjulen, dra sedan åt handbromsen ordentligt, lyft upp framvagnen och stötta den på pallbockar (se *Lyftning och stödpunkter*). Demontera aktuellt framhjul.

4 Koppla loss det elektriska kontaktdonet från givaren genom att försiktigt lyfta upp fästfliken och dra loss kontaktdonet från givaren **(se bild)**.

5 Lossa och ta bort den sexkantiga hylsbulten som håller givaren till hjulspindeln och ta bort givaren från bilen.

Montering

6 Se till att givarens och hjulspindelns tätningsytor är rena.

7 Lägg på ett tunt lager universalfett (Skoda rekommenderar att man använder smörjpasta G 000 650 – som finns hos din Skodahandlare) på fästhålets inre yta, sätt sedan fast givaren på hjulspindeln. Sätt i fästbulten och dra åt den till angivet moment.

8 Se till att dra givarens kablage på rätt sätt och fäst med relevanta klämmor, anslut sedan kontaktdonet.

9 Montera hjulet, sänk ner bilen på marken och dra åt hjulbultarna till angivet moment.

Bakre hjulgivare

Demontering

10 Klossa framhjulen, lyft upp bakvagnen och stötta den på pallbockar (se Lyftning och stödpunkter). Demontera aktuellt bakhjul.

11 Demontera givaren (punkt 4 och 5).

Montering

12 Montera givaren enligt beskrivning i punkt 6 till 9.

Främre ABS-ringar/kransar

13 De främre ABS-ringarna sitter ihop med hjulnaven. Undersök om ringarna har skador som stötta kuggar eller kuggar som helt saknas. Om byte behövs måste hela navet bytas ut med lagren enligt beskrivning i kapitel 10.

Bakre ABS-ringar/kransar

14 De bakre ABS-ringarna sitter ihop med de bakre hjulnaven. Undersök om ringarna har skador som stötta kuggar eller kuggar som helt saknas. Om byte behövs måste hela navet bytas ut med lagren enligt beskrivning i kapitel 10.

24 Bromsservons mekaniska vakuumpump (diesel) – test, demontering och montering

Test

1 Funktionen hos bromssystemets vakuumpump kan kontrolleras med en vakuummätare.

2 Koppla loss vakuumslangen från pumpen och anslut mätaren till pumpanslutningen med en passande slangbit.

3 Starta motorn och låt den gå på tomgång, mät sedan vakuumet som skapas av pumpen. Som en fingervisning kan man säga att efter en minut bör man kunna mäta minst ca 500 mm Hg. Om vakuumet som uppmäts är betydligt mindre än så, är det troligt att pumpen är defekt. Rådfråga dock en Skodaverkstad innan pumpen döms ut.

4 Återanslut vakuumpumpen. Renovering av pumpen är inte möjlig, eftersom det inte finns några huvuddelar som kan köpas separat. Om pumpen är trasig måste hela enheten bytas ut.

Demontering

Observera: *ASZ motorn har en tandempump som behandlas i kapitel 4B.*

Observera: *En ny O-ring till pumpen behövs vid monteringen.*

5 Lossa fästklämman och koppla loss vakuumslangen från pumpen. Där så är tillämpligt, koppla också loss utloppsslangen från pumpen **(se bild)**.

6 Lossa och ta bort pumpens fästbult och de två fästmuttrarna **(se bild)**.

7 Ta bort vakuumpumpen från topplocket och ta bort O-ringstätningen. Kasta O-ringen, en ny måste användas vid monteringen.

Montering

8 Sätt en ny O-ring på vakuumpumpen och smörj lite olja på O-ringen för att underlätta monteringen.

9 För vakuumpumpen på plats. Se till att spåret i pumpens drivande drev hamnar i linje med spåret på pumpens drivaxel **(se bild på nästa sida)**.

10 Sätt fast pumpens fästmuttrar och fästbult och dra åt dem till angivet moment.

11 Anslut vakuumslangen (-slangarna) till pumpen och säkra med fästklämman (fästklämmorna).

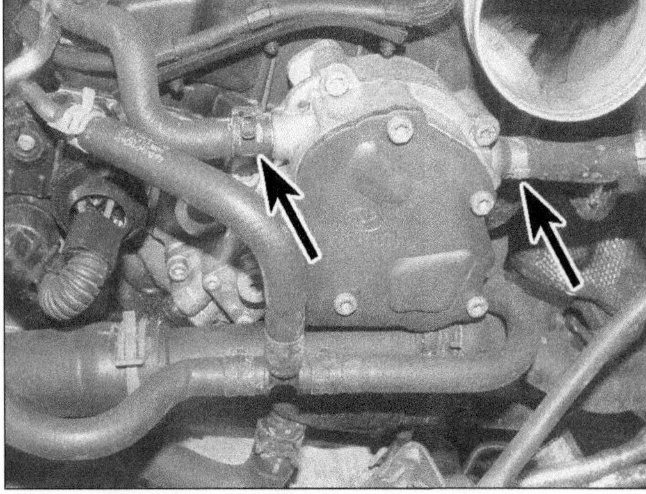

24.5 Inlopps- och utloppsslangar monterade på vakuumpumpen på dieselmotorer

24.6 Skruva loss pumpens fästmuttrar och bult

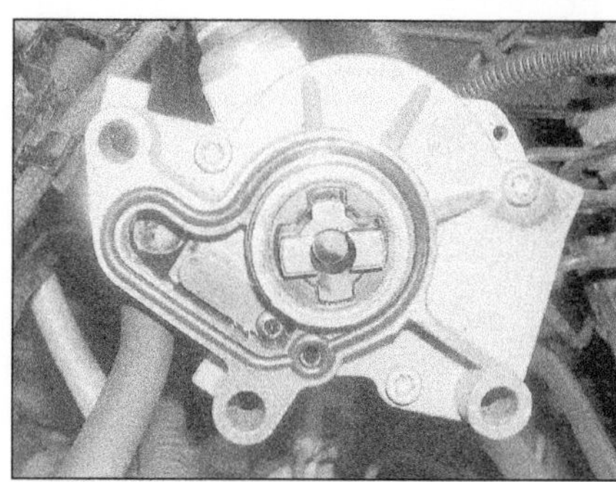
24.9 Rikta in drevet mot spåret i änden av kamaxeln

25 Bromsservons elektriska vakuumpump - test, demontering och montering

Observera: *Den elektriska vakuumpumpen finns endast på modeller med automatväxellåda i kombination med EU-4 emission motorer.*

Test

1 Med motorn avslagen, trampa ner bromspedalen flera gånger för att eliminera vakuumet i servon. Pedalens rörelse kommer att kännas fast.

2 Starta motorn, trampa sedan långsamt ner bromspedalen. Ett "klick" ska höras när den elektriska vakuumpumpen aktiveras, och det blir lättare att trampa ner pedalen. Bekräfta att pumpen går genom att låta en medhjälpare vidröra pumpen när pedalen trampas ner.

3 Det går inte att renovera den elektriska pumpen, om den är trasig måste den bytas ut.

Demontering

4 Den elektriska bromsvakuumpumpen sitter på vänster sida av framvagnsramen. Dra åt handbromsen, lyft upp framvagnen och stötta den på pallbockar (se *Lyftning och stödpunkter*). Demontera vänster framhjul.

5 Koppla loss kablaget från vakuumpumpen.

6 Skruva loss fästbultarna från hydraulenhetens fästbygel, koppla därefter loss vakuumslangen från pumpen.

7 Skruva loss fästbygeln från framvagnsramen och ta bort vakuumpumpen.

Montering

8 Montering sker i omvänd ordning; dra åt fästbultarna/muttrarna till angivet moment.

Kapitel 10
Fjädring och styrning

Innehåll

Avsnitt nummer

Svårighetsgrader

Enkelt, passar novisen med lite erfarenhet		**Ganska enkelt,** passar nybörjaren med viss erfarenhet		**Ganska svårt,** passar kompetent hemmamekaniker		**Svårt,** passar hemmamekaniker med erfarenhet		**Mycket svårt,** för professionell mekaniker	

Specifikationer

Främre fjädring

Typ	Individuell, med MacPherson fjäderben som innehåller spiralfjädrar och teleskopiska stötdämpare. Krängningshämmare på alla modeller.

Bakre fjädring

Typ	Tvärgående torsionaxel med länkarmar. Separata gasfyllda teleskopiska stötdämpare och spiralfjädrar. Krängningshämmare på alla modeller.

Styrning

Typ	Drev med kuggstång. Servostyrning standard.

Hjulinställning och styrvinklar*

Framhjul:	
Cambervinkel:	
Standardfjädring	-30' ± 30'
Sportfjädring	-33' ± 30'
Extra kraftig fjädring	-16' ± 30'
Max skillnad mellan sidorna (alla modeller)	30'
Castervinkel:	
Standardfjädring	7° 40' ± 30'
Sportfjädring	7° 50' ± 30'
Extra kraftig fjädring	7° 15' ± 30'
Max skillnad mellan sidorna (alla modeller)	30'
Toe-inställning	0° ± 10'
Toe-ut vid svängar (20° vänster eller höger):	
Standardfjädring	1° 30' ± 20'
Sportfjädring	1° 31' ± 20'
Extra kraftig fjädring	1° 27' ± 20'
Bakhjul:	
Cambervinkel	-1°27' ± 10'
Max skillnad mellan sidorna	30'
Toe-inställning:	
Alla utom kombi:	
Standardfjädring	20' ± 10'
Sportfjädring	25' ± 10'
Extra kraftig fjädring	10' +10'/-7'
Kombi:	
Standardfjädring	16' ± 10'
Sportfjädring	22' ± 10'
Extra kraftig fjädring	10' +10'/-7'

* *Kontakta en Skodahandlare för senaste rekommendationer.*

Hjul

Typ	Aluminium

Däck

Storlek	175/80R14, 195/65R15, 205/60R15, 205/55R16, 225/45R17 och 225/40ZR18

Åtdragningsmoment

	Nm
Bakre fjädring	
Bakaxelns fästbultar och muttrar*:	
Steg 1	45
Steg 2	Vinkeldra ytterligare 90°
Navmutter (12-uddig)*:	
Steg 1	70
Steg 2	Vinkeldra ytterligare 40°
Stötdämpare:	
Nedre fästbult och mutter*	60
Övre fästbygel till kaross, bultar*:	
Steg 1	30
Steg 2	Vinkeldra ytterligare 90°
Övre fästmutter till fästbygel*	25
Axeltappens bultar*:	
Steg 1	50
Steg 2	Vinkeldra ytterligare 60°
Bilens nivågivare till länkarm	20
Vibrationsdämpare till axel, bultar*:	
Steg 1	20
Steg 2	Vinkeldra ytterligare 45°
Främre fjädring	
Bilens nivågivare:	
Givare till underrede (nitskruv)	8
Givarens länk till nedre länkarm	6

Åtdragningsmoment (forts)

	Nm
Fjäderben:	
Nedre klämbultens mutter*:	
Steg 1	60
Steg 2	Vinkeldra ytterligare 90°
Övre fästmutter*	60
Fjädersätets fästmutter	60
Framvagnsram till underrede, bultar*:	
Steg 1	100
Steg 2	Vinkeldra ytterligare 90°
Krängningshämmare:	
Fästklämma till framvagnsram, bultar	25
Länk till krängningshämmarens bult, mutter*	30
Länk till nedre länkarm, bult	45
Navmutter*:	
Steg 1	225
Steg 2	Vrid hjulnavet minst 90°
Steg 3	50
Steg 4	Vinkeldra ytterligare 60° (motsv. två uddar på en 12-uddig mutter)
Nedre länkarm:	
Pivå-/fästbultar*:	
Steg 1	70
Steg 2	Vinkeldra ytterligare 90°
Spindelled till länkarm, bultar*:	
Steg 1	20
Steg 2	Vinkeldra ytterligare 90°
Spindelledens mutter*	45
Stänkskydd till hjulhus	10
Styrning	
Inre styrled till styrväxelns kuggstång	75
Rattens bult	50
Rattstång:	
Övre fästbultar	25
Nedre fästbultens mutter	10
Vätskerörsanslutning, bult:	
M14 anslutningsbult	40
M16 anslutningsbult	45
Rattstångens universalknut, klämbult *	30
Servostyrningspumpens fästbultar	25
Servostyrningspumpens tryckslang, anslutningsbult	30
Styrledens låsmutter	50
Styrledens mutter*	45
Styrväxelns fästbultar*:	
Steg 1	20
Steg 2	Vinkeldra ytterligare 90°
Hjul	
Hjulbultar	120

** Byt ut muttern/bulten varje gång den tas bort*

1 Allmän information

Den individuella framfjädringen är av typen MacPherson fjäderben med spiralfjädrar och teleskopiska stötdämpare. Fjäderbenen hålls av tvärmonterade nedre länkarmar, som har inre fästbussningar av gummi och spindelleder i de yttre ändarna. De främre hjullagerhusen, som innehåller hjullagren, bromsoken och naven/skivorna, sitter fast i MacPherson fjäderbenen med klämbultar, och är anslutna till länkarmarna via spindellederna. En främre krängningshämmare finns på alla modeller. Krängningshämmaren har gummifästen och är ansluten till båda nedre länkarmarna via korta länkar.

Den bakre fjädringen består av en torsionsaxel med teleskopiska stötdämpare och spiralfjädrar. En krängningshämmare är inbyggd i bakaxelbalken.

Rattstången av säkerhetstyp har en mellanaxel i den nedre änden. Mellanaxeln är ansluten till både rattstången och styrväxeln med universalknutar, men axeln levereras som en del av rattstången och dessa kan inte separeras. Både den inre rattstången och mellanaxeln har splinesade sektioner som kollapsar vid en kraftig frontalkrock. Den yttre rattstången är också teleskopisk med två sektioner, så att dess längd kan justeras.

Styrväxeln är monterad på framvagnsramen och den är ansluten via två styrstag, som har styrleder i yttre och inre ändar, till styrarmarna som pekar bakåt från hjullagerhusen. Styrlederna är inskruvade i styrstagen så att man kan justera framhjulens toe-inställning.

Servostyrning finns som standard på alla modeller. Det hydrauliska styrsystemet styrs av en remdriven pump, som drivs av vevaxelremskivan.

Alla modeller har låsningsfria bromsar (ABS) och de flesta modeller kan också utrustas med ett antispinnsystem (TCS), Elektronisk differentialspärr (EDL) och ett elektroniskt stabilitetsprogram (ESP). ABS-systemet

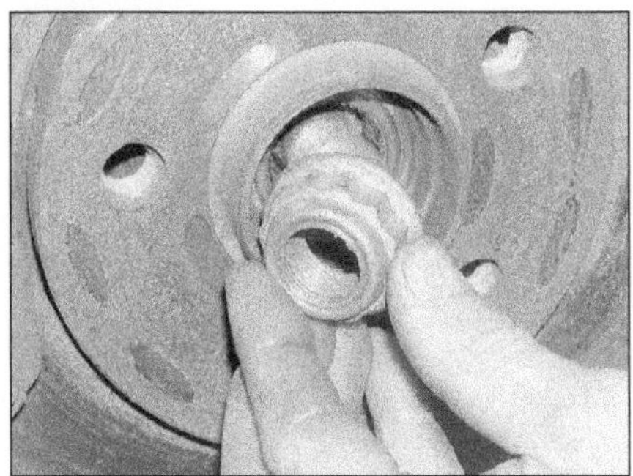
2.3 Skruva loss drivaxelns fästmutter

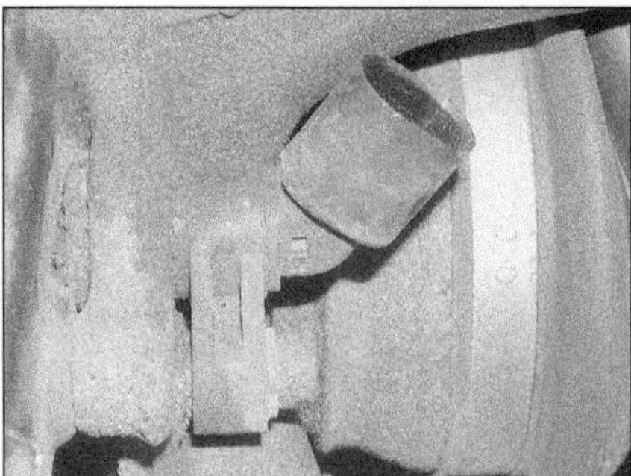
2.4 ABS hjulgivare på insidan av hjullagerhuset

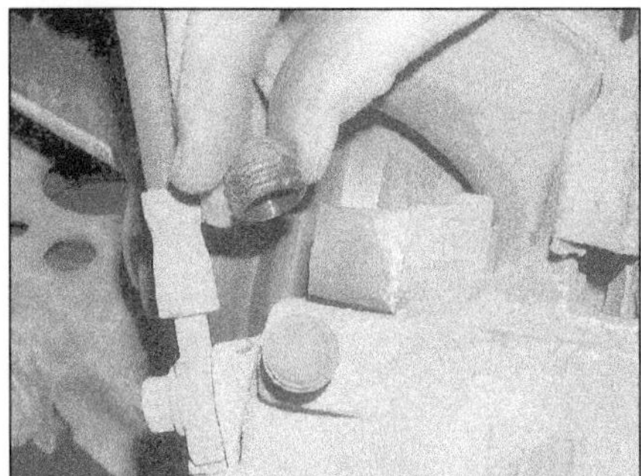
2.5a Ta bort skyddslocken . . .

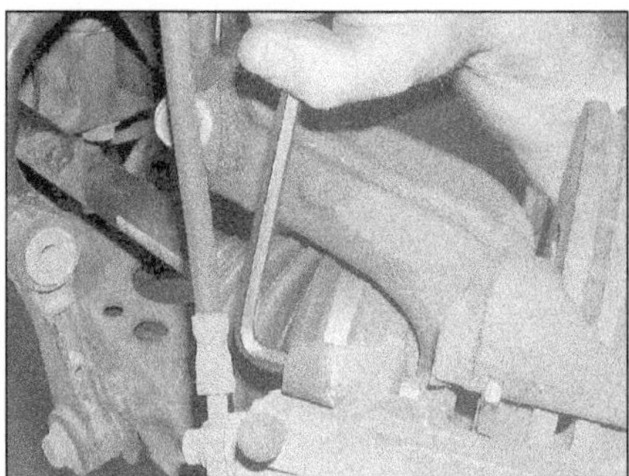
2.5b . . . lossa styrstiften med en insexnyckel . . .

kan också sägas inkludera elektronisk bromskraftfördelning (EBD), vilket betyder att det fördelar främre och bakre bromskraft i enlighet med den vikt bilen är lastad med, och TCS kan också ibland kallas ASR (antislir).

TCS-systemet förhindrar att framhjulen förlorar greppet vid acceleration genom att reducera motorns uteffekt. Systemet slås på automatiskt när motorn startas, och det använder samma givare som ABS-systemet för att övervaka framhjulens rotationshastighet.

ESP-systemet utvidgar ABS-, TCS- och EDL-funktionerna för att reducera hjulspinn under svåra körförhållanden. Det gör detta genom att använda ytterst känsliga givare som övervakar bilens hastighet, bilens rörelse i sidled, bromstrycket och framhjulens styrvinkel. Om, t.ex., bilen har en tendens att överstyra, läggs bromsen an på det främre yttre hjulet för att detta ska korrigeras. Om bilen istället tenderar att understyra, läggs bromsen an på det bakre, inre hjulet. Framhjulens styrvinkel övervakas av en vinkelgivare uppe på rattstången.

TCS/ESP-systemen slås på automatiskt varje gång motorn startas, och bör förbli på förutom vid körning med snökedjor, körning i snö eller på andra lösa underlag, där ett visst hjulspinn kan vara en fördel. ESP-brytaren finns i mitten av instrumentbrädan.

Vissa modeller har också en elektronisk differentialspärr (EDL), som reducerar ojämn dragkraft på framhjulen. Om ett hjul roterar med 100 rpm eller mer fortare än det andra, saktas det snabbare hjulet ner genom att bromsen läggs an på det hjulet. Systemet är inte detsamma som en traditionell differentialspärr, där själva differentialdreven spärras. Eftersom systemet lägger an en frambroms, kommer systemet att stängas av om en bromsskiva skulle överhettas, och förbli avstängt tills dess att skivan har svalnat. Ingen varningslampa tänds om systemet stängs av. Precis som TCS-systemet, använder EDL-systemet ABS-givarna för övervakning av framhjulens rotationshastighet.

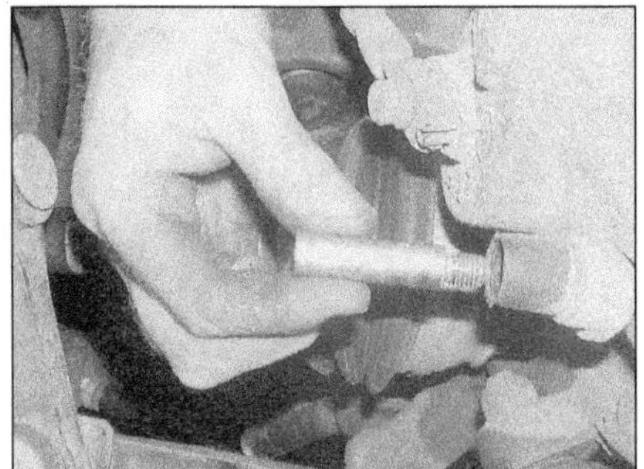
2.5c . . . ta bort styrstiften . . .

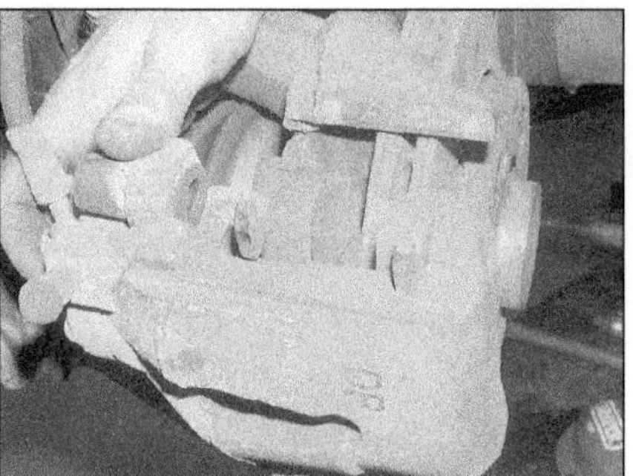
2.5d . . . ta loss bromsoket . . .

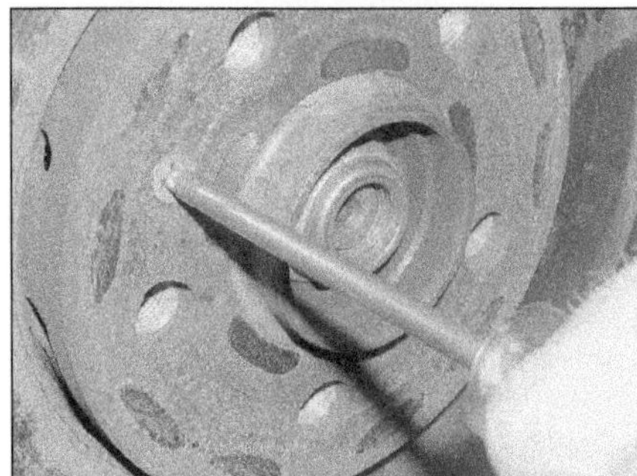
2.5e . . . skruva sedan loss skruvarna . . .

2.5f . . . och ta bort bromsskivan

2 Främre hjullagerhus – demontering och montering

Observera: *Alla självlåsande muttrar och bultar som rubbas vid demonteringen måste bytas ut mot nya när de ska sättas tillbaka.*

Demontering

1 Demontera hjulsidan/navkapseln (efter tillämplighet) och lossa drivaxelns fästmutter (navmutter) medan bilen vilar på hjulen. Lossa också hjulbultarna.

2 Dra åt handbromsen, lyft upp framvagnen och stötta den på pallbockar (se *Lyftning och stödpunkter*). Ta bort framhjulet och ta också bort stänkskyddet under motorrummet.

3 Skruva loss och ta bort drivaxelns fästmutter **(se bild)**.

4 Ta bort ABS hjulgivaren enligt beskrivning i kapitel 9 **(se bild)**.

5 Demontera bromsskivan enligt beskrivning i kapitel 9 **(se bilder)**. Det här momentet omfattar demontering av bromsoket, men koppla inte loss bromsslangen från bromsoket. Bind fast bromsoket i spiralfjädern med ett snöre eller en bit vajer för att undvika onödig belastning på bromsslangen.

6 Skruva loss stänkskyddet från hjullagerhuset.

7 Lossa muttern som håller styrstagets styrled till hjullagerhuset. För att göra detta, placera en ringnyckel över muttern och håll samtidigt styrledens stift stilla med en insexnyckel. När

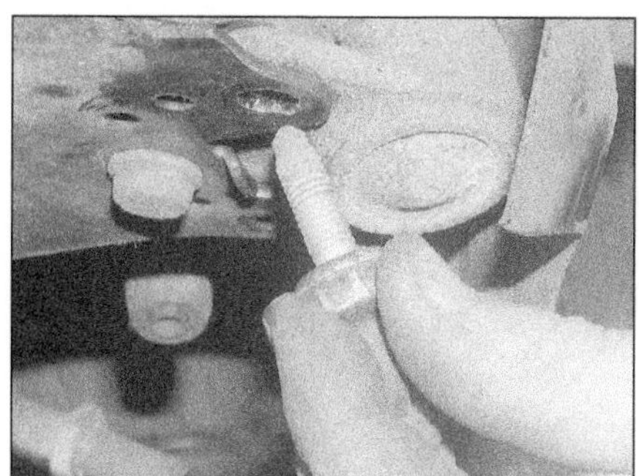

2.8a Skruva loss bultarna . . .

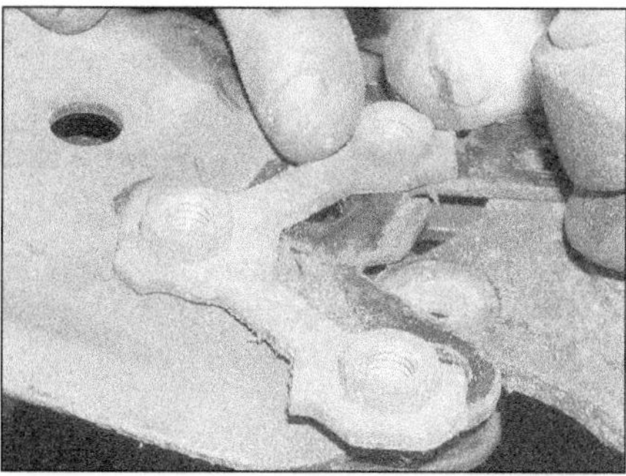

2.8b . . . och ta bort fästplattan från den nedre länkarmen

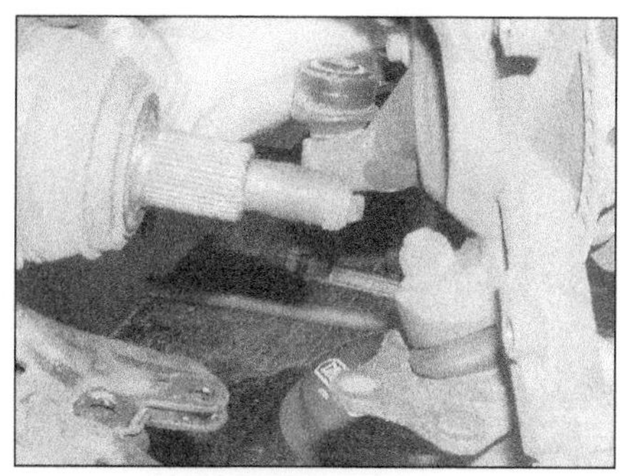

2.8c Dra ut hjullagerhuset och lossa drivaxeln från navet

muttern är borta kan det vara möjligt att lossa styrleden från hjullagerhusest genom att vrida dess stift med en insexnyckel. Om detta inte går, sätt tillbaka muttern och skruva på den några varv för att skydda gängorna, använd sedan en universell styrledsavdragare till att lossa styrleden. Ta bort muttern helt när det konformade skaftet har lossats.

8 Märk upp hur den nedre länkarmens spindelled och fästplatta sitter, skruva sedan loss fästbultarna och ta bort fästplattan från toppen av länkarmen. **Observera:** *På tidiga modeller justeras camberinställningen med hjälp av spindelledens placering på länkarmen.* Använd nu en mjuk klubba till att knacka loss drivaxeln från navets splines och dra samtidigt ut den nedre änden av hjullagerhuset. Om drivaxeln sitter fast hårt på splinesen, kan man behöva använda en avdragare som skruvas fast i navet för att få loss den **(se bilder)**.

9 Notera vilken väg den sitter, skruva sedan loss muttern och ta bort klämbulten som håller hjullagerhuset till den nedre änden av fjäderbenet.

10 Hjullagerhuset ska nu lossas från fjäderbenet. Skodas tekniker använder ett särskilt verktyg för detta, som de för in i det delade lagerhuset och vrider 90° för att klämman ska öppnas. Ett liknande verktyg kan tillverkas av en gammal skruvmejsel, eller så kan ett passande huggjärn drivas in som en kil. Tryck toppen av hjullagerhuset lite inåt, tryck det sedan nedåt från änden av fjäderbenet **(se bilder)**.

Montering

11 Notera att alla självlåsande muttrar och bultar som rubbas måste bytas ut.

12 Se till att splinesen på drivaxelns yttre drivknut och navet är rena och torra, smörj sedan splinesen med färsk motorolja. Smörj också gängorna och kontaktytan på navmuttern med olja.

13 Lyft hjullagerhuset på plats och haka i navet med splinesen i den yttre änden av drivaxeln. Sätt på den nya navmuttern men dra bara åt den för hand tills vidare.

14 Haka fast hjullagerhuset i den nedre änden av fjäderbenet, och se till att hålet i sidoplattan hamnar i linje med hålen i det delade lagerhuset. Ta bort det verktyg som har använts till att öppna upp huset.

15 Sätt in den klämbult som håller fjäderbenet till lagerhuset framifrån, sätt sedan på den nya fästmuttern. Dra åt muttern till angivet moment.

16 Sätt tillbaka den nedre länkarmens spindelled och fästplatta, rikta in den mot markeringarna som gjordes tidigare och dra åt bultarna till angivet moment.

17 Sätt fast styrstagets styrled i hjullagerhuset, sätt på en ny fästmutter och dra åt den till angivet moment. Om så behövs, håll fast styrledens stift med en insexnyckel medan muttern dras åt.

18 Sätt tillbaka stänkskyddet och dra åt bultarna.

19 Montera bromsskivan och bromsoket enligt beskrivning i kapitel 9.

20 Montera ABS hjulsensor enligt beskrivning i kapitel 9, avsnitt 23.

21 Se till att den yttre drivknuten dras in helt i navet, sätt sedan tillbaka hjulet och stänkskyddet. Sänk ner bilen på marken och dra åt hjulbultarna.

22 Dra åt drivaxelns fästmutter i de steg som anges i specifikationerna. Det rekommenderas att en vinkelmätare används för att rätt åtdragningsvinkel ska kunna garanteras.

23 Där så behövs, låt kontrollera cambervinkeln.

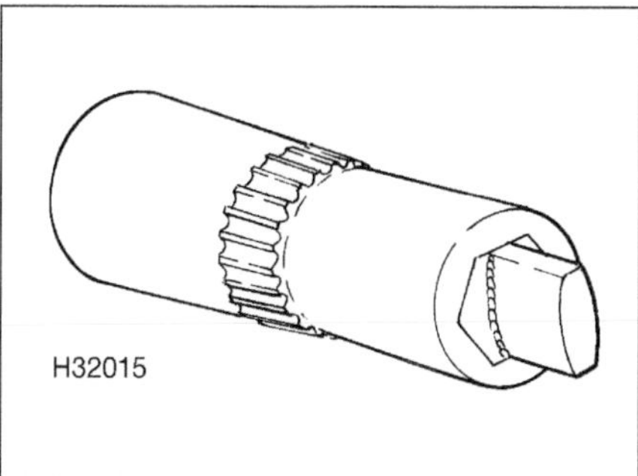

2.10a Skodas verktyg som används till att öppna det delade hjullagerhuset

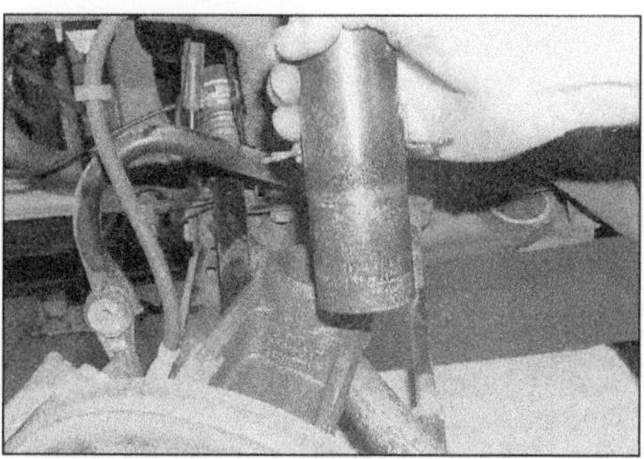

2.10c Dra loss hjullagerhuset från fjäderbenets nedre ände

3 Främre navlager - byte

Observera: *Lagret är av typen med två rader rullar, det är förseglat, förjusterat och försmort och kräver inget underhåll. En press behövs egentligen för demontering av lagret, men om ett sådant verktyg inte går att få tag i bör man kunna använda ett bänkmonterat skruvstäd*

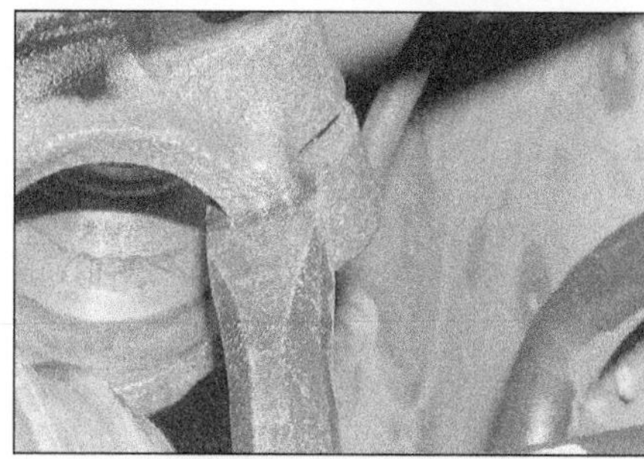

2.10b Ett huggjärn används till att öppna upp hjullagerhuset och frigöra fjäderbenet

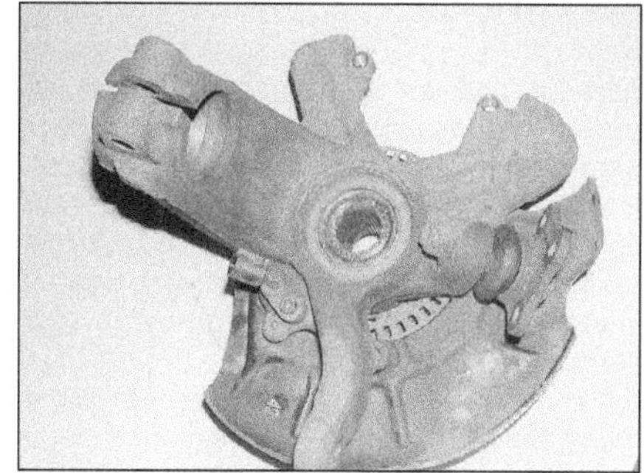

2.10d Hjullagerhus

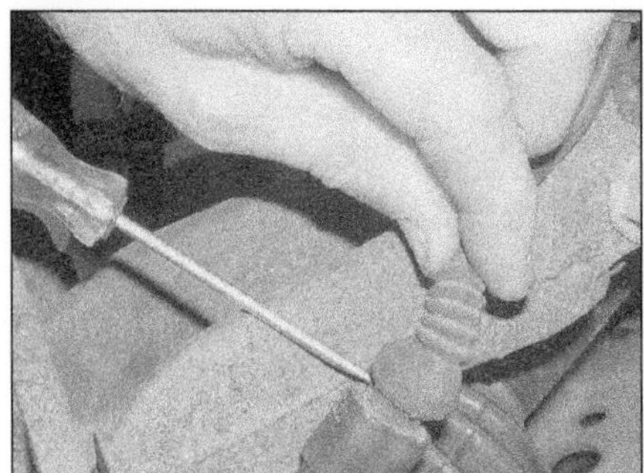
4.4a Koppla loss kablaget från ABS hjulgivaren . . .

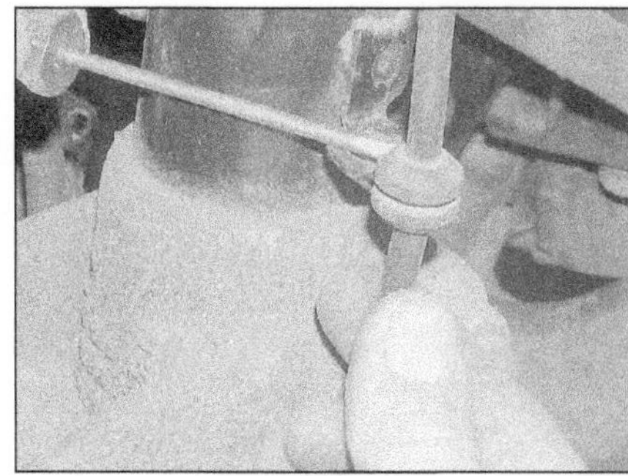
4.4b . . . och frigör kablaget från stödet på fjäderbenet

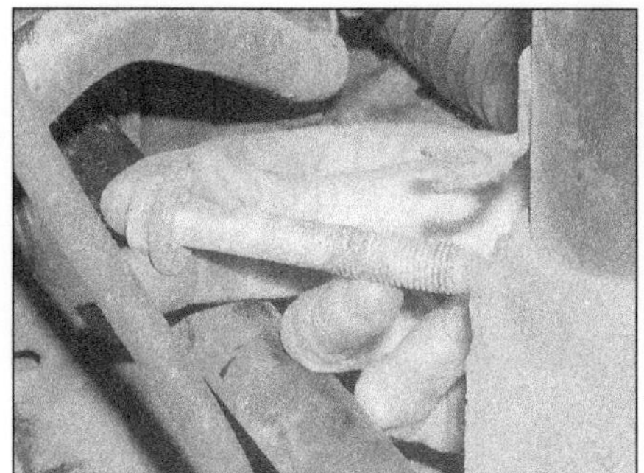
4.5 Ta bort klämbulten som håller hjullagerhuset till fjäderbenet

4.7a Håll fast kolvstången med en insexnyckel medan den övre fästmuttern lossas

4.7b Ta loss muttern . . .

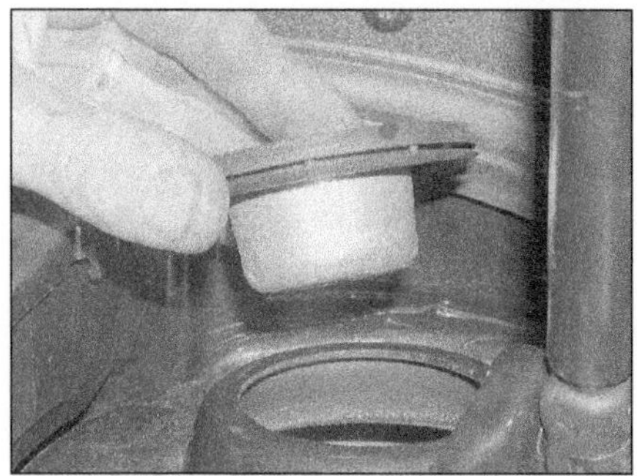
4.7c . . . och ta bort fästplattan

och distanser (som t.ex. stora hylsor) istället. Lagrets inre banor har presspassning på navet, och om den inre lagerbanan blir kvar på navet när detta pressas ut, behöver man en särskild lageravdragare för att ta bort den. Observera att lagret blir oanvändbart när det demonteras.

1 Demontera hjullagerhuset enligt beskrivning i avsnitt 2.

2 Stötta hjullagerhuset ordentligt på träblock eller i ett skruvstäd. Använd sedan ett metallrör som endast ligger an mot den inre änden av navet och pressa ut navet ur lagret. Om lagrets yttre, inre bana blir kvar på navet, ta bort den med en lageravdragare. Var noga med att inte skada ABS-rotorn som är fastsvetsad på navet.

3 Ta bort lagrets låsring från utsidan av hjullagerhuset.

4 Håll fast hjullagerhuset ordentligt. Pressa sedan ut hela lagerenheten ur huset med ett passande metallrör.

5 Rengör navet och hjullagerhuset noga, ta bort alla spår av smuts och fett och putsa bort eventuella borrskägg eller upphöjda kanter som kan försvåra hopsättningen. Undersök om delarna har sprickor eller visar andra tecken på slitage eller skada och byt ut dem om så behövs. Det rekommenderas att låsringen byts ut mot en ny, oavsett synligt skick.

6 Vid hopsättningen, lägg på ett tunt lager molybdendisulfidfett (Skoda rekommenderar Molykote, som finns hos din Skodahandlare) på lagrets yttre bana och lagerytan på hjullagerhuset.

7 Stötta hjullagerhuset ordentligt och placera lagret i navet. Pressa lagret helt på plats och se till att det går in i navet helt rakt. Använd ett metallrör eller en lämplig hylsa som endast ligger an mot lagrets yttre bana.

8 När lagret sitter som det ska, fäst det på plats med en ny låsring och se till att denna hamnar korrekt i spåret i hjullagerhuset.

9 Stötta navet och placera den yttre lagerbanan av lagret i hjullagerhuset över änden av navet. Pressa på lagret på navet med ett metallrör eller en hylsa som bara ligger an mot navlagrets inre bana, tills det sitter mot skuldran på navet. Kontrollera att navet kan rotera fritt och torka bort överflödig olja eller fett.

10 Montera hjullagerhuset enligt beskrivning i avsnitt 2.

4 Främre fjäderben - demontering, renovering och montering

Observera: *Alla självlåsande muttrar och bultar som rubbas vid demonteringen måste bytas ut innan monteringen.*

Demontering

1 Dra åt handbromsen, lyft upp framvagnen och stötta den på pallbockar (se *Lyftning och stödpunkter*). Ta bort aktuellt hjul.

2 Se kapitel 9 och skruva loss det främre bromsoket från hjullagerhuset. Koppla inte loss bromsledningen. Stötta eller bind fast bromsoket, och var noga med att inte belasta bromsledningen.

3 Märk upp hur den nedre länkarmens spindelled och fästplatta sitter, skruva sedan loss fästbultarna och ta bort fästplattan från toppen av länkarmen. Detta måste man göra för att skapa tillräckligt med utrymme för att kunna sänka ner hjullagerhuset från fjäderbenet. Om det är vänster fjäderben som demonteras, måste man eventuellt koppla loss den automatiska strålkastarjusteringens givararm från den nedre länkarmen.

Observera: *På tidiga modeller justerar man cambervinkeln med hjälp av spindelledens position på länkarmen.*

4 Koppla loss kablaget från ABS hjulgivaren och ta bort kablaget från stödet på fjäderbenet **(se bilder)**.

5 Notera vilken väg den sitter, skruva sedan loss muttern och klämbulten som håller hjullagerhuset till änden av fjäderbenet **(se bild)**.

6 Lossa hjullagerhuset från fjäderbenet genom att öppna upp det delade huset en aning enligt beskrivningen i avsnitt 2, tryck sedan toppen av lagerhuset lite inåt och därefter nedåt från änden av fjäderbenet. Man behöver inte ta loss drivaxeln från navet.

7 Lossa plastkåpan från fjäderbenets övre fäste, skruva sedan loss och ta bort den övre fästmuttern och ta bort fästplattan. Man måste eventuellt hålla fast fjäderbenets kolvstång med en passande insexnyckel för att hindra den från att rotera när muttern lossas **(se bilder)**.

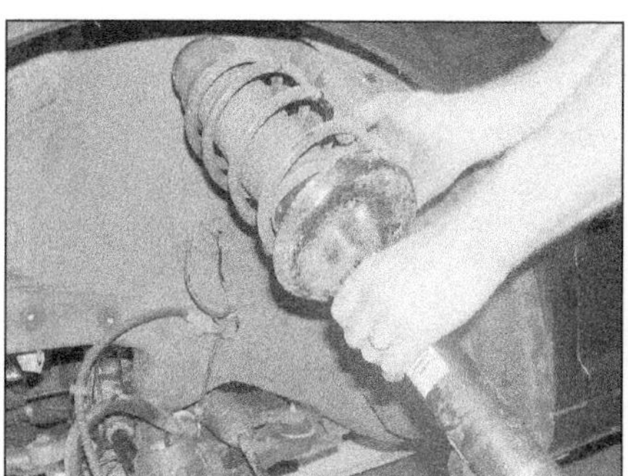
4.8 Det främre fjäderbenet tas ut under hjulhuset

8 Lossa fjäderbenet från hjullagerhuset och lyft ut det under hjulhuset **(se bild)**.

Renovering

Varning: Innan fjäderbenet tas isär, införskaffa ett verktyg med vilket spiralfjädern kan hållas hoptryckt. Justerbara fjäderkompressorer finns i tillbehörsbutiker och de rekommenderas å det starkaste för det här momentet. Försök att ta isär fjäderbenet utan ett sådant verktyg kommer troligtvis att leda till person- och/ eller materialskador.

9 När fjäderbenet är demonterat från bilen, torka bort all synlig smuts. Om så behövs, montera fjäderbenet upprätt i ett skruvstäd innan det tas isär.

10 Montera fjäderkompressorn och tryck ihop spiralfjädern tills all spänning har släppts från det övre fjädersätet **(se bild)**.

11 Skruva loss och ta bort fjädersätets fästmutter och håll samtidigt fast kolven med en passande insexnyckel, ta sedan bort lagret och fästgummit, följt av det övre fjädersätet **(se bilder)**. På modeller med extra kraftig fjädring, ta också bort distansen/bussningen.

12 Ta bort spiralfjädern (tillsammans med kompressionsverktyget), dra sedan av skyddsdamasken och gummistoppet **(se bilder)**.

13 Med fjäderbenet helt isärtaget **(se bild)**, undersök alla delar för att se om de är skadade, slitna eller deformerade, och kontrollera att lagret fungerar mjukt. Byt ut komponenter efter behov.

14 Undersök om fjäderbenet visar tecken på läckage. Undersök fjäderbenskolven längs hela dess längd och leta efter gropbildning, och se också efter om fjäderbenshuset är skadat. Håll fjäderbenet upprätt och testa dess funktion genom att dra kolven genom ett helt slag, och därefter korta slag på 50 till 100 mm. I båda fallen ska motståndet kännas mjukt och jämnt. Om motståndet är ryckigt eller ojämnt, eller om tecken på slitage eller skador hittas, måste fjäderbenet bytas ut.

15 Om det råder någon tvekan om skicket på spiralfjädern, ta försiktigt bort fjäderkompressorerna och kontrollera om fjädern är missformad eller har börjat spricka. Byt ut fjädern om den är skadad eller missformad, eller om det råder någon tvekan om dess skick.

16 Undersök alla andra komponenter för att se om de är skadade eller slitna och byt ut delarna efter behov.

17 Trä på gummistoppet och skyddsdamasken på fjäderbenskolven.

18 Montera tillbaka spiralfjädern (med kompressionsverktyget på plats på fjädern) på fjäderbenet, och se till att dess nedre ände

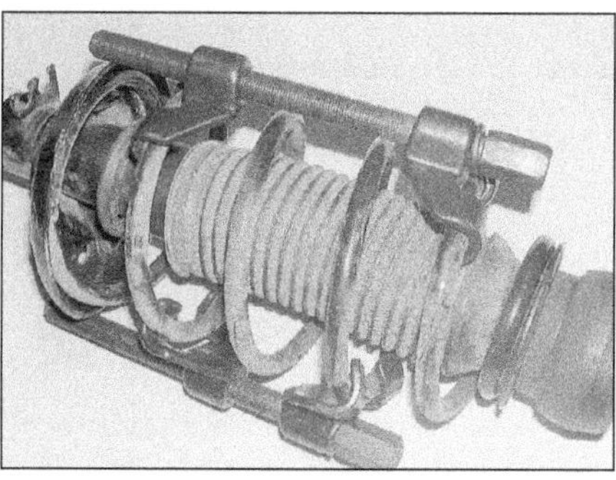
4.10 Fjäderkompressor monterad på det främre fjäderbenets spiralfjäder

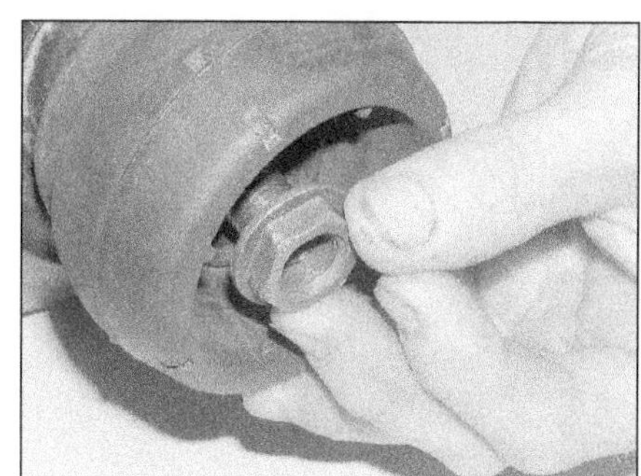
4.11a Skruva loss fjädersätets fästmutter . . .

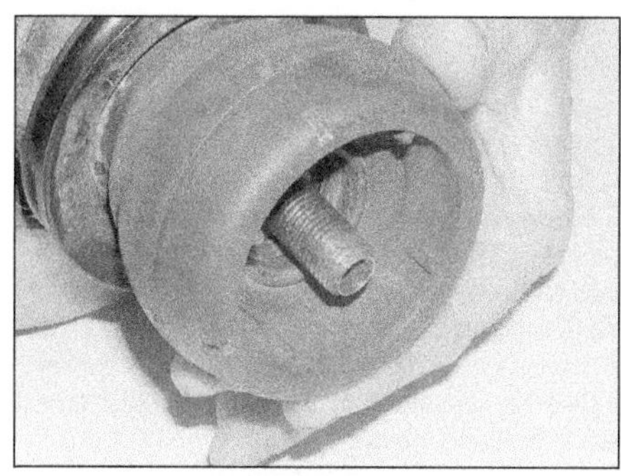
4.11b . . . ta sedan bort lagret och fästgummit . . .

4.11c . . . följt av det övre fjädersätet . . .

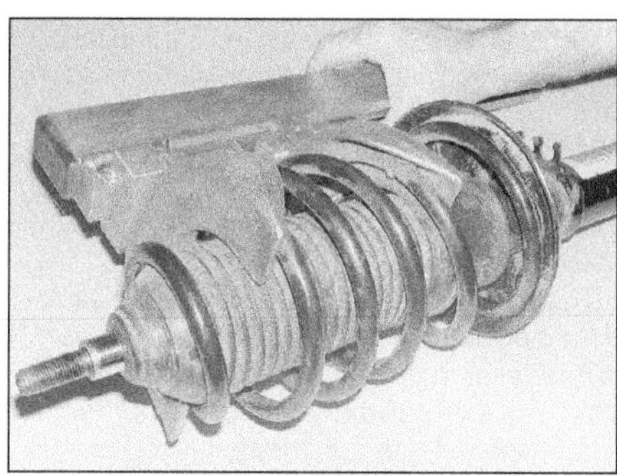
4.12a . . . spiralfjädern med kompressor . . .

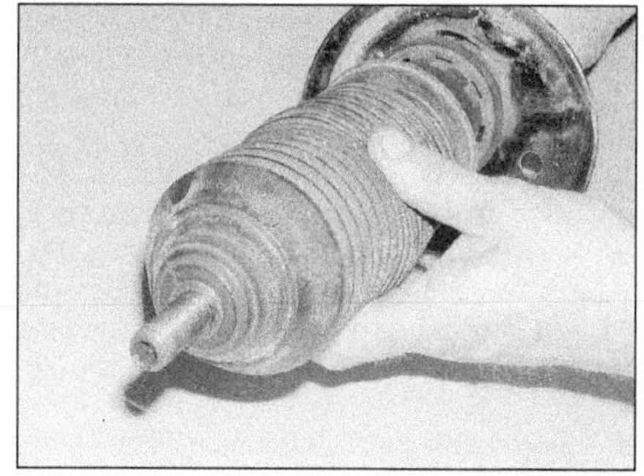
4.12b . . . skyddsdamasken . . .

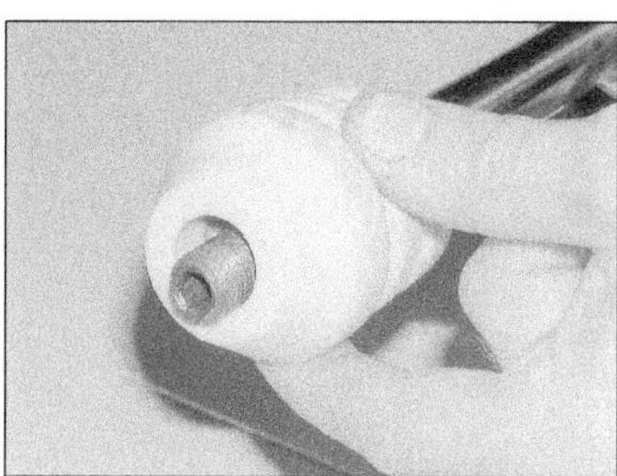
4.12c . . . och gummistoppet

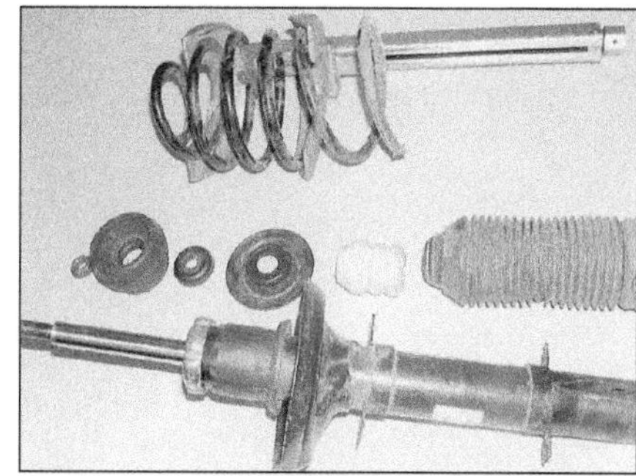
4.13 Främre fjäderben helt isärtaget

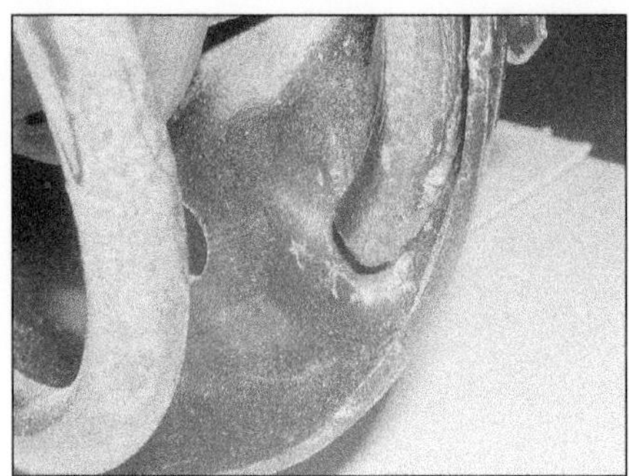

4.18 Se till att den nedre änden av spiralfjädern hamnar mot sätets stopp

hamnar korrekt mot fjädersätets stopp **(se bild)**.

19 Montera det övre fjädersätet (och distansen/bussningen där en sådan finns), följt av lagret och fästgummit. Skruva på den nya fästmuttern och dra åt den till angivet åtdragningsmoment medan fjäderbenskolven hålls stilla med en insexnyckel.

Montering

20 Sätt in fjäderbenet på plats under hjulhuset, sätt sedan fästplattan på fjäderbenstornet och skruva fast den nya övre fästmuttern. Dra åt muttern till angivet moment och sätt på plastkåpan.

21 Haka fast hjullagerhuset i fjäderbenets nedre ände och se till att hålet i sidoplattan hamnar i linje med hålen i det delade huset. Ta bort verktyget som har använts till att öppna upp lagerhuset.

22 Sätt in den nya bulten som håller fjäderbenet till hjullagret framifrån, och sätt på den nya fästmuttern. Dra åt muttern till angivet moment.

23 Montera den nedre länkarmens spindelled och fästplatta, rikta in markeringarna som gjordes tidigare och dra åt bultarna till angivet moment och angiven vinkel. Där så är tillämpligt, montera strålkastarjusteringens givararm på den nedre länkarmen och dra åt muttern.

24 Anslut kablaget till ABS hjulgivaren och sätt fast det i stödet på fjäderbenet.

25 Se kapitel 9 och montera det främre bromsoket på hjullagerhuset.

26 Montera hjulet och sänk ner bilen på marken. Dra åt hjulbultarna.

27 Om så behövs, låt kontrollera hjulens camberinställning.

5 Främre fjädringens nedre länkarm - demontering, renovering och montering

Observera: *Alla självlåsande muttrar och bultar som har rubbats vid demonteringen måste bytas ut.*

Demontering

1 Dra åt handbromsen, lyft upp framvagnen och stötta den på pallbockar (se *Lyftning och stödpunkter*). Ta bort relevant framhjul och kåpan under motorrummet.

2 Om den vänstra länkarmen demonteras på en modell med automatväxellåda, skruva loss bultarna som håller motorns/växellådans bakre fäste till framvagnsramen. Kasta bultarna, nya måste användas vid monteringen. Detta måste göras för att man ska kunna flytta motorn/växellådan en aning framåt när länkarmens främre bult ska lossas.

3 Om den vänstra länkarmen demonteras på en modell med automatisk strålkastarjustering, märk upp placeringen för nivågivarens länk på plattan framtill på länkramen, skruva sedan loss muttern och ta loss givarlänkens arm.

4 Skruva loss och ta bort bulten som håller krängningshämmarlänken till länkarmen. Där så är tillämpligt, ta bort strålkastarjusteringens platta.

5 Märk upp hur den nedre länkarmens spindelled och fästplatta sitter, skruva sedan loss fästbultarna och ta bort fästplattan från toppen av länkarmen. **Observera:** *På tidiga modeller justeras camberinställningen med hjälp av spindelledens placering på länkarmen.*

6 Skruva loss och ta bort den nedre länkarmens pivåbult och bakre fästbult **(se bilder)**. På modeller med automatväxellåda måste man häva motorn/växellådan en aning framåt för att kunna ta bort den främre pivåbulten.

7 Ta bort armen från framvagnsramen och ta ut den under bilen. Om så behövs för bättre arbetsutrymme, skruva loss drivaxelns inre drivknut från växellådsflänsen enligt beskrivning i kapitel 8 och dra ut hjullagerhuset.

Renovering

8 Rengör länkarmen noggrant, undersök sedan om den har sprickor eller visar andra tecken på slitage eller skador. Var särskilt noga med pivåbussningarna och de bakre fästbussningarna. Om någon bussning behöver bytas ut måste länkarmen tas till en Skodahandlare eller annan lämpligt utrustad verkstad. En hydraulisk press och lämpliga distanser behövs för att pressa ut bussningarna ur armen och sätta in nya. När en ny bakre fästbussning monteras, se till att den verkligen sätts korrekt i länkarmen **(se bild)**. Kammen måste alltid peka utåt.

Montering

9 Placera länkarmen i framvagnsramen, sätt sedan i de nya pivå- och bakre fästbultarna. Dra åt den bakre fästbulten till angivet moment och angiven vinkel, men dra endast åt pivåbulten för hand i det här läget.

10 Om drivaxelns inre knut har lossats, sätt fast denna på växellådsflänsen enligt beskrivning i kapitel 8.

11 Montera spindelleden och fästplattan på länkarmen med nya bultar, rikta in markeringarna som gjorts tidigare och dra åt bultarna till angivet moment och angiven vinkel.

12 Montera krängningshämmarlänken framtill på länkarmen och dra åt den till angivet moment. Där så är tillämpligt, sätt samtidigt tillbaka strålkastarjusteringens platta.

13 På modeller som har automatisk strålkastarjustering, sätt tillbaka givarens länkarm på tidigare noterad plats på plattan på vänster länkarm och dra åt muttern.

14 Om den vänstra länkarmen sätts tillbaka på en modell med automatväxellåda, rikta in

5.6a Länkarmens främre fästbult . . .

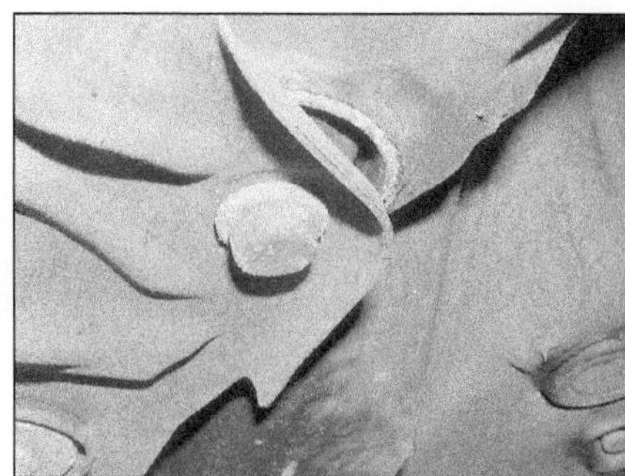

5.6b . . . och dess bakre fästbult

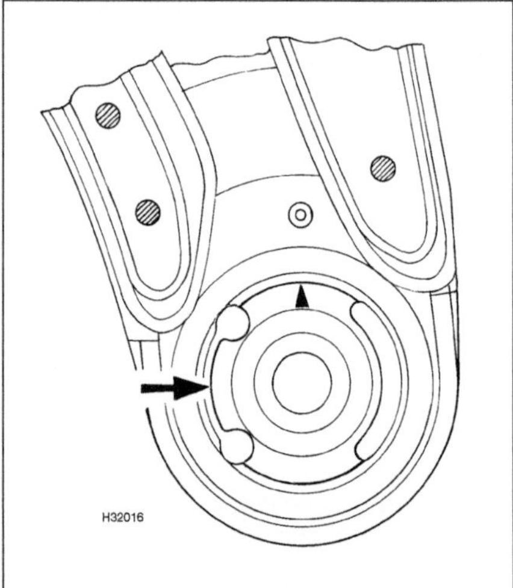

5.8 Montering av länkarmens bakre fästbussning

Pilen pekar på kammen som måste vara vänd utåt

motorns/växellådans bakre fäste mot framvagnsramen och sätt i de nya fästbultarna. Dra åt bultarna till angivet moment för steg 1 och vinkeln för steg 2 (se kapitel 2A, 2B eller 2C – efter tillämplighet).

15 Montera hjulet och kåpan under motorn och sänk ner bilen på marken. När bilens vikt vilar på fjädringen, dra åt länkarmens främre pivåbult till angivet moment och angiven vinkel.

6 Främre fjädring, länkarmens spindelled - demontering, kontroll och montering

Observera: *Alla självlåsande muttrar och bultar som rubbas vid demonteringen måste bytas ut.*

Demontering

Metod 1

1 Demontera hjullagerhuset enligt beskrivning i avsnitt 2.

2 Skruva loss och ta bort spindelledens fästmutter, lossa sedan spindelleden från hjullagerhuset med en universell spindelledsavdragare **(se bilder)**. Ta bort spindelleden.

Metod 2

3 Dra åt handbromsen, lyft upp framvagnen och stötta den på pallbockar (se *Lyftning och stödpunkter*). Ta bort aktuellt framhjul och kåpan under motorrummet.

4 Skruva loss och ta bort bultarna som håller den inre drivaxelknuten till växellådans fläns (se kapitel 8). Stötta drivaxeln genom att hänga upp den med en vajer eller ett snöre.

5 Märk upp hur den nedre länkarmens spindelled och fästplatta sitter, skruva sedan loss fästbultarna och ta bort fästplattan från toppen av länkarmen. **Observera:** *På tidiga modeller justeras camberinställningen med hjälp av spindelledens placering på länkarmen.*

6 Dra hjullagerhuset utåt och ta bort spindelleden från länkarmen. Håll bort hjullagerhuset från länkarmen genom att sätta in ett träblock mellan fjäderbenet och den inre karosspanelen.

7 Skruva loss och ta bort spindelledens fästmutter, lossa sedan spindelleden från hjullagerhuset med en universell spindelledsavdragare. Ta bort spindelleden.

Kontroll

8 När spindelleden är demonterad, kontrollera att den kan röras fritt, utan tecken på kärvning eller ojämnheter. Kontrollera också att spindelledens gummidamask inte visar tecken på försämring eller har början till sprickor. Byt ut delarna efter behov.

Montering

Metod 1

9 Sätt fast spindelleden på hjullagerhuset och sätt på den nya muttern. Dra åt muttern till angivet moment; tänk på att spindelledens skaft kan hållas stilla med en insexnyckel om så behövs för att hindra den från att rotera.

6.2a Den nedre länkarmens spindelled på hjullagerhuset

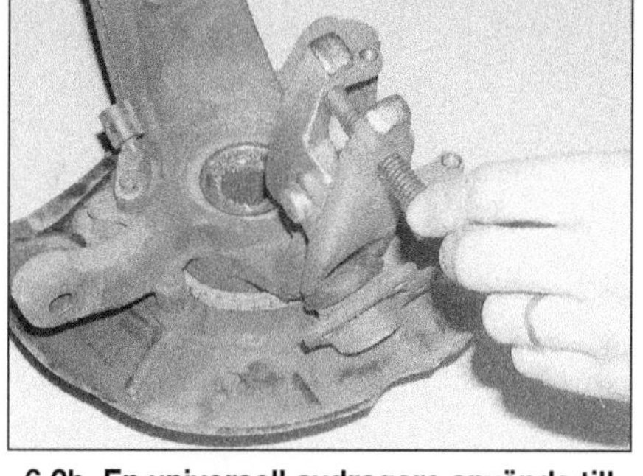

6.2b En universell avdragare används till att ta loss spindelleden

10 Montera hjullagerhuset enligt beskrivning i avsnitt 2.

Metod 2

11 Sätt fast spindelleden på hjullagerhuset och sätt på den nya fästmuttern. Dra åt muttern till angivet moment; tänk på att spindelledens skaft kan hållas stilla med en insexnyckel om så behövs för att hindra den från att rotera.

12 Ta bort träblocket och flytta fjäderbenet inåt, sätt sedan fast spindelleden och fästplattan på länkarmen med nya bultar, rikta in markeringarna som gjordes tidigare och dra åt bultarna till angivna moment/vinklar.

13 Sätt tillbaka drivaxelknuten på växellådsflänsen och dra åt dess fästbultar till angivet moment (se kapitel 8).

14 Montera hjulet och kåpan under motorrummet, sänk ner bilen på marken och dra åt hjulbultarna till angivet moment.

15 Om så behövs, låt kontrollera hjulens cambervinkel.

7 Främre krängningshämmare - demontering och montering

Observera: *Alla självlåsande muttrar och bultar som rubbas vid demonteringen måste bytas ut.*

Demontering

1 Dra åt handbromsen, lyft upp framvagnen och stötta den på pallbockar (se *Lyftning och stödpunkter*). Ta bort båda framhjulen.

2 Demontera båda krängningshämmarlänkarna enligt beskrivning i avsnitt 8.

3 Märk krängningshämmaren så att du vet vilken väg den sitter monterad, och även hur gummifästbussningarna sitter. Detta underlättar monteringen. Skruva loss och ta bort bultarna till krängningshämmarens fästklämmor från framvagnsramen, och lossa klämmorna från de nedre spåren. Man måste eventuellt lossa fästbultarna och sänka ner framvagnsramen för att komma åt klämbultarna; märk i så fall upp ramens position innan detta görs, eftersom felaktig placering av ramen kommer att leda till obalans i framhjulens cambervinklar.

4 Ta ut krängningshämmaren under bilen och ta bort fästbussningarna från den.

5 Undersök krängningshämmarens delar noggrant för att se om de är skadade eller slitna; var särskilt noga med gummifästbussningarna. Byt ut slitna komponenter efter behov.

Montering

6 Montera fästbussningarna på krängningshämmaren och rikta in dem med hjälp av markeringarna som gjordes tidigare.

7 För in krängningshämmaren på plats. Sätt tillbaka fästklämmorna och se till att deras ändar hamnar korrekt i spåren på framvagnsramen, sätt sedan i fästbultarna. Kontrollera att bussningarnas markeringar fortfarande är i linje med markeringarna på krängningshämmaren, dra sedan åt fästklämmornas bultar ordentligt.

8 Om så är tillämpligt, dra åt framvagnsramens fästbultar till angivet moment.

9 Sätt tillbaka krängningshämmarlänkarna enligt beskrivning i avsnitt 8.

10 Sätt tillbaka hjulen, sänk ner bilen på marken och dra åt hjulbultarna till angivet moment.

11 Om så behövs, låt kontrollera hjulens cambervinkel.

8 Främre krängningshämmarlänk - demontering och montering

Observera: *Alla självlåsande muttrar och bultar som rubbas vid demonteringen måste bytas ut.*

Demontering

1 Dra åt handbromsen, lyft upp framvagnen och stötta den på pallbockar (se *Lyftning och stödpunkter*). Ta bort aktuellt framhjul.

2 Skruva loss och ta bort bulten som håller länken till den nedre länkarmen **(se bild på nästa sida)**. Om länken på vänster sida

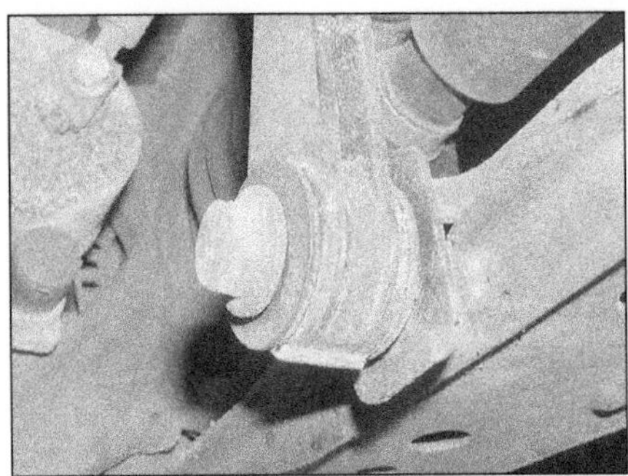

8.2 Krängningshämmarlänkens anslutning till den nedre länkarmen

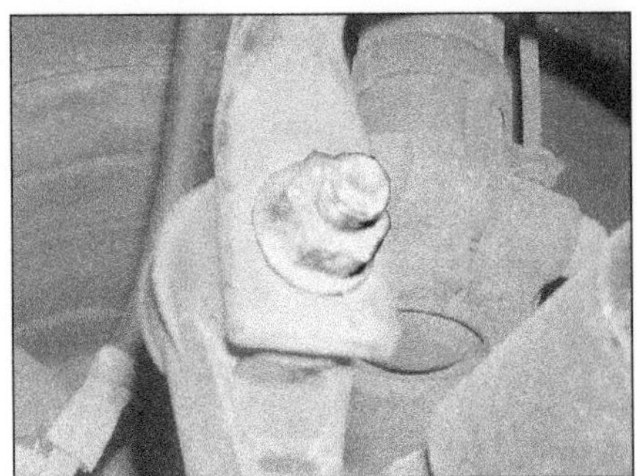

8.3 Mutter som håller länken till krängningshämmaren

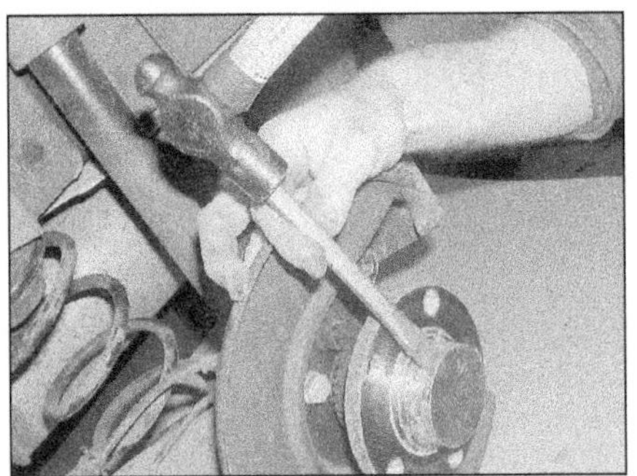

9.3a Knacka försiktigt loss dammskyddet . . .

9.3b . . . och ta bort det från navet

demonteras på en modell med automatisk strålkastarjustering, notera att givarens länkarm sitter mellan länken och fjädringens nedre länkarm.

3 Håll fast länkens övre bult med en insexnyckel, skruva loss muttern och lossa länken från krängningshämmaren **(se bild)**.

4 Undersök om länkens gummidelar är skadade eller slitna. Om detta är fallet, byt ut hela länken.

Montering

5 Montering sker i omvänd ordning mot demonteringen, men dra inte åt länkens bultar helt förrän bilens vikt vilar på fjädringen.

9 Bakre nav - demontering och montering

Observera: *De bakre hjullagren kan inte bytas ut oberoende av baknavet, eftersom de yttre lagerbanorna utgör en del av själva navet. Om kraftigt slitage upptäcks måste hela baknavet bytas ut. Navmuttern måste alltid bytas ut när den en gång har tagits bort.*

Demontering

1 Klossa framhjulen, lyft upp bakvagnen och stötta den på pallbockar (se *Lyftning och stödpunkter*). Lossa handbromsen och ta loss aktuellt bakhjul.

2 Demontera den bakre bromstrumman eller skivan (efter tillämplighet) enligt beskrivning i kapitel 9.

3 Ta bort dammskyddet från mitten av navet med en skruvmejsel eller en huggmejsel **(se bilder)**.

4 Skruva loss och ta bort den självlåsande 12-uddiga navmuttern **(se bilder)**. Observera att den är åtdragen till ett högt moment och en förlängning till hylsnyckeln kan behövas för att få loss den. Det rekommenderas att muttern alltid byts ut när den har tagits loss.

5 Med en lämplig avdragare, dra loss navet och lagren från axeltappen. Lagrets inre bana blir kvar på axeltappen och en avdragare kommer att behövas för att få loss den; använd en vass huggmejsel till att bända ut lagerbanan från axeltappens bas, så att avdragarens ben kan greppa ordentligt om lagerbanan. ABS-rotorn kan lossna från navet och sitta kvar på den inre lagerbanan när navet tas bort, och den ska i så fall tas bort över lagerbanan innan denna dras loss **(se bilder)**.

6 Undersök om navet och lagren är slitna, gropiga eller på annat sätt skadade. Det är mycket troligt att lagerytorna är skadade som en följd av att den inre lagerbanan har fastnat på axeltappen, men om lagerytorna

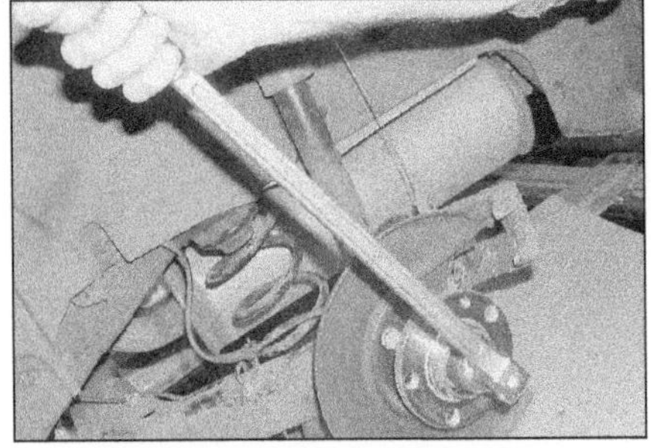

9.4a Använd ett förlängningshandtag till hylsan för att lossa navmuttern, som är åtdragen till ett högt moment

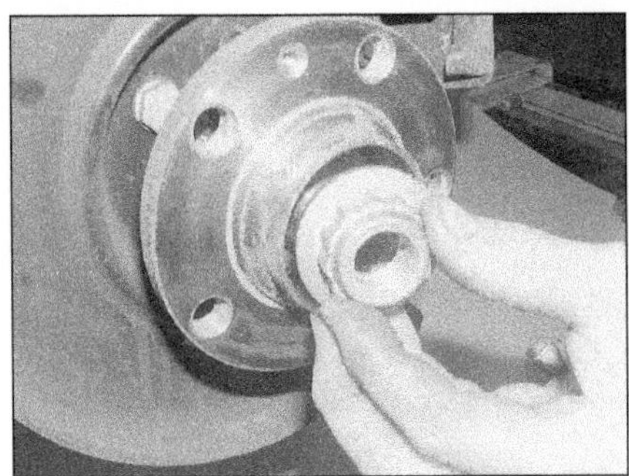

9.4b Ta bort navmuttern

9.5a En avdragare används till att ta bort navet

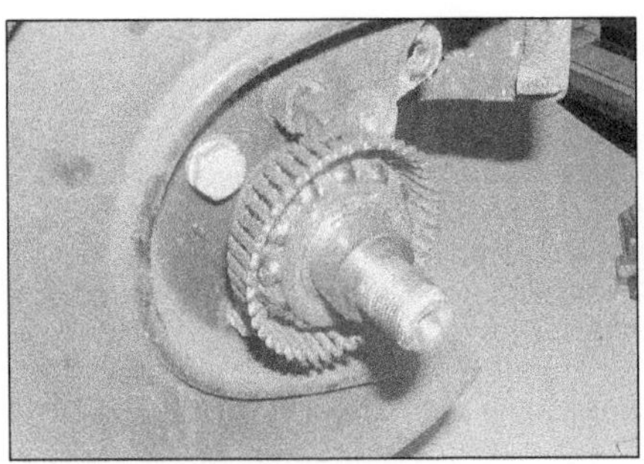

9.5b ABS-rotorn kan bli kvar på den inre lagerbanan - ta bort den innan avdragaren sätts på plats

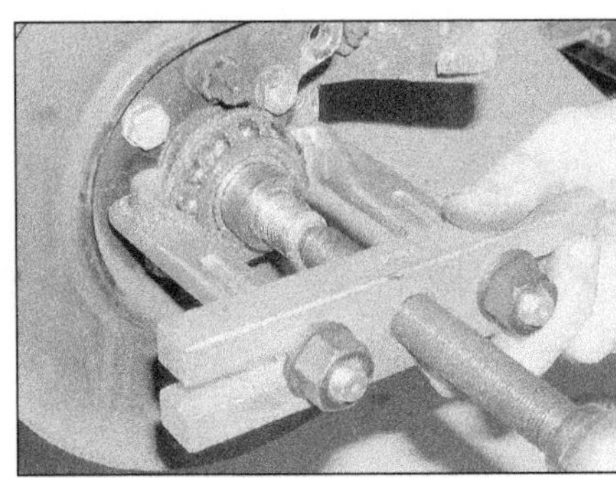

9.5c En avdragare används till att ta bort den inre lagerbanan från axeltappen

och kulorna verkar vara i gott skick vid en inspektion, kan navet monteras tillbaka.

Montering

7 Torka av axeltappen, se sedan till att lagerbanorna är tillräckligt mycket insmorda med ett lämpligt fett. Kontrollera att den inre lagerbanan sitter korrekt i navet. Se också till att ABS-rotorn trycks fast ordentligt på den inre änden av navet.

8 Sätt fast navet så långt in som möjligt på axeltappen. Skodas tekniker använder en särskild avlång navmutter till att dra fast navet på axeltappen, eftersom den vanliga navmuttern inte är tillräckligt lång för att nå gängorna. Om den här specialmuttern inte finns till hands, driv då på navet med ett metallrör eller en hylsa som bara ligger an mot den inre lagerbanan **(se bilder)**.

9 Skruva på den nya självlåsande muttern och dra åt den till angivet moment/angiven vinkel **(se bild)**.

10 Kontrollera om dammskyddet är skadat och byt ut det om så behövs. Knacka försiktigt in skyddet i navet med en hammare **(se bild)**. **Observera:** *Om dammskyddet monteras slarvigt kommer fukt att släppas in i lagret och förkorta dess livslängd avsevärt.*

11 Montera bromstrumman eller -skivan (vad som är tillämpligt) enligt beskrivning i kapitel 9.

12 Montera hjulet och sänk ner bilen på marken.

9.8a Placera navet på axeltappen . . .

9.8b . . . och driv på det med en hylsa som ligger an mot (endast) den inre lagerbanan

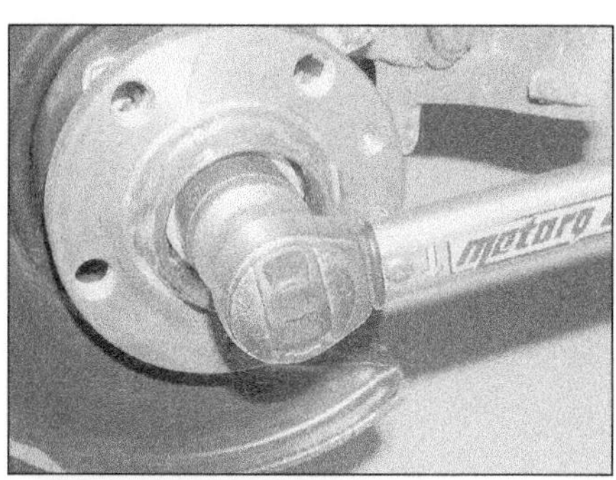

9.9 Navmuttern dras åt till rätt moment

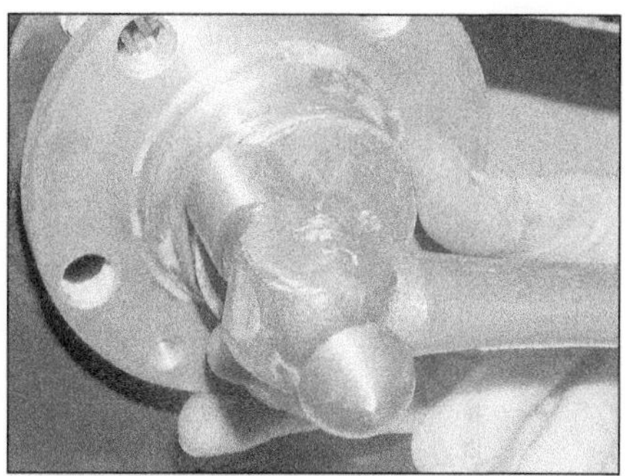

9.10 Dammskyddet knackas fast på navet

10 Bakre axeltapp – demontering och montering

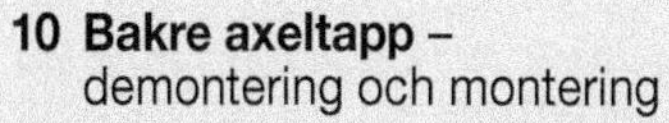

Observera: *Alla självlåsande muttrar och bultar som rubbas vid demonteringen måste bytas ut.*

Demontering

1 Klossa framhjulen, lyft upp bakvagnen och stötta den på pallbockar (se *Lyftning och stödpunkter*). Lossa handbromsen och ta bort aktuellt bakhjul.

2 Demontera navet enligt beskrivning i avsnitt 9.

3 Koppla loss kablaget, skruva sedan loss bulten och ta bort hastighetsgivaren från bakaxelns länkarm.

4 Skruva loss fästbultarna som håller axeltappen och den bakre plattan till bakaxelns länkarm **(se bild)**. Ta bort plattan och axeltappen.

5 Undersök om axeltappen är skadad och byt ut den om så behövs. **Försök inte** att räta ut axeltappen om den är sned.

Montering

6 Se till att fogytorna på axeln, axeltappen och den bakre plattan är rena och torra. Undersök om plattan är skadad.

7 Sätt tillbaka axeltappen tillsammans med plattan, sätt sedan in de nya bultarna och dra stegvis åt dem till angivet moment.

8 Montera hastighetsgivaren, dra åt bulten och anslut kablaget.

9 Montera det bakre navet enligt beskrivning i avsnitt 9.

11 Bakre stötdämpare och spiralfjäder - demontering och montering

Observera: *Alla självlåsande muttrar och bultar som rubbas vid demonteringen måste bytas ut.*

Stötdämpare

Demontering

1 Innan stötdämparen demonteras kan man få en idé om hur effektiv den är om man trycker ner bilens bakre hörn. Om stötdämparen är i gott skick ska karossen lyftas upp igen och stanna av i det normala läget. Om karossen gungar mer än så tyder det på att stötdämparen är defekt. **Observera:** *För att garantera jämn bakre fjädring, ska båda stötdämparna bytas ut samtidigt.*

2 Klossa framhjulen, lyft upp bakvagnen och stötta den på pallbockar (se *Lyftning och stödpunkter*). Ta bort aktuellt bakhjul.

3 Placera en garagedomkraft och ett träblock under spiralfjäderns plats på länkarmen, och lyft upp armen så att stötdämparen trycks ihop något **(se bild)**. På vissa modeller måste man ta bort stenskottsskyddet först.

4 Skruva loss och ta bort stötdämparens nedre fästbult och mutter, och bänd ut stötdämparens nedre ände från länkarmen **(se bilder på nästa sida)**.

5 Stötta stötdämparen, skruva sedan loss de övre fästmuttrarna som sitter i det bakre

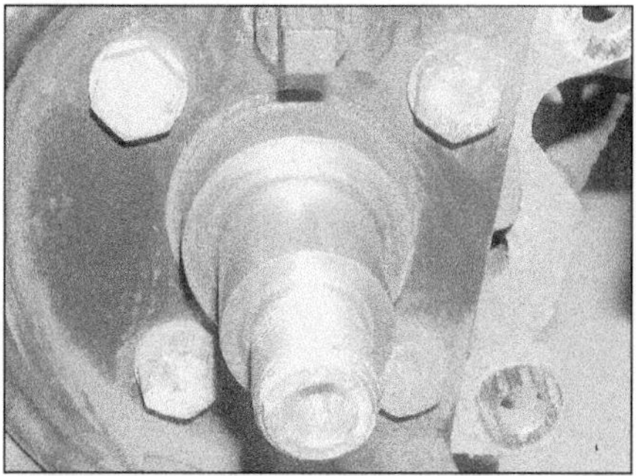

10.4 Bakre axeltapp och fästbultar

11.3 Placera en garagedomkraft och ett träblock under länkarmen

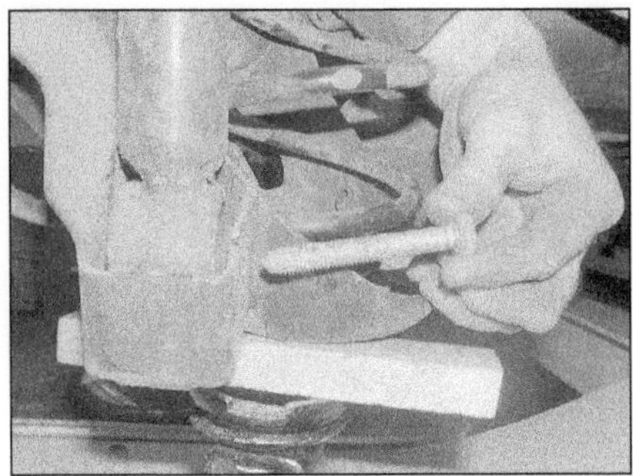
11.4a Ta bort den nedre fästbulten . . .

11.4b . . . och ta bort stötdämparen från länkarmen

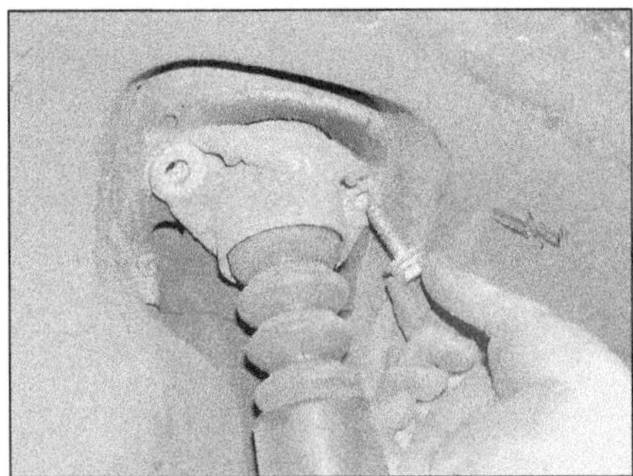
11.5a Skruva loss de övre fästbultarna . . .

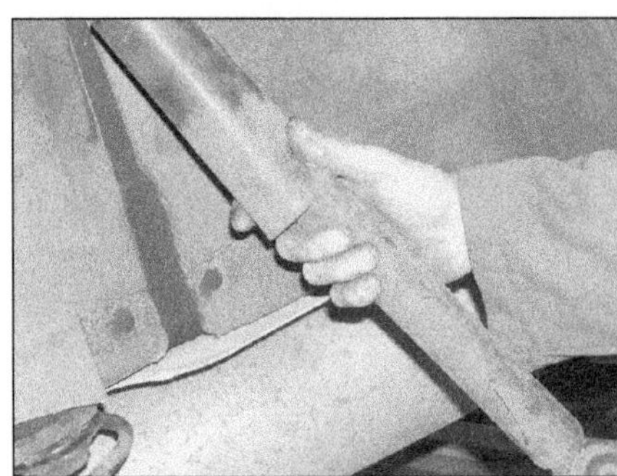
11.5b . . . och ta ut stötdämparen under hjulhuset

hjulhuset. Sänk ner stötdämparen och ta ut den under hjulhuset **(se bilder)**.

6 Med stötdämparen på arbetsbänken, skruva loss muttern från toppen av kolvstången och ta bort det övre fästet. Kolvstången kan hållas stilla med en tång på den upphöjda piggen längst upp på stången. Ta bort gummistoppet och skydden från stångens övre ände.

7 Om så behövs kan man undersöka stötdämparens funktion om den monteras i ett skruvstäd. Tryck ihop stången helt, dra sedan upp den helt. Kolvstången måste kunna röra sig mjukt genom hela sin rörelsebana.

Montering

8 Sätt fast gummistoppet och skydden på kolvstången följt av det övre fästet. Sätt på den nya muttern och dra åt den till angivet moment; håll kolvstången stilla på samma sätt som vid demonteringen.

9 Sätt in stötdämparen via hjulhuset, sätt sedan in de övre fästbultarna och dra åt dem till angivet moment.

10 Placera stötdämparens nedre ände i länkarmen, sätt i bulten från utsidan och skruva fast muttern. Lyft upp länkarmen med domkraften för att avlasta fjädringen, dra sedan åt den nedre fästbulten till angivet moment.

11 Sänk ner domkraften och sätt tillbaka eventuellt stenskottsskydd.

12 Montera hjulet och sänk ner bilen på marken.

Spiralfjäder

Observera: *Det är möjligt att ta bort den bakre spiralfjädern utan en fjäderkompressor; båda metoderna beskrivs i följande punkter.*

13 Klossa framhjulen, lyft upp bakvagnen och stötta den på pallbockar (se *Lyftning och stödpunkter*). Ta bort aktuellt bakhjul.

Demontering med fjäderkompressor

⚠ ***Varning: Justerbara fjäderkompressorer finns att få tag i från biltillbehörsbutiker och det rekommenderas att sådana används vid detta arbetsmoment.***

14 Montera verktyget på spiralfjädern och tryck ihop den tills den kan tas bort från länkarmen och underredet. Med spiralfjädern på arbetsbänken, lossa försiktigt verktyget och ta bort det från fjädern.

Demontering utan fjäderkompressor

15 Placera en garagedomkraft och ett träblock under spiralfjäderns plats på länkarmen, och lyft armen så att stötdämparen trycks ihop något. På vissa modeller måste man först ta bort ett stenskottsskydd.

16 Skruva loss och ta bort stötdämparens nedre fästmutter och bult och bänd ut den nedre änden av stötdämparen från länkarmen.

17 Lossa handbromsvajern från fästet på länkarmen **(se bild)**.

18 Sänk ner domkraften och ta bort den från länkarmen, bänd sedan försiktigt ner armen tills spiralfjädern kan tas bort. Bänd mot ett träblock för att undvika skador på underredet. Se till att bilen står stadigt på pallbockarna **(se bilder)**.

Demontering – båda metoderna

19 När spiralfjädern är demonterad, ta bort övre och nedre fjädersäten (zink) och undersök om de är skadade **(se bild)**.

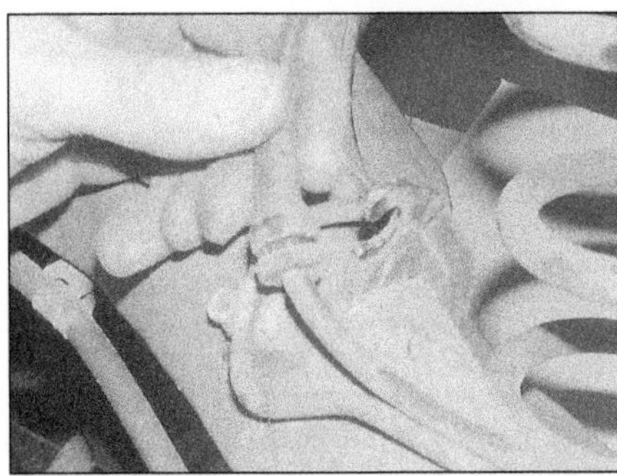
11.17 Lossa handbromsvajern från fästet på länkarmen

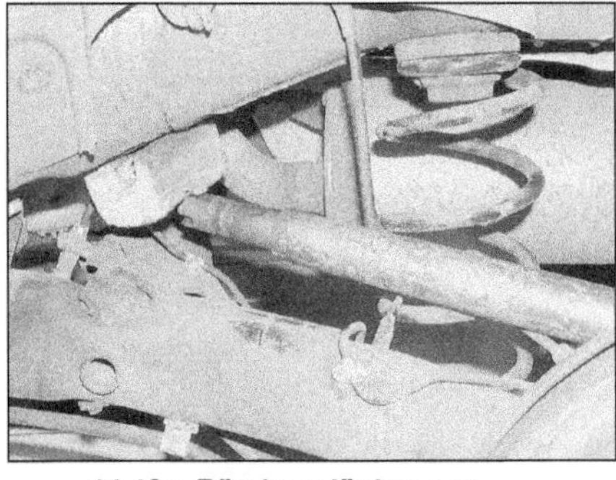
11.18a Bänd ner länkarmen . . .

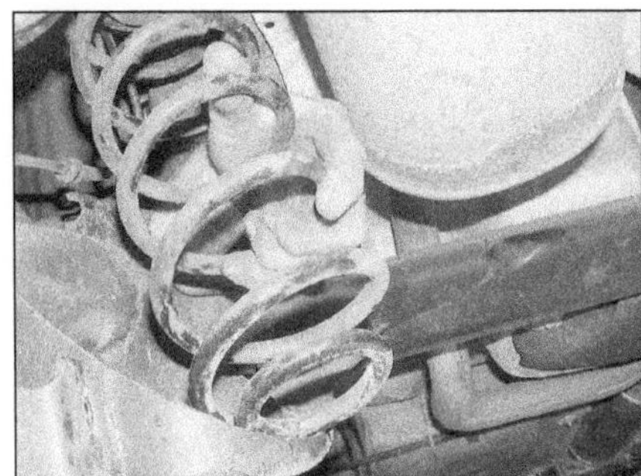
11.18b . . . lossa spiralfjädern från det nedre sätet . . .

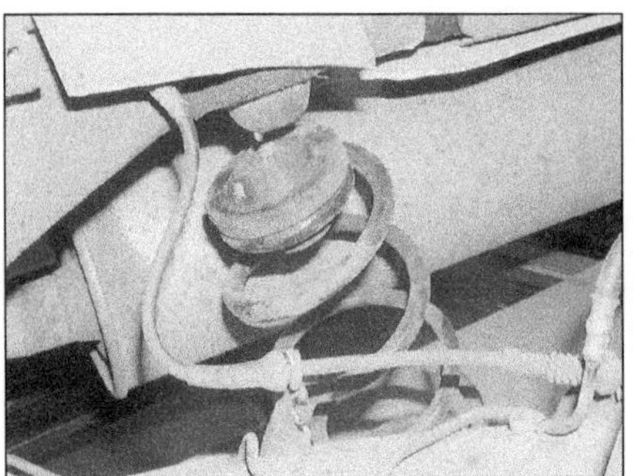
11.18c . . . och sätet i underrredet

Införskaffa nya om så behövs. Rengör också fjäderns monteringsplatser på underredet och länkarmen.

Montering

20 Montering sker i omvänd ordning mot demonteringen, men se till att det övre fjädersätet hamnar korrekt längst upp på spiralfjädern, med fjäderänden mot skuldran på sätet. Det nedre sätet är runt och sitter bara i mitten av fjädern. Lyft upp länkarmen med domkraften för att avlasta fjädringen, dra sedan åt stötdämparens nedre fästbult.

12 Bakre krängningshämmare - demontering och montering

Den bakre krängningshämmaren sitter längs bakaxeln. Den sitter ihop med bakaxeln och kan inte demonteras separat. Om krängningshämmaren skadas, vilket dock inte är troligt, måste hela bakaxeln bytas ut.

13 Bakaxel - demontering och montering

Observera: *Alla självlåsande bultar och muttrar som rubbas vid demonteringen måste bytas ut.*

Demontering

1 Klossa framhjulen, lyft upp bakvagnen och stötta den på pallbockar som placeras under underredet (se *Lyftning och stödpunkter*). Ta bort båda hjulen. Lossa handbromsen helt.
2 Arbeta på en sida i taget, lyft upp länkarmen något så att stötdämparen inte längre är helt utsträckt, skruva sedan loss och ta bort stötdämparens övre fästbultar från insidan av hjulhuset. Sänk försiktigt ner länkarmen för att släppa på spänningen i spiralfjädern.
3 På modeller som har ett system med givare för körhöjd/strålkastare, skruva loss systemets länk och arm från den vänstra länkarmen.
4 Med båda stötdämparnas övre fästen lossade, sänk ner länkarmarna tills spiralfjädrarna och sätena kan tas bort.
5 Ta bort stenskottsskydden från länkarmarna, skruva sedan loss de nedre fästbultarna och ta bort stötdämparna från bakaxeln.
6 Lossa handbromsvajrarna från stöden/klämmorna på bakaxeln och underredet.
7 Dra ut klämmorna och koppla loss de flexibla bromsslangarna från stöden på bakaxeln och underredets fäste på båda sidor **(se bild)**. Koppla inte loss bromsrören från slangarna.
8 Demontera därefter båda axeltapparna enligt beskrivningen i avsnitt 10. Lossa de stela rören från klämmorna och flytta de bakre plattorna åt sidan, tillsammans med handbromsvajrarna.

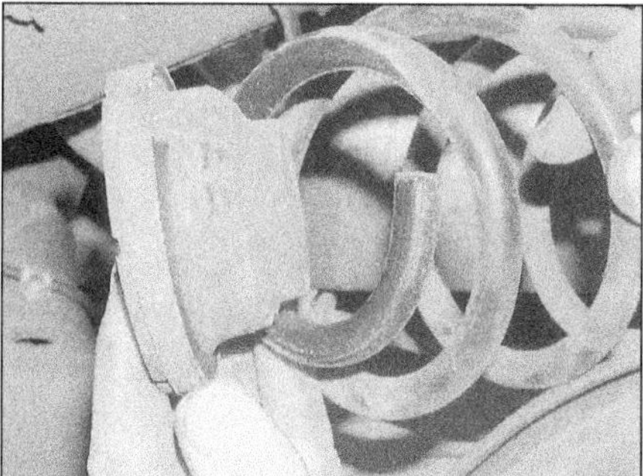

11.19 Ta bort övre och nedre fjädersäten (som är tillverkade av zink)

9 Stötta först bakaxeln med en garagedomkraft, skruva sedan loss och ta bort bakaxelns främre fästbultar från fästbyglarna på underredet.
10 Ta ut bakaxeln nedåt från underredets fästen och ta ut den under bilen. Ta helst hjälp av någon.
11 Undersök om bakaxelns fästen är skadade eller försämrade och se avsnitt 14 om de måste bytas ut. Om ett vibrationsdämparblock sitter uppe på bakaxeln, skruva loss detta.

Montering

12 Sätt tillbaka eventuellt vibrationsdämparblock på bakaxeln och dra åt bultarna till angivet moment/angiven vinkel.
13 Lägg lite bromsfett eller tvålvatten i den njurformade håligheten i de främre fästgummina, sätt sedan in bakaxeln i fästbyglarna i underredet och sätt i bultarna från utsidan. Skruva på muttrarna och dra bara åt dem med fingrarna tills vidare.
14 Se avsnitt 9 och 10 och montera de bakre plattorna, axeltapparna och naven.
15 Sätt fast bromsslangarna i stöden och fäst dem med klämmorna.
16 Montera handbromsvajrarna och placera dem i stöden/klämmorna.
17 Placera stötdämparna på länkarmarna och sätt in de nedre fästbultarna löst.
18 Placera försiktigt spiralfjädrarna och fjädersätena på bakaxeln med hänvisning till avsnitt 11.
19 På en sida i taget, lyft upp länkarmen

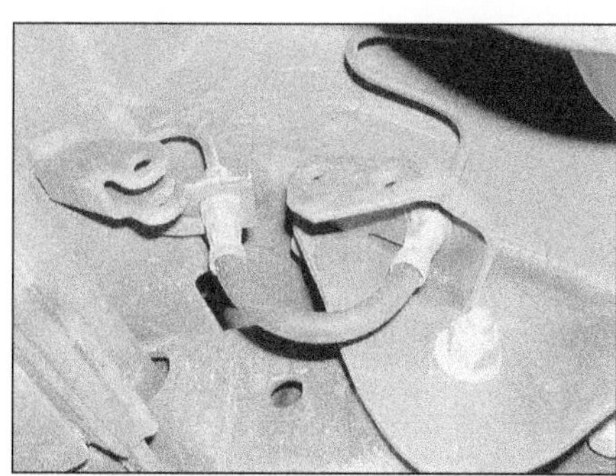

13.7 Bromsslang på bakaxel och underrede

tills den övre fästbulten kan sättas in. Dra åt bultarna till angivet moment.
20 På en sida i taget, höj upp länkarmen med en garagedomkraft tills bilens vikt tas upp av spiralfjädern. Dra åt relevant främre fästmutter helt till angivet moment, dra sedan åt relevant stötdämpares nedre fästbult till angivet moment.
21 Montera stenskottsskydden under länkarmarna.
22 Kontrollera och justera vid behov handbromsen enligt beskrivning i kapitel 9.
23 På modeller som har ett system med givare för körhöjd/strålkastare, sätt tillbaka länken och armen på vänster länkarm och dra åt bultarna till angivet moment.
24 Montera hjulen och sänk ner bilen på marken.

14 Bakaxelns gummifästen - byte

Observera: *Det rekommenderas att gummifästena byts ut på båda sidor samtidigt för att hjulinställningen ska bibehållas.*

1 De flesta modeller som behandlas i den här handboken har hydrauliska gummifästen på bakaxeln när bilen är nytillverkad, men tidiga 1,4 liters modeller kan ha fästen av massivt gummi. Om fästen av den hydrauliska typen skulle läcka eller bli kraftigt slitna, måste fästena på BÅDA sidor bytas ut mot fästen av massivt gummi. Följande punkter beskriver byte av fästen av massivt gummi, men för fästen av hydraultyp utförs *demonteringen* på samma sätt.
2 Klossa framhjulen, lyft upp bakvagnen och stötta den på pallbockar som placeras under underredet (se *Lyftning och stödpunkter*). Ta loss båda bakhjulen.
3 Lossa handbromsvajrarna från stöden/klämmorna på bakaxeln och underredet.
4 Dra ut klämmorna och koppla loss bromsslangarna från stöden på bakaxeln och underredets fästen.
5 Skruva loss och ta bort bakaxelns båda främre fästbultar från fästena på underredet.
6 Arbeta på en sida i taget, dra den främre änden av länkarmen nedåt från fästet i underredet och håll den i det läget genom att placera ett träblock mellan armen och underredet.
7 Notera exakt var/hur gummifästet sitter för att underlätta monteringen.
8 Skodas tekniker använder en glidhammare för att ta bort gummifästet från bakaxeln. Om ett liknande verktyg inte finns till hands, använd en lång bult med ett metallrör av passande storlek och brickor till att tvinga ut fästet.
9 Det nya fästet måste placeras korrekt i bakaxeln **(se bild på nästa sida)**. Med ett lämpligt verktyg, dra in fästet i bakaxeln tills

det sitter enligt den notering som gjordes innan demonteringen.

10 Byt ut fästet på den andra sidan med samma metod som beskrivs i punkt 6 t.o.m. 9.

11 Lägg lite bromsfett eller tvålvatten i den njurformade håligheten i de främre fästgummina, sätt sedan in bakaxeln i fästbyglarna i underredet. Sätt in fästbultarna från utsidan och dra åt dem för hand tills vidare.

12 Sätt tillbaka bromsslangarna och handbromsvajrarna på sina platser och fäst dem med klämmorna.

13 På en sida i taget, lyft upp länkarmen med en garagedomkraft tills bilens vikt vilar på spiralfjädern, dra sedan åt den främre fästbulten till angivet moment.

14 Montera hjulen och sänk ner bilen på marken.

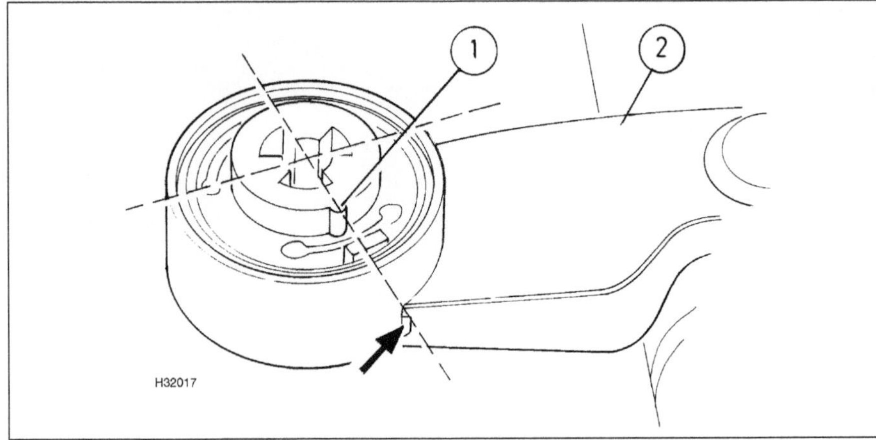

14.9 Monteringsläge för bakaxelns gummifäste

Urtaget (1) måste vara i linje med udden vid pilen på länkarmen (2)

15 Bilens nivågivare - demontering och montering

Demontering

1 Den främre givaren för bilens höjd/strålkastarjusteringssystem sitter på vänster sida av underredet, och har en arm och en länk anslutna till fjädringens vänstra nedre länkarm. Den bakre givaren är fastskruvad i underredet, och en arm och en länk är anslutna till fästet på vänster länkarm.

2 För att ta bort den främre givaren, dra först åt handbromsen, lyft upp framvagnen och stötta den ordentligt på pallbockar (se *Lyftning och stödpunkter*). Demontera framhjulet, märk upp givarlänkens position på den nedre länkarmens platta - detta underlättar monteringen. Skruva loss muttern och koppla loss länken från plattan. Koppla loss kablaget, skruva sedan loss muttrarna och ta bort givaren från underredet. Observera att det sitter popnitar i underredet, och om de måste bytas krävs en popnittång vid monteringen. De gamla nitarna kan kapas med en bågfil eller borras ut.

3 För att ta bort den bakre givaren, klossa framhjulen, lyft upp bakvagnen och stötta den på pallbockar (se *Lyftning och stödpunkter*). Skruva loss bulten och separera länken från fästet på bakaxeln. Koppla loss kablaget och skruva sedan loss givaren.

Montering

4 Montering sker i omvänd ordning mot demonteringen, men dra åt fästmuttrarna/bultarna till angivet moment. Om så behövs, låt kontrollera den främre givarens justering hos en Skodaverkstad; till detta behövs särskild utrustning som hemmamekanikern oftast inte har tillgång till. Den bakre givaren ska riktas in mot stoppet.

16 Ratt - demontering och montering

Varning: Undvik att sitta i framsätena under demontering och montering av krockkudden.

Observera: *Rattstången, ratten och krockkudden levereras av två oberoende tillverkare, och det är viktigt att inte delar från olika tillverkare "blandas".*

Demontering

1 Ställ framhjulen i läge rakt fram och lås upp rattlåset genom att sätta i startnyckeln.

2 Koppla loss batteriets negativa (jord-) ledning och placera den på avstånd från batteripolen.

3 Justera rattstången till det lägsta läget genom att lossa justerhandtaget, dra ut rattstången och sänka ner den så långt det går.

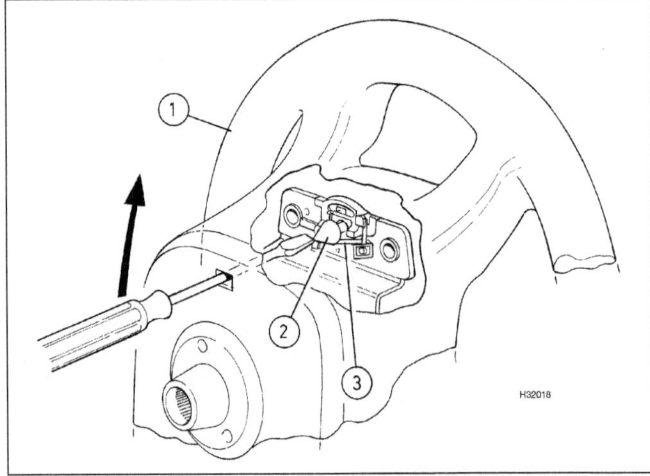

16.4a Demontering av krockkudde på ratt med fyra ekrar

1 Ratt 2 Låsklack 3 Klämma

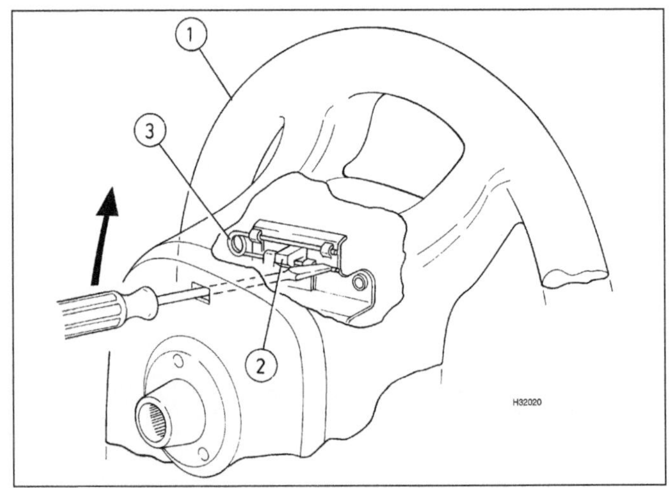

16.4b Demontering av krockkudde på ratt med tre ekrar

1 Ratt 2 Låsklack 3 Klämma

16.6a Koppla loss kablaget från krockkudden . . .

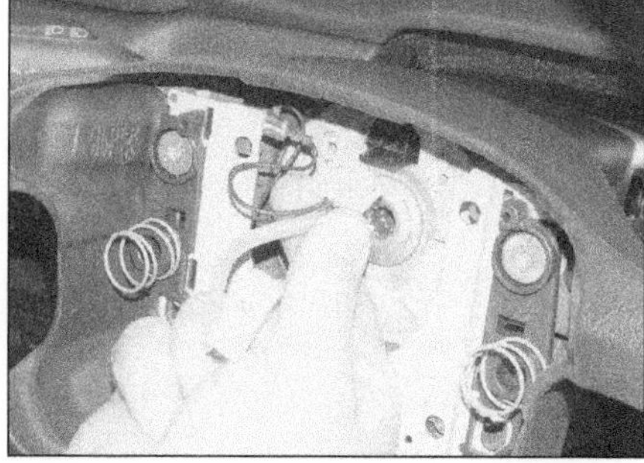

16.6b . . . och släpringskontakten

16.7 Rattens fästbult tas bort

Lås rattstången i detta läge genom att vrida tillbaka justerhandtaget.

4 Med ekrarna i vertikalläget, stick in en skruvmejsel ungefär 45 mm i hålet upptill i rattnavets baksida, lyft den sedan för att lossa klämman och frigöra krockkuddens låsklack **(se bilder)**. Vrid nu ratten 180° och lossa krockkuddens andra låsklack.

5 Vrid ratten till läget "rakt fram".

6 Ta försiktigt bort krockkuddemodulen och koppla loss kablaget **(se bilder)**.

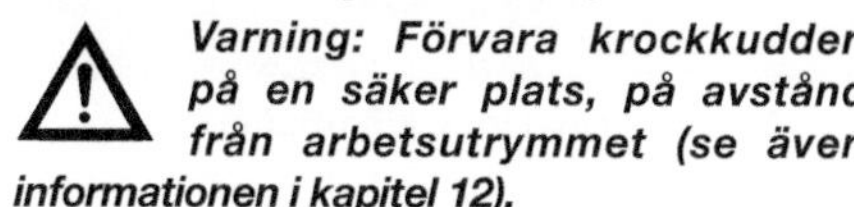

Varning: Förvara krockkudden på en säker plats, på avstånd från arbetsutrymmet (se även informationen i kapitel 12).

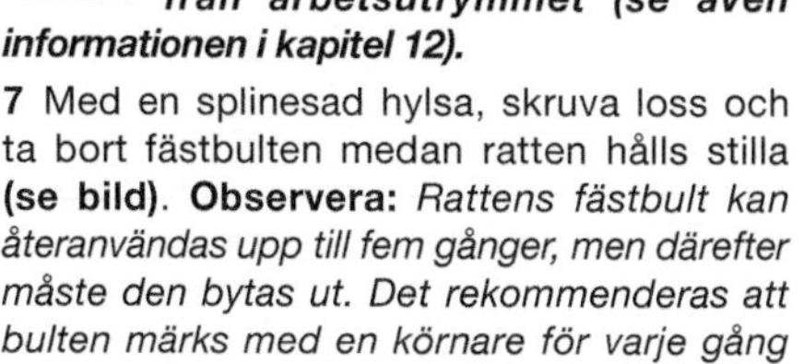

7 Med en splinesad hylsa, skruva loss och ta bort fästbulten medan ratten hålls stilla **(se bild)**. **Observera:** *Rattens fästbult kan återanvändas upp till fem gånger, men därefter måste den bytas ut. Det rekommenderas att bulten märks med en körnare för varje gång den har skruvats loss.*

8 Använd en körnare eller färg till att märka upp ratten i förhållande till rattstången för att underlätta monteringen, dra sedan loss ratten från rattstångens splines genom att rucka den fram och tillbaka **(se bild)**.

Montering

9 Om kombinationsbrytaren har tagits bort från rattstången måste man justera avståndet mellan ratten och brytaren innan brytarens fästklämma slutgiltigt dras åt. Avståndet måste vara ungefär 3,0 mm. Se kapitel 12, avsnitt 4 för ytterligare information.

16.8 Märk ratten i förhållande till rattstången

10 Placera ratten på rattstångens splines och rikta in de tidigare gjorda markeringarna.

11 Lägg på lämplig låsmassa på gängorna på bulten, skruva sedan på den och dra åt den till angivet moment; håll samtidigt ratten stilla.

12 Med ratten i läget "rakt fram", sätt krockkudden på plats och anslut kablaget. Tryck försiktigt in modulen på plats tills man hör att båda låsklackarna hakar i.

13 Anslut batteriets jordkabel.

17 Rattstång – demontering, kontroll och montering

Demontering

1 Koppla loss batteriets negativa (jord-) kabel och placera den på avstånd från batteripolen.

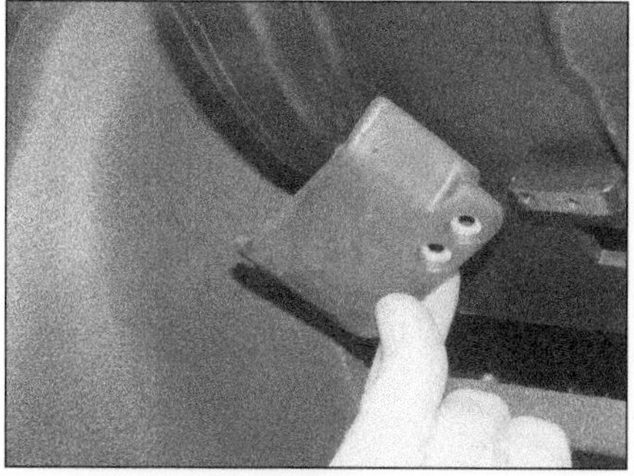

17.3 Ta bort handtaget för höjd- och längdjustering

2 Demontera ratten enligt beskrivning i avsnitt 16.

3 Skruva loss skruvarna och ta bort rattstångens handtag för höjd-/längdjustering **(se bild)**

4 Skruva loss skruvarna och ta bort den övre kåpan från rattstången, lossa sedan plastklämmorna och ta bort den nedre kåpan **(se bilder)**. När kåpan tas bort, frigör den från höjd-/längdjusteringshandtaget.

5 Ta bort säkringsdosans kåpa, ta sedan bort instrumentbrädans nedre paneler och förstärkningsplattan. Ta också bort panelen som sitter under instrumentbrädan i förarens fotbrunn **(se bilder)**.

Modeller utan ESP/TCS

6 Koppla loss kablaget baktill i den nedre änden av rattstångens kombinationsbrytare.

7 Använd en liten skruvmejsel till att lossa

17.4a Demontera den övre kåpan . . .

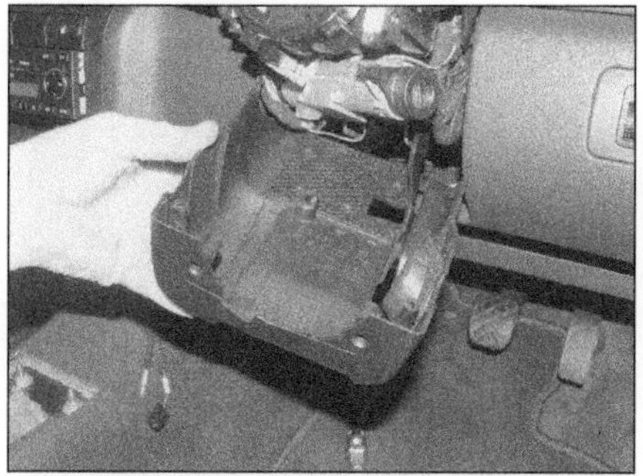

17.4b . . . och den nedre kåpan

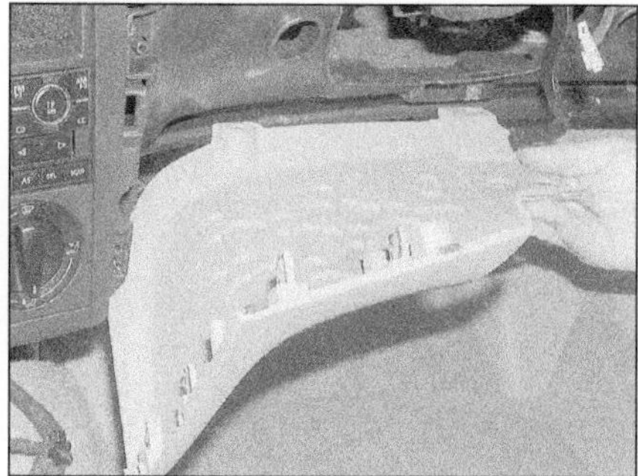

17.5a Ta bort den vänstra nedre instrumentbrädespanelen. . .

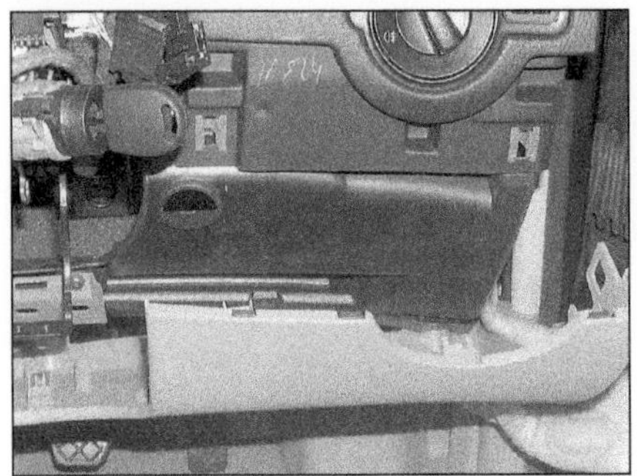
17.5b ... och den högra

17.5c Skruva sedan loss skruvarna ...

17.5d ... och ta bort förstärkningsplattan

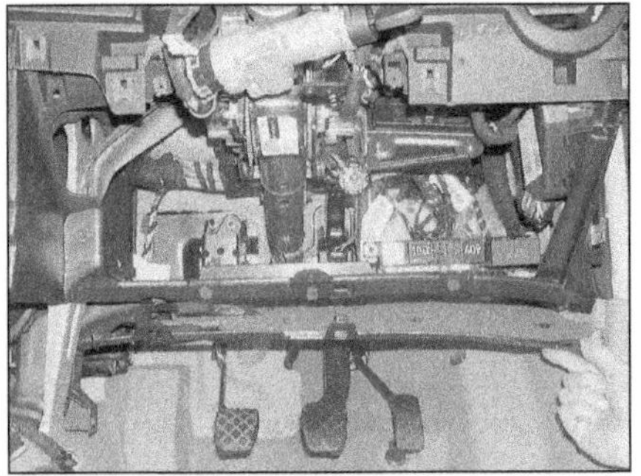
17.5e Panelen under instrumentbrädan tas bort

låsklackarna, dra sedan krockkuddens släpring och kontaktdon från kombinationsbrytaren.

Modeller med ESP/TCS

8 På modeller med ESP (elektroniskt stabilitetsprogram) och TCS (antispinnsystem), är släpringen annorlunda och innehåller en rattvinkelgivare. För demontering på den här typen, se först till att framhjulen fortfarande pekar rakt framåt, kontrollera sedan att man kan se en gul prick genom hålet i det övre högra hörnet av släpringens hus. Om så behövs, sätt tillfälligt tillbaka ratten och flytta rattstången tills pricken blir synlig.

9 Lossa de två hållhakarna på släpringshusets baksida och ta bort släpringen och rattvinkelgivaren.

Alla modeller

10 Ta bort plastkåpan från rattlåsets brytbultar längst upp på rattstången och lossa buntbandet som håller kabelhärvan **(se bild)**.

17.10 Ta bort plastkåpan från rattlåsets brytbultar

11 Märk upp var kombinationsbrytaren sitter på rattstången, skruva sedan loss klämbulten och ta bort brytaren. Koppla loss kablaget och ta vid behov bort släpringen – den låses automatiskt när den tas bort **(se bilder)**.

17.11a Skruva loss klämbulten ...

12 Koppla loss kablaget från baksidan av tändningslåset och från startnyckelns givarspole. Skruva också loss bulten och ta bort jordkabeln från rattlåshuset **(se bilder)**.

13 På modeller med automatväxellåda, ställ

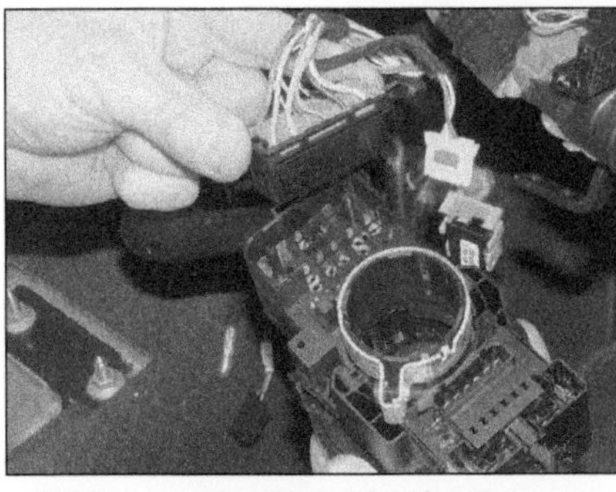
17.11b ... ta bort kombinationsbrytaren och koppla loss kablaget

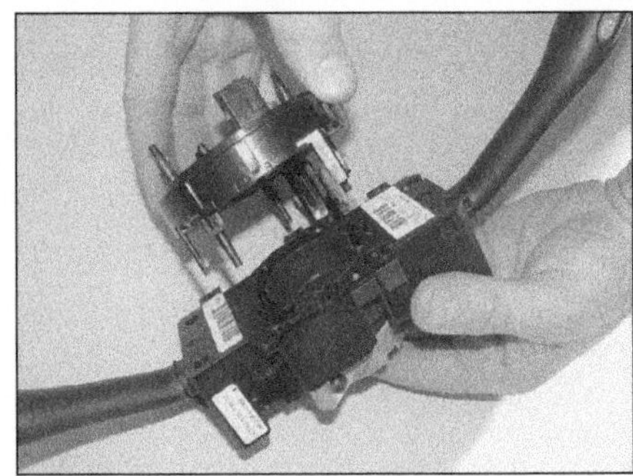
17.11c Släpringen tas bort

17.12a Koppla loss kablaget från tändningslåset ...

17.12b ... och från startnyckelns givarspole

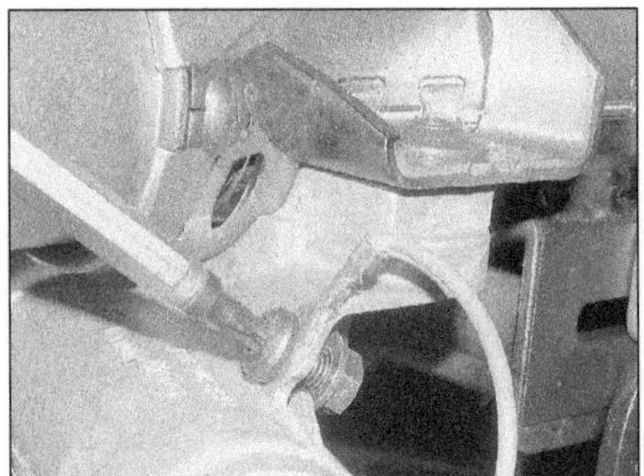
17.12c Ta också bort jordkabeln från rattlåshuset

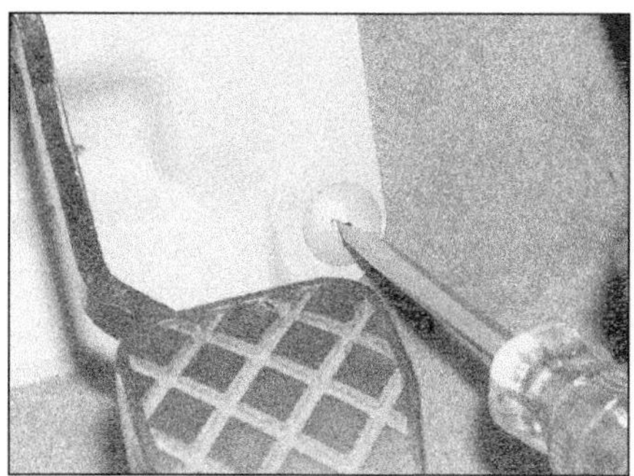

17.14a Skruva loss plastmuttrarna . . .

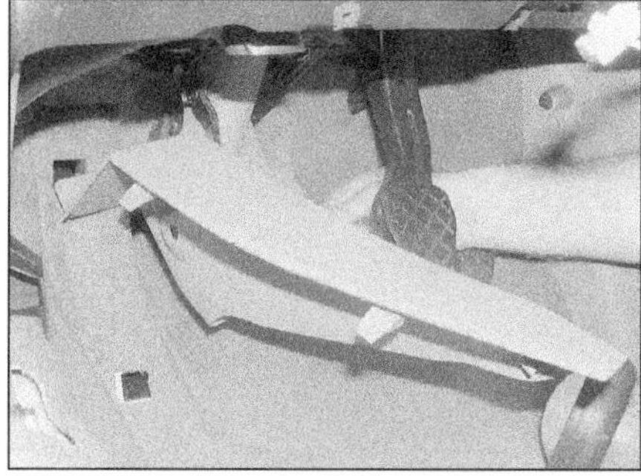

17.14b . . . och ta bort kåpan för att komma åt styrväxelns pinjongaxel

17.15a Universalknut som länkar mellanaxelns nedre ände till styrväxelns pinjongaxel

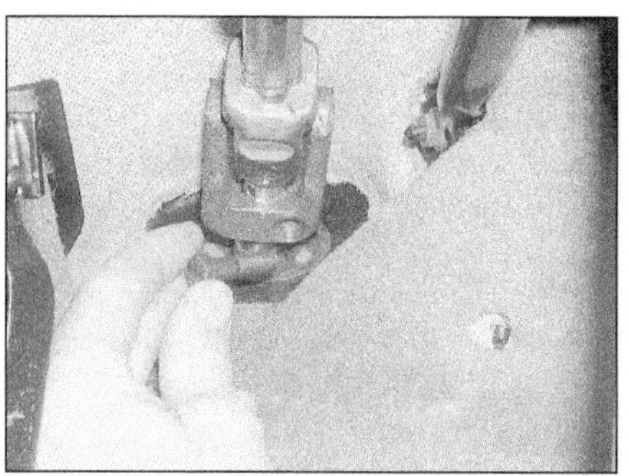

17.15b Ta bort klämbulten

17.15c Splinesad pinjongaxel på styrväxeln

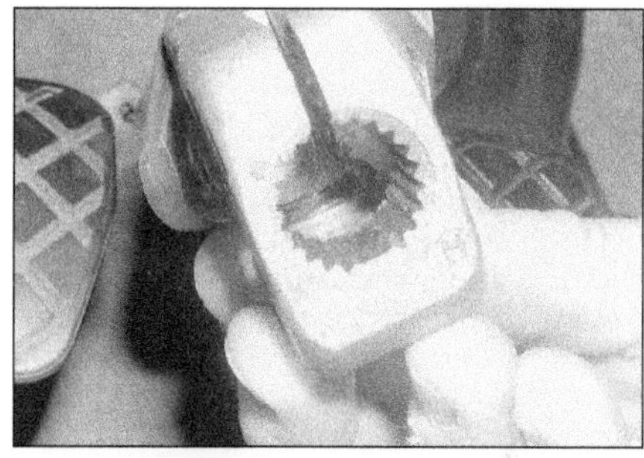

17.15d Den splinesade universalknuten har en plan del som gör att den endast kan monteras på ett sätt

växelväljaren i läge P, vrid sedan startnyckeln till läge "On". Lossa vajerklämman genom att trycka den uppåt eller nedåt (beroende på typ), dra sedan ut rattlåsets låsvajer.

14 Under pedalens fästbygel, lossa plastmuttrarna och ta bort kåpan för att komma åt rattstångens nedre universalknut **(se bilder)**.

15 Lossa och ta bort klämbulten och frigör rattstångens universalknut från styrväxelns pinjong (axeln är teleskopisk så att den enkelt ska kunna kopplas loss). Kasta klämbulten; en ny måste användas vid monteringen. Notera att pinjongaxeln har ett urtag som möjliggör montering av klämbulten, och den splinesade pinjongaxeln har en plan punkt som gör det omöjligt att sätta ihop knuten med axeln på fel sätt **(se bilder)**. Vissa modeller kan ha en klämring som håller universalknuten till den inre rattstången.

16 Notera att inre och yttre rattstång, och mellanaxeln, är teleskopiska, för att längden ska kunna justeras. Det är viktigt att man håller ihop de splinesade delarna av den inre rattstången när rattstången demonteras. Om de lossnar från varandra på grund av att den yttre stångens delar separeras, särskilt på en bil som har högt miltal, kan det leda till skallerljud. Skodas tekniker använder en särskild plastklämma till att hålla ihop den yttre rattstångens sektioner, men en hållare kan också tillverkas av en konisk träplugg, eller så kan plaständen av en kulspetspenna få ett nytt användningsområde. Lossa först på längdjusteringshandtaget och placera den yttre rattstångens rör så att transporthålen är i linje med varandra. Stick in pluggen så att delarna hålls ihop under demonteringen **(se bild)**.

17 Skruva loss och ta bort den nedre fästbulten, stötta sedan rattstången och skruva loss de övre fästbultarna. Ta ut rattstången ur bilen **(se bilder)**.

18 Om så behövs, demontera tändningslåset/rattlåset enligt beskrivning i avsnitt 18.

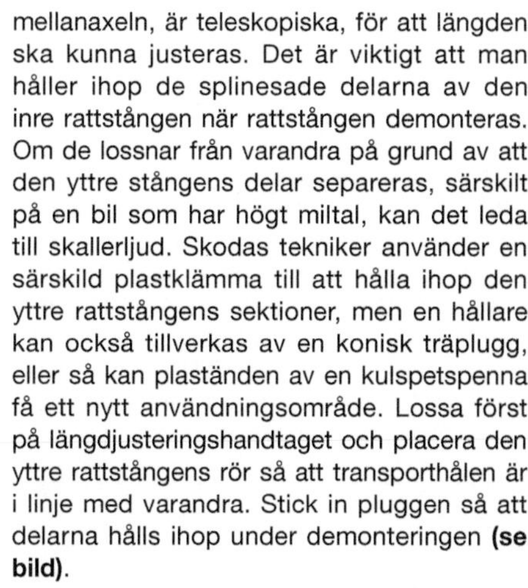

17.16 Stick in ett trästift (eller en plugg) för att hålla ihop rattstångens yttre sektioner under demonteringen

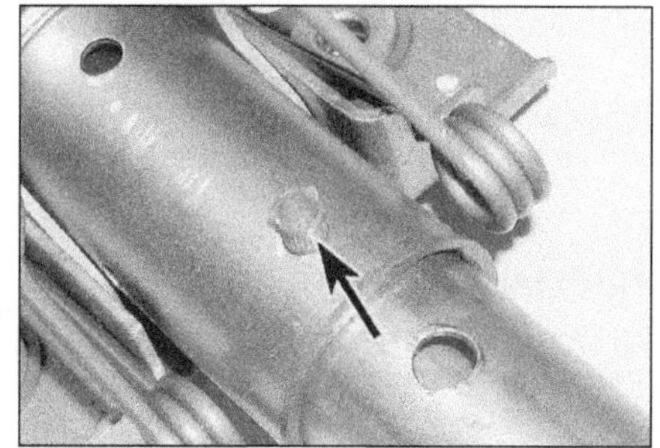

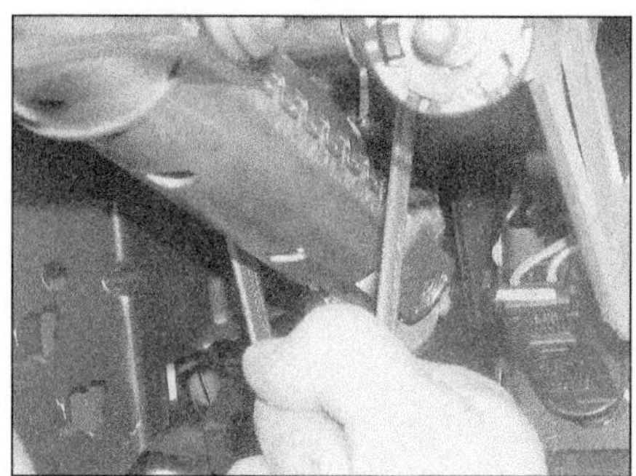

17.17a Lossa muttern . . .

17.17b . . . och ta bort rattstångens nedre fästbult

17.17c Skruva loss de övre fästbultarna . . .

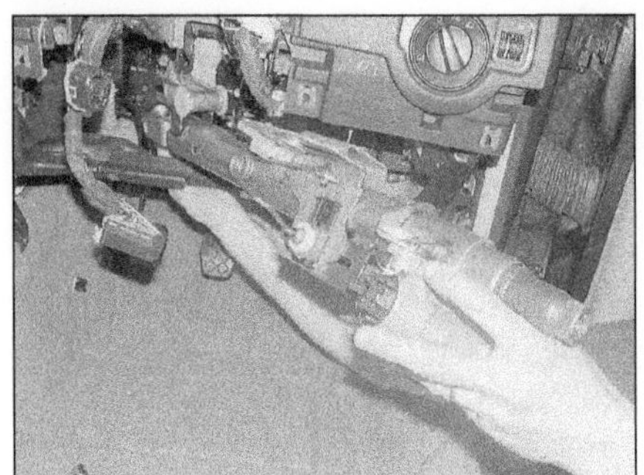

17.17d ... och ta bort rattstången från bilen

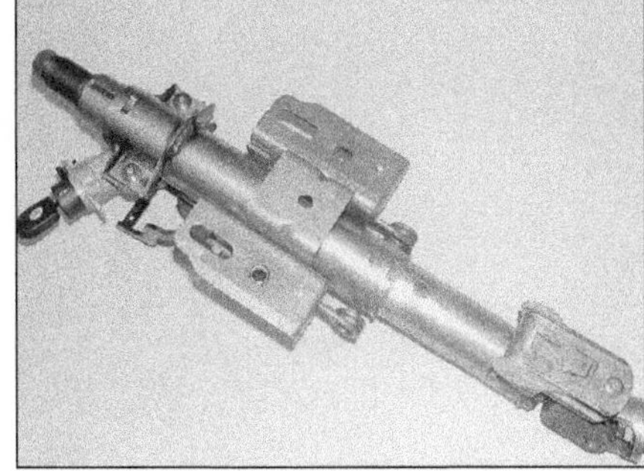

17.17e Rattstången demonterad från bilen

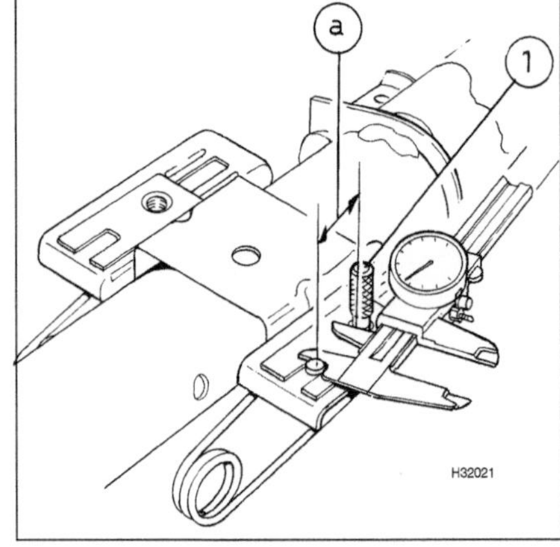

17.19 Mät avståndet mellan rattstångens fästbultshål och stoppstiftet med ett skjutmått

1 Fästbult *a = 23,0 mm*

Kontroll

19 Rattstången är designad så att den ska kollapsa vid en frontalkrock, för att förhindra att ratten skadar föraren. Innan rattstången monteras, undersök den och fästena för att se om de är skadade eller deformerade. Med ett skjutmått, mät avståndet mellan bulthålet och stoppstiftet på den övre fästplattan **(se bild)**. Stick in fästbulten för att göra denna kontroll. Om avståndet inte är 23,0 mm är rattstången skadad och måste bytas ut.

20 Undersök om de inre rattstångssektionerna har fritt spel i bussningarna. Om skador eller slitage upptäcks på rattstångens bussningar, måste hela rattstången bytas ut.

21 Mellanaxeln är permanent ansluten till den inre rattstången och kan inte bytas ut separat **(se bild)**. Undersök om universalknutarna är kraftigt slitna. Om detta är fallet måste hela rattstången bytas ut.

Montering

22 Om en ny rattstång monteras måste rullfästet demonteras från den gamla yttre rattstången och sättas fast på den nya med en ny brytbult **(se bild)**. Borra ut den gamla brytbulten för att ta bort fästet, och ta bort resterna av den gamla bulten. Placera fästet på den nya rattstången och sätt fast det med en ny brytbult. Dra åt bulten tills skallen går av.

23 Montera tändningslåset/rattlåset enligt beskrivning i avsnitt 18.

24 Lägg lite låsvätska på gängorna på fästbultarna. Placera rattstången i fästbygeln och sätt i alla fästbultar löst. Dra åt den nedre fästbulten till angivet moment, dra därefter åt de övre bultarna till angivet moment.

25 Ta bort klämman som håller de teleskopiska rörsektionerna, och ta bort hållaren/vajern från den inre rattstången.

26 Placera universalknuten på styrväxelns pinjongaxel så att urtaget är i linje med bulthålen. Sätt i den nya klämbulten och dra åt den till angivet moment.

27 Sätt tillbaka plastkåpan under pedalfästet och fäst med plastmuttrarna.

28 På modeller med automatväxellåda, med växelväljaren i läge P och startnyckeln i läge "On", för in låsvajern i låshuset tills vajerklämman hakar i. Kontrollera att man kan flytta växelväljarspaken från P-läget. Om inte, se kapitel 7B och justera vajern. Kontrollera också att man bara kan ta bort startnyckeln när växelväljaren står i läge P. När startnyckeln är i läge "Off", ska det inte vara möjligt att flytta växelväljaren ur läge P.

29 Sätt fast kombinationsbrytaren på rattstången, rikta in de tidigare gjorda markeringarna och dra åt klämbulten.

30 Montera plastkåpan över rattlåsets brytbultar och sätt tillbaka buntbandet.

Modeller utan ESP/TCS

31 Sätt tillbaka krockkuddens släpring och kontaktdonet på kombinationsbrytaren.

32 Återanslut kablaget till kombinationsbrytaren.

Modeller med ESP/TCS

33 Montera rattvinkelgivaren och släpringen och se till att fästklackarna hakar i ordentligt.

34 Kontrollera att den gula pricken är synlig (se punkt 8) **(se bild)**. **Observera:** *Givarens grundinställning måste kontrolleras av en Skodaverkstad när den har demonterats eller när ratten har tagits loss och satts tillbaka.*

Alla modeller

35 Sätt tillfälligt tillbaka ratten på rattstångens splines och kontrollera att spelet mellan ratten

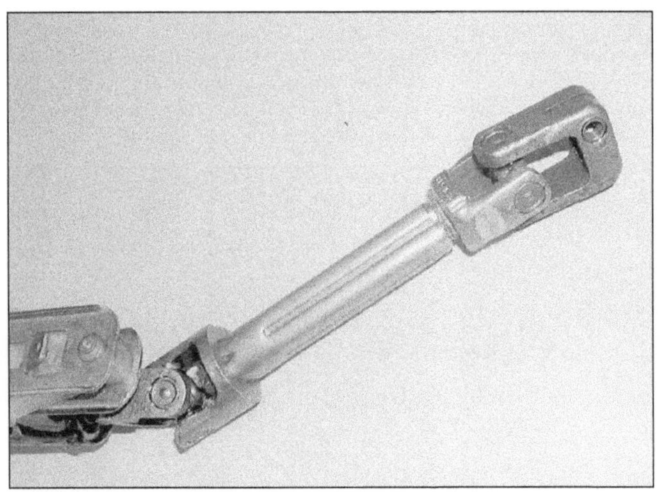

17.21 Mellanaxeln är permanent ansluten till den inre rattstången

17.22 Rullfästet sitter fast i rattstången med en enda brytbult

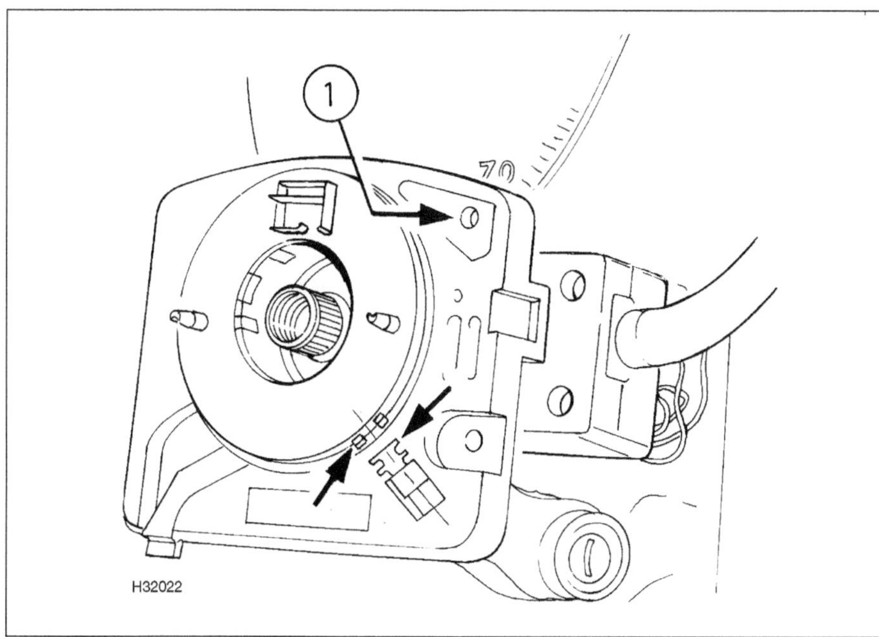

17.34 Rattens vinkelgivare på modeller med ESP och TCS

Den gula pricken måste synas genom hålet (1) när vinkelgivaren är i sitt mittläge (vid pilarna)

och klockfjäderns hus är ungefär 2,5 mm. Om inte, lossa kombinationsbrytarens klämbult och placera om den, dra sedan åt bulten. Ta bort ratten.

36 Sätt tillbaka övre och nedre rattstångskåpor och fäst med skruvarna.

37 Montera höjd- och längdjusteringshandtaget och dra åt skruvarna.

38 Montera instrumentbrädans nedre paneler och förstärkningsplattan. Sätt också tillbaka panelen under instrumentbrädan i förarens fotbrunn.

39 Montera ratten enligt beskrivning i avsnitt 16.

40 Anslut batteriets jordkabel.

18 Tändningslås och rattlås - demontering och montering

Tändningslås

Demontering

1 Koppla loss batteriets negativa (jord-) kabel och placera den på avstånd från batteripolen.

2 Demontera ratten enligt beskrivning i avsnitt 16.

3 Skruva loss skruvarna och ta bort rattstångens höjd- och längdjusteringshandtag.

4 Skruva loss skruvarna och ta bort den nedre kåpan från rattstången, lossa sedan plastklämmorna och ta bort den övre kåpan.

5 Ta bort plastkåpan från rattlåsets brytbultar längst upp på rattstången och lossa buntbandet som håller fast kabelhärvan.

6 Märk upp kombinationsbrytarens position på rattstången, skruva sedan loss klämbulten och ta bort brytaren.

7 Dra försiktigt bort kontaktdonet från tändningslåset **(se bild)**.

8 Ta bort låsfärgen från tändningslåsets fästskruvar, lossa dem sedan en aning och dra ut tändningslåset från rattlåshuset.

Montering

9 Sätt i startnyckeln och vrid den till läge "On". Vrid också tändningslåset till samma läge.

10 Sätt försiktigt in tändningslåset i huset, sätt sedan in skruvarna och dra åt dem ordentligt. Lås skruvarna genom att lägga på lite färg över skallarna och på huset.

11 Anslut kontaktdonet till tändningslåset.

12 Sätt fast kombinationsbrytaren på rattstången, rikta in markeringarna som gjordes tidigare och dra åt klämbulten.

13 Sätt tillbaka plastkåpan på rattlåsets brytbultar och fäst kabelhärvan med ett buntband.

18.7 Tändningslåsets kontaktdon

14 Montera rattstångskåporna och dra åt skruvarna.

15 Montera höjd- och längdjusteringshandtaget och dra åt skruvarna.

16 Montera ratten enligt beskrivning i avsnitt 16.

17 Anslut batteriets jordkabel.

Rattlås

Demontering

18 Koppla loss batteriets negativa (jord-) kabel och placera den på avstånd från batteripolen.

19 Demontera ratten enligt beskrivning i avsnitt 16.

20 Skruva loss skruvarna och ta bort rattstångens höjd- och längdjusteringshandtag.

21 Skruva loss skruvarna och ta bort den nedre kåpan från rattstången, dra sedan ut och ta bort den övre kåpan.

22 Ta bort plastkåpan från rattlåsets brytbultar uppe på rattstången och ta loss buntbandet som håller kabelhärvan.

23 Märk upp kombinationsbrytarens position på rattstången, skruva sedan loss klämbulten och ta bort brytaren.

24 På modeller med automatväxellåda, ställ växelväljaren i läge P, vrid sedan startnyckeln till läge "On". Lossa vajerklämman genom att trycka den uppåt eller nedåt (beroende på typ), dra sedan ut rattlåsets låsvajer.

25 Dra försiktigt loss kontaktdonet från tändningslåset. Koppla också loss kablaget från startnyckelns immobiliserspole.

26 Låset sitter fast i den yttre rattstången med brytbultar **(se bild)**, och skallarna dras av vid åtdragningen. För att ta bort de gamla bultarna, borra antingen ut dem, eller använd en vass huggmejsel till att kapa av det som är kvar av skallarna eller vrida dem moturs. Ta sedan loss låset från rattstången.

27 Om så behövs kan låscylindern tas bort från rattlåshuset enligt följande. **Observera:** *Låscylindern kan tas bort med låset på plats om man tar bort ratten, kåporna och kombinationsbrytaren.* Stick in startnyckeln och vrid den till "On"-läget. Stick in en bit 1,2 mm tjock vajer i hålet bredvid startnyckeln, tryck ner den och ta sedan ut låscylindern från huset.

18.26 Rattlåset sitter fast i den yttre rattstången med brytbultar

Montering

28 Om låscylindern har demonterats, montera denna med startnyckeln i "On"-läget, ta sedan bort vajern. Se till att immobiliserspolens anslutning placeras korrekt i styrningen när låscylindern sätts in.

29 Placera låset på den yttre rattstången och sätt i de nya brytbultarna. Dra åt bultarna tills deras skallar går av.

30 Anslut kontaktdonet till tändningslåset och startnyckelns immobiliserspole.

31 På modeller med automatväxellåda, med växelväljaren i läge P och startnyckeln i "On"-läget, för in låsvajern i låshuset tills vajerklämman hakar i. Kontrollera att det är möjligt att flytta växelväljaren ur P-läget. Om inte, se kapitel 7B och justera vajern. Kontrollera också att det bara är möjligt att ta bort startnyckeln när växelväljaren står i läge P. Med startnyckeln i "Off"-läget ska man inte kunna flytta växelväljaren ur P-läget.

32 Placera kombinationsbrytaren på rattstången, rikta in markeringarna som gjordes tidigare och dra åt klämbulten.

33 Sätt tillbaka plastkåpan över rattlåsets brytbultar och fäst kabelhärvan med ett buntband.

34 Montera övre och nedre kåpor och dra åt skruvarna.

35 Montera höjd- och längdjusteringshandtaget och dra åt skruvarna.

36 Montera ratten enligt beskrivning i avsnitt 16.

37 Anslut batteriets jordkabel.

Tändningslåsets låscylinder

Demontering

38 Koppla loss batteriets negativa (jord-) kabel och placera den på avstånd från batteripolen.

39 Demontera ratten enligt beskrivning i avsnitt 16.

40 Skruva loss skruvarna och ta bort rattstångens höjd- och längdjusteringshandtag.

41 Skruva loss skruvarna och ta bort den nedre kåpan från rattstången, lossa sedan plastklämmorna och ta bort den övre kåpan.

42 Koppla loss kablaget från givarspolen.

43 Stick in startnyckeln och vrid den till läget för "tändning på".

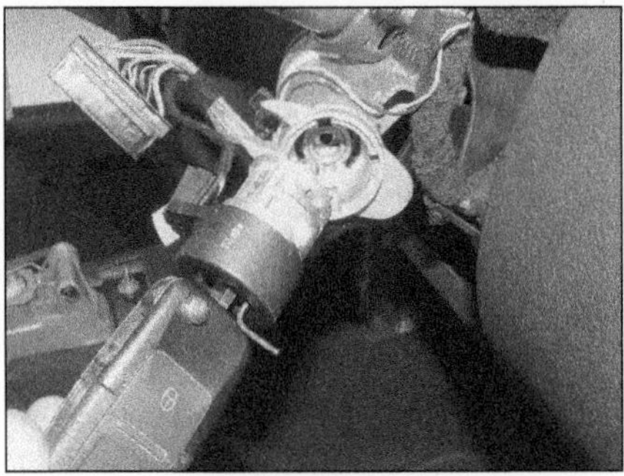

18.44 Ta ut tändningslåsets låscylinder ur huset

44 Stick in en 1,5 mm tjock vajer eller borr helt i hålet i låscylindern bredvid nyckeln, dra sedan ut nyckeln, låscylindern och givaren ur huset **(se bild)**.

Montering

45 Montering sker i omvänd ordning mot demonteringen.

19 Styrväxel - demontering, renovering och montering

Observera: *Nya fästbultar till framvagnsramen, muttrar till styrlederna, fästbultar till styrväxeln och en klämbult till mellanaxelns universalknut kommer att behövas vid monteringen.*

Demontering

1 Dra åt handbromsen, lyft upp framvagnen och stötta den på pallbockar som placeras under underredet, så att framvagnsramen förblir fri (se *Lyftning och stödpunkter*). Ställ styrningen rakt framåt och ta sedan bort båda framhjulen. Ta också bort kåpan under motorrummet.

2 Inne i bilen, skruva loss skruvarna och ta bort plastkåpan för att komma åt den universalknut som ansluter den inre rattstången till styrväxelns pinjong. Skruva loss och ta bort klämbulten och dra loss universalknuten från pinjongens splines. **Observera:** *Styrväxelns pinjong har ett urtag för klämbulten och därför kan knuten endast monteras på ett sätt.* Kasta klämbulten, en ny måste användas vid monteringen.

3 Sätt en slangklämma på vätskereturslangen som går från styrväxeln till servostyrningsvätskans behållare. Sätt också en slangklämma på servostyrningspumpens vätskeinloppsslang.

4 Arbeta på en sida i taget, skruva loss muttrarna från styrlederna, använd sedan en avdragare till att lossa styrlederna från styrarmarna på de främre hjullagerhusen.

5 Skruva loss de två bultarna som håller det bakre motor/växellådsfästet till undersidan av växellådan **(se bild)**. Kasta båda bultarna, nya måste användas vid monteringen. Låt fästet sitta kvar på framvagnsramen.

6 Stötta framvagnsramen så att dess vikt hålls upp med en garagedomkraft. Märk upp hur de bultar sitter som håller framvagnsramen till underredet och skruva sedan loss dem. Det sitter fyra bultar på var sida av framvagnsramen.

7 Placera en lämplig behållare under styrväxeln för att samla upp spilld vätska.

8 Sänk ner framvagnsramen en aning så att det går att komma åt vätsketillförsel- och returanslutningarna på styrväxeln, och för samtidigt ut pinjongaxeln från gummigenomföringen i golvet. Skruva loss anslutningsbultarna och koppla loss ledningarna, och ta vara på koppartätningsbrickorna **(se bild)**. Tejpa över eller plugga igen ändarna av ledningarna och öppningarna i styrväxeln för att förhindra att det kommer in smuts och damm i hydraulsystemet. Ledningsändarna kan lindas in i en plastpåse om så önskas.

9 Skruva loss bulten och muttern och lossa returledningen från framvagnsramen/styrväxeln. Flytta returledningen åt sidan.

10 Skruva loss fästbultarna och ta bort styrväxeln från framvagnsramen bakåt. Notera att fästet på passagerarsidan av styrväxeln har en klämma och ett gummifäste **(se bild)**. Undersök om fästet är slitet eller skadat och byt ut det om så behövs. Kasta styrväxelns fästbultar, nya måste användas vid monteringen.

Renovering

11 Undersök om styrväxeln är sliten eller skadad, och kontrollera att kuggstången kan röra sig fritt längs hela sin rörelsebana, utan tecken på ojämnheter eller överdrivet fritt spel mellan pinjongen och kuggstången. Man kan

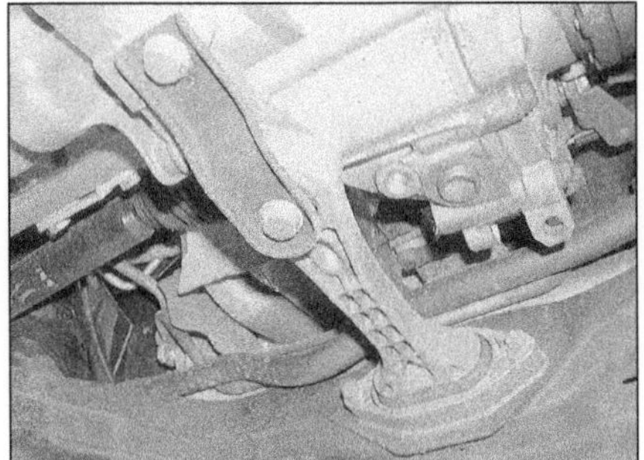

19.5 Motorns/växellådans bakre fäste

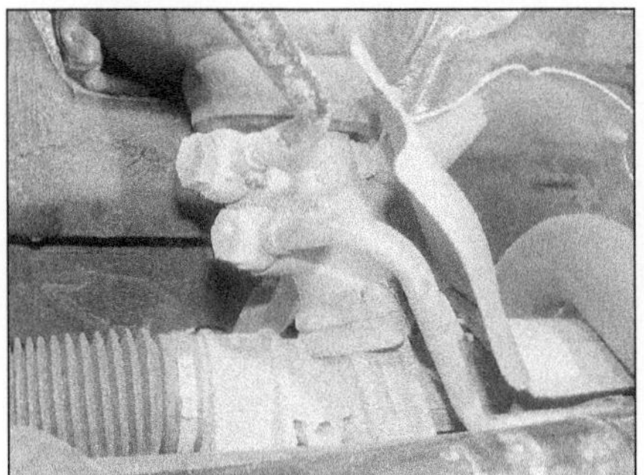

19.8 Hydraulvätskeledningar anslutna till styrväxeln

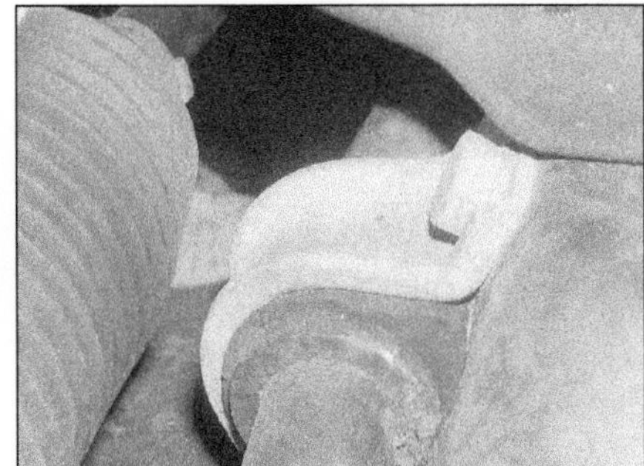

19.10 Styrväxelns fäste på passagerarsidan

inte renovera styrväxelns komponenter, utan om den är defekt måste hela enheten bytas ut. De enda delar som kan bytas ut separat är styrväxelns damasker, styrlederna och styrstagen, enligt beskrivning längre fram i det här kapitlet.

Montering

12 Placera styrväxeln på framvagnsramen och sätt i de nya fästbultarna. Se till att styrstiftet är korrekt monterat. Dra åt bultarna till angivet moment för steg 1 och sedan till vinkeln för steg 2.

13 Anslut returledningen till framvagnsramen/styrväxeln och dra åt bulten och muttern. Avståndet mellan styrväxeln och returledningen måste vara ungefär 10 mm.

14 Anslut vätsketillförsel- och returledningarna till styrväxeln, tillsammans med nya kopparbrickor på var sida om anslutningarna. Dra sedan åt anslutningsbultarna till angivet moment.

15 Lyft upp framvagnsramen och för samtidigt in styrväxelpinjongens axel genom gummigenomföringen i golvet. Sätt i de nya framvagnsbultarna och dra åt dem till angivet moment och angiven vinkel.

16 Rikta in motorns/växellådans bakre fäste mot växellådan och sätt i nya fästbultar. Dra åt bultarna till angivet moment för steg 1 och därefter till angiven vinkel för steg 2 (se kapitel 2A, 2B eller 2C – efter tillämplighet).

17 Sätt tillbaka styrlederna på styrarmarna, skruva på de nya muttrarna och dra åt dem till angivet moment.

18 Ta bort slangklämmorna från bränsletillförsel- och returslangarna.

19 Inne i bilen, placera rattstångens universalknut på pinjongaxeln, se till att urtaget hamnar i linje med bulthålen. Sätt i den nya bulten och dra åt den till angivet moment.

20 Kontrollera att gummigenomföringen sitter som den ska i golvet, sätt sedan tillbaka plastkåpan och fäst den med skruvarna.

21 Montera kåpan under motorrummet, sätt därefter tillbaka hjulen och sänk ner bilen på marken. Avsluta med att kontrollera och, om så behövs, justera framhjulsinställningen enligt beskrivning i avsnitt 24.

20 Styrväxelns gummidamasker och styrstag – byte

Styrväxelns damasker

1 Demontera styrleden enligt beskrivning i avsnitt 23.

2 Notera hur damasken sitter fast på styrstaget, lossa sedan fästklämman och dra av damasken från styrväxelhuset och styrstaget.

3 Torka av styrstaget och styrväxelhuset, lägg sedan på ett lager lämpligt fett på kuggstångens yta. För att göra detta, vrid ratten så mycket som behövs för att kuggstången ska komma ut helt hur huset, placera den sedan i mittenläget igen.

4 För försiktigt på den nya damasken på styrstaget och placera den på styrväxelhuset. Placera damasken enligt tidigare gjord notering och se till att den inte blir vriden. Lyft sedan upp den yttre tätningsläppen på damasken för att jämna ut lufttrycket i damasken.

5 Fäst damasken på plats med nya fästklämmor. Om klämmor av den typ som ska pressas ihop används, dra åt klämman så hårt som möjligt och placera krokarna i urtagen. Ta bort slack i klämman genom att försiktigt pressa ihop den upphöjda delen. Om en särskild krimptång inte finns till hands kan man använda en sidavbitare, men var då försiktig så att du inte kapar av klämman.

6 Montera styrleden enligt beskrivning i avsnitt 23.

Styrstag

7 Ta bort relevant gummidamask enligt beskrivningen ovan. Om det blir för trångt att ha styrväxeln monterad på bilen, demontera den enligt beskrivning i avsnitt 19 och sätt fast den i ett skruvstäd medan styrstaget byts ut.

8 Håll kuggstången stilla med en nyckel på de plana sektionerna, lossa sedan styrledens mutter med en annan nyckel. Skruva loss muttern helt och ta bort styrstaget från kuggstången.

9 Placera det nya styrstaget på änden av kuggstången och skruva på muttern. Håll kuggstången stilla med en nyckel och dra åt styrledens mutter till angivet moment. En s.k "kråkfot" (adapter) kan behövas eftersom styrstaget gör att man inte kan komma åt med en hylsa, och man måste här vara noga med att dra åt till exakt det angivna momentet.

10 Montera styrväxeln eller gummidamasken enligt beskrivning i tidigare punkter eller avsnitt 19. Avslutningsvis, kontrollera och om så behövs justera framhjulsinställningen enligt beskrivning i avsnitt 24.

21 Servostyrningssystem – luftning

1 Med motorn avslagen, använd en skruvmejsel till att skruva loss locket uppe på servostyrningsvätskans behållare, som sitter på höger sida i motorrummet. Torka av mätstickan, som sitter fast i locket, skruva sedan fast locket igen. Ta av locket en gång till och kontrollera nu vätskenivån på mätstickan. Fyll på vätska tills nivån når MAX-märket. Använd vätska som rekommenderas i *Smörjmedel och vätskor* i början av handboken.

2 Lyft tillfälligt upp framvagnen, vrid sedan ratten från sida till sida till fullt utslag tio gånger, för att tvinga ut luft i systemet. Fyll på vätska i behållaren. Upprepa detta moment tills nivån i behållaren inte längre sjunker. Sänk sedan ner bilen på marken.

3 Låt en medhjälpare starta motorn medan du håller ett öga på vätskenivån. Var beredd på att fylla på mer vätska när motorn startar, eftersom vätskenivån kan sjunka snabbt. Vätskenivån måste alltid hållas över MIN-markeringen.

4 Låt motorn gå på tomgång, vrid ratten långsamt från sida till sida tio gånger. Håll inte kvar ratten vid fullt utslag, eftersom detta belastar hydraulsystemet onödigt mycket. Upprepa momentet tills du inte längre kan se några luftbubblor i vätskebehållaren.

5 Om ett underligt ljud hörs från vätskeledningarna när ratten vrids, tyder det på att det fortfarande finns luft i systemet. Undersök detta genom att vrida hjulen till läget rakt framåt och slå av motorn. Om vätskenivån i behållaren stiger finns det luft i systemet och ytterligare luftning behövs då.

6 När all luft har släppts ut ur servostyrningssystemet, slå av motorn och låt systemet svalna. När det har svalnat, kontrollera att vätskenivån är vid MAX-märket på vätskebehållaren och fyll på om så behövs. Dra till sist åt locket på vätskebehållaren.

22 Servostyrningspump – demontering och montering

Observera: *Nya koppartätningsbrickor till tillförselrörets anslutning behövs vid monteringen.*

Demontering

1 Dra åt handbromsen, lyft upp framvagnen och stötta den på pallbockar (se *Lyftning och stödpunkter*). Demontera kåpan under motorrummet.

2 Använd en insexnyckel till att hålla mitten av pumpens drivfläns stilla, **lossa endast** de bultar som håller remskivan till servostyrningspumpen. Ta inte bort dem i det här läget. Beroende på motortyp kan servostyrningspumpen vara monterad antingen ovanför eller under generatorn.

3 Märk drivremmen med dess rotationsriktning, demontera den sedan enligt beskrivning i kapitel 1A eller 1B.

4 Skruva loss och ta bort bultarna och ta bort remskivan från servostyrningspumpen.

5 Sätt fast en slangklämma på den slang som går från vätskebehållaren till servostyrningspumpen.

6 Placera en lämplig behållare under pumpen för att samla upp spilld vätska, lossa sedan klämman och koppla loss tillförselslangen **(se bild på nästa sida)**. Notera att slangen och röränden på pumpen har inställningsmärken för att försäkra korrekt återmontering. Skodas tekniker använder ett särskilt verktyg till att ta bort klämman, men det bör vara möjligt att ta bort den med en tång.

7 Skruva loss anslutningsbulten och koppla

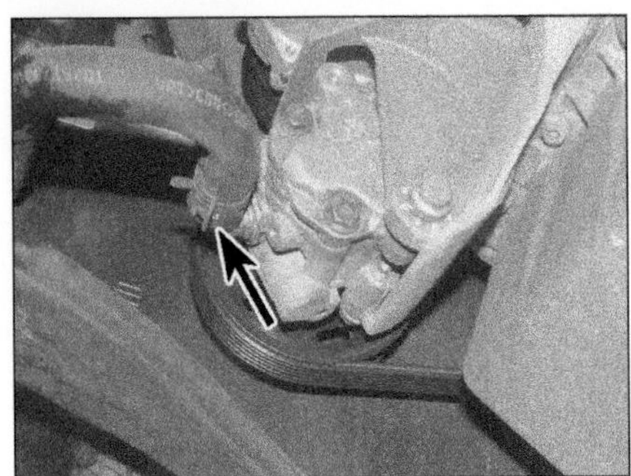

22.6 Klämma som håller vätsketillförselslangen till servostyrningspumpen

loss tryckslangens anslutning från pumpen. Ta vara på koppartätningsbrickorna. Tejpa över eller plugga igen ändarna av slangarna och öppningarna i pumpen för att förhindra att smuts och damm kommer in i hydraulsystemet. Änden av tryckledningen kan lindas in i en plastpåse om så önskas. På vissa modeller sitter servostyrningssystemets tryckbrytare på anslutningsbulten och i så fall måste man koppla loss dess kablage innan bulten skruvas loss.

8 Skruva loss och ta bort de tre fästbultarna från pumpens remskiveände, och den ensamma fästbulten från pumpens motorände. Ta bort servostyrningspumpen från motorn.

Montering

9 Innan pumpen monteras igen (och särskilt om en ny pump monteras), prima den med ny servostyrningsvätska enligt följande. Placera pumpen i en behållare med tillförselslangens anslutningsrör överst. Häll hydraulvätska i anslutningsröret och vrid remskivans drivfläns medurs för hand tills vätska kommer ut ur tryckslangens öppning.

10 Luta pumpen för att hålla kvar vätskan, placera den sedan i motorrummet och sätt fast tillförselslangen och klämman. Se till att inställningsmärket på slangen hamnar i linje med sömmen på anslutningsröret på pumpen.

11 Placera pumpen i fästbygeln och säkra med fästbultarna, som ska dras åt till angivet moment.

12 Koppla fast tryckslangsanslutningen, tillsammans med nya koppartätningsbrickor, och dra åt till angivet moment. Om så är tillämpligt, anslut kablaget till tryckbrytaren.

13 Ta bort slangklämman från tillförselslangen.

14 Placera remskivan på pumpen, sätt i bultarna och dra åt dem ordentligt medan drivflänsen hålls fast med en insexnyckel.

15 Montera drivremmen enligt beskrivning i kapitel 1A eller 1B.

16 Montera kåpan under motorrummet, sänk sedan ner bilen på marken.

17 Lufta sedan servostyrningssystemet enligt beskrivning i avsnitt 21.

23 Styrled – demontering och montering

Observera: *En ny fästbult till styrleden kommer att behövas vid monteringen.*

Demontering

1 Dra åt handbromsen, lyft upp framvagnen och stötta den på pallbockar (se *Lyftning och stödpunkter*). Ta bort aktuellt hjul.

2 Om styrleden ska återanvändas, märk upp dess position i förhållande till styrstaget för att underlätta monteringen.

3 Skruva loss styrledens låsmutter ett kvarts varv. Rubba sedan inte låsmuttern ur detta läge, eftersom den tjänar som en händig referenspunkt vid monteringen.

4 Lossa och ta bort den mutter som håller styrleden till hjullagerhuset, och lossa ledens koniska skaft med en universell styrledsavdragare. Notera att ledens skaft har ett sexkantigt hål – håll fast skaftet med en insexnyckel medan muttern lossas **(se bilder)**.

5 Skruva nu loss styrleden från styrstaget, och räkna samtidigt exakt hur många varv som behövs för att den ska lossna **(se bild)**.

6 Rengör styrleden och gängorna noggrant. Byt ut leden om dess rörelse är slapp eller för stel, om den är kraftigt sliten eller skadad på något sätt; undersök noggrant konan och gängorna. Om styrledens damask är skadad, måste hela styrleden bytas ut, eftersom man inte kan köpa damasker separat.

Montering

7 Skruva fast styrleden på styrstaget med det antal varv som räknades vid demonteringen. Detta bör placera styrleden i ett läge inom ett kvarts varv på låsmuttern, så att de markeringar som gjordes innan demonteringen (om tillämpligt) hamnar i linje. Dra sedan åt låsmuttern.

8 Sätt fast styrledens skaft i styrarmen på hjullagerhuset, sätt på en ny fästmutter och dra åt den till angivet moment. Håll fast skaftet med en insexnyckel om så behövs.

9 Montera hjulet, sänk sedan ner bilen på marken och dra åt hjulbultarna till angivet moment.

10 Kontrollera framhjulens toe-inställning och justera om så behövs, enligt beskrivning i avsnitt 24.

24 Hjulinställning och styrvinklar – allmän information

Definitioner

1 En bils styrnings- och fjädringsgeometri definieras med hjälp av tre grundinställningar – alla vinklar som uttrycks i grader; styraxeln definieras som en tänkt linje som dras genom fjäderbenets axel och om så behövs ner till marken.

2 Camber är vinkeln mellan varje hjul och en vertikal linje som dras genom hjulets mitt och däckets kontaktyta med underlaget, sett framifrån eller bakifrån. Positiv camber är när hjulen lutar utåt från vertikallinjen i ovankanten; negativ camber är när de lutar inåt.

3 Cambervinkeln justeras på tidiga modeller genom att man flyttar den nedre länkarmens spindelled, och på senare modeller genom att man lossar framvagnsramens fästbultar och flyttar den en aning åt sidan. Detta ändrar också castervinkeln. Cambervinkeln kan kontrolleras med hjälp av en cambervinkelmätare.

4 Caster är vinkeln mellan styraxeln och en vertikal linje som dras genom hjulets mitt och däckets kontaktyta mot underlaget, sett från sidan. Positiv caster föreligger när styraxeln lutar så att den når marken framför vertikallinjen; negativ caster är när den når marken bakom vertikallinjen. Man kan justera

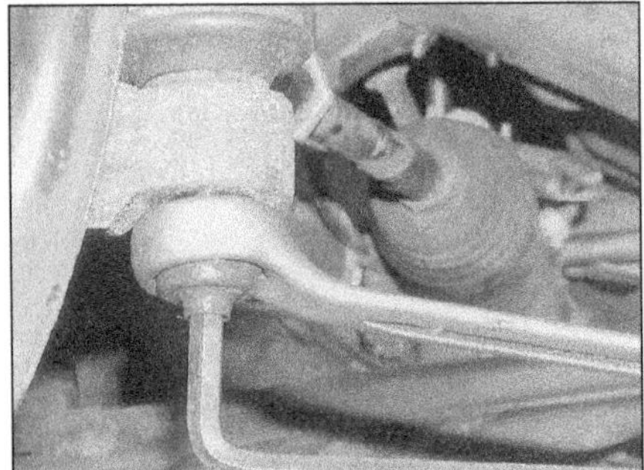

23.4a Använd en insexnyckel till att hålla fast styrledens skaft medan muttern lossas

23.4b En avdragare används till att lossa styrleden från styrarmen på hjullagerhuset

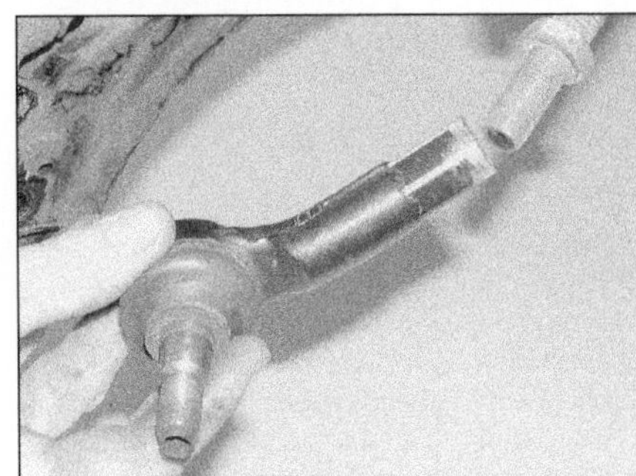

23.5 Skruva loss styrleden från styrstaget

castervinkeln en aning genom att lossa framvagnsramens fästbultar och flytta den lite åt sidan. Detta ändrar även cambervinkeln.

5 Castervinkeln är inte lätt att justera, och den anges endast som referens. Vinkeln kan kontrolleras med en castervinkelmätare, men om resultatet skiljer sig märkvärt från den som anges, måste bilen tas till en professionell verkstad för kontroll, eftersom problemet endast kan bero på slitage eller skador på karossen eller fjädringens komponenter.

6 **Toe** är skillnaden, sett ovanifrån, mellan linjer som dragits genom hjulens mitt och bilens mittlinje. Toe-in föreligger när hjulen pekar inåt mot varandra i framkanten, toe-ut när de pekar utåt från varandra.

7 Framhjulens toe-inställning justeras genom att man skruvar styrstaget (-en) in i/ut ur den (de) yttre styrleden (-lederna), så att man helt enkelt ändrar styrstagets (-stagens) längd.

8 Bakhjulens toe-inställning kan inte justeras, och siffran anges endast som referens. Inställningen kan kontrolleras, men om resultatet skiljer sig märkvärt från den som anges, måste bilen tas till en professionell verkstad för kontroll, eftersom problemet endast kan bero på slitage eller skador på karossen eller fjädringens komponenter.

Kontroll och justering

Framhjulens toe-inställning

9 På grund av den särskilda mätutrustning som behövs för kontroll av hjulinställningen, och de kunskaper som behövs för att använda den på rätt sätt, är det bäst att överlämna kontroll och justering av dessa inställningar till en Skodahandlare eller annan expert. De flesta däckverkstäder har också sofistikerad kontrollutrustning.

10 För att kunna kontrollera toe-inställningen behöver man en särskild mätare. Det finns två typer av mätinstrument, som kan införskaffas hos biltillbehörsbutiker. Den första typen mäter avståndet mellan de främre och bakre kanterna på insidan av hjulen, som tidigare har beskrivits, med bilen stillastående. Den andra typen, en slags "hasplåt", mäter den faktiska positionen för däckets kontaktyta i relation till vägytan, med bilen i rörelse. Detta uppnås genom att man skjuter eller kör framhjulet över en platta, som då rör sig något i enlighet med däckets hasning, vilket visas på en skala. Båda typerna har sina för- och nackdelar, men båda kan ge goda resultat om de används korrekt och med noggrannhet.

11 Se till att styrningen står i läget rakt framåt när mätningen görs.

12 Om justering behövs, dra åt handbromsen, lyft upp framvagnen och stötta den säkert på pallbockar (se *Lyftning och stödpunkter*). Vrid ratten till fullt utslag åt vänster, och notera hur många gängor som nu syns på höger styrstag. Vrid sedan ratten till fullt utslag åt höger, och notera hur många gängor som syns på vänster styrstag. Om samma antal gängor syns på båda sidor, ska efterföljande justering göras lika på båda sidor. Om fler gängor syns på en sida, måste man kompensera för detta vid justeringen.

13 Rengör först styrstagens gängor; om de är korroderade, lägg på rostolja innan justeringen påbörjas. Lossa gummidamaskernas yttre klämmor, dra undan damaskerna och lägg på lite fett. Detta gör att båda damaskerna kan röra sig fritt och inte kommer att bli vridna eller belastade när deras respektive styrstag roteras.

14 Håll fast styrstaget med en lämplig nyckel och lossa styrledens låsmutter helt. Ändra längden på styrstaget genom att skruva den in i eller ut ur styrleden. Vrid runt styrstaget med en öppen nyckel placerad på de plana ytorna; om styrstagen förkortas (skruvas in i styrlederna) minskar toe-in/ökar toe-ut.

15 När inställningen är korrekt, håll fast styrstaget och dra åt styrledens låsmutter till angivet moment. Om rattens ekrar efter justeringen inte längre är horisontella när hjulen står rakt framåt, ta loss ratten och placera om den (se avsnitt 16).

16 Kontrollera att toe-inställningen har justerats korrekt genom att sänka ner bilen på marken och kontrollera inställningen igen; justera igen om så behövs. Se till att gummidamaskerna placeras korrekt, så att de inte blir vridna eller belastade, säkra dem sedan på plats med fästklämmorna. Om så behövs, montera en ny fästklämma (se avsnitt 20).

Bakhjulens toe-inställning

17 Kontroll av bakre toe-inställning utförs på samma sätt som den främre inställningen, som beskrivs i punkt 10. Inställningen kan inte justeras – se punkt 8.

Främre camber- och castervinklar

18 Kontroll och justering av framhjulens cambervinkel ska överlåtas till en Skoda-verkstad eller en annan lämpligt utrustad specialist. De flesta däckverkstäder har nu sofistikerad testutrustning.

Kapitel 11
Kaross och detaljer

Innehåll

Svårighetsgrader

Enkelt, passar novisen med lite erfarenhet 	**Ganska enkelt,** passar nybörjaren med viss erfarenhet 	**Ganska svårt,** passar kompetent hemmamekaniker 	**Svårt,** passar hemmamekaniker med erfarenhet 	**Mycket svårt,** för professionell mekaniker 

Specifikationer

Åtdragningsmoment

	Nm
Bakluckans gångjärn, fästbultar	15
Bakre säkerhetsbälte:	
Kombikupé	35
Kombi	40
Dörrarnas gångjärn	32
Dörrgångjärnets (övre) skruvstift (endast modeller fram till 12/99)	20
Dörrlåsens fästbultar	30
Framsätets fästesbultar	23
Främre säkerhetsbälte:	
Utan bältessträckare	40
Med bältessträckare	35
Främre säkerhetsbältets höjdjustering	22
Låsspärr	30
Motorhuvens gångjärn, fästbultar	22
Motorhuvens lås	14
Stötfångare	8
Stötfångarens tvärbalk:	
Främre stötfångare	23
Bakre stötfångare	20

1 Allmän information

Karossen är tillverkad av sektioner av pressat stål och finns som 5-dörrars kombikupé eller kombi. De flesta delarna är svetsade, men till viss del används också lim. De främre skärmarna är fastskruvade.

Motorhuven, dörren och vissa andra utsatta paneler är tillverkade av zinkbehandlad metall, som skyddas ytterligare av ett lager motståndskraftig primer innan de sprutlackeras.

Plast används i stor utsträckning, särskilt i inredningen, men även i yttre detaljer. Främre och bakre stötfångare, och den främre grillen, är formgjutna av ett syntetiskt material som är mycket starkt och lätt. Plastdelar, som hjulhusens innerskärmar, sitter på undersidan av bilen för att förbättra karossens motståndskraft mot korrosion.

2 Underhåll – kaross och underrede

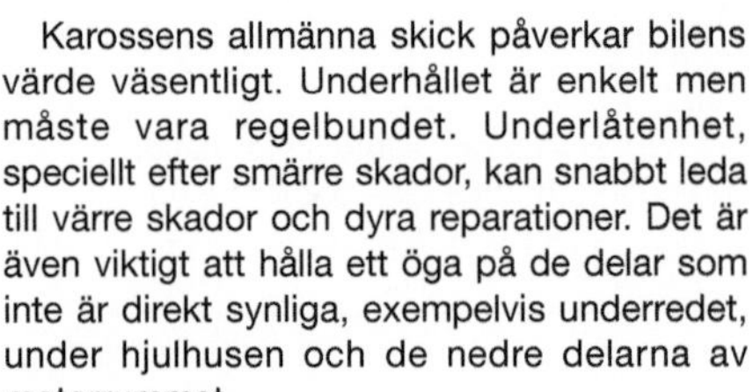

Karossens allmänna skick påverkar bilens värde väsentligt. Underhållet är enkelt men måste vara regelbundet. Underlåtenhet, speciellt efter smärre skador, kan snabbt leda till värre skador och dyra reparationer. Det är även viktigt att hålla ett öga på de delar som inte är direkt synliga, exempelvis underredet, under hjulhusen och de nedre delarna av motorrummet.

Tvättning utgör det grundläggande underhållet av karossen – helst med stora mängder vatten från en slang. Detta tar bort all lös smuts som har fastnat på bilen. Det är viktigt att spola bort smutsen på ett sätt som inte skadar lacken. Hjulhusen och underredet måste tvättas rena från lera på samma sätt. Fukten som binds i leran kan annars leda till rostangrepp. Den bästa tidpunkten för tvätt av underrede och hjulhus är när det regnar, eftersom leran då är blöt och mjuk. Vid körning i mycket våt väderlek spolas vanligen underredet av automatiskt, vilket ger ett bra tillfälle för kontroll.

Med undantag för bilar med vaxade underreden, är det bra att periodvis rengöra hela undersidan av bilen med ångtvätt, inklusive motorrummet. En grundlig kontroll kan då göras och man kan se vilka åtgärder och mindre reparationer som behöver utföras. Ångtvätt finns hos bensinstationer och verkstäder och behövs när man ska ta bort de ansamlingar av oljeblandad smuts som ibland lägger sig tjockt i vissa utrymmen. Om en ångtvätt inte finns tillgänglig finns det några utmärkta avfettningsmedel på marknaden, som man stryker på med en pensel för att sedan spola bort tillsammans med smutsen. Observera att ingen av ovan beskrivna metoder ska användas på bilar med vaxade underreden, eftersom de tar bort vaxet. Bilar med vaxade underreden bör kontrolleras årligen, helst på senhösten. Underredet bör då tvättas av så att skador i vaxlagret kan undersökas och åtgärdas. Helst ska ett helt nytt lager vax läggas på. Överväg även att spruta in vaxbaserat skydd i dörrpaneler, trösklar, balkar och liknande som ett extra rostskydd där tillverkaren inte redan åtgärdat den saken.

Torka av lacken med sämskskinn efter tvätten så att den får en fin yta. Ett lager genomskinlig skyddsvax ger förbättrat skydd mot kemiska föroreningar i luften. Om lacken mattats eller oxiderats kan ett kombinerat tvätt- och polermedel återställa glansen. Detta kräver lite arbete, men sådan mattning orsakas vanligen av slarv med regelbundenheten i tvättning. Bilar med metalliclacker kräver extra försiktighet och speciella slipmedelsfria rengörings-/polermedel krävs för att inte ytan ska skadas. Kontrollera alltid att dräneringshål och rör i dörrar och ventilation är öppna så att vatten kan rinna ut. Kromade ytor ska behandlas på samma sätt som lackerade. Glasytor kan hållas fria från smutshinnor med hjälp av glastvättmedel. Vax eller andra medel för polering av lack eller krom ska aldrig användas på glas.

3 Underhåll – klädsel och mattor

Mattorna ska borstas eller dammsugas med jämna mellanrum så att de hålls rena. Om de är svårt nedsmutsade kan de tas ut ur bilen och skrubbas. Se i så fall till att de är helt torra innan de läggs tillbaka i bilen. Säten och klädselpaneler kan torkas rena med en fuktig trasa och speciella rengöringsmedel. Om de smutsas ner (vilket förstås är mer synligt i ljusa inredningar) kan lite flytande tvättmedel och en mjuk nagelborste användas till att skrubba ut smutsen ur materialet. Glöm inte takets insida, håll det rent på samma sätt som klädseln. När flytande rengöringsmedel används inne i en bil får de tvättade ytorna inte överfuktas. För mycket fukt kan komma in i sömmar och stoppning och framkalla fläckar, störande lukter eller till och med röta. Om insidan av bilen blir mycket blöt är det mödan värt att torka ur den ordentligt, särskilt mattorna. Lämna dock inte olje- eller eldrivna värmare i bilen för detta ändamål.

4 Mindre karosskador – reparation

Repor

Om en repa är mycket ytlig och inte har trängt ner till karossmetallen är reparationen mycket enkel att utföra. Gnugga det skadade området helt lätt med lackrenoveringsmedel eller en mycket finkornig slippasta så att lös lack tas bort från repan och det omgivande området befrias från vax. Skölj med rent vatten.

Lägg på bättringslack på repan med en fin pensel. Lägg på i många tunna lager till dess att ytan i repan är i jämnhöjd med den omgivande lacken. Låt den nya lacken härda i minst två veckor, jämna sedan ut den mot omgivande lack genom att gnugga hela området kring repan med lackrenoveringsmedel eller en mycket finkornig slippasta. Avsluta med en vaxpolering.

Om repan har gått ner till karossmetallen och denna har börjat rosta krävs en annan teknik. Ta bort lös rost från botten av repan med ett vasst föremål och lägg sedan på rostskyddsfärg så att framtida rostbildning förhindras. Fyll sedan upp repan med spackelmassa och en spackel av gummi eller plast. Vid behov kan spacklet tunnas ut med thinner så att det blir mycket tunt, vilket är idealiskt för smala repor. Innan spacklet härdar, linda en bit mjuk bomullstrasa runt en fingertopp, doppa fingret i thinner och stryk snabbt över spackelytan i repan. Detta gör en mycket liten fördjupning i spackelmassans yta. Lacka sedan över repan enligt anvisningarna ovan.

Bucklor

När en djup buckla har uppstått i bilens kaross är den första uppgiften att försöka räta ut den så att karossen i det närmaste återfår ursprungsformen. Det finns ingen anledning att försöka återställa formen helt, eftersom metallen i det skadade området sträckt sig vid skadans uppkomst och aldrig helt kommer att återta sin gamla form. Det är bättre att försöka ta bucklans nivå upp till ca 3 mm under den omgivande karossens nivå. I de fall där bucklan är mycket grund är det inte värt besväret att räta ut den alls. Om undersidan av bucklar är åtkomlig kan den knackas ut med en träklubba eller plasthammare. När detta görs ska mothåll användas på plåtens utsida så att inte större delar knackas ut.

Skulle bucklan finnas i en del av karossen som har dubbel plåt eller om den av någon annan anledning är oåtkomlig från insidan krävs en annan teknik. Borra ett flertal hål genom metallen i bucklan – speciellt i de djupare delarna. Skruva sedan in långa plåtskruvar precis så långt att de får ett fast grepp i metallen. Dra sedan ut bucklan genom att dra i skruvskallarna med en tång.

Nästa steg är att ta bort lacken från det skadade området och ca 3 cm av den omgivande oskadade plåten. Detta görs enklast med en stålborste eller slipskiva monterad på borrmaskin, men kan även göras för hand med slippapper. Fullborda underarbetet genom att repa den nakna plåten med en skruvmejsel eller filspets, eller genom att borra små hål i det område som ska spacklas. Detta gör att spacklet fäster bättre.

Se avsnittet om spackling och lackering för att avsluta reparationen.

Rosthål eller revor

Ta bort lacken från det drabbade området och ca 3 cm av den omgivande oskadade plåten med en sliptrissa eller stålborste monterad i en borrmaskin. Om denna utrustning inte finns tillgänglig kan ett antal ark slippapper göra jobbet lika effektivt. När lacken är borttagen kan rostskadans omfattning uppskattas mer exakt och därmed kan man avgöra om hela panelen (om möjligt) ska bytas ut eller om rostskadan ska repareras. Nya plåtdelar är inte så dyra som de flesta tror och det är ofta snabbare och ger bättre resultat med plåtbyte än att försöka reparera större rostskador.

Ta bort alla detaljer från det skadade området, utom de som styr den ursprungliga formen av karossdelen, exempelvis lyktsarger. Ta sedan bort lös eller rostig metall med plåtsax eller bågfil. Knacka kanterna något inåt så att det bildas en grop för spackelmassan.

Borsta av det drabbade området med en stålborste för att få bort allt rostdamm från ytan. Måla området med rostskyddsfärg, om möjligt även på baksidan.

Innan spacklingen kan påbörjas måste hålet blockeras på något sätt. Detta kan göras med nät av plast eller aluminium eller med aluminiumtejp.

Nät av plast eller aluminium, eller glasfiberväv, är antagligen det bästa materialet för ett stort hål. Skär ut en bit som är ungefär lika stor som det hål som ska fyllas, placera det i hålet så att kanterna är under nivån för den omgivande plåten. Ett antal klickar spackelmassa runt hålet fäster materialet.

Aluminiumtejp bör användas till små eller mycket smala hål. Klipp av en bit av ungefärlig storlek och fäst tejpen över hålet. Flera remsor kan läggas bredvid varandra om bredden på en inte räcker till. Tryck ner tejpkanterna med ett skruvmejselhandtag eller liknande så att tejpen fäster ordentligt på metallen.

Spackling och sprutning

Se tidigare anvisningar beträffande reparation av bucklor, repor och rost- och andra hål innan beskrivningarna i det här avsnittet följs.

Många typer av spackelmassa förekommer. Generellt sett är de som består av grundmassa och härdare bäst vid denna typ av reparationer. Vissa av dem kan användas direkt från förpackningen. En bred och följsam spackel av plast eller gummi är ett ovärderligt verktyg för att skapa en väl formad spackling med fin yta.

Blanda lite massa och härdare på en skiva av exempelvis kartong eller masonit. Följ tillverkarens instruktioner och mät härdaren noga, i annat fall härdar spacklet för snabbt eller för långsamt. Bred ut massan på det förberedda området med spackeln, dra spackeln över massan så att rätt form och en jämn yta uppstår. Så snart massan har antagit en någorlunda korrekt form bör arbetet avbrytas – om man håller på för länge blir massan kletig och börjar fastna på spackeln. Fortsätt lägga på tunna lager med ca 20 minuters mellanrum till dess att massan är något högre än den omgivande plåten.

När massan har härdat kan överskottet tas bort med hyvel och fil. Använd därefter våtslippapper, börja med nr 40 och avsluta med nr 400. Linda alltid papperet runt en slipkloss, annars blir inte den slipade ytan plan. Vid slutpoleringen ska slippapperet då och då sköljas med vatten. Detta skapar en mycket slät yta på massan i slutskedet.

I det här stadiet bör bucklan vara omgiven av en ring med ren plåt som i sin tur omges av en lätt ruggad kant av den oskadade lacken. Skölj av reparationsområdet med rent vatten tills allt slipdamm är borta.

Spruta ett tunt lager grundfärg på hela reparationsområdet. Då avslöjas mindre ytfel i spacklingen. Laga dessa med ny spackelmassa eller filler och slipa av ytan igen. Upprepa denna sprutning och reparation till dess att du är nöjd med spackelytan och den ruggade lacken. Rengör ytan med rent vatten och låt den torka helt.

Om någon typ av filler används kan den tunnas ut med thinner så att den blir mer lämpad för riktigt små gropar.

Ytan är nu klar för lackering. Färgsprutning måste utföras i ett varmt, torrt, drag- och dammfritt utrymme. Detta kan förstås åstadkommas inomhus om du har tillgång till ett större arbetsområde, men om arbetet måste äga rum utomhus är valet av dag av stor betydelse. Om arbetet utförs inomhus kan golvet spolas med vatten – detta binder damm som annars virvlar i luften. Om reparationen är begränsad till en panel måste de omgivande panelerna maskas av. Detta minskar effekten av en mindre missanpassning mellan färgerna. Dekorer och detaljer (kromlister, handtag med mera) ska även de maskas av. Använd riktig maskeringstejp och flera lager tidningspapper till detta.

Innan du börjar spraya, skaka burken ordentligt och spruta på en provbit, exempelvis en konservburk, tills du behärskar tekniken. Täck sedan arbetsytan med ett tjockt lager grundfärg, uppbyggt av flera tunna skikt. Polera därefter grundfärgsytan med nr 400 våtslippapper tills den är slät. Medan detta utförs ska ytan hållas våt och papperet ska då och då sköljas i vatten. Låt torka innan mer färg läggs på.

Spruta på färglagret och bygg upp tjockleken med flera tunna lager färg. Börja spruta i mitten av reparationsytan och arbeta utåt med cirklande rörelser tills hela reparationsytan och ca 5 cm av den omgivande lackeringen täckts. Ta bort maskeringen 10-15 minuter efter det sista färglagret har lagts på.

Låt den nya lacken härda i minst två veckor. Jämna sedan ut den nya lackens kanter mot den gamla med en lackrenoverare eller en mycket fin slippasta. Avsluta med en vaxpolering.

Plastdetaljer

Biltillverkarna använder allt oftare plastkomponenter i karosserna (t.ex. stötfångare, spoilers och i vissa fall större karosspaneler). Att åtgärda allvarligare skador på sådana delar blir oftast en fråga om att antingen överlämna arbetet åt en specialist, eller byta ut hela komponenter. Hemmareparationer av dessa skador är inte rimliga på grund av kostnaden för den specialutrustning och de speciella material som krävs. Principen för sådana här reparationer är dock att en skåra tas upp längs med skadan med en roterande rasp i en borrmaskin. Den skadade delen svetsas sedan ihop med en varmluftspistol och en plaststav i skåran. Plastöverskott tas sedan bort och ytan slipas ner. Det är viktigt att rätt typ av plastlod används – plasttypen i karossdelar kan vara av olika typ (t.ex. PCB, ABS, polypropylen).

Mindre allvarliga skador (skrapningar, små sprickor) kan lagas av hemmamekaniker med en tvåkomponents epoxymassa. Den blandas i lika delar och används på liknande sätt som spackelmassa på plåt. Epoxyn härdar i regel inom 30 minuter och kan sedan slipas och målas.

Om ägaren har bytt en komponent på egen hand eller reparerat med epoxymassa, återstår svårigheten att hitta en färg som lämpar sig för den aktuella plasten. En gång i tiden kunde inte någon universalfärg användas på grund av det breda utbudet av plaster i karossdelar. Generellt sett fastnar inte standardfärger på plast och gummi, men det finns nu färger och kompletta färgsatser för plast- och gummilackering att köpa hos vissa återförsäljare. Dessa består i princip av förprimer, grundfärg (primer) och färglager. Kompletta instruktioner medföljer satserna, men grundmetoden är att först lägga på förprimern och låta den torka i 30 minuter innan grundfärgen läggs på. Grundfärgen läggs sedan på och får torka i ungefär en timme innan det färgade ytlacket läggs på. Resultatet blir en korrekt färgad del där lacken kan röra sig med materialet, något de flesta standardfärger inte klarar.

5 Större karosskador – reparation

Om riktigt allvarliga skador har uppstått, eller när stora paneler måste bytas eller svetsas in, ska arbetet överlåtas till en specialist. Om det är frågan om en allvarlig krockskada

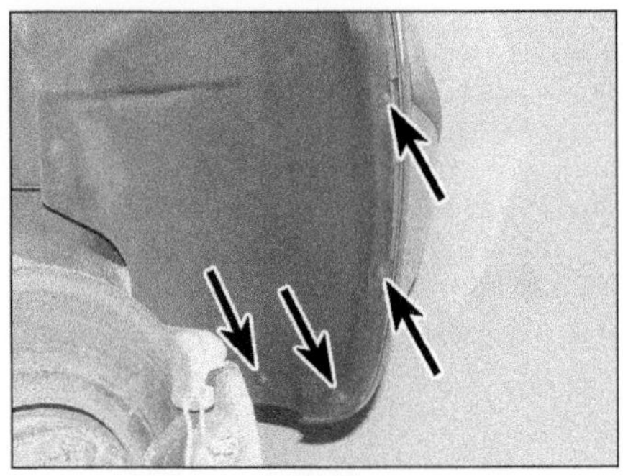

6.2 Skruvar som håller hjulhusets innerskärm till stötfångaren

6.3 Bänd loss täckpanelen . . .

6.4 . . . och skruva loss skruvarna som håller stötfångaren till framskärmarna

måste en professionell Skodamekaniker med uppriktningsriggar utföra arbetet för att det ska bli framgångsrikt. Förvridna delar kan även orsaka stora belastningar på komponenter i styrning och fjädring och möjligen kraftöverföringen, med åtföljande slitage och förtida haveri, särskilt i komponenter som däcken.

6 Främre stötfångare - demontering och montering

Demontering

1 Dra åt handbromsen, lyft upp framvagnen och stötta den ordentligt på pallbockar (se *Lyftning och stödpunkter*).

2 På båda sidor av bilen, skruva loss skruvarna som håller hjulhusets innerskärm till den främre stötfångaren **(se bild)**.

3 Med en skruvmejsel eller ett annat flatbladigt verktyg, bänd försiktigt loss täckpanelen från fördjupningen i stötfångaren **(se bild)**.

4 På båda sidor av bilen, skruva loss de två skruvarna som håller änden av stötfångaren till framskärmen **(se bild)**.

5 Bänd loss ventilationsgrillarna från stötfångarens framsida, skruva sedan loss de två skruvarna som sitter i fördjupningarna **(se**

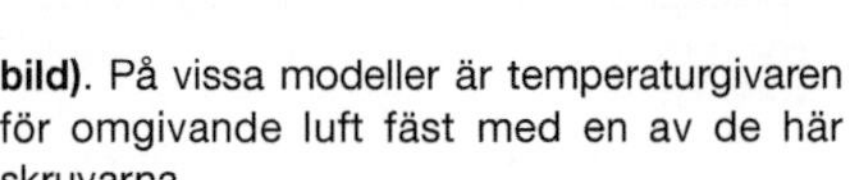

6.5 Demontering av ventilationsgrillarna

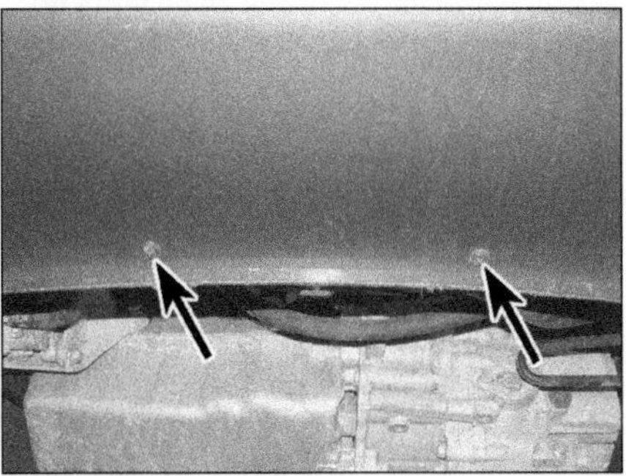

6.6 Stötdämparens nedre fästskruvar

bild). På vissa modeller är temperaturgivaren för omgivande luft fäst med en av de här skruvarna.

6 Skruva loss fästskruvarna som sitter upptill och nedtill på stötfångaren **(se bild)**.

7 Där så är tillämpligt, koppla loss kablaget från elektriska komponenter som sitter på stötfångaren.

8 På modeller med strålkastarspolare, koppla loss slangarna eller ta bort spolarmunstyckena enligt beskrivning i kapitel 12 **(se bild)**.

9 Ta hjälp av någon och dra loss stötfångaren från bilen **(se bild)**.

10 Om så behövs, skruva loss tvärbalken från bilens front.

Montering

11 Montering sker i omvänd ordning mot demonteringen.

7 Bakre stötfångare - demontering och montering

Demontering

1 Klossa framhjulen, lyft upp bakvagnen och stötta den ordentligt på pallbockar (se *Lyftning och stödpunkter*).

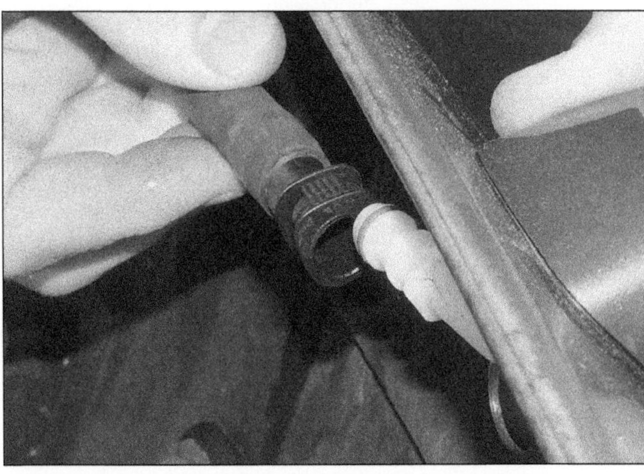

6.8 Koppla loss slangarna från strålkastarnas spolarmunstycken

6.9 Den främre stötfångaren tas bort

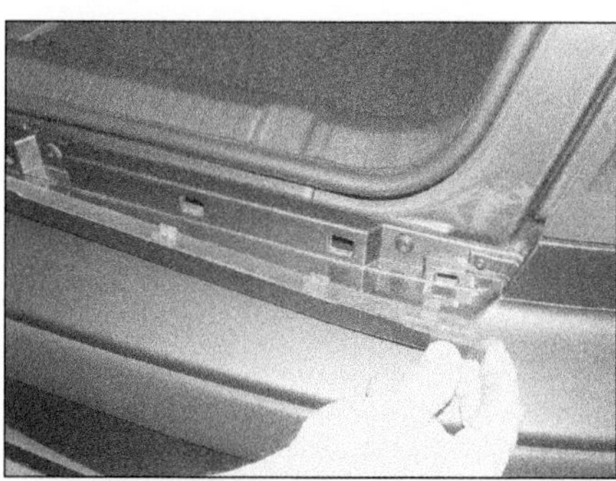
7.2a Dra loss plastremsan . . .

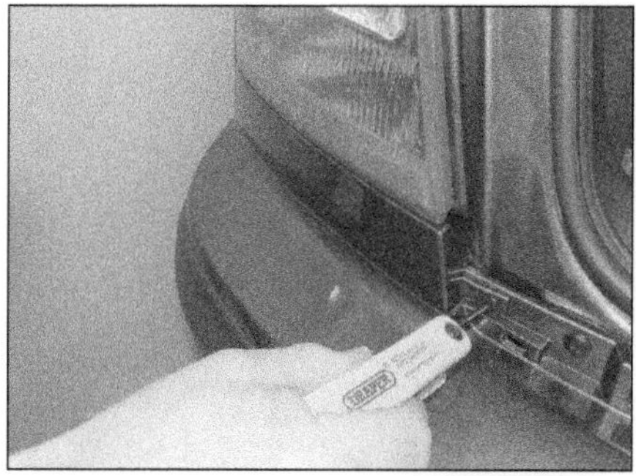
7.2b . . . och skruva loss den bakre stötfångarens övre fästbultar

7.3 Ta bort sidoremsorna

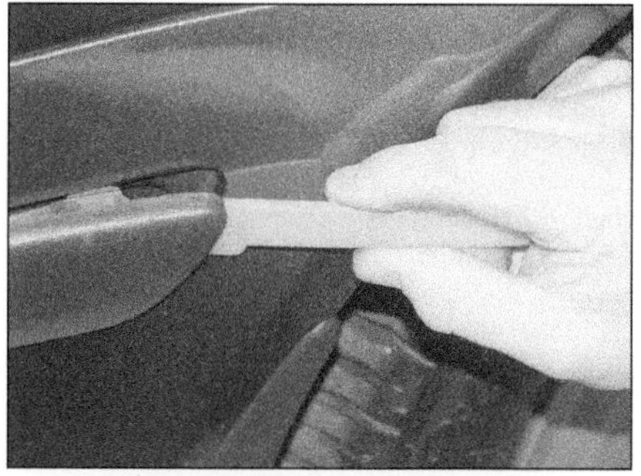
7.4a Ett flatbladigt plastverktyg används . . .

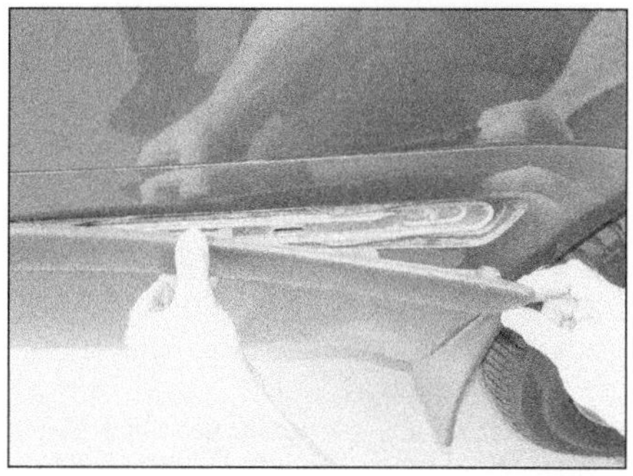
7.4b . . . till att ta bort täckpanelen i stötfångaren

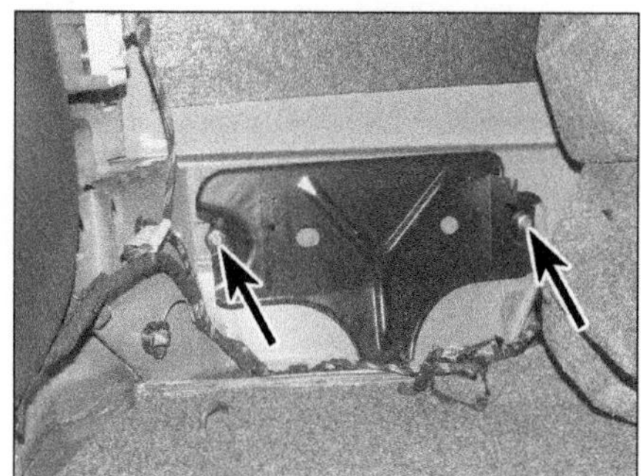
7.5 Stötfångarens sidobultar

Kombikupé

2 Öppna bakluckan, dra sedan försiktigt loss plastremsan för att komma åt de fyra övre fästbultarna. Skruva loss och ta bort bultarna **(se bilder)**.

3 Ta loss sidotäckremsorna genom att trycka dem mot mitten av stötfångaren **(se bild)**.

4 Om så behövs, använd en skruvmejsel eller liknande till att bända loss täckpanelen från fördjupningen i stötfångaren **(se bilder)**.

5 Inne i bagageutrymmet, ta bort sidoklädseln för att komma åt de kvarvarande två fästbultarna. Skruva loss och ta bort bultarna **(se bild)**.

6 Arbeta nu under bilen, skruva loss och ta bort de nedre fästbultarna, skruva sedan loss de två bultarna som sitter i de övre, främre ändarna av stötfångaren **(se bilder)**.

Kombi

7 Öppna bakluckan, öppna sedan sidoklädselpanelerna baktill i bagageutrymmet. Skruva loss och ta bort stötfångarens övre fästbultar.

8 På undersidan av bakvagnen, skruva loss och ta bort de nedre fästbultarna, skruva sedan loss de två bultarna i de övre, främre ändarna av stötfångaren.

Alla modeller

9 Ta nu hjälp av någon och dra loss stötfångaren från bilen **(se bild)**. Om så är tillämpligt, koppla loss kablaget från givarna för parkeringshjälp.

10 På tidiga modeller går det att ta loss spoilern från den bakre stötfångaren, men på senare modeller utgör spoilern en del av själva stötdämparen.

11 Om så behövs, skruva loss tvärbalken från bilen **(se bild)**.

Montering

12 Montering sker i omvänd ordning mot demonteringen.

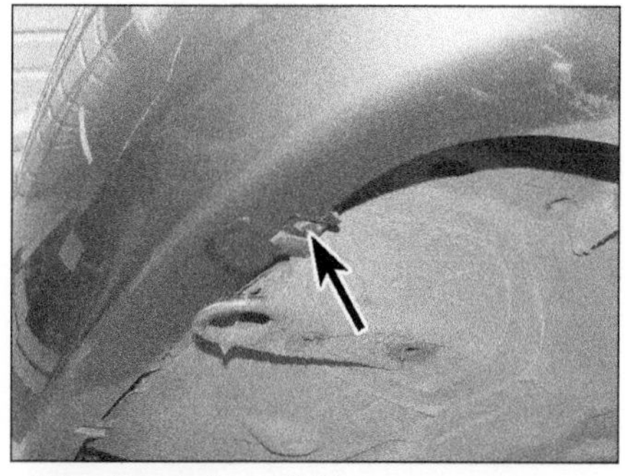
7.6a Den bakre stötfångarens nedre . . .

7.6b . . . och främre, övre fästbultar

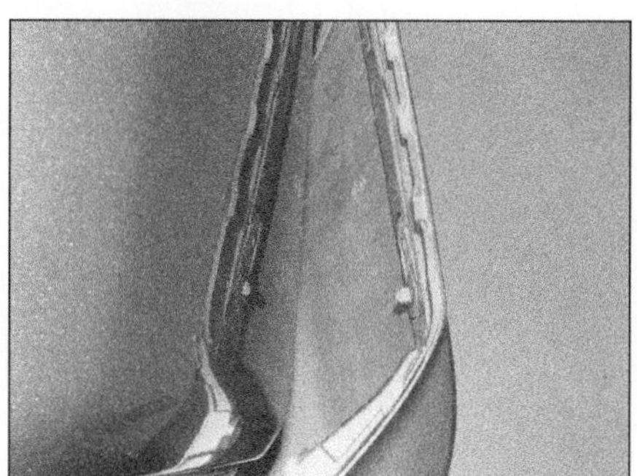
7.9 Den bakre stötdämparen tas bort

7.11 Den bakre stötfångarens tvärbalk

8 Motorhuv - demontering, montering och justering

Demontering

1 Öppna motorhuven och ställ upp den på stödet, lägg sedan kartongbitar eller några tjocka trasor under hörnen vid gångjärnen, för att skydda karossen.

2 Använd en blyertspenna eller en tuschpenna, rita runt gångjärnen på motorhuven, för att underlätta återmonteringen.

3 Om vindrutespolarmunstyckena sitter på motorhuven, koppla loss spolarslangen från munstyckena och, om så behövs, koppla loss kablaget från munstyckenas värmeelement. **Observera:** *På vissa tidiga modeller sitter vindrutespolarmunstyckena på plenumkammarens grill (luftinlopp).*

4 Låt en medhjälpare hålla fast motorhuven i dess öppna läge.

5 Skruva loss motorhuvens fästbultar och lyft försiktigt bort huven från bilen. Förvara huven på en säker plats. Om så behövs kan grillen och fästbyglarna skruvas loss från motorhuven.

6 Undersök om motorhuvens gångjärn är slitna och leta efter fritt spel vid sprintarna; byt ut dem om så behövs. Varje gångjärn sitter fast i karossen med två bultar; märk upp gångjärnets placering på karossen, skruva sedan loss bultarna och ta loss det från bilen.

Montering och justering

7 Om gångjärnen har tagits bort, montera dessa med hjälp av markeringarna som gjordes tidigare. Dra åt bultarna ordentligt.

8 Ta nu hjälp av någon, lyft upp motorhuven och sätt i fästbultarna löst. Rikta in gångjärnen med hjälp av de tidigare gjorda markeringarna, dra därefter åt bultarna ordentligt.

9 Om så är tillämpligt, anslut spolarslangar och kablage till vindrutespolarmunstyckena.

10 Stäng motorhuven och kontrollera att den sitter som den ska i förhållande till omgivande paneler. Om så behövs, lossa gångjärnsbultarna och placera om huven. När motorhuven sitter korrekt, dra åt gångjärnsbultarna. Kontrollera att motorhuven kan stängas och öppnas utan problem.

9 Motorhuvens låsvajer - demontering och montering

Demontering

1 Öppna motorhuven, lossa vajern från låset på motorrummets främre tvärbalk.

2 Arbeta inuti bilen, leta reda på motorhuvens öppningshandtag i förarens fotbrunn. Skruva loss de självgängande skruvarna, aktivera handtaget och använd en tång till att ta loss vajerns ändfäste.

3 Följ vajern hela vägen, notera exakt hur den är dragen och lossa den från fästklämmor och buntband. Bänd också loss gummigenomföringen från torpeden.

4 Knyt fast ett snöre (ungefär en meter långt) i änden av vajern inne i bilen, dra sedan ut vajern i motorrummet.

5 När vajern är ute, knyt loss snöret och lämna det i bilen; det kan användas till att dra tillbaka vajern samma väg vid monteringen.

Montering

6 Knyt fast den inre änden av snöret i änden av motorhuvsvajern, dra sedan med hjälp av snöret tillbaka vajern från motorrummet. När vajern har dragits igenom, ta loss snöret.

7 Resten av monteringen utförs i omvänd ordning mot demonteringen. Se till att montera gummigenomföringen i torpeden på rätt sätt, och att vajern dras rätt och fästs med alla relevanta fästklämmor. Kontrollera att öppningshandtaget och låsvajern fungerar som de ska innan motorhuven stängs.

10 Motorhuvens lås - demontering och montering

Demontering

1 Öppna motorhuven, ta sedan loss vajern från låset på motorrummets främre tvärbalk.

2 Koppla loss kablaget från kontaktdonet till larmbrytarens mikroswitch bredvid låset.

3 Rita runt låset med en blyertspenna eller en tuschpenna, för att underlätta monteringen.

4 Skruva loss de två bultarna och ta bort låset.

Montering

5 Innan monteringen, ta bort alla spår av gammal låsvätska från låsets fästbultar och gängorna i karossen.

6 Montering sker i omvänd ordning mot demonteringen. Dra åt bultarna ordentligt och använd låsvätska. Kontrollera att motorhuven låser och öppnar som den ska. Om justering behövs, lossa fästbultarna och justera låsets position. När låset fungerar som det ska, dra åt fästbultarna igen.

11 Dörr - demontering, montering och justering

Observera: *Gångjärnsbultarna måste alltid bytas ut om de lossas.*

Demontering

Framdörr

1 Koppla loss batteriets negativa (jord-) kabel (se *Frånkoppling av batteriet* i *Referenskapitlet* i slutet av boken).

2 Öppna dörren och ta loss den nedre klädselpanelen från framdörrens stolpe, dra försiktigt loss den i mitten och i den nedre kanten från tröskelpanelen (på förarsidan, ta bort motorhuvens öppningshandtag).

3 Koppla loss kontaktdonet som sitter bakom klädselpanelen.

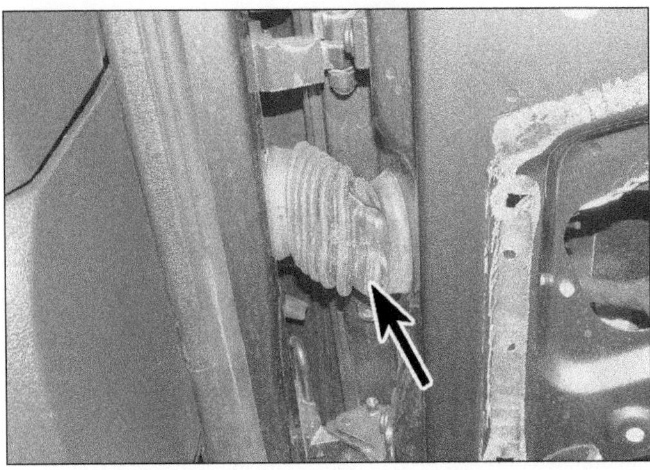

11.4 Kablagets damask på framdörren

11.5 Framdörrens övre gångjärn

4 Ta bort damasken från dörrstolpen, för sedan ut kablaget genom hålet i stolpen **(se bild)**.
5 Bänd loss täcklocket och skruva loss skruvstiftet från det övre gångjärnet **(se bild)**.
6 Låt en medhjälpare hålla i dörren, skruva loss Torxskruvarna som håller det nedre gångjärnet till dörren **(se bild)**. Lyft dörren uppåt och utåt för att ta bort den.
7 Undersök om gångjärnen är skadade eller slitna. Om ett gångjärn behöver bytas, märk upp dess placering, skruva sedan loss fästbultarna och ta bort gångjärnet från bilen. Om det övre gångjärnet måste tas bort från den främre stolpen, måste instrumentbrädespanalen demonteras enligt beskrivning i avsnitt 28. Montera det nya gångjärnet, rikta in det med hjälp av markeringarna, dra sedan åt fästbultarna till angivet moment.

Bakdörr

8 Koppla loss batteriets negativa (jord-) kabel (se *Frånkoppling av batteriet* i *Referenskapitlet* i slutet av boken).
9 Öppna dörren och ta bort damasken från dörrstolpen, koppla sedan loss kontaktdonet.
10 Utför momenten som beskrivs i punkt 5 och 6.
11 Undersök om gångjärnen är slitna eller skadade. Om ett gångjärn behöver bytas ut, märk ut dess placering, skruva loss fästbultarna och ta bort gångjärnet från bilen. Montera ett nytt gångjärn med hjälp av den gjorda markeringen, dra sedan åt fästbultarna till angivet moment.

Montering

12 Ta hjälp av någon, lyft upp dörren på bilen och sätt i de nya gångjärnsbultarna. Rikta in gångjärnet med de tidigare gjorda markeringarna och dra åt bultarna till angivet moment.
13 Resten av monteringen sker i omvänd ordning mot demonteringen. Kontrollera att dörren sitter rätt i förhållande till karossen och justera vid behov. Om lacken runt gångjärnen har blivit skadad, måla området med bättringsfärg för att förebygga rost.

Justering

Observera: *Byt alltid ut gångjärnsbultarna när de har lossats.*
14 Stäng dörren och kontrollera dörrens passning i förhållande till omgivande kaross. Om så behövs kan man justera dörrens position genom att lossa gångjärnens fästbultar och placera om gångjärnet/dörren efter behov. Om man behöver lossa det övre gångjärnet på dörrstolpen (endast framdörr), måste instrumentpanelen demonteras enligt beskrivning i avsnitt 28. När dörren har placerats korrekt, dra åt gångjärnsbultarna till angivet moment.

11.6 Framdörrens nedre gångjärn

12 Dörrens inre klädselpanel - demontering och montering

Demontering

Framdörr (manuell fönsterhiss)

1 Med en skruvmejsel, bänd loss den yttre backspegelns trekantiga klädselpanel som sitter framför fönsteröppningen.
2 Bänd också loss klädseln från handtaget. Ta bort täckpanelen från det inre dörrhandtagets fördjupning, skruva sedan loss klädselns fästskruv **(se bild)**.
3 Med fönstret helt stängt, notera fönstervevens position för att försäkra korrekt montering; veven bör vara parallell med innerhandtaget. Tryck på distansringen för att lossa den inre fjädern, dra sedan loss vevhandtaget från splinesen på fönsterhissen **(se bild)**. Man kan behöva trycka distansringen i olika riktningar innan man lyckas lossa fjädern.
4 Skruva loss fästskruvarna från sidorna och den nedre kanten av klädselpanelen.
5 Lyft försiktigt bort klädselpanelen från fönstrets tätning och låsstag, koppla sedan loss eventuellt kablage och ta bort panelen från dörren.
6 När panelen tas bort, koppla loss vajerhöljet från öppningshandtaget med en spårskruvmejsel, haka sedan loss innervajern.
7 Om så behövs, bänd loss klämmorna och dra försiktigt loss det vattentäta membranet från dörrpanelen; var försiktig så att det inte går sönder.

Framdörr (elfönsterhiss)

8 Koppla loss batteriets negativa kabel (se *Frånkoppling av batteriet* i *Referenskapitlet* i slutet av boken).
9 Med dörren öppen, ta ut insatsen i greppandtaget, stick in en spårskruvmejsel under panelen på handtaget och bänd försiktigt loss panelen mot dörrens klädselpanel. Fördjupningen med brytare kan sedan lossas från klämmorna, lyftas uppåt och tas bort; dra i låset på kontaktdonet för att koppla loss kontaktdonet från brytarpanelen **(se bilder)**.

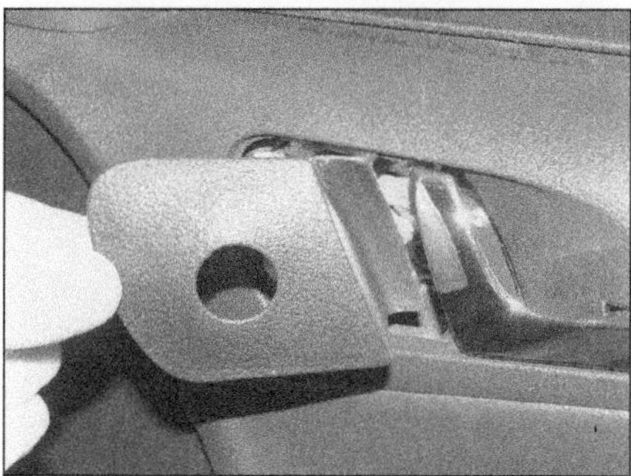
12.2 Ta bort klädselpanelen från innerhandtagets fördjupning

12.3a Tryck distansringen åt sidan . . .

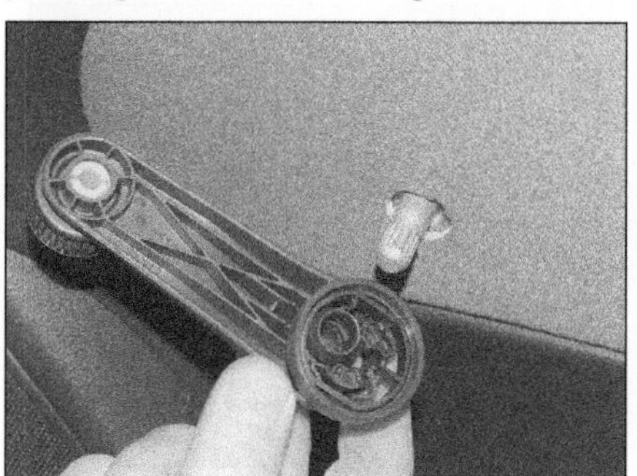
12.3b . . . och ta loss vevhandtaget

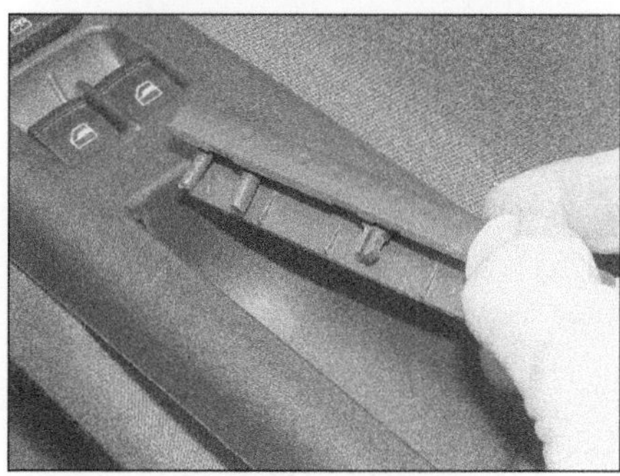
12.9a Ta bort insatsen . . .

12.9b . . . följt av täckpanelen . . .

12.9c . . . koppla sedan loss kablaget

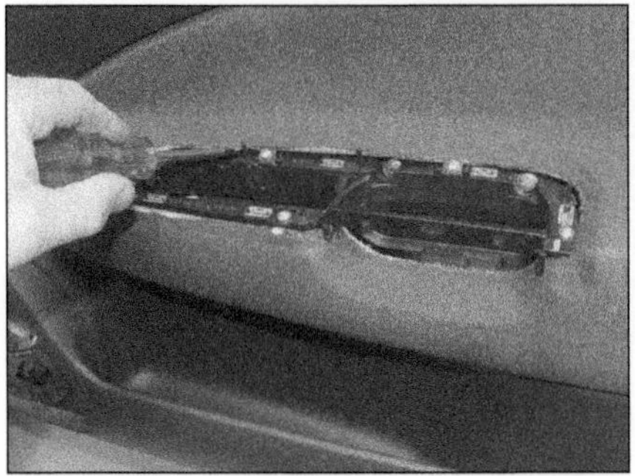
12.10 Grepphandtagets bas demonteras

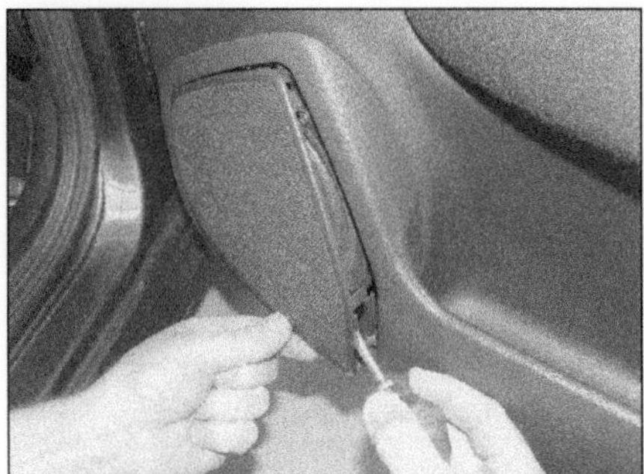
12.11a Bänd loss täckpanelen . . .

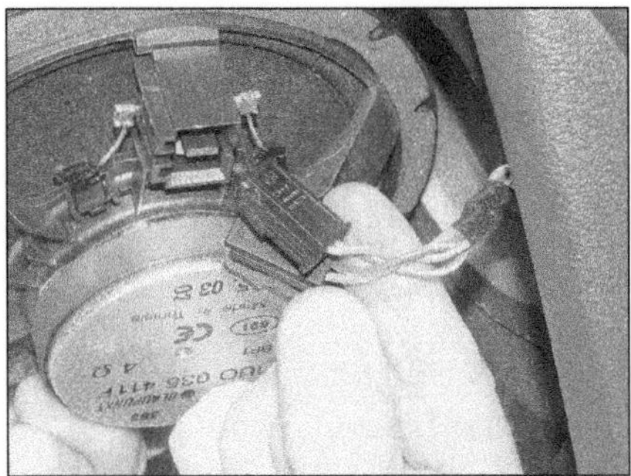
12.11b . . . och koppla loss kablaget från högtalaren

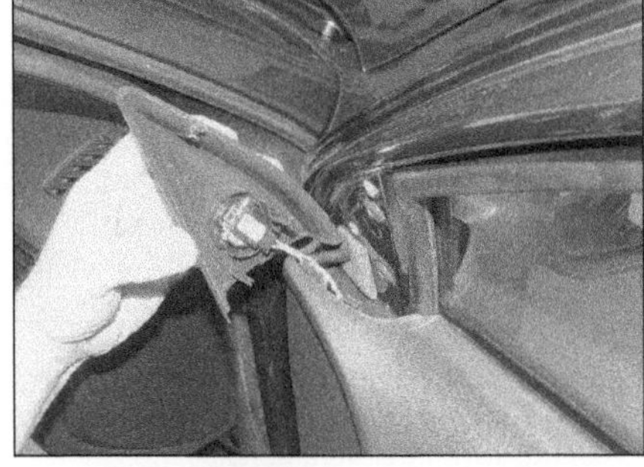
12.12a Bänd loss den trekantiga högtalarpanelen . . .

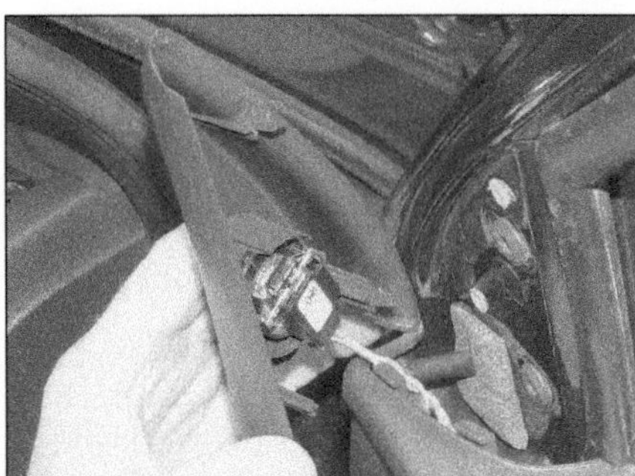
12.12b . . . och koppla loss kablaget

10 På förarsidan, skruva loss skruvarna och ta bort grepphandtagets bas från klädselpanelen **(se bild)**.

11 Bänd loss täckpanelen och koppla loss kablaget från den dörrmonterade högtalaren **(se bilder)**. Om dörren har en varningslampa, ta också bort den enligt beskrivning i kapitel 12.

12 Bänd loss den trekantiga högtalarpanelen från dörren och koppla loss kablaget **(se bilder)**.

13 Skruva loss fästskruvarna från sidorna och den nedre kanten av klädselpanelen, och bänd loss täckkåpan och skruva loss den skruv som sitter under innerhandtaget. Lyft försiktigt loss dörrpanelen från fönstrets tätning, koppla sedan loss eventuellt kablage och ta loss panelen från dörren. När klädselpanelen tas

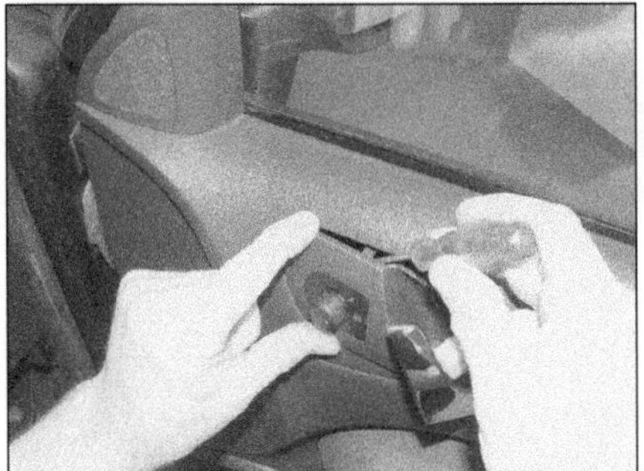
12.13a Bänd loss täckkåpan . . .

12.13b . . . och skruva loss klädselns fästskruv

12.14a Skruva loss skruvarna . . .

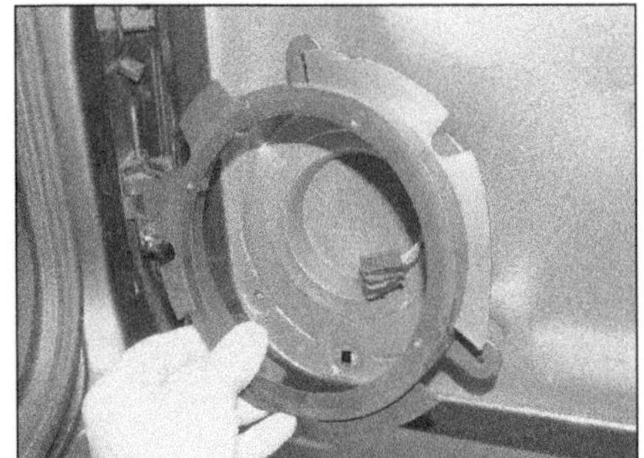
12.14b . . . och ta bort högtalarhuset

12.14c Bänd loss klämmorna . . .

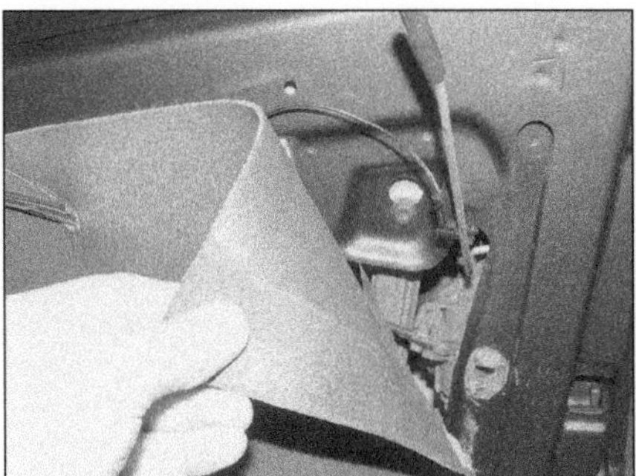
12.14d . . . och dra försiktigt loss det vattentäta membranet

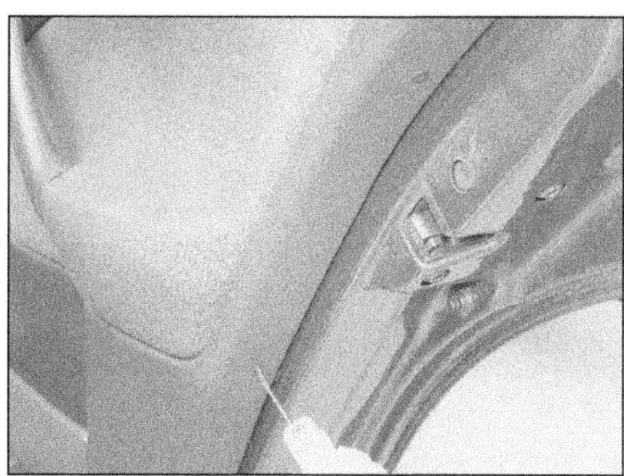

12.15 Skruva loss klädselpanelens fästskruvar

12.16a Ta bort täckpanelen på grepphandtaget . . .

12.16b . . . och skruva loss fästskruvarna

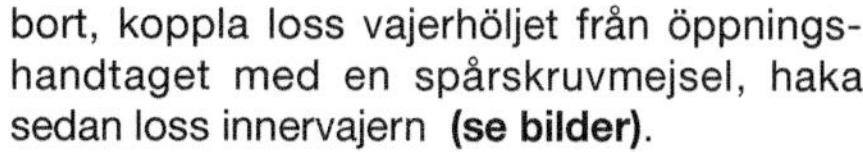

bort, koppla loss vajerhöljet från öppningshandtaget med en spårskruvmejsel, haka sedan loss innervajern **(se bilder)**.

14 Om så behövs, skruva loss skruvarna och ta bort högtalarhuset, bänd sedan ut klämmorna och skala försiktigt loss det vattentäta membranet; var försiktig så att det inte går sönder **(se bilder)**.

Bakdörr

15 Skruva loss fästskruvarna från sidorna och den nedre kanten av klädselpanelen **(se bild)**.

16 Med öppen dörr, stick in en spårskruvmejsel under panelen på grepphandtaget och bänd panelen försiktigt mot dörrens klädselpanel. Skruva loss fästskruvarna **(se bilder)**.

17 På modeller med manuella fönsterhissar, ta bort vevhandtaget genom att trycka distansringen åt sidan och dra loss handtaget från splinesen.

18 Lossa panelen i innerhandtagets fördjupning från klämmorna, skruva sedan loss dörrpanelens fästskruv **(se bilder)**.

19 Lyft försiktigt bort dörrens klädselpanel från fönstrets tätning, koppla sedan loss eventuellt kablage och ta bort panelen från dörren **(se bilder)**.

20 När panelen tas bort, koppla loss vajerhöljet från öppningshandtaget med en spårskruvmejsel, haka sedan loss innervajern **(se bild)**.

21 Om så behövs, bänd loss klämmorna och dra försiktigt loss det vattentäta membranet från dörren, men var försiktig så att det inte går sönder **(se bilder)**.

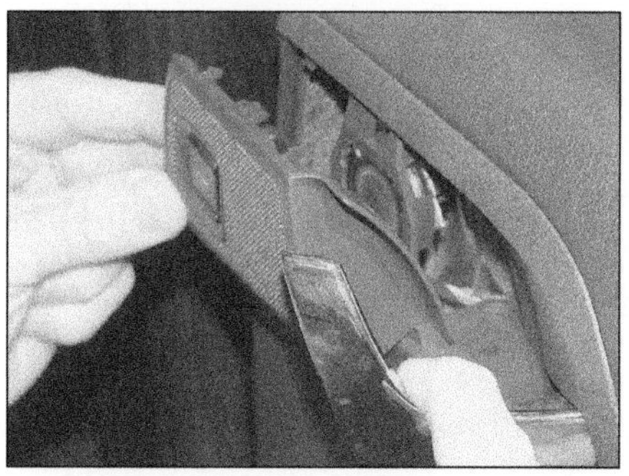

12.18a Ta loss handtagets panel . . .

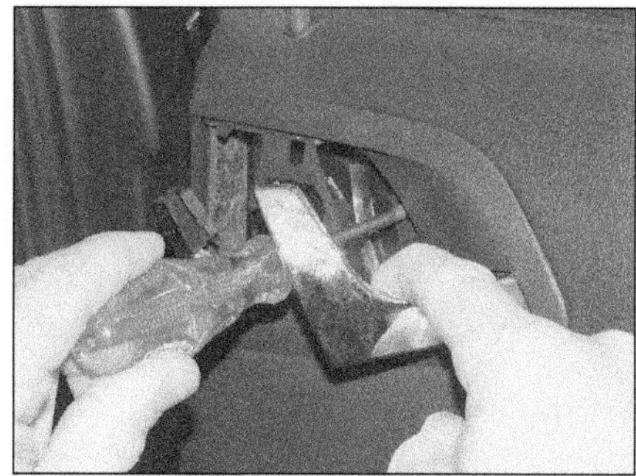

12.18b . . . och skruva loss dörrpanelens fästskruv

Montering

22 Montering sker i omvänd ordning mot demonteringen. Om tätningsmembranet har tagits bort, se till att det fastnar ordentligt när det sätts tillbaka. Laga det vid behov med dubbelsidig tjep. När batteriet har kopplats in, kontrollera funktionen hos dörrens elektriska utrustning.

12.19a Lyft ut klädselpanelen . . .

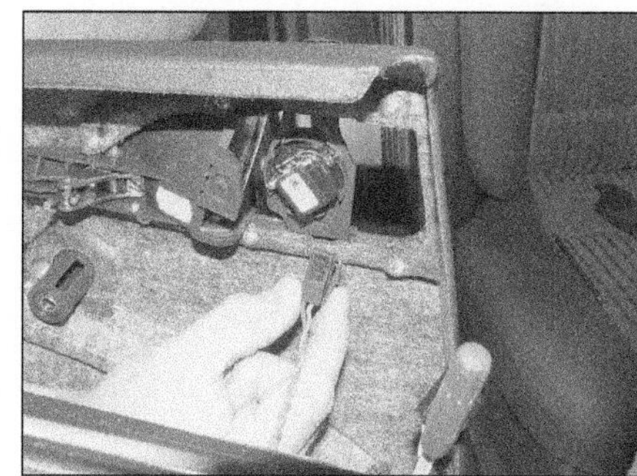

12.19b . . . koppla loss kablaget . . .

12.20 . . . och haka loss innervajern

12.21a Bänd loss klämmorna . . .

12.21b . . . och dra försiktigt bort tätningsmembranet

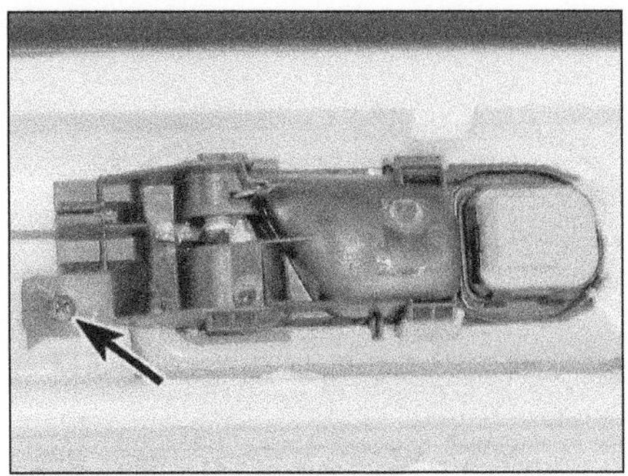

13.2 Skruva loss skruven och ta loss dörrhandtaget

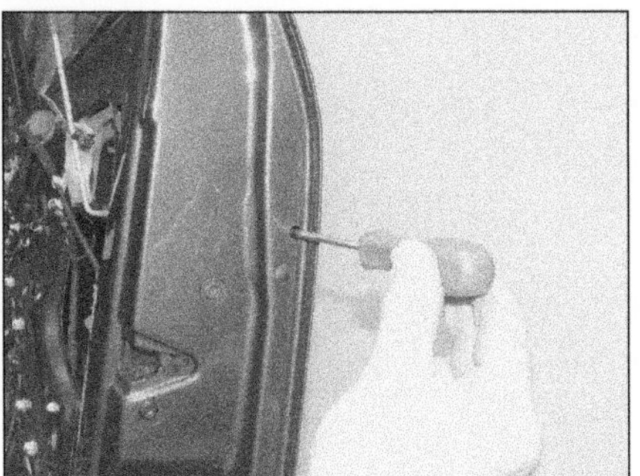

13.4 Skruva loss den övre låsskruven

13.6 Låscylindern tas bort från det yttre dörrhandtaget

13 Dörrhandtag och låskomponenter – demontering och montering

Demontering

Inre dörrhandtag

1 Demontera dörrens inre klädselpanel enligt beskrivning i avsnitt 12.

2 Skruva loss skruven och lossa dörrhandtaget från klämman **(se bild)**.

Främre yttre dörrhandtag och låscylinder

3 Med dörren öppen, bänd loss pluggarna från den bakre kanten av dörren, intill det yttre dörrhandtaget.

4 Skruva loss och ta bort låsskruven från det övre hålet **(se bild)**.

5 Dra ut det yttre handtaget helt och håll det i det här läget, skruva samtidigt loss låscylinderns låsskruv med en insexnyckel genom det nedre hålet. Sluta skruva när du känner ett motstånd – **skruva inte loss** skruven helt.

6 Stick in nyckeln i låscylindern, vrid den moturs och dra ut låscylindern från dörrhandtaget **(se bild)**. **Observera:** *På alla utom tidigare modeller har passagerardörrens yttre handtag ett täcklock istället för en låscylinder.* På äldre modeller kan cylindern ha rostat fast i dörröppningen och därför vara svår att ta bort. **Observera:** *Låt inte låsringen falla in i dörren, eftersom man då måste ta bort dörrens inre klädselpanel för att få ut den igen.*

7 Arbeta nu genom låscylinderns öppning, koppla loss låsvajern från handtaget och lirka sedan ut handtaget från dörren genom att skjuta det bakåt **(se bilder)**. Ta vara på packningen.

Bakre yttre dörrhandtag

8 Med dörren öppen, bänd loss pluggen från den bakre kanten av dörren, intill det yttre dörrhandtaget.

9 Dra ut handtaget helt och håll det i det här läget, skruva samtidigt loss låscylinderns låsskruv med en insexnyckel genom hålet **(se bild)**. Sluta skruva när du känner ett motstånd – **skruva inte loss** skruven helt.

10 Dra ut det bakre täcklocket från handtaget **(se bild)**.

11 I täcklockets öppning, koppla loss låsets vajer från handtaget och ta sedan loss handtaget från dörren genom att skjuta det bakåt. Ta vara på packningen **(se bilder)**.

13.7a Koppla loss vajern . . .

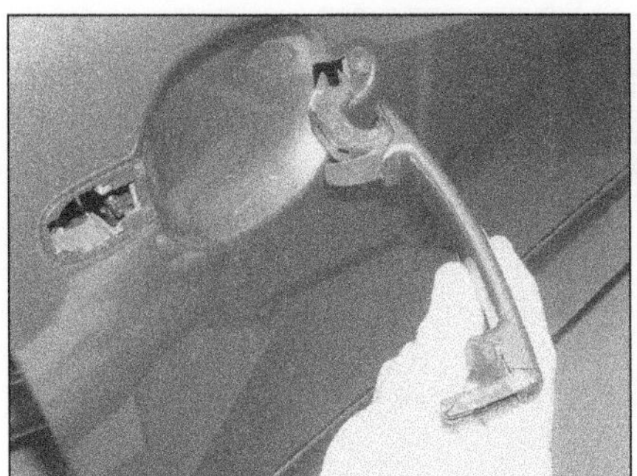

13.7b . . . och ta bort det yttre handtaget

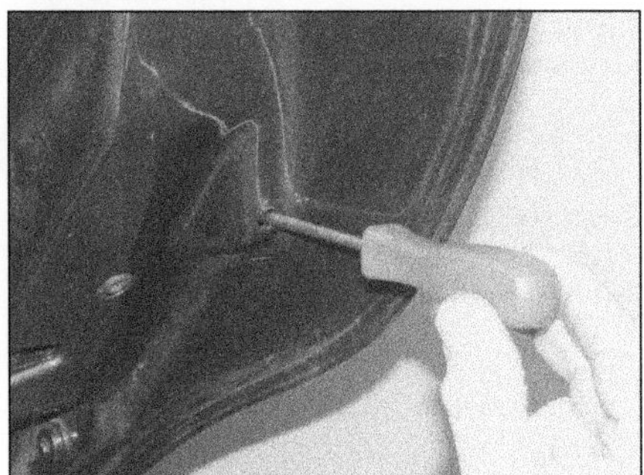

13.9 Lossa klämskruven . . .

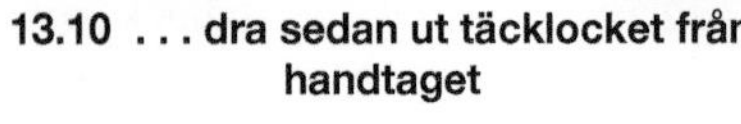

13.10 . . . dra sedan ut täcklocket från handtaget

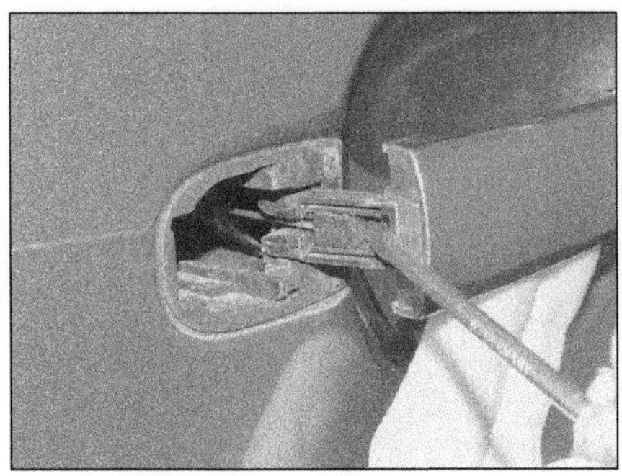

13.11a Koppla loss låsvajern . . .

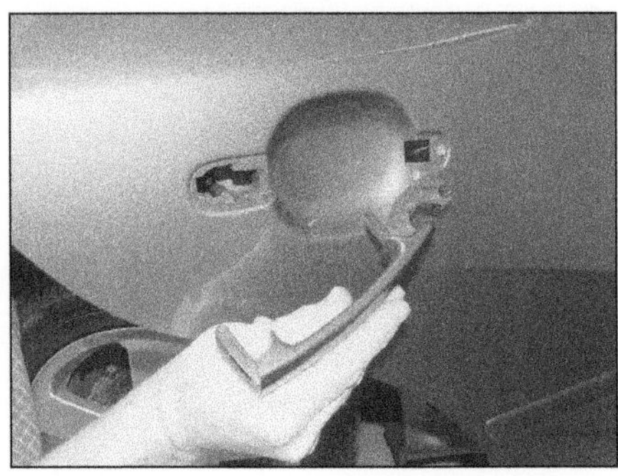

13.11b . . . och ta bort handtaget

Framdörrens lås

12 Demontera det yttre dörrhandtaget enligt tidigare beskrivning.

13 Demontera framdörrens inre klädselpanel och det vattentäta membranet enligt beskrivning i avsnitt 12.

14 Demontera fönsterhissen enligt beskrivning i avsnitt 14.

15 Skruva loss låsets fästskruvar från den bakre kanten av dörren **(se bild)**.

16 Där så behövs, skruva loss fästbultarna och sänk ner sidoskyddsbalken till den nedre kanten av dörren.

17 Ta loss innerhandtagets vajer från klämman, ta sedan loss låset tillsammans med låsstaget och vajern genom öppningen i dörren och koppla loss kablaget **(se bilder)**.

Bakdörrens lås

18 Demontera det yttre handtaget enligt tidigare beskrivning.

19 Ta bort bakdörrens inre klädselpanel och det vattentäta membranet enligt beskrivning i avsnitt 12.

20 Låsstaget och hävarmen ska nu kopplas loss. För att göra detta, tryck expanderstiftet genom hävarmen, ta bort armen från dörren och haka loss låsstaget **(se bilder)**. Lossa låsstaget från fästklämmorna. Expanderstiftet kommer att falla ner till botten av dörren – ta vara på stiftet som ska sättas tillbaka vid monteringen.

21 Skruva loss låsets fästskruvar från den bakre kanten av dörren **(se bild)**.

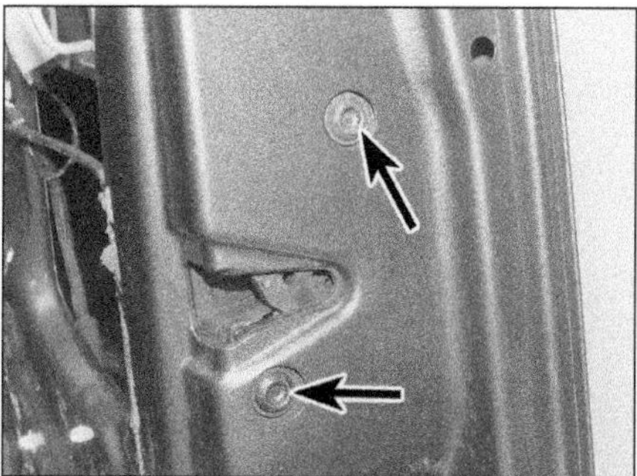

13.15 Främre dörrlåsets fästbultar

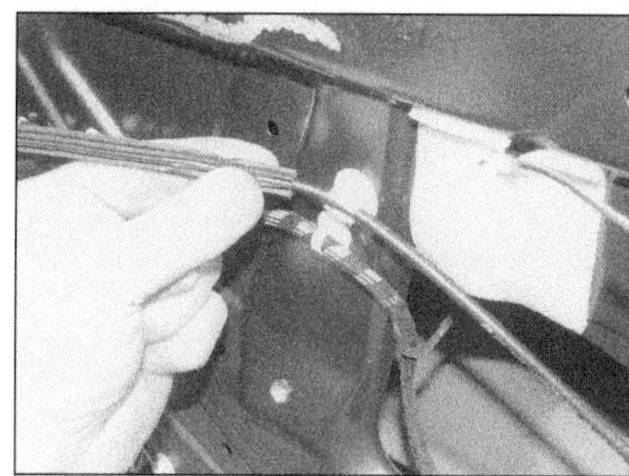

13.17a Ta loss vajern . . .

13.17b . . . koppla loss kablaget . . .

13.17c . . . och ta bort framdörrens lås

22 Ta bort dörrlåset genom öppningen i bakdörren och koppla sedan loss kablaget. Notera hur det inre handtagets aktiveringsstag går in genom den inre panelen **(se bilder)**.

Montering

23 Montering sker i omvänd ordning mot demonteringen. Vid montering av framdörrens yttre handtag, se till att låsvajern hakas i ordentligt i fördjupningen i handtaget.

13.20a Tryck ut expanderstiftet . . .

13.20b . . . och ta bort hävarmen från dörren

13.21 Fästskruvar till bakdörrens lås

13.22a Ta loss bakdörrens lås . . .

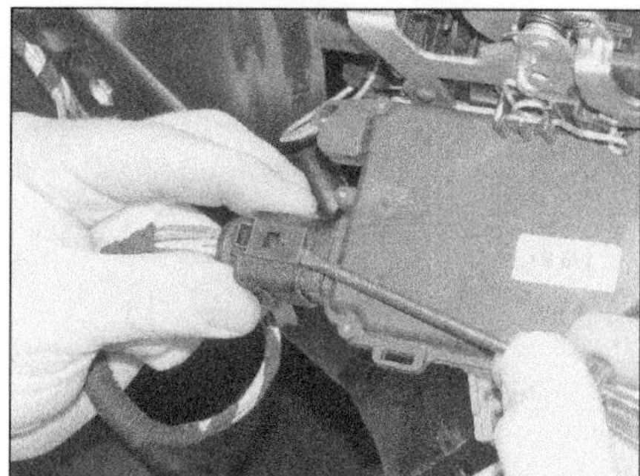

13.22b . . . och koppla loss kablaget

13.22c Ta bort det inre handtagets aktiveringsstag

14.2 Dra loss tätningsremsan från fönsteröppningens nedre kant

14.3 Tejpa fast glasrutan i dörren

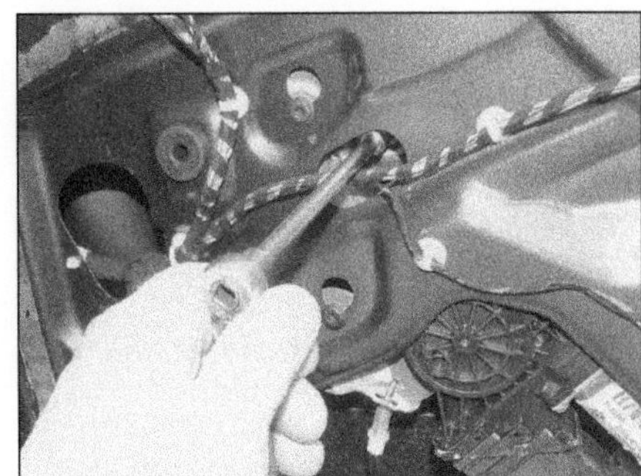
14.4a Skruva loss muttrarna och lossa klammorna . . .

14 Dörrens fönsterglas och fönsterhiss – demontering och montering

Demontering

Framdörrens fönsterglas

1 Demontera dörrens inre klädselpanel och vattentäta membran enligt beskrivning i avsnitt 12.

2 Dra loss fönsterrutans inre tätningslist från den nedre kanten av öppningen **(se bild)**.

3 Justera rutans läge så att fästmuttrarna som håller fast glaset i fönsterhissen syns genom de små öppningarna i dörrens inre panel. Sätt fast rutan med tejp över dörrens övre kant **(se bild)**.

4 Lossa fästmuttrarna och frigör klammorna från glaset. Lyft försiktigt upp rutan, luta den framåt och ta bort den från dörren **(se bilder)**.

Bakdörrens fönsterglas

5 Demontera dörrens inre klädselpanel och det vattentäta membranet enligt beskrivning i avsnitt 12.

6 Dra loss fönsterrutans inre tätning från den nedre kanten av öppningen **(se bild)**.

7 Sänk ner fönsterrutan helt. Bakdörrens lilla ruta måste nu demonteras. Skruva loss de två fästskruvarna och ta bort bakrutans styrning. Den nedre skruven sitter på dörrens inre panel, och den övre skruven sitter på den övre dörrskenan. Ta bort den lilla fönsterrutan från dörren **(se bilder)**.

8 Justera fönstrets position så att fästmuttrarna som håller fönsterglaset till fönsterhissen syns genom de små öppningarna i dörrens inre panel **(se bild)**. Tejpa fast glasrutan i dörrens övre kant.

9 Lossa fästmuttrarna och frigör klammorna från glaset. Lyft försiktigt ut glasrutan från dörren **(se bild)**.

Främre fönsterhiss

10 Demontera dörrens inre klädselpanel och vattentäta membran enligt beskrivning i avsnitt 12.

11 Justera rutans läge så att fästmuttrarna som håller fast glaset i fönsterhissen syns genom de små öppningarna i dörrens inre panel.

12 Lossa fästmuttrarna och frigör klammorna från glaset. Veva upp rutan helt och tejpa fast den i dörren.

13 Om bilen har elektriska fönsterhissar,

14.4b . . . lyft sedan försiktigt glasrutan från dörren

14.6 Dra loss fönsterrutans inre tätningsremsa . . .

14.7a Skruva loss fästskruvarna . . .

14.7b . . . och ta bort den lilla fönsterrutan

14.8 Placera rutan så att fästmuttrarna syns genom hålen

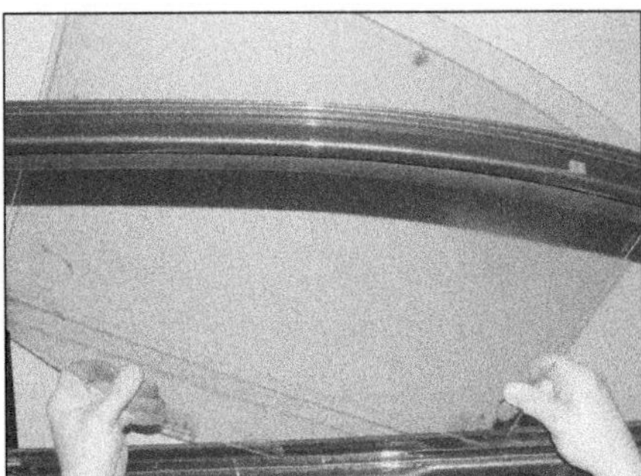
14.9 Bakdörrens fönsterruta lyfts ut

koppla loss kontaktdonet från motorn **(se bild)**.

14 Med en Torxnyckel, lossa (ta inte bort) fönsterhissens sex fästskruvar **(se bild)**.

15 Lossa klämmorna för Bowdenwirarna.

16 Höj fönsterhissen så att fästskruvarna kan tas ut genom de större hålen, ta sedan ut hela enheten nedåt och ut genom öppningen **(se bilder)**.

Bakre fönsterhiss

17 Demontera dörrens inre klädselpanel och det vattentäta membranet enligt beskrivning i avsnitt 12.

18 Justera fönstrets position så att fästmuttrarna som håller fönsterglaset till fönsterhissen syns genom de små öppningarna i dörrens inre panel.

19 Lossa fästmuttrarna och frigör klammorna från glasrutan. Höj nu upp rutan helt och tejpa fast den i dörrens övre kant.

20 Om bilen har elektriska fönsterhissar, koppla loss kontaktdonet från motorn **(se bild)**.

21 Med en Torxnyckel, lossa (ta inte bort) fönsterhissens sex fästskruvar **(se bild)**.

22 Höj fönsterhissen så att fästskruvarna kan tas ut genom de större hålen, ta sedan ut hela enheten nedåt och ut genom öppningen **(se bild)**.

Montering

23 Montering sker i omvänd ordning mot demonteringen.

15 Baklucka och stödben - demontering och montering

Demontering

Baklucka

1 Koppla loss batteriets negativa kabel (se *Frånkoppling av batteriet* i *Referenskapitlet* i slutet av boken).

2 Lossa klädselpanelens fästklämmor genom att försiktigt bända mellan panelen och bakluckan med en spårskruvmejsel. Arbeta runt kanten av panelen och när alla klämmor är lossade, lyft då bort panelen. Det kan hända att några av klämmornas socklar dras loss från hålen i bakluckan, ta i så fall loss dem från klämmorna och tryck fast dem i luckan igen. Observera att fr.o.m. 08/00 har de övre fästklämmorna bytts ut mot metallfästen.

3 Koppla loss kontaktdonen som sitter bakom klädselpanelen och frigör spolarslangen från bakluckans torkarmotor. Koppla loss kontaktdonen från bakruteuppvärmningens anslutningar och lossa kabelgenomföringarna från bakluckan.

4 Knyt ett snöre i var ände av kablaget, notera hur kabelhärvan är dragen, ta loss gummigenomföringarna från bakluckan och dra ut kablaget. När änden av kablaget blir synlig, knyt loss snöret och låt det sitta kvar i bakluckan; det kan sedan användas till att dra tillbaka kablaget rätt väg vid monteringen.

5 Rita runt varje gångjärn på bakluckan med en lämplig penna, för att märka ut dess monteringsläge.

6 Ta hjälp av någon som kan hålla i bakluckan och demontera stödbenen enligt beskrivningen nedan.

7 Använd en insexnyckel, skruva loss och ta bort de bultar som håller gångjärnen till bakluckan. Bultarna är inte så lätta att komma åt, och helst bör man använda en 10 mm vinklad insexnyckel. Skydda den omgivande lacken med tejp. Om så är tillämpligt, ta vara på packningarna som sitter mellan gångjärnet och karossen.

8 Undersök om gångjärnen är slitna eller skadade och byt ut dem om så behövs. Gångjärnen är fastskruvade i karossen med muttrar eller bultar (beroende på modell) som man kan komma åt om man tar bort takklädselns täckremsa.

Stödben

Varning: Stödbenen är fyllda med gas och måste kasseras på ett säkert sätt.

14.13 Koppla loss kablaget från motorn . . .

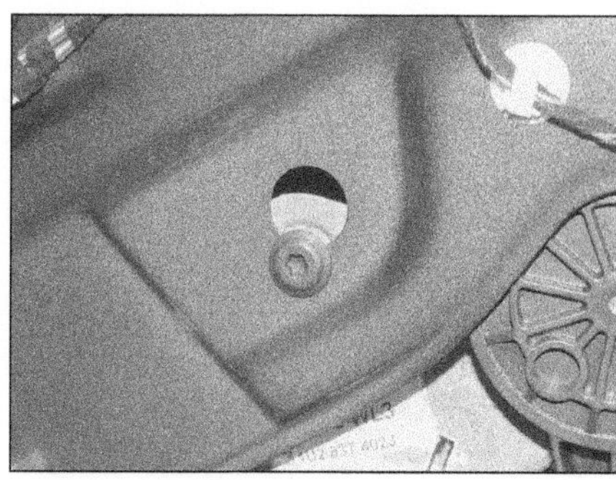

14.14 . . . lossa sedan på fönsterhissens fästskruvar (men ta inte bort dem)

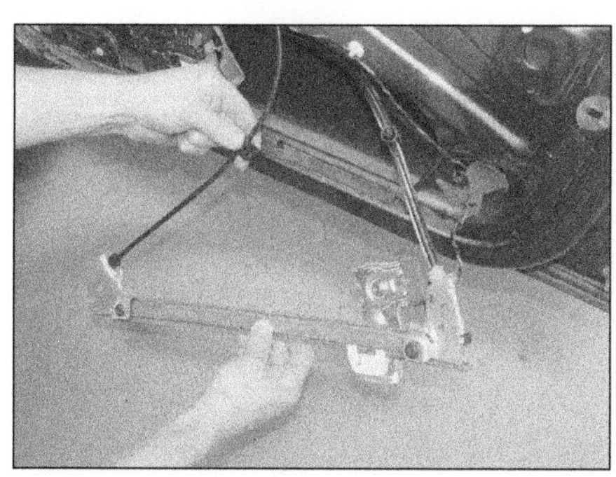

14.16a En främre fönsterhiss demonteras

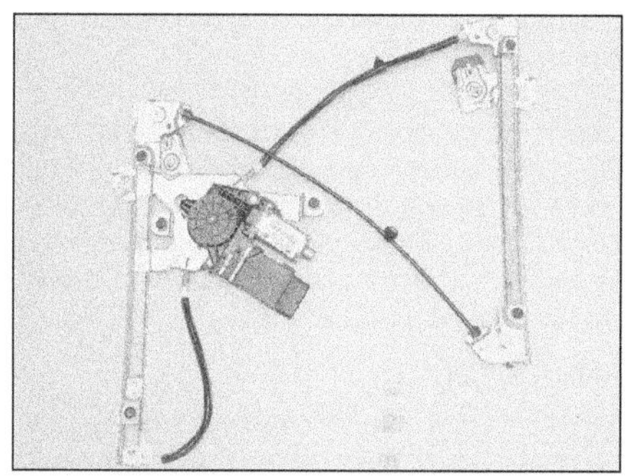

14.16b Främre fönsterhiss borttagen från dörren

14.20 Koppla loss kablaget från motorn

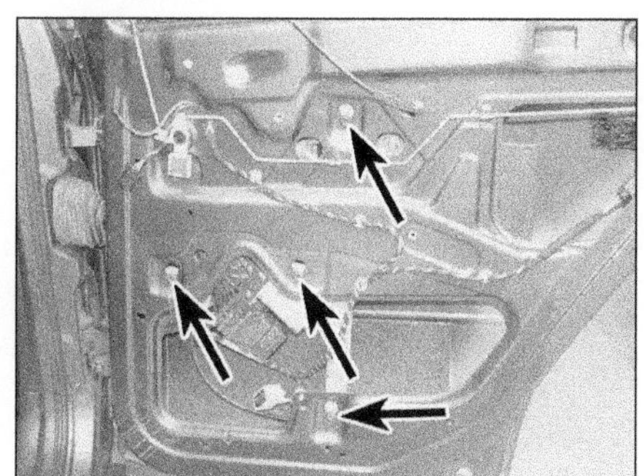

14.21 Bakre fönsterhissens fästskruvar

14.22 Demontering av bakre fönsterhiss

15.10a Lyft låsklämman uppåt men ta inte bort den helt . . .

9 Ta hjälp av någon som kan hålla bakluckan öppen.

10 Med en liten spårskruvmejsel, lyft låsklämman och dra loss stödbenet från kulledsfästet på bakluckan **(se bilder)**. Upprepa på det nedre fästet och ta bort stödbenet från bilen. **Observera:** *Om stödbenet ska återanvändas får man inte dra låsklämman ända ut, eftersom den då kommer att förstöras.*

Montering

11 Montering sker i omvänd ordning mot demonteringen, men dra åt bakluckans fästbultar till angivet moment. Kontrollera bakluckans placering i förhållande till omgivande paneler. Om så behövs kan man göra en liten justering genom att lossa fästbultarna och placera om bakluckan på gångjärnen. Om luckans buffertar behöver justeras, stick in en insexnyckel och lossa skruven tills den mittre hackförsedda skenan kan röra sig fritt i huset.

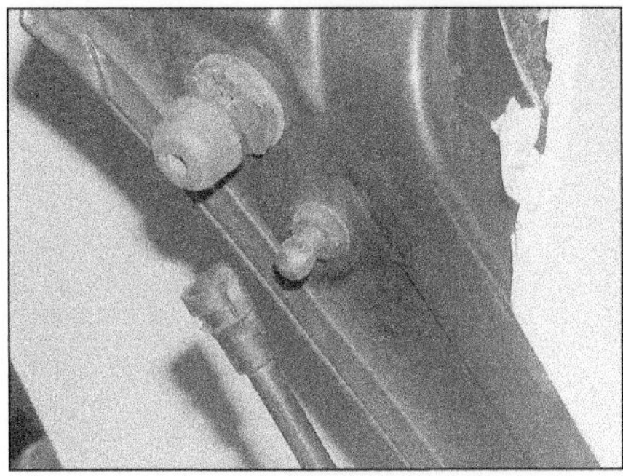
15.10b . . . dra sedan loss stödbenet från kulleden

När justerbufferten har placerats i rätt läge, dra åt mittskruven. När man byter ut buffertar är glidskenan förinställd på 12.5 mm från huset. För att ta bort bufferten, vrid den moturs 90° med en nyckel.

16 Bakluckans låskomponenter - demontering och montering

Demontering

Bakluckans lås

1 Lossa klädselpanelens fästklämmor genom att försiktigt bända mellan panelen och bakluckan med en spårskruvmejsel. Arbeta runt kanten av panelen och när alla klämmor är lossade, lyft då bort panelen. Det kan hända att några av klämmornas socklar dras loss från hålen i bakluckan, ta i så fall loss dem från klämmorna och tryck fast dem i luckan igen. Observera att fr.o.m. 08/00 har de övre fästklämmorna bytts ut mot metallfästen.

2 Lossa klämman och koppla loss låsets länkstag **(se bild)**.

3 Koppla loss kablaget, skruva sedan loss fästbultarna och ta bort låset från bakluckans insida **(se bilder)**.

Låsspärr

4 Med bakluckan öppen, skruva loss låsspärrens fästskruvar med en torxnyckel och ta bort spärren från karossen.

Bakluckans inre handtag

5 Demontera luckans klädselpanel enligt beskrivning i punkt 1.

6 Om så behövs, bänd ut kabelhylsan från bakluckan.

7 Skruva loss de fyra fästbultarna och ta bort handtaget.

Låsets styrenhet

8 Demontera luckans klädselpanel enligt beskrivning i punkt 1.

9 Ta bort plastkåpan från låsets styrenhet **(se bild)**.

10 Lossa klämman och koppla loss länkstaget från styrenheten **(se bild)**.

11 Koppla bort kablaget till centrallåset och fjärrkontrollen **(se bilder)**.

12 Skruva loss de två fästbultarna och dra styrenheten först åt ena sidan och sedan ut genom öppningen i bakluckan **(se bild)**. Ta bort tätningen.

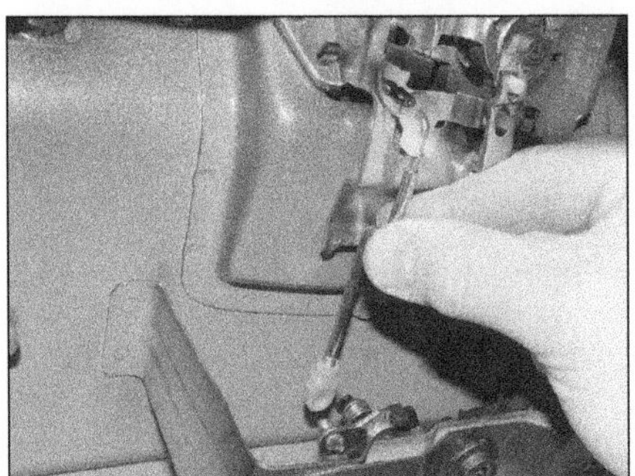
16.2 Koppla loss låsets länkstag

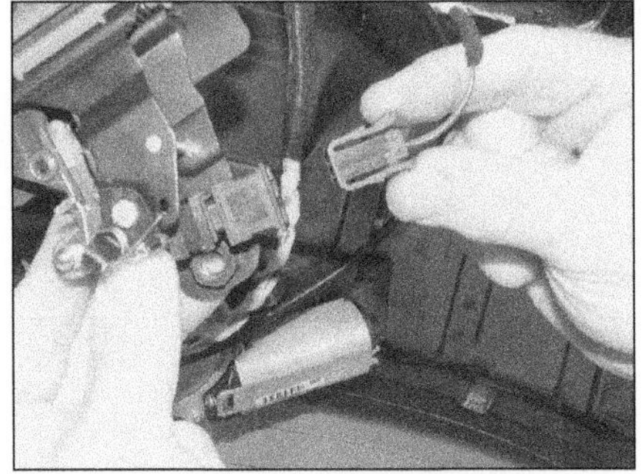
16.3a Koppla loss kablaget . . .

16.3b . . . skruva sedan loss och ta bort luckans lås

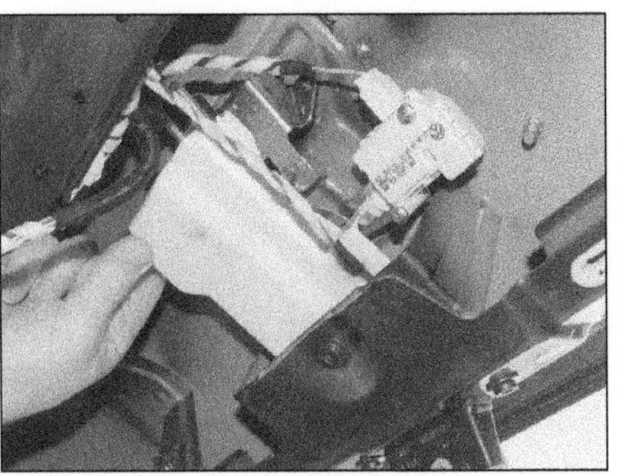
16.9 Ta bort plastkåpan . . .

16.10 . . . koppla loss länkstaget . . .

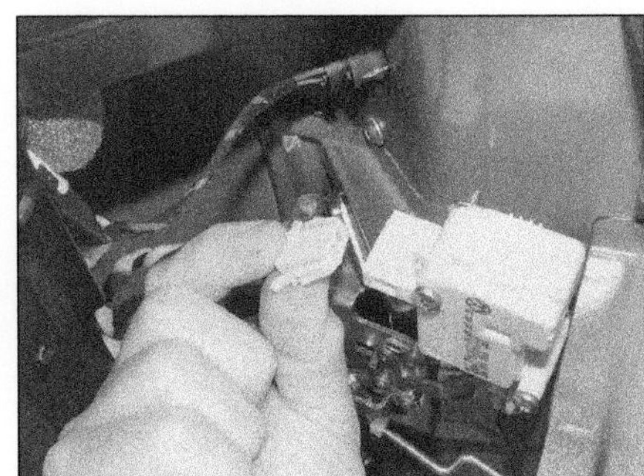
16.11a . . . koppla bort centrallåset . . .

Montering

13 Montering utförs i omvänd ordning mot demonteringen. Kontrollera att centrallåset och alla låskomponenter fungerar som de skalnnan klädselpanelen monteras.

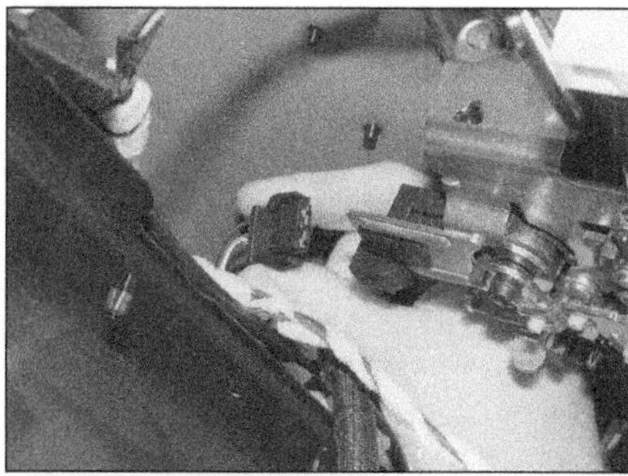

16.11b . . . och fjärrkontrollens kablage . . .

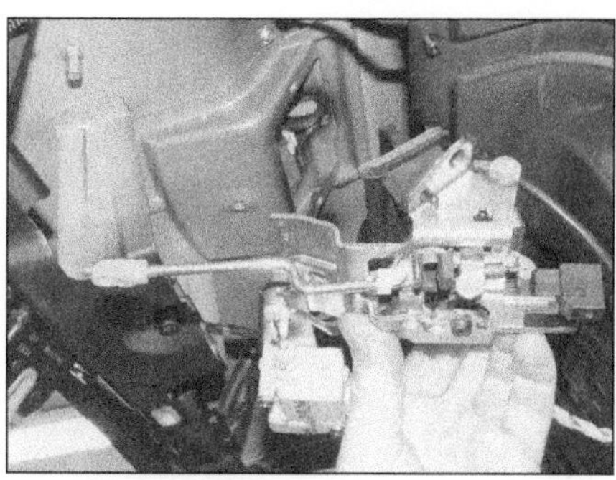

16.12 . . . och ta bort låsets styrenhet

17 Centrallåsets komponenter - demontering och montering

Observera: *Innan batteriet kopplas ifrån, se avsnittet "Frånkoppling av batteriet" i Referenskapitlet längst bak i boken.*

Demontering

Intern centrallåskontakt

1 Demontera brytarenheten i dörren enligt beskrivning i kapitel 12, avsnitt 4.

2 Skruva loss skruvarna på baksidan av brytarnas klädselpanel **(se bild),** själva brytarenheten kan då lossas från klädselpanelen.

Centrallåsets styrenhet

Observera: *På modeller utrustade med "automatisk stängning", är det här den centrala styrenhet som också aktiverar larm, soltak och elfönsterhissar och yttre backspeglar (via en separat styrenhet i varje dörr).*

3 Ta bort fästskruvarna från instrumentbrädans nedre paneler, lossa sedan försiktigt clipsen i panelernas överkant från instrumentbrädan **(se bild).** Skruva loss och ta bort förstärkningspanelen av plast som sitter under de nedre instrumentbrädespanelerna.

4 Skruva loss styrenheten från rattstångens fästbygel och koppla loss kontaktdonet **(se bild).**

Dörrlåsmotorer

5 Demontera dörrlåset enligt beskrivning i avsnitt 13.

6 Låsmotorerna utgör en del av själva låset och de kan inte införskaffas separat.

Bakluckans låsmotor

7 Ta bort bakluckans klädselpanel enligt beskrivning i avsnitt 15.

8 Koppla loss länkstaget från låsmotorn **(se bild).**

9 Med en lämplig nyckel/tång, skruva loss fästskruvarna i medurs riktning och ta loss låsmotorn genom att skjuta ut den ur de avlånga hålen i bakluckan **(se bild).** Koppla sedan loss kablagets blockkontakt.

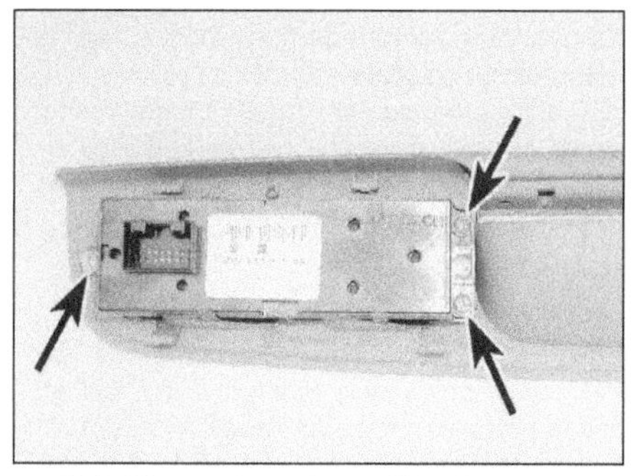

17.2 Skruva loss de tre fästskruvarna (vid pilarna)

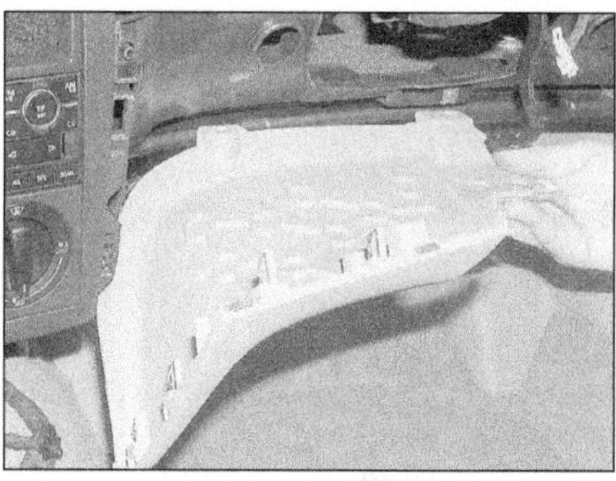

17.3 Lossa de nedre panelerna från instrumentbrädan

Tankluckans låsmotor

10 Utför momenten som beskrivs i avsnitt 25, för att ta bort de inre klädselpanelerna på baksätets sidobälte.

11 Koppla loss kontaktdonet och länkstaget från motorn. Skruva loss fästskruvarna och ta bort låsmotorn genom att skjuta den ut ur de avlånga hålen i karossen **(se bilder).**

17.4 Skruva loss de två skruvarna som håller fast styrenheten (vid pilarna)

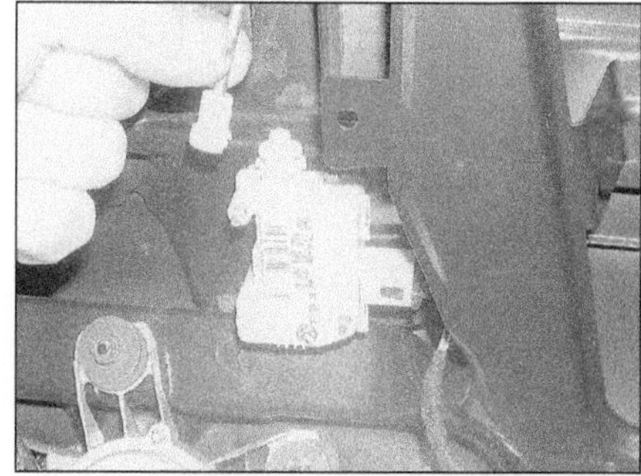

17.8 Koppla loss länkstaget

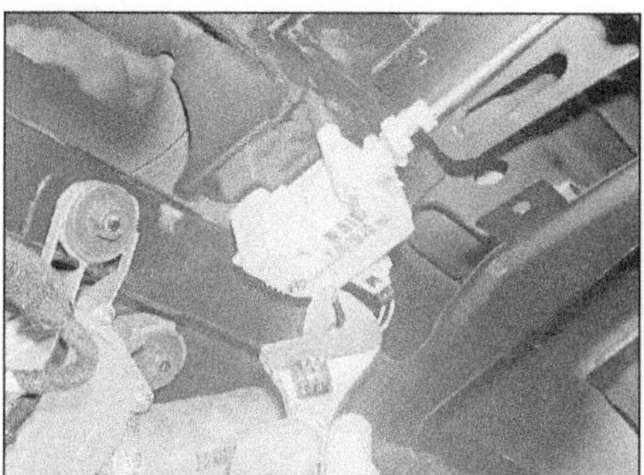

17.9 Vrid fästskruvarna medurs för att ta loss låsmotorn

17.11a Skruva loss fästskruvarna . . .

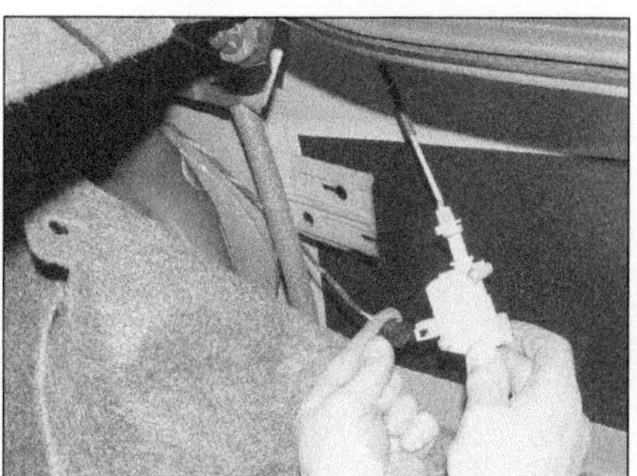

17.11b . . . och ta bort tankluckans låsmotor

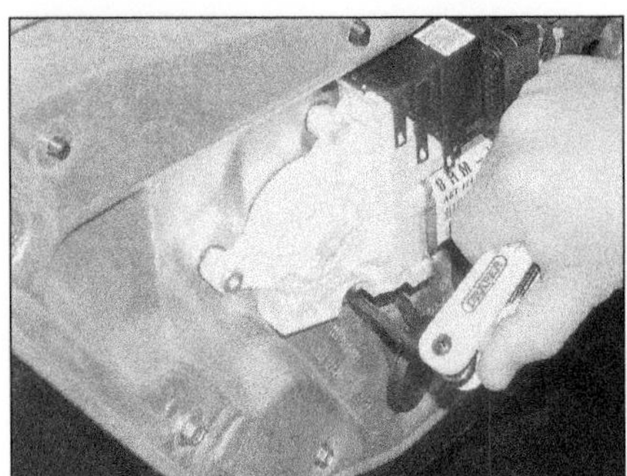

18.3a Skruva loss de tre fästskruvarna

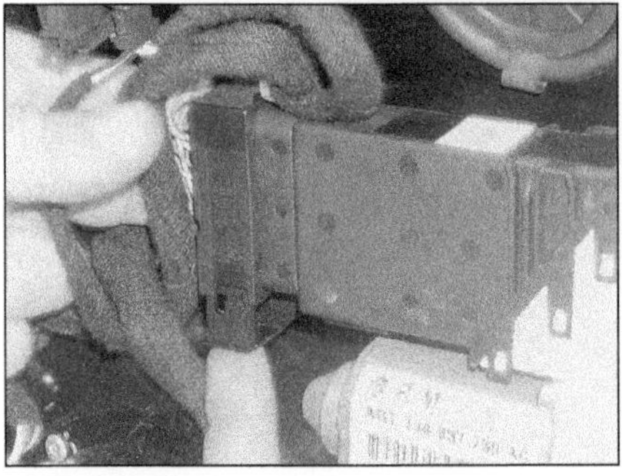

18.3b Koppla loss kablagets blockkontakt

19.2 Koppla loss backspegelns kablage

Montering

12 Montering sker i omvänd ordning mot demonteringen. Se till att alla återanslutningar görs säkert och korrekt. Avsluta med att kontrollera funktionen hos centrallåssystemets alla komponenter.

18 Elfönsterhissarnas komponenter – demontering och montering

Fönsterhissarnas brytare

1 Se kapitel 12, avsnitt 4.

Fönsterhissmotor

Demontering

2 För bättre åtkomlighet, demontera relevant fönsterhiss enligt beskrivning i avsnitt 14.

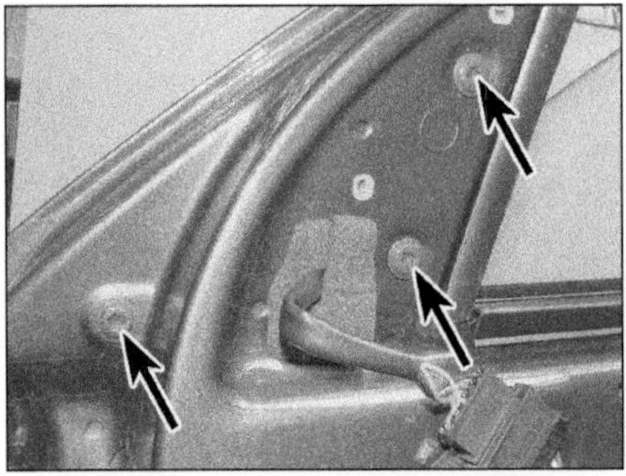
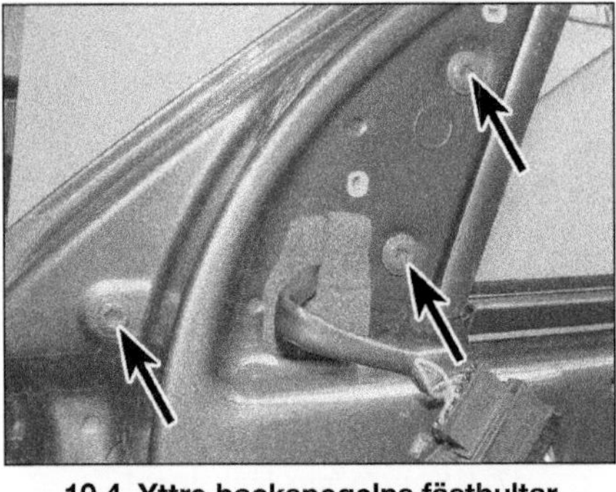

19.4 Yttre backspegelns fästbultar

Alternativt kan motorn demonteras med själva fönsterhissen på plats.

3 För att demontera motorn från fönsterhissen, skruva loss de tre fästskruvarna. Om fönsterhissen fortfarande sitter på plats, koppla också loss kablaget **(se bilder)**.

Montering

4 Montering sker i omvänd ordning mot demonteringen. Avslutningsvis, slå på tändningen och stäng fönstret – fortsätt att hålla in brytaren i ungefär tre sekunder för att aktivera den automatiska öppningsfunktionen.

19 Yttre backspeglar och tillhörande komponenter – demontering och montering

Demontering

Yttre backspegel

1 Demontera dörrens inre klädselpanel enligt beskrivning i avsnitt 12.

2 Koppla loss spegelkablagets kontaktdon och högtalarens kontaktdon efter tillämplighet **(se bild)**.

3 Lossa från clipsen och ta bort spegelns inre klädselpanel/högtalarpanelen och koppla loss kablaget om en högtalare är monterad.

4 Ta bort isoleringen från dörramen och skruva loss spegelns fästbultar **(se bild)**. Ta bort spegeln från dörren och för samtidigt kablaget (elspeglar) eller styrvajrarna (manuella speglar) genom hålen i dörren.

Spegelglas

Observera: *Spegelglaset sitter fast med clips. Om man demonterar glaset utan Skodas speciella verktyg (nummer 8-506 eller 8-602/1) är risken stor att glaset går sönder.*

5 Stick in ett lämpligt verktyg mellan spegelglaset och spegelhuset. Tryck först in glaset nedtill och sedan upptill, bänd sedan försiktigt loss glaset från motorn. Koppla loss kontaktdonen från spegelns värmeelement där så är tillämpligt. Var försiktig när glaset tas bort; ta inte i för hårt, eftersom glaset lätt går sönder. Om skodas specialverktyg inte finns till hands, använd en flatbladig hävstång med tejp runt, för att undvika skador på spegelhuset **(se bilder)**.

Spegelhus

6 Vik hela spegeln framåt och placera spegelglaset vertikalt för att underlätta demontering av huset.

7 Ta bort den lilla plastpluggen längst ner i spegeln, stick sedan in en skruvmejsel. Tryck skruvmejseln försiktigt framåt för att lossa fästklämman och dra sedan kåpan uppåt över spegelglaset och ta bort den **(se bilder)**.

Spegelns brytare

8 Se kapitel 12, avsnitt 4.

Elspegelns motor

9 Demontera spegelglaset enligt beskrivningen ovan.

10 Skruva loss fästskruvarna och ta bort motorn, koppla loss dess kontakdon när detta blir åtkomligt.

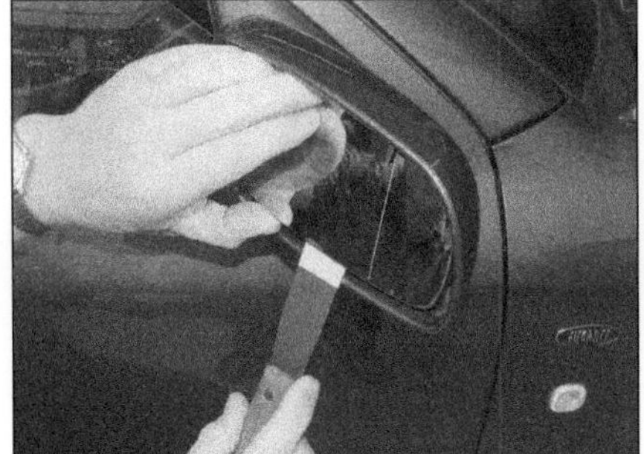

19.5a Bänd ut spegelglaset . . .

19.5b . . . och koppla loss kablaget

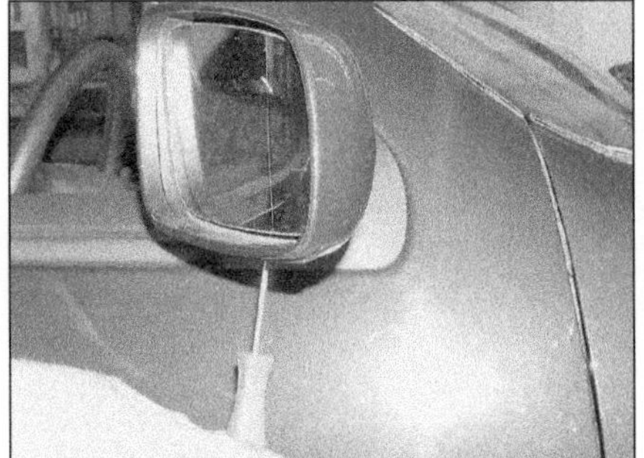

19.7a Tryck skruvmejseln framåt . . .

Montering

11 Montering sker i omvänd ordning mot demontering. Vid montering av spegelglaset, tryck i mitten men ta inte i överdrivet hårt, eftersom glaset lätt kan gå sönder.

20 Vindruta, bakruta och bakre fasta sidorutor - allmän information

Dessa glasrutor sitter fast med hjälp av tätningsremsans täta passning i karossöppningen, och de är limmade på plats med ett särskilt lim. Byte av sådana fasta rutor är en svår, rörig och tidskrävande uppgift, som ligger utanför vad hemmamekanikern normalt klarar av. Det är svårt, om man inte har mycket erfarenhet, att åstadkomma en säker, vattentät tätning. Med detta i åtanke rekommenderar vi bilägaren att låta en specialist utföra detta arbete.

21 Soltak - allmän information

På grund av soltakets komplexitet behövs stor expertis för att reparationer, byten eller justeringar av soltakets komponenter ska kunna göras med framgång. Demontering av soltaket kräver först demontering av takklädseln, vilket är svårt och tidskrävande och en uppgift som inte är lätt att tackla. Därför bör problem med soltaket överlämnas till en Skodaverkstad. På modeller med elektrisk soltak, om motorn slutar att fungera, kontrollera först relevant säkring. Om inte felet kan spåras och åtgärdas, kan soltaket öppnas och stängas manuellt genom att man vrider motorspindeln med en insexnyckel (en passande nyckel följer med bilen, och den bör sitta fast på insidan av motorns täckkåpa). För att komma åt motorn, lossa täckkåpan i den bakre änden. Ta loss insexnyckeln från clipset och stick in den helt i motorns öppning (mot fjädertrycket). Vrid nyckeln för att placera soltaket i önskad position.

22 Karossens yttre detaljer - demontering och montering

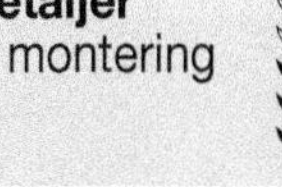

Hjulhusens innerskärmar och paneler under karossen

1 De olika plastkåporna som sitter på bilens undersida sitter fästa med skruvar, muttrar och clips, och hur man tar loss dem bör vara uppenbart vid en inspektion. Arbeta metodiskt runt panelen, skruva loss skruvar/muttrar och lossa clips tills kåpan kan tas bort från bilen. De flesta clips som används på bilen kan man helt enkelt bända loss. Ta bort hjulen för att underlätta demontering av hjulhusens innerskärmar.

2 Vid montering, byt ut eventuella fästclips som har gått sönder vid demonteringen, och se till att panelen hålls fast ordentligt av relevanta clips och skruvar.

Karossens lister och emblem

3 De olika listerna och emblemen på karossen hålls på plats med en slags tejp och styrstift. Demontering kräver att man värmer upp panelen/emblemet, för att mjuka upp limmet, och sedan försiktigt lyfter loss den från karossen. Eftersom man riskerar att skada omgivande lack när detta görs, rekommenderar vi att man överlämnar arbetet till en Skodaverkstad.

23 Säten - demontering och montering

Observera: *Se varningarna i kapitel 12 om sidokrockkuddar är monterade på bilen. Innan batteriet kopplas bort, se "Frånkoppling av batteriet" i Referenskapitlet i slutet av boken.*

Demontering

Framsäten

Observera: *Antalet kontaktdon under sätet kan variera beroende på bilens specifikation.*

1 Koppla loss batteriets negativa kabel (se *Frånkoppling av batteriet* i *Referenskapitlet* i slutet av den här boken).

19.7b . . . lyft sedan kåpan uppåt över spegelglaset

2 Skjut sätet framåt och ta loss täcklocken på listerna som täcker sätenas golvskenor. Skruva loss fästskruvarna (om monterade) och ta bort täcklisterna **(se bilder)**.

3 Dra sätet bakåt och ta bort de två muttrarna/bultarna under sätets framkant **(se bild)**.

4 Lossa spärrstaget, dra sedan sätet så långt det går bakåt och haka loss det från de yttre styrskenorna. Fäll sätet bakåt och koppla loss kontaktdonen från undersidan av sätet **(se bild)**. Ta bort sätet från bilen.

5 För att ta bort vajern för sätesjusteringen, skruva loss skruven som håller handtaget på spaken. Ta loss vajerhöljet från fästbygeln och haka loss innervajern från spaken.

6 Med en passande skruvmejsel, bänd loss klämman från den andra änden av vajern och ta bort den från sätets glidskena. För att demontera säkerhetsbältets spänne från sätet, se avsnitt 25.

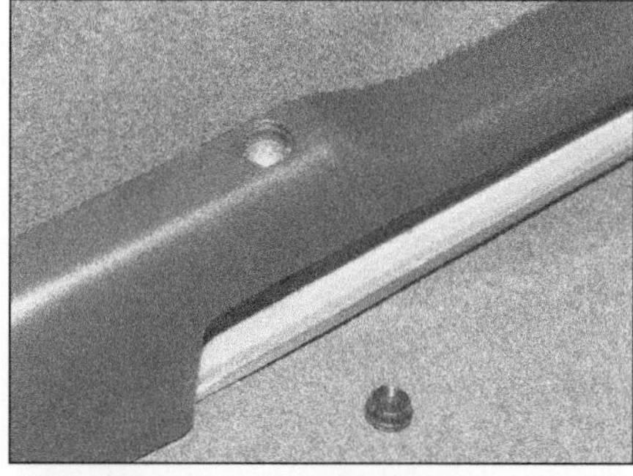

23.2a Ta bort täcklocken för att komma åt skruvarna

23.2b Ta bort täcklisterna från skenorna

23.3 Framsätets främre fästmuttrar

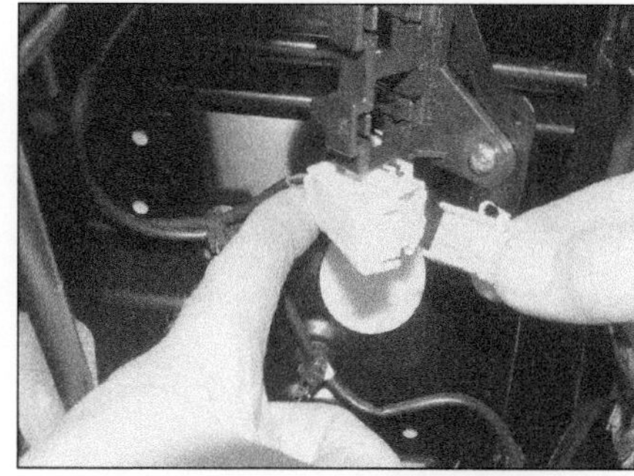

23.4 Koppla loss sätets kablage

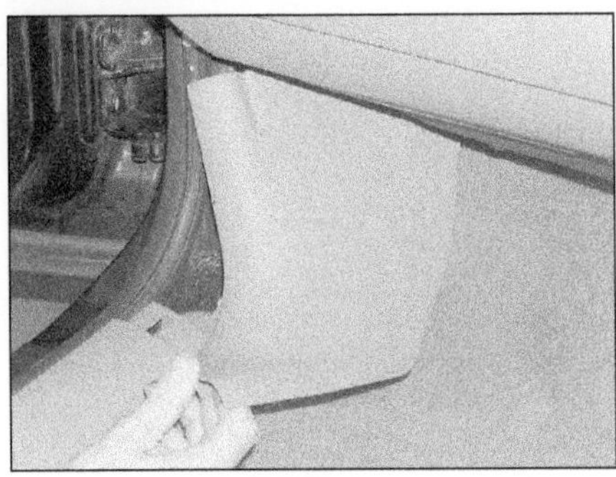

25.2 Ta försiktigt loss den nedre klädselpanelen

Baksäte (delad typ)

7 Dra i remmarna i kuddarnas främre kant och vicka dem framåt.

8 Frigör metallstagen från fästena och ta bort kuddarna från bilen. Om barnstolar är monterade måste man driva ut pivåstiften.

9 Dra upp låsknopparna och fäll ryggstödet framåt.

10 Tryck tillbaka låshakarna i de yttre ändarna av varje ryggstöd med en skruvmejsel.

11 Lyft upp ryggstöden från fästbyglarna i de yttre ändarna och ta loss dem utåt från de mittre pivåstiften.

Baksäte (bänktyp)

12 På kombimodeller, lossa täckkåporna på gångjärnen och skruva loss fästskruvarna. Dra ut gångjärnsstiften och ta bort sittdynorna.

13 Med en liten spårskruvmejsel, lossa det yttre gångjärnets spärrhake och lyft ryggstödet uppåt för att lossa det. Dra loss ryggstödet från det mittre gångjärnets pivå och ta bort det från bilen. Ta bort det andra ryggstödet på samma sätt.

Montering

14 Montering sker i omvänd ordning mot demonteringen.

24 Främre bältessträckare - allmän information

På alla utom de tidiga modellerna har de främre säkerhetsbältenas rullar inbyggda bältessträckare (det finns inga bältessträckare på de bakre säkerhetsbältena). Systemet är utformat så att det ögonblickligen tar upp slack i säkerhetsbältet i fall av en frontalkrock, för att minska skaderiskerna för passagerarna i framsätena. Varje framsäte har ett eget system där sträckaren sitter monterad bakom tröskelns klädselpanel.

Bältessträckaren utlöses av en frontal kollision som överstiger en förutbestämd kraftnivå. Mindre kraftiga kollisioner, inklusive påkörning bakifrån, utlöser inte systemet.

När systemet utlöses drar den explosiva gasen i sträckarmekanismen tillbaka och låser säkerhetsbältet via en vajer som påverkar bältesrullen. Detta förhindrar att bältet dras ut och passageraren hålls ner i sätet. När sträckaren en gång har löst ut, är säkerhetsbältet permanent låst och hela enheten måste bytas ut.

Observera följande varningar innan du överväger arbete på de främre säkerhetsbältena.

Varning: Utsätt aldrig sträckarmekanismen för temperaturer som överstiger 100°C.

- ***Om sträckarmekanismen tappas måste den bytas ut, även om den inte har fått några synliga skador.***
- ***Låt inte några lösningsmedel komma i kontakt med sträckarmekanismen.***
- ***Försök aldrig att öppna sträckarmekanismen - den innehåller en explosiv gas.***
- ***Bältessträckare måste tömmas innan de kastas, men denna uppgift bör överlämnas till en Skodaverkstad.***
- ***Om batteriet ska kopplas bort, se avsnittet "Frånkoppling av batteriet" längst bak i den här boken.***

25 Säkerhetsbältenas komponenter - demontering och montering

Demontering av främre säkerhetsbälte

1 Koppla loss batteriets negativa kabel (se *Frånkoppling av batteriet* i *Referenskapitlet* längst bak i boken).

2 Ta bort den främre, nedre klädselpanelen från tröskelpanelen och dra ut den under instrumentpanelen, så att den lossnar från clipset **(se bild)**.

3 Ta loss täckkåpan på det övre bältesfästet och skruva loss fästbulten. Ta sedan loss dörrstolpens nedre klädselpanel, frigör den försiktigt från dörrtätningen och lyft bort den från fäststiften **(se bilder)**.

4 Fäll upp baksätets sittdyna och skruva loss fästet längst ner på det bakre hjulhusets panel.

5 Ta bort de två skruvarna som håller tröskelns panel vid säkerhetsbältets stolpe. Den kan sitta fast med clips istället för skruvar.

6 Ta loss tröskelns klädselpanel uppåt och ta bort den från tröskeln **(se bild)**. Dra försiktigt ut bältet från panelen.

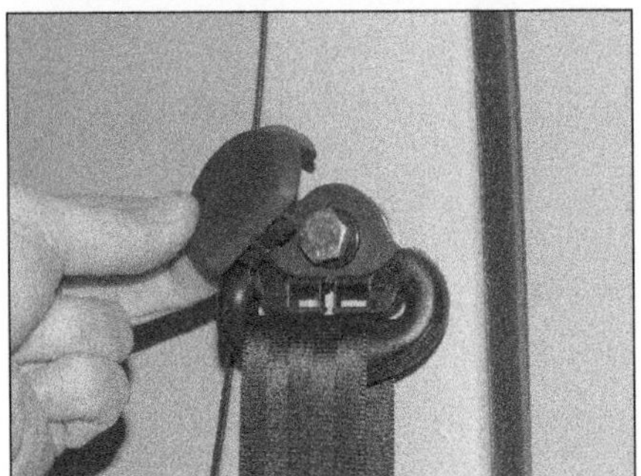

25.3a Ta loss täckkåpan . . .

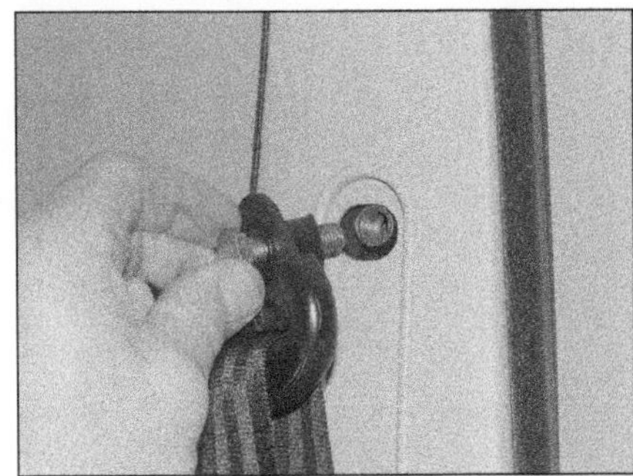

25.3b . . . och skruva loss fästbulten . . .

25.3c . . . ta sedan loss stolpens nedre klädselpanel . . .

25.3d . . . och lyft bort den från fäststiften

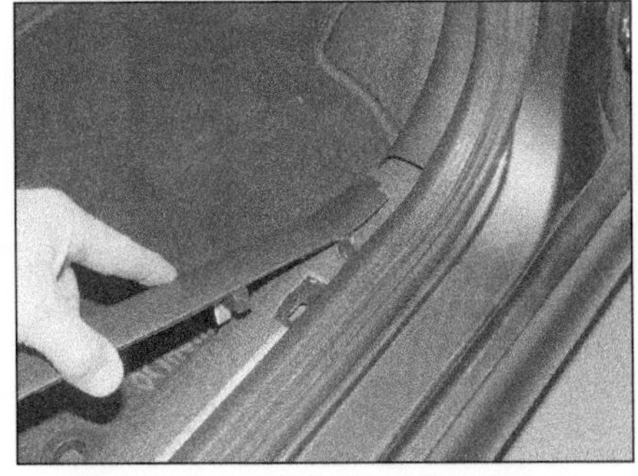

25.6 Ta bort tröskelns klädselpanel

7 På bilar med sidokrockkuddar, koppla loss kontaktdonet från bältessträckarrullen.
8 Ta försiktigt loss stolpens övre klädselpanel, skruva sedan loss bältesstyrningens bultar **(se bilder)**.
9 Skruva loss och ta bort säkerhetsbältets nedre fästbult och frigör bältet från det nedre ankarfästet **(se bild)**.
10 Skruva loss och ta bort bältesrullens fästbult och ta bort hela säkerhetsbältet från bilen **(se bild)**.
11 För att ta bort bältets höjdjustering, ta bort fästbulten och lyft mekanismen uppåt från stolpen **(se bild)**.

Demontering av främre säkerhetsbältets spänne

12 Demontera framsätet enligt beskrivning i avsnitt 23.
13 Skruva loss och ta bort bulten som håller spännet till sätet och ta bort spännet **(se bild)**.

Demontering av baksätets sidobälte

Kombikupé

14 Öppna bakluckan och ta bort den bakre hatthyllan.
15 Ta loss luckan, skruva loss skruvarna och ta bort klädselpanelen på sidan i bagage-utrymmet **(se bild)**.
16 Ta bort kåpan från säkerhetsbältets övre fästbult, skruva loss och ta bort bulten. Om så behövs, ta bort distansen som sitter bakom bältesfästet **(se bild)**.
17 Ta bort plastfästpluggarna och dra loss den nedre hjulhuskåpan. Ta bort isoleringen, skruva sedan loss bulten och ta bort bältes-rullen från stolpen. Mata bältet genom plast-kåpan och ta bort den **(se bilder)**.
18 Lyft upp baksätets dyna och skruva loss bältets nedre fästbult framför hjulhuset **(se bild på nästa sida)**.
19 För att ta bort bältets höjdjusterings-mekanism, skruva loss de två fästmuttrarna nedtill på stolpens övre klädselpanel. Ta loss

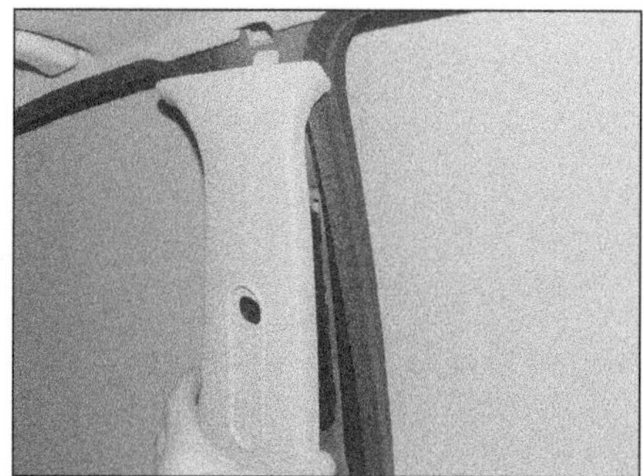
25.8a Ta bort stolpens övre klädselpanel . . .

25.8b . . . och skruva loss bältesstyrningens bultar

25.9 Säkerhetsbältets nedre fästbult

25.10 Bältesrullens fästbult (vid pilen)

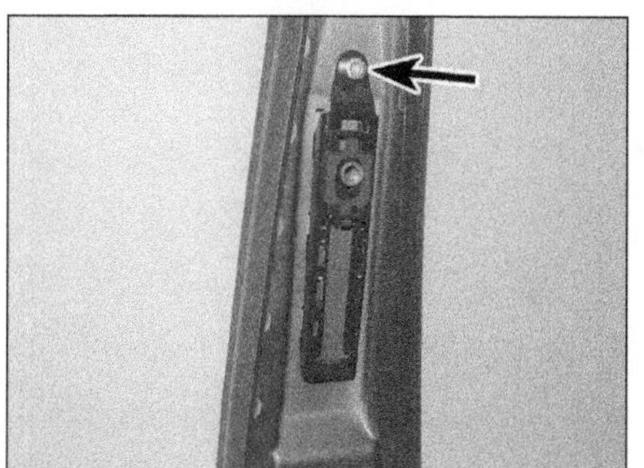
25.11 Fästbult som håller bältets höjdjusteringsmekanism (vid pilen)

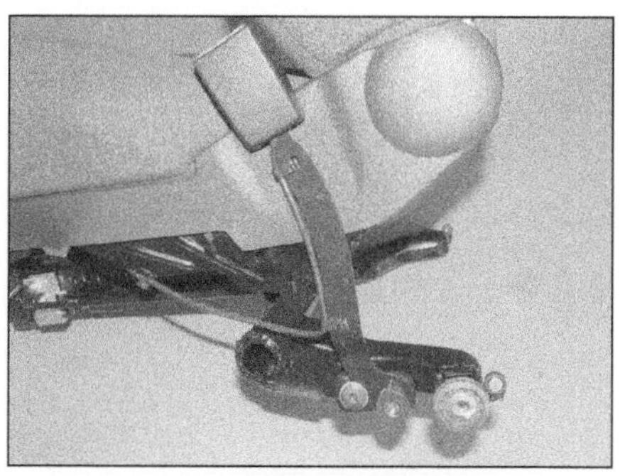
25.13 Främre säkerhetsbältets spänne

25.15 Ta bort klädselpanelen på sidan i bagageutrymmet

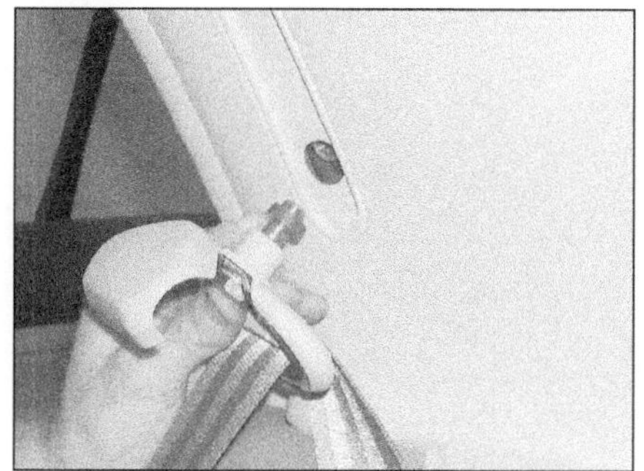
25.16 Tappa inte bort distansen när säkerhetsbältets övre fästbult lossas

25.17a Skruva loss bulten . . .

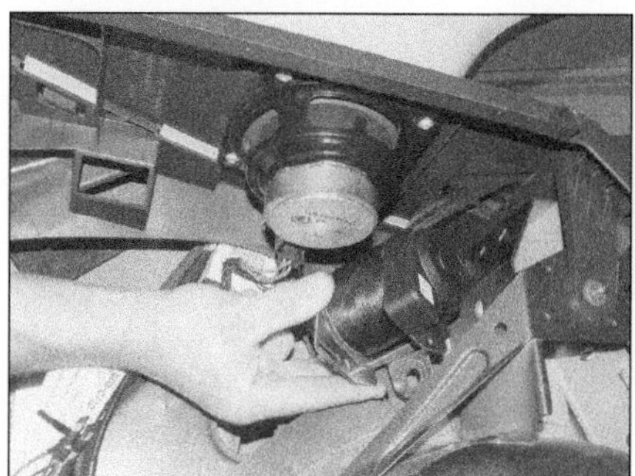
25.17b . . . och ta bort det bakre säkerhetsbältets rulle

25.17c Ta loss plastkåpan

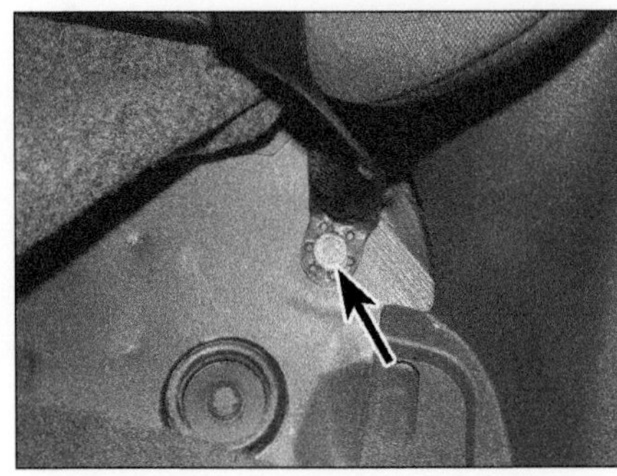
25.18 Bakre sidobältets nedre fästbult

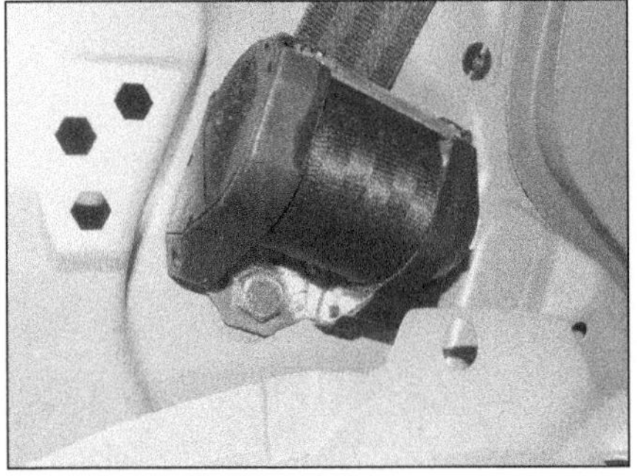
25.22 Bakre säkerhetsbältets rulle (kombi)

25.24 Demontering av bakre säkerhetsbältets spänne

klädselpanelen uppifrån och ta bort den, skruva sedan loss fästbulten och lyft höjdjusteringsskenan uppåt och bort från stolpen.

Kombi

20 Demontera baksätet enligt beskrivning i avsnitt 23.

21 Öppna bakluckan och ta bort bagage-utrymmets skydd.

22 Ta bort den inre hjulhuspanelen och säkerhetsbältet enligt beskrivning i punkt 16 till 18 **(se bild)**.

23 Kontrollera noggrant att alla infästningar har tagits bort innan panelen tas loss.

Demontering av baksätets mittre bälte

24 Fäll baksätets sittdyna framåt, skruva sedan loss och ta bort bulten och brickan som håller det mittre bältesspännet till golvet och ta bort det från bilen **(se bild)**.

25 Det mittre rullbältet kan bara demonteras från ryggstödet om klädseln och stoppningen tas bort först. Bältets rulle kan skruvas loss från sätesramen **(se bilder)**.

Montering

26 Montering sker i omvänd ordning mot demonteringen. Se till att alla bältesdelar sätts fast korrekt och att fästbultarna dras åt till angivna moment. Kontrollera att alla klädselpaneler fästs ordentligt med alla relevanta clips. När de övre klädselpanelerna sätts tillbaka, kontrollera att höjdjusterings-armarna hakar i som de ska med skallen på bältets övre fästbult.

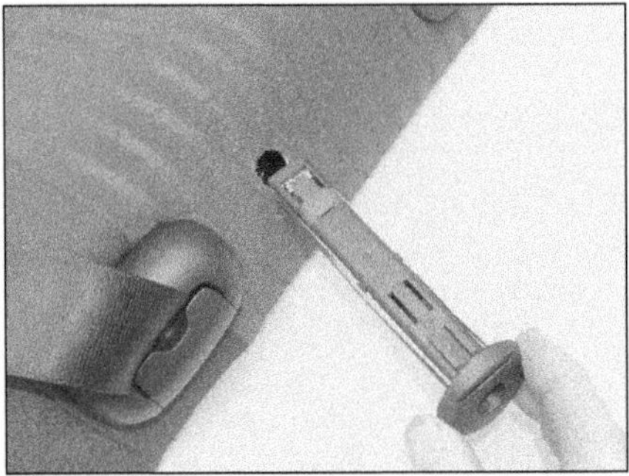
25.25a Ta bort nackstödens styrningar . . .

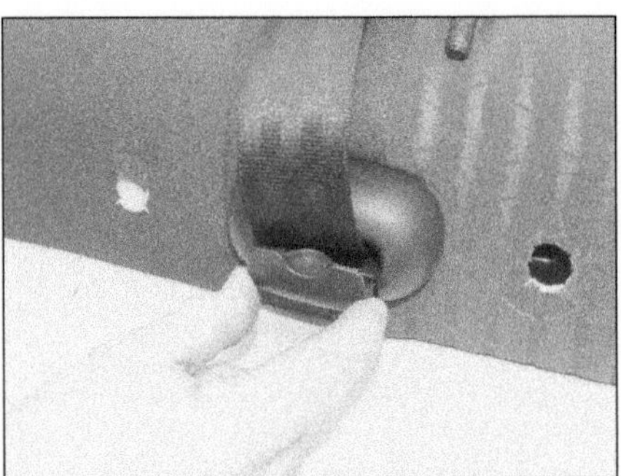
25.25b . . . och plastlocken . . .

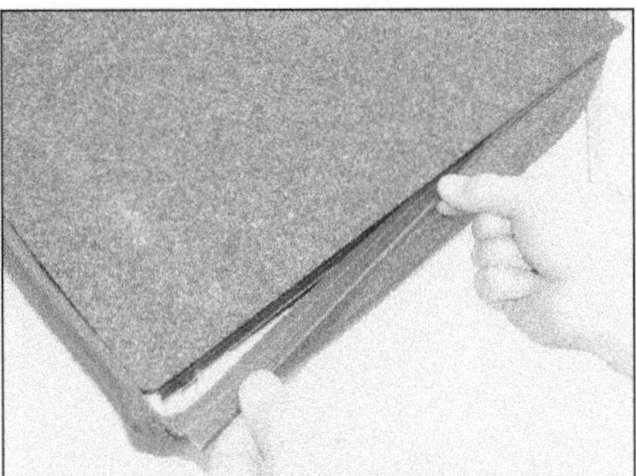
25.25c . . . ta sedan bort stoppningen och tyget . . .

25.25d . . . koppla bort säkerhetswiren . . .

25.25e . . . skruva loss bältesrullen . . .

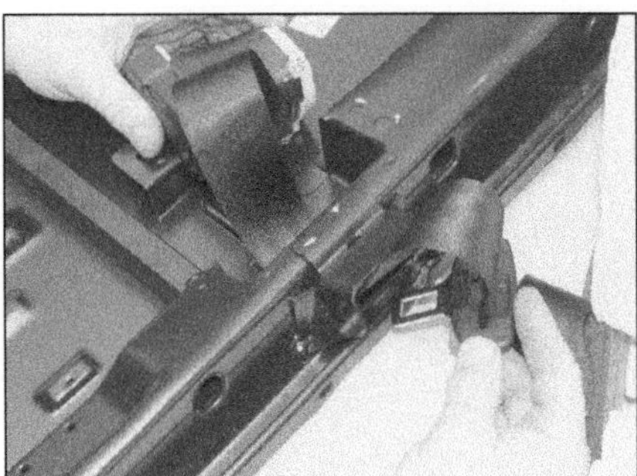
25.25f . . . och ta bort säkerhetsbältet

26 Inre klädsel - demontering och montering

Inre klädselpaneler

1 De inre klädselpanelerna är fästa med skruvar eller andra olika typer av fästen, vanligtvis clips eller nitar.

2 Kontrollera att det inte är några andra paneler som överlappar den som du ska ta bort; vanligtvis måste panelerna tas bort i en viss ordning, som bör vara uppenbar vid en närmare inspektion.

3 Ta bort alla synliga fästen, som skruvar. Om panelen därefter inte vill lossna, hålls den även fast av dolda clips eller liknande. Dessa sitter vanligtvis runt kanten på panelen och kan bändas loss; de kan också ganska lätt gå sönder, så det är bra att ha nya till hands. Det bästa sättet att lossa sådana clips, om man inte har tillgång till rätt verktyg, är att använda en stor spårskruvmejsel. I många fall måste en intilliggande tätningslist vikas undan för att en panel ska kunna lossas.

4 Ta **aldrig** i onödigt hårt när en panel ska demonteras, eftersom den då kan skadas; kontrollera alltid noga att alla fästen eller andra relevanta komponenter har tagits bort/lossats innan du försöker dra loss en panel.

5 Montering sker i omvänd ordning mot demonteringen; säkra fästena genom att trycka dem ordentligt på plats och se till att alla rubbade komponenter sätts fast ordentligt, för att förebygga skrammel.

Handskfack

6 Innan handskfacket kan demonteras måste mittkonsolens främre sektion tas bort för att man ska komma åt en av skruvarna, se avsnitt 27.

7 Öppna handskfackets lucka, skruva loss och ta bort fästskruvarna. Dra ut handskfacket, koppla loss kontaktdonet från belysningen (om monterad) när detta blir åtkomligt **(se bilder)**.

8 Montering sker i omvänd ordning mot demonteringen

Mattor

9 Passagerarutrymmets golvmatta är i ett stycke och den sitter fast i kanterna med skruvar eller clips, vanligtvis samma fästen som håller de olika intilliggande klädselpanelerna.

10 Att ta ut och lägga tillbaka mattan är relativt enkelt, men mycket tidsödande, eftersom alla intilliggande paneler måste demonteras först, och även delar som säten, mittkonsol och säkerhetsbältenas nedre fästen.

Takklädsel

11 Takklädseln sitter fast i taket med clips och kan bara tas bort när alla detaljer som kurvhandtag, solskydd, soltak (om monterat) och tillhörande övre klädselpaneler har tagits bort, och dörrarnas, bakluckans och soltakets tätningslister har lossats. För demontering av solskydd och kurvhandtag tar man först bort små täcklock av plast för att komma åt fästskruvarna.

12 Observera att demontering av takklädseln kräver avsevärd skicklighet och erfarenhet om det ska kunna utföras utan materiella skador, och det är därför bäst att överlämna arbetet till en expert.

Inre backspegel

Standard

13 Dra loss spegeln nedåt från fästklämman för att få loss den. Vid montering, placera spegeln i 60 till 90 graders vinkel moturs i förhållande till monteringsläget; vrid den sedan medurs tills låsklämman snäpper på plats och håller fast spegeln.

14 Montering sker i omvänd ordning mot demonteringen.

26.7a Skruva loss fästskruvarna

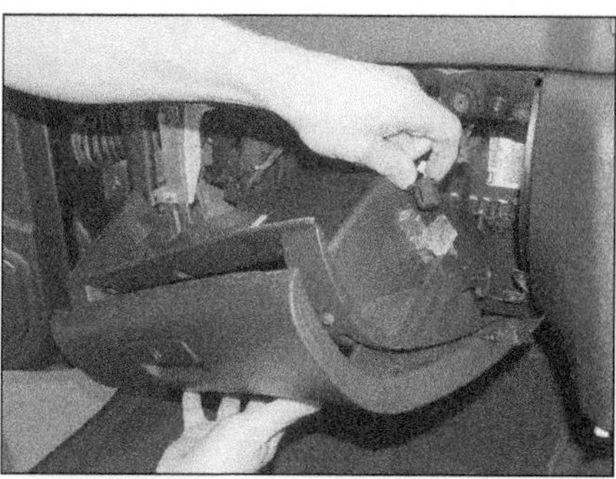
26.7b Koppla loss belysningens kablage

Med regnsensor

15 Ta loss täckkåporna runt skaftet på spegeln och koppla loss kontaktdonet.

16 Dra loss spegeln nedåt för att få loss den från klämman.

17 Skoda rekommenderar att man monterar en ny regnsensor när den gamla har tagits loss eller när man har satt in en ny vindruta.

18 Montering sker i omvänd ordning mot demonteringen.

Instrumentbrädans nedre paneler

19 Se avsnitt 28.

27 Mittkonsol - demontering och montering

Bakre sektion

1 Bänd loss ändkåpan på vänster sida av armstödet, skruva sedan loss den enda bulten och ta bort armstödet från mittkonsolen **(se bilder)**.

2 Dra upp handbromsspaken och ta loss klädseln från den **(se bild)**.

3 Dra den bakre askkoppen uppåt och utåt från mittkonsolen, skruva sedan loss de två bakre fästskruvarna **(se bilder på nästa sida)**.

4 Dra mittkonsolens bakre sektion bakåt, lyft den sedan uppåt och bort från handbromsspaken, och koppla loss cigarrettändarens kablage **(se bilder på nästa sida)**.

27.1a Ta bort armstödets täckpanel . . .

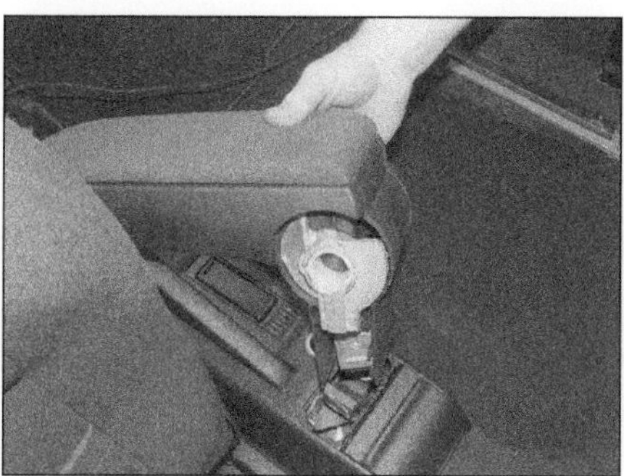
27.1b . . . och armstödet

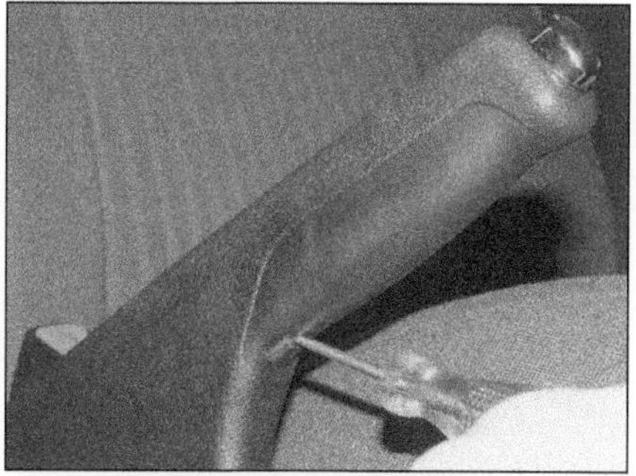
27.2 Ta bort klädseln från handbromsspaken

27.3a Ta bort den bakre askkoppen . . .

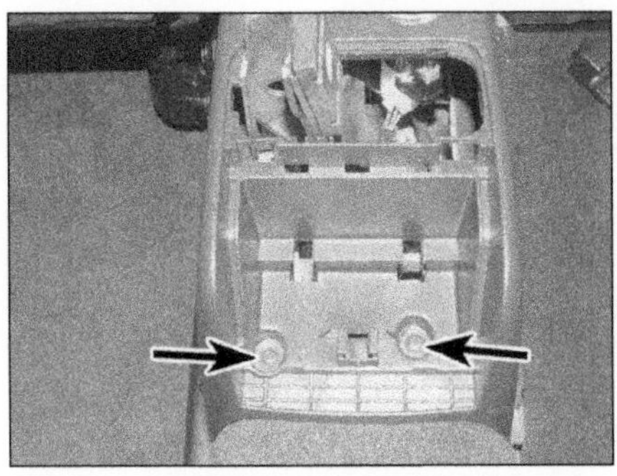
27.3b . . . för att komma åt mittkonsolens två bakre fästbultar

27.4a Dra mittkonsolen bakåt . . .

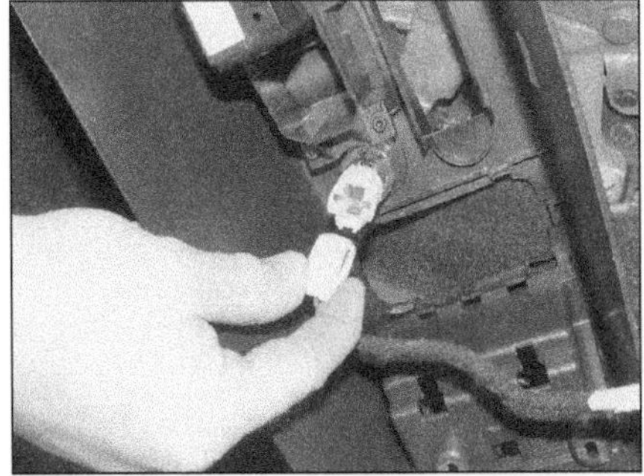
27.4b . . . lyft sedan ut den och koppla loss kablaget till cigarretttändaren

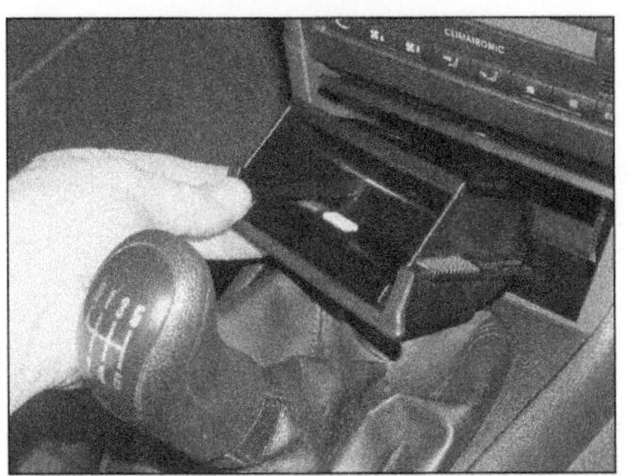
27.6a Ta bort askkoppen . . .

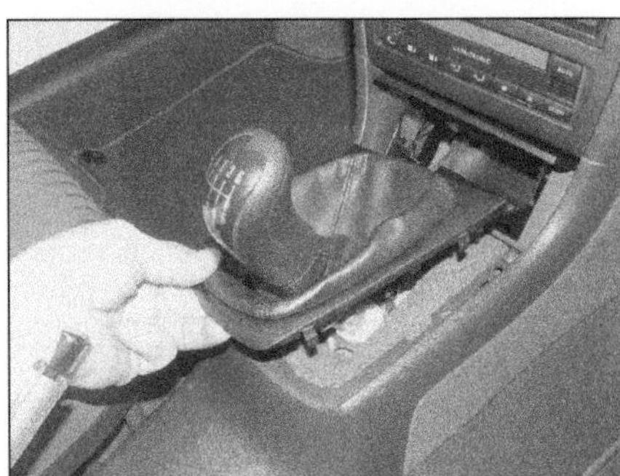
27.6b . . . bänd upp växelspakens damask . . .

Främre sektion

5 Demontera den bakre sektionen av mittkonsolen enligt tidigare beskrivning.

6 På en modell med manuell växellåda, demontera först askkoppen, ta sedan loss växelspakens damask och infattning från konsolen och lyft bort den från spaken tillsammans med knoppen. Ta bort packningen **(se bilder)**. På modeller med automatväxellåda måste man inte ta bort växelväljaren.

7 Skruva loss skruvarna, ta bort askkoppshuset och koppla loss kablaget från cigarretttändaren **(se bilder)**.

8 Skruva loss de främre, övre och bakre fästskruvarna som håller mittkonsolens främre sektion till instrumentbrädan och kardantunneln **(se bild)**.

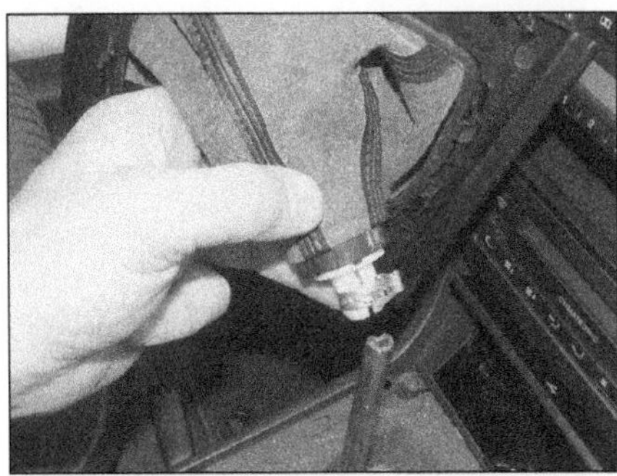
27.6c . . . och ta bort den från spaken

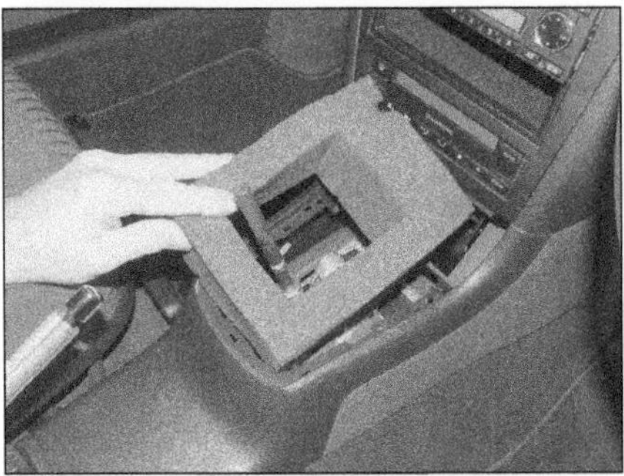
27.6d Ta bort packningen

27.7a Skruva loss skruvarna . . .

27.7b . . . ta bort askkoppshuset . . .

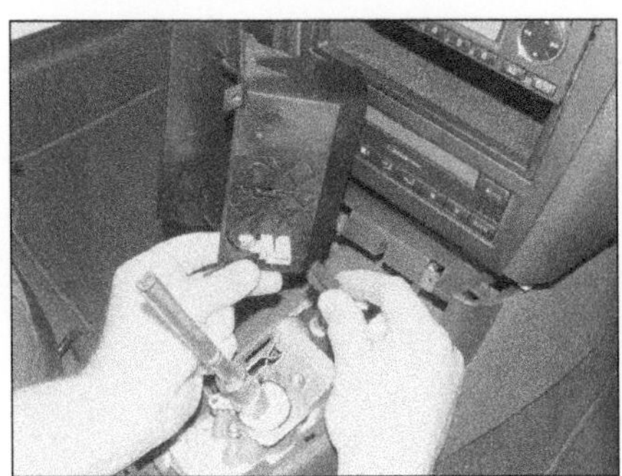
27.7c . . . och koppla loss kablaget

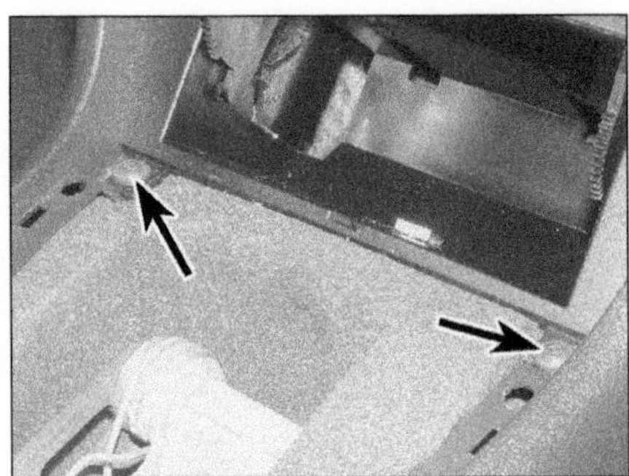
27.8 Mittkonsolens övre fästskruvar

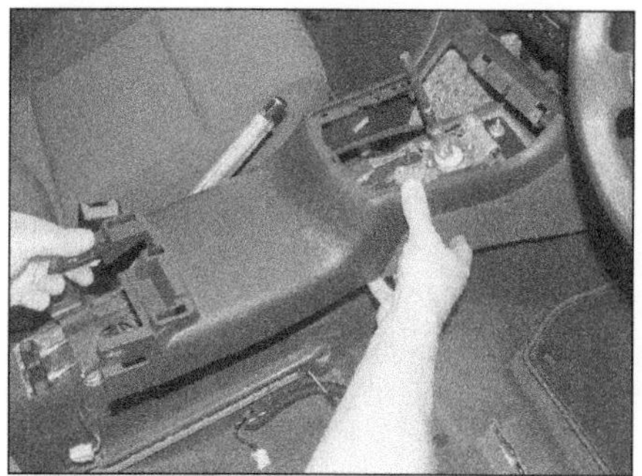
27.9 Ta bort mittkonsolen

9 Dra ut mittkonsolens främre sektion bakåt och lyft den uppåt över växelspaken **(se bild)**.

Montering

10 Montering sker i omvänd ordning. Se till att dra åt alla infästningar ordentligt.

28 Instrumentbräda - demontering och montering

Observera: *Se varningarna i kapitel 12 angående krockkuddar.*

Märk kontaktdonen när de kopplas loss från respektive komponent. Detta är till stor hjälp vid monteringen, när kablaget ska dras och matas genom öppningarna i instrumentbrädan.

Demontering

1 Koppla loss batteriets negativa kabel (se *Frånkoppling av batteriet* i slutet av boken).

2 Demontera mittkonsolen enligt beskrivning i avsnitt 27.

3 Arbeta under instrumentbrädan på förarsidan, skruva loss skruvarna och ta bort skyddspanelen i fotbrunnen från de två hållarna **(se bild)**.

4 Demontera ratten (se kapitel 10).

5 Skruva loss och ta bort de två skruvarna upp genom den nedre rattstångskåpan för att lossa den övre kåpan. Ta sedan försiktigt loss den nedre kåpan från fästclipsen och dra bort den från instrumentpanelen.

6 Demontera kontaktenheten (släpringen) till förarens krockkudde enligt beskrivning i kapitel 12.

7 Ta bort kombinationsbrytaren från rattstången enligt beskrivning i kapitel 12.

8 Demontera instrumentpanelen enligt beskrivning i kapitel 12.

9 Lossa ändpanelerna (clips) från instrumentbrädan med en skruvmejsel **(se bild)**.

10 På förarsidan, skruva loss de två skruvarna som håller säkringsdosan. För att ta bort de nedre panelerna på instrumentbrädan, skruva loss de två skruvarna i botten, lossa sedan panelerna upptill (den yttre först).

11 Demontera sedan handskfacket enligt beskrivning i avsnitt 26, och ta bort fotbrunnens panel på passagerarsidan **(se bild)**.

12 Demontera radion/kassettspelaren enligt beskrivning i kapitel 12 och värmereglagepanelen enligt beskrivning i kapitel 3. Alternativt kan båda komponenterna sitta kvar i instrumentbrädans mittsektion som kan demonteras intakt. Om du väljer att demontera denna sektion komplett, börja med att bända loss infattningen, skruva sedan loss sektionens fästskruvar, ta bort sektionen och koppla loss kontaktdonen **(se bilder)**.

28.3a Skruva loss skruvarna . . .

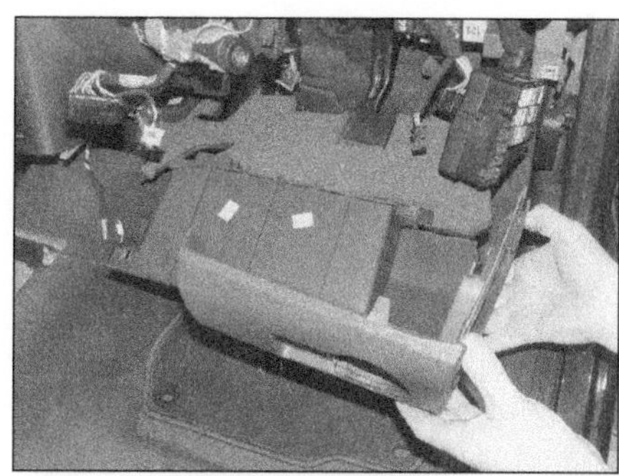
28.3b . . . och ta bort skyddspanelen från förarens fotbrunn

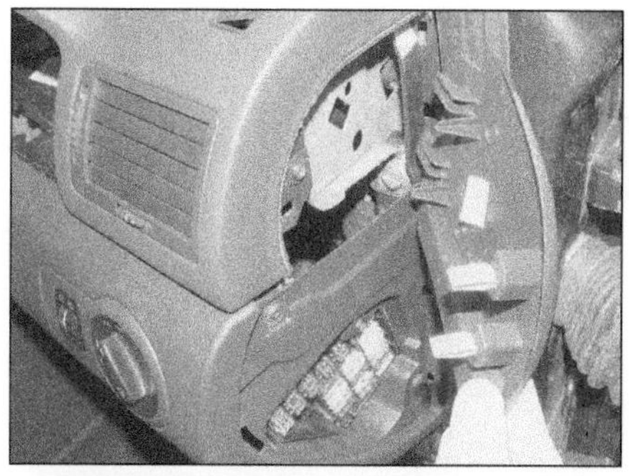
28.9 Ta loss ändpanelerna (höger och vänster) från instrumentbrädan

28.11 Ta bort panelen i fotbrunnen på passagerarsidan

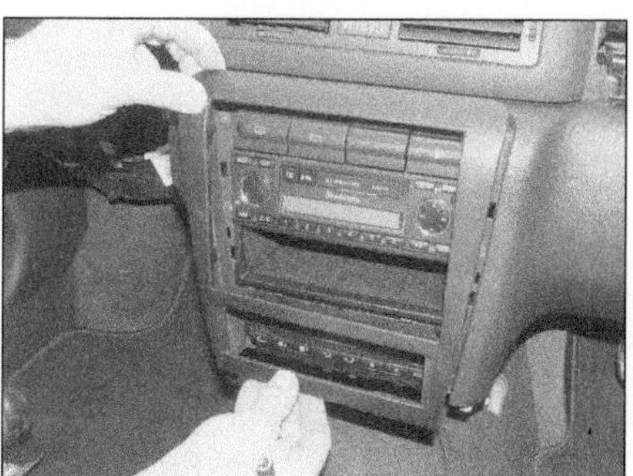
28.12a Ta bort infattningen . . .

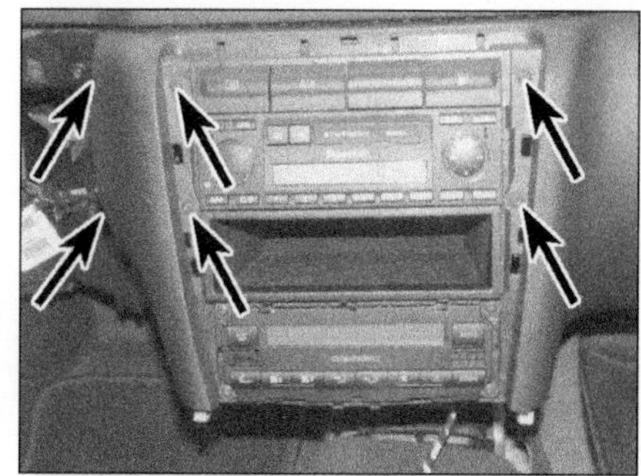
28.12b . . . skruva loss sektionens fästskruvar . . .

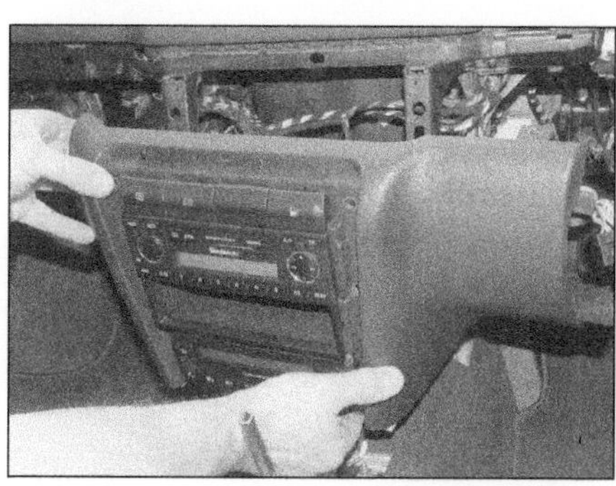
28.12c . . . och ta bort hela sektionen

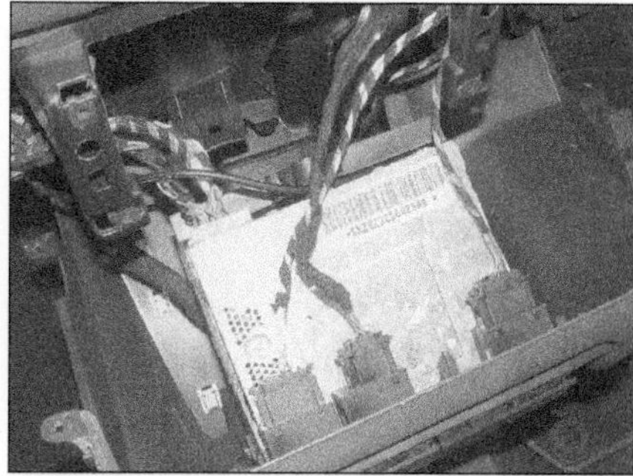
28.12d Koppla loss kablaget från relevanta komponenter

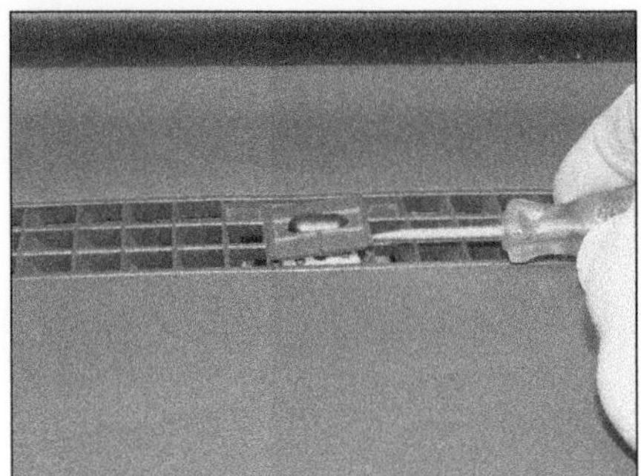
28.13a Bänd loss täckkåpan . . .

28.13b . . . skruva loss skruven . . .

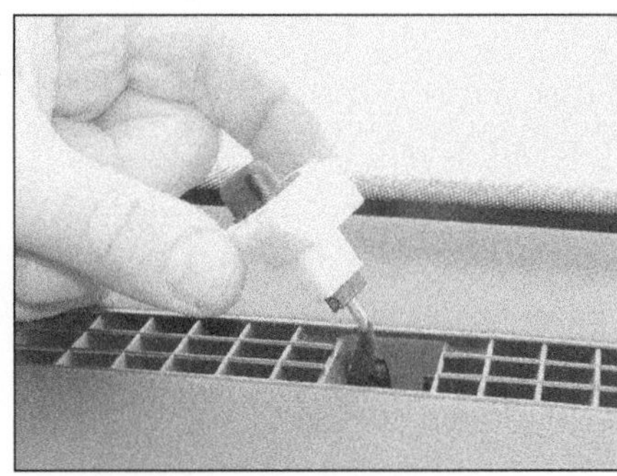
28.13c . . . ta bort solsensorn . . .

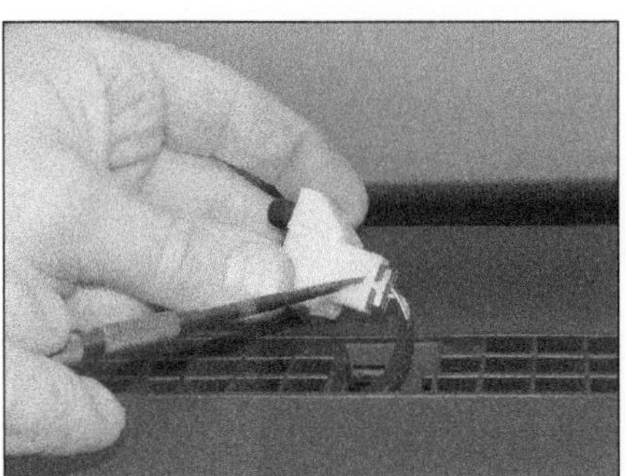
28.13d . . . och koppla loss kablaget

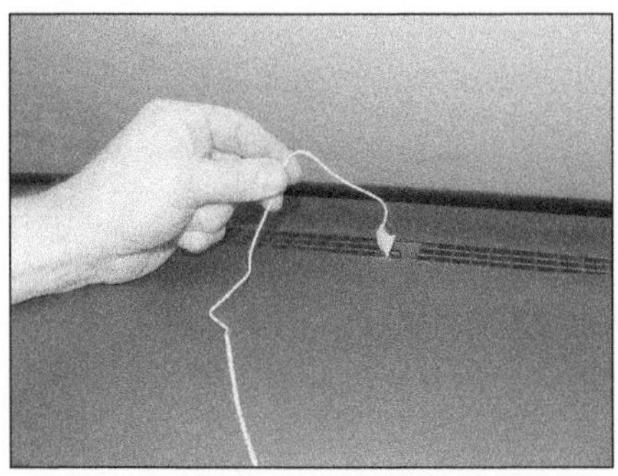
28.13e Knyt fast ett snöre i kabeln för att underlätta monteringen

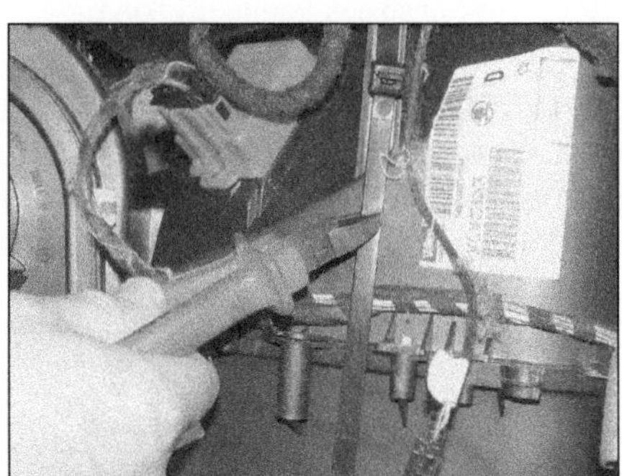
28.15 Kapa eventuella buntband som håller fast kabelhärvan

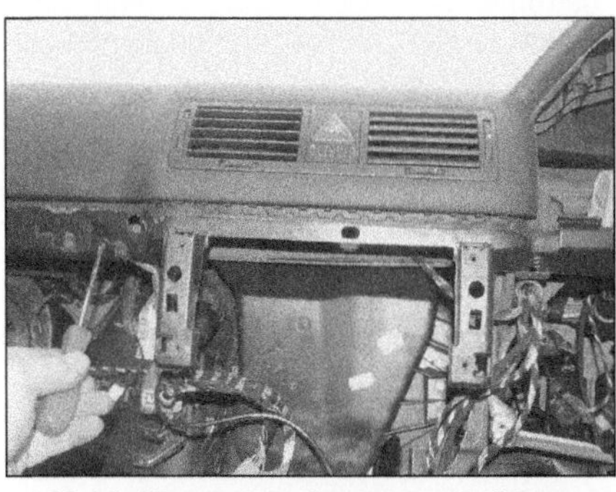
28.16 Skruva loss instrumentbrädans fästskruvar

Observera: *Mittsektionen pressas in på plats när den monteras i fabriken, och det kommer därför att krävas avsevärd kraft för att ta bort den.*

13 Bänd loss kåpan, skruva loss skruven och ta bort solsensorn från mitten av instrumentbrädan. Koppla loss kalaget och ta bort sensorn. Knyt fast ett snöre i kablaget för att underlätta monteringen **(se bilder)**.

14 Ta bort varningsblinkersbrytaren från instrumentbrädan och koppla loss kablaget.

15 Koppla loss alla kontaktdon från instrumentbrädans baksida, notera hur de är dragna så att de kan sättas tillbaka korrekt. Lossa också kabelhärvan från eventuella buntband eller andra fästband **(se bild)**.

16 Skruva loss instrumentbrädans fästskruvar, inklusive den under passagerarsidans krockkudde **(se bild)**

17 Kontrollera att allt kablage har kopplats loss och att alla fästskruvar har tagits bort, ta sedan hjälp av någon och lyft bort instrumentbrädan från torpeden och ut ur bilen.

Montering

18 Montering sker i omvänd ordning. Tänk på följande:

a) *Sätt tillbaka instrumentbrädan på plats och se då till att alla kontaktdon matas genom respektive öppning och att alla luftventiler placeras korrekt. Sätt tillbaka alla fästen och dra åt dem ordentligt.*

b) *På modeller med en isoleringsbrytare för passagerarsidans krockkudde, slå på tändningen* ***innan*** *batteriet ansluts.*

c) *Avslutningsvis, anslut batteriet och kontrollera att alla elektriska komponenter och brytare fungerar som de ska. Som en säkerhetsåtgärd i det fall krockkuddarna oavsiktligt skulle aktiveras, se till att ingen sitter i bilen när batteriet återansluts.*

Kapitel 12
Karossens elsystem

Innehåll

Svårighetsgrader

Enkelt, passar novisen med lite erfarenhet 

Ganska enkelt, passar nybörjaren med viss erfarenhet 

Ganska svårt, passar kompetent hemmamekaniker 

Svårt, passar hemmamekaniker med erfarenhet 

Mycket svårt, för professionell mekaniker 

Specifikationer

Systemtyp . . . 12 volt negativ jord

Säkringar . . . Se *Kopplingsscheman*

Glödlampor

Glödlampor	Watt	Typ
Blinkers	21	Bajonett
Dörrvarningslampa	5	Dubbel fattning
Dimljus:		
Fram	55	H3 Halogen
Bak	21	Bajonett
Handskfacksbelysning	3	Glassockel
Strålkastare:		
Halogen:		
Hel- och halvljus	60/55	H4 Halogen
Halvljus	55	H7 Halogen
Gasurladdning:		
Helljus	55	H1 Halogen
Halvljus	35	DS2 (80-117 volt)
Högt monterat bromsljus:		
Tidiga modeller (16 separata glödlampor)	2.3	Glassockel
Senare modeller	E/T	LED
Innerbelysning	10	Dubbel fattning
Inre spegel, belysning	5	Glassockel
Bagageutrymmesbelysning:		
Kombikupé	5	Dubbel fattning
Kombi	10	Dubbel fattning
Registreringsskyltsbelysning	5	Glassockel
Läslampa	5	Dubbel fattning
Parkeringsljus:		
Med halogen strålkastare	5	Glassockel
Med gasurladdningsstrålkastare	6	Glassockel
Bromsljus	21	Bajonett
Broms-/bakljus	21/4	Bajonett
Bakljus	21	Bajonett

Åtdragningsmoment

Åtdragningsmoment	Nm
Krockkudde (passagerarsidan)	10

1 Allmän information och föreskrifter

Varning: Innan något arbete utförs på bilens elektriska system, läs igenom föreskrifterna i avsnittet "Säkerheten främst!" i början av boken, samt i kapitel 5A.

Elsystemet är av typen 12 volt negativ jord. Ström till lysen och alla elektriska tillbehör kommer från ett bly-syrabatteri, vilket laddas av en växelströmsgenerator.

Det här kapitlet behandlar reparationer och service av de olika elektriska komponenterna som inte är direkt relaterade till motorn. Information om batteriet, generatorn och startmotorn finns i kapitel 5A.

Observera att innan något arbete utförs på elsystemet, måste tändningen och alla elektriska förbrukare slås av. Dessutom ska, där så anges, batteriets negativa kabel kopplas ur. Se också informationen i avsnittet *Frånkoppling av batteriet* i *Referenskapitlet* i slutet av boken, eftersom särskilda åtgärder måste vidtas vid inkoppling av batteriet.

Tidiga modeller utrustades bara med halogenstrålkastare, medan senare modeller istället kan ha halvljus med gasurladdningslampor (Xenon). Dessa bilar är också utrustade med automatisk strålkastarjustering, för att minska risken för bländning av mötande trafikanter. Observera att särskilda föreskrifter gäller för dessa system, som anges i avsnitt 5.

2 Elektrisk felsökning – allmän information

Observera: *Läs igenom föreskrifterna i avsnittet "Säkerheten främst!" och i kapitel 5A innan arbetet påbörjas. Följande test används till att testa de elektriska huvudkretsarna och ska inte användas till att testa ömtåliga elektroniska kretsar (som ABS-systemet), särskilt inte om en elektronisk styrmodul används.*

Allmänt

1 En typisk elkrets består av en elektrisk komponent och de brytare, reläer, motorer, säkringar, smältsäkringar eller kretsbrytare som hör samman med komponenten, samt kablage och kontaktdon som kopplar komponenten till batteriet och karossen. För att underlätta felsökningen i elkretsarna finns kopplingsscheman inkluderade i slutet av det här kapitlet.

2 Innan du försöker diagnostisera ett elfel, studera relevant kopplingsschema så att du får en god överblick över komponenterna i den aktuella kretsen. De möjliga felkällorna kan reduceras genom att man undersöker om andra komponenter relaterade till kretsen fungerar som de ska. Om flera komponenter eller kretsar felar samtidigt är möjligheten stor att felet beror på en delad säkring eller jord.

3 Elproblem har ofta enkla orsaker, som lösa eller rostiga anslutningar, jordfel, trasiga säkringar, smälta smältsäkringar eller ett defekt relä (se avsnitt 3 för information om hur man testar reläer). Undersök alla säkringar, kablar och anslutningar i en defekt krets innan komponenterna testas. Använd kopplingsschemana till att avgöra vilka anslutningar som behöver kontrolleras för att den felande länken ska hittas.

4 I den basutrustning som behövs för elektrisk felsökning ingår en kretstestare eller voltmeter (en 12 volts glödlampa med testkablar kan användas vid vissa kontroller), en självdriven testlampa (kallas ibland kontinuitetstestare), en ohmmeter (för att mäta motstånd), ett batteri och en uppsättning testkablar, samt en extra kabel, helst med en kretsbrytare eller säkring, som kan användas till att koppla förbi misstänkta kablar eller elektriska komponenter. Innan ansträngningar görs för att hitta ett fel med hjälp av testinstrument, använd kopplingsschemat för att avgöra var kopplingarna ska göras.

5 För att man ska hitta källan till ett periodiskt

återkommande elfel (vanligen orsakat av en dålig eller smutsig anslutning eller skadad isolering), kan ett vicktest göras på kablaget. Detta innebär helt enkelt att man vickar på kablarna för hand för att se om felet uppstår när kabeln rubbas. Det ska därmed vara möjligt att härleda felet till en speciell del av kabeln. Denna testmetod kan användas tillsammans med vilken annan testmetod som helst i de följande underavsnitten.

6 Förutom problem som uppstår på grund av dåliga anslutningar kan två typer av fel uppstå i en elkrets – kretsbrott och kortslutning.

7 Kretsbrott orsakas av ett avbrott någonstans i kretsen, vilket hindrar strömmen från att flöda. Ett kretsbrott gör att en komponent slutar att fungera, men inte att kretsens säkring går.

8 Kortslutningar orsakas av att ledarna går ihop någonstans i kretsen, vilket medför att strömmen tar en alternativ, lättare väg (med mindre motstånd), vanligtvis till jord. Kortslutning orsakas oftast av att isoleringen har nötts, vilket gör att en ledare kan komma i kontakt med en annan ledare eller jord, t.ex. karossen. En kortslutning bränner i regel kretsens säkring.

Att hitta ett kretsbrott

9 För att undersöka om en krets är bruten, börja med att koppla den ena ledaren på en kretsprovare eller voltmeter till antingen batteriets minuspol eller en annan känd jord.

10 Koppla den andra ledaren till en kontakt i den krets som ska provas, helst nära batteriet eller säkringen.

11 Slå på kretsen, men tänk på att vissa kretsar bara är strömförande med tändningslåset i ett visst läge.

12 Om spänning ligger på (testlampan lyser/ utslag på voltmetern), betyder det att delen av kretsen mellan kontakten och batteriet är felfri.

13 Undersök resten av kretsen på samma sätt.

14 Om en punkt nås där det inte finns någon spänning, ligger felet mellan den punkten och den föregående testpunkten där det fanns spänning. De flesta fel kan härledas till en trasig, korroderad eller lös anslutning.

Att hitta en kortslutning

15 För att leta efter en eventuell kortslutning, börja med att koppla bort strömförbrukarna från kretsen (de delar som drar ström i en krets, t.ex. lampor, motorer och värmeelement).

16 Ta bort den aktuella säkringen från kretsen och anslut en kretsprovare eller voltmeter till säkringens anslutningar.

17 Slå på kretsen, men tänk på att vissa kretsar bara är strömförande med tändningslåset i ett visst läge.

18 Om spänning finns (testlampan lyser/ utslag på voltmetern), betyder det att kretsen är kortsluten.

19 Om det inte finns någon spänning, men säkringarna fortsätter att gå när strömförbrukarna är påkopplade, är det ett tecken på ett internt fel i någon av strömförbrukarna.

Att hitta ett jordfel

20 Batteriets minuspol är kopplad till "jord" – metallen i motorn/växellådan och karossen – och de flesta system är kopplade så att de bara tar emot en positiv matning, och strömmen leds tillbaka genom metallen i karossen. Det innebär att komponentfästet och karossen utgör en del av kretsen. Lösa eller korroderade fästen kan därför orsaka flera olika elfel, allt från totalt haveri till svårhittade, partiella fel. Som exempel kan lampor lysa svagt (särskilt om någon annan krets som delar samma jord också används), motorer (t.ex. en torkarmotor eller kylfläktsmotorn) kan gå långsamt och aktivering av en krets kan ha en till synes orelaterad effekt på en annan. Observera att på många bilar används särskilda jordledningar mellan vissa komponenter, som motorn/växellådan och karossen, vanligtvis där det inte finns någon direkt metallkontakt mellan komponenterna på grund av gummifästen etc.

21 För att kontrollera om en komponent är korrekt jordad, koppla bort batteriet (läs varningarna i *Referenskapitlet* i slutet av boken) och anslut den ena ledaren på en ohmmeter till en känd jord. Anslut den andra ledaren till den ledning eller jordanslutning som ska kontrolleras. Motståndet ska vara noll; om inte, testa anslutningen på följande sätt.

22 Om en jordanslutning misstänks vara defekt, ta isär anslutningen och putsa upp metallen på både karossen och kabelpolen eller kontaktytan på komponentens jordanslutning. Se till att få bort alla spår av smuts och rost, och skrapa sedan bort eventuell lack med en kniv så att en ren metallyta erhålls. Dra åt fästena ordentligt vid monteringen. Om en kabelpol återmonteras, använd låsbrickor mellan anslutningen och karossen för att vara säker på att en ren och säker koppling uppstår. Rostskydda ytorna med ett lager vaselin, silikonfett eller genom att regelbundet spraya på vattenavvisande smörjmedel.

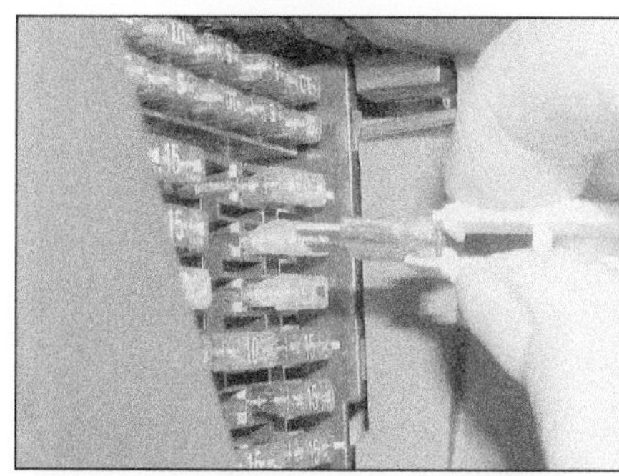

3.3 En säkring tas bort från säkringsdosan i instrumentbrädan

3 Säkringar och reläer – allmän information

Säkringar och smältsäkringar

1 Säkringar är designade för att bryta en krets när en förutbestämd ström uppnås, för att skydda de komponenter och kablage som skulle kunna ta skada av ett för kraftigt strömflöde. Ett sådant strömflöde orsakas av ett fel i kretsen, vanligtvis en kortslutning (se avsnitt 2).

2 De huvudsakliga säkringarna sitter i säkringsdosan på förarens sida av instrumentbrädan. Öppna förardörren och ta loss säkringsdosans lucka från instrumentbrädan för att komma åt säkringarna. Säkringarnas placering ska vara markerade på baksidan av luckan.

3 För att ta bort en säkring, slå först av den aktuella kretsen (eller tändningen), dra sedan ut säkringen ur uttaget **(se bild)**.

4 Tråden i säkringen ska vara synlig; om säkringen har gått är tråden av eller smält.

5 Byt alltid ut en säkring mot en av korrekt klassning, använd aldrig en säkring med annan klassning än den som specificeras.

6 Se kopplingsschemana för information om säkringsklassningar och vilka kretsar som skyddas. Säkringens klassning står längst upp på säkringen och de är också färgkodade enligt följande.

Färg	Klassning
Ljusbrun	5A
Mörkbrun	7,5A
Röd	10A
Blå	15A
Gul	20A
Vit	25A
Grön	30A

7 Byt aldrig ut en säkring mer än en gång utan att leta reda på orsaken till att den går sönder. Om en ny säkring går på en gång, leta då reda på orsaken innan den byts ut igen; den troligaste orsaken är kortslutning till jord beroende på defekt isolering. Om en säkring skyddar mer än en krets, försök att isolera felet genom att slå på en krets i taget (om så är möjligt) tills säkringen går igen. Ha alltid en uppsättning reservsäkringar med relevant klassning i bilen.

8 Extra kraftiga smältsäkringar finns i säkringshållaren ovanpå batteriet. Öppna kåpan för att komma åt dessa.

9 För att byta ut en smältsäkring, koppla först bort batteriets negativa kabel. Skruva loss fästmuttrarna och ta bort den smälta säkringen från hållaren. Sätt fast den nya smältsäkringen i uttaget och anslut kabeln. Försäkra dig om att säkringen och kabeln sitter korrekt, sätt sedan tillbaka fästmuttrarna och dra åt dem ordentligt. Sätt tillbaka kåpan och anslut batteriet.

3.11 Extra reläer baktill i motorrummet på vissa modeller

Reläer

10 Ett relä är en elektriskt styrd brytare som används av följande anledningar:

a) *Ett relä kan koppla hög ström på avstånd från den krets där strömmen flödar, vilket gör att man kan använda lättare kablage och kontaktdon.*

b) *Ett relä kan ta emot mer än en styrsignal, till skillnad från en mekanisk brytare.*

c) *Ett relä kan ha en timerfunktion – till exempel vindrutetorkarnas fördröjningsrelä.*

11 De flesta reläerna sitter på reläplattan bakom instrumentbrädan på förarsidan, men på vissa modeller finns extra reläer baktill i motorrummet **(se bild)**.

12 Man kommer åt reläerna om man demonterar instrumentbrädans nedre panel på förarsidan, enligt beskrivning i avsnitt 28 i kapitel 11, skruvar loss reläplattans två fästskruvar (en i var ände), och sänker ner plattan tillsammans med reläerna **(se bild)**. Information om identifiering av reläerna finns i anslutning till kopplingsschemana.

13 Om en krets eller ett system som styrs av ett relä utvecklar ett fel, och reläet misstänks, aktivera då systemet. Om reläet fungerar ska man kunna höra det klicka när det strömsätts. Om detta är fallet ligger felet i komponenterna eller kablaget i systemet. Om reläet inte strömsätts, får det antingen ingen huvudström eller ingen ställström, eller så är själva reläet defekt. Detta testas lättast genom byte mot ett relä som man vet fungerar, men var försiktig – medan vissa reläer är identiska till utseende och funktion, är andra lika till utseende men de utför olika funktioner.

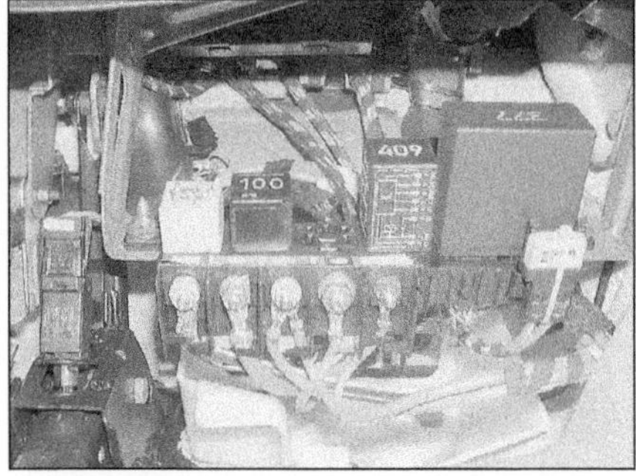

3.12 Reläer bakom instrumentbrädan

14 Om ett relä ska tas bort, se först till att relevant krets är avslagen. Reläet kan helt enkelt dras ut ur uttaget, och tryckas in igen.

15 Blinkers-/varningsblinkersreläet sitter ihop med varningsblinkersbrytaren. Se avsnitt 4 för information om demontering.

4 Brytare/kontakter/reglage – demontering och montering

Tändningslås/rattlås

1 Koppla loss batteriets negativa kabel (se *Frånkoppling av batteriet* i *Referenskapitlet* i slutet av boken).

2 Se kapitel 10.

Rattstångens kombinationsbrytare

3 Koppla loss batteriets negativa kabel (se *Frånkoppling av batteriet* i *Referenskapitlet* i slutet av boken).

4 Demontera ratten enligt beskrivning i kapitel 10.

5 Skruva loss och ta bort de två fästskruvarna och ta bort rattstångens justeringshandtag från spaken. Skruva sedan loss de två fästskruvarna och ta loss den övre rattstångskåpan. Skruva loss de tre fästskruvarna och ta bort den nedre kåpan.

6 Koppla loss kontaktdonet till spolkontakten, lossa låsklackarna och dra bort spolkontakten med släpringen från rattstången. Alternativt, om brytaren tas bort för bättre åtkomlighet, kan släpringen sitta kvar på brytaren.

7 Lossa på brytarens klämskruv och dra loss brytaren från rattstången.

8 Montering sker i omvänd ordning mot demonteringen, men brytaren måste sättas tillbaka noggrant enligt följande:

a) *Sätt tillbaka brytaren på rattstången, men dra bara åt klämskruven lätt till att börja med.*

b) *Sätt tillbaka spolkontakten och släpringen på brytaren. Försäkra dig om att låsklackarna hakar i som de ska.*

c) *Sätt tillfälligt tillbaka ratten och mät avståndet mellan ratten och spolkontakten med släpringen. Avståndet ska vara ungefär 3,0 mm.*

d) *När rätt avstånd har uppnåtts, dra åt klämskruven ordentligt.*

Belysningsbrytare

9 Koppla loss batteriets negativa kabel (se *Frånkoppling av batteriet* i *Referenskapitlet* i slutet av boken).

10 Med brytaren i läge O, tryck brytarens mitt inåt och vrid den något åt höger. Håll brytaren i den här positionen och dra ut den från instrumentbrädan **(se bild)**.

11 När brytaren dras ut från instrumentbrädan, koppla loss kontaktdonen **(se bilder)**.

12 Anslut kontaktdonet/-donen.

13 Håll i brytaren och tryck den roterande delen inåt och lite åt höger.

14 Sätt in brytaren i instrumentbrädan, vrid den roterande delen till läge O och släpp den. Kontrollera att brytaren fungerar som den ska.

Reglage för strålkastarjustering och instrumentbelysning

Observera: *Slå av tändningen och alla elektriska förbrukare innan arbetet påbörjas.*

15 Demontera belysningsbrytaren enligt tidigare beskrivning, bänd ut infattningen tillsammans med justeringsreglaget och koppla loss kontaktdonet.

16 Tryck ihop de två metallklämmorna och ta ut strålkastarjusteringen/belysningsreglaget från infattningens baksida **(se bild)**.

17 Montering sker i omvänd ordning mot demonteringen.

Soltakets brytare/innerbelysning

Observera: *Slå av tändningen och alla elektriska förbrukare innan arbetet påbörjas.*

18 På modeller fram till 07/99, bänd försiktigt

4.10 Ta ut belysningsbrytaren ur instrumentbrädan . . .

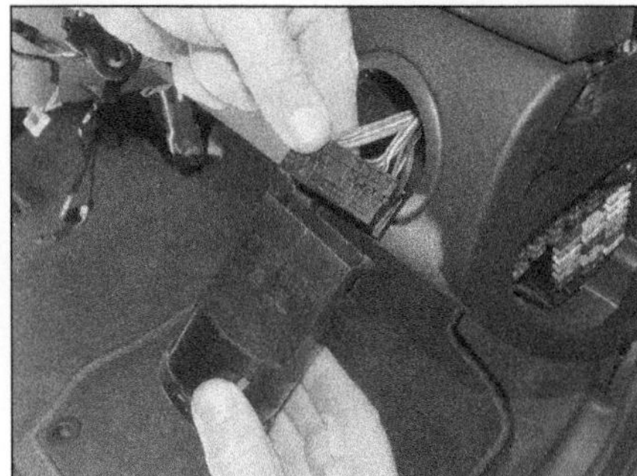

4.11a . . . och koppla loss kablaget från belysningsbrytaren . . .

4.11b . . . och brytaren för strålkastarjustering

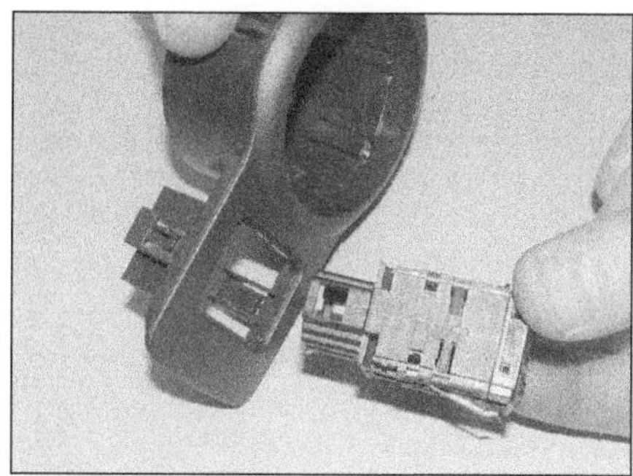
4.16 Ta bort strålkastarjusteringens och instsrumentbelysningens reglage

4.19a Ta bort soltakets brytare/ innerbelysningen . . .

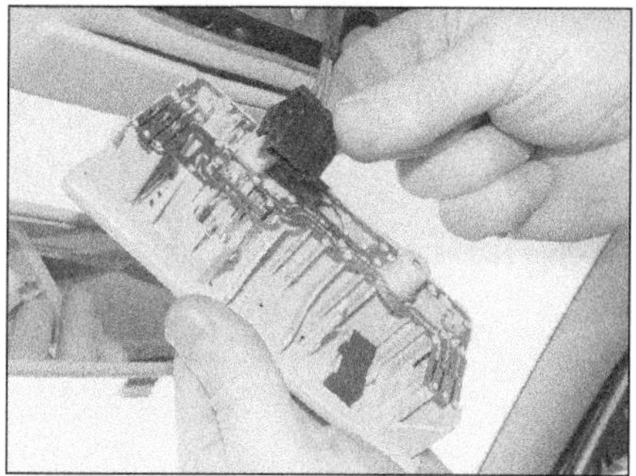
4.19b . . . och koppla loss kablaget

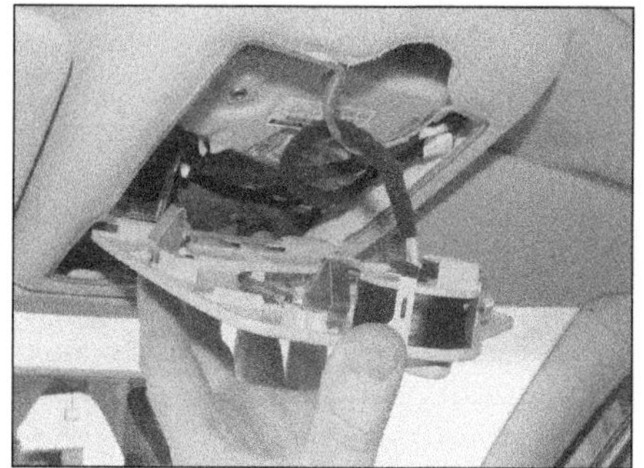
4.19c Ta loss kartläsarlampan . . .

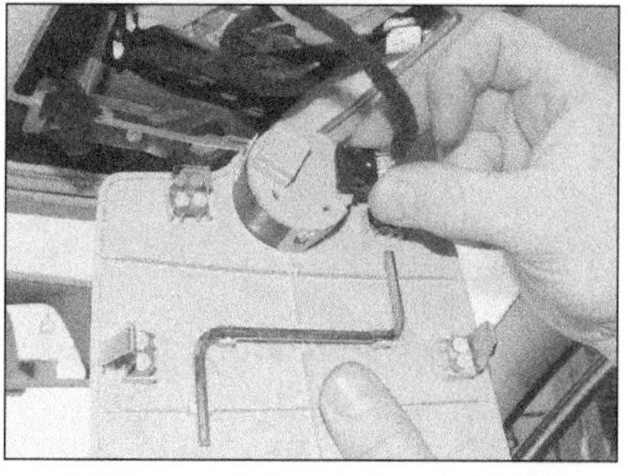
4.19d . . . och koppla loss kablaget

ut brytaren/innerbelysningen med en skruvmejsel och koppla loss kontaktdonet.

19 På modeller fr.o.m. 08/99 och framåt, bänd försiktigt ut linsen, skruva loss skruvarna, ta loss brytaren/belysningen och koppla loss kontaktdonet. Om så behövs, ta bort kartläsarlampan och koppla loss kablaget – notera var handtaget för manuell stängning/öppning av soltaket sitter **(se bilder)**.

20 Montering sker i omvänd ordning mot demonteringen.

Brytare för elspeglar

Observera: *Slå av tändningen och alla elektriska förbrukare innan arbetet påbörjas.*

21 Brytaren sitter på det inre dörrhandtaget. Bänd försiktigt ut brytaren och täckkåpan med en skruvmejsel och koppla loss kablaget.

22 Ta loss brytaren från kåpan.

23 Montering sker i omvänd ordning mot demonteringen.

Brytare till elfönsterhissar

Förardörr

24 Koppla loss batteriets negativa kabel (se *Frånkoppling av batteriet* i *Referenskapitlet* i slutet av boken).

25 Ta loss grepphandtagets klädselpanel, som sitter med clips.

26 Bänd försiktigt upp brytarpanelen från dörren och koppla loss kontaktdonet.

27 Skruva loss de tre fästskruvarna och ta bort reglageenheten från klädseln.

28 Om en fönsterbrytare är defekt måste hela enheten bytas ut.

29 Montering sker i omvänd ordning.

Passagerardörr

30 Koppla loss batteriets negativa kabel (se *Frånkoppling av batteriet* i slutet av boken).

31 Demontera relevant dörrklädselpanel enligt beskrivning i kapitel 11.

32 Koppla loss kontaktdonet från brytaren.

33 Ta loss brytaren från fästramen.

34 Montering sker i omvänd ordning .

Brytare för sätesvärme

Observera: *Slå av tändningen och alla strömförbrukande komponenter innan arbetet påbörjas.*

35 Bänd försiktigt loss brytaren från instrumentpanelen med en liten skruvmejsel. Var försiktig så att du inte skadar omgivande panel.

36 Koppla loss kontaktdonet/-donen och ta bort brytaren.

37 Anslut brytarens kontaktdon och tryck fast brytaren på sin plats i instrumentpanelen.

Brytare för varningsblinkers, uppvärmd ruta och ESP/TCS

38 Koppla loss batteriets negativa kabel (se *Frånkoppling av batteriet* i *Referenskapitlet* i slutet av boken).

39 På grund av mycket starka fästclips kan man bli tvungen att trycka ut de här brytarna, istället för att bända loss dem.

40 Ta loss brytaren för uppvärmt säte intill den brytare som ska demonteras.

41 Stick in fingrarna genom sätesbrytarens öppning och tryck ut ESP-brytaren eller brytaren för uppvärmd bakruta från instrumentbrädan.

42 För demontering av varningsblinkersbrytaren rekommenderas att man först tar bort ESP-brytaren eller brytaren för uppvärmd bakruta och trycker ut brytaren från instrumentbrädan enligt tidigare beskrivning. Alternativt kan det vara möjligt att bända ut brytaren med en skruvmejsel **(se bild)**.

4.42a Bänd loss infattningen . . .

4.42b . . . bänd ut brytaren . . .

4.42c . . . och koppla loss kablaget

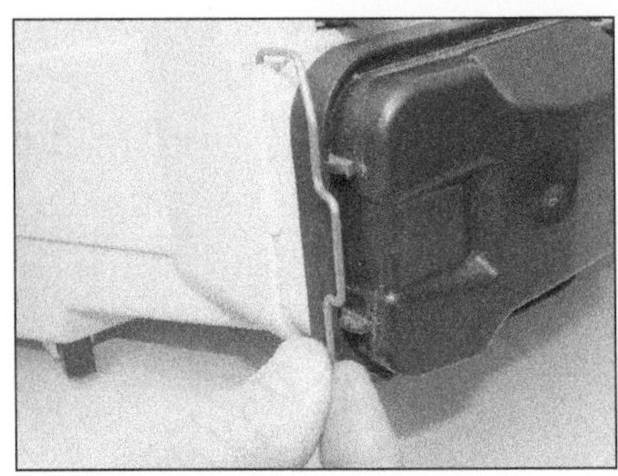
5.4a Lossa klämman . . .

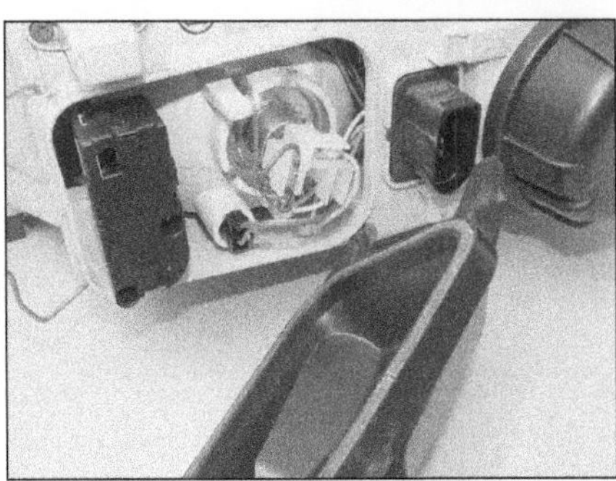
5.4b . . . och ta bort kåpan

43 Koppla loss brytarens kontaktdon.
44 Anslut kontaktdonet och tryck in brytaren på plats i instrumentbrädan.

Brytare för luftkonditionering

Observera: *Slå av tändningen och alla strömförbrukare innan arbetet påbörjas.*
45 Brytarna sitter ihop med värmereglagepanelen och de kan inte bytas ut separat. Se kapitel 3 för information om demontering och montering av värmereglagepanelen.

Värmefläktsmotorns brytare

Observera: *Slå av tändningen och alla strömförbrukare innan arbetet påbörjas.*
46 Brytaren sitter ihop med värmereglagepanelen och de kan inte bytas ut separat. Se kapitel 3 för information om demontering och montering av värmereglagepanelen.

Handbromsvarningens kontakt

Observera: *Slå av tändningen och alla strömförbrukare innan arbetet påbörjas.*
47 Se kapitel 9.

Bromsljuskontakt

Observera: *Slå av tändningen och alla strömförbrukare innan arbetet påbörjas.*
48 Se kapitel 9.

Backljuskontakt

Observera: *Slå av tändningen och alla strömförbrukare innan arbetet påbörjas.*
49 Se kapitel 7A.

Innerbelysningens kontakter

Observera: *Slå av tändningen och alla strömförbrukare innan arbetet påbörjas.*
50 Innerbelysningens kontakt sitter ihop med dörrlåsmekanismen och den kan inte bytas ut separat. Om en kontakt är defekt, byt ut dörrlåsmekanismen enligt beskrivning i kapitel 11.

Bagageutrymmesbelysningens kontakt

Observera: *Slå av tändningen och alla strömförbrukare innan arbetet påbörjas.*
51 Bagageutrymmesbelysningens kontakt sitter ihop med bakluckans låsmekanism och kan inte bytas ut separat. Om den här kontakten är defekt, byt ut bakluckans låsmekanism enligt beskrivning i kapitel 11.

Handskfacksbelysningens kontakt

Observera: *Slå av tändningen och alla strömförbrukare innan arbetet påbörjas.*
52 Kontakten sitter ihop med lampan. Bänd försiktigt loss lampan från handskfacket och koppla loss kontaktdonet; se avsnitt 6.
53 Montering sker i omvänd ordning mot demonteringen.

Tankluckans öppningsbrytare

Observera: *Slå av tändningen och alla strömförbrukare innan arbetet påbörjas.*
54 Bänd försiktigt loss brytaren från huset och koppla loss kontaktdonet.
55 Montering sker i omvänd ordning mot demontering.

Kontakt för avaktivering av kupéövervakning

Observera: *Slå av tändningen och alla strömförbrukare innan arbetet påbörjas.*
56 Bänd försiktigt loss kontakten från den inre tröskelpanelen och koppla loss kontaktdonet.
57 Montering sker i omvänd ordning mot demonteringen.

Centrallåsbrytare

58 Koppla loss batteriets negativa kabel (se *Frånkoppling av batteriet* i *Referenskapitlet* i slutet av boken).
59 Centrallåsbrytaren sitter ihop med elfönsterhissbrytaren som sitter i förardörrens inre handtag. Följ tidigare beskrivning.
60 Montering sker i omvänd ordning mot demonteringen.

Regnsensor

Observera: *Slå av tändningen och alla strömförbrukare innan arbetet påbörjas.*
61 Vindrutetorkarna aktiveras automatiskt när regnsensorn känner av vattendroppar. Sensorn sitter på framsidan av den inre backspegelns fot. Ta isär de två halvorna av spegelfotens kåpa och koppla loss sensorns kontaktdon.
62 Dra spegeln nedåt från foten.
63 Foten är fastlimmad på vindrutan. Det är möjligt att ta loss spegelfoten med hjälp av en skrapa, men man måste vara mycket försiktig eftersom det är lätt att repa vindrutan.
64 På grund av de farliga kemikalierna i det lim som används, rekommenderas att montering av spegelfoten på rutan överlämnas till en Skodaverkstad eller annan lämpligt utrustad specialist.
65 När spegelfoten sitter på plats, sätt fast spegeln i foten.
66 Anslut sensorns kontaktdon.
67 Sätt tillbaka spegelfotens kåpa.

5 Glödlampor (yttre lysen) – byte

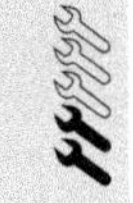

Allmänt

1 Närhelst en glödlampa ska bytas ut, tänk på följande:

a) *Slå av tändningen och alla strömförbrukande komponenter innan arbetet påbörjas.*
b) *Kom ihåg att om lyset just har använts, kan glödlampan vara extremt varm.*
c) *Kontrollera alltid glödlampans kontakter och hållare och försäkra dig om att det finns bra kontakt metall-till-metall mellan glödlampan och dess ström och jord. Ta bort eventuell korrosion och smuts innan en ny glödlampa sätts in.*
d) *Om glödlampor av bajonettyp används, se till att strömkontakten/-kontakterna ligger an ordentligt mot lampans kontakt.*
e) *Kontrollera alltid att den nya lampan är av korrekt klassning och att den är helt ren innan den monteras.*

2 På modeller med standard halogen strålkastare har den yttre glödlampan två trådar, en för halvljus och en för helljus. På modeller utan dimljus finns det en extra inre glödlampa för halvljus, medan denna position tas upp av dimljusets glödlampa på bilar med dimljus.
3 På modeller med strålkastare av typen gasurladdning, sitter halvljusglödlampan (gasurladdning) mitt i strålkastaren. En dimljusglödlampa (halogen) sitter då i den yttre positionen, och en helljusglödlampa (halogen) sitter i den inre positionen.

Strålkastarnas helljus

Strålkastare av halogentyp

4 I motorrummet, ta bort kåpan från strålkastarens baksida. På modeller fram till 07/00 är kåpan rund och lossas genom att den vrids moturs. På senare modeller är kåpan rektangulär och tas loss genom att man lossar en fästklämma **(se bilder)**. Eftersom det är svårt att komma åt den vänstra strålkastaren, demontera antingen hela strålkastaren eller demontera batteriet (se kapitel 5A).
5 Koppla loss kontaktdonet från glödlampan **(se bild)**.
6 Haka loss ändarna av glödlampans fästklämma från lyktan och dra ut hel-/halvljusglödlampan **(se bilder)**.
7 När du handskas med den nya glödlampan, håll den med en bit papper eller en ren trasa för att undvika att vidröra glaset med fingrarna; fukt och fett från huden kan svärta

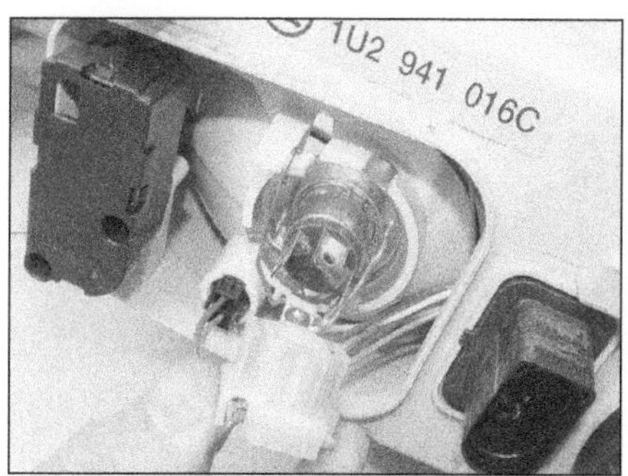

5.5 Koppla loss kontaktdonet

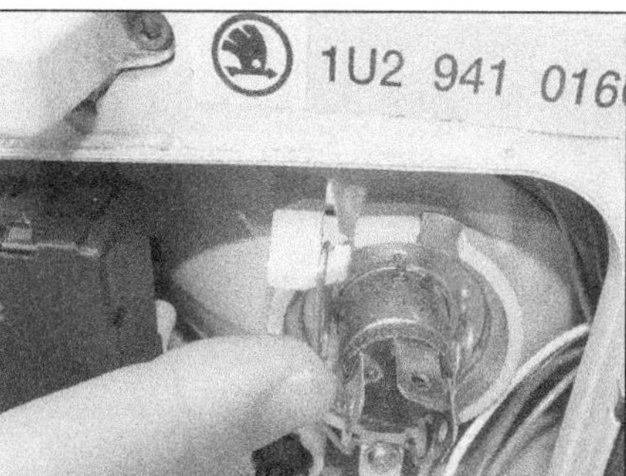

5.6a Haka loss klämman . . .

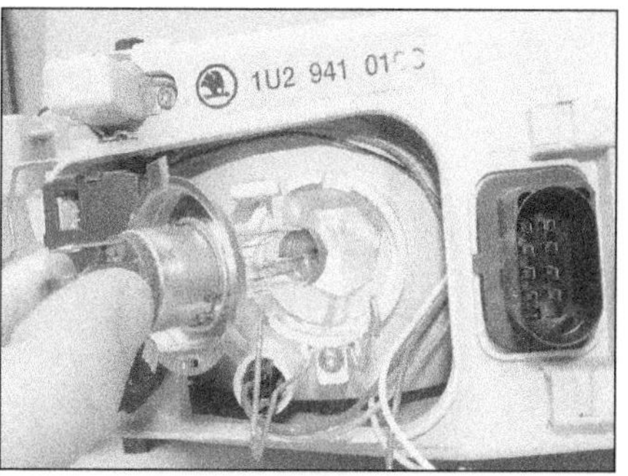
5.6b . . . och dra ut hel-/ halvljusglödlampan

lampan och göra att den går sönder i förtid. Om du råkar vidröra glaset, rengör det med denaturerad sprit.

8 Sätt in den nya glödlampan, se till att dess styrflikar hamnar korrekt i urtagen i lyktan och fäst den på plats med fästklämman.

9 Anslut kontaktdonet och sätt tillbaka strålkastarens kåpa. Försäkra dig om att den sitter ordentligt på plats.

Strålkastare av gasurladdningstyp

10 På höger sida, demontera strålkastaren enligt beskrivningen i avsnitt 7. På vänster sida, demontera antingen strålkastaren enligt beskrivningen i avsnitt 7 eller demontera batteriet enligt beskrivning i kapitel 5A.

11 Ta bort den bakre kåpan.

12 Koppla loss kontaktdonet från gasurladdningslampans tändenhet, koppla sedan loss enheten från gasurladdningslampan.

13 Skruva loss skruvarna och ta bort tändenheten.

14 Koppla loss kontaktdonet från baksidan av helljusglödlampan.

15 Haka loss ändarna av glödlampans fästklämma från lyktan och dra ut glödlampan.

16 När du handskas med den nya glödlampan, håll den med en bit papper eller en ren trasa för att undvika att vidröra glaset med fingrarna; fukt och fett från huden kan svärta lampan och göra att den går sönder i förtid. Om du råkar vidröra glaset, rengör det med denaturerad sprit.

17 Sätt in den nya glödlampan, se till att dess styrflikar hamnar korrekt i urtagen i lyktan och fäst den på plats med fästklämman.

18 Resten av monteringen sker i omvänd ordning mot demonteringen. Observera dock följande notering för modeller med gasurladdningslampor.

Försiktighet: Efter montering av en gasurladdningslampa måste grundinställningen av det automatiska strålkastarinställningssystemet kontrolleras. Eftersom detta kräver användning av specialistutrustning kan detta endast utföras av en Skodaverkstad eller en annan lämpligt utrustad specialist.

Strålkastarnas halvljus

Strålkastare av halogentyp

19 Den extra halvljusglödlampan sitter i den inre positionen på modeller som inte har dimljus. Börja med att ta bort den lilla runda kåpan på baksidan av strålkastaren **(se bild)**. Eftersom det är svårt att komma åt den vänstra strålkastaren, demontera antingen hela lyktan, eller demontera batteriet (se kapitel 5A).

20 Koppla loss kablaget som går till baksidan av glödlampan **(se bild)**.

21 Haka loss ändarna av glödlampans fästklämma från lyktan och dra ut hel-/halvljusglödlampan **(se bilder)**.

22 När du handskas med den nya glödlampan, håll den med en bit papper eller en ren trasa för att undvika att vidröra glaset med fingrarna; fukt och fett från huden kan svärta lampan och göra att den går sönder i förtid. Om du råkar vidröra glaset, rengör det med denaturerad sprit.

23 Sätt in den nya glödlampan, se till att dess styrflikar hamnar korrekt i urtagen i lyktan och fäst den på plats med fästklämman.

24 Anslut kontaktdonet och sätt tillbaka kåpan på baksidan, se till att den sitter fast ordentligt.

Strålkastare av gasurladdningstyp

25 Demontera strålkastarlyktan enligt beskrivning i avsnitt 7.

26 Ta bort den bakre kåpan.

27 Koppla loss kontaktdonet från gasurladdningslampans tändenhet, koppla sedan loss enheten från gasurladdningslampan.

28 Skruva loss skruvarna och ta bort tändenheten.

29 Ta bort hållaren och dra ut gasurladdningslampan. **Vidrör inte** glaset på glödlampan, som kan vara extremt varmt. När du handskas med den nya glödlampan, håll den med en bit papper eller en ren trasa för att undvika att vidröra glaset med fingrarna; fukt och fett från huden kan svärta lampan och göra att den går sönder i förtid. Om du råkar vidröra glaset, rengör det med denaturerad sprit.

30 Sätt i den nya glödlampan och hållaren,

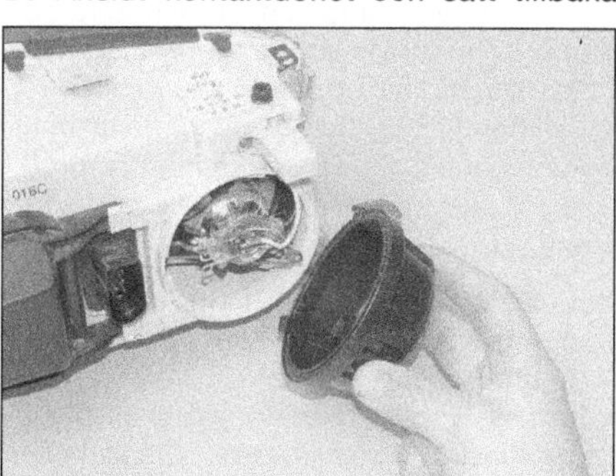
5.19 Ta bort den runda kåpan . . .

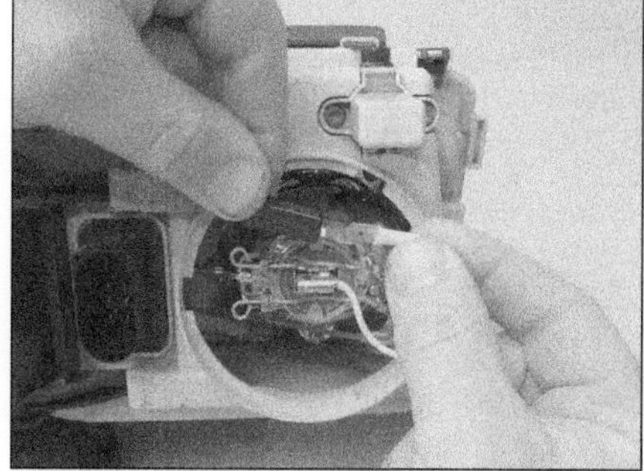
5.20 . . . koppla loss kablaget som går till glödlampans baksida . . .

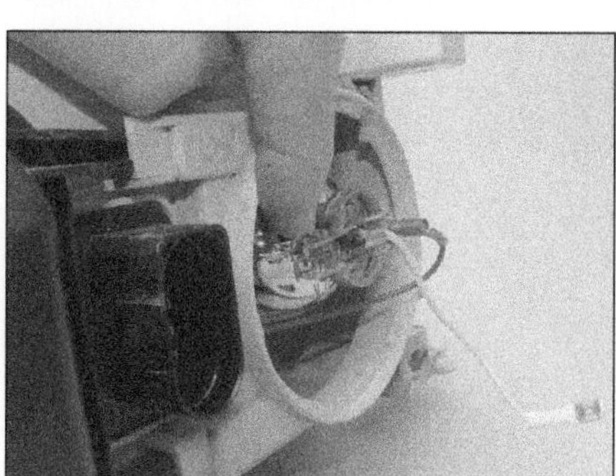
5.21a . . . haka loss fästklämman . . .

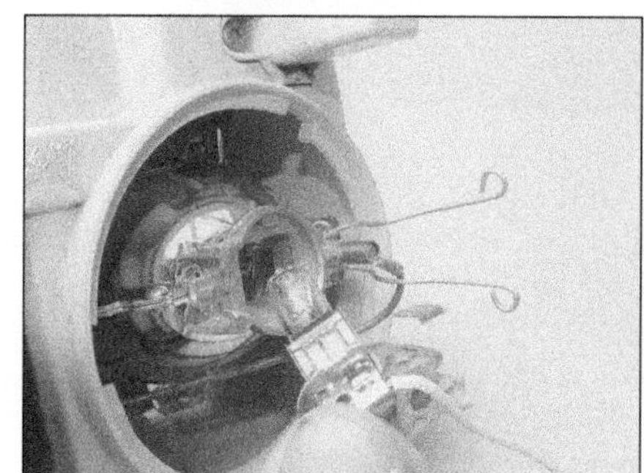
5.21b . . . och ta bort glödlampan

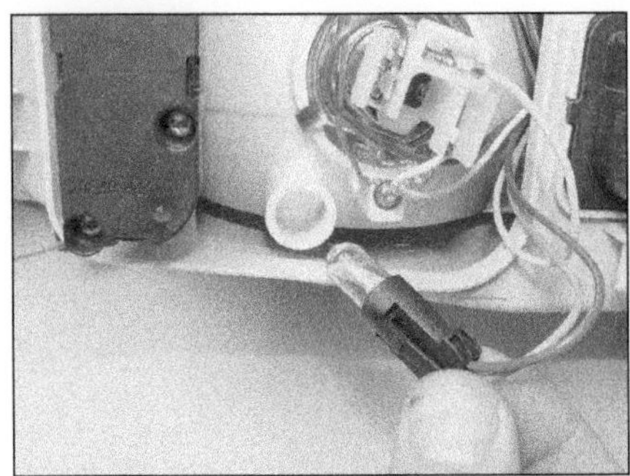

5.40a Dra ut parkeringsljusets glödlampshållare från strålkastarlyktan . . .

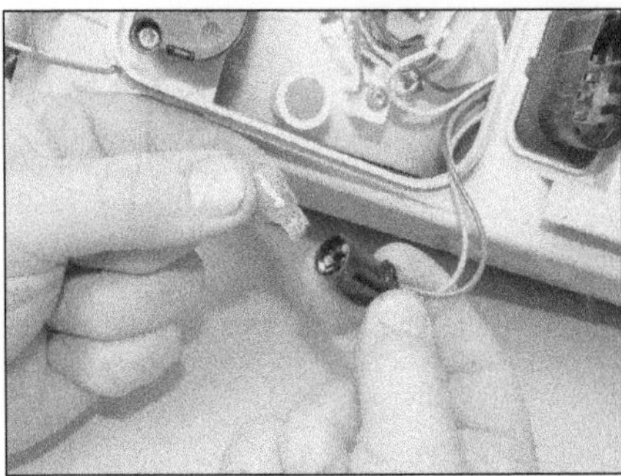

5.40b . . . dra sedan ut glödlampan

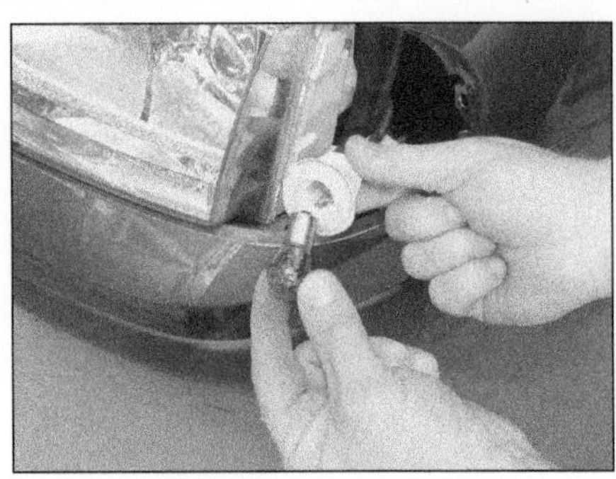

5.47 Ta bort den främre blinkersglödlampan från hållaren

följt av gasurladdningslampans tändenhet. Dra åt skruvarna och anslut kablaget.

31 Sätt tillbaka den bakre kåpan.

32 Montera strålkastarlyktan enligt beskrivning i avsnitt 7.

Försiktighet: Efter montering av en gasurladdningslampa måste grundinställningen av det automatiska strålkastarinställningssystemet kontrolleras. Eftersom detta kräver användning av specialistutrustning kan detta endast utföras av en Skodaverkstad eller annan lämpligt utrustad specialist.

Främre dimljus

33 I motorrummet, ta bort kåpan från strålkastarens baksida genom att vrida det moturs. Eftersom det är svårt att komma åt den vänstra strålkastaren, demontera antingen hela strålkastarlyktan eller demontera batteriet (se kapitel 5A).

34 Koppla loss kontaktdonet från glödlampans baksida.

35 Haka loss ändarna av glödlampans fästklämma från lyktan och dra ut glödlampan.

36 När du handskas med den nya glödlampan, håll den med en bit papper eller en ren trasa för att undvika att vidröra glaset med fingrarna; fukt och fett från huden kan svärta lampan och göra att den går sönder i förtid. Om du råkar vidröra glaset, rengör det med denaturerad sprit.

37 Sätt in den nya glödlampan, se till att dess styrflikar hamnar korrekt i urtagen i lyktan och fäst den på plats med fästklämman.

38 Anslut kontaktdonet och sätt tillbaka dimljusets kåpa ordentligt.

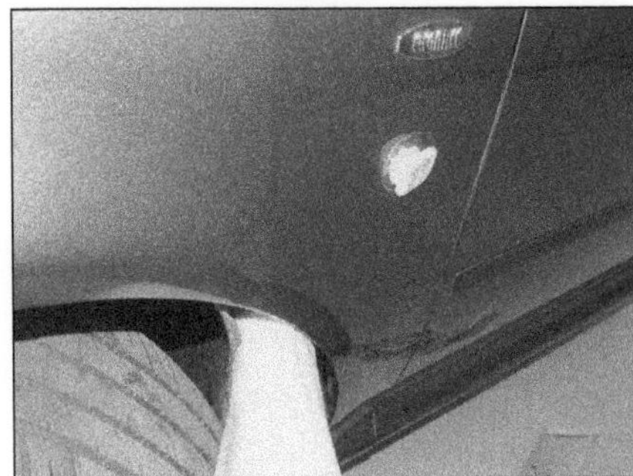

5.50 Vi rekommenderar att sidoblinkersen trycks ut från skärmens insida

Främre parkeringsljus

Strålkastare av halogentyp

39 I motorrummet, ta bort kåpan från strålkastarens baksida. På modeller fram till 07/00 är kåpan rund och den tas bort genom att man vrider den motours. På senare modeller är kåpan rektangulär och den tas bort genom att man lossar en fästklämma. Eftersom det är svårt att komma åt den vänstra strålkastaren, demontera antingen strålkastaren helt eller demontera batteriet (se kapitel 5A).

40 Dra försiktigt loss parkeringsljusets glödlampshållare från strålkastaren. Glödlampan trycks in i hållaren och man tar bort den genom att helt enkelt ta tag i änden av glödlampan och dra ut den **(se bilder)**. När du handskas med den nya glödlampan, håll den med en bit papper eller en ren trasa för att undvika att vidröra glaset med fingrarna; fukt och fett från huden kan svärta lampan och göra att den går sönder i förtid. Om du råkar vidröra glaset, rengör det med denaturerad sprit.

41 Montering sker i omvänd ordning mot demonteringen. Se till att kåpan på strålkastarens baksida sitter fast ordentligt.

Strålkastare av gasurladdningstyp

42 Demontera strålkastarlyktan enligt beskrivning i avsnitt 7.

43 Ta bort den bakre kåpan.

44 Dra försiktigt ut parkeringsljusets glödlampshållare från strålkastaren. Glödlampan trycks in i hållaren och man tar bort den genom att helt enkelt ta tag i änden av glödlampan och dra ut den. När du handskas

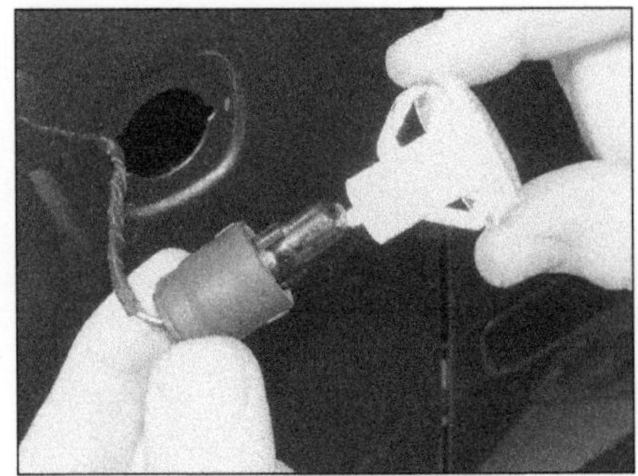

5.51a Ta bort linsen från gummigenomföringen . . .

med den nya glödlampan, håll den med en bit papper eller en ren trasa för att undvika att vidröra glaset med fingrarna; fukt och fett från huden kan svärta lampan och göra att den går sönder i förtid. Om du råkar vidröra glaset, rengör det med denaturerad sprit.

45 Montering sker i omvänd ordning mot demonteringen. Se till att strålkastarens bakre kåpa sitter fast ordentligt, och observera följande:

Försiktighet: Efter montering av en gasurladdningslampa måste grundinställningen av det automatiska strålkastarinställningssystemet kontrolleras. Eftersom detta kräver användning av specialistutrustning kan detta endast utföras av en Skodaverkstad eller annan lämpligt utrustad specialist.

Främre blinkers

46 Åtkomligheten till området bakom den främre blinkersen är begränsad och det rekommenderas därför att blinkerslyktan demonteras enligt beskrivning i avsnitt 7.

47 Vrid glödlampshållaren moturs och ta bort den från lyktan, tryck sedan in och vrid glödlampan för att ta bort den från hållaren – glödlampan har bajonettfattning **(se bild)**.

48 Montera en ny glödlampa i omvänd ordning mot demonteringen.

Sidoblinkers

49 Även om det är möjligt att demontera sidoblinkers från skärmens utsida, rekommenderar vi att man tillfälligt demonterar den nedre delen av hjulhusets innerskärm (skruva loss tre skruvar och dra loss skärmen). Man kan då trycka ut lampan från insidan och på så sätt undvika riskerna för skador på lacken.

50 Tryck sidoblinkersen försiktigt i sidled mot bilens front, så att fjäderklämman trycks ihop. Lossa nu den bakre änden av lampan och ta ut den från skärmen **(se bild)**.

51 Separera linsen från gummmigenomföringen på glödlampshållaren och dra sedan ut glödlampan (som har glassockel) **(se bilder)**.

52 Montera den nya glödlampan i omvänd ordning mot demonteringen. Tryck in lyktan i skärmen tills klämman hakar fast.

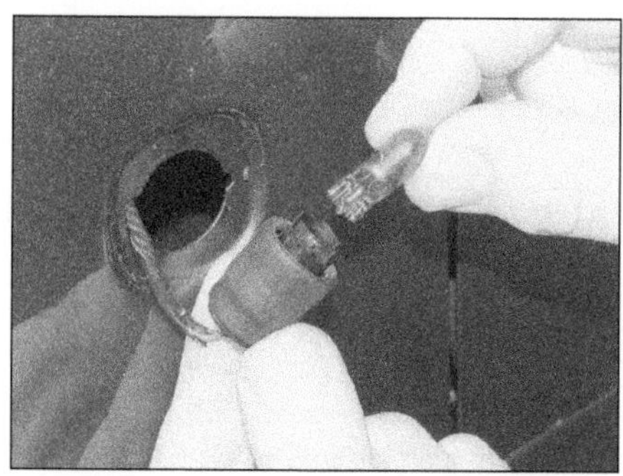
5.51b . . . dra sedan ut glödlampan

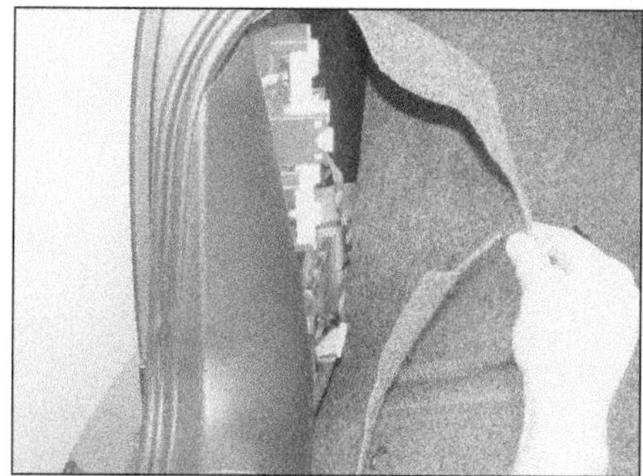
5.53 Dra undan klädseln . . .

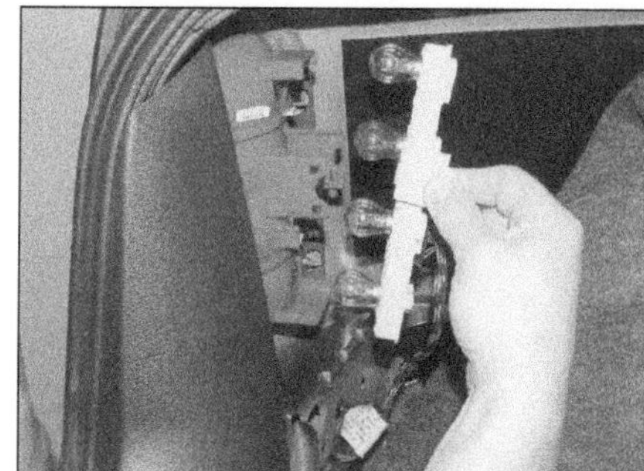
5.54 . . . och ta ut glödlampshållaren

Baklykta

53 I bagageutrymmet, vik undan eller ta bort relevant sidoklädselpanel och kåpa **(se bild)**.

54 Lossa klämmorna och ta bort glödlampshållaren från baklyktan **(se bild)**. På kombikupé finns det tre klämmor, på kombi bara en.

55 Tryck in relevant glödlampa och vrid den moturs för att ta bort den **(se bild)**.

56 Montera en ny glödlampa i omvänd ordning mot demonteringen.

Högt monterat bromsljus

Observera: *Tidiga modeller har glödlampor med glassockel, medan senare modeller har en LED-enhet som måste bytas ut som en hel enhet om den går sönder. Dessutom, På RS kombi modeller är det höga bromsljuset fastsatt i den bakre spoilern bak på taket med lim – arbetet bör då helst överlämnas till en Skodaverkstad.*

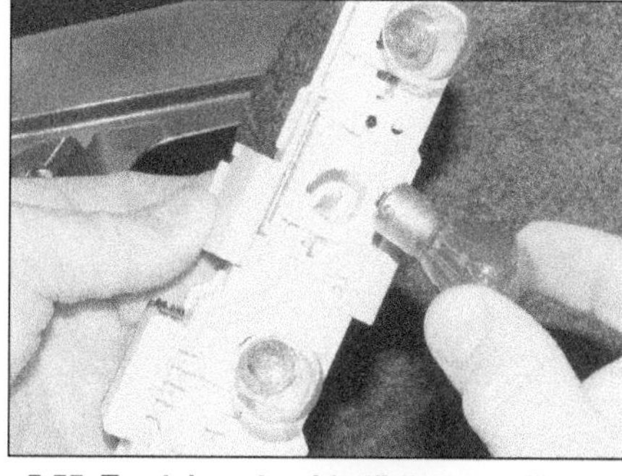
5.55 Tryck in och vrid glödlampan för att ta ut den

5.57a Tryck in plastspärrarna . . .

57 På kombikupé modeller, öppna bakluckan, tryck in plastspärrarna i ändarna av bromsljusenheten och dra ut enheten. Koppla loss kablaget **(se bilder)**.

58 På kombimodeller, öppna bakluckan, ta loss den övre klädselpanelen från bakluckans insida, lossa sedan och tryck igenom de tre fästclipsen av plast. Sänk nu ner bakluckan, dra ut bromsljuset och koppla loss kablaget. På modeller fr.o.m. 2001, koppla loss spolarslangen från munstycket **(se bilder)**.

59 På tidiga modeller, skruva loss skruvarna

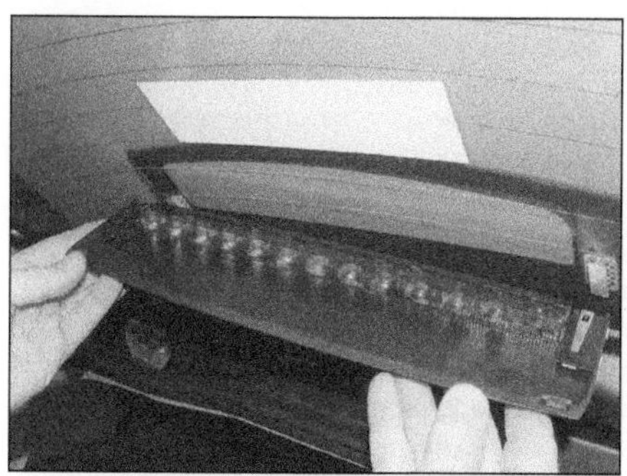
5.57b . . . dra ut enheten . . .

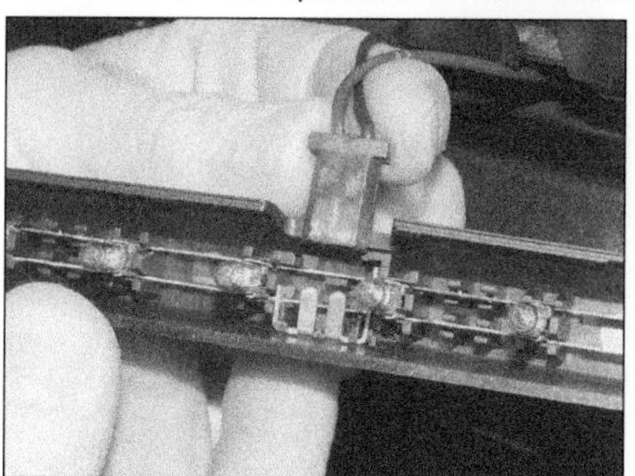
5.57c . . . och koppla loss kablaget (kombikupé)

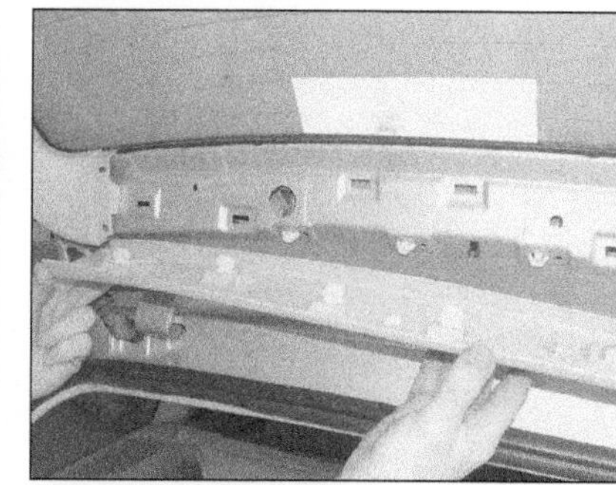
5.58a Ta bort den övre klädselpanelen . . .

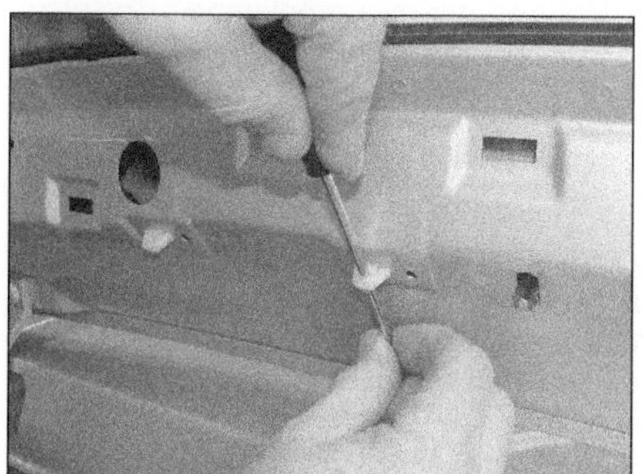
5.58b . . . lossa sedan och tryck igenom fästclipsen . . .

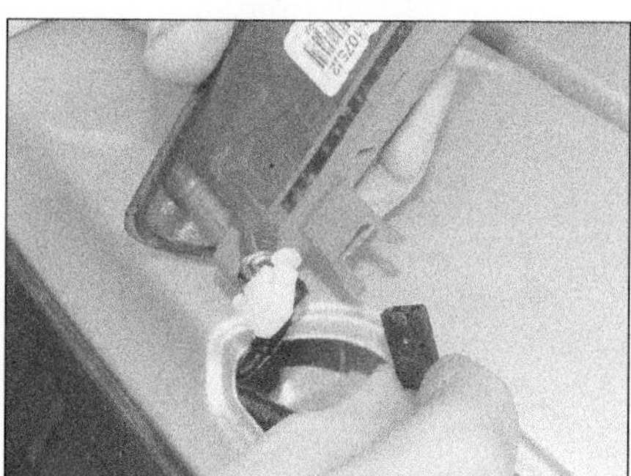
5.58c . . . koppla loss kablaget . . .

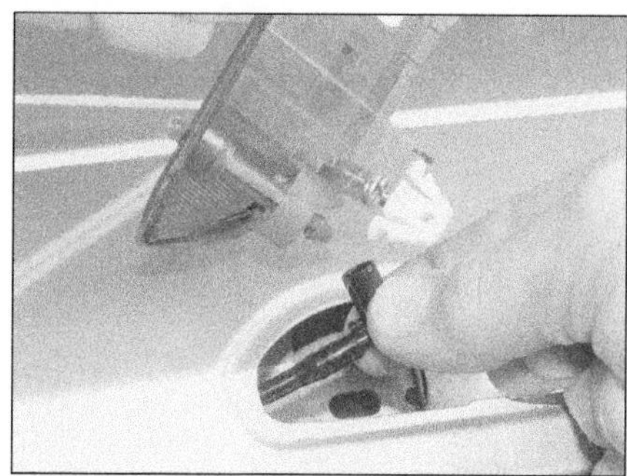
5.58d . . . och koppla loss spolarslangen

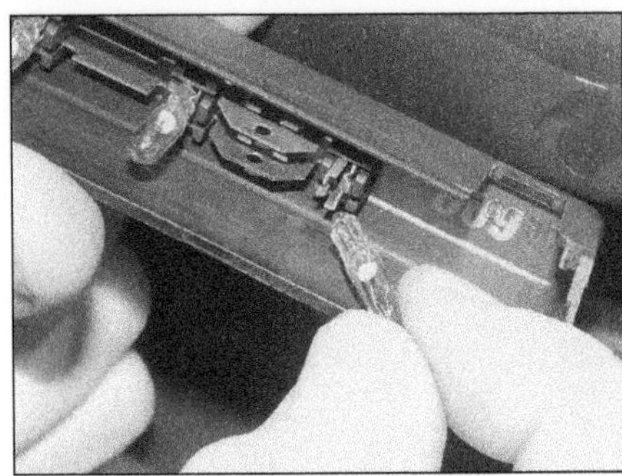
5.59 En glödlampa tas ut

5.61a Skruva loss skruvarna . . .

5.61b . . . ta bort linsen . . .

5.62 . . . och dra ut glödlampan (glassockel) från lamphållaren

och ta bort linsen från lamphållaren. Det finns 16 separata glödlampor – dra ut relevant glödlampa (glassockel) och tryck in en ny **(se bild)**.

60 Montering sker i omvänd ordning.

Bakre registreringsskyltsbelysning

61 Skruva loss de två fästskruvarna och ta bort linsen från registreringsskyltens belysning **(se bilder)**.

62 Dra ut glödlampan (glassockel) ur glödlampshållaren och tryck in en ny **(se bild)**.

63 Sätt tillbaka linsen och dra åt fästskruvarna lätt.

6 Glödlampor (inre belysning) – byte

Allmänt

1 Närhelst en glödlampa byts ut, notera följande:

a) Slå av tändningen och alla strömförbrukare innan arbetet påbörjas.

b) Kom ihåg att om lampan just har använts kan glödlampan vara extremt varm.

c) Kontrollera alltid glödlampans kontakter och hållare och försäkra dig om att det finns bra kontakt metall-till-metall mellan glödlampan och dess ström och jord. Ta bort eventuell korrosion och smuts innan en ny glödlampa sätts in.

d) Om glödlampor av bajonettyp används, se till att strömkontakten/-kontakterna ligger an ordentligt mot lampans kontakt.

e) Kontrollera alltid att den nya lampan är av korrekt klassning och att den är helt ren innan den monteras.

Främre innerbelysning/läslampa

2 På modeller fram till 07/99, bänd försiktigt loss soltakets brytare/innerbelysningen med en skruvmejsel. På modeller fr.o.m. 08/99, bänd försiktigt loss linsen **(se bild)**.

3 Dra loss glödlampan (dubbel fattning) från fjäderkontakterna **(se bild)**.

4 Montera den nya glödlampan i omvänd ordning mot demonteringen. Se till att fjäderkontakterna håller fast lampan ordentligt och spänn dem om så behövs innan lampan sätts fast.

Bakre innerbelysning/läslampa/bagageutrymmesbelysning

5 Bänd försiktigt loss lampenheten från klädseln med en skruvmejsel.

6 Om en glödlampshållare är monterad, vrid den moturs, dra sedan ut glödlampan (glassockel). Om det är en glödlampa med dubbel fattning, dra loss den från fjäderkontakterna **(se bild)**.

7 Montera den nya glödlampan i omvänd ordning mot demonteringen. Om en glödlampa med dubbel fattning används, kontrollera att fjäderkontakterna håller fast lampan ordentligt och spänn dem om så behövs innan lampan sätts fast.

Handskfacksbelysningens lampa

8 Öppna handskfacket, ta sedan försiktigt loss lampan från sidan av handskfacket med en skruvmejsel. Koppla loss kablaget och ta bort lampan **(se bild)**.

9 Ta bort kåpan och dra ut glödlampan **(se bild)**.

10 Montera en ny glödlampa i omvänd ordning mot demonteringen.

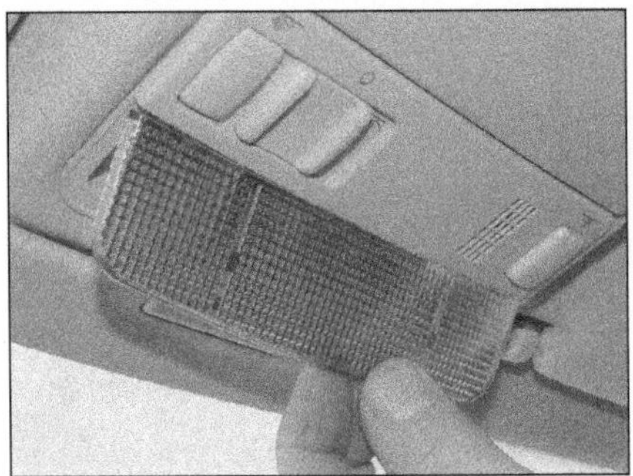
6.2 Ta bort linsen . . .

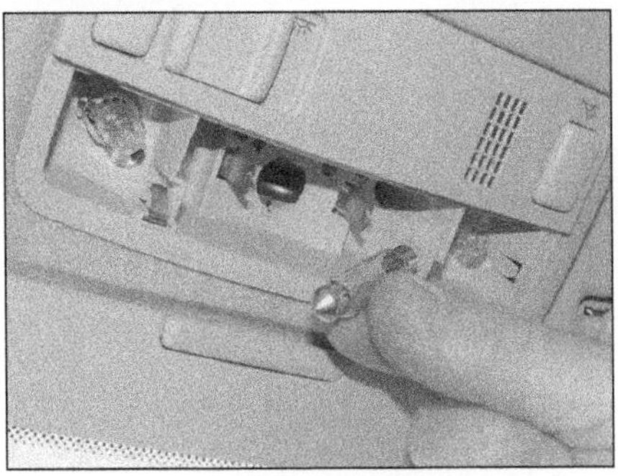
6.3 . . . och dra ut glödlampan

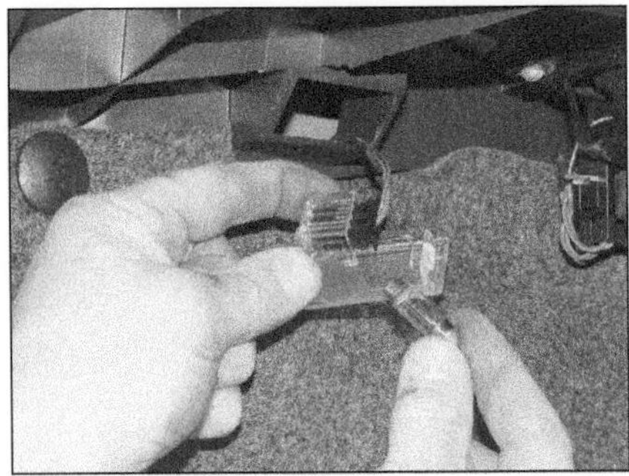
6.6 Glödlampan med dubbel fattning tas bort

6.8 Handskfacksbelysningen tas ut

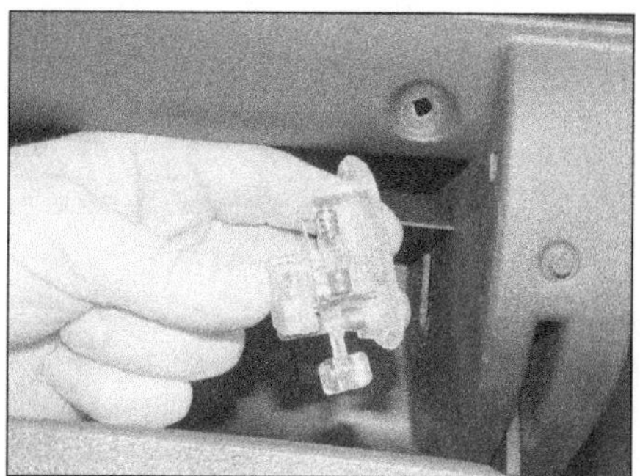

6.9 Glödlampa med dubbel fattning i handskfackets belysning

Instrumentpanelens belysning/ varningslampor

11 Notera var den trasiga glödlampan sitter, demontera sedan instrumentpanelen enligt beskrivning i avsnitt 10.

12 Endast följande glödlampor kan bytas ut; alla andra varnings-/belysningslampor är lysdioder som inte kan bytas ut:

a) Varningslampa helljus
b) Varningslampa främre dimljus
c) Varningslampa parkeringsljus
d) Varningslampa bakre dimljus
e) Varningslampa säkerhetsbälten
f) Varningslampa halvljus
g) Varningslampa släpets blinkers

13 Vrid relevant glödlampshållare moturs och ta ut den.

14 Montera en ny glödlampa i omvänd ordning mot demonteringen.

Cigarrettändar-/ askkoppsbelysning

15 Öppna askkoppen, dra ut insatsen och skruva loss fästskruven inuti. Dra ut askkoppen en aning, stäng luckan och dra ut askkoppen från konsolen.

16 Ta loss glödlampshållaren från askkoppen och koppla loss kablaget. Glödlampan sitter ihop med glödlampshållaren.

17 Montera den nya glödlampan i omvänd ordning mot demonteringen.

Värme-/ventilationsreglagens belysning

18 Reglagepanelen belyses av lysdioder som är inbyggda i panelen. Följaktligen måste hela panelen bytas ut om ett fel uppstår. Det mittre, roterande reglaget lyses dock upp av en glödlampa. Dra försiktigt loss reglaget från panelen, använd sedan en bit spolarslang (eller liknande) till att dra ut glödlampan (glassockel) från lamphållaren **(se bild)**.

19 Montera en ny glödlampa i omvänd ordning mot demonteringen.

Brytarnas belysning

20 Glödlamporna till brytarnas belysning sitter ihop med brytarna. Om en glödlampa går sönder måste hela brytaren bytas ut.

Dörrarnas varningslampor

21 Öppna relevant dörr och bänd försiktigt ut lampenheten **(se bild)**.

6.18 En bit spolarslang används till att ta ut glödlampan

22 Koppla loss kontaktdonet.

23 Ta loss linsen från enheten och ta loss glödlampan (dubbel fattning) från fjäderkontakterna **(se bild)**.

24 Montering sker i omvänd ordning. Kontrollera att fjäderkontakterna håller fast glödlampan ordentligt och spänn dem om så behövs innan glödlampan sätts fast.

7 Yttre lyktor – demontering och montering

Strålkastare

1 För att skydda lacken mot skador, maskera den främre stötdämparen under strålkastaren. Om du arbetar på en strålkastare med gasurladdningslampa, koppla loss batteriets negativa kabel (se *Frånkoppling av batteriet* i *Referenskapitlet* i slutet av boken).

2 Demontera den främre blinkerslyktan enligt beskrivning längre fram i det här avsnittet.

3 Skruva loss de fyra fästbultarna och dra strålkastarlyktan en aning framåt.

4 Koppla loss huvudkablagets flerstiftskontakt. På modeller fram till 07/00, koppla loss kablaget från strålkastarjusteringens reglage.

5 Ta bort strålkastarlyktan från bilen.

6 Montering sker i omvänd ordning, men avsluta med att låta kontrollera strålkastarinställningen vid första möjliga tillfälle.

Försiktighet: Efter montering av en gasurladdningslampa måste grundinställningen av strålkastarinställningssystemet kontrolleras. Eftersom detta kräver användning av specialistutrustning kan detta endast utföras av en Skodaverkstad eller annan lämpligt utrustad specialist.

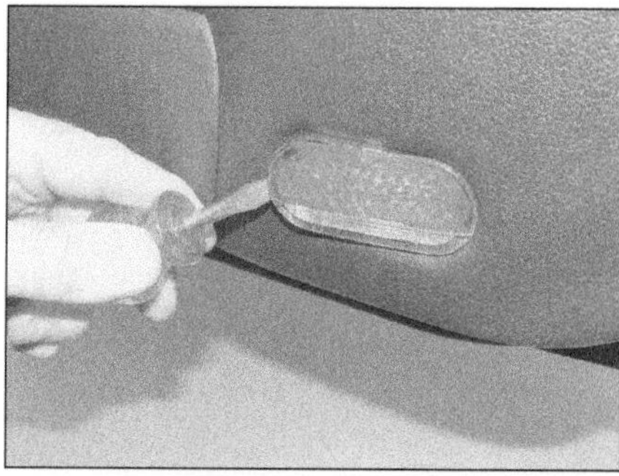

6.21 Framdörrens varningslampa lossas

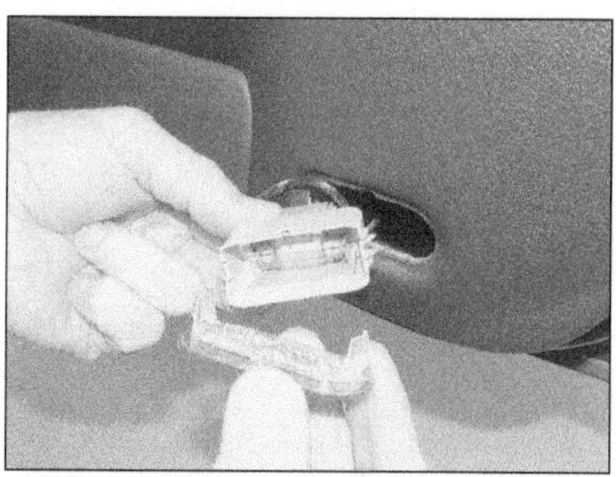

6.23 Ta loss linsen från framdörrens varningslampa

Främre blinkers

7 Med motorhuven öppen, skruva loss fästbulten i det främre hörnet av motorrummet **(se bild)**.

8 Dra ut lyktan framåt, notera hur den bakre fliken sitter i framskärmen och de främre flikarna i strålkastaren. Vrid glödlampshållaren moturs och ta bort enheten från bilen **(se bilder)**.

9 Montering sker i omvänd ordning mot demonteringen.

Sidoblinkers

10 Demontering och montering av sidoblinkers beskrivs under glödlampsbyte i avsnitt 5.

7.7 Skruva loss fästbulten . . .

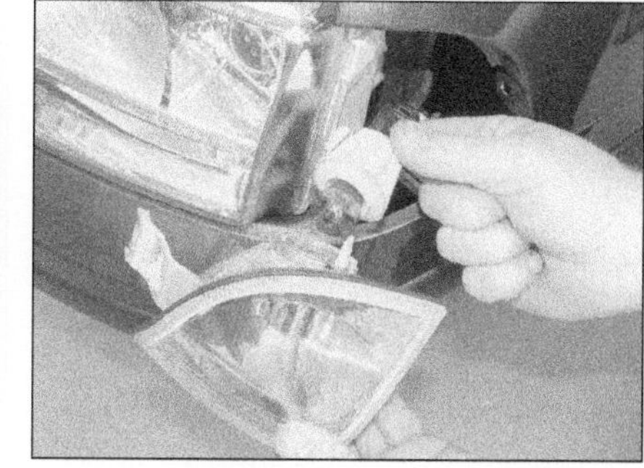

7.8a . . . dra ut enheten och koppla loss glödlampshållaren

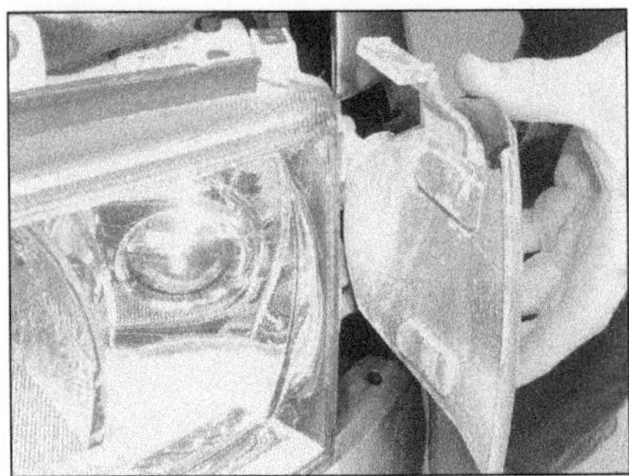
7.8b Notera flikarna som hakar i strålkastaren

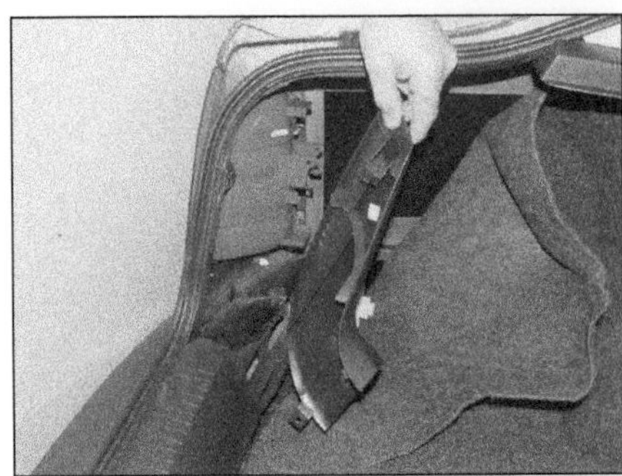
7.12a Ta bort klädseln . . .

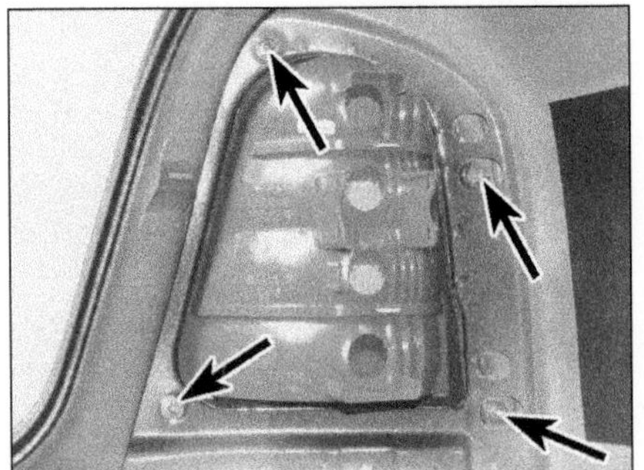
7.12b . . . skruva loss fästmuttrarna . . .

Baklykta

11 Demontera baklyktans glödlampshållare enligt beskrivning i avsnitt 5.

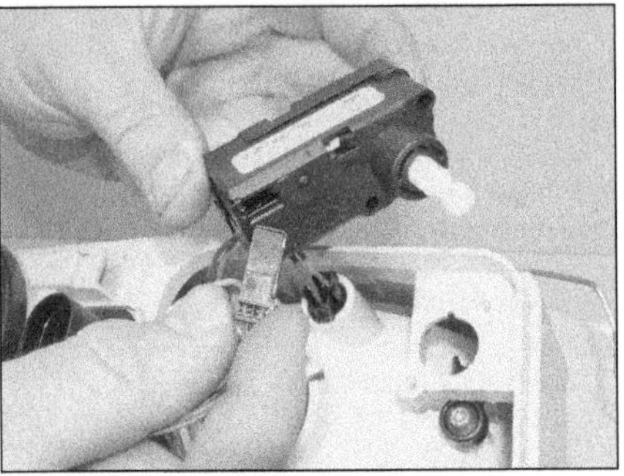
7.12c . . . och ta ut baklyktan

12 Inne i bagageutrymmet, ta bort klädseln efter behov, skruva sedan loss fästmuttrarna och dra ut baklyktan från bilen **(se bilder)**.

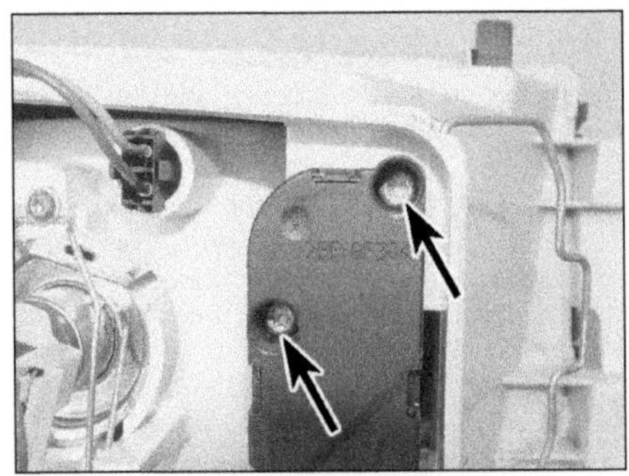
8.5a Skruva loss fästskruvarna . . .

8.5b . . . och ta ut strålkastarnas justeringsmotor

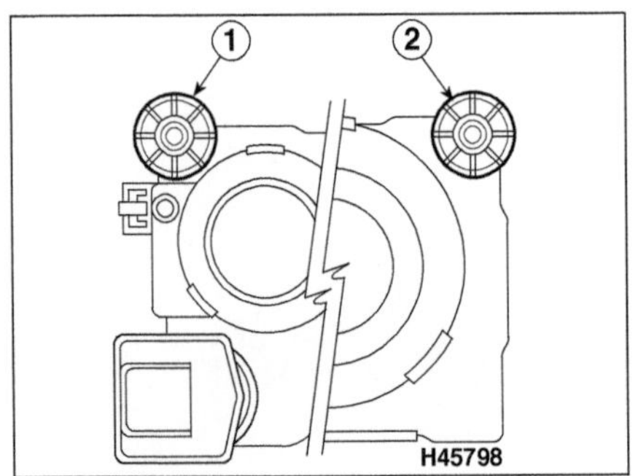

9.2a Strålkastarnas justeringsknoppar på modeller före 08/00

1 *Vertikal justering*
2 *Horisontell justering*

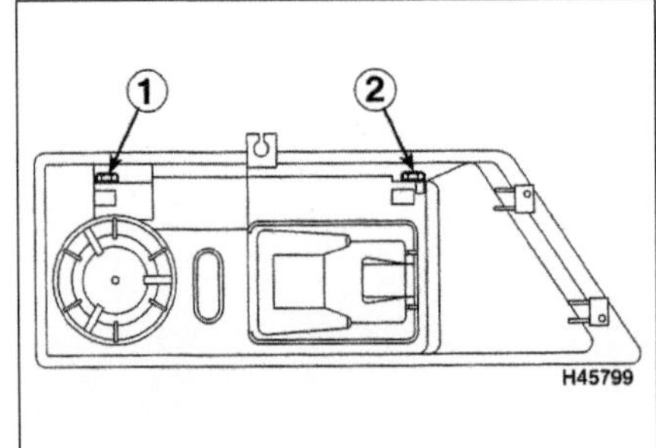

9.2b Strålkastarnas justerskruvar på modeller fr.o.m. 08/00

1 *Horisontell justering*
2 *Vertikal justering*

13 Montering sker i omvänd ordning. Se till att tätningen placeras korrekt.

Högt monterat bromsljus

14 Demontering/montering beskrivs som en del av glödlampsbyte i avsnitt 5.

Bakre registreringsskylts-belysning

15 Demontering/montering beskrivs som en del av glödlampsbyte i avsnitt 5.

8 Strålkastarjusteringens komponenter - demontering och montering

Reglage

1 Reglaget sitter ihop med instrument-belysningens reglage på modeller som *inte* har Xenon strålkastare.

2 Demontering och montering behandlas i avsnitt 4.

Motor

3 Demontera strålkastaren enligt beskrivning tidigare i detta avsnitt, ta sedan bort kåpan för att komma åt justeringsmotorn.

4 På modeller fram till 07/00, demontera motorn genom att vrida den moturs (vänster sida) eller medurs (höger sida), dra sedan ut motorn med ett ryck för att koppla loss kulfästet från spärren på reflektorn.

5 På modeller fr.o.m. 08/00, skruva loss de två fästskruvarna, koppla loss kablaget, dra sedan ut motorn en aning, vrid den moturs och ta bort den kvarvarande skruven där så är tillämpligt **(se bilder)**.

6 Montering sker i omvänd ordning mot demonteringen.

9 Strålkastarinställning - allmän information

1 Exakt inställning av strålkastarna kan endast göras med särskild optisk utrustning och detta bör därför utföras av en Skodaverkstad eller annan lämpligt utrustad verkstad.

2 Strålkastarna kan dock justeras ungefärligt med hjälp av justeringsenheterna upptill på varje lykta. Justerknoppar eller skruvar finns på baksidan av lyktorna **(se bilder)**; den yttre justerar höjden och den inre justerar lyktan i sidled. Om så behövs kan ytterligare justering göras genom att man sticket in en skruvmejsel från strålkastarens framsida och vrider på det lättrade hjulet.

3 På modeller med strålkastare med gas-urladdningslampor, kan en justering göras för om bilen ska köras i höger- eller vänstertrafik - se avsnitt 28 för ytterligare information om denna funktion.

10.3a Skruva loss skruvarna . . .

10.3b . . . och ta bort instrumentpanelens infattning

10.4a Skruva loss skruvarna . . .

10 Instrumentpanel - demontering och montering

Observera: *Om instrumentpanelen ska bytas ut måste den nya enheten programmeras med aktuell serviceinformation av en Skoda-handlare.*

Demontering

1 Koppla loss batteriets negativa kabel. **Observera:** *Innan batteriet kopplas loss, se "Frånkoppling av batteriet" i Referenskapitlet längst bak i boken.*

2 Lossa rattens justerlås, dra ut ratten så långt det går och placera den i den lägsta positionen. Om du behöver mer arbetsutrymme, demontera ratten helt.

3 Bänd ut plastpluggarna och skruva loss de två fästskruvarna som håller instrumentpanelens infattning till instrumentbrädan. Dra försiktigt ut infattningen från instrumentbrädan och ta ut den på ena sidan bakom ratten **(se bilder)**.

4 Skruva loss instrumentpanelens två fästskruvar och lyft ut panelen ur instrumentbrädan så långt att kontaktdonen på baksidan kan kopplas loss **(se bilder)**.

Montering

5 Montering sker i omvänd ordning mot demonteringen, se till att kontaktdonen ansluts säkert och korrekt.

11 Instrumentpanelens komponenter - demontering och montering

Man kan inte plocka isär instrumentpanelen. Om någon av mätarna är defekt måste hela panelen bytas ut.

12 Serviceintervallindikator - allmän information och återställning

1 Alla modeller har en serviceintervallindikator. När allt underhåll har utförts (se kapitel 1) måste intervalldisplayens kod

10.4b . . . ta ut instrumentpanelen . . .

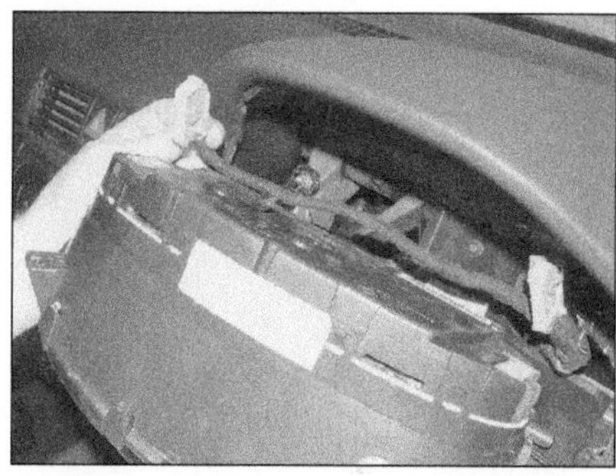
10.4c . . . och koppla loss kablaget

återställas. Om mer än ett serviceschema har utförts, notera då att de olika intervallen måste återställas individuellt.

2 Displayen återställs med hjälp av knappen på vänster sida av instrumentpanelen (under hastighetsmätaren) och klockans inställningsknapp på höger sida av panelen (under klockan/varvräknaren). Återställning beskrivs i relevant del av kapitel 1.

13 Klocka - demontering och montering

Klockan är inbyggd i instrumentpanelen och den kan inte demonteras separat. Instrumentpanelen är en förseglad enhet och om klockan eller någon annan komponent är defekt, måste hela instrumentpanelen bytas ut. Se avsnitt 10 för information om demontering.

14 Cigarrettändare - demontering och montering

Demontering

1 Koppla loss batteriets negativa kabel. **Observera:** *Innan batteriet kopplas loss, se "Frånkoppling av batteriet" i Referenskapitlet i slutet av boken.*

2 Demontera mittkonsolen enligt beskrivning i kapitel 11.

3 Demontera sedan glödlampshållaren enligt beskrivning i avsnitt 6.

4 Tryck ut tändarens mittre element ur fästet.

Montering

5 Montering sker i omvänd ordning mot demonteringen.

15 Signalhorn - demontering och montering

Demontering

1 Koppla loss batteriets negativa kabel. **Observera:** *Innan batteriet kopplas loss, se "Frånkoppling av batteriet" i Referenskapitlet i slutet av boken.*

2 Demontera den främre stötfångaren enligt beskrivning i kapitel 11.

3 Koppla loss signalhornets kontaktdon. Skruva loss fästmuttern/-muttrarna och ta bort signalhornet-/en från fästbygeln **(se bild)**.

15.3 Signalhornen sitter bakom den främre stötdämparen

17.2 Placering av vindrutetorkarbladen

17.4 Demontering av torkararmen

17.5a Lyft upp spindelmutterns kåpa . . .

17.5b . . . använd sedan en skruvmejsel . . .

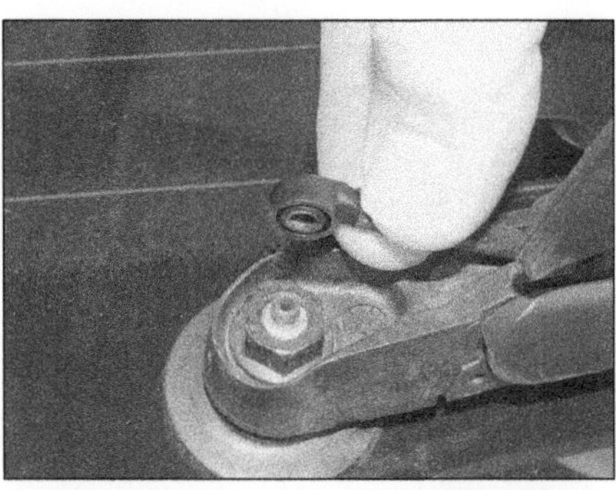

17.5c . . . till att bända loss spolarslangens adapter från spindeln (kombikupé)

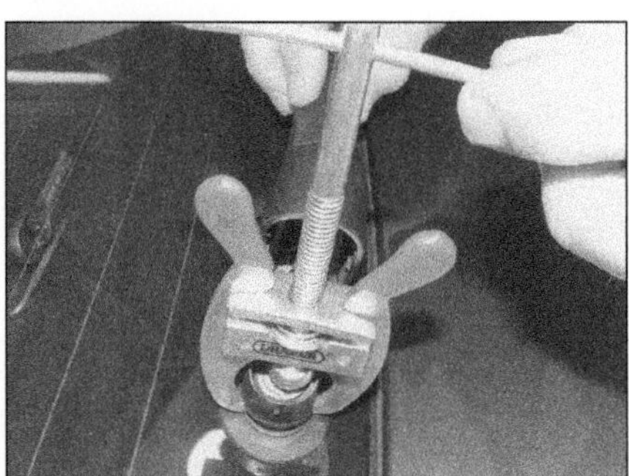

17.7 En avdragare används till att ta bort torkararmen från spindeln

Montering

4 Montering sker i omvänd ordning mot demonteringen.

16 Hastighetsmätarens givare - allmän information

Alla modeller har en elektronisk hastighetsgivare. Enheten mäter rotationshastigheten hos växellådans slutväxel och omvandlar informationen till en elektronisk signal, som sänds till hastighetsmätarmodulen i instrumentpanelen. På vissa modeller används signalen också som input av motorstyrningssystemets ECU och av färddatorn.

Se kapitel 7A eller 7B för information om demontering.

17 Torkararm - demontering och montering

Demontering

1 Aktivera torkarmotorn, slå sedan av den så att torkararmen/-armarna återgår till viloläget.

2 Sätt en bit maskeringstejp på glasrutan längs torkarbladets kant, som hjälp vid monteringen. Observera att den inre änden av förarsidans torkarblad ska placeras 25 mm från den nedre kanten av vindrutan, och den yttre änden av passagerarsidans torkarblad 40 mm från den nedre kanten (mätt från *slutet* av vindrutan nedanför listen) **(se bild)**.

Främre torkararm

3 Med motorhuven öppen, skruva loss och ta bort spindelmuttern.

4 Lyft upp bladet från glasrutan och dra torkararmen från sida till sida tills den lossnar från spindeln **(se bild)**. Skruva loss spindelmuttern. **Observera:** *Om båda vindrutetorkararmarna ska demonteras samtidigt, märk upp dem med förar- respektive passagerarsida; armarna kan inte byta plats.*

Bakre torkararm

5 Lyft upp kåpan som sitter över torkararmens spindelmutter. På kombikupé, koppla loss spolarslangen från munstycket på armen och/eller ta bort adaptern från spindeln **(se bilder)**. På kombimodeller fram till 2001, ta bort adaptern från mitten av spindeln. **Observera:** *På senare modeller är bakluckans spolarmunstycke inbyggt i det högt monterade bromsljuset.*

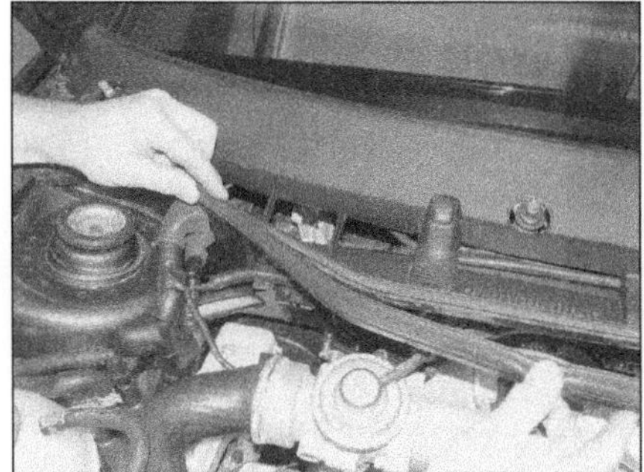

18.2a Ta bort gummiremsan . . .

6 Skruva loss och ta bort spindelmuttern.

7 Lyft torkarbladet från glasrutan och dra torkararmen från sida till sida tills den lossnar från spindeln – om den sitter fast för hårt, använd en avdragare **(se bild)**.

Montering

8 Se till att torkararmens och spindelns splines är rena och torra, sätt sedan tillbaka armen på spindeln och rikta in den med hjälp av tejpen som sattes på rutan vid demonteringen. Sätt tillbaka spindelmuttern, dra åt den ordentligt och sätt tillbaka kåpan.

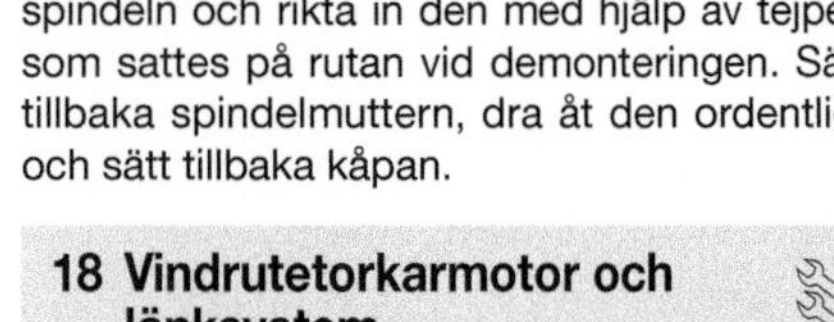

18 Vindrutetorkarmotor och länksystem - demontering och montering

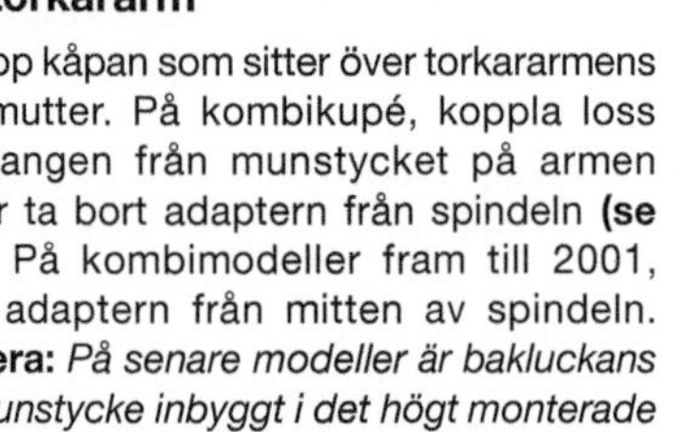

Demontering

1 Demontera torkararmarna enligt beskrivning i avsnitt 17.

2 Ta bort cirkulations-/ventilationskammarens kåpa som sitter framför vindrutan. För att kunna göra detta, lossa gummitätningsremsan baktill i motorrummet, frigör sedan de två sektionerna av kåpan från spåret i vindrutans tätningslist och koppla loss slangarna från spolarmunstyckena **(se bilder)**. På tidiga modeller måste man också skruva loss några fästskruvar.

3 Skruva loss de tre fästbultarna, manövrera sedan försiktigt ut vindrutetorkarmotorn och länksystemet från ventilpanelen och koppla loss kontaktdonet **(se bilder)**.

4 Ta bort brickorna och distanserna från

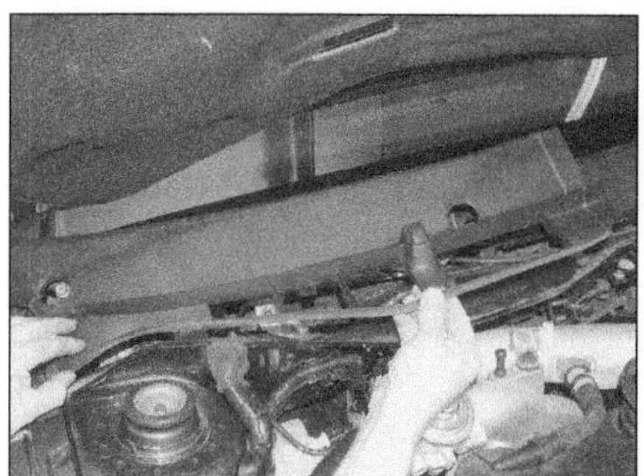

18.2b ... ta bort plenumkammarens kåpor ...

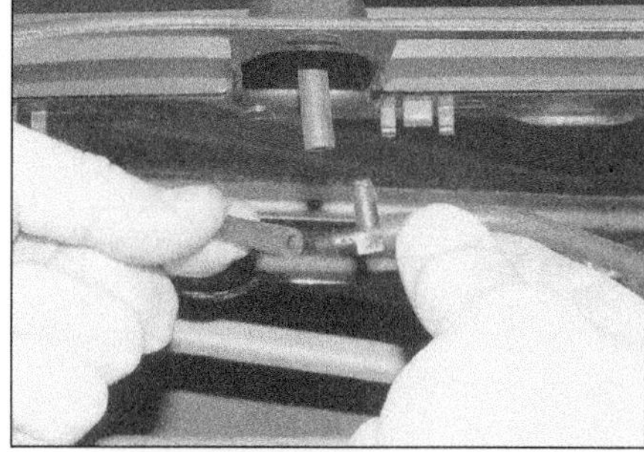

18.2c ... och koppla loss spolarslangarna

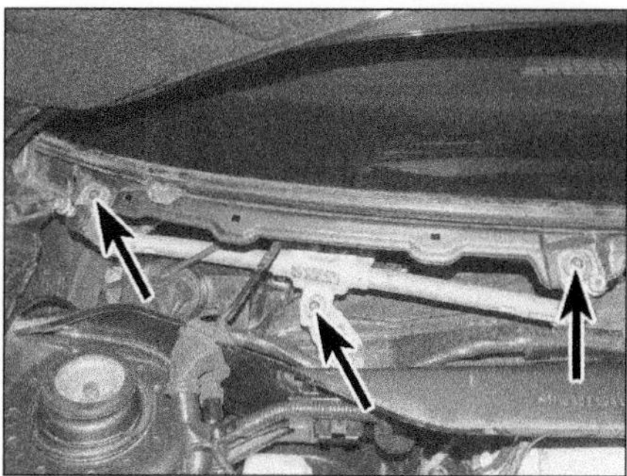

18.3a Skruva loss de tre fästbultarna ...

motorns fästgummin, notera hur de sitter och undersök sedan om de är skadade eller slitna och byt ut dem om så behövs.

5 Om motorn ska separeras från länksystemet, fortsätt enligt följande:

a) Gör inställningsmarkeringar mellan motorspindeln och länksystemet för att försäkra korrekt inställning vid monteringen, och notera vilken väg länksystemet sitter.

b) Skruva loss muttern som håller länksystemet till motorspindeln.

c) Skruva loss de tre bultarna som håller motorn till fästplattan, ta sedan bort motorn.

Montering

6 Montering sker i omvänd ordning mot demonteringen, tänk på följande:

a) Om motorn har tagits loss från länksystemet, se till att de markeringar som gjordes på motorspindeln och länksystemet innan separationen hamnar i linje, och försäkra dig om att länksystemet sitter samma väg som tidigare.

b) Brickorna och distanserna måste sättas fast på motorns fästgummin så som de satt innan demonteringen.

c) Smörj fästhålen i cirkulations-/ventilationskammarens kåpa med ett silikonbaserat spraysmörjmedel för att underlätta installationen. Slå inte på kåpan för att få in den på plats eftersom detta kan leda till att vindrutan spricker.

d) Montera torkararmarna enligt beskrivning i avsnitt 17.

19 Bakrutans torkarmotor – demontering och montering

Demontering

1 Demontera torkararmen enligt beskrivning i avsnitt 17.

2 Öppna bakluckan, ta bort luckans klädselpanel enligt beskrivning i kapitel 11, avsnitt 15.

3 Koppla loss kontaktdonet från motorn **(se bild)**.

4 Koppla loss spolarvätskeslangen från anslutningsröret på motorn **(se bild)**.

18.3b ... lirka ut motorn och länksystemet ...

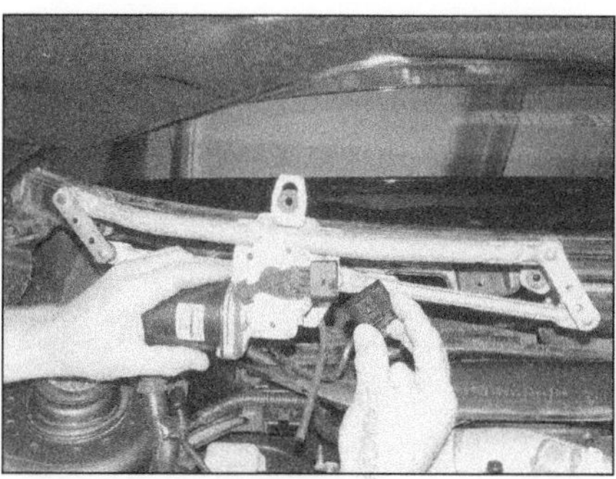

18.3c ... och koppla loss kontaktdonet

5 Skruva loss de tre muttrarna som håller fast motorn och ta bort den från bilen **(se bilder)**.

6 Ta bort torkarmotoraxelns tätningsring från bakluckan.

Montering

7 Montering sker i omvänd ordning mot demonteringen, men se till att motoraxelns gummitätningsring sitter korrekt för att undvika

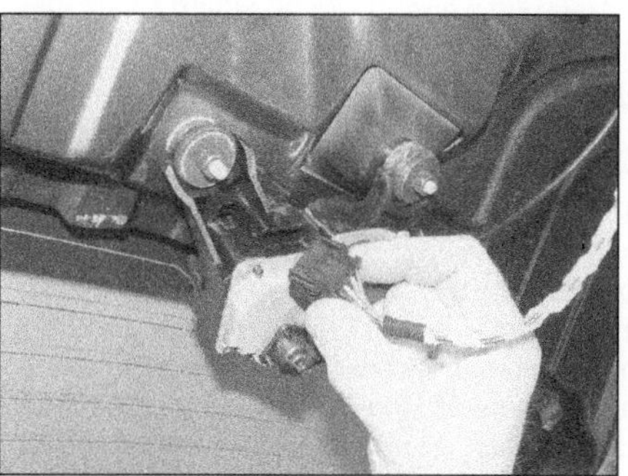

19.3 Koppla loss kablaget ...

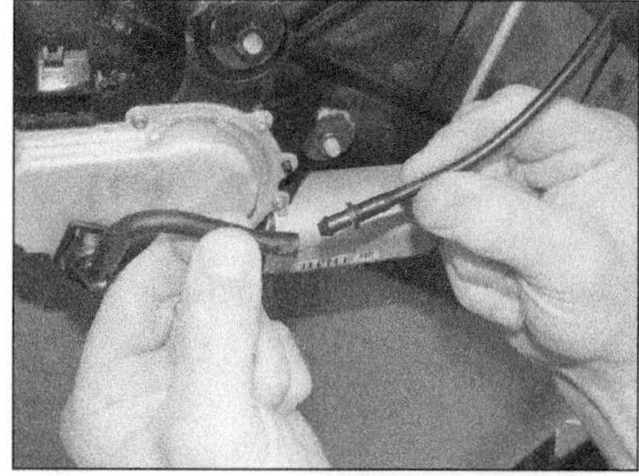

19.4 ... och spolarvätskeslangen ...

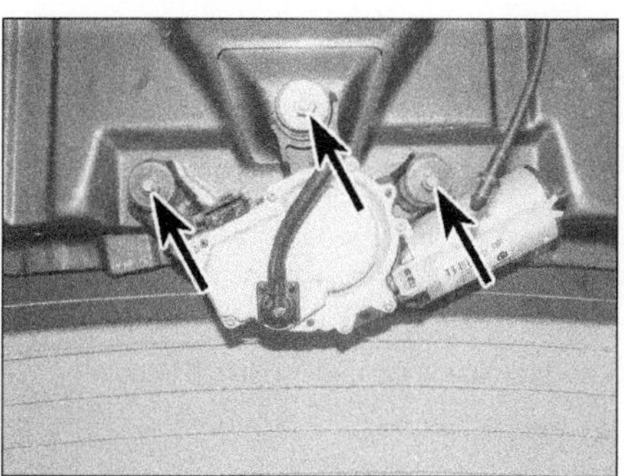

19.5a ... skruva sedan loss de tre fästmuttrarna ...

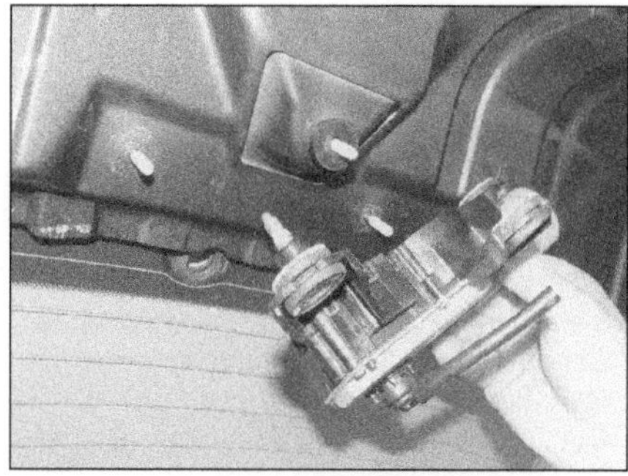

19.5b ... och ta ut bakrutans torkarmotor

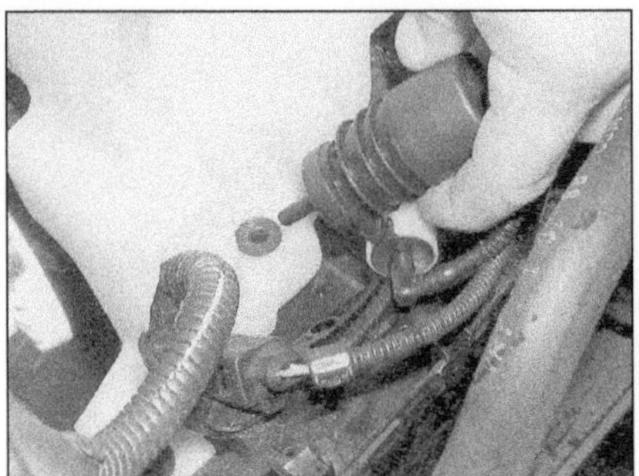
20.8 Dra loss pumpen från genomföringen

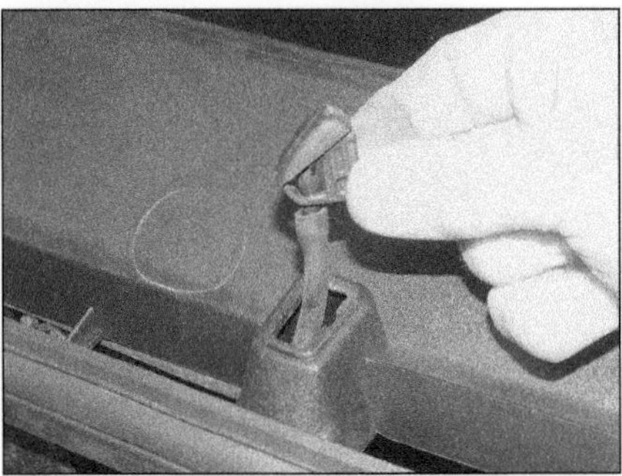
20.11 Spolarmunstycket tas bort från plenumkammarens kåpa

20.14 Dra loss munstycket från mitten av spindeln

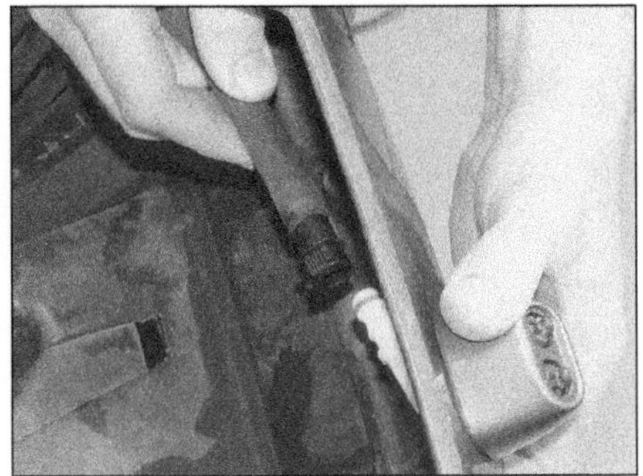
20.18 Koppla loss slangen . . .

20.19 . . . dra loss fästklämman och ta bort spolarmunstycket

vattenläckor, och montera torkararmen enligt beskrivning i avsnitt 17.

20 Spolarsystemets komponenter – demontering och montering

Spolarvätskebehållare

Demontering

1 Slå av tändningen och alla strömförbrukare.
2 Kylvätskans expansionskärl sitter i det högra främre hörnet i motorrummet. Skruva loss fästbultarna och flytta kärlet åt sidan. Koppla inte loss slangarna.
3 Skruva loss fästbultarna till kolkanistern eller dieselfiltret och flytta enheten åt sidan.
4 Skruva loss de två plastmuttrarna, lyft upp vätskebehållaren ur motorrummet och koppla loss kablaget från pumpen.

Montering

5 Montering sker i omvänd ordning mot demonteringen.

Spolarvätskepumpar

Demontering

6 Slå av tändningen och alla strömförbrukare.
7 Demontera spolarvätskebehållaren enligt tidigare beskrivning.
8 Dra försiktigt loss pumpen från genomföringen i behållaren **(se bild)**. Koppla loss spolarvätskeslangen/-slangarna och kontaktdonet från pumpen.

Montering

9 Montering sker i omvänd ordning mot demonteringen, men var försiktig så att du inte trycker in pumpens genomföring i behållaren. Använd lite tvålvatten för att lättare kunna föra in pumpen i genomföringen.

Vindrutespolarmunstycken

Demontering

10 Spolarmunstyckena sitter på plenumkammarens kåpor framför vindrutan. Ta först bort torkararmarna enligt beskrivning i avsnitt 17. Lossa gummitätningsremsan baktill i motorrummet, ta sedan loss de två sektionerna av plenumets kåpa från spåret i vindrutans tätningslists, och koppla loss slangarna från spolarmunstyckena. På tidigare modeller måste man också skruva loss fästskruvarna.
11 Koppla loss spolarröret och ta loss munstycket från kåpan **(se bild)**.

Montering

12 Montering sker i omvänd ordning mot demonteringen. På äldre modeller går det att justera munstyckenas inställning med hjälp av en nål. På senare modeller är munstyckena förinställda av tillverkaren och kan inte justeras.

Bakluckans spolarmunstycke

Demontering

13 På kombikupé sitter spolarmunstycket på torkararmen. Koppla loss spolarslangen och lossa sedan munstycket med en skruvmejsel.
14 På kombimodeller fram till 2000 sitter en adapter i mitten av spindeln, och vätskan leds genom ett munstycke i spindelmutterns kåpa. Demontera torkararmen enligt tidigare beskrivning, ta sedan bort adaptern från mitten av spindeln **(se bild)**.
15 På kombimodeller fr.o.m. 2001 sitter munstycket på den vänstra änden av det höga bromsljuset, längst upp på bakluckan. Demontera bromsljuset enligt beskrivning i avsnitt 7 och dra sedan ut munstycket.

Montering

16 Montering sker i omvänd ordning mot demonteringen, men kontrollera att munstycket fungerar som det ska och justera vid behov för att rikta strålen mot en punkt något ovanför det område av rutan som sveps av torkarbladet. Om munstycket ska sättas tillbaka i bromsljuspanelen, tryck in det så att öppningen pekar vertikalt nedåt.

Strålkastarspolarmunstycken

Demontering

17 Demontera den främre stötfångaren enligt beskrivning i kapitel 11.
18 Dra loss spolarslangen från munstycket **(se bild)**.
19 Dra ut fästklämman och ta bort munstycket från stötfångaren **(se bild)**.

Montering

20 Montering sker i omvänd ordning mot demonteringen.

Strålkastarspolarmunstyckenas vätskebehållare

Demontering

21 Demontera den främre stötfångaren enligt beskrivning i kapitel 11.
22 Skruva loss de två fästskruvarna och ta bort behållaren.
23 Placera en klämma på slangen, tryck ihop fästclipset och koppla loss slangen.

Montering

24 Montering sker i omvänd ordning mot demonteringen.

21 Radio/kassettspelare/ CD-spelare/CD-växlare – demontering och montering

Observera: *Det här avsnittet gäller endast den ljudanläggning som monteras som standard vid tillverkning.*

Radio/kassettspelare

Demontering

1 Radion har fjäderfästclips på sidorna som gör att man behöver särskilda demonteringsverktyg för att ta ut den. Dessa verktyg kan följa med bilen, eller så kan de köpas hos en specialist på billjud. Det finns två typer av demonteringsverktyg – till tidiga modeller används två böjda stag som sticks in i fyra hål, och till de senare modellerna använder man två "nycklar" som sticks in i två spår **(se bild)**. Om Skodas verktyg inte finns till hands, kan tidigare modeller även demonteras med hjälp av två böjda bitar svetsstav, och till senare modeller kan man använda bladmått.

2 Slå av tändningen och alla strömförbrukare.

3 Stick in stagen eller nycklarna och tryck in dem tills de hakar i fjäderclipsen på sidorna. Tryck utåt och dra ut radion/kassettspelaren, koppla loss kablage och antenn **(se bilder)**.

Montering

4 Anslut kontaktdon och antennkabel och tryck sedan in enheten i instrumentbrädan tills fästklackarna snäpper på plats.

CD-spelare

Demontering

5 CD-spelaren har fästclips på sidorna som gör att man behöver särskilda demonteringsverktyg för att ta ut den. Dessa verktyg kan följa med bilen, eller så kan de köpas hos en specialist på billjud. Se punkt 1 för information om alternativa verktyg om de särskilda verktygen inte går att få tag i.

6 Slå av tändningen och alla strömförbrukare, demontera sedan radion/kassettspelaren enligt tidigare beskrivning i det här avsnittet.

7 Stick in verktygen eller bladmåtten i spåren på sidorna av enheten och tryck in dem tills de snäpper på plats. CD-spelaren kan sedan dras ut från instrumentbrädan med verktygen, och kablaget kopplas loss när detta blir åtkomligt **(se bilder)**.

Montering

8 Anslut kablaget och tryck in enheten i instrumentbrädan tills fästklackarna snäpper på plats.

CD-växlare

Demontering

9 CD-växlaren sitter i bagageutrymmet, bakom klädseln på vänster sida.

10 Slå av tändningen och alla strömförbrukare.

11 Vrid fästena moturs och ta bort klädselpanelen från bagageutrymmet.

12 Koppla loss kablaget från baksidan av CD-spelaren och haka loss det från fästbygeln.

13 Skruva loss fästskruvarna och ta loss CD-växlaren från fästkonsolen.

Montering

14 Montering sker i omvänd ordning mot demonteringen.

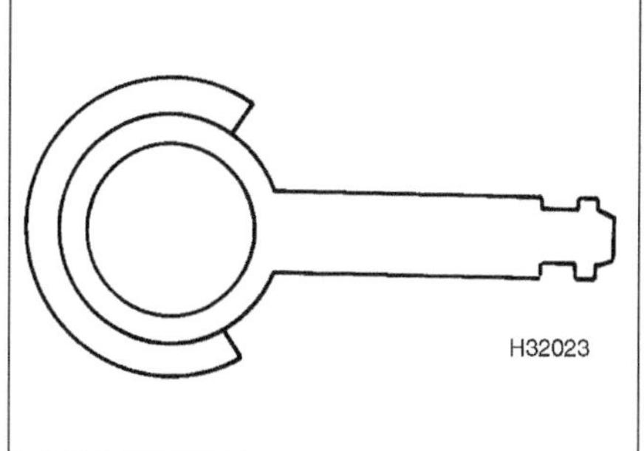

21.1 Demonteringsnyckel för radion

21.3a Bladmått används till demontering av radion/kassettspelaren

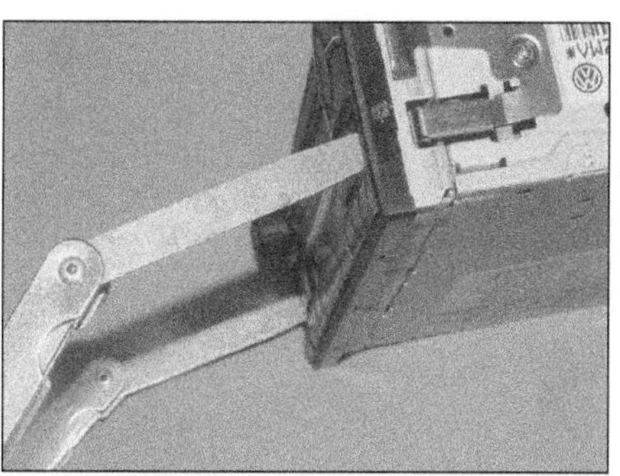

21.3b Bladmåtten trycker fästclipsen inåt från den omgivande panelen

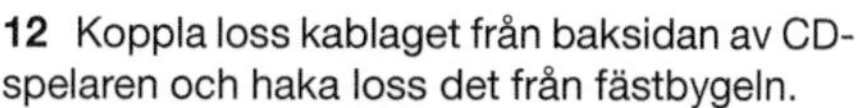

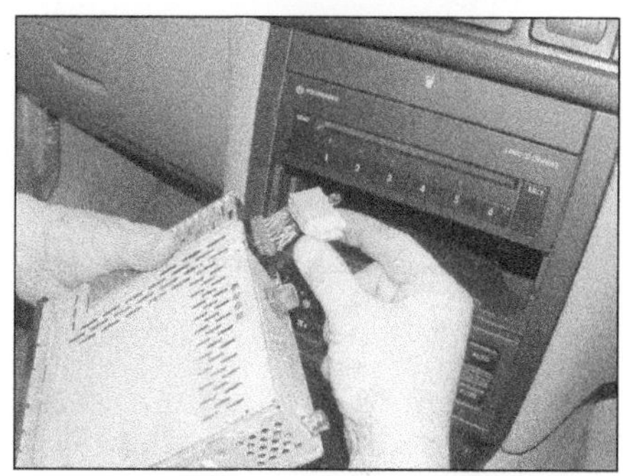

21.3c Koppla loss kablaget . . .

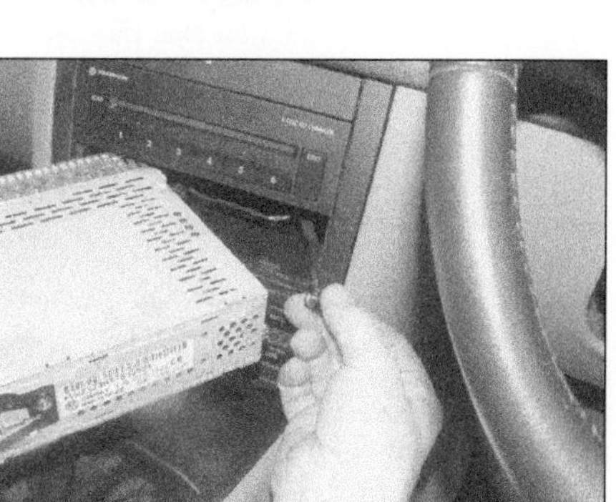

21.3d . . . och antennkabeln

21.7a Bladmått används för demontering av CD-spelaren

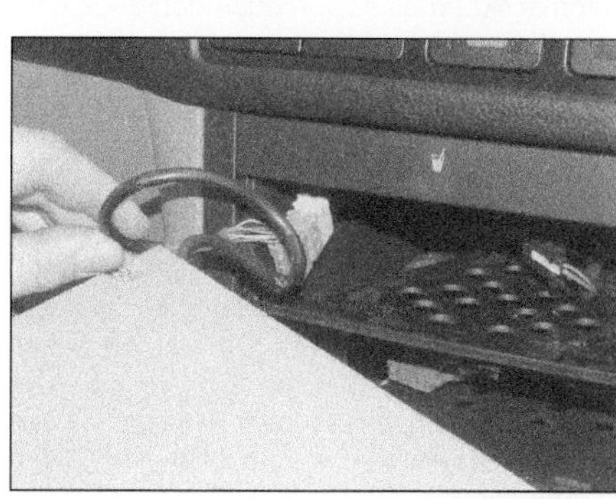

21.7b Koppla loss strömkabeln . . .

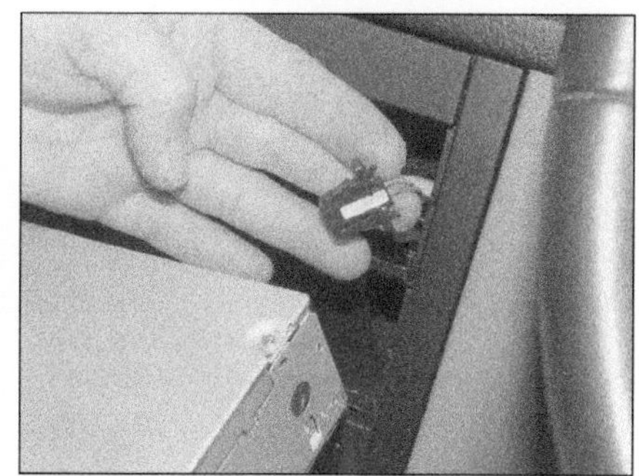

21.7c . . . och högtalarkablaget

22 Högtalare - demontering och montering

Diskanthögtalare i framdörren

Demontering

1 Slå av tändningen och alla strömförbrukare.
2 Öppna dörren och ta loss den trekantiga kåpan i vilken diskanthögtalaren sitter.
3 Koppla loss kablaget och ta sedan loss högtalaren från kåpan.

Montering

4 Montering sker i omvänd ordning mot demonteringen.

Diskanthögtalare i bakdörren

Demontering

5 Slå av tändningen och alla strömförbrukare.
6 Ta loss bakdörrens klädselpanel enligt beskrivningen i kapitel 11.
7 Högtalaren sitter på insidan av dörrens klädselpanel. Koppla loss kablaget och ta loss högtalaren från panelen.

Montering

8 Montering sker i omvänd ordning mot demonteringen.

Bashögtalare i framdörren

Demontering

9 Slå av tändningen och alla strömförbrukare.
10 Ta loss grillen från högtalaren.
11 Skruva loss torxskruvarna, dra ut högtalaren och koppla loss kablaget.

Montering

12 Montering sker i omvänd ordning mot demonteringen.

Bashögtalare i bagageutrymmet

13 Slå av tändningen och alla strömförbrukare.
14 På kombikupé modeller sitter bashögtalarna nedanför sidohyllorna/klädselpanelerna. Öppna bakluckan, stick in handen under relevant sidohylla/klädselpanel och koppla loss kablaget från högtalaren. Skruva loss de fyra fästskruvarna och ta ut högtalaren.
15 På kombimodeller sitter bashögtalarna under sidohyllorna/klädselpanelerna. Öppna bakluckan, frigör baksätets ryggstöd och fäll det framåt, ta bort bagageutrymmets hylla, koppla loss kablaget, skruva loss fästskruvarna och ta ur högtalaren.

Montering

16 Montering sker i omvänd ordning mot demonteringen.

23 Radioantenn - demontering och montering

Demontering

1 Antennmasten kan skruvas loss från själva basen om man vrider den moturs.
2 Om antennbasen ska demonteras måste den bakre änden av takklädseln först lossas.
3 När takklädseln har vikts ner, koppla loss antennkabeln vid kontaktdonet, skruva loss fästmuttern och dra loss antennbasen från taket. Håll fast antennbasen medan muttern skruvas loss, för att förhindra att den roterar och repar taket. Ta vara på gummidistansen.

Montering

4 Montering sker i omvänd ordning mot demonteringen.

24 Stöldskyddslarm och immobiliser - allmän information

Observera: *Denna information gäller endast det system som monteras som standardutrustning av Skoda.*

Modellerna i den här serien är utrustade med ett larmsystem som standard. Larmet har kontakter på alla dörrar och bakluckan, motorhuven och tändningslåset. Om bakluckan, motorhuven eller någon av dörrarna öppnas, eller om tändningen slås på medan larmet är aktiverat, börjar larmets signalhorn att ljuda och varningsblinkers att blinka. Vissa modeller är också utrustade med ett internt övervakningssystem, som aktiverar larmsystemet om rörelse känns av inne i bilen.

Larmet aktiveras med nyckeln i förardörrens eller den främre passagerardörrens lås eller i bakluckans lås, eller via centrallåsets fjärrsändare. Larmsystemet börjar övervaka de olika kontakterna ungefär 30 sekunder efter aktivering.

Om bakluckan låses upp när larmet är aktiverat, kommer låskontaktens avkänning automatiskt att slås av, medan dörrarnas och motorhuvens kontakter fortfarande är aktiva. När bakluckan stängs och låses igen, blir även bakluckans kontakt aktiverad igen.

De flesta modeller har en immobiliser, som aktiveras via tändningslåset. En modul inbyggd i tändningslåset läser av en kod i startnyckeln. Modulen skickar en signal till motorstyrningens ECU, som låter motorn starta om koden är korrekt. Om fel startnyckel används startar inte motorn.

Om ett fel misstänks i larm- eller immobilisersystemet måste bilen tas till en Skodahandlare för kontroll. De har tillgång till testutrustning med vilken man snabbt kan spåra eventuella fel i systemen.

25 Krockkuddar - allmän information och föreskrifter

Varning: Innan några arbeten utförs på krockkuddesystemet, koppla loss batteriets negativa kabel (se "Frånkoppling av batteriet" i Referenskapitlet i slutet av boken). När alla arbeten har utförts, försäkra dig om att ingen sitter inne i bilen när batteriet ansluts igen.

- ***Notera att krockkudden/-kuddarna inte får utsättas för temperaturer över 90°C. När en krockkudde demonteras, försäkra dig om att den förvaras med själva kudden vänd uppåt för att undvika att den löser ut oavsiktligt.***
- ***Låt aldrig lösningsmedel eller rengöringsmedel komma i kontakt med krockkuddarna. De får endast rengöras med en fuktig trasa.***
- ***Krockkuddarna och styrenheten är känsliga för stötar. Om någon av dem tappas eller skadas måste de bytas ut.***
- ***Ta alltid bort krockkuddarna innan bågsvetsningsutrustning används på bilen.***

På alla utom de tidiga modellerna finns krockkuddar på förarplatsen, den främre passagerarplatsen samt på sidorna som standard. Krockkuddesystemet består av krockkuddarna (med gasgeneratorer) som sitter i ratten (förarsidan), instrumentbrädan (förarsidan) och framsätena, en krocksensor, styrenheten och en varningslampa i instrumentpanelen.

Krockkuddesystemet utlöses vid en kraftig frontal- eller sidokrock som överskrider en förutbestämd kraft; beroende på var på bilen krocken tar. Krockkudden blåses upp inom millisekunder och skapar en skyddskudde mellan föraren och ratten, passageraren och instrumentbrädan eller mellan sittande i framsätet och sidan av passagerarutrymmet. Detta förhindrar kontakt mellan överkroppen och insidan av kupén och minskar därmed avsevärt risken för allvarliga skador. Luften i krockkudden släpps sedan ut nästan omedelbart.

Varje gång tändningen slås på utför systemets styrenhet (ECU) ett självtest. Detta test tar ungefär tre sekunder och under den här tiden är varningslampan i instrumentpanelen tänd. När testet är över ska varningslampan släckas. Om varningslampan inte tänds alls, förblir tänd efter tresekundersperioden eller tänds under körning, är det ett fel i systemet. Bilen måste då tas till en Skodaverkstad för kontroll vid första möjliga tillfälle.

26 Krockkuddesystemets komponenter - demontering och montering

Observera: *Läs varningarna i avsnitt 25 innan följande arbeten utförs.*

26.9 Passagerarsidans krockkudde (visas med instrumentbrädan demonterad)

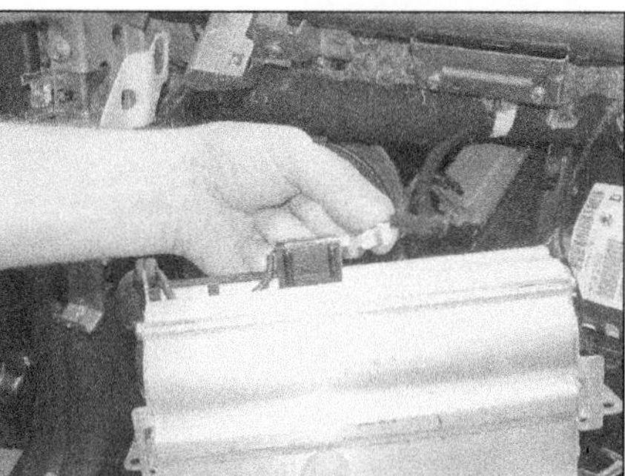

26.10 Koppla loss kablaget från passagerarsidana krockkudde

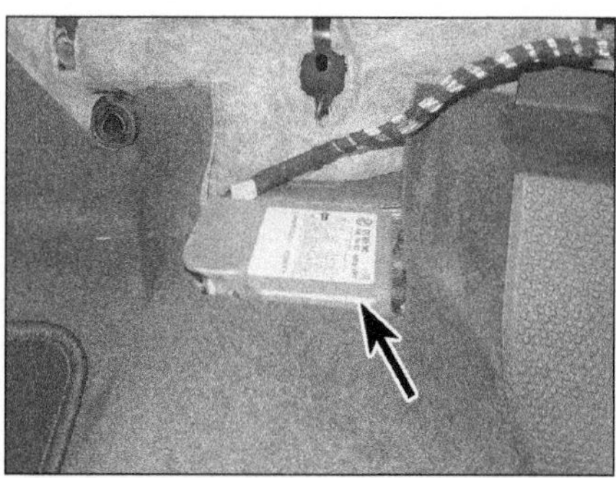

26.17 Krockkuddarnas styrenhet sitter på tunneln (värmeenheten demonterad)

1 Koppla loss batteriets negativa kabel och fortsätt sedan enligt beskrivning under relevant underrubrik. **Observera:** *Innan batteriet kopplas bort, se "Frånkoppling av batteriet" i Referenskapitlet i slutet av boken.*

Förarsidans krockkudde

Demontering

2 Placera framhjulen i läge rakt fram och avaktivera rattlåset genom att sätta in startnyckeln.

3 Ställ in rattstången i dess lägsta position genom att lossa justerhandtaget, dra ut rattstången och sänka ner den så långt det går. Lås rattstången i detta läge genom att vrida tillbaka justerhandtaget.

4 Med rattens ekrar i vertikalläge, stick in en skruvmejsel ungefär 45 mm i hålet upptill i den bakre delen av rattnavet, tryck uppåt för att lossa clipset och frigöra krockkuddens låsklack. Vrid nu ratten 180° och lossa krockkuddens andra låsklack.

5 Vrid sedan tillbaka ratten till den centrala positionen.

6 Dra försiktigt ut krockkuddemodulen och koppla loss kablaget. Krockkudden får inte utsättas för slag eller tappas, och den måste förvaras med själva kudden vänd uppåt.

Montering

7 Vid monteringen, anslut kontaktdonet och sätt tillbaka enheten i ratten; se till att inte kabeln hamnar i kläm. Se till att ingen befinner sig i bilen och anslut sedan batteriets negativa kabel.

Passagerarsidans krockkudde

Demontering

8 Se avsnitt 26 i kapitel 11 och demontera handskfacket.

9 Skruva loss de fyra Torxskruvarna som håller krockkuddens fästbygel i instrumentbrädans tvärbalk **(se bild)**.

10 Dra försiktigt loss krockkudden och fästbygeln från instrumentbrädan och koppla loss kontaktdonet **(se bild)**.

11 Skruva loss krockkudden från fästbygeln. Krockkudden får inte utsättas för slag eller tappas, och den måste förvaras med själva kudden vänd uppåt.

Montering

12 Vid montering, placera krockkudden i fästbygeln och dra åt bultarna till angivet moment.

13 Sätt in krockkudden och fästbygeln på plats och anslut kontaktdonet. Dra åt fästbultarna.

14 Montera tillbaka handskfacket enligt beskrivning i avsnitt 26 i kaitel 11.

15 Anslut batteriets negativa kabel, men försäkra dig om att ingen befinner sig i bilen när detta görs.

Framsätets sidokrockkuddar

16 De här krockkuddarna sitter ihop med sätena. Eftersom det krävs avsevärda kunskaper och erfarenhet för att man ska kunna ta bort sätets klädsel och stoppning utan att orsaka materiella skador, är det bäst att överlämna detta arbete till en specialist.

Krockkuddarnas styrenhet

Demontering

17 Styrenheten sitter på tunneln under mitten av instrumentbrädan **(se bild)**.

18 Koppla loss batteriets negativa kabel. **Observera:** *Innan batteriet kopplas bort, se "Frånkoppling av batteriet" i Referenskapitlet i slutet av boken.*

19 Ta bort tunnelns klädsel från den vänstra fotbrunnen.

20 Om så behövs, skär i mattan där styrenheten sitter.

21 Stick in handen under instrumentbrädan, flytta fästclipset till det öppna läget och koppla loss styrenhetens kontaktdon.

22 Skruva loss de tre fästmuttrarna och ta ut styrenheten.

Montering

23 Montering sker i omvänd ordning mot demonteringen. Se till att kontaktdonet ansluts så att det sitter fast ordentligt. Försäkra dig om att ingen befinner sig inne i bilen och anslut sedan batteriets negativa kabel.

Krockkuddarnas kontaktenhet (släpring)

Demontering

Observera: *När kontaktenheten demonteras eller sätts tillbaka, använd tejp för att försäkra att spolkontakten förblir i den centrala positionen.*

24 Demontera ratten enligt beskrivning i kapitel 10.

25 Skruva loss de två skruvarna genom hålen i den nedre rattstångskåpan och ta bort den övre kåpan. Skruva sedan loss de tre fästskruvarna för den nedre kåpan, ta loss kåpan från höjdjusteringsspaken och ta bort den.

26 Koppla loss kontaktdonet på undersidan av enheten. Lossa de tre låsklackarna och dra loss enheten med släpringen från rattstången.

Montering

27 Montering sker i omvänd ordning mot demonteringen. Se till att ingen befinner sig inne i bilen när kontaktdonet återansluts.

27 Parkeringshjälpens komponenter - information, demontering och montering

Allmän information

1 Systemet för parkeringshjälp finns som standard på modellerna i den övre klassen, och som tillval på andra modeller. Fyra ultraljudssensorer som sitter i den bakre stötfångaren mäter avståndet till närmaste objekt bakom bilen, och informerar föraren med ljudsignaler från en summer som sitter under bagageutrymmets klädsel. Ju närmare objektet man kommer, desto tätare blir ljudsignalerna.

2 Systemet har en styrenhet och ett självdiagnosprogram, och därför bör bilen tas till en Skodaverkstad om ett fel uppstår i systemet.

Styrenhet

3 Slå av tändningen och alla strömförbrukare, ta sedan bort vänster sidoklädselpanel från bagageutrymmet enligt beskrivning i avsnitt 26 i kapitel 11.

4 Koppla loss kablaget vid kontaktdonet.

5 Skruva loss de två fästmuttrarna och ta bort styrenheten.

6 Montering sker i omvänd ordning mot demonteringen.

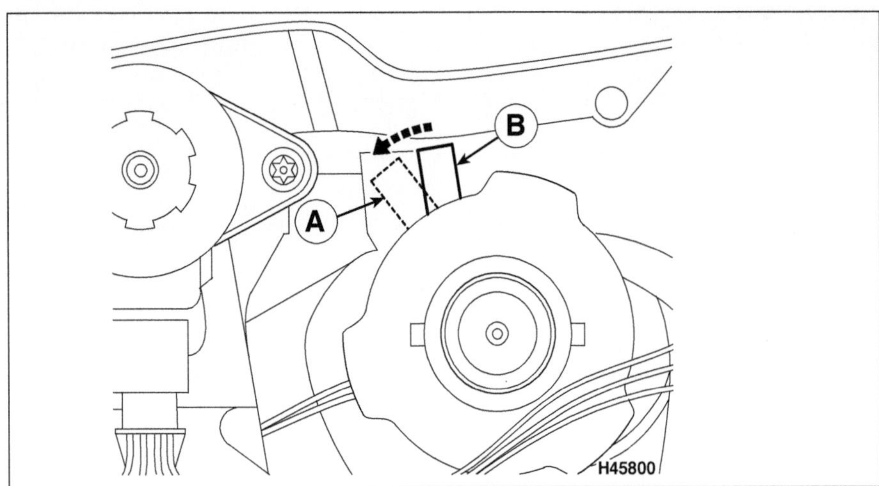

28.7 Justering av halvljuset på strålkastare med gasurladdningslampor

A För länder med högertrafik
B För länder med vänstertrafik

Sensorer

7 Den bakre stötfångaren måste demonteras för att man ska kunna demontera de två mittersta sensorerna, men de två yttre sensorerna kan demonteras med stötdämparen på plats. Demontering av stötfångaren beskrivs i kapitel 11.

8 Stick in handen under stötfångaren och tryck ihop fästclipsen upptill och nedtill på sensorn. Tryck nu ut sensorn från utsidan av stötfångaren.

9 Koppla loss kablaget och ta bort sensorn.

10 Montering sker i omvänd ordning mot demonteringen. Tryck in sensorn ordentligt på plats tills fästclipsen hakar i.

Varningssummer

11 Varningssummern sitter bakom klädselpanelen längst ner på B-stolpen; på vänsterstyrda modeller sitter den på vänster sida, på högerstyrda på höger sida. Slå av tändningen och alla strömförbrukare, ta sedan bort klädseln.

12 Koppla loss kablaget vid kontaktdonet.

13 Skruva loss fästskruvarna och ta bort summern.

14 Montering sker i omvänd ordning mot demonteringen.

28 Strålkastare med gasurladdningslampa – demontering och montering

Allmän information

1 Strålkastare av gasurladdningstyp (eller Xenon) finns som tillval på alla modeller som behandlas i den här boken. Strålkastarna har gasurladdningsglödlampor, som producerar ljus med hjälp av en elektrisk båge istället för upphettning av en metalltråd som i vanliga halogenlampor. Bågen genereras av en styrkrets som arbetar vid hög spänning. Intensiteten i ljuset som avges betyder att strålkastarstrålen måste kontrolleras dynamiskt för att man ska undvika att blända mötande trafik. En elektronisk styrenhet övervakar bilens lutning och allmänna körhöjd med hjälp av givare som sitter på främre och bakre fjädringskomponenter, och justerar ljusstrålen därefter med hjälp av motorer inbyggda i strålkastarlyktorna.

Varning: Gasurladdningslampans tänd-/högspänningsenhet arbetar vid extremt hög spänning. För att undvika risken för en elchock, försäkra dig om att batteriets negativa kabel är bortkopplad innan något arbete utförs på strålkastarna.

Byte av glödlampa

2 Se avsnitt 5.

Strålkastarnas styrenhet

3 Demontera strålkastaren enligt beskrivning i avsnitt 7.

4 Skruva loss de tre fästbultarna, koppla loss kablaget och ta bort styrenheten.

5 Montering sker i omvänd ordning mot demonteringen.

Bilens nivågivare

6 Se kapitel 10.

Inställning för vänster-/högertrafik

7 På modeller som har strålkastare med gasurladdningslampor för halvljuset, kan dessa ställas in för körning på vänster eller höger sida av vägen. Demontera strålkastaren och ta bort den bakre kåpan enligt beskrivning i avsnitt 7, justera sedan inställningsarmen till önskat läge med en skruvmejsel **(se bild)**. **Observera:** *Man måste fortfarande maskera strålkastarna för att korrigera helljuset.*

SKODA OCTAVIA kopplingsscheman

Kopplingsschema 1

Förklaringar till symboler

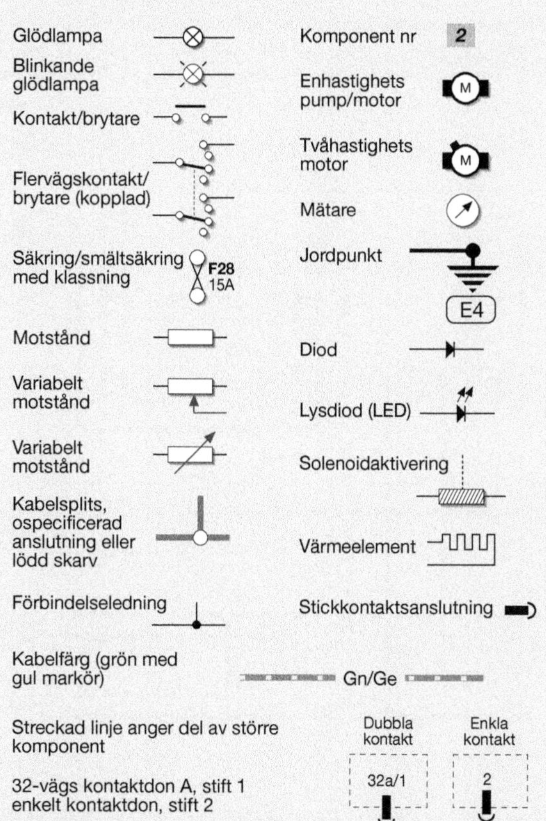

Kretsar

Kopplingsschema 1 Information om kopplingsscheman
Kopplingsschema 2 Start, laddning, signalhorn, cigarrettändare och värmefläkt (typexempel)
Kopplingsschema 3 Parkerings- och bakljus, registreringsskyltsbelysning, broms- och backljus, strålkastare (typexempel)
Kopplingsschema 4 Blinkers och varningsblinkers, främre och bakre dimljus, strålkastarjustering (typexempel)
Kopplingsschema 5 Innerbelysning, främre och bakre spolare/torkare (typexempel)
Kopplingsschema 6 Instrumentpanel (typexempel)
Kopplingsschema 7 Elfönsterhissar (typexempel)
Kopplingsschema 8 Centrallås (typexempel)
Kopplingsschema 9 Elspeglar, soltak och uppvärmd bakruta (typexempel)
Kopplingsschema 10 Ljudanläggning, ABS/TCS system (typexempel)

Jordanslutningar

E1 Nedanför batteri
E2 På växellådan
E3 Intill rattstången
E4 Vänster A-stolpe
E5 I bagageutrymmet
E6 Bakom instrumentpanel
E7 Nedanför batteri
E8 Vänster A-stolpe
E9 Vänster B-stolpe
E10 Vänster B-stolpe

Typisk säkringsdosa i passagerarutrymmet 5

Säkring	Klassning	Skyddad krets
F1	10A	Uppvärmda spolarmunstycken
F2	10A	Blinkers
F3	5A	Handskfacksbelysning
F4	5A	Registreringsskyltsbelysning
F5	7.5A	Uppvärmda säten, soltak, läslampa, flerfunktionsbrytare
F6	5A	Centrallåsets styrenhet
F7	10A	Backljus, parkeringshjälp
F8	5A	Mobiltelefon
F9	5A	ABS, ESP
F10	10A	Motorstyrning (bensin)
	5A	Motorstyrning (diesel)
F11	5A	Instrumentpanel, låssolenoid för automatväxellådans växelväljare
F12	7.5A	Tillförsel diagnosuttag
F13	10A	Bromsljus
F14	10A	Innerbelysning
F15	10A	Instrumentpanel, automatväxellåda, rattlåsets vinkelgivare, backspegel
F16	10A	Luftkonditionering, elektrisk kylvätskepump
F17	10A	Särskilda fordon (polis)
F18	10A	Höger helljus
F19	10A	Vänster helljus
F20	15A	Höger halvljus, strålkastarjustering
F21	15A	Vänster halvljus
F22	5A	Höger parkeringsljus
F23	5A	Vänster parkeringsljus
F24	20A	Torkarsystem
F25	25A	Värmefläkt
F26	25A	Uppvärmd bakruta
F27	15A	Bakre torkare
F28	15A	Bränslepump
F29	15A	Motorstyrning (bensin)
	10A	Motorstyrning (diesel)
F30	20A	Soltak
F31	20A	Automatväxellåda
F32	10A	Motorstyrning bensin
	30A	Motorstyrning diesel
F33	20A	Strålkastarspolare
F34	10A	Motorstyrning bensin/diesel
F35	30A	12V uttag, dragkroksbalk
F36	15A	Dimljus
F37	10A	S-kontakt tillbehör (system som kan fungera när startnyckeln sitter i men utan att tändningen är på, t.ex. ljudanläggning)
F38	10A	Bagageutrymmesbelysning, centrallås, tankluckans öppning
F39	15A	Varningsblinkers
F40	20A	Signalhorn
F41	15A	Cigarrettändare
F42	25A	Ljudanläggning
F43	10A	Motorstyrning bensin/diesel
F44	15A	Uppvärmda säten

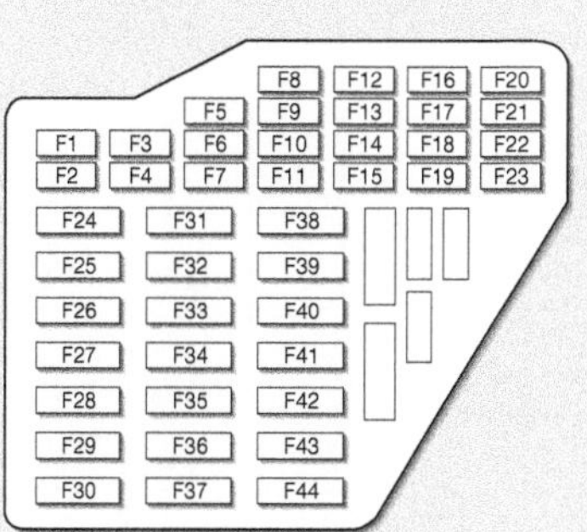

H33431

Kabelfärger

Bl	Blå	**Li**	Lila
Br	Brun	**Ws**	Vit
Ge	Gul	**Or**	Orange
Gr	Grå	**Ro**	Röd
Gn	Grön	**Sw**	Svart

Komponentförteckning

1 Batteri
2 Tändningslås
3 Startmotor
4 Generator
5 Säkringsdosa i passagerarutrymmet
6 Reläplatta
a = signalhornsrelä
b = x-kontakt relä
7 Rattens klockfjädrar
8 Signalhornskontakt
9 Lågtonshorn
10 Högtonshorn
11 Cigarrettändare
12 Värmefläktsbrytare
a = brytare frisklufts/återcirk. klaff
b = varningslampa frisklufts/återcirk. klaff
c = brytarbelysning
d = värmefläktsbrytare

Kopplingsschema 2

13 Värmefläktsmotor
14 Motor frisklufts/återcirk. klaff
15 Värmefläktsmotstånd
16 Askkoppsbelysning
17 Batteriets säkringsdosa

H33432

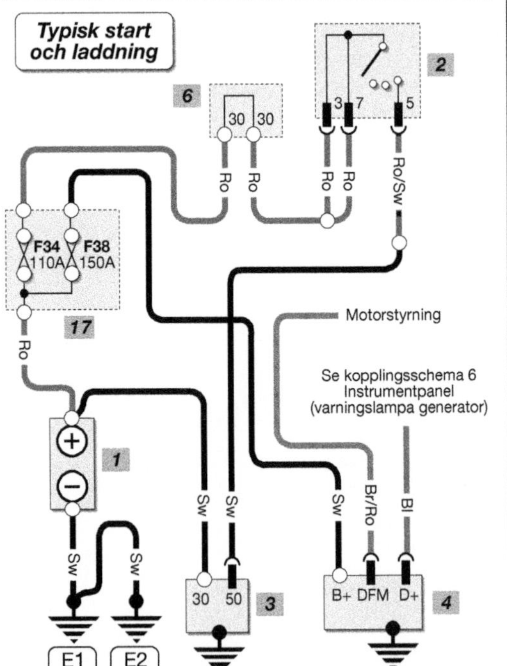

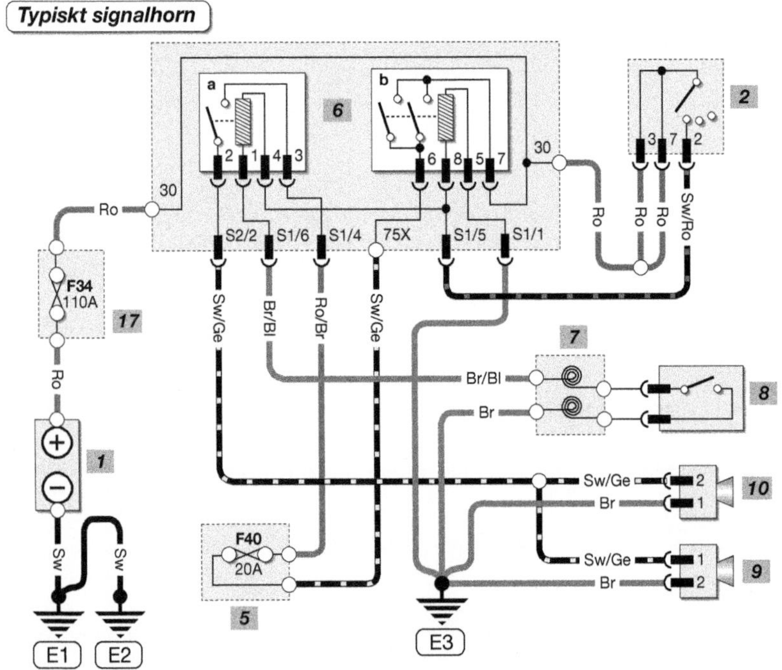

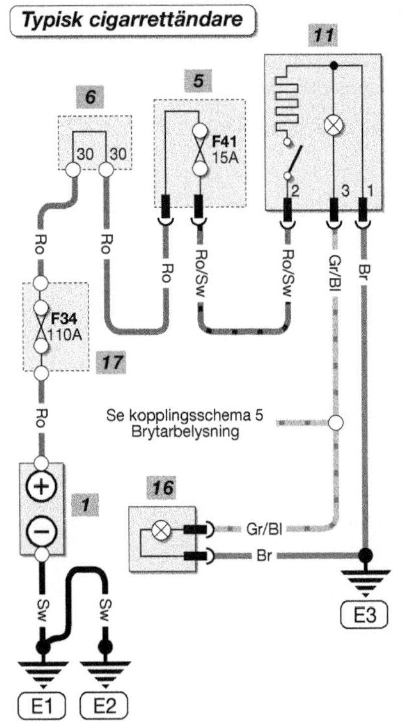

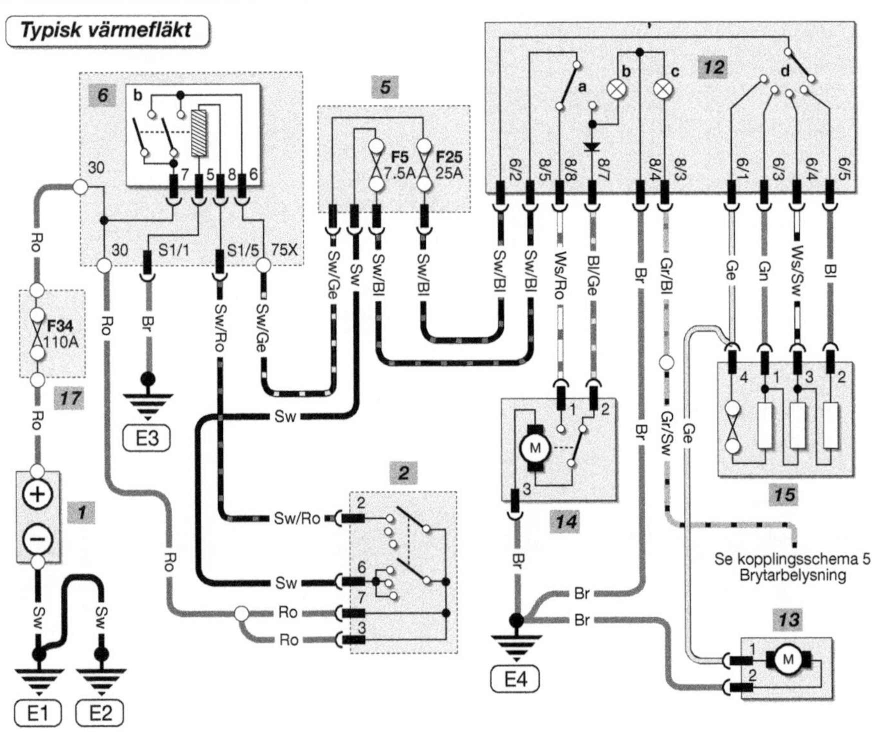

Kabelfärger

Bl	Blå	**Li**	Lila
Br	Brun	**Ws**	Vit
Ge	Gul	**Or**	Orange
Gr	Grå	**Ro**	Röd
Gn	Grön	**Sw**	Svart

*Kombi

Komponentförteckning

1 Batteri
2 Tändningslås
5 Säkringsdosa i passagerarutrymmet
6 Reläplatta
17 Batteriets säkringsdosa
20 Belysningsbrytare
a = parkeringsljus/strålkastare
b = brytarbelysning
21 Vänster strålkastarenhet
a = parkeringsljus
b = halv-/helljus
22 Höger strålkastarenhet
(enligt ovan)
23 Vänster baklykta
a = bakljus
b = bromsljus
c = backljus
24 Höger baklykta
(enligt ovan)
25 Flerfunktionsbrytare
a = strålkastarblink
b = hel-/halvljusbrytare
c = parkeringsljus/blinkers brytare
26 Registreringsskyltsbelysning
27 Bromsljuskontakt
28 Backljuskontakt
29 Högt monterat bromsljus

Kopplingsschema 3

H33433

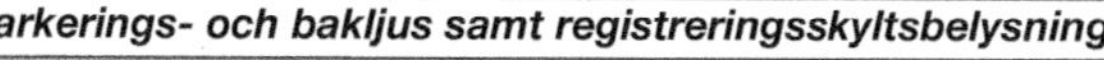

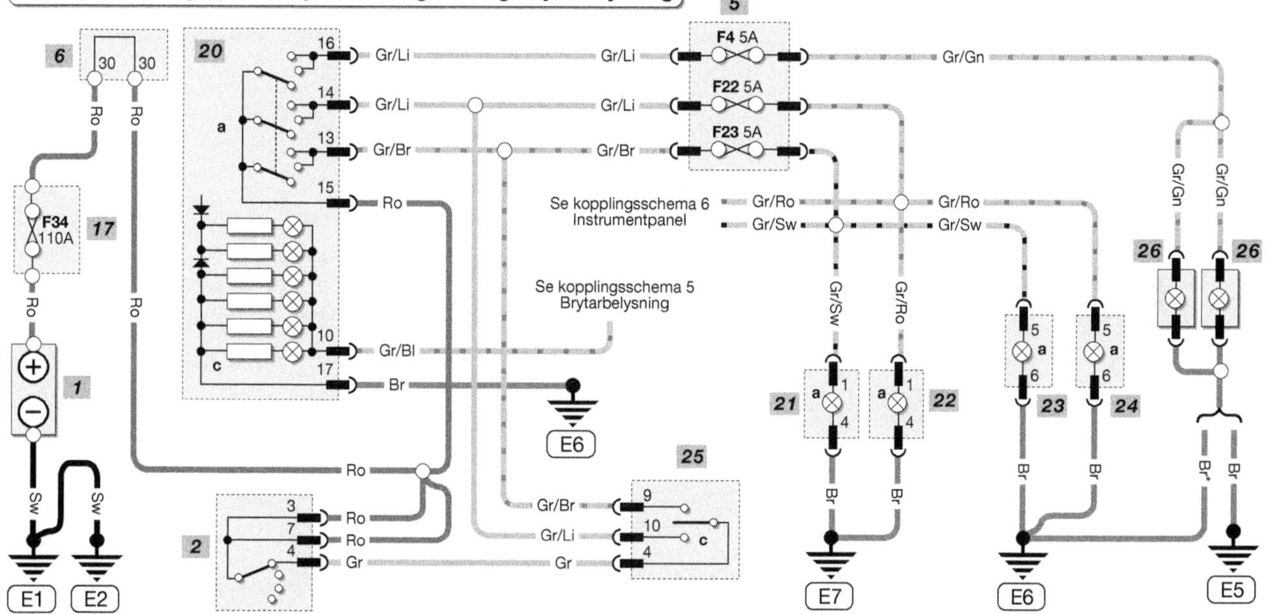

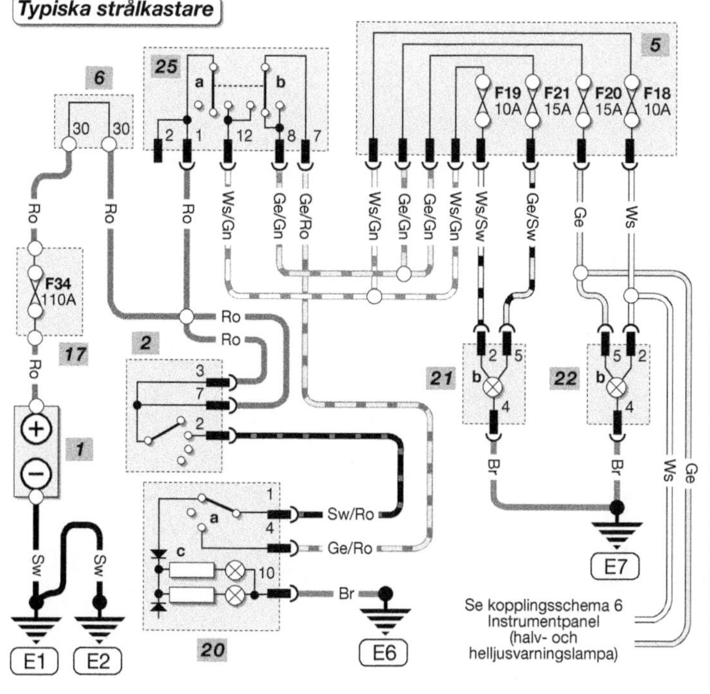

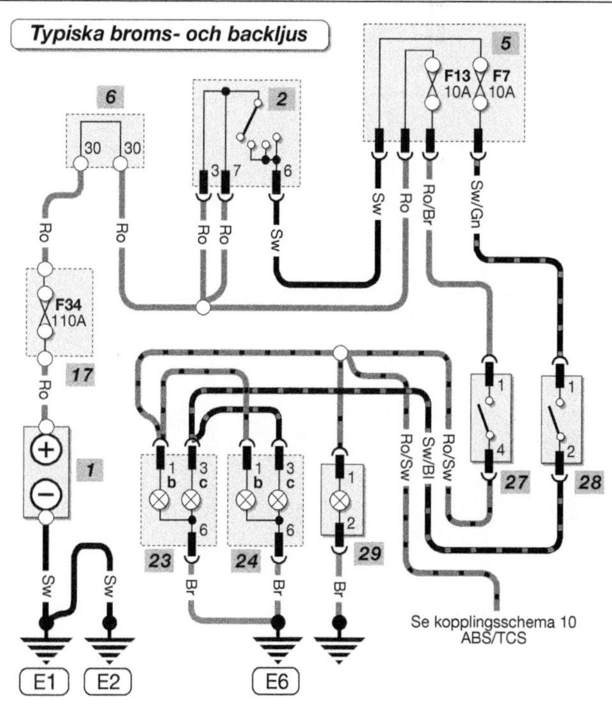

Kabelfärger

Bl	Blå	**Li**	Lila
Br	Brun	**Ws**	Vit
Ge	Gul	**Or**	Orange
Gr	Grå	**Ro**	Röd
Gn	Grön	**Sw**	Svart

Komponentförteckning

1 Batteri
2 Tändningslås
5 Säkringsdosa i passagerarutrymmet
6 Reläplatta
b = x-kontakt relä
17 Batteriets säkringsdosa
20 Belysningsbrytare
a = parkeringsljus/strålkastare
b = främre/bakre dimljus
21 Vänster strålkastarenhet
e = strålkastarjustering
22 Höger strålkastarenhet
e = strålkastarjustering
23 Vänster baklykta
d = blinkers
e = bakre dimljus
24 Höger baklykta
d = blinkers
25 Flerfunktionsbrytare
b = hel-/halvljusbrytare
c = parkeringsljus/blinkers brytare

Kopplingsschema 4

22 Höger strålkastarenhet
e = strålkastarjustering
23 Vänster baklykta
d = blinkers
e = bakre dimljus
24 Höger baklykta
d = blinkers
25 Flerfunktionsbrytare
b = hel-/halvljusbrytare
c = parkeringsljus/blinkers brytare

H33434

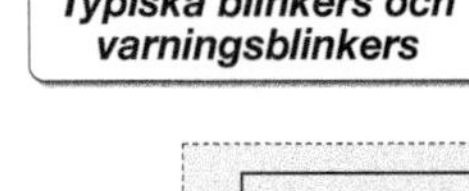

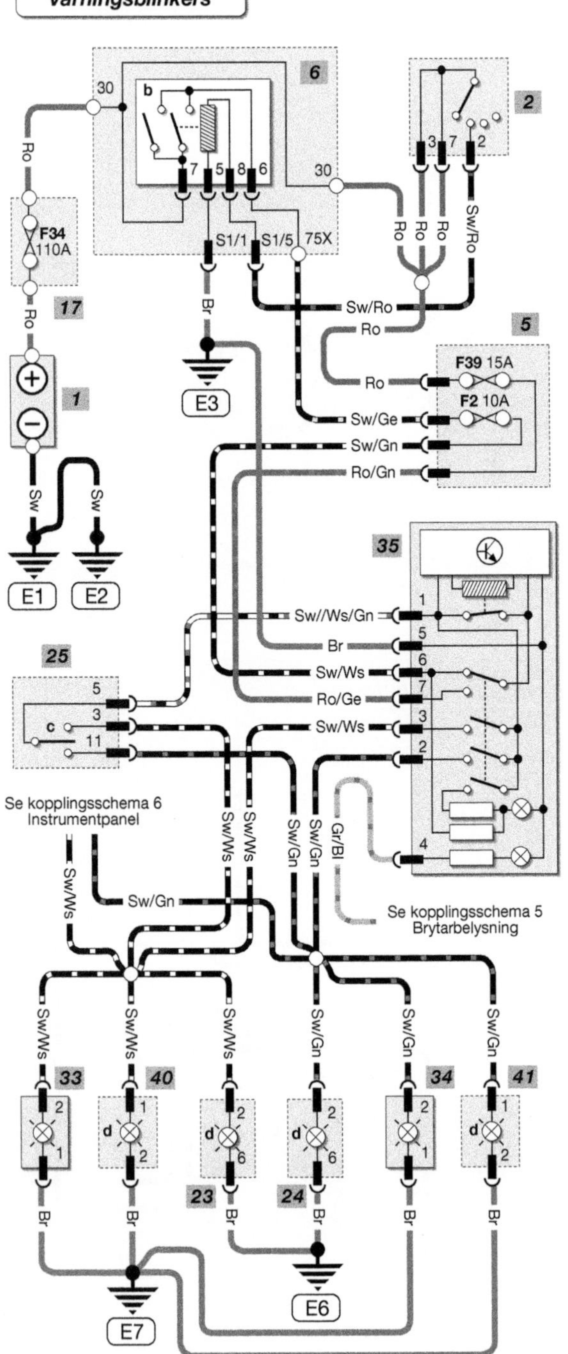

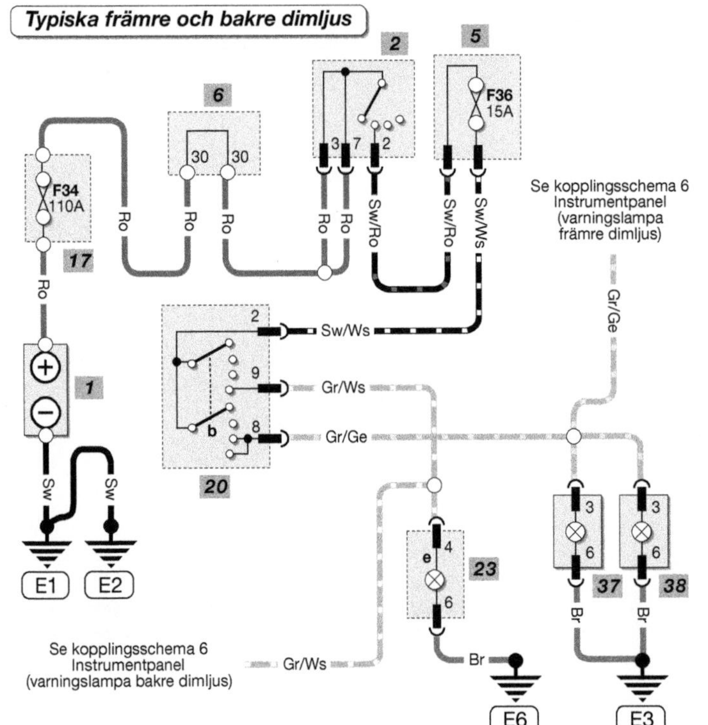

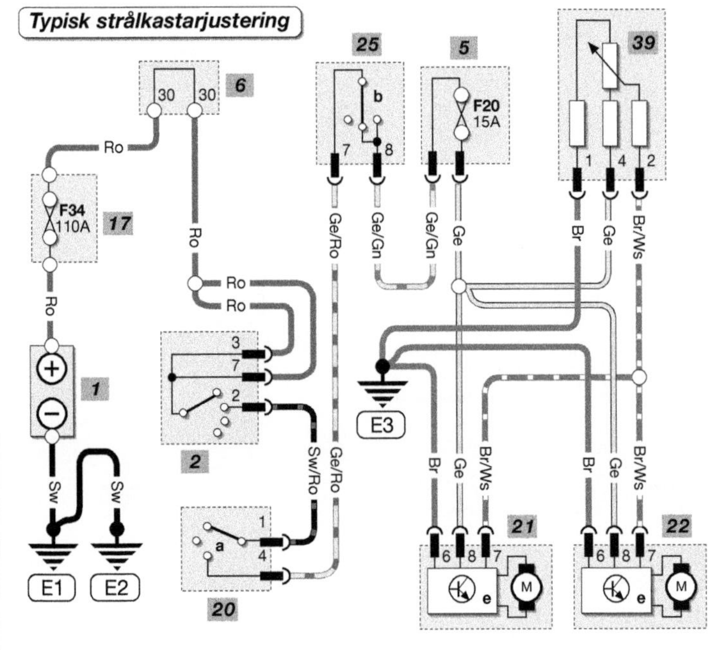

Kabelfärger

Bl	Blå	**Li**	Lila
Br	Brun	**Ws**	Vit
Ge	Gul	**Or**	Orange
Gr	Grå	**Ro**	Röd
Gn	Grön	**Sw**	Svart

*Kombi

Komponentförteckning

1 Batteri
2 Tändningslås
5 Säkringsdosa i passagerarutrymmet
6 Reläplatta
b = x-kontakt relä
c = innerbelysningens styrenhet
d = torkar-/spolarrelä
17 Batteriets säkringsdosa
20 Belysningsbrytare
a = parkeringsljus/strålkastare
c = brytarbelysning
39 Reostat strålkastarjustering/belysning
43 Handskfacksbelysning/kontakt
44 Främre innerbelysning
a = vänster läslampa
b = innerbelysning
c = höger läslampa
45 Vänster sminkspegelsbelysning
46 Höger sminkspegelsbelysning
49 Bagageutrymmesbelysning
50 Brytare bagageutrymmesbelysning
51 Brytare spolare/torkare
a = främre spolare/torkare
b = bakre spolare/torkare
c = reostat torkarfördröjning
53 Främre/bakre spolare pump
54 Främre torkarmotor
56 Bakre torkarmotor

Kopplingsschema 5

H33435

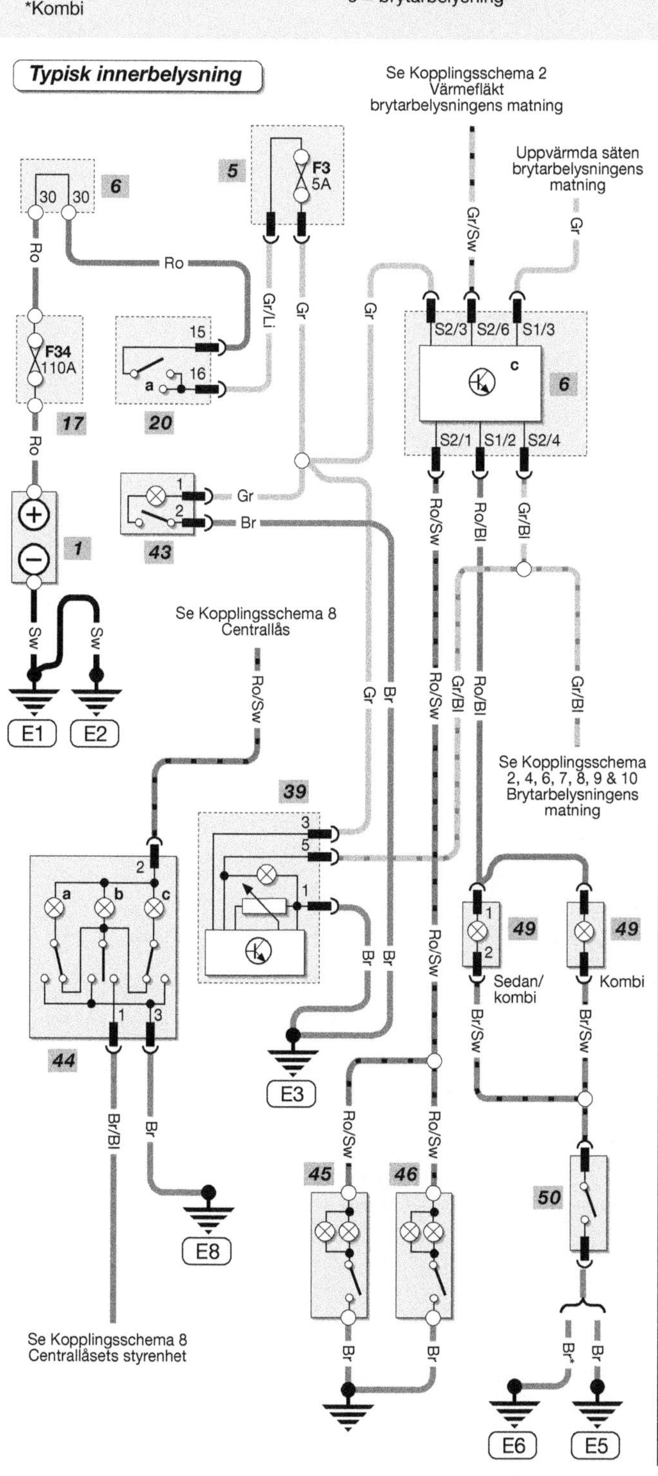

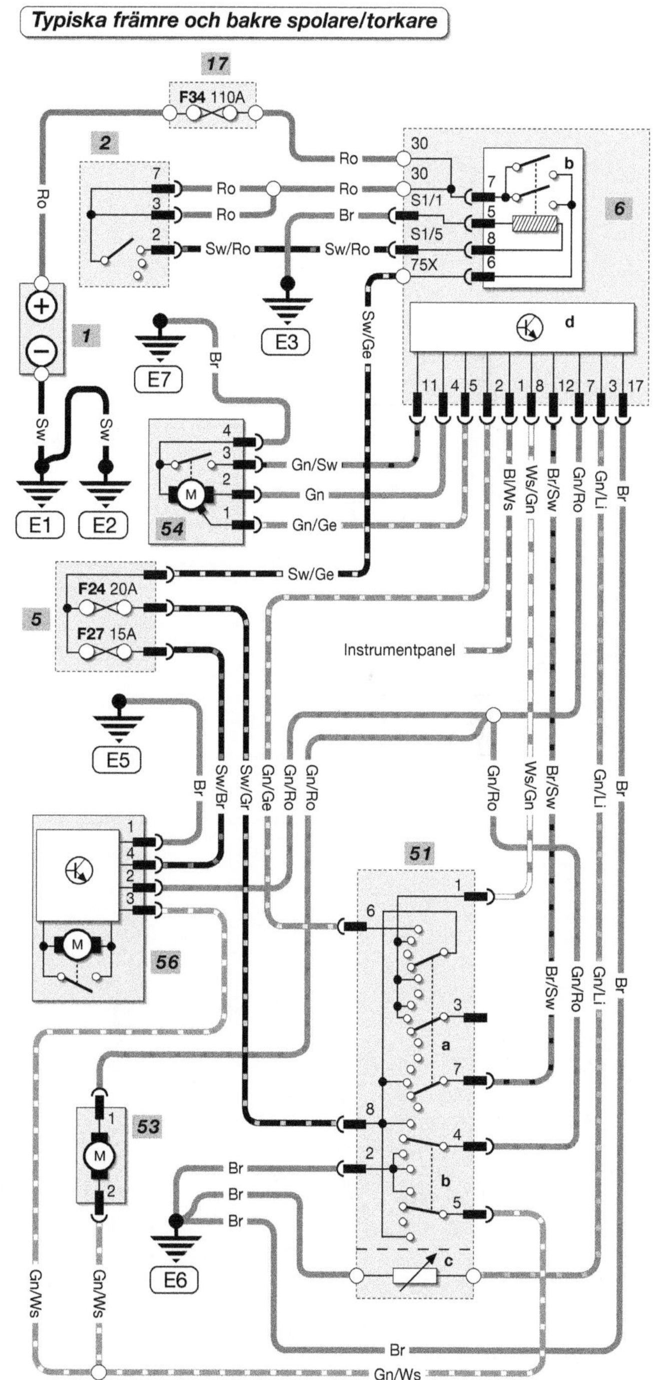

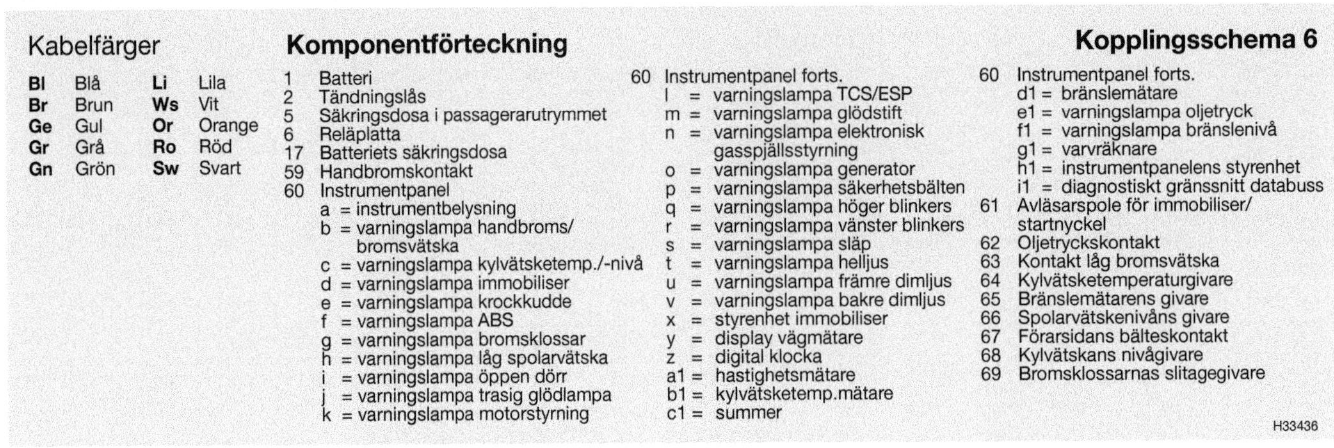

Kabelfärger

Bl	Blå	**Li**	Lila
Br	Brun	**Ws**	Vit
Ge	Gul	**Or**	Orange
Gr	Grå	**Ro**	Röd
Gn	Grön	**Sw**	Svart

Komponentförteckning

1 Batteri
2 Tändningslås
5 Säkringsdosa i passagerarutrymmet
6 Reläplatta
17 Batteriets säkringsdosa
59 Handbromskontakt
60 Instrumentpanel
- a = instrumentbelysning
- b = varningslampa handbroms/bromsvätska
- c = varningslampa kylvätsketemp./-nivå
- d = varningslampa immobiliser
- e = varningslampa krockkudde
- f = varningslampa ABS
- g = varningslampa bromsklossar
- h = varningslampa låg spolarvätska
- i = varningslampa öppen dörr
- j = varningslampa trasig glödlampa
- k = varningslampa motorstyrning

60 Instrumentpanel forts.
- l = varningslampa TCS/ESP
- m = varningslampa glödstift
- n = varningslampa elektronisk gasspjällsstyrning
- o = varningslampa generator
- p = varningslampa säkerhetsbälten
- q = varningslampa höger blinkers
- r = varningslampa vänster blinkers
- s = varningslampa släp
- t = varningslampa helljus
- u = varningslampa främre dimljus
- v = varningslampa bakre dimljus
- x = styrenhet immobiliser
- y = display vägmätare
- z = digital klocka
- a1 = hastighetsmätare
- b1 = kylvätsketemp.mätare
- c1 = summer

60 Instrumentpanel forts.
- d1 = bränslemätare
- e1 = varningslampa oljetryck
- f1 = varningslampa bränslenivå
- g1 = varvräknare
- h1 = instrumentpanelens styrenhet
- i1 = diagnostiskt gränssnitt databuss

61 Avläsarspole för immobiliser/startnyckel
62 Oljetryckskontakt
63 Kontakt låg bromsvätska
64 Kylvätsketemperaturgivare
65 Bränslemätarens givare
66 Spolarvätskenivåns givare
67 Förarsidans bälteskontakt
68 Kylvätskans nivågivare
69 Bromsklossarnas slitagegivare

Kopplingsschema 6

H33436

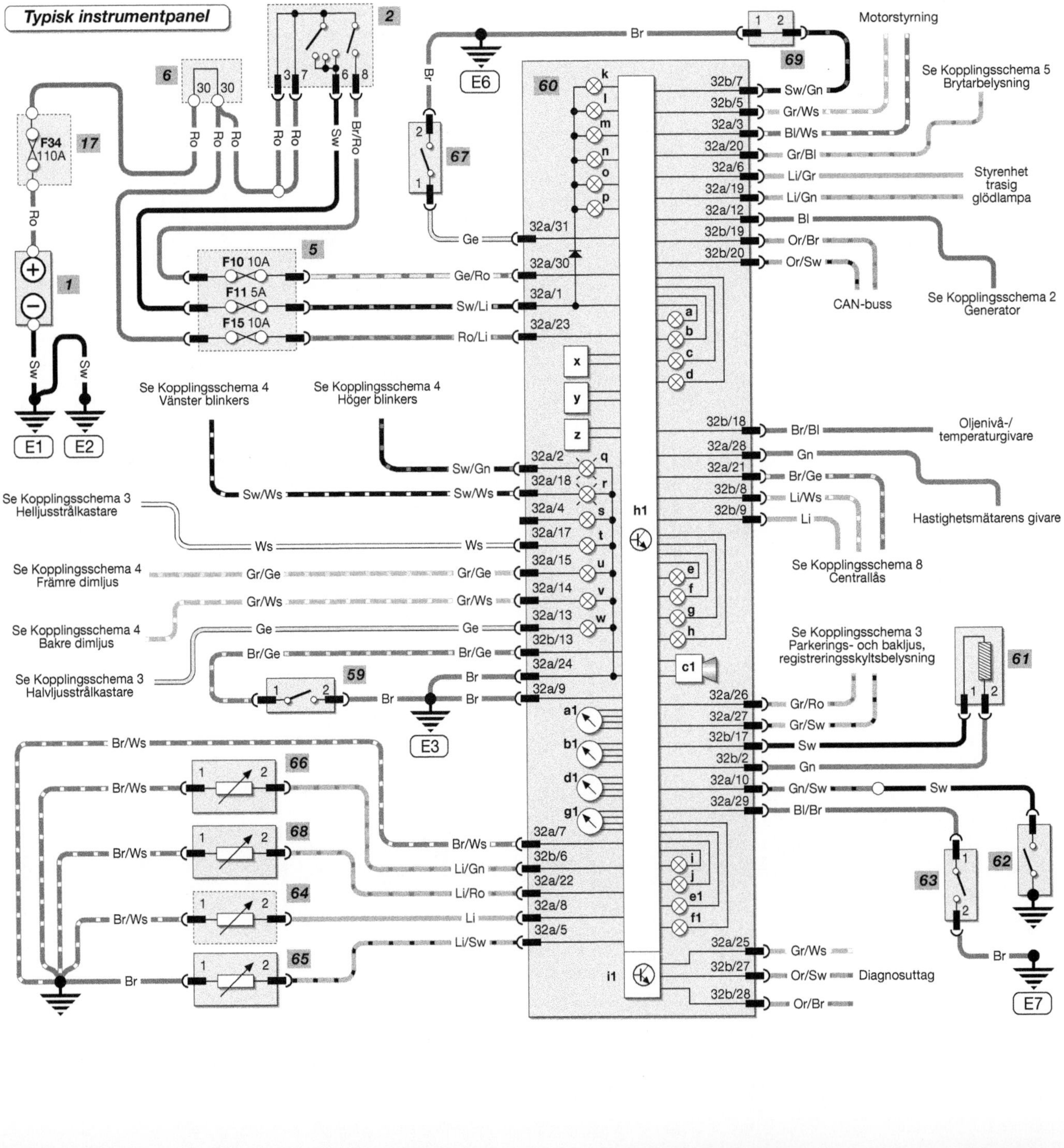

Typisk instrumentpanel

Kabelfärger

Bl	Blå	**Li**	Lila
Br	Brun	**Ws**	Vit
Ge	Gul	**Or**	Orange
Gr	Grå	**Ro**	Röd
Gn	Grön	**Sw**	Svart

Komponentförteckning

1 Batteri
5 Säkringsdosa i passagerarutrymmet
6 Reläplatta
17 Batteriets säkringshållare
70 Förardörrens styrenhet
71 Främre passagerardörrens styrenhet
72 Vänster bakdörr styrenhet
73 Höger bakdörr styrenhet
74 Förardörrens elfönsterhissbrytare
a = brytarbelysning
b = brytare vänster framruta
c = brytare höger framruta
d = brytare vänster bakruta
e = brytare höger bakruta
f = isoleringsbrytare bakruta
75 Främre passagerardörrens elfönsterhissbrytare
76 Vänster bakdörr fönsterhissbrytare
77 Höger bakdörr fönsterhissbrytare

Kopplingsschema 7

H33437

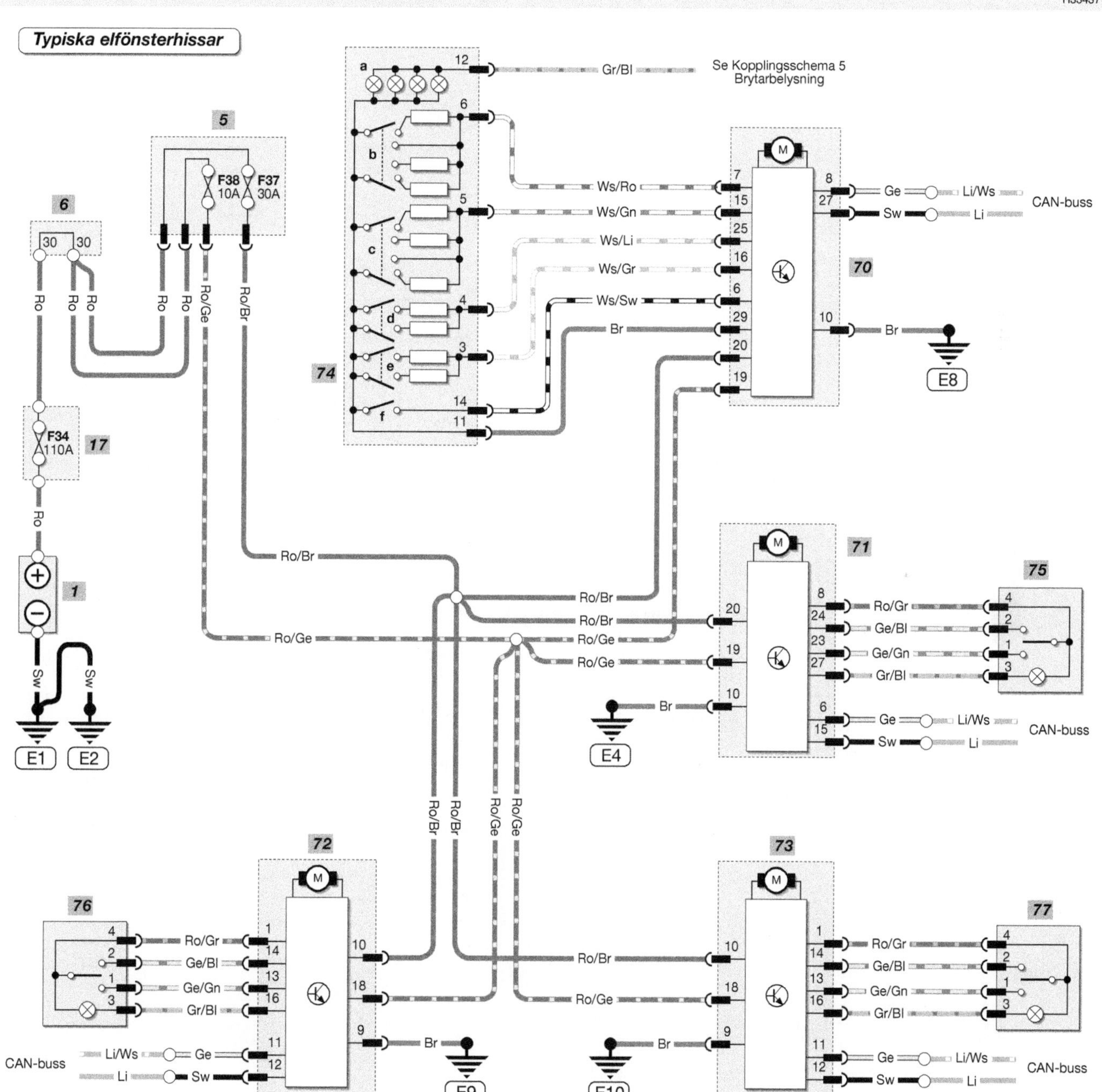

Kabelfärger

Bl	Blå	**Li**	Lila
Br	Brun	**Ws**	Vit
Ge	Gul	**Or**	Orange
Gr	Grå	**Ro**	Röd
Gn	Grön	**Sw**	Svart

*Kombi

Komponentförteckning

1 Batteri
2 Tändningslås
5 Säkringsdosa i passagerarutrymmet
6 Reläplatta
17 Batteriets säkringsdosa
42 Styrenhet Convenience-system
70 Förardörrens styrenhet
71 Främre förardörrens styrenhet
72 Vänster bakdörr styrenhet
73 Höger bakdörr styrenhet
74 Förardörrens elfönsterhissbrytare
a = brytarbelysning
g = inre låsbrytare
80 Centrallåsets varningslampa
81 Förardörrens lås
82 Förardörrens belysning
83 Främre passagerardörrens lås
84 Främre passagerardörrens belysning
85 Vänster bakdörrs lås
86 Höger bakdörrs lås
87 Bakluckans låsmotor
88 Bakluckans låskontakt
89 Tankluckans öppningskontakt
90 Tankluckans öppningsmotor

Kopplingsschema 8

H33438

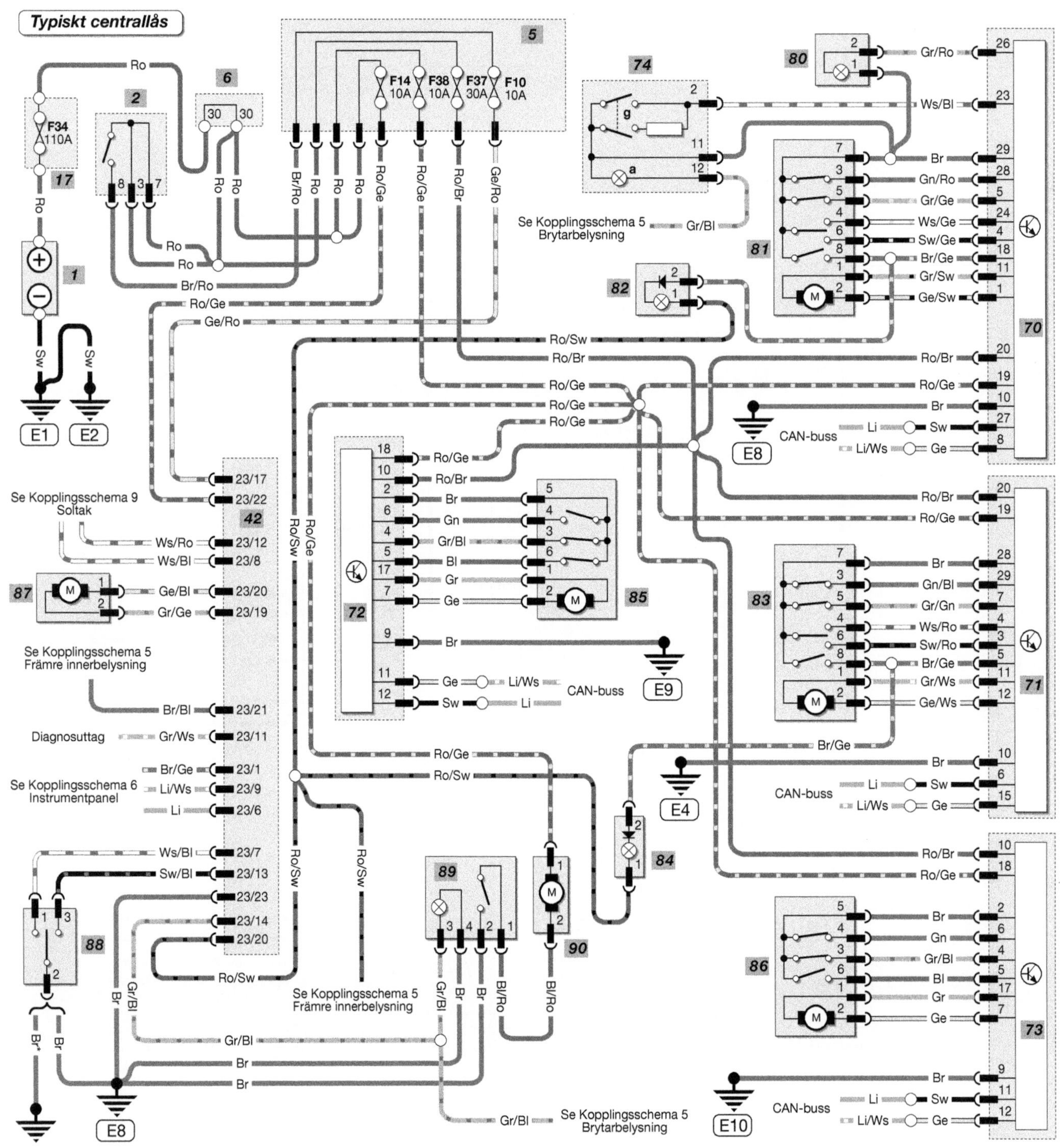

Kabelfärger

Bl	Blå	**Li**	Lila
Br	Brun	**Ws**	Vit
Ge	Gul	**Or**	Orange
Gr	Grå	**Ro**	Röd
Gn	Grön	**Sw**	Svart

*Kombi

Komponentförteckning

1 Batteri
2 Tändningslås
5 Säkringsdosa i passagerarutrymmet
6 Reläplatta
b = x-kontakt relä
17 Batteriets säkringsdosa
70 Förardörrens styrenhet
71 Främre passagerardörrens styrenhet
93 Förarsidans spegel
a = spegelns justeringsmotor
b = värmeelement
94 Passagerarsidans spegel
a = spegelns justeringsmotor
b = värmeelement
95 Speglarnas brytare
a = brytare spegeluppvärmning
b = justeringsbrytare
c = omkopplingsbrytare
d = brytarbelysning
96 Soltakets motor
97 Soltakets reglage
a = justeringsreglage
b = brytare höj/sänk
98 Brytare uppvärmd bakruta
99 Uppvärmd bakruta

Kopplingsschema 9

H33439

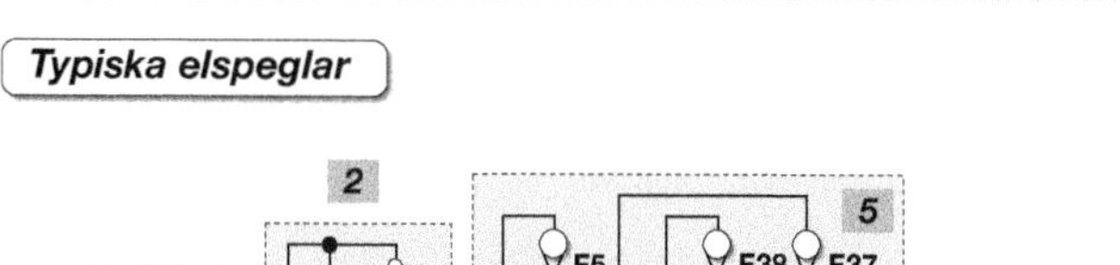

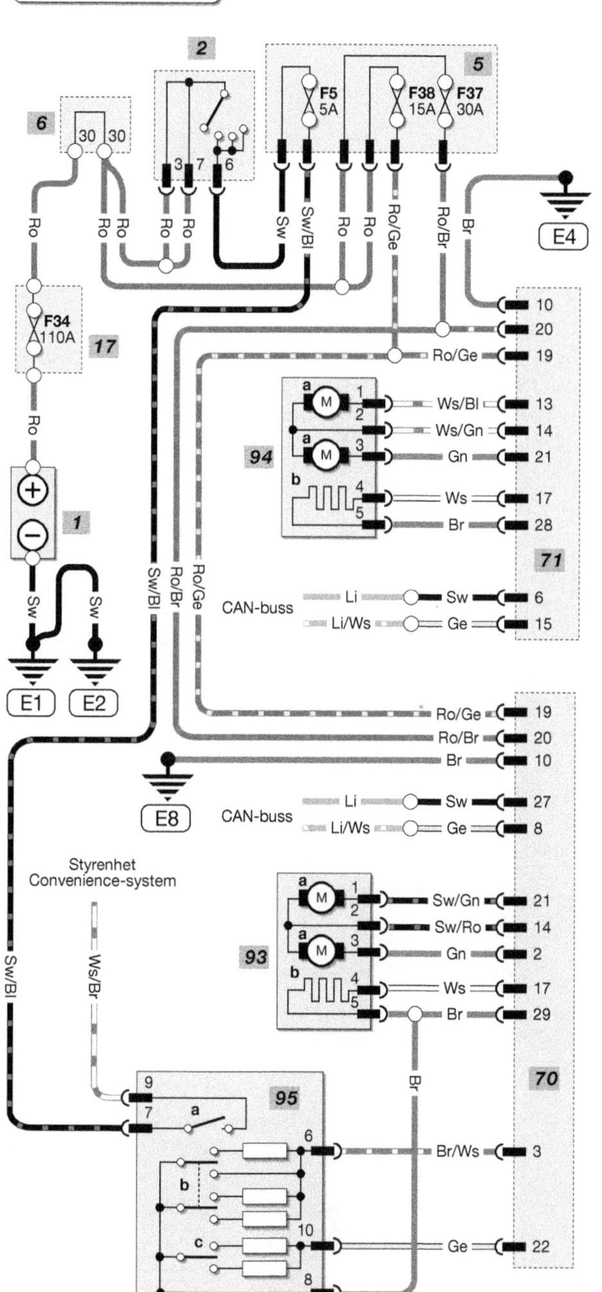

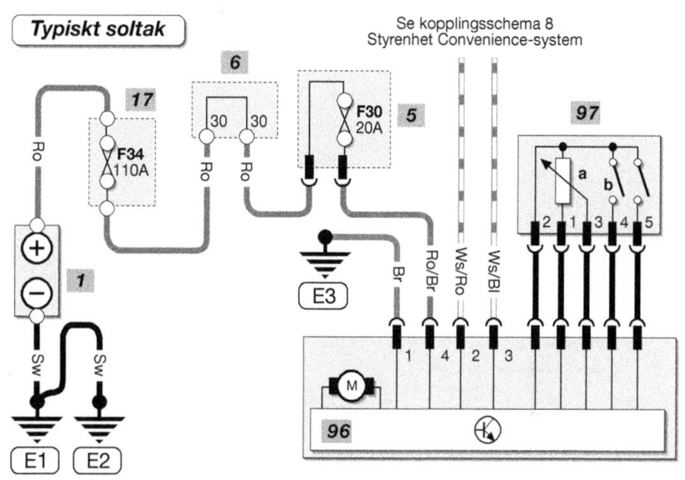

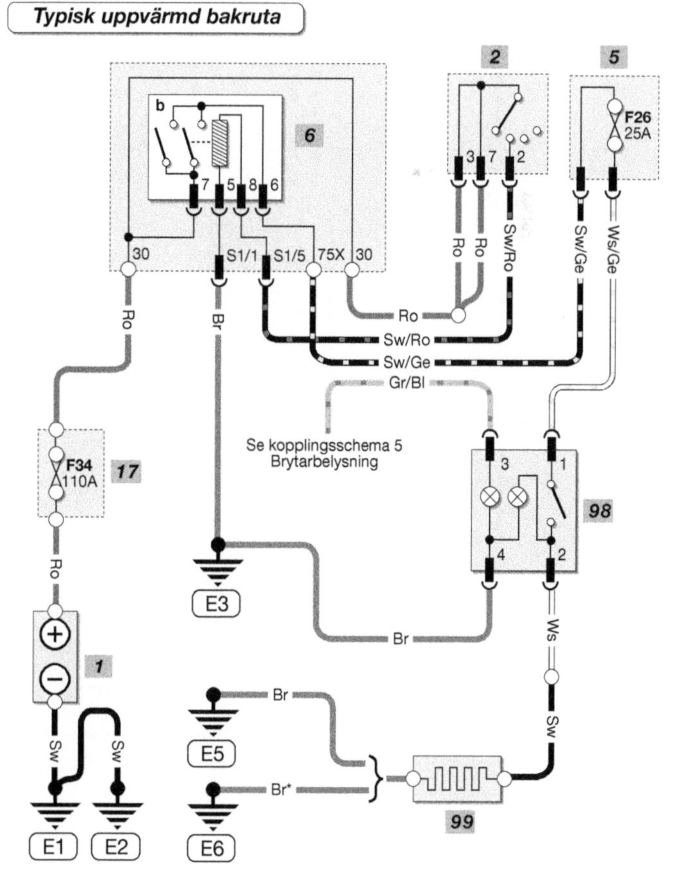

Kopplingsschema 10

Kabelfärger

Bl	Blå	**Li**	Lila
Br	Brun	**Ws**	Vit
Ge	Gul	**Or**	Orange
Gr	Grå	**Ro**	Röd
Gn	Grön	**Sw**	Svart

Komponentförteckning

1 Batteri
2 Tändningslås
5 Säkringsdosa i passagerarutrymmet
6 Reläplatta
17 Batteriets säkringsdosa
100 Ljudanläggning
101 CD-växlare
102 Bashögtalare vänster fram
103 Diskanthögtalare vänster fram
104 Bashögtalare vänster bak
105 Diskanthögtalare vänster bak
106 Bashögtalare höger fram
107 Diskanthögtalare höger fram
108 Bashögtalare höger bak
109 Diskanthögtalare höger bak
110 ABS hydraulenhet
a = styrenhet
b = utloppsventil vänster bak
c = inloppsventil vänster bak
d = inloppsventil höger bak
e = utloppsventil höger bak
f = inloppsventil höger fram
g = utloppsventil höger fram
h = inloppsventil vänster fram
i = utloppsventil vänster fram
j = EDL utlopp vänster fram
k = EDL utlopp höger fram
l = EDL omkopplingsventil vänster fram
m = EDL omkopplingsventil höger fram
n = ABS solenoidventil relä
o = returpumpsrelä
p = returpump
111 Hjulgivare vänster fram
112 Hjulgivare vänster bak
113 Hjulgivare höger fram
114 Hjulgivare höger bak
115 TCS brytare

H33440

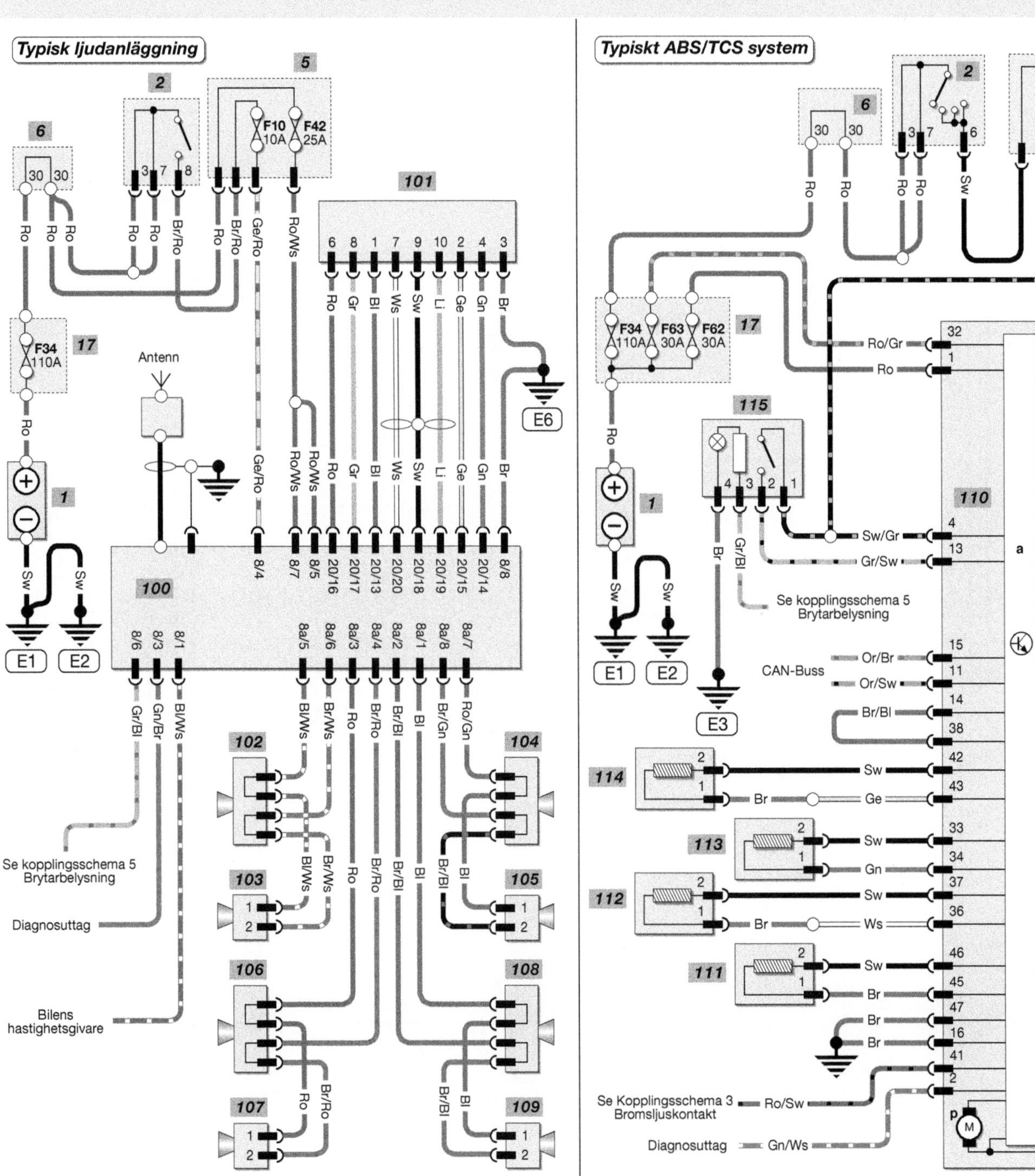

Mått och vikter

Observera: *Alla siffror och dimensioner är ungefärliga och de kan variera beroende på modell. Se tillverkarens information för exakta siffror.*

Total längd

Alla modeller	4572 mm

Total bredd

Alla modeller:	
Exklusive backspeglar	1769 mm
Inklusive backspeglar	1920 mm

Total höjd (olastad)

Kombikupé	1462 mm
Kombi	1468 mm

Axelavstånd

Alla modeller	2578 mm

Vändcirkel

Alla modeller	10,8 m

Vikter

Tjänstevikt	Bensin	Diesel
Kombikupé	1420 till 1525 kg	1500 till 1560 kg
Kombi	1460 till 1585 kg	1515 till 1575 kg

Observera: *Exakt tjänstevikt beror på modell och specifikation – detaljerad information finns i ägarhandboken, och på en etikett på ett av fjäderbenstornen.*

Max bruttovikt	Bensin	Diesel
Kombikupé	1890 till 1995 kg	1970 till 2030 kg
Kombi	1930 till 2010 kg	1985 till 2045 kg

Observera: *Exakt maximal bruttovikt beror på modell och specifikation – detaljerad information finns i ägarhandboken, och på en etikett på ett av fjäderbenstornen.*

Max last på takräcke	
Alla modeller	75 kg

Max släpvagnsvikt	Obromsad släpvagn	Bromsad släpvagn
Bensinmotorer	600 till 650 kg	900 till 1500 kg
Dieselmotorer	650 kg	1400 till 1600 kg

Observera: *Exakta släpvagnsvikter beror på modell och specifikation – se information i ägarhandboken.*

Reservdelar finns att köpa från ett antal olika ställen, inklusive tillverkarens auktoriserade verkstäder, tillbehörsbutiker och grossister. För att man garanterat ska få rätt delar måste man uppge bilens olika identifikationsnummer. Ta om möjligt med den gamla delen för säker identifiering. Många delar, t.ex. startmotor och generator, finns att få om fabriksrenoverade utbytesdelar - de delar som då returneras måste naturligtvis alltid vara rena.

Våra råd när det gäller reservdelar är följande:

Auktoriserade verkstäder

Detta är det bästa inköpsstället för delar som är specifika för just din bil och inte allmänt tillgängliga (märken, klädsel etc.) Det är också det enda stället där man bör köpa reservdelar om bilen fortfarande täcks av en garanti.

Tillbehörsbutiker

Dessa är ofta bra ställen för inköp av underhållsmaterial (olje-, luft och bränslefilter, glödlampor, drivremmar, fett, bromsklossar, bättringsfärg etc.). Tillbehör av det här slaget som säljs av välkända butiker håller ofta samma standard som de som används av biltillverkaren.

Förutom reservdelar säljer dessa butiker också verktyg och allmänna tillbehör, de har ofta bra öppettider, tar mindra betalt och ligger ofta på bekvämt avstånd. Vissa tillbehörsbutiker har en reservdelsdisk där man kan köpa eller beställa komponenter för de flesta reparationsarbeten.

Grossister

Bra grossister lagerhåller alla viktiga komponenter som kan slitas ut relativt snabbt. De kan också ibland tillhandahålla enskilda komponenter som behövs för renovering av större enheter (t.ex. bromstätningar och hydrauliska delar, lagerskålar, kolvar, ventiler). I vissa fall kan de ta hand om större arbeten som omborrning av motorblocket, omslipning av vevaxlar etc.

Specialister på däck och avgassystem

Dessa kan vara oberoende återförsäljare eller ingå i större kedjor. De erbjuder ofta konkurrenskraftiga priser jämfört med märkesverkstäder, men det lönar sig att undersöka priser hos flera försäljare. Fråga alltid vad som ingår vid priskontrollen – ibland ingår t.ex. inte ventiler och balansering vid köp av ett nytt däck.

Andra källor

Var mycket försiktig när det gäller delar som säljs på loppmarknader och liknande. De är inte alltid av usel kvalitet, men det är mycket svårt att reklamera köpet om delarna visar sig vara otillfredsställande. För säkerhetskritiska delar som bromsklossar finns det inte bara ekonomiska risker, utan även olycksrisker att ta hänsyn till. Begagnade delar eller delar från en bilskrot kan ibland vara prisvärda, men sådana inköp bör endast göras av mycket erfarna hemmamekaniker.

Inom biltillverkningen sker modifieringar av modeller fortlöpande, men det är endast de större modelländringarna som publiceras. Reservdelskataloger och listor sammanställs på numerisk basis och bilens identifikationsnummer är mycket viktiga för att man ska få tag i rätt reservdelar.

Lämna alltid så mycket information som möjligt vid beställning av reservdelar. Ange bilmodell, tillverkningsår och när bilen registrerades, chassi- och motornummer efter tillämplighet.

En plåt med bilens *identifikationsnummer* sitter i motorrummet, på vänster fjäderbenstorn.

Bilens *chassinummer* finns instansat i mitten av torpedväggen framför vindrutan, det och kan ses genom en öppning i vindrutans torpedplåt och är också synligt genom vindrutans vänstra hörn **(se bilder)**.

Det sitter också en etikett med bilens olika data i reservhjulsbrunnen bak i bilen.

Motornumret är instansat i vänster ände av motorblocket och på höger ände av topplocket på bensinmotorer. På dieselmotorer är numret instansat på framsidan av motorblocket, bredvid fogen mellan motorn och växellådan. Motornumret finns också på etiketten i reservhjulsbrunnen, och det finns även en etikett med en identifierande streckkod uppe på kamremskåpan eller på topplocket **(se bilder)**.

Bilens identifikationsnummer (VIN) på det främre vänstra fjäderbenstornet

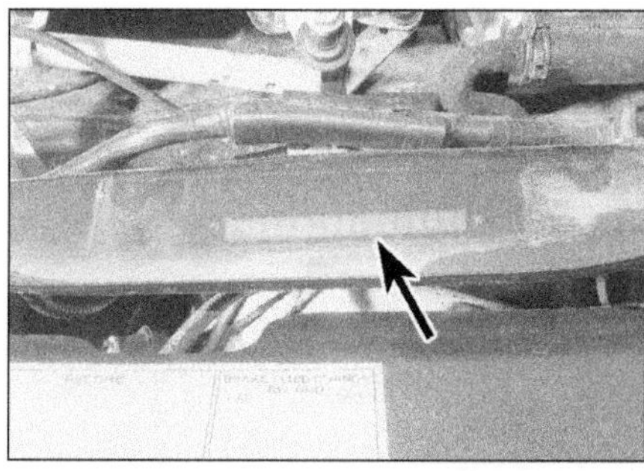

Bilens chassinummer på torpedväggen framför vindrutan

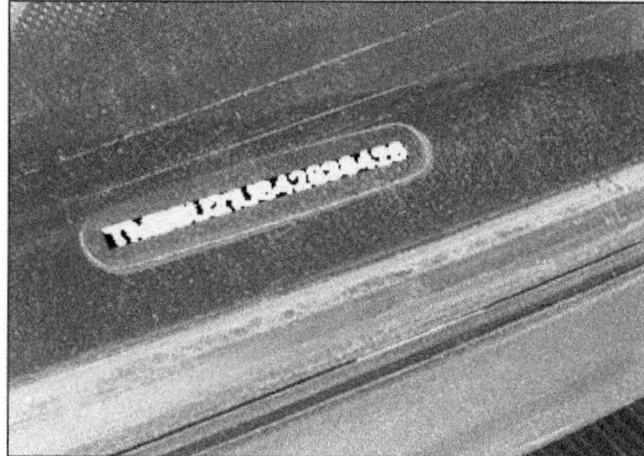

Bilens chassinummer på den främre vänstra kanten av vindrutan

Motornummer på motorblocket

Motorkod på topplocket

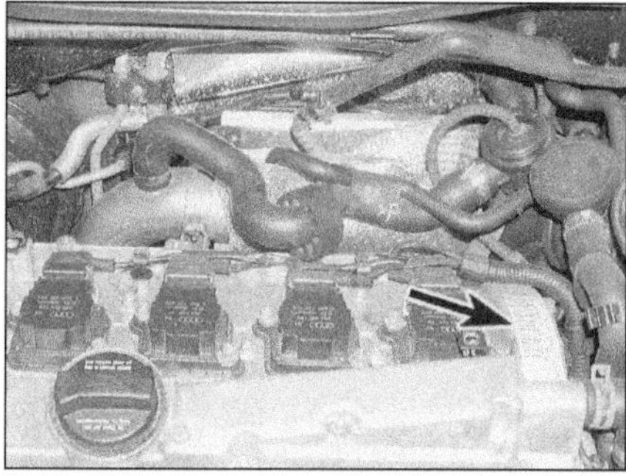

Etikett med motorkod på topplocket

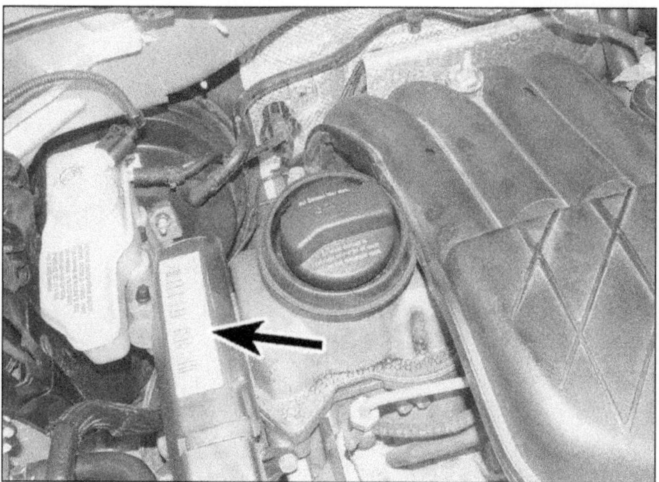

Etikett med motorkod på transmissionskåpan

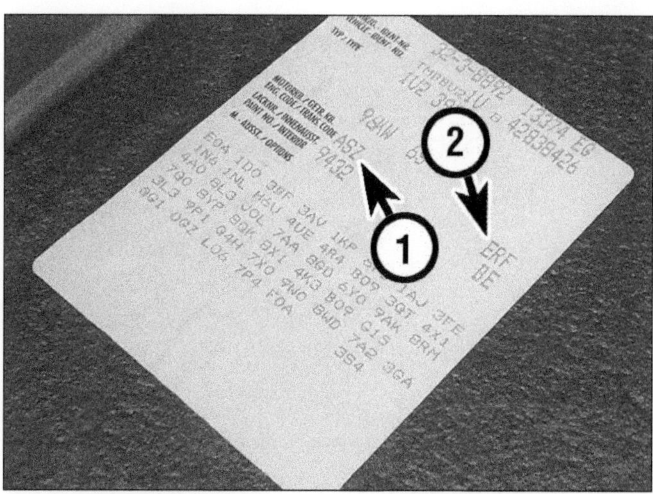

Etikett med bilens olika data i bagageutrymmet

1 Motorkod *2 Växellådskod*

Lyftning och stödpunkter

Domkraften som följer med bilens verktygslåda ska endast användas vid hjulbyte i en nödsituation – se Hjulbyte i början av boken. Vid alla andra arbeten ska bilen lyftas med en hydraulisk domkraft (garagedomkraft) som alltid ska åtföljas av pallbockar placerade under bilens stödpunkter.

När du använder garagedomkraft eller pallbockar, placera alltid domkraftshuvudet eller pallbockshuvudet under relevant lyftpunkt.

För att lyfta bilens fram- och/eller bakvagn, använd lyft-/stödpunkterna i främre och bakre ändar av trösklarnas undersidor; de är märkta med trianglar i tröskelpanelen **(se bild)**. Lägg ett träblock med ett fräst spår på domkraftshuvudet för att inte bilen ska behöva vila på tröskelkanten; placera tröskelkanten i spåret i träblocket så att bilens vikt sprids jämnt över blocket. Komplettera domkraften med pallbockar (också med träblock med frästa spår) så nära stödpunkterna som möjligt **(se bilder)**.

Lyft inte upp bilen under några andra delar av trösklarna, under oljesumpen, golvplattan eller någon av fjädringens eller styrningens komponenter. När bilen är upplyft ska alltid en pallbock placeras under tröskelns stödpunkt.

Varning: Arbeta aldrig under eller i närheten av en upplyft bil om den inte är säkert och korrekt stöttad på minst två punkter.

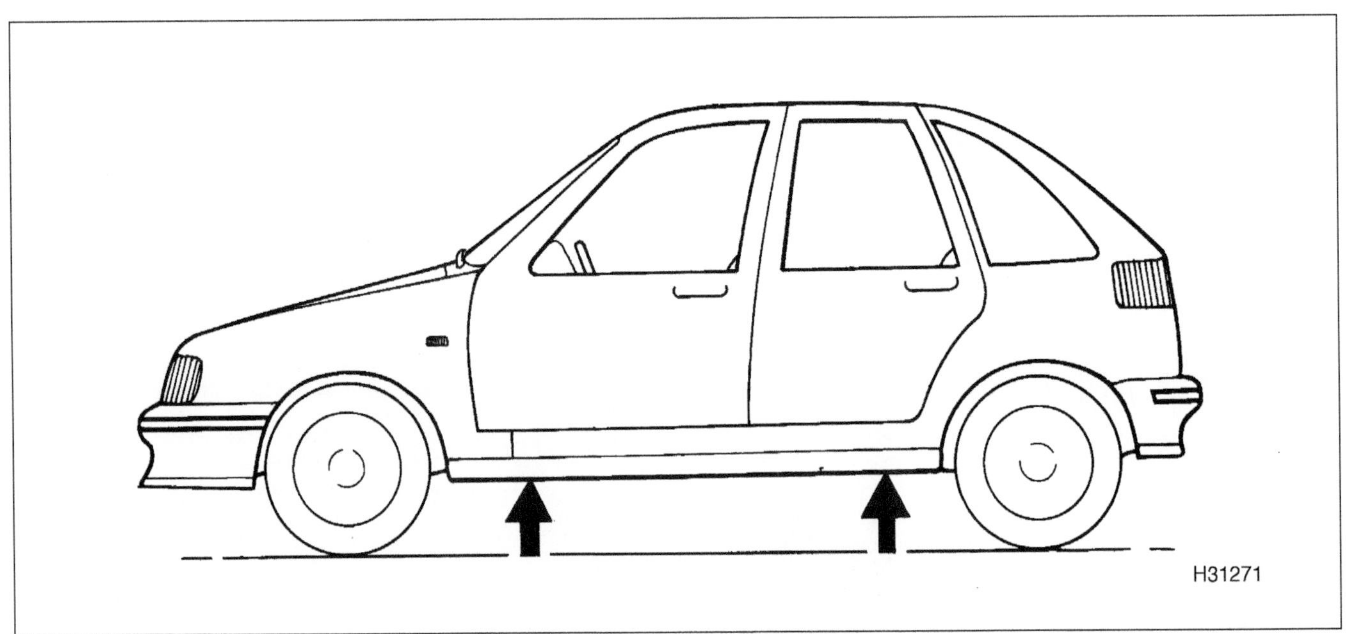

Främre och bakre lyftpunkter (vid pilarna)

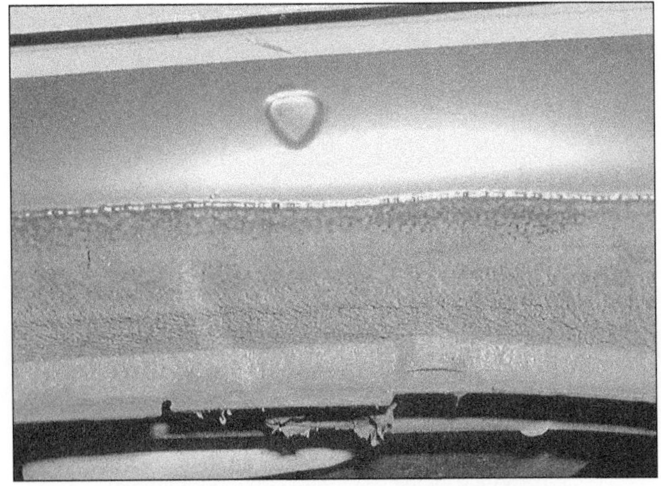

Lyftpunkterna är markerade med pilar i tröskeln

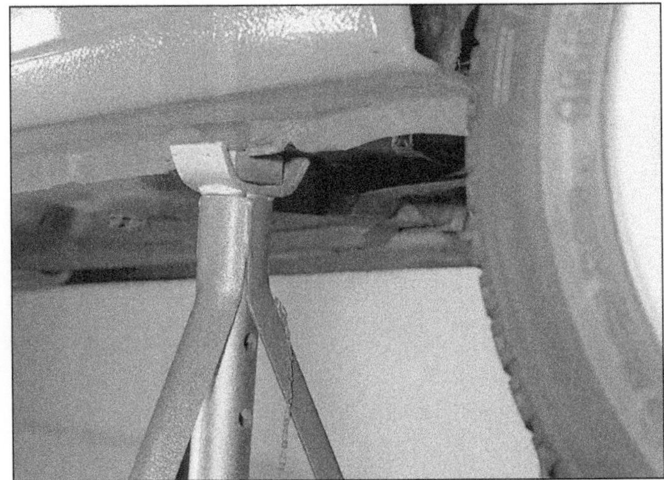

Använd en pallbock tillsammans med ett lämpligt träblock

Försiktighet: När batteriet har återanslutits kommer inte elfönsterhissarnas säkerhetsfunktion att vara aktiv igen förrän fönstren har omprogrammerats.

Många av systemen behöver tillgång till batteriström hela tiden (permanent ström). Detta antingen för att garantera kontinuerlig funktion (som klockan), eller för att bibehålla elektroniska minnesinställningar som annars skulle raderas. Närhelst batteriet ska kopplas ifrån, notera först följande för att undvika oförutsedda konsekvenser:

a) På alla bilar med centrallås är det klokt att alltid ta ut nyckeln ur tändningslåset och ta den med dig. Detta undviker risken för att nyckeln blir inlåst i bilen om centrallåset skulle aktiveras när batteriet återansluts.

b) Om en säkerhetskodad ljudanläggning är monterad, och enheten och/eller batteriet kopplas bort, kommer anläggningen inte att fungera igen förrän korrekt säkerhetskod har knappats in. Därför, om du inte känner till koden för radion/kassettspelaren, koppla inte loss någon av batteriets poler och ta inte ut radion/kassettspelaren ur bilen. Koden finns på ett kodkort som följer med bilen när den är ny. Information om inknappning av koden finns i bilens handbok. Om koden har glömts/tappats bort, bör en Skodahandlare eller billjudsspecialist kunna hjälpa till om du kan bevisa att du äger bilen.

c) Motorstyrningssystemets ECU är av den "självlärande" typen, vilket betyder att när den arbetar, anpassas den till förändringar i rådande förhållanden, och lagrar de optimala inställningarna (gäller särskilt inställning för tomgångshastighet). När batteriet kopplas ifrån går dessa "inlärda" värden förlorade, och ECU återgår till fabrikens grundinställning. När motorn startas igen kan den gå ojämnt (både på tomgång och andra varvtal) tills ECU har lärt in de bästa inställningarna igen. För att skynda på den här inlärningsprocessen, ta ut bilen och kör omkring i minst 15 minuter, vid så många olika varvtal och belastningar som möjligt, där du koncentrerar dig på varvtal i området 2000 till 4000 rpm. Avsluta med att låta motorn gå på tomgång i minst 10 minuter, vrid ratten då och då och slå på utrustning som drar mycket ström, som värmefläkt eller uppvärmd bakruta. Om motorn inte återfår sin normala prestanda, låt en Skodaverkstad undersöka systemet.

d) På bilar utrustade med ett original stöldlarmssystem, avaktivera systemet innan batteriet kopplas ifrån, annars kommer larmet att lösa ut.

e) Efter det att batteriet har återanslutits, måste elfönsterhissarnas "stängda läge" programmeras om enligt följande. Med fönster och soltak stängda, stäng alla dörrar och lås bilen manuellt i förardörren eller den främre passagerardörren. Lås upp bilen och lås den sedan igen och håll nyckeln i det låsta läget i minst en sekund. Fönstren är nu omprogrammerade. Programmera också om det elektriskt justerbara förarsätet enligt följande. Öppna förardörren och slå på tändningen, flytta sedan sätesdynan framåt och uppåt tills det tar stopp. Flytta nu sätets ryggstöd framåt tills det tar stopp, och slå sedan av tändningen.

f) Vid start av en bensinmotor för första gången efter det att batteriet har kopplats bort, slå på tändningen i 30 sekunder, slå sedan av tändningen – motorn kan nu startas.

Enheter som ibland kallas "minnessparare" eller "kodsparare" kan användas om man vill undvika några av ovan nämnda problem. Exakt information om användning varierar beroende på vilken utrustning som används. I typfallet kopplas enheten in i cigarrettändaruttaget och ansluts via sitt eget kablage till ett reservbatteri; bilens batteri kopplas sedan bort från elsystemet, och reservbatteriet ger tillräckligt mycket ström för att radions säkerhetskod och andra minnesvärden ska bli kvar, och för att hålla igång kretsar som behöver permanent ström, som klockan.

Varning: Vissa av dessa enheter kan vidarebefordra en avsevärd mängd ström, vilket kan betyda att många av bilens system fortfarande är aktiva när huvudbatteriet har kopplats ifrån. Om en "minnessparare" används, försäkra dig om att den aktuella kretsen verkligen är "död" innan något arbete utförs på den.

När service, reparationer och renoveringar utförs på en bil eller bildel bör följande beskrivningar och instruktioner följas. Detta för att reparationen ska utföras så effektivt och fackmannamässigt som möjligt.

Tätningsytor och packningar

Vid isärtagande av delar vid deras tätningsytor ska dessa aldrig bändas isär med skruvmejsel eller liknande. Detta kan orsaka allvarliga skador som resulterar i oljeläckage, kylvätskeläckage etc. efter montering. Delarna tas vanligen isär genom att man knackar längs fogen med en mjuk klubba. Lägg dock märke till att denna metod kanske inte är lämplig i de fall styrstift används för exakt placering av delar.

Där en packning används mellan två ytor måste den bytas vid ihopsättning. Såvida inte annat anges i den aktuella arbetsbeskrivningen ska den monteras torr. Se till att tätningsytorna är rena och torra och att alla spår av den gamla packningen är borttagna. Vid rengöring av en tätningsyta ska sådana verktyg användas som inte skadar den. Små grader och repor tas bort med bryne eller en finskuren fil.

Rensa gängade hål med piprensare och håll dem fria från tätningsmedel då sådant används, såvida inte annat direkt specificeras.

Se till att alla öppningar, hål och kanaler är rena och blås ur dem, helst med tryckluft.

Oljetätningar

Oljetätningar kan tas ut genom att de bänds ut med en bred spårskruvmejsel eller liknande. Alternativt kan ett antal självgängande skruvar dras in i tätningen och användas som dragpunkter för en tång, så att den kan dras rakt ut.

När en oljetätning tas bort från sin plats, ensam eller som en del av en enhet, ska den alltid kasseras och bytas ut mot en ny.

Tätningsläpparna är tunna och skadas lätt och de tätar inte annat än om kontaktytan är fullständigt ren och oskadad. Om den ursprungliga tätningsytan på delen inte kan återställas till perfekt skick och tillverkaren inte gett utrymme för en viss omplacering av tätningen på kontaktytan, måste delen i fråga bytas ut. Tätningarna bör alltid bytas ut när de har demonterats.

Skydda tätningsläpparna från ytor som kan skada dem under monteringen. Använd tejp eller konisk hylsa där så är möjligt. Smörj läpparna med olja innan monteringen. Om oljetätningen har dubbla läppar ska utrymmet mellan dessa fyllas med fett.

Såvida inte annat anges ska oljetätningar monteras med tätningsläpparna mot det smörjmedel som de ska täta för.

Använd en rörformad dorn eller en träbit i lämplig storlek till att knacka tätningarna på plats. Om sätet är försedd med skuldra, driv tätningen mot den. Om sätet saknar skuldra bör tätningen monteras så att den går jäms med sätets yta (såvida inte annat uttryckligen anges).

Skruvgängor och infästningar

Muttrar, bultar och skruvar som kärvar är ett vanligt förekommande problem när en komponent har börjat rosta. Bruk av rostupplösningsolja och andra krypsmörjmedel löser ofta detta om man dränker in delen som kärvar en stund innan man försöker lossa den. Slagskruvmejsel kan ibland lossa envist fastsittande infästningar när de används tillsammans med rätt mejselhuvud eller hylsa. Om inget av detta fungerar kan försiktig värmning eller i värsta fall bågfil eller mutterspräckare användas.

Pinnbultar tas vanligen ut genom att två muttrar låses vid varandra på den gängade delen och att en blocknyckel sedan vrider den undre muttern så att pinnbulten kan skruvas ut. Bultar som brutits av under fästytan kan ibland avlägsnas med en lämplig bultutdragare. Se alltid till att gängade bottenhål är helt fria från olja, fett, vatten eller andra vätskor innan bulten monteras. Underlåtenhet att göra detta kan spräcka den del som skruven dras in i, tack vare det hydrauliska tryck som uppstår när en bult dras in i ett vätskefyllt hål

Vid åtdragning av en kronmutter där en saxsprint ska monteras ska muttern dras till specificerat moment om sådant anges, och därefter dras till nästa sprinthål. Lossa inte muttern för att passa in saxsprinten, såvida inte detta förfarande särskilt anges i anvisningarna.

Vid kontroll eller omdragning av mutter eller bult till ett specificerat åtdragningsmoment, ska muttern eller bulten lossas ett kvarts varv och sedan dras åt till angivet moment. Detta ska dock inte göras när vinkelåtdragning använts.

För vissa gängade infästningar, speciellt topplocksbultar/muttrar anges inte åtdragningsmoment för de sista stegen. Istället anges en vinkel för åtdragning. Vanligtvis anges ett relativt lågt åtdragningsmoment för bultar/muttrar som dras i specificerad turordning. Detta följs sedan av ett eller flera steg åtdragning med specificerade vinklar.

Låsmuttrar, låsbleck och brickor

Varje infästning som kommer att rotera mot en komponent eller en kåpa under åtdragningen ska alltid ha en bricka mellan åtdragningsdelen och kontaktytan.

Fjäderbrickor ska alltid bytas ut när de använts till att låsa viktiga delar som exempelvis lageröverfall. Låsbleck som viks över för att låsa bult eller mutter ska alltid byts ut vid ihopsättning.

Självlåsande muttrar kan återanvändas på mindre viktiga detaljer, under förutsättning att motstånd känns vid dragning över gängen. Kom dock ihåg att självlåsande muttrar förlorar låseffekt med tiden och därför alltid bör bytas ut som en rutinåtgärd.

Saxsprintar ska alltid bytas mot nya i rätt storlek för hålet.

När gänglåsmedel påträffas på gängor på en komponent som ska återanvändas bör man göra ren den med en stålborste och lösningsmedel. Applicera nytt gänglåsningsmedel vid montering.

Specialverktyg

Vissa arbeten i denna handbok förutsätter användning av specialverktyg som pressar, avdragare, fjäderkompressorer med mera. Där så är möjligt beskrivs lämpliga lättillgängliga alternativ till tillverkarens specialverktyg och hur dessa används. I vissa fall, där inga alternativ finns, har det varit nödvändigt att använda tillverkarens specialverktyg. Detta har gjorts av säkerhetsskäl, likväl som för att reparationerna ska utföras så effektivt och bra som möjligt. Såvida du inte är mycket kunnig och har stora kunskaper om det arbetsmoment som beskrivs, ska du aldrig försöka använda annat än specialverktyg när sådana anges i anvisningarna. Det föreligger inte bara stor risk för personskador, utan kostbara skador kan också uppstå på komponenterna.

Miljöhänsyn

Vid sluthantering av förbrukad motorolja, bromsvätska, frostskydd etc. ska all vederbörlig hänsyn tas för att skydda miljön. Ingen av ovan nämnda vätskor får hällas ut i avloppet eller direkt på marken. Kommunernas avfallshantering har kapacitet för hantering av miljöfarligt avfall liksom vissa verkstäder. Om inga av dessa finns tillgängliga i din närhet, fråga hälsoskyddskontoret i din kommun om råd.

I och med de allt strängare miljöskyddslagarna beträffande utsläpp av miljöfarliga ämnen från motorfordon har alltfler bilar numera justersäkringar monterade på de mest avgörande justeringspunkterna för bränslesystemet. Dessa är i första hand avsedda att förhindra okvalificerade personer från att justera bränsle/luftblandningen och därmed riskerar en ökning av giftiga utsläpp. Om sådana justersäkringar påträffas under service eller reparationsarbete ska de, närhelst möjligt, bytas eller sättas tillbaka i enlighet med tillverkarens rekommendationer eller aktuell lagstiftning.

Inledning

En uppsättning bra verktyg är ett grundläggande krav för var och en som överväger att underhålla och reparera ett motorfordon. För de ägare som saknar sådana kan inköpet av dessa bli en märkbar utgift, som dock uppvägs till en viss del av de besparingar som görs i och med det egna arbetet. Om de anskaffade verktygen uppfyller grundläggande säkerhets- och kvalitetskrav kommer de att hålla i många år och visa sig vara en värdefull investering.

För att hjälpa bilägaren att avgöra vilka verktyg som behövs för att utföra de arbeten som beskrivs i denna handbok har vi sammanställt tre listor med följande rubriker: *Underhåll och mindre reparationer, Reparation och renovering* samt *Specialverktyg*. Nybörjaren bör starta med det första sortimentet och begränsa sig till enklare arbeten på fordonet. Allt eftersom erfarenhet och självförtroende växer kan man sedan prova svårare uppgifter och köpa fler verktyg när och om det behövs. På detta sätt kan den grundläggande verktygssatsen med tiden utvidgas till en reparations- och renoveringssats utan några större enskilda kontantutlägg. Den erfarne hemmamekanikern har redan en verktygssats som räcker till de flesta reparationer och renoveringar och kommer att välja verktyg från specialkategorin när han känner att utgiften är berättigad för den användning verktyget kan ha.

Underhåll och mindre reparationer

Verktygen i den här listan ska betraktas som ett minimum av vad som behövs för rutinmässigt underhåll, service och mindre reparationsarbeten. Vi rekommenderar att man köper blocknycklar (ring i ena änden och öppen i den andra), även om de är dyrare än de med öppen ände, eftersom man får båda sorternas fördelar.

- ☐ *Blocknycklar - 8, 9, 10, 11, 12, 13, 14, 15, 17 och 19 mm*
- ☐ *Skiftnyckel - 35 mm gap (ca.)*
- ☐ *Tändstiftsnyckel (med gummifoder)*
- ☐ *Verktyg för justering av tändstiftens elektrodavstånd*
- ☐ *Sats med bladmått*
- ☐ *Nyckel för avluftning av bromsar*
- ☐ *Skruvmejslar:*
  Spårmejsel - 100 mm lång x 6 mm diameter
  Stjärnmejsel - 100 mm lång x 6 mm diameter
- ☐ *Kombinationstång*
- ☐ *Bågfil (liten)*
- ☐ *Däckpump*
- ☐ *Däcktrycksmätare*
- ☐ *Oljekanna*
- ☐ *Verktyg för demontering av oljefilter*
- ☐ *Fin slipduk*
- ☐ *Stålborste (liten)*
- ☐ *Tratt (medelstor)*

Reparation och renovering

Dessa verktyg är ovärderliga för alla som utför större reparationer på ett motorfordon och tillkommer till de som angivits för *Underhåll och mindre reparationer.* I denna lista ingår en grundläggande sats hylsor. Även om dessa är dyra, är de oumbärliga i och med sin mångsidighet - speciellt om satsen innehåller olika typer av drivenheter. Vi rekommenderar 1/2-tums fattning på hylsorna eftersom de flesta momentnycklar har denna fattning.

Verktygen i denna lista kan ibland behöva kompletteras med verktyg från listan för *Specialverktyg.*

- ☐ *Hylsor, dimensioner enligt föregående lista* ***(se bild)***
- ☐ *Spärrskaft med vändbar riktning (för användning med hylsor)* ***(se bild)***
- ☐ *Förlängare, 250 mm (för användning med hylsor)*
- ☐ *Universalknut (för användning med hylsor)*
- ☐ *Momentnyckel (för användning med hylsor)*
- ☐ *Självlåsande tänger*
- ☐ *Kulhammare*
- ☐ *Mjuk klubba (plast/aluminium eller gummi)*
- ☐ *Skruvmejslar:*
  Spårmejsel - en lång och kraftig, en kort (knubbig) och en smal (elektrikertyp)
  Stjärnmejsel - en lång och kraftig och en kort (knubbig)
- ☐ *Tänger:*
  Spetsnostång/plattång
  Sidavbitare (elektrikertyp)
  Låsringstång (inre och yttre)
- ☐ *Huggmejsel - 25 mm*
- ☐ *Ritspets*
- ☐ *Skrapa*
- ☐ *Körnare*
- ☐ *Purr*
- ☐ *Bågfil*
- ☐ *Bromsslangklämma*
- ☐ *Avluftningssats för bromsar/koppling*
- ☐ *Urval av borrar*
- ☐ *Stållinjal*
- ☐ *Insexnycklar (inkl Torxtyp/med splines)* ***(se bild)***
- ☐ *Sats med filar*
- ☐ *Stor stålborste*
- ☐ *Pallbockar*
- ☐ *Domkraft (garagedomkraft eller en stabil pelarmodell)*
- ☐ *Arbetslampa med förlängningssladd*

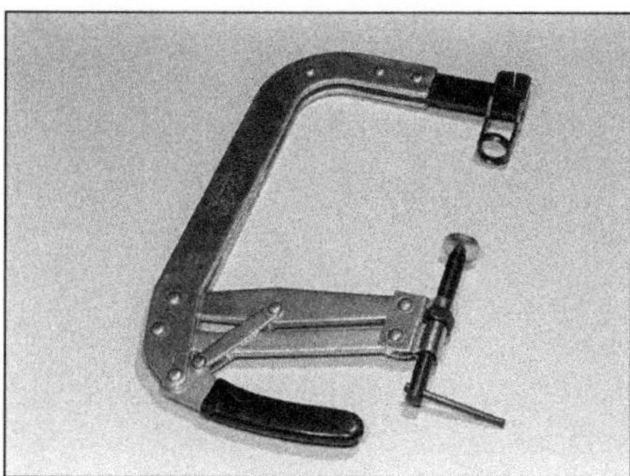
Ventilfjäderkompressor (ventilbåge)

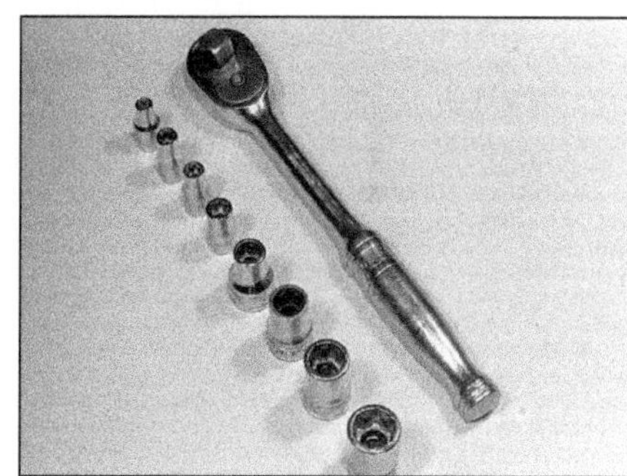
Hylsor och spärrskaft

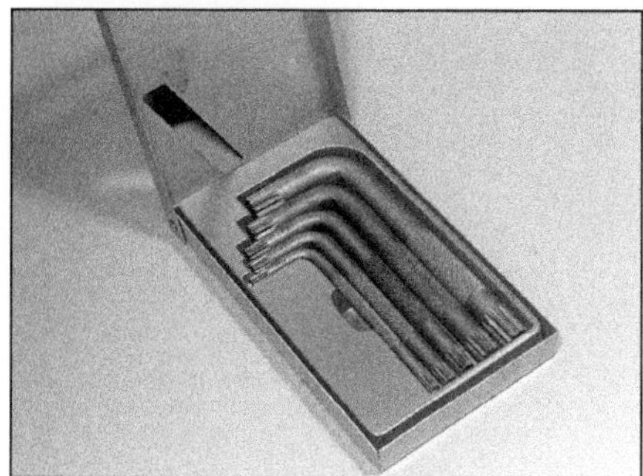
Nycklar med splines/torx

Kolvringskompressor

Centreringsverktyg för koppling

Specialverktyg

Verktygen i denna lista är de som inte används regelbundet, är dyra i inköp eller som måste användas enligt tillverkarens anvisningar. Det är bara om du relativt ofta kommer att utföra tämligen svåra jobb som många av dessa verktyg är lönsamma att köpa. Du kan också överväga att gå samman med någon vän (eller gå med i en motorklubb) och göra ett gemensamt inköp, hyra eller låna verktyg om så är möjligt.

Följande lista upptar endast verktyg och instrument som är allmänt tillgängliga och inte sådana som framställs av biltillverkaren speciellt för auktoriserade verkstäder. Ibland nämns dock sådana verktyg i texten. I allmänhet anges en alternativ metod att utföra arbetet utan specialverktyg. Ibland finns emellertid inget alternativ till tillverkarens specialverktyg. När så är fallet och relevant verktyg inte kan köpas, hyras eller lånas har du inget annat val än att lämna bilen till en auktoriserad verkstad.

- ☐ *Ventilfjäderkompressor* ***(se bild)***
- ☐ *Ventilslipningsverktyg*
- ☐ *Kolvringskompressor* ***(se bild)***
- ☐ *Verktyg för demontering/montering av kolvringar*
- ☐ *Honingsverktyg*
- ☐ *Kulledsavdragare*
- ☐ *Spiralfjäderkompressor (där tillämplig)*
- ☐ *Nav/lageravdragare, två/tre ben*
- ☐ *Slagskruvmejsel*
- ☐ *Mikrometer och/eller skjutmått* ***(se bild)***
- ☐ *Indikatorklocka* ***(se bild)***
- ☐ *Stroboskoplampa* ***(se bild)***
- ☐ *Kamvinkelmätare/varvräknare*
- ☐ *Multimeter*
- ☐ *Kompressionsmätare* ***(se bild)***
- ☐ *Handmanövrerad vakuumpump och mätare*
- ☐ *Centreringsverktyg för koppling* ***(se bild)***
- ☐ *Verktyg för demontering av bromsbackarnas fjäderskålar*
- ☐ *Sats för montering/demontering av bussningar och lager*
- ☐ *Bultutdragare* ***(se bild)***
- ☐ *Gängningssats*
- ☐ *Lyftblock*
- ☐ *Garagedomkraft*

Inköp av verktyg

När det gäller inköp av verktyg är det i regel bättre att vända sig till en specialist som har ett större sortiment än t ex tillbehörsbutiker och bensinmackar. Tillbehörsbutiker och andra försöljningsställen kan dock erbjuda utmärkta verktyg till låga priser, så det kan löna sig att söka.

Det finns gott om bra verktyg till låga priser, men se till att verktygen uppfyller grundläggande krav på funktion och säkerhet. Fråga gärna någon kunnig person om råd före inköpet.

Vård och underhåll av verktyg

Efter inköp av ett antal verktyg är det nödvändigt att hålla verktygen rena och i fullgott skick. Efter användning, rengör alltid verktygen innan de läggs undan. Låt dem inte ligga framme sedan de använts. En enkel upphängningsanordning på väggen för t ex skruvmejslar och tänger är en bra idé. Nycklar och hylsor bör förvaras i metalllådor. Mätinstrument av skilda slag ska förvaras på platser där de inte kan komma till skada eller börja rosta.

Lägg ner lite omsorg på de verktyg som används. Hammarhuvuden får märken och skruvmejslar slits i spetsen med tiden. Lite polering med slippapper eller en fil återställer snabbt sådana verktyg till gott skick igen.

Arbetsutrymmen

När man diskuterar verktyg får man inte glömma själva arbetsplatsen. Om mer än rutinunderhåll ska utföras bör man skaffa en lämplig arbetsplats.

Vi är medvetna om att många bilägare/hemmamekaniker av omständigheterna tvingas att lyfta ur motor eller liknande utan tillgång till garage eller verkstad. Men när detta är gjort ska fortsättningen av arbetet göras inomhus.

Närhelst möjligt ska isärtagning ske på en ren, plan arbetsbänk eller ett bord med passande arbetshöjd.

En arbetsbänk behöver ett skruvstycke. En käftöppning om 100 mm räcker väl till för de flesta arbeten. Som tidigare sagts, ett rent och torrt förvaringsutrymme krävs för verktyg liksom för smörjmedel, rengöringsmedel, bättringslack (som också måste förvaras frostfritt) och liknande.

Ett annat verktyg som kan behövas och som har en mycket bred användning är en elektrisk borrmaskin med en chuckstorlek om minst 8 mm. Denna, tillsammans med en sats spiralborrar, är i praktiken oumbärlig för montering av tillbehör.

Sist, men inte minst, ha alltid ett förråd med gamla tidningar och rena luddfria trasor tillgängliga och håll arbetsplatsen så ren som möjligt.

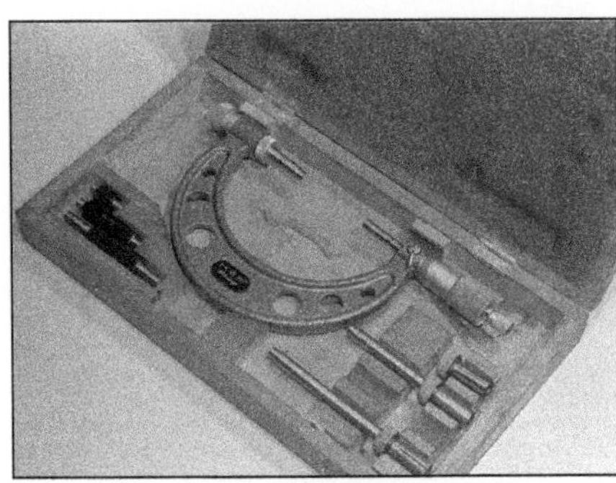

Mikrometerset

Indikatorklocka med magnetstativ

Stroboskoplampa

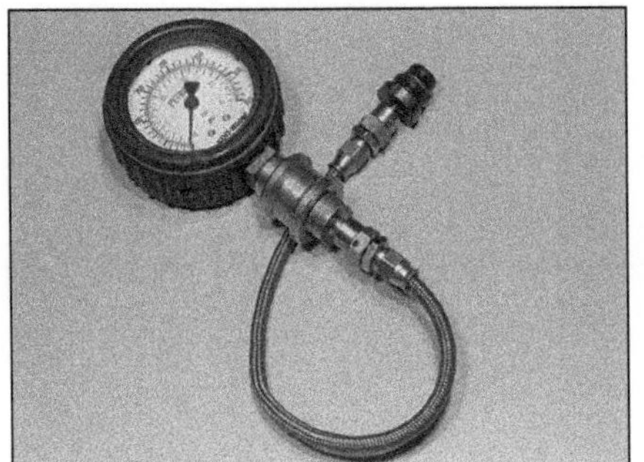

Kompressionsmätare

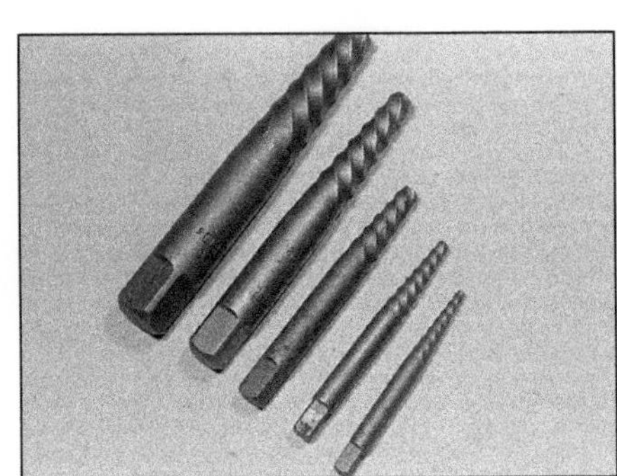

Bultutdragare

Det här avsnittet är till för att hjälpa dig att klara bilbesiktningen. Det är naturligtvis inte möjligt att undersöka ditt fordon lika grundligt som en professionell besiktare, men genom att göra följande kontroller kan du identifiera problemområden och ha en möjlighet att korrigera eventuella fel innan du lämnar bilen till besiktning. Om bilen underhålls och servas regelbundet borde besiktningen inte innebära några större problem.

I besiktningsprogrammet ingår kontroll av nio huvudsystem – stommen, hjulsystemet, drivsystemet, bromssystemet, styrsystemet, karosseriet, kommunikationssystemet, instrumentering och slutligen övriga anordningar (släpvagnskoppling etc).

Kontrollerna som här beskrivs har baserats på Svensk Bilprovnings krav aktuella vid tiden för tryckning. Kraven ändras dock kontinuerligt och särskilt miljöbestämmelserna blir allt strängare.

Kontrollerna har delats in under följande fem rubriker:

1 *Kontroller som utförs från förarsätet*
2 *Kontroller som utförs med bilen på marken*
3 *Kontroller som utförs med bilen upphissad och med fria hjul*
4 *Kontroller på bilens avgassystem*
5 *Körtest*

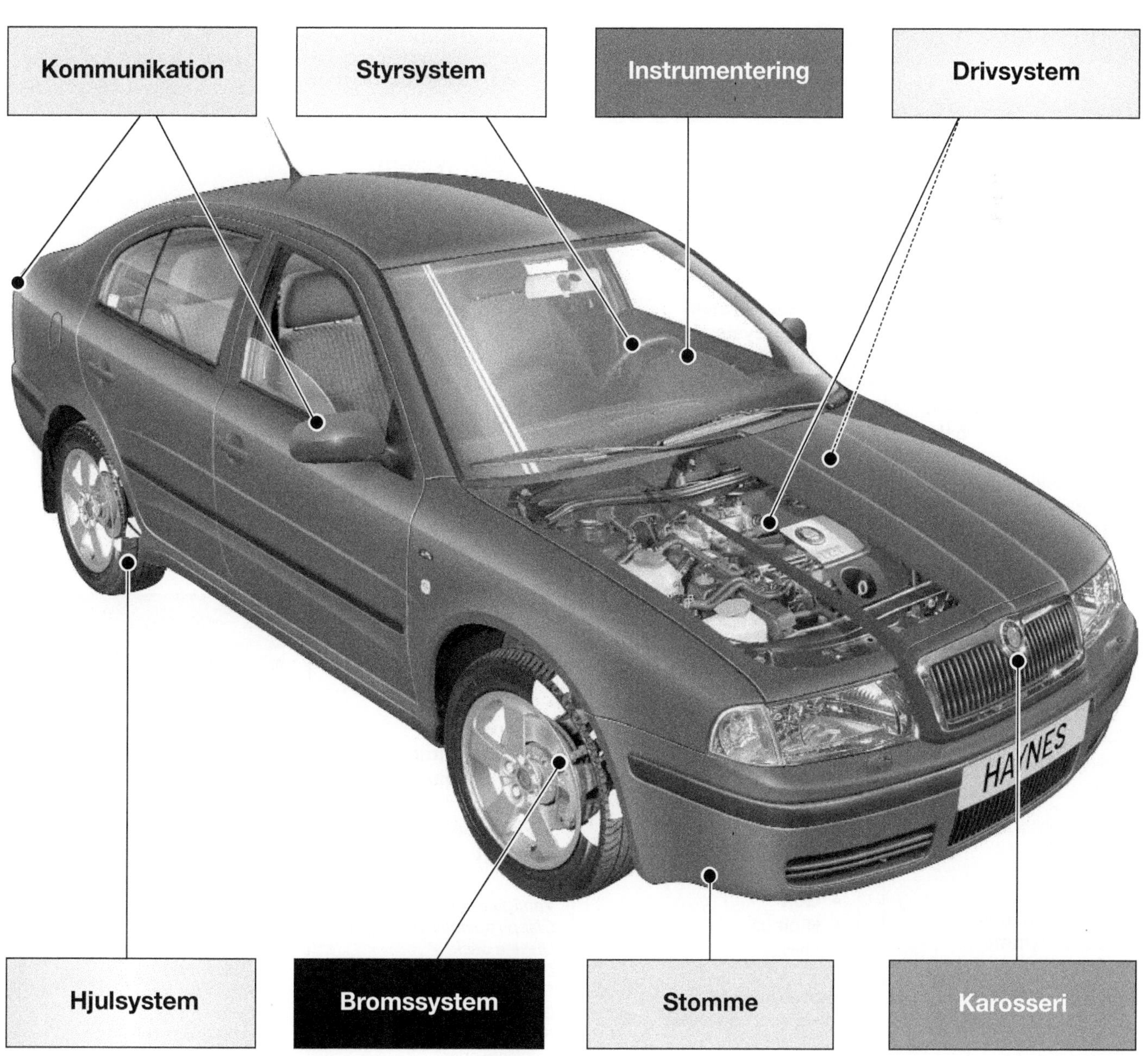

Besiktningsprogrammet

Vanliga personbilar kontrollbesiktigas första gången efter tre år, andra gången två år senare och därefter varje år. Åldern på bilen räknas från det att den tas i bruk, oberoende av årsmodell, och den måste genomgå besiktning inom fem månader.

Tiden på året då fordonet kallas till besiktning bestäms av sista siffran i registreringsnumret, enligt tabellen nedan.

Slutsiffra	Besiktningsperiod
1	*november t.o.m. mars*
2	*december t.o.m. april*
3	*januari t.o.m. maj*
4	*februari t.o.m. juni*
5	*maj t.o.m. september*
6	*juni t.o.m. oktober*
7	*juli t.o.m. november*
8	*augusti t.o.m. december*
9	*september t.o.m. januari*
0	*oktober t.o.m. februari*

Om fordonet har ändrats, byggts om eller om särskild utrustning har monterats eller demonterats, måste du som fordonsägare göra en registreringsbesiktning inom en månad. I vissa fall räcker det med en begränsad registreringsbesiktning, t.ex. för draganordning, taklucka, taxiutrustning etc.

Efter besiktningen

Nedan visas de system och komponenter som kontrolleras och bedöms av besiktaren på Svensk Bilprovning. Efter besiktningen erhåller du ett protokoll där eventuella anmärkningar noterats.

Har du fått en 2x i protokollet (man kan ha max 3 st 2x) behöver du inte ombesiktiga bilen, men är skyldig att själv åtgärda felet snarast möjligt. Om du inte åtgärdar felen utan återkommer till Svensk Bilprovning året därpå med samma fel, blir dessa automatiskt 2:or som då måste ombesiktigas. Har du en eller flera 2x som ej är åtgärdade och du blir intagen i en flygande besiktning av polisen, blir dessa automatiskt 2:or som måste ombesiktigas. I detta läge får du även böta.

Om du har fått en tvåa i protokollet är fordonet alltså inte godkänt. Felet ska åtgärdas och bilen ombesiktigas inom en månad.

En trea innebär att fordonet har så stora brister att det anses mycket trafikfarligt. Körförbud inträder omedelbart.

Kommunikation

- **Vindrutetorkare**
- **Vindrutespolare**
- **Backspegel**
- **Strålkastarinställning**
- **Strålkastare**
- **Signalhorn**
- **Sidoblinkers**
- **Parkeringsljus fram**
bak
- **Blinkers**
- **Bromsljus**
- **Reflex**
- **Nummerplåts-belysning**
- **Övrigt**

Vanliga anmärkningar:
Felaktig ljusbild
Skadad strålkastare
Ej fungerande parkeringsljus
Ej fungerande bromsljus

Drivsystem

- **Avgasrening, EGR-system (-88)**
- **Avgasrening**
- **Bränslesystem**
- **Avgassystem**
- **Avgaser (CO, HC)**
- **Kraftöverföring**
- **Drivknut**
- **Elförsörjning**
- **Batteri**
- **Övrigt**

Vanliga anmärkningar:
Höga halter av CO
Höga halter av HC
Läckage i avgassystemet
Skadade drivknutsdamasker
Löst batteri

Styrsystem

- **Styrled**
- **Styrväxel**
- **Hjälpstyrarm**
- **Övrigt**

Vanliga anmärkningar:
Glapp i styrleder
Skadade styrväxeldamasker

Instrumentering

- **Hastighetsmätare**
- **Taxameter**
- **Varningslampor**
- **Övrigt**

Karosseri

- **Dörr**
- **Skärm**
- **Vindruta**
- **Säkerhetsbälten**
- **Lastutrymme**
- **Övrigt**

Vanliga anmärkningar:
Skadad vindruta
Vassa kanter
Glappa gångjärn

Stomme

- **Sidobalk**
- **Tvärbalk**
- **Golv**
- **Hjulhus**
- **Övrigt**

Vanliga anmärkningar:
Rostskador i sidobalkar, golv och hjulhus

Hjulsystem

- **Däck**
- **Stötdämpare**
- **Hjullager**
- **Spindelleder**
- **Länkarm fram**
bak
- **Fjäder**
- **Fjädersäte**
- **Övrigt**

Vanliga anmärkningar:
Glapp i spindelleder
Utslitna däck
Dåliga stötdämpare
Rostskadade fjädersäten
Brustna fjädrar
Rostskadade länkarms-infästningar

Bromssystem

- **Fotbroms fram**
bak
rörelseres.
- **Bromsrör**
- **Bromsslang**
- **Handbroms**
- **Övrigt**

Vanliga anmärkningar:
Otillräcklig bromsverkan på handbromsen
Ojämn bromsverkan på fotbromsen
Anliggande bromsar på fotbromsen
Rostskadade bromsrör
Skadade bromsslangar

1 Kontroller som utförs från förarsätet

Handbroms

☐ Kontrollera att handbromsen fungerar ordentligt utan för stort spel i spaken. För stort spel tyder på att bromsen eller bromsvajern är felaktigt justerad.

☐ Kontrollera att handbromsen inte kan läggas ur genom att spaken förs åt sidan. Kontrollera även att handbromsspaken är ordentligt monterad.

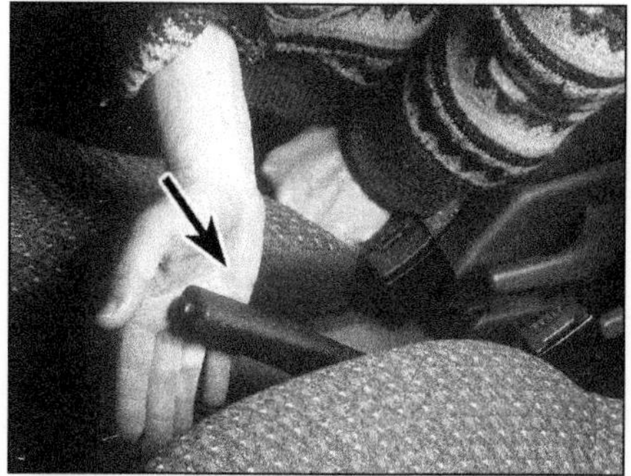

Fotbroms

☐ Tryck ner bromspedalen och håll den nedtryckt i ca 30 sek. Kontrollera att den inte sjunker ner mot golvet, vilket tyder på fel på huvudcylindern. Släpp pedalen, vänta ett par sekunder och tryck sedan ner den igen. Om pedalen tar långt ner måste bromsarna justeras eller repareras. Om pedalens rörelse känns "svampig" finns det luft i bromssystemet som då måste luftas.

☐ Kontrollera att bromspedalen sitter fast ordentligt och att den är i bra skick. Kontrollera även om det finns tecken på oljeläckage på bromspedalen, golvet eller mattan eftersom det kan betyda att packningen i huvudcylindern är trasig.

☐ Om bilen har bromsservo kontrolleras denna genom att man upprepade gånger trycker ner bromspedalen och sedan startar motorn med pedalen nertryckt. När motorn startar skall pedalen sjunka något. Om inte kan vakuumslangen eller själva servoenheten vara trasig.

Ratt och rattstång

☐ Känn efter att ratten sitter fast. Undersök om det finns några sprickor i ratten eller om några delar på den sitter löst.

☐ Rör på ratten uppåt, nedåt och i sidled. Fortsätt att röra på ratten samtidigt som du vrider lite på den från vänster till höger.

☐ Kontrollera att ratten sitter fast ordentligt på rattstången, vilket annars kan tyda på slitage eller att fästmuttern sitter löst. Om ratten går att röra onaturligt kan det tyda på att rattstångens bärlager eller kopplingar är slitna.

Rutor och backspeglar

☐ Vindrutan måste vara fri från sprickor och andra skador som kan vara irriterande eller hindra sikten i förarens synfält. Sikten får inte heller hindras av t.ex. ett färgat eller reflekterande skikt. Samma regler gäller även för de främre sidorutorna.

☐ Backspeglarna måste sitta fast ordentligt och vara hela och ställbara.

Säkerhetsbälten och säten

Observera: *Kom ihåg att alla säkerhetsbälten måste kontrolleras - både fram och bak.*

☐ Kontrollera att säkerhetsbältena inte är slitna, fransiga eller trasiga i väven och att alla låsmekanismer och rullmekanismer fungerar obehindrat. Se även till att alla infästningar till säkerhetsbältena sitter säkert.

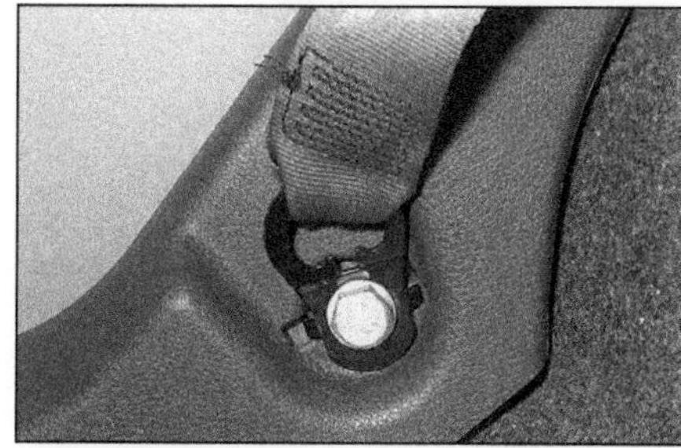

☐ Framsätena måste vara ordentligt fastsatta och om de är fällbara måste de vara låsbara i uppfällt läge.

Dörrar

☐ Framdörrarna måste gå att öppna och stänga från både ut- och insidan och de måste gå ordentligt i lås när de är stängda. Gångjärnen ska sitta säkert och inte glappa eller kärva onormalt.

2 Kontroller som utförs med bilen på marken

Registreringsskyltar

☐ Registreringsskyltarna måste vara väl synliga och lätta att läsa av, d v s om bilen är mycket smutsig kan det ge en anmärkning.

Elektrisk utrustning

☐ Slå på tändningen och kontrollera att signalhornet fungerar och att det avger en jämn ton.

☐ Kontrollera vindrutetorkarna och vindrutespolningen. Svephastigheten får inte vara extremt låg, svepytan får inte vara för liten och torkarnas viloläge ska inte vara inom förarens synfält. Byt ut gamla och skadade torkarblad.

☐ Kontrollera att strålkastarna fungerar och att de är rätt inställda. Reflektorerna får inte vara skadade, lampglasen måste vara hela och lamporna måste vara ordentligt fastsatta. Kontrollera även att bromsljusen fungerar och att det inte krävs högt pedaltryck för att tända dem. (Om du inte har någon medhjälpare kan du kontrollera bromsljusen genom att backa upp bilen mot en garageport, vägg eller liknande reflekterande yta.)

☐ Kontrollera att blinkers och varningsblinkers fungerar och att de blinkar i normal hastighet. Parkeringsljus och bromsljus får inte påverkas av blinkers. Om de påverkas beror detta oftast på jordfel. Se också till att alla övriga lampor på bilen är hela och fungerar som de ska och att t.ex. extraljus inte är placerade så att de skymmer föreskriven belysning.

☐ Se även till att batteri, elledningar, reläer och liknande sitter fast ordentligt och att det inte föreligger någon risk för kortslutning

Fotbroms

☐ Undersök huvudbromscylindern, bromsrören och servoenheten. Leta efter läckage, rost och andra skador.

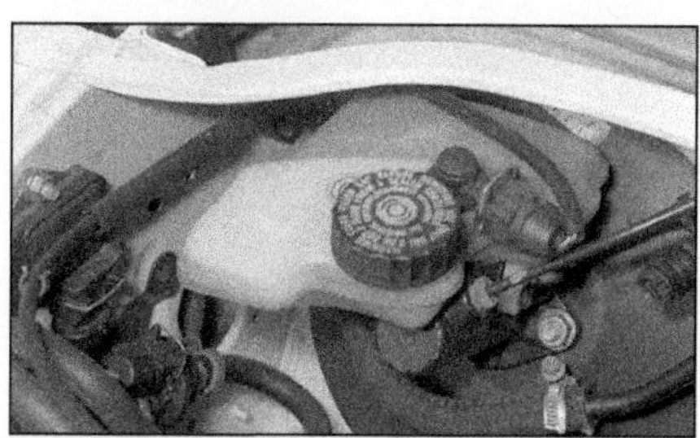

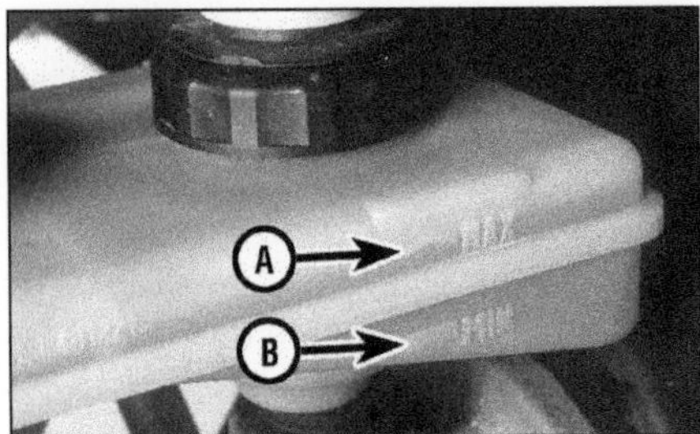

□ Bromsvätskebehållaren måste sitta fast ordentligt och vätskenivån skall vara mellan max- (A) och min- (B) markeringarna.

□ Undersök båda främre bromsslangarna efter sprickor och förslitningar. Vrid på ratten till fullt rattutslag och se till att bromsslangarna inte tar i någon del av styrningen eller upphängningen. Tryck sedan ner bromspedalen och se till att det inte finns några läckor eller blåsor på slangarna under tryck.

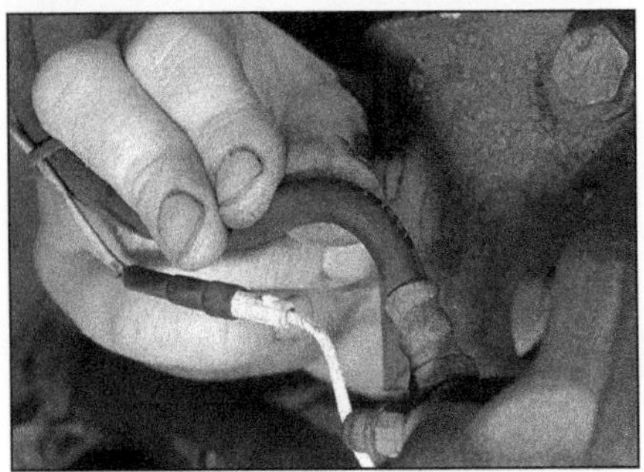

Styrning

□ Be någon vrida på ratten så att hjulen vrids något. Kontrollera att det inte är för stort spel mellan rattutslaget och styrväxeln vilket kan tyda på att rattstångslederna, kopplingen mellan rattstången och styrväxeln eller själva styrväxeln är sliten eller glappar.

□ Vrid sedan ratten kraftfullt åt båda hållen så att hjulen vrids något. Undersök då alla damasker, styrleder, länksystem, rörkopplingar och anslutningar/fästen. Byt ut alla delar som verkar utslitna eller skadade. På bilar med servostyrning skall servopumpen, drivremmen och slangarna kontrolleras.

Stötdämpare

□ Tryck ned hörnen på bilen i tur och ordning och släpp upp. Bilen skall gunga upp och sedan gå tillbaka till ursprungsläget. Om bilen

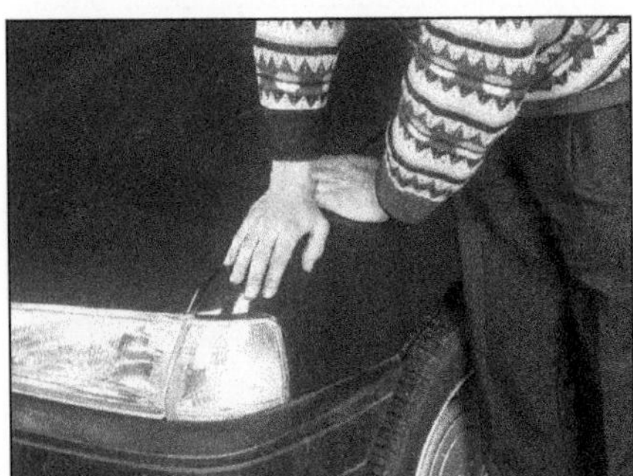

fortsätter att gunga är stötdämparna dåliga. Stötdämpare som kärvar påtagligt gör också att bilen inte klarar besiktningen. (Observera att stötdämpare kan saknas på vissa fjädersystem.)

□ Kontrollera också att bilen står rakt och ungefär i rätt höjd.

Avgassystem

□ Starta motorn medan någon håller en trasa över avgasröret och kontrollera sedan att avgassystemet inte läcker. Reparera eller byt ut de delar som läcker.

Kaross

□ Skador eller korrosion/rost som utgörs av vassa eller i övrigt farliga kanter med risk för personskada medför vanligtvis att bilen måste repareras och ombesiktas. Det får inte heller finnas delar som sitter påtagligt löst.

□ Det är inte tillåtet att ha utskjutande detaljer och anordningar med olämplig utformning eller placering (prydnadsföremål, antennfästen, viltfångare och liknande).

□ Kontrollera att huvlås och säkerhetsspärr fungerar och att gångjärnen inte sitter löst eller på något vis är skadade.

□ Se också till att stänkskydden täcker hela däckets bredd.

3 Kontroller som utförs med bilen upphissad och med fria hjul

Lyft upp både fram- och bakvagnen och ställ bilen på pallbockar. Placera pallbockarna så att de inte tar i fjäderupphängningen. Se till att hjulen inte tar i marken och att de går att vrida till fullt rattutslag. Om du har begränsad utrustning går det naturligtvis bra att lyfta upp en ände i taget.

Styrsystem

□ Be någon vrida på ratten till fullt rattutslag. Kontrollera att alla delar i styrningen går mjukt och att ingen del av styrsystemet tar i någonstans.

□ Undersök kuggstångsdamaskerna så att de inte är skadade eller att metallklämmorna glappar. Om bilen är utrustad med servostyrning ska slangar, rör och kopplingar kontrolleras så att de inte är skadade eller

läcker. Kontrollera också att styrningen inte är onormalt trög eller kärvar. Undersök länkarmar, krängningshämmare, styrstag och styrleder och leta efter glapp och rost.

□ Se även till att ingen saxpinne eller liknande låsmekanism saknas och att det inte finns gravrost i närheten av någon av styrmekanismens fästpunkter.

Upphängning och hjullager

□ Börja vid höger framhjul. Ta tag på sidorna av hjulet och skaka det kraftigt. Se till att det inte glappar vid hjullager, spindelleder eller vid upphängningens infästningar och leder.

□ Ta nu tag upptill och nedtill på hjulet och upprepa ovanstående. Snurra på hjulet och undersök hjullagret angående missljud och glapp.

□ Om du misstänker att det är för stort spel vid en komponents led kan man kontrollera detta genom att använda en stor skruvmejsel eller liknande och bända mellan infästningen och komponentens fäste. Detta visar om det är bussningen, fästskruven eller själva infästningen som är sliten (bulthålen kan ofta bli uttänjda).

□ Kontrollera alla fyra hjulen.

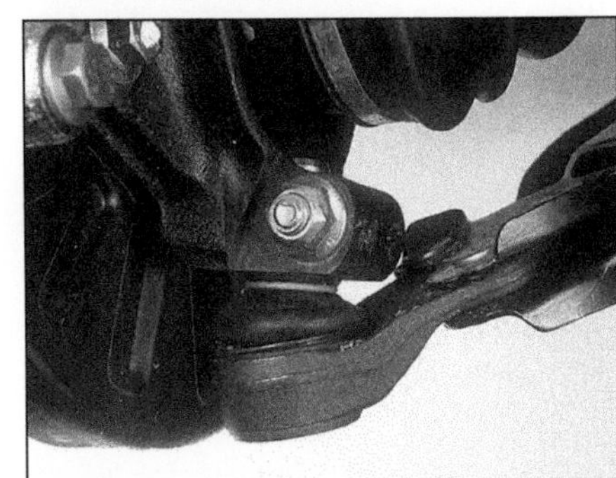

Fjädrar och stötdämpare

☐ Undersök fjäderbenen (där så är tillämpligt) angående större läckor, korrosion eller skador i godset. Kontrollera också att fästena sitter säkert.

☐ Om bilen har spiralfjädrar, kontrollera att dessa sitter korrekt i fjädersätena och att de inte är utmattade, rostiga, spruckna eller av.

☐ Om bilen har bladfjädrar, kontrollera att alla bladen är hela, att axeln är ordentligt fastsatt mot fjädrarna och att fjäderöglorna, bussningarna och upphängningarna inte är slitna.

☐ Liknande kontroll utförs på bilar som har annan typ av upphängning såsom torsionfjädrar, hydraulisk fjädring etc. Se till att alla infästningar och anslutningar är säkra och inte utslitna, rostiga eller skadade och att den hydrauliska fjädringen inte läcker olja eller på annat sätt är skadad.

☐ Kontrollera att stötdämparna inte läcker och att de är hela och oskadade i övrigt samt se till att bussningar och fästen inte är utslitna.

Drivning

☐ Snurra på varje hjul i tur och ordning. Kontrollera att driv-/kardanknutar inte är lösa, glappa, spruckna eller skadade. Kontrollera också att skyddsbälgarna är intakta och att driv-/kardanaxlar är ordentligt fastsatta, raka och oskadade. Se även till att inga andra detaljer i kraftöverföringen är glappa, lösa, skadade eller slitna.

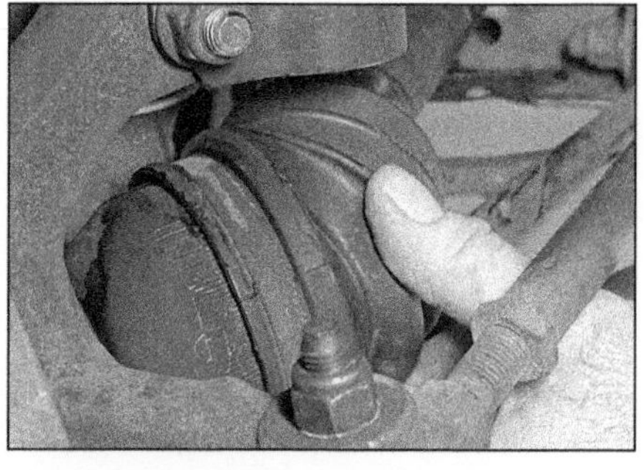

Bromssystem

☐ Om det är möjligt utan isärtagning, kontrollera hur bromsklossar och bromsskivor ser ut. Se till att friktionsmaterialet på bromsbeläggen (A) inte är slitet under 2 mm och att bromsskivorna (B) inte är spruckna, gropiga, repiga eller utslitna.

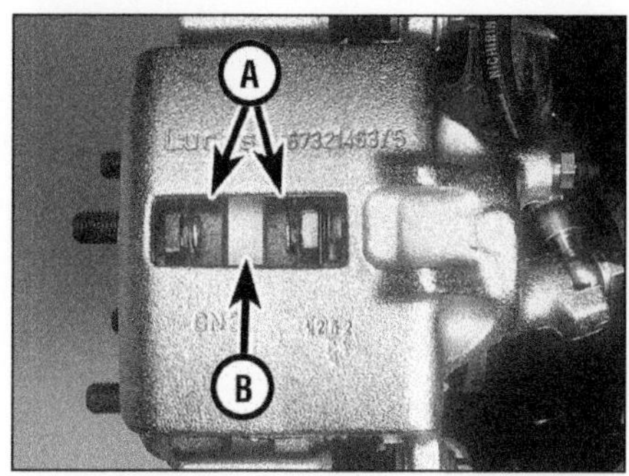

☐ Undersök alla bromsrör under bilen och bromsslangarna bak. Leta efter rost, skavning och övriga skador på ledningarna och efter tecken på blåsor under tryck, skavning, sprickor och förslitning på slangarna. (Det kan vara enklare att upptäcka eventuella sprickor på en slang om den böjs något.)

☐ Leta efter tecken på läckage vid bromsoken och på bromssköldarna. Reparera eller byt ut delar som läcker.

☐ Snurra sakta på varje hjul medan någon trycker ned och släpper upp bromspedalen. Se till att bromsen fungerar och inte ligger an när pedalen inte är nedtryckt.

☐ Undersök handbromsmekanismen och kontrollera att vajern inte har fransat sig, är av eller väldigt rostig eller att länksystemet är utslitet eller glappar. Se till att handbromsen fungerar på båda hjulen och inte ligger an när den läggs ur.

☐ Det är inte möjligt att prova bromsverkan utan specialutrustning, men man kan göra ett körtest och prova att bilen inte drar åt något håll vid en kraftig inbromsning.

Bränsle- och avgassystem

☐ Undersök bränsletanken (inklusive tanklock och påfyllningshals), fastsättning, bränsleledningar, slangar och anslutningar. Alla delar måste sitta fast ordentligt och får inte läcka.

☐ Granska avgassystemet i hela dess längd beträffande skadade, avbrutna eller saknade upphängningar. Kontrollera systemets skick beträffande rost och se till att rörklämmorna är säkert monterade. Svarta sotavlagringar på avgassystemet tyder på ett annalkande läckage.

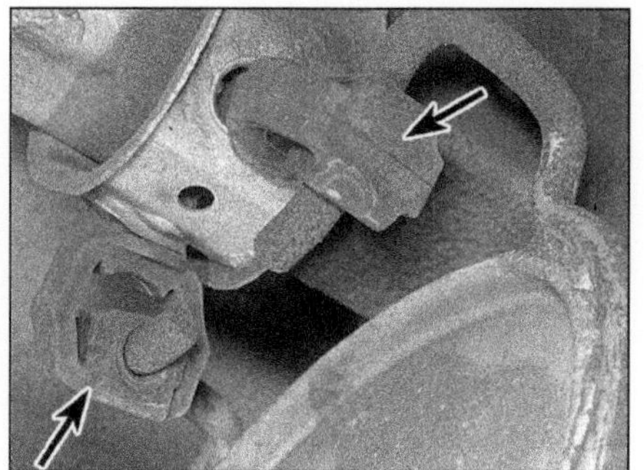

Hjul och däck

☐ Undersök i tur och ordning däcksidorna och slitbanorna på alla däcken. Kontrollera att det inte finns några skärskador, revor eller bulor och att korden inte syns p g a utslitning eller skador. Kontrollera att däcket är korrekt monterat på fälgen och att hjulet inte är deformerat eller skadat.

☐ Se till att det är rätt storlek på däcken för bilen, att det är samma storlek och däcktyp på samma axel och att det är rätt lufttryck i däcken. Se också till att inte ha dubbade och odubbade däck blandat. (Dubbade däck får användas under vinterhalvåret, från 1 oktober till första måndagen efter påsk.)

☐ Kontrollera mönsterdjupet på däcken – minsta tillåtna mönsterdjup är 1,6 mm. Onormalt däckslitage kan tyda på felaktig framhjulsinställning.

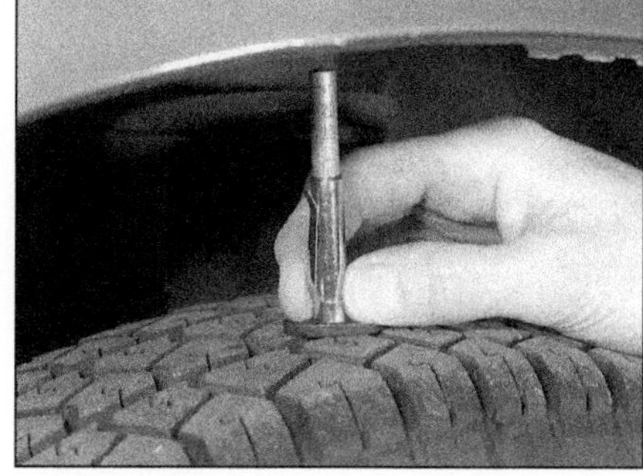

Korrosion

☐ Undersök alla bilens bärande delar efter rost. (Bärande delar innefattar underrede, tröskellådor, tvärbalkar, stolpar och all upphängning, styrsystemet, bromssystemet samt bältesinfästningarna.) Rost som avsevärt har reducerat tjockleken på en bärande yta medför troligtvis en tvåa i besiktningsprotokollet. Sådana skador kan ofta vara svåra att reparera själv.

☐ Var extra noga med att kontrollera att inte rost har gjort det möjligt för avgaser att tränga in i kupén. Om så är fallet kommer fordonet ovillkorligen inte att klara besiktningen och dessutom utgör det en stor trafik- och hälsofara för dig och dina passagerare.

4 Kontroller som utförs på bilens avgassystem

Bensindrivna modeller

☐ Starta motorn och låt den bli varm. Se till att tändningen är rätt inställd, att luftfiltret är rent och att motorn går bra i övrigt.

☐ Varva först upp motorn till ca 2500 varv/min och håll den där i ca 20 sekunder. Låt den sedan gå ner till tomgång och iaktta avgasutsläppen från avgasröret. Om tomgången är onaturligt hög eller om tät blå eller klart synlig svart rök kommer ut med avgaserna i mer än 5 sekunder så kommer bilen antagligen inte att klara besiktningen. I regel tyder blå rök på att motorn är sliten och förbränner olja medan svart rök tyder på att motorn inte förbränner bränslet ordentligt (smutsigt luftfilter eller annat förgasar- eller bränslesystemfel).

☐ Vad som då behövs är ett instrument som kan mäta koloxid (CO) och kolväten (HC). Om du inte har möjlighet att låna eller hyra ett dylikt instrument kan du få hjälp med det på en verkstad för en mindre kostnad.

CO- och HC-utsläpp

☐ För närvarande är högsta tillåtna gränsvärde för CO- och HC-utsläpp för bilar av årsmodell 1989 och senare (d v s bilar med katalysator enligt lag) 0,5% CO och 100 ppm HC.

På tidigare årsmodeller testas endast CO-halten och följande gränsvärden gäller:

årsmodell 1985-88	3,5% CO
årsmodell 1971-84	4,5% CO
årsmodell -1970	5,5% CO.

Bilar av årsmodell 1987-88 med frivilligt monterad katalysator bedöms enligt 1989 års komponentkrav men 1985 års utsläppskrav.

☐ Om CO-halten inte kan reduceras tillräckligt för att klara besiktningen (och bränsle- och tändningssystemet är i bra skick i övrigt) ligger problemet antagligen hos förgasaren/bränsleinsprutningsystemet eller katalysatorn (om monterad).

☐ Höga halter av HC kan orsakas av att motorn förbränner olja men troligare är att motorn inte förbränner bränslet ordentligt.

Dieseldrivna modeller

☐ Det enda testet för avgasutsläpp på dieseldrivna bilar är att man mäter röktätheten. Testet innebär att man varvar motorn kraftigt upprepade gånger.

Observera: *Det är oerhört viktigt att motorn är rätt inställd innan provet genomförs.*

☐ Mycket rök kan orsakas av ett smutsigt luftfilter. Om luftfiltret inte är smutsigt men bilen ändå avger mycket rök kan det vara nödvändigt att söka experthjälp för att hitta orsaken.

5 Körtest

☐ Slutligen, provkör bilen. Var extra uppmärksam på eventuella missljud, vibrationer och liknande.

☐ Om bilen har automatväxellåda, kontrollera att den endast går att starta i lägena P och N. Om bilen går att starta i andra växellägen måste växelväljarmekanismen justeras.

☐ Kontrollera också att hastighetsmätaren fungerar och inte är missvisande.

☐ Se till att ingen extrautrustning i kupén, t ex biltelefon och liknande, är placerad så att den vid en eventuell kollision innebär ökad risk för personskada.

☐ Bilen får inte dra åt något håll vid normal körning. Gör också en hastig inbromsning och kontrollera att bilen inte då drar åt något håll. Om kraftiga vibrationer känns vid inbromsning kan det tyda på att bromsskivorna är skeva och bör bytas eller svarvas om. (Inte att förväxlas med de låsningsfria bromsarnas karakteristiska vibrationer.)

☐ Om vibrationer känns vid acceleration, hastighetsminskning, vid vissa hastigheter eller hela tiden, kan det tyda på att drivknutar eller drivaxlar är slitna eller defekta, att hjulen eller däcken är felaktiga eller skadade, att hjulen är obalanserade eller att styrleder, upphängningens leder, bussningar eller andra komponenter är slitna.

Motor

- ☐ Motorn går inte runt vid startförsök
- ☐ Motorn går runt men startar inte
- ☐ Motorn är svårstartad när den är kall
- ☐ Motorn är svårstartad när den är varm
- ☐ Startmotorn lever om eller roterar ojämnt
- ☐ Motorn startar men stannar på en gång
- ☐ Motorn går ojämnt på tomgång
- ☐ Motorn misständer på tomgång
- ☐ Motorn misständer vid alla hastigheter
- ☐ Motorn tvekar vid acceleration
- ☐ Motorstopp
- ☐ Motorn saknar kraft
- ☐ Motorn baktänder
- ☐ Oljetrycksvarningslampan är tänd när motorn går
- ☐ Motorn glödtänder efter att den har slagits av
- ☐ Oljud från motorn

Kylsystem

- ☐ Överhettning
- ☐ Överkylning
- ☐ Externt kylvätskeläckage
- ☐ Internt kylvätskeläckage
- ☐ Korrosion

Bränsle- och avgassystem

- ☐ Överdriven bränsleförbrukning
- ☐ Bränsleläckage och/eller -lukt
- ☐ Högt ljud eller mycket rök från avgassystemet

Koppling

- ☐ Pedalen går ner mot golvet – inget tryck eller mycket litet motstånd
- ☐ Kopplingen kopplar inte ur (det går inte att välja växlar).
- ☐ Kopplingen slirar (motorns hastighet ökar utan att bilens hastighet ökar).
- ☐ Vibration när kopplingspedalen släpps upp
- ☐ Oljud när kopplingspedalen trampas ner eller släpps upp

Manuell växellåda

- ☐ Oljud i neutralläge när motorn går
- ☐ Oljud i en särskild växel
- ☐ Svårt att lägga i växlar
- ☐ Vibration
- ☐ Växel hoppar ur
- ☐ Smörjmedelsläckage

Automatväxellåda

- ☐ Oljeläckage
- ☐ Allmänna problem med växlingen
- ☐ Växellådsoljan är brun eller luktar bränt
- ☐ Växellådan växlar inte ner (kickdown) när gaspedalen är helt nedtryckt
- ☐ Motorn startar inte i något växelläge, eller startar i andra lägen än Park eller Neutral
- ☐ Växellådan slirar, växlar ryckigt, lever om eller saknar drivkraft i framåtväxlar eller backväxel

Bromssystem

- ☐ Bilen drar åt ett håll vid inbromsning
- ☐ Oljud (skrapande eller skarpt gnisslande) när bromsarna läggs an
- ☐ Bromsarna kärvar
- ☐ För stort spel i bromspedalen
- ☐ Bromspedalens rörelse känns "svampig"
- ☐ För stort pedaltryck krävs för att stanna bilen
- ☐ Vibrationer i ratt eller pedal vid inbromsning
- ☐ Bakhjulen låser vid normal inbromsning

Drivaxlar

- ☐ Klickande eller knackande ljud vid kurvtagning (vid låg hastighet med fullt utslag)
- ☐ Vibration vid acceleration eller inbromsning

Fjädring och styrning

- ☐ Bilen drar åt ena hållet
- ☐ Bilen lutar eller kränger vid kurvtagning eller inbromsning
- ☐ Dålig servoverkan
- ☐ Bilen vandrar på vägen, är allmänt instabil
- ☐ Styrningen går tungt
- ☐ För stort spel i styrningen
- ☐ Hjulen vobblar eller vibrerar
- ☐ Kraftigt däckslitage

Elsystem

- ☐ Batteriet håller inte laddning mer än några dagar
- ☐ Laddningslampan förblir tänd när motorn går
- ☐ Laddningslampan tänds inte alls
- ☐ Lysen fungerar inte
- ☐ Instrument ger felaktiga eller ojämna utslag
- ☐ Signalhornet fungerar otillfredsställande eller inte alls
- ☐ Vindrute-/bakrutetorkarna fungerar otillfredsställande eller inte alls
- ☐ Vindrute-/bakrutespolarna fungerar otillfredsställande eller inte alls
- ☐ Elfönsterhissar fungerar otillfredsställande eller inte alls
- ☐ Centrallåssystemet fungerar otillfredsställande eller inte alls

Inledning

Den bilägare som underhåller sin bil enligt rekommendationerna bör inte behöva använda detta avsnitt i boken särskilt ofta. Moderna komponenter är så pass pålitliga, att förutsatt att delar som är speciellt utsatta för slitage kontrolleras och byts vid angivna tidpunkter, uppstår plötsliga fel mycket sällan. Det är över huvud taget ganska ovanligt att fel uppstår utan förvarning, de utvecklas oftast under en längre tidsperiod. I synnerhet större mekaniska fel föregås i regel av varningar under hundratals eller t.o.m. tusentals kilometer. De komponenter som ibland går sönder utan förvarning är oftast små och lätta att ha med sig i bilen.

All felsökning inleds med att man bestämmer var man ska börja. Ibland är det helt självklart, men vid andra tillfällen kan det krävas lite detektivarbete. Den bilägare som gör ett halvdussin justeringar och komponentbyten på måfå, kan mycket väl ha lagat felet (eller tagit bort symptomen) men om felet återkommer är han inte klokare och kan ha använt mer tid och pengar än nödvändigt. Att lugnt och metodiskt ta sig an problemet kommer att visa sig vara långt mer tillfredsställande i längden. Var uppmärksam på alla varningssignaler och allt onormalt som kan ha noterats innan felet uppstod – kraftförlust, höga eller låga mätarvisningar, ovanliga ljud eller lukter etc. – och kom i håg att trasiga säkringar eller defekta tändstift kan vara symptom på underliggande fel.

Följande sidor är tänkta som hjälp vid de tillfällen då bilen inte startar eller då den går sönder på vägen. Sådana problem, och möjliga orsaker, är ordnade under rubriker avseende olika komponenter eller system, exempelvis Motor, Kylsystem etc. Det kapitel som redogör för problemet anges inom parentes. Oavsett felets art gäller vissa grundprinciper. Dessa är följande:

Definiera felet. Det handlar helt enkelt om att vara säker på att man vet vilka symptomen är innan man börjar arbeta. Detta är särskilt viktigt om man undersöker ett fel för någon annans räkning och som kanske inte har beskrivit felet tillräckligt väl.

Förbise inte det självklara. Om bilen till exempel inte vill starta, finns det bränsle i tanken? (Lita inte på någons ord i detta speciella fall och lite inte heller på bränslemätaren!) Om felet är elektriskt, leta efter lösa eller trasiga ledningar innan du tar fram testutrustningen.

Eliminera felet, inte bara symptomen. Att byta ett urladdat batteri mot ett fulladdat kan lösa problemen för stunden, men om någonting annat egentligen utgör problemet kommer samma sak att hända även med ett nytt batteri. På samma sätt hjälper det att byta ut oljiga tändstift (bensinmotorer) mot en omgång nya, men kom ihåg att orsaken (om det inte helt enkelt berodde på felaktiga tändstift) måste fastställas och åtgärdas.

Ta ingenting för givet. Tänk speciellt på att även en "ny" komponent kan vara defekt (särskilt om den har skramlat runt i bagageutrymmet i flera månader) och bortse inte från att kontrollera komponenter bara för att de är nya eller nyligen har bytts ut. När man till slut hittar ett besvärligt fel inser man ofta att alla indikationerna fanns där redan från början.

Motor

Motorn går inte runt vid startförsök

- ☐ Batterianslutningarna lösa eller korroderade (*Veckokontroller*).
- ☐ Batteriet urladdat eller defekt (Kapitel 5A).
- ☐ Trasigt, glappande eller löst kablage i startkretsen (Kapitel 5A).
- ☐ Defekt startsolenoid eller kontakt (Kapitel 5A).
- ☐ Defekt startmotor (Kapitel 5A).
- ☐ Lösa eller trasiga kuggar på startmotordrev eller svänghjul (Kapitel 2A, 2B, 2C och 5A).
- ☐ Motorns jordfläta trasig eller losskopplad (Kapitel 5A).

Motorn går runt men startar inte

- ☐ Bränsletanken är tom.
- ☐ Batteriet urladdat (motorn går runt sakta) (Kapitel 5A).
- ☐ Batterianslutningarna lösa eller korroderade (*Veckokontroller*).
- ☐ Tändningens komponenter fuktiga eller skadade – bensinmotorer (Kapitel 1A och 5B).
- ☐ Trasigt, glappande eller löst kablage i startkretsen – bensinmotorer (Kapitel 1A och 5B).
- ☐ Slitna eller felaktiga tändstift, eller inkorrekt elektrodarvstånd – bensinmotorer (Kapitel 1A).
- ☐ Fel i bränsleinsprutningssystemet (Kapitel 4A och 4B).
- ☐ Stoppsolenoid defekt – dieselmotorer (Kapitel 4B).
- ☐ Luft i bränslesystemet – dieselmotorer (Kapitel 4B).
- ☐ Större mekaniskt fel (t.ex. kamrem) (Kapitel 2A, 2B eller 2C).

Motorn är svårstartad när den är kall

- ☐ Batteriet är urladdat (Kapitel 5A).
- ☐ Batterianslutningarna lösa eller korroderade (*Veckokontroller*).
- ☐ Slitna eller felaktiga tändstift, eller inkorrekt elektrodarvstånd – bensinmotorer (Kapitel 1A).
- ☐ Fel i bränsleinsprutningssystemet (Kapitel 4A och 4B).
- ☐ Annat fel i tändsystemet – bensinmotorer (Kapitel 1A och 5B).
- ☐ Fel i förvärmningssystemet – dieselmotorer (Kapitel 5C).
- ☐ Låg cylinderkompression (Kapitel 2A, 2B eller 2C).

Motorn är svårstartad när den är varm

- ☐ Luftfiltret smutsigt eller igensatt (Kapitel 1A eller 1B).
- ☐ Fel i bränsleinsprutningssystemet (Kapitel 4A och 4B).
- ☐ Låga cylinderkompressionstryck (Kapitel 2A, 2B eller 2C).

Startmotorn lever om eller roterar ojämnt

- ☐ Lösa eller trasiga kuggar på startmotordrev eller svänghjul (Kapitel 2A, 2B, 2C och 5A).
- ☐ Startmotorns fästbultar lösa eller saknas (Kapitel 5A).
- ☐ Startmotorns interna komponenter slitna eller skadade (Kapitel 5A).

Motorn startar men stannar på en gång

- ☐ Lösa eller defekta elektriska anslutningar i tändningskretsen – bensinmotorer (Kapitel 1A och 5B).
- ☐ Vakuumläcka vid gasspjällhuset eller insugsgrenröret – bensinmotorer (Kapitel 4A).
- ☐ Igensatt bränslespridare/fel i bränsleinsprutningssystemet (Kapitel 4A eller 4B).
- ☐ Defekt(a) bränslespridare – dieselmotorer (Kapitel 4B).
- ☐ Luft i bränslesystemet – dieselmotorer (Kapitel 4B).

Motorn går ojämnt på tomgång

- ☐ Luftfiltret igensatt (Kapitel 1A eller 1B).
- ☐ Vakuumläcka vid gasspjällhuset, insugsgrenröret eller tillhörande slangar – bensinmotorer (Kapitel 4A).
- ☐ Slitna eller felaktiga tändstift, eller inkorrekt elektrodarvstånd – bensinmotorer (Kapitel 1A).
- ☐ Ojämn eller låg cylinderkompression (Kapitel 2A, 2B eller 2C).
- ☐ Kamaxelnockarna slitna (Kapitel 2A, 2B eller 2C).
- ☐ Kamremmen felaktigt spänd (Kapitel 2A, 2B eller 2C).
- ☐ Igensatt spridare/fel i insprutningssystemet (Kapitel 4A eller 4B).
- ☐ Defekt(a) bränslespridare – dieselmotorer (Kapitel 4B).

Motorn misständer på tomgång

- ☐ Slitna eller felaktiga tändstift, eller inkorrekt elektrodavstånd – bensinmotorer (Kapitel 1A).
- ☐ Defekta tändkablar – bensinmotorer (Kapitel 5B).
- ☐ Vakuumläcka vid gasspjällhuset, insugsgrenröret eller tillhörande slangar (Kapitel 4A eller 4B).
- ☐ Igensatt bränslespridare/fel i bränsleinsprutningssystemet (Kapitel 4A och 4B).
- ☐ Defekt(a) bränslespridare – dieselmotorer (Kapitel 4B).
- ☐ Ojämn eller låg cylinderkompression (Kapitel 2A, 2B eller 2C).
- ☐ Lösa, läckande eller försämrade slangar i vevhusventilationen (Kapitel 4C och 4D).

Motorn misständer vid alla hastigheter

- ☐ Bränslefiltret igensatt (Kapitel 1A eller 1B).
- ☐ Bränslepumpen defekt eller lågt tillförseltryck (Kapitel 4A eller 4B).
- ☐ Bränsletanksventilationen igensatt, eller igensatta bränslerör (Kapitel 4A eller 4B).
- ☐ Vakuumläcka vid gasspjällhuset, insugsgrenröret eller tillhörande slangar – bensinmotorer (Kapitel 4A).
- ☐ Slitna eller felaktiga tändstift, eller inkorrekt elektrodarvstånd – bensinmotorer (Kapitel 1A).
- ☐ Defekta tändkablar (Kapitel 5B).
- ☐ Defekt(a) bränslespridare – dieselmotorer (Kapitel 4B).
- ☐ Defekt tändspole – bensinmotorer (Kapitel 5B).
- ☐ Ojämn eller låg cylinderkompression (Kapitel 2A, 2B eller 2C).
- ☐ Igensatt bränslespridare/fel i insprutningssystemet (Kapitel 4A eller 4B).

Motorn tvekar vid acceleration

- ☐ Slitna eller felaktiga tändstift, eller inkorrekt elektrodavstånd – bensinmotorer (Kapitel 1A).
- ☐ Vakuumläcka vid gasspjällhuset, insugsgrenröret eller tillhörande slangar – bensinmotorer (Kapitel 4A).
- ☐ Igensatt spridare/fel i insprutningssystemet (Kapitel 4A eller 4B).
- ☐ Defekt(a) bränslespridare – dieselmotorer (Kapitel 4B).
- ☐ Felaktig inställning av insprutningspumpen – dieselmotorer (Kapitel 4B).

Motor (forts.)

Motorstopp

- ☐ Vakuumläcka vid gasspjällhuset, insugsgrenröret eller tillhörande slangar – bensinmotorer (Kapitel 4A).
- ☐ Bränslefiltret igensatt (Kapitel 1A eller 1B).
- ☐ Bränslepumpen defekt eller lågt tillförseltryck – bensinmotorer (Kapitel 4A).
- ☐ Bränsletanksventilationen igensatt, eller igensatta bränslerör (Kapitel 4A eller 4B).
- ☐ Igensatt bränslespridare/fel i bränsleinsprutningssystemet (Kapitel 4A eller 4B).
- ☐ Defekt(a) bränslespridare – dieselmotorer (Kapitel 4B).
- ☐ Luft i bränslesystemet – dieselmotorer (Kapitel 4B).

Motorn saknar kraft

- ☐ Kamremmen felaktigt monterad eller spänd (Kapitel 2A, 2B eller 2C).
- ☐ Bränslefiltret igensatt (Kapitel 1A eller 1B).
- ☐ Bränslepumpen defekt eller lågt tillförseltryck – bensinmotorer (Kapitel 4A).
- ☐ Ojämna eller låga cylinderkompressionstryck (Kapitel 2A, 2B eller 2C).
- ☐ Slitna eller felaktiga tändstift, eller inkorrekt elektrodavstånd – bensinmotorer (Kapitel 1A).
- ☐ Vakuumläcka vid gasspjällhuset, insugsgrenröret eller tillhörande slangar – bensinmotorer (Kapitel 4A).
- ☐ Igensatt bränslespridare/fel i bränsleinsprutningssystemet (Kapitel 4A eller 4B).
- ☐ Insprutningspumpens inställning inkorrekt – dieselmotorer (Kapitel 4B).
- ☐ Bromsarna kärvar (Kapitel 1A eller 1B och 9).
- ☐ Kopplingen slirar (Kapitel 6).

Motorn baktänder

- ☐ Kamremmen felaktigt monterad eller spänd (Kapitel 2A, 2B eller 2C).
- ☐ Vakuumläcka vid gasspjällhuset, insugsgrenröret eller tillhörande slangar – bensinmotorer (Kapitel 4A).
- ☐ Igensatt bränslespridare/fel i bränsleinsprutningssystemet (Kapitel 4A eller 4B).

Oljetryckslampan är tänd när motorn går

- ☐ Låg oljenivå eller fel typ av olja (*Veckokontroller*).
- ☐ Oljetrycksvarningslampans kontakt defekt (Kapitel 2A, 2B eller 2C).
- ☐ Slitna motorlager och/eller sliten oljepump (Kapitel 2A, 2B eller 2C).
- ☐ Höga motortemperaturer (Kapitel 3).
- ☐ Oljetrycksventilen defekt (Kapitel 2A, 2B eller 2C).
- ☐ Oljepickupens sil igensatt (Kapitel 2A, 2B eller 2C).

Motorn glödtänder efter att den har slagits av

- ☐ Kraftiga sotavlagringar i motorn (Kapitel 2A, 2B eller 2C).
- ☐ Höga motortemperaturer (Kapitel 3).
- ☐ Fel i bränsleinsprutningssystemet – bensinmotorer (Kapitel 4A).
- ☐ Defekt stoppsolenoid – dieselmotorer (Kapitel 4B).

Oljud från motorn

Förtändning (spikning) eller knackning vid acceleration eller under belastning

- ☐ Inkorrekt tändinställning/fel i tändsystemet – bensinmotorer (Kapitel 1A och 5B).
- ☐ Fel typ av tändstift – bensinmotorer (Kapitel 1A).
- ☐ Fel typ av bränsle (Kapitel 4A).
- ☐ Vakuumläcka vid gasspjällhuset, insugsgrenröret eller tillhörande slangar – bensinmotorer (Kapitel 4A).
- ☐ Kraftiga sotavlagringar i motorn (Kapitel 2A, 2B eller 2C).
- ☐ Igensatt bränslespridare/fel i bränsleinsprutningssystemet – bensinmotorer (Kapitel 4A).

Visslande eller väsande ljud

- ☐ Läckande packning vid insugsgrenröret eller gasspjällhuset – bensinmotorer (Kapitel 4A).
- ☐ Läckande avgasgrenrörspackning eller fog mellan rör och grenrör (Kapitel 4C eller 4D).
- ☐ Läckande vakuumslang (Kapitel 4A, 4B, 4C, 4D och 9).
- ☐ Trasig topplockspackning (Kapitel 2A, 2B eller 2C).

Lätt knackning eller skrammel

- ☐ Slitna ventiler eller sliten kamaxel (Kapitel 2A, 2B eller 2C).
- ☐ Slitna hjälpaggregat (kylvätskepump, generator etc.) (Kapitel 3, 5A, etc).

Knackningar eller slag

- ☐ Slitna vevlager (regelbundna kraftiga knackningar, eventuellt värre under belastning) (Kapitel 2D).
- ☐ Slitna ramlager (mullrande och knackande, eventuellt mindre under belastning)) (Kapitel 2D).
- ☐ Kolvslammer (mest vid kall motor) (Kapitel 2D).
- ☐ Slitna hjälpaggregat (kylvätskepump, generator etc.) (Kapitel 3, 5A, etc).

Kylsystem

Överhettning

- ☐ För lite kylvätska i kylsystemet (*Veckokontroller*).
- ☐ Defekt termostat (Kapitel 3).
- ☐ Kylaren igensatt invändigt eller grillen blockerad (Kapitel 3).
- ☐ Defekt kylfläkt eller termostatkontakt (Kapitel 3).
- ☐ Defekt lock på expansionskärlet (Kapitel 3).
- ☐ Inkorrekt tändinställning/fel i tändsystemet – bensinmotorer (Kapitel 1A och 5B).
- ☐ Defekt temperaturgivare (Kapitel 3).
- ☐ Luft i kylsystemet.

Överkylning

- ☐ Defekt termostat (Kapitel 3).
- ☐ Defekt temperaturgivare (Kapitel 3).

Externt kylvätskeläckage

- ☐ Försämrade eller skadade slangar eller slangklämmor (Kapitel 1A eller 1B).
- ☐ Kylare eller värmepaket läcker (Kapitel 3).
- ☐ Defekt lock på expansionskärlet (Kapitel 3).
- ☐ Vattenpumpens tätning läcker (Kapitel 3).
- ☐ Kylvätskan kokar på grund av överhettning (Kapitel 3).
- ☐ Läckage vid frostplugg (Kapitel 2D).

Internt kylvätskeläckage

- ☐ Läckande topplockspackning (Kapitel 2A, 2B eller 2C).
- ☐ Spricka i topplock eller cylinderlopp (Kapitel 2D).

Korrosion

- ☐ Otillräcklig avtappning och spolning (Kapitel 1A eller 1B).
- ☐ Fel kylvätskeblandning eller fel typ av frostskyddsvätska (Kapitel 1A eller 1B).

Bränsle- och avgassystem

Överdriven bränsleförbrukning

- ☐ Luftfiltret smutsigt eller igensatt (Kapitel 1A eller 1B).
- ☐ Fel i bränsleinsprutningssystemet (Kapitel 4A eller 4B).
- ☐ Inkorrekt tändinställning/fel i tändsystemet – bensinmotorer (Kapitel 1A och 5B).
- ☐ Defekt(a) bränslespridare – dieselmotorer (Kapitel 4B).
- ☐ För lite luft i däcken (*Veckokontroller*).

Bränsleläckage och/eller -lukt

- ☐ Bränsletank, rör eller anslutningar skadade eller korroderade (Kapitel 4A eller 4B).

Högt ljud eller mycket rök från avgassystemet

- ☐ Läckande avgassystem eller grenrörsskarvar (Kapitel 1A, 1B, 4C eller 4D).
- ☐ Läckande, korroderade eller skadade ljuddämpare eller rör (Kapitel 1A, 1B, 4C eller 4D).
- ☐ Trasiga fästen orsakar kontakt med chassi eller fjädring (Kapitel 1A eller 1B).

Koppling

Pedalen går ner mot golvet – inget tryck eller mycket litet motstånd

- ☐ Låg kopplingsvätskenivå/luft i systemet (Kapitel 6).
- ☐ Urtrampningslager eller -gaffel trasig (Kapitel 6).
- ☐ Trasig membranfjäder i kopplingens tryckplatta (Kapitel 6).

Kopplingen kopplar inte ur (det går inte att välja växlar)

- ☐ Kopplingslamellen kärvar på växellådans ingående axel (Kapitel 6).
- ☐ Kopplingslamellen kärvar på svänghjul eller tryckplatta (Kapitel 6).
- ☐ Defekt tryckplatta (Kapitel 6).
- ☐ Urtrampningsmekanismen sliten eller felaktigt hopsatt (Kapitel 6).

Kopplingen slirar (motorns hastighet ökar utan att bilens hastighet ökar)

- ☐ Kopplingslamellens belägg mycket slitna (Kapitel 6).
- ☐ Kopplingslamellens belägg förorenade med olja eller fett (Kapitel 6).
- ☐ Defekt tryckplatta eller svag membranfjäder (Kapitel 6).

Vibration när kopplingspedalen släpps upp

- ☐ Kopplingslamellens belägg förorenade med olja eller fett (Kapitel 6).
- ☐ Kopplingslamellens belägg mycket slitna (Kapitel 6).
- ☐ Defekt eller missformad tryckplatta eller membranfjäder (Kapitel 6).
- ☐ Slitna eller lösa motor- eller växellådsfästen (Kapitel 2A, 2B eller 2C).
- ☐ Splines på kopplingslamellens nav eller växellådans ingående axel slitna (Kapitel 6).

Oljud när kopplingspedalen trycks ner eller släpps upp

- ☐ Slitet urtrampningslager (Kapitel 6).
- ☐ Kopplingspedalens pussningar slitna eller torra (Kapitel 6).
- ☐ Defekt tryckplatta (Kapitel 6).
- ☐ Tryckplattans membranfjäder trasig (Kapitel 6).
- ☐ Kopplingslamellens dämpfjädrar trasiga (Kapitel 6).

Manuell växellåda

Oljud i neutralläge när motorn går

- ☐ Ingående axelns lager slitna (oljud när kopplingspedalen är uppsläppt, men inte när den är nedtryckt) (Kapitel 7A).*
- ☐ Kopplingens urtrampningslager slitet (oljud när kopplingspedalen är nedtryckt, kanske mindre när den är uppsläppt) (Kapitel 6).

Oljud i en särskild växel

- ☐ Slitna eller skadade drevkuggar (Kapitel 7A).*

Svårt att lägga i växlar

- ☐ Kopplingsfel (Kapitel 6).
- ☐ Slitet eller skadat växellänkage (Kapitel 7A).
- ☐ Felaktigt justerat växellänkage (Kapitel 7A).
- ☐ Slitna synkroniseringsenheter (Kapitel 7A).*

Vibration

- ☐ Brist på smörjolja (Kapitel 1A eller 1B).
- ☐ Slitna lager (Kapitel 7A).*

Växel hoppar ur

- ☐ Slitet eller skadat växellänkage (Kapitel 7A).
- ☐ Felaktigt justerat växellänkage (Kapitel 7A).
- ☐ Slitna synkroniseringsenheter (Kapitel 7A).*
- ☐ Slitna väljargafflar (Kapitel 7A).*

Smörjmedelsläckage

- ☐ Differentialens utgående oljetätning läcker (Kapitel 7A).
- ☐ Läckande fog i växellådshuset (Kapitel 7A).*
- ☐ Ingående axelns oljetätning läcker (Kapitel 7A).*

** Att åtgärda de problem som beskrivs ovan ligger utanför vad hemmamekanikern vanligtvis klarar av. Informationen kan dock vara till hjälp när man försöker ringa in orsaken till problemet och det är viktigt att korrekt information förmedlas till yrkesmekanikern.*

Automatväxellåda

Observera: *På grund av en automatväxellådas komplexa uppbyggnad är det svårt för hemmamekanikern att korrekt felsöka och serva enheten. För andra problem än de som anges här, bör bilen tas till en återförsäljares serviceavdelning eller en specialist på automatväxellådor. Ha inte för bråttom med att demontera växellådan vid misstänkt felfunktion. De flesta tester utförs med växellådan på plats i bilen.*

Oljeläckage

☐ Automatväxellådsolja är vanligtvis mörkröd. Läckande växellådsolja skall inte förväxlas med motorolja vilken lätt kan stänka på växellådan.

☐ För att leta reda på läckagekällan, torka bort all smuts från växellådan och angränsande ytor med fettlösande medel eller ångtvätt. Kör bilen med låg hastighet så att luftströmmen inte blåser bort den läckande oljan från källan. Lyft bilen och palla upp den för att kunna se var läckaget kommer ifrån.

Allmänna problem med växlingen

☐ Kapitel 7B behandlar kontroll och inställning av växelväljarvajern på automatväxellådor. Nedanstående problem förekommer ofta när växelväljarvajern är dåligt justerad:

a) Motorn startar med väljaren i andra lägen än Park eller Neutral.
b) Växelväljarpanelen indikerar annan växel än den som ligger i.
c) Bilen rör sig i läge Park eller Neutral.
d) Växlar dåligt eller oregelbundet.

Växellådsoljan är brun eller luktar bränt

☐ Låg oljenivå i växellådan (Kapitel 1A eller 1B). Om oljan verkar ha försämrats avsevärt bör den bytas ut.

Växellådan växlar inte ner (kickdown) när gaspedalen är helt nedtryckt

☐ Låg oljenivå i växellådan (Kapitel 1A eller 1B).
☐ Växelväljarvajern felaktigt justerad (Kapitel 7B).

Motorn startar inte i något växelläge, eller startar i andra lägen än Park eller Neutral

☐ Växelväljarvajern felaktigt justerad (Kapitel 7B).

Växellådan slirar, växlar ryckigt, lever om eller saknar drivkraft i framåtväxlar eller backväxel

☐ Det kan finnas åtskilliga orsaker till ovanstående problem, men om det inte finns en mycket uppenbar orsak (som en lös eller korroderad kontakt på eller i närheten av växellådan), bör bilen tas till en återförsäljare där de kan fastställa vad som orsakar problemet. Växellådans styrenhet innefattar en självdiagnosfunktion och eventuella felkoder kan snabbt avläsas och tolkas av en återförsäljare med rätt diagnostisk utrustning.

Bromssystem

Observera: *Innan du antar att ett bromsfel föreligger, kontrollera att däcken är i gott skick och har rätt lufttryck, att framhjulen är rätt inställda och att fordonet inte är ojämnt lastat. Förutom kontroll av rör- och slanganslutningars skick, bör alla fel som uppstår med ABS-systemet överlämnas till en Skodaverkstad för kontroll.*

Bilen drar åt ett håll vid inbromsning

☐ Slitna, skadade eller förorenade bromsklossar på en sida (Kapitel 1A eller 1B och 9).
☐ Helt eller delvis kärvande kolv i bromsok (Kapitel 1A eller 1B och 9).
☐ Olika typer av bromsklossar är monterade på de två sidorna (Kapitel 1A eller 1B och 9).
☐ Bromsokets bultar lösa (Kapitel 9).
☐ Slitna eller skadade fjädrings- eller styrningskomponenter (Kapitel 1A eller 1B och 10).

Oljud (skrapande eller skarpt gnisslande) när bromsarna läggs an

☐ Bromsklossarnas belägg slitna ner till metallbotten (Kapitel 1A eller 1B och 9).
☐ Kraftig korrosion på bromsskiva. Detta kan förekomma när bilen har stått stilla under en längre tid (Kapitel 1A eller 1B och 9).
☐ Främmande föremål (sten etc.) har fastnat mellan bromsskiva och bromssköld (Kapitel 1A eller 1B och 9).

Bromsarna kärvar

☐ Kolv(ar) kärvar i bromsok (Kapitel 9).
☐ Felaktigt justerad handbroms (Kapitel 9).
☐ Defekt huvudcylinder (Kapitel 9).

För stort spel i bromspedalen

☐ Defekt huvudcylinder (Kapitel 9).
☐ Luft i bromssystemet (Kapitel 1A eller 1B och 9).
☐ Defekt vakuumservo (Kapitel 9).

Bromspedalens rörelse känns "svampig"

☐ Luft i bromssystemet (Kapitel 1A eller 1B och 9).
☐ Dåliga bromsslangar (Kapitel 1A eller 1B och 9).
☐ Huvudcylinderns fästmuttrar lösa (Kapitel 9).
☐ Defekt huvudcylinder (Kapitel 9).

För stort pedaltryck krävs för att stanna bilen

☐ Defekt vakuumservo (Kapitel 9).
☐ Defekt bromsvakuumpump – dieselmotorer (Kapitel 9).
☐ Glapp, lös eller skadad vakuumslang till bromsservo (Kapitel 9).
☐ Fel i primär eller sekundär bromskrets (Kapitel 9).
☐ Kolv(ar) kärvar i bromsok (Kapitel 9).
☐ Bromsklossar felaktigt monterade (Kapitel 1A eller 1B och 9).
☐ Fel typ av bromsklossar monterade (Kapitel 1A eller 1B och 9).
☐ Bromsklossarna förorenade (Kapitel 1A eller 1B och 9).

Vibrationer i ratt eller pedal vid inbromsning

Observera: *Vibrationer som känns i bromspedalen är normalt på modeller som är utrustade med ABS.*

☐ Skev eller skadad bromsskiva (Kapitel 1A eller 1B och 9).
☐ Slitna bromsklossar (Kapitel 1A eller 1B och 9).
☐ Bromsokets bultar lösa (Kapitel 9).
☐ Slitage i fjädrings- eller styrningskomponenternas fästen (Kapitel 1A eller 1B och 10).

Bakhjulen låser vid normal inbromsning

☐ Bakre bromsklossarna förorenade (Kapitel 1A eller 1B och 9).
☐ ABS-systemet defekt (Kapitel 9).

Drivaxlar

Klickande eller knackande ljud vid kurvtagning (vid låg hastighet och fullt rattutslag)

- ☐ Brist på smörjmedel i drivknuten, kanske på grund av skadad damask (Kapitel 8).
- ☐ Sliten yttre drivknut (Kapitel 8).

Vibration vid acceleration eller inbromsning

- ☐ Sliten inre drivknut (Kapitel 8).
- ☐ Böjd eller skev drivaxel (Kapitel 8).

Fjädring och styrning

Observera: *Innan fel i fjädring eller styrning antas, kontrollera om problemet är orsakat av felaktigt lufttryck i däcken, olika typer av däck eller kärvande bromsar.*

Bilen drar åt ena hållet

- ☐ Defekt däck (*Veckokontroller*).
- ☐ Kraftigt slitna komponenter i fjädring eller styrning (Kapitel 1A eller 1B och 10).
- ☐ Felaktig framhjulsinställning (Kapitel 10).
- ☐ Krockskada på fjädrings- eller styrningskomponenter (Kapitel 1A eller 1B och 10).

Bilen lutar eller kränger vid kurvtagning eller inbromsning

- ☐ Defekta stötdämpare (Kapitel 1A eller 1B och 10).
- ☐ Trasig eller svag fjäder och/eller fjädringskomponent (Kapitel 1A eller 1B och 10).
- ☐ Krängningshämmaren eller dess fästen slitna eller skadade – om tillämpligt (Kapitel 10).

Dålig servoverkan

- ☐ Trasig eller felaktigt spänd drivrem (Kapitel 1A eller 1B).
- ☐ Inkorrekt mängd vätska i servostyrningssystemet (*Veckokontroller*).
- ☐ Igensatta servostyrningsslangar (Kapitel 1A eller 1B).
- ☐ Defekt servostyrningspump (Kapitel 10).
- ☐ Defekt styrväxel (Kapitel 10).

Bilen vandrar på vägen, är allmänt instabil

- ☐ Felaktig framhjulsinställning (Kapitel 10).
- ☐ Fjädringens eller styrningens leder, bussningar eller komponenter slitna (Kapitel 1A eller 1B och 10).
- ☐ Hjulen obalanserade (Kapitel 1A eller 1B och 10).
- ☐ Defekt eller skadat däck (*Veckokontroller*).
- ☐ Hjulbultarna lösa (Kapitel 10).
- ☐ Defekta stötdämpare (Kapitel 1A eller 1B och 10).

Styrningen går tungt

- ☐ Brist på smörjmedel i styrväxeln (Kapitel 10).
- ☐ Kärvande styrled eller spindelled (Kapitel 1A eller 1B och 10).
- ☐ Trasig eller felaktigt justerad drivrem – servostyrning (Kapitel 1A eller 1B).
- ☐ Felaktig framhjulsinställning (Kapitel 10).
- ☐ Styrväxel eller rattstång böjd eller skadad (Kapitel 10).

För stort spel i styrningen

- ☐ Sliten universalknut i rattstångens mellanaxel (Kapitel 10).
- ☐ Slitna styrleder (Kapitel 1A eller 1B och 10).
- ☐ Sliten styrväxel (Kapitel 10).
- ☐ Fjädringens eller styrningens leder, bussningar eller komponenter slitna (Kapitel 1A eller 1B och 10).

Hjulen vobblar och vibrerar

- ☐ Framhjulen obalanserade (vibration känns huvudsakligen i ratten) (Kapitel 1A eller 1B och 10).
- ☐ Bakhjulen obalanserade (vibration känns i hela bilen) (Kapitel 1A eller 1B och 10).
- ☐ Hjulen skadade eller skeva (Kapitel 1A eller 1B och 10).
- ☐ Defekt eller skadat däck (*Veckokontroller*).
- ☐ Fjädringens eller styrningens leder, bussningar eller komponenter slitna (Kapitel 1A eller 1B och 10).
- ☐ Hjulbultarna lösa (Kapitel 10).

Kraftigt däckslitage

Däcken slitna på de yttre eller inre kanterna

- ☐ För lite luft i däcken (slitage på båda kanterna) (*Veckokontroller*).
- ☐ Felaktig camber- eller castervinkel (slitage på en kant) (Kapitel 10).
- ☐ Fjädringens eller styrningens leder, bussningar eller komponenter slitna (Kapitel 1A eller 1B och 10).
- ☐ För hård kurvtagning.
- ☐ Krockskador.

Däckmönstret är fransat

- ☐ Felaktig toe-inställning (Kapitel 10).

Slitage i mitten av däckmönstret

- ☐ För högt lufttryck i däcken (*Veckokontroller*).

Slitage på däckets inre och yttre kanter

- ☐ För lite luft i däcken (*Veckokontroller*).

Ojämnt däckslitage

- ☐ Hjul/däck obalanserade (Kapitel 1A, 1B eller 10).
- ☐ Hjul eller däck skevt (Kapitel 1A, 1B eller 10).
- ☐ Slitna stötdämpare (Kapitel 1A eller 1B och 10).
- ☐ Defekt däck (*Veckokontroller*).

Elsystem

Observera: *Beträffande fel relaterade till startsystemet, se de fel som listas under rubriken "Motor" i början av avsnittet.*

Batteriet håller inte laddning mer än några dagar

- ☐ Inre fel i batteriet (Kapitel 5A).
- ☐ Batterianslutningarna lösa eller korroderade (*Veckokontroller*).
- ☐ Drivrem sliten eller feljusterad (Kapitel 1A eller 1B).
- ☐ Generatorn laddar inte vid rätt effekt (Kapitel 5A).
- ☐ Generator eller spänningsregulator defekt (Kapitel 5A).
- ☐ Kortslutning orsakar konstant urladdning av batteriet (Kapitel 5A och 12).

Laddningslampan förblir tänd när motorn går

- ☐ Drivrem trasig, sliten eller feljusterad (Kapitel 1A eller 1B).
- ☐ Generatorborstarna är slitna, kärvar eller är smutsiga (Kapitel 5A).
- ☐ Generatorborstarnas fjädrar svaga eller trasiga (Kapitel 5A).
- ☐ Internt fel i generatorn eller spänningsregulatorn (Kapitel 5A).
- ☐ Trasiga, lösa eller glappande kablar i laddningskretsen (Kapitel 5A).

Laddningslampan tänds inte alls

- ☐ Varningslampans LED defekt (Kapitel 12).
- ☐ Trasiga, lösa eller glappande kablar i varningslampans krets (Kapitel 12).
- ☐ Generatorn defekt (Kapitel 5A).

Lysen fungerar inte

- ☐ Glödlampa trasig (Kapitel 12).
- ☐ Korrosion på glödlampan eller lamphållarens kontakter (Kapitel 12).
- ☐ Trasig säkring (Kapitel 12).
- ☐ Defekt relä (Kapitel 12).
- ☐ Trasiga, lösa eller glappa kablar (Kapitel 12).
- ☐ Defekt kontakt/brytare (Kapitel 12).

Instrument ger felaktiga eller ojämna utslag

Bränsle- eller temperaturmätare ger inget utslag

- ☐ Defekt givare (Kapitel 3, 4A eller 4B).
- ☐ Kretsbrott i kablaget (Kapitel 12).
- ☐ Defekt mätare (Kapitel 12).

Bränsle- eller temperaturmätare ger kontinuerligt maximalt utslag

- ☐ Defekt givare (Kapitels 3, 4A eller 4B).
- ☐ Kortslutning i kablaget (Kapitel 12).
- ☐ Defekt mätare (Kapitel 12).

Signalhornet fungerar otillfredsställande eller inte alls

Signalhornet ljuder hela tiden

- ☐ Signalhornsknappen jordad eller har fastnat (Kapitel 12).
- ☐ Signalhornets kabel jordad (Kapitel 12).

Signalhornet fungerar inte alls

- ☐ Trasig säkring (Kapitel 12).
- ☐ Kabel- eller kabelanslutningar glappa, trasiga eller frånkopplade (Kapitel 12).
- ☐ Defekt signalhorn (Kapitel 12).

Signalhornet avger stötvis eller otillfredsställande ljud

- ☐ Anslutningar glappa (Kapitel 12).
- ☐ Signalhornets fästen lösa (Kapitel 12).
- ☐ Defekt signalhorn (Kapitel 12).

Vindrute-/bakrutetorkarna fungerar otillfredsställande eller inte alls

Torkarna fungerar inte, eller går mycket långsamt

- ☐ Torkarbladen har fastnat på rutan, eller länksystemet kärvar eller har skurit (*Veckokontroller* och Kapitel 12).
- ☐ Trasig säkring (Kapitel 12).
- ☐ Kabel- eller kabelanslutningar glappa, trasiga eller frånkopplade (Kapitel 12).
- ☐ Defekt relä (Kapitel 12).
- ☐ Defekt torkarmotor (Kapitel 12).

Torkarbladen sveper över en för stor eller för liten del av rutan

- ☐ Torkararmarna felaktigt placerade på spindlarna (Kapitel 12).
- ☐ Torkarnas länksystem kraftigt slitet (Kapitel 12).
- ☐ Torkarmotorns eller länksystemets fästen lösa eller glappar (Kapitel 12).

Torkarbladen rengör inte rutan effektivt

- ☐ Torkarbladen slitna (*Veckokontroller*).
- ☐ Torkararmarnas spännfjädrar trasiga, eller armens pivå kärvar (Kapitel 12).
- ☐ Otillräcklig mängd spolarvätsketillsats för att smutsen ska försvinna (*Veckokontroller*).

Elsystem (forts.)

Vindrute-/bakrutespolarna fungerar otillfredsställande eller inte alls

Ett eller flera munstycken fungerar inte

- ☐ Igensatt munstycke (Kapitel 1A eller 1B).
- ☐ Lös, veckad eller igensatt vätskeslang (Kapitel 12).
- ☐ Otillräcklig mängd vätska i behållaren (Kapitel 1A eller 1B).

Spolarpumpen fungerar inte

- ☐ Kablage eller anslutningar trasiga eller frånkopplade (Kapitel 12).
- ☐ Trasiga säkringar (Kapitel 12).
- ☐ Defekt spolarbrytare (Kapitel 12).
- ☐ Defekt spolarpump (Kapitel 12).

Elfönsterhissarna fungerar otillfredsställande eller inte alls

Fönsterrutan rör sig bara i en riktning

- ☐ Defekt kontakt/brytare (Kapitel 12).

Fönsterrutan rör sig för sakta

- ☐ Fönsterhissen kärvar eller är skadad, eller behöver smörjas (Kapitel 11).
- ☐ Dörrens interna delar eller klädselpanel är i vägen för fönsterhissmekanismen (Kapitel 11).
- ☐ Defekt motor (Kapitel 11).

Fönsterrutan rör sig inte alls

- ☐ Säkring har gått (Kapitel 12).
- ☐ Defekt relä (Kapitel 12).
- ☐ Kablage eller anslutningar trasiga eller losskopplade (Kapitel 12).
- ☐ Defekt motor (Kapitel 11).

Centrallåssystemet fungerar otillfredsställande eller inte alls

Totalt systemhaveri

- ☐ Trasig säkring (Kapitel 12).
- ☐ Defekt relä (Kapitel 12).
- ☐ Kablage eller anslutningar trasiga eller losskopplade (Kapitel 12).
- ☐ Defekt styrmodul (Kapitel 11).

Spärr låser men låser inte upp, eller låser upp men låser inte

- ☐ Defekt huvudkontakt (Kapitel 11).
- ☐ Trasiga eller losskopplade länkstag eller armar (Kapitel 11).
- ☐ Defekt relä (Kapitel 12).
- ☐ Defekt styrmodul (Kapitel 11).

En aktiverare fungerar inte

- ☐ Kablage eller anslutningar trasiga eller losskopplade (Kapitel 12).
- ☐ Defekt aktiverare (Kapitel 11).
- ☐ Trasiga, kärvande eller losskopplade länkstag eller armar (Kapitel 11).
- ☐ Defekt dörrlås (Kapitel 11).

A

ABS (Anti-lock brake system) Låsningsfria bromsar. Ett system, vanligen elektroniskt styrt, som känner av påbörjande låsning av hjul vid inbromsning och lättar på hydraultrycket på hjul som ska till att låsa.
Air bag (krockkudde) En uppblåsbar kudde dold i ratten (på förarsidan) eller instrumentbrädan eller handskfacket (på passagerarsidan) Vid kollision blåses kuddarna upp vilket hindrar att förare och framsätespassagerare kastas in i ratt eller vindruta.
Ampere (A) En måttenhet för elektrisk ström. 1 A är den ström som produceras av 1 volt gående genom ett motstånd om 1 ohm.
Anaerobisk tätning En massa som används som gänglås. Anaerobisk innebär att den inte kräver syre för att fungera.
Antikärvningsmedel En pasta som minskar risk för kärvning i infästningar som utsätts för höga temperaturer, som t.ex. skruvar och muttrar till avgasrenrör. Kallas även gängskydd.

Antikärvningsmedel

Asbest Ett naturligt fibröst material med stor värmetolerans som vanligen används i bromsbelägg. Asbest är en hälsorisk och damm som alstras i bromsar ska aldrig inandas eller sväljas.
Avgasgrenrör En del med flera passager genom vilka avgaserna lämnar förbränningskamrarna och går in i avgasröret.

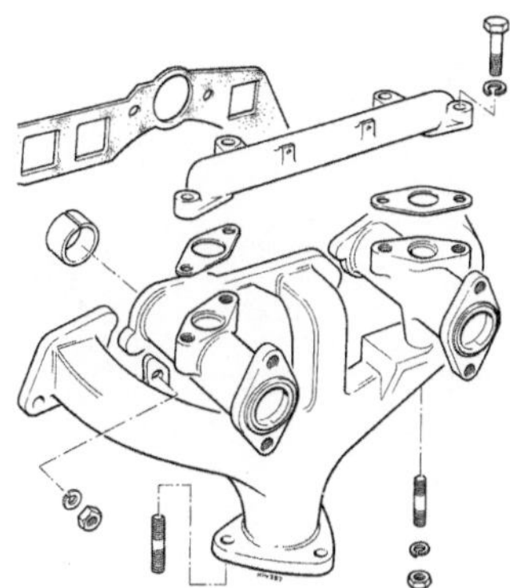

Avgasgrenrör

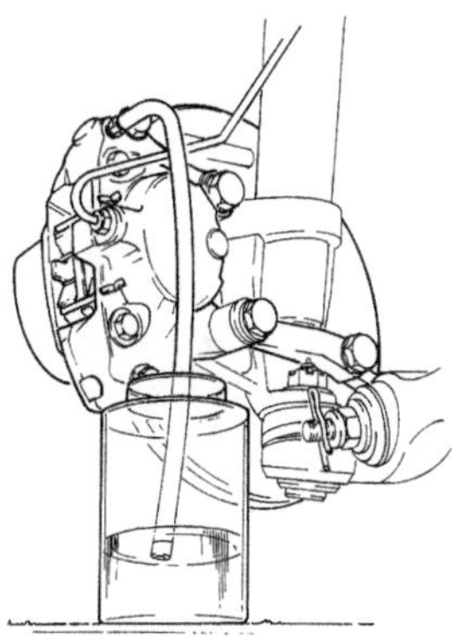

Avluftning av bromsarna

Avluftning av bromsar Avlägsnande av luft från hydrauliskt bromssystem.
Avluftningsnippel En ventil på ett bromsok, hydraulcylinder eller annan hydraulisk del som öppnas för att tappa ur luften i systemet.
Axel En stång som ett hjul roterar på, eller som roterar inuti ett hjul. Även en massiv balk som håller samman två hjul i bilens ena ände. En axel som även överför kraft till hjul kallas drivaxel.
Axialspel Rörelse i längdled mellan två delar. För vevaxeln är det den distans den kan röra sig framåt och bakåt i motorblocket.

B

Belastningskänslig fördelningsventil En styrventil i bromshydrauliken som fördelar bromseffekten, med hänsyn till bakaxelbelastningen.
Bladmått Ett tunt blad av härdat stål, slipat till exakt tjocklek, som används till att mäta spel mellan delar.

Bladmått

Bromsback Halvmåneformad hållare med fastsatt bromsbelägg som tvingar ut beläggen i kontakt med den roterande bromstrumman under inbromsning.
Bromsbelägg Det friktionsmaterial som kommer i kontakt med bromsskiva eller bromstrumma för att minska bilens hastighet. Beläggen är limmade eller nitade på bromsklossar eller bromsbackar.
Bromsklossar Utbytbara friktionsklossar som nyper i bromsskivan när pedalen trycks ned. Bromsklossar består av bromsbelägg som limmats eller nitats på en styv bottenplatta.
Bromsok Den icke roterande delen av en skivbromsanordning. Det grenslar skivan och håller bromsklossarna. Oket innehåller även de hydrauliska delar som tvingar klossarna att nypa skivan när pedalen trycks ned.
Bromsskiva Den del i en skivbromsanordning som roterar med hjulet.
Bromstrumma Den del i en trumbromsanordning som roterar med hjulet.

C

Caster I samband med hjulinställning, lutningen framåt eller bakåt av styrningens axialled. Caster är positiv när styrningens axialled lutar bakåt i överkanten.
CV-knut En typ av universalknut som upphäver vibrationer orsakade av att drivkraft förmedlas genom en vinkel.

D

Diagnostikkod Kodsiffror som kan tas fram genom att gå till diagnosläget i motorstyrningens centralenhet. Koden kan användas till att bestämma i vilken del av systemet en felfunktion kan förekomma.
Draghammare Ett speciellt verktyg som skruvas in i eller på annat sätt fästes vid en del som ska dras ut, exempelvis en axel. Ett tungt glidande handtag dras utmed verktygsaxeln mot ett stopp i änden vilket rycker avsedd del fri.
Drivaxel En roterande axel på endera sidan differentialen som ger kraft från slutväxeln till drivhjulen. Även varje axel som används att överföra rörelse.
Drivrem(mar) Rem(mar) som används till att driva tillbehörsutrustning som generator, vattenpump, servostyrning, luftkonditioneringskompressor mm, från vevaxelns remskiva.

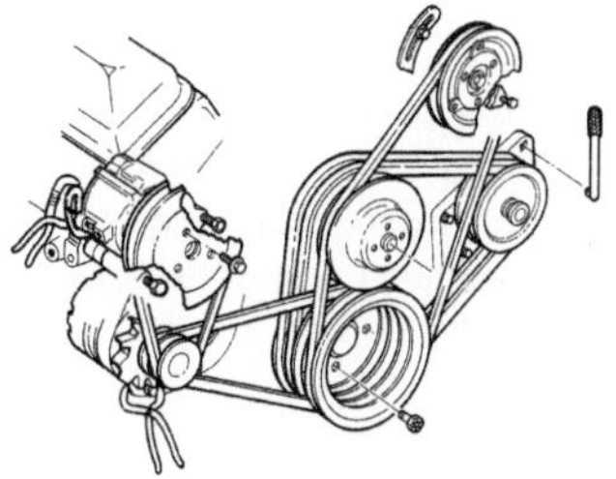

Drivremmar till extrautrustning

Dubbla överliggande kamaxlar (DOHC) En motor försedd med två överliggande kamaxlar, vanligen en för insugsventilerna och en för avgasventilerna.

E

EGR-ventil Avgasåtercirkulationsventil. En ventil som för in avgaser i insugsluften.
Elektrodavstånd Den distans en gnista har att överbrygga från centrumelektroden till sidoelektroden i ett tändstift.

Justering av elektrodavståndet

Elektronisk bränsleinsprutning (EFI) Ett datorstyrt system som fördelar bränsle till förbränningskamrarna via insprutare i varje insugsport i motorn.

Elektronisk styrenhet En dator som exempelvis styr tändning, bränsleinsprutning eller låsningsfria bromsar.

F

Finjustering En process där noggranna justeringar och byten av delar optimerar en motors prestanda.

Fjäderben Se MacPherson-ben.

Fläktkoppling En viskös drivkoppling som medger variabel kylarfläkthastighet i förhållande till motorhastigheten.

Frostplugg En skiv- eller koppformad metallbricka som monterats i ett hål i en gjutning där kärnan avlägsnats.

Frostskydd Ett ämne, vanligen etylenglykol, som blandas med vatten och fylls i bilens kylsystem för att förhindra att kylvätskan fryser vintertid. Frostskyddet innehåller även kemikalier som förhindrar korrosion och rost och andra avlagringar som skulle kunna blockera kylare och kylkanaler och därmed minska effektiviteten.

Fördelningsventil En hydraulisk styrventil som begränsar trycket till bakbromsarna vid panikbromsning så att hjulen inte låser sig.

Förgasare En enhet som blandar bränsle med luft till korrekta proportioner för önskad effekt från en gnistantänd förbränningsmotor.

G

Generator En del i det elektriska systemet som förvandlar mekanisk energi från drivremmen till elektrisk energi som laddar batteriet, som i sin tur driver startsystem, tändning och elektrisk utrustning.

Glidlager Den krökta ytan på en axel eller i ett lopp, eller den del monterad i endera, som medger rörelse mellan dem med ett minimum av slitage och friktion.

Gängskydd Ett täckmedel som minskar risken för gängskärning i bultförband som utsätts för stor hetta, exempelvis grenrörets bultar och muttrar. Kallas även antikärvningsmedel.

H

Handbroms Ett bromssystem som är oberoende av huvudbromsarnas hydraulikkrets. Kan användas till att stoppa bilen om huvudbromsarna slås ut, eller till att hålla bilen stilla utan att bromspedalen trycks ned. Den består vanligen av en spak som aktiverar främre eller bakre bromsar mekaniskt via vajrar och länkar. Kallas även parkeringsbroms.

Harmonibalanserare En enhet avsedd att minska fjädring eller vridande vibrationer i vevaxeln. Kan vara integrerad i vevaxelns remskiva. Även kallad vibrationsdämpare.

Hjälpstart Start av motorn på en bil med urladdat eller svagt batteri genom koppling av startkablar mellan det svaga batteriet och ett laddat hjälpbatteri.

Honare Ett slipverktyg för korrigering av smärre ojämnheter eller diameterskillnader i ett cylinderlopp.

Hydraulisk ventiltryckare En mekanism som använder hydrauliskt tryck från motorns smörjsystem till att upprätthålla noll ventilspel (konstant kontakt med både kamlob och ventilskaft). Justeras automatiskt för variation i ventilskaftslängder. Minskar även ventilljudet.

I

Insexnyckel En sexkantig nyckel som passar i ett försänkt sexkantigt hål.

Insugsrör Rör eller kåpa med kanaler genom vilka bränsle/luftblandningen leds till insugsportarna.

K

Kamaxel En roterande axel på vilken en serie lober trycker ned ventilerna. En kamaxel kan drivas med drev, kedja eller tandrem med kugghjul.

Kamkedja En kedja som driver kamaxeln.

Kamrem En tandrem som driver kamaxeln. Allvarliga motorskador kan uppstå om kamremmen brister vid körning.

Kanister En behållare i avdunstningsbegränsningen, innehåller aktivt kol för att fånga upp bensinångor från bränslesystemet.

Kanister

Kardanaxel Ett långt rör med universalknutar i bägge ändar som överför kraft från växellådan till differentialen på bilar med motorn fram och drivande bakhjul.

Kast Hur mycket ett hjul eller drev slår i sidled vid rotering. Det spel en axel roterar med. Orundhet i en roterande del.

Katalysator En ljuddämparliknande enhet i avgassystemet som omvandlar vissa föroreningar till mindre hälsovådliga substanser.

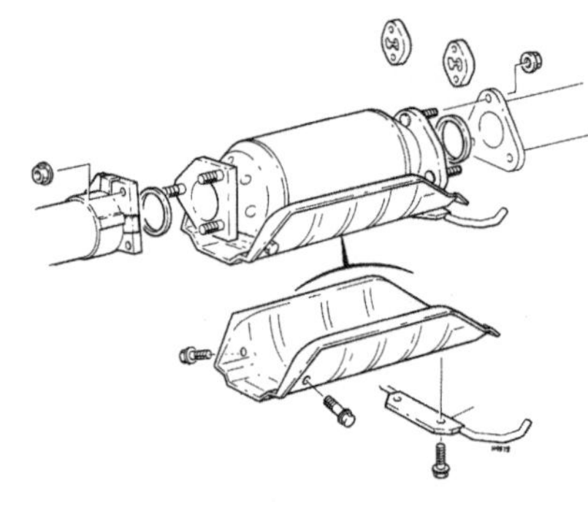

Katalysator

Kompression Minskning i volym och ökning av tryck och värme hos en gas, orsakas av att den kläms in i ett mindre utrymme.

Kompressionsförhållande Skillnaden i cylinderns volymer mellan kolvens ändlägen.

Kopplingsschema En ritning över komponenter och ledningar i ett fordons elsystem som använder standardiserade symboler.

Krockkudde (Airbag) En uppblåsbar kudde dold i ratten (på förarsidan) eller instrumentbrädan eller handskfacket (på passagerarsidan) Vid kollision blåses kuddarna upp vilket hindrar att förare och framsätespassagerare kastas in i ratt eller vindruta.

Krokodilklämma Ett långkäftat fjäderbelastat clips med ingreppande tänder som används till tillfälliga elektriska kopplingar.

Kronmutter En mutter som vagt liknar kreneleringen på en slottsmur. Används tillsammans med saxsprint för att låsa bultförband extra väl.

Krysskruv Se Phillips-skruv

Kronmutter

Kugghjul Ett hjul med tänder eller utskott på omkretsen, formade för att greppa in i en kedja eller rem.

Kuggstångsstyrning Ett styrsystem där en pinjong i rattstångens ände går i ingrepp med en kuggstång. När ratten vrids, vrids även pinjongen vilket flyttar kuggstången till höger eller vänster. Denna rörelse överförs via styrstagen till hjulets styrleder.

Kullager Ett friktionsmotverkande lager som består av härdade inner- och ytterbanor och har härdade stålkulor mellan banorna.

Kylare En värmeväxlare som använder flytande kylmedium, kylt av fartvinden/fläkten till att minska temperaturen på kylvätskan i en förbränningsmotors kylsystem.

Kylmedia Varje substans som används till värmeöverföring i en anläggning för luftkonditionering. R-12 har länge varit det huvudsakliga kylmediet men tillverkare har nyligen börjat använda R-134a, en CFC-fri substans som anses vara mindre skadlig för ozonet i den övre atmosfären.

L

Lager Den böjda ytan på en axel eller i ett lopp, eller den del som monterad i någon av dessa tillåter rörelse mellan dem med minimal slitage och friktion.

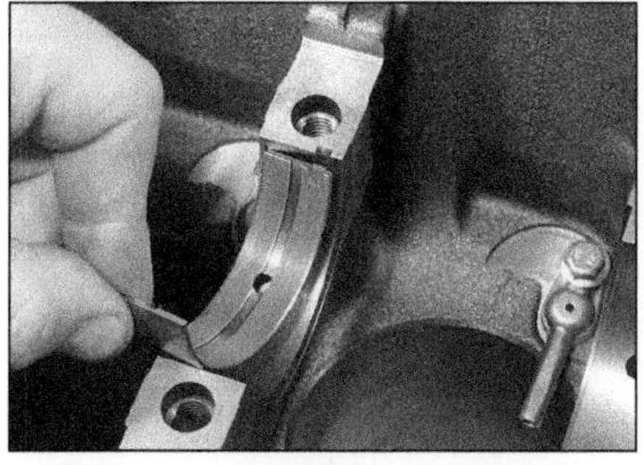

Lager

Lambdasond En enhet i motorns grenrör som känner av syrehalten i avgaserna och omvandlar denna information till elektricitet som bär information till styrelektroniken. Även kalla syresensor.

Luftfilter Filtret i luftrenaren, vanligen tillverkat av veckat papper. Kräver byte med regelbundna intervaller.

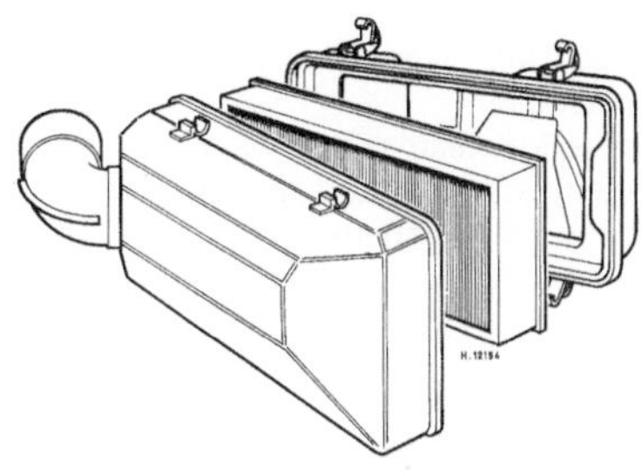

Luftfilter

Luftrenare En kåpa av plast eller metall, innehållande ett filter som tar undan damm och smuts från luft som sugs in i motorn.

Låsbricka En typ av bricka konstruerad för att förhindra att en ansluten mutter lossnar.

Låsmutter En mutter som låser en justermutter, eller annan gängad del, på plats. Exempelvis används låsmutter till att hålla justermuttern på vipparmen i läge.

Låsring Ett ringformat clips som förhindrar längsgående rörelser av cylindriska delar och axlar. En invändig låsring monteras i en skåra i ett hölje, en yttre låsring monteras i en utvändig skåra på en cylindrisk del som exempelvis en axel eller tapp.

M

MacPherson-ben Ett system för framhjulsfjädring uppfunnet av Earle MacPherson vid Ford i England. I sin ursprungliga version skapas den nedre bärarmen av en enkel lateral länk till krängningshämmaren. Ett fjäderben - en integrerad spiralfjäder och stötdämpare - finns monterad mellan karossen och styrknogen. Många moderna MacPherson-ben använder en vanlig nedre A-arm och inte krängningshämmaren som nedre fäste.

Markör En remsa med en andra färg i en ledningsisolering för att skilja ledningar åt.

Motor med överliggande kamaxel (OHC) En motor där kamaxeln finns i topplocket.

Motorstyrning Ett datorstyrt system som integrerat styr bränsle och tändning.

Multimätare Ett elektriskt testinstrument som mäter spänning, strömstyrka och motstånd.

Mätare En instrumentpanelvisare som används till att ange motortillstånd. En mätare med en rörlig pekare på en tavla eller skala är analog. En mätare som visar siffror är digital.

N

NOx Kväveoxider. En vanlig giftig förorening utsläppt av förbränningsmotorer vid högre temperaturer.

O

O-ring En typ av tätningsring gjord av ett speciellt gummiliknande material. O-ringen fungerar så att den trycks ihop i en skåra och därmed utgör tätningen.

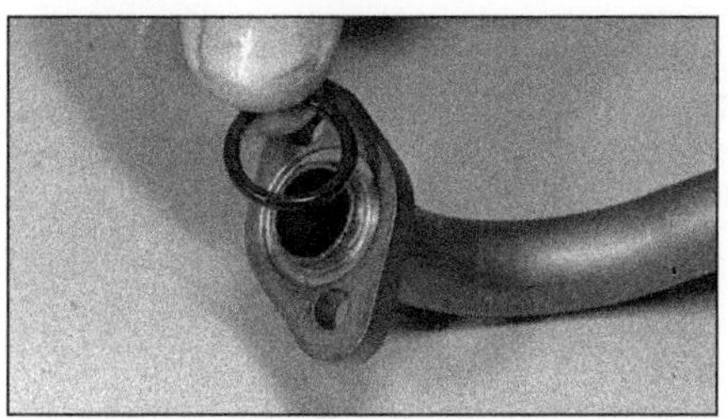

O-ring

Ohm Enhet för elektriskt motstånd. 1 volt genom ett motstånd av 1 ohm ger en strömstyrka om 1 ampere.

Ohmmätare Ett instrument för uppmätning av elektriskt motstånd.

P

Packning Mjukt material - vanligen kork, papp, asbest eller mjuk metall - som monteras mellan två metallytor för att erhålla god tätning. Exempelvis tätar topplockspackningen fogen mellan motorblocket och topplocket.

Packning

Phillips-skruv En typ av skruv med ett korsspår, istället för ett rakt, för motsvarande skruvmejsel. Vanligen kallad krysskruv.

Plastigage En tunn plasttråd, tillgänglig i olika storlekar, som används till att mäta toleranser. Exempelvis så läggs en remsa Plastigage tvärs över en lagertapp. Delarna sätts ihop och tas isär. Bredden på den klämda remsan anger spelrummet mellan lager och tapp.

Plastigage

R

Rotor I en fördelare, den roterande enhet inuti fördelardosan som kopplar samman centrumelektroden med de yttre kontakterna vartefter den roterar, så att högspänningen från tändspolens sekundärlindning leds till rätt tändstift. Även den del av generatorn som roterar inuti statorn. Även de roterande delarna av ett turboaggregat, inkluderande kompressorhjulet, axeln och turbinhjulet.

S

Sealed-beam strålkastare En äldre typ av strålkastare som integrerar reflektor, lins och glödtrådar till en hermetiskt försluten enhet. När glödtråden går av eller linsen spricker byts hela enheten. Vanliga på amerikanska bilar.

Shims Tunn distansbricka, vanligen använd till att justera inbördes lägen mellan två delar. Exempelvis sticks shims in i eller under ventiltryckarhylsor för att justera ventilspelet. Spelet justeras genom byte till shims av annan tjocklek.

Skivbroms En bromskonstruktion med en roterande skiva som kläms mellan bromsklossar. Den friktion som uppstår omvandlar bilens rörelseenergi till värme.

Skjutmått Ett precisionsmätinstrument som mäter inre och yttre dimensioner. Inte riktigt lika exakt som en mikrometer men lättare att använda.

Smältsäkring Ett kretsskydd som består av en ledare omgiven av värmetålig isolering. Ledaren är tunnare än den ledning den skyddar och är därmed den svagaste länken i kretsen. Till skillnad från en bränd säkring måste vanligen en smältsäkring skäras bort från ledningen vid byte.

Spel Den sträcka en del färdas innan något inträffar. "Luften" i ett länksystem eller ett montage mellan första ansatsen av kraft och verklig rörelse. Exempel, den sträcka bromspedalen färdas innan kolvarna i huvudcylindern rör på sig. Även utrymmet mellan två delar, exempelvis kolv och cylinderlopp.

Spiralfjäder En spiral av elastiskt stål som förekommer i olika storlekar på många platser i en bil, bland annat i fjädringen och ventilerna i topplocket.

Startspärr På bilar med automatväxellåda förhindrar denna kontakt att motorn startas annat än om växelväljaren är i N eller P.

Storändslager Lagret i den ände av vevstaken som är kopplad till vevaxeln.

Svetsning Olika processer som används för att sammanfoga metallföremål genom att hetta upp dem till smältning och sammanföra dem.

Svänghjul Ett tungt roterande hjul vars energi tas upp och sparas via moment. På bilar finns svänghjulet monterat på vevaxeln för att utjämna kraftpulserna från arbetstakterna.

Syresensor En enhet i motorns grenrör som känner av syrehalten i avgaserna och omvandlar denna information till elektricitet som bär information till styrelektroniken. Även kalla Lambdasond.

Säkring En elektrisk enhet som skyddar en krets mot överbelastning. En typisk säkring innehåller en mjuk metallbit kalibrerad att smälta vid en förbestämd strömstyrka, angiven i ampere, och därmed bryta kretsen.

T

Termostat En värmestyrd ventil som reglerar kylvätskans flöde mellan blocket och kylaren vilket håller motorn vid optimal arbetstemperatur. En termostat används även i vissa luftrenare där temperaturen är reglerad.

Toe-in Den distans som framhjulens framkanter är närmare varandra än bak-kanterna. På bakhjulsdrivna bilar specificeras vanligen ett litet toe-in för att hålla framhjulen parallella på vägen, genom att motverka de krafter som annars tenderar att vilja dra isär framhjulen.

Toe-ut Den distans som framhjulens bakkanter är närmare varandra än framkanterna. På bilar med framhjulsdrift specificeras vanligen ett litet toe-ut.

Toppventilsmotor (OHV) En motortyp där ventilerna finns i topplocket medan kamaxeln finns i motorblocket.

Torpedplåten Den isolerade avbalkningen mellan motorn och passagerarutrymmet.

Trumbroms En bromsanordning där en trumformad metallcylinder monteras inuti ett hjul. När bromspedalen trycks ned pressas böjda bromsbackar försedda med bromsbelägg mot trummans insida så att bilen saktar in eller stannar.

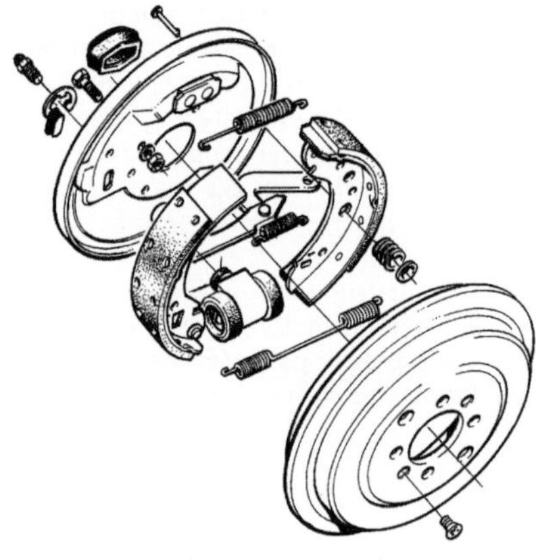

Trumbroms, montage

Turboaggregat En roterande enhet, driven av avgastrycket, som komprimerar insugsluften. Används vanligen till att öka motoreffekten från en given cylindervolym, men kan även primäranvändas till att minska avgasutsläpp.

Tändföljd Turordning i vilken cylindrarnas arbetstakter sker, börjar med nr 1.

Tändläge Det ögonblick då tändstiftet ger gnista. Anges vanligen som antalet vevaxelgrader för kolvens övre dödpunkt.

Tätningsmassa Vätska eller pasta som används att täta fogar. Används ibland tillsammans med en packning.

U

Universalknut En koppling med dubbla pivåer som överför kraft från en drivande till en driven axel genom en vinkel. En universalknut består av två Y-formade ok och en korsformig del kallad spindeln.

Urtrampningslager Det lager i kopplingen som flyttas inåt till frigöringsarmen när kopplingspedalen trycks ned för frikoppling.

V

Ventil En enhet som startar, stoppar eller styr ett flöde av vätska, gas, vakuum eller löst material via en rörlig del som öppnas, stängs eller delvis maskerar en eller flera portar eller kanaler. En ventil är även den rörliga delen av en sådan anordning.

Ventilspel Spelet mellan ventilskaftets övre ände och ventiltryckaren. Spelet mäts med stängd ventil.

Ventiltryckare En cylindrisk del som överför rörelsen från kammen till ventilskaftet, antingen direkt eller via stötstång och vipparm. Även kallad kamsläpa eller kamföljare.

Vevaxel Den roterande axel som går längs med vevhuset och är försedd med utstickande vevtappar på vilka vevstakarna är monterade.

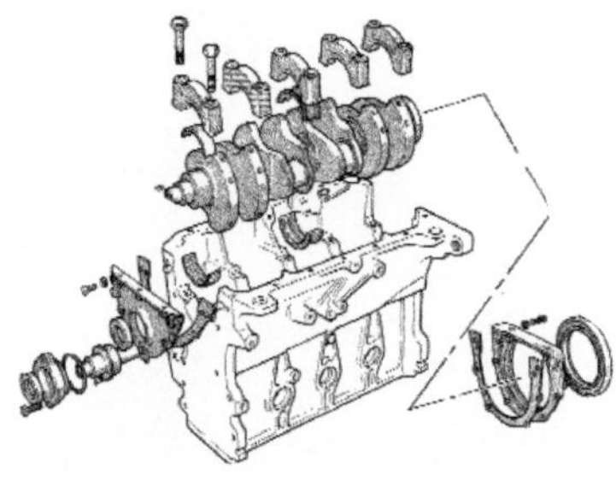

Vevaxel, montage

Vevhus Den nedre delen av ett motorblock där vevaxeln roterar.

Vibrationsdämpare En enhet som är avsedd att minska fjädring eller vridande vibrationer i vevaxeln. Enheten kan vara integrerad i vevaxelns remskiva. Kallas även harmonibalanserare.

Vipparm En arm som gungar på en axel eller tapp. I en toppventilsmotor överför vipparmen stötstångens uppåtgående rörelse till en nedåtgående rörelse som öppnar ventilen.

Viskositet Tjockleken av en vätska eller dess flödesmotstånd.

Volt Enhet för elektrisk spänning i en krets 1 volt genom ett motstånd av 1 ohm ger en strömstyrka om 1 ampere.

Observera: *Hänvisningarna i detta register ges i formen* "**kapitelnummer**" • "**sidnummer**"..

A

B

C

D

E

F

Observera: *Hänvisningarna i detta register ges i formen* **"kapitelnummer" • "sidnummer"**.

Observera: *Hänvisningarna i detta register ges i formen* **"kapitelnummer"** • **"sidnummer"**.

Observera: *Hänvisningarna i detta register ges i formen* "**kapitelnummer**" • "**sidnummer**".